Nico R. Skusa
Handbuch Leasing
De Gruyter Praxishandbuch

Nico R. Skusa

Handbuch Leasing

DE GRUYTER

Rechtsanwalt Prof. Dr. *Nico R. Skusa*, Hoffstadt · Graf Schönborn · Skusa · Frhr. v. Feury, Rechtsanwälte · Steuerberater · Partnerschaftsgesellschaft, München.

ISBN 978-3-11-028461-4
e-ISBN 978-3-11-028468-3

Bibliografische Information der Deutschen Nationalbibliothek
Die Deutsche Nationalbibliothek verzeichnet diese Publikation in der Deutschen Nationalbibliografie; detaillierte bibliografische Daten sind im Internet über http://dnb.d-nb.de abrufbar.

Satz/Datenkonvertierung: Werksatz Schmidt & Schulz GmbH, Gräfenhainichen
Druck: Hubert & Co. GmbH & Co. KG, Göttingen
♾ Gedruckt auf säurefreiem Papier
Printed in Germany

www.degruyter.com

Vorwort

Das Handbuch Leasing umfasst sämtliche praxisrelevanten Themenbereiche des Mietkaufs und Leasing. Es ist von einem Praktiker für Praktiker konzipiert. Ein erheblicher Teil der relevanten Rechtsprechung wird in den entsprechenden Passagen wörtlich zitiert, um den Leser eine aufwändige Recherche zu ersparen. Selbstverständlich wurde die aktuelle Rechtslage, insbesondere die Änderungen im Rahmen des Verbraucherschutzes, eingearbeitet. Zudem werden die Ausführungen von einer Vielzahl von Formulierungs- und Praxisbeispielen untermauert und durch Vertrags- und Verfahrensmuster im Anhang abgerundet.

Aufgrund der klaren Strukturierung ist eine erstmalige Einarbeitung in die sich stets verändernde Materie des Leasingrechts in kurzer Zeit möglich. Insbesondere das erste Kapitel soll dem Leser eine Hilfestellung bieten, die Grundsatzentscheidungen und die Strukturen des Leasing nachzuvollziehen.

Ein besonderer Dank gilt auch meinen Kollegen Dr. Markus Pflügl und Dr. Philipp Werner für die tatkräftige Unterstützung bei der Umsetzung des Handbuch Leasing.

München, den 4. September 2012 Prof. Dr. Nico R. Skusa

Inhaltsübersicht

Inhaltsverzeichnis

Abkürzungsverzeichnis

a.A.	andere Ansicht
ABl.	Amtsblatt der EU/EG
Abs.	Absatz
a.E.	am Ende
a.F.	alte Fassung
Afa	Absetzung für Abnutzung
AG	Amtsgericht
AGB	Allgemeine Geschäftsbedingungen
ALB	Allgemeine Leasingbedingungen
a.M.	Anderer Meinung
Anh.	Anhang
Anm.	Anmerkung
AO	Abgabenordnung
Art.	Artikel
Aufl.	Auflage
BayObLG	Bayerisches Oberstes Landgericht
BB	Betriebsberater
Bd.	Band
BFH	Bundesfinanzhof
BGB	Bürgerliches Gesetzbuch
BGB-Info-V	BGB-Informationspflichten-Verordnung
BGBl.	Bundesgesetzblatt
BGH	Bundegerichtshof
BGHZ	Entscheidung des Bundesgerichtshofs in Zivilsachen
BR	Bundesrat
BReg.	Bundesregierung
Bsp.	Beispiel
BT-Drucks.	Bundestagsdrucksache
bzgl.	bezüglich
bzw.	beziehungsweise
ca.	circa
c.i.c.	culpa in contrahendo
DAR	Deutsches Autorecht
DB	Der Betrieb
d.h.	das heißt
Drucks.	Drucksache
EGBGB	Einführungsgesetz zum Bürgerlichen Gesetzbuch
EStG	Einkommenssteuergesetz
etc.	Et cetera
EU	Europäische Union
EuGH	Europäischer Gerichtshof
f.	folgende
ff.	fortfolgend (-e, -er)
Fn.	Fußnote
GBl.	Gesetzblatt

gem.	gemäß
GmbH	Gesellschaft mit beschränkter Haftung
GmbHG	Gesetz der Gesellschaft mit beschränkter Haftung
h.M.	herrschende Meinung
Hrsg.	Herausgeber
i.d.F.	in der Fassung
i.d.R.	in der Regel
insb.	insbesondere
i.S.v.	im Sinne von
i.V.m.	in Verbindung mit
JuS	Juristische Schulung
LG	Landgericht
Lit.	Litera (Buchstabe)
m.E.	meines Erachtens
MDR	Monatsschrift für Deutsches Recht
Mio.	Million
MüKo	Münchner Kommentar
Mwst.	Mehrwertsteuer
n.F.	neue Fassung
m.w.N.	mit weiteren Nachweisen
NJW	Neue Juristische Wochenschrift
NJW-RR	Neue Juristische Wochenschrift Rechtsreport
Nr.	Nummer
NZM	Neue Zeitschrift für Miet- und Wohnungsrecht
o.O.	Ohne Ort
OLG	Oberlandesgericht
OLGR	Oberlandesgericht-Report
Rn.	Randnummer
Rs.	Rechtssache
Rspr.	Rechtsprechung
S.	Seite
sog.	sogenannte
str.	streitig
u.a.	und andere
UStG	Umsatzsteuergesetz
usw.	und so weiter
Verbraucherkreditrichtlinie 2008	Richtlinie 2008/48/EG des Europäischen Parlaments und des Rates vom 23.04.2008 über Verbraucherkreditverträge und zur Aufhebung der Richtlinie 87/102/EWG des Rates
vgl.	vergleiche
VO	Verordnung
WM	Wertpapier-Mitteilungen
z.B.	zum Beispiel
ZIP	Zeitschrift für Wirtschaftsrecht
zit.	zitiert
ZPO	Zivilprozessordnung
ZVG	Zwangsvollstreckungsgesetz

Literaturverzeichnis

Kommentare und Monographien

Aden, Internationales Privates Wirtschaftsrecht, 2. Auflage, Oldenburg 2009

Andres, Insolvenzordnung, 2. Auflage, München 2011

Bamberger/Roth, Kommentar zum Bürgerlichen Gesetzbuch, Band 1: §§ 1–610. CISG, 2. Auflage, München 2007

Bartsch, Alles über Leasing, München 1997

Baumbach/Hopt, HGB, 34. Auflage, München 2010

Baumgartner, Leasingverträge über bewegliche Sachen im Konkurs, Diss. Göttingen 1980

Beckmann, Computerleasing, Köln 1993

Beckmann, Finanzierungsleasing, 3. Auflage, München 2006

Berger, Typus und Rechtsnatur des Herstellerleasing, Heidelberg 1998

Borggräfe, Die Zwangsvollstreckung in bewegliches Leasinggut, Köln 1976

Bornholdt, Leasingnehmer und refinanzierende Bank in der Insolvenz des Leasinggebers nach InsO, Frankfurt am Main 1999

Braun, InsO, 3. Auflage, München 2007

Breuer, Insolvenzrecht, 3. Auflage, München 2011

Brox/Walker, Besonderes Schuldrecht, 35. Auflage, München 2011

Büdenbender, Anwaltskommentar BGB Schuldrecht, Band 2, Teilband 1, Bonn Juni 2005

Bülow/Artzt, Handbuch Verbraucherkreditrecht, 7. Auflage, München 2011

Bülow, Heidelberger Kommentar zum Verbrauchsgüterkaufkreditrecht, 6. Aufl. 2006

Büschgen (Hrsg.), Praxishandbuch Leasing, München 1998

Creutzig, Recht des Autokaufs, 4. Auflage, München 1999

Csáky, Der Immobilienleasingvertrag in Österreich, Deutschland und der Schweiz, Wien 1992

Dauner-Lieb/Konzen/K. Schmidt, Das neue Schuldrecht in der Praxis, Köln 2003

Eckstein/Feinen, Leasing-Handbuch, 7. Auflage, Frankfurt am Main 2000

Engel, Handbuch Kraftfahrzeug-Leasing, 2. Auflage, München 2004

Engel/Völckers, Leasing in der Insolvenz, Herne 1999

Erman, BGB, 13. Auflage, 2011 Köln

Frankfurter Kommentar zur Insolvenzordnung, 3. Auflage, Neuwied 2002

Helmschrott, Leasinggeschäfte in der Handels- und Steuerbilanz, Wiesbaden 1997

Henssler/Graf von Westphalen (Hrsg.), Praxis der Schuldrechtsreform, 2. Auflage, Recklinghausen 2002

Hügel/Salzig, Mietkauf und andere Formen des Grundstücks-Ratenkaufs, 2. Auflage, München 2010

Jauernig, BGB, 14. Auflage, München 2011

Jendrek, Miet-, Leasing und Pachtrecht, Köln etc. 1990

Junker, Computerrecht, 3. Auflage, München 2003

Kroiß/Reinking/Koyka, Klauselbuch Schuldrecht, Bonn 2003

Mankowski, Beseitigungsrechte, Tübingen 2003

Marly, Softwareüberlassungsverträge, 3. Auflage, München 2004

Martinek/Stoffels/Wimmer-Leonhardt, Handbuch des Leasingrechts, 2. Auflage, München 2008

Maus, Leasing im Handels- und Steuerrecht, Berlin 1996

Münchener Kommentar zum BGB, 6. Auflage, München 2012

Musielak, ZPO, 7. Auflage, München 2009

Palandt, Kommentar zum Bürgerlichen Gesetzbuch, 71. Auflage, München 2012

Reinicke/Tiedtke, Kaufrecht, 8. Auflage, München 2009

Reinking, Auto Leasing, 3. Auflage, München 1999
Reinking/Eggert, Der Autokauf, 11. Auflage, München 2012
Röhricht/Graf von Westphalen, HGB, Leasing, 3. Auflage, Köln 2008
Saenger, Handkommentar ZPO, 4. Aufl. München 2011
Sannwald, Der Finanzierungsvertrag über bewegliche Sachen mit Nichtkaufleuten, Berlin 1982
Soergel, Bürgerliches Gesetzbuch mit Einführungsgesetz und Nebengesetzen, 13. Auflage, München 2002
Spittler, Leasing für die Praxis, 6. Auflage, Köln 2002
Staudinger Kommentar zum Bürgerlichen Gesetzbuch, 15. Auflage, Berlin 2011 ff.
Tacke, Leasing, 3. Auflage, Stuttgart 1999
Thomas/Putzo, ZPO, 32. Auflage, München 2011
Uhlenbruck, Kommentar zur InsO, 12. Auflage, München 2003
Westphalen, Graf von, Der abhandengekommene Nutzen von AGB-Klauseln, in: Festschrift für Trinkner, Heidelberg 1995, S. 441 ff.
Westphalen, Graf von, Muster für Leasingverträge, 2. Auflage, Frankfurt/Main 2010
Westphalen, Graf von, Vertragsrecht und AGB-Klauselwerke, München 2007
Westphalen, Graf von, et. al., Der Leasingvertrag, 6. Auflage, Köln 2008
Westphalen, Graf von/Lwowski, Leasing, insbesondere Fragen der regresslosen Finanzierung, Frankfurt am Main 1986
Wolf/Eckert/Ball, Handbuch des gewerblichen Miet-, Pacht- und Leasingrechts, 10. Auflage, Köln 2009
Zahn/Bahmann, Kfz-Leasingvertrag, Köln 1999
Zöller, ZPO, 28. Auflage, Köln 2010

Aufsätze

Ackermann, Leasing leicht gemacht? JA 2006, 426
Ady/Paetz, Die Umsetzung der Verbraucherkreditrichtlinie in deutsches Recht und besondere verbraucherpolitische Aspekte, WM 2009, 1061
Armbrüster, Fortzahlung der Leasingraten trotz Vollamortisation bei verspäteter Rückgabe, LMK 2005, 27
Arnold, Gewährleistung beim Finanzierungsleasing nach der Schuldrechtsreform, DStR 2002, 1049
Assies, Schuldrechtsreform- Das Aus für Leasinggeschäfte?, BKR 2002, 319
Beckmann, Elke, Haftung des Leasinggebers und des Lieferanten wegen Falschberatung, CR 1994, 600
Beckmann, Heiner, Aktuelle Fragen bei Finanzierungsgeschäften, DStR 2006, 1329
Beckmann, Heiner, Das Leistungsverweigerungsrecht des Leasing-Nehmers bezüglich der Leasing-Raten, FLF 2005, 261
Beckmann, Heiner, Rechtswirkungen eines unberechtigten Rücktritts von einem Liefervertrag und Auswirkungen auf den Leasingvertrag, WM 2006, 952
Beckmann Heiner, Subsidiäre und nachrangige Eigenhaftung des Leasinggebers bei Ausfall des Lieferanten, MDR 2005, 1207
Bitter/Meidt, Nacherfüllungspflicht des Verkäufers im neuen Schuldrecht, ZIP 2001, 2114
Blomeyer, Das Finanzierungsleasing unter dem Blickwinkel der Sachmängelhaftung und des Abzahlungsgesetzes, NJW 1978, 973
Böger, Nochmals: Leasing und Abzahlungsgesetz, NJW 1974, 2216
Braun, Die Pflicht des Insolvenzverwalters zur Rückgabe von Mietsachen, NZI 2005, 255

Brunotte, Der Finanzierungs-Leasingvertrag – ein Beispiel richterlicher Rechtsfortbildung im Schuldrecht, DRiZ 1990, 396
Bühner/Sheldon, US-Leasingtransaktionen – Grundstrukturen einer grenzüberschreitenden Sonderfinanzierung, DB 2001, 315
Bülow, Verbraucherkreditrecht im BGB, NJW 2002, 1145
Coester-Waltjen, Leasing-Vertrag und moderne Rechtsschutzgesetzgebung, Jura 1980, 186
Dauner-Lieb/Dötsch, Ein „Kaufmann" als „Verbraucher"? – Zur Verbrauchereigenschaft des Personengesellschafters, DB 2003, 1666
Deckers, Sind Kosten der Rückabwicklung des Kaufvertrages Vertragskosten i.S. von § 467 S. 2 BGB?, NJW 1997, 158
Ebenroth, Der Finanzierungs-Leasing-Vertrag als Rechtsgeschäft zwischen Miete und Kauf, JuS 1978, 588
Ebenroth, Das Recht der Leistungsstörungen beim Leasing, Jus 1985, 425
Eckert, Miete, Pacht und Leasing im neuen Insolvenzrecht, ZIP 1996, 897
Eckert, Übernahmebestätigung beim Leasing, ZIP 1987, 1510
Emmerich, Das Verbraucherkreditgesetz, JuS 1991,701
Emmerich, Grundprobleme des Leasings, JuS 1990, 1
Engel, Die rechtliche Behandlung von Leasing-Geber und Leasing-Nehmer in der Insolvenz, FLF 2005, 272
Engel, Zum außerordentlichen Kündigungsrecht des Leasinggebers im privaten Kfz-Leasing-Geschäft wegen Zahlungsverzuges des Leasingnehmers, BB-Beilage Nr. 6/1997, 23
Faustmann, Erneut Änderung des gesetzlichen Belehrungsmusters erforderlich – im Fernabsatz kein Wertersatz bei Widerruf?, ZGS 2009, 502
Fehl, Gewährleistung beim Finanzierungsleasing, BB-Beilage Nr. 6/1988, 22
Feldhahn, Die Anwendung des Leasing-Erlasses bei der Überlassung von Software, DStR 1985, 336
Flume, DB 1972, 1 ff., 53 ff., 105 ff., 152 ff. Leasing in zivilrechtlicher und steuerrechtlicher Sicht
Gebler/Müller, Finanzierungsleasing: Die Auswirkungen der Schuldrechtsreform und neuere Entwicklungen in der Vertragspraxis, ZBB 2002, 111
Gsell, Zahlungsverweigerung des Leasingnehmers und mängelbedingter Rücktritt vom Kaufvertrag, ZJS 2010, 540
Hiddemann, Die Rechtsprechung des Bundesgerichtshofs zum Leasingvertrag, WM 1978, 834
Hoffmann, Spezielle Informationspflichten im BGB und ihre Sanktionierung, ZIP 2005, 829
Junker, Die Entwicklung des Computerrechts in den Jahren 2004/2005, NJW 2006, 2819
Knebel, Zur typologischen Einordnung des Leasingvertrages, WM 1993, 1026
Knöfel, Auf dem Weg zu einem neuen Schuldrecht für den Fernabsatz von Finanzdienstleistungen, ZGS 2004, 182
Knops, Rügepflicht beim Handelskauf und Leasingvertrag, JuS 1994, 110
Kilian, Vertragsgestaltung und Mängelhaftung bei Computersoftware, CR 1986, 187
Kulke, Das Gesetz zur Umsetzung der Verbraucherkreditrichtlinie, des zivilrechtlichen Teils der Zahlungsdienstrichtlinie sowie zur Neuordnung der Vorschriften über das Widerrufs- und Rückgaberecht – Teil 2, VuR 2009, 373
Langer, Haftungsausschluss und Haftungsbegrenzung gegenüber Unternehmen im allgemeinen Geschäftsverkehr, WM 2006, 1233
Leenen, Die Pflichten des Leasing-Gebers, AcP 190 (1990), 260
Lehmann, Das neue Software-Vertragsrecht – Verkauf und Lizenzierung von Computerprogrammen, NJW 1993, 1822
Lieb, Das Leitbild des Finanzierungs-Leasing im Spannungsfeld von Vertragsfreiheit und Inhaltskontrolle, DB 1988, 946
Lieb, Gewährleistung beim reinen Finanzierungs-Leasing, DB 1988, 2495

Lieb, Zur Risikoverteilung bei Finanzierungsleasingverträgen, insbesondere mit Kaufleuten, WM-Beilage Nr. 6/1992
Martinek/Oechsler, Die Unanwendbarkeit des Verbraucherkreditgesetzes auf Leasingverträge ohne Vollamortisationspflicht, ZIP 1993, 81
Martis/Meinhof, Voraussetzungen des Widerrufs nach § 355 BGB, MDR 2004, 4
Meier/Wehlau, Die zivilrechtliche Haftung für Datenlöschung, Datenverlust und Datenzerstörung, NJW 1998, 1587
Messner, Drum prüfe, wer sich ewig bindet – Die Wertersatzverpflichtung des Verbrauchers bei Widerruf im Warenfernabsatz nach EuGH v. 3.9.2009 – C-489/07, ZGS 2009, 539
Moritz, Überlassung von Programmkopien – Sachkauf oder Realakt in Vertrag sui generis?, CR 1994, 257
Mülbert, Außengesellschaften – manchmal ein Verbraucher?, WM 2004, 905
Müller, Die Umgehung des Rechts des Verbrauchergüterkaufs im Gebrauchtwagenhandel, NJW 2003, 1975
Müller-Sarnowski, Die „vertragsgemäße Rückgabe des Leasingfahrzeuges", DAR 1997, 142
Müller-Sarnowski, Privat-PKW-Leasingverträge und das neue Verbraucherkreditgesetz, DAR 1992, 81
Omlor, Finanzierungsleasing unter der neuen Verbraucherkreditrichtlinie, NJW 2010, 2694
Paschke, Fragen des Null-Leasing, dargestellt am Beispiel des privaten Kfz-Leasing, BB 1987, 1193
Peters, Refinanzierung bei Mobilienleasing und Insolvenz des Leasinggebers, ZIP 2000, 1759
Pfeiffer, Vom kaufmännischen Verkehr zum Unternehmensverkehr – Die Änderungen des AGB-Gesetzes durch das Handelsrechtsreformgesetz, NJW 1999, 169
Prasse, Existenzgründer als Unternehmer oder Verbraucher? – Die neue Rechtsprechung des BGH, MDR 2005, 961
Prasse, Uneingeschränkte Inhaltskontrolle der AGB bei Franchiseverträgen?, ZGS 2002, 354
Reiner/Kaune, Die Gestaltung von Finanzierungsleasingverträgen nach der Schuldrechtsreform, WM 2002, 2314
Reinking, Auswirkungen der geänderten Sachmängelhaftung auf den Leasingvertrag, ZGS 2002, 229
Reinking, Der Leistungsort der Nacherfüllung im Kauf- und Werkvertragsrecht, NJW 2008, 3608
Reinking, Der Nacherfüllungsanspruch auf Lieferung eines mangelfreien Fahrzeugs im Rahmen des Kfz-Leasingvertrages, DAR 2002, 496
Reinking, Die Änderungen des Kreditvertragsrechts und ihre Auswirkungen auf die Finanzierung und das Leasing von Kraftfahrzeugen, DAR 2010, 252
Reinking, Die Auswirkungen der Schuldrechtsreform auf das private Kraftfahrzeugleasing, DAR 2002, 145
Schloßer, Mietkauf – Rechtmäßigkeit der klausularmäßigen Abwälzung der Sach- und Preisgefahr, MDR 2003, 70
Schmitz, Voller Schadensersatzanspruch der Leasingfirma gegen den Unfallgegener auch bei Mitverschulden des eigenen Fahrers? NJW 1994, 301
Schneider, „Ablieferung" bei Softwareüberlassungsverträgen, CR 1994, 385
Scholz, Grenzen der Anwendung des Verbraucherkreditgesetzes auf Existenzgründungskredite, DB 1993, 261
Schwemer, Leasing in der Insolvenz, ZMR 2000, 348
Seifert, Verbraucherkreditgesetz und Finanzierungsleasing, FLF 1991, 54
Sester, US-Cross-Border-Leasing: Eine Risikoanalyse – unter besonderer Berücksichtigung des US-Trusts und aus deliktsrechtlichen Klagen in den USA, WM 2003, 1833
Skusa, Anwendbarkeit der Verbraucherschutzvorschriften auf Leasing- und Mietkaufverträge, NJW 2011, 2993
Teubner/Lelley, Die Pfändbarkeit und Verwertung von leasingvertraglichen Nutzungsrechten und Verkaufsoptionen, ZMR 1999, 151

Tiedtke, Schadensersatzansprüche des Leasinggebers wegen verspäteter Rückgabe der Leasingsache, ZIP 1989, 1437
Tiedtke/Möllmann, Auswirkungen der Schuldrechtsreform im Leasingrecht, DB 2004, 583
Weber, Die Entwicklung des Leasingrechts von Mitte 2005 bis Mitte 2007, NJW 2007, 2525
Weber, Die Entwicklung des Leasingrechts von Mitte 2003 bis Mitte 2005, NJW 2005, 2195
Weber, Die Entwicklung des Leasingrechts von Mitte 2001 bis Mitte 2003, NJW 2003, 2348
Woitkewitsch, Verbrauchergerichtsstand bei Widerruf auf Grund Fernabsatzgeschäfts, CR 2006, 284
Woitkewitsch, Rügeobliegenheit bei Verbrauchsgüterkauf, MDR 2005, 841
Woitkewitsch, Nutzungsersatzanspruch bei Ersatzlieferung?, VuR 2005, 1
Wotschofsky/Reisinger, Rahmenbedingungen grenzüberschreitender Leasinggestaltungen, NWB 2003, S. 2959
Zahn, Der kaufrechtliche Nacherfüllungsanspruch – ein Trojanisches Pferd im Leasingvertrag?, DB 2002, 985
Zahn, Schuldbeitritt zum Leasingvertrag nach dem Verbraucherkreditgesetz, DB 1992, 1029

A. Grundlagen des Leasing

Rechtliche Probleme treten in der Leasingpraxis nicht selten deshalb auf, weil es zu Zuordnungsproblemen im Rahmen des leasingspezifischen Drei-Personenverhältnisses kommt, die Einbewertung des Leasingvertrages als Vertrag sui generis und die Anwendung der einschlägigen gesetzlichen Vorschriften nicht gelingt oder die einzelnen Vertragstypen vermengt werden. Denn für die rechtliche Beurteilung sind stets der

- Leasingvertrag zwischen Leasinggeber und Leasingnehmer sowie
- der Liefervertrag zwischen Leasinggeber und Lieferant

zu unterscheiden. Aufgrund der leasingspezifischen Abtretungskonstruktion ist der Übergang zwischen Kauf- und Mietrecht fließend und führt nicht selten in der Praxis zur Anwendung der unzutreffenden Rechtsgrundlagen. Da das Leasingrecht als Richterrecht einer ständigen Fortentwicklung unterliegt, treten in der Praxis neue, an das Leasing angelehnte Erscheinungsformen auf. An dieser Stelle sei auszugsweise auf den Mietkauf verwiesen, bei dem der Mietkäufer das Wirtschaftsgut am Ende der Laufzeit zum Eigentum erwerben soll und sich aufgrund der vertraglichen Regelungen eine Mischform zwischen Kauf unter Eigentumsvorbehalt und Leasing zeigt. Insgesamt hat sich bisher nur zum Teil eine gefestigte – die Rechtssicherheit gewährleistende – Rechtsprechung herausgebildet.

I. Rechtsnatur des Leasingvertrages

Eine Kodifikation des Leasingrechts bzw. des Leasingvertrages wurde vom deutschen Gesetzgeber – weder im Zuge der Schuldrechtsmodernisierung noch im Rahmen der Überarbeitung der sonstigen Finanzierungshilfen – vorgenommen. Eingefügt wurden im Rahmen der Schuldrechtsreform in den Besonderen Teil des Schuldrechts die §§ 499 Abs. 2, 500 BGB (seit dem 11.06.2011 § 506 BGB), die den Finanzierungsleasingvertrag erwähnten, ohne diesen zu definieren. Mit der Umsetzung der Verbraucherkreditrichtlinie 2008 zum 11.06.2010 entfiel selbst die Terminologie des Finanzierungsleasingvertrages aus dem Gesetz.

Das Leasingrecht wird daher in der Praxis durch Allgemeine Leasingbedingungen geprägt. Folglich ist in der praktischen Handhabung die rechtliche Qualifikation für eine Inhaltskontrolle nach § 307 Abs. 1 und 2 BGB unumgänglich.[1] Darüber hinaus ist für die Bearbeitung rechtlicher Fragen im Rahmen der Insolvenz und der Zwangs-

1 Graf von Westphalen, Der Leasingvertrag, Kap. B, Rn. 1, S. 114.

vollstreckung, vor allem aber im Steuer- und Bilanzrecht, eine Bestimmung des Leasingvertrags unerlässlich.[2]

Aus der Tatsache, dass der Gesetzgeber andere „moderne Vertragstypen", wie den Überweisungs- und Girovertrag, gesetzlich definiert und geregelt hat, kann gefolgert werden, dass der Gesetzgeber keine grundlegenden Änderungen an dem durch die Rechtsprechung geprägten Leasingrecht durch die Schuldrechtsreform 2002 bzw. im Rahmen der Überarbeitung der §§ 506 ff. BGB beabsichtigt hat.[3] Damit bleibt die vor zuvor ergangene Rechtsprechung zum Leasing anwendbar. Die Kernaussagen des Bundesgerichtshofes zur Rechtsnatur des Leasingvertrages lassen sich wie folgt zusammenfassen:

Nach stetiger Rechtsprechung des Bundesgerichtshofs[4], der Instanzgerichte[5] und nach herrschender Meinung in der Literatur[6] ist der Leasingvertrag als ein Dauerschuldverhältnis zu qualifizieren, welches der Miete sehr ähnlich ist und auf das in erster Linie die **Bestimmungen des Mietrechts** (§§ 535 ff. BGB), insbesondere auch die Kündigungsvoraussetzungen des § 543 BGB[7], Anwendung finden.

Bei der Beurteilung von Rechtsfragen sind die mietrechtlichen Vorschriften anwendbar; es müssen jedoch die leasingspezifischen Besonderheiten beachtet werden.

Als Ausfluss der Finanzierungsfunktion schuldet der Leasingnehmer – neben der Pflicht zur Zahlung der Leasingraten – leasingtypisch die Vollamortisation (Garantiepflicht) des Leasinggebers.[8]

Die Finanzierungsfunktion des Leasing rechtfertigt es – nach dem „Leitbild des Leasing-Vertrages"[9] – Abweichungen vom Mietrecht mittels modifizierender AGB-Klauseln anzuerkennen.[10]

---

2 Martinek/Stoffels/Wimmer-Leonhardt, Handbuch des Leasingrechts, 2. Kapitel, § 4, Rn. 1, S. 33 f.

3 Beckmann, Finanzierungsleasing, § 1, Rn. 41.

4 BGH NJW 1977, 195 f.; NJW 1977, 847 f.; BGH WM 1978, 510; BGH ZR VIII 85/05; BGH vom 02.11.1988, NJW 1989, 460; BGH vom 19.09.1981, BB 1981, 2093 ff.; BGH vom 02.12.1981, DB 1982, 428; BGH vom 28.10.1981, MDR 1982, 485 ff.; BGH vom 04.11.1990, NJW 1990, 3016 ff.; BGH NJW 2002, 133, 135.

5 Exemplarisch: OLG Düsseldorf vom 02.12.2003; OLGR 2004, 267.

6 Graf von Westphalen, Der Leasingvertrag, Kap. B, Rn. 2 ff., S. 114 ff.; Staudinger, Leasing, Rn. 17; Graf von Westphalen, BB 1988, 1829; Erman/Jendrek, Anh. § 535, Rn. 15; Reinicke/Tiedke, BB 1982, 1142; Flume, DB 1972, 3 ff.; Sannwald, Der Finanzierungsvertrag über bewegliche Sachen mit Nichtkaufleuten, S. 89; Seifert, DB-Beilage 1/83, S. 2 ff.; Berger, Typus und Rechtsnatur des Herstellerleasing, S. 48 ff.; Döllerer, BB 1971, 535 ff.; Emmerich, JuS 1990, 1 ff.; Hiddemann, WM 1978, 834 ff.; Blomeyer, NJW 1978, 973; Knebel, WM 1993, 1026; Brunotte, DroZ 1990, 396 ff.; Meilicke, BB 1964, 691.

7 Martinek/Stoffels/Wimmer-Leonhardt, Handbuch des Leasingrechts, 2. Kapitel, § 4, Rn. 15, S. 38 f.

8 BGH NJW 1982, 105 f.

9 BGH NJW 1982, 1747, 1748.

10 BGH Urteil vom 30.09.1987 – VIII ZR 226/86 = WM 1987, 1338.

Der Leasingvertrag wird darüber hinaus im Wesentlichen durch folgende Vertragsgestaltung geprägt:

Bei der leasingtypischen und zulässigen Freizeichnungs- und Abtretungskonstruktion schließt der Leasinggeber die mietrechtlichen Gewährleistungsansprüche des Leasingnehmers gegen sich aus.[11] Im Gegenzug tritt der Leasinggeber seine kaufrechtlichen Gewährleistungsansprüche gegen den Lieferanten gemäß § 398 BGB an den Leasingnehmer ab. Zudem wird – abweichend vom Mietrecht – vereinbart, dass der Leasingnehmer die Gefahr der zufälligen Verschlechterung bzw. des Untergangs des Leasingobjektes trägt.

Ist die leasingspezifische Freizeichnung unwirksam, hat der Leasingnehmer mietrechtliche Gewährleistungsansprüche gegen den Leasinggeber.

Die Bezeichnung des Vertrages ist – grundsätzlich – nicht maßgeblich.

1. Grundsatz: Beurteilung nach Mietrecht

Der Leasingvertrag ist als ein Dauerschuldverhältnis zu qualifizieren, welches der Miete sehr ähnlich ist und auf das in erster Linie die Bestimmungen der Mietrechts Anwendung finden, §§ 535 ff. BGB.[12]

Die Anwendung der mietrechtlichen Vorschriften auf den Leasingvertrag ist gerechtfertigt, da der Leasingvertrag durch die **zeitlich begrenzte Gebrauchsüberlassung eines vom Leasinggeber eigens dafür anzuschaffenden Wirtschaftsgutes gegen Abdeckung des Gesamtaufwandes durch die Zahlung der Leasingraten charakterisiert** wird.[13] Darüber hinaus ist der Leasingvertrag durch den gegebenenfalls verbleibenden, nutzbar zu machenden Restwert, sowie durch die Freizeichnung des Leasinggebers von der eigenen Sachmängelhaftung bei Abtretung der kaufrechtlichen Gewährleistungsansprüche gekennzeichnet.[14] Der Leasinggeber schließt somit im Rahmen des typischen Leasingvertrages die mietrechtlichen Gewährleistungsansprüche gegen sich aus und wälzt die Sach- und Preisgefahr auf den Leasingnehmer ab. Die kaufrechtlichen Gewährleistungsansprüche des Leasinggebers gegen den Lieferanten werden im Gegenzug an den Leasingnehmer abgetreten (leasingspezifische Freizeichnungs- und Abtretungskonstruktion). Für den Fall der wirksamen vertraglichen Vereinbarungen einer solchen Freizeichnungs- und Abtretungskonstruktion zwischen Leasinggeber und Leasingnehmer, ist der Leasinggeber – entge-

11 Martinek/Stoffels/Wimmer-Leonhardt, Handbuch des Leasingrechts, 8. Kapitel, § 21, Rn. 1, S. 204 f.

12 BGH NJW 1977, 195 f.; NJW 1977, 847 f.; BGH WM 1978, 510; BGH ZR VIII 85/05; Graf von Westphalen, Der Leasingvertrag, Kap. B, Rn. 2 ff., S. 114 ff. mit weiteren Verweisen.

13 BGH Urteil vom 23.02.1977 – VIII ZR 124/75 = BGHZ 68, 118, 123 = WM 1977, 447; Urteil vom 16.09.1981 – VIII ZR 265/80 = BGHZ 81, 298, 310 = WM 1981, 1219.

14 BGHZ 68, 118, 123; BGHZ 81, 298, 310.

gen der mietrechtlichen Regelung der §§ 535 Abs. 1 S. 2, 536 BGB – nicht verpflichtet, den Leasinggegenstand während der gesamten Vertragsdauer im vertragsgemäßen Zustand zu erhalten. Die Klassifizierung des Leasingrechts wird vor allem in den Fällen bedeutsam, in denen die Freizeichnung- bzw. Abtretungskonstruktion fehlschlägt und somit originäres Sekundarrecht, d.h. mietvertragliches Gewährleistungsrecht, im Verhältnis zwischen Leasinggeber und Leasingnehmer, Anwendung findet.[15] Demnach handelt es sich beim Leasing um eine entgeltliche Vermietung oder Verpachtung von Investitionsgütern oder langlebigen Gütern, die wirtschaftlich selbständig verwertbar und nutzbar sind. Auf solche Dauerschuldverhältnisse finden seit dem 01.01.2003 gemäß Artikel 229 § 5 Satz 2 EGBGB die aktuellen schuldrechtlichen Vorschriften Anwendung, auch wenn der Vertrag vor dem 01.01.2002 begründet wurde. Dies gilt nicht, wenn die Laufzeit des Vertrages bereits vor dem 01.01.2003 endete, folglich der Vertrag mit den Hauptpflichten erfüllt wurde.[16]

2. Grundsatz: Leasing als atypischer Mietvertrag (Modifikation des Mietrechts)

Bei der Beurteilung von Rechtsfragen sind grundsätzlich die mietrechtlichen Vorschriften anwendbar; es müssen jedoch die leasingspezifischen Besonderheiten aufgrund der Finanzierungsfunktion beachtet werden.

Abweichend vom Mietrecht schuldet der Leasingnehmer – neben den Leasingraten – nach den „erlasskonformen Leasingvertragstypen"[17] die Vollamortisation des Leasinggebers als selbständige Garantiepflicht. Dieser Vollamortisationsanspruch setzt sich aus dem Restwert, den Leasingraten, den Finanzierungskosten und den Verwaltungskosten des Leasinggebers zusammen.

Aufgrund der weitgehenden Abweichungen im Leasingvertrag zu den mietrechtlichen Vorschriften spricht der Bundesgerichtshof vom „Leitbild des Mietrechts in der Sonderform des Leasingvertrages".[18] Folglich sind die vereinbarten Leasingraten nicht nur Entgelt für eine zeitlich begrenzte Gebrauchsüberlassung, sondern gleichzeitig der Ausgleich für die vom Leasinggeber erbrachte Finanzierungs- und Anschaffungsleistung. Vor allem schuldet der Leasingnehmer bei „erlasskonformen Leasingvertragstypen"[19] aufgrund der Finanzierungsfunktion – im Unterschied zum Mietrecht – „stets volle Amortisation der Gesamtkosten des Leasinggebers", da

---

15 Vgl. Kapitel F. Hierzu BGH VIII ZR 85/05 = NJW 2006, 1066: *„In diesem Fall stehen dem Leasingnehmer mit Verbrauchereigenschaften mietrechtliche Gewährleistungsansprüche gegen den Leasinggeber zu."*

16 Beckmann, Finanzierungsleasing, § 1, Rn. 44.

17 BGH NJW 1985, 2255.

18 BGH NJW 1982, 870.

19 BGH NJW 1985, 2253, 2255.

es „zum Wesen jeglicher Finanzierung [gehört], dass die eingesetzten Mittel an den Kapitalgeber zurückfließen“[20]. Klauseln zur Sicherung der Vollamortisation lauten:

> „LG und LN sind sich darüber einig, dass die während der unkündbaren Grundmietzeit zu zahlenden Leasing-Raten nicht die gesamten Herstellungs-, Anschaffungs-, Neben- und Finanzierungskosten sowie den Gewinn des LG (Vollamortisation) abdecken. Deshalb garantiert der LN dem LG die Restwertzahlung, die an dem auf das Ende der Vertragslaufzeit folgenden ersten Tag zur Zahlung fällig wird. Aus diesem Grund ist der Leasingnehmer auch dann verpflichtet das Andienungsrecht des Leasinggebers anzunehmen, wenn das Leasinggut – bei Ausübung des Andienungsrechts – einen geringeren Verkehrswert/Zeitwert aufweist, als in der „Restwertzahlung“ verkörpert. Zur Ausübung des Andienungsrechts ist der Leasinggeber nicht verpflichtet.“

Darüber hinaus schuldet der Leasingnehmer die Vollamortisation des Leasinggebers bei einer vom Leasingnehmer veranlassten Kündigung. Klauseln hierzu lauten oftmals:

> „Im Falle einer vom LN veranlassten fristlosen Kündigung durch den LG, bei vorzeitiger, einvernehmlicher Beendigung des Vertrages ohne Sonderregelung sowie bei Kündigung wegen Tod des LN hat der LN bzw. haben dessen Erben dem LG Schadensersatz zu leisten, der durch die vorzeitige Vertragsbeendigung entsteht. Dabei hat der LG stets Anspruch auf Vollamortisation. Der Vollamortisationsanspruch setzt sich zusammen aus dem abgezinsten kalkulierten Restwert, den abgezinsten offenen Leasingraten bis zum vertragsgemäßen Leasinggegenstand sowie ggf. einer vom Leasinggeber zu entrichtenden Vorfälligkeitsentschädigung, anfallenden Bankgebühren und angefallenen Verzugszinsen bis zum Abrechnungszeitpunkt abzüglich ersparter Finanzierungskosten. Die Abzinsung erfolgt zu dem Zinssatz, der dem Refinanzierungssatz bei Vertragsbeginn entspricht. Abgezinst werden jeweils nur die Netto-Werte (ohne Mehrwertsteuer). Beim kalkulierten Restwert handelt es sich um den entweder vertraglich festgelegten oder, wenn eine vertragliche Festlegung nicht erfolgt ist, vom Leasinggeber kalkulierten, am Ende der Leasingzeit zu erwartenden Erlös des Leasinggegenstandes.“

Dieser Vollamortisationsanspruch des Leasinggebers wird vom Bundesgerichtshof als leasingtypisch anerkannt und als weitere Hauptpflicht neben der „Mietzahlung“ und der Gebrauchsüberlassung angesehen.[21] Die Finanzierungsleistung und die Fremdbestimmtheit des Leasingobjektes rechtfertigt in einzelnen Fragen eine Abweichung von der Anwendung des in erster Linie maßgeblichen Mietrechts, so etwa

- bei der Verteilung der Sach- und Preisgefahr[22],
- bei der Gewährleistungsregelung[23] und
- bei den Rechtsfolgen einer ordentlichen oder außerordentlichen Vertragsbeendigung vor Ablauf der vorgesehenen Leasingzeit.[24]

---

20 BGH NJW 1985, 2253, 2255.

21 BGH NJW 1982, 105 f.

22 BGH Urteil vom 30.09.1987 – VIII ZR 226/86 = NJW 1988, 198 = WM 1987, 1338.

23 BGH Urteil vom 17.12.1986 – VIII ZR 279/85 = WM 1987, 349; BGHZ 68, 118, 123; 81, 198, 302.

24 BGH Urteil vom 28.10.1981 – VIII ZR 302/80 = BGHZ 82, 121, 131 = WM 1981, 1378; BGH Urteil vom 12.06.1985 – VIII ZR 148/84 = BGHZ 95, 39, 47 ff., 52 f. = WM 1985, 860.

Die Besonderheiten gegenüber dem allgemeinen Mietrecht haben den Bundesgerichtshof veranlasst, AGB-Klauseln, die von den §§ 535 ff. BGB abweichen, für angemessen zu erachten und modifizierende Rechtsfolgen anzuerkennen.[25] Damit kommt es zu einer Modifikation des Leasingvertrages als Mietvertrag sui generis.[26]

3. Grundsatz: Keine Anwendung kaufrechtlicher Vorschriften auf Leasingverträge

Die kaufrechtlichen Vorschriften sowie die Verbrauchsgüterkaufrichtlinie (VerbrGKRL) sind weder direkt noch analog, noch aus Wertungsgesichtspunkten auf den Leasingvertrag anwendbar, da diese Verträge in ihrem Wesen verschieden sind. Die §§ 474 ff. BGB finden auf Leasingverträge keine Anwendung.
Ein zwischen einem Unternehmer als Leasinggeber und einem Verbraucher als Leasingnehmer abgeschlossener Leasingvertrag ist kein Umgehungsgeschäft im Sinne des § 475 Abs. 1 S. 2 BGB.[27]
Beim Kauf findet eine endgültige Zuordnung des Kaufgegenstandes beim Käufer statt, während der Leasingvertrag eine Gebrauchsüberlassung auf Zeit darstellt.

a. Keine Anwendbarkeit der §§ 474 ff. BGB

Der Bundesgerichtshof untersuchte zum einen, ob auf den Leasingvertrag kaufrechtliche Vorschriften bzw. zumindest Grundsätze des Kaufrechts anzuwenden sind und zum anderen, in welchem Umfang sich im Verhältnis zwischen Leasinggeber und Leasingnehmer als Verbraucher die Vorschriften des Verbrauchsgüterkaufrechts nach den §§ 474 ff. BGB auswirken. Schließlich wurde auch eine Umgehung i.S.d. § 475 Abs. 1 S. 2 BGB geprüft. Die in der Vergangenheit geführten Diskussionen in der Literatur über die rechtliche Qualifikation des Leasingvertrages haben dadurch an

25 BGH Urteil vom 30.09.1987 – VIII ZR 226/86 = WM 1987, 1338. Hierzu auch BGH VIII ZR 226/86 = BGH NJW 1988, 198: *„Die dem Leasinggeber treffende Gebrauchsüberlassungspflicht beschränkt sich nach der Übergabe der Sache an den Leasingnehmer, sofern die Sach- und Gegenleistungsgefahr vertraglich auf diesen abgewälzt ist, auf die Verpflichtung, den Leasingnehmer nicht im Gebrauch zu stören und ihn bei Störungen durch Dritte zu unterstützen.“*

26 Zu diesen Abweichungen der BGH: BGH VIII ZR 265/80: *„Bei einem Finanzierungsleasingvertrag gehört es typischerweise zur formularmäßigen Ausgestaltung der Gewährleistung, dass der Leasinggeber sich von der ihn treffenden Gewährleistungspflicht, §§ 537 ff. BGB [alte Fassung, nunmehr §§ 536 ff. BGB], freizeichnet und zum Ausgleich dafür dem Leasingnehmer diejenigen kaufrechtlichen Gewährleistungsrechte abtritt, die ihm selbst gegen den Hersteller bzw. Lieferanten der Leasingsache zustehen. Diese Regelung der Gewährleistungspflicht nach kaufrechtlichem Vorbild – so, als sei der Leasingnehmer selbst Käufer der Leasingsache – gibt dem Finanzierungsleasing sein typisches vom Leitbild des Mietvertrages abweichendes Gepräge.“*
BGH VIII ZR 175/90: *„Dass durch eine solche formularmäßige Freizeichnung von der eigenen Gewährleistungspflicht der Leasinggeber den Leasingnehmer nicht unangemessen rechtlos stellt, entspricht gefestigter Rechtsprechung des Bundesgerichtshofs.“*

27 BGH Urteil vom 21.12.2005 – VIII ZR 85/05 = NJW 2006, 1066.

Aktualität gewonnen, da vom Bundesgerichtshof ausdrücklich offen gelassen wurde, ob der Leasinggeber dem Leasingnehmer als Verbraucher nach Maßgabe des § 475 Abs. 1 S. 2 BGB die Rechte des § 437 BGB verschaffen muss.[28] Folge einer solchen Pflicht des Leasinggebers wäre, dass sämtliche Versuche der Leasinggeber, den Nacherfüllungsanspruch auf die Reparatur zu reduzieren oder Gewährleistungsrechte zu beschränken, fehlschlagen würden, was sich auf eine Vielzahl bestehender Leasingverträge auswirken würde. Dies gilt insbesondere bei gebrauchten Leasinggütern, bei denen eine Umsetzung solcher Vorgaben für die Leasinggesellschaft kaum möglich sein dürfte. Entscheidend ist, inwieweit der Leasingvertrag als atypischer Mietvertrag nicht auch kaufrechtliche Elemente beinhaltet, die eine Anwendbarkeit der kaufrechtlichen Vorschriften über den Verbrauchsgüterkauf nach Maßgabe der §§ 474 ff. BGB rechtfertigen.

Der Bundesgerichtshof hat klargestellt, dass auf den Leasingvertrag ausschließlich Mietrecht anzuwenden ist. Ein Kaufvertrag liegt dagegen, selbst bei wirtschaftlicher Betrachtung, nicht vor.[29] Damit hat der Bundesgerichtshof der Einordnung des Leasingvertrages als Kaufvertrag eine klare Absage erteilt, worin ihm uneingeschränkt zuzustimmen ist. Die §§ 474 ff. BGB finden somit weder unmittelbar noch mittelbar Anwendung. Ein Umgehungsgeschäft nach § 475 Abs. 1 S. 2 BGB ist beim Leasing ebenfalls nicht anzunehmen. Damit ist auch die Frage, welche Gewährleistungsrechte der Leasinggeber dem Leasingnehmer zur Wirksamkeit des Ausschlusses der eigenen mietrechtlichen Gewährleistung abtreten muss, keine Frage des § 475 BGB, sondern einzig und allein eine solche des § 307 Abs. 1 BGB.[30] Müssen in der Leasingpraxis Vertragsregelungen zwischen Leasinggeber und Leasingnehmer überprüft werden, ist daher im Zusammenhang mit § 307 Abs. 2 BGB zu berücksichtigen, dass dies nach dem Leitbild des Mietvertrages zu erfolgen hat. Kaufrecht findet in diesem Verhältnis keine Anwendung. Zudem ist stets die Finanzierungsfunktion des Leasinggebers bei der rechtlichen Beurteilung zu beachten. Leasingvertrag und Kaufvertrag sind ihrem Wesen nach verschieden. Entscheidender Unterschied zwischen

---

28 Graf von Westphalen, Muster für Leasingverträge, S. 20.

29 Hierzu der BGH ausdrücklich (BGH Urteil vom 21.12.2005 – VIII ZR 85/05 = NJW 2006, 1066):
„§ 475 I 1 BGB setze einen Verbrauchsgüterkauf voraus. Unzweifelhaft habe der Kläger [Leasingnehmer] von dem Beklagten [Lieferant/Hersteller] nichts gekauft. Dass der Leasinggeber dem Leasingnehmer im Rahmen der leasingtypischen Abtretungskonstruktion (s.u. unter II. 1 a) seine kaufrechtlichen Gewährleistungsansprüche gegen den Lieferanten der Leasingsache abtritt, rechtfertigt keine andere Beurteilung.“
„[Die] Abtretung erfolgt nach der zutreffenden Ansicht des Berufungsgerichts nicht, um den Leasingnehmer wieder eine ihm eigentlich zukommende Käuferposition zu verschaffen, die ihm durch den Leasingvertrag mit dem Leasinggeber entgangen ist, sondern dient allein dem Zwecke, den vom Leasinggeber angestrebten Ausschluss seiner mietrechtlichen Gewährleistung auszugleichen und damit in rechtlicher Hinsicht zu ermöglichen.“

30 Wohl a.A. Graf von Westphalen, Muster für Leasingverträge, S. 20/21.

Kauf- und Leasingvertrag ist, dass beim Kaufvertrag das Wirtschaftsgut dauerhaft dem Käufer zuzuordnen ist, während beim Leasing der Leasinggeber das Eigentum behält und die Nutzungsmöglichkeit des Leasingnehmers nur während der Leasingzeit, also zeitlich beschränkt, besteht.[31] Die als synallagmatische Hauptleistungspflicht anzusehende Gebrauchsüberlassung des Leasinggebers gegen Zahlung von Leasingraten rechtfertigt eine primäre Einordnung des Leasingvertrages in die mietrechtlichen Vorschriften und dem damit einhergehenden mietrechtlichen Sekundärrecht.[32] Daran ändert die Tatsache nichts, dass die periodischen Leasingraten nicht lediglich Entgelt im Sinne der Miete nach § 535 Abs. 2 BGB für die Gebrauchsüberlassung darstellen, sondern die Finanzierungsleistung des Leasinggebers berücksichtigen. In der Kalkulation der Leasingraten befinden sich nicht nur das Entgelt für die begrenzte Gebrauchsüberlassung der Leasingsache, sondern vor allem die Kosten für die Refinanzierung, die Verwaltung, das Ausfallrisiko und der Gewinn des Leasinggebers.[33] Mag unter wirtschaftlichen Gesichtspunkten der Leasingnehmer das Leasing oftmals primär als Finanzierungsmittel einsetzen – was auf eine kaufrechtliche Einordnung hindeuten könnte – reduziert sich nach Auffassung der Rechtsprechung der rechtliche Gehalt des Leasingvertrages nicht auf die Finanzierungsfunktion. Diese steht in rechtlicher Hinsicht nicht im Vordergrund[34], so dass eine kaufrechtliche Einordnung des Leasingvertrags nicht auf die Finanzierungsfunktion gestützt werden kann. Jedoch darf der Leasingvertrag – vor allem im Rahmen des Verbraucherschutzes – als Finanzierungsgeschäft nicht unberücksichtigt gelassen werden. Trotz der in der Literatur teilweise vorgebrachten Einwände gegen die Zuordnung des Leasingvertrages als atypischer Mietvertrag, sprechen die überwiegenden Gesichtspunkte für eine derartige Qualifikation nach Maßgabe des Bundesgerichtshofes und gegen eine Umgehung nach § 475 Abs. 1 S. 2 BGB. In Bezug auf diese Klauseln ist zu beachten, dass dem Leasingnehmer im Rahmen seiner Mängelrechte gegen den Lieferanten aus abgetretenem Recht nur diejenigen kaufrechtlichen Gewährleistungsrechte zustehen, die der

---

31 Nach der zutreffenden Feststellung des BGH (Urteil vom 21.12.2005 – VIII ZR 85/05 = NJW 2006, 1066) ist Folgendes zu berücksichtigen: „*Das Finanzierungsleasinggeschäft erfahre seine rechtliche Ausgestaltung, um der leasingtypischen Interessenlage der Beteiligten Rechnung zu tragen und nicht um die Händlerhaftung beim Kauf zu vermeiden. Das Finanzierungsleasing sei eine Finanzierungshilfe, durch die einem Verbraucher wie dem Kläger die Nutzung beispielsweise eines Fahrzeugs gegen Entgelt ermöglicht werde, ohne dass er die Sache erwerben und hierzu den Kaufpreis aufbringen müsse. Er trete in eine überwiegend mietvertraglich geprägte Beziehung zum Leasinggeber. Dieser handle bei dem Erwerb des Leasinggutes nicht für den Verbraucher, sondern wolle sein vom Kauf grundlegend verschiedenes Geschäft zum Abschluss bringen. Die Abtretung kaufvertraglicher Gewährleistungsansprüche an den Leasingnehmer geschehe vor diesem Hintergrund, um sich von der eigenen Sachmängelhaftung freizuzeichnen*“.

32 BGH NJW 1995, 1021.

33 BGH NJW 1995, 1021; BGH Urteil vom 11.01.1995.

34 Graf von Westphalen, Der Leasingvertrag, Kap. B, Rn. 4, S. 115 f.

Leasinggeber aus seinem Kaufvertrag gegen den Lieferanten hatte. Damit findet § 476 BGB keine Anwendung, da der Leasinggeber stets Unternehmer ist und er nur die Rechte an den Leasingnehmer abtreten kann, die ihm zustehen (Identitätswahrung der Abtretung).[35]

b. Anwendbarkeit des § 439 Abs. 4 BGB

Des Weiteren stellt sich die Frage des Nutzungsersatzes bei einer Nacherfüllung und die Anwendbarkeit des § 439 Abs. 4 BGB. Der Europäische Gerichtshof stellte mit seiner Entscheidung vom 26.11.2008 fest, dass bei einem Verbrauchsgüterkauf die Vorschrift des § 439 Abs. 4 BGB zu Lasten eines Verbrauchers nicht mit Art. 3 § 2 der Verbrauchsgüterkaufrichtlinie vereinbar sei, da die Nacherfüllung unentgeltlich zu erfolgen habe. Folgerichtig habe ein Verbraucher, der Nachlieferung begehrt, keinen Nutzungs- oder Wertersatz zu zahlen. In Folge dessen wird § 474 Abs. 2 BGB dahin gehend modifiziert werden, dass § 439 Abs. 4 BGB bei der Rückabwicklung und Nacherfüllung von Kaufverträgen keine Anwendung zu Lasten des Käufers findet, soweit dieser als Verbraucher den Kaufgegenstand von einem Unternehmer erworben hat.[36] Nunmehr wird teilweise unter Verweis auf diese Entscheidung vertreten, ein Leasingnehmer habe bei der Rückabwicklung eines Leasingvertrages aufgrund Widerrufs oder Rücktritts keinen Nutzungsersatz zu leisten, soweit dieser Verbraucher ist.[37] Dem kann in Anbetracht der oben dargestellten Grundsätze nicht gefolgt werden, da aufgrund der Wesensverschiedenheit von Leasing- und Kaufvertrag die kaufrechtlichen Vorschriften weder direkte noch analoge Anwendung finden. Auch die VerbrGKRL ist nur auf Kauf-, nicht aber auf Gebrauchsüberlassungsverträge anwendbar, weshalb der in Umsetzung dieser Richtlinie kodifizierte § 474 Abs. 2 Satz 1 BGB auf den Leasingvertrag keine Anwendung findet.

---

35 Palandt/Grüneberg, § 398, Rn. 1.

36 *„§ 439 Abs. 4 BGB ist unter Beachtung des Urteils des Gerichtshofes der Europäischen Gemeinschaft vom 17. April 2008 (Rs. C-404/06, NJW 2008, 1433 – Quelle AG/Bundesverband der Verbraucherzentralen und Verbraucherverbände) im Wege der richtlinienkonformen Rechtsfortbildung in Fällen des Verbrauchsgüterkaufs (§ 474 Abs. 1 Satz 1 BGB) einschränkend anzuwenden: Die in § 439 Abs. 4 BGB in Bezug genommenen Vorschriften über den Rücktritt (§§ 346 bis 348 BGB) gelten in diesen Fällen nur für die Rückgewähr der mangelhaften Sache selbst, führen hingegen nicht zu einem Anspruch des Verkäufers gegen den Käufer auf Herausgabe der gezogenen Nutzungen oder Wertersatz für die Nutzung der mangelhaften Sache.“* (BGH VIII 200/05 vom 26.11.2008).

37 Mitteilung des Deutschen Leasingverbandes vom 27.07.2008.

c. Überprüfung von Vertragsübernahmeklauseln

Von besonderer Relevanz bei der Überprüfung von AGB-Klauseln nach Maßgabe von Gebrauchsüberlassungsverträgen sind Vertragsübernahmeklauseln, die in der Leasingpraxis nicht selten zur Refinanzierung in den Leasingverträgen aufgenommen werden. Eine typische Klausel lautet:

> „Der LG ist berechtigt, seine Rechte und Pflichten – einschließlich des Eigentums – am LO aus dem Leasingvertrag an Dritte zu übertragen, mit der Folge, dass nach dieser Vertragsübernahme allein der Dritte Vertragspartner des LN ist. Der LN erklärt bereits jetzt seine unwiderrufliche Zustimmung zu dieser Vertragsübernahme. Gleiches gilt für eine Rückübertragung der Rechte und Pflichten aus dem Leasingvertrag an den LG durch den Dritten."

Solche Klauseln sind insbesondere an § 309 Nr. 10 BGB zu messen, der den Wechsel des Vertragspartners behandelt. Nach dieser Vorschrift ist unwirksam

> „eine Bestimmung, wonach bei Kauf-, Dienst oder Werkverträgen ein Dritter anstelle des Verwenders in die sich aus dem Vertrag ergebenden Rechte und Pflichten eintritt oder eintreten kann, es sei denn, in der Bestimmung wird a) der Dritte namentlich bezeichnet oder b) dem anderen Vertragsteil das Recht eingeräumt, sich vom Vertrag zu lösen."

Eine AGB-Klausel erfordert aufgrund des eindeutigen Gesetzeswortlautes nur bei Kauf-, Dienst- oder Werkverträgen eine namentliche Nennung des Dritten. Da der Leasingvertrag keinen solchen Vertrag darstellt, findet § 309 Nr. 10 BGB keine Anwendung.[38] Folglich kann bei Leasingverträgen nur über die Generalklausel des § 307 BGB die Wertung der in Deutschland nicht umgesetzten Richtlinie Art. III RL p) herangezogen werden. Hier wird teilweise undifferenziert darauf verwiesen, dass deren Wertung zu übernehmen sei. Sollte dem gefolgt werden, würde § 309 Nr. 10 BGB von dieser Wertung verdrängt werden, da hiernach jede Klausel unwirksam ist (auch bei namentlicher Nennung des Refinanzierers!), bei der „die Möglichkeit vorgesehen wird, dass der Vertrag ohne Zustimmung des Verbrauchers vom Gewerbetreibenden abgetreten wird, wenn dies möglicherweise eine Verringerung der Sicherheiten für den Verbraucher bewirkt." Die Richtlinie wurde vom deutschen Gesetzgeber nicht umgesetzt und findet daher keine Anwendung. Insbesondere bestand keine Pflicht zur Umsetzung, so dass keine richtlinienkonforme Auslegung zu erfolgen hat. Der deutsche Gesetzgeber hat durch § 309 Nr. 10 BGB im Rahmen der Umsetzung eine zulässige Einschränkung vorgenommen, indem er die Vertragsübernahmeklausel nur bei Kauf-, Dienst- und Werkverträgen für anwendbar erklärte. Nach der Auffassung des Autors ist die vorliegende Klausel wirksam, soweit gegenüber einem Verbraucher keine Verringerung von Sicherheiten eintritt; vor allem dann, wenn die Liquidität des Refinanzierers gesichert ist. Im Umkehrschluss zur Richtlinie kann die Aussage

---

38 Palandt/Grüneberg, § 309, Rn. 111.

getroffen werden, dass jede antizipierte Zustimmung zur Vertragsübertragung bei Leasingverträgen wirksam ist – unabhängig von der namentlichen Nennung –, wenn die Sicherheiten des Verbrauchers sich nicht verringern. Einschlägige Rechtsprechung hierzu findet sich nicht. Oftmals wird eine Entscheidung des LG Köln zitiert, die jedoch nicht aussagekräftig ist, da sie aus dem Jahre 1988, folglich aus der Zeit vor Inkrafttreten der nunmehr maßgeblichen AGB-Vorschriften und der Richtlinie stammt. Entscheidend bei der Beurteilung nach § 307 BGB dürfte die Finanzierungsfunktion des Leasingvertrages sein. Wie der XI. Zivilsenat des BGH bereits zur der Zulässigkeit solcher Vertragsübernahmeklauseln bei Darlehensverträgen entschieden hat, liegt eine Refinanzierung der Banken in der Natur der Sache, weshalb bereits aus pragmatischen Erwägungen heraus eine solche Klausel als zulässig zu erachten ist.

4. Grundsatz: Unerheblichkeit der gewählten Bezeichnung

Von einer wirksamen vertraglichen Gestaltung der leasingspezifischen Abtretungskonstruktion und der Gefahrtragung in Allgemeinen Geschäftsbedingungen ist trotz widersprüchlicher Bezeichnung auszugehen, wenn auf der Frontseite des Vertrages bei den Kernbegriffen (Überschrift, Vertragspartner, Entgelt) eine leasingspezifische Terminologie verwendet wird (Leasingvertrag, Leasinggeber, Leasingnehmer, Leasingrate).
Aufgrund des zwischenzeitlich allgemein anerkannten Leasingvertrages mit den damit verbundenen rechtlichen Besonderheiten ist nicht mehr mit einem ungewöhnlichen Erscheinungsbild des Vertrages aus Sicht des Leasingnehmers auszugehen, mit dem nicht zu rechnen ist.
Dies gilt jedenfalls dann, wenn der Vertragspartner – objektiv aus Sicht eines Laien betrachtet – erkennen konnte, dass es sich um einen Vertrag handelt, der im allgemeinen Wirtschaftsverkehr als Leasing bekannt ist. Die Erkennbarkeit erhöht sich, wenn der Vertragspartner im Wirtschaftsverkehr tätig ist, d.h. insbesondere bei Unternehmern.
Die leasingtypische Abtretungs- und Freizeichnungskonstruktion ist in diesen Fällen keine überraschende Klausel im Sinne des § 305c Abs. 1 BGB.

Bei widersprüchlichen Bezeichnungen besteht stets die Gefahr der Rechtsunsicherheit. So beispielsweise, wenn in einem Vertrag durchgängig von einem Mietvertrag, Mietkauf, Miete, Vermieter und Mieter gesprochen wird, in den Allgemeinen Geschäftsbedingungen jedoch die leasingtypische Freizeichnungs- und Abtretungskonstruktion und die Gefahrtragung für den Leasingnehmer vereinbart wurde. Aufgrund der sachlichen Nähe des Leasingvertrages zum Mietvertrag kommt es wiederholt zur Verwendung von missverständlichen Begrifflichkeiten, indem Leasingverträge z.B. mit „Rahmenmietvertrag“ überschrieben werden. Teilweise wird dabei der Leasinggeber als Vermieter bzw. der Leasingnehmer als Mieter genannt sowie eine Vereinbarung getroffen, nach der eine monatliche Miete und nicht eine Leasingrate zu zahlen sei. Sachlich und rechtlich werden hierbei jedoch klassische Leasingverträge, insbesondere im Hinblick auf die Freizeichnungs- und Abtretungskonstruktion, vereinbart. Eine missverständliche Bezeichnung kann bereits durch die Einbeziehung der Allgemeinen Geschäftsbedingungen entstehen.[39] Da die Falschbezeichnung nicht schadet, ist der wahre Wille der Parteien maßgeblich, der im Wege der Auslegung zu ermitteln ist.[40] Denn nach den allgemeinen Grundsätzen ist allein der übereinstimmende Wille der Parteien entscheidend, selbst wenn dieser nur einen unvollkommenen Ausdruck gefunden hat.[41] Die Unterscheidung hat im Einzelfall, insbesondere unter Berücksichtigung der Grundsätze zu den Allgemeinen Geschäftsbedingungen und der Erkennbarkeit, zu erfolgen. Problematisch war und ist die Sach- und Rechtslage dann, wenn auf dem Vertragstext bzw. der Vorderseite des Leasingvertrages eine mietrechtliche Terminologie verwendet wird und sich die Qualifizierung des Vertrages als Leasingvertrag erst aus den Regelungen der mit einbezogenen Allgemeinen Geschäftsbedingungen selbst ergibt. In der Entscheidung des Bundesgerichtshofes vom 08.10.1975[42] fand sich auf der Frontseite des Vertrages ausschließlich eine mietrechtliche Terminologie (*„für die Dauer von 60 Monaten zu einem monatlichen Mietzins von 44,00 DM“*) und der Anhang des Vertrages war mit der Überschrift „Allgemeine Mietbedingungen“ versehen. In diesem Anhang befanden sich die so genannte leasingspezifische Abtretungskonstruktion sowie die Überwälzung der Sach- und Preisgefahr auf den „Mieter“ unter Ausschluss der Gewährleistung. Der Bundesgerichtshof ging bei dieser Konstellation schrittweise vor, indem er zunächst den Vertrag dem Grunde nach mittels Auslegung qualifizierte und erst danach die Frage klärte, ob die Allgemeinen Geschäftsbedingungen bei einem solchen Vertrag überraschend sind. Er stufte diesen Vertrag als reinen Mietvertrag im Sinne der §§ 535 ff. BGB ein, soweit *„die Vertragspartner durch die Formulierung des Vertragstextes eindeutig zu verstehen gegeben haben, dass sie den Vertrag als Mietvertrag in dem vom Gesetzgeber vorgegebenen Sinn verstanden wissen wollen und zudem der Vertrag für die Zeit nach dem Ende der ursprünglich vorgesehenen Laufzeit nicht eine Kaufoption für den Leasingnehmer, sondern lediglich die Möglichkeit einer Vertragsverlängerung zu einem reduzierten Mietzins vorsieht.“*[43]

---

39 BGH NJW 1995, 1496.

40 Palandt/Ellenberger, § 133, Rn. 8.

41 BGH NJW 1996, 1679.

42 BGH VIII ZR 81/74.

43 BGH Urteil vom 08.10.1975 – VIII ZR 81/74 = WM 1975, 1203 = NJW 1977, 195 = BB 1976, 157: In dem der Entscheidung zugrunde liegenden Fall war der *„Vertrag gerade eindeutig als Mietvertrag ausgestaltet und zu den Grundzügen eines solchen Mietvertrages gehört aber die Verpflichtung des Vermieters, während der Mietzeit die Sache in einem für den vertragsgemäßen Gebrauch geeigneten Zustand zu erhalten. Mit einer solchen Klausel musste auch deshalb nicht gerechnet werden, weil weder ein Hinweis bei Vertragsabschluss erteilt wurde, noch zumindest durch die Verwendung von Überschriften als Orientierungshilfe auf diese Klausel aufmerksam gemacht worden war. Allein aus dem Umstand, dass die Firmenbezeichnung den Bestandteil „Leasing“ enthält, können zulässigerweise auch keine Rückschlüsse auf eine derart weitgehenden Gewährleistungsausschluss gezogen werden.“*, BGH Urteil vom 08.10.1975 – VIII ZR 81/74 = WM 1975, 1203 = NJW 1977, 195 = BB 1976, 157.

Ist der Vertrag nach dem wahren Willen der Parteien als reiner Mietvertrag anzusehen, so sind die Allgemeinen Mietbedingungen zur leasingtypischen Abtretungs- und Freizeichnungskonstruktion konsequenterweise überraschend im Sinne von § 305c BGB und nicht Bestandteil des Mietvertrags. Denn der Mieter muss nicht mit der Übertragung des ausschließlichen Risikos für die während der Mietzeit auftretenden Betriebsstörungen rechnen.

Dagegen stellte der Bundesgerichtshof in seiner Entscheidung vom 23.02.1977[44] fest, dass ein gegenüber einem „Nichtkaufmann" geschlossener Vertrag als Leasingvertrag zu klassifizieren ist, wenn das Formular einen „Antrag auf Abschluss eines Leasingvertrages" beinhaltet.[45] Entscheidend ist, ob auf der Frontseite des Formulars ersichtlich wird, dass es sich dem Grunde nach um einen atypischen Mietvertrag als Leasingvertrag handeln soll. Im Anschluss an die vorgenannte Entscheidung und unter Berücksichtigung der weiteren Verbreitung des Leasings im Rechts- und Wirtschaftsverkehr sieht der Bundesgerichtshof nunmehr die von den Parteien gewählte Bezeichnung für die rechtliche Einordnung des Vertrags sogar dann als unerheblich an, wenn im Vertragstext einerseits mietrechtliche – andererseits auch leasingrechtliche – Formulierungen verwendet werden.[46] Maßgeblich ist die inhaltliche Ausgestaltung des Vertrags, folglich, ob sich der Vertrag inhaltlich in erheblicher Weise von einem gewöhnlichen Mietvertrag unterscheidet.[47]

Für die rechtliche Einordnung als Leasingvertrag kommt es demnach vorwiegend auf die Kriterien der Beschaffung, Überlassung und Vorfinanzierung des Leasinggutes durch den Leasinggeber, nicht aber auf die Bezeichnung, soweit der Wille zur

---

44 BGH VIII ZR 124/75 = BGH NJW 1977, 848 ff.

45 BGH VIII ZR 124/175: *„Der in einem als Mietvertrag zu wertende Leasingvertrag formularmäßig vereinbarte vollständige Gewährleistungsausschluss ist wirksam, wenn der Leasinggeber dem Leasingnehmer sämtliche ihm gegenüber dem Lieferanten zustehenden kaufrechtlichen Gewährleistungsansprüche einschließlich der Wandlungsbefugnis überträgt."*

46 Nach BGH VIII ZR 124/175, ist es demnach unerheblich, wenn *„im Text des geschlossenen Vertrages mehrfach mietrechtliche Bezeichnungen verwendet werden, so in den Überschriften „Rahmenmietvertrag" und „Mietschein"; ferner wenn von „vermieten" und „Mietzins" gesprochen wird und andererseits die Vertragsschließenden aber auch „Leasinggeber" und „Leasingnehmer" genannt werden. Auf die Verwendung bestimmter Bezeichnungen kommt es indessen nicht an."*

47 Hierzu BGH Urteil vom 28.03.1990 – VIII ZR 17/89 = BGHZ 111, 84 = WM 1990, 935 = NJW 1990, 1785: *„Maßgebend ist vielmehr, ob sich der Inhalt des Vertrages von einem gewöhnlichen Mietvertrag in erheblicher Weise unterscheidet. Bestimmende Kriterien des Mietvertrages sind die Gebrauchsüberlassung einer Sache gegen Zahlung eines regelmäßig nach Zeitabschnitten bemessenen Mietzinses. Beim Leasingvertrag tritt zu diesen auch für ihn wesentlichen Merkmalen regelmäßig hinzu, dass der Leasinggeber zum Zwecke der Befriedigung eines Investitionsbedarfs des Leasingnehmers das zum Gebrauch zu überlassende Leasinggut beschafft und vorfinanziert, wobei sich der Leasingnehmer von dieser Art der Investition häufig steuerliche Vorteile verspricht. Die vereinbarten Leasingraten sind also nicht nur das Entgelt für eine zeitlich begrenzte Gebrauchsüberlassung, sondern zugleich für die vom Leasinggeber erbrachte Finanzierungsleistung."*

Abweichung von einem typischen Mietvertrag ausreichend für den Leasingnehmer ersichtlich war. Dennoch ist anzuraten, dass Leasingverträge in Formulartexten als solche gekennzeichnet werden sollten, um eine eventuelle Sanktion des § 305c BGB von Beginn an auszuschließen.

Bei den so genannten Mietkaufmodellen, bei denen ebenfalls die leasingtypische Abtretungs- und Freizeichnungskonstruktion im Vertrag verwendet wird, kann nicht von einer überraschenden Klausel im Sinne des § 305c BGB ausgegangen werden, da dem Vertragspartner die Abweichung von einem klassischen Mietvertrag und die Finanzierungsfunktion allein aus der Formulierung Mietkauf ersichtlich werden muss.

II. Erscheinungsformen des Leasing

Leasing hat sich als Finanzierungsform im Wirtschaftsverkehr und in der Rechtswissenschaft in einer Vielzahl von Gestaltungsformen weiter entwickelt. Dabei stehen die unterschiedlichen Gestaltungsvarianten in einem Spannungsverhältnis zwischen betriebswirtschaftlichen, steuerlichen und rechtlichen Erwägungen.[48] Aufgrund der Privatautonomie können die Vertragsparteien den Inhalt von Leasingverträgen im Rahmen der gesetzlichen Regelungen frei wählen. Für die zivilrechtliche Beurteilung ist allein der Vertragsinhalt maßgebend. Besondere Bedeutung kommt hier den §§ 305 ff. BGB zu. Wegen der steuerlichen Vorteile orientieren sich die meisten Leasingverträge in der Praxis an den steuerlichen Vorgaben der Leasingerlasse. Die steuerlichen Vorgaben sind zwar für die zivilrechtliche Ausgestaltung nicht zwingend, in der Praxis jedoch prägend. Im Wesentlichen lassen sich unterscheiden:

1. Finanzierungsleasing (erlasskonform)

Unter Finanzierungsleasing werden diejenigen Leasingverträge verstanden, deren vertragliche Ausgestaltung den Vorgaben der Leasingerlasse entspricht. Orientieren sich Leasingverträge an den Erlassen der Finanzverwaltung zum Mobilien- und Immobilienleasing, ist der Leasinggeber wirtschaftlicher Eigentümer im Sinne des § 39 Abs. 2 AO.

Die Vielzahl rechtlicher Ausgestaltungsmöglichkeiten von Leasingverträgen wird in der Praxis dadurch eingeschränkt, dass der Leasinggeber und – soweit unternehmerisch tätig – der Leasingnehmer aufgrund steuerlichen Erwägungen ein gesteiger-

48 Martinek/Stoffels/Wimmer-Leonhardt, Handbuch des Leasingrechts, 1. Kapitel, § 2, Rn. 8 ff., S. 13 ff.; 20. Kapitel, 21. Kapitel.

tes Interesse am Abschluss eines erlasskonformen Leasingvertrages haben.[49] Durch einen erlasskonformen Leasingvertrag ist gewährleistet, dass der Leasinggeber das Leasinggut in seinem Anlagevermögen aktivieren und der unternehmerische Leasingnehmer die Leasingraten als sofort abzugsfähige Betriebsausgaben geltend machen kann. Die ertragssteuerlichen Erwägungen geben oftmals dem Finanzierungsleasing die tatsächlichen Grenzen der zivilrechtlichen Ausgestaltung vor. Der Bundesfinanzhof hat mit Urteil vom 26.01.1970 (BStBl. 1970 II 264) zur steuerlichen Behandlung von so genannten Finanzierungsleasingverträgen über bewegliche Wirtschaftsgüter klargestellt, dass bei vor dem 24.04.1970 abgeschlossenen Leasingverträgen aus Vereinfachungsgründen von dem wirtschaftlichen Eigentum des Leasinggebers am Leasinggut ausgegangen werden kann, wenn die Vertragsparteien eine solche Zurechnung für die Vergangenheit und für die Zukunft zu Grund gelegt haben.[50] Bei erlasskonformen Leasingverträgen – zur Gewährleistung der steuerlichen Kongruenz – wird zwischen Vollamortisationsverträgen (nach Maßgabe des Vollamortisationserlasses vom 19.04.1971) und Teilamortisationsverträgen (nach Maßgabe des Teilamortisationserlasses vom 22.12.1975) unterschieden. Die Unterscheidung erfolgt nach Art und Umfang der Amortisation während der Grundmietzeit. Sämtlichen erlasskonformen Leasingverträgen ist gemein, dass

- der Leasingnehmer die Vollamortisation des Leasinggutes beim Leasinggeber bewirkt,
- die Grundmietzeit des Leasinggutes mindestens 40 % und höchstens 90 % der betriebsgewöhnlichen Nutzungsdauer beträgt,
- der Leasinggeber durch die begrenzte Grundmietzeit von 90 % die Möglichkeit der Realisierung des Restwertes von 10 % des Buchwertes hat,
- der Leasinggeber Eigentümer des Leasinggutes ist und im Rahmen des Leasingvertrages – jedenfalls nach dessen Beendigung – die Herausgabe des Leasinggutes gemäß § 985 BGB verlangen kann und
- der Leasinggeber eine weitere Verwertung des Leasinggutes vornehmen kann. Diese Möglichkeit besteht alternativ, je nach dem vereinbarten Modus, durch eine Anschlussmiete, durch Ausübung einer Kaufoption oder durch eine Verwertung am Markt.

a. Vollamortisationsverträge/full-pay-out-Verträge

Erfolgt durch die während der Grundmietzeit geleisteten Leasingraten – einschließlich Leasingsonderzahlungen – eine vollständige Amortisation des finanziellen Aufwands des Leasinggebers, dann ist der Finanzierungsleasingvertrag als ein sog. Vollamortisationsvertrag oder full-pay-out-Vertrag zu bezeichnen. Finanzierungsleasing

49 Martinek/Stoffels/Wimmer-Leonhardt, Handbuch des Leasingrechts, 1. Kapitel, § 2, Rn. 28, S. 18.
50 Vgl. Schreiben vom 21.07.1970, BStBl. 1970 I 1913.

im Sinne des Mobilienerlasses/Vollamortisation, BMF-Schreiben vom 19.04.1971 – IV B/2 – S 2170 – 31/1 (BStBl. 1971 I 264) ist nur dann anzunehmen, wenn

1. „der Vertrag über eine bestimmte Zeit, die so genannte Grundmietzeit, abgeschlossen wird und diese mindestens 40 %, höchstens jedoch 90 % der betriebsgewöhnlichen Nutzungsdauer beträgt,
2. der Vertrag – bei vertragsgemäßer Erfüllung – nicht kündbar ist, und
3. der Leasingnehmer mit den in der Grundmietzeit zu entrichtenden Raten mindestens die Anschaffungs- oder Herstellungskosten, sowie alle Nebenkosten, einschließlich der Finanzierungskosten und den Gewinn des Leasinggebers, deckt.“[51]

Bei allen Varianten der Vollamortisationsverträge bewirkt der Leasingnehmer während der Grundmietzeit durch Zahlung der Leasingraten bzw. der Leasingsonderzahlungen die Vollamortisation des Leasinggebers. Als Folge der begrenzten Grundmietzeit von höchstens 90 % der betriebsgewöhnlichen Nutzungsdauer besteht für den Leasinggeber die Chance einer weiteren Gewinnrealisierung, was zur Begründung des wirtschaftlichen Eigentums beim Leasinggeber führt. Die zusätzliche Gewinnchance wird regelmäßig den stillen Reserven entsprechen, folglich dem Unterschiedsbetrag zwischen Buchwert und realem Wert. Bezüglich der Realisierung dieses Gewinns sind – je nach Vertragsbedingungen – zum Ende der Grundmietzeit Vollamortisationsverträge mit Option und solche ohne Option zu unterscheiden.[52] In der Leasingpraxis werden Vollamortisationsverträge aufgrund der hohen Leasingraten regelmäßig nur bei solchen Wirtschaftsgütern gewählt, die einen schweren oder aber überhaupt keinen Markt zur Verwertung nach Beendigung des Leasingvertrages aufweisen; insbesondere bei medizinischen oder im Labor eingesetzten Geräten bzw. bei speziellen Fertigungsmaschinen. Der Leasinggeber wird bei solchen Wirtschaftsgütern Teilamortisationsverträge wegen des Absatzrisikos nur dann abschließen, wenn der Hersteller/Lieferant bzw. ein Dritter eine Rückkaufgarantie zum Restwert einräumt. Sollte eine technische Überholung nicht zu erwarten sein, bietet sich für den Leasingnehmer als wirtschaftliche Alternative zum Vollamortisationsvertrag ein Mietkauf an, da er ohnehin die vollständige Amortisation beim Leasinggeber herbeiführt und im Unterschied zum Leasingvertrag nach Vertragsbeendigung das Leasinggut behalten kann.

aa. Vollamortisationsverträge mit Option

Bei Vollamortisationsverträgen mit Option ist zwischen einer Kauf- und einer Mietverlängerungsoption zu unterscheiden.

---

51 Mobilienerlass/Vollamortisation, BMF-Schreiben vom 19.04.1971 – IV B/2 – S 2170 – 31/1 (BStBl. 1971 I 264).

52 Martinek/Stoffels/Wimmer-Leonhardt, Handbuch des Leasingrechts, 1. Kapitel, § 2, Rn. 15, S. 15.

(1) Kaufoption

Nach dem Leasingerlass gilt für Vollamortisationsverträge mit Kaufoption Folgendes:

> „Der Leasingnehmer hat das Recht, nach Ablauf der Grundmietzeit, die regelmäßig kürzer ist als die betriebsgewöhnliche Nutzungsdauer des Leasinggegenstandes, den Leasinggegenstand zu erwerben.“[53]

Wird bei Vertragsabschluss eine Kaufoption vereinbart, so steht dem Leasingnehmer nach Ablauf der Grundmietzeit das Recht zu, das Leasingobjekt zu einem bei Vertragsschluss vereinbarten Preis zu erwerben. Der Preis darf jedoch nicht unter dem Wert liegen, der sich bei Anwendung der linearen AfA gemäß § 7 Abs. 1 EStG als Buchwert ergibt; oder aber als der niedrigere gemeine Wert im Zeitpunkt der Veräußerung, § 9 BewG. Denn nur dann realisiert der Leasinggeber durch den Verkauf einen weiteren Gewinn, was die Zuordnung des steuerlichen Eigentums beim Leasinggeber rechtfertigt.[54]

(2) Mietverlängerungsoption

Nach dem Leasingerlass gilt für Vollamortisationsverträge mit Mietverlängerungsoption Folgendes:

> „Der Leasingnehmer hat das Recht, nach Ablauf der Grundmietzeit, die regelmäßig kürzer ist als die betriebsgewöhnliche Nutzungsdauer des Leasinggegenstandes, das Vertragsverhältnis zu verlängern.“[55]

Dem Leasingnehmer kann anstelle einer Kaufoption eine Mietverlängerungsoption eingeräumt werden. Dem Leasingnehmer wird hierdurch die Möglichkeit eröffnet, am Ende der vereinbarten Vertragslaufzeit eine Verlängerung des Leasingvertrages

---

53 Mobilienerlass/Vollamortisation, BMF-Schreiben vom 19.04.1971 – IV B/2 – S 2170 – 31/1 (BStBl. 1971 I 264).

54 Eine Klausel kann wie folgt lauten: *„Nach Ablauf der Grundmietzeit hat der LN die Option, das LG zum Rest-Buchwert laut amtlicher linearer AfA-Tabelle oder – sofern er den entsprechenden Nachweis erbringt – zum Verkehrs-/Gemeinen Wert zu erwerben, sofern dieser niedriger ist, als der Rest-Buchwert. Kosten, die dem LN aus dem Kauf oder der Übernahme des LO entstehen, hat allein der LN zu tragen.*
Der LN muss sich zur Wahrung der Kauf- oder Verlängerungsoption spätestens zwei Monate vor Ablauf der Grundmietzeit in schriftlicher Form gegenüber dem LG äußern, ob und von welchem Recht er Gebrauch macht.
Kosten, die dem LN zur Feststellung des Verkehrs-/Gemeinen Wertes des LO entstehen, trägt allein der LN.“

55 Mobilienerlass/Vollamortisation, BMF-Schreiben vom 19.04.1971 – IV B/2 – S 2170 – 31/1 (BStBl. 1971 I 264).

zu verlangen.[56] Die Bestimmung der Verlängerungsrate am Ende der Grundmietzeit orientiert sich am tatsächlichen Wertverzehr des Leasinggutes während des Verlängerungszeitraumes.[57] Die Rate errechnet sich auf der Grundlage des Buchwerts des Leasinggutes, der sich bei Anwendung der linearen AfA aus § 7 Abs. 1 EStG ergibt. Es kann hier jedoch auch der niedrigere gemeine Wert sowie die Restnutzungsdauer laut AfA-Tabelle angesetzt werden. Erneut realisiert der Leasinggeber durch den Folgevertrag einen weiteren Gewinn, was die Zuordnung des steuerlichen Eigentums beim Leasinggeber rechtfertigt.[58]

bb. Vollamortisationsverträge ohne Option

Bei diesem Vertragstyp sind zwei Konstellationen – je nach Dauer der Grundmietzeit – zu unterscheiden: Entweder die Grundmietzeit deckt sich mit der betriebsgewöhnlichen Nutzungsdauer des Leasinggegenstandes oder sie ist geringer als die betriebsgewöhnliche Nutzungsdauer des Leasinggegenstandes. Der Leasingnehmer hat nicht das einseitige Recht, nach Ablauf der Grundmietzeit den Leasinggegenstand zu erwerben oder den Leasingvertrag zu verlängern.[59] Dagegen muss der Leasingnehmer das Leasinggut nach Ablauf der Grundmietzeit an den Leasinggeber zurückgeben, wenn bei Vertragsabschluss keine Optionsvereinbarung zu Gunsten des Leasingnehmers getroffen wurde.[60]

Der Leasinggeber kann, muss das Leasinggut aber nicht an den Leasingnehmer veräußern.

Eine unterschiedliche steuerliche Behandlung ergibt sich zwischen Verträgen mit und ohne eine solche Option nicht.[61]

56 Martinek/Stoffels/Wimmer-Leonhardt, Handbuch des Leasingrechts, 1. Kapitel, § 2, Rn. 15, S. 15.
57 Martinek/Stoffels/Wimmer-Leonhardt, Handbuch des Leasingrechts, 1. Kapitel, § 2, Rn. 18, S. 15.
58 Eine Klausel könnte wie folgt lauten: *„Verlängerungsoption: Der LN kann vom LG verlangen, den Leasingvertrag durch Abschluss eines Verlängerungsvertrages über die Grundmietzeit hinaus zu verlängern. Die Leasingraten müssen jedoch den Wertverzehr für das LO decken, der sich auf der Basis des unter Berücksichtigung der linearen AfA nach der amtlichen AfA-Tabelle ermittelten Buchwertes oder des niedrigeren gemeinen Wertes und der Restnutzungsdauer laut AfA-Tabelle ergibt. Die Höhe der monatlich zu zahlende Leasingrate ergibt sich aus dem Verhältnis zwischen Wertverzehr und dem vom LN gewünschten Verlängerungszeitraum."*
59 Mobilienerlass/Vollamortisation, BMF-Schreiben vom 19.04.1971 – IV B/2 – S 2170 – 31/1 (BStBl. 1971 I 264).
60 Martinek/Stoffels/Wimmer-Leonhardt, Handbuch des Leasingrechts, 3. Kapitel, § 7, Rn. 1, S. 90.
61 Vgl. Mobilienerlass/Vollamortisation, BMF-Schreiben vom 19.04.1971 – IV B/2 – S 2170 – 31/1 (BStBl. 1971 I 264): *„Leasingverträge ohne Mietverlängerungsoption, bei denen nach Ablauf der Grundmietzeit eine Vertragsverlängerung für den Fall vorgesehen ist, dass der Mietvertrag nicht von einer der Vertragsparteien gekündigt wird, sind steuerlich grundsätzlich ebenso wenig wie Leasingverträge mit Mietverlängerungsoption zu behandeln. Etwas anderes gilt nur dann, wenn*

cc. Keine unterschiedliche Behandlung von beweglichen und unbeweglichen Wirtschaftsgütern nach dem Vollamortisationserlass

Die Ausführungen zum Begriff und die Abgrenzung des Finanzierungsleasingvertrages bei beweglichen Wirtschaftsgütern gelten entsprechend für Finanzierungsleasingverträge über unbewegliche Wirtschaftsgüter. Laut Leasingerlass gilt:

> „Ebenso wie bei den Finanzierungsleasingverträgen über bewegliche Wirtschaftsgüter, kann bei vor dem 24.04.1970 abgeschlossenen Finanzierungsleasingverträgen über unbewegliche Wirtschaftsgüter zur Gewährleistung einer einheitlichen Rechtsanwendung und aus Vereinfachungsgründen von dem wirtschaftlichen Eigentum des Leasinggebers am Leasinggegenstand, einer Vermietung an den Leasingnehmer und von der bisherigen steuerlichen Behandlung ausgegangen werden, wenn die Vertragsparteien in der Vergangenheit übereinstimmend eine derartige Zurechnung zugrunde gelegt haben und auch in Zukunft daran festhalten. Das gilt auch, wenn die Vertragslaufzeit über den genannten Stichtag hinausreicht."

Eine unterschiedliche Behandlung von beweglichen und unbeweglichen Wirtschaftsgütern findet nach dem Vollamortisationserlass nicht statt.

dd. Zurechnung von Grund und Boden

Für die Zurechnung von Gebäuden gilt laut Leasingerlass im Einzelnen:

> „Bei Finanzierungsleasingverträgen ohne Kauf- oder Verlängerungsoption und Finanzierungsleasingverträgen mit Mietverlängerungsoption ist der Grund und Boden grundsätzlich dem Leasinggeber zuzurechnen, bei Finanzierungsleasingverträgen mit Kaufoption dagegen regelmäßig dem Leasingnehmer, wenn das Gebäude dem Leasingnehmer zugerechnet wird. Für die Zurechnung des Grund und Bodens in Fällen des Spezialleasings ist entsprechend zu verfahren."[62]
>
> „Ist die Grundmietzeit kürzer als 40 % oder länger als 90 % der betriebsgewöhnlichen Nutzungsdauer des Gebäudes, so ist das Gebäude regelmäßig dem Leasingnehmer zuzurechnen. Wird die Absetzung für Abnutzung des Gebäudes nach § 7 Abs. 4 Satz 1 oder 5 EStG bemessen, so gilt als betriebsgewöhnliche Nutzungsdauer ein Zeitraum von 50 Jahren. Hat der Leasingnehmer dem Leasinggeber an dem Grundstück, das Gegenstand des Finanzierungsleasingvertrags ist, ein Erbbaurecht eingeräumt und ist der Erbbaurechtszeitraum kürzer als die betriebsgewöhnliche Nutzungsdauer des Gebäudes, so tritt bei Anwendung des vorstehenden Satzes an die Stelle der betriebsgewöhnlichen Nutzungsdauer des Gebäudes der kürzere Erbbaurechtszeitraum.
> Beträgt die Grundmietzeit mindestens 40 % und höchstens 90 % der betriebsgewöhnlichen Nutzungsdauer, so gilt unter Berücksichtigung der Sätze 2 und 3 des vorstehenden Absatzes Folgendes:

nachgewiesen wird, dass der Leasinggeber bei Verträgen über gleiche Wirtschaftsgüter innerhalb eines Zeitraums von neun Zehnteln der betriebsgewöhnlichen Nutzungsdauer in einer Vielzahl von Fällen das Vertragsverhältnis auf Grund seines Kündigungsrechts beendet."

62 Immobilienerlass/Vollamortisation, BMF-Schreiben vom 21.03.1972 – F/IV B 2 – S. 2170 – 11/72 (BStBl. 1972 I 188).

Bei Finanzierungsleasingverträgen ohne Kauf- oder Mietverlängerungsoption ist das Gebäude regelmäßig dem Leasinggeber zuzurechnen.
Bei Finanzierungsleasingverträgen mit Kaufoption kann das Gebäude regelmäßig nur dann dem Leasinggeber zugerechnet werden, wenn der für den Fall der Ausübung des Optionsrechtes vorgesehene Gesamtkaufpreis nicht niedriger ist als der unter Anwendung der linearen AfA ermittelte Buchwert des Gebäudes zuzüglich des Buchwertes für den Grund und Boden oder der niedrigere gemeine Wert des Grundstücks im Zeitpunkt der Veräußerung. Wird die Höhe des Kaufpreises für den Fall der Ausübung des Optionsrechtes während oder nach Ablauf der Grundmietzeit festgelegt oder verändert, so gilt Entsprechendes. Die Veranlagungen sind ggf. zu berichtigen.
Bei Finanzierungsleasingverträgen mit Mietverlängerungsoption kann das Gebäude regelmäßig nur dann dem Leasinggeber zugerechnet werden, wenn die Anschlussmiete mehr als 75 v.H. des Mietentgeltes beträgt, das für ein nach Art, Lage und Ausstattung vergleichbares Grundstück üblicherweise gezahlt wird. Wird die Höhe der Leasingraten für den Veranlagungszeitraum während oder nach Ablauf der Grundmietzeit festgelegt oder verändert, so gilt Entsprechendes. Die Veranlagungen sind ggf. zu berichtigen.
Verträge ohne Mietverlängerungsoption, bei denen nach Ablauf der Grundmietzeit eine Vertragsverlängerung für den Fall vorgesehen ist, dass der Mietvertrag nicht von einer der Vertragsparteien gekündigt wird, sind steuerlich grundsätzlich ebenso wie Finanzierungsleasingverträge mit Mietverlängerungsoption zu behandeln.
Bei Spezialleasingverträgen ist das Gebäude stets dem Leasingnehmer zuzurechnen.“[63]

b. Teilamortisationsverträge/non-full-pay-out-Verträge

Ein Teilamortisationsvertrag oder non-full-pay-out-Vertrag liegt vor, wenn die während der unkündbaren Grundmietzeit geleisteten Zahlungen des Leasingnehmers die Aufwendungen des Leasinggebers samt seiner Gewinnspanne nur teilweise decken und zum Ende der Grundmietzeit ein noch nicht amortisierter Teilbetrag in Höhe eines vorab kalkulierten Restwertes zum Ausgleich aussteht.
Bei Teilamortisationsverträgen erreicht der Leasinggeber die vollständige Amortisation nach Beendigung des Leasingvertrages, in dem er das Leasinggut verwertet.

Im Unterschied zum Vollamortisationsvertrag wird beim Teilamortisationsvertrag das Ziel verfolgt, dem Leasingnehmer das Risiko der Wertminderung des Leasinggutes bis zur Beendigung des Leasinggutes zu übertragen, während dem Leasinggeber die Chance der Wertsteigerung verbleibt, was das wirtschaftliche Eigentum beim Leasinggeber begründet.[64] Allen Teilamortisationsverträgen ist gemein, dass eine unkündbare Grundmietzeit vereinbart wird, die mehr als 40 %, und weniger als 90 % der betriebsgewöhnlichen Nutzungsdauer des Leasinggegenstandes beträgt und dass die Anschaffungs- oder Herstellungskosten des Leasinggebers sowie alle Nebenkos-

63 Immobilienerlass/Vollamortisation, BMF-Schreiben vom 21.03.1972 – F/IV B 2 – S. 2170 – 11/72 (BStBl. 1972 I 188).
64 Graf von Westphalen, Der Leasingvertrag, Kap. B, Rn. 26, S. 127.

ten einschließlich seiner Finanzierungskosten in der Grundmietzeit durch die Leasingraten nur zum Teil gedeckt werden.[65] Alle drei Vertragsmodelle weisen darüber hinaus folgende Charakteristika auf:

- der Leasinggeber hat die Chance der Wertsteigerung,
- der Leasingnehmer trägt das Risiko des Wertverlustes und
- steuerlich ist sichergestellt, dass der Leasinggeber wirtschaftlicher Eigentümer des Leasinggutes ist.

aa. Teilamortisationsvertrag mit Andienungsrecht

Beim Teilamortisationsvertrag mit Andienungsrecht werden zwischen den Parteien eine feste Grundmietzeit und ein Restwert vereinbart. Der Leasinggeber kann am Ende der Grundmietzeit vom Leasingnehmer verlangen, dass dieser das Leasinggut zu einem bereits bei Vertragsschluss vereinbarten Preis, der über dem angesetzten Restwert liegt, käuflich erwirbt, wenn nach Ablauf der Grundmietzeit kein Anschlussvertrag mit dem Leasingnehmer zustande kommt; ein Rechtsanspruch des Leasingnehmers auf den Erwerb besteht nicht.[66] Hierin liegt eine garantieähnliche Verpflichtung des Leasingnehmers.

Das Andienungsrecht wird der Leasinggeber regelmäßig dann in Anspruch nehmen, wenn der am Markt für den Leasinggegenstand erzielbare Preis den vereinbarten Andienungspreis unterschreitet. Andererseits ist es für den Leasinggeber günstiger, wenn er sein Andienungsrecht nicht ausübt und das Leasinggut zu einem höheren Preis am Markt veräußert oder weitervermietet[67] Dem Leasingnehmer steht kein Erwerbsrecht zu. Im Leasingerlass, als steuerliche Vorgabe für die zivilrechtliche Ausgestaltung, wird Folgendes ausgeführt:[68]

65 Mobilienerlass/Teilamortisation, BMF-Schreiben vom 22.12.1975 – IV B 2 – S. 2170 – 161/75.

66 Martinek/Stoffels/Wimmer-Leonhardt, Handbuch des Leasingrechts, 1. Kapitel, § 2, Rn. 22, S. 16.

67 Graf von Westphalen, Der Leasingvertrag, Kap. B, Rn. 41, S. 134.

68 Muster einer AGB-Klausel: *„Der LG ist berechtigt, aber nicht verpflichtet, anstelle der Rückgabe und des Schadensersatzes/Wertausgleiches nach Maßgabe der Ziffer I. 9 vom LN den Erwerb des Leasingobjekts in dem Zustand, in dem es sich befindet, zu dem vertraglich festgelegten Restwert zzgl. jeweils maßgeblicher MwSt zu verlangen (Andienungsrecht). Soweit der Käufer Unternehmer ist, erfolgt der Kauf unter Ausschluss auf sämtliche Rechte wegen Sach- und/oder Rechtsmängel. Der Ausschluss findet keine Anwendung für Schadensersatzansprüche jeglicher Art, wenn der Verkäufer, sein gesetzlicher Vertreter oder seine Erfüllungsgehilfen grob fahrlässig oder vorsätzlich ihre Pflichten verletzt haben sowie für Schadensersatzansprüche bei Verletzungen des Körpers, des Lebens oder der Gesundheit oder bei der Verletzung wesentlicher Vertragspflichten (Kardinalpflichten), wenn die Pflichten fahrlässig verletzt wurden. Mängelansprüche und Mängelrechte des Leasingnehmers – auch als Verbraucher – aus einem Kaufvertrag verjähren innerhalb eines Jahres ab Ablieferung des Kaufgegenstandes.“*

> „Bei diesem Vertragsmodell hat der Leasinggeber ein Andienungsrecht. Danach ist der Leasingnehmer, sofern ein Verlängerungsvertrag nicht zustande kommt, auf Verlangen des Leasinggebers verpflichtet, den Leasinggegenstand zu einem Preis zu kaufen, der bereits bei Abschluss des Leasingvertrages fest vereinbart wird. Der Leasingnehmer hat kein Recht, den Leasinggegenstand zu erwerben.
> Der Leasingnehmer trägt bei dieser Vertragsgestaltung das Risiko der Wertminderung, weil er auf Verlangen des Leasinggebers den Leasinggegenstand auch dann zum vereinbarten Preis kaufen muss, wenn der Wiederbeschaffungspreis für ein gleichwertiges Wirtschaftsgut geringer als der vereinbarte Preis ist.[69] Der Leasinggeber hat jedoch die Chance der Wertsteigerung, weil er sein Andienungsrecht nicht ausüben muss, sondern das Wirtschaftsgut zu einem über den Andienungspreis liegenden Preis verkaufen kann, wenn ein über dem Andienungspreis liegender Preis am Markt erzielt werden kann.
> Der Leasingnehmer kann unter diesen Umständen nicht als wirtschaftlicher Eigentümer des Leasinggegenstandes angesehen werden.“[70]

Klauseln in Leasingverträgen lauten:

> „LG und LN sind sich darüber einig, dass die während der unkündbaren Grundmietzeit zu zahlenden Leasing-Raten nicht die gesamten Herstellungs-, Anschaffungs-, Neben- und Finanzierungskosten sowie den Gewinn des LG (Vollamortisation) abdecken. Deshalb garantiert der LN dem LG die Restwertzahlung, die an dem auf das Ende der Vertragslaufzeit folgenden ersten Tag zur Zahlung fällig wird. Aus diesem Grund ist der Leasingnehmer auch dann verpflichtet das Andienungsrecht des Leasinggebers anzunehmen, wenn das Leasinggut – bei Ausübung des Andienungsrechts – einen geringeren Verkehrswert/Zeitwert aufweist, als in der „Restwertzahlung“ verkörpert. Zur Ausübung des Andienungsrechts ist der Leasinggeber nicht verpflichtet“.

bb. Teilamortisationsvertrag mit Mehrerlösbeteiligung

Liegt ein Teilamortisationsvertrag mit Mehrerlösbeteiligung vor, dann kann das Leasinggut nach Ablauf der Grundmietzeit durch den Leasinggeber oder nach dessen Weisung durch den Leasingnehmer veräußert werden. Wird dabei ein den noch nicht amortisierten Restwert übersteigender Verkaufserlös erzielt, wird der Mehrerlös nach einer im Voraus festgelegten Quotelung auf den Leasingnehmer und Leasinggeber aufgeteilt.[71] Liegt aber der Veräußerungspreis unter dem Restwert, so besteht die Verpflichtung des Leasingnehmers zu einer Abschlusszahlung in Höhe des Differenzbetrages an den Leasinggeber (Vollamortisationszusage).

Fällt ein Veräußerungsübererlös an, so erhält der Leasinggeber üblicherweise 25 %, der Leasingnehmer 75 % des die Restamortisation übersteigenden Teils des Veräußerungserlöses. Durch die Vereinbarung, dass der Leasinggeber mindestens 25 % des

69 Graf von Westphalen, Der Leasingvertrag, Kap. B, Rn. 41, S. 134.

70 Mobilienerlass/Teilamortisation, BMF-Schreiben vom 22.12.1975 – IV B 2 – S 2170 – 161/75 (EStH 1994, Anhang 21 III).

71 Martinek/Stoffels/Wimmer-Leonhardt, Handbuch des Leasingrechts, 1. Kapitel, § 2, Rn. 23, S. 16.

die Vollamortisationsgrenze übersteigenden Mehrerlöses erhält, wird erreicht, dass er noch in einem wirtschaftlich ins Gewicht fallenden Umfang an etwaigen Wertsteigerungen des Leasinggegenstandes beteiligt ist.

Unter dieser Voraussetzung wird der Leasinggegenstand nach § 39 Abs. 2 Nr. 1 AO wirtschaftlich und rechtlich dem Leasinggeber zugerechnet.[72] Eine ins Gewicht fallende Beteiligung des Leasinggebers an der Wertsteigerung des Leasinggegenstandes wird dem Leasingnehmer zugerechnet[73] Klauseln in Leasingverträgen lauten:

> „LG und LN sind sich darüber einig, dass die während der unkündbaren Grundmietzeit zu zahlenden Leasing-Raten nicht die gesamten Herstellungs-, Anschaffungs-, Neben- und Finanzierungskosten sowie den Gewinn des LG (Vollamortisation) abdecken. Deshalb garantiert der LN dem LG die Restwertzahlung, die an dem auf das Ende der Vertragslaufzeit folgenden ersten Tag zur Zahlung fällig wird. Nach Ablauf der unkündbaren Grundmietzeit veräußert der LG das Leasinggut. Deckt der erzielte Verkaufserlös nicht den Vollamortisationsanspruch, hat der Leasingnehmer in Höhe der Differenz eine Abschlusszahlung zu leisten. Eine Mehrerlösbeteiligung erhält der Leasingnehmer nur, wenn ein Mehrerlös über dem Vollamortisationsanspruch erzielt wird, wobei ein eventueller Überschuss dem Leasingnehmer zu 75 % vergütet wird."

cc. Teilamortisationsvertrag mit Kündigungsrecht des Leasingnehmers

---

Ein Teilamortisationsvertrag mit Kündigungsrecht des Leasingnehmers wird auf unbestimmte Zeit abgeschlossen. Eine ordentliche Kündigungsmöglichkeit besteht nur für den Leasingnehmer.[74] Die Kündigung kann jedoch frühestens nach Ablauf einer unkündbaren Grundmietzeit von 40 % der betriebsgewöhnlichen Nutzungsdauer erfolgen.

Im Falle einer solchen Kündigung muss der Leasingnehmer an den Leasinggeber eine Abschlusszahlung leisten, die den jeweiligen, sich bei linearer Abschreibung ergebenden Restbuchwert des Leasingguts übersteigt. Verwertet der Leasinggeber den Leasinggegenstand infolge der Kündigung durch Verkauf oder Weitervermietung, so wird der sodann erzielte Nettoerlös dem Leasingnehmer i.d.R. bis zu 90 % auf seine Abschlusszahlung angerechnet. Ist der Veräußerungserlös höher als die Differenz der Gesamtkosten des Leasinggebers und der bis zur Veräußerung des Leasinggutes entrichteten Leasingraten, so erhält der Leasinggeber den gesamten Differenzbetrag. Im Leasingerlass, als steuerliche Vorgabe für die zivilrechtliche Ausgestaltung, wird Folgendes ausgeführt:

---

72 Graf von Westphalen, Kap. B, Rn. 48, S. 137.

73 Mobilienerlass/Teilamortisation, BMF-Schreiben vom 22.12.1975 – IV B 2 – S 2170 – 161/75 (EStH 1994, Anhang 21 III).

74 Martinek/Stoffels/Wimmer-Leonhardt, Handbuch des Leasingrechts, 1. Kapitel, § 2, Rn. 24, S. 17.

„Der Leasingnehmer kann den Leasingvertrag frühestens nach Ablauf einer Grundmietzeit, die 40 % der betriebsgewöhnlichen Nutzungsdauer beträgt, kündigen. Bei Kündigung ist eine Abschlusszahlung in Höhe der durch die Leasingraten nicht gedeckten Gesamtkosten des Leasinggebers zu entrichten. Auf die Abschlusszahlung werden 90 % des vom Leasinggeber erzielten Veräußerungserlöses angerechnet. Ist der anzurechnende Teil des Veräußerungserlöses zuzüglich der vom Leasingnehmer bis zur Veräußerung entrichteten Leasingraten niedriger als die Gesamtkosten des Leasinggebers, so muss der Leasingnehmer in Höhe der Differenz eine Abschlusszahlung leisten.[75] Ist jedoch der Veräußerungserlös höher als die Differenz zwischen Gesamtkosten des Leasinggebers und den bis zur Veräußerung entrichteten Leasingraten, so behält der Leasinggeber diesen Differenzbetrag in vollem Umfang.
Bei diesem Vertragsmodell kommt eine während der Mietzeit eingetretene Wertsteigerung in vollem Umfang dem Leasinggeber zugute. Der Leasinggeber ist daher nicht nur rechtlicher, sondern auch wirtschaftlicher Eigentümer des Leasinggegenstandes.
Die vorstehenden Ausführungen gelten nur grundsätzlich, d.h. nur insoweit, wie besondere Regelungen in Einzelverträgen nicht zu einer anderen Beurteilung zwingen.“[76]

Klauseln in Leasingverträgen lauten:

„Auch nach Ablauf der Grundvertragslaufzeit ist der LN gegen Zahlung der monatlichen Leasingrate zur weiteren Nutzung des Leasinggutes berechtigt. Nach Ablauf der Grundvertragslaufzeit steht dem LN zudem das Recht zu, jeweils zum Ablauf von sechs Monaten, gerechnet ab Beendigung der Grundvertragslaufzeit, den Leasingvertrag mit Zustimmung des LG zu beenden. Macht der LN von diesem Recht Gebrauch, so muss er dies dem LG mindestens zwei Wochen vorab schriftlich anzeigen, damit der LG eine ordnungsgemäße Verwertung gewährleisten kann.
LG und LN sind sich darüber einig, dass die während der Grundvertragslaufzeit zu zahlenden Leasingraten nicht die gesamten Herstellungs-, Anschaffungs-, Neben- und Finanzierungskosten sowie den Gewinn des LG (Vollamortisation) abdecken. Deshalb garantiert der LN dem LG die Vollamortisation. Vom Vollamortisationsanspruch des LG werden die bis zur Beendigung des Leasingvertrages entrichteten Leasingraten und Leasingsonderzahlungen des LN zum Abzug gebracht. Der LG wird nach Vertragsbeendigung das LO verwerten. 90 % des Verwertungserlöses werden auf die Vollamortisationspflicht des LN angerechnet. Wird hierdurch die Vollamortisation des LG nicht erreicht, so ist der LN verpflichtet, in Höhe der ausstehenden Differenz eine Abschlusszahlung zu entrichten, die am ersten Tage der Mitteilung der Unterdeckung vom LG an den LN fällig wird. Soweit ein Überschuss erzielt wird, steht dieser allein dem LG zu.“

c. Leasingvertrag mit Kilometerabrechnung bei Kraftfahrzeugen

---

Der Leasingvertrag mit Kilometerabrechnung bei Kraftfahrzeugen ist ein von den Leasingerlassen abweichender bzw. modifizierter Finanzierungsleasingvertrag, bei dem sich in rechtlicher und steuerlicher Hinsicht regelmäßig keine Unterschiede zu den erlasskonformen Leasingverträgen ergeben. Leasingverträge mit Kilometerabrechnung entsprechen einer Modifikation der erlasskonformen Teilamortisationsverträge mit Mehrerlösbeteiligung.

---

75 Graf von Westphalen, Der Leasingvertrag, Kap. B, Rn. 51, S. 138.
76 Mobilienerlass/Teilamortisation, BMF-Schreiben vom 22.12.1975 – IV B 2 – S 2170 – 161/75 (EStH 1994, Anhang 21 III).

Besteht keine Kaufoption für den Leasingnehmer, steht das wirtschaftliche Eigentum dem Leasinggeber zu, da ihm die Chance der Wertsteigerung zukommt. Im Unterschied zu den erlasskonformen Leasingverträgen trägt der Leasinggeber das Risiko, dass mittels Verwertung des Leasinggutes der kalkulierte Restwert erzielt wird.

Vor allem im Bereich der privaten Leasingnehmer sind Leasingverträge über Kraftfahrzeuge mit Kilometerabrechnung sehr verbreitet, wenn nicht gar die am häufigsten anzutreffende Leasingvariante[77]. Im Unterschied zu den erlasskonformen Leasingverträgen kann der Leasingnehmer sein Risiko der wirtschaftlichen Wertentwicklung minimieren, da der Leasinggeber das Verwertungs- bzw. Kalkulationsrisiko trägt.[78] Die Leasingvertragsparteien vereinbaren eine unkündbare Grundmietzeit sowie – im Unterschied zu erlasskonformen Teilamortisationsverträgen mit Mehrerlösbeteiligung – eine bestimmte Laufleistung des Kraftfahrzeuges. Praxisüblich werden Freigrenzen für Mehr- bzw. Minderkilometer von 2.500 bis 3.000 Kilometer vereinbart. Gibt der Leasingnehmer das Kraftfahrzeug am Ende der Grundmietzeit in einem vertragsgemäßen Zustand zurück, hat er seine Verpflichtungen aus dem Leasingvertrag erfüllt. Eine darüber hinausgehende Vollamortisationszusage besteht nicht, weshalb der Leasinggeber das Verwertungsrisiko trägt. Überschreitet der Leasingnehmer dagegen die Laufleistung, ist er zum Ersatz eines im Leasingvertrag festgelegten Geldbetrages pro Mehrkilometer verpflichtet. Unterschreitet er dagegen die Laufleistung, besteht ein Rückvergütungsanspruch gegenüber dem Leasinggeber. Die Leasingraten werden bei diesem Leasingmodell höher sein als bei erlasskonformen Leasingverträgen, da der Leasinggeber sein – aufgrund der fehlenden Vollamortisationszusage – erhöhtes Verwertungsrisiko in die Gesamtkalkulation mit einbeziehen wird. Die Vollamortisation des Leasinggebers wird durch die Leasingraten während der Grundmietzeit sowie durch die Verwertung nach Beendigung gesichert. Da der Leasingnehmer für das gesteigerte Verwertungsrisiko durch erhöhte Leasingraten zahlt und der Leasinggeber unmittelbar an eine Wertsteigerung partizipiert, steht das wirtschaftliche Eigentum im Sinne des § 39 Abs. 2 AO dem Leasinggeber zu. Für die Qualifikation des Leasingvertrags als Teilamortisationsvertrag mit Mehrerlösbeteiligung ist eine Kaufoption des Leasingnehmers steuerlich schädlich. Erhält der Leasingnehmer eine Kaufoption, hat dieser die Chance der wirtschaftlichen Wertentwicklung, so dass nicht der Leasinggeber, sondern der Leasingnehmer wirtschaftlicher Eigentümer des Kraftfahrzeuges wird.[79] Dies hätte den steuerlichen Nachteil, dass der Leasingnehmer das Leasinggut im Anlagevermögen anzusetzen hat und die Aufwendungen an den Leasinggeber nur im Rahmen der AfA zum Abzug bringen kann.

Die Allgemeinen Leasingbedingungen sehen regelmäßig vor, dass das Kraftfahrzeug bei Rückgabe einen dem Alter und der vertragsgemäßen Laufleistung entspre-

---

77 Skusa, NJW 2011, 2993 (2997); Reinking, DAR 2010, 252 (254).

78 BGH DAR 1996, 318.

79 Reinking, Der Autokauf, Rn. L 16–17.

chenden Zustand aufweisen muss und nicht mit Schäden behaftet sein darf.[80] Nach einer Entscheidung des LG München I[81] ist eine solche umfängliche Klausel unwirksam, da sämtliche Schäden mit umfasst seien, also auch solche, die bei einer vertragsgemäßen Laufleistung zu erwarten sind. Für den Fall des nicht vertragsgemäßen Zustandes bzw. einer wirksamen Klausel[82] schuldet der Leasingnehmer die Behebung bzw. Wertminderung.[83] Damit ist der Vollamortisationsanspruch des Leasinggebers gesichert. Klauseln in Leasingverträgen lauten:

> „Ist bei Rückgabe des Fahrzeuges nach Ablauf der bei Vertragsschluss vereinbarten Leasingzeit die festgelegte Gesamtkilometerlaufleistung über- bzw. unterschritten, werden die gefahrenen Mehr- bzw. Minderkilometer dem LN zu dem im Leasingvertrag genannten Satz nachberechnet bzw. vergütet. Soweit bei der Rückgabe die Gesamtlaufleistung nicht um 2.500 Kilometer über- oder unterschritten werden, bleiben die Mehr- oder Minderkilometer außer Betracht. Wird die Gesamtlaufleistung bei Rückgabe um mehr als 2.500 Kilometer über- oder unterschritten, so werden diese insgesamt, ausgehend von der vereinbarten Gesamtlaufleistung, nachbelastet oder bis zu einer Minderkilometerlaufleistung von 15.000 Kilometer vom LG vergütet.
> Bei Rückgabe muss das Fahrzeug in einem dem Alter und der vertragsgemäßen Fahrleistung entsprechenden Erhaltungszustand, frei von Schäden sowie verkehrs- und betriebssicher sein. Normale, bei einer vertragsgemäßen Laufleistung zu erwartende Verschleißspuren gelten nicht als Schaden. Über den Zustand wird bei Rückgabe ein gemeinsames Protokoll angefertigt und von beiden Vertragspartnern oder ihren Bevollmächtigten unterzeichnet.
> Bei Rückgabe des Fahrzeuges nach Ablauf der bei Vertragsschluss vereinbarten Leasingzeit gilt folgende Regelung:
> Entspricht das Fahrzeug nicht dem vertraglich vereinbarten Zustand und ist das Fahrzeug hierdurch im Wert gemindert, ist der LN zum Ausgleich dieses Minderwertes zzgl. Umsatzsteuer verpflichtet. Eine schadenbedingte Wertminderung bleibt außer Betracht, soweit der LG hierfür bereits eine Entschädigung erhalten hat.
> Können sich die Vertragspartner über einen vom LN auszugleichenden Minderwert nicht einigen, werden Minderwert bzw. Wert des Fahrzeuges auf Veranlassung des LG mit Zustimmung des LN durch einen öffentlich bestellten und vereidigten Sachverständigen oder ein unabhängiges Sachverständigenunternehmen ermittelt. Die Kosten tragen die Vertragspartner je zur Hälfte. Durch das Sachverständigengutachten wird der Rechtsweg nicht ausgeschlossen."

---

80 *„Bei Rückgabe muss das Fahrzeug in einem gereinigten, dem Alter und der vertragsgemäßen Fahrleistung entsprechenden Erhaltungszustand, frei von Schäden sowie verkehrs- und betriebssicher sein."*

81 LG München vom 03.03.1999, DAR 1999, 268.

82 *„Normale Verschleißspuren gelten nicht als Schaden."*

83 Reinking, Der Autokauf, Rn. L 658, 659 ff. mit Beispielen zum vertragsgemäßen bzw. vertragswidrigen Zustand.

2. Operatingleasing als gewöhnlicher Mietvertrag

Beim Operatingleasing handelt es sich typischerweise um einen von Anfang an nur auf kurze Zeit geschlossenen oder vom Mieter kurzfristig kündbaren Gebrauchsüberlassungsvertrag. Im Unterschied zum Leasing schuldet der Mieter keine Vollamortisation des Leasinggebers, weshalb die Finanzierungsfunktion in den Hintergrund rückt. Im Unterschied zum Finanzierungsleasing trägt der Vermieter das Investitionsrisiko.

Das Operatingleasing (Financial bzw. Finance Leasing) ist vom „klassischen" Leasingvertrag zu unterscheiden, da sich bei dieser Vertragsform wesentliche Unterschiede in der rechtlichen Behandlung ergeben. Insbesondere finden beim Operatingleasing die Besonderheiten des Leasings keine Anwendung. Das Operatingleasing ist vielmehr als gewöhnlicher Mietvertrag im Sinne des § 535 BGB zu qualifizieren. Beim Operatingleasing kann sowohl der Leasinggeber als auch der Leasingnehmer unter Einhaltung einer kurzen Kündigungsfrist das Vertragsverhältnis beenden. Eine Konventionalstrafe ist nicht zu zahlen und eventuell allein aus der Kündigung entstandene Schäden sind nicht zu ersetzen.[84] Das Operatingleasing stellt eine kurzfristige Vermietung oder Verpachtung von Wirtschaftsgütern dar und ist darauf ausgerichtet, die Nutzungsmöglichkeit an einem Investitionsgut zeitlich zu eröffnen.[85] Die Kurzfristigkeit wird dabei auf das Verhältnis der Miet- zur betriebsgewöhnlichen Nutzungsdauer (regelmäßig weniger als 40 %) des Leasinggutes bezogen, wobei Operatingleasingverträge in der Praxis häufig für nur wenige Wochen, Tage oder gar nur Stunden abgeschlossen werden; vereinzelt aber auch auf mehr als ein Jahr.[86] Beim klassischen Leasing trägt der Leasingnehmer das Investitionsrisiko, da auf Grund der Leasingerlasse und damit aus steuerlichen Gründen die ordentlich unkündbare Grundleasingzeit zumindest 40 % der gewöhnlichen Nutzungsdauer betragen muss.[87] Beim Operatingleasing dagegen besteht regelmäßig eine kürzere Grundmietzeit oder aber eine jederzeitige Kündigungsmöglichkeit, weshalb der Vermieter das Investitionsrisiko trägt.[88]

Entscheidender Unterschied ist, dass beim Operatingleasing der Mieter keine Vollamortisationszusage gegenüber dem Vermieter abgibt. Dadurch kann er solche Objekte, deren Erwerb aus steuerlichen oder betriebswirtschaftlichen Gründen nicht in Frage kommt, für eine begrenzte Zeit nutzen, ohne selbst das Investitionsrisiko übernehmen zu müssen. Auf das Operatingleasing wird in der Regel dann zurück-

84 Vielmehr trägt der Leasinggeber die objektbezogenen Risiken, Vgl. Martinek/Stoffels/Wimmer-Leonhardt, Handbuch des Leasingrechts, 2. Kapitel, § 3, Rn. 3, S. 22.

85 BGH NJW 1990, 1785.

86 Flume, DB 1972, 1 f.; Martinek/Stoffels/Wimmer-Leonhardt, Handbuch des Leasingrechts, 2. Kapitel, § 3, Rn. 2, S. 22; Graf von Westphalen, Der Leasingvertrag, Kap. B, Rn. 76, S. 149.

87 BMF-Schreiben vom 22.12.1975 – IV B 2 – S 2170 – 161/75, BB 1976, 72.

88 Graf von Westphalen, Der Leasingvertrag, Kap. B, Rn. 76, S. 149.

gegriffen, wenn die Risiken, die mit dem Eigentumserwerb mit einem Wirtschaftsgut zusammenhängen, bei dem Leasinggeber verbleiben sollen. Hierdurch umgeht der Leasingnehmer die Risiken der technischen und wirtschaftlichen Alterung, der technischen Funktionsbeeinträchtigung sowie des zufälligen Untergangs des Leasinggutes. Durch den Abschluss eines Operatingleasingvertrages minimiert der Leasingnehmer das Risiko einer Fehlinvestition, insbesondere die Gefahr, das für seine Nutzungszwecke ungeeignete Objekt ausgewählt zu haben und die damit verbundene Gefahr, die bis zur Beendigung des Leasingvertrages fälligen Raten überflüssigerweise zahlen zu müssen. Gleiches gilt für die mit der Bestimmung verbundenen Risiken des Umfangs und der Dauer der benötigten Nutzungen. Im Gegensatz hierzu ist das Operatingleasing aufgrund dieser Vorzüge für den Mieter teurer als das klassische Leasing.

3. Sale-and-lease-back-Verfahren und Eintrittsmodell

Beim sale-and-lease-back-Verfahren und beim Eintrittsmodell besteht die Besonderheit darin, dass anstelle des leasingtypischen Drei-Personenverhältnisses zunächst lediglich ein Zwei-Personen-Verhältnis besteht. Der spätere Leasingnehmer schließt – im Unterschied zum klassischen Leasing – zunächst im eigenen Namen einen Kaufvertrag mit dem Lieferanten/Hersteller.
Beim sale-and-lease-back-Verfahren verkauft (sale) der spätere Leasingnehmer das Objekt an den Leasinggeber, der es an den Leasingnehmer zurück verleast (lease back). Der Leasingnehmer nimmt eine Doppelfunktion ein, in dem er Verkäufer/Lieferant und Leasingnehmer in einer Person ist, was eine weitgehende Modifikation beim Gewährleistungsrecht zulässt.
Beim Eintrittsmodell tritt der Leasinggeber schuldbefreiend in den Kaufvertrag zwischen Lieferanten/Hersteller und dem Leasingnehmer ein. Für die Leasingverträge finden im Übrigen die allgemeinen Grundsätze Anwendung, wobei das Zwei-Personen-Verhältnis berücksichtigt werden muss (z.B. für die Stellung des Lieferanten als Erfüllungsgehilfen).

a. Sale-and-lease-back-Verfahren

Das sale-and-lease-back-Verfahren dient der Freisetzung des in dem Investitionsgut gebundenen Kapitals durch den Verkauf des Objekts seitens des Eigentümers an die Leasinggesellschaft. Zugleich wird die weitere Nutzung für den Verkäufer durch Abschluss des Leasingvertrages gewährleistet.

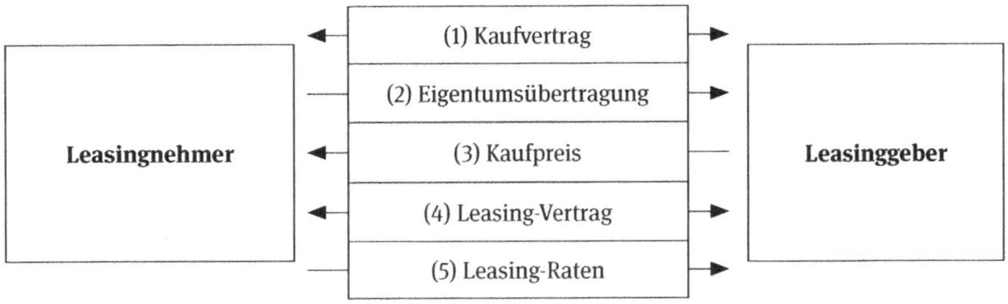

Besondere Relevanz weist das sale-and-lease-back-Verfahren bei kapitalintensiven Anlagen und Immobilien auf, da die Realisierung von stillen Reserven von Interesse ist. Gleichzeitig stellt das sale-and-lease-back-Verfahren eine Möglichkeit der Refinanzierung dar. Insbesondere Autovermietungen bedienen sich dieser Varianten des Leasings.[89] Abgesehen von den Rechtsproblemen und spezifischen Fragen der Bewertung des Leasinggutes sind die betriebswirtschaftlichen Probleme des sale-and-lease-back-Verfahrens mit dem klassischen Finanzierungsleasing identisch. Da es sich hierbei um eine Umfinanzierung handelt, fließen dem Leasingnehmer zunächst liquide Mittel zu, was bei anderen Leasingformen nicht der Fall ist. Das sale-and-lease-back-Verfahren ist grundsätzlich dem Finanzierungsleasing zuzuordnen,[90] weil der Leasinggeber ungeachtet des vorangegangenen Sacherwerbs des Leasingnehmers kein sach- bzw. produktorientiertes Absatzinteresse verfolgt. Vielmehr liegt es nahe, in einem derartigen Vertragsabschluss den klassischen Fall des primären Finanzierungsinteresses des Leasinggebers zu sehen, der dem Leasingnehmer eine bereits getroffene Investitionsentscheidung finanziert.[91] Muster eines sale-and-lease-back-Vertrages zwischen Leasinggeber und Leasingnehmer lauten:

„1. **sale-and-lease-back-Vertrag**
Die Vertragsparteien schließen hiermit einen sale-and-lease-back-Vertrag über das zuvor bezeichnete Leasingobjekt. Dies bedeutet, dass der Verkäufer dem Käufer das Kaufobjekt hiermit verkauft und der Käufer den gekauften Gegenstand an den Verkäufer zurück verleast.

2. **Kaufpreis**
Der Verkäufer verkauft an den Käufer das Leasingobjekt zum Kaufpreis von:
__________ EUR netto _________ (zzgl. gesetzlicher MwSt.)

3. **Eigentumsübergang und Abtretung**
Käufer und Verkäufer sind sich darüber einig, dass das Eigentum am Leasingobjekt mit Zahlung des Kaufpreises auf den Käufer übergeht. Die Übergabe des Leasingobjektes wird dadurch ersetzt, dass zwischen den Vertragsparteien der oben bezeichnete Leasingvertrag abgeschlossen wird. Bei Fahrzeugen ist die Zulassungsbescheinigung II dem Käufer auszuhändigen.

4. **Zubehöreigenschaft**
Zwischen den Vertragsparteien besteht Einigkeit, dass das Leasingobjekt nicht wesentlicher Bestandteil von Grund und Boden oder von anderen beweglichen Sachen ist oder wird, somit nicht der Zubehörhaftung unterliegt, weil das Leasingobjekt nur zu einem vorübergehenden Zweck aufgestellt wurde oder wird und jederzeit demontierbar ist.

5. **Mangelfreiheit**
Der Verkäufer und Leasingnehmer bestätigt, dass das Leasingobjekt der Bezeichnung im Leasingvertrag und den Vereinbarungen im Übrigen entspricht und in ordnungsgemäßem, mangelfreiem und funktionsfähigem Zustand ist.

---

89 Zum Sale-and-lease-back-Vertrag siehe Martinek/Stoffels/Wimmer-Leonhardt, Handbuch des Leasingrechts, 15. Kapitel, § 52, Rn. 9, S. 490.

90 Graf von Westphalen, Der Leasingvertrag, Kap. B, Rn. 74, S. 149.

91 Martinek/Stoffels/Wimmer-Leonhardt, Handbuch des Leasingrechts, 15. Kapitel, § 52, Rn. 9, S. 490.

6. **Vertragsbeginn des Leasingvertrages**
   Die Vertragsparteien vereinbaren, dass mit Abschluss dieses Vertrages das Leasingobjekt zur Verfügung gestellt ist und der Leasingvertrag wirksam wird.
7. **Gewährleistung und Haftung**
   Die Parteien sind sich darüber einig, dass es sich bei dem abzuschließenden Leasingvertrag um einen sogenannten sale-and-lease-back-Vertrag handelt, bei dem Verkäufer und Leasingnehmer personengleich sind. Aus diesem Grunde sind Gewährleistungsansprüche des Leasingnehmers insoweit abweichend vom Formularleasingvertrag ausgeschlossen. Der Leasingnehmer bleibt jedoch berechtigt, etwaige Gewährleistungs- und Schadenersatzansprüche aus seinem Vertrag gegen den Ursprungslieferanten oder Dritte auf seine Kosten und Gefahr geltend zu machen. Der Leasinggeber ist zeitnah zu unterrichten. Etwaige Ansprüche des Leasingnehmers auf (teilweise) Rückzahlung des Kaufpreises werden bereits hiermit an den Leasinggeber abgetreten, der die Abtretung annimmt. Sobald Gewährleistungsansprüche gegen den Vorlieferanten rechtswirksam vollzogen sind und der Kaufpreis in entsprechender Höhe bei dem Leasinggeber eingegangen ist, gilt Ziffer I. der Allgemeinen Geschäftsbedingungen des Leasingvertrages (Sach- und Rechtsmängel, Haftungsbeschränkung) entsprechend. Ziffer I. der Allgemeinen Geschäftsbedingungen des Leasingvertrages findet Anwendung, sollte der Gewährleistungsausschluss dieses Vertrages – gleich aus welchen Gründen – unwirksam sein.
8. **Allgemeine Bestimmungen**
   Mündliche Nebenabreden bestehen nicht. Änderungen, Ergänzungen sowie die Aufhebung dieses Vertrages bedürfen zu Ihrer Wirksamkeit der Schriftform. Ein Verzicht auf die Schriftform kann nur schriftlich vereinbart werden. Sollte eine Bestimmung dieses Vertrages unwirksam sein, so wird dadurch die Gültigkeit des Vertragsinhaltes im Übrigen nicht berührt. Die Vertragsparteien haben sich für den Fall der Teilunwirksamkeit dieses Vertrages auf diejenige Regelung zu einigen, die dem beabsichtigten Zweck rechtswirksam am nächsten kommt. Gerichtsstand ist München, sofern der Verkäufer Kaufmann ist.“

Anzuraten ist eine Mitteilung an den Lieferanten:

„Wir möchten Sie darauf aufmerksam machen, dass Sie mit Wirkung zum heutigen Tage befreiend nur noch an die Leasinggesellschaft die Übereignung des zuvor bezeichneten Vertragsgegenstandes vornehmen können. Ihr Vertragspartner hat den Übereignungsanspruch auf den Vertragsgegenstand an die Leasinggesellschaft abgetreten. Im Übrigen bleibt der Kaufvertrag zwischen Ihnen und Ihrem Käufer hiervon unberührt.
Die Leasinggesellschaft wird den Kaufpreis von netto__________EUR zzgl. gesetzlicher MwSt. – Zug um Zug gegen Übereignung des Leasingobjektes von Ihnen an die Leasinggesellschaft – schuldbefreiend unmittelbar an Sie zahlen. Für die Übermittlung Ihrer Kontoverbindung wären wir verbunden“.
Wir bitten Sie um Rückübersendung einer von Ihnen unterschriebenen Fassung dieses Schreibens, mit dem Sie bestätigen, dass Sie mit Eingang des Kaufpreises den zuvor bezeichneten Vertragsgegenstand unmittelbar und ausschließlich an uns übereignen.“

b. Eintritts- oder Einstiegsmodell

Dem Eintritts bzw. Einstiegsmodell und der sale-and-lease-back-Konstellation ist gemein, dass der spätere Leasingnehmer den Kaufvertrag zunächst im eigenen Namen mit dem Lieferanten abschließt. Im Unterschied zum sale-and-lease-back-Verfahren vollzieht sich die Eigentumsübertragung und die Finanzierung unmittelbar vom Lieferanten zum Leasinggeber, in dem dieser im Wegen einer befreienden Vertragsübernahme in den Kaufvertrag zwischen Leasingnehmer und Lieferant eintritt und den Kaufpreis begleicht. Zur Wirksamkeit der Freizeichnungs- und Abtretungskonstellation beim Leasingvertrag/Eintrittsmodell muss der Leasinggeber darauf achten, dass er dem Leasingnehmer die Gewährleistungsrechte aus dessen Kaufvertrag mit dem Lieferanten vorbehält.[92] Dies geschieht regelmäßig im Formular zur Vertragsübernahme. Wird der Kaufvertrag zwischen Lieferant und späteren Leasingnehmer im Hinblick auf den später anvisierten Leasingvertrag zum Leasinggeber abgeschlossen und scheitert der Leasingvertrag, dann entfällt die Geschäftsgrundlage des Kaufvertrages, wenn der Käufer das Zustandekommen des Leasingvertrages nicht treuwidrig verhindert hat. Dies gilt sowohl für das Eintrittsmodell, als auch für das sale-and-lease-back-Verfahren. Muster einer Eintrittsmitteilung an den Lieferanten:

> „1. Wir haben mit Ihrem Vertragspartner (unseren Leasingnehmer) einen Leasingvertrag über den in der Kopfleiste dieses Schreibens näher bezeichneten Gegenstand abgeschlossen. Wir treten hiermit in diese Bestellung des Leasingnehmers unter der Bedingung ein, dass der Leasingvertrag Bestand hat; insbesondere der Leasingnehmer den Vertrag nicht widerruft. Außerdem steht unser Eintritt in die Bestellung unter der aufschiebenden Bedingung, dass für dieses Objekt weder bereits an eine andere Partei eine Rechnung erstellt noch eine etwaige Rechnung storniert wurde oder Sie bereits Leistungen von einer dritten Partei für das Objekt erhalten haben.
> 2. Wir werden den Kaufpreis zzgl. Umsatzsteuer unverzüglich zahlen, wenn die auf uns ausgestellte und mit allen notwendigen Angaben versehene Rechnung (einschließlich genauer Objektspezifikation) sowie die vom Leasingnehmer rechtsverbindlich unterzeichnete Abnahmebestätigung uns vorliegen.
> Darüber hinaus benötigen wir folgende Bestätigung in Ihrer Rechnung oder aber als separates Schreiben, das von Ihnen rechtsverbindlich unterzeichnet und mit Firmenstempel versehen – gemäß Anlage der Bestellung – an uns übersandt wird:
> ‚Den in der obigen Rechnung bezeichneten Gegenstand haben wir am (Datum einfügen) vertragsgemäß an Ihren Leasingnehmer ausgeliefert. Wir übertragen Ihnen bereits hiermit zum Zeitpunkt des Eingangs des Rechnungsbetrages das Eigentum an diesem Gegenstand und treten Ihnen zugleich etwaige Herausgabeansprüche gegen den Leasingnehmer aus dem Liefervertrag ab. Zudem wird versichert, dass der Gegenstand frei von Eigentumsvorbehalten und sonstigen Rechten Dritter ist und wir über den Gegenstand uneingeschränkt verfügen können.‘
> Solange diese Voraussetzungen nicht eingetreten sind, besteht für uns keine Verpflichtung zur Kaufpreiszahlung.
> 3. Erfolgt die Kaufpreiszahlung, geht das uneingeschränkte Eigentum am Gegenstand auf uns über.
> 4. Soweit Sie nach dem Kaufvertrag die Kosten für Fracht, Transport, Montage und sonstige Nebenkosten (z.B. Einfuhrumsatzsteuer, Zölle, Versicherungen usw.) nicht selbst zu tragen haben, berechnen Sie diese direkt dem Leasingnehmer gegenüber.

92 BGH Urteil vom 21.12.2005 – VIII ZR 85/05 = NJW 2006, 1066 unter Verweis auf weitere Fundstellen.

5. Ist eine Rückabwicklung des Liefervertrages durch Sie zu vertreten, verpflichten Sie sich, Schäden und Aufwendungen unsererseits und unseres Leasingnehmers zu erstatten.
6. Wir behalten uns den Rücktritt vom Bestelleintritt vor, falls wesentliche Verschlechterungen der Vermögensverhältnisse des Leasingnehmers oder Lieferanten eintreten, insbesondere für die Fälle von Lastschrift- oder Scheckrückgaben, Wechselprotesten, Insolvenzanmeldungen oder fruchtlosen Zwangsvollstreckungsmaßnahmen. Aufwendungs- und Schadensersatzansprüche Ihrerseits bestehen im Fall des Rücktritts uns gegenüber nicht.
7. Erfüllungsort für die Lieferung ist der angegebene Bestimmungsort bzw. die Adresse des Leasingnehmers. Für Zahlungen ist München der Erfüllungsort. Der Gerichtsstand ist, soweit zulässig, München."

4. Der Mietkauf und Abgrenzung zum Leasing

Beim Mietkauf räumt der Vermieter dem Mieter das Recht ein – innerhalb einer bestimmten Frist – die Kaufsache zu einem im Voraus vereinbarten Preis zu kaufen. Die bis dahin bezahlten Mietraten werden auf den Kaufpreis angerechnet.[93]

Der Mietkauf stellt eine Kombination aus Elementen des Miet- und des Kaufvertrages dar.[94] Vor allem vor dem Hintergrund des vermehrten Auftretens von Kombinationen aus Mietkauf und Leasing in der Praxis ist eine präzise rechtliche Qualifizierung und Abgrenzung unumgänglich. Im Unterschied zum Leasing als Gebrauchsüberlassungsvertrag auf Zeit ist der Mietkauf auf einen späteren Eigentumserwerb beim Mietkäufer gerichtet, weshalb der Mietkäufer wirtschaftlicher Eigentümer des Mietobjektes ist. Da der Mietkauf zumindest auch als Finanzierungsmittel dient, muss neben der allgemeinen Klärung des anwendbaren Rechts der Mietkauf insbesondere zum Ratenzahlungskauf abgegrenzt werden. Die Abgrenzung wird dadurch erschwert, weil nach Ansicht des Bundesgerichtshofs bereits die Klausel „bei Übernahme Mietanrechung 50 %" für die Annahme eines Mietkaufvertrages ausreichen kann.[95]

Mietkaufklausel bei Unternehmern:

„Aktivierungspflicht, Eigentumsübergang und Sicherungsübereignung
a) Sofern der MK bilanzierungspflichtig ist, hat er das MO in seiner Bilanz zu aktivieren.
b) Der VM behält während der Vertragslaufzeit das Eigentum am MO, wobei er sich die Rechte gemäß Ziffer I. dieser Vereinbarung vorbehält. Der Mietkäufer hat das Recht nach Ablauf des Mietkaufvertrages durch Erklärung gegenüber dem VM das MO käuflich zu erwerben. Die Erklärung ist nur wirksam, wenn sie innerhalb von vierzehn Tagen nach Beendigung dieses Vertrages beim VM eingeht. Die Eigentumsübertragung des MO an den MK ist aufschiebend bedingt dadurch, dass die vereinbarte Mietdauer vertragsgemäß abläuft, der MK die Kaufoption ausübt,

93 Graf von Westphalen, Der Leasingvertrag, Kap. B, Rn. 78, S. 150.
94 Martinek/Stoffels/Wimmer-Leonhardt, Handbuch des Leasingrechts, 2. Kapitel, § 4, Rn. 31, S. 45.
95 BGH WM 1985, 634.

der MK den Kaufpreis an den VM zahlt und der MK alle ihm nach diesem Vertrag obliegenden Verpflichtungen ordnungsgemäß erfüllt; insbesondere die vereinbarten Mietkaufraten vollständig bezahlt.

c) Soweit der Käufer Unternehmer ist, erfolgt der Kauf unter Ausschluss auf sämtliche Rechte wegen Sach- und/oder Rechtsmängel. Der Ausschluss findet keine Anwendung für Schadensersatzansprüche jeglicher Art, wenn der Verkäufer, sein gesetzlicher Vertreter oder seine Erfüllungsgehilfen grob fahrlässig oder vorsätzlich ihre Pflichten verletzt haben sowie für Schadensersatzansprüche bei Verletzungen des Körpers, des Lebens oder der Gesundheit oder bei der Verletzung wesentlicher Vertragspflichten (Kardinalpflichten), wenn die Pflichten fahrlässig verletzt wurden. Mängelansprüche und Mängelrechte des Leasingnehmers – auch als Verbraucher – aus einem Kaufvertrag verjähren innerhalb eines Jahres ab Ablieferung des Kaufgegenstandes.

d) Die Vertragspartner vereinbaren hiermit, dass das MO oder ein etwaiges Ersatzobjekt mit allen Bestandteilen und Zubehör – auch nach der Vertragslaufzeit – zur Sicherung aller Ansprüche des VM aus diesem Vertrag dient, bis der MK alle ihm nach diesem Vertrag obliegenden Verpflichtungen gegenüber dem VM ordnungsgemäß erfüllt. Das Eigentum an vom MK erworbenen Bestandteilen, Zubehör und im Austausch gegen das MO erworbene Güter gehen zum Zeitpunkt des Erwerbes durch den MK auf den VM über. In diesen Fällen hat der MK den VM unverzüglich schriftlich über die Spezifikationsmerkmale dieser Gegenstände zu informieren. Für die Eigentumsübertragung an einem Ersatzobjekt oder an nachträglich erworbenen Bestandteilen oder des Zubehörs ersetzt diese Vereinbarung/Sicherungsabrede die Übergabe. Der MK tritt vorsorglich etwaige Herausgabeansprüche gegen etwaig besitzende Dritte an den VM ab, der die Abtretung annimmt. Nach Befriedigung der gesicherten Ansprüche hat der VM die ihm gestellten Sicherheiten zurückzuübertragen und einen etwaigen Übererlös aus der Verwertung herauszugeben. Die Rückübertragung des Objektes erfolgt im jeweiligen Zustand unter Ausschluss einer etwaigen Gewährleistung im Hinblick auf den reinen Sicherungscharakter. Der VM wird die Sicherheiten an einen Dritten übertragen, wenn er (z.B. bei Befriedigung durch Dritte) hierzu verpflichtet ist. Jedenfalls, auch vor vollständiger Befriedigung aller durch die Sicherungsübereignung gesicherten Ansprüche ist der VM verpflichtet, auf Verlangen das ihm übertragene Objekt bzw. andere ihm gestellten Sicherheiten nach billigem Ermessen ganz oder teilweise freizugeben, sofern der realisierbare Wert sämtlicher Sicherheiten – abgestellt auf den Zeitpunkt der Kündigung oder des Rücktritts – 110 % der gesicherten Ansprüche des VM nicht nur vorübergehend überschreitet. Der VM wird bei der Auswahl der freizugebenden Sicherheiten die berechtigten Belange des MK berücksichtigen.“

a. Rechtliche Einordnung des Mietkaufs

Der Mietkauf wird als Mietvertrag mit Ankaufsrecht definiert.

Aufgrund der Privatautonomie können Kauf- und Mietvertrag beliebig miteinander kombiniert werden. Der Mietkauf als Vertrag sui generis ist in zwei Komponenten aufzuteilen: Die mietvertragliche Komponente während der Vertragslaufzeit und die kaufvertragliche Komponente nach Ende der Vertragslaufzeit. Der Mieter hat hierbei das unwiderrufliche Recht, unter Anrechnung der gezahlten Mietraten nach vertragsgemäßer Vertragsbeendigung (Grundmietzeit) das Mietobjekt käuflich zu erwerben (Kaufoption). Möglich ist die Vereinbarung, dass der Mieter während der Mietzeit jederzeit seine Kaufoption zu einem zuvor festgelegten Kaufpreis ausüben kann. Für die rechtliche Behandlung ergeben sich hieraus folgende Grundsätze:

Während der Grundmietzeit findet Mietrecht gemäß den §§ 535 ff. BGB Anwendung.
Aufgrund der rechtlichen und wirtschaftlichen Nähe des erlasskonformen Vollamortisationsleasingvertrages mit Kaufoption zum Mietkauf ist die leasingspezifische Abtretungs- und Freizeichnungskonstruktion unter den selben Voraussetzungen – wie beim Leasing – zulässig, d.h. der Vermieter muss sämtliche kaufrechtlichen Mängelansprüche dem Mieter endgültig, unmittelbar und vorbehaltlos zu Verfügung stellen.
Nur für den Fall, dass der Mieter von seinem vertraglich vereinbarten Ankaufsrecht mit Ablauf der Mietzeit Gebrauch macht, entsteht mit Ausübung der Kaufoption mit ex nunc Wirkung ein Kaufvertrag zwischen den bisherigen Mietvertragsparteien. Erst ab diesem Zeitpunkt findet Kaufrecht gemäß den §§ 433 ff. BGB Anwendung. Der Kaufpreis wird jedoch bereits bei Abschluss des Mietkaufvertrages festgelegt. Ist der Mietkäufer Verbraucher, sind die §§ 474 ff. BGB für das kaufrechtliche Element zu berücksichtigen.

Beim Mietkauf findet keine Vermengung während der Zeiträume Miete und Kauf statt. Vielmehr stellt der Mietkauf eine zeitlich aufeinander abfolgende Koppelung zweier Verträge dar.[96] Der Mieter erwirbt mit Ausübung der Option das Eigentum an der Sache, da der Kauf aufschiebend bedingt durch die Optionserklärung zustande kommt.[97] Eine Klausel kann wie folgt lauten:

> „a) Sofern der Mietkäufer bilanzierungspflichtig ist, hat er den Mietgegenstand in seiner Bilanz zu aktivieren.
> b) Der Vermieter behält während der Mietzeit das Eigentum am Mietobjekt, wobei er sich die Rechte dieser Vereinbarung vorbehält. Die Eigentumsübertragung des Mietobjektes an den Mietkäufer ist aufschiebend bedingt dadurch, dass die vereinbarte Mietdauer vertragsgemäß abläuft, der Mietkäufer die Kaufoption ausübt und der Mietkäufer alle ihm nach diesem Vertrag obliegenden Verpflichtungen ordnungsgemäß erfüllt; insbesondere die vereinbarten Mietkaufraten vollständig bezahlt."

Wirtschaftlich kommt es zu einer Vermengung, da der Vermieter die Mietraten hoch ansetzt, um den Mieter zur Ausübung der Option zu bewegen sowie, im Unterschied zur reinen Miete, die Finanzierungsgrundlage, folglich der Erwerb des Gegenstandes, im Vordergrund steht. Daher ist der gezahlte Mietzins – zumindest teilweise – auf den durch Ausübung der Kaufoption fälligen Kaufpreis anzurechnen.[98] Schadensersatzansprüche des Vermieters gegenüber Dritten führen nicht zu einer Anrechnung.[99] Die Parteien sind sich von Anfang an einig, dass der Mieter das Eigentum an dem vermieteten Wirtschaftsgut erhält. Im Unterschied zum Sofortkauf besteht für den Mieter der

---

96 MüKoBGB/Schilling, Bd. 3, Vor § 535, Rn. 50.
97 MüKoBGB/Schilling, Bd. 3, Vor § 535, Rn. 50.
98 BGH NJW 1987, 1069.
99 BGH vom 30.01.2002, VIII ZR 169/00.

wirtschaftliche Vorteil, den Kaufpreis – gegen einen erhöhten Zahlungsbetrag – nicht sofort begleichen zu müssen.[100]

Der Mietkauf ist ein entgeltlicher Zahlungsaufschub, weshalb dem Mietkäufer als Verbraucher ein Widerrufsrecht gemäß §§ 506 Abs. 1 BGB zusteht.[101]

Der maßgebliche Unterschied zwischen Mietkauf einerseits und Leasing andererseits besteht darin, dass das Mietobjekt beim Mietkauf zum Zweck der Bilanzierung nach Handels- bzw. Steuerrecht dem Mieter zugerechnet wird.[102] Eine Zurechnung zum Leasinggeber, wie beim Finanzierungsleasing erfolgt dagegen nicht.

Im Unterschied zum Leasing ist beim Mietkauf der Mieter wirtschaftlicher Eigentümer im Sinne des § 39 Abs. 2 AO.

Folglich fehlen beim Mietkauf all diejenigen steuerlichen Vergünstigungen, die beim Leasing auftreten, weil der Leasinggeber rechtlicher und wirtschaftlicher Eigentümer des Leasingguts ist.[103] Seitens der Vertragsgestaltung ist eine exakte Unterscheidung zwischen Mietkauf einerseits und Leasing andererseits danach vorzunehmen, ob das Interesse des Mietkäufers in erster Linie auf den Erwerb des Gegenstandes als Finanzierungsgeschäft gerichtet ist oder ob die Gebrauchsüberlassung im Vordergrund steht.[104] Ist ersteres der Fall, so finden die Grundsätze über Mietkaufverträge Anwendung.[105] Die Abgrenzung ist vor allem zum Vollamortisationsvertrag mit Kaufoption

---

100 Palandt/Weidenkaff, Vor § 535 BGB, Rn. 30.

101 Palandt/Weidenkaff, Vor § 535 BGB, Rn. 30; BGH vom 12.09.2001, VIII ZR 109/00; hierzu führt der BGH vertiefend aus: *„Bei diesem Mietkaufvertrag, der dadurch gekennzeichnet ist, dass das Eigentum an der Mietsache gemäß Nr. 12 der Allgemeinen Mietbedingungen der Klägerin [Mieterin] bei Vertragsende „entschädigungslos vom Vermieter auf den Mieter über(geht)“, handelt es sich nach zutreffender Ansicht des Berufungsgerichts um eine sonstige Finanzierungshilfe [...]. Die erforderliche Kreditfunktion liegt darin, dass die Klägerin als Vermieterin dem Beklagten als Mieter die Ladeneinrichtung und das Rollgitter als Mietsachen überlassen, den Kaufpreis jedoch durch die Verteilung auf Mietraten kreditiert hat.“*

102 Graf von Westphalen, Der Leasingvertrag, Kap. B, Rn. 79, S. 151.

103 Der BGH führte hierzu in Urteil vom 12.09.2001, VIII ZR 109/00 aus: *„Bei diesem Mietkaufvertrag, der dadurch gekennzeichnet ist, dass das Eigentum an der Mietsache gemäß Nr. 12 der Allgemeinen Mietbedingungen der Klägerin [Mieterin] bei Vertragsende „entschädigungslos vom Vermieter auf den Mieter über(geht)“, handelt es sich nach zutreffender Ansicht des Berufungsgerichts um eine sonstige Finanzierungshilfe [...]. Die erforderliche Kreditfunktion liegt darin, dass die Klägerin als Vermieterin dem Beklagten als Mieter die Ladeneinrichtung und das Rollgitter als Mietsachen überlassen, den Kaufpreis jedoch durch die Verteilung auf Mietraten kreditiert hat.“*

104 Martinek/Stoffels/Wimmer-Leonhardt, Handbuch des Leasingrechts, 2. Kapitel, § 4, Rn. 32, S. 45.

105 Vgl. hierzu besondere BFH-Urteile vom 05.11.1957 – BStBl. 1957 III 445 –, 25.10.1963 – BStBl. 1964 III 44 –, 02.08.1966 – BStBl. 1967 III 63 – und 18.11.1970 – BStBl. 1971 II 133. Der BFH

des Leasingnehmers schwierig. Entscheidend ist die Ausgestaltung der Kaufoption. Nur unter der Voraussetzung, dass die Kaufoption den Anforderungen des Vollamortisationserlasses entspricht, ist ein Leasing- und nicht ein Mietkaufvertrag anzunehmen. Maßgeblich wird sein, ob der Kaufpreis dem Restbuchwert nach Maßgabe der AfA-Tabelle oder dem niedrigeren gemeinen Verkehrswert/Zeitwert entspricht. Nur dann kann das wirtschaftliche Eigentum im Sinne des § 39 Abs. 2 AO dem Leasinggeber zugerechnet werden. Andernfalls erfolgt im Rahmen der Klassifizierung als Mietkauf eine Zurechnung zum Mieter. Dies insbesondere, wenn das vorgesehene Entgelt der Kaufoption so niedrig angesetzt ist, dass der Mieter bei vernünftiger wirtschaftlicher Handlungsweise die Kaufoption ausüben wird.[106] Entscheidend wird das Verhältnis Mietraten zum Kaufpreis sein. Der Mieter ist dann als wirtschaftlicher Eigentümer des Leasingguts anzusehen, mit der Folge, dass der Mieter den Mietgegenstand in seiner Bilanz im Anlagevermögen zu aktivieren hat.[107] Die Abgrenzung wird vor allem dann problematisch, wenn beim Mietkauf, wie beim klassischen Leasing, die mietvertraglichen Gewährleistungsansprüche ausgeschlossen werden und der Mieter im Gegenzug die kaufrechtlichen Gewährleistungsansprüchen gegenüber dem Lieferanten des Vermieters erhält. Aufgrund der rechtlichen und wirtschaftlichen Nähe des erlasskonformen Vollamortisationsleasingvertrages mit Kaufoption und dem Mietkauf ist diese Abtretungs- und Freizeichnungskonstruktion unter denselben Voraussetzungen wie beim Leasing zulässig, d.h. der Vermieter muss sämtliche kaufrechtlichen Mängelansprüche dem Mieter endgültig, unmittelbar und vorbehaltlos zur Verfügung stellen.[108] Sollte ein Mietkauf mit einem Verbraucher abgeschlossen werden, muss § 475 Abs. 1 BGB beachtet werden. Denn die kaufrechtlichen Gewährleistungsansprüche sind beim Verbrauchsgüterkauf nicht disponibel, so dass der bisherige Vermieter mit Ausübung der Kaufoption dem Käufer kaufrechtliche Gewährleistungsansprüche einräumen muss. Da die Grundmietzeit zwei Jahre regelmäßig nicht unterschreiten wird, hat der Vermieter gemäß § 438 BGB keine Mängelrechte aus seinem Kauf vom Lieferanten mehr, die er an den Käufer abtreten könnte. Der Verkäufer kann gemäß § 475 Abs. 2 BGB die Verjährung auf zumindest ein Jahr verkürzen. Dies sollte im Mietkaufvertrag – aus Sicht des Vermieters – berücksichtigt werden. Auch sei auf die nicht disponible Beweislastumkehr des § 476 BGB für Mängel innerhalb der ersten sechs Monate hingewiesen. Sämtliche Umgehungsversuche – z.B. eine Unbedenklichkeitsbescheinigung durch ein Übergabeprotokoll, in dem die Fehlerfreiheit bzw. der Zustand vom Käufer zugesichert wird – sind gemäß § 475 Abs. 1 S. 2 BGB unwirksam.

führt aus: „*Erfüllen Verträge über unbewegliche Wirtschaftsgüter nicht die Merkmale, die als Voraussetzung für den Begriff des Finanzierungsleasings erheblich sind, so ist nach allgemeinen Grundsätzen, insbesondere auch nach den von der Rechtsprechung aufgestellten Grundsätzen über Mietkaufverträge zu entscheiden, wem der Leasing- oder Mietgegenstand zuzurechnen ist*“.

106 Graf von Westphalen, Der Leasingvertrag, Kap. B, Rn. 81, S. 151 f.

107 Graf von Westphalen, Der Leasingvertrag, Kap. B, Rn. 82, S. 152.

108 BGH, ZIP 1987, 240; BGH, WM 1998, 979; BGH, NJW 2006, 1068.

Da die Rechtsprechung im Rahmen des Gefahrübergangs eine Übergabe zur Erfüllung eines bestehenden Kaufvertrages voraussetzt[109], kann vertraglich ein solcher nicht bei Übergabe des Gegenstandes im Rahmen des Mietvertrages vertraglich vereinbart werden. Die Verbrauchsgüterkaufrichtlinie hat den Mitgliedsstaaten die Ausgestaltung des Gefahrübergangs überlassen, so dass eine richtlinienkonforme Auslegung zu keinem anderen Ergebnis führt.

b. Mietkauf in Abgrenzung zum Ratenzahlungskaufvertrag

Abgrenzungsschwierigkeiten treten zwischen Mietkauf und Ratenzahlungskaufverträgen auf. Bei letzteren wird der Kaufpreis entgeltlich gestundet, weshalb eine sonstige Finanzierungshilfe gemäß § 506 Abs. 1 BGB vorliegt. Gleichzeitig wird sich der Verkäufer das Eigentum an der Sache als Sicherheit vorbehalten.

Der maßgebliche Unterschied zwischen Mietkauf und Ratenzahlungskaufvertrag besteht darin, dass beim Ratenzahlungskaufvertrag die kaufvertragliche Komponente **unbedingt** abgeschlossen wird.[110]

Damit beinhaltet der Ratenzahlungskaufvertrag kein mietrechtliches Element. Es ist ausnahmslos Kaufrecht anzuwenden. Die Grundsätze des Leasings finden keine Anwendung und können aufgrund der qualitativen Unterschiede nicht übertragen werden. Denn der Kaufpreis steht einschließlich Finanzierungsanteil von Anfang an fest. Es handelt sich beim Ratenzahlungskaufvertrag um ein reines Austauschgeschäft.[111] Auch wenn in der Praxis bei dieser Vertragsgestaltung von einem Mietkauf die Rede ist, handelt es sich rechtlich um einen Verkauf unter Eigentumsvorbehalt, da das Eigentum am Objekt mit der letzten Rate automatisch auf den Käufer übergehen soll. Die unterschiedliche Qualifikation ergibt sich einzig aus Umstand, dass gemäß Vertragsbedingungen das Eigentum am Objekt mit der letzten Rate auf den „Mietkäufer" übergehen soll. Aufgrund dieser scheinbar marginalen Abweichung zum Mietkauf ergeben sich jedoch umfassende Unterschiede. Es befindet sich kein mietrechtliches Element im Vertrag, weshalb ausschließlich Kaufrecht Anwendung findet.

Da somit die Vorschriften der §§ 474 ff. BGB über den Verbrauchsgüterkauf Anwendung finden, ist die leasingspezifische Freizeichnungs- und Abtretungskonstruktion gegenüber Verbrauchern unwirksam, § 475 BGB.[112]

---

109 Palandt/Weidenkaff, § 446, Rn. 13.

110 Hügel/Salzig, Mietkauf, S. 4.

111 Hügel/Salzig, Mietkauf, S. 4.

112 Graf von Westphalen, Der Leasingvertrag, Kap. L, Rn. 87, S. 605.

5. Sonstige Leasingvertragsarten und Begriffsbestimmungen

Aufgrund der Vielfältigkeit des Leasings treten in der Praxis eine Vielzahl von Vertragsvarianten auf, die in der Folge in der gebotenen Kürze dargestellt werden. Hierbei ist festzuhalten, dass die allgemeinen Leasinggrundsätze hier Anwendung finden.

a. Das direkte bzw. Zwei-Personen-Leasing

Je nach der Konstellation der beteiligten Personen kann zwischen dem direkten und dem indirekten Leasing unterschieden werden. Das direkte Leasing ist dadurch gekennzeichnet, dass eine unmittelbare vertragliche Beziehung zwischen Hersteller bzw. Händler und Leasingnehmer besteht.[113] Demnach sind der Lieferant/Hersteller und Leasinggeber personenidentisch.

Beim direkten Leasing findet sich nur dann kein leasingtypisches Drei-Personenverhältnis, wenn Leasinggeber und Lieferant personenidentisch sind.[114]

Dabei ist vor allem zwischen Herstellerleasing und Mietfinanzierung zu unterscheiden

Differenzierung von Leasingformen nach der Stellung des Leasinggebers

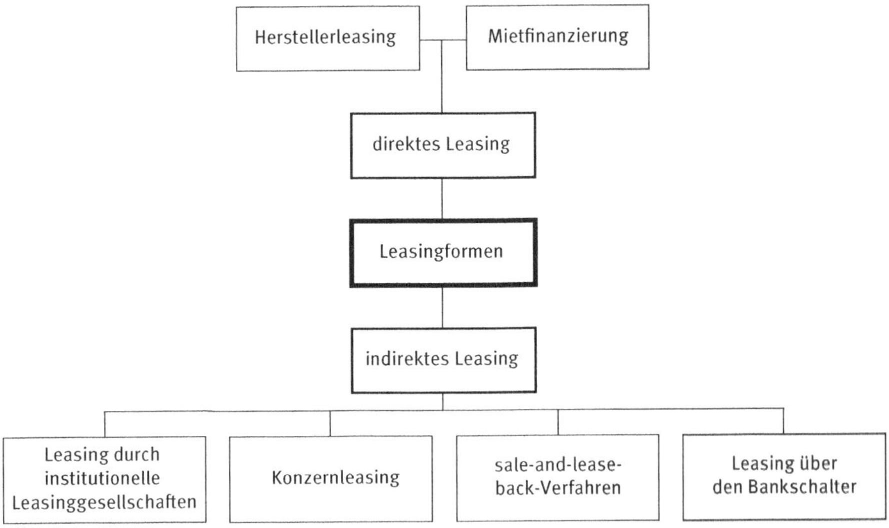

113 Martinek/Stoffels/Wimmer-Leonhardt, Handbuch des Leasingrechts, 2. Kapitel, § 3, Rn. 11, S. 25.
114 Beckmann, Finanzierungsleasing, § 1, Rn. 7.

aa. Herstellerleasing

Das Herstellerleasing wird als Durchführung von Finanzierungsleasing und Operatingleasing durch den Hersteller oder einen Händler des vermieteten Objekts definiert.

Das Herstellerleasing ist die wichtigste Variante des direkten Leasings. Der Leasingvertrag wird direkt zwischen dem Hersteller oder Händler, der zugleich Leasinggeber ist, und dem Leasingnehmer abgeschlossen.[115] Das Herstellerleasing ist aus der Perspektive des Leasingnehmers dadurch charakterisiert, dass auf Seiten des Leasinggebers das Absatzinteresse überwiegt. Dieses beherrscht und überwiegt das Finanzierungsinteresse. Maßgebend ist hierbei – in Abgrenzung zum Finanzierungsleasing –, dass zwischen Leasinggeber und Hersteller bzw. Händler des Leasinggutes eine wirtschaftliche Verflechtung oder eine auf Dauer angelegte Geschäftsverbindung besteht, so dass Leasinggeber und Hersteller bzw. Händler aus Sicht des Leasingnehmers eine wirtschaftliche Einheit darstellen. Es ist somit entscheidend, ob der Leasinggeber – im Verhältnis zum Hersteller des Leasingguts – ein unabhängiger Dritter ist, der die Investitionsentscheidung des Leasingnehmers finanziert; oder aber, ob zwischen Leasinggeber und Hersteller des Leasingguts eine kapital- und konzerninterne Verflechtung besteht. Letzteres hat zur Folge, dass Leasing vor allem als Instrument der Absatzförderung und als zusätzliche Einnahmequelle des Herstellers eingesetzt wird.[116] Herstellerleasing ist als Konsequenz dessen eine Form der Absatzfinanzierung, während das Finanzierungsleasing eine typische Kundenfinanzierung darstellt. Besonders deutlich tritt das Herstellerleasing hervor, wenn der Leasinggeber einen Leasingvertrag über ein Produkt des Herstellers bzw. Händlers abschließt, wie im Fall der Markenidentität zwischen Produkt, Hersteller bzw. Händler und Leasinggeber, wobei in der Regel der Händler das Leasinggut nach Ablauf des Leasingvertrages zum Restwert zurück erwirbt. Im Ergebnis muss danach abgegrenzt werden, ob aus der Sicht des Leasingnehmers ein primäres Finanzierungsinteresse des Leasinggebers oder ein sach- bzw. produktorientiertes Absatzinteresse des Leasinggebers erkennbar ist. Es fehlt das für das Finanzierungsleasing kennzeichnende Drei-Personenverhältnis, welches beim indirekten Leasing gegeben ist. Vielmehr tritt anstelle des Drei-Personenverhältnisses zwischen Hersteller, Leasinggeber und Leasingnehmer das Zwei-Personenverhältnis zwischen Leasinggeber und Leasingnehmer.

Streitig ist in diesem Fall, ob hier reines Mietrecht Anwendung finden muss oder die Grundsätze des Leasings Anwendung finden. Besteht lediglich ein Zwei-Personen-Verhältnis, nimmt der Leasinggeber keine Finanzierungsfunktion, sondern eine Absatzfunktion wahr. Im Hinblick auf den entgeltlichen Zahlungsaufschub gemäß §506 BGB ergeben sich jedoch zwei widersprüchliche Ansatzpunkte. Zum einen

115 Martinek/Stoffels/Wimmer-Leonhardt, Handbuch des Leasingrechts, 2. Kapitel, § 3, Rn. 11, S. 25.
116 Graf von Westphalen, Der Leasingvertrag, Kap. B, Rn. 66, S. 145.

hat der Gesetzgeber im Wege der amtlichen Überschrift mit der Schuldrechtsmodernisierung den entgeltlichen Zahlungsaufschub als sonstige Finanzierungshilfe qualifiziert. Entscheidend jedoch ist, dass der Gesetzgeber bewusst zwischen dem entgeltlichen Zahlungsaufschub in § 506 Abs. 1 BGB und dem Finanzierungsleasing in § 500 BGB a.F. unterschieden hatte. Zudem schließt das Zwei-Personenverhältnis denknotwendiger Weise das leasingtypische Drei-Personenverhältnis und die damit einhergehende Abtretungs- und Freizeichnungsfunktion aus. Wählt der Hersteller beim direkten Leasing keine besondere Vertragsmodalität bzw. einen Kaufvertrag, findet klassisches Mietrecht Anwendung. Denn der Hersteller, der das Leasing als reines Absatzinstrument einsetzt, schuldet die Gebrauchsüberlassung gemäß §§ 535, 536 BGB.[117] Im Gegensatz dazu sind Leasingverträge im Bereich des indirekten Herstellerleasings nicht als reine Mietverträge zu qualifizieren, selbst wenn das Absatzinteresse des Leasinggebers überwiegt. Soweit der Leasingnehmer gegenüber dem Leasinggeber die Vollamortisationspflicht übernommen hat, ergeben sich im Hinblick auf die Vertragsgestaltung keine Unterscheidungskriterien des Herstellerleasings zum Finanzierungsleasing.

Ein Fall des Herstellerleasings liegt vor, wenn konzernzugehörige, aber selbständige Gesellschaften (markenabhängige Leasinggesellschaften), das Konzernprodukt am Markt vertreiben. Dennoch handelt es sich bei dieser in der Praxis am häufigsten auftretenden Leasingsituation aufgrund der rechtlichen Selbständigkeit der Gesellschaften um ein klassisches Leasing mit Freizeichnungs- und Abtretungskonstruktion. Die allgemeinen Grundsätze des Leasings finden Anwendung. Übernimmt der Leasinggeber jedoch das Restamortisationsrisiko, muss gegebenenfalls – mangels Vollamortisationszusage und der damit einhergehenden Risikoverteilung der Finanzierung – anders entschieden werden.[118]

bb. Mietfinanzierungsleasing

Das direkte Leasing umfasst so genannte Mietfinanzierung.

Die Mietfinanzierung unterscheidet sich vom Herstellerleasing allein durch die Art der Refinanzierung des Leasinggebers. Der Hersteller bzw. Händler übernimmt die Finanzierung des Leasinggutes von Beginn des Leasingvertrages an gegenüber Dritten ersichtlich nicht aus eigenen Mitteln, sondern durch eine offene Vorauszession. Die gegenwärtig und künftig aus dem Leasingvertrag resultierenden Forderungen gegenüber dem Leasingnehmer werden an eine refinanzierende Gesellschaft abgetreten

117 Graf von Westphalen, Der Leasingvertrag, Kap. B, Rn. 68, S. 146 f.
118 Graf von Westphalen, Der Leasingvertrag, Kap. B, Rn. 73, S. 148.

und damit dieser die Finanzierungsfunktion übertragen. In der Regel erfolgt zusätzlich eine Sicherungsübereignung des Leasingobjekts an die Bank.

b. Das indirekte Leasing

Im Gegensatz zum direkten Leasing besteht beim indirekten Leasing das leasingtypische Drei-Personenverhältnis zwischen Hersteller/Lieferant, Leasinggeber und Leasingnehmer.[119]

Dabei wird insbesondere nach der Stellung des Leasinggebers im Drei-Personenverhältnis unterschieden. Als Formen des indirekten Leasing sind neben dem Abschluss von Leasingverträgen durch institutionelle Leasinggesellschaften das Leasing über ein Kreditinstitut, das Konzernleasing und das sale-and-lease-back Leasing bedeutsam.

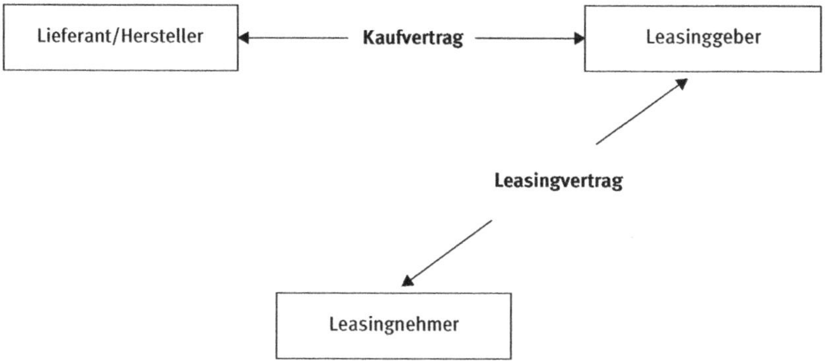

aa. Leasingverträge durch institutionelle Leasinggesellschaften

Beim Leasing durch institutionelle Leasinggesellschaften treten mindestens drei Parteien in eine rechtsgeschäftliche Beziehung zueinander. Das Leasingunternehmen tritt zwischen Hersteller/Händler und Leasingnehmer. Typischerweise wird zwischen einem institutionellen Leasinggeber und dem Leasingnehmer der Leasingvertrag geschlossen und auf der Grundlage dieses Vertrages erfolgen anschließend die Spezifikation des Leasinggutes und der Abschluss des Kaufvertrages zwischen dem Hersteller und dem Leasinggeber.

119 Martinek/Stoffels/Wimmer-Leonhardt, Handbuch des Leasingrechts, 2. Kapitel, § 3, Rn. 12, S. 25.

bb. Leasingangebot durch Kreditinstitute

Beim Leasingangebot durch Kreditinstitute ist zwischen den zwei folgenden Angebotskonzepten zu unterscheiden.

(1) Unmittelbares Engagement

Betreiben die Kreditinstitute das Finanzierungsleasing als Eigengeschäft, so engagieren sie sich unmittelbar im Leasinggeschäft. Die Kreditinstitute treten gegenüber dem Kunden als Leasinggeber auf.[120]

(2) Mittelbares Engagement

Eine weitaus größere praktischere Bedeutung nimmt das mittelbare Engagement der Kreditinstitute beim Leasing ein. Dabei arbeiten Kreditinstitute mit institutionellen Leasinggesellschaften zusammen und bieten mittelbar Leasingleistungen der Leasinggesellschaft an, die im Ergebnis meist auch als Leasinggeber fungiert. Insofern kann weiterhin zwischen verschiedenen Angebotskonzepten unterschieden werden, die sich dahingehend unterscheiden, inwieweit die Kreditinstitute in die Akquisition der Kunden und den Abschluss des Leasingvertrages eingebunden sind.

cc. Konzernleasing

Als spezifische Form des indirekten Leasings ist das Konzern-Leasing charakterisiert durch die finanzielle und organisatorische Einbindung der Leasinggesellschaft in einen Konzern und durch die Beschränkung des Leistungsprogramms der Leasinggesellschaft auf das Konzernprodukt. Vor allem beim indirekten Herstellerleasing bzw. herstellerabhängigen Leasing findet eine gezielte Produktförderung statt.

c. Immobilienleasing, plant-Leasing

Als Immobilienleasing werden Leasinggeschäfte über Grundstücke und Gebäude sowie über solche Betriebsanlagen, die an einen festen Betriebsstandort gebunden sind, bezeichnet.[121] Letztere sind regelmäßig selbständig bewertungsfähige Wirtschaftsgüter, die meist nur als Sachgesamtheit wirtschaftlich genutzt werden können.

---

120 Da in Österreich eine Sicherungsübereignung aufgrund des numerus clausus des Sachenrechts nicht möglich ist (Aushebelung des Pfandrechts), wird das Leasing nahezu ausschließlich durch Kreditinstitute als Eigengeschäft betrieben, da sich unabhängige Leasinggesellschaften mangels ausreichender Sicherheit (keine Sicherungsübereignung) nicht refinanzieren können.

121 Graf von Westphalen, Der Leasingvertrag, 5. Auflage, Rn. 1562.

Man spricht hier vom sog. plant-leasing. Eine unterschiedliche Behandlung rechtlicher Probleme resultiert hieraus nicht.

d. Brutto-Leasing oder full-service-Leasing

Beim Brutto-Leasing (auch Maintenance- oder full-service-Leasing genannt) erbringt der Leasinggeber neben der Nutzungsüberlassung an den Leasingnehmer noch zusätzliche Leistungen. Zu den klassischen Leasingleistungen kommt beim Brutto-Leasing eine Dienstleistungskomponente hinzu. Dazu gehören z.B. die Wartung des Leasinggutes, die Übernahme von Risiken oder die Beratung des Leasingnehmers bei der Anschaffung des Leasinggutes. Dieser Leasingform kommt nicht nur im Bereich des Immobilienleasings eine besondere Bedeutung zu, sondern mehr und mehr beim (PKW-)Flottenleasing.[122] Beim Flottenleasing (auch Fleet-Leasing) oder Fuhrparkleasing von Kraftfahrzeugen mit Full-Service, least der Leasingnehmer eine Anzahl von Kraftfahrzeugen. Der Leasinggeber bietet seinen Service als externer Anbieter an, weshalb sich diese Form des Leasings für den Leasingnehmer vor allem im Rahmen von „Outsourcing-Maßnahmen" zum Abbau von Personalkosten als interessante Variante darstellen kann. Überdies kann der Leasinggeber dem Leasingnehmer Großkundenkonditionen ab einer bestimmten Abnahmeverpflichtung einräumen. Die Leasinggeber haben die bestehende Nachfrage vor allem für das Fuhrparkleasing im Kraftfahrzeugbereich erkannt und bieten immer umfassendere Leistungen beim Full-Service-Leasing an. Das Anbieten eines Schadensregulierungsservices bei Verkehrsunfällen durch den Leasinggeber im Rahmen des Full-Service stellt zwischenzeitlich keine unerlaubte Rechtsberatung mehr dar.[123] Bei der rechtlichen Prüfung von AGB-Regelung ist zu beachten, dass die Full-Service-Komponenten rechtlich ein dienstvertragliches Element darstellen und nach Maßgabe dessen die dort begründete Rechtsprechung auf die §§ 307 ff. BGB übertragen werden kann.

e. Differenzierung nach der Art des Leasingnehmers

Die Leasingformen können auch nach Art des Leasingnehmers unterschieden werden. Die Unterscheidung ist vor u.a. für steuerliche Erwägung maßgeblich. Während diese im gewerblichen Sektor entscheidend sind, haben steuerliche Erwägungen für den privaten Leasingnehmer nahezu keine Bedeutung.[124] Beim Privat- oder Konsumentenleasing treten Privatpersonen als Leasingnehmer auf. Die Unterscheidung ist in diesem Fall für die Anwendbarkeit der Verbraucherschutzvorschriften von Relevanz.

---

122 Martinek/Stoffels/Wimmer-Leonhardt, Handbuch des Leasingrechts, 16. Kapitel, § 55, Rn. 9, S. 532.

123 OLG Frankfurt am Main vom 29.1.2004 – 6 U 228/02; Beckmann, Finanzierungsleasing, § 1, Rn. 14.

124 Graf von Westphalen, Der Leasingvertrag, 5. Auflage, Rn. 6.

f. Kommunalleasing

Im Gegensatz zum Leasing mit gewerblichen bzw. privaten Leasingnehmern ist beim Kommunalleasing eine staatliche Institution Leasingvertragspartner. Es werden Anlagen und Gebäude, wie etwa Verwaltungsgebäude, Parkhäuser etc. von privater Hand finanziert und gebaut sowie im Anschluss daran an kommunale oder sonstige Gebietskörperschaften verleast.

g. Grenzüberschreitendes Leasing oder Cross-Border-Leasing

Als Cross-Border-Leasing (oder grenzüberschreitendes Leasing) werden Verträge bezeichnet, bei denen – im Gegensatz zum nationalen Leasing – der Leasinggeber und der Leasingnehmer ihren Sitz in unterschiedlichen Ländern haben. Das Leasingobjekt kann dabei entweder im Land des Leasinggebers, im Land des Leasingnehmers oder aber in einem Drittland hergestellt bzw. genutzt werden.[125] Auf das Cross-Border-Leasing findet folglich internationales Privatrecht Anwendung.[126] So werden beispielsweise beim US-Cross-Border-Leasing Wirtschaftsgüter, die einen erheblichen Wert mit eigener Wertschöpfung beinhalten (z.B. Flugzeuge, Brücken etc.), zum Gegenstand einer Transaktion gemacht, um das steuerlich günstige bzw. hohe Abschreibungspotential der Vereinigten Staaten zu nutzen.[127] Während das zivilrechtliche Eigentum in Deutschland verbleibt, erfolgt die vertragliche Gestaltung derart, dass das steuerliche Eigentum zumindest auch in den Vereinigten Staaten geschaffen wird, was Voraussetzung für eine Abschreibung ist.[128]

h. Null-Leasing

Die Besonderheit des Null-Leasing besteht darin, dass dem Leasingnehmer bei den vereinbarten Leasingraten kein gesonderter Leasingzins in Rechnung gestellt wird, so dass eine unentgeltliche Finanzierung vorliegt. Dies ist stets dann der Fall, wenn der Barzahlungspreis der Summe der Leasingraten und der Leasingsonderzahlung entspricht.[129] Daher fände § 506 BGB keine Anwendung. Dies ist letztlich jedoch nicht maßgeblich, da eine Finanzierungsleistung im Sinne des § 506 Abs. 2 Satz 1 BGB gegeben ist. Da das Null-Leasing regelmäßig als Absatzförderung der herstellerab-

---

125 Siehe zum cross-border-leasing: Martinek/Stoffels/Wimmer-Leonhardt, Handbuch des Leasingrechts, 21. Kapitel, § 68, Rn. 9, S. 682 f.; Vgl. auch Büschgen in: Büschgen, Praxishandbuch Leasing, 1. Kapitel, § 1, Rn. 34 f, S. 15 ff.

126 Vgl. Zusammenfassung und Überblick zum grenzüberschreitenden Leasing und dessen Rahmenbedingungen: Wotschofsky/Reisinger NWB 2003, 2959 ff.

127 Beckmann, Finanzierungsleasing, § 1, Rn. 16.

128 Sester WM 2003, 1833; Weber NJW 2005, 2200; Bühner/Sheldon DB 2001, 315.

129 Paschke BB 1987, 1193 f.

hängigen Leasinggesellschaften herangezogen wird, ist der anderweitig zu erzielende Rabatt als Entgelt anzusehen (entgeltliche Gebrauchsüberlassung).

III. Steuerrechtliche und betriebswirtschaftliche Erwägungen

Für die Investitionsentscheidung Leasing sind nicht selten steuerrechtliche und betriebswirtschaftliche Erwägungen (mit-)entscheidend.

1. Steuerrechtliche Erwägungen

Wie gezeigt, sind die steuerlichen Vorgaben zwar für die zivilrechtliche Ausgestaltung nicht zwingend, in der Praxis jedoch prägend. Vor allem beim unternehmerisch tätigen Leasingnehmer sind die steuerlichen Vorteile des Leasings von zentraler Bedeutung für die wirtschaftliche Entscheidung zum Investitionsmodus Leasing.

Für das wirtschaftliche Eigentum im Sinne des § 39 Abs. 2 AO ist entscheidend, wer an der wirtschaftlichen Wertentwicklung partizipiert. Aufgrund der Vollamortisationszusage bei erlasskonformen Leasingverträgen profitiert stets der Leasinggeber an Wertsteigerungen und ist daher steuerrechtlich – und regelmäßig auch zivilrechtlich – Eigentümer des Leasinggutes. Die steuerrechtlichen Besonderheiten von Leasingverträgen werden durch die Rechtsprechung des Bundesfinanzhofs[130] und durch die Erlasse vom 19.4.1971[131], vom 21.12.1975 für das Mobilienleasing[132] sowie vom 21.3.1972 für das Immobilienleasing[133] – wir bereits erörtert – bestimmt. Das Leasinggut wird bei erlasskonformen Leasingverträgen dem Leasinggeber als rechtlichen und wirtschaftlichen Eigentümer zugeordnet, § 39 Abs. 2 Nr. 1 AO. Maßgeblich für das steuerliche Eigentum ist die Partizipation an der Wertentwicklung des Leasinggutes, was bei erlasskonformen Leasingverträgen aufgrund der Vollamortisationszusage des Leasingnehmers gewährleistet wird. Bei der entsprechenden zivilrechtlichen Ausgestaltung von Leasingverträgen können auch bei nicht erlasskonformen Leasingverträgen dieselben steuerlichen bzw. günstigen Rechtsfolgen erreicht werden, wenn die Vertragsgestaltung zum steuerlichen Eigentum beim Leasinggeber führt.

---

130 BFH Urteil vom 26.1.1970 = BStBl. 1970 II, 264 ff. Urteil vom 01.10.1970 = BStBl. 1971 II, 34; Urteil vom 18.11.1970 = BStBl. 1971 II, 133.

131 BMF Schreiben – IV B/2 – S 2170 – 31/71 = BStBl. 1971, 264 = BB 1971, 506.

132 BMF Schreiben – IV B 2 – S 2170 – 161/75 = BB 1976, 72.

133 BMF Schreiben – F/IV B 2 – S 2170 – 11/72 = BB 1972, 433.

a. Einkommens- und Körperschaftssteuer

Die Leasingraten sind für den unternehmerisch tätigen Leasingnehmer sofort abzugsfähige Betriebsausgaben und für den Leasinggeber Betriebseinnahmen. Beim erlasskonformen Leasingvertrag ist das Leasinggut dem Leasinggeber zuzurechnen und damit bei der Bilanzierung zu berücksichtigen. Er kann die Anschaffungskosten über die AfA pro rata temporis nach der gewöhnlichen Nutzungsdauer zum Abzug bringen.

Unter der Voraussetzung, dass der Leasinggeber wirtschaftlicher Eigentümer des Leasingguts ist, trifft den Leasinggeber die Verpflichtung, das Leasinggut als Anlagevermögen mit den Anschaffungs- und Herstellungskosten zu aktivieren, § 6 Abs. 1 Nr. 1 i.V.m. 5 Abs. 1 EStG. Er nimmt dafür auch die Absetzungen für Abnutzung (AfA) nach der betriebsgewöhnlichen Nutzungsdauer vor, § 7 EStG.[134] Nicht zu den Anschaffungs- und Herstellungskosten, sondern zu den Betriebsausgaben, § 4 Abs. 4 EStG, zählen die sog. Nebenkosten, wie z.B. Transportkosten des Leasingguts für die Auslieferung an den Leasingnehmer. Die vom Leasingnehmer zu zahlenden Leasingraten und eventuell getätigte Sonderzahlungen sind beim Leasinggeber Betriebseinnahmen. Beim Leasingnehmer als Gewerbetreibenden oder Freiberufler sind die Leasingraten und etwaige Sonderzahlungen sofort abzugsfähige Betriebsausgaben.[135] Dies gilt auch für degressive Leasingraten beim Mobilienleasing.[136] Aufgrund des Veranlassungsprinzips kann der Leasingnehmer auch außergewöhnliche Aufwendungen – z.B. Unfallschäden – auf das Leasinggut zum Abzug bringen. Beim unternehmerisch tätigen Leasingnehmer ist für Kraftfahrzeuge die Abzugsbeschränkung des § 6 Abs. 1 Nr. 4 EStG zu beachten, wonach der Steuerpflichtige das Kraftfahrzeug zumindest zu 50 % betrieblich nutzen und für den privaten Anteil entweder die pauschale 1 %-Regel (1 % pro Kalendermonat vom inländischen Listenpreis im Zeitpunkt der Erstzulassung als pauschaler Privatanteil durch Ansetzung als fingierte Betriebseinnahmen) ansetzen oder aber ein Fahrtenbuch führen muss, um im letzteren Fall die tatsächlichen Kosten als Betriebsausgaben zum Abzug zu bringen. Dagegen kann der private Leasingnehmer Leasingraten grundsätzlich steuerlich nicht geltend machen. Eine Ausnahme gilt für Kraftfahrzeuge. Für Fahrten zwischen Wohnung und Arbeitsstätte findet § 9 Abs. 1 S. 3 Nr. 4 EStG Anwendung. Nutzt der private Leasingnehmer das Kraftfahrzeug für berufliche Zwecke außerhalb der Fahrten zwischen Wohnung und Arbeitsstätte, kann er die tatsächlichen Kosten als Werbungskosten geltend machen oder aber aus Vereinfachungsgründen 0,30 € pro gefahrenen Kilometer ansetzen.

134 BFH 27.07.1991 = DB 1991, 2633.

135 BFH Urteil vom 28.02.2001 = DStR 2001, 1399, 1400.

136 Weber, NJW 2003, 2355.

b. Gewerbesteuer

Da Leasingraten bzw. Sonderzahlungen beim Leasinggeber der Gewerbeertragsbesteuerung unterworfen sind, § 8 Nr. 7 GewStG, erfolgte bis 2007 keine Zurechnung der Leasingraten beim Leasingnehmer.[137]

Gewerbesteuer fällt beim Leasinggeber, nicht aber beim Leasingnehmer an.

Finanziert sich der Leasinggeber, wie üblich, durch Refinanzierungskredite, die auf zwölf oder mehr Monate angelegt sind, dann sind diese gewerbesteuerlich als Dauerschulden im Sinne des § 8 Nr. 1 GewStG anzusehen und die hierfür zu tragende Zinslast dem Gewerbesteuergewinn zu 50 % hinzuzurechnen.[138] Dieser nachteilige Effekt kann durch einen Gläubigerwechsel reduziert werden, in dem der Leasinggeber seine Forderungen aus dem Leasingvertrag im Wege der so genannten Fortfaitierung an die refinanzierende Bank verkauft. Die Stellung des Leasinggebers als wirtschaftlicher Eigentümer wird durch den Forderungsverkauf nicht beeinflusst, da aufgrund der Vollamortisationszusage der Leasinggeber nach wie vor an der wirtschaftlichen Entwicklung des Leasinggutes unmittelbar partizipiert. Steuerlich bewirkt dies aber einen passiven Rechnungsabgrenzungsposten gemäß § 5 Abs. 5 EStG i.V.m. § 8 Nr. 1 GewStG. Die Einsparungen und Zinsvorteile durch die Fortfaitierung beim Leasinggeber können im zweistelligen Prozentbereich liegen.[139] Bei solchen Refinanzierungsverträgen haftet der Leasinggeber regelmäßig für den Bestand der Forderungen, das Kreditinstitut trägt das Ausfallrisiko. Abweichende Regelungen bzw. Modifikationen, wie z.B. eine volumenabhängige Bonitätshaftung des Leasinggebers, treten in der Praxis jedoch häufig auf. Zu beachten ist, dass der Gewerbesteuereffekt nicht eintritt, wenn lediglich eine Sicherungsabtretung mit fiduziarischer Bindung des Kreditinstitutes erfolgt, bei welcher der Leasinggeber das Bonitätsrisiko vollumfänglich trägt.[140]

Durch die Unternehmenssteuerreform 2008 ergeben sich für die Gewerbesteuer umfassende Änderungen.

Auf die Laufzeit des Dauerschuldverhältnisses kommt es nunmehr für die Hinzurechnung nicht mehr an. Die Leasingraten sind nunmehr mit 25 % hinzuzurechnen. Für Kleinstunternehmer gilt ein Freibetrag von 100.000,00 € für sämtliche Schuldentgelte, § 8 Nr. 1 a.E. GewStG. Im Übrigen wird der Gesamtbetrag der Finanzierungsaufwendungen mit 25 % hinzugerechnet.

---

137 BFH Urteil vom 09.04.1981 = BB 1981, 1195; BStBl. II 1999, 851.

138 Splitter, Leasing für die Praxis, S. 173.

139 Reinking, Der Autokauf, Rn. L 41 f.

140 BFH vom 5.2.1987; BB 1987, 953 ff.

Beim Leasingnehmer werden die Leasingraten gemäß § 8 Nr. 1e und 1d GewStG bei beweglichen Leasingobjekten mit 20 %, bei nicht beweglichen Leasingobjekten mit 75 % hinzugerechnet.

c. Umsatzsteuer

Leasing ist als Nutzungsüberlassung eine sonstige Leistung und damit umsatzsteuerpflichtig.

Wird das Leasinggut dem Leasinggeber zugerechnet, liegt umsatzsteuerrechtlich eine sonstige Leistung i.S.v. §§ 1 Abs. 1 Nr. 1, 3 Abs. 8 UStG des Leasinggebers an den Leasingnehmer vor.[141] Ist der Leasingnehmer als unternehmerisch Tätiger zum Vorsteuerabzug berechtigt, kann er den an den Leasinggeber gezahlten Eingangsumsatz, soweit eine ausschließliche betriebliche Nutzung vorliegt – andernfalls anteilig – als Vorsteuer nach § 15 Abs. 1 UStG gegenüber dem Finanzamt als materiellen Zahlungs- bzw. Verrechnungsanspruch geltend machen.[142] Dies gilt auch für die in Leasingsonderzahlung enthaltende Umsatzsteuer.[143] Da es sich bei Leasingraten um Teilleistungen handelt, ist der für den jeweiligen Teilleistungszeitraum maßgebliche Umsatzsteuersatz entscheidend. Wird ein Leasinggut gemeinschaftlich genutzt, so steht der Vorsteuerabzug den Leasingnehmern anteilig ihrer Nutzungsanteile zu. Bei monatlichen Leasingraten entsteht demnach auch die Umsatzsteuer monatlich. Daraus folgt, dass von Erhöhungen der Umsatzsteuer während der Laufzeit des Leasingvertrages zurückliegende Leistungszeiträume nicht betroffen sind. Gleiches gilt für Sonderzahlungen, die den Leasingraten hinzugerechnet werden, so dass nur insoweit der erhöhte Steuersatz zu Grunde zu legen ist, soweit sie auf die künftigen Leistungszeiträume entfallen. Eine Leasingsonderzahlung zu Beginn des Vertrages ist auf die Gesamtlaufleistung umzulegen. Voraussetzung für die Weitergabe der erhöhten Umsatzsteuer an den Leasingnehmer ist eine wirksame Anpassungsregelung[144] im Leasingvertrag.[145]

Wird der Leasingvertrag durch eine außerordentliche Kündigung vorzeitig beendet, muss zwischen echtem Schadensersatz und den rückständigen Leasingraten unterschieden werden. Echter Schadensersatz ist mangels Gegenleistung nicht umsatzsteuerpflichtig. Der Leasinggeber nimmt den Leasingnehmer aufgrund der geschuldeten Vollamortisation auf Schadensersatz in Anspruch. Teilweise wird daher eine Umsatzsteuerpflicht als Surrogat des Vollamortisationsanspruchs ange-

---

141 Graf von Westphalen, Der Leasingvertrag, 5. Auflage, Rn. 46.

142 Reinking, Der Autokauf, Rn. L 28 ff.

143 FG Hamburg Urteil vom 10.10.2002 = DStRE 2003, 486, 487.

144 z.B. ausreichend: *„jeweils maßgebliche Umsatzsteuer, derzeit 19 %"*.

145 Reinking, Der Autokauf, Rn. L 28 ff.

nommen.[146] Nach Rechtsprechung des Bundesgerichtshofes ist der Schadensersatz ab dem Zeitpunkt der wirksamen außerordentlichen Kündigung nicht umsatzsteuerpflichtig.[147] Der Rechtsprechung ist zu folgen, da ab diesem Zeitpunkt eine Gegenleistung – Gebrauchsüberlassung des Leasinggutes – nicht mehr gegeben und damit einseitiger Schadensersatz auf das positive Interesse netto zum Ansatz zu bringen ist. Dies gilt auch im Fall der nicht vertragsgemäßen Rückgabe. Dabei muss jedoch strikt zu den rückständigen Leasingraten abgegrenzt werden, da diesen eine Gegenleistung noch gegenüber stand und diese damit mit Umsatzsteuer zu versehen sind. Zu beachten ist zudem, dass Kosten der außerordentlichen Kündigung aufgrund der Vorsteuerabzugsberechtigung des Leasinggebers auch nur netto, also ohne Umsatzsteuer, angesetzt werden können.

Beim Mietkauf dagegen steht der Erwerb im Vordergrund, was steuerlich zu einem Kauf führt, so dass die Umsatzsteuer über den gesamten Kaufpreis vom Mietkäufer mit Vertragsschluss sofort gezogen werden kann.

2. Betriebswirtschaftliche Erwägungen

Die steuerrechtlichen Erwägungen werden notwendigerweise durch die betriebswirtschaftlichen Besonderheiten ergänzt.

a. Allgemeine Erwägungen

Werden die Investitionsalternativen Leasing und Kauf gegenüber gestellt, so spricht für das Leasing der nicht unerhebliche Liquiditätsvorteil für den Leasingnehmer. Im Unterschied zum Kauf muss der Leasingnehmer mit dem Kaufpreis nicht in Vorleistung gehen.[148] Die Leasingraten können während der gesamten Dauer des Leasingvertrages aus den Erträgen, welche aus dem Einsatz des Leasinggutes resultieren, beglichen werden. Zudem wirken sich die Leasingraten als sofort abzugsfähige Betriebsausgaben unmittelbar steuerwirksam aus und müssen nicht auf die betriebsgewöhnliche Nutzungsdauer abgeschrieben werden. Des Weiteren ist der Leasingnehmer im Vergleich zum Kauf in der Lage in bestimmten Zeitabständen – nach Ablauf der Grundmietzeit – seine Investitionen neu zu planen und zu überdenken. Auch schont das Leasing das Eigenkapital und die Liquidität des Leasingnehmers und führt, soweit keine Leasingsonderzahlung zu begleichen ist, zu einer 100%-igen Fremdfinanzierung. Zu berücksichtigen ist dabei aber, dass der Leasingnehmer aufgrund der Vollamortisationszusage verpflichtet ist, die Vollamortisation

146 Reinking, Der Autokauf, Rn. L 28 ff.

147 BGH 11.2.1987, BB 1987, 1349.

148 Graf von Westphalen, Der Leasingvertrag, 5. Auflage, Rn. 48.

des Leasinggebers zu gewährleisten. Bei Teilamortisationsverträgen trifft den Leasingnehmer diese Verpflichtung komprimiert am Ende der Leasingzeit, v.a. beim Teilamortisationsvertrag mit Andienungsrecht. Bei einem Teilamortisationsvertrag mit Mehrerlösbeteiligung wird die vom Leasingnehmer geschuldete Vollamortisation des Leasinggebers dadurch erreicht, dass der Leasingnehmer sich verpflichtet, in Höhe der Differenz zwischen den Gesamtkosten des Leasinggebers auf der einen Seite und den Leasingraten zuzüglich des Veräußerungserlöses auf der anderen Seite, eine Abschlusszahlung zu tätigen. Ähnlich ist die Konstellation beim kündbaren Leasingvertrag mit Abschlusszahlung des Leasingnehmers, da hier nur 90 % des Veräußerungserlöses den Leasingraten hinzugerechnet werden, so dass der Leasingnehmer verpflichtet ist, in Höhe der Differenz zu den Gesamtkosten des Leasinggebers eine Abschlusszahlung zu leisten. Bei Vollamortisationsverträgen dagegen ist die Verpflichtung transparenter, da sie während der Grundmietzeit eintritt.

Hinzu kommt, dass sich das Leasing als Finanzierungsmittel für den Leasingnehmer bilanzneutral auswirkt, was gegebenenfalls die Kreditwürdigkeit des Leasingnehmers – im Unterschied zu Darlehensverpflichtungen – nicht beeinträchtigt. Hinzu kommt, dass beim Mobilienleasing eine Absicherung durch Grundbuchrechte selten ist.

b. Risikoverteilung beim Leasing

aa. Vertragsbedingtes Risiko des Leasing

Der Leasinggeber trägt beim Leasing das Bonitätsrisiko des Leasingnehmers. Zudem hat der Leasinggeber keine Möglichkeit, durch ordentliche Kündigung vom Leasingvertrag Abstand zu nehmen, was dem Leasinggeber die Amortisation sichert, den Leasingnehmer aber im Unterschied zum Kauf in seiner Investitionsentscheidung bindet. Dies wirkt sich vor allem bei Vollamortisationsverträgen aus. Aber auch beim Teilamortisationsvertrag zeigt sich keine andere Auswirkung, da der Leasingnehmer über die Leasingraten hinaus die Vollamortisation – dann jedoch nach Vertragsbeendigung – schuldet.

bb. Objektbezogenes Risiko des Leasing

Mehr noch als bei Vollamortisationsverträgen trägt der Leasinggeber bei Teilamortisationsverträgen zusätzlich ein objektbezogenes Risiko, da er auf die Liquidität des Leasingnehmers über die Laufzeit des Leasingvertrages hinaus angewiesen ist. Er kann das Leasingobjekt zu seiner Amortisation nicht optimal verwerten, da in diesem Fall ein (Rest-)Amortisationsanspruch gegenüber dem Leasingnehmer einzufordern ist. Von Vorteil ist eine Werthaltigkeit des Leasinggutes während der Grundmietzeit. Denn der Leasinggeber trägt darüber hinaus das Insolvenzrisiko des Herstellers bzw. Händlers. Vertragstypisch beantwortet sich diese Frage spätestens dann, wenn der Leasingnehmer seine abgetretenen Mängelrechte in Anspruch nimmt. Daher sollte der Leasinggeber vor Abschluss des Leasingvertrages nicht nur die Bonität des Leasingnehmers, sondern auch die des anderen Vertragspartners, d.h. des Lieferanten, überprüfen.

B. Leasingtypische Vertragsanbahnung und Stellung des Lieferanten

Das Leasinggeschäft ist durch ein Drei-Personenverhältnis zwischen Lieferanten, Leasinggeber und Leasingnehmer gekennzeichnet. Beim praxisüblichen indirekten Leasing sind die Verträge zwischen Lieferanten und Leasinggeber (Kaufvertrag) sowie zwischen Leasinggeber und Leasingnehmer (Leasingvertrag) rechtlich selbstständig und müssen bei der rechtlichen Beurteilung unterschieden werden. Bei der Vertragsanbahnung wird leasingtypisch der spätere Leasingnehmer mit dem Lieferanten die Vertragsverhandlungen über den Inhalt des vom Leasinggeber abzuschließenden Kaufvertrages führen. Dadurch kommt es zu Überschneidungen innerhalb der jeweiligen Rechtsbeziehungen, so dass eine differenzierte rechtliche Betrachtung erforderlich wird. Zusammenfassend lassen sich hieraus folgende Aussagen treffen:

Der Lieferant ist weder Erklärungs- noch Empfangsvertreter des Leasinggebers. Eine Vertretungsmacht des Lieferanten resultiert auch nicht aus einer Duldungs- oder Anscheinsvollmacht.
Soweit der Lieferant mit Wissen und Wollen für den Leasinggeber in der Anbahnungsphase des Leasingvertrages tätig wird, ist er dessen Erfüllungsgehilfe im Sinne des § 278 BGB. Das gilt unabhängig davon, ob zwischen dem Lieferanten und dem Leasinggeber eine ständige Geschäftsverbindung besteht. Daher hat der Leasinggeber für eine schuldhafte Pflichtverletzung des Lieferanten im vorvertraglichen Bereich gemäß § 278 BGB einzustehen und gegebenenfalls Schadensersatz zu leisten.
Ist der Lieferant Erfüllungsgehilfe, muss der Leasinggeber Zusagen des Lieferanten gegen sich gelten lassen. Diese werden Bestandteil des Leasingvertrages. Führen solche Zusagen zur Rückabwicklung oder Minderung im Rahmen des Leasingvertrages, hat die Leasinggeber Regressansprüche gegen den Lieferanten über §§ 280 Abs. 1 BGB i.V.m. 433, 241 Abs. 2 BGB.
Da der Lieferant nach Übergabe eigene Pflichten aus abgetretenem Recht gegenüber dem Leasingnehmer erfüllt, ist er in dieser Phase kein Erfüllungsgehilfe des Leasinggebers. Er ist nach Übergabe des Leasingobjekts nicht Empfangsbote des Leasinggebers, sondern Erklärungsbote des Leasingnehmers.
Soweit eine Pflichtverletzung in Bezug auf den Leasinggegenstand in Rede steht, bemisst sich die Reichweite der Aufklärungspflicht des Lieferanten nach Maßgabe des Kauf- bzw. Werkvertragsrechts. Bezüglich des Inhalts des Leasingvertrages stellt jede Zusage des Lieferanten, die vom Inhalt des Leasingvertrages abweicht, eine Pflichtverletzung gegenüber dem Leasingnehmer dar.

Diese Grundsätze der leasingtypischen Vertragsanbahnung und Stellung des Lieferanten werden im Folgenden unter Betrachtung der nachstehenden Aspekte näher erörtert:

1. der Vertragsanbahnung unter Berücksichtigung verschiedener Anbahnungsmodelle (vgl. Kapitel B. I.)
2. der Rechtsstellung des Lieferanten und Haftung des Leasinggebers für ein Fehlverhalten des Lieferanten (vgl. Kapitel B. II.)
3. des Umfangs und der Reichweite der Pflichten des Lieferanten im Rahmen der Stellung als Erfüllungsgehilfe des Leasinggebers (vgl. Kapitel B. III.)

4. des Ausschlusses der Haftung des Leasinggebers für das Verhalten des Lieferanten (vgl. Kapitel B. IV.).

I. Vertragsanbahnung

Abgesehen vom direkten Herstellerleasing, bei dem zwischen Lieferant und Leasinggeber eine Personenidentität besteht, sind beim praxisüblichen Leasing drei Personen beteiligt. Das leasingtypische Dreiecksverhältnis beschreibt die Rechtsbeziehung zwischen Leasinggeber, Leasingnehmer und Lieferant.[1]

Der Leasinggeber schließt einen Kaufvertrag mit dem Lieferanten. Das aus diesem Kaufvertrag Erlangte ist Gegenstand und Grundlage des Leasingvertrages zwischen dem Leasinggeber und dem Leasingnehmer. Einzig der Leasinggeber ist Vertragspartner beider Verträge. Darüber hinaus können zur Finanzierung oder Mithaftung weitere Personen (Bürgen, Banken usw.) eingebunden sein. Dies ist jedoch nicht zwingend.

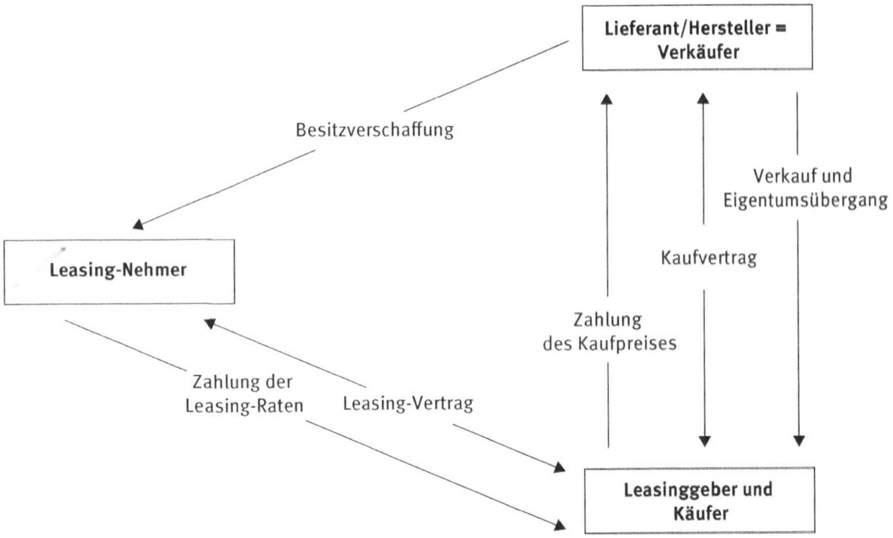

Oftmals erfolgt der Abschluss des Leasingvertrages zeitgleich mit dem des Liefervertrages. Dabei kann der Händler/Lieferant vom Leasinggeber mit der Vorbereitung des Leasingvertrages betraut werden. Dies führt jedoch nicht zu einer Durchbrechung des

1 MüKoBGB/Koch, Bd. 3, Finanzierungsleasing, Rn. 100; Martinek/Stoffels/Wimmer-Leonhardt, Handbuch des Leasingrechts, 3. Kapitel, § 5, Rn. 3, S. 60; Beckmann, Finanzierungsleasing, § 1, Rn. 7 mit Verweis auf BGH NJW 1998, 1637; 2003, 505; Engel, Handbuch Kfz-Leasing, § 1, Rn. 5.

leasingtypischen Drei-Personenverhältnisses. Vertragspartner des Leasingnehmers ist allein der Leasinggeber.[2]

1. Leasingtypische Vertragsanbahnung

Dem Vertragsschluss zwischen Lieferanten und Leasinggeber gehen regelmäßig Verhandlungen des Leasingnehmers mit dem Lieferanten voraus, durch welche die Leasingsache ausgewählt, der vom Leasinggeber zu zahlende Kaufpreis bestimmt sowie der Vertragsinhalt im Übrigen besprochen wird.[3] In der Leasingpraxis üblich ist die Vertragsanbahnung, in der der Leasingnehmer aufgrund eigener Initiative mit dem späteren Lieferanten Kontakt aufnimmt. Er sucht sich, gegebenenfalls aufgrund dessen Werbung, einen Lieferanten aus, nimmt nach Beratung durch den Lieferanten die Auswahl der zu leasenden Sache vor und handelt mit diesem die Einzelheiten des Liefer- und des Leasingvertrages bis zur Unterschriftsreife aus. Soweit es die Modalitäten des Leasingvertrages betrifft, kann der Leasingnehmer in der Praxis nur Einfluss auf die Leasingart, Leasingdauer und die Höhe der Raten, sowie Sonderzahlungen nehmen. Die Vertragsinhalte im Übrigen sind vom Leasinggeber vorgegeben.[4] Das Leasingobjekt wird – praxisüblich unter der Bedingung des Zustandekommens des Leasingvertrages – vom Leasinggeber bestellt.[5] In diesen Fällen hält der Lieferant die Leasingantragsformulare vorrätig oder beschafft diese, um sie nach Unterzeichnung durch den Leasingnehmer an den Leasinggeber weiterzuleiten. Die rechtsverbindliche Bestellung der Leasingsache beim Lieferanten in Verbindung mit der Unterzeichnung und Weiterleitung des Leasingantragsformulars gilt dabei als rechtsverbindliches Angebot zum Abschluss eines Leasingvertrages, § 145 BGB.[6] Der Leasinggeber nimmt nach einer Bonitätsprüfung des Leasingnehmers den Leasingvertrag an, in dem er den vom Lieferanten und Leasingnehmer ausgehandelten Vertragsentwurf unterzeichnet.[7] Die Annahme des Leasingvertrages durch den Leasinggeber ist kein kaufmännisches Bestätigungsschreiben.[8] Nicht selten wird der Leasinggeber, sofern noch keine Bestellung durch den Leasingnehmer erfolgt ist, das Leasinggut auf

---

2 Staudinger, Leasing, Rn. 99.

3 MüKoBGB/Koch, Bd. 3, Finanzierungsleasing, Rn. 100.

4 Der Leasinggeber wird üblicherweise aufgrund seiner Refinanzierungsbedingungen (zur refinanzierenden Bank) Änderungen des Leasingvertrages nicht ohne Weiteres vornehmen können.

5 Graf von Westphalen, Der Leasingvertrag, Kap. C, Rn. 121, S. 218.

6 Graf von Westphalen, Der Leasingvertrag, Kap. C, Rn. 121, S. 218.

7 In der Praxis sollte der Leasinggeber darauf achten, dass er den angenommenen Leasingvertrag nachweislich (z.B. Einschreiben mit Rückschein) dem Leasingnehmer zukommen lässt, damit Schwierigkeiten bei der Kenntnisnahme des Vertragsinhaltes bzw. des rechtzeitigen Zustandekommens nicht entstehen.

8 OLG Köln CR 1996, 22 = VersR 1996, 718 = NJW-RR 1996, 411.

Grundlage der vom Lieferanten und Leasingnehmer ausgehandelten Vertragsbedingungen selbständig bestellen. Schweigt bei einer solchen Bestellung der Lieferant auf die Bestellung des Leasinggebers, der er seine Einkaufsbedingungen beigefügt hat, so kann dies nach Ansicht der Rechtsprechung des Bundesgerichtshofes als beredtes Schweigen im Sinne einer Vertragsannahme verstanden werden, wenn nach den Vorverhandlungen Einigkeit über die wesentlichen Punkte des Vertrages bestanden hat und beide Parteien fest mit einem Vertragsabschluss gerechnet haben.[9] Daraufhin wird das Leasinggut vom Lieferanten auf Geheiß des Leasinggebers unmittelbar an den Leasingnehmer ausgeliefert. Im Ergebnis kommen ein Liefervertrag zwischen dem Leasinggeber und dem Lieferanten sowie ein Leasingvertrag zwischen dem Leasinggeber und dem Leasingnehmer zustande. Die Besonderheit bei der leasingspezifischen Dreieckssituation ist insbesondere darin zu sehen, dass der Leasingnehmer ausschließlich einen (Leasing-)Vertrag mit dem Leasinggeber schließt, obwohl er regelmäßig einen persönlichen Kontakt nur mit dem Lieferanten hat.[10]

2. Abweichende Anbahnungsmodelle

Abweichend von der leasingtypischen Vertragsanbahnung haben sich in der Praxis Vertragsanbahnungsmodelle herausgebildet, die sich auf die Stellung des Lieferanten sowie auf die Zurechnung von Pflichtverletzungen nach § 278 BGB auswirken.[11]

---

9 Vgl. BGH Urteil vom 02.11.1995 – X ZR 135/93 = NJW 1996, 919: *„Das Schweigen auf ein Vertragsangebot kann ausnahmsweise dann als beredtes Schweigen im Sinne einer Vertragsannahme gewertet werden, wenn nach den Vorverhandlungen Einigkeit über die wesentlichen Punkte des Vertrages bestanden hat und beide Parteien fest mit einem Vertragsabschluss gerechnet haben.“*
„(..) Eine Pflicht der Bekl. zur Ablehnung des Angebots (..) mag angehen, wenn sich die Parteien bereits in Vorverhandlungen völlig einig geworden waren, aber aus irgendwelchen Gründen .. von einem Vertragsschluss zunächst abgesehen haben. In einem solchen Fall ist – insbesondere wenn die Zeit bei einem Fixgeschäft knapp wird – der Empfänger gerade wegen der Übereinstimmung des Angebots mit dem Ergebnis der Vorverhandlungen nach Treu und Glauben verpflichtet, den Verhandlungspartner nicht im Unklaren zu lassen und eine (nach allem überraschende) Ablehnung zu erklären. Diese Grundlage für eine Ausnahme von der Regel, dass Schweigen eine Ablehnung bedeutet, fehlt jedoch, wenn die Vorverhandlungen noch zu keiner Übereinstimmung geführt haben. Dann kann der den Vertrag Antragende sich nicht darauf verlassen, dass der Vertrag zustande komme, sondern er muss mit einer Ablehnung durch den Geschäftspartner und mit weiteren Verhandlungen rechnen. Treu und Glauben erfordern dann keine unverzügliche Ablehnung des Angebots, wenn dieses Vertragsbedingungen enthält, über die bislang ganz oder teilweise keine Einigung erzielt worden war.“
Vgl. auch Palandt/Ellenberger, § 148, Rn. 3 und Einf. v. § 116, Rn. 7.

10 Staudinger, Leasing, Rn. 172.

11 Martinek/Stoffels/Wimmer-Leonhardt, Handbuch des Leasingrechts, 3. Kapitel, § 5, Rn. 4, S. 61.

a. Die Vertragsanbahnung beim Eintritts- oder Einstiegsmodell[12]

In der Praxis ist es verbreitet, dass sich der Leasingnehmer mit dem von ihm ausgesuchten Lieferanten bereits vor Abschluss des Leasingvertrages über den Liefervertrag einigt (verbindliche Bestellung) und dabei zusätzlich eine Vereinbarung dahingehend trifft, dass die Finanzierung des Kaufpreises über eine *noch einzubeziehende Leasinggesellschaft* erfolgen soll. Hierbei handelt es sich um die so genannte Finanzierung über Leasing, Zahlung auf Leasingbasis oder Finanzierungsbasis per Leasingvertrag.[13]

Beim Eintrittsmodell schließt der spätere Leasingnehmer zunächst im eigenen Namen einen Kaufvertrag mit dem Lieferanten ab, in den der Leasinggeber nachträglich schuldbefreiend eintritt.[14] Dieser Eintritt des Leasinggebers wird als schuldbefreiende Vertragsübernahme im Sinne von §§ 414 ff. BGB analog angesehen, an der alle drei am Finanzierungsleasinggeschäft beteiligten Parteien mitwirken müssen.[15]

Beim Eintrittsmodell ist es möglich, nicht aber zwingend, dass zwischen dem Lieferanten und dem Leasingnehmer von vornherein Einigkeit über die Umwandlung der Bestellung beim Lieferanten in einen Leasingvertrag herrscht. Der Leasinggeber tritt in der Vertragsanbahnungsphase noch nicht in Erscheinung[16], weshalb der Lieferant während der Anbahnungsphase nicht Erfüllungsgehilfe des Leasinggebers ist.[17] Den Leasinggeber treffen in dieser Phase keine vorvertraglichen Pflichten.[18] Folglich ist durch Auslegung im Einzelfall zu ermitteln, ob der Leasingnehmer als Besteller allein das Risiko des wirksamen Zustandekommens eines Leasingvertrages trägt, oder ob das Zustandekommen eines Leasingvertrages eine aufschiebende bzw. das Nichtzustandekommen eine auflösende Bedingung des Liefervertrages darstellt, § 158 BGB.[19] Die kaufvertragliche Bestellung hat in solchen Fällen – was die Auslegung ergeben

12 Vgl. umfassend Kapitel A. II. 3. b.

13 Engel, Handbuch Kfz-Leasing, § 1, Rn. 43, § 4, Rn. 4.

14 BGH NJW 1986, 918; 1990, 1290, 1292; Graf von Westphalen, Der Leasingvertrag, Kap. C, Rn. 122, S. 218; zum Eintrittsmodell allgemein siehe Martinek/Stoffels/Wimmer-Leonhardt, Handbuch des Leasingrechts, 3. Kapitel, § 5, Rn. 24 ff., S. 64 ff.

15 Graf von Westphalen, Der Leasingvertrag, Kap. C, Rn. 122, S. 218; Beckmann, Finanzierungsleasing, § 1, Rn. 78; Erman/Jendrek, Anhang zu § 535, Rn. 2; BGH Urteil vom 27.11.1985 – VIII ZR 316/84 = BGHZ 96, 302 = WM 1986, 163 = NJW 1986, 918 = ZIP 1986, 164; Urteil vom 24.01.1990 – VIII ZR 22/89 = NJW 1990, 1290. Urteil vom 25.11.1992 – VIII ZR 176/91 = WM 1993, 213 = NJW-RR 1993, 307 = ZIP 1993, 123.

16 Staudinger, Leasing, Rn. 168.

17 Vgl. Kapitel E. II. 2. a. aa.

18 OLG Dresden NJW-RR 1996, 625; Palandt/Weidenkaff, Einf. v. § 535, Rn. 54; Beckmann, Praxishandbuch Leasing, § 7, Rn. 8.

19 BGH Urteil vom 09.05.1990 – VIII ZR 222/89 = WM 1990, 1241 = NJW-RR 1990, 1009; Martinek/Stoffels/Wimmer-Leonhardt, Handbuch des Leasingrechts, 3. Kapitel, § 5, Rn. 26, S. 65; Beckmann, Finanzierungsleasing, § 1, Rn. 76.

wird, sollte zwischen den Parteien die Finanzierung kommuniziert worden sein – nur Bestand, wenn sich der Leasinggeber zum Abschluss eines Leasingvertrages bereit erklärt, da die Auslegung ergibt, dass der Kaufvertrag unter der Bedingung des Zustandekommens eines Leasingvertrages steht; insbesondere wenn die Bestellung mit einem Vermerk wie „Finanzierung über Leasing" versehen ist.[20] Von dieser Feststellung ist insbesondere das Schicksal des zwischen dem Lieferanten und dem Leasingnehmer geschlossenen Liefervertrages für den Fall abhängig, dass der Leasinggeber nicht bereit ist, seine Zustimmung zur Finanzierung durch Leasing zu erklären und es somit nicht zu einem Eintritt kommt.[21] Der Leasinginteressent schuldet dem Lieferanten nach Abschluss des Liefervertrages den Kaufpreis bzw. Werklohn. Das Risiko des Bestellers kann minimiert werden, in dem diesem ein Rücktrittsrecht eingeräumt wird, wenn ein Leasingvertrag mit dem Leasinggeber nicht zu Stande kommen sollte.[22] Es können auch so genannte Leasingfinanzierungsklauseln – wie zum Beispiel „Zahlung auf Leasingbasis" oder „Finanzierung über Leasing" – in den Liefervertrag aufgenommen werden. Wird der Kaufvertrag zwischen Lieferant und späterem Leasingnehmer im Hinblick auf den anvisierten Leasingvertrag mit dem Leasinggeber abgeschlossen und scheitert der Leasingvertrag, dann entfällt die Geschäftsgrundlage des Kaufvertrages. Dies gilt jedoch nach der allgemeinen Regel des § 162 Abs. 1 BGB nicht, wenn der Käufer, d.h. der spätere Leasingnehmer, das Zustandekommen des Leasingvertrages treuwidrig verhindert hat. Kommt dagegen ein Leasingvertrag zwischen dem Leasinggeber und dem Leasingnehmer zustande und erklärt sich der Leasinggeber bereit, den vom Leasingnehmer geschlossenen Liefervertrag zu übernehmen oder in diesen einzutreten, besteht im Ergebnis Einigkeit darüber, dass aus dem Liefervertrag nicht der Leasingnehmer, sondern allein der Leasinggeber berechtigt und verpflichtet wird.[23] Ausreichend ist, dass die Vertragsübernahme im Leasingvertrag zwischen Leasinggeber und Leasingnehmer vereinbart wird und der Lieferant sich damit einverstanden erklärt.[24] Der Übernehmer (Leasinggeber) tritt dabei an die Stelle des frei werdenden Schuldners (Leasingnehmer).[25] Vom Leasingnehmer an den Lieferanten bereits geleistete Anzahlungen kommen im Fall einer wirksamen Übernahme des Kaufvertrages grundsätzlich dem Leasinggeber zugute. Der Lieferant und der Leasingnehmer sollten aber eine ausdrückliche Vereinbarung darüber treffen, in welchem Umfang Zahlungen Einfluss auf die Berechnung des vom Leasinggeber zu zahlenden Kaufpreises und der vom Leasingnehmer dann zu zahlenden Leasingraten haben. Dies gilt nicht nur für bereits geleistete Anzahlungen, sondern auch für

20 Graf von Westphalen, Der Leasingvertrag, Kap. C, Rn. 122 f., S. 218.
21 Staudinger, Leasing, Rn. 105.
22 Staudinger, Leasing, Rn. 105.
23 Martinek/Stoffels/Wimmer-Leonhardt, Handbuch des Leasingrechts, 3. Kapitel, § 5, Rn. 28, S. 65.
24 Staudinger, Leasing, Rn. 106, Graf von Westphalen, Der Leasingvertrag, Kap. C, Rn. 124, S. 219.
25 Palandt/Grüneberg, Überbl. v. § 414, Rn. 1.

etwaige Abschlags- oder sonstige Vorauszahlungen. Gleichfalls sollte eine Regelung getroffen werden, wem derartige Zahlungen bei einer Rückabwicklung des Liefervertrages zustehen und wer insoweit das Insolvenzrisiko des Lieferanten zu tragen hat. Wurde der Leasinggeber von am Vertragsschluss beteiligten Parteien getäuscht und liegt ein Anfechtungsgrund vor, so muss der Leasinggeber die Anfechtung gegenüber allen Parteien erklären.[26]

b. Vertragsanbahnung zwischen Leasinggeber und Leasingnehmer beim sale-and-lease-back-Verfahren

Besonderheiten gelten bei der Vertragsanbahnung im Rahmen des sale-and-lease-back Verfahrens.

Beim sale-and-lease-back-Verfahren kauft der spätere Leasingnehmer das Wirtschaftsgut zunächst im eigenen Namen vom Lieferanten/Hersteller an. Danach veräußert er das Wirtschaftsgut an den Leasinggeber mit der Zweckrichtung des Abschlusses eines Leasingvertrages zur Gebrauchsüberlassung.

Beim sale-and-lease-back-Verfahren[27] veräußert der Leasingnehmer eine Sache, die er in der Regel vorher (ggf. bereits vor Jahren) von einem Lieferanten erworben hat, an den Leasinggeber, der diese als Leasingobjekt wieder dem Leasingnehmer im Rahmen eines Leasingvertrags überlässt, ohne dass ein Übergang des unmittelbaren Besitzes an den Leasinggeber erfolgt.[28] Diese Leasingvariante ist insbesondere dadurch gekennzeichnet, dass der Leasinggeber die Leasingsache nicht von einem Dritten, sondern vom Leasingnehmer anschafft und somit die leasingtypische Dreiecksbeziehung nicht gegeben ist. Im Unterschied zur klassischen Leasingkonstellation schließt der Leasingnehmer zwei Kaufverträge, einen als Käufer gegenüber dem Lieferanten und einen als Verkäufer gegenüber dem Leasinggeber. Der Leasingnehmer wird regelmäßig, aber nicht zwingend, zunächst Eigentümer der Sache. Wenn er diese von einem Lieferanten erwirbt, übereignet der Lieferant das Eigentum an den Leasingnehmer gemäß § 929 S. 1 BGB, der es dann an den Leasinggeber gemäß §§ 929 S. 1, 930 BGB überträgt und somit die Übergabe als Besitzkonstitut in Form des Leasingvertrages ersetzt wird.[29]

---

26 BGH NJW 1986, 918: *„Wurde der Leasinggeber vom Lieferanten im Zuge der Vertragsübernahme getäuscht, so kann die Anfechtung nur durch eine Anfechtungserklärung erfolgen, die sowohl dem Leasingnehmer wie auch dem Lieferanten gegenüber abzugeben ist.“*; siehe auch Staudinger, Leasing, Rn. 106.

27 Vgl. umfassend Kapitel A. II. 3. a.

28 Palandt/Weidenkaff, Einf. v. § 535, Rn. 44; Graf von Westphalen, Der Leasingvertrag, Kap. N, Rn. 5, S. 770 f.; Beckmann, Finanzierungsleasing, § 3, Rn. 319.

29 Martinek/Stoffels/Wimmer-Leonhardt, Handbuch des Leasingrechts, 19. Kapitel, § 64, Rn. 9, S. 630; Beckmann, Finanzierungsleasing, § 3, Rn. 320.

c. Sonderfälle

Sonderfälle sind vor allem beim KfZ-Leasing anzutreffen. Hier sind aufgrund der Konzernverbindung zwischen Hersteller und Leasinggeber Fälle denkbar, bei denen der Leasingnehmer zunächst einen Leasingvertrag mit einem Leasinggeber schließt und sich erst dann das Leasingfahrzeug bei einem (Vertrags-)Händler spezifiziert wird. Umgekehrt kommt es aber ebenso vor, dass der Leasingnehmer lediglich den KfZ-Typ und die Ausstattung festschreibt und das Aushandeln des Kaufpreises dem Leasinggeber überlässt.

II. Rechtsstellung des Lieferanten und Haftung des Leasinggebers für ein Fehlverhalten des Lieferanten

Von besonderer Bedeutung ist, unter welchen Voraussetzungen Pflichtverletzungen und Vertragszusagen des Lieferanten im Rahmen der Vertragsanbahnung und der Vertragsabwicklung dem Leasinggeber zuzurechnen sind und inwieweit er dafür einstehen muss. Bei der Beurteilung der Rechtstellung des Lieferanten und der Haftung des Leasinggebers für ein Fehlverhalten des Lieferanten sind verschiedene Zeiträume zu unterscheiden, mithin:
1. die Stellung des Lieferanten während der Vertragsanbahnung (Kapitel B. II. 1.),
2. die Stellung des Lieferanten bei Übergabe der Leasingsache (Kapitel B. II. 2.),
3. die Stellung des Lieferanten nach Übergaben der Leasingsache (Kapitel B. II. 3.).

1. Stellung des Lieferanten während der Vertragsanbahnung

Der Leasingnehmer und der Lieferant qualifizieren die Leasingsache bei den Vertragsverhandlungen in der Regel in einer solch konkreten Art und Weise, dass bereits eine unterschriftsreife Vertragsvorlage vorliegt. Es fehlt lediglich eine gesicherte Finanzierung, die ebenfalls zumeist direkt bei dem Lieferanten „unterschriftsreif vorbereitet" wird.

a. Keine Vertreterstellung des Lieferanten für den Leasinggeber

---

Der Lieferant ist während der Vertragsanbahnung weder Erklärungs- noch Empfangsvertreter des Leasinggebers.
Eine Vertretungsmacht des Lieferanten wird auch nicht durch eine Duldungs- oder Anscheinsvollmacht begründet.
Nach dem Bundesgerichtshof werden Zusagen des Lieferanten nur in Ausnahmefällen zum Inhalt des Leasingvertrages; aufgrund der Rechtsprechung der Instanzgerichte dagegen werden Zusagen des Lieferanten, soweit dieser Erfüllungsgehilfe des Leasinggebers ist, stets Inhalt des Leasingvertrages.

---

aa. Fehlen einer Erklärungsvollmacht beim Lieferanten

Eine Vollmacht des Lieferanten ergibt sich weder rechtsgeschäftlich aus der ständigen Zusammenarbeit mit dem Leasinggeber noch aus Rechtscheinsgrundsätzen.[30]

(1) Keine wirksame Vollmachtserteilung

Selbst bei einer länger andauernden Zusammenarbeit zwischen dem Leasinggeber und dem Lieferanten steht dem Lieferanten – sofern nicht etwas anderes vereinbart wurde – keine Vertretungsmacht i.S.d. §§ 164 ff. BGB zu.[31]

(2) Keine Anscheins- oder Duldungsvollmacht

Da sich der Leasinggeber in den Leasingvertragsformularen sowie durch die Übersendung des vom Leasingnehmer bereits unterschriebenen Leasingvertrages in der Praxis die Annahme des Antrags des Leasingnehmers auf Abschluss eines Leasingvertrages nach Bonitätsprüfung vorbehält, kann nach der Auffassung der ständigen Rechtsprechung des Bundesgerichtshofes selbst eine Duldungs- und/oder Anscheinsvollmacht des Lieferanten nicht angenommen werden.[32]

bb. Keine wirksame Empfangsvollmacht

Der Lieferant ist kein Erklärungsvertreter des Leasinggebers, was andernfalls eine wirksame Entgegennahme von Willenserklärungen (Kündigungen usw.) des Leasingnehmers gegenüber dem Leasinggeber ermöglichen würde, § 164 Abs. 3 S. 2 BGB.[33] Dies gilt selbst dann, wenn der Lieferant im Liefervertrag zur Lieferung an den Leasingnehmer verpflichtet wird.[34] Nach dem OLG Köln soll der Lieferant allerdings bis zur Ablieferung des Leasinggutes zur Entgegennahme von Willenserklärungen zuständig sein.[35] Aus den zuvor genannten Gründen kann dem nicht gefolgt werden; der Lieferant ist aufgrund der für den Leasingnehmer erkennbar eigenständigen Stellung neben dem Leasinggeber allenfalls Erklärungsbote.

---

30 Staudinger, Leasing, Rn. 99.

31 Martinek/Stoffels/Wimmer-Leonhardt, Handbuch des Leasingrechts, 3. Kapitel, § 6, Rn. 5, S. 73.

32 BGHZ 95, 170, 174 = NJW 1985, 2285.

33 Beckmann, Finanzierungsleasing, § 3, Rn. 99.

34 BGH Urteil vom 01.07.1987 – VIII ZR 117/86 = NJW 1988, 204: *„Die Tatsache, dass die Lieferantin – wie bei Leasingverträgen häufig – mit der Vorbereitung des Vertrages und [...] mit der Übergabe der Leasingsache beauftragt war, reicht beim Finanzierungsleasingvertrag ohne weitere Umstände nicht als Grundlage für eine Vollmacht aus (BGHZ 95, 170 [174] = NJW 1985, 2258) [..]“*

35 OLG Köln CR 1996, 22; Beckmann, Finanzierungsleasing, § 3, Rn. 99.

b. Lieferant als Erfüllungsgehilfe des Leasinggebers im Rahmen der Vertragsanbahnung[36]

Soweit der Lieferant mit Wissen und Wollen für den Leasinggeber in der Anbahnungsphase des Leasingvertrages tätig wird, ist er dessen Erfüllungsgehilfe im Sinne des § 278 BGB. Das gilt unabhängig davon, ob zwischen dem Lieferanten und dem Leasinggeber eine ständige Geschäftsverbindung besteht.

Erfüllungsgehilfe im Sinne des § 278 BGB ist, wer nach den tatsächlichen Gegebenheiten mit dem Willen des Schuldners (Erfüllungsgehilfe i.e.S.) oder aufgrund Gesetzes (gesetzlicher Erfüllungsgehilfe) bei der Erfüllung einer diesem obliegenden Verbindlichkeit als dessen Hilfsperson tätig wird.[37] Dies soll nach der Rechtsprechung des Bundesgerichtshofes, unabhängig davon, ob zwischen dem Lieferanten und dem Leasinggeber eine dauerhafte Zusammenarbeit oder sonst wie ausgeprägte Verbindung besteht, stets dann anzunehmen sein, wenn der Leasinggeber dem Lieferanten eine Aufgabe übertragen hat.[38] Demzufolge ist der Lieferant Erfüllungsgehilfe des Leasinggebers, wenn er die Vorverhandlungen für den abzuschließenden Leasingvertrag führt, die Leasingraten und die Vertragslaufzeit mit bestimmt oder die leasingvertraglichen Einzelheiten mit dem Leasingnehmer abspricht.[39] Maßgeblich

36 Zum zulässigen Ausschluss der Haftung vgl. Kapitel E. II. 2. a. aa.

37 Palandt/Grüneberg, § 278, Rn. 7; BGHZ 13, 113; 50, 35; 62, 124; 98, 334.

38 BGH Urteil vom 15.06.2011 – VIII ZR 279/10: *„Dabei hängt die Zurechnung der Pflichtverletzung nicht von einer ständigen Geschäftsverbindung von Lieferant/Verkäufer und Leasinggeber ab, sondern von der Tatsache, dass sich der Leasinggeber zum Abschluss des Leasingvertrags der Hilfe des Verkäufers/Lieferanten bedient“*; BGH Urteil vom 20.10.2004 – VIII ZR 36/03 = NJW 2005, 365 = DB 2004, 2528.

39 Staudinger, Leasing, Rn. 167; zu der mittlerweile ständigen Rechtsprechung des BGH siehe BGH NJW 1985, 915 und 2258; 1989, 287; BGH, Urteil vom 04.11.1987 – VIII ZR 313/86 = WM 1988, 84 = NJW-RR 1988, 241 = ZIP 1988, 165: *„Dem Abschluss eines Leasingvertrages gehen regelmäßig Vorgespräche voraus, die nicht nur die Auswahl, Beschaffenheit und Erwerbsbedingungen für den Leasinggegenstand betreffen, sondern auch den Inhalt des Leasingvertrages, insbesondere dessen Laufzeit, Kündbarkeit, Berechnung und Zahlung der Leasingraten usw. Bedient sich der Leasinggeber zu dieser notwendigen Vertragsvorbereitung der Hilfe des Lieferanten, so wird dieser in Bezug auf die dabei entstehenden Hinweis- und Aufklärungspflichten zu seinem Erfüllungsgehilfen, für den er nach § 278 BGB einzustehen hat (BGHZ 95, 170, 174, 177 ff. = WM 1985, 906 unter I 3).“*;
BGH Urteil vom 03.07.1985 – VIII ZR 102/84 = BGHZ 95, 170 = WM 1985, 906 = NJW 1985, 2258 (2260) = ZIP 1985, 935: *„Für den Bereich des Finanzierungsleasings hat der BGH bisher nicht entschieden, ob der Lieferant Erfüllungsgehilfe des Leasinggebers ist. Es besteht jedoch kein Anlass, den Leasinggeber grundsätzlich anders zu behandeln, als die Finanzierungsbank beim finanzierten Abzahlungskauf. Die in der Literatur vertretene oder für möglich gehaltene Ansicht, nur beim sog. „Händler-Leasing“ (bei dem eine „mehr oder weniger enge“ Beziehung zwischen Leasinggeber und Lieferant bestehen soll) sei der Lieferant Erfüllungsgehilfe des Leasinggebers für*

für die Einstufung als Erfüllungsgehilfe ist stets, dass die Auskünfte des Lieferanten/Verkäufers im Rahmen eines Vorgesprächs mit „Wissen und Willen" des Leasinggebers erfolgten.[40] Der Bundesgerichtshof hat in zwei aktuellen Entscheidungen aus dem Jahr 2011 verdeutlicht, dass eine Zurechnung über § 278 BGB dann nicht in Frage kommt, wenn zwischen den Aufgaben des Lieferanten/Verkäufers und dem beanstandeten Verhalten ein innerer Zusammenhang nicht besteht.[41] Der Bundesgerichtshof hat darüber hinaus festgestellt, dass bereits der erstmalige telefonische Kontakt im Vorfeld eines zu schließenden Leasingvertrages für die Erfüllungsgehilfenstellung ausreichend sein kann.[42]

Prozessual bedeutet dies, dass der Leasingnehmer, der sich auf eine vorvertragliche Pflichtverletzung des Lieferanten berufen möchte, in tatsächlicher Hinsicht in

---

vorvertragliche Pflichten, nicht dagegen beim „reinen" Finanzierungsleasing (Graf von Westphalen, Der Leasingvertrag, 2. Aufl., Rn. 133/134; für das verwandte Problem des „Dritten" bei § 123 II HGB wohl ebenso Canaris, HGB, 3. Aufl., BankvertragsR, 2. Bearbeitung, Rn. 1746), führt zu keiner befriedigenden Lösung. Für § 278 BGB kommt es entscheidend darauf an, ob die Hilfsperson bei der ihr vorgeworfenen Handlung im Rahmen der ihr vom Verpflichteten übertragenen Aufgabe tätig geworden ist. Das kann, muss allerdings nicht stets bei enger Verbindung zwischen Leasinggeber und Lieferant der Fall sein. Jedenfalls aber kann auch beim „reinen" Finanzierungsleasing der Lieferant konkrete Vertragsvorverhandlungen für den Leasinggeber führen. Im übrigen würde die generalisierende abstrakte Abgrenzung der Leasingvertragstypen praktisch kaum überwindbare Schwierigkeiten mit sich bringen, weil es an brauchbaren Kriterien dafür fehlt, wenn angesichts der vielfältigen Vertragsgestaltungen kein „reines" Finanzierungsleasing, sondern ein Händlerleasing anzunehmen ist. Auch beim Finanzierungsleasing ist also § 278 BGB auf schuldhafte Handlungen einer Hilfsperson im Zusammenhang mit Vertragsverhandlungen anzuwenden, wenn im konkreten Fall Pflichten gerade aus der übertragenen Aufgabe der Vertragsvorbereitung verletzt werden; eine ständige oder enge Verbindung zwischen Leasinggeber und Hilfsperson ist nicht erforderlich (ebenso für finanzierten Abzahlungskauf: BGH NJW 1980, 2301 = WM 1980, 1111 unter III 3)."

40 BGH Urteil vom 15.06.2011 – VIII ZR 279/10: *„Ob die Umstände des Einzelfalls in ihrer Gesamtheit die Wertung zulassen, dass die auch den Leasingvertrag betreffenden Vorgespräche anlässlich der Kaufvertragsverhandlungen mit Wissen und Willen des Leasinggebers erfolgten, unterliegt der tatrichterlichen Würdigung im jeweiligen Einzelfall. So kann zum Beispiel die Überlassung von Leasingvertragsformularen und der für die Bemessung der Leasingraten notwendigen Daten und Unterlagen sowie die widerspruchslose Entgegennahme des ausgefüllten und dem Verkäufer/Lieferanten übersandten Leasingantrags den Schluss rechtfertigen, dass der Lieferant/Verkäufer die vorbereitenden Gespräche und Verhandlungen über den Abschluss eines Leasingvertrages mit Wissen und Willen des Leasinggebers führt".*

41 BGH Urteil vom 15.06.2011 – VIII ZR 279/10; BGH Urteil vom 30.03.2011 – ZR VIII 94/10.

42 BGH Urteil vom 04.11.1987 – VIII ZR 313/86 = WM 1988, 84 = NJW-RR 1988, 241 = ZIP 1988, 165: *„Die Beklagte [Leasinggeberin] wird von ihrer Haftung auch nicht dadurch befreit, dass der Vertragsschluss mit dem Kläger [Leasingnehmer] nach ihrer Behauptung in den Vorinstanzen der erste Fall einer Zusammenarbeit mit der Lieferantin gewesen sei. Ihre Haftung hängt nicht von einer ständigen Geschäftsverbindung ab, sondern von der Tatsache, dass sie sich zum Abschluss des vorliegenden Vertrages der Hilfe der Lieferanten [zum ersten Mal] bedient hat.";* BGH Urteil vom 15.06.2011 – VIII ZR 279/10.

der Klage vorbringen muss, dass der Leasinggeber den Lieferanten mit der Vorbereitung des Leasingvertrages betraut hat.[43]

Im Ergebnis kann festgehalten werden, dass nach ständiger Rechtsprechung des Bundesgerichtshofs der Lieferant unabhängig von der Finanzierungsform immer dann Erfüllungsgehilfe des Leasinggebers i.S.d. § 278 BGB ist, wenn sich der Leasinggeber des Lieferanten bei der Vertragsanbahnung mit dem Leasingnehmer bedient. Dabei ist es ausreichend, prozessual in tatsächlicher Hinsicht aber erforderlich, dass der Leasingnehmer vortragen kann, dass der Lieferant in Abstimmung mit dem Leasinggeber ein Vorgespräch über den Inhalt des Leasingvertrages geführt hat.

Diese Grundsätze können aber nicht uneingeschränkt gelten. Vielmehr sind die Umstände des konkreten Einzelfalls, insbesondere auch die jeweilige Art des Leasingvertrages, entscheidend.

Eine Erfüllungsgehilfenstellung des Lieferanten ist dagegen während der Anbahnungsphase zu verneinen, wenn der Lieferant für den Kunden erkennbar als selbständiger Vertragspartner des Liefervertrages im eigenen Pflichtenkreis und somit auf „eigene Faust" tätig wird und der Leasinggeber – wenn überhaupt – erst zu einem späteren Zeitpunkt – als in der Phase der Vertragsanbahnung – in den Liefervertrag eintritt und die Finanzierung übernimmt.[44] Dies gilt vor allem für die Leasinganbahnungsmodelle des Eintrittsmodells[45] und beim sale-and-lease-back Verfahren[46].

In diesem Fall fehlt es am maßgeblichen Kriterium für eine Erfüllungsgehilfenstellung, nämlich an dem Tätigwerden mit dem Wissen und Wollen des Leasinggebers, da dieser erst *nach* dem „Tätigwerden" des Lieferanten in die Verhandlungen mit einbezogen wird. Hier hat der Leasinggeber keinen Einfluss mehr auf die Vertragsgestaltung, so dass nicht von einem Tätigwerden für den Leasinggeber durch den Lieferanten ausgegangen werden kann.[47] Ein Fehlverhalten des Lieferanten kann dem Leasinggeber bei einer solchen Vertragsanbahnung nicht zugerechnet werden.

43 BGH Urteil vom 30.01.1995 – VIII ZR 316/93 = WM 1995, 495 = NJW 1995, 1146 = ZIP 1995, 380: Der Kläger (Leasingnehmer) muss vorbringen, „*... dass sich die Beklagte [Leasinggeberin] der Hilfe des Lieferanten zur Vorbereitung des Leasingvertrages bedient hat. Dazu hätte es wenigstens des Vorbringens bedurft, dass der Lieferant mit dem Kläger – auftragsgemäß – ein Vorgespräch über den Inhalt des Leasingvertrages, unter Anderem insbesondere dessen Laufzeit sowie die Berechnung und Zahlung der Leasingraten, geführt hätte. Dazu hat der Kläger [Leasingnehmer] indessen in den Tatsacheninstanzen nichts vorgebracht. [Allein] Die Behauptung, die Beklagte sei „ständiger Finanzierungspartner" des Lieferanten, ersetzt einen solchen Vortrag nicht.*"

44 Martinek/Stoffels/Wimmer-Leonhardt, Handbuch des Leasingrechts, 5. Kapitel, § 10, Rn. 14, S. 133 f.

45 Vgl. Kapitel A. II. 3. b.; Kapitel B. IV. 1. b.

46 Vgl. Kapitel A. II. 3. a.; Kapitel B. IV. 1. c.

47 Palandt/Weidenkaff, Einf. v. § 535, Rn. 54; Beckmann, Finanzierungsleasing, § 3, Rn. 104; OLG Dresden NJW-RR 1996, 625; OLG Dresden NJW-RR 1997, 1142.

Der Bundesgerichtshof überträgt seine Rechtsprechung zu § 278 BGB auf die Frage der Zurechnung einer arglistigen Täuschung durch den Lieferanten gemäß § 123 Abs. 1 und 2 BGB und kommt auch diesbezüglich zu dem Ergebnis, dass eine Zurechnung ausscheidet, sofern kein innerer Zusammenhang zwischen dem Verhalten des Lieferanten und dem übertragenen Aufgabenkreis besteht.[48]

c. Hilfspersonen des Lieferanten als Erfüllungsgehilfen

Auch Hilfspersonen des Erfüllungsgehilfen sind Erfüllungsgehilfen des Schuldners, wenn diese mit Wissen und Wollen des Leasinggebers tätig werden oder er mit deren Tätigwerden rechnen musste (z.B. Arbeitnehmer oder mit der Auslieferung betraute Transportunternehmer).[49] Dabei ist es ausreichend, wenn sich dies aus den Umständen ergibt. Voraussetzung ist, dass der jeweilige Erfüllungsgehilfe auch mit der Wahrnehmung von Aufgaben betraut ist, die in einem inneren Zusammenhang mit der Pflicht des Schuldners stehen[50] und dass eine etwaige Pflichtverletzung nicht nur bei Gelegenheit eintrat.[51]

d. Wissenszurechnung, Sonderzusagen des Lieferanten und faktische Vertretungsmacht des Lieferanten

---

Der Leasinggeber muss sich das Wissen des für ihn als Verhandlungsgehilfen tätigen Lieferanten dann zurechnen lassen, wenn der Leasingvertrag durch ein arbeitsteiliges Handeln zustande gekommen ist. Erfolgt eine Zurechnung, muss der Leasinggeber Zusagen des Lieferanten gegen sich gelten lassen, soweit diese einen Sachbezug zum Leasingvertrag aufweisen. Sodann werden diese Bestandteil des Leasingvertrages. Führen solche Zusagen zur Rückabwicklung oder Minderung im Rahmen des Leasingvertrages, hat die Leasinggeber Regressansprüche gegen den Lieferanten über §§ 280 Abs. 1 BGB i.V.m. 433, 241 Abs. 2 BGB bzw. im vorvertraglichen Bereich über § 311 Abs. 2 BGB.

Unabhängig vom Bestehen einer Vertretungsmacht muss sich nach Ansicht der Rechtsprechung des Bundesgerichtshofes derjenige, der einen anderen mit der Vornahme

---

48 BGH Urteil vom 30.03.2011 – ZR VIII 94/10: *„Entgegen der Auffassung der Revision rechtfertigt nicht jeder von einem Verhandlungsführer arglistig hervorgerufene Motivirrtum eine Anfechtung des vorgenommenen Rechtsgeschäfts. Da sich die Zurechenbarkeit des Verhaltens einer Hilfsperson nach denselben Maßstäben wie bei § 278 BGB bestimmt, ist entscheidend, ob eine von ihr vorgenommene Handlung zu dem allgemeinen Umkreis des Aufgabenbereichs gehört, zu dessen Wahrnehmung sie bestellt worden ist. Dies ist nicht der Fall, wenn zwischen der aufgetragenen Verrichtung und der Handlung zwar ein kausaler und zeitlicher Zusammenhang, nicht aber ein innerer, sachlicher Zusammenhang besteht".*

49 BGH NJW 1983, 448 u. 632; WM 95, 1455; Beckmann, Finanzierungsleasing, § 3, Rn. 109.

50 Martinek/Stoffels/Wimmer-Leonhardt, Handbuch des Leasingrechts, 5. Kapitel, § 10, Rn. 15, S. 134.

51 Jauernig, BGB, § 278, Rn. 12.

bestimmte Handlungen und Tätigkeiten in eigener Verantwortung betraut, das dabei erlangte Wissen in analoger Anwendung des § 166 Abs. 1 BGB zurechnen lassen.[52] Dies gilt für alle Fälle, in denen der Vertragspartner einen Dritten mit der Wahrnehmung bestimmter Aufgaben im Rechtsverkehr in eigener Verantwortung betraut.[53] Diese Überlegungen sind grundsätzlich auch im Rahmen des leasingspezifischen Dreiecksverhältnisses anwendbar.[54]

Unter denselben Voraussetzungen, bei denen eine Stellung des Lieferanten als Erfüllungsgehilfe anzunehmen ist, erfolgt eine Wissenszurechnung.[55]

Folglich muss sich der Leasinggeber das Wissen des für ihn als Verhandlungsgehilfen tätigen Lieferanten zurechnen lassen, wenn der Leasingvertrag – wie regelmäßig – durch ein zumindest arbeitsteiliges Handeln zustande gekommen ist und der Lieferant damit Erfüllungsgehilfe ist. Denn nach den Instanzgerichten stellen Leasing- und Kaufvertrag eine rechtliche Einheit dar, da der Leasingnehmer die Verhandlungsergebnisse mit dem Lieferanten auch als Grundlage des Leasingvertrages sieht, auch wenn diese nicht ausdrücklich in diesen aufgenommen worden sind.[56] Dies gelte unabhängig davon, ob der Leasinggeber Kenntnis von den Zusagen des Lieferanten hat.

Die Zurechnung führt dazu, dass jede Zusage des Lieferanten gegenüber dem Leasingnehmer zum Inhalt des Leasingvertrages und damit der Lieferant faktischer Vertreter des Leasinggebers wird. Voraussetzung ist lediglich, dass der Lieferant als Erfüllungsgehilfe des Leasinggebers – praxisüblich – tätig wird.

Diese Rechtsprechung der Instanzgerichte widerspricht nach Ansicht des Autors den Aussagen des Bundesgerichtshofes[57] und ist rechtlich nicht nachvollziehbar[58], da über § 166 BGB analog eine faktische Rechtsscheinsvollmacht konstruiert wird. § 166 BGB kann allein deshalb keine Anwendung finden, da der Lieferant nicht Vertreter des Leasinggebers ist und dieser Umstand für den Leasingnehmer auch erkennbar ist. Zutreffend wäre die Bejahung von Erfüllungs- und oder Schadensersatzansprüchen des Leasingnehmers gegen den Lieferanten aus der isolierten Zusage bzw. § 311 BGB.

52 BGHZ 83, 293 = ZIP 1982, 670.
53 BGHZ 83, 293; 117, 106.
54 OLG Köln CR 1996, 22; Graf von Westphalen, Der Leasingvertrag, Kap. C, Rn. 91, S. 200; Beckmann CR 1994, 600.
55 Vgl. Graf von Westphalen, Der Leasingvertrag, Kap. C, Rn. 319 f.
56 OLG Köln OLGR 2002, 419; Reinking, Der Autokauf, Rn. L 271 ff.
57 BGH NJW 1986, 1809; BGH ZIP 1988, 165.
58 Vgl. umfassend zur Abgrenzung und Ablehnung der Vertretungsmacht unter I. 1. a. in diesem Kapitel.

Kann die Erfüllung der Zusage nicht erfolgen und ist die Eigenschaft des Leasinggegenstandes für den Leasingnehmer von wesentlicher Bedeutung, so kann ausnahmsweise die Rückabwicklung des Leasingvertrages über § 313 BGB begehrt werden. Eine Zurechnung wurde dagegen von der Rechtsprechung verneint, wenn

- der Rechtsschein des § 166 Abs. 1 BGB nicht existiert, da entsprechend den Grundsätzen zu den Grenzen des Missbrauchs der Vertretungsmacht ein Fall der Evidenz[59] oder Kollusion[60] gegeben ist oder
- die Zusage nach dem Willen der Parteien unabhängig von dem Leasingvertrag gelten soll[61].

Zu beachten ist, dass der Bundesgerichtshof in der zuletzt genannten Entscheidung eine Zurechnung über § 166 Abs. 1 BGB ausdrücklich ablehnte[62]; insofern ist von einer Abweichung der Rechtsprechung der Instanzgerichte auszugehen.

Selbst wenn den Instanzgerichten gefolgt wird, kommt eine Zurechnung über § 166 Abs. 1 BGB analog jedenfalls nicht in den Fällen des sale-and-lease-back und dem Eintrittsmodells in Betracht, da dort der Leasingnehmer in der Vertragsanbahnung nicht Erfüllungsgehilfe des Leasinggebers ist.[63] Entsprechend der Rechtsprechung der Instanzgerichte hat das OLG Köln[64] entschieden, dass sich der Leasinggeber Sonderzusagen außerhalb des Leasingvertrages zum Inhalt desselben (Stornierung, Rückgaberecht) zurechnen lassen muss, wenn Lieferant und Leasinggeber dies bereits in vorherigen Fällen in gleicher Weise praktiziert haben.

Die Instanzgerichte setzten nach § 166 Abs. 1 BGB analog die Stellung des Lieferanten als Erfüllungsgehilfen einer faktischen Rechtsscheinsvollmacht gleich. Zusagen des Lieferanten gegenüber dem Leasingnehmer können aber dann nicht gegen den Leasinggeber geltend gemacht werden, wenn diese erkennbar außerhalb des Sachzusammenhangs zum Leasingvertrag als isolierte Zusagen des Lieferanten zu erkennen sind (z.B. isolierte Garantien oder Rückkaufvereinbarungen mit dem Lieferanten).[65] Eine mustergültige Trennung wird in der Entscheidung des OLG Frankfurt im Falle der Restwertgarantie vorgenommen.[66]

---

59 Der Leasingnehmer erkennt, dass der Lieferant außerhalb des Leasingvertrages eigenverantwortliche Zusagen erbringt: OLG München DB 2002, 2373 ff.; OLG Düsseldorf OLGR 1992, 154; OLG Frankfurt NJW 1996, 2509; OLG Düsseldorf DB 1989, 974; OLG Düsseldorf OLGR 2001, 2 ff.; OLG Düsseldorf MDR 1990, 628.

60 Leasingnehmer und Lieferant handeln planmäßig zu Lasten des Leasinggebers: OLG Frankfurt NJW 1987, 2447 ff.

61 BGH NJW-RR 2004, 628 zu einem Rückgaberecht des Leasingnehmers.

62 BGH NJW-RR 2004, 628.

63 Vgl. I. 1. b. in diesem Kapitel.

64 OLG Köln vom 31.05.1991 – 19 U 197/90.

65 Martinek/Stoffels/Wimmer-Leonhardt, Handbuch des Leasingrechts, 5. Kapitel, S. 79.

66 OLG Frankfurt vom 28.01.2009; 17 U 241/08.

e. Regressansprüche des Leasinggebers bei einem Fehlverhalten des Lieferanten

Wird der Leasinggeber aufgrund einer Pflichtverletzung des Lieferanten in Anspruch genommen oder wird der Leasingvertrag durch Rücktritt des Leasingnehmers wegen fehlerhafter Zusagen des Lieferanten in ein Rückgewährschuldverhältnis umgewandelt, stehen dem Leasinggeber Ansprüche auf Schadensersatz gem. § 280 BGB i.V.m. dem Kaufvertrag bzw. wegen Pflichtverletzungen vor Vertragsschluss gem. § 311 Abs. 2 BGB gegen den Lieferanten zu. Wenn die Zusage zur Rückabwicklung des Leasingvertrages führt, umfasst der Anspruch den entgangenen Gewinn des Leasinggebers aus dem Leasingvertrag.[67] Dabei erfolgt bei § 311 Abs. 2 BGB keine Beschränkung des Schadens auf das negative Interesse.

2. Stellung des Lieferanten bei Übergabe der Leasingsache

Nach Zustandekommen des Leasing- und Kaufvertrages liefert der Lieferant das Leasinggut unmittelbar an den Leasingnehmer aus. Dies geschieht sowohl in Erfüllung seiner Pflicht aus dem Kaufvertrag mit dem Leasinggeber, als auch aufgrund der leasingspezifischen Abrede zur Erfüllung der Verpflichtung des Leasinggebers gegenüber dem Leasingnehmer.[68] Dabei erfüllt der Leasinggeber unter Zuhilfenahme des Leasingnehmers als Erfüllungsgehilfen i.S.v. § 278 BGB seine Abnahmepflicht aus § 433 Abs. 2 BGB bzw. § 640 Abs. 1 BGB gegenüber dem Lieferanten.[69] Des Weiteren erfüllt der Leasinggeber mit der Lieferung seine Gebrauchsüberlassungspflicht aus dem Leasingvertrag gegenüber dem Leasingnehmer. Mithin bedient er sich des Lieferanten als Erfüllungsgehilfen und hat sich somit dessen Verschulden nach § 278 BGB zurechnen zu lassen.[70] Im Rahmen der Auslieferung der Waren ist der vom Leasinggeber beauftragte Lieferant als berechtigt anzusehen, Erklärungen für den Leasinggeber, wie z.B. die Übernahmebestätigung oder ein Widerruf, entgegenzunehmen.[71] Problematisch ist, wann von einem Zugang beim Leasinggeber auszugehen ist.

---

67 Graf von Westphalen, Der Leasingvertrag, Kap. D, Rn. 49, S. 264.

68 Martinek/Stoffels/Wimmer-Leonhardt, Handbuch des Leasingrechts, 6. Kapitel, § 12, Rn. 2 f., S. 160.

69 Vgl. zur Abnahmepflicht Kapitel C. II. 3.

70 BGH Urteil vom 30.09.1987 – VIII ZR 226/86 = WM 1987, 1338 = NJW 1988, 198 = ZIP 1987, 1390: *„Hat der Lieferant die Leasingsache im Auftrag des Leasinggebers dem Leasingnehmer zu übergeben, so ist er bis zur vollständigen Übergabe insoweit Erfüllungsgehilfe des Leasinggebers."*

71 Martinek/Stoffels/Wimmer-Leonhardt, Handbuch des Leasingrechts, 5. Kapitel, § 10, Rn. 36, S. 142, der grundsätzlich eine Empfangsbevollmächtigung bejaht.

Gibt der Leasingnehmer in diesem Stadium Willenserklärungen gegenüber dem Lieferanten ab, so gehen diese dem Leasinggeber in dem Zeitpunkt zu, zu dem mit einer Weiterleitung an diesen zu rechnen war.[72] Übermittelt der Lieferant die Erklärung allerdings verspätet, falsch oder letztlich überhaupt nicht, so geht dies zu Lasten des Leasinggebers.[73]

Wenn eine Vertreterstellung des Lieferanten im Rahmen der Vertragsanbahnung bzw. des Vertragsabschlusses gemäß der stetigen Rechtsprechung ausscheidet, so findet konsequenterweise § 164 Abs. 3 BGB ebenfalls keine Anwendung. Der Lieferant ist daher kein Empfangsvertreter. Dies führt zu der Konsequenz, dass insbesondere fristgebundene Gestaltungsrechte aus dem Leasingvertrag – wie z.B. die Kündigung – nicht bereits mit Erklärung gegenüber dem Lieferanten wirksam werden. So stellt sich in dieser Konstellation häufig die Frage, wann eine Gestaltungserklärung beim Leasinggeber zugeht. Der Lieferant kann hier allenfalls Empfangsbote des Leasinggebers sein.[74] Empfangsbote ist, wer vom Empfänger zur Entgegennahme von Erklärungen bestellt worden ist oder nach der Verkehrsanschauung als bestellt anzusehen ist.[75] Für den Leasingnehmer stellt sich im Rahmen der Geschäftsbeziehung der Lieferant als zuständig dar, für den Leasinggeber tätig zu werden und diesem die seitens des Leasingnehmers abgegebenen Erklärungen zukommen zu lassen. Deshalb wird bei einem Leasingvertrag der Lieferant im Rahmen der Gebrauchsüberlassung als Empfangsbote des Leasinggebers angesehen.[76]

3. Stellung des Lieferanten nach Übergabe der Leasingsache

Aufgrund der leasingspezifischen Abtretungskonstruktion wird sich der Leasingnehmer während der Laufzeit des Leasingvertrages zur Behebung etwaiger Mängel an der Leasingsache ausschließlich an den Lieferanten wenden, da er die ihm abgetretenen Mängelrechte des Leasinggebers gegenüber dem Lieferanten geltend machen kann bzw. regelmäßig sogar auch muss.[77] Der Lieferant tritt gegenüber dem Leasingnehmer im Rahmen der Vertragsabwicklung insbesondere zum Zwecke der Erfüllung der vom Leasinggeber an den Leasingnehmer abgetretenen Gewährleistungsansprüche gemäß §§ 437 bzw. 634 BGB auf.

---

72 BGH NJW-RR 89, 757.

73 Palandt/Ellenberger, § 130, Rn. 9.

74 Jauernig, § 164, Rn. 14.

75 Palandt/Ellenberger, § 130, Rn. 9; Staudinger, § 164, Rn. 25; BSG NJW 2005, 1303; LG Leipzig NJW 1999, 2975.

76 Palandt/Ellenberger, § 130, Rn. 9.

77 Martinek/Stoffels/Wimmer-Leonhardt, Handbuch des Leasingrechts, 9. Kapitel, § 27, Rn. 59, S. 300.

a. Keine Vertreterstellung des Lieferanten bei der Vertragsdurchführung

In Fortführung der Rechtsprechung des Bundesgerichtshofes stellte das OLG Frankfurt bereits frühzeitig fest, dass der Lieferant auch nach Übergabe des Leasingobjekts kein Vertreter des Leasinggebers ist und er demzufolge auch keine Vollmacht zur Entgegennahme von Willenserklärungen hat.

Eine zwischen dem Leasingnehmer und dem Lieferanten getroffene Vereinbarung über den Austausch der Leasingsache gegen eine höherwertige bzw. modernere Leasingsache während der Vertragslaufzeit kann den Leasinggeber nur dann verpflichten, wenn dies ausdrücklich zum Bestandteil des Leasingvertrages gemacht worden ist. Andernfalls besteht bei einer Weigerung des Lieferanten eine größere Anlage zu liefern für den Leasingnehmer kein Kündigungs- oder Schadensersatzrecht gegenüber dem Leasinggeber.[78] In einer auf den Einzelfall bezogenen Entscheidung stellte das OLG Dresden – als Ausnahme zur stetigen Rechtsprechung des Bundesgerichtshofes – eine Vertretungsmacht im Rahmen der Vertragsdurchführung für den Lieferanten aus den Grundsätzen der Anscheinsvollmacht fest, da auf der Vorderseite des Leasingantrages der Lieferant unter der Überschrift *„Ihr Ansprechpartner"* bezeichnet wurde.[79] In der konkreten Entscheidung entnahm das OLG Dresden aus den Gesamtumständen einen Rechtsschein für eine Vollmacht des Lieferanten, da unter einem Ansprechpartner ein solcher für sämtliche Angelegenheiten zu verstehen sei, also folglich auch für den Abschluss und die Durchführung des Leasingvertrages.[80]

b. Keine Stellung des Lieferanten als Erfüllungsgehilfe des Leasinggebers

Da der Lieferant nach Übergabe eigene Pflichten aus abgetretenem Recht gegenüber dem Leasingnehmer erfüllt, ist er in dieser Vertragsphase kein Erfüllungsgehilfe des Leasinggebers.

Wie zuvor erläutert, ist der Lieferant während der Vertragsanbahnung regelmäßig Erfüllungsgehilfe des Leasinggebers. Entscheidend ist, wann in zeitlicher Hinsicht die Stellung des Lieferanten als Erfüllungsgehilfe für und gegen den Leasinggeber endet. Zu dieser Frage hat der Bundesgerichtshof in einer ersten Grundsatzentschei-

78 OLG Frankfurt Urteil vom 22.10.1985 – 5 U 56/84 = NJW 1986, 2509.
79 Vgl. auch Beckmann, Finanzierungsleasing, § 3, Rn. 100.
80 OLG Dresden Urteil vom 05.06.2002 – 8 U 280/02 = NJW-RR 2003, 269: *„Ist auf der Vorderseite eines Leasingvertragsformulars deutlich sichtbar unter der Überschrift „Ihr Ansprechpartner" der Lieferant mit Anschrift eingetragen, so stellt dies eine Bevollmächtigung des Lieferanten durch den Leasinggeber auch für Fragen der Vertragsabwicklung dar. Ein vom angegebenen Lieferanten erklärter Verzicht auf weitergehende Forderungen gegenüber dem Leasingnehmer anlässlich der vorzeitigen Rückgabe des Leasingfahrzeuges an ihn ist daher gegenüber der Leasinggeberin wirksam."*

dung festgestellt, dass die Stellung als Erfüllungsgehilfe nur soweit und solange gilt, wie sich der Schuldner sich seiner Hilfe tatsächlich bedient. Bei einem Leasingvertrag ist die Inanspruchnahme in aller Regel bei fehlenden anderweitigen Vereinbarungen mit Übergabe der Sache beendet.[81]

Diese Rechtsprechung führte der Bundesgerichtshof anschließend fort und stellte nochmals klar, dass die Rechtsstellung des Lieferanten als Erfüllungsgehilfe des Leasinggebers bei vorvertraglichen Auskunfts- und Sorgfaltspflichten regelmäßig mit dem Abschluss des Leasingvertrages endet. Diese Stellung lebe auch dadurch nicht wieder auf, dass der Lieferant ohne Auftrag des Leasinggebers gegenüber einem am Vertragseintritt als Leasingnehmer interessierten Auskünfte über den Vertragsinhalt erteilt.[82]

Die Ansicht des Bundesgerichtshofes ist überzeugend. Aufgrund der Abtretungskonstruktion gemäß § 398 Satz. 2 BGB macht der Leasingnehmer nach Übergabe des Leasingobjekts eigene Rechte gegenüber dem Lieferanten aus der Gewährleistung geltend.[83] Folglich erfüllt der Lieferant eine originäre Pflicht aus der ihn allein tref-

81 Vgl. BGH Urteil vom 30.09.1987 – VIII ZR 226/86 = WM 1987, 1338 = NJW 1988, 198 = ZIP 1987, 1390: *„Dem gewöhnlichen, hier auch konkret festgestellten Ablauf bei Finanzierungsleasingverträgen entspricht es, dass der Leasinggeber die von ihm geschuldete Übergabe der Leasingsache durch den Lieferanten ausführen lässt, so dass dieser insoweit zum Erfüllungsgehilfen wird (Senat, NJW 1988, 204 [in diesem Heft] unter A II 2 d bb; Graf von Westphalen, Der Leasingvertrag, 3. Aufl., Rn. 198, 201 m.w. Nachw.). Das gilt – wie bei jedem Erfüllungsgehilfen – aber nur, soweit und so lange sich der Schuldner (hier die Kl.) seiner Hilfe tatsächlich bedient. Beim Leasingvertrag ist die Inanspruchnahme in aller Regel mit der Übergabe der Sache beendet. Sind nicht besondere, hier nicht festgestellte Abreden getroffen, so beschränken sich nach der Auslieferung des Leasinggutes die Rechtsbeziehungen zwischen Leasinggeber und Lieferant auf die Abwicklung des Kaufvertrages über die Leasingsache. Besonders deutlich wird das bei der Behandlung von Mängeln. Nimmt der Lieferant eine Nachbesserung vor oder erklärt er sich mit einer Minderung oder Wandelung einverstanden, erfüllt er damit eine eigene Verbindlichkeit aus dem Kaufvertrag gegenüber dem Leasinggeber oder – falls dessen Ansprüche an den Leasingnehmer abgetreten sind – diesem gegenüber. Pflichten des Leasinggebers nimmt er im Falle der Abtretung nicht wahr, weil solche infolge der Haftungsfreizeichnung nicht bestehen. Dasselbe gilt im Ergebnis auch hinsichtlich der Gebrauchsüberlassungspflicht. Da sie sich nach Übergabe darauf beschränkt, den Leasingnehmer nicht in der Nutzung zu stören und ihn allenfalls gegenüber Störungen durch Dritte zu unterstützen, kann das zum Gewährleistungsbereich gehörende Verhalten der Lieferantin vor der Wegnahme der Magnetplatten nicht als Unterstützung bei der Erfüllung der Gebrauchsüberlassungspflicht gewürdigt werden. Erst recht ist daher die Lieferantin bei der Wegnahme der Platten nicht als Erfüllungsgehilfin anzusehen.“*

82 Vgl. BGH Urteil vom 31.05.1989 – VIII ZR 97/88 = WM 1989, 1142; NJW-RR 1989, 1140; ZIP 1989, 1337: *„Die Rechtsstellung des Lieferanten als Erfüllungsgehilfen des Leasinggebers bei vorvertraglichen Auskunfts- und Sorgfaltspflichten (BGHZ 95, 170) endet regelmäßig mit dem Abschluss des Leasingvertrages (im Anschluss an BGH NJW 1988, 198). Sie lebt nicht dadurch wieder auf, dass der Lieferant ohne Auftrag des Leasinggebers gegenüber einem am Vertagseintritt als Leasingnehmer Interessierten Auskünfte über den Vertragsinhalt erteilt.“*

83 Palandt/Grüneberg, § 398, Rn. 18, 31.

fenden Mängelhaftung, weshalb er im Rahmen einer gewährleistungsrechtlichen Abwicklung nicht Erfüllungsgehilfe des Leasinggebers ist. Aufgrund der leasingtypischen Freizeichnung des Leasinggebers gegenüber dem Leasingnehmer hat der Leasinggeber keine Pflichten aus den mietvertraglichen Vorschriften oder aufgrund etwaiger Gewährleistungsrechte zu erfüllen, so dass durch den Lieferanten keine Verpflichtungen des Leasinggebers gegenüber dem Leasingnehmer erfüllt werden können.

Das OLG Dresden führt zur Rechtsprechung des Bundesgerichtshofes aus, dass die Rechtsstellung des Lieferanten als Erfüllungsgehilfe zwar grundsätzlich mit der Auslieferung des Leasinggutes ende, dies aber nicht ausschließe, dass der Lieferant in einem späten Stadium erneut Erfüllungsgehilfe sein könne, wenn und soweit er wieder vom Leasingeber eingeschaltet werde.[84]

c. Keine Stellung des Lieferanten als Empfangsbote des Leasinggebers nach Übergabe des Leasingobjekts

Bis zur Übergabe des Leasingguts ist der Lieferant Empfangsbote des Leasinggebers.[85] Nach der Auslieferung ist der Lieferant jedoch nicht mehr für den Leasinggeber tätig, sondern erfüllt ausschließlich seine eigenen Pflichten aus dem Kauf- bzw. Werkvertrag. Vor allem bei der so genannten Übernahmebestätigung wird der Lieferant als Bote vom Leasingnehmer mit der Weitergabe an den Leasinggeber betraut.[86] Der Lieferant ist somit nach Übergabe des Leasingobjekts nicht Empfangsbote des Leasinggebers, sondern Erklärungsbote des Leasingnehmers.[87]

---

84 Vgl. OLG Dresden Urteil vom 05.06.2002 – 8 U 280/02 = NJW-RR 2003, 269: *„... zwar ende die Rechtsstellung des Lieferanten als Erfüllungsgehilfe grundsätzlich mit der Auslieferung des Leasinggutes (vgl. nur BGH, NJW-RR 1989, 1140; NJW 1988, 198; NJW 1985, 2258). Dies schließe aber nicht aus, dass der Lieferant/Händler in einem späteren Stadium der Vertragsabwicklung erneut Erfüllungsgehilfe oder Bevollmächtigter des Leasinggebers sein könne, wenn und soweit er hierfür seitens des Leasinggebers eingeschaltet werde (Senat, OLG-NL 2001, 58, und OLG-NL 2001, 57 m.w. Nachw.). Aus der genannten Entscheidung des BGH ergebe sich nichts Gegenteiliges. Vielmehr heiße es dort, die Rechtsbeziehungen zwischen Leasinggeber und Lieferant beschränkten sich nach Auslieferung des Leasinggutes auf die Abwicklung des Kaufvertrages über die Leasingsache, wenn nicht besondere, im vom BGH entschiedenen Fall nicht festgestellte Abreden getroffen worden seien (BGH, NJW 1988, 198 unter II 2 b aa).“*

85 Vgl. I. 2. in diesem Kapitel.

86 Beckmann, Finanzierungsleasing, § 3, Rn. 116.

87 Beckmann in Büschgen, Praxishandbuch Leasing, § 7, Rn. 26, S. 166.

III. Umfang und Reichweite der Pflichten des Lieferanten im Rahmen der Stellung als Erfüllungsgehilfe des Leasinggebers

Ist die Stellung des Lieferanten geklärt, stellt sich die Frage der Haftung des Leasinggebers für das Fehlverhalten des Lieferanten. Zudem ist zu klären, wann eine Pflichtverletzung des Lieferanten angenommen werden kann.

1. Rechtsfolge der Erfüllungsgehilfenstellung

Der Leasinggeber hat für eine schuldhafte Pflichtverletzung des Lieferanten im vorvertraglichen Bereich gemäß § 278 BGB einzustehen, wenn der Lieferant als sein Erfüllungsgehilfe tätig geworden ist.

So haftet der Leasinggeber beispielsweise nach § 278 BGB, wenn der Lieferant mit Wissen und Wollen des Leasinggebers Vorverhandlungen mit dem Leasingnehmer geführt hat und dabei schuldhaft den Leasingvertrag betreffende Aufklärungs- oder Hinweispflichten gegenüber dem Leasingnehmer verletzt hat.[88] Der das Verschulden bewertende Maßstab ergibt sich aus § 276 Abs. 1 und Abs. 2 BGB, wobei sich der Sorgfaltsmaßstab nicht nach der Stellung des Erfüllungsgehilfen, sondern nach der des Schuldners (Leasinggebers) richtet.[89]

2. Fehlverhalten des Lieferanten

Soweit eine Pflichtverletzung in Bezug auf den Leasinggegenstand betroffen ist, bemisst sich die Reichweite der Aufklärungspflicht des Lieferanten nach Maßgabe Kauf- bzw. Werkvertragsrechts. Anderweitige Aussagen oder Zusagen zum Inhalt des Leasingvertrages werden mangels Vertretungsmacht des Lieferanten für und gegen den Leasinggeber grundsätzlich nicht zum Vertragsinhalt. Bezüglich des Inhalts des Leasingvertrages stellt jede Zusage des Lieferanten, die vom Inhalt des Leasingvertrages abweicht, eine Pflichtverletzung dar. Sie sind vor allem bei unrichtigen oder unzutreffenden Aussagen über den Inhalt des Leasingvertrages welcher später schriftlich geschlossen wird, gegeben.

88 Vgl. BGH Urteil vom 03.07.1985 – VIII ZR 102/84 = BGHZ 95, 170 = WM 1985, 906 = NJW 1985, 2258 = ZIP 1985, 935: *„Führt der Lieferant einer Leasingsache mit Wissen und Willen des (Finanzierungs-)Leasinggebers Vorverhandlungen mit dem Leasingnehmer über den Abschluss des Leasingvertrages, so haftet der Leasinggeber nach § 278 BGB, wenn der Lieferant schuldhaft den Leasingvertrag betreffende Aufklärungs- oder Hinweispflichten gegenüber dem Leasingnehmer verletzt."*

89 Jauernig, § 278, Rn. 11.

a. Schuldhafte Pflichtverletzung des Lieferanten

Die Haftung des Leasinggebers für ein Fehlverhalten des Lieferanten im Rahmen der vorvertraglichen Sonderverbindung gemäß den §§ 311 Abs. 2, 241 Abs. 2 BGB ist nach der ständigen Rechtsprechung des Bundesgerichtshofs weitgehend.[90] Die Haftung des Leasinggebers für ein Fehlverhalten des Lieferanten hat der Bundesgerichtshof durch eine Bezugnahme auf den finanzierten Abzahlungskauf abgeleitet. Insbesondere ist beim finanzierten Abzahlungskauf die Finanzierungsbank voll haftbar, wenn der Verkäufer, der mit deren Willen den Darlehensvertrag vorbereitet hat, schuldhaft vorvertragliche Pflichten gegenüber dem Käufer und Darlehensnehmer verletzt.[91]

b. Beratungs-, Aufklärungs- und Sorgfaltspflichten des Lieferanten

Ausgangspunkt zu den Beratungs-, Aufklärungs- und Sorgfaltspflichten des Lieferanten ist die gesetzliche Grundlage des § 241 Abs. 2 BGB.

aa. Reichweite und Beurteilung der Beratungs-, Aufklärungs- und Sorgfaltspflichten des Lieferanten anhand des Pflichtenkreises des Lieferanten

Grundsätzlich besteht keine Pflicht zur unaufgeforderten Aufklärung.[92] Jeder Vertragspartner muss sich selbst über die rechtlichen und wirtschaftlichen Voraussetzungen und Folgen eines Vertragsschlusses informieren.[93]

Eine Aufklärung wird aber dann geschuldet, wenn der Partner des Vertragsverhältnisses redlicherweise mit einer Aufklärung rechnen durfte.[94]

---

90 Vgl. BGH Urteil vom 03.07.1985 – VIII ZR 102/84 = BGHZ 95, 170 = WM 1985, 906 = NJW 1985, 2258 = ZIP 1985, 935: *„Die Haftung der Klägerin für die schuldhaften Pflichtverletzungen der Lieferantin folgt aus § 278 BGB. „Verbindlichkeiten“, deren Nicht- oder Schlechterfüllung nach dieser Bestimmung die Haftung begründet, sind – wie allgemein anerkannt – auf Sorgfalts-, Aufklärungs- oder Hinweispflichten vor Abschluss eines Vertrages bei dessen Vorbereitung, sofern sie bei eigenem Handeln der Vertragspartei von dieser selbst zu erfüllen gewesen wären (RGZ 114, 115 [160]; 120, 126 [130]; 132, 76 [79]; Alf, in: RGRK, 12. Aufl., § 278 Rn. 18; Hanau, in: MünchKommBGB, Grundmann, § 278 Rn. 6; Palandt/Heinrichs, BGB, 44. Aufl., § 278 Anm. 4b). Dementsprechend hat auch der BGH in ständiger Rechtsprechung § 278 BGB auf derartige Fälle angewandt.“*

91 Vgl. BGH Urteil vom 03.07.1985 – VIII ZR 102/84 = BGHZ 95, 170 = WM 1985, 906 = NJW 1985, 2258 = ZIP 1985, 935: *„…Insbesondere hat er [Anm.: der BGH] im Bereich des finanzierten Abzahlungskaufs die Finanzierungsbank für haftbar erklärt, wenn der mit ihrem Willen (auch) den Darlehensvertrag vorbereitende Verkäufer schuldhaft vorvertragliche Pflichten gegenüber dem Darlehensnehmer (Käufer) verletzt hatte (BGHZ 33, 293, 299; 40, 65, 69; BGH, NJW 1980, 2301 unter III 3 m.w. Nachw.).“*

92 Beckmann, Finanzierungsleasing, § 3, Rn. 121.

93 BGH NJW-RR 2005, 634.

94 Palandt/Grüneberg, § 242, Rn. 37.

Im Rahmen des vorvertraglichen Schuldverhältnisses im Sinne von § 311 Abs. 2 BGB ist jeder Vertragsteil zur Rücksicht auf die Rechte, Rechtsgüter und Interessen des Gegenübers verpflichtet. Dabei sind vor allem Wissensvorsprünge einer Partei oder ein offensichtlicher Irrtum des Vertragspartners Anlass für eine Aufklärung.[95] Jedoch hat jeder Vertragspartner den anderen Teil über Umstände zu informieren, die für ihn von Bedeutung für seine Entscheidung sein könnten, und zwar auch ohne dass dies vereinbart wurde. Dies ergibt sich aus der vertraglichen Nebenpflicht i.S.v. §§ 242, 241 Abs. 2 BGB.[96]

Um die Reichweite der vorvertraglichen Sorgfalts-, Aufklärungs- oder Hinweispflicht vor Abschluss eines Vertrages klären zu können, ist deshalb entscheidend, was der Leasinggeber als Geschäftsherr bei einem hypothetisch betrachteten eigenem Handeln an Stelle des Erfüllungsgehilfen selbst hätte erfüllen müssen.[97]

Primär werden zwischen dem Lieferanten und dem Leasingnehmer Konkretisierungen hinsichtlich des Leasinggegenstandes vorgenommen. Im Rahmen dieser Vorgespräche wird nicht nur das Leasinggut ausgewählt, die konkrete Beschaffenheit vereinbart sowie etwaige Erwerbsbedingungen des Leasinggegenstandes geklärt, sondern es werden abschließend sämtliche Konditionen des Leasinggegenstandes ausgehandelt. Zweiter Regelungskomplex und damit möglicher Gegenstand von Pflichtverletzungen ist der konkrete Inhalt des Leasingvertrages. Dies gilt insbesondere, jedoch nicht abschließend, bezüglich der Laufzeit, Kündbarkeit, Berechnung und Zahlung der Leasingraten. Vor allem im Bereich des KfZ-Leasings besteht regelmäßig besonderer Klärungsbedarf, ob ein Leasingvertrag mit Kilometerabrechnung bzw. ein solcher mit einer Restwertgarantie abgeschlossen werden sollte. Im Bezug auf die Konkretisierung des Leasinggegenstandes hat der Bundesgerichtshof festgestellt, dass den Lieferanten eine spezifische Beratungs-, Auskunfts- und Sorgfaltspflicht gegenüber dem interessierten Kunden und potentiellen Leasingnehmer trifft, wobei immer die Umstände des jeweiligen Sachverhalts maßgeblich sein sollen.[98]

Die Reichweite der vorvertraglichen Beratungs-, Auskunfts- und Sorgfaltspflichten lässt sich im Ergebnis folgendermaßen bestimmen:

---

95 BGH NJW 2004, 2378; 2005, 668; NJW-RR 2005, 634.

96 Martinek/Stoffels/Wimmer-Leonhardt, Handbuch des Leasingrechts, 5. Kapitel, § 10, Rn. 16, S. 166.

97 Palandt/Grüneberg, § 278, Rn. 13.

98 Vgl. BGH Urteil vom 06.06.1984 – VIII ZR 83/83 = WM 1984, 1092 = NJW 1985, 129 = ZIP 1984, 962: *„Die der Anschaffung einer EDV-Anlage vorausgehende Beratungstätigkeit begründet spezifische Sorgfaltspflichten des Hersteller/Lieferanten von Hardware und Software gegenüber dem an ihrer Einführung interessierten Kunden. Dazu tritt regelmäßig, wie auch im vorliegenden Falle von der Klägerin geltend gemacht worden ist, das Vertrauen des Laien in die Fachkunde des Herstellers."*

Hinsichtlich des Leasinggegenstandes bemisst sich die Reichweite der Aufklärungspflicht des Lieferanten nach Maßgabe der üblichen Aufklärungspflichten im Rahmen der Anbahnung eines Kaufvertrages. Aufgrund der leasingspezifischen Anbahnungssituation gelten die dort anerkannten Pflichten entsprechend. Hinsichtlich des Inhalts des Leasingvertrages stellt jede Zusage des Lieferanten, die vom Inhalt des Leasingvertrages abweicht, eine Pflichtverletzung dar. Sie sind vor allem bei unrichtigen oder unzutreffenden Aussagen über den Inhalt des Leasingvertrages, der in der Folgezeit schriftlich geschlossen wird, gegeben.

bb. Einzelne Beratungs-, Aufklärungs- und Sorgfaltspflichten

In der Leasingpraxis ergeben sich Problemkonstellationen insbesondere aus folgenden Pflichten:

(1) Pflicht zur Beratung über die Auswahl, die Eigenschaften und die Eignung der Leasingsache

Die ständige Rechtsprechung des Bundesgerichtshofes legt bei der Vertragsanbahnung insbesondere für die Auswahl, die Eigenschaften und die Eignung der Leasingsache eine grundsätzliche Beratungs- und Aufklärungspflicht fest, wenn der Lieferant als Erfüllungsgehilfe des Leasinggebers auftritt.[99] So stellte der Bundesgerichtshof

99 BGH NJW 1985, 2258; 1987, 2082; 1989, 287; 1995, 1146; NJW-RR 1988, 241; vgl. ausführlich hierzu BGH Urteil vom 06.06.1984 – VIII ZR 83/83 = WM 1984, 1092 = NJW 1984, 2938 = ZIP 1984, 962: *„Die Zuordnung von Ersatzansprüchen wegen der Verletzung von Aufklärungs- und Beratungspflichten bei der Festlegung des Objekts im Rahmen von Finanzierungsleasinggeschäften weist im Hinblick auf das Dreiecksverhältnis zwischen Hersteller/Lieferanten, Leasinggeber und Leasingnehmer Besonderheiten auf. Als typischer Lebenssachverhalt kann nach den vom erkennenden Senat gewonnenen Erfahrungen gelten, dass der Leasingnehmer die Auswahl des Leasingobjekts vornimmt und deshalb die mit der Herstellung und Beschaffung des Leasingobjekts verbundenen Verhandlungen mit dem Hersteller/Lieferanten selbst bis zur Abschlussreife führt, in diesem Zusammenhang auch die zum vorgesehenen vertragsgemäßen Gebrauch wichtigen Eigenschaften beschreibt und gegebenenfalls auf entsprechende Zusicherungen oder Garantien des Herstellers/Lieferanten hinwirkt. Als charakteristisch für das Finanzierungsleasing kann ferner gelten, dass es regelmäßig Sache des Leasinggebers ist, den Kaufvertrag über das vom Leasingnehmer ausgesuchte Objekt abzuschließen, um es diesem alsdann im Wege des Leasing zu Gebrauch und Nutzung zu überlassen. Stehen mithin dem Leasinggeber regelmäßig die Ansprüche aus dem Kaufvertrag, vornehmlich auf Erfüllung und Gewährleistung zu, so liegt es nahe, davon auszugehen, dass dies auch für vorvertragliche Ansprüche, die im Zusammenhang mit der Herstellung und Beschaffung des Leasingobjektes stehen, gilt. Allerdings ist andererseits das Zustandekommen eines Vertrages nicht Voraussetzung für Ansprüche aus Verschulden bei den Vertragsverhandlungen, so dass aus Rechtsgründen der Annahme nichts im Wege steht, derartige Ansprüche sollen dem verhandelnden Leasingnehmer selbst dann zustehen, wenn von vornherein sicher ist, dass er nicht Kaufvertragspartner wird (vgl. dazu Graf von Westphalen,*

fest, dass bei der Anschaffung einer EDV-Anlage der Hersteller/Lieferant bezüglich seiner Beratungspflicht, welche der möglichen Kombinationen von Hardware und Software der gestellten innerbetrieblichen Organisation gerecht würde, verletzt hatte.[100]

Wenn sich der Leasinggeber des Lieferanten als Erfüllungsgehilfen bedient, trifft allerdings die Pflicht, den Leasingnehmer umfassend über die Auswahl, die Eignung und die Eigenschaften der Leasingsache zu beraten nicht nur den Leasinggeber selbst, sondern auch den Lieferanten.[101] Denn solange der Lieferant aktiv die Vorverhandlungen mit dem Leasingnehmer durchführt, schafft dieser eine für den potentiellen Leasingnehmer nicht unerhebliche Vertrauensbasis. Im Unterschied dazu sind die für einen bestimmten Verwendungszweck bedeutsamen Eigenschaften der Leasingsache zu beurteilen. Denn in diesem Zusammenhang trifft den Lieferanten dann eine allgemeine Erkundigungs- und anschließende Beratungspflicht, wenn er auf Grund konkreter Anhaltspunkte Zweifel an der Eignung der Ware für die vom Leasingnehmer beabsichtigte Verwendung hat oder haben muss.[102]

(2) Pflicht zur Beratung über die Finanzierung der Leasingsache

Darüber hinaus schuldet der Leasinggeber, und folglich der als sein Erfüllungsgehilfe handelnde Lieferant, eine Beratung über die finanzierungsspezifischen Fragen des Leasingvertrages.[103] Er muss nach der Rechtsprechung des Bundesgerichtshofes den Leasingnehmer ordnungsgemäß über die Vertragslaufzeit, die Höhe der zu zahlen-

---

Der Leasingvertrag, 1979, S. 18 m.w. Nachw.). Mit Rücksicht auf eine Vielzahl von Gestaltungsmöglichkeiten, die das Finanzierungsleasing den daran Beteiligten eröffnet (vgl. dazu Bernstein, Der Tatbestand des Mobilien-Finanzierungsleasingvertrages und seine rechtliche Einordnung als Vertrag sui generis, Frankfurter Dissertation, 1983, S. 127–129, insbesondere die Nachweise unter FN 10) kommt es auf die Umstände des jeweiligen Sachverhalts an."

100 Vgl. BGH Urteil vom 06.06.1984 – VIII ZR 83/83 = WM 1984, 1092 = NJW 1984, 2938 = ZIP 1984, 962: *„Die der Anschaffung der EDV-Anlage vorausgehende Beratungstätigkeit begründet spezifische Sorgfaltspflichten des Herstellers/Lieferanten von Hardware und Software gegenüber dem an ihrer Einführung interessierten Kunden. Dazu tritt regelmäßig, wie auch im vorliegenden Falle von der Klägerin geltend gemacht worden ist, das Vertrauen des Laien in die Fachkunde des Herstellers. Die Verletzung von Sorgfaltspflichten seitens der Beklagten bei der Beratung, welche Kombination von Hardware und Software der gestellten innerbetrieblichen Organisationsaufgabe gerecht würde, hat die Klägerin schlüssig vorgetragen. Der daraus hergeleitete Ersatzanspruch wird durch Gewährleistungsansprüche wegen Sachmängeln nicht verdrängt."*

101 Martinek/Stoffels/Wimmer-Leonhardt, Handbuch des Leasingrechts, 5. Kapitel, § 10, Rn. 17 f., S. 135 f.

102 BGH NJW 1984, 2938; 2004, 2301; Gröschler, NJW 2005, 1601.

103 Allgemein zu den vorvertraglichen Aufklärungs- und Beratungspflichten siehe Martinek/Stoffels/Wimmer-Leonhardt, Handbuch des Leasingrechts, 5. Kapitel, § 10, Rn. 16, S. 134; speziell zur Beratung bei Finanzierungsfragen vgl. Beckmann, in Büschgen, Praxishandbuch Leasing, 4. Kapitel, § 7, Rn. 14, S. 162.

den Leasingraten, über ein bestehendes Rücktrittsrecht sowie ein vereinbartes Recht zum Erwerb der Leasingsache beraten. Diese Verpflichtung erhöht sich, wenn der Leasingnehmer offensichtlich eine Fehlvorstellung über die ihn aus dem Leasingvertrag treffenden Pflichten hat. Nicht geschuldet ist dagegen eine grundsätzliche Aufklärung über die allgemeinen, mit dem Leasingverhältnis gegebenenfalls zusammenhängenden, wirtschaftlichen Risiken und Gefahren, sowie über die sich aus der leasingtypischen Abtretungskonstruktion für den Leasingnehmer ergebenden Besonderheiten[104]; etwas anderes gilt jedoch beim Verbraucherleasing über §§ 506 Abs. 1, 491a BGB.[105] Zudem bedarf es, soweit nicht eine Fehlvorstellung erkennbar ist, keiner Aufklärung über die einzelnen Leasingvarianten. Dies hat der Bundesgerichtshof in seiner Rechtsprechung deutlich klargestellt.[106]

3. Arglistige Täuschung des Leasingnehmers durch den Lieferanten

Da der Lieferant nicht Dritter im Sinne von § 123 Abs. 2 BGB ist, muss sich der Leasinggeber ein arglistiges Verhalten zurechnen lassen.

---

104 BGH Urteil vom 11.03.1987 – VIII ZR 215/86 = NJW 1987, 2082.

105 Insofern wird auf Kapitel D. IX. verwiesen.

106 Vgl. BGH Urteil vom 11.03.1987 – VIII ZR 215/86 = NJW 1987, 2082: *„...Die Erstbekl. sei bei Eintritt in den Leasingvertrag davon ausgegangen, damit werde ihr Eigentumserwerb aufgrund des Kaufvertrages mit B. finanziert. Obwohl die Bekl. nicht nachzuweisen vermocht hätten, dass die Leasinggeberin Kenntnis von diesem Kaufvertrag gehabt habe, sei die Leasinggeberin verpflichtet gewesen, die Erstbekl. über den Inhalt des Leasingvertrages und dessen Folgen aufzuklären. Die „einfach strukturierte" Erstbekl. sei, was die Leasinggeberin gewusst habe, Taxifahrerin gewesen. Von dieser habe die Leasinggeberin nicht die Kenntnis erwarten können, was ein Leasingvertrag sei und wozu er diene. Die Lauterkeit des Geschäftsverkehrs habe es daher erfordert, die Erstbekl. zu „befragen" und gegebenenfalls darüber aufzuklären, welche wirtschaftliche Bewandtnis es mit dem – für sie äußerst ungünstigen und erkennbar nicht zu durchschauenden – Vertrag habe. Eine solche Aufklärung habe die Leasinggeberin schuldhaft unterlassen..."*
„Auch diese Ausführungen sind vom Rechtsirrtum beeinflusst. Wer einen Vertrag schließt, muss sich grundsätzlich selbst über dessen rechtlichen und wirtschaftlichen Gehalt informieren.
Eine Pflicht des Leasinggebers, seinen Vertragspartner ungefragt über den Inhalt und die wirtschaftlichen Folgen des Leasingvertrages aufzuklären, besteht daher unter dem Gesichtspunkt des Vertrauensschutzes bei Vertragsverhandlungen im Allgemeinen nicht. Eine Aufklärungspflicht lässt sich nur aus besonderen Gründen anhand der Umstände des Einzelfalles feststellen (vgl. BGH, NJW 1984, 2289 = LM § 459 BGB Nr. 7 = WM 1984, 815 [817]). Hier könnte sie allenfalls bejaht werden, wenn die Leasinggeberin davon ausgehen musste, dass die Erstbekl. sich falsche Vorstellungen über Art, Inhalt und Bedeutung des Vertrages bzw. einzelner Vertragspunkte machte und dass diese Vorstellungen für ihre Entscheidungen über den Abschluss des Vertrages maßgeblich waren. Dass derartige unrichtige Vorstellungen der Erstbekl. für die Leasinggeberin erkennbar geworden seien, ist indessen weder dem Parteivorbringen zu entnehmen noch vom BerGer. festgestellt."

Der Leasinggeber muss sich nicht nur die schuldhafte Verletzung von Sorgfaltspflichten des Lieferanten im Sinne von § 241 Abs. 2 BGB gemäß § 278 BGB zurechnen lassen, sondern auch eine etwaige vom Lieferanten gegenüber dem Leasingnehmer vorgenommene arglistige Täuschung.[107]

Nach Ansicht der Rechtsprechung des Bundesgerichtshofes kann der Leasinggeber der Zurechnung des arglistigen Verhaltens des Lieferanten nicht durch den Einwand entgehen, der Lieferant sei Dritter im Sinne des § 123 Abs. 2 BGB.[108] Ob eine Person „Dritter" i.S.d. § 123 Abs. 2 BGB ist, bestimmt sich nach dem Bundesgerichtshof anhand einer Einzelfallprüfung unter Würdigung der Gesamtumstände und der Interessenlage.[109] Ist der Lieferant mit den Vorbereitungen des Leasingvertrages betraut und damit Erfüllungsgehilfe des Leasinggebers, ist eine Stellung des Lieferanten als „Dritter" zu verneinen.[110]

---

107 Palandt/Ellenberger, § 123, Rn. 14; BGH Urteil vom 28.09.1988 – VIII ZR 160/87 = WM 1988, 1669 = NJW 1989, 287, ZIP 1989, 1578: *„Die von der Lieferantin verübte arglistige Täuschung muss sich die Klägerin (Leasinggeberin) zurechnen lassen (§ 123 Abs. 2 BGB)."*

108 BGH Urteil vom 28.09.1988 – VIII ZR 160/87 = WM 1988, 1669 = NJW 1989, 287, ZIP 1989, 1578: *„Der Lieferant, der mit Wissen und Wollen des Leasinggebers einen Finanzierungsleasingvertrag in Vorverhandlungen vorbereitet und dabei den Leasingnehmer über den Vertragsinhalt arglistig täuscht, ist nicht Dritter i.S. von § 123 Abs. 2 BGB".*
Zu den Gesamtumständen des Einzelfalls führte der BGH an gleicher Stelle aus: *„Der Lieferant, der in der hier festgestellten Weise mit Wissen und Wollen des Leasinggebers die Vorverhandlungen über den Abschluss des Leasingvertrages führt und aufgrund des ihm zur Verfügung gestellten Materials die Höhe der Leasingraten für die vorgesehene Laufzeit errechnet sowie gegebenenfalls andere Modalitäten bespricht und aushandelt, ist nach der Rechtsprechung des Bundesgerichtshofs im Rahmen der im Verhandlungsstadium entstehenden Sorgfalts- und Aufklärungspflichten Erfüllungsgehilfe des Leasinggebers."*

109 BGH Urteil vom 28.09.1988 – VIII ZR 160/87 = WM 1988, 1669 = NJW 1989, 287, ZIP 1989, 1578: *„Die von der Lieferantin verübte arglistige Täuschung muss sich die Klägerin (Leasinggeberin) zurechnen lassen (§ 123 Abs. 2 BGB)."*

110 Zu diesem konkreten Konstellation führte der BGH an gleicher Stelle in BGH Urteil vom 28.09.1988 – VIII ZR 160/87 = WM 1988, 1669 = NJW 1989, 287, ZIP 1989, 1578 aus: *„Der Lieferant, der in der hier festgestellten Weise mit Wissen und Wollen des Leasinggebers die Vorverhandlungen über den Abschluss des Leasingvertrages führt und aufgrund des ihm zur Verfügung gestellten Materials die Höhe der Leasingraten für die vorgesehene Laufzeit errechnet sowie gegebenenfalls andere Modalitäten bespricht und aushandelt, ist nach der Rechtsprechung des Bundesgerichtshofs im Rahmen der im Verhandlungsstadium entstehenden Sorgfalts- und Aufklärungspflichten Erfüllungsgehilfe des Leasinggebers; dieser haftet gegenüber dem Leasinggeber nach § 278 BGB, wenn der Lieferant diese Pflichten schuldhaft verletzt (Senatsurteil vom 3. Juli 1985 – VIII ZR 102/84 = BGHZ 95, 170, 177 ff. für vergleichbare Sachverhalte vgl. ferner das oben zitierte Senatsurteil vom 26. September 1962 und das Urteil in BGHZ 47, 224 ff. m.w.N.). Die Voraussetzungen, die an eine derartige Erfüllungsgehilfenstellung und die Verantwortlichkeit des Vertragspartners für eine Haftung aus Verschulden bei Vertragsschluss gestellt werden, entsprechen in einem Fall wie dem vorliegenden denen, die nach § 123 Abs. 2 BGB für die Annahme einer „Vertrauensperson" oder eines „Repräsentanten" erforderlich sind (Senatsurteil vom 26. September 1962 a.a.O.; BGH, Urteil vom 17. April 1986 – III ZR 246/84 = WM 1986, 1032 unter II 3 b). Da diese*

IV. Ausschluss der Haftung des Leasinggebers für das Verhalten des Lieferanten

Aufgrund der umfassenden Haftung des Leasinggebers für das Verhalten des Lieferanten als seinen Erfüllungsgehilfen besteht in der Praxis das nachvollziehbare Interesse des Leasinggebers, die Haftung für das Lieferantenverhalten auszuschließen.[111] Der Bundesgerichtshof beschränkt mit seiner Rechtsprechung aber insbesondere die Zulässigkeit eines Haftungsausschlusses in formularvertraglichen Vereinbarungen, da es sich hierbei um die Verletzung der Kardinalpflichten aus dem Leasingvertrag handelt.[112] Aber auch die einzelnen Klauselverbote des § 309 Nr. 7 BGB blockieren einen vollumfänglichen Ausschluss der Haftung für durch den Erfüllungsgehilfen verursachte Schäden aus der Verletzung des Lebens, des Körpers oder der Gesundheit (§ 309 Nr. 7 lit. a) BGB) und den Ausschluss und die Begrenzung der Haftung für sonstige Schäden aus einer vorsätzlichen oder grob fahrlässigen Pflichtverletzung des Erfüllungsgehilfen (§ 309 Nr. 7 lit. b) BGB). Dies gilt selbst im unternehmerischen Rechtsverkehr, §§ 310 Abs. 1, 307 BGB.[113] Dies führt zu folgenden Grundsätzen:

Der Leasinggeber kann mittels AGB eine Haftungsbeschränkung für das Verhalten des Lieferanten/Herstellers über die gesetzlichen Vorgaben hinaus nicht erreichen.

Ein Haftungsausschluss für das Verhalten des Lieferanten vor Vertragsausschluss scheitert bereits daran, dass die Klausel in den AGB des Leasingvertrages erst nach Entstehung des Anspruchs vereinbart wird und nur für die Zukunft wirkt.

Da die Gebrauchsüberlassung Haupt- und damit Kardinalpflicht des Leasinggebers im Sinne des § 535 Abs. 1 BGB ist, kann er die Haftung für den Lieferanten nicht modifizieren, da andernfalls der Vertragszweck des Leasingvertrages gefährdet würde.[114]

Die vollständige Freizeichnung des Leasinggebers von der Haftung für das Verschulden des Lieferanten als Erfüllungsgehilfen innerhalb einer formularvertraglichen Vereinbarung ist gegenüber einem Verbraucher unwirksam, § 309 Nr. 7 BGB.[115]

Voraussetzungen hier ersichtlich vorliegen, gilt die Lieferantin auch nicht als „Dritte“ nach § 123 Abs. 2 BGB; die Klägerin muss die von der Beklagten erklärte Anfechtung gegen sich gelten lassen.“

111 Vgl. umfassend zu den einzelnen Gestaltungsvarianten: Kapitel E. III. 2. a.

112 BGH Urteil vom 03.07.1985 – VIII ZR 102/94 = BGHZ 95, 170 = WM 1985, 860 = NJW 1989, 2253 = ZIP 1985, 868: *„Eine Klausel in den Allgemeinen Geschäftsbedingungen eines Leasinggebers, durch die seine Haftung für Dritte, insbesondere für den Lieferanten, ohne jede Einschränkung ausgeschlossen werden soll, ist auch im kaufmännischen Verkehr unwirksam.“*; vgl. auch Staudinger, Leasing, Rn. 169.

113 MüKoBGB/Koch, Bd. 3, Finanzierungsleasing, Rn. 48.

114 Palandt/Grüneberg, § 309, Rn. 55.

115 Staudinger, Leasing, Rn 169.

Die Freizeichnung des Leasinggebers von der Haftung für das Verschulden des Lieferanten als Erfüllungsgehilfen in seinen AGB ist auch im unternehmerischen Verkehr unwirksam, da sie eine unangemessene Benachteiligung im Sinne von § 307 Abs. 2 Nr. 2 BGB darstellt und einer Inhaltskontrolle somit nicht standhalten kann.

Eine Haftungsbeschränkung für das Verhalten des Lieferanten während der Vertragsdurchführung ist mangels Gehilfenstellung nicht erforderlich.

C. Vertragsabschluss sowie Rechte und Pflichten des Liefer- und Leasingvertrages

Im folgenden Kapitel werden in der Praxis typisch auftretende Problemfelder im Rahmen des Vertragsschlusses sowie leasingspezifische Rechte und Pflichten aus Liefer- und Leasingvertrag dargestellt.

I. Probleme beim Abschluss des Leasingvertrages

1. Bindungs- und Annahmefristen

Von besonderer Bedeutung sind beim Abschluss des Leasingvertrages die Bindungs- und Annahmefristen, da der Leasingnehmer aufgrund der leasingtypischen Anbahnungssituation das Leasingvertragsangebot beim Lieferant abgibt und dieses sodann an den Leasinggeber übersandt wird, der vor Gegenzeichnung die Bonität des künftigen Leasingnehmers überprüft. Durch dieses Prozedere kommt es zu Verzögerungen zwischen Angebot und Annahme, weshalb die Annahmefristen von den Leasinggebern oftmals in den AGBs verlängert bzw. vorgegeben werden, was im Widerspruch zu § 147 BGB steht, der die Obliegenheit zur sofortigen Annahme vorgibt.

Typische Klauseln hierzu lauten:

> „Der Leasingnehmer bietet dem Leasinggeber den Abschluss eines Leasingvertrages an. An diesen Antrag ist er vier Wochen, bei Nutzfahrzeugen sechs Wochen, gebunden. Bei Vorführ- und Gebrauchtfahrzeugen beträgt die Frist zehn Tage.
> Der Leasingvertrag kommt zu Stande, wenn der LG den Antrag schriftlich annimmt oder der LN das Fahrzeug übernimmt. Dies gilt nicht, wenn dem LN als Verbraucher ein Widerrufsrecht zusteht und er dieses ausübt."

Die wichtigsten Grundsätze lauten:

Die Angemessenheit von Annahme- und Bindungsfristen ist anhand des Inhalts und der wirtschaftlichen Bedeutung des Vertrages unter Berücksichtigung der beiderseitigen Interessen und der Verkehrsanschauung im Einzelfall zu beurteilen.
Annahme- und Bindungsfristen von vier bis sechs Wochen beim Leasing von Neufahrzeugen und von zehn Tagen bis zu zwei Wochen bei Gebrauchtfahrzeugen sind nach der Rechtsprechung nicht zu beanstanden.
Wird in zulässiger Weise eine Annahme- und Bindungsfrist formularvertraglich vereinbart, so beginnt diese mit Zugang des Angebots des Leasingnehmers beim Leasinggeber.
Ist die vereinbarte Annahme und Bindungsfrist unangemessen lang, tritt an ihre Stelle die gesetzliche Regelung des § 147 Abs. 2 BGB. Abzustellen ist sodann auf die regelmäßigen Umstände des Einzelfalles.

---

a. Zulässige formularvertragliche Vereinbarung von Bindungs- und Annahmefristen

Wie zuvor dargestellt, sehen Leasingvertragsformulare[1] regelmäßig vor, dass der Leasingnehmer durch die Unterschrift unter den vorformulierten Vertragstext den Abschluss eines Leasingvertrags beantragt und der Leasingvertrag mit der rechtzeitigen Annahme durch den Leasinggeber zustande kommt, §§ 145 ff. BGB. In der Praxis werden – vor allem beim Kraftfahrzeugleasing – typischerweise Klauseln verwendet, die eine Frist bestimmen, innerhalb derer der Leasingnehmer an sein Angebot zum Abschluss des Leasingvertrages für eine bestimmte Zeit gebunden bleibt.[2] Eine solche Klausel kann wie folgt lauten:

> „Der Leasingnehmer ist an seinen Antrag für einen Zeitraum von einem Monat nach Zugang beim Leasinggeber gebunden."

Werden zwischen dem Leasingnehmer und dem Leasinggeber Annahmefristen vereinbart, so sind diese, wenn der Leasingnehmer Verbraucher ist, nach § 308 Nr. 1 BGB auf ihre Wirksamkeit hin zu überprüfen. Ist der Leasingnehmer Unternehmer, so erfolgt eine Überprüfung nach § 307 Abs. 2 Nr. 1 BGB.[3] Eine Klausel, die eine Bestimmung enthält, nach der sich der Verwender unangemessen lange oder nicht hinreichend bestimmte Fristen für die Annahme oder Ablehnung des Angebots vorbehält, ist nach § 308 Nr. 1 BGB unwirksam. Das Klauselverbot findet nur dann Anwendung, wenn der Verwender die Frist in der Rolle des Antragsempfängers gesetzt hat.[4] Ist der Verwender der Fristbestimmung selbst der Antragende, findet § 308 Nr. 1 BGB keine Anwendung.[5] Teilweise wird im Schrifttum angenommen, dass eine Annahmefrist von einem Monat stets angemessen ist.[6] Die Rechtspraxis ist hierzu nicht einheitlich. Es können folgende Grundsätze festgehalten werden:

Die Angemessenheit von Annahme- und Bindungsfristen ist anhand des Inhalts und der wirtschaftlichen Bedeutung des Vertrages unter Berücksichtigung der beiderseitigen Interessen und der Verkehrsanschauung im Einzelfall zu beurteilen.[7] Maßgeblich ist, dass der Antragende nach dem Schutzweck des § 308 Nr. 1 BGB an sein Angebot nur so lange gebunden werden darf, wie es die Sachumstände tatsächlich erfordern.

Unter Berücksichtigung der Postlaufzeit ist eine Zeitspanne von sieben Tagen jedenfalls angemessen.

---

1 Vgl. hierzu auch die Vereinbarung eines Liefertermins mittels Allgemeiner Geschäftsbedingungen in Kapitel E. II. 2. b.

2 Graf von Westphalen, Der Leasingvertrag, Kap. C, Rn. 29 ff., S. 168 ff.; Beckmann, Finanzierungsleasing, § 13, Rn. 10; Martinek/Stoffels/Wimmer-Leonhardt, Handbuch des Leasingrechts, 3. Kapitel, § 5, Rn. 13, S. 63.

3 Staudinger, Leasing, Rn. 100.

4 Palandt/Grüneberg, § 308, Rn. 2, 3.

5 Palandt/Grüneberg, § 308, Rn. 3.

6 Staudinger, Leasing, Rn. 100.

7 Palandt/Grüneberg, § 308, Rn. 4.

Es sind die Interessen des Leasinggebers gegen die Interessen des Leasingnehmers unter Berücksichtigung der leasingtypischen Vertragsmerkmale gegeneinander abzuwägen und die Länge der Annahme- und Bindungsfrist anhand der gesetzlichen Bestimmung des § 147 BGB zu bewerten.[8] Eine Standardisierung verbietet sich, da die Leasinggegenstände zu verschieden für eine Gesamtschau sind. So ist die Bestellung eines Massenproduktes nicht mit einer speziellen Anfertigung vergleichbar, für die es vorab noch nicht absehbare Unwägbarkeiten gibt. Dennoch wird vom Bundesgerichtshof und Teilen der Literatur eine Frist von einem Monat gegenüber Verbrauchern generell als wirksam angesehen, wohingegen eine längere Frist gegen § 308 Nr. 1 BGB verstoßen soll.[9]

b. Rechtsprechung des Bundesgerichtshofs zur Länge von Annahme- und Bindungsfristen bei Kraftfahrzeugen

Insbesondere im Kraftfahrzeugleasing wird in den Klauseln der Leasingverträge üblicherweise eine Annahme- und Bindungsfrist von vier bis sechs Wochen beim Leasing von Neufahrzeugen und bei Gebrauchtfahrzeugen von zehn Tagen bis zu zwei Wochen vereinbart.[10]

Aufgrund der Schnelllebigkeit des Wirtschaftslebens und aufgrund der rasanten Entwicklung moderner Kommunikationstechniken werden die Stimmen immer lauter, die Annahmefristen von vier bis sechs Wochen als unangemessen lang ansehen.[11]

aa. Annahme- und Bindungsfristen bei Neufahrzeugen

Insbesondere bei Neufahrzeugen ist die Zulässigkeit von Annahme- und Bindungsfristen problematisch.

(1) 4-Wochen-Frist des Bundesgerichtshofes

Unter Berücksichtigung der verständlichen Einwände gegen den äußerst langen Zeitraum der üblicherweise formularvertraglich vereinbarten Annahme- und Bindungsfristen ist der Bundesgerichtshof der Auffassung, dass trotz des Einsatzes moderner

8 Graf von Westphalen, Der Leasingvertrag, 5. Auflage, Rn. 223 m.w.N.

9 Graf von Westphalen, Der Leasingvertrag, Kap. C, Rn. 30 f., S. 168 f.

10 Kroiß/Reinking/Koyka, Klauselbuch Schuldrecht, § 14, Rn. 19; Reinking, Der Autokauf, Rn. L 266 ff.; Engel, Handbuch Kfz-Leasing, § 4, Rn. 3.

11 Kroiß/Reinking/Koyka, Klauselbuch Schuldrecht, § 14, Rn. 19; Reinking, Der Autokauf, Rn. L 66 ff.; Mehnle DAR 1990, 175; OLG Frankfurt/M. NJW-RR 1998, 566; LG Lüneburg NJW-RR 2002, 564.

Technik in den meisten Fällen ein Zeitraum bis zu vier Wochen angemessen ist.[12] Ausführlich nahm der Bundesgerichtshof zur Angemessenheit der Länge der Annahme- und Bindungsfrist Stellung und führte aus, dass die Bindungsfrist trotz erheblicher Überschreitung der gesetzlichen Annahmefrist des § 147 Abs. 2 BGB durch eine Reihe organisatorischer Maßnahmen, welche die ordnungsgemäße Bearbeitung der Bestellung von neuen Kraftfahrzeugen erfahrungsgemäß mit sich bringe, gerechtfertigt sei.[13]

---

12 Vgl. BGH Urteil vom 13.12.1989 – VIII ZR 94/89 = NJW 1990, 1784 = DAR 1990, 95: *„Die in den Neuwagen-Verkaufsbedingungen enthaltene vierwöchige Bindungsfrist des Käufers ist nicht unangemessen lang i.S. von § 10 Nr. 1 AGB-Gesetz"*.

13 Vgl. BGH Urteil vom 13.12.1989 – VIII ZR 94/89 = NJW 1990, 1784 = DAR 1990, 95: *„Ist die Annahmefrist wesentlich länger als die in § 147 II BGB umschriebene, übersteigt sie also den Zeitraum erheblich, der für die Übermittlung der Erklärungen notwendig ist und eine angemessene Bearbeitungs- und Überlegungsfrist einschließt, so ist diese Fristbestimmung nur dann wirksam, wenn der Verwender daran ein schutzwürdiges Interesse hat, hinter dem das Interesse des Kunden am baldigen Wegfall seiner Bindung zurückstehen muss (BGH, NJW 1986, 1807 [1808 unter III 2] = LM § 4 AGBG Nr. 5 = WM 1986, 577 [579] m.w. Nachw.; BGH, NJW 1988, 2106 [2107 unter II 2] = WM 1988, 607 [609] = BGHR, AGBG § 10 Nr. 1 Darlehensvertrag 1). Es mag sein, dass, wie das BerGer. annimmt, die formularmäßig ausbedungene vierwöchige Bindungsfrist des Bekl. als Käufer des Wohnmobils die gesetzliche Annahmefrist des § 147 II BGB nicht unerheblich übersteigt. Diese Fristüberschreitung ist jedoch entgegen der Ansicht der Vorinstanz, die auch in Teilen des Schrifttums und der Rechtsprechung vertreten wird (vgl. Palandt/Heinrichs, BGB, 48. Aufl., § 10 AGB-Gesetz Anm. 1b aa mit Hinw. auf LG Hamburg, NJW 1988, 1150; Erman-Hefermehl, 8. Aufl., § 10 Nr. 1 AGB-Gesetz, Rdnr. 5; Hensen, in: Ulmer-Brandner-Hensen, AGB-Gesetz 5. Aufl., Anh. § 9 bis 11 Rdnr. 438; Reinking, Der Autokauf, 3. Aufl., Rdnr. 10), durch eine Reihe organisatorischer Maßnahmen gerechtfertigt, die die ordnungsgemäße Bearbeitung der Bestellung von neuen Kraftfahrzeugen erfahrungsgemäß mit sich bringt. Da die bestellten Neuwagen im Regelfall nicht vorrätig sind, sondern im Zuge längerfristiger Planungen des Herstellers produziert werden, muss der Kraftfahrzeughändler durch Rückfrage bei diesem feststellen, ob das Fahrzeug in der gewünschten Ausstattung und vor allem in der gewünschten Zeit geliefert werden kann. So war es auch hier. Der Kl. musste die Bestellung an die Herstellerin, die Firma E, weiterleiten und deren Bestätigung abwarten, ob das Fahrzeug in der gewünschten Ausstattung und zum gewünschten Termin geliefert werden konnte. Darüber können durchaus zwei Wochen vergehen. Hinzu kommt die Zeit zur abschließenden Klärung der Finanzierung des Kaufpreises, die der Kraftfahrzeughändler regelmäßig „mitliefern" muss, sowie der Verwertbarkeit eines in Zahlung gegebenen Gebrauchtfahrzeugs und, bei Abzahlungsgeschäften, die Prüfung der Kreditwürdigkeit des Käufers. Um eine sorgfältige ohne Zeitdruck erfolgende Bearbeitung des Antrags des Kraftfahrzeugkäufers sicherzustellen, ist daher grundsätzlich ein berechtigtes Interesse des Verkäufers an einer vierwöchigen Bindungsfrist des Käufers anzuerkennen. Die schutzwürdigen Interessen des Käufers werden dadurch nicht unangemessen beeinträchtigt. Dieser kann zwar während der Dauer der Bindungsfrist von anderen, eventuell günstigeren Angeboten keinen Gebrauch machen. Im Regelfall wird der Käufer jedoch, bevor er sich zu einer festen Bestellung entschließt, Verhandlungen mit mehreren Kraftfahrzeughändlern führen und das Fahrzeug bei dem Händler bestellen, der ihm die günstigsten Bedingungen einräumt. Da der Preis für Neuwagen ab Werk von den Herstellern längerfristig „empfohlen" wird, ist der Käufer der Gefahr von Preisschwankungen zu seinen Ungunsten während der vierwöchigen Bindung nicht ausgesetzt."*

(2) Kritik und eigene Stellungnahme an der Rechtsprechung des Bundesgerichtshofes

Es wird eingewandt, dass die Argumentation des Bundesgerichtshofes in seiner fast zwanzig Jahre alten Rechtsprechung durch die technische Entwicklung und den immer rasanter voranschreitenden technischen Fortschritt auf dem Kommunikationssektor inzwischen überholt sei.[14] Als Mittel der Kommunikation zwischen Hersteller und Händler stehen E-Mail, Telefon und Telefax zur Verfügung, so dass u.a. lange Postlaufzeiten für die Prüfung der Lieferbarkeit des Neufahrzeuges entfallen. Bei der Bewertung, ob eine Frist zur Annahme oder Ablehnung eines Angebots angemessen oder unangemessen lang ist, muss von dem Grundsatz ausgegangen werden, dass der Antragende nach dem Schutzweck von § 308 Nr. 1 BGB an sein Angebot nur so lange gebunden werden darf, wie es die Sachumstände heutzutage tatsächlich erfordern.[15] Im Interesse des Kunden sollte ein längerer Schwebezustand vermieden werden. Weder organisatorische Maßnahmen für die Bearbeitung der Bestellung noch Besonderheiten im Neuwagenhandel rechtfertigen eine standardisierte Bindungsfrist von vier Wochen. Aufgrund der modernen Kommunikationsmittel können auch Auskünfte über die Bonität des Leasingnehmers binnen kurzer Zeit eingeholt werden, so dass der vor einigen Jahren noch zu recht zu berücksichtigende Zeitaufwand erheblich minimiert wurde.[16] Weiterhin ist zu beachten, dass der Bundesgerichtshof in seiner Rechtsprechung zur Beurteilung der Länge einer angemessenen Annahme- und Bindungsfrist nicht berücksichtigte, dass in der Praxis in den Klauseln nicht danach unterschieden wird, ob das Neufahrzeug vorrätig ist oder erst produziert werden muss. Die vorgenommene Pauschalierung erscheint auch deshalb bedenklich. Klar zu stellen ist jedoch, dass unter pragmatischen Gesichtspunkten die Rechtsprechung des Bundesgerichtshofes nachvollziehbar ist, da eine Einzelfallprüfung zu einer nicht unerheblichen Rechtsunsicherheit für Leasinggeber und Leasingnehmer führen würde, ob der Leasingvertrag noch zu Stande gekommen ist. Eben diese Rechtsunsicherheit soll jedoch durch die Regelungen in den AGB vermieden werden.

bb. Annahme- und Bindungsfristen bei Gebrauchtfahrzeugen

Ebenso existieren Annahme- und Bindungsfristen bei Leasinggeschäften über Gebrauchtfahrzeuge, wobei dort der Besteller höchstens zehn Tage, bei Nutzfahrzeugen bis zu zwei Wochen, an sein Angebot gebunden sein soll.[17] Von der Instanz-

---

14 Kroiß/Reinking/Koyka, Klauselbuch Schuldrecht, § 14, Rn. 21; Reinking, Der Autokauf, Rn. L 266 ff.

15 Reinking, Der Autokauf, Rn. L 266 ff.

16 Reinking, Der Autokauf, Rn. L 266 ff.

17 Kroiß/Reinking/Koyka, Klauselbuch Schuldrecht, § 14, Rn. 19; Engel, Handbuch Kfz-Leasing, § 4, Rn. 3.

rechtsprechung wurde eine Frist von vier Wochen beim Gebrauchtwagenkauf als unangemessen im Sinne von § 308 Nr. 1 BGB angesehen.[18] Im Bereich des Leasing von Gebrauchtfahrzeugen sind aber durch den Einsatz moderner Kommunikationsmittel, durch die Optimierung der Prozessabläufe in den Autohäusern und unter Berücksichtigung des allgemeinen Wandels im Einkaufsverhalten der Verbraucher die eben dargestellten Beurteilungsmaßstäbe fragwürdig geworden. Mittlerweile ist in der Leasingpraxis eine Herabsetzung der Annahmefrist von 14 auf höchstens zehn Tage erfolgt. Allerdings soll nach Ansicht von Teilen der Rechtsprechung selbst diese reduzierte Frist von zehn Tagen nicht für jede Fallgestaltung wirksam sein, so z.B. in den Fällen, in denen das Fahrzeug vorrätig ist und eine Barzahlung ohne Inzahlungnahme vertraglich vereinbart wurde.[19] Dieser Ansicht ist zuzustimmen, da ein Autohaus in der Praxis nicht mehr als drei Arbeitstage benötigt, um die Bestellung durch die Geschäftsleitung zu prüfen und zu bearbeiten. In diesem Zeitraum lassen sich auch Fragen der Garantieübernahme und der heutzutage übliche Zustandsbericht erledigen. Etwaige Umbauarbeiten, Nachrüstungen, TÜV und AU sind dabei nicht einzurechnen, denn sie können im Anschluss an die schriftliche Bestätigung ausgeführt werden. Gleiches gilt für die Zulassung bzw. Ummeldung.

Unter Berücksichtigung der Postlaufzeit erscheint eine Zeitspanne von sieben Tagen jedenfalls angemessen.

Prozessual dürfte im Wege des Grundsatz- Ausnahmeprinzips grundsätzlich von einer Angemessenheit der Frist von 2 Wochen auszugehen sein, was der Leasingnehmer im Einzelfall gegebenenfalls widerlegen kann.

c. Rechtsfolgen einer zulässigen Annahme- und Bindungsfrist

Wird in zulässiger Weise eine Annahme- und Bindungsfrist formularvertraglich vereinbart, so beginnt diese mit Zugang des Angebots des Leasingnehmers beim Leasinggeber.

Die Frist wird nicht bereits mit der Absendung des Leasingantrags des Leasingnehmers an den Lieferanten in Gang gesetzt.[20] Da oftmals zusätzlich vereinbart wird, dass die Annahme des Antrags schriftlich durch den Leasinggeber bestätigt oder das Leasingfahrzeug an den Leasingnehmer übergeben werden muss, ist der Vertragsschluss darüber hinaus an die Erfüllung dieser Voraussetzungen gebunden.

---

18 LG Berlin Urteil vom 06.03.1987 = VuR 1988, 50; LG Wuppertal Urteil vom 7.3.1995 – 16 S 173/94.

19 LG Bremen Urteil vom 09.09.2003 = NJW 2004, 1050; ebenso Graf von Westphalen NJW 2004, 1993.

20 Reinking, Der Autokauf, Rn. L 266 ff. mit Verweis auf OLG Rostock OLGR 2000, 2.

Dabei ist zu beachten, dass im unternehmerischen Geschäftsverkehr die schriftliche Annahmeerklärung des Leasinggebers kein kaufmännisches Bestätigungsschreiben darstellt.[21] Erklärt der Leasingnehmer, dass er auf den Zugang der Annahmeerklärung des Leasinggebers verzichtet, so kommt der Vertrag bereits mit der Annahme des Leasinggebers innerhalb der vereinbarten Frist zustande.[22] Ein solcher Verzicht ist nach überwiegender Auffassung in der Rechtsprechung zulässig, wenn sich der Leasinggeber verpflichtet, den Leasingnehmer unverzüglich über eine Ablehnung der Annahme zu unterrichten.[23] Gegen Klauseln, die den Beginn der Bindungsfrist für den Leasingvertrag an die vollständige Vorlage der zur Prüfung des Leasingangebotes erforderlichen Unterlagen knüpfen, bestehen keine Wirksamkeitsbedenken.[24] Es ist notwendig, die Vertragsrisiken durch den Leasinggeber prüfen zu lassen. Zudem hat es der Leasingnehmer selbst in der Hand, den Abschluss des Leasingvertrages durch die Vorlage der Unterlagen einzuleiten. Jedoch kann diese den Fristbeginn hinausschiebende Klausel nicht zu einer Verlängerung der Bindungs- und Annahmefristen führen.[25] Ist die Annahme- und Bindungsfrist bereits fruchtlos verstrichen, so erlischt das Angebot des Leasingnehmers und die verfristete Annahmeerklärung des Leasinggebers stellt ein neues Angebot auf Abschluss des Leasingvertrages dar, § 150 Abs. 1 BGB.[26] Nimmt der Leasingnehmer daraufhin die Leistungen des Leasinggebers in Anspruch, so gilt dies als konkludente Annahme.[27]

d. Rechtsfolgen einer unzulässigen Annahme- und Bindungsfrist

Ist die Annahmefrist unangemessen lang – was nach Ansicht der Instanzrechtsprechung bei einer Annahmefrist von 2 Monaten jedenfalls der Fall sein soll[28] – und damit nach § 308 Nr. 1 bzw. § 307 BGB unwirksam, so tritt an ihre Stelle die gesetzliche

21 OLG Köln VersR 1996, 718; Staudinger, Leasing, Rn. 100; OLG Hamm NJW-RR 1986, 927, 928; OLG Düsseldorf ZMR 2002, 35; NJW-RR 2003, 126.

22 Reinking, Der Autokauf, Rn. L 266 ff. mit Verweis auf OLG Rostock OLGR 2000, 2.

23 OLG Düsseldorf Urteil vom 30.04.2002 – 24 U 154/01 = NJW-RR 2003, 126.

24 Martinek/Stoffels/Wimmer-Leonhardt, Handbuch des Leasingrechts, 3. Kapitel, § 5, Rn. 13, S. 63.

25 Martinek/Stoffels/Wimmer-Leonhardt, Handbuch des Leasingrechts, 3. Kapitel, § 5, Rn. 13, S. 63.

26 Reinking, Der Autokauf, Rn. L 266 ff.

27 Vgl. BGH Urteil vom 08.03.1995 – VIII ZR 313/93 = WM 1995, 935 = NJW 1995, 1541: *„Rechtlich einwandfrei (...) ist das BerGer. von einem wirksamen Vertragsschluss zwischen der Kl. und der Streithelferin ausgegangen. Zwar ist der Vertrag nicht durch die am 18.4.1990 erklärte Annahme des Angebots vom 29.12.1989 zustande gekommen. Da die Streithelferin an ihr Angebot lediglich sechs Wochen lang gebunden war, war es zur Zeit der Annahmeerklärung bereits erloschen (§§ 146, 148 BGB). Diese stellt aber ein neues Angebot dar (§ 150 I BGB), das die Streithelferin ihrerseits konkludent durch die Inanspruchnahme der Leistungen der Kl. und die – anfängliche – Erfüllung ihrer Vertragspflichten angenommen hat."*

28 OLG Hamm NJW-RR 1986, 927.

Regelung des § 147 Abs. 2 BGB. Abzustellen ist dann auf die Umstände des Einzelfalles.

2. Entscheidungsmöglichkeiten des Leasinggebers nach einem Angebot des Leasingnehmers auf Abschluss des Leasingangebots

Wie bereits dargestellt, wird der Leasingnehmer ein Angebot durch Unterschrift des späteren Leasingvertrages gegenüber dem Leasinggeber abgeben, welches durch den Lieferanten übermittelt wird. Der Leasinggeber nimmt sodann unter anderem eine Bonitätsprüfung vor, um den Abschluss des Leasingvertrages vorzubereiten. Die Reaktionsmöglichkeiten des Leasinggebers stellen sich wie folgt dar:

a. Leasinggeber lehnt das Leasinggeschäft ab

Das angestrebte Leasinggeschäft scheitert, wenn der Leasinggeber sich nach Prüfung des Sachverhalts gegen einen Vertragsschluss mit dem Leasinginteressenten entscheidet.[29] In diesem Fall waren die geführten Verhandlungen zwischen dem Leasinggeber und dem Leasinginteressenten Vorverhandlungen, aus denen sich keine Verpflichtungen für den Leasinginteressenten ableiten lassen.[30] Es können sich Schadensersatzansprüche des Lieferanten gegen den Leasinginteressenten aus c.i.c. gemäß §§ 311 Abs. 2, 241 Abs. 2, 280 Abs. 1 BGB ergeben; v.a. dann, wenn dieser dem Lieferanten einen sicheren Vertragsabschluss in Aussicht gestellt hat, ihn über den Wegfall seines Abschlussinteresses nicht umgehend informiert bzw. Hinderungsgründe nicht mitgeteilt hat oder von Anfang an keinen Vertragsschluss wollte.[31] Macht der Leasingnehmer aufgrund einer verbindlichen Zusage zum Abschluss des Leasingvertrages durch den Leasinggeber Aufwendungen, kommen ebenfalls Schadensersatzansprüche des Leasingnehmers gegen den Leasinggeber nach den allgemeinen Grundsätzen des Abbruchs von Vertragsverhandlungen in Betracht.[32]

Die kumulativen Voraussetzungen hierfür sind nach der Rechtsprechung des Bundesgerichtshofes stets, dass vom Vertragspartner ein besonderer Vertrauenstatbestand gesetzt wurde (z.B. eine verbindliche Vertragszusage) und die Abstandnahme vom Vertrag ohne Grund erfolgt.[33] An diesen Grund sind keine strengen Anforderungen zu stellen (z.B. fehlende Bonität), da aufgrund der Privatautonomie bis zum Ver-

---

29 Staudinger, Leasing, Rn. 101.

30 Martinek/Stoffels/Wimmer-Leonhardt, Handbuch des Leasingrechts, 3. Kapitel, § 5, Rn. 39, S. 68.

31 BGH NJW 1998, 2990; 1996, 1884.

32 Siehe hierzu allgemein: Palandt/Grüneberg, § 311, Rn. 30 ff.

33 Palandt/Grüneberg, § 311, Rn. 30.

tragsschluss eine Abstandnahme vom Vertrag in Betracht kommt.[34] Jede vernünftige Erwägung soll einen Abbruch von Vertragsverhandlungen rechtfertigen. Auch wurde vom OLG Dresden entschieden, dass ein Vertrauenstatbestand nicht anzunehmen ist, wenn die Kreditkonditionen nicht fixiert waren.[35] Für das Leasing bedeutet dies, dass Schadensersatzansprüche nicht in Betracht kommen, sofern die Leasingkonditionen noch nicht festgelegt wurden. Liegen die Voraussetzungen für einen Schadensersatzanspruch vor, umfasst dieser lediglich und abschließend diejenigen Aufwendungen, die der Vertragspartner nach der Begründung des Vertrauenstatbestandes, jedoch längstens bis zum Abbruch der Vertragsverhandlungen, getätigt hat.[36]

Beim Eintrittsmodell hat der Leasinginteressent bereits einen Liefervertrag mit dem Lieferanten geschlossen. Er schuldet dem Lieferanten die Bezahlung des Kaufpreises und die Abnahme des vereinbarten Gegenstandes selbst dann, wenn ein Leasingvertrag mit einem Leasinggeber nicht zustande kommt.[37] Es besteht jedoch die Möglichkeit, eine Haftung des Leasinginteressenten auszuschließen, indem er in den Liefervertrag eine so genannte Leasingfinanzierungsklausel aufnehmen lässt.[38] Der Liefervertrag wird dann unter der aufschiebenden oder auflösenden Bedingung des Abschlusses eines Leasingvertrages geschlossen. Verhindert der Leasinginteressent das Zustandekommen des Leasingvertrages treuwidrig, zum Beispiel wegen Auftretens der so genannten „Kaufreue", so bleibt er an den Liefervertrag gebunden, auch wenn eine Leasingfinanzierungsklausel vereinbart wurde.[39]

b. Leasinggeber stimmt dem Leasinggeschäft zu

Nimmt der Leasinggeber das Leasingangebot des Leasinginteressenten an, so kommt zwischen den Parteien mit dem Zugang der Annahmeerklärung des Leasinggebers beim Leasinginteressenten ein Leasingvertrag zustande.[40] Nach Abschluss des Leasingvertrages schließt der Leasinggeber mit dem Lieferanten/Hersteller einen Liefervertrag über das im Leasingvertrag vereinbarte Leasingobjekt. In der Praxis ist der Lieferant zur Vorleistung verpflichtet. Das bedeutet, er liefert das Leasingobjekt an den Leasingnehmer und erhält im Anschluss die Vergütung vom Leasinggeber.[41] Nimmt der Leasinggeber Änderungen oder Erweiterungen am Angebot des Leasingnehmers vor, insbesondere die Aufnahme eines Bürgen bzw. sonstiger Sicherheiten, so stellt

34 Palandt/Grüneberg, § 311, Rn. 32.
35 OLG Dresden, ZIP 2001, 604 f.
36 Palandt/Grüneberg, § 311, Rn. 30.
37 BGH, NJW-RR 1990, 1009.
38 Beckmann, Finanzierungsleasing, § 1, Rn. 89.
39 Vgl. Kapitel B. I. 2.
40 Staudinger, Leasing, Rn. 102.
41 Martinek/Stoffels/Wimmer-Leonhardt, Handbuch des Leasingrechts, 6. Kapitel, § 12, Rn. 2 f., S. 160 f.

dies ein neues Angebot gem. § 150 Abs. 2 BGB dar, das der Leasingnehmer annehmen kann, aber nicht muss. Akzeptiert der Leasingnehmer die Änderungen nicht, so ist der Leasingvertrag nicht zustande gekommen.

3. Form des Leasingvertrages

Der Mobilienleasingvertrag unterliegt grundsätzlich keinem Formzwang.[42] Bei Leasingverträgen mit Verbrauchern sind die Formvorschriften des §§ 506, 492 Abs. 1 S. 1 bis 4 BGB zu beachten.[43]
Der Immobilienleasingvertrag bedarf der notariellen Form, § 311b Abs. 1 BGB, sofern zwischen Grundstückserwerb, Bauvertrag und Leasingvertrag eine rechtliche Einheit im Sinne von § 139 BGB gegeben ist. Langfristige Immobilienleasingverträge bedürfen jedenfalls der Schriftform nach §§ 550, 578 BGB, um eine wirksame Befristung zu gewährleisten.

a. Mobilienleasing

Mobilienleasingverträge sind formlos wirksam. Sie werden in der Praxis aber zur Erleichterung der Beweisführung schriftlich unter Einbeziehung von Allgemeinen Geschäftsbedingungen geschlossen.[44]

Bei Finanzierungsleasingverträgen mit Verbrauchern, § 506 Abs. 1 BGB, sind dagegen die besonderen Formvorschriften des § 492 BGB als Voraussetzung für die Wirksamkeit des Leasingvertrages einzuhalten. Dies hat der Bundesgerichtshof bereits in ständiger Rechtsprechung zur Gesetzeslage vor der Schuldrechtsreform und vor der Reform des Verbraucherdarlehensrechts klargestellt.[45] Demnach sind

42 Beckmann, Finanzierungsleasing, § 1, Rn. 99.

43 Beckmann, Finanzierungsleasing, § 1, Rn. 100.

44 Palandt/Weidenkaff, Einf. v. § 535, Rn. 48; Kroiß/Reinking/Kroiß, Klauselbuch Schuldrecht, § 14, Rn. 17; Martinek/Stoffels/Wimmer-Leonhardt, Handbuch des Leasingrechts, 3. Kapitel, § 5, Rn. 43, S. 69; Beckmann, Finanzierungsleasing, § 1, Rn. 99.

45 Vgl. hierzu BGH Urteil vom 12.06.1996 – VIII ZR 248/95 = WM 1996, 1688 = NJW 1996, 2367 = ZIP 1996, 1206: *„Finanzierungsleasingverträge sind, wie sich aus § 3 II Nr. 1 VerbrKrG zweifelsfrei ergibt, „sonstige Finanzierungshilfen“ im Sinne des § 1 II VerbrKrG (Senat, NJW 1996, 2033 = LM H. 10/1996 § 1 VerbrKrG Nr. 4, z. Veröff. in BGHZ bestimmt, unter II 1 m.w. Nachw.)“* und BGH Urteil vom 12.06.1996 – VIII ZR 248/95 = WM 1996, 1688 = NJW 1996, 2367 = ZIP 1996, 1206: *„Das Gesetz verwendet den Begriff „Finanzierungsleasing“ in § 3 II Nr. 1 zwar, definiert ihn aber nicht. Sicher ist, dass das Verbraucherkreditgesetz für Leasingverträge gilt, soweit diese dem Verbraucher eine Finanzierungshilfe gewähren (§ 1 II). Dies ist der Fall, wenn und soweit Leasingverträge darauf angelegt sind, dem Leasingnehmer den Gebrauch der Sache auf unbestimmte oder begrenzte Dauer zu verschaffen, und zur Gegenleistung gehört, dem Leasinggeber das von ihm für die Gebrauchsverschaffung eingesetzte Kapital einschließlich des kalkulierten Gewinns zurückzugewähren (Wolf/Eckert, Hdb. d. gewerblichen Miet-, Pacht- u. LeasingR, 7. Aufl., Rdnr. 2160). Diese auch vom Rechtsausschuss des Bundestages übernommene Definition des Finanzierungsleasing entspricht der ständigen Rechtsprechung des Senats (vgl. BGHZ 95, 39 [53] =*

Finanzierungsleasingverträge mit Verbrauchern nur dann wirksam, wenn die Schriftform gemäß § 492 Abs. 1 S. 1 BGB eingehalten ist. Entscheidend ist hierfür, dass der Leasingvertrag die in § 492 Abs. 2 BGB vorgeschriebenen Angaben enthält. Der Leasingvertragsschluss hat den Anforderungen der gesetzlichen Schriftform gemäß § 126 BGB zu genügen.[46] Antrag und Annahme des Leasingvertrages können allerdings gemäß § 492 Abs. 1 S. 2 BGB in getrennten Schriftstücken erfolgen. Sollen Allgemeine Leasingbedingungen in den Leasingvertrag mit einbezogen werden, so müssen diese in der Vertragsurkunde enthalten sein, die mit der Unterschrift des Leasingnehmers abgeschlossen wird. Gleiches gilt für Bestellbedingungen des Leasinggebers und die Lieferbedingungen des Lieferanten/Herstellers.[47] Das im Original unterschriebene Schriftstück muss dem Vertragspartner zugehen.[48] Gemäß § 492 Abs. 1 S. 3 BGB bedarf die Erklärung des Leasinggebers keiner Unterzeichnung, wenn sie mit Hilfe einer automatischen Vorrichtung erzeugt wurde. Vereinbart der Leasinggeber mit dem Leasingnehmer, dass dieser auf den Zugang der original unterschriebenen Annahmevereinbarung verzichtet, so ist diese Vereinbarung gemäß § 307 Abs. 1 BGB nichtig.[49] Liegt ein Verstoß gegen § 492 Abs. 1 S. 1 BGB normierte Schriftform vor, so richten sich die sich daraus ergebenden Folgen nach § 494 BGB.

Der Verstoß gegen die Schriftform führt zunächst zu Nichtigkeit des Finanzierungsleasingvertrages nach § 494 Abs. 1 BGB.[50] Es besteht allerdings die Möglichkeit der Heilung gemäß § 494 Abs. 2 S. 1 BGB.

Der Leasingnehmer hat nach Abschluss des Vertrages gegen den Leasinggeber gemäß § 492 Abs. 3 S. 1 BGB einen Anspruch, dass dieser ihm ein Dokument, das den Inhalt des Vertrages wiedergibt, überlässt. Dieses Dokument muss alle Angaben gemäß § 492 Abs. 2 BGB enthalten. Unterschriften muss die Abschrift nicht aufweisen.[51]

b. Immobilienleasing

aa. Notarielle Form des Immobilienleasingvertrages

Immobilienleasingverträge bedürfen der notariellen Form, § 311b Abs. 1 BGB. Denn Grundstückserwerb, Bauvertrag und Leasingvertrag bilden nach dem Willen aller Beteiligten regelmäßig eine rechtliche Einheit, so dass § 139 BGB für den „Leasingteil"

NJW 1985, 2253 = LM § 242 [Cd] BGB Nr. 273; BGHZ 128, 255 [262 f.] = NJW 1995, 1019 = LM H. 7/1995 § 138 [Bc] BGB Nr. 81)."

46 Beckmann, Finanzierungsleasing, § 1, Rn. 272.

47 Reinking, Der Autokauf, Rn. 1098 ff.

48 BGH NJW 1997, 3169.

49 OLG Düsseldorf NJW-RR 2003, 126.

50 Beckmann, Finanzierungsleasing, § 1, Rn. 272.

51 Palandt/Weidenkaff, § 492, Rn. 4.

Anwendung findet (Grundsatz der Vertragseinheit).[52] Es wird in der Praxis auszuschließen sein, dass der Leasinggeber einen Bauvertrag als Bauherr abschließt, ohne sich zuvor rechtsverbindlich die Verpflichtung des Leasingnehmers zur Nutzung bestätigen zu lassen. Auch wird der Leasinggeber nicht das Eigentum an Grund und Boden erwerben, solange nicht eine leasingvertragliche Verknüpfung mit dem Bauvertrag hergestellt ist.[53] So stellt der Bundesgerichtshof in seiner Rechtsprechung heraus, dass allein maßgeblich ist, ob und in welchem Maße der Verknüpfungswille und damit eine rechtliche Einheit im Sinne von § 139 BGB vorliegt. Dies ist anzunehmen, wenn nach dem einheitlichen Vertragswillen der Bauvertrag und der Grundstückserwerb miteinander stehen und fallen sollen.[54] Regelmäßig wird folglich kein

52 Beckmann, Finanzierungsleasing, § 1, Rn. 101.

53 Graf von Westphalen, Der Leasingvertrag, 5. Auflage, Rn. 1620.

54 BGH, ZIP 1987, 1464; vgl. ausführlich BGH Urteil vom 09.07.1992 – IX ZR 209/91 = NJW 1992, 3237: *„Eine rechtliche Einheit zweier äußerlich selbständiger Vereinbarungen ist dann anzunehmen, wenn sie nach dem Willen der Parteien derart voneinander abhängen, dass sie miteinander stehen und fallen sollen. Die Einheitlichkeit wird nicht dadurch ausgeschlossen, dass die Rechtsgeschäfte unterschiedlichen Vertragstypen angehören und an ihnen zum Teil verschiedene Personen beteiligt sind. Die Niederlegung mehrerer selbständiger Verträge in verschiedenen Urkunden begründet zwar die Vermutung, dass die Verträge nicht in rechtlichem Zusammenhang stehen sollen. Diese Vermutung ist jedoch widerlegt, wenn die Parteien die rechtliche Einheit übereinstimmend gewollt haben. Sogar wenn nur einer der Vertragspartner einen solchen Willen zeigt und der andere ihn anerkennt oder zumindest hinnimmt, kann ein einheitliches Vertragswerk vorliegen und damit insgesamt gem. § 313 BGB* [Anm.: Nach der Schuldrechtsreform ergibt sich die Pflicht zur Beurkundung nicht mehr aus § 313, sondern aus § 311 b II BGB.] *beurkundungsbedürftig sein, wenn eine Pflicht zum Erwerb oder zur Veräußerung eines Grundstücks mit erfasst wird (BGHZ 76, 43 [48 f.] = NJW 1980, 829 = LM § 313 BGB Nr. 87 m.w. Nachw.; BGHZ 78, 346 [349] = NJW 1981, 274 = LM § 313 BGB [L] Nr. 89; BGHZ 101, 393 [396] = NJW 1988, 132 = LM § 313 BGB Nr. 117; BGH, NJW 1983, 565 = LM § 313 BGB Nr. 95 = WM 1982, 1362; BGH, NJW 1989, 898 = LM § 313 BGB Nr. 124). Auf diese Weise kann auch der Bestand eines für sich formgerechten abstrakten Rechtsgeschäfts – außer der Auflassung (§ 925 II BGB) – mit dem des zugrundeliegenden, äußerlich davon getrennten Vertrages verknüpft werden (vgl. BGH, NJW 1988, 130 = LM § 781 BGB Nr. 16 = WM 1987, 1224 [1225]), insbesondere also derjenige einer Vollmacht mit dem des Grundgeschäfts (RGZ 81, 49 [51]; 94, 147 [149]; 97, 273 [275]; RG, HRR 1934 Nr. 373; BGH, WM 1964, 182 [183 unter II]; BGH, LM § 167 BGB Nr. 18 = WM 1970, 1294 f.; BGH, NJW 1980, 41 = LM § 242 [Cd] BGB Nr. 221 = DNotZ 1980, 344 [348 f.] m. zust. Anm. Wolfsteiner, S. 352; Staudinger-Wufka, BGB, 12. Aufl., § 313 Rdnrn. 123 f.; Ballhaus, in: RGRK, 12. Aufl., [1974–1976], § 313 Rdnr. 60; Korte, DNotZ 1984, 82 [84, 88 f.]; a.A. aufgrund rechtskonstruktiver Erwägungen Staudinger-Dilcher, § 139 Rdnr. 21; wohl Thiele, in: MünchKomm, 2. Aufl., § 164 Rdnr. 94; Bedenken äußert ferner Steffen, in: RGRK, 12. Aufl. Vorb. § 164 Rdnr. 5). Der maßgebliche Verknüpfungswille ist aufgrund der Erklärungen und der Interessenlage der Vertragsschließenden mit Rücksicht auf die Verkehrssitte zu ermitteln (BGH, NJW-RR 1990, 340 = LM § 313 BGB Nr. 128 = WM 1990, 764 [766]). Ob ein beurkundungsbedürftiges Rechtsgeschäft vorliegt, hat im Einzelfall der Tatrichter zu entscheiden (BGHZ 76, 43 [49 m.w. Nachw.] = NJW 1980, 829 = LM § 313 BGB Nr. 87; BGHZ 78, 346 [349] = NJW 1981, 274 = LM § 313 BGB Nr. 89 [L]; BGHZ 101, 393 [397] = NJW 1988, 132 = LM § 313 BGB Nr. 117; BGH, NJW 1987, 1069 = LM § 313 BGB Nr. 113 = WM 1987, 215 [216]; BGH, NJW-RR 1990, 340 = LM § 313 BGB Nr. 128).“*

Leasinggeber ein Grundstück kaufen, ohne für dieses einen konkreten Bauvertrag abgeschlossen oder einen solchen durch ein Optionsrecht auf einen Leasingvertrag abgesichert zu haben. Dies führt aber zu einer rechtlichen Einheit im Sinne von § 139 BGB und damit zur Formbedürftigkeit des gesamten Vertrages.

bb. Schriftform bei langfristigen Leasingverträgen

Ferner bedürfen Mietverträge über Wohnraum, über Grundstücke und über Geschäftsräume, die für eine längere Zeit als ein Jahr abgeschlossen werden, der Schriftform, §§ 578, 550 BGB.[55] Der bis zur Mietrechtsreform geltende Rechtszustand wurde nicht modifiziert. Vielmehr wird die Neufassung als redaktionelle Änderung angesehen, um eine sprachliche Verbesserung zu erzielen.[56] Der Zweck des Schriftformerfordernisses einen Grundstückserwerber zuverlässig über das Bestehen und den Inhalt langfristiger Mietverträge zu unterrichten und den Grundstückserwerber zum Ausgleich für dessen Bindung an den Mietvertrag zu schützen sowie die damit zugleich – wenn zum Teil auch nur nachrangig – verbundene Warn- und Beweisfunktion, lässt eine andere Auslegung des § 550 BGB nicht zu.[57] Somit gilt das Schriftformerfordernis weiterhin.[58] Es ist für langfristige Verträge zwingend.[59]

II. Rechte und Pflichten des Leasingvertrages

Dem Leasinggeber obliegt die Pflicht, dem Leasingnehmer gegen Entgelt den Gebrauch des Leasingobjekts in einem vertragsgemäßen Zustand für die Leasingzeit zu überlassen. Der Leasinggeber erwirbt das Eigentum am – regelmäßig unmittelbar vom Leasingnehmer zuvor ausgesuchten – Leasingobjekt vom Lieferanten/Hersteller und übernimmt auf diesem Wege eine Finanzierungsleistung.
Der Leasingnehmer ist nach Überlassung des Leasingobjekts zur Zahlung der Leasingraten an den Leasinggeber – gegebenenfalls zuzüglich einer Sonderzahlung zu Beginn bzw. am Ende der Leasingzeit – verpflichtet. Der Leasingnehmer verpflichtet sich im Leasingvertrag zur Vollamortisation des Leasinggebers.
Er übernimmt vertraglich die Sach- und Preisgefahr.
Der Leasinggeber erwirbt vom Lieferanten/Hersteller in Vollziehung des Kaufvertrages das zivilrechtliche Eigentum am Leasingobjekt.
Unter betriebswirtschaftlichen und steuerlichen Erwägungen erfolgt die vertragliche Gestaltung regelmäßig erlasskonform, so dass dem Leasinggeber zudem das steuerliche Eigentum im Sinne des § 39 AO zusteht. Der steuerliche Vorteil für einen unternehmerisch tätigen Leasingnehmer ist in dem

55 Staudinger, BGB, § 550, Rn. 6.
56 BT-Drucks. 14/4553, S. 47.
57 Palandt/Weidenkaff, § 550, Rn. 1.
58 Beckmann, Finanzierungsleasing, § 1, Rn. 97 m.w.N.
59 Palandt/Weidenkaff, § 550, Rn. 2/3.

Umstand begründet, dass er nicht wirtschaftlicher Eigentümer des Leasingobjektes ist und daher die Leasingentgelte, mit Ausnahme der Beschränkung des § 4 V EStG, in voller Höhe als Betriebsausgaben gegenüber dem Finanzamt geltend machen kann; folglich nicht an den beschränkten Abzug über die Absetzung für Abnutzung (§ 7 EStG) gebunden ist.

1. Gebrauchsüberlassungspflicht des Leasinggebers nach Vertragsabschluss

Den Leasinggeber trifft die leasingvertragliche Hauptpflicht zur Gebrauchsüberlassung der mangelfreien[60] Leasingsache an den Leasingnehmer.[61] Dem Leasingnehmer steht die Einrede des nicht erfüllten Vertrages gemäß § 320 Abs. 1 S. 1 BGB zu, wenn der Leasinggeber dieser Verpflichtung – insgesamt – nicht nachkommt. Die Gebrauchsüberlassungspflicht ist im Zweifel nicht von einem Ausschluss der Gewährleistung mit umfasst, da die Gewährleistungsansprüche erst ab Überlassung des Leasinggutes Anwendung finden. Ein Ausschluss des § 320 BGB ist gem. § 307 Abs. 1 BGB unwirksam, da die Gebrauchsüberlassung Kardinalpflicht des Leasinggebers ist.

a. Inhalt der Gebrauchsüberlassungspflicht

Der Leasinggeber ist dem Leasingnehmer gemäß § 535 Abs. 1 BGB verpflichtet, diesem den Gebrauch des Leasinggutes für die Vertragsdauer zu verschaffen.[62] Der Leasinggeber schuldet aus dem Leasingvertrag mit dem Leasingnehmer nicht nur die Nutzungsüberlassung der Leasingsache an den Leasingnehmer, sondern als immanenten Bestandteil des Vertrages die Beschaffung des Leasinggutes.[63] Dabei ist der Leasinggeber gegenüber dem Leasingnehmer, ebenso wie der Lieferant ihm gegenüber, leasingtypisch vorleistungspflichtig. Mit der Lieferung endet die Vorleistungspflicht des Leasinggebers.[64] Für die Dauer des Leasingvertrages besteht für den Leasinggeber die Verpflichtung, dem Leasingnehmer das Leasingobjekt zu überlassen und ihn ohne rechtfertigenden Grund nicht an der Benutzung zu hindern, § 535 Abs. 1 BGB.[65] Zur

60 Vgl. Kapitel G. I.

61 Palandt/Weidenkaff, Einf. v. § 535, Rn. 50 mit Verweis auf die ständige Rechtsprechung.

62 Palandt/Weidenkaff, Einf. v. § 535, Rn. 50; Graf von Westphalen, Der Leasingvertrag, Kap. G, Rn. 1, S. 321; Beckmann, Finanzierungsleasing, § 2, Rn. 8; BGH Urteil vom 16.09.1981 – VIII ZR 265/80 = BGHZ 81, 298 = WM 1981, 1219 = NJW 1982, 105; Urteil vom 09.10.1985 – VIII ZR 217/84 = BGHZ 96, 103 = WM 1985, 1447 = NJW 1986, 179 = ZIP 1985, 1398; Urteil vom 28.03.1990 – VIII ZR 17/89 = BGHZ 111, 84 = WM 1990, 935 = NJW 1990, 1785; Urteil vom 16.05.1990 – VIII ZR 108/89 = BGHZ 111, 237 = WM 1990, 1244 = NJW-RR 1990, 1335.

63 Palandt/Weidenkaff, Einf. v. § 535 Rn. 50; BGH WM 1981, 1219; 1985, 1447; 1990, 1244; NJW 1986, 179; 1988, 199, 205, 1990, 1785; 1995, 1019 und BGHZ 96, 103, 107 = NJW 1986, 179: *„[...] schuldet der Leasinggeber [...] deren durch Übergabe der Sache herbeigeführten Erfolg."*

64 BGH Urteil vom 08.10.1990 – VIII ZR 247/89 = BGHZ 112, 279 = WM 1990, 1967 = NJW 1991, 102.

65 BGH Urteil vom 19.03.1986 – VIII ZR 81/85 = WM 1986, 674 = NJW 1986, 1746 = NJW-RR 1986, 796 = ZIP 1986, 576 = BB 1986, 1112. Vgl. auch BGH Urteil vom 30.09.1987 – VIII ZR

Sachverschaffungspflicht des Leasinggebers tritt weiterhin die Pflicht zur rechtzeitigen Überlassung, die der Leasinggeber erfüllen muss, um einem Schadensersatzanspruch des Leasingnehmers auf Ersatz des Verzugsschadens zu entgehen, §§ 280 Abs. 1, Abs. 2, 286 BGB.[66] Allerdings genügt die bloße Überlassung nicht. Vielmehr schuldet der Leasinggeber nach ständiger Rechtsprechung die mangelfreie Überlassung.[67] Nach der mietrechtlich orientierten Rechtsprechung des Bundesgerichtshofes ist der Leasinggeber – wie ein Vermieter – verpflichtet, die Leasingsache dem Leasingnehmer in einem für den Vertragszweck geeigneten, mangelfreien Zustand zur Verfügung zu stellen, § 535 Abs. 1 BGB.[68] Oftmals besteht das Leasingobjekt nicht nur aus einer einzelnen Sache, sondern setzt sich aus mehreren zusammen. In diesem Fall ist die Pflicht zur Gebrauchsüberlassung nur dann ordnungsgemäß erfüllt, wenn sämtliche Teile der Leasingsache übergeben und diese vollständig geliefert worden sind.[69] Ist demnach der Gegenstand des Leasingvertrags die Überlassung der aus einem PC und einem Drucker bestehenden Hardware, so gehört es nach Ansicht des Bundesgerichtshofes zur Hauptpflicht des Leasinggebers, dem Leasingnehmer das Benutzerhandbuch zur Verfügung zu stellen, selbst wenn es im Vertragstext nicht ausdrücklich erwähnt worden ist.[70]

226/86 = WM 1987, 1338 = NJW 1988, 198 = ZIP 1987, 1390: *„Die den Leasinggeber treffende Gebrauchsüberlassungspflicht beschränkt sich nach Übergabe der Sache an den Leasingnehmer, sofern die Sach- und Gegenleistungsgefahr vertraglich auf diesen abgewälzt ist, auf die Verpflichtung, den Leasingnehmer nicht im Gebrauch zu stören und ihn bei Störungen durch Dritte zu unterstützen."*

„Nach dem auf Finanzierungsleasingverträge in erster Linie anwendbaren Mietrecht hat der Leasinggeber dem Leasingnehmer als Hauptverpflichtung den Gebrauch der Leasingsache für die Vertragszeit zu verschaffen (st. Rspr., vgl. BGHZ 96, 103, 107; zuletzt SenatsUrteil vom 1. Juli 1987 aaO unter A II 2 d aa). Da es sich also um die Gebrauchsüberlassung einer Sache auf Zeit handelt (st. Rspr., vgl. BGHZ 94, 180, 188 m.w. Nachw.; ferner Urteil vom 19. März 1986 – VIII ZR 81/85 = NJW 1986, 1746 = WM 1986, 673 unter III 3 b) und damit um ein Dauerschuldverhältnis, ist die Gebrauchsüberlassungspflicht nicht – wie das Berufungsgericht annimmt – mit der Besitzübergabe an den Leasingnehmer endgültig erfüllt. Für die Dauer des Vertrages besteht vielmehr allgemein im Mietrecht die Verpflichtung fort, dem Leasingnehmer das Leasinggut zu belassen (§ 535 Satz 1 BGB), insbesondere ihn nicht ohne rechtfertigenden Grund an der Nutzung zu hindern. Nimmt der Leasinggeber ohne vertragliches oder gesetzliches Recht die Sache vorzeitig an sich, so handelt er seiner Vertragspflicht zu wider und verliert für die Zeit der Gebrauchsentziehung den Anspruch auf die Leasingraten (BGHZ 82, 121, 125)."

66 BGH NJW 1986, 179.

67 Vgl. schon BGH NJW 1982, 105; NJW-RR 1998, 123.

68 Staudinger, Leasing, Rn. 81; BGHZ 68, 118, 124; 81, 298, 303; 96, 103, 107; 114, 57, 68; Graf von Westphalen, Der Leasingvertrag, Rn. 431; Reinicke/Tiedtke, Kaufrecht, Rn. 1522 ff.

69 Beckmann, Finanzierungsleasing, § 3, Rn. 132; BGH NJW 1988, 198; NJW-RR 1989, 1140; OLG Düsseldorf MDR 2005, 24.

70 BGH, Urteil vom 19.05.1991 VIII ZR 125/90 = WM 1991, 1416 = NJW 1991, 2135: vgl. auch BGH Urteil vom 05.07.1989 – VIII ZR 334/88 = NJW 1989, 3222: *„Handbücher, auch als Bedienungsanleitungen oder Dokumentationen bezeichnet, enthalten – in Wort oder graphischer*

b. Lieferant als Erfüllungsgehilfe des Leasinggebers

Üblicherweise bedient sich der Leasinggeber des Lieferanten zur Erfüllung[71] seiner Hauptpflicht zur Gebrauchsüberlassung. Dabei wird der Lieferant, der bei der Übergabe des Leasinggutes an den Leasingnehmer für den Leasinggeber tätig wird, dessen Erfüllungsgehilfe, § 278 BGB.[72] Daran ändert die eigene Verpflichtung des Lieferanten aus dem mit dem Leasinggeber abgeschlossenen Kauf- oder Werkvertrag nichts. Diesen erfüllt er mit der Übergabe der Leasingsache an den Leasingnehmer ebenfalls, wobei der Leasinggeber zugleich seine Abnahmepflicht aus §§ 433 Abs. 2 bzw. 640 BGB durch die Tätigkeit des Lieferanten erfüllt. Allerdings beschränkt sich die Stellung des Lieferanten im Rahmen des leasingtypischen Drei-Personenverhältnisses auf die tatsächliche Übergabe des Leasingobjektes.[73] Nach Ansicht des Bundesgerichtshofes sind die Verpflichtungen und Rechte aus dem zwischen den beiden Parteien abgeschlossenen Kauf- oder Werkvertrag maßgeblich.[74]

Darstellung – eine Beschreibung des – technischen – Aufbaus der Anlage, ihrer Funktionen, gegebenenfalls der Möglichkeit der Kombination mit anderen Geräten sowie ihrer Veränderung oder Ergänzung. Sie vermitteln die Summe aller Kenntnisse, die erforderlich sind, um die Anlage bedienungsfehlerfrei und zur Verwirklichung des mit ihrer Anschaffung vertraglich vorgesehenen Zwecks nutzen zu können. Sie ergänzen und konservieren schon vorhandenes Wissen des Benutzers über den Gebrauch der Anlage und verleihen der dem Lieferer obliegenden Einweisung in die Gerätehandhabung Dauer. Das verkörperte „Nutzungswissen" löst sich damit von der subjektiven Beziehung zum Lieferanten und wird gleichsam zum Teil der Anlage. Die so verstandene Bedeutung für die Benutzbarkeit der Anlage schließt es aus, das Handbuch nur als Zubehör anzusehen (so aber Palandt/Putzo, 48. Aufl. § 459 Anm. 5 d bb) oder die Überlassungspflicht insoweit als (selbständige) Nebenpflicht zu werten, wie dies von Czermin (Anm. zum Urteil des OLG Frankfurt CuR 1986, 270, 272) befürwortet worden ist. Die Lieferung gehört vielmehr zur Hauptpflicht des Leasinggebers (so im Ergebnis auch LG Mannheim BB 1985, 144; LG Baden-Baden CR 1988, 308; AG Essen CR 1988, 309; OLG Saarbrücken CR 1988, 470; OLG Hamm CuR 1986, 268)." und BGH Urteil vom 01.07.1987 – VIII ZR 177/86 = WM 1987, 1131 = NJW 1988, 204 = ZIP 1987, 1187: *„Besteht der für einen einheitlichen Verwendungszweck bestimmte Gegenstand eines Leasingvertrages aus mehreren selbständigen Teilen, die wie hier die Hard- und Software in ihrer technischen Funktionsfähigkeit nicht vom Vorhandensein des jeweils anderen Teils abhängig sind, und wird nur einer der Teile dem Leasinggeber übergeben, so liegt eine Teilleistung [...] vor."*

71 Palandt/Weidenkaff, Einf. v. § 535, Rn. 54 m.w.N.

72 BGH Urteil vom 30.09.1987 – VIII ZR 226/86 = WM 1987, 1338 = NJW 1988, 198 = ZIP 1987, 1390: *„Hat der Lieferant die Leasingsache im Auftrag des Leasinggebers dem Leasingnehmer zu übergeben, so ist er bis zur vollständigen Übergabe insoweit Erfüllungsgehilfe des Leasinggebers."*

73 Vgl. Kapitel B. I.

74 Vgl. BGH Urteil vom 30.09.1987 – VIII ZR 226/86 = WM 1987, 1338 = NJW 1988, 198 = ZIP 1987, 1390: *„Dem gewöhnlichen, hier auch konkret festgestellten Ablauf bei Finanzierungsleasingverträgen entspricht es, dass der Leasinggeber die von ihm geschuldete Übergabe der Leasingsache durch den Lieferanten ausführen lässt, so dass dieser insoweit zum Erfüllungsgehilfen wird (Senat, NJW 1998, 204 [in diesem Heft] unter A II 2 d bb; Graf von Westphalen, Der Leasingvertrag, 3. Auflage, Rn. 198, 201 m.w. Nachw.). Das gilt – wie bei jedem Erfüllungsgehilfen – aber nur, soweit und so lange sich der Schuldner (hier die Kl.) seiner Hilfe*

c. Klauseln über den Ausschluss der Verzugsfolgen

Klauseln über einen Ausschluss von Verzugsfolgen sind unwirksam.

Kommt der Leasinggeber mit der Erfüllung seiner Pflichten aus dem Leasingvertrag in Verzug, so stehen dem Leasingnehmer Schadensersatzansprüche neben der Leistung gemäß §§ 280 Abs. 1, Abs. 2 i.V.m. 286 BGB, und nach erfolgloser Fristsetzung Schadensersatzansprüche statt der Leistung gemäß §§ 280 Abs. 1 und 3 i.V.m. 281 BGB und wegen § 325 BGB kumulativ ein Kündigungsrecht nach § 543 BGB zu. Um diese Rechte des Leasingnehmers zu beschränken, finden sich in den AGB des Leasinggebers nicht selten folgende Klauseln, die allerdings nach dem zuvor Gesagten, da Kardinalpflicht des Leasinggebers, nicht wirksam sind:

> „Aus etwaigen verspäteten Lieferungen können Schadensersatzansprüche nicht geltend gemacht werden."
> „Ebenso hat der Leasingnehmer kein Recht, bei verspäteter Lieferung vom Vertrag zurückzutreten."[75]

Auf Grund der Unwirksamkeit des Ausschlusses der Verzugsfolgen kommt lediglich eine Modifikation des Zeitpunktes des Verzugseintritts in Betracht.

aa. Verträge mit Verbrauchern

Bei Verträgen mit Verbrauchern ist der Ausschluss der Rücktrittsrechte und der Kündigungsrechte unwirksam. Grundsätzlich ebenfalls unwirksam ist gemäß § 307 Abs. 2 Nr. 2 BGB eine Haftungsbegrenzung.[76]

---

tatsächlich bedient. Beim Leasingvertrag ist diese Inanspruchnahme in aller Regel mit der Übergabe der Sache beendet. Sind nicht besondere, hier nicht feststellbare, Abreden getroffen, so beschränken sich nach der Auslieferung des Leasinggutes die Rechtsbeziehungen zwischen Leasinggeber und Lieferant auf die Abwicklung des Kaufvertrages über die Leasingsache. Besonders deutlich wird das bei der Behandlung von Mängeln. Nimmt der Lieferant eine Nachbesserung vor oder erklärt er sich mit einer Minderung oder Wandelung einverstanden, erfüllt er damit eine eigene Verbindlichkeit aus dem Kaufvertrag gegenüber dem Leasinggeber oder – falls dessen Ansprüche an den Leasingnehmer abgetreten sind – diesem gegenüber. Pflichten des Leasinggebers nimmt er im Falle der Abtretung nicht wahr, weil solche infolge der Haftungsfreizeichnung nicht bestehen. Dasselbe gilt im Ergebnis auch hinsichtlich der Gebrauchsüberlassungspflicht (...)."

75 Martinek/Stoffels/Wimmer-Leonhardt, Handbuch des Leasingrechts, 8. Kapitel, § 23, Rn. 48 f., S. 246.

76 Martinek/Stoffels/Wimmer-Leonhardt, Handbuch des Leasingrechts, 8. Kapitel, § 23, Rn. 53, S. 247.

Wirksam sind dagegen Vereinbarungen über den Zeitpunkt des Verzugseintritts der nachfolgenden Art:

Der Leasingnehmer kann sechs Wochen nach Überschreiten eines unverbindlichen Liefertermins oder einer unverbindlichen Lieferfrist den Leasinggeber auffordern zu liefern. Mit dem Zugang der Aufforderung kommt der Leasinggeber in Verzug. Wird dagegen ein verbindlicher Liefertermin oder eine verbindliche Lieferfrist überschritten, so kommt der Leasinggeber bereits mit dem Überschreiten des Liefertermins oder der Lieferfrist in Verzug. Höhere Gewalt oder beim Leasinggeber oder dessen Lieferanten eintretende Betriebsstörungen, die den Leasinggeber ohne eigenes Verschulden vorübergehend daran hindern, die Leasingsache zum vereinbarten Termin oder innerhalb der vereinbarten Frist zu liefern, verändert den Liefertermin oder die Lieferfrist entsprechend, ohne dass der Leasinggeber in Verzug gerät.

---

bb. Verträge gegenüber Unternehmern

Auch der formularvertragliche Ausschluss der Rechte des Leasingnehmers, die diesem aufgrund des Verzugs des Leasinggebers oder dessen Lieferanten zustehen würden, ist aufgrund der Wertung des § 309 Nr. 8 und Nr. 7 BGB unwirksam, § 307 Abs. 1 BGB (Verschaffungspflicht als Hauptleistungs- und damit Kardinalpflicht).[77] Ebenfalls sind aber Modifikationen zum Verzugseintritt – wie beim Leasingnehmer als Verbraucher – möglich. Eine unterschiedliche Bewertung ist nicht geboten.

2. Pflicht des Leasingnehmers zur Zahlung der Leasingraten und Leasingsonderzahlungen

---

Die leasingvertragliche Hauptpflicht des Leasingnehmers besteht in der Zahlung der Leasingraten. Eine Einmalzahlung des gesamten Leasingentgelts ist in der Leasingpraxis die Ausnahme (sog. Flens-Modell). Leasingsonderzahlungen zu Beginn oder am Ende der Laufzeit sind dagegen praxisüblich, um die laufenden Leasingraten auf einem niedrigen Niveau zu halten und für den Leasinggeber Sicherheiten zu schaffen. Mittels Allgemeiner Geschäftsbedingungen wird – rechtlich zulässig – regelmäßig eine monatliche Vorleistungspflicht des Leasingnehmers und zugleich eine kalendermäßige Bestimmung im Sinne des § 286 Abs. 2 Nr. 1 BGB vereinbart.

Typische Klauseln zur Zahlungspflicht lauten:

> „a) Die erste Leasingrate ist zu Beginn der Vertragslaufzeit fällig. Der LN zahlt ab Beginn der Vertragslaufzeit bis zum Ende des ersten Kalendermonats für die erste Leasingrate anteilig täglich 1/30 der monatlichen Leasingraten. Die weiteren Leasingraten sind stets monatlich, jeweils zum Ersten eines Kalendermonats im Voraus fällig und zu zahlen.

77 BGH ZIP 1983, 317; Palandt/Grüneberg, § 309, Rn. 55, 77.

b) Alle Zahlungen sind – unter Angabe der Leasing-Vertragsnummer – auf das vorstehend bezeichnete Konto des LG zu zahlen; sie werden vom LG im Wege des Lastschriftverfahrens eingezogen. Hierfür erteilt der LN dem LG eine jederzeit widerrufliche Einzugsermächtigung.
c) Für eine von der Bank des LN nicht eingelöste Lastschrift berechnet der LG dem LN eine Bearbeitungsgebühr von jeweils 5,00 Euro. Der LN ist berechtigt, seinerseits den Nachweis anzutreten, dass dem LG ein geringerer oder kein Schaden entstanden ist. Die Geltendmachung eines weitergehenden Verzugsschadens ist dadurch nicht ausgeschlossen.
d) Die Leasingrate ist für die Laufzeit des Leasingvertrages fest vereinbart.
aa) Die Parteien sind berechtigt, bei einer Veränderung von Steuern (z.B. Umsatzsteuer) oder Gebühren während der Vertragslaufzeit eine Anpassung der Leasingraten vorzunehmen.
bb) Bis zum Beginn der Vertragslaufzeit behält sich der LG eine Anpassung der Leasingraten vor, sofern sich bis zu diesem Zeitpunkt der Kaufpreis des LO erhöht oder ermäßigt. Der LG ist berechtigt, die Leasingraten auch dann anzupassen, wenn sich bis zum Beginn der Vertragslaufzeit die Zinsen auf dem Refinanzierungsmarkt ändern.
e) Eine vereinbarte Leasingsonderzahlung ist zusätzliches Entgelt neben den Leasingraten und dient nicht als Kaution. Durch sie werden Leasingraten nicht getilgt.
f) Der LN kann gegen fällige Forderungen nur aufrechnen, wenn die Gegenforderung rechtskräftig festgestellt, von dem LG anerkannt oder unbestritten ist."

a. Fälligkeit der Leasingraten und Einzugsermächtigung

Die aus dem Leasingvertrag bzw. aus § 535 Abs. 2 BGB[78] resultierende Hauptpflicht des Leasingnehmers besteht in der Zahlung des vereinbarten Leasingentgelts.[79] Die Leasingraten sind Entgelt für zweierlei Leistungen des Leasinggebers: Einerseits für die Finanzierungsleistung. Andererseits für die Überlassung des Leasinggegenstands zum Gebrauch. Somit führt allein der Eintritt der Vollamortisation nicht zum Wegfall der Ratenzahlungspflicht. Die Leasingraten stellen keine aufschiebend bedingten Forderungen dar.[80] Vielmehr handelt es sich um betagte Forderungen mit Vertragsabschluss, die als solche im Wege der Vorauszession abtretbar sind, § 398 BGB.[81] In der Praxis wird vereinbart, dass der Leasingnehmer das Leasingentgelt zu fest vereinbarten Fälligkeitszeitpunkten zu zahlen hat.[82] Im Fall eines Teilamortisationsvertrages tritt zur Absicherung der Vollamortisation die jeweilige Anschlussabrede hinzu.[83] Die Vertragsparteien des Leasingvertrages sind nicht daran gehindert, zu vereinbaren, dass sich der Leasingnehmer durch eine Einmalzahlung, auch in Höhe eines Teils

78 Palandt/Weidenkaff, Einf. v. § 535, Rn. 90.
79 Martinek/Stoffels/Wimmer-Leonhardt, Handbuch des Leasingrechts, 7. Kapitel, § 16, Rn. 1, S. 182.
80 Palandt/Weidenkaff, Einf. v. § 535, Rn. 57.
81 Palandt/Weidenkaff, Einf. v. § 535, Rn. 57; Beckmann, Finanzierungsleasing, § 3, Rn. 46 m.w.N.
82 Graf von Westphalen, Der Leasingvertrag, Kap. F, Rn. 2, S. 291.
83 MüKoBGB/Koch, Bd. 3, Finanzierungsleasing, Rn. 44 f.; Beckmann, Finanzierungsleasing, § 2, Rn. 12.

der geschuldeten Leasingraten, an einen Dritten befreien kann – sog. Flens-Modell.[84] Soweit nichts Anderweitiges vereinbart wird, ist die erste Rate nach vollständiger Übergabe des Leasinggutes und nach Unterzeichnung der Übernahmebestätigung fällig, da in diesem Zeitpunkt der Vertragsbeginn begründet und der Leasingvertrag „in Vollzug" gesetzt wird.[85] Üblicherweise wird vereinbart, dass eine Zahlung der laufenden Leasingraten durch den Leasingnehmer an nach dem Kalender zu bestimmenden Tagen, zum Monatsbeginn oder zum Monatsdritten zu erfolgen hat. Die kalendermäßige Bestimmung der Fälligkeit der Leasingraten entspricht dabei der gesetzlichen Regelung der §§ 536b Abs. 1 i.V.m. 286 Abs. 2 Nr. 1 BGB. Demnach ist bei Ausbleiben einer Leasingrate zum vertraglich vereinbarten Zeitpunkt eine Mahnung für den Verzugseintritt entbehrlich.[86] Allerdings ist i.d.R. die Fälligkeit der ersten Leasingrate vom Zeitpunkt der Auslieferung abhängig. § 286 Abs. 2 Nr. 1 BGB kann nicht herangezogen werden, da die Anwendung dieser Vorschrift voraussetzt, dass zwischen Leasingnehmer und Leasinggeber eine konkrete kalendermäßige Bestimmung des Zeitpunkts der Zahlungspflicht des Leasingnehmers vorliegt. Dies ist bei einer Anknüpfung an die Lieferung jedoch nicht der Fall.[87] Es ist für die erste Rate auf die Regeln der §§ 556b Abs. 1, 578 BGB abzustellen. Regelmäßig wird deshalb in den AGB vereinbart, dass sich die Höhe der ersten Leasingrate nach der Anzahl der Kalendertage des Übergabemonats bestimmt.[88] Hiergegen bestehen im Rahmen der Überprüfung nach § 307 Abs. 1 und Abs. 2 BGB keine Bedenken, da es sich hier um eine Entgeltabrede handelt, die gem. § 307 Abs. 3 S. 1 BGB nur beschränkt überprüfbar ist.[89] Die in Leasingverträgen darüber hinaus üblicherweise vorgesehene Pflicht zur monatlichen Bezahlung der Leasingraten im Voraus stellt im Hinblick auf die gesetzliche Regelung der §§ 556b Abs. 1, 579 BGB keinen Verstoß gegen § 309 Nr. 2 oder § 307 Abs. 2 Nr. 1 BGB dar. Eine unangemessene Benachteiligung des Leasingnehmers ist nicht ersichtlich, da für die Vorleistung der Leasingraten ein sachlich gerechtfertigter Grund gegeben ist und keine überwiegenden Belange des Leasingnehmers entgegenstehen.[90] Die Interessen des Leasinggebers, eine Vorleistungspflicht des Leasingnehmers zu verlangen, sind schutzbedürftig, da er durch die Lieferung des Leasingguts

---

84 Beckmann, Finanzierungsleasing, § 2, Rn. 14 mit Verweis auf BGH NJW 2003, 2382.

85 BGH NJW 1986, 179; 1988, 204; NJW-RR 1998, 123; OLG Hamm OLGR 2004, 387; vgl. hierzu auch BGH, Urteil vom 1. Juli 1987 – VIII ZR 117/86 = WM 1987, 1131 = NJW 1988, 204 = ZIP 1987, 1187: *„Beginnt nach den AGB eines Leasinggebers die Mietzeit mit der Übernahme des Leasinggegenstandes, so tritt diese Rechtsfolge erst nach vollständiger Gebrauchsüberlassung ein, soweit anderes nicht vereinbart ist."*

86 Graf von Westphalen, Der Leasingvertrag, Kap. F, Rn. 2, S. 291.

87 Palandt/Grüneberg, § 286, Rn. 22.

88 Graf von Westphalen, Der Leasingvertrag, Kap. F, Rn. 2, S. 292.

89 Vgl. MüKo/Koch, Bd. 3, Finanzierungsleasing, Rn. 44.

90 BGH Urteil vom 08.03.1995 – VIII ZR 313/93 = WM 1995, 935 = NJW 1995, 1541.

selbst vorleistet (Finanzierungsleistung).[91] Unberührt von der Verpflichtung zur Vorauszahlung bleibt die Einrede des nicht erfüllten Vertrages gemäß § 320 BGB. Soweit der Leasinggeber den Leasingvertrag nicht oder nicht vollständig erfüllt hat, kann sich der Leasingnehmer hierauf berufen.[92]

Eine AGB-Klausel, welche die Zahlungspflicht des Leasingnehmers auf einen Zeitpunkt festsetzt, der vor der Unterzeichnung der Übernahmebestätigung liegt, ist i.d.R. überraschend und verstößt daher gegen § 305c BGB.[93]

Die Aufnahme einer Einzugsermächtigung zur Einziehung der Leasingraten vom Konto des Leasingnehmers entspricht den praktischen Bedürfnissen und verstößt dann nicht gegen § 307 Abs. 1 BGB, wenn die Zustimmung jederzeit widerruflich erteilt wurde.[94]

b. Verzug, pauschalierte Verzugszinsen und Mahngebühren

Kommt der Leasingnehmer seiner Hauptpflicht zur pünktlichen Zahlung der fälligen Leasingraten nicht nach, so kommt er ipso iure in Verzug, § 286 Abs. 2 Nr. 1 BGB, und schuldet pauschalierten Schadensersatz im Form von Verzugszinsen, § 288 BGB.[95] Kommt der Leasingnehmer seiner Zahlungspflicht bereits mit der ersten Rate nicht nach, so bedarf es als Voraussetzung des Verzugs einer Mahnung durch den Leasinggeber, § 286 Abs. 1 BGB, denn die Fälligkeit der ersten Leasingrate ist wegen der Ungewissheit des Zugangs der Abnahmebestätigung nicht kalendermäßig bestimmt im Sinne von § 286 Abs. 2 Nr. 1 BGB[96] und auch nicht berechenbar i.S.v. § 286 Abs. 2 Nr. 2 BGB.[97]

Die in den Allgemeinen Geschäftsbedingungen des Leasinggebers häufig enthaltene Festlegung von pauschalierten Verzugszinsen und Mahngebühren unterliegt der Kontrolle anhand des Klauselverbotes des § 309 Nr. 5 BGB.[98] Klauseln können wie folgt lauten:

> „Kommt der Leasingnehmer mit einer fälligen Zahlung in Verzug, so ist der Leasinggeber zur Geltendmachung von Verzugszinsen in Höhe von 8 Prozentpunkten (bei Verbrauchern 5 Prozentpunkte) über dem jeweiligen Basiszins per anno berechtigt. Für den Fall einer Mahnung des Leasinggebers wegen Zahlungsverzuges des Leasingnehmers berechnet der Leasinggeber eine pauschale Mahngebühr von 5,00 €. Für die von der Bank des Leasingnehmers nicht eingelös-

91 Graf von Westphalen, Der Leasingvertrag, Kap. F, Rn. 10, S. 294.
92 BGH Urteil vom 19.5.1991 – VIII ZR 125/90 = WM 1991, 1416 = NJW 1991, 2135.
93 Beckmann, Finanzierungsleasing, § 2, Rn. 12.
94 OLG Brandenburg ZMR 2004, 745.
95 Vgl. Palandt/Grüneberg, § 286, Rn. 22; Martinek/Stoffels/Wimmer-Leonhardt, Handbuch des Leasingrechts, 7. Kapitel, § 16, Rn. 4, S. 183.
96 So schon Graf von Westphalen, Der Leasingvertrag, Kap. C, Rn. 3, S. 291.
97 Reinking, Der Autokauf, Leasing, Rn. L 363 ff.
98 BGH Urteil vom 06.06.1984 – VIII ZR 83/83 = WM 1984, 1092 = NJW 1984, 2938 = ZIP 1984, 962.

ten Lastschriften berechnet der Leasinggeber dem Leasingnehmer eine Bearbeitungsgebühr von jeweils 5,00 €. Dem Leasingnehmer bleibt der Nachweis eines geringeren Schadens bzw. keines Schadens des Leasinggebers in allen Fällen vorbehalten."

aa. Verzugszinsen

Bei Verzugszinsen ist nach der Verbraucher- bzw. Unternehmereigenschaft des Leasingnehmers zu unterscheiden.

(1) Verträge mit Verbrauchern

Kommt der Leasingnehmer seiner Pflicht zur Zahlung der fälligen Leasingraten nicht nach, so gerät er aufgrund der kalendermäßigen Bestimmung in den Allgemeinen Geschäftsbedingungen ohne weitere Mahnung in Verzug, § 286 Abs. 2 Nr. 1 BGB.[99] Der Leasinggeber kann ab diesem Zeitpunkt von einem Leasingnehmer der Verbraucher ist, die Zahlung von Verzugszinsen in Höhe von 5 Prozentpunkten über dem Basiszinssatz verlangen, § 288 Abs. 1 BGB. Der niedrigere Zinssatz des § 497 Abs. 1 S. 2 BGB gilt nur für Immobiliendarlehensverträge.[100] Die Pauschalierung eines höheren Verzugsschadens, der dem Leasinggeber infolge der Nichtzahlung einer oder gar mehrerer Leasingraten des Leasingnehmers entsteht, kann in Formularverträge aufgenommen werden.[101] Nach § 309 Nr. 5 lit. a) BGB hat sich die Höhe des pauschalierten Verzugsschadens an dem geschätzten Ausmaß des branchenüblichen Durchschnittsschadens zu orientieren.[102] Als zulässig werden unter entsprechender Verwendung des Rechtsgedanken des § 497 BGB Zinspauschalen von bis zu 5 Prozentpunkten über dem jeweiligen Basiszinssatz p.a. angesehen, es sei denn das allgemeine Zinsniveau für die Sollzinsen aus Bankdarlehen liegt erheblich über diesem Satz.[103] Messgröße sind die üblichen Sollzinsen bei einem Kontokorrentkredit, den der Leasinggeber bei seiner Bank in Anspruch nimmt. Ein solches höheres Zinsniveau wird jedoch regelmäßig nicht bestehen, da die Zinsen für die Refinanzierung des Leasinggebers praxisüblich wesentlich unterhalb des Verzugszinses liegen.[104] Es bleibt dem Leasinggeber aber unbenommen, im Einzelfall die Entstehung eines höheren Schadens nachzuweisen, §§ 288 Abs. 4, 497 Abs. 1 S. 3 BGB. Allerdings ist eine Vereinbarung von Verzugsschadenspauschalen unwirksam, wenn dem Leasingnehmer der Nachweis abgeschnitten ist, ein Schaden sei überhaupt nicht entstanden oder wesentlich

---

99 Beckmann, Finanzierungsleasing, § 2, Rn. 13.
100 Palandt/Weidenkaff, § 497, Rn. 4; Beckmann, Finanzierungsleasing, § 2, Rn. 54.
101 BGH NJW 1975, 163; 1983, 1542.
102 Palandt/Grüneberg, § 309, Rn. 26.
103 BGH ZIP 1995, 286; NJW 1995, 955.
104 Graf von Westphalen, Der Leasingvertrag, Kap. F, Rn. 5, S. 292.

niedriger als die Pauschale, § 309 Nr. 5 lit. b) BGB. Zwar verlangt der Wortlaut des § 309 Nr. 5 lit. b) BGB nicht, dass der Leasinggeber dem Leasingnehmer das Recht zum Gegenbeweis ausdrücklich vorbehalten muss, es reicht aber zur Annahme eines Verstoßes aus, wenn beim Leasingnehmer durch die Worte „mindestens“, „ist zu verzinsen“ oder durch die Formulierung „der Verzugsschaden ist geschuldet“ o.ä. der Eindruck erweckt wird, ein Schaden des Leasinggebers sei in jedem Fall in der geltend gemachten Höhe entstanden.[105] Eine geltungserhaltende Reduktion einer gegen das Klauselverbot des § 309 Nr. 5 lit. b) BGB verstoßenden Klausel scheidet aus. Folglich sollte in die AGB aufgenommen werden, dass dem Leasingnehmer der Nachweis offen steht, dass ein geringerer Schaden als pauschal festgelegt oder gar kein Schaden entstanden ist.

(2) Verträge mit Unternehmern

Im unternehmerischen Rechtsverkehr finden im Regelfall die zuvor beschriebenen Grundsätze ebenfalls Anwendung. Es entspricht der allgemeinen Meinung, den in § 309 Nr. 5 lit. a) BGB niedergelegten Rechtsgedanken im Rahmen des § 307 Abs. 1 BGB anzuwenden.[106] Für die entsprechende Heranziehung des § 309 Nr. 5 lit. b) BGB kann nichts anderes gelten, da ein sachlicher Differenzierungsgrund nicht ersichtlich ist.[107] Allerdings ist der Leasinggeber gesetzlich berechtigt Verzugszinsen in Höhe von 8 Prozentpunkten über dem Basiszinssatz zu verlangen, § 288 Abs. 2 BGB.

bb. Pauschale Mahngebühren

Mahngebühren sind Verzugsschäden, weshalb die Voraussetzungen der §§ 280 Abs. 1, Abs. 2 i.V.m. 286 BGB vorliegen müssen. Zulässig in Allgemeinen Leasinggebühren ist darüber hinaus die Pauschalierung von Mahngebühren, soweit die dem Leasinggeber tatsächlich entstehenden Kosten der Mahnung nicht erheblich überschritten werden, da die Gemeinkosten des Leasinggebers nicht erstattungsfähig sind.[108] Eine typische Klausel hierzu lautet:

> „Der Leasinggeber ist berechtigt für jede Mahnung nach Eintritt des Verzugs eine Pauschale von 1,50 Euro gelten zu machen.“

---

105 BGH NJW 1983, 1322; 1983, 2317; 1985, 632; Graf von Westphalen, Der Leasingvertrag, Kap. F, Rn. 6, S. 292.

106 BGH Urteil vom 06.06.1984 – VIII ZR 83/83 = WM 1984, 1092 = NJW 1984, 2938 = ZIP 1984, 962.

107 BGH Urteil vom 06.06.1984 – VIII ZR 83/83 = WM 1984, 1092 = NJW 1984, 2938 = ZIP 1984, 962.

108 BGH ZIP 1984, 1485.

Nach einer Entscheidung des OLG Hamburg[109] soll eine pauschale Mahngebühr von 1,00 DM zulässig sein. Das OLG Stuttgart[110] sah dagegen eine Gebühr von 5,00 DM als zu hoch an, wohingegen das OLG Köln[111] 5,00 DM als zulässige pauschale Mahngebühr ansah. Nach Ansicht des Autors ist im Hinblick auf die zwischenzeitlich eingetreten Inflation eine Pauschale von 5,00 € angemessen. Im Hinblick auf § 309 Nr. 5b BGB ist dem Leasingnehmer als Verbraucher wiederum ausdrücklich vorzubehalten, dass dieser nachweisen kann, dass kein oder ein geringerer Schaden eingetreten ist. Zu beachten ist jedoch, dass pauschale Mahngebühren nicht zusätzlich zu den pauschalierten Verzugszinsen nach § 288 BGB geltend gemacht werden können (doppelte Pauschalierung des Verzugsschadens).[112] Pauschale Mahngebühren welche nach dem jeweiligen Zahlungsrückstand gestaffelt sind, sind ebenfalls unzulässig.[113]

c. Anpassungsklauseln für Leasingraten

Oftmals werden Anpassungsklauseln für die Leasingraten vereinbart, die im Hinblick auf § 313 Abs. 1 BGB zulässig sind, da der Leasingnehmer Vollamortisation schuldet und der Leasinggeber unter den folgenden Voraussetzungen ein berechtigtes Interesse an der Überwälzung der Mehrkosten hat. Zulässige Klauseln lauten u.a. wie folgt:

> „Die Parteien sind berechtigt, bei einer Veränderung von Steuern (z.B. Umsatzsteuer) oder Gebühren während der Vertragslaufzeit eine Anpassung der Leasingraten vorzunehmen.
> Bis zum Beginn der Vertragslaufzeit behält sich der LG eine Anpassung der Leasingraten vor, sofern sich bis zu diesem Zeitpunkt der Kaufpreis des LO erhöht oder ermäßigt. Der LG ist berechtigt, die Leasingraten auch dann anzupassen, wenn sich bis zum Beginn der Vertragslaufzeit die Zinsen auf dem Refinanzierungsmarkt ändern.
> Ist der LN Verbraucher, kann in den zuvor genannten Fällen LG und LN eine Anpassung der Leasingraten und der anderen Leasingentgelte nur dann verlangen, wenn sich der Gesamtpreis des Leasingobjektes oder die Refinanzierungskosten des LG nach dem Datum des Leasingantrages verändert, sofern zwischen Leasingantrag und Übernahme des LO mehr als vier Monate liegen. Ergibt sich durch die erfolgte Anpassung eine Erhöhung um mehr als 5 %, kann der LN durch unverzügliche schriftliche Erklärung vom Leasingvertrag zurücktreten."

d. Aufrechnungsverbot

Zudem wird oftmals ein Aufrechnungsverbot vereinbart, wobei im Hinblick auf § 309 Nr. 3 BGB, der über § 307 BGB auch bei Unternehmern Anwendung findet, folgende Klausel zulässig ist:

---

109 OLG Hamburg NJW-RR 1987, 1449.
110 OLG Stuttgart NJW-RR 1988, 1082.
111 OLG Köln WM 1987, 1550.
112 BGH NJW 1988, 1971.
113 OLG Hamm, NJW-RR 1986, 927.

„Der LN kann gegen fällige Forderungen nur aufrechnen, wenn die Gegenforderung rechtskräftig festgestellt, von dem LG anerkannt oder unbestritten ist; ein Zurückbehaltungsrecht kann der LN nur geltend machen, soweit es auf Ansprüchen aus dem Leasingvertrag beruht."

e. Zusätzliche Garantiepflicht bei erlasskonformen Amortisationsverträgen

Neben die Pflicht zur Zahlung der Leasingraten tritt die Pflicht des Leasingnehmers, die volle Amortisation des zur Beschaffung des Leasingobjekts eingesetzten Kapitals einschließlich des kalkulierten Gewinns zu gewährleisten.[114] Die Amortisationszusage des Leasingnehmers begründet eine eigene Anspruchsgrundlage für den Leasinggeber.

Bei Vollamortisationsverträgen wird die Amortisation bereits durch Zahlung der vereinbarten Leasingraten während der Grundmietzeit und durch die Rückgabe des Leasinggegenstandes bewirkt. Bei Teilamortisationsverträgen wird hingegen durch Zahlung der Leasingraten und darüber hinaus mittels der Vereinbarung eines Andienungsrechtes, durch Zahlung eines bereits bei Vertragsschluss fixierten Kaufpreises oder aber durch Erbringung einer Abschlusszahlung die Amortisation des Leasinggebers erreicht.[115]

Die Zahlungsverpflichtung des Leasingnehmers steht dabei mit der Finanzierungs- und Überlassungsverpflichtung des Leasinggebers im Gegenseitigkeitsverhältnis.[116] Als Entgeltforderung unterliegt der Vollamortisationsanspruch § 288 Abs. 2 BGB.

f. Befreiung von der Zahlungsverpflichtung

Die nicht vertragsgemäße Gebrauchsüberlassung führt bei „in Vollzug gesetzten Leasingverträgen" nicht zur vollständigen bzw. teilweisen Zahlungsbefreiung des Leasingnehmers. Etwas anderes gilt nur dann, wenn der Leasinggeber überhaupt nicht leistet.

---

114 BGH NJW 1985, 2253, 2256; Staudinger, Leasing, Rn. 93.

115 Vgl. hierzu BGH NJW 1985, 2253, 2255: *„Daß den Leasingnehmer die Absicherung des Restwertes, wie sie in der Abschlusszahlung zum Ausdruck kommt, als eine einseitige Verpflichtung trifft (Graf von Westphalen, ZIP 1983, 1021 [1030]), d.h. daß er verpflichtet ist, die durch die Leasingraten bis zum Ablauf der unkündbaren Vertragsdauer bewirkte Teilamortisation mittels der Abschlusszahlung zur Vollamortisation aufzustocken, hat der erkennende Senat schon bisher nicht in Frage gestellt, sofern nur die Vereinbarung einer Abschlusszahlung wirksam getroffen worden ist."*

116 BGHZ 71, 196 = NJW 1978, 1432; BGHZ 112, 279 = NJW 1991, 102; BGH NJW 1997, 630; Emmerich, JuS 1990, 5; Flume, DB 1991, 270.

Auf die Zahlungspflicht des Leasingnehmers wirkt sich die nicht vertragsgemäße Leistung des Leasinggebers nicht aus, da er sich aufgrund der leasingtypischen Freizeichnungs- und Abtretungskonstruktion ausschließlich an den Lieferanten halten muss und sich vor allem nicht auf § 536 BGB (Minderung) berufen kann. Entscheidend ist, ob der Leasingnehmer den Erhalt des Leasinggegenstandes bestätigt hat, sei es durch eine unrichtige Übernahmebestätigung oder die grundlose Verweigerung der Unterzeichnung der Übernahmebestätigung.[117] § 539 BGB ist nicht anwendbar. Dieser Rechtsgedanke kann aber im Rahmen des § 320 Abs. 2 BGB herangezogen werden.[118]

Der Leasingnehmer bleibt zur Zahlung verpflichtet, wenn der Leasinggeber bei einer trennbaren Teilleistung nur unvollständig erfüllt, die Leasingsache dennoch benutzbar ist und der Leasingnehmer sich seine Rechte nicht bei der Abnahme vorbehalten hat.[119]

Anders stellt sich die Sachlage dann, wenn der Lieferant den Leistungsgegenstand überhaupt nicht liefert und dadurch der Vertrag scheitert. In diesem Fall hat der Leasinggeber gegen den Leasingnehmer keinen Anspruch auf Ersatz seiner Finanzierungskosten.[120]

g. Vereinbarung einer Leasingsonderzahlung

Leasingsonderzahlungen sind Vorauszahlungen auf Leasingraten und sind rechtlich gleichlaufend mit diesen zu behandeln.

Hat der Leasingnehmer mit dem Leasinggeber eine Leasingsonderzahlung vorab vereinbart, so ist diese vor Übergabe des Leasinggutes an den Leasinggeber zu bezahlen. Leasingsonderzahlungen sind frei vereinbar, wobei insbesondere bei Fahrzeugen bis zu 30 % des Anschaffungspreises angesetzt werden.[121] Maßgeblich ist zum einen, in welcher Höhe der Leasinggeber sein Ausfallrisiko[122] minimieren und zum anderen der

117 Beckmann, Finanzierungsleasing, § 3, Rn. 41.

118 Vgl. hierzu BGH, Urteil vom 5. Juli 1989 – VIII 334/88 = WM 1989, 1574 = ZIP 1989, 1333: *„Der Leasingnehmer kann sich nicht auf den mangelnden Beginn seiner Mietzahlungspflicht berufen, sondern allenfalls die Einrede aus § 320 BGB erheben. § 539 BGB ist in diesem Fall nicht anzuwenden. Im Rahmen des § 320 Abs. 2 BGB können die Rechtsgedanken von § 539 BGB jedoch herangezogen werden."*

119 BGH NJW, 1989, 3222; Beckmann, Finanzierungsleasing, § 3, Rn. 48.

120 Vgl. hierzu BGH, Urteil vom 09.10.1985 – VIII ZR 217/84 = BGHZ 96, 103 = WM 1985, 1447 = NJW 1986, 179 = ZIP 1985, 1398: *„Der Leasinggeber hat gegen den Leasingnehmer keinen Anspruch auf Ersatz seiner Finanzierungskosten, wenn der Lieferant den Leasinggegenstand nicht liefert und dadurch der Vertrag scheitert."*

121 Reinking/Eggert, Der Autokauf, Rn. L 371 ff.

122 Alternativ zur Sonderzahlung werden Kautionen zur Sicherheit des Leasinggebers – vor allem bei schlechten Bonitätswerten des Leasingnehmers – in der Praxis verwendet.

Leasingnehmer seine monatliche Belastung reduzieren will.[123] Da sich der Amortisationsbetrag aus den Komponenten Leasingraten und Sonderzahlungen zusammensetzt, führt die Erhöhung der Sonderzahlung letztlich zu niedrigeren Leasingraten. In der Regel werden Sonderzahlungen als Vorauszahlung für die Gebrauchsüberlassung angesehen.[124] Diese Leasingvorauszahlungen führen zu passiven Rechnungsabgrenzungsposten beim Leasinggeber, die auf die Gebrauchsüberlassungszeit pro rata gewinnerhöhend aufzulösen sind.[125] Dagegen führt eine Sonderzahlung beim Leasingnehmer zu sofort abzugsfähigen Betriebsausgaben bzw. bei Überschusseinkünften, soweit abzugsfähig, zu Werbungskosten.[126] Der Bundesgerichtshof hat klargestellt, dass bei Inzahlungnahme eines Gebrauchtwagens des Leasingnehmers durch den Leasinggeber zum Betrag der vertraglich vereinbarten Mietsonderzahlung in der Regel kein gesonderter Kaufvertrag vorliegt. Vielmehr liegt ein einheitlicher Leasingvertrag vor, bei dem der Leasingnehmer berechtigt ist die Mietsonderzahlung durch die Inzahlunggabe des Gebrauchtwagens zu tilgen, § 364 Abs. 1 BGB (Ersetzungsbefugnis).[127] Im Falle der Rückabwicklung des Leasingvertrages kann der Leasingnehmer nur den Gebrauchtwagen selbst und nicht den angerechneten Geldbetrag für die Mietsonderzahlung herausverlangen.[128] Hieraus resultieren Probleme, wenn der Wert des Fahrzeugs nicht dem Wert der veranlagten Leasingsonderzahlung entspricht, da weitere Rabatte verrechnet wurden. Der Leasingnehmer erhält dann im Rahmen einer etwaigen Rückabwicklung lediglich den objektiven Wert des Fahrzeuges ersetzt, § 346 Abs. 1 S. 1 Nr. 3 HS. 1 BGB (strittig wegen § 346 Abs. 2 Satz 2, jedoch wegen der Abgrenzung zum Schadensersatz geboten, da die Ansprüche andernfalls inhaltsgleich wären, obwohl der Schadensersatz aufgrund des „vertreten müssens" ein mehr erfordert). Ergibt sich im Wege der Auslegung, dass ein in Zahlung gegebenes Altfahrzeug als Sonderzahlung zu qualifizieren ist, so handelt es sich um eine doppelte Ersetzungsbefugnis für die Sonderzahlung einerseits und um eine Leistung an Erfüllung statt nach § 364 Abs. 1 BGB andererseits.[129]

---

123 Godefroid, BB-Beilage 1993 S. 8 ff.

124 Reinking/Eggert, Der Autokauf, Leasing, Rn. L 363 ff.

125 Bordewin/Tonner, Leasing im Steuerrecht, Rn. 121 f.

126 BFH DAR 1994, 413.

127 Vgl. hierzu BGH Urteil vom 30.10.02 – NJW 2003, 505 = DB 2003, 196: *„Nimmt der Händler und Leasinggeber bei einem Leasingvertrag über ein Kraftfahrzeug einen Gebrauchtwagen des Leasingnehmers zum Betrag der im Leasingvertrag vereinbarten Mietsonderzahlung in Zahlung, liegt im Regelfall kein gesonderter Kaufvertrag über den Gebrauchtwagen, sondern ein einheitlicher Leasingvertrag vor, bei dem der Leasingnehmer das Recht hat, die vertraglich vereinbarte Mietsonderzahlung durch Hingabe des Gebrauchtwagens zu tilgen."*

128 Vgl. hierzu BGH Urteil vom 30.10.02 – NJW 2003, 505 = DB 2003, 196: *„Vereinbaren die Vertragsparteien in einem solchen Fall die Rückabwicklung des Leasingvertrages, so kann der Leasingnehmer nicht den für seinen Gebrauchtwagen auf die Mietsonderzahlung angerechneten Geldbetrag, sondern nur den in Zahlung gegebenen Gebrauchtwagen selbst zurückverlangen."*

129 BGHZ 46, 338.

h. Vorübergehende Inbesitznahme des Leasingobjektes bei Zahlungsverzug

Befindet sich der Leasingnehmer in vorübergehenden Zahlungsschwierigkeiten und stehen Leasingraten aus, kann der Leasinggeber ggf. ein Interesse an der Inbesitznahme des Leasingobjektes haben, ohne dass er die Kündigung ausspricht. Dies gilt insbesondere dann, wenn der Leasinggeber an der Fortsetzung des Leasingvertrages interessiert ist. Daher ist es rechtlich zulässig und mit § 307 BGB vereinbar, wenn sich der Leasinggeber in den Allgemeinen Vertragsbedingungen das Recht vorbehält, dem Leasingnehmer den Gebrauch des Leasingobjektes zu untersagen und den Besitz zu entziehen, bis der Zahlungsrückstand ausgeglichen wird.[130] Dies gilt nur, wenn als tatbestandliche Voraussetzung des Sicherungsmittels die Voraussetzungen des außerordentlichen Kündigungsrechts nach § 543 BGB gefordert werden.[131] Auch ist eine Klausel unzulässig, die für den Leasingnehmer zur Beendigung des Sicherungsrechts mehr als die Zahlung der rückständigen Raten fordert (z.B. Kaution).[132] Fehlt eine solche (zulässige) Klausel, handelt der Leasinggeber vertragswidrig, nimmt er das Leasingobjekt ohne Kündigung an sich, was zu Schadensersatzansprüchen des Leasingnehmers gem. § 280 BGB führen kann. Darüber hinaus erlischt der Anspruch des Leasinggebers auf Zahlung der Leasingraten während dieses Zeitraumes.

3. Abnahmepflicht des Leasingnehmers

Den Leasingnehmer trifft die in der Leasingpraxis oftmals formularvertraglich vereinbarte Pflicht zur Abnahme der mangelfrei gelieferten Leasingsache.[133]

Für den Käufer einer Sache besteht gegenüber dem Verkäufer eine (Neben-)Leistungspflicht zur Abnahme, § 433 Abs. 2 BGB. Sofern ein Werkvertrag vorliegt, besteht für den Besteller des Werkes die Pflicht zur Abnahme des hergestellten Werkes gemäß § 640 Abs. 1 BGB.[134] Die Vorschriften der §§ 535 ff. BGB sehen keine Abnahmeverpflichtung vor. Im Hinblick auf die besondere Finanzierungsfunktion des Leasings ist eine Abnahmeverpflichtung im Zweifel anzunehmen.[135] Die Abnahmepflicht ergibt sich als ungeschriebenes Tatbestandsmerkmal aus § 535 BGB. Denn der Leasinggeber ist aus dem Leasingvertrag verpflichtet, dem Leasingnehmer die Leasingsache zu übergeben.[136] Demzufolge muss sich auf der anderen Seite eine Abnahmepflicht des Leasingnehmers ergeben, der andernfalls den Vertragsbeginn beliebig und sankti-

130 BGH WM 1978, 406.
131 Reinking, Der Autokauf, Rn. L 609.
132 BGH MDR 1982, 485 f.
133 Staudinger, Leasing, Rn. 182.
134 Palandt/Weidenkaff, § 433, Rn. 44; Palandt/Sprau, § 640, Rn. 8.
135 Palandt/Weidenkaff, § 535, Rn. 40.
136 Beckmann, Finanzierungsleasing, § 3, Rn. 30.

onslos verzögern könnte.[137] Zur Vermeidung von Unklarheiten sehen die in der Leasingpraxis verwendeten Vertragsvereinbarungen vor, dass der Leasingnehmer zur Abnahme des Leasinggutes verpflichtet wird.[138] Eine typische Klausel lautet wie folgt:

> „Der Leasingnehmer wird das Leasinggut bei Lieferung in Vertretung des Leasinggebers abnehmen und unverzüglich auf Mängelfreiheit und Funktionsfähigkeit für den vorgesehenen Zweck untersuchen. Zudem hat der Leasingnehmer die Abnahme auf der Übernahmebestätigung dem Leasinggeber schriftlich bestätigen und gegebenenfalls Mängel gegenüber dem Lieferanten fristgerecht rügen sowie hiervon den Leasinggeber in Kenntnis setzen."

Bei der Übernahmebestätigung handelt sich lediglich um die Bestätigung des Erhalts der Leasingsache. Es liegt darin keine Anerkennung auf Vertragsmäßigkeit oder ein Verzicht auf bestehende Einwendungen. Kommt der Leasingnehmer seiner Abnahmepflicht nicht nach, kann der Leasinggeber nach entsprechender Fristsetzung vom Leasingvertrag zurücktreten. Die Belastung des Leasingnehmers mit der Abnahmeverpflichtung ist selbst dann wirksam, wenn sie im Rahmen von formularvertraglichen Vereinbarungen vom Leasinggeber auf den Leasingnehmer übertragen wird. In der Praxis muss der Leasinggeber innerhalb des leasingtypischen Drei-Personenverhältnisses die Abnahmepflicht faktisch zwangsläufig auf den Leasingnehmer übertragen. Dies ist dem Umstand geschuldet, dass eine Direktlieferung des Lieferanten an den Leasingnehmer erfolgt, die es dem Leasinggeber nicht bzw. nur schwer ermöglicht, seiner Untersuchungs- oder Rügemöglichkeit nach § 377 HGB nachzukommen. Die Abwälzung der Abnahmeverpflichtung ist daher sachlich gerechtfertigt und stellt keinen Verstoß gegen § 307 BGB dar.[139]

Die Übernahmebestätigung legt den Zeitpunkt fest, ab dem der zwischen Leasingnehmer und Leasinggeber abgeschlossene Leasingvertrag in Vollzug gesetzt wird.[140] Ab diesem Zeitpunkt hat der Leasingnehmer dem Leasinggeber die Leasingraten zu bezahlen und der Leasinggeber hat dem Lieferanten/Hersteller den Kaufpreis überweisen. Die Übernahmebestätigung hat somit eine die Fälligkeit auslösende Bedeutung. Rechtlich noch nicht abschließend geklärt ist, ob der Leasingvertrag unter der aufschiebenden Bedingung der Übernahmebestätigung geschlossen werden kann. Auf das Ausbleiben des Bedingungseintritts kann sich der Leasinggeber zumindest nicht ohne weiteres berufen; insbesondere dann nicht, wenn sich dies als rechtsmissbräuchlich darstellen würde.[141]

---

137 Beckmann, Finanzierungsleasing, § 2, Rn. 15.
138 Staudinger, Leasing, Rn. 184.
139 Staudinger, Leasing, Rn. 182.
140 MüKo/Koch, Bd. 3, Finanzierungsleasing, Rn. 74.
141 MüKo/Koch, Bd. 3, Finanzierungsleasing, Rn. 74.

Erteilt der Leasingnehmer schuldhaft eine unrichtige Übernahmebestätigung, so macht er sich gemäß § 280 BGB schadensersatzpflichtig, da die Pflicht zur Übernahme als Pflicht aus dem Leasingvertrag anerkannt ist.[142]

4. Übernahmebestätigung

Unter einer Übernahmebestätigung ist eine Vereinbarung zwischen Leasingnehmer und Leasinggeber zu verstehen, in der sich der Leasingnehmer dem Leasinggeber gegenüber verpflichtet, die Lieferung des Leasingobjekts sowie deren Mangelfreiheit zu bestätigen. Es gelten folgende Grundsätze:

Die Übernahmebestätigung ist eine Quittung des Leasingnehmers, mit der er den Erhalt der Leasingsache in vertragsgemäßem Zustand bestätigt, § 368 BGB.
Mit Abgabe der Übernahmeerklärung durch Übernahmebestätigung trifft den Leasingnehmer die Pflicht zur Zahlung der vereinbarten Leasingraten.
Der Leasingnehmer macht sich schadensersatzpflichtig, wenn er die Abgabe der Übernahmebestätigung grundlos verweigert, verzögert oder schuldhaft eine fehlerhafte Übernahmebestätigung ausstellt.

Praxistypische Klauseln bezüglich einer Übernahmeerklärung lauten:

> „Die Auslieferung des LO durch den Lieferanten erfolgt unmittelbar an den LN.
> Der LN ist verpflichtet, das LO unverzüglich auf Gebrauchs- und Funktionstauglichkeit gem. § 377 HGB, insbesondere auf Mängel, Vollständigkeit und Übereinstimmung mit dem zwischen den Parteien des Liefervertrages Vereinbarten zu untersuchen und Beanstandungen dem Lieferanten und dem LG unverzüglich und spezifiziert schriftlich anzuzeigen. Der LN hat das LO abzunehmen, sofern sich keine Beanstandungen zeigen. Der LN muss jedoch zumutbare Konstruktions- und Formänderungen, v.a. zumutbare Abweichungen im Farbton und des serienmäßigen Lieferumfangs hinnehmen.
> Der LN hat nach erfolgter Abnahme innerhalb einer Frist von drei Arbeitstagen eine Abnahmeerklärung rechtsverbindlich zu unterzeichnen und dem LG zu übergeben. Der LN nimmt zustimmend davon Kenntnis, dass der LG auf die Richtigkeit der Abnahmeerklärung vertraut und deshalb nach Erhalt der Abnahmeerklärung den Kaufpreis an den Lieferanten des LO bezahlt. Der LN ist verpflichtet, den LG von allen Schäden freizuhalten, die daraus entstehen, dass der LN aus Gründen, die er zu vertreten hat, eine unvollständige oder fehlerhafte Abnahmeerklärung ausstellt."

---

142 BGH NJW 1988, 204, 207.

a. Rechtsdogmatische Einordnung und Funktion der Übernahmebestätigung

Übernahmebestätigungen des Leasingnehmers kommen in der Praxis häufig vor. Sie dokumentieren die Überlassung des Leasinggegenstandes und haben vor allem Bedeutung für die Beweislast etwaiger später auftretender Mängel und die Fälligstellung der Leasingraten. Jedoch kann eine Verpflichtung zur Abgabe einer Übernahmebestätigung bei einer mehrdeutigen Regelung keine Vereinbarung eines aufschiebend bedingten Leasingvertrages darstellen.[143] Einer solchen Auslegung einer standardisierten Vereinbarung steht § 305c Abs. 2 BGB entgegen, da andernfalls dem Leasingnehmer seine Leistungsstörungsrechte bei Nicht- oder Spätleistung entzogen würden. Liegt dagegen eine Individualvereinbarung vor, bedarf es einer konkreten Bezugnahme auf die Bedingung. Der Leasinggeber kann sich jedoch gemäß § 162 Abs. 1 BGB dann nicht auf die Bedingung berufen, wenn er den Bedingungseintritt treuwidrig selbst verhindert hat.[144]

aa. Übernahmebestätigung im Verhältnis Leasingnehmer – Leasinggeber

Auch wenn keine Vereinbarung vorliegt, mit welcher der Leasinggeber dem Leasingnehmer die Untersuchungs- und Rügepflichten im Sinne von § 377 HGB überträgt[145], so ist der Leasingnehmer dem Leasinggeber gegenüber verpflichtet, zumindest die Lieferung der Leasingsache und deren Gebrauchstauglichkeit durch eine Übernahmebestätigung mitzuteilen.[146] Diese Übernahmebestätigung stellt eine Quittung des Leasingnehmers im Sinne des § 368 BGB für die empfangene Leistung dar.[147] Mit dieser bestätigt der Leasingnehmer dem Leasinggeber die Auslieferung und Funktionstauglichkeit der Leasingsache und somit die Erfüllung der Hauptleistungspflicht des Leasinggebers zur Gebrauchsüberlassung.[148] Dem Leasingnehmer obliegt gemäß § 363 BGB die Darlegungs- und Beweislast für die Unrichtigkeit der Übernahmebestätigung.[149] Hingegen stellt die Übernahmebestätigung nach überzeugender Ansicht des Bundesgerichtshofs kein deklaratorisches oder konstitutives Schuldanerkenntnis dar.[150] Der Bundesgerichtshof führt in seiner ständigen Rechtsprechung hierzu

---

143 MüKoBGB/Koch, Bd. 3, Finanzierungsleasing, Rn. 74 f.

144 Graf von Westphalen, ZIP 1985, 1336 ff.

145 Zur Übertragung umfassend in Kapitel E. II. 2. b. und Kapitel F. I. 1. b. aa. (3).

146 Palandt/Weidenkaff, Einf. v. § 535, Rn. 49; MüKoBGB/Koch, Bd. 3, Finanzierungsleasing, Rn. 75.

147 Palandt/Weidenkaff, Einf. v. § 535, Rn. 49; MüKoBGB/Koch, Bd. 3, Finanzierungsleasing, Rn. 75; Martinek/Stoffels/Wimmer-Leonhardt, Handbuch des Leasingrechts, 6. Kapitel, § 13, Rn. 6, S. 166; Beckmann, Finanzierungsleasing, § 3, Rn. 58.

148 Graf von Westphalen, Der Leasingvertrag, Kap. E, Rn. 11, S. 271.

149 Graf von Westphalen, Der Leasingvertrag, Kap. E, Rn. 11, S. 271.

150 BGH Urteil vom 01.07.1987 – VIII ZR 117/86 = WM 1987, 1131 = NJW 1988, 204 = ZIP 1987, 1187; ebenso BGH Urteil vom 05.07.1989 – VIII ZR 334/88 = NJW 1989, 3222; Urteil vom 17.02.1993 –

aus, dass der Sinn der Übernahmeerklärung in der Bestätigung der Überlassung des Leasinggutes sowie der Übereinstimmung mit den Vereinbarungen, sowohl im Leasingvertrag als auch gegenüber dem Lieferanten zu sehen ist.[151] Eine solche Übernahmeerklärung führt in Ermangelung anders lautender Vereinbarungen lediglich zu einer Beweislastumkehr zu Lasten des Leasingnehmers.[152] Zur Erschütterung der Beweiskraft muss der Leasingnehmer beweisen, dass die Übergabe tatsächlich nicht stattgefunden hat und es somit an der vom Leasinggeber geschuldeten Verschaffung des unmittelbaren Besitzes fehlt.[153] Etwas anderes gilt nur dann, wenn die Unrichtigkeit feststeht oder von der jeweils anderen Partei nicht bestritten wird.[154]

Eine Klausel in Allgemeinen Leasingbedingungen, wonach die Übernahmebestätigung als bindendes Anerkenntnis der Mangelfreiheit des Leasingguts anzusehen ist, verstößt gegenüber Verbrauchern gegen § 309 Nr. 12b BGB und gegenüber Unternehmern gegen § 307 Abs. 2 Nr. 1 BGB; jeweils mit der Folge der Unwirksamkeit.[155]

Gleichzeitig informiert die Übernahmebestätigung den Leasinggeber über den an die tatsächliche Übernahme geknüpften Beginn der Vertragslaufzeit des Liefervertrages und die von dieser Zeit an zu leistenden Zahlungen.[156] Eine Übernahmebestäti-

---

VIII ZR 37/92 = WM 1993, 955 = NJW 1993, 1381 = ZIP 1993, 436: *„Die in Leasingverträgen üblicherweise vereinbarte Übernahmebestätigung stellt kein Schuldanerkenntnis (§ 781 BGB) dar, sondern bürdet dem Leasingnehmer nur die Beweislast für die von ihm behauptete Unrichtigkeit der Erklärung auf (§§ 368, 363 BGB).“*

151 BGH Urteil vom 01.07.1987 – VIII ZR 117/86 = WM 1987, 1131 = NJW 1988, 204 = ZIP 1987, 1187: *„Nicht zu folgen ist der Auffassung der Kl., die Übernahmeerklärung enthalte ein Schuldanerkenntnis gem. § 781 BGB. Weder die Überschrift noch der Text der von der Kl. vorformulierten und durch die Benennung der gelieferten Teile ergänzten Erklärung lassen erkennen, dass mit ihr konstruktiv oder deklaratorisch der Bestand einer Schuld – hier der Leasingratenzahlungspflicht – anerkannt werden sollte. Sinn der Erklärung ist es vielmehr die Tatsache der Übernahme der Leasingsache zu bestätigen und die Übereinstimmung mit den Vereinbarungen sowohl im Leasingvertrag als auch gegenüber dem Lieferanten zu bescheinigen.“*

152 BGH Urteil vom 01.07.1987 – VIII ZR 117/86 = WM 1987, 1131 = NJW 1988, 204 = ZIP 1987, 1187: *„Vorbehaltlich einer wirksamen anderen Vereinbarung ... begründet die Bestätigung der Übernahme noch keine Anerkennung der Vertragsmäßigkeit oder einen Verzicht auf etwaige Einwendungen. Sie stellt nur eine Quittung für die empfangene Leistung dar, die den Aussteller zum Beweis zwingt, wenn er später die Unrichtigkeit der Erklärung geltend machen will (§ 368 BGB)...“*
„...Die Übernahmeerklärung enthält allerdings in ihrem übrigen, von der Kl. vorformulierten Text auch die Anerkennung der erbrachten Leistung als vertragsgemäß. Nach der gesetzlichen Regelung folgt hieraus ebenfalls nur die Umkehrung der Beweislast und schließt nicht etwa generell alle auf der unvollständigen Lieferung beruhenden Einwendungen aus (§ 363 BGB).“

153 Beckmann, Finanzierungsleasing, § 3, Rn. 59; Graf von Westphalen, Der Leasingvertrag, Kap. E, Rn. 11, S. 271.

154 Beckmann, Finanzierungsleasing, § 3, Rn. 59 m.w.N.

155 BGH, WM 1987, 1131; Graf von Westphalen, Der Leasingvertrag, Kap. E, Rn. 15 f., S. 273.

156 BGH Urteil vom 17.02.1993 – VIII ZR 37/92 = WM 1993, 955 = NJW 1993, 1381 = ZIP 1993, 436; Beckmann, Finanzierungsleasing, § 3, Rn. 36.

gung ist auch bei einer Nacherfüllung gemäß § 439 Abs. 1 BGB notwendig, insbesondere in den Fällen der Nachlieferung.[157]

bb. Übernahmebestätigung im Verhältnis Leasinggeber – Lieferant

Für den Liefervertrag zwischen Leasinggeber und Lieferant ist die Übernahmebestätigung nicht als Quittung i.S.v. §§ 363, 368 BGB zu qualifizieren. Dies gilt deshalb, weil nach der Rechtsprechung des Bundesgerichtshofes der Leasingnehmer gegenüber dem Lieferanten nicht als Vertreter des Leasinggebers qualifiziert werden kann.[158] Daher kann sich der Lieferant nicht auf die dem Leasinggeber erteilte Übernahmebestätigung berufen, um darzulegen, dass der Leasingnehmer die Leasingsache vollständig und ordnungsgemäß erhalten hat.[159] Es ist für den Lieferanten somit ratsam, sich eine eigene Quittung vom Leasingnehmer ausstellen zu lassen. Nach Ansicht des Bundesgerichtshofes ist eine Vereinbarung im Liefervertrag unwirksam, wonach eine Lieferung nur unter der Bedingung der Erteilung einer Übernahmebestätigung erfolgen darf.[160] Allerdings kann die Übernahmebestätigung als Fälligkeitsregelung im Liefervertrag Bedeutung erlangen.[161]

---

157 Beckmann, Finanzierungsleasing, § 3, Rn. 58.

158 BGH NJW-RR 1990, 1462, 1465: *„Überdies ist die für das Leasingverhältnis bestimmte Erklärung des Leasingnehmers nicht zugleich eine Erklärung des Leasinggebers im kaufrechtlichen Verhältnis gegenüber dem Lieferanten. Selbst wenn der Leasingnehmer für die Abnahme des Leasinggutes Erfüllungsgehilfe des Leasinggebers im Verhältnis zum Lieferanten ist, ist er damit nicht zugleich Vertreter des Leasinggebers als Käufer in dessen gesamter Vertragsstellung. Das ist für den Lieferanten auch erkennbar, zumal hier (wie in der Regel) in den schriftlichen Vertragsunterlagen nichts für eine derartige Bevollmächtigung des Leasingnehmers spricht.“*

159 A.A. Beckmann, Finanzierungsleasing, § 3, Rn. 62.

160 BGH NJW 1993, 1381, 1383: *„Die vom BerGer. angeführte Möglichkeit, die Kaufsache nur Zug um Zug gegen Aushändigung der Übernahmebestätigung zu übergeben, besteht nicht. Denn der Leasingnehmer als Erfüllungsgehilfe des Leasinggebers bei Abnahme der Kaufsache ist zur Erteilung der Übernahmebestätigung nur verpflichtet, nachdem er die Sache auf ihre Ordnungsmäßigkeit hin geprüft hat. Das aber kann besonders bei einer komplizierten elektronischen Anlage unter Umständen nicht sofort nach Auslieferung und Montage geschehen.*
Bei dieser Sachlage ist die Auslegung der streitigen Klausel als Bedingungsabrede ausgeschlossen, soweit es um die Bedeutung und Wirkung der Übernahmebestätigung geht. Die im Urteil vom 14.3.1984 (BGHZ 90, 302 (307, 308) = NJW 1984, 2034= LM § 278 BGB Nr. 90) offen gelassene Auslegungsfrage entscheidet der erkennende Senat nunmehr dahin, daß die Klausel nur als Vereinbarung einer Vorleistungspflicht des Lieferanten und zugleich als Fälligkeitsbestimmung für die schon mit der vertraglichen Einigung entstandene Zahlungspflicht des Leasinggebers auszulegen ist.“, vgl. auch Martinek/Stoffels/Wimmer-Leonhardt, Handbuch des Leasingrechts, 6. Kapitel, § 13, Rn. 8, S. 167.

161 Martinek/Stoffels/Wimmer-Leonhardt, Handbuch des Leasingrechts, 6. Kapitel, § 13, Rn. 8, S. 167.

b. Anforderungen an die Übernahmebestätigung

aa. Bestätigung auch des vertragsgemäßen Empfangs

Nach den üblichen Übernahmebestätigungen bestätigt der Leasingnehmer nicht lediglich den vollständigen, sondern darüber hinaus den vertragsgemäßen Empfang der Leasingsache.[162] Oftmals bestehen Bedenken bezüglich der rechtlichen Wirksamkeit der eben beschriebenen Klauseln. Bei solch umfassenden formularmäßigen Übernahmebestätigungen ist ein Verstoß gegen § 309 Nr. 12 lit. b) BGB nahe liegend. Hiernach sind Bestimmungen, die den anderen Vertragsteil bestimmte Tatsachen bestätigen lassen, unwirksam. Gemäß § 309 Nr. 12 lit. b) Halbsatz 2 BGB sind nur Empfangsbekenntnisse wirksam, die gesondert unterschrieben werden. Ein Empfangsbekenntnis liegt nur dann vor, wenn nicht mehr als der Empfang als solcher bestätigt wird.[163] Eine formularmäßige Bestätigung der Vertragsgemäßheit geht hierüber hinaus und ist wegen § 309 Nr. 12 lit. b) unwirksam.[164]

Etwas anderes soll nach weit verbreiteter Meinung aufgrund der leasingtypischen Interessenlage für Leasingverträge gelten, da der Leasinggeber zwar Käufer der Ware ist, diese aber wegen der direkten Durchlieferung nicht zu Gesicht bekommt. Eine Verpflichtung des Leasingnehmers den Leasinggeber über die Vertragsgemäßheit zu unterrichten, ist wertungsgerecht.[165] Der Bundesgerichtshof hat eine Klausel, in der die Übernahme vom Leasingnehmer „in ordnungsgemäßem, mängelfreien, funktionsfähigem und fabrikneuen Zustand“ bestätigt werden musste, unbeanstandet gelassen.[166]

Allerdings muss berücksichtigt werden, dass in dieser Entscheidung des Bundesgerichtshofes die Klausel nicht entscheidungserheblich war. Bis die Frage der Wirksamkeit einer solchen Bestätigung endgültig höchstrichterlich geklärt ist, sollten Leasinggeber ihre Übernahmebestätigung vorsichtshalber in zwei separate, sprachlich und optisch eindeutig getrennte Klauseln aufteilen: eine Klausel, die nur den vollständigen Erhalt der Leasingsache bestätigt und eine zweite, die deren vertragsgemäßen, d.h. mangelfreien Erhalt bestätigt.[167]

bb. Form der Übernahmebestätigung

Damit der Leasingnehmer seiner Pflicht zur Übernahmebestätigung nachkommt, muss die Übernahmebestätigung formwirksam sein. Hierfür muss sie nicht exakt dem vorformulierten Text des Leasinggebers entsprechen.[168] Eine bestimmte Form

---

162 Beckmann, Finanzierungsleasing, § 3, Rn. 53.
163 Beckmann, Finanzierungsleasing, § 3, Rn. 52.
164 Palandt/Grüneberg, § 309, Rn. 109.
165 Beckmann, Finanzierungsleasing, § 3, Rn. 55.
166 BGH NJW 2005, 365.
167 Ebenso Beckmann, Finanzierungsleasing, § 3, Rn. 57.
168 Graf von Westphalen, Der Leasingvertrag, Kap. F, Rn. 11, 271.

muss nur gewahrt werden, sofern ein rechtliches Interesse des Leasinggebers daran besteht. Eine bloße Berufung auf die im Vertragstext vorgeschriebene Formulierung wäre hingegen rechtsmissbräuchlich.[169] Somit liegt eine verweigerte oder verzögerte Übernahmebestätigung nicht schon allein deswegen vor, weil sie nicht exakt der vorgegebenen Formulierung entspricht.[170]

c. Rechtsfolgen der Übernahmebestätigung

Mit der Unterschrift des Leasingnehmers unter die Übernahmebestätigung geht eine Vielzahl von Rechtsfolgen einher, insbesondere wird der Leasingvertrag „in Vollzug gesetzt".[171]

aa. Zahlungspflicht des Leasingnehmers

(1) Übernahme der Leasingsache und Zahlungspflicht des Leasingnehmers

Mit der Unterzeichnung der Übernahmebestätigung und mit der vollständigen Erbringung aller infolge des Leasingvertrages vereinbarten und geschuldeten Leistungen durch den Lieferanten als Erfüllungsgehilfen des Leasinggebers beginnt die Pflicht des Leasingnehmers zur Zahlung der Leasingraten. Eine Zahlungspflicht wird nach der Rechtsprechung des Bundesgerichtshofes vor der vollständigen Übernahme der Leasingsache nicht begründet.[172] Eine diesem Grundsatz gegenläufige AGB-Klausel ist unwirksam.[173]

---

169 BGH Urteil vom 17.02.1993 – VIII ZR 37/92 = WM 1993, 955 = NJW 1993, 1381 = ZIP 1993, 436: *„(...) Einen Anspruch auf die Bestätigung nur mit dem von ihr vorformulierten Text hat die Bekl. nicht. Im Leasingverhältnis zwischen ihr und der Leasingnehmerin stellt die Bestätigung mangels anderer, hier nicht vorliegender Vereinbarung nur eine Quittung i.S. von § 368 BGB über die Auslieferung des Leasinggutes dar (BGH, NJW 1988, 204 = LM § 536 BGB Nr. 27 = WM 1987, 1131 [unter A II 2b, d]); sie informiert die Bekl. zugleich über den an die tatsächliche Übernahme (nicht deren Bestätigung) geknüpften Beginn der Vertragslaufzeit und der von dieser Zeit an zu leistenden Zahlungen. Als Schuldner der Gebrauchsüberlassung hat die Bekl. nach § 368 S. 2 BGB zwar einen Anspruch auf Erteilung der Quittung in einer bestimmten Form, falls sie ein rechtliches Interesse daran hat. Ein solches ist hier aber nicht erkennbar. Wird die Quittung vom Gläubiger mit einem Inhalt erteilt, der demjenigen der vom Schuldner verlangten Form der Sache nach entspricht, muss sich der Schuldner auch mit einer anderen Formulierung als der von ihm formularmäßig vorgeschriebenen begnügen. Die bloße Berufung auf die vertraglich vorgeschriebene Formulierung wäre ein Rechtsmissbrauch."*

170 Martinek/Stoffels/Wimmer-Leonhardt, Handbuch des Leasingrechts, 6. Kapitel, § 13, Rn. 16, S. 171.

171 MüKoBGB/Koch, Bd. 3, Finanzierungsleasing, Rn. 44, 74.

172 BGH Urteil vom 01.07.1987 – VIII ZR 117/86 = WM 1987, 1131 = NJW 1988, 204 = ZIP 1987, 1187: *„Beginnt nach den AGB eines Leasinggebers die Mietzeit mit der Übernahme des Leasinggegenstandes, so tritt diese Rechtsfolge* [Anm.: die Zahlungspflicht] *erst nach vollständiger Gebrauchsüberlassung ein, soweit anderes nicht vereinbart ist."*

173 BGH Urteil vom 01.07.1987 – VIII ZR 117/86 = WM 1987, 1131 = NJW 1988, 204 = ZIP 1987,

(2) Unrichtige Übernahmebestätigung und Zahlungspflicht des Leasingnehmers
Ebenfalls unzulässig ist nach Ansicht des Bundesgerichtshofes eine Bestimmung in Allgemeinen Geschäftsbedingungen des Leasinggebers, durch welche die Abgabe einer unrichtigen Übernahmebestätigung des Leasingnehmers dessen unbedingte, nur durch erfolgreiche Inanspruchnahme des Lieferanten abzuändernde Zahlungspflicht für die Leasingraten begründet. Eine solche formularvertragliche Vereinbarung benachteilige den Leasingnehmer unangemessen, weil ihm somit das Vertragsrisiko auferlegt werden würde.[174] Des Weiteren verweist der Bundesgerichtshof auf die Überlegung, dass der Lieferant als Erfüllungsgehilfe des Leasinggebers bei der Gebrauchsüberlassung die Pflicht habe, auf etwaige Mängel des Leasinggutes hinzuweisen.[175]

1187: *„Grundlage für den auf die Abgabe einer Übernahmeerklärung gestützten Zahlungsanspruch der Kl. kann danach nur § 4 Nr. 3 S. 2 AVB sein. Diese Bestimmung will der Kl. nach Eingang einer uneingeschränkten Übernahmeerklärung einen unbedingten, nur unter den Voraussetzungen des sich anschließenden Satzes 3 der Klausel abzuändernden Anspruch auf Zahlung der vollen Leasingraten verschaffen. Sie benachteiligt jedoch den Leasingnehmer auch im kaufmännischen Verkehr in unangemessener Weise und ist daher unwirksam (§ 9 I und II Nr. 1 AGB-Gesetz). Mit der zitierten Regelung bürdet die Kl. dem Leasingnehmer das volle Vertragsrisiko auf, auch wenn die Leasingsache nicht übergeben worden ist, die Kl. ihre Hauptleistung – die Gebrauchsüberlassung (BGHZ 96, 103 [107, 109 f.] = NJW 1986, 179) – nicht erfüllt hat und mangels Leistungsfähigkeit des Lieferanten möglicherweise auch nicht mehr erfüllen kann. Diese Risikozuweisung widerspricht dem Grundgedanken der vertraglichen Äquivalenz und kann schon aus diesem Grunde keinen Bestand haben (vgl. BGHZ 96, 103 [109 f.] = NJW 1986, 179). Dass die Kl. aufgrund der Übernahmebestätigung möglicherweise den Kaufpreis an den Lieferanten zahlt und dadurch einen Schaden erleidet, rechtfertigt gegebenenfalls einen Ersatzanspruch, nicht aber die vollständige Erfüllungsleistung des Leasingnehmers.“* A.A. Martinek/Stoffels/Wimmer-Leonhardt, Handbuch des Leasingrechts, 6. Kapitel, § 13, Rn. 8, S. 167; vgl. dazu MüKoBGB/Koch, Bd. 3, Finanzierungsleasing, Rn. 44, 75 m.w.N.

174 BGH Urteil vom 01.07.1987 – VIII ZR 117/86 = WM 1987, 1131 = NJW 1988, 204 = ZIP 1987, 1187.

175 BGH Urteil vom 01.07.1987 – VIII ZR 117/86 = WM 1987, 1131 = NJW 1988, 204 = ZIP 1987, 1187: *„Unangemessen ist die Regelung ferner, weil sie die nicht generell auszuschließende Mitverantwortlichkeit der Kl. unberücksichtigt lässt. Soweit die Übernahmeerklärung nicht der tatsächlichen Auslieferung entspricht, ist dies in aller Regel nicht nur dem Leasingnehmer bekannt, sondern auch dem Lieferanten, dessen sich der Leasinggeber ähnlich wie bei der Vorbereitung des Vertrages ... auch bei der Gebrauchsüberlassung und der damit verbundenen Erstellung der Übernahmebestätigung als seines Erfüllungsgehilfen bedient. Ist die Lieferung unvollständig und damit nicht vertragsgemäß, müsste der Lieferant im Rahmen seiner Tätigkeit als Erfüllungsgehilfe den Leasingnehmer auf die Notwendigkeit einer deutlichen Einschränkung der Erklärung hinweisen. Versäumt er diesen Hinweis oder setzt er selbst einen unklaren Text auf, muss sein Verhalten in der Regel der Klägerin zugerechnet werden, weil er insoweit in Erfüllung der ihm übertragenen Aufgabe der Gebrauchsverschaffung und Abfassung der Übernahmeerklärung handelt. Dass in bestimmten Fällen – etwa wegen kollusiven Zusammenwirkens von Leasingnehmer und Lieferant zum Nachteil der Klägerin diese Zurechnung nicht berechtigt sein könnte, ist unerheblich. Die Vertragsregelung macht keinen Unterschied zwischen derartigen und solchen Fällen, in denen etwa der Lieferant den Leasingnehmer zur Unterschrift veranlasst, indem er die daraus entstehenden Folgen bagatellisiert*

(3) Annahme einer Teilleistung und die Zahlungspflicht des Leasingnehmers

Nimmt der Leasingnehmer in Kenntnis des Fehlens einer wesentlichen Teilleistung die Lieferung an und bestätigt er überdies den ordnungsgemäßen Empfang der Leasingsache, so kann nicht angenommen werden, dass die Übergabe noch nicht erfolgt sei.[176] Folglich besteht trotz erkannter Unvollständigkeit der Lieferung die Verpflichtung des Leasingnehmers, die vertraglich vereinbarten Leasingraten an den Leasinggeber zu zahlen. Das gilt nach Ansicht des Bundesgerichtshofes auch bei einer zwischen den Parteien vereinbarten Nachlieferungspflicht, wenn einzelne Teile zum Zeitpunkt der Übernahme noch nicht geliefert werden können.[177] Dem Leasingnehmer kann jedoch die Einrede des nicht erfüllten Vertrages gemäß § 320 BGB ab dem Zeitpunkt zustehen, zu dem die Nachlieferung nicht wie vereinbart erbracht wurde.[178]

bb. Keine bzw. verzögerte Übernahmebestätigung

Verweigert der Leasingnehmer grundlos die Unterzeichnung der Abnahmebestätigung oder zögert er sie hinaus, so stellt dies eine Pflichtverletzung des Leasingnehmers gegenüber dem Leasinggeber dar. Dieser hat unter den Voraussetzungen der

---

oder kurzfristige Vervollständigung der Lieferung zusagt. Sind aber nicht ganz fernliegende Fälle denkbar, in denen der Leasinggeber eine Mitverantwortung treffen kann, so ist die Vertragsklausel in ihrem gesamten Inhalt wegen Unangemessenheit unwirksam (...)".

176 BGH Urteil vom 05.07.1989 – VIII ZR 334/88 = WM 1989, 1574 = ZIP 1989, 1333: *„Fehlt das nach dem Inhalt eines Leasingvertrages auch ohne Erwähnung im Vertragstext zur Hauptleistungspflicht gehörende Benutzerhandbuch bei Überlassung der geleasten Computer-Hardware und bestätigt der Leasingnehmer dennoch den vollständigen Empfang der Leistung, kann er sich nicht auf mangelnden Beginn seiner Mietzahlungspflicht berufen, sondern allenfalls die Einrede nach § 320 BGB erheben (Abgrenzung zu WM 1987, 1131) (...)", „(...) der Leasingnehmer hat zwar nicht die Vollständigkeit der erbrachten Leistung anerkannt, sich jedoch tatsächlich so verhalten, als sei ihm die Leasingsache vertragsgemäß übergeben. Er kann unter solchen Umständen das Fehlen eines einzelnen Teils, wie hier des Handbuchs, nicht zum Anlass nehmen, sich nachträglich auf noch nicht eingetretenen Beginn der Mietzeit mit der Begründung zu berufen, die Leasingsache sei nicht (vollständig) übergeben. Ihm bleibt allenfalls die Geltendmachung der Einrede aus § 320 BGB, sofern sein Verhalten ... dem nicht gemäß § 320 Abs. 2 BGB entgegensteht."* Vgl. auch Beckmann, Finanzierungsleasing, § 3, Rn. 59.

177 BGH Urteil vom 19.05.1991 – VIII ZR 125/90 = WM 1991, 1416 = NJW 1991, 2135: *„Haben sich die Partner eines Finanzierungsleasingvertrages über Computer-Hard- und Software auf den Beginn der Vertragslaufzeit in Kenntnis dessen geeinigt, dass Teile der Software noch nicht in vertragsmäßigem Zustand vorhanden, jedoch noch nachzuliefern sind, ist der Anspruch des Leasinggebers auf Zahlung der Leasingraten zunächst in voller Höhe fällig."*

178 BGH Urteil vom 19.05.1991 – VIII ZR 125/90 = WM 1991, 1416 = NJW 1991, 2135: *„Dem Leasingnehmer kann jedoch die Einrede des nichterfüllten Vertrages (§ 320 BGB) von dem Zeitpunkt an zustehen, an dem Lieferung der fehlenden, für die Vertragserfüllung wesentlichen Teile der Software vereinbarungsgemäß zu erbringen war."*

§§ 280 Abs. 1, Abs. 2 i.V.m. 286 BGB dem Leasingnehmer gegenüber einen Schadensersatzanspruch.[179]

cc. Unrichtige Übernahmebestätigung

Stellt der Leasingnehmer schuldhaft eine falsche Übernahmebestätigung aus, begründet dies eine Schadensersatzpflicht gegenüber dem Leasinggeber.

Die Übernahmebestätigung soll den ordnungsgemäßen Empfang der Ware in vertragsgemäßem Zustand bestätigen. Grundsätzlich hat diese Übernahmebestätigung nur Auswirkungen im Leasingverhältnis, weil der Leasingnehmer mit der Unterzeichnung eigene Verpflichtungen aus dem Leasingverhältnis erfüllt. Der Bundesgerichtshof hat der Übernahmebestätigung ausdrücklich eine Wirkung als Fälligkeitsregelung für das Lieferverhältnis zuerkannt.[180] Da der Leasingnehmer als Erfüllungsgehilfe des Leasinggebers tätig wird[181], ist in der Unterzeichnung der vom Lieferanten vorgelegten, vom Leasinggeber vorformulierten Übernahmebestätigung durch den Leasingnehmer zugleich eine Bescheinigung über den Erhalt der Waren und die Erfüllung der dem Lieferanten gegenüber dem Leasinggeber obliegenden Lieferpflicht zu sehen.[182] Aufgrund dieser Wirkung können dem Leasinggeber Schäden durch eine unrichtige Übernahmebestätigung entstehen.[183]

Auch ist der Lieferant im Hinblick auf die Übernahmebestätigung kein Erfüllungsgehilfe des Leasinggebers.[184] Den Leasingnehmer trifft somit die Pflicht aus dem Leasingvertrag in Verbindung mit § 241 Abs. 2 BGB, die Vollständigkeit, die Vertrags-

179 Martinek/Stoffels/Wimmer-Leonhardt, Handbuch des Leasingrechts, 6. Kapitel, § 13, Rn. 11, S. 168; MüKoBGB/Koch, Bd. 3, Finanzierungsleasing, Rn. 79.

180 BGH NJW 1993, 1381; BGH NJW 1995, 187.

181 BGH NJW 77, 1058; 84, 2034; 86, 179; CR 90, 718.

182 Martinek/Stoffels/Wimmer-Leonhardt, Handbuch des Leasingrechts, 6. Kapitel, § 13, Rn. 15, S. 171.

183 BGH Urteil v. 20.10.04 – VIII ZR 36/03 = NJW 2005, 365 = DB 2004, 2528: *„Bestätigt der Leasingnehmer dem Leasinggeber die Übernahme des Leasingobjekts, obgleich dieses nicht an ihn übergeben worden ist, so ist er zum Ersatz des Schadens verpflichtet, den der Leasinggeber dadurch erleidet, dass er seinen Anspruch auf Rückzahlung des im Vertrauen auf die Richtigkeit der Übernahmebestätigung an den Lieferanten ausgezahlten Kaufpreises für das Leasingobjekt wegen Zahlungsunfähigkeit des Lieferanten nicht realisieren kann.“*

184 BGH Urteil vom 20.10.04 – VIII ZR 36/03 = NJW 2005, 365 = DB 2004, 2528: *„Der Lieferant, der im Auftrag des Leasinggebers das Leasingobjekt an den Leasingnehmer ausliefert, ist nicht Erfüllungsgehilfe des Leasinggebers im Hinblick auf die vom Leasingnehmer abzugebende Übernahmebestätigung (Abgrenzung zu BGH, Urteil vom 1. Juli 1987 – VIII ZR 117/86, WM 1987, 1131).“*

gemäßheit und – soweit möglich – die Mangelfreiheit der Leasingsache zu überprüfen und das Ergebnis der Prüfung dem Leasinggeber korrekt mitzuteilen; andernfalls kommen Schadensersatzansprüche des Leasinggebers in Betracht.[185]

(1) Schadensersatzpflicht des Leasingnehmers

Stellt sich heraus, dass die vom Leasingnehmer ohne Einwände bezüglich der Mangelhaftigkeit und Funktionsfähigkeit ausgefüllte und unterzeichnete Abnahmebestätigung unrichtig ist, so stehen dem Leasinggeber dem Grunde nach Schadensersatzansprüche gegen den Leasingnehmer zu.[186] Als Anspruchsgrundlage findet § 280 Abs. 1 BGB Anwendung, da der Leasingnehmer gegenüber dem Leasinggeber die Verpflichtung hat, bei der Abwicklung des Leasingvertrages die Interessen des Leasinggebers hinreichend zu berücksichtigen. Den Leasingnehmer trifft nach Ansicht des Bundesgerichtshofes die leasingvertragliche Nebenpflicht, die Leasingsache bei der Übergabe – selbst ohne gesonderte Vereinbarung – auf etwaige Mängel und auf Vollständigkeit zu überprüfen, da der Leasinggeber dem Insolvenzrisiko des Lieferanten ausgesetzt ist, sobald er nach Eingang der Übernahmebestätigung den Kaufpreis bezahlt.[187] Nach Ansicht des Bundesgerichtshofs besteht – zumindest für den unternehmerischen Leasingnehmer – eine Schadensersatzpflicht selbst dann, wenn dieser

---

185 Beckmann, Finanzierungsleasing, § 3, Rn. 70.

186 BGH Urteil vom 01.07.1987 – VIII ZR 117/86 = WM 1987, 1131 = NJW 1988, 204 = ZIP 1987, 1187: *„Der Leasingnehmer, der nur einen Teil des Leasinggutes erhalten hat, jedoch den Empfang der vollständigen Vertragsleistung auf einem vom Leasinggeber vorformulierten und vom Lieferanten vorgelegten Formular bescheinigt, kann sich wegen mangelnder Wahrung der Interessen des Leasinggebers schadensersatzpflichtig machen, wenn der Leasinggeber infolge der daraufhin geleisteten Zahlung des Kaufpreises einen Schaden erleidet.“*; so auch BGH Urteil vom 20.10.2004 – VIII ZR 36/03 = NJW 2005, 365: *„Nach der Rechtsprechung des erkennenden Senats liegt in der Abgabe einer unrichtigen Übernahmebestätigung eine (vor-)vertragliche Nebenpflichtverletzung des Leasingnehmers, die Schadensersatzansprüche des Leasinggebers auslöst, soweit dieser im Vertrauen auf die Richtigkeit der Übernahmebestätigung den Kaufpreis an den Lieferanten entrichtet und später seinen Rückzahlungsanspruch wegen Insolvenz des Lieferanten nicht verwirklichen kann (Senat, NJW 1988, 204 = WM 1987, 1131 [unter A III 2])“*; Bamberger/Roth/Möller/Wendehorst, § 500, Rn. 25; Beckmann, Finanzierungsleasing, § 3, Rn. 70; Graf von Westphalen, Der Leasingvertrag, Kap. E, Rn. 23, S. 277; Erman/Jendrek, Anh. § 536, Rn. 22; Emmerich, JuS 1990, 5; Martinek/Stoffels/Wimmer-Leonhardt, Handbuch des Leasingrechts, 6. Kapitel, § 13, Rn. 10, S. 168.

187 BGH Urteil vom 20.10.2004 – VIII ZR 36/03 = NJW 2005, 365: *„Bestätigt der Leasingnehmer dem Leasinggeber die Übernahme des Leasingobjekts, obgleich dieses nicht an ihn übergeben worden ist, so ist er zum Ersatz des Schadens verpflichtet, den der Leasinggeber dadurch erleidet, dass er seinen Anspruch auf Rückzahlung des im Vertrauen auf die Richtigkeit der Übernahmebestätigung an den Lieferanten ausgezahlten Kaufpreises für das Leasingobjekt wegen Zahlungsunfähigkeit des Lieferanten nicht realisieren kann“*; so auch OLG Düsseldorf BB 1997, 544; Beckmann, Finanzierungsleasing, § 3, Rn. 70.

nicht über die Folgen einer unrichtigen Übernahmebestätigung aufgeklärt wurde.[188] Die Bedeutung einer Übernahmebestätigung als haftungsrelevant könne bei einem Unternehmer als bekannt vorausgesetzt werden. Da sich der Bundesgerichtshof die Kenntnis der Rechtsfolgen einer Übernahmebestätigung ausdrücklich nur im Hinblick auf Unternehmer voraussetzt, ist im Umkehrschluss davon auszugehen, dass eine Haftung des nicht aufgeklärten Leasingnehmers als Verbraucher nicht besteht. Die Rechtsprechung des Bundesgerichtshofes ist sachgerecht, da der Leasinggeber selbst nur in Ausnahmefällen an der Übergabe des Leasinggutes beteiligt oder gar persönlich anwesend sein wird. Zudem kann von einem Unternehmer erwartet werden, dass er die rechtliche Relevanz einer Übernahmebestätigung erkennt, ohne gesondert auf diese hingewiesen zu werden.

(2) Umfang der Schadensersatzpflicht des Leasingnehmers

Für die Berechnung des Schadensersatzanspruches ist vom Kaufpreis oder Werklohn auszugehen, den der Leasinggeber dem Lieferanten infolge der fehlerhaften Abnahmebestätigung gezahlt hat und der nunmehr – z.B. aufgrund der Insolvenz des Lieferanten – für den Leasinggeber vollständig oder teilweise nicht mehr einbringlich ist.[189] Vertreten wird zudem, dass eine Schadensersatzpflicht nur Zug um Zug gegen Abtretung der Ersatzansprüche des Leasinggebers gegen den Lieferanten gem. § 255 BGB bestehe, soweit der Lieferant zahlungsfähig ist.[190]

(3) Reduzierung der Schadensersatzpflicht des Leasingnehmers

(a) Eigenes Mitverschulden des Leasinggebers

Der Schadensersatzanspruch des Leasinggebers gegen den Leasingnehmer ist zu kürzen, wenn dem Leasinggeber ein Mitverschulden zur Last fällt. Ein solches kann in einer unklaren Formulierung der Übernahmebestätigung oder in einem fehlenden Hinweis auf deren Bedeutung gesehen werden.[191]

(b) Zurechnung des Mitverschuldens des Lieferanten

Nach der früheren Rechtsprechung des Bundesgerichtshofes sollte eine Schadensminderung dann bejaht werden, wenn dem Leasinggeber ein Mitverschulden des Lieferanten gemäß § 254 Abs. 2 S. 2 i.V.m. § 278 BGB zuzurechnen war. Dies sollte vor allem dann in Betracht kommen, wenn es der Lieferant, trotz Kenntnis oder fahr-

---

188 BGH Urteil vom 24.3.2010 – VIII ZR 122/08.
189 BGH Urteil vom 10.10.1994 – VIII ZR 295/93 = WM 1995, 111 = NJW 1995, 187.
190 Vgl. Beckmann, Finanzierungsleasing, § 3, Rn. 71.
191 Beckmann, Finanzierungsleasing, § 3, Rn. 74.

lässiger Unkenntnis der Unrichtigkeit der Übernahmebestätigung unterlassen hatte, den Leasingnehmer auf die Unvollständigkeit der Lieferung und eine entsprechende Einschränkung der Übernahmebestätigung hinzuweisen.[192]

Dieser Rechtsprechung hat der Bundesgerichtshof inzwischen ausdrücklich aufgegeben. Er sieht den Lieferanten nicht mehr als Wissensvertreter[193] des Leasinggebers im Rahmen der Übernahmebestätigung an und verneint eine Wissenszurechnung über § 166 Abs. 1 BGB, weil es sich bei der abzugebenden Übernahmebestätigung nicht um eine Verbindlichkeit des Leasinggebers handelt. Vielmehr stellt diese eine Verbindlichkeit des Leasingnehmers dar, so dass der Lieferant nicht als Erfüllungsgehilfe des Leasinggebers handelt. Der Bundesgerichtshof stellt klar, dass der Lieferant nur insoweit als Erfüllungsgehilfe des Leasinggebers zu qualifizieren ist, als er durch die Auslieferung des Leasinggutes an den Leasingnehmer zu Erfüllung der dem Leasinggeber obliegenden Gebrauchsüberlassungspflicht tätig wird. Eine Erfüllungsgehilfenstellung des Lieferanten im Hinblick auf die Übernahmebestätigung scheidet aus, da deren Ausstellung allein eine Pflicht des Leasingnehmers gegenüber dem Leasinggeber darstellt.[194]

---

192 BGH Urteil vom 20.10.2004 – VIII ZR 36/03 = NJW 2005, 365: *„Der Schadensersatzanspruch des Leasinggebers kann allerdings gemindert sein, wenn der Leasinggeber oder der als sein Erfüllungsgehilfe tätige Lieferant es unterlassen hat, den Leasingnehmer auf die Unvollständigkeit des gelieferten Leasingobjekts und damit auf die Notwendigkeit einer entsprechenden Einschränkung der Übernahmebestätigung hinzuweisen (Senat, NJW 1988, 204 [unter A II 2 d])“*; siehe auch BGH Urteil vom 01.07.1987 – VIII ZR 117/86 = WM 1987, 1131 = NJW 1988, 204 = ZIP 1987, 1187: *„(...) Dem Leasinggeber kann ein Mitverschulden zur Last fallen, soweit er oder der für ihn als Erfüllungsgehilfe handelnde Lieferant die Unrichtigkeit kannte oder kennen musste.“* *„Soweit die Übernahmeerklärung nicht der tatsächlichen Auslieferung entspricht, ist dies in der Regel nicht nur dem Leasingnehmer bekannt, sondern auch dem Lieferanten, dessen sich der Leasinggeber ähnlich wie bei der Vorbereitung des Vertrages (...) auch bei der Gebrauchsüberlassung und der damit verbundenen Erstellung der Übernahmebestätigung als Erfüllungsgehilfen bedient. Ist die Lieferung unvollständig und damit nicht vertragsgemäß, müsste der Lieferant im Rahmen seiner Tätigkeit als Erfüllungsgehilfe den Leasingnehmer auf die Notwendigkeit einer deutlichen Einschränkung der Erklärung hinweisen. Versäumt er diesen Hinweis oder setzt er selbst einen unklaren Text auf, muss sein Verhalten in der Regel der Kl. zugerechnet werden, weil er insoweit in Erfüllung der ihm übertragenen Aufgabe der Gebrauchsverschaffung und Abfassung der Übernahmeerklärung handelt (...)“*; vgl. hierzu auch MüKoBGB/Koch, Bd. 3, Finanzierungsleasing, Rn. 76; Beckmann, Finanzierungsleasing, § 3, Rn. 74.

193 Vgl. dazu auch Kapitel B. I. 2. d.

194 BGH Urteil vom 20.10.04 – VIII ZR 36/03 = NJW 2005, 365 = DB 2004, 2528: *„Erfüllungsgehilfe ist, wer nach den tatsächlichen Verhältnissen des gegebenen Falls mit dem Willen des Schuldners bei der Erfüllung der diesem obliegenden Verbindlichkeit als seine Hilfsperson tätig wird (BGHZ 13, 111 [113] = NJW 1954, 1193; st. Rspr.). Der Lieferant ist deshalb Erfüllungsgehilfe des Leasinggebers, soweit er durch die Auslieferung des Leasinggutes an den Leasingnehmer im Auftrag des Leasinggebers zur Erfüllung der diesem obliegenden Gebrauchsüberlassungspflicht tätig wird. Die davon zu unterscheidende Abgabe einer Übernahmebestätigung durch den Leasingnehmer ist dagegen keine Verbindlichkeit des Leasinggebers, sondern eine solche des*

So kann beispielsweise für den Fall, dass das Leasinggut überhaupt nicht an den Leasingnehmer übergeben wurde, dieser jedoch dem Leasinggeber eine Übernahmebestätigung ausstellt, die Kenntnis des Lieferanten von der Unrichtigkeit der Übernahmebestätigung dem Leasinggeber nicht gemäß § 166 BGB analog wie eigenes Wissen zugerechnet werden, so dass eine Kürzung des Schadensersatzanspruchs aus diesem Grunde ausscheidet.[195]

Die Begründung für dieses Ergebnis ist unter Berücksichtigung des mit der Übernahmebestätigung verbundenen Zwecks, mithin der Kontrolle des Lieferverhaltens des Lieferanten, überzeugend. So kommt nach dem Bundesgerichtshof eine Zuordnung der Übernahmebestätigung zum Umkreis des Aufgabenbereichs der Gebrauchsüberlassung aufgrund der Kontrollfunktion der Übernahmebestätigung nicht in

Leasingnehmers gegenüber dem Leasinggeber. Dementsprechend obliegt es (...) im Verhältnis zum Leasingnehmer auch nicht dem Leasinggeber die (vor-)vertragliche Nebenpflicht, die Vollständigkeit und – soweit möglich – Mängelfreiheit des Leasingobjekts zu überprüfen und das Ergebnis dieser Überprüfung dem Leasinggeber zu bestätigen, wenn die Gebrauchsüberlassung an den Leasingnehmer unmittelbar durch den Lieferanten erfolgt, wie es leasingtypisch ist und auch im hier zu beurteilenden Fall geschehen sollte. Daraus folgt, dass die Mitwirkung des Lieferanten bei der Abgabe einer unrichtigen Übernahmebestätigung als solche dem Leasinggeber nicht nach § 278 BGB zugerechnet werden kann. Soweit dem SenatsUrteil vom 1.7.1987 (NJW 1988, 204 [unter A II 2 d bb]) Abweichendes zu entnehmen sein sollte, hält der Senat daran nicht fest."

195 BGH Urteil vom 20.10.04 – VIII ZR 36/03 = NJW 2005, 365 = DB 2004, 2528: *„Eine Schmälerung des Schadensersatzanspruchs des Leasinggebers wegen unterlassenen Hinweises auf die mangelnde Übereinstimmung der vom Leasinggeber vorformulierten Übernahmebestätigung mit dem tatsächlichen Lieferumfang kommt nicht in Betracht, wenn dem Leasingnehmer das Leasingobjekt vom Lieferanten nicht übergeben worden ist. Die Kenntnis des Lieferanten von der Unrichtigkeit der Übernahmebestätigung, die der Leasingnehmer dem Leasinggeber gegenüber abgibt, obgleich ihm das Leasingobjekt nicht übergeben worden ist, ist dem Leasinggeber nicht entsprechend § 166 BGB wie eigenes Wissen zuzurechnen".*

„Die Kl. muss sich Ks Wissen um die nicht erfolgte Lieferung des Krans schließlich auch nicht entsprechend § 166 BGB zurechnen lassen. Diese Bestimmung ist zwar nicht nur auf den rechtsgeschäftlichen Vertreter, sondern auch auf sonstige „Wissensvertreter" anwendbar, die nach der Arbeitsorganisation des Geschäftsherrn dazu berufen sind, im Rechtsverkehr als dessen Repräsentant bestimmte Aufgaben in eigener Verantwortung zu erledigen und die dabei anfallenden Informationen zur Kenntnis nehmen und gegebenenfalls weiterzugeben (BGHZ 117, 104 [106 f.] = NJW 1992, 1099; Senat, NJW 1996, 1205 = WM 1996, 824 [unter II 2 b bb]). Der Lieferant des Leasingobjekts ist jedoch in Bezug auf die Information über die vollständige und mängelfreie Auslieferung des Leasingguts an den Leasingnehmer nicht Wissensvertreter des Leasinggebers. Zur Einholung dieser Information bedient sich der Leasinggeber vielmehr – auch für den Leasingnehmer erkennbar – nicht des zu kontrollierenden Lieferanten selbst, sondern des Leasingnehmers, dem er zu diesem Zweck die Verpflichtung auferlegt, die Tatsache, den Umfang und die Qualität der erfolgten Lieferung des Leasingobjekts schriftlich zu bestätigen. Die Schadensersatzpflicht des Bekl. kann daher auch nicht über einer Wissenszurechnung entsprechend § 166 BGB mit der Begründung verneint werden, die Unrichtigkeit der Übernahmebestätigung des Bekl. sei der Kl. bekannt gewesen und daher für den eingetretenen Schaden nicht kausal."

Betracht. Eine solche Zuordnung wäre mit der typischen Interessenlage des Finanzierungsleasings nicht zu vereinbaren.[196]

Allerdings ist damit nicht jegliche Schadensminderung zugunsten des Leasingnehmers aufgrund des Verschuldens des Lieferanten ausgeschlossen. Eine andere als die obige Beurteilung kann dann angezeigt sein, wenn der Lieferant bewusst unvollständig liefert und dieser Umstand für den Leasingnehmer nicht erkennbar ist.[197]

Wie bereits frühzeitig vom Bundesgerichtshof erkannt, hat eine Schadensminderung bei kollusivem Zusammenwirken von Leasingnehmer und Lieferanten zum Nachteil des Leasinggebers nicht zu erfolgen. Der Leasingnehmer und der Lieferant haben vielmehr gesamtschuldnerisch für den Schaden des Leasinggebers ein zu stehen, §§ 823 Abs. 2 i.V.m. 263 StGB, 826, 840 BGB.[198] Es ist nicht interessengerecht, wenn sich der Leasingnehmer zur Minderung seiner Schadensquote auf das schädigende Verhalten des Lieferanten – und umgekehrt – berufen kann.

5. Pflicht zur Untersuchung und Rüge

Nach dem Gesetz trifft ausschließlich den Leasinggeber die Obliegenheit zur Untersuchung und Rüge des Leasinggutes nach § 377 HGB im Rahmen seines Kaufvertrages mit dem Lieferanten.[199] Der zwischen Leasinggeber und Leasingnehmer beste-

---

196 BGH Urteil vom 20.10.2004 – VIII ZR 36/03 = NJW 2005, 365: *„Die Kontrollfunktion, die der Übernahmebestätigung des Leasingnehmers im Hinblick auf die Erfüllung der Verkäuferpflicht des Lieferanten gegenüber dem Leasinggeber zukommt, verbietet es auch, die Erteilung der Übernahmebestätigung dem Umkreis des Aufgabenbereichs der Gebrauchsüberlassung zuzuordnen. Dies wäre mit der typischen Interessenlage beim Finanzierungsleasing nicht zu vereinbaren, die dadurch gekennzeichnet ist, dass der Leasingnehmer in aller Regel das Leasingobjekt nicht aus der Hand seines Vertragspartners, des Leasinggebers, entgegennimmt, sondern dass es direkt vom Lieferanten an den Leasingnehmer ausgeliefert wird. Mit dieser Auslieferung erfüllt der Leasinggeber im Verhältnis zum Leasingnehmer durch den Lieferanten als seinen Erfüllungsgehilfen die ihn treffende Gebrauchsüberlassungspflicht aus dem Leasingvertrag. Zugleich aber erfüllt der Lieferant mit der Übergabe des Leasingobjekts an den Leasingnehmer seine Lieferpflicht aus dem Kaufvertrag mit dem Leasinggeber. Insoweit tritt der Lieferant nicht als Erfüllungsgehilfe, sondern als Vertragsgegner des Leasinggebers in Erscheinung. Soweit der Lieferant mit der Auslieferung des Leasingobjekts eigene Verkäuferpflichten erfüllt, obliegt es dem Leasingnehmer, die Käuferinteressen des Leasinggebers für diesen wahrzunehmen und ihm die eigene Kontrolle ordnungsgemäßer Erfüllung des Kaufvertrages abzunehmen. Wollte man auch für diese Rechtsbeziehung dem Leasinggeber das durch gegenläufige Interessen gesteuerte Verhalten des Lieferanten nach § 278 BGB zurechnen, so liefe die mit der Übernahmebestätigung bezweckte, für die leasingtypische Vertragsabwicklung unverzichtbare Kontrolle des Lieferverhaltens leer."*

197 Beckmann, Finanzierungsleasing, § 3, Rn. 76a.

198 BGH NJW 1988, 204.

199 BGH, Urteil vom 24.01.1990 – VIII ZR 22/89 = WM 1990, 510: *„Auf einen Handelskauf, der die Lieferung von Hardware und nicht speziell für den Käufer hergestellter Anwenderprogramme*

hende Leasingvertrag wird nicht von § 377 HGB umfasst.[200] Der Leasingnehmer ist daher gegenüber dem Leasinggeber in Ermangelung einer besonderen Abrede nicht zur Untersuchung und Rüge gemäß § 377 HGB verpflichtet.[201] Nur Kauf- oder kaufähnliche Verträge – wie der Mietkauf – führen zur Anwendbarkeit des § 377 HGB für den „Leasingnehmer".[202] Gegenüber dem Lieferanten ist der Leasingnehmer ebenfalls nicht zur Untersuchung und Rüge verpflichtet, da er nicht dessen Vertragspartner im Rahmen des Liefervertrages ist, sondern nur die Rechte aus dem Liefervertrag zwischen Lieferant und Leasinggeber aus abgetretenem Recht geltend machen kann.[203] Der Leasinggeber wird aufgrund der Direktlieferung des Leasinggegenstandes vom Lieferanten an den Leasingnehmer die Untersuchungs- und Rügeobliegenheit auf den Leasingnehmer transferieren wollen. Der Bundesgerichtshof hat hierzu bislang ausgeführt, dass in diesem Fall den Leasingnehmer aufgrund der leasingtypischen Abtretungskonstruktionen die Untersuchungs- und Rügepflicht des § 377 HGB unmittelbar gegenüber dem Lieferanten trifft.[204] Aus dem Leasingvertrag ist der Leasingnehmer ungeachtet seiner Anzeigepflicht aus § 545 Abs. 1 BGB jedoch nicht zur Untersuchung- und Rüge nach § 377 HGB verpflichtet, was insbesondere dann gilt, wenn der Leasingnehmer kein Kaufmann ist.[205] Demnach gelten folgende Grundsätze:

---

zum Gegenstand hat, sind die Vorschriften der §§ 377, 378 HGB zumindest entsprechend anwendbar. Bei einem Handelsgeschäft trifft den Käufer die Rügeobliegenheit nach § 377 HGB grundsätzlich auch dann, wenn der Verkäufer die Kaufsache auf Anweisung des Käufers (hier: des Leasinggebers) an einen nichtkaufmännischen Dritten (hier: den Leasingnehmer) abliefert, mit dem der Käufer einen Leasingvertrag über die Ware geschlossen und den er zur Geltendmachung der vertraglichen Ansprüche gegen den Verkäufer ermächtigt hat."; vgl. Hierzu auch umfassend Kapitel C. III. 3.

200 Martinek/Stoffels/Wimmer-Leonhardt, Handbuch des Leasingrechts, 6. Kapitel, § 14, Rn. 11, S. 177.

201 BGH, Urteil vom 24.01.1990 – VIII ZR 22/89 = WM 1990, 510: *„Ohne besondere Abrede trifft den Leasingnehmer gegenüber dem Leasinggeber nicht die Rügeobliegenheit nach § 377 HGB."*

202 Baumbach/Hopt, § 377, Rn. 2.

203 BGH NJW 1990, 1290; Martinek/Stoffels/Wimmer-Leonhardt, Handbuch des Leasingrechts, 9. Kapitel, § 27, Rn. 86, S. 304.

204 BGH NJW 1990, 1290: *„Demnach ist der Leasingnehmer aufgrund der aus der leasingtypischen Abtretungskonstruktionen folgenden wirksamen Übertragung zur Untersuchung und Rüge verpflichtet, das Leasinggut nach den zuvor dargestellten Maßstäben des § 377 Abs. 1 HGB zu untersuchen und die Rüge gemäß § 377 Abs. 2 bzw. Abs. 3 HGB unmittelbar gegenüber dem Lieferanten zu erklären."*

205 BGH NJW 1990, 1290: *„Der Leasingnehmer ist zwar nach § 545 I BGB verpflichtet, am Leasingobjekt während der Vertragsdauer auftretende Schäden dem Leasinggeber rechtzeitig anzuzeigen [...]. Ihn trifft aber aus dem Leasingvertrag – ohne besondere Abrede – keine Rügeobliegenheit nach § 377 HGB, erst recht nicht, wenn er kein Kaufmann ist."*

Mittels individualvertraglicher Vereinbarung kann die Untersuchungs- und Rügeobliegenheit einem Leasingnehmer, selbst wenn dieser nicht Kaufmann ist, auferlegt werden.
Bezüglich einer formularvertraglichen Übertragung der Untersuchungs- und Rügeobliegenheit stellt sich die Sachlage differenzierter dar.[206] Einem kaufmännisch tätigen Leasingnehmer können die Obliegenheiten des § 377 HGB übertragen werden, da diese auch für diesen handelsüblich sind. Die Übertragung auf einen nichtkaufmännischen Leasingnehmer hat der Bundesgerichtshof bisweilen nicht entschieden. Die h.M. will dies nur bei offensichtlichen Mängeln zulassen.[207]
Obliegt dem Leasingnehmer die Untersuchungs- und Rügeobliegenheit und verstößt er gegen selbige, sind seine abgetretenen Mängelrechte gemäß § 377 Abs. 2 BGB präkludiert. Er kann sich dann nicht auf eine Unwirksamkeit der Freizeichnungskonstruktion aufgrund Rechtlosstellung[208] berufen, da er diese selbst herbeigeführt hat.
Entstehen dem Leasinggeber durch die Verletzung der übertragenen Untersuchungs- und Rügeobliegenheit Schäden, ist der Leasingnehmer nach § 280 Abs. 1 zum Schadensersatz verpflichtet.

6. Aufklärungs- und Beratungspflichten

Abgesehen von den Hauptleistungspflichten der Parteien im Rahmen des Leasingvertrages treffen sowohl Leasinggeber, als auch Leasingnehmer Neben(leistungs)pflichten im Sinne der §§ 241, 242 BGB.

Bei jedem Schuldverhältnis – somit auch im Leasingverhältnis – bestehen neben den Hauptleistungspflichten unter Berücksichtigung des Grundsatzes von Treu und Glauben gemäß § 242 BGB bzw. § 241 BGB Neben(leistungs)pflichten, etwa die Beratung über die Eigenschaften einer bestimmten Sache bzw. sonstige Pflichten, wie Leistungstreue-, Schutz-, Mitwirkungs- und Aufklärungspflichten. Für die Beurteilung von Art und Umfang können die Grundsätze des Kaufrechts angewendet werden.[209]

a. Nebenleistungspflichten des Leasinggebers

Der Leasinggeber schuldet dem Leasingnehmer eine umfassende Beratung und Aufklärung, die alle relevanten Umstände des Leasingvertrages erfassen muss. Hierunter fallen insbesondere die wirtschaftlichen Folgen der Finanzierung – so wie Laufzeit, Höhe der Leasingraten, Abschluss von Versicherungen, Rechtsfolgen der Finanzierung, Erwerbsrecht, Rücktrittsrecht und Serviceleistungen – aber auch vor allem untypische Vertragsgestaltungen.[210] Der Leasinggeber muss zusätzlich auf

206 Siehe die Ausführungen in E. II. 2. c.
207 Staudinger, Leasing, Rn. 179.
208 Vgl. umfassend in Kapitel E. II. 2.
209 Zu Umfang und Reichweite der Beratungs- und Aufklärungspflichten des Lieferanten im Rahmen der Vertragsanbahnung gegenüber dem Leasingnehmer siehe Kapitel F. II. 2. b.
210 Staudinger, Leasing, Rn. 88; Martinek/Stoffels/Wimmer-Leonhardt, Handbuch des Leasingrechts, 5. Kapitel, § 10, Rn. 16, S. 134; Beckmann, Finanzierungsleasing, § 2, Rn. 20; OLG Hamm *Beck* RS 2005, 2016.

ihm bekannte, den Vertragszweck gefährdende Umstände hinweisen, wie etwa die auf früheren Finanzierungen bekannte Unzuverlässigkeit oder Unfähigkeit des vom Leasinggeber ausgesuchten Lieferanten.[211] So muss auch eine Aufklärung darüber erfolgen, dass der Lieferant in naher Zukunft seinen Betrieb oder eine bestimmte Produktion einstellt und deshalb das Risiko besteht, dass Ersatzteile fehlen können oder eine erforderliche Wartung nicht ausgeführt werden kann. Die Beratungs- und Aufklärungspflichten des Leasinggebers beziehen sich gegenüber dem Leasingnehmer darüber hinaus auf die Auswahl, die Eignung und die Eigenschaften des Leasinggutes.[212] Demnach decken sie sich also grundsätzlich mit den Aufklärungs- und Beratungspflichten, die dem Lieferanten gegenüber dem Leasinggeber als seinem Vertragspartner obliegen. Allerdings schuldet der Leasinggeber keine unbegrenzte Aufklärung. Der Bundesgerichtshof setzt in seiner Rechtsprechung dem Umfang der Aufklärungspflichten ausdrücklich Grenzen und stellt klar, dass eine Aufklärung über die allgemeinen wirtschaftlichen Risiken des Leasings und die sich aus der leasingtypischen Dreieckskonstellation ergebenden Gefahren nicht erforderlich ist.[213]

Es finden die Grundsätze des Mietrechts Anwendung, wonach der Mieter das Vertragsrisiko selbst zu prüfen, sich umfassend zu informieren und mitunter klärungsbedürftige Fragen zu stellen hat.[214]

Allerdings besteht nach der Rechtsprechung des Bundesgerichtshofes dann eine Pflicht zur Aufklärung über das Produkt „Leasing“, wenn der Leasinggeber als Experte mit einem erheblichen Wissensvorsprung dem unerfahrenen Leasingkunden gegenübersteht, da nach wie vor ein erhebliches Erklärungsbedürfnis des Leasing-

---

211 Jauernig, § 242, Rn. 19.

212 BGH NJW 1985, 2258; 1987, 2082; 1989, 287; 1995, 1146; NJW-RR 1988, 241; OLG Koblenz NJW-RR 1989, 436; a.A. Beckmann CR 1994, 600; Staudinger, Leasing, Rn. 166.

213 BGH NJW 1987, 2082: *„Nicht geschuldet ist aber eine Aufklärung über die allgemeinen wirtschaftlichen Risiken des Leasings und über die sich aus dem Leasingdreieck ergebenden besonderen Gefahren“* vgl. hierzu auch Jauernig, § 242, Rn. 19.

214 BGH Urteil vom 28.04.2004 – XII ZR 21/02 = NJW 2004, 2674: *„Dem Vermieter obliegt grundsätzlich eine Aufklärungspflicht gegenüber dem Mieter hinsichtlich derjenigen Umstände und Rechtsverhältnisse mit Bezug auf die Mietsache, die für den Vermieter erkennbar von besonderer Bedeutung für den Entschluss des Mieters zur Eingehung des Vertrags sind und deren Mitteilung nach Treu und Glauben erwartet werden kann (Senat, NJW 2000, 1714 = NZM 2000, 492 = ZIP 2000, 887, [892]; vgl. auch BGH, LM § 286 [D] ZPO Nr. 4 = NJW 1978, 1486 L = DB 1978, 979). Das Bestehen bzw. der Umfang der Aufklärungspflicht richtet sich nach den Umständen des Einzelfalls, insbesondere nach der Person des Mieters und dessen für den Vermieter erkennbarer Geschäftserfahrenheit oder Unerfahrenheit (BGHZ 96, 302, [311] = NJW 1986, 2916; Senat, NJW 2000, 1714 = NZM 2000, 492).“*

„Allerdings ist der Vermieter nicht gehalten, dem Mieter das Vertragsrisiko abzunehmen und dessen Interessen wahrzunehmen. Der Mieter muss selbst prüfen und entscheiden, ob der beabsichtigte Vertrag für ihn von Vorteil ist oder nicht. Es ist seine Sache, sich umfassend zu informieren und zu klärungsbedürftigen Punkten in den Vertragsverhandlungen Fragen zu stellen. Unterlässt er dies, hat er keinen Anspruch auf Schadensersatz (vgl. BGH, NJW 1982, 376, u. NJW 1987, 909 [910]).“

nehmers existiert. Dies ist bei einem unternehmerisch tätigen Leasingnehmer jedoch grundsätzlich nicht anzunehmen.[215]

Dagegen erweitern sich die Aufklärungs- und Beratungspflichten, soweit sich der Leasinggeber des Lieferanten als seines Erfüllungsgehilfen bedient.[216] Überlässt er tatsächlich die Vertragsanbahnung dem Lieferanten, dann muss sich der Leasinggeber dessen unterlassene oder nicht ordnungsgemäße Beratung zurechnen lassen, § 278 BGB. Dazu muss der Lieferant mit Wissen und Wollen des Leasinggebers Verhandlungen mit dem Leasingnehmer über Abschluss und Inhalt des Leasingvertrages oder über den Eintritt des Leasinggebers in den vom späteren Leasingnehmer geschlossenen Kaufvertrag führen.[217] Dafür ist ausreichend, dass sich der Leasinggeber bei der Vorbereitung und beim Abschluss des Leasingvertrages der Mitwirkung des Lieferanten in der Form bedient, dass er ihm z.B. Antragsformulare überlässt, damit diese auf der Grundlage vorbereitender Gespräche ausgefüllt und vom Leasingnehmer unterzeichnet werden. Einer ständigen Geschäftsbeziehung zwischen Leasinggeber und Lieferanten bedarf es dagegen nicht.[218]

b. Nebenleistungspflichten des Leasingnehmers

Bereits ab dem Zeitpunkt der Vertragsverhandlungen mit dem Lieferanten über den Abschluss des Liefer- und Leasingvertrages ist der Leasingnehmer zur Rücksichtnahme auf die Interessen des Leasinggebers als seinen Vertragspartner verpflichtet, §§ 241, 242 BGB.[219] So ist der Leasingnehmer verpflichtet, einen zuverlässigen und zahlungsfähigen Lieferanten auszuwählen und den Leasinggeber auf ihm bekannte Insolvenzrisiken oder Lieferschwierigkeiten hinzuweisen. Darüber hinaus muss er den Leasinggeber über alle wesentlichen Störungen des Liefervertrages informieren, ihm Schadensfälle anzeigen, darf keine Sondervereinbarungen mit dem Lieferanten zum Nachteil des Leasinggebers treffen, muss das nicht in seinem Eigentum stehende Leasinggut pfleglich behandeln und darf es nicht ohne Genehmigung des Leasinggebers an Dritte zum Gebrauch zu überlassen. Zudem hat der Leasingnehmer dem Leasinggeber auch eine Änderung seines Wohn- bzw. Geschäftssitzes oder eine beabsichtigte Geschäftsaufgabe anzuzeigen.[220] Den Leasingnehmer können im Einzelfall als Erfüllungsgehilfen des Leasinggebers etwaige Mitwirkungspflichten zur Fertig-

---

215 BGH NJW-RR 2005, 634; Jauernig, § 242, Rn. 19.

216 Martinek/Stoffels/Wimmer-Leonhardt, Handbuch des Leasingrechts, 5. Kapitel, § 10, Rn. 17, S. 135; Beckmann, Finanzierungsleasing, § 2, Rn. 70.

217 BGHZ 95, 170 = NJW 1985, 2258; NJW 1989, 287 = LM § 123 Nr. 70; NJW-RR 1988, 241 = LM § 276 (Fb) Nr. 38; NJW-RR 1989, 1140 = WM 1989, 1142; a.A. Lieb DB 1988, 2052.

218 BGHZ 95, 170 = NJW 1985, 2258.

219 Palandt/Grüneberg, § 241, Rn. 6; § 242, Rn. 23 f.

220 Staudinger, Leasing, Rn. 96.

stellung des Leasingobjekts treffen, denen der Leasingnehmer bei entsprechender vertraglicher Vereinbarung nachzukommen hat.[221]

Des Weiteren trifft den Leasingnehmer im Hinblick auf die Bindung des Leasinggebers an das Ergebnis einer gerichtlichen oder außergerichtlichen Auseinandersetzung zwischen Leasingnehmer und Lieferanten über das Vorliegen von Mängeln eine Informationspflicht. Er hat den Leasinggeber von dem Mangel und der beabsichtigten Durchsetzung in Kenntnis zu setzen, damit es dem Leasinggeber möglich ist, einem Rechtsstreit je nach Interessenlage entweder auf der Seite des Leasingnehmers oder auf der Seite des Lieferanten als Nebenintervenient beizutreten, um auf das Gerichtsverfahren Einfluss nehmen zu können, § 66 ZPO.

7. Pflicht zur Verzinsung der Kaution durch den Leasinggeber

Nach neuerer Rechtsprechung des Bundesgerichtshofes trifft den Leasinggeber keine allgemeine Verpflichtung, eine Kaution, die der Absicherung der Zahlungsverpflichtung bei Ausübung eines Andienungsrechts dient, zu verzinsen.[222] Der Bundesgerichtshof verzichtete auf eine entsprechende Anwendung des § 551 Abs. 3 S. 1 BGB, der im Hinblick auf Wohnraummietverhältnisse eine Pflicht zur Verzinsung vorschreibt, da mit der Kaution im Rahmen des Finanzierungsleasing ein gegenüber der Kaution im Wohnraummietrecht abweichender Zweck verfolgt wird. Während bei der Wohnraummiete die Verpflichtungen aus dem Mietverhältnis – insbesondere notwendige Schönheitsreparaturen – abgesichert werden sollen, dient die Kaution bei Leasingverträgen mit Andienungsrecht allein der Sicherung der Vollamortisation. Ist eine Verpflichtung zur Verzinsung nicht vertraglich festgeschrieben, besteht für den Leasingnehmer diesbezüglich kein Anspruch.

8. Pflicht zur Rückgabe des Leasinggutes

Zum Vertragsende trifft den Leasingnehmer die Pflicht, das Leasingobjekt in vollständigem und ordnungsgemäßem Zustand zurückzugeben, § 546 BGB.[223] Etwas anderes gilt dann, wenn von einem vertraglich vereinbarten Andienungsrecht oder einer Kaufoption vom Leasingnehmer Gebrauch gemacht wird. Die Rückgabepflicht stellt eine Bringschuld dar.[224] Bei einer verspäteten Rückgabe schuldet der Leasingnehmer

221 Beckmann, Finanzierungsleasing, § 2, Rn. 25.
222 BGH Urteil vom 18.11.2009 – VIII ZR 347/08.
223 Vgl. umfassend Kapitel G. III. 1. Palandt/Weidenkaff, § 546, Rn. 5; vgl. auch Beckmann, Finanzierungsleasing, § 8, Rn. 185 ff.
224 Graf von Westphalen, Kap. J, Rn. 5, S. 499.

entsprechend § 546a Abs. 1 BGB die Fortzahlung der Leasingraten selbst dann, wenn die bisherigen Zahlungen bereits zu einer Vollamortisation der Aufwendungen des Leasinggebers geführt haben.

III. Haupt- und Nebenpflichten des Liefervertrages

Die Haupt- und Nebenpflichten des Liefervertrages sind nicht nur für die Vertragsparteien – Leasinggeber und Lieferant – von Bedeutung, sondern wegen der Abtretungskonstruktion[225] auch für den Leasingnehmer.

1. Haupt- und Neben(leistungs)pflichten des Lieferanten aus dem Liefervertrag

Den Lieferanten treffen gegenüber dem Leasinggeber Haupt- und Neben(leistungs) pflichten aus dem zwischen den Parteien geschlossenen Kaufvertrag. In Bezug auf die Hauptleistungspflichten des Lieferanten gelten folgende Grundsätze:

Der Lieferant hat gegenüber dem Leasinggeber die Hauptleistungspflicht zur Lieferung der vereinbarten Leasingsache frei von Sach- und Rechtsmängel, § 433 Abs. 1 BGB. Regelmäßig erfüllt der Lieferant diese Pflicht durch direkte Überlassung des Leasinggutes an den Leasingnehmer.
Erbringt der Lieferant die Lieferung mangelhaft, stehen – aufgrund der Abtretungskonstruktion – dem Leasingnehmer die Rechte aus § 437 BGB gegenüber dem Lieferanten zu.[226]

---

a. Vorleistungspflicht des Lieferanten zur Lieferung

Der Lieferant schuldet dem Leasinggeber aus dem Liefervertrag die Überlassung des späteren Leasinggutes, die zumeist auf Geheiß des Leasinggebers unmittelbar an den Leasingnehmer erfolgt[227] sowie Übereignung an den Leasinggeber, §§ 433 Abs. 1, 631, 633 Abs. 1, 929 ff. BGB. Den Lieferanten trifft nicht nur die Pflicht zur Lieferung des Leasinggutes, sondern oftmals ist er darüber hinaus aufgrund der Lieferbedingungen verpflichtet, dem Leasinggeber gegenüber in Vorleistung zu treten. Ist der Liefervertrag ein Werkvertrag, besteht für den Lieferant ohne eine besondere Vereinbarung eine Vorleistungspflicht, da der Werklohnanspruch erst nach Erbringung der vollständigen Leistung besteht, §§ 631, 641 Abs. 1 BGB.[228] Hierfür ist gemäß § 641 BGB die Abnahme des Werkes erforderlich, wobei unter „Abnahme" die körperliche Entgegennahme des Werkes und Billigung als im Wesentlichen vertragsgemäß zu verste-

---

225 Vgl. umfassend zur Abtretungskonstruktion Kapitel B.
226 Zum Mängelrecht siehe Kapitel F. II.
227 Vgl. auch Kapitel E. II. 2. a.
228 Palandt/Sprau, § 632, Rn. 2.

hen ist.[229] Liegt dagegen ein Kaufvertrag zwischen Lieferant und Leasinggeber vor, so kann der Lieferant Zug um Zug gegen Übergabe des Kaufgegenstandes und Übertragung des Eigentums an den Leasinggeber die Zahlung des vereinbarten Kaufpreises verlangen, §§ 433 Abs. 2, 320 Abs. 1 BGB. Allerdings kann eine Vorleistungspflicht des Lieferanten vereinbart werden. Als eine solche Vereinbarung – und nicht etwa als eine Bedingung im Sinne des § 158 BGB – ist die Abrede zwischen Leasinggeber und Lieferant zu sehen, nach welcher der Leasinggeber bis zum Vorliegen der Übernahmebestätigung von jeglichen Verpflichtungen frei bleibt.[230] Ferner gehört es nach der mittlerweile ständigen Rechtsprechung des Bundesgerichtshofs zur Hauptpflicht des Lieferanten, dem Leasingnehmer etwa bei Kraftfahrzeugen, Computern und vor allem bei komplexen Industriemaschinen, eine ausführliche Bedienungs- und Konstruktionsanleitung zur vereinbarungsgemäßen Nutzung für das Leasinggut zu überlassen.[231]

b. Nebenleistungspflichten des Lieferanten

Den Lieferanten treffen gegenüber dem Leasinggeber Neben(leistungs)pflichten, insbesondere Aufklärungs- und Beratungspflichten. Es gilt folgender Grundsatz:

---

229 BGHZ 48, 262; 50, 160 (162).

230 BGH Urteil vom 17.02.1993 – VIII ZR 37/92 = NJW 1993, 1381: *„Eine von einem Leasinggeber verwendete Bestimmung in einem formularmäßigen „Kaufvertrag“, der zufolge der Leasinggeber von allen Verpflichtungen frei bleibt, solange die Übernahmebestätigung für die vom Lieferanten zu erbringende Leistung nicht vorliegt, ist nicht als Vereinbarung einer Bedingung (§ 158 BGB) für die Wirksamkeit des Kaufvertrages auszulegen, sondern nur als Abrede einer Vorleistungspflicht des Lieferanten und als Fälligkeitsregelung für die Kaufpreiszahlung (Fortführung von BGHZ 90, 302 = NJW 1984, 2034 = LM § 278 BGB Nr. 90).“*

231 BGH Urteil vom 04.11.1992 – VIII ZR 165/91 = NJW 1993, 461: *„Denn jedenfalls setzte die Ablieferung des U-Computersystems auch die Auslieferung einer schriftlichen Bedienungsanleitung für die Software-Gegenstände voraus. Die Lieferung einer solchen Anleitung (auch als Dokumentation oder Handbuch bezeichnet) gehört zur Hauptleistungspflicht, auch wenn sie nicht im Vertragstext als geschuldeter Gegenstand erwähnt ist. Das hat der Senat in einem Leasingfall für das Hardware-Handbuch bereits im Urteil vom 5.7.1989 (Senat, NJW 1989, 3222 = LM § 448 ZPO Nr. 7 = WM 1989, 1574 [1577]) entschieden. Für Software-Handbücher und im Kaufrechtsverhältnis kann nichts anderes gelten“*;
BGH Urteil vom 03.11.1992 – X ZR 83/90 = NJW 1993, 1063: *„Die Aushändigung der Dokumentationsunterlagen, insbesondere des den bestimmungsgemäßen Gebrauch der EDV-Anlage erst ermöglichenden Benutzerhandbuchs, ist keine für die Gebrauchsfähigkeit des Werks unbedeutende Nebenleistung, sondern eine für die Gebrauchsfähigkeit der Anlage wesentliche, wenn nicht unerlässliche Vertragsleistung (vgl. BGH, NJW 1989, 3222 [3223] = LM § 448 ZPO Nr. 7 = WM 1989, 1574 [unter II]; ferner BGH, NJW 1991, 2135 [2136] = LM H. 2/92 § 320 BGB Nr. 32). Das Benutzerhandbuch ist gleichsam ein Teil der Anlage, ohne den die Werkleistung nicht vollständig erbracht ist und ohne den eine stillschweigende Werkabnahme nicht in Betracht kommt…“*; vgl. weiterhin BGH CR 1990, 189; NJW 1993, 461, 1063, 2436; WM 1993, 1850.

Der Lieferant schuldet gegenüber seinem Vertragspartner, dem Leasinggeber, vor allem die Aufklärung und Beratung über die Eigenschaften und die grundsätzliche Eignung des Kaufgegenstandes für den Kaufzweck. Aufgrund der leasingtypischen Dreieckssituation wird der Lieferant diese Pflichten gegenüber dem späteren Leasingnehmer als Erfüllungsgehilfe des Leasinggebers erbringen.

Die wichtigsten Nebenleistungspflichten, die den Lieferanten gegenüber dem Leasinggeber als seinen Vertragspartner treffen, sind die Pflichten zur Aufklärung und Beratung über die Eignung und die Eigenschaften des zu liefernden Gegenstandes im Hinblick auf die dem Lieferanten bekannte vertragsgemäße Verwendung.[232] Sie treffen den Lieferanten bereits im vorvertraglichen Bereich, §§ 311 Abs. 3, 241 Abs. 2, 280 Abs. 1 BGB. Unabhängig von dem Umstand, dass es in der Regel nicht zu einem Vertrag zwischen dem Lieferanten und dem Leasingnehmer kommt, wird der Leasingnehmer aufgrund der Vertragsverhandlungen in diesen vorvertraglichen Vertrauensbereich mit einbezogen. Zumeist wird die Aufklärung und Beratung nur gegenüber dem Leasingnehmer erfolgen, der insoweit Verhandlungsgehilfe des Leasinggebers ist.[233] Die genannten Pflichten bestehen, wenn der Lieferant einen konkreten Wissensvorsprung auf Grund seines Spezialwissens hat oder wenn ein Irrtum des Vertragspartners offensichtlich und damit erkennbar ist.[234] Nur dann kann der Vertragspartner redlicherweise eine ungefragte Aufklärung erwarten.[235] Allerdings ist jede Vertragspartei zur Rücksicht auf die Rechte, Rechtsgüter und Interessen des anderen Teils verpflichtet, § 241 Abs. 2 BGB. Leasingtypisch werden die Aufklärungs- und Beratungspflichten des Lieferanten gegenüber dem Leasingnehmer als Verhandlungsgehilfen des Leasinggebers erbracht, so dass der Maßstab für das Bestehen sowie Art und Umfang der geschuldeten Aufklärung und Beratung der vom Leasingnehmer verfolgte Verwendungszweck und der Aufklärungsbedarf des Leasingnehmers und nicht die des Leasinggebers ist, der in dieser besonderen Konstellation lediglich das Leasinggut für den Leasingnehmer finanziert.[236] Sofern der Leasingnehmer Verbraucher im Sinne von § 13 BGB ist, kommen die Informationspflichten bei Fernabsatzverträgen und im elektronischen Geschäftsverkehr, §§ 312c und e BGB i.V.m. der BGB-InfoV hinzu, wenn die spezifischen Voraussetzungen gegeben sein sollten.[237]

---

232 Beckmann, Finanzierungsleasing, § 3, Rn. 128.
233 Beckmann, Finanzierungsleasing, § 3, Rn. 128.
234 BGH NJW 2004, 2378; NJW 2005, 668; NJW-RR 2005, 634.
235 Palandt/Grüneberg, § 242, Rn. 37 m.w.N.
236 BGH NJW 1984, 2938.
237 Hoffmann ZIP 2005, 829.

c. Zusätzliche Vertragspflichten aufgrund Vereinbarung

Darüber hinaus können durch vertragliche Vereinbarungen zusätzliche Leistungen als Haupt- bzw. Nebenleistungspflichten des Lieferanten bestimmt werden. Diese können sich z.B. auf die Montage, Installation oder Integration von Hardware und Software oder die Einweisung in die Bedienung erstrecken, damit insgesamt eine vollständige Gebrauchsgewährung angenommen werden kann. Zudem kann der Lieferant die Erfüllung von Pflichten aus einem möglicherweise abgeschlossenen Rahmenvertrag oder aus einem Geschäftsbesorgungsvertrag schulden.[238]

2. Haupt- und Nebenleistungspflichten des Leasinggebers gegenüber dem Lieferanten

Es bestehen nicht nur Haupt- und Nebenleistungspflichten des Lieferanten gegenüber dem Leasinggeber, sondern auch solche des Leasinggebers gegenüber dem Leasingnehmer.

Der Leasinggeber schuldet gegenüber dem Lieferanten die Abnahme der Leasingsache sowie die Zahlung des geschuldeten Kaufpreises bzw. Werklohns. Zur Erfüllung der Abnahme- und Untersuchungsobliegenheit bedient er sich leasingtypisch des Leasingnehmers als seinem Erfüllungsgehilfen. Für die Fälligkeit des Zahlungsanspruchs des Lieferanten ist zumeist der Zeitpunkt der Abgabe der Übernahmebestätigung durch den Leasingnehmer maßgeblich.

---

a. Hauptpflicht zur Zahlung des vereinbarten Kaufpreises bzw. Werklohnes

Gegenüber dem Lieferanten schuldet der Leasinggeber den geschuldeten Kaufpreis bzw. den Werklohn und die Abnahme des Gegenstandes, § 433 Abs. 2, bzw. 631 Abs. 1, 320 Abs. 1 BGB.[239] Die Parteien des Kaufvertrages treffen in der Regel formularvertragliche Vereinbarungen, nach denen die Fälligkeit des Kaufpreises erst nach Vorlage der vom Leasingnehmer unterzeichneten Übernahmebestätigung eintreten soll. Nach Ansicht des Bundesgerichtshofes stehen einer solchen Vertragsklausel keine Zulässigkeitsbedenken entgegen, da sie der Inhaltskontrolle des § 307 Abs. 2 Nr. 1 BGB standhält und im Zweifel gemäß § 305c Abs. 2 BGB als bloße Fälligkeitsregelung auszulegen ist.[240] Dieses Ergebnis folgt aus einer konsequenten Anwendung der Grundsätze der

---

238 Beckmann, Finanzierungsleasing, § 2, Rn. 16 f.

239 Palandt/Sprau, § 631, Rn 24; Palandt/Weidenkaff, § 433, Rn. 38.

240 BGH Urteil vom 17.02.1993 – VIII ZR 37/92 = NJW 1993, 1381: *„Entgegen der Auffassung des BerGer. war der Vertrag nicht unter einer aufschiebenden Bedingung (§ 158 I BGB) abgeschlossen. Er enthielt nur eine Fälligkeitsbestimmung bzw. die Festlegung einer Vorleistungspflicht, die die Verpflichtung der Bekl. zur Kaufpreiszahlung von der vorherigen Beibringung der*

Auslegung von AGB-Klauseln durch den Bundesgerichtshof,[241] so dass die Zahlungspflicht des Leasinggebers bedingungslos entsteht.[242] Kommt der Leasinggeber seiner Zahlungspflicht nicht ordnungsgemäß nach und sollte der Lieferant deshalb gezwungen sein Klage auf Zahlung des Kaufpreises bzw. Werklohns zu erheben, so ist zu beachten, dass diese nicht gegen den Leasingnehmer, sondern ausschließlich gegen seinen Vertragspartner – den Leasinggeber und Käufer – zu richten ist.[243]

Übernahmebestätigung und von der Wirksamkeit des Leasingvertrags abhängig machte"; Beckmann, Finanzierungsleasing, § 3, Rn. 36 m.w.N.

241 BGH Urteil vom 17.02.1993 – VIII ZR 37/92 = NJW 1993, 1381: *„Ansatzpunkt für die bei einem Formularvertrag gebotene objektive, nicht am Willen der konkreten Vertragspartner zu orientierende Auslegung (vgl. z.B. BGH, NJW 1968, 885 [unter III] = LM § 455 BGB Nr. 20; NJW 1984, 1184 [unter II 2b, c] = LM § 830 BGB Nr. 18) ist in erster Linie der Vertragswortlaut. Dieser enthält keine Formulierung, die ausdrücklich die Voraussetzungen für die Zahlungspflicht der Bekl. als Bedingung bezeichnet. Abs. 2 des „Kaufvertrages" bestimmt nur, die Bekl. solle von jeder Verpflichtung frei bleiben, solange ihr die Übernahmebestätigung nicht vorliege und der Leasingvertrag nicht rechtswirksam sei. Diese Formulierung lässt zwar die Deutung zu, dass die Zahlungspflicht erst mit der Erfüllung der Voraussetzungen entstehen solle, mithin die Vereinbarung einer aufschiebenden Bedingung. Unter „frei bleiben, solange..." lässt sich aber auch ein Hinausschieben der Fälligkeit verstehen. Als ebenso mehrdeutig hat der erkennende Senat bereits früher eine ähnliche Klausel („der Eingang der Abnahmebestätigung ist Voraussetzung aller Verpflichtungen...") verstanden (BGHZ 90, 302 [307] = NJW 1984, 2034 = LM § 278 BGB Nr. 90; vgl. auch Wolf-Eckert, Hdb. des gewerblichen Miet-, Pacht- und LeasingR, 6. Aufl., Rdnr. 479)."*

„Ist der Wortlaut des Formularvertrags nicht eindeutig, kommt es für die Auslegung entscheidend darauf an, wie der Vertragstext aus der Sicht typischerweise an den Geschäften dieser Art beteiligten Verkehrskreise zu verstehen ist, wobei der Vertragswille verständiger und redlicher Vertragspartner beachtet werden muss (BGHZ 33, 216 [218] = NJW 1961, 212 = LM § 67 VVG Nr. 16; BGH, NJW 1968, 885 = LM § 455 BGB Nr. 20; NJW 1984, 1184 = LM § 830 BGB Nr. 18). Soweit auch der mit dem Vertrag verfolgte Zweck einzubeziehen ist (BGH, NJW 1984, 169 [170] = LM § 1192 BGB Nr. 24), kann das nur in Bezug auf typische und von redlichen Geschäftspartnern verfolgte Ziele gelten. Bleiben nach Erwägung aller Umstände Zweifel, geht dies zu Lasten des Verwenders (BGH, NJW 1968, 885 = LM § 455 BGB Nr. 20); in derartigen Fällen setzt sich also die kundenfreundlichere Lösung durch".

242 BGH Urteil vom 17.02.1993 – VIII ZR 37/92 = NJW 1993, 1381: *„...Gegen die Annahme einer Bedingung spricht aber jedenfalls die Interessenlage der typischerweise an einem solchen Rechtsgeschäft beteiligten Vertragspartner (§ 157 BGB, § 5 AGB-Gesetz). Zwar mag der Leasinggeber ein berechtigtes Interesse daran haben, den Kaufpreis für den vom Leasingnehmer ausgesuchten und in erster Linie seinem Gebrauchsinteresse dienenden Leasinggegenstand erst zahlen zu müssen, wenn die mangelfreie Auslieferung feststeht. Diesem Interesse wird aber durch eine die Zahlung von der Lieferung abhängig machende Fälligkeitsbestimmung vollauf genügt. Andererseits ist dem Lieferanten schlechterdings nicht zuzumuten, vor einer endgültigen Bindung des Leasinggebers seine Vertragsleistung voll zu erbringen, wie dies erforderlich wäre, wenn die Wirksamkeit des gesamten Kaufvertrags von der Übernahmebestätigung als einer Bedingung abhinge."*

243 BGH WM 2003, 798.

b. Abnahmeverpflichtung

Weiterhin trifft den Leasinggeber die Pflicht zur Abnahme der Leasingsache. Sie ergibt sich je nach Rechtsnatur des Liefervertrages für den Kaufvertrag aus § 433 Abs. 2 BGB und für einen Werkvertrag aus § 640 Abs. 1 S. 1 BGB. Dabei stellt nur die Abnahmepflicht des § 640 Abs. 1 S. 1 BGB eine gesetzliche Hauptleistungspflicht dar, da im Gegensatz zum Kaufrecht das Werk jeweils individuell hergestellt wird und somit eine besondere Untersuchung und Prüfung auf seine Vertragsgemäßheit erforderlich ist. Die Abnahmepflicht des § 433 Abs. 2 BGB ist lediglich Nebenleistungspflicht; sie steht nicht im Synallagma zu einer Hauptpflicht des Verkäufers, weshalb § 320 BGB keine Anwendung findet.[244] Allerdings kann diese bei gesonderter vertraglicher Vereinbarung zur synallagmatischen Pflicht und somit zu einer Hauptpflicht erklärt werden, oder bei besonderem Interesse des Verkäufers ausnahmsweise stillschweigend vereinbart werden.[245] Die Abnahme im Sinne des § 433 Abs. 2 BGB erschöpft sich in dem tatsächlichen Vorgang, durch welchen der Käufer oder für diesen eine andere Person als Erfüllungsgehilfe den Besitz am Kaufgegenstand gemäß § 854 BGB vom Verkäufer übertragen bekommt.[246] Die Abnahme des § 640 Abs. 1 S. 1 BGB erfordert darüber hinaus die Anerkennung und Billigung des Werkes als im Wesentlichen vertragsgemäß.[247] In der Leasingpraxis wird der Leasinggeber die Abnahme nicht persönlich vornehmen, sondern dem Leasingnehmer überlassen. Dabei ist zu beachten, dass eine Abnahme nach Werkvertragsrecht gemäß § 640 Abs. 1 BGB, die der Leasinggeber dem Leasingnehmer überlassen hat, nur dann wirksam erfolgen kann, wenn der Auftraggeber (Leasinggeber) die Abnahme aufgrund einer Bevollmächtigung oder Ermächtigung oder aus anderen Gründen gegen sich gelten lassen muss.[248] Dies folgt aus dem Umstand, dass die werkvertragliche Abnahme gesetzlich durch den Besteller geschuldet wird.[249] Zwar wird der Leasingnehmer in der Regel vom Leasinggeber nicht ausdrücklich zur Vornahme der Abnahme bevollmächtigt werden, doch genügen die besonderen Beziehungen in der leasingtypischen Dreieckskonstellation unter Berücksichtigung der leasingtypischen Abtretungskonstruktion als besonderer Zurechnungsgrund. Der Leasingnehmer wird für den Leasinggeber diesbezüglich als Erfüllungsgehilfe tätig.[250] Der Leasinggeber muss sich Erklärungen des Leasingnehmers im Zusammenhang mit der Abnahme vor allem dann zurechnen lassen, wenn er dem Leasingnehmer leasingtypisch sämtliche Ansprüche und Rechte aus dem Liefervertrag abgetreten hat und ihm ohne Einschränkungen die Durchsetzung dieser Rechte überträgt. Lässt der Leasinggeber die Abnahme durch den Leasingnehmer

244 Staudinger, § 433, Rn. 196; Palandt/Weidenkaff, § 433, Rn. 44.
245 Palandt/Weidenkaff, § 433, Rn. 44; vgl. schon BGH NJW 1972, 99 m.w.N.
246 Palandt/Weidenkaff, § 433, Rn. 43.
247 Palandt/Sprau, § 640, Rn. 3.
248 Palandt/Sprau, § 640, Rn. 5 mit Verweis auf BGH NJW-RR 1993, 1461; 2000, 164.
249 Palandt/Sprau, § 640, Rn. 5.
250 Reinking, Der Autokauf, Rn. L 336 ff.

vornehmen, so sollte sich der Leasinggeber vor Zahlung des Werklohns beim Leasingnehmer erkundigen, ob sich das Leasinggut bei Übergabe in einem vertragsgemäßen Zustand befand, da in der vorbehaltlosen Zahlung des Werklohns durch den Leasinggeber an den Lieferanten gegebenenfalls eine stillschweigende Abnahme gesehen werden kann.[251] Im Zweifel liegen keine Anhaltspunkte vor, dass der Lieferant nach Treu und Glauben davon ausgehen müsste, der Leasinggeber als Besteller habe die erbrachte Leistung mit Zahlung nicht gebilligt.[252]

3. Untersuchungs- und Rügeobliegenheit gemäß § 377 HGB

In der Leasingpraxis sind die im leasingtypischen Dreiecksverhältnis geschlossenen Lieferverträge regelmäßig als beiderseitige Handelsgeschäfte i.S.v. § 343 Abs. 1 HGB zu qualifizieren, da Lieferant und Leasinggeber Kaufleute im Sinne der handelsrechtlichen Vorschriften sein werden. Es gelten die folgenden Grundsätze:

Den Leasinggeber trifft die Obliegenheit zur Untersuchung und Rüge der gelieferten Leasingsache gemäß § 377 Abs. 1 HGB. Verstößt der Leasinggeber gegen diese Obliegenheit, ist er mit den Mängelrechten aus dem Liefervertrag präkludiert. Auf die Obliegenheit des Leasinggebers gemäß § 377 BGB wirkt sich die unmittelbare Lieferung des Leasinggegenstandes vom Lieferanten an den Leasingnehmer nicht aus. Dies gilt unabhängig davon, ob der Leasingnehmer Kaufmann ist oder nicht.
Wälzt der Leasinggeber die Obliegenheit aus § 377 HGB wirksam auf den Leasingnehmer ab und kommt dieser der Untersuchungs- oder Rügeobliegenheit nicht nach, so sind die Mängelrecht ebenfalls präkludiert. Der Leasingnehmer kann sich dann weder gegenüber dem Lieferanten, noch gegenüber dem Leasinggeber auf das Mängelrecht berufen.[253] Ebenso wenig kann er sich in diesem Fall auf eine Unwirksamkeit der Freizeichnungskonstruktion aufgrund Rechtlosstellung[254] berufen, da er diese selbst herbeigeführt hat.
Mittels individualvertraglicher Vereinbarung kann die Untersuchungs- und Rügeobliegenheit auch einem Leasingnehmer, der nicht Kaufmann ist, auferlegt werden.
Bezüglich einer formularvertraglichen Übertragung der Untersuchungs- und Rügeobliegenheit stellt sich die Sachlage differenzierter dar.[255] Einem kaufmännisch tätigen Leasingnehmer können die Obliegenheiten des § 377 HGB vollumfänglich übertragen werden, da diese handelsüblich sind. Die Übertragung auf einen nichtkaufmännischen Leasingnehmer hat der Bundesgerichtshof bisweilen nicht entschieden. Die h.M. will dies nur bei offensichtlichen Mängeln zulassen.[256]
Entstehen dem Leasinggeber durch die Verletzung der übertragenen Untersuchungs- und Rügeobliegenheit Schäden, ist der Leasingnehmer nach § 280 Abs. 1 zum Schadensersatz verpflichtet.

---

251 OLG Celle CR 1997, 150; a.A. Beckmann, Finanzierungsleasing, § 3, Rn. 94.
252 Palandt/Sprau, § 640, Rn. 6.
253 Vgl. umfassend zur Übertragung auf den Leasingnehmer Kapitel F. II.
254 Vgl. umfassend in Kapitel E. II. 2.
255 Vgl. die Ausführungen in E. II. 2. c.
256 Vgl. umfassend zur Übertragung auf den Leasingnehmer Kapitel F. II. sowie Staudinger, Leasing, Rn. 179.

Entgegen der weitläufig verbreiteten Bezeichnung als Untersuchungs- und Rüge*pflicht*, statuiert § 377 Abs. 1 HGB eine solche nicht, sondern begründet eine Untersuchungs- und Rüge*obliegenheit*.[257] Die Untersuchung und Rüge erfolgt ausschließlich im eigenen Interesse des Leasinggebers, der durch sie seine Rechte wahren kann.[258] Die bloße Obliegenheit des Leasinggebers begründet für den Lieferant – entgegen der in der Praxis oftmals anzutreffenden Auffassung – keinen Anspruch auf eine unverzügliche Untersuchung und Rüge.

a. Leasinggeber als Verpflichteter

Den Leasinggeber trifft als Kaufmann die Obliegenheit aus § 377 HGB.

Auf die Obliegenheit des Leasinggebers gemäß § 377 HGB wirkt sich die unmittelbare Lieferung des Leasinggegenstandes vom Lieferanten an den Leasingnehmer nicht aus. Den Leasinggeber trifft die Untersuchungs- und Rügeobliegenheit. Dies gilt unabhängig davon, ob der Leasingnehmer Kaufmann ist oder nicht.
Wälzt der Leasinggeber die Obliegenheit aus § 377 HGB wirksam auf den Leasingnehmer ab und kommt dieser der Untersuchungs- oder Rügeobliegenheit nicht nach, sind die Mängelrecht präkludiert.

Obwohl der Leasinggeber als Käufer des Herstellers/Lieferanten den Kaufgegenstand aufgrund der Direktlieferung an den Leasingnehmer regelmäßig nicht zu Gesicht bekommt, bleibt es nach der Rechtsprechung des Bundesgerichtshofes beim Leasinggeber als Vertragspartner des Liefervertrages bei den Obliegenheiten zur handelsrechtlichen Untersuchung und Rüge nach § 377 HGB, soweit für den Leasinggeber und für den Lieferanten ein Handelsgeschäft im Sinne der §§ 343, 344 HGB vorliegt.[259]

---

257 Baumbach/Hopt, § 377, Rn. 5.
258 Baumbach/Hopt, § 377, Rn. 20.
259 Vgl. hierzu BGH Urteil vom 24.01.1990 – VIII ZR 22/89 = WM 1990, 510: *„Bei einem Handelsgeschäft trifft den Käufer die Rügeobliegenheit nach § 377 HGB grundsätzlich auch dann, wenn der Verkäufer die Kaufsache auf Anweisung des Käufers (hier: des Leasinggebers) an einen nichtkaufmännischen Dritten (hier: den Leasingnehmer) abliefert, mit dem der Käufer einen Leasingvertrag über die Ware geschlossen und den er zur Geltendmachung der vertraglichen Ansprüche gegen den Verkäufer ermächtigt hat."*
„[...] Die Obliegenheit zur Rüge gegenüber der Beklagten traf die Käuferin/Leasinggeberin, und allein die Anwendbarkeit der §§ 377, 378 HGB auf sie und auf den von ihr mit der Beklagten geschlossenen Kaufvertrag und damit die Erhaltung oder Ausschluss der Gewährleistungsansprüche steht in Frage. Nach der Rechtsprechung des erkennenden Senats bedient sich der Käufer/Leasinggeber in Bezug auf die Abnahme der Kaufsache in seinem Verhältnis zum Verkäufer des Leasingnehmers als Erfüllungsgehilfen, so etwa wenn er bestimmt, die Abnahme des gekauften Gegenstandes erfolge durch den Leasingnehmer an dem von diesem angegebenen Bestimmungsort (BGHZ 90, 302, 309). Das rechtfertigt es indessen nicht die den Käufer und Leasinggeber aufgrund seines Kaufvertragsschlusses treffenden Pflichten und Obliegenheiten in ihrem Bestand und

Für die Auslegung des Merkmals der Unverzüglichkeit der Untersuchung im Rahmen der gegebenenfalls erforderlichen Rüge ist zu berücksichtigen, dass die Lieferung der Leasingsache an den Leasingnehmer mit Wissen und Wollen des Lieferanten erfolgte und somit nach den Grundsätzen des Streckengeschäftes eine angemessene Zeit zum Absenden der Rüge bestehen muss.[260] Der Bundesgerichtshof greift in diesem Zusammenhang auf die Begründung zur Rechtsprechung zum Streckengeschäft zurück. Auch dort gilt, dass sich der Zwischenhändler bei einer vermeidbaren Verzögerung der Mängelanzeige durch den Endabnehmer den aus § 377 Abs. 2 HGB folgenden Rechtsnachteil von seinem Verkäufer entgegenhalten lassen muss. Auch bleibt es bei der Direktlieferung an einen Abnehmer der selbst nicht Kaufmann ist, Sache des Zwischenhändlers für eine unverzügliche Untersuchung und Mängelanzeige durch den Abnehmer zu sorgen.[261]

Nach Ansicht des Bundesgerichtshofes gilt dies selbst dann, wenn der Kaufvertrag vorerst nur zwischen dem Lieferanten und dem späteren Leasingnehmer geschlossen wird und anschließend der Leasinggeber in diesen Kaufvertrag als Käufer „eintritt" (sog. Eintrittsmodell).[262] Folglich verbleibt die Untersuchungs- und Rügeobliegenheit des § 377 HGB beim Leasinggeber, auch wenn er tatsächlich den Leasingnehmer mit der Untersuchung der gelieferten Leasingsache beauftragt hat und eine solche – für den Lieferanten ersichtlich – nicht selbst vornimmt.[263]

b. Weitere Voraussetzungen der Obliegenheit zur Untersuchung und Rüge

Über das Merkmal des beiderseitigen Handelsgeschäfts hinaus bedarf es zur Annahme des § 377 HGB folgender weiterer Voraussetzungen:[264]

Umfang nur deshalb zu verändern, weil er bei der Abnahme einen Nichtkaufmann zu Hilfe zieht. Die Pflichten und Obliegenheiten eines Schuldners beurteilen sich grundsätzlich aus seiner Person und seiner vertraglichen Beziehung zum Gläubiger, nicht aus der Person des Erfüllungsgehilfen. Auch aus der Sicht des Lieferanten ist nicht einzusehen, dass er gegenüber seinem kaufmännischen Vertragspartner nur deshalb den Schutz des § 377 HGB verlieren sollte. Die Vorschriften über die Mängelrüge tragen in erster Linie den Belangen des Verkäufers Rechnung, der davor bewahrt werden soll, sich noch längere Zeit nach der Ablieferung Ansprüchen wegen etwaiger, dann nur schwer feststellbarer Mängel, ausgesetzt zu sehen, wodurch zugleich dem allgemeinen Interesse an einer raschen Abwicklung der Rechtsgeschäfte im Handelsverkehr entsprochen wird (BGH, Urteil vom 27. März 1985 – VIII ZR 75/84 = WM 1985, 834 unter 3 b cc = BGHZ 101, 307, 345)."

260 Vgl. zu den Voraussetzungen der ordnungsgemäßen Rüge durch den Leasinggeber: Martinek/Stoffels/Wimmer-Leonhardt, Handbuch des Leasingrechts, 6. Kapitel, § 14, Rn. 2 ff., S. 173 ff.

261 BGH Urteil vom 24.01.1990 – VIII ZR 22/89 = WM 1990, 510.

262 BGH Urteil vom 24.01.1990 – VIII ZR 22/89 = WM 1990, 510.

263 Vgl. Kapitel F. II.

264 Vgl. ausführlich Baumbach/Hopt, § 377, Rn. 5 ff.

aa. Ablieferung des Leasingobjektes

Die Ablieferung des Leasingobjektes hat beim Leasinggeber bzw. einem Empfangsbevollmächtigten als einseitiger Realakt des Lieferanten zu erfolgen. Davon ist auszugehen, wenn die Sache dem Leasinggeber – oder auf Bestimmung dem Leasingnehmer – derart zugänglich gemacht wird, dass eine tatsächliche Überprüfung auf ihre Beschaffenheit erfolgen kann.[265] Maßgeblich ist die tatsächliche Verfügungsgewalt.[266]

bb. Untersuchung

Die Untersuchung hat unverzüglich – d.h. ohne schuldhaftes Zögern, § 121 BGB, – nach Ablieferung der Ware zu erfolgen.[267] Dabei ist im Interesse der Schnelligkeit des Handelsverkehrs die Unverzüglichkeit streng auszulegen. Aufgrund der zahlreichen Arten von Leasinggütern ist auf den Einzelfall abzustellen.[268] Die Anforderungen an eine ordnungsgemäße Untersuchung dürfen im Rahmen der Abwägung zwischen den Interessen des Lieferanten und denen des Leasinggebers nicht überspannt werden, wobei Schwierigkeiten den Mangel zu entdecken nicht von der Untersuchung entbinden.[269] Umstände des Einzelfalls, die in die Interessenabwägung eingestellt werden müssen, sind insbesondere die mit der Untersuchung verbundenen Kosten, der technische und organisatorische Aufwand, sowie die technischen Kenntnisse des Leasinggebers. In der Regel ist deshalb eine Untersuchung dann ordnungsgemäß, wenn sie durch eine angemessene, ausreichende, repräsentative Anzahl von Stichproben erfolgt.[270]

cc. Rüge eines Mangels

Zeigt sich bei der Untersuchung ein Mangel, so muss der Leasinggeber zur Wahrung seiner Rechte diesen dem Lieferanten unverzüglich anzeigen, § 377 Abs. 1, Abs. 2 HGB i.V.m. § 121 BGB.[271] Im Zusammenhang mit dem Mangelbegriff ist weiterhin zu beachten, dass im Zuge der Schuldrechtsreform § 378 HGB a.F. aufgehoben worden ist und die Aliud-Lieferung sowie eine „Zuweniglieferung" bei Kaufverträgen jetzt in § 434 Abs. 3 BGB einem Sachmangel gleichgestellt worden sind.[272] Bei der Rechtzei-

---

265 Baumbach/Hopt § 377, Rn. 5; BGHZ 60, 6; 93, 345; NJW 1961, 730; 1986, 317; 143, 311.

266 Staudinger, Leasing, Rn. 175; Baumbach/Hopt, § 377, Rn. 5; BGHZ 60, 6; 93, 345; NJW 1961, 730; 1986, 317; 143, 311.

267 Martinek/Stoffels/Wimmer-Leonhardt, Handbuch des Leasingrechts, 6. Kapitel, § 14, Rn. 2, S. 173, Praxishandbuch Leasing, § 9, Rn. 174.

268 Zur den Richtwerten vgl. Baumbach/Hopt, § 377, Rn. 23.

269 Baumbach/Hopt, § 377, Rn. 25; BGH NJW 1977, 1150.

270 Baumbach/Hopt, § 377, Rn. 26; BGH BB 1977, 1019; OLG München NJW 1955, 1560.

271 Vgl. zum Mangelbegriff insb. Palandt/Weidenkaff, § 434 BGB, Rn. 7 ff.

272 Baumbach/Hopt, § 378, Rn. 1.

tigkeit der Rüge schadet jede geringe, nach objektiver Betrachtung im ordnungsgemäßen Geschäftsgang vermeidbare, Nachlässigkeit. Es kommt für die Fristbestimmung dabei entscheidend und allein darauf an, ob der Mangel tatsächlich vorhanden ist. Einer konkreten Klärung der Mängelursache bedarf es nicht.[273] Die Rüge muss jeden einzelnen Mangel gesondert und so spezifiziert wie möglich bezeichnen, wobei die Beschreibung des Fehlerbildes nach der Rechtsprechung des Bundesgerichtshofs genügen soll.[274] Aber nicht nur bei Vorliegen eines offenen Mangels, sondern auch bei einem versteckten Mangel muss der Leasinggeber – nach dem Erkennen des Mangels – gegenüber dem Lieferanten seiner Rügeobliegenheit nachkommen, § 377 Abs. 3 HGB. Ein versteckter Mangel ist dann anzunehmen, wenn er bei der gebotenen Untersuchung nach § 377 Abs. 1 HGB nicht erkennbar war und sich deshalb erst später zeigt.[275] Ebenso ist nach einem bereits erfolgten Umtausch oder einer Ersatzlieferung bzw. einer Nacherfüllung eine Untersuchung und Rüge zum Erhalt der Rechte erforderlich.[276]

c. Rechtsfolge der Verletzung der Untersuchungs- und/oder Rügeobliegenheit

Wenn der Leasinggeber seiner Obliegenheit aus § 377 HGB nicht nachkommt, sind sämtliche Gewährleistungsansprüche gegen den Lieferanten ausgeschlossen, § 377 Abs. 2 HGB. Der Leasinggeber genehmigt stillschweigend die gelieferte Leasingsache als vertragsgemäß, wobei die Genehmigungsfiktion im Rechtsstreit nicht von Amts wegen zu berücksichtigen ist, sondern nur auf Einwand des Lieferanten hin.[277] Auf den prozessualen Vortrag ist im Verfahren zu achten, da reine Rechtsbehauptungen zur Präklusion in der Praxis oftmals vorkommen, jedoch nicht ausreichend sind.

Hat der Leasinggeber seine Haftung gegenüber dem Leasingnehmer leasingtypisch ausgeschlossen und ihm im Gegenzug die vermeintlichen Gewährleistungsrechte gegen den Lieferanten abgetreten, wäre der Leasingnehmer durch die Präklusion der Mängelrechte rechtlos gestellt. Aufgrund der Obliegenheitsverletzung des Leasinggebers, etwaige Mängel an der Ware rechtzeitig zu rügen, stehen ihm und damit auch dem Leasingnehmer keinerlei Mängelrechte mehr gegen den Lieferanten zu, vgl. § 377 Abs. 2 HGB. Im Gegensatz zum vertraglichen Ausschluss der Gewährleistungsrechte im Liefervertrag bestanden in diesem Fall zunächst die Mängelrechte

273 Baumbach/Hopt, § 377, Rn. 42.
274 Vgl. hierzu BGH WM 1998, 1980; NJW 1999, 1330: *„Beim Mängelbeseitigungsverlangen ist mit einer hinreichend genauen Bezeichnung der „Mangelerscheinungen“ (der „Symptome“ des Mangels) der Mangel selbst bezeichnet. Der Auftraggeber braucht die Ursachen der Symptome nicht zu bezeichnen. Unschädlich ist, wenn er zusätzlich – möglicherweise andere als später tatsächlich festgestellte – Ursachen für die Entstehung der Mängel angibt.“*
275 Baumbach/Hopt, § 377, Rn. 38.
276 Baumbach/Hopt, § 377, Rn. 36, 42, 46 m.w.N.
277 BGH WM 1997, 2313; NJW 1999, 1259.

zugunsten des Leasingnehmers. Diese können nach der Präklusion jedoch nicht mehr durchgesetzt werden. Deshalb lebt die mietrechtliche Haftung des Leasinggebers gegenüber dem Leasingnehmer hier nicht wieder auf,[278] sondern der Leasinggeber haftet dem Leasingnehmer wegen der aufgetretenen Sachmängel im Wege des Schadensersatzes. Die Verletzung der Rügeobliegenheit durch den Leasinggeber entzieht dem Leasingnehmer seine Gewährleistungsrechte und stellt deshalb diesem gegenüber eine Pflichtverletzung i.S.v. § 280 Abs. 1 BGB dar. Folglich muss der Leasinggeber den Leasingnehmer gem. § 249 Abs. 1 BGB so stellen, wie er im Falle der Erhaltung der Gewährleistungsrechte bei Beachtung der Rügeobliegenheiten stehen würde.[279] Daher erhält der Leasingnehmer als Schadensersatz die Gewährleistungsrechte, die er gegen den Lieferanten hätte verwirklichen können.[280]

Selbst die „qualitative Zuviellieferung" führt zu einer Genehmigungsfiktion und damit zu einer Preiserhöhung. Aufgrund der unterschiedlichen Schutzrichtung (Äquivalenzinteresse einerseits und Integritätsinteresse andererseits) sind deliktische Ansprüche dagegen nicht von einer Präklusion umfasst.

d. Risikotragung bei fehlender Rüge

Das Risiko der Berufung des Lieferanten auf die unterlassene Mängelrüge oder fehlende Untersuchung des Leasinggutes verbleibt grundsätzlich beim Leasinggeber.[281] Dies gilt selbst dann, wenn der Lieferant weiß, dass der Leasinggeber das von ihm gekaufte Leasinggut an einen Nichtkaufmann verleasen möchte. Dies kann nicht zu einem konkludenten Ausschluss der Untersuchungs- und Rügeobliegenheit führen. Für die Anwendbarkeit des § 377 HGB ist einzig und allein die Beziehung zwischen Lieferant und künftigem Leasinggeber entscheidend.[282]

---

278 Martinek/Stoffels/Wimmer-Leonhardt, Handbuch des Leasingrechts, 6. Kapitel, § 14, Rn. 13, S. 178.

279 Martinek/Stoffels/Wimmer-Leonhardt, Handbuch des Leasingrechts, 6. Kapitel, § 14, Rn. 10, S. 177.

280 Wolf/Eckert, Rn. 1968; Martinek, Moderne Vertragstypen, Band I: Leasing und Factoring, S. 126.

281 Reinking, Der Autokauf, Rn. L 313 ff.

282 Vgl. hierzu BGH Urteil vom 24.1.1990 – VIII ZR 22/89 = BGHZ 110, 130 = WM 1990, 510 = BGH NJW 1990, 1290: „*...Geht es um den Ausschluss von Gewährleistungsrechten wegen einer unterlassenen oder verzögerten Untersuchung des unmittelbar an den Leasingnehmer ausgelieferten Kauf- und Leasinggegenstandes gem. § 377 HGB, so muss sich der Leasinggeber als Rechtsinhaber diesen Umstand zurechnen lassen. Die kaufrechtlichen Beziehungen zwischen Lieferant/Verkäufer und Leasinggeber/Käufer können eine inhaltliche Änderung nicht deshalb erfahren, weil der Leasinggeber aus Gründen der vereinfachten Vertragsabwicklung den Kaufgegenstand (das Leasingobjekt) zur Erfüllung der aus dem Leasingvertrag folgenden Gebrauchsüberlassungspflicht direkt dem Leasingnehmer ausfolgen lässt. Das wäre auch dann nicht anders, wenn – abweichend vom vorliegenden Fall – der Kaufvertrag zunächst zwischen dem*

Wurden dagegen dem Leasingnehmer die Untersuchungs- und Rügeobliegenheit wirksam übertragen,[283] so fällt der Verlust der Ansprüche aus dem Leasingvertrag in den Risikobereich des Leasingnehmers.[284] Es kann zu einer Schadensersatzpflicht des Leasingnehmers gegenüber dem Leasinggeber kommen, wenn ihm die Untersuchungs- und Rügeobliegenheit wirksam übertragen wurde und er dieser Pflicht nicht ausreichend nachkommt. Wird der Leasinggeber dann zur Bezahlung des Kaufpreises an den Lieferanten verpflichtet, kann er die entstandenen Aufwendungen von dem Leasingnehmer ersetzt verlangen.[285] Dies stellt keine unrechtmäßige Behandlung des Leasingnehmers dar, da der Leasinggeber für eine ordnungsgemäße Beratung und Aufklärung des Leasingnehmers sorgen[286] und er den Leasingnehmer in diesem Zuge über seine Verpflichtung zur Untersuchung und Rüge aufklären muss.[287]

4. Rahmenverträge

Zunehmend an Bedeutung gewinnen in der Praxis Rahmenverträge, die entweder zwischen Leasinggeber und Lieferant oder zwischen Leasinggeber und Leasingnehmer geschlossen werden.

a. Rahmenvertrag zwischen Leasinggeber und Lieferant (Rückkauf)

Rahmenverträge bestehen regelmäßig zwischen dem Leasinggeber und dem Lieferanten und dienen in erster Linie der auf Dauer angelegten Geschäftsverbindung durch Förderung des Absatzes und der Vertriebskooperation.[288] Der Leasinggeber beauftragt

---

Lieferanten und dem späteren Leasingnehmer geschlossen wird und sodann der Leasinggeber in diesen Kaufvertrag „eintritt", und zwar gleichviel, ob eine derartige Vertragsübernahme durch Aufhebung des alten und Abschluss eines neuen Kaufvertrages, durch dreiseitigen Vertrag oder durch zweiseitige Vereinbarung unter Zustimmung des dritten Teils zustande kommt (dazu BGHZ 95, 88 [93 ff.] = NJW 1985, 2528 = LM § 765 BGB Nr. 40). Für die erste Alternative bedarf dies keiner näheren Begründung. Aber auch in den letzten beiden Fällen führt die Auswechselung des Käufers – ungeachtet der aufrechterhaltenen „Identität" des Vertrages (BGHZ 95, 88 [94] = NJW 1985, 2528 = LM § 765 BGB Nr. 40) – dazu, dass aus dem bisher mit einem Nichtkaufmann geschlossenen Vertrag ein Handelskauf mit einem kaufmännischen Leasinggeber wird, den nunmehr die Rügeobliegenheit des § 377 HGB trifft."

283 Vgl. zur Übertragung der Untersuchungs- und Rügeobliegenheit auf den Leasingnehmer umfassend Kapitel E. II. 2. c.

284 OLG Hamm OLGR 1999, 165.

285 OLG Hamm OLGR 1999, 165.

286 BGH NJW-RR 2005, 634; NJW 2004, 2378; 2005, 668.

287 BGH NJW 1990, 1290.

288 Graf von Westphalen, Der Leasingvertrag, 5. Auflage, Rn. 210; Beckmann, Finanzierungsleasing, § 1, Rn. 137; BGH WM 1986, 1024 = NJW-RR 1986, 1110.

den Lieferanten mit der Akquisition und der Durchführung des Vertragsabschlusses. Die einzelnen Geschäfte werden bei einer kapital- oder konzernmäßigen Verflechtung zwischen Leasinggeber und Leasingnehmer – wie standardisierte Finanzierungsleasinggeschäfte – im Dreiecksverhältnis abgewickelt, sofern das Vollamortisationsrisiko beim Leasinggeber verbleibt. Hier sind zudem Kooperationsverträge mit einer Rückkaufgarantie zwischen Leasinggeber und Lieferant praxisüblich. Diese beinhalten teilweise weitere Pflichten für den Lieferanten, bei denen Leasingabwicklungen, beispielsweise die Entgegennahme und Überprüfung des Leasingobjekts nach Beendigung des Leasingvertrages, übernommen werden.

b. Rahmenvertrag zwischen Leasinggeber und Leasingnehmer

Zwischen Leasinggeber und Leasingnehmer werden Rahmenvereinbarungen dann abgeschlossen, wenn der Leasingnehmer einen regelmäßigen Bedarf an Leasinggütern hat und beide Parteien ständig zusammenarbeiten.[289] In derartigen Konstellationen sind Inhalt und Wirkung der Vereinbarungen durch eine im konkreten Einzelfall vorzunehmende Auslegung im Sinne von §§ 133, 157 BGB unter Berücksichtigung des Wortlauts der Vereinbarung sowie aller Umstände des jeweiligen Falles zu ermitteln.[290] Die Parteien regeln die Rahmenbedingungen, die im Falle eines Vertragsschlusses gelten sollen. Es handelt sich dabei jedoch nicht um Vorverträge.[291]

Die Parteien entscheiden vielmehr jeweils im Einzelfall, ob ein Vertrag zu Stande kommen soll. Der Bundesgerichtshof hat in diesem Zusammenhang jedoch im Falle von „Mietscheinen“ entschieden, dass der Vertrag nicht bereits mit der Unterzeichnung der betroffenen Mietscheine zu Stande kommt, sondern erst mit der Einreichung der Mietscheine bei der Leasinggesellschaft und der daraufhin erklärten Annahme.[292]

IV. Besonderheiten beim Kfz-Leasingvertrag

Das Kfz-Leasing, das mehr als die Hälfte des Neugeschäfts in der Leasingbranche darstellt, wird in Deutschland nahezu ausschließlich als Finanzierungsleasing betrieben.[293] Aufgrund dieser Bedeutung in der Praxis, werden im folgenden Kapitel die Besonderheiten des Kfz-Leasingvertrages näher behandelt. Im Übrigen gelten die allgemeinen Grundsätze.

---

289 Staudinger, Leasing, Rn. 108.

290 BGH Urteil vom 05.11.1986 – VIII ZR 151/85 = WM 1987, 108 = NJW 1987, 947 = NJW-RR 1987, 305; Graf von Westphalen, Der Leasingvertrag, 5. Auflage, Rn. 210.

291 BGH WM 1986, 1024, 1026.

292 BGH WM 1987, 108, 109; BGH WM 1986, 1024.

293 BGH Urteil vom 4.7.1990 – VIII ZR 288/89 = BGHZ 112, 65 = WM 1990, 1620 = NJW 1990, 3016.

1. Spezifische Vertragspflichten beim Kfz-Leasing

Den Leasingnehmer treffen beim Kfz-Leasing eine Reihe von besonderen Vertragspflichten. So ist es dem Leasingnehmer nach Maßgabe des § 540 BGB in der Regel untersagt, das Leasingfahrzeug, mit Ausnahme von Familien- oder Betriebsangehörigen, an Dritte zum Gebrauch zu überlassen oder es als Taxi, Miet- oder Fahrschulfahrzeug zu nutzen, es sei denn der Leasinggeber hat seine Genehmigung hierfür erteilt.[294] Vertragstypisch trägt der Leasingnehmer alle anfallenden Betriebskosten des Leasingfahrzeugs; einschließlich der Kosten für die Instandhaltung, Instandsetzung, Kosten einer Abgasuntersuchung und der Hauptuntersuchung. Etwas anderes wird nur im Rahmen von sog. Full-Service-Verträgen vereinbart.[295] Darüber hinaus ist der Leasingnehmer zum Abschluss der gesetzlichen Haftpflichtversicherung sowie einer Vollkaskoversicherung zugunsten des Leasinggebers in Form der Versicherung auf fremde Rechnung im Sinne der §§ 74 ff. VVG zum Bruttoneuwert des Fahrzeuges verpflichtet, sofern der Leasinggeber mit dem Versicherer keine abweichenden Regelungen trifft. Zusätzlich trifft den Leasingnehmer die Verpflichtung zur Abtretung aller Ansprüche aus Haftpflichtschäden gegen den Schädiger und dessen Haftpflichtversicherung an den Leasinggeber, was regelmäßig im Wege eine Vorauszession bereits im Leasingvertrag erfolgt. Allerdings wird der Leasingnehmer vom Leasinggeber vertragstypisch ermächtigt und verpflichtet, die Ansprüche im eigenen Namen geltend zu machen und die Ersatzbeträge an den Leasinggeber weiterzuleiten, soweit er sie nicht für eine Instandsetzung des Leasingfahrzeugs einsetzen kann oder muss.

2. Vollkaskoversicherung und die Haftung für Leistungsstörungen

Aufgrund der Überwälzung der Sach- und Preisgefahr auf den Leasingnehmer ist der Leasingnehmer beim Kfz-Leasing vertraglich verpflichtet, eine Vollkaskoversicherung zum Bruttoneuwert des Fahrzeuges für den Leasinggeber abzuschließen.[296] Von besonderer Bedeutung sind nunmehr die Abwicklungsmodi im Falle eines Unfalls, da der Leasingnehmer zwar die Versicherungen abschließt und bezahlt, die Versicherungsleistungen jedoch das Eigentum des Leasinggebers am Leasingobjekt sichern. Tritt nunmehr ein Teilschaden, ein Totalschaden oder der Verlust aufgrund eines Diebstahls ein, dann ergeben sich aufgrund des Auseinanderfallens des Eigentums des Leasinggebers auf der einen Seite und der Haltereigenschaft des Leasingnehmers auf der anderen Seite, insbesondere im Verhältnis zum Versicherer, zahlreiche Rechtsprobleme.

---

294 BGH ZIP 1990, 1133.
295 Vgl. zum Full-Service-Vertrag: Kapitel A. II. 5. e.
296 BGH NJW 1985, 1537; 1988, 2803; 1989, 3021; 1993, 1223.

a. Versicherungsverhältnis

Die vom Leasingnehmer abzuschließende Vollkaskoversicherung stellt gemäß §§ 74 ff. VVG eine Fremdversicherung zu Gunsten des Leasinggebers dar. Deshalb und zur Stärkung und Sicherung seiner Rechte wird dem Leasinggeber vom Versicherer ein Sicherungsschein ausgehändigt. Oftmals ist die Vorlage des Versicherungsscheines vertragliche Voraussetzung für die Übergabe des Leasingfahrzeuges. Dem Leasinggeber stehen als Versicherten die aus der Vollkaskoversicherung resultierenden Ansprüche zu, § 75 VVG. Einer Abtretung bedarf es daher nach Ansicht der Instanzrechtsprechung – aufgrund der Sicherungsfunktion – nicht; die Abtretung ist jedoch vertragsüblich in den Allgemeinen Vertragsbedingungen enthalten.[297] Denn eine in der Literatur vertretene Auffassung nimmt an, dass die Ausübung der Rechte aus dem Versicherungsvertrag ausschließlich dem Leasingnehmer zustehen, da das Interesse des Versicherers maßgeblich sei, § 3 Abs. 2 AKB.[298] Im Ergebnis profitieren der Leasinggeber und der Leasingnehmer von der Vollkaskoversicherung, da sie einerseits das Sacherhaltungsinteresse des Leasinggebers und andererseits zugleich auch das Sacherhaltungsinteresse des Leasingnehmers absichert.[299] Infolge des abgeschlossenen Versicherungsvertrages werden zwischen dem Versicherer und dem Leasinggeber über die in den §§ 74 ff. VVG geregelten Rechtsbeziehungen hinausgehende Pflichten begründet. Besondere Bedeutung kommt nach Ansicht der Rechtsprechung des Bundesgerichtshofes der Verpflichtung zur ordnungsgemäßen und vollständigen Aufklärung über alle wesentlichen Umstände, die für die Werthaltigkeit des Versicherungsanspruchs ausschlaggebend sind, zu.[300] Es werden aber nicht nur weitergehende Pflichten begründet, sondern damit einhergehend eine weitergehende Haftung. Denn bei einer Pflichtverletzung des Versicherers können dem Leasinggeber Schadensersatzansprüche gemäß §§ 311 Abs. 3, 280 Abs. 1 BGB zustehen.

b. Geltendmachung von Ansprüchen im Schadensfall

aa. Vorrangige Geltendmachung durch den Leasinggeber

Ist ein Schaden am Leasingobjekt entstanden, dann hat der Leasinggeber vorrangig auf die abgetretenen Kaskoansprüche zuzugreifen, um Ersatz für seine Schäden zu

---

297 OLG Hamm VersR 1999, 45; OLG Frankfurt/M. NZV 2002, 44.

298 Weber, NJW 2005, 2199 m.w.N.

299 BGH NJW 1985, 1537; OLG Düsseldorf NJW-RR 2003, 775: *„Die Erteilung des Sicherungsscheins soll den versicherten Leasinggeber … sichern, dass der Leasingnehmer als Versicherungsnehmer etwaige Entschädigungsleistungen des Versicherers nicht zu anderen Zwecken als zur Wiederherstellung des Fahrzeugs verwendet; durch die Einbeziehung des Leasinggebers als Versicherter in den Versicherungsvertrag soll dem Leasinggeber die Möglichkeit verschafft werden, aus eigenem Recht dafür zu sorgen, dass die Versicherungsleistung tatsächlich der Begleichung der Reparaturkosten zugeführt wird."*

300 BGH ZIP 2000, 75.

erlangen. Erst dann kann der Leasinggeber aufgrund seiner Rechtstellung im Versicherungsvertrag vom Versicherer und vom Leasingnehmer, sofern dieser die Pflichtverletzung zu vertreten hat, weitergehenden Ersatz verlangen. Der Versicherer und der Leasingnehmer haften dabei als Gesamtschuldner. Selbst für den Fall der Kündigung des Leasingvertrages durch den Leasingnehmer aufgrund eines von den Leasingvertragsparteien nicht verschuldeten Totalschadens am Leasingfahrzeug muss der Leasinggeber zunächst versuchen, selbst gegen den Versicherer vorzugehen und den Schaden aus der Kaskoversicherung zu regulieren.[301] Da nicht zwingend ein Totalschaden des Leasingfahrzeugs eintreten muss, sondern ggf. nur eine geringere Beschädigung und den Leasingnehmer darüber hinaus nicht stets entweder das alleinige Verschulden oder andererseits kein Verschulden am Schadenseintritt trifft, sind diese Umstände bei der Schadensregulierung gegenüber dem Kaskoversicherer zu beachten. Insbesondere hat der Leasinggeber das Interesse des Leasingnehmers an der Beibehaltung seiner Schadensfreiheitsrabattklasse zu berücksichtigen und dem Leasingnehmer die Möglichkeit einzuräumen, den Schaden auf eigenen Wunsch hin selbst zu regulieren.

bb. Geltendmachung der Ansprüche durch den Leasingnehmer

Aber nicht nur der Leasinggeber hat auf den Leasingnehmer Rücksicht zu nehmen. Vielmehr müssen beide Vertragsparteien – der Leasinggeber als Eigentümer des Leasingfahrzeugs und der Leasingnehmer als Versicherungsnehmer –, insbesondere bei der Abwicklung von Versicherungsansprüchen, zusammenwirken.[302] In der Regel wird diese gegenseitige Verpflichtung formularvertraglich konzipiert, so dass in den Vertragsbedingungen des Leasinggebers eine Berechtigung des Leasingnehmers zur Geltendmachung der Ansprüche gegen den Kaskoversicherer auf eigene Rechnung im eigenen Namen als gewillkürter Prozessstandschafter enthalten ist.[303] Nach einer in der Literatur vertretenen Ansicht soll eine solche (zusätzliche) formularvertragliche Regelung entbehrlich sein, da eine Befugnis des Leasingnehmers schon aufgrund seiner Rechtsposition als Versicherungsnehmer gemäß § 3 Abs. 2 AKB entstünde.[304] Jedenfalls steht die Berechtigung des Leasingnehmers stets unter der auflösenden Bedingung, dass der Leasingnehmer von seinem Kündigungsrecht Gebrauch macht.[305]

---

301 BGH Urteil vom 11.12.1991 – VIII ZR 31/91 = BGHZ 116, 278 = WM 1992, 233 = NJW 1992, 683 = ZIP 1992, 179.

302 OLG Koblenz NJW-RR 1996, 174.

303 OLG Hamm VersR 1999, 44.

304 Weber NJW 2005, 2199.

305 BGH NJW 1988, 198; 1990, 1117; OLG Hamm VersR 1998, 311.

Zu beachten ist nach aktueller Rechtsprechung des Bundesgerichtshofes, dass bei vorzeitiger Beendigung eines Leasingverhältnisses mit Andienungsrecht und ohne Mehrerlösbeteiligung eine Versicherungsentschädigung, die aufgrund eines fremdverschuldeten Verkehrsunfalls vom Haftpflichtversicherer des Schädigers auf Totalschadenbasis geleistete wurde, dem Leasinggeber zusteht, soweit die Summe nicht vom Leasingnehmer zur Reparatur des Leasingfahrzeugs verwendet wird; dies unabhängig davon, ob dieser Betrag den noch nicht amortisierten Gesamtaufwand des Leasinggebers übersteigt.[306]

3. Aus einem Unfall resultierende Ansprüche und Besonderheiten

a. Besondere Verhaltenspflichten des Leasingnehmers bei einem Unfall

Für den Fall eines Unfalls mit dem Leasingobjekt bietet es sich an, im Vorfeld – zur Vermeidung von Auseinandersetzungen zwischen den Leasingvertragsparteien – Vereinbarungen über die besonderen Verhaltenspflichten des Leasingnehmers zu treffen. Üblich sind dabei u.a. die Regelung der Verpflichtungen, dem Leasinggeber den Unfall unverzüglich zu melden, die Reparatur des Leasingfahrzeugs mit dem Leasinggeber abzustimmen, die möglicherweise erforderliche Verwertung des Leasingfahrzeugs mit dem Leasinggeber zu besprechen, die Schadensregulierung mit dem Schädiger und mit der Kaskoversicherung im eigenen Namen vorzunehmen und bei einem Teilschaden, die empfangenen Ersatzzahlungen für die Instandsetzung des Leasingfahrzeugs zu verwenden sowie dem Leasinggeber Kopien der Schadensmeldung, des Gutachtens und der Reparaturrechnung auszuhändigen.

b. Ansprüche des Leasingnehmers bzw. der Anspruch des Leasinggebers auf Zahlung der Leasingraten

Dem Leasingnehmer stehen grundsätzlich alle gesetzlichen Mängelansprüche zu, da der Leasinggeber zur Erhaltung und Instandsetzung des Leasingfahrzeugs verpflichtet ist. Solange der Leasinggeber diesen Verpflichtungen nicht in ausreichendem Maße nachkommt, ist der Leasingnehmer von der Zahlung der Leasingraten im Wege des Zurückbehaltungsrechts gemäß § 320 BGB befreit. Da der Leasinggeber die Sach- und Preisgefahr aber – wie bereits dargestellt, in zulässiger Weise – auf den Leasingnehmer abgewälzt haben wird, ist der Leasingnehmer bei einem beschädigungsbedingten Ausfall des Leasingfahrzeugs nicht zur Verweigerung der Zahlung der Leasingraten berechtigt. Vielmehr besteht die Hauptleistungspflicht des Leasingnehmers zur Zahlung der vertraglich vereinbarten Leasingraten fort. Das Zurückbehaltungsrecht im Sinne von § 320 BGB steht dem Leasingnehmer nur dann zu, wenn

306 BGH Urteil vom 21.09.2011 – VIII ZR 184/10.

keine wirksame Verlagerung der Sach- und Preisgefahr vom Leasinggeber auf den Leasingnehmer stattgefunden hat.[307] Darüber hinaus muss der Leasingnehmer im eigenen Namen und für eigene Rechnung die Reparatur des Leasingfahrzeugs vornehmen lassen.

c. Anspruchsgrundlagen des Leasingnehmers und des Leasinggebers

Zusätzlich werden aus dem Unfall Schadensersatzansprüche gegen den Schädiger und/oder gegen dessen gesetzliche Haftpflichtversicherung bestehen. Gegen den Schädiger steht dem Leasinggeber als Eigentümer des Leasingfahrzeugs ein Anspruch aus § 823 Abs. 1 BGB wegen Verletzung seines Eigentums zu. Daneben kann aber auch der Leasingnehmer als Fahrzeughalter wegen der Verletzung seines Besitzrechtes Schadensersatz gemäß § 823 Abs. 1 BGB vom Schädiger verlangen, weil der unmittelbare Besitz zu den geschützten Rechtsgütern der unerlaubten Handlung gehört. Darüber hinaus treffen den Halter des gegnerischen Unfallfahrzeugs gemäß § 7 StVG und den Fahrer des Unfallfahrzeugs gemäß § 18 StVG eine Ersatzpflicht. Auch der Haftpflichtversicherer kann unmittelbar in Anspruch genommen werden, § 3 PflVG.[308] Zwar ist der Leasingnehmer, wie bereits zuvor dargestellt, Versicherungsnehmer der für das Leasingfahrzeug abgeschlossenen Kaskoversicherung. Ansprüche gegen diese kann aber ohne besonders vereinbarte Berechtigung des Leasingnehmers nur der Leasinggeber geltend machen. Denn ausschließlich der Leasinggeber ist Rechtsinhaber der Forderungen, da die Kaskoversicherung als Fremdversicherung zu seinen Gunsten wirkt.[309] Aufgrund der leasingtypischen Übernahme der Sach- und Preisgefahr haftet im Innenverhältnis der Leasingnehmer dem Leasinggeber gegenüber für am Leasingfahrzeug entstandenen Schäden allein, soweit der Leasinggeber bei der Schadensentstehung oder Abwicklung schuldhaft einen Schaden verursacht. Bei einer schuldhaften Verletzungshandlung des Leasingnehmers kommt daneben auch ein deliktsrechtlicher Schadensersatzanspruch des Leasinggebers gemäß § 823 Abs. 1 BGB in Betracht. Trifft den Leasingnehmer aber kein alleiniges Verschulden, sondern zusammen mit einem dritten Schädiger einer Mitverantwortung, dann haften der Leasingnehmer und der Dritte dem Leasinggeber als Gesamtschuldner. Ebenso muss aber auch die gesamtschuldnerische Haftung des Leasingnehmers und der Kaskoversicherung beachtet werden.

---

307 BGH NZV 1997, 72.

308 Reinking, Der Autokauf, Rn. L 531 ff.

309 OLG Hamm VersR 1999, 45; OLG Frankfurt NZV 2002, 44.

d. Anrechnung der vom Leasingfahrzeug ausgehenden Betriebsgefahr

Nach Ansicht der Rechtsprechung des Bundesgerichtshofes muss sich der Leasinggeber als Eigentümer des Leasingfahrzeuges die ihm zustehenden Ansprüche nicht um den Haftungsanteil der vom Leasingfahrzeug ausgehenden Betriebsgefahr kürzen lassen, da er nicht Halter des Leasingfahrzeugs ist und eine entsprechende Anwendung von § 9 StVG nicht vorgenommen werden kann.[310] Der Bundesgerichtshof führt in seiner Rechtsprechung aus, es sei für die Haltereigenschaft des Leasinggebers unbeachtlich, dass bestimmte Rechte beim Leasinggeber verblieben sind, *„wenn er das Kraftfahrzeug ganz aus seiner Verfügungsgewalt gibt und für den Kraftfahrzeugverkehr und damit für die Veranlassung einer etwaigen Haftung des Leasingnehmers, auf den die wirtschaftliche Zuständigkeit für das Kraftfahrzeug übergegangen ist, als allein zuständig erscheint. An dieser Betrachtungsweise vermag auch der Umstand nichts zu ändern, dass der Leasingnehmer die Kosten für die Versicherung des Fahrzeuges und die Kraftfahrzeugsteuer übernommen hat. Letztlich ist das nur eine Frage der Vertragsgestaltung im Einzelnen und der Kalkulation und besagt bei einem echten Finanzierungsleasing nichts über die für den Halterbegriff wesentlichen Voraussetzungen.“*[311]

Die Instanzrechtsprechung lehnt diese Ansicht dagegen aufgrund praktischer Bedürfnisse überwiegend ab und fordert eine Haftungsgleichstellung des Leasinggebers als nicht haltenden Eigentümer und des Leasingnehmers als Halter.[312]

---

310 BGH Urteil vom 26.11.2985 – VI ZR 149/84 = NJW 1986, 1044: *„Nach ständiger Rechtsprechung wird, wenn ein Kraftfahrzeug durch einen Leasingvertrag einem anderen auf längere Zeit überlassen wird, der Leasingnehmer in der Regel für die Leasingzeit dessen alleiniger Halter. Ist … ein Kraftfahrzeug durch einen Leasingvertrag mit einem anderen für eine längere Zeit überlassen worden, so wird in der Regel der Leasinggeber nicht mehr als Halter angegeben werden können. Es liegt im Wesen des … Finanzierungsleasing, dass eine längere, feste Laufzeit vereinbart wird, in der der Leasingnehmer durch Ratenzahlungen dem Leasinggeber sämtliche, bei diesem verbleibende Kosten – also anteilige Anschaffungskosten zuzüglich Zinsen und Gewinn – erstattet. Dafür erhält der Leasingnehmer für die vereinbarte Laufzeit die uneingeschränkte Verfügungsgewalt über den ihm überlassenen Gegenstand, hier als das Kraftfahrzeug, vorbehaltlich gewisser zugunsten des Leasinggebers vereinbarter Kontrollrechte. Auch ein im Rahmen des Leasingvertrages vereinbarter allgemeiner Vertragszweck … beschränkt nur ganz allgemein den Rahmen, in dem der Leasingnehmer den überlassenen Gegenstand nutzen darf, ohne dass dadurch seine allgemeine Verfügungsgewalt in ihrem Wesen eingeschränkt ist. Er behält das Recht, während der Laufzeit des Vertrages das Kraftfahrzeug nach seinem Belieben zeitlich und örtlich einzusetzen, während der Leasinggeber gerade darauf keinen Einfluss mehr hat und nur bei missbräuchlicher und die Substanz des vermieteten Fahrzeugs bedrohender Benutzung eingreifen darf. Im Rahmen einer solchen Vertragsgestaltung ist es nur folgerichtig, dass vereinbarungsgemäß das Fahrzeug auf den Leasingnehmer zugelassen worden ist, und dass die Parteien ausdrücklich vereinbart haben, dieser solle während der Laufzeit Halter des Kraftfahrzeugs sein.“*

311 BGH Urteil vom 22.3.1983 – VI ZR 108/81 = BGHZ 87, 132 = NJW 1983, 1492.

312 LG Nürnberg DAR 2002, 517; LG Halle NZV 2003, 36.

e. Geltendmachung der Ansprüche

Wie bereits zur Vollkaskoversicherung ausgeführt, wird der Leasingnehmer vom Leasinggeber in der Regel in widerruflicher Form dazu ermächtigt, Ansprüche im eigenen Namen und auf eigene Rechnung gegenüber der Vollkaskoversicherung und zusätzlich gegenüber dem Schädiger geltend zu machen und ihm Rahmen der gewillkürten Prozessstandschaft gerichtlich durchzusetzen.[313]

aa. Besonderheiten im Fall eines Teilschadens

Wird das Leasingfahrzeug in einen Unfall verwickelt und dadurch teilweise beschädigt, entstehen Reparaturkosten, eine Wertminderung und sonstige Kosten, deren Ersatz vom Geschädigten begehrt wird. Für die Schadensermittlung gelten die allgemeinen Grundsätze der §§ 249 ff. BGB. Im Übrigen ist wie folgt zu unterscheiden:

(1) Ersatz der Reparaturkosten und der angefallenen Umsatzsteuer

Die Ersatzpflicht des Schädigers erstreckt sich auf die zur Instandsetzung erforderlichen Reparaturkosten einschließlich der Umsatzsteuer, soweit die Reparatur erfolgte und der Leasingnehmer die Umsatzsteuer nicht im Wege des Vorsteuerabzugs mit dem Finanzamt verrechnen kann, § 249 Abs. 2 Satz 2 BGB.[314] Gleiches gilt nach verbreiteter Ansicht in der Instanzrechtsprechung für die Kaskoversicherung, die nicht nur zum Ersatz der Reparaturkosten verpflichtet ist, sondern darüber hinaus unter den genannten Voraussetzungen die Umsatzsteuer schuldet.[315] Entgegen einer in der Instanzrechtsprechung stark vertretenen abweichenden Meinung,[316] decke die Kaskoversicherung als reine Sachversicherung nicht nur das Sachinteresse des Leasinggebers, sondern auch das Sacherhaltungsinteresse des Leasingnehmers – das Interesse, im Falle des Ereigniseintritts vom Leasinggeber wegen des Schadens am Leasingfahrzeug nicht in Anspruch genommen zu werden – ab, wenn dem Leasingnehmer die Gefahr für den Untergang, den Verlust und die Beschädigung des Leasingfahrzeugs auferlegt wird. Eine Freistellung würde nach der überwiegenden Ansicht der Instanzrechtsprechung dann nicht erreicht werden können, wenn der mit der Instandhaltungs- und Instandsetzungspflicht belastete Leasingnehmer, der die Umsatzsteuer nicht gegenüber dem Finanzamt verrechnen kann, diese im Fall der Reparatur selbst aufbringen und tragen müsse.[317] Ist an den Leasinggeber eine Zahlung vom Schädiger oder von der Versicherung für die Instandsetzung des Leasingfahrzeugs erfolgt, trifft

313 OLG Hamm OLGR 1999, 45.
314 OLG Frankfurt NZV 1998, 31.
315 LG Bad Kreuznach DAR 1997, 113; LG Hannover NJW 1997, 2760.
316 OLG Hamm r + s 1995, 88; LG Hamburg VersR 1995, 411.
317 LG Bad Kreuznach DAR 1997, 113; LG Hannover NJW 1997, 2760.

den Leasinggeber die Verpflichtung, diesen Betrag für die Reparatur bereitzustellen. Er ist demnach nicht zur Verrechnung mit ausstehenden Leasingraten berechtigt.[318]

(2) Ersatz der Wertminderung des Leasingfahrzeugs

Zwar steht dem Leasinggeber als Eigentümer des Leasingfahrzeugs die Wertminderung zu, aber er ist zugleich verpflichtet, die Wertminderung am Vertragsende zugunsten des Leasingnehmers zu berücksichtigen.

(a) Wertminderung beim Vertrag mit Andienungsrecht

Dient der Leasinggeber dem Leasingnehmer das Leasingfahrzeug an, dann hat der Leasingnehmer einen Anspruch auf Auskehrung der erhaltenen Wertminderung. Macht der Leasinggeber dagegen von seinem Andienungsrecht keinen Gebrauch und verbleibt demnach das Verwertungsrisiko bei ihm, dann ist er berechtigt, die Wertminderung einzubehalten.

(b) Wertminderung beim Vertrag mit Restwertabrechnung

Bei einem Kfz-Leasingvertrag mit Restwertabrechnung muss der Leasinggeber die Wertminderung dem Veräußerungserlös in voller Höhe anrechnen und den erzielten Mehrerlös zu 75 Prozent an den Leasingnehmer auskehren.

(c) Wertminderung beim Vertrag mit Kilometerabrechnung

Beim Kfz-Leasingvertrag bleibt das Verwertungsrisiko stets beim Leasinggeber, so dass ihm die Wertminderung zusteht. Denn die Tatsache, dass es sich bei dem Leasingfahrzeug nun um ein Unfallfahrzeug handelt, schmälert in der Regel den Veräußerungserlös des Leasinggebers.

(3) Ersatz sonstiger durch den Unfall verursachter Kosten

Grundsätzlich gehören auch die sonstigen durch den Unfall und die Teilbeschädigung des Leasingfahrzeugs verursachten Kosten, wie etwa Kosten für das Abschleppen, für eine Begutachtung des Schadens und für die Rechtsverfolgung sowie ein etwaiger entgangener Gewinn gemäß § 252 BGB zur Erstattungspflicht des Schädigers.[319] Darüber hinaus ist der Schädiger zum Ersatz der Kosten für eine unfallbedingten Anmietung eines Ersatzfahrzeuges unter Berücksichtigung etwaiger ersparter Aufwendungen

318 BGH DAR 1985, 223.
319 LG Kaiserslautern DAR 1993, 196; AG München ZfS 1984, 101.

verpflichtet. Nimmt der Leasingnehmer die Möglichkeit eines Mietwagens nicht in Anspruch, dann ist vom Schädiger ein Ersatz in Höhe der aktuellen Tagessätze für den Nutzungsausfall des betroffenen Fahrzeugs zu leisten.[320]

bb. Besonderheiten beim Totalschaden und bei einer erheblichen Beschädigung des Leasingfahrzeugs

Erleidet das Leasingfahrzeug einen Totalschaden oder eine erhebliche Beeinträchtigung – d.h. die Reparaturkosten übersteigen 60 Prozent des Wiederbeschaffungswertes des Leasingfahrzeugs –, stehen das außerordentliche Kündigungsrecht des Leasingnehmers und etwaige Ausgleichszahlung im Vordergrund.

(1) Ersatz des Wiederbeschaffungswertes

Der Schädiger haftet der Höhe nach begrenzt auf den Ersatz des Wiederbeschaffungswertes des Leasingfahrzeugs.[321] Nicht geschuldet wird der Ersatz der Umsatzsteuer. Denn auch der Leasingnehmer ist dem Leasinggeber nicht zur Beschaffung eines gleichwertigen Leasingfahrzeugs im Wege der Naturalrestitution verpflichtet und muss demnach keine Umsatzsteuer aufbringen. Vielmehr haftet der Leasingnehmer dem zum Abzug der Vorsteuer berechtigten Leasinggeber auf Geldersatz in Höhe des Netto-Wiederbeschaffungswertes. Nur diesen Betrag kann er folglich vom Schädiger ersetzt verlangen. Zugleich ist der Leasingnehmer gegenüber dem Leasinggeber verpflichtet, das beschädigte Leasingfahrzeug herauszugeben. Die dadurch anfallenden Transportkosten braucht der Schädiger jedoch nicht zu ersetzen, weil sie nicht durch den Unfall, sondern durch die zur Verwertung erforderliche Rückführung des Kraftfahrzeugs hervorgerufen worden sind, da die Rückgabe des Leasingobjektes eine Bringschuld des Leasingnehmers darstellt (rechtmäßiges Alternativverhalten). Ebenfalls ermangelt es an der Kausalität des Unfalls und der Vollamortisationsgarantie des Leasingnehmers, so dass der Schädiger sich keiner zusätzlichen Ersatzpflicht in Hinsicht auf die zum Zeitpunkt des schädigenden Ereignisses noch nicht amortisierten Kosten des Leasingebers ausgesetzt ist.

(2) Berücksichtigung der Verhältnisse des Leasinggebers

Die von der Kaskoversicherung im Fall des Totalschadens oder einer erheblichen Beschädigung zu erbringende Ersatzleistung darf den Betrag, den der Leasinggeber für den Erwerb eines neuen Leasingfahrzeugs aufwenden muss, nicht übersteigen. Zur Bemessung des konkreten Betrages sind nach übereinstimmender Ansicht der

320 BGHZ 56, 214.
321 BGH NJW-RR 1991, 280; NJW 1992, 553.

Rechtsprechung des Bundesgerichtshofes und der Instanzgerichte die Verhältnisse des Leasinggebers ausschlaggebend.[322] Deshalb findet eine Entschädigung im Umfang des tatsächlichen Neupreises nur dann statt, wenn der Leasinggeber die Reinvestition in Fortsetzung des bisherigen Leasingvertrages vorgenommen hat. Die Zahlung einer Nettoentschädigung erfolgt nur dann, wenn der Leasinggeber die Umsatzsteuer durch Vorsteuerabzug geltend machen kann und erzielte Einkaufsrabatte angemessen berücksichtigt wurden.

(3) Ersatz sonstiger durch den Unfall verursachter Kosten

Der Schädiger ist zudem zum Ersatz von Mehrkosten verpflichtet, die dem Leasingnehmer dadurch entstehen, dass er die sofortige Zahlung der abgezinsten Leasingraten und des abgezinsten Restwertes vornehmen und hierfür ein Bankdarlehen in Anspruch nehmen muss.[323] Dies gilt auch für die dem Leasingnehmer gegebenenfalls entgangenen steuerlichen Vorteile.[324]

4. Besonderheiten bei der Beendigung des Kfz-Leasingvertrages

Beim KFZ-Leasingvertrag sind zudem spezifische Besonderheiten beim Kündigungsrecht zu berücksichtigen.[325]

a. Recht zur Kündigung bei Untergang oder erheblicher Beschädigung des Leasingfahrzeugs

Dem Leasingnehmer steht für den Fall des Untergangs durch Diebstahl oder aufgrund eines Totalschadens des neuen oder neuwertigen Fahrzeugs ein unabdingbares außerordentliches Recht zur Kündigung des Leasingvertrages gemäß § 543 Abs. 1 BGB zu.[326]

---

322 BGH NJW 1989, 3021; DAR 1993, 385; OLG Köln OLGR 199, 19; OLG Dresden r + s 1997, 378; OLG Düsseldorf DAR 1999, 68.

323 BGH NJW 1992, 553.

324 BGH NJW 1992, 553.

325 Im Übrigen gelten die allgemeinen Grundsätze; vgl. Kapitel G.

326 BGH Urteil vom 15.10.1986 – VIII ZR 319/85 = WM 1987, 38 = NJW 1987, 377; Urteil vom 30.9.1987 – VIII ZR 226/86 = WM 1987, 1338 = NJW 1988, 198 = ZIP 1987, 1390; Urteil vom 11.12.1991 – VIII ZR 31/91 = BGHZ 116, 278 = WM 1992, 233 = NJW 1992, 683 = ZIP 1992, 179; Urteil vom 6.3.1996 – VIII ZR 98/95 = WM 1996, 1320 = NJW 1996, 1888 = ZIP 1996, 1172; Urteil vom 25.3.1998 – VIII ZR 244/97 = WM 1998, 1452 = NJW 1998, 2248 = ZIP 1998, 1003; Urteil vom 15.7.1998 – VIII ZR 348/97 = WM 1998, 2148 = NJW 1998, 3270 = ZIP 1998, 153: *„Die Notwendigkeit, bei formularmäßiger Abwälzung der Sach- und Gegenleistungsgefahr auf den Leasingnehmer diesem*

b. Wegfall des fristlosen Kündigungsrechts aufgrund Untergangs oder erheblicher Beschädigung des Leasingfahrzeugs

Der Leasingnehmer verliert das Recht zur fristlosen Kündigung, wenn das gestohlene Leasingfahrzeug innerhalb kurzer Zeit wieder aufgefunden wird und etwaige Beschädigungen ordnungsgemäß durch eine Reparatur beseitigt werden können.[327] Zudem besteht kein Recht des Leasingnehmers zur fristlosen Kündigung des Kfz-Leasingvertrages, wenn er entweder einen Diebstahl vortäuscht oder einen Unfall manipuliert oder gestellt hat. Hat er bereits gekündigt, ist seine Kündigung aufgrund der Unredlichkeit unwirksam, § 242 BGB. Hat der Leasinggeber wegen des angeblichen Untergangs oder der angeblich fremdverschuldeten erheblichen Beschädigung des Leasingfahrzeugs gekündigt, dann kann er seine Kündigungserklärung aufgrund arglistiger Täuschung im Sinne von § 123 BGB anfechten und ist nicht an eine vorgenommene Abrechnung des Leasingvertragsverhältnisses gebunden.[328]

c. Zahlungspflicht des Leasingnehmers bei Reparaturfähigkeit des Leasingfahrzeugs

Ist das Leasingfahrzeug nicht untergegangen bzw. nur unerheblich beschädigt und kann der entstandene Schaden durch eine Reparatur behoben werden, steht dem Leasingnehmer bei wirksamer Abwälzung der Sach- und Preisgefahr das zuvor genannte Kündigungsrecht nicht zu. Auch ist er nicht berechtigt, die Zahlung der Leasingraten zu verweigern.[329] Vielmehr trifft den Leasingnehmer aufgrund der formularvertraglichen Abwälzung der Sach- und Preisgefahr die Verpflichtung zur unverzüglichen

---

auch im Falle einer erheblichen Beschädigung des Fahrzeugs ein kurzfristiges Kündigungsrecht einzuräumen, beruht auf der Erwägung, dass der Leasingnehmer in diesem Fall entgegen der bei Vertragsschluss gerechtfertigten Erwartung wegen des Umfangs der Beschädigung mit einer geminderten Verkehrs- und Betriebssicherheit des Fahrzeugs sowie weiteren Reparaturkosten und Ausfallzeiten rechnen muss.

Dieses besondere Interesse des Leasingnehmers beschränkt sich entgegen der Auffassung der Revision nicht auf Leasingverträge über Neufahrzeuge. Zwar wird die berechtigte Erwartung des Leasingnehmers nicht mit Schäden, Reparaturkosten und Ausfallzeiten belastet zu werden, mit zunehmendem Alter und Gebrauch des Leasingfahrzeugs nach und nach schwinden. Zumindest bis zum Ablauf des dritten Betriebsjahres eines Leasingfahrzeugs darf der Leasingnehmer aber einem im Wesentlichen ungestörten Gebrauch regelmäßig auch dann erwarten, wenn das Leasingfahrzeug bei Vertragsschluss nicht mehr fabrikneu war. Auch bei einem Leasingvertrag über ein gebrauchtes Kfz ist daher eine Abwälzung der Sach- und Gegenleistungsgefahr auf den Leasingnehmer in AGB nur dann wirksam, wenn dem Leasingnehmer zumindest bis zum Ablauf des dritten auf die Erstzulassung des Leasingfahrzeugs folgenden Jahres für die Fälle des völligen Verlusts und einer nicht unerheblichen Beschädigung des Fahrzeugs ein kurzfristiges Kündigungsrecht eingeräumt wird.“

327 BGH Urteil vom 15.10.1986 – VIII ZR 319/85 = WM 1987, 38 = NJW 1987, 377.

328 BGH Urteil vom 30.9.1987 – VIII ZR 226/86 = WM 1987, 1338 = NJW 1988, 198 = ZIP 1987, 1390.

329 BGH NJW-RR 1991, 280.

fachgerechten Reparatur des Leasingfahrzeugs. Dabei ist es üblich, dass der Leasingnehmer aufgrund einer entsprechenden Regelung in den Allgemeinen Leasingbedingungen des Leasinggebers bei einem Reparaturaufwand von mehr als 2.500 € zusätzlich verpflichtet ist, den Leasinggeber unverzüglich zu unterrichten, bevor ein Reparaturauftrag erteilt wird.

5. Besonderheiten des Kfz-Leasing beim Diebstahl des Leasingfahrzeugs

a. Besonderheiten zur außerordentlichen Kündigung

Im Falle des Diebstahls des Leasingfahrzeuges ist der Leasingnehmer zur vorzeitigen Lösung vom Leasingvertrag nach den vorgenannten Grundsätzen berechtigt, § 543 Abs. 1 BGB. Ebenso kann sich auch Leasinggeber, sofern vertraglich vereinbart, auf sein außerordentliches Kündigungsrecht berufen und somit den Leasingvertrag ebenfalls vorzeitig beenden. Wird das Leasingfahrzeug entwendet, jedoch vor dem Eintritt der Vollkaskoversicherung bzw. nach der Kündigung wieder aufgefunden, so stellt sich die Frage, wie mit dem Kündigungsrecht zu verfahren ist. Dies ist durch die Rechtsprechung noch nicht entschieden. Nach den allgemeinen Grundsätzen ist allein maßgeblich, ob zum Zeitpunkt des Zugangs der Kündigung die Voraussetzungen vorlagen.[330] Ist dies der Fall, bleibt die Kündigung wirksam, wurde der Diebstahl nicht lediglich vorgetäuscht.[331] Es bietet sich an, dies vertraglich im Vorfeld zu regeln, was wie Folgt geschehen kann:

> „Wird das Leasingfahrzeug entwendet und bereits vor Eintritt der Leistungsverpflichtung der Vollkaskoversicherung wieder aufgefunden, dann ist jeder Vertragspartner des Leasingvertrages dazu berechtigt, die Fortsetzung des Leasingvertrages zu den bestehenden Bedingungen unverzüglich schriftlich gegenüber dem anderen Vertragspartner zu verlangen. Wird der Leasingvertrag fortgesetzt, dann ist der Leasingnehmer zur Nachzahlung der zwischenzeitlich fälligen Leasingraten innerhalb einer Woche ab Zugang des Fortsetzungsverlangens verpflichtet."

b. Besonderheiten zur Darlegungs- und Beweislast

Nicht automatisch führt ein Diebstahl zu einer für den Versicherer höheren Wahrscheinlichkeit eines vorgetäuschten Versicherungsfalles. Vielmehr gelten strenge Beweisanforderungen. So trifft den Leasinggeber im Prozess die Darlegungs- und Beweislast für das äußere Bild des behaupteten Diebstahls, so dass es ihm zugleich verwehrt ist, ohne einen konkretisierten Tatsachenvortrag geltend zu machen, den Leasingnehmer treffe an der Unmöglichkeit der Rückgabe des Leasingfahrzeugs das

330 Palandt/Ellenberger, § 130, Rn. 6.
331 BGH Urteil vom 30.9.1987 – VIII ZR 226/86 = WM 1987, 1338 = NJW 1988, 198 = ZIP 1987, 1390.

alleinige Verschulden, wenn bereits an den Leasinggeber eine Versicherungssumme ausbezahlt worden ist.[332]

c. Besonderheiten zur Abrechnung des Kfz-Leasingvertrages beim Diebstahl

Weitere Besonderheiten treten bei der Abrechnung im Falle Kündigung des Kfz-Leasingvertrages wegen Diebstahl auf. Es sind die Leasingraten für die ursprünglich vorgesehene Vertragslaufzeit um die ersparten Verwaltungskosten und um die in den zukünftigen Leasingraten enthaltenen Gewinnanteile zu kürzen. Denn dem Leasingnehmer wird sowohl der weitere Sachgebrauch als auch die mittelbare Nutzung des Kapitals entzogen, während der Leasinggeber das zurückgeflossene Kapital anderweitig gewinnbringend einsetzen kann.[333] Dabei sind die um die ersparten Verwaltungskosten und Gewinnanteile gekürzten Leasingraten abzuzinsen. Denn eine Abzinsung der ungekürzten Raten mit nachfolgendem Abzug der ersparten Verwaltungskosten und Gewinnanteile würde dem Leasingnehmer nicht zustehende Vorteile gewähren.[334] Der Leasinggeber ist dann nicht an eine vorzeitige Abrechnung gebunden, wenn ihm der Leasingnehmer den Diebstahl des Leasingfahrzeugs vorgetäuscht hat. Ebenso ist der Leasinggeber in diesem Fall nicht verpflichtet, eine Versicherungsleistung zugunsten des Leasingnehmers zu berücksichtigen.[335]

---

332 OLG Celle OLGR 1999, 225.
333 OLG Celle OLGR 1999, 225.
334 So aber OLG Celle OLGR 1999, 225.
335 OLG Köln VersR 1995, 54.

D. Verbraucherschutzvorschriften

Für das Leasing hat das Verbraucherschutzrecht eine besondere Bedeutung. So steht dem Leasingnehmer als Verbraucher im Sinne des § 13 BGB ein Widerrufsrecht zu, wenn der sachliche Anwendungsbereich des § 506 BGB eröffnet ist. Für den Leasinggeber birgt das Widerrufsrecht ein wirtschaftliches Risiko, da er das Leasingobjekt nach einem wirksam ausgeübten Widerruf zurücknehmen muss; dieses Risiko erhöht sich, wenn der Verbraucher nicht oder nicht ordnungsgemäß über sein Widerrufsrecht belehrt wurde, da in diesem Fall die Widerrufsfrist nicht zu laufen beginnt (Anlaufhemmung) und als Folge der Leasingvertrag zeitlich unbegrenzt widerrufen werden kann, § 355 Abs. 3 BGB.

Beim Eintrittsmodell können für den Liefervertrag zwischen Lieferant und Leasingnehmer die Verbraucherschutzvorschriften zur Anwendung kommen. Sollte sich der Liefervertrag im Fernabsatz- oder im elektronischen Geschäftsverkehr angebahnt haben, so treffen den Unternehmer gesonderte Informationspflichten nach §§ 312c und e BGB, deren Nicht-Beachtung das Widerrufsrecht des Leasingnehmers verlängern kann.

Zudem finden die Regelungen des Verbraucherschutzes im Falle der Veräußerung des Leasingguts nach Beendigung des Leasingvertrages an einen Verbraucher sowie im Falle eines Mietkaufs entsprechende Anwendung.

I. Anwendungsbereich der Verbrauchervorschriften

Voraussetzung für die Anwendbarkeit der Verbraucherschutzvorschriften ist die Eröffnung des sachlichen (Qualifikation des Vertrages als entgeltliche Finanzierungshilfe) und persönlichen (Unternehmer-Verbraucher-Vertrag) Anwendungsbereichs. Beim sachlichen Anwendungsbereich muss unterschieden werden, ob der Vertrag bis oder nach dem 10.06.2010 abgeschlossen wurde.

---

1. Sachlicher Anwendungsbereich/Rechtslage bis zum 10.06.2010

Für Leasingverträge, die bis zum 10.06.2010 abgeschlossen wurden, bestimmt sich der sachliche Anwendungsbereich der Verbraucherschutzvorschriften nach § 499 Abs. 2, 500 BGB. Entscheidend ist, ob ein Finanzierungsleasingvertrag i.S.d. § 500 BGB a.F. angenommen werden kann.

a. Finanzierungsleasingvertrag, §§ 499 Abs. 2, 500 BGB a.F.

Die in §§ 499 Abs. 2, 500 BGB a.F. genannten Verbraucherdarlehensvorschriften finden auf alle Leasingverträge mit Finanzierungsfunktion (Vollamortisationszusage des Leasingnehmers) Anwendung.

Nach Ansicht des Bundesgerichtshofs zur Rechtslage bis zum 10.06.2010 erfassen die Regelungen der §§ 499 Abs. 2, 500 BGB a.F. sowohl Teilamortisations- als auch Vollamortisationsverträge[1], und zwar nicht nur erlasskonforme Leasingverträge, sondern alle Verträge, bei denen „*das Amortisationsziel durch Zahlungen des Leasingnehmers und durch die Verwertung der zurückgegebenen Leasingsache erreicht wird, selbst wenn das Verwertungsrisiko durch den Leasinggeber zu tragen ist.*“[2]

Entscheidend für die Klassifizierung eines Gebrauchsüberlassungsvertrages als Finanzierungsleasingvertrag war, ob – bei abstrakter Betrachtung – der Leasingnehmer aufgrund der Vertragsgestaltung dafür einzustehen hat, dass der Leasinggeber sämtliche Kosten und den kalkulierten Gewinn erzielt (Vollamortisationszusage oder Finanzierungsfunktion); sei dies während der Vertragslaufzeit (Vollamortisationsverträge i.S.d. Leasingerlasse) oder nach Ablauf des Leasingvertrages durch Verwertung (Verkauf oder Anschlussleasingvertrag) des Leasingobjekts (Teilamortisationsverträge i.S.d. Leasingerlasse).

---

1 BGH Urteil vom 24.04.1996 – VIII ZR 150/95 = WM 1996, 1146 = NJW 1996, 2033 = ZIP 1996, 1170: „*(...) Sicher ist, dass das Verbraucherkreditgesetz für Leasingverträge gilt, soweit diese dem Verbraucher eine Finanzierungshilfe gewähren (§ 1 II). Dies ist der Fall, wenn und soweit Leasingverträge darauf angelegt sind, dem Leasingnehmer den Gebrauch der Sache auf unbestimmte oder begrenzte Dauer zu verschaffen, und zur Gegenleistung gehört, dem Leasinggeber das von ihm für die Gebrauchsverschaffung eingesetzte Kapital einschließlich des kalkulierten Gewinns zurückzugewähren (Wolf/Eckert, Hdb. d. gewerblichen Miet-, Pacht- u. LeasingR, 7. Auflage, Rn. 2160). Diese auch vom Rechtsausschuss des Bundestages übernommene Definition des Finanzierungsleasing entspricht der ständigen Rechtsprechung des Senats (vgl. BGHZ 95, 39 [53] = NJW 1985, 2253 = LM § 242 [Cd] BGB Nr. 273; BGHZ 128, 255 [262 f.] = NJW 1995, 1019 = LM H. 7/1995 § 138 [Bc] BGB Nr. 81).*“

2 BGH Urteil vom 24.04.1996 – VIII ZR 150/95 = WM 1996, 1146 = NJW 1996, 2033 = ZIP 1996, 1170; vgl. hierzu auch Reinicke/Tiedtke, KaufR, 5. Auflage, S. 525; a.A. Martinek/Oechsler, ZIP 1993, 81, 92; weiterhin der Bundesgerichtshof in BGH Urteil vom 24.04.1996 – VIII ZR 150/95 = WM 1996, 1146 = NJW 1996, 2033 = ZIP 1996, 1170: „*So hat der Senat vor Inkrafttreten des Verbraucherkreditgesetzes für Kfz-Leasingverträge entschieden, die Amortisation könne auf dieser „Mischkalkulation“ beruhen. Der Rückgabe des geleasten Fahrzeugs, für dessen vertragsgemäßen Zustand der Leasingnehmer hafte, komme in diesem Fall auch eine Amortisationsfunktion zu (BGHZ 97, 65 [76 f.] = NJW 1986, 1335 = LM § 535 BGB Nr. 102 m. Anm. Wolf, EwiR 1986, 463 f.; Senat, NJW 1987, 377 = LM § 9 [Bb] AGBG Nr. 14 = WM 1987, 38 unter I 2 a bb).*
Auch Teilamortisationsverträge verpflichten den Leasingnehmer zur Amortisation des vom Leasinggeber eingesetzten Kapitals einschließlich des kalkulierten Gewinns. Es macht keinen Unterschied, auf welche Art und Weise dies herbeigeführt wird, ob nur durch Zahlung von Leasingraten oder teils durch Leasingraten, teils über den Ausgleich des kalkulierten Restwerts des Leasingobjekts (BGHZ 95, 39 [54] = NJW 1985, 2253 = LM § 242 [Cd] BGB Nr. 273; Wolf/Eckert, Rn. 2161).“

Damit eröffneten selbst Leasingverträge mit Kilometerabrechnung[3] den Anwendungsbereich der Verbraucherschutzvorschriften[4], obwohl bei diesen Verträgen, als Besonderheit im Leasing, der Leasinggeber das Vollamortisationsrisiko im Rahmen der Verwertung trägt. Denn nach Ansicht der Rechtsprechung sei zur Begründung der für §§ 499 Abs. 2, 500 BGB a.F. erforderlichen Finanzierungsfunktion ausreichend, dass die Vollamortisation nach Rückgabe des Fahrzeugs – aufgrund der Kalkulation des Leasinggebers – erreicht werden kann, so dass eine „Amortisationslücke" für den Leasinggeber nicht zu erwarten ist.[5] Über eine weite Auslegung des sachlichen Anwendungsbereichs gewährleistete der Bundesgerichtshof einen effektiven Verbraucherschutz.[6]

Zu beachten ist, dass bei Finanzierungsleasingverträgen nicht auf sämtliche Vorschriften über Verbraucherdarlehensverträge im Sinne des § 499 Abs. 1 BGB a.F. verwiesen wurde. Vielmehr wurden die anzuwendenden Vorschriften in einer eigenen Verweisungsnorm aufgeführt, §§ 499 Abs. 2, 500 BGB a.F. Mithin wurde verwiesen auf:

Die Vorschriften über verbundene Verträge (§§ 358, 359 BGB), das Schriftformerfordernis und das Überlassen einer Abschrift (§ 492 Abs. 1 und 3 BGB), das Widerrufsrecht (§ 495 Abs. 1 BGB), der Einwendungsverzicht sowie das Wechsel- und Scheckverbot (§ 496 BGB), die Höhe und die Berechnung der Verzugszinsen sowie

---

3 Vgl. Kapitel A. II. 1.

4 BGH Urteil vom 24.04.1996 – VIII ZR 150/95 = WM 1996, 1146 = NJW 1996, 2033 = ZIP 1996, 1170; Beckmann, Finanzierungsleasing, § 3, Rn. 263; Groß, DAR 1996, 438; Wolf/Eckert/Ball, Handbuch des gewerblichen Miet-, Pacht- und Leasingrechts, Rn. 2036.

5 BGH Urteil vom 11.03.1998 – VIII ZR 205/97 = WM 1998, 928 = NJW 1998, 1637 = ZIP 1998, 698: ausreichend ist, *„...dass ... ein so wesentlicher Teil des Aufwands und der Kosten des Leasinggebers durch die Zahlung der Leasingraten ausgeglichen wird, dass die Vollamortisation nach Rückgabe des Fahrzeugs ohne erneutes Verleasen an weitere Leasingnehmer (Operating-Leasing) durch anschließende Verwertung erreicht wird, eine „Amortisationslücke" für den Leasinggeber also nicht zu erwarten ist."*

6 BGH Urteil vom 11.03.1998 – VIII ZR 205/97 = WM 1998, 928 = NJW 1998, 1637 = ZIP 1998, 698: *„...Das gilt demzufolge nicht nur dann, wenn der Vertrag ... den Leasingnehmer bei Rückgabe des Fahrzeugs zum Ausgleich eines etwaigen Fahrzeugminderwerts verpflichtet, sondern auch dann, wenn er – wie hier – einen Ausgleich für etwaige Mehr- oder Minderkilometer vorsieht. Denn ein etwaiger Minderwert wird namentlich durch eine höhere Laufleistung des Fahrzeugs als vom Leasinggeber kalkuliert begründet, so dass eine Abgeltung des Minderwerts auch durch die Vergütung der Mehrkilometer erfolgt. Maßgebend ist, dass der Leasinggeber bei beiden Vertragsgestaltungen ungeachtet der fehlenden Verpflichtung des Leasingnehmers zum Restwertausgleich die für die das Finanzierungsleasing wesentliche Vollamortisation (BGHZ 95, 39 [53] = NJW 1985, 2253 = LM § 242 [Cd] BGB Nr. 273; BGHZ 128, 255 [262] = NJW 1995, 1019 = LM H. 7/1995 § 138 [Bc] BGB Nr. 81) typischerweise durch Verwertung des zurückgegebenen Fahrzeugs erlangt, für dessen ordnungsgemäßen Zustand der Leasingnehmer haftet (Senat, NJW 1996, 2033 = LM H. 10/1996 § 1 VerbrKrG Nr. 4 [unter II 1 b bb]).*

die Anrechnung von Teilleistungen (§ 497 BGB) und die Gesamtfälligstellung wegen Zahlungsverzugs mit Teilzahlungen (§ 498 BGB).

b. Erweiterung des Anwendungsbereiches auf Finanzierungsverträge mit Erwerbsrecht

Nach Ansicht des Bundesgerichtshofes fanden die §§ 499 Abs. 2, 500 BGB a.F. auch auf Gebrauchsüberlassungsverträge Anwendung, die darauf gerichtet waren, die Leasingsache ihrer Substanz nach dauerhaft auf den Leasingnehmer zu übertragen (Leasingverträge mit Kaufoption bzw. Mietkaufverträge); dies unabhängig von einer Vollamortisationszusage des Verbrauchers.[7]

Die eingeschränkte Verweisung des § 500 BGB a.F. war hinsichtlich ihrer Richtlinienkonformität bedenklich. Die Verbraucherkreditrichtlinie, auf der die §§ 491 ff. BGB a.F. beruhen, findet ihrem Wortlaut nach auch auf Gebrauchsüberlassungsverträge Anwendung, die vorsehen, dass das Eigentum auf den Verbraucher übergehen soll, Art. 2 I lit. b) VerbrKr-RL.[8] Wesentliches Indiz für solche Verträge sollte ein vertragliches „Erwerbs- oder Behaltensrecht" des Leasingnehmers sein.[9] Es entspricht jedoch nicht den Anforderungen der VerbrKr-RL, dies nur als Indiz zu werten. Vielmehr findet die VerbrKr-RL zwingend auf alle Verträge Anwendung, die dem Leasingnehmer ein Erwerbsrecht zugestehen.[10] Dies gilt selbst dann, wenn der Lieferant dem Leasingnehmer ein Erwerbsrecht einräumt, das er aufgrund einer Rückkaufvereinbarung im Verhältnis zum Leasinggeber erworben hatte.[11] Ebenfalls unter die Richtlinie ist ein Vertrag zu subsumieren, bei dem der Leasingnehmer nach Ablauf des Leasingvertrags einen Käufer zu stellen hat, den der Leasinggeber dann akzeptieren muss. Unerheblich dabei ist die Frage, ob sich der Leasingnehmer selbst benennen darf. Entscheidend ist, ob nach den bei Vertragsschluss erkennbaren Umständen die Leasingsache für den Leasingnehmer während der festen Vertragslaufzeit jeden Gebrauchswert verliert.[12] Ist dies der Fall, so ist der Wertverzehr der Einräumung eines Erwerbsrechts gleichzustellen und der Leasingnehmer wirtschaftlich als Eigentümer des Leasingguts zu qualifizieren. Dies kann allerdings nur dann gelten, wenn

7 BGH Urteil vom 12.09.2001 – VIII ZR 109/00 = NJW 2002, 133.
8 Staudinger, § 3 VerbrKrG Rn. 26, 29.
9 Palandt/Weidenkaff, § 500, Rn. 2.
10 BGH vom 12.09.2001, VIII ZR 109/00: *„§ 3 Abs. 2 Nr. 1 VerbrKrG ist im Wege der richtlinienkonformen Auslegung dahin einzuschränken, dass § 4 Abs. 1 Satz 4 und 5 sowie § 6 VerbrKrG von der Anwendung auf Finanzierungsleasingverträge, die einen Eigentumserwerb des Leasingnehmers vorsehen, nicht ausgeschlossen sind"* (Leitsatz).
11 BGHZ 104, 392, 396 ff.; MüKoBGB/Schürnbrand, § 500, Rn. 10 (5. Auflage).
12 BGH Urteil vom 24.04.1985 – VIII ZR 95/84 = BGHZ 94, 195 = WM 1985, 628 = NJW 1985, 1539 = ZIP 1985, 615; a.A. MüKoBGB/Schürnbrand, § 500, Rn. 11 (5. Auflage).

– wie es beim Leasing der Fall ist – auf die Aufzehrung des Gebrauchswertes für den Leasingnehmer, nicht dagegen auf den Verlust des Handelswertes – insbesondere für den Leasinggeber – abgestellt wird. Denn beim Leasing erlangt der Leasingnehmer den Vertragsgegenstand typischerweise zur Benutzung und nicht zur späteren Realisierung eines verbliebenen Verkehrswertes. Auch verändert sich die Brauchbarkeit des Leasingguts für den im Vertrag vorgesehenen Zweck durch Veränderungen des Verkehrswertes nicht.[13]

Über die in § 500 BGB a.F. genannten Vorschriften hinaus waren auf Finanzierungsleasingverträge mit Erwerbsrecht die Vorschriften der §§ 492 ff. BGB a.F. anwendbar.

---

§ 500 BGB a.F. erfüllt nicht alle Vorgaben der VerbrKr-Richtlinie. Auf Finanzierungsleasingverträge mit Erwerbsrecht müssen über den Verweisungskatalog des § 500 BGB a.F. hinaus all diejenigen Vorschriften der §§ 492 ff. BGB a.F. angewendet werden, die auf zwingenden Vorgaben der Verbraucherkreditrichtlinie beruhen.

---

13 BGH Urteil vom 24.04.1985 – VIII ZR 95/84 = BGHZ 94, 195 = WM 1985, 628 = NJW 1985, 1539 = ZIP 1985, 615: *„Zwar hat der Senat keine Bedenken, die bislang offen gelassene Frage (BGHZ 68, 118 [122] = NJW 1977, 848; BGHZ 71, 196 [201, 203] = NJW 1978, 1432 = LM § 6 AbzG Nr. 24; BGH, NJW 1977, 1058 = LM § 6 AbzG Nr. 23 = WM 1977, 473 [475]; BGH, NJW 1980, 234 = LM § 6 AbzG Nr. 26 = WM 1979, 1385 [1387]), ob der vollständige Wertverzehr der Leasingsache während der Festmietzeit der Einräumung eines Erwerbsrechts gleichgestellt werden kann, im Grundsatz zu bejahen (so OLG Köln NJW 1973, 1615 [1616]; Klaus-Ose, Rn. 639; Kessler, in: RGRK, 12. Auflage, § 6 AbzG Rn. 57; Staudinger-Emmerich, BGB, 12. Auflage [2. Bearb. 1981], Vorb. §§ 535, 536 Rn. 46h; Westermann, in: MünchKomm. § 6 AbzG Rn. 12; Klein, FLF 1984, 159; wohl auch Blomeyer, NJW 1978, 976). Denn im praktischen Ergebnis handelt es sich auch in einem solchen Fall um die endgültige Übertragung der Sachsubstanz auf den Leasingnehmer (Hiddemann, WM 1978, S. 838). Wem das Recht eingeräumt ist, eine Sache bis zur absoluten Wertlosigkeit zu gebrauchen, der steht – jedenfalls im wirtschaftlichen Ergebnis – ihrem Eigentümer gleich. Diese Gleichstellung ist, anders als das Ber.Ger. meint, jedoch nur dann gerechtfertigt, wenn auf die Aufzehrung des Gebrauchswertes für den Leasingnehmer, nicht dagegen auf den Verlust des Handelswertes insbesondere für den Leasinggeber abgestellt wird. Da es für § 6 AbzG grundsätzlich auf die vollständige Übertragung der Sachsubstanz und damit auf die dauernde Benutzbarkeit ankommt, kann dem eine zeitlich beschränkte Ausnutzung nur gleichgestellt werden, wenn sie die mögliche Benutzbarkeit vollständig erschöpft, wenn sich also die vorgesehene Miet- oder Leasingzeit mit der Dauer der tatsächlichen oder rechtlichen Nutzungsmöglichkeit deckt. Nur in diesem Falle kann davon die Rede sein, die Sache sei dem Leasingnehmer in ihrer Substanz voll übertragen worden. Auf den „Handelswert" kann es im übrigen schon deshalb nicht ankommen, weil dieser in aller Regel für den Vertragsschluss ohne Bedeutung ist. Sowohl der Abzahlungskäufer als auch der Leasingnehmer erwerben (oder leasen) den Vertragsgegenstand typischerweise zur Benutzung und nicht zur späteren Ausnutzung eines restlichen Handelswertes, der sowohl beim Kauf als auch beim Leasing infolge von Marktveränderungen angestiegen oder – häufiger – vorzeitig gänzlich abgesunken sein kann, ohne dass sich die Brauchbarkeit für den im Vertrag vorgesehenen Zweck im mindesten ändert…"*

Anwendbar ist demnach der Katalog der Pflichtangaben des § 502 Abs. 1 BGB a.F., die Rücktrittsfiktion des § 503 Abs. 2 S. 4 und 5 BGB a.F. und die Regelung über die vorzeitige Zahlung in § 504 BGB a.F. Methodisch lässt sich dies zum einen dadurch begründen, dass die Finanzierungsleasingverträge mit Erwerbsrecht im Wege richtlinienkonformer Auslegung als Teilzahlungsgeschäft im Sinne der §§ 502 bis 504 BGB a.F. anzusehen sind. In Betracht kommt zum anderen eine analoge Anwendung der jeweiligen Vorschriften. Zutreffenderweise dürfte die methodische Vorgehensweise mit der Frage zu verknüpfen sein, ob nur die von der Richtlinie erfassten Vorschriften auf Finanzierungsleasingverträge mit Erwerbsrecht anzuwenden sind, oder ob sämtliche Vorschriften über Teilzahlungsgeschäfte Anwendung finden.[14] Praktisch relevant wird diese Frage nur für § 502 Abs. 2 und 3 BGB a.F. sowie für § 503 Abs. 1 BGB a.F.[15]

Wegen der übereinstimmenden Interessenlage bei (sonstigen) Teilzahlungsgeschäften und Leasingverträgen mit Erwerbsrecht ist es gerechtfertigt, sämtliche Vorschriften zur Anwendung zu bringen.[16] Deshalb ist systematisch keine Analogie zu bilden. Vielmehr sind Finanzierungsleasingverträge mit Erwerbsrecht als Teilzahlungsgeschäft im Sinne von §§ 499 Abs. 2, 502 bis 504 BGB a.F. zu klassifizieren. Hierfür spricht, dass die Legaldefinition in § 499 Abs. 2 BGB a.F. eine Subsumtion solcher Leasingverträge zulässt, so dass mangels Regelunglücke eine Analogie ausscheidet.

C. Keine Anwendung des § 500 BGB a.F. auf Verträge ohne Finanzierungsfunktion

Die §§ 499 Abs. 2, 500 BGB a.F. finden bei Verträgen ohne Finanzierungsfunktion keine Anwendung. Dies gilt insbesondere für reine Gebrauchsüberlassungsverträge, wie dem Operatingleasing (Mietverträge ohne Vollamortisationszusage oder Erwerbspflicht).

Sonstige Leasingverträge, die nicht auf die Amortisation des Leasinggebers gerichtet sind, werden nicht vom Anwendungsbereich der §§ 491 ff. BGB a.F. erfasst.[17] Dies gilt insbesondere für das Operatingleasing[18], da hier allein die Gebrauchsüberlassung dem Vertragszweck entspricht, nicht aber die für die §§ 491 ff. BGB a.F. erforderliche Finanzierungsfunktion des Leasinggebers.[19] Anders allerdings im Falle eines Miet-

14 Ausdrücklich offen gelassen im BGH Urteil vom 12.09.2001 – VIII ZR 109/00 = NJW 2002, 133.
15 MüKoBGB/Schürnbrand, § 500, Rn. 12 (5. Auflage).
16 MüKoBGB/Schürnbrand, § 500, Rn. 13 (5. Auflage).
17 Beckmann, Finanzierungsleasing, § 3, Rn. 263.
18 Vgl. Kapitel A. II. 2.
19 BGH NJW 1998, 1637, 1639: *„Beim Operating-Leasing erstrebt der Leasinggeber die volle Amortisation seine Anschaffungsaufwandes nicht bereits durch einmaliges, sondern erst durch mehrfaches Überlassen des Leasinggegenstands an verschiedene Leasingnehmer (BGHZ 97, 65*

kaufs, bei dem eine Finanzierungsfunktion zu bejahen ist und die §§ 491 ff. BGB a.F. Anwendung finden können, da mit Zahlung sämtlicher Mietraten die vollständige Amortisation des Vermieters eintritt und i.d.R. der beabsichtigte Erwerb des Objekts vollzogen wird.[20]

2. Sachlicher Anwendungsbereich/Rechtslage seit dem 11.06.2010

Zum 11.06.2010 ist die Terminologie des Finanzierungsleasingvertrages aus dem Gesetz ersatzlos entfallen. Allein maßgeblich für die Bestimmung des sachlichen Anwendungsbereiches ist nunmehr, ob der Vertrag als entgeltlicher Zahlungsaufschub oder als sonstige entgeltliche Finanzierungshilfe i.S.d. § 506 BGB zu klassifizieren ist.

Die Richtlinie 2008/48/EG des europäischen Parlaments und des Rates vom 23. April 2008 über Verbraucherkreditverträge und zur Aufhebung der Richtlinie 87/102/EWG des Rates[21] (nachfolgend Verbraucherkreditrichtlinie 2008 genannt) war bis zum 11.06.2010 in deutsches Recht umzusetzen. Mit der Umsetzung der Verbraucherkreditrichtlinie 2008[22] und dem zivilrechtlichen Teil der Zahlungsdienstrichtlinie[23] durch das „Gesetz zur Umsetzung der Verbraucherkreditrichtlinie, des zivilrechtlichen Teils der Zahlungsdienstrichtlinie sowie zur Neuordnung der Vorschriften über das Widerrufs- und Rückgaberecht“[24] traten eine Vielzahl von Änderungen zum 11.06.2010 in Kraft.

---

[75] = NJW 1986, 1335 = LM § 535 BGB Nr. 102; BGHZ 111, 84 [95 f.] = NJW 1990, 1785 = LM § 163 BGB Nr. 6) Dem entspricht es, daß beim Operating-Leasing keine oder nur eine – im Verhältnis zur gewöhnlichen Nutzungsdauer der Leasingsache – sehr kurze feste Vertragslaufzeit vereinbart wird und der Vertrag im übrigen jederzeit frei kündbar ist …“

20 BGH vom 12.09.2001, VIII ZR 109/00: *„Bei diesem Mietkaufvertrag, der dadurch gekennzeichnet ist, dass das Eigentum an der Mietsache gemäß Nr. 12 der Allgemeinen Mietbedingungen der Klägerin [Mieterin] bei Vertragsende „entschädigungslos vom Vermieter auf den Mieter über(geht)“, handelt es sich nach zutreffender Ansicht des Berufungsgerichts um eine sonstige Finanzierungshilfe […]. Die erforderliche Kreditfunktion liegt darin, dass die Klägerin als Vermieterin dem Beklagten als Mieter die Ladeneinrichtung und das Rollgitter als Mietsachen überlassen, den Kaufpreis jedoch durch die Verteilung auf Mietraten kreditiert hat.“*

21 Verbraucherkreditrichtlinie 2008/48/EG – ABl. EU Nr. L 133 S. 66.

22 Richtlinie 2008/48/EG des Europäischen Parlaments und des Rates vom 23.04.2008 über Verbraucherkreditverträge und zur Aufhebung der Richtlinie 87/102/EWG des Rates.

23 Richtlinie 2007/64/EG vom 13.11.2007.

24 BGBl. 2009, 2355 ff.

a. Legaldefinition des sachlichen Anwendungsbereiches, § 506 BGB

Für Leasing- und Mietkaufverträge, die nach dem 10.06.2010 abgeschlossen werden, gibt § 506 BGB abschließend vor, wann die Verbraucherschutzvorschriften Anwendung finden. Der sachliche Anwendungsbereich ist eröffnet bei
- einem entgeltlichen Zahlungsaufschub und
- sonstigen entgeltlichen Finanzierungshilfen.

Nach § 506 Abs. 2 Satz 1 BGB gelten als sonstige entgeltliche Finanzierungshilfen entgeltliche Gebrauchsüberlassungsverträge, bei denen
- der Verbraucher zum Erwerb des Gegenstandes verpflichtet ist (Mietkaufvertrag), § 506 Abs. 2 Satz 1 Nr. 1 BGB,
- der Unternehmer vom Verbraucher den Erwerb des Gegenstandes verlangen kann (Vertrag mit Andienungsrecht), § 506 Abs. 2 Satz 2 Nr. 1 BGB, oder
- der Verbraucher einen bestimmten Wert des Gegenstandes dem Unternehmer garantiert (Vertrag mit Restwertgarantie), § 506 Abs. 2 Satz 2 Nr. 1 BGB.

---

aa. Entgeltlicher Zahlungsaufschub und Teilzahlungsgeschäfte

Nach dem Gesetzeswortlaut des § 506 BGB wird der sachliche Anwendungsbereich für Verträge bei entgeltlichen Finanzierungshilfen eröffnet, bei denen ein entgeltlicher Zahlungsaufschub, § 506 Abs. 1 Alt. 1 BGB, oder ein Teilzahlungsgeschäft, § 506 Abs. 3 BGB, vorliegt.

(1) Entgeltlicher Zahlungsaufschub

Ein entgeltlicher Zahlungsaufschub liegt vor, wenn die Fälligkeit der vom Verbraucher geschuldeten Zahlung gegen Entgelt hinausgeschoben wird.

Der entgeltliche Zahlungsaufschub setzt voraus, dass „die vereinbarte Fälligkeit der vom Verbraucher geschuldeten Zahlung abweichend vom dispositiven Recht gegen Entgelt hinausgeschoben wird, um dem Verbraucher die Zahlung des vereinbarten Preises zu erleichtern“[25]. Als typischer Anwendungsfall des § 506 Abs. 1 Alt. 1 BGB ist die entgeltliche Stundung einer kaufvertraglichen Zahlungspflicht zu erwähnen, da hier die Fälligkeit eines Geldanspruchs zugunsten des Verbrauchers auf einen späteren Zeitpunkt – gegen Entgelt – hinausgeschoben wird.[26] Entsprechendes gilt für einen pactum de non petendo, bei dem zwar nicht die Entstehung eines Zahlungsan-

---

25 Palandt/Weidenkaff, Vor § 506, Rn. 3.
26 BGH NJW 1986, 46; MüKoBGB/Schürnbrand, 3. Bd., 5. Auflage, § 499, Rn. 15.

spruchs prolongiert, aber gegen Entgelt auf die Geltendmachung einer bestehenden Geldforderung vorübergehend verzichtet wird.[27]

(2) Teilzahlungsgeschäfte

Teilzahlungsgeschäfte gemäß § 506 Abs. 3 BGB entsprechen dem Begriff des entgeltlichen Zahlungsaufschubs.[28]

Nach der Rechtsprechung ist ein Teilzahlungsgeschäft bei jedem Kauf-, Werk-, Werklieferungs- oder Dienstvertrag gegeben, bei dem ein Unternehmer und ein Verbraucher als Käufer, Besteller oder Dienstberechtigter Vertragspartner auftreten und die Vergütung in Teilbeträgen und gegen Entgelt später als gesetzlich bestimmt fällig gestellt wird, um dem Verbraucher die Zahlung zu ermöglichen bzw. zu erleichtern.[29] Gleichwohl ist diese Variante des entgeltlichen Zahlungsaufschubs in § 506 Abs. 3 BGB gesondert geregelt; dies verbunden mit der Folge, dass über die Verweisungsnorm des § 506 Abs. 1 BGB hinaus die Vorschriften der §§ 507 und 508 BGB Anwendung finden.[30]

bb. Sonstige entgeltliche Finanzierungshilfe, § 506 Abs. 2 S. 1 BGB

Eine sonstige entgeltliche Finanzierungshilfe setzt eine entgeltliche Nutzungsüberlassung und kumulativ einen typisierten Fall des § 506 Abs. 2 Satz 1 BGB voraus.

Die Bestimmung der sonstigen entgeltlichen Finanzierungshilfe im Sinne des § 506 Abs. 1 BGB findet in § 506 Abs. 2 S. 1 BGB statt, der der Umsetzung des Art. 2 (2) d) der Verbraucherkreditrichtlinie 2008 dient.[31] Sinn und Zweck dieser Vorschrift ist es, Finanzierungshilfen von bloßen Gebrauchsüberlassungsverträgen (v.a. von Mietverträgen) abzugrenzen, da diese vom Anwendungsbereich der Verbraucherkreditrichtlinie 2008 nicht erfasst werden.[32]

§ 506 Abs. 2 Satz 1 BGB setzt in allen Fällen das Vorliegen einer entgeltlichen Nutzungsüberlassung voraus. Unter den Begriff der entgeltlichen Nutzungsüberlassung

27 BGH NJW-RR 1989, 1048, 1049, OLG Koblenz WM 1991, 1399, 1400; MüKoBGB/Schürnbrand, 3. Bd., 5. Auflage § 499, Rn. 16.
28 Schwintowski in: jurisPK-BGB, 5. Auflage 2010, § 506, Rn. 3; MüKoBGB/Schürnbrand, 3. Bd., 5. Auflage, § 499, Rn. 13.
29 BGH NJW 06, 904; Palandt/Weidenkaff, § 506, Rn. 6.
30 Palandt/Weidenkaff, § 506, Rn. 6; Schwintowski in: jurisPK-BGB, § 506, Rn. 13.
31 BT-Drucks. 16/11643, S. 92.
32 BT-Drucks. 16/11643, S. 92.

fallen alle Kauf-, Miet- Dienst- und Werkverträge über bewegliche Sachen, Forderungen und sonstige Vermögensrechte[33]; folglich auch Leasing- und Mietkaufverträge als Mietverträge sui generis.[34] § 506 Abs. 2 Satz 1 BGB gibt drei Varianten vor, bei denen entgeltliche Nutzungsüberlassungsverträge als Finanzierungshilfen gelten:

(1) Erwerbspflicht, § 506 Abs. 1 Satz 1 Nr. 1 BGB

Nach § 506 Abs. 2 Satz 1 Nr. 1 BGB gilt eine entgeltliche Nutzungsüberlassung als entgeltliche Finanzierungshilfe, sofern der Verbraucher zum Erwerb des Gegenstandes verpflichtet ist (atypischer Mietkaufvertrag). Nach der Gesetzesbegründung kommt es nicht darauf an, ob diese Erwerbspflicht im Gebrauchsüberlassungsvertrag selbst oder in einem gesonderten Vertrag (mit dem Vertragspartner oder einem Dritten) festgelegt ist.[35] Das Erwerbs*recht* des Verbrauchers genügt für die Annahme des § 506 Abs. 2 Satz 1 Nr. 1 BGB nicht.[36]

(2) Andienungsrecht, § 506 Abs. 1 Satz 1 Nr. 2 BGB

Wird der Verbraucher nicht bereits mit Abschluss des entgeltlichen Nutzungsüberlassungsvertrages zum Erwerb verpflichtet, sondern ist der Unternehmer berechtigt, vom Verbraucher den Erwerb vertraglich zu verlangen (einseitige Option), gilt nach § 506 Abs. 2 Satz 1 Nr. 2 BGB ein solcher Vertrag als entgeltliche Finanzierungshilfe. Vom Gesetzgeber wurde in der Gesetzesbegründung der Leasingvertrag mit Andienungsrecht als Anwendungsfall genannt.[37] Unter den Anwendungsbereich fällt der entgeltliche Nutzungsüberlassungsvertrag selbst dann, wenn der Unternehmer vom Vertrag einseitig zurücktreten kann und der Rücktritt sodann eine Erwerbspflicht für den Verbraucher auslöst.[38] Maßgeblich ist ein Optionsrecht des Unternehmers, mit dem dieser – einseitig – eine Erwerbspflicht für den Verbraucher begründen kann.

(3) Restwertgarantie, § 506 Abs. 2 Satz 1 Nr. 3 BGB

§ 506 Abs. 2 Satz 1 Nr. 3 BGB weicht entscheidend von § 506 Abs. 2 Satz 1 Nr. 1 und Nr. 2 BGB ab, als für den Verbraucher keine Erwerbspflicht besteht, der Verbraucher

---

33 Palandt/Weidenkaff, § 506, Rn. 5.

34 BGH NJW 1977, 195 f.; NJW 1977, 847 f.; BGH WM 1978, 510; BGH ZR VIII 85/05; BGH vom 02.11.1988, NJW 1989, 460; vom 19.09.1981, BB 1981, 2093 ff.; vom 02.12.1981, DB 1982, 428; vom 28.10.1981, MDR 1982, 485 ff.; vom 04.11.1990, NJW 1990, 3016 ff.; BGH NJW 2002, 133, 135.

35 BT-Drucks. 16/11643, S. 92.

36 Reinking, DAR 2010, 252 (254).

37 BT-Drucks. 16/11643, S. 92; Reinking, DAR 2010, 252 (254); Schwintowski in: jurisPK-BGB, § 506, Rn. 10.

38 Reinking, DAR 2010, 252 (254).

bei Beendigung des Vertrages aber für einen bestimmten Wert im Rahmen der Verwertung des Vertragsgegenstandes einzustehen hat (v.a. Leasingverträge mit Restwertgarantie). Der Gesetzgeber geht damit über die europarechtlichen Vorgaben hinaus, da die Verbrauchkreditrichtlinie 2008 eine Umsetzung nur für entgeltliche Nutzungsüberlassungsverträge mit Erwerbspflicht für den Verbraucher vorsieht.[39] Der Gesetzgeber hat dies damit begründet, dass eine Restwertgarantie dem Unternehmer eine Vollamortisation verschaffe, die der Verbraucher finanziert.[40] Verträge mit Restwertgarantie würden sich so deutlich von einem reinen Gebrauchsüberlassungsvertrag unterscheiden, dass eine „Besserstellung gegenüber anderen entgeltlichen Finanzierungshilfen nicht gerechtfertigt ist"[41]. „Vor diesem Hintergrund ist es sachgerecht, die verbraucherschützenden Vorschriften auf solche Nutzungsverträge anzuwenden, bei deren Ende der Verbraucher einen im Vertrag festgesetzten Restwert garantiert".[42] Mit der Einführung des § 506 Abs. 2 Satz 1 Nr. 3 BGB verstößt der Gesetzgeber nicht gegen das Vollharmonisierungsgebot der Verbraucherkreditrichtlinie 2008.[43] Dieses gibt lediglich vor, dass die Mitgliedstaaten für die in der Richtlinie geregelten Finanzierungshilfen die dort vorgesehenen Vorschriften umzusetzen haben; der Mitgliedstaat ist folglich nicht berechtigt, für die genannten Verträge ein Mehr oder ein Weniger umzusetzen. Es bleibt dem Mitgliedstaat jedoch vorbehalten, die Verbrauchervorschriften für Verträge zur Anwendung zu bringen, die, wie der Vertrag mit Restwertgarantie, nicht unter den Anwendungsbereich der Richtlinie fallen.

Zwecks Vollständigkeit sei erwähnt, dass die typisierten Varianten des § 506 Abs. 2 Satz 1 Nr. 1 bis 3 BGB miteinander kombiniert werden können (z.B. der Leasingvertrag mit Restwertgarantie und Andienungsrecht, § 506 Abs. 2 Satz 1 Nr. 2 und 3 BGB). Dies wirkt sich auf die anzuwendenden Vorschriften aus, § 506 Abs. 2 Satz 2 BGB.

b. Restriktive Auslegung des § 506 Abs. 1 BGB

Die Voraussetzungen des Finanzierungsleasingvertrages sind für den sachlichen Anwendungsbereich seit dem 11.06.2010 nicht mehr maßgeblich. Erfüllt der Leasing- oder Mietkaufvertrag nicht die Voraussetzungen des § 506 BGB, ist der sachliche Anwendungsbereich nicht eröffnet; dem Verbraucher stehen die Verbraucherschutzvorschriften nicht zu. Da § 506 BGB weder ein Auffangtatbestand ist noch analoge Anwendung findet, wurde der sachliche Anwendungsbereich zum 11.06.2010 eingeschränkt; insbesondere finden die Verbraucherschutzvorschriften bei Kilometerverträgen und Vollamortisationsverträgen ohne Erwerbspflicht des Verbrauchers keine Anwendung mehr.

39 Omlor, NJW 2010, 2694 (2697).
40 BT-Drucks. 16/11643, S. 92.
41 BT-Drucks. 16/11643, S. 92.
42 BT-Drucks. 16/11643, S. 92.
43 Vgl. Erwägungsgrund 10 und 24 Abs. 1 VerbrKrRL.

Soweit ein entgeltlicher Zahlungsaufschub, ein Teilzahlungsgeschäft oder ein typisierter Fall des § 506 Abs. 2 Satz 1 BGB vorliegt, besteht eine gesetzliche Vorgabe. Nach der Neufassung des § 506 BGB entstanden jedoch unterschiedliche Auffassungen, ob auf entgeltliche Nutzungsüberlassungsverträge, bei denen die Vorgaben des § 506 BGB nicht einschlägig sind, der Verbraucher aber die Vollamortisation des Unternehmers gewährleistet (früher: Finanzierungsleasingverträge), § 506 Abs. 1 BGB als Auffangtatbestand anwendbar ist oder – hilfsweise – § 506 BGB analoge Anwendung findet.[44] Wird dies – rechtlich zutreffend – verneint[45], unterfallen Leasing- bzw. Mietkaufvarianten, bei denen keine Erwerbspflicht oder eine Restwertgarantie für den Verbraucher besteht, entgegen der Rechtslage bis zum 10.06.2010, nicht dem Anwendungsbereich des § 506 BGB.

aa. Richtlinienkonforme Auslegung des § 506 BGB

§ 506 BGB ist abschließend. Die Vollamortisationszusage ist nicht mehr alleinige Voraussetzung für die Bestimmung des sachlichen Anwendungsbereiches.

Für eine abschließenden Wirkung des § 506 BGB bei Leasing- und Mietkaufverträgen spricht sowohl die teleologische als auch die richtlinienkonforme Auslegung. Die Verbraucherkreditrichtlinie 2008 sieht zur Vereinheitlichung des Gemeinschaftsrechts, insbesondere in „Anbetracht der zahlreichen Änderungen, die infolge der Weiterentwicklung des Verbraucherkreditsektors an der Richtlinie 87/102/EWG vorzunehmen sind", vor, dass „im Interesse der Klarheit des Gemeinschaftsrechts [diese Richtlinie] aufgehoben und durch die vorliegende Richtlinie ersetzt wird"[46]. Demnach soll die bisherige Rechtslage, zum Zwecke der Vollharmonisierung, aufgehoben und ersetzt werden.

Die Gerichte sind gehalten, eine vollständige Wirkung des Gemeinschaftsrechts sicherzustellen („effet-utile-Grundsatz"). Denn dem EG-Vertrag – nun dem AEUV – ist das Gebot der gemeinschaftskonformen Auslegung immanent, was nicht zuletzt in der Schultz-Hoff-Entscheidung des EuGH[47] ersichtlich wird. Daraus folgt – im Rahmen des sachlichen Anwendungsbereiches der Richtlinie – das Gebot der richtlinienkonformen Auslegung.

Die Verbraucherkreditrichtlinie 2008, die Grundlage für die vom deutschen Gesetzgeber vorgenommenen Gesetzesänderungen war, definiert in Art. 3 c) den sachlichen Anwendungsbereich und schränkt diesen zugleich in Art. 2 (2) d) wie folgt

44 Omlor, NJW 2010, 2694 (2697) und Reinking, DAR 2010, 252 (254).
45 So Omlor, NJW 2010, 2694 ff.
46 Amtsblatt der Europäischen Union vom 22.05.2008 (L 133/66) zur Richtlinie 2008/48/EG (519).
47 EuGH NZA 2009, 135; NJW 1999, 495.

ein: Auf *„Miet- oder Leasingverträge, bei denen weder in dem Vertrag selbst noch in einem gesonderten Vertrag eine Verpflichtung zum Erwerb des Miet- bzw. Leasinggegenstands vorgesehen ist“*[48], findet die Richtlinie *keine* Anwendung.

Wenn nunmehr der Grundtatbestand des Art. 3 c) der Richtlinie Leasing- oder Mietkaufvertrag nicht erwähnt, sondern von sonstigen Finanzierungshilfen spricht, und die Richtlinie in Art. 2 (2) d) Leasing- und Mietkaufverträge, die keine Erwerbspflicht vorsehen, vom Anwendungsbereich ausschließt, müssen Leasing- und Mietkaufverträge sonstige Finanzierungshilfen sein, da es andernfalls der genannten Ausnahmen nicht bedurft hätte. Dann entspricht der Wortlaut des § 506 Abs. 1 BGB Art. 3 c) der Richtlinie und § 506 Abs. 2 Satz 1 Nr. 1 und 2 BGB dem Art. 2 (2) d) der Richtlinie.[49] Wenn nunmehr der deutsche Gesetzgeber die Verbraucherkreditrichtlinie 2008 als Grundlage in der Gesetzesbegründung zitiert, auf diese Bezug nimmt und die Erwerbsverpflichtung des Verbrauchers als Abgrenzungskriterium aufgreift[50], spricht dies für eine – bewusste – Übernahme des Anwendungsbereichs der Richtlinie auf § 506 BGB. Dies gilt insbesondere dann, wenn der Gesetzgeber in der Gesetzesbegründung dazu Stellung nimmt, warum er bei § 506 Abs. 2 Satz 1 Nr. 3 (Restwertgarantie) von den Vorgaben der Richtlinie – punktuell – abweicht und weshalb dies gerechtfertigt sei. Wäre der Gesetzgeber davon ausgegangen, der bisherige Finanzierungsleasingvertrag könne als sonstige entgeltliche Finanzierungshilfe unter den § 506 Abs. 1 BGB als Auffangtatbestand subsumiert werden, wäre die Erläuterung in der Gesetzesbegründung zu § 506 Abs. 2 Satz 1 Nr. 3 BGB nicht erforderlich gewesen. Im Umkehrschluss findet der Verbraucherschutz auf andere Leasing- oder Mietkaufverträge – als diejenigen des § 506 Abs. 2 Satz 1 BGB – keine Anwendung.

bb. Keine analoge Anwendung des § 506 BGB

Mangels planwidriger Regelungslücke ist § 506 BGB nicht analog auf Leasingverträge mit Vollamortisationszusage anwendbar, bei denen die Voraussetzungen des § 506 BGB im Übrigen nicht vorliegen.

Teilweise wird in der Literatur eine analoge Anwendung des § 506 BGB erwogen.[51] Ansatzpunkt sei, dass die Gesetzesbegründung bei § 506 Abs. 2 Satz 1 Nr. 3 BGB auf

---

48 Verbraucherkreditrichtlinie 2008, Art. 2 (2) d).

49 BT-Drucks. 16/11643, S. 92.

50 BT-Drucks. 16/11643, S. 91/92: *„Absatz 2 wird neu gefasst und bestimmt, dass ein Verbrauchervertrag über die entgeltliche Nutzung eines Gegenstandes als entgeltliche Finanzierungshilfe gilt, wenn vertraglich entweder eine Erwerbsverpflichtung des Verbrauchers geregelt ist (Nummer 1) oder dem Unternehmer die Möglichkeit eingeräumt wird, von dem Verbraucher den Erwerb des Vertragsgegenstandes zu verlangen (Nummer 2) oder der Verbraucher bei Vertragsablauf einen vereinbarten Restwert garantieren muss (Nummer 3).“*

51 Reinking, DAR 2010, 252 (254).

die Vollamortisation abstellt und eine Erläuterung zur Aufgabe der bisherigen Rechtslage fehlt. Gegen eine Analogie spricht – wie soeben erläutert – die Auslegung. Auch ermangelt es an einer planwidrigen Regelungslücke. Wenn die Richtlinie den Leasing- und Mietkaufvertrag als entgeltliche Finanzierungshilfe in Art. 3c) bestimmt (s.o.), die Richtlinie aber zugleich als maßgebliches Kriterium für die Abgrenzung zu sonstigen Gebrauchsüberlassungsverträgen (v.a. zum Mietvertrag) an die Erwerbspflicht des Verbrauchers beim Ausnahmetatbestand des Art. 2 (2) d) ansetzt, kann die Vollamortisation nicht – alleinige – Grundlage für die Bestimmung einer sonstigen entgeltlichen Finanzierungshilfe i.S.d. § 506 Abs. 1 BGB sein. Andernfalls hätte die Richtlinie von entgeltlichen Nutzungsüberlassungsverträgen sprechen können, die dann keine Finanzierungshilfen darstellen, wenn sie keine Erwerbspflicht vorsehen. Folgerichtig gibt eine richtlinienkonforme Auslegung vor, dass die Verbraucherschutzvorschriften nur auf solche Leasing- und Mietkaufverträge Anwendung finden, bei denen die Vollamortisation des Unternehmers über die „Miete“ und „Sonderzahlungen“ hinaus durch den Erwerb der Substanz (Leasingobjekt) eintritt. Wenn nunmehr der deutsche Gesetzgeber in seiner Gesetzesbegründung den Regelungsgehalt der Verbraucherkreditlinie 2008 übernimmt, wozu aufgrund der europarechtlichen Vorgaben verpflichtet war, ist davon auszugehen, dass der gesetzgeberische Wille die inhaltliche Übernahme der Verbraucherkreditlinie 2008 beabsichtigte.[52] Auch kann keine planwidrige Regelungslücke, als Grundlage einer Analogie, angenommen werden, berücksichtigt die Richtlinie und die Gesetzesbegründung ausdrücklich Leasing- und Mietkaufverträge mit und ohne Erwerbspflicht. Fehlt nunmehr eine Stellungnahme des Bundesrates zur Einbeziehung von Vollamortisationsverträgen ohne Erwerb der Substanz, wie noch zur Verbraucherkreditlinie 1989, und wurde die Terminologie des Finanzierungsleasingvertrages ersatzlos aus dem Gesetz gestrichen, fehlen die bisherigen Grundlagen für die Anwendbarkeit der Verbraucherschutzvorschriften auf Leasing- oder Mietverträge, die allein die Vollamortisation vorsehen; nicht aber eine Erwerbspflicht. Die Gesetzesbegründung nimmt Stellung, weshalb in einer überschießenden Richtlinienumsetzung § 506 Abs. 2 Satz 1 Nr. 3 BGB (Restwertgarantie) eingeführt wird. Dann aber ist davon auszugehen, dass der Gesetzgeber den Regelungsbereich der Verbraucherkreditlinie 2008 erkannt und eine punktuelle Abänderung für Verträge mit Restwertgarantie vorgenommen hat. Andernfalls hätte der Vertrag mit Restwertgarantie unter § 506 Abs. 1 BGB subsumiert werden können; § 506 Abs. 2 Satz 1 Nr. 3 BGB wäre folglich überflüssig. Eine Analogie des § 506 Abs. 1 BGB auf sämtliche Nutzungsüberlassungsverträge mit Vollamortisationszusage scheidet aus.

52 BT-Drucks. 16/11643, S. 92.

c. Bestimmung des sachlichen Anwendungsbereichs anhand typischer Leasing- und Mietkaufverträge

Das Bundesfinanzministerium hat in seinen Erlassen zu Vollamortisations- (Vollamortisationserlass vom 19.04.1971) und Teilamortisationsverträgen (Teilamortisationserlass vom 22.12.1975) Richtlinien vorgegeben, unter welchen Voraussetzungen die Zuordnung des wirtschaftlichen Eigentums i.S.d. § 39 AO beim Leasinggeber zu erfolgen hat. Diese Vorgaben sind zwar für die zivilrechtliche Ausgestaltung nicht zwingend, jedoch aufgrund der steuerlichen Folgen für die Praxis prägend. Wird der Auffassung[53] zur abschließenden Wirkung des § 506 BGB gefolgt, gilt für den sachlichen Anwendungsbereich seit dem 11.06.2010 was folgt:

aa. Vollamortisationsverträge/full-pay-out-Verträge

Erfolgt durch die während der Grundmietzeit geleisteten Leasingraten einschließlich etwaiger Leasingsonderzahlungen eine vollständige Amortisation des Leasinggebers, dann ist der Vertrag als ein sog. Vollamortisationsvertrag[54] oder full-pay-out-Vertrag zu bezeichnen.[55] Bei Vollamortisationsverträgen mit Option ist zwischen einer Kauf- und einer Mietverlängerungsoption zu unterscheiden. Wird bei Vertragsabschluss eine Kaufoption vereinbart, so steht dem Leasingnehmer nach Ablauf der Grundmietzeit das Recht zu, das Leasingobjekt zu einem bei Vertragsschluss vereinbarten Preis zu erwerben. Dem Leasingnehmer kann anstelle einer Kaufoption auch eine Mietverlängerungsoption eingeräumt werden.

Bei Vollamortisationsverträgen ohne Option sind zwei Konstellationen – je nach Dauer der Grundmietzeit – zu unterscheiden. Entweder die Grundmietzeit deckt sich mit der betriebsgewöhnlichen Nutzungsdauer des Leasinggegenstandes oder sie ist geringer als die betriebsgewöhnliche Nutzungsdauer des Leasinggegenstandes. Der Leasingnehmer hat nicht das einseitige Recht, nach Ablauf der Grundmietzeit den Leasinggegenstand zu erwerben oder den Leasingvertrag zu verlängern, so dass der Leasinggeber in der Verwertung des Leasinggegenstandes frei ist und den „Restwert" durch Verwertung realisieren kann.

Vollamortisationsverträge mit Option und ohne Option unterliegen nicht dem Anwendungsbereich des § 506 BGB, da der Leasingnehmer – in allen Varianten – nicht zum Erwerb verpflichtet ist und auch keinen Restwert garantiert. Dies gilt

53 Wird der Ansicht gefolgt, § 506 Abs. 1 BGB sei auf alle Leasingverträge, die eine Vollamortisation des Leasinggebers gewährleisten über die sonstige Finanzierungshilfe anwendbar, finden die Verbraucherschutzvorschriften, wie bis zum 10.06.2010, auf alle erlasskonformen Leasingverträge Anwendung.

54 Vgl. umfassend Kapitel A. II. 1. a.

55 Mobilienerlass/Vollamortisation, BMF-Schreiben vom 19.04.1971 – IV B/2 – S 2170 – 31/1 (BStBl. 1971 I 264); MüKoBGB/Koch, Bd. 3, 5. Auflage, Finanzierungsleasing, Rn. 6; Martinek/Stoffels/Wimmer-Leonhardt, Handbuch des Leasingrechts, 1. Kapitel, § 2, Rn. 14, S. 15.

selbst beim Vollamortisationsvertrag mit Kaufoption, da dem Leasingnehmer nur ein Erwerbsrecht zusteht, ihm aber keine Erwerbspflicht obliegt.

bb. Teilamortisationsverträge/non-full-pay-out-Verträge

Ein Teilamortisationsvertrag[56] oder non-full-pay-out-Vertrag liegt vor, wenn die während der ordentlich nicht kündbaren Grundmietzeit geleisteten Zahlungen des Leasingnehmers die Aufwendungen des Leasinggebers einschließlich seiner Gewinnspanne nur teilweise decken und zum Ende der Grundmietzeit ein noch nicht amortisierter Teilbetrag in Höhe eines vorab kalkulierten Restwertes zum Ausgleich offen steht.[57] Bei Teilamortisationsverträgen erreicht der Leasinggeber die vollständige Amortisation nach Beendigung des Leasingvertrages, in dem er das Leasinggut verwertet. Beim Teilamortisationsvertrag mit Andienungsrecht werden zwischen den Parteien eine feste Grundmietzeit und ein Restwert vereinbart. Der Leasinggeber kann am Ende der Grundmietzeit vom Leasingnehmer verlangen, dass dieser das Leasinggut zu einem bereits bei Vertragsschluss vereinbarten Preis käuflich erwirbt. **Teilamortisationsverträge mit Andienungsrecht** unterliegen daher dem § 506 Abs. 2. Satz 1 Nr. 2 BGB, da der Leasinggeber vom Leasingnehmer den Ankauf verlangen kann.

Beim Teilamortisationsvertrag mit Mehrerlösbeteiligung kann das Leasinggut nach Ablauf der Grundmietzeit durch den Leasinggeber oder nach dessen Weisung auch durch den Leasingnehmer veräußert werden. Wird dabei ein den noch nicht amortisierten Restwert übersteigender Verkaufserlös erzielt, wird der Mehrerlös nach einer im Voraus festgelegten Quotelung auf den Leasingnehmer und Leasinggeber aufgeteilt. Liegt aber der Veräußerungspreis unter dem Restwert, so besteht die Verpflichtung des Leasingnehmers zu einer Abschlusszahlung in Höhe des Differenzbetrages an den Leasinggeber (Vollamortisationszusage/Restwertgarantie).

Ein Teilamortisationsvertrag mit Kündigungsrecht des Leasingnehmers wird auf unbestimmte Zeit abgeschlossen. Eine ordentliche Kündigungsmöglichkeit besteht nur für den Leasingnehmer. Die Kündigung kann frühestens nach Ablauf einer unkündbaren Grundmietzeit von 40 % der betriebsgewöhnlichen Nutzungsdauer erfolgen. Im Falle einer solchen Kündigung muss der Leasingnehmer an den Leasinggeber eine Abschlusszahlung leisten, die den jeweiligen, sich bei linearer Abschreibung ergebenden, Restbuchwert des Leasingguts übersteigt (Restwertgarantie).

Teilamortisationsverträge mit Mehrerlösbeteiligung und Teilamortisationsverträge mit Kündigungsrecht sind unter § 506 Abs. 1 Satz 1 Nr. 3 BGB zu subsumieren, da der Leasingnehmer einen bestimmten Restwert garantiert.

---

56 Vgl. umfassend Kapitel A. II. 1. b.

57 MüKoBGB/Koch, Bd. 3, 5. Auflage, Finanzierungsleasing, Rn. 6.

cc. Leasingvertrag mit Kilometerabrechnung

Der Leasingvertrag mit Kilometerabrechnung fällt nicht unter § 506 BGB.

Der Leasingvertrag mit Kilometerabrechnung bei Kraftfahrzeugen ist ein von den Leasingerlassen abweichender Finanzierungsleasingvertrag und im Bereich des privaten KFZ-Leasings die in der Praxis am häufigsten anzutreffende Leasingvariante.[58] Maßgeblicher Unterschied zu den erlasskonformen Leasingverträgen ist, dass der Leasinggeber das Risiko trägt, mittels Verwertung des Leasingguts den kalkulierten Restwert zu erzielen. Nach der Rechtsprechung des Bundesgerichtshofs bis zum 10.06.2010 lag bei Leasingverträgen mit Kilometerabrechnung ein „Finanzierungsleasingvertrag" vor, obwohl der Leasingnehmer bei diesem Vertragstyp keinen bestimmten Wert garantiert.

Der Leasingvertrag mit Kilometerabrechnung lässt sich keiner Variante des § 506 Abs. 2 BGB zuordnen.[59] So scheiden § 506 Abs. 2 Satz 1 Nr. 1 und Nr. 2 BGB schon deshalb aus, weil keine Erwerbspflicht des Verbrauchers besteht; auch § 506 Abs. 2 Satz 1 Nr. 3 BGB kommt nicht in Betracht, da der Verbraucher nicht für einen bestimmten Wert einsteht. Daher wird eine Analogie zum Leasingvertrag mit Restwertgarantie erwogen.[60] Die Verbraucherkreditrichtlinie 2008 steht einer Auslegung oder Analogie nicht entgegen, da § 506 Abs. 2 Satz 1 Nr. 3 BGB über die Vorgaben der Richtlinie hinausgeht. Die Vergleichbarkeit zwischen diesen Verträgen bestünde, wohl im Hinblick auf die bisherige Rechtsprechung[61], darin, dass der Leasingnehmer beim Kilometervertrag zwar nicht für einen bestimmten Wert einstehe, dafür aber für einen bestimmten Zustand und eine begrenzte Anzahl von gefahrenen Kilometern. Diese Gegenüberstellung kann aber nur zu einer Vergleichbarkeit im Hinblick auf die mit aller Wahrscheinlichkeit eintretenden Vollamortisation führen. Wie erläutert, ist die Vollamortisation bzw. der Finanzierungsleasingvertrag aber seit dem 11.06.2010 nicht mehr das allein maßgebliche Kriterium zur Anwendbarkeit der Verbraucherschutzvorschriften; vielmehr ist entscheidend, ob die Vollamortisation durch den Erwerb des Leasingobjektes oder die Garantie eines bestimmten Restwertes eintritt. Beim Kilometervertrag soll der Verbraucher aber das Leasingobjekt nicht erwerben, sondern vertragsgemäß zurückgeben. Das Einstehen für einen vertraglich festgelegten Zustand ist nicht mit der Zusicherung eines festgelegten Wertes vergleichbar. Nach der Gesetzesbegründung ist ein „bestimmter Wert" im Sinne des § 506 Abs. 2 Satz 1 Nr. 3 BGB nur dann anzunehmen, wenn eine „feste Zahl" garantiert wird.[62]

58 Reinking, DAR 2010, 252 (254) Fn. 21.
59 Reinking, DAR 2010, 252 (254); Omlor, NJW 2010, 2694 (2697).
60 Reinking, DAR 2010, 252 (254) Fn. 21.
61 BGH vom 24.04.1996, VIII ZR 150/95; NJW 1996, 2033–2035.
62 BT-Drucks. 16/11643, S. 92.

Eine Absprache hinsichtlich der Soll-Beschaffenheit des Fahrzeugs am Ende der Vertragslaufzeit kann allenfalls als das Übereinkommen bezüglich eines wertbildenden Faktors qualifiziert werden, nicht aber als die Zusicherung einer festen Zahl oder eines bestimmten zu erzielenden (Verkehrs-)Wertes. Entscheidend ist, dass beim Kilometervertrag die Substanz (Fahrzeug) vom Verbraucher nicht erworben werden soll.

§ 506 Abs. 2 Satz 1 Nr. 3 BGB stellt als überschießende Richtlinienumsetzung einen Ausnahmetatbestand dar, der – systematisch – eng auszulegen ist. Folgerichtig scheidet eine Analogie des § 506 Abs. 2 Satz 1 Nr. 3 BGB auf Leasingverträge mit Kilometerabrechnung aus.

Dieses Ergebnis mag überraschen. Denn nach der Gesetzesbegründung soll mit § 506 Abs. 2 Satz 1 Nr. 3 BGB eine Ungleichbehandlung im Verbraucherdarlehensrecht bei gleicher Interessenslage verhindert werden, da dem Unternehmer die Restwertgarantie eine Vollamortisation ermögliche und sich dieser Vertragstypus so weit vom Leitbild eines Mietvertrages entferne, dass eine Besserstellung gegenüber den Fällen der Erwerbsverpflichtung nicht gerechtfertigt sei.[63]

Diese Argumentation spräche zugleich für eine gesetzliche Einbeziehung des Kilometerabrechnungsmodells in das Verbraucherdarlehensrecht. Diesbezüglich wurde bereits dargestellt, dass auch diese Variante regelmäßig – mit Ausnahme seltener, durch atypische Marktwerteinbrüche oder unternehmerische Kalkulationsirrtümer verursachte Ausnahmefälle – eine Vollamortisation auf Seiten des Unternehmers bewirkt.[64] Gleichzeitig ist auch beim Leasingvertrag mit Kilometerabrechnung eine mit dem Restwertmodell zu vergleichende Distanz zum reinen Gebrauchsüberlassungsvertrag zu erkennen.

Andererseits: Entspricht es nicht der Mietpraxis, dass der Mieter bei Beendigung das Mietobjekt in einem bestimmten Zustand zurückzugeben hat? Sollte nicht durch § 506 Abs. 2 BGB eine klare Abgrenzung zum Mietvertrag stattfinden? Welcher Mietvertrag sieht dagegen eine Erwerbspflicht des Mieters vor oder die Garantie für einen bestimmten Restwert? Hat der – europäische – Gesetzgeber damit durch § 506 Abs. 2 BGB nicht klare Abgrenzungskriterien vorgegeben?

Obwohl Reinking[65] darin beizupflichten ist, dass der Schutz des Verbraucherleasingnehmers stark eingeschränkt wird, fehlt es an den Voraussetzungen einer Analogie für Verträge mit Kilometerabrechnung mangels Garantie des Verbrauchers für eine „feste Zahl" (Restwert).

---

63 BT-Drucks. 16/11643, S. 92.
64 BGH NJW 1996, 2033.
65 Reinking, DAR 2010, 252 (254).

dd. Mietkaufvertrag

Gesetzesbegründung und Literatur führen als klassischen Anwendungsfall des § 506 Abs. 2 Satz 1 Nr. 1 BGB den Mietkaufvertrag an. Dem kann – in der Allgemeinheit dieser Aussage – nicht gefolgt werden.

(1) Typischer Mietkaufvertrag

Der sachliche Anwendungsbereich des § 506 BGB ist beim typischen Mietkaufvertrag nicht eröffnet.

Der Mietkauf[66] als Vertrag sui generis ist in zwei Komponenten zu unterteilen:
- Die mietvertragliche Komponente während der Vertragslaufzeit und
- die anschließende kaufvertragliche Komponente.

Der Mieter hat hierbei das unwiderrufliche Recht – unter Anrechnung der gezahlten Mietraten – nach vertragsgemäßem Ablauf der Grundmietzeit das Mietobjekt käuflich zu erwerben (Kaufoption). Eine Zurechnung zum Leasinggeber, wie beim Finanzierungsleasing, erfolgt nicht. Seitens der Vertragsgestaltung ist eine Unterscheidung zwischen Mietkauf einerseits und Leasing andererseits danach vorzunehmen, ob das Interesse des Mietkäufers in erster Linie auf den Erwerb des Gegenstandes als Finanzierungsgeschäft gerichtet ist oder ob die Gebrauchsüberlassung im Vordergrund steht. Ist ersteres der Fall, so finden die Grundsätze über Mietkaufverträge Anwendung. Die Abgrenzung ist vor allem zum Vollamortisationsvertrag mit Kaufoption des Leasingnehmers schwierig. Entscheidend ist die Ausgestaltung der Kaufoption. Nur unter der Voraussetzung, dass die Kaufoption den Anforderungen des Vollamortisationserlasses entspricht, ist ein Leasing- und nicht ein Mietkaufvertrag gegeben. Maßgeblich wird sein, ob der Kaufpreis dem Restbuchwert nach Maßgabe der AfA-Tabelle oder dem niedrigeren gemeinen Verkehrswert/Zeitwert entspricht. Nur dann kann das wirtschaftliche Eigentum im Sinne des § 39 Abs. 2 AO dem Leasinggeber zugerechnet werden. Andernfalls erfolgt beim Mietkauf eine Zurechnung beim Mieter. Möglich ist zudem die Vereinbarung, dass der Mieter auch während der Mietzeit jederzeit seine Kaufoption zu einem zuvor festgelegten Kaufpreis ausüben kann.[67] Im Unterschied zum Leasing als Gebrauchsüberlassungsvertrag auf Zeit ist der Mietkauf von Anfang an auf einen späteren Eigentumserwerb gerichtet. Beim Mietkauf findet keine Vermengung während der Zeiträume „Miete“ und „Kauf“ statt. Vielmehr stellt der Mietkauf eine zeitlich aufeinander abfolgende Koppelung zweier Verträge dar.[68]

---

66 Vgl. umfassend Kapitel A. I. 4.

67 Graf von Westphalen, Der Leasingvertrag, Rn. 78.

68 MüKoBGB/Häublein, Bd. 3, 5. Auflage, Vor § 535, Rn. 17.

Der Mieter erwirbt mit Ausübung der Option das Eigentum an der Sache, da der Kauf aufschiebend bedingt durch die Optionserklärung zustande kommt.[69]

Da der Mietkäufer nicht zum Erwerb verpflichtet ist und auch keinen Restwert garantiert, ist der sachliche Anwendungsbereich des § 506 BGB nicht eröffnet.

Nur wenn die Summe der Mieten derart hoch ist und als Folge der Kaufpreis entsprechend niedrig angesetzt wird, dass der Verbraucher – objektiv betrachtet – die Kaufoption ausüben wird (z.B. bei einem gemeinen Wert bei Ablauf der Grundmietzeit von 10.000,00 € und Kaufpreis 1,00 €), ist eine Anwendung des § 506 BGB aufgrund der faktischen Erwerbssituation über die Umgehungsgrundsätze geboten.[70]

(2) Atypischer Mietkaufvertrag

Beim atypischen Mietkaufvertrag handelt es sich um einen entgeltlichen Zahlungsaufschub im Sinne des § 506 Abs. 1 Alt. 1 BGB.

Abgrenzungsschwierigkeiten treten zwischen Mietkauf und Ratenzahlungskaufverträgen auf. Der maßgebliche Unterschied zwischen Mietkauf und Ratenzahlungskaufvertrag besteht darin, dass beim Ratenzahlungskaufvertrag die kaufvertragliche Komponente unbedingt abgeschlossen wird.[71] Im zuletzt genannten Fall handelt es sich um einen entgeltlichen Zahlungsaufschub nach § 506 Abs. 1 Alt. 1 BGB; lediglich die Übereignung ist aufschiebend bedingt. Der Ratenzahlungskaufvertrag beinhaltet kein mietrechtliches Element. Es ist ausnahmslos Kaufrecht anzuwenden.[72] Auch wenn in der Praxis bei dieser Vertragsgestaltung oftmals von einem Mietkauf die Rede ist, handelt es sich rechtlich um einen Verkauf unter Eigentumsvorbehalt – verbunden mit einem entgeltlichen Zahlungsaufschub. Aufgrund dieser marginalen Abweichung zum Mietkauf ergeben sich umfassende Unterschiede. Es befindet sich kein mietrechtliches Element im Vertrag, weshalb ausschließlich Kaufrecht Anwendung findet. Da somit die Vorschriften der §§ 474 ff. BGB über den Verbrauchsgüterkauf Anwendung finden, ist die leasingspezifische Freizeichnungs- und Abtretungskonstruktion gegenüber Verbrauchern, im Unterschied zum Mietkaufvertrag, unwirksam, § 475 BGB.

69 MüKoBGB/Schilling, Bd. 3, 5. Auflage, Vor § 535, Rn. 50.
70 BGH NJW 1987, 1069.
71 Hügel/Salzig, Mietkauf, S. 4.
72 Hügel/Salzig, Mietkauf, S. 4.

ee. Zusammenfassung

Als Ergebnis bleibt festzuhalten, dass die Gesetzesänderung zum 11.06.2010 im Ergebnis zu gravierenden Einschränkungen des Verbraucherschutzes bei Leasing- und Mietkaufverträgen führt. Im neu gefassten § 506 BGB wird ein präziser Rahmen für den sachlichen Anwendungsbereich vorgegeben. Eine Anwendung des Verbraucherschutzes wird auf entgeltliche Zahlungsaufschübe, Teilzahlungsgeschäfte und entgeltliche Nutzungsüberlassungen mit Erwerbspflicht, Andienungsrecht oder Restwertgarantie beschränkt. Der Begriff des „Finanzierungsleasingvertrages" findet sich im Gesetzeswortlaut nicht mehr. Der deutsche Gesetzgeber hat sich bei der Umsetzung und Begründung eng an die Verbraucherkreditrichtlinie 2008 gehalten, die nicht allein auf eine Vollamortisationszusage abstellt, sondern darüber hinaus den **Erwerb der Substanz** voraussetzt.

3. Persönlicher Anwendungsbereich

Voraussetzung für die Anwendbarkeit der Verbraucherschutzvorschriften ist – neben dem sachlichen Anwendungsbereich – eine Verbraucher-Unternehmer-Konstellation, d.h. der Leasingnehmer muss Verbraucher im Sinne des § 13 BGB und der Leasinggeber Unternehmer gemäß § 14 BGB sein.

a. Verbraucherbegriff

Verbraucher ist jede natürliche Person, die ohne Rücksicht auf ihren intellektuellen oder ökonomischen Status ein Rechtsgeschäft zu einem Zweck abschließt, der weder einer gewerblichen noch einer selbständigen beruflichen Tätigkeit zugerechnet werden kann, § 13 BGB. Es muss sich um ein zu privaten Zwecken vorgenommenes Rechtsgeschäft handeln.[73]

aa. Natürliche Personen als Abgrenzungstatbestand

Da § 13 BGB den Verbraucherbegriff auf natürliche Personen beschränkt, schließt er alle Arten von juristischen Personen aus.[74] Eine Aktiengesellschaft, eine Gesellschaft mit beschränkter Haftung o.ä. kann nicht Verbraucher im Sinne des § 13 BGB sein. Wegen des eindeutigen Wortlauts des § 13 BGB kann ein eingetragener Verein ebenso wenig Verbraucher sein.[75] Ebenfalls sind juristische Personen im Gründungsstadium,

---

73 Palandt/Ellenberger, § 13, Rn. 1; Engel, Handbuch Kfz-Leasing, § 11, Rn. 1 m.w.N.

74 Staudinger, § 13, Rn. 31; Graf von Westphalen, Kapitel L, Rn. 11, S. 584; Palandt/Ellenberger, § 13, Rn. 2.

75 Staudinger, § 13, Rn. 2; EuGH NJW 2002, 205; a.A. Flume, JZ 2000, 1427, 1428.

soweit bereits Vorgründungsgesellschaften existieren (z.B. die Vor-GmbH), wie auch Personenhandelsgesellschaften nicht von § 13 BGB umfasst.

bb. Zwecksetzung des Handelns

Die Anwendbarkeit von Verbraucherschutzvorschriften setzt nach § 13 BGB voraus, dass eine natürliche Person zu privaten Zwecken einen Vertrag abschließt. Zur privaten Sphäre zählen beispielhaft und nicht abschließend der private Haushalt, Freizeit, Urlaub, Sport oder die Gesundheitsvorsorge, ebenso die Verwaltung und Anlage des persönlichen Vermögens. Unerheblich sind dabei die Kaufmannseigenschaft, Geschäftserfahrung oder die konkrete Schutzbedürftigkeit.[76] Einzelkaufleute bzw. Selbständige sind unter den Verbraucherbegriff zu subsumieren, wenn sie einen Gegenstand für private Zwecke leasen. Tritt jemand dagegen als Anbieter in den Wettbewerb mit anderen, indem er planmäßig Leistungen gegen Entgelt anbietet, so ist er Unternehmer im Sinne des § 14 Abs. 1 BGB. Die Notwendigkeit der Zuordnung zur privaten Sphäre hat zur Folge, dass Verträge eines Kaufmanns in Ausübung seiner gewerblichen Tätigkeit – wie auch solche des freiberuflich Tätigen – nicht dem Verbraucherrecht unterliegen. Ob die private oder unternehmerische Sphäre betroffen ist, entscheidet sich nicht nach dem inneren Willen der Handelnden, sondern ist objektiv durch Auslegung, §§ 133, 157 BGB zu ermitteln.

Der private bzw. unternehmerische (subjektive) Zweck des Handelns ist objektiv – durch Auslegung – des in Rede stehenden Rechtsgeschäfts unter Berücksichtigung der Begleitumstände zu entnehmen.[77]

Gibt sich jemand (wahrheitswidrig) als Unternehmer aus, muss er sich als solcher behandeln lassen, selbst wenn er bei dieser Tätigkeit in tatsächlicher Hinsicht als Verbraucher zu qualifizieren ist.[78]

Gibt der Leasingnehmer auf dem Leasingvertrag an, dass er im Rahmen seines Unternehmens – mittels Firmenstempel, Gesellschaftsbezeichnung oder durch das Ankreuzen der Unternehmereigenschaft – tätig ist, bedarf es einer weiteren Zuordnung nicht, da er nach Rechtsscheingrundsätzen als Unternehmer zu qualifizieren ist.

---

76 Staudinger, § 13, Rn. 41.

77 Palandt/Ellenberger, § 13, Rn. 4; Staudinger, § 13, Rn. 42; Graf von Westphalen, Der Leasingvertrag, Kap. L, Rn. 17 f., S. 586.

78 BGH Urteil vom 22.12.2004 – VIII ZR 91/04 = BGH NJW 2005, 1045; BGH ZIP 2005, 357; Palandt/Ellenberger, § 13, Rn. 4; Staudinger, § 13, Rn. 63.

Der Bundesgerichtshof führt dazu aus, dass nach den Grundsätzen von Treu und Glauben, § 242 BGB, die Verbraucherschutzvorschriften der §§ 474 ff. BGB dann keine Anwendung finden, wenn der Vertragspartner des Unternehmers bei Abschluss des Vertrags wahrheitswidrig als Gewerbetreibender auftritt und dadurch einen gewerblichen Geschäftszweck vortäuscht.[79] Die o.g. Zwecksetzung muss bei Vornahme der rechtsgeschäftlichen Handlung vorliegen, so dass Zweckänderungen vor Vertragsschluss beachtlich, jedoch nach Vertragsschluss nicht von Bedeutung sind.[80] Der Beweis des arglistigen oder treuwidrigen Verhaltens bei Vertragsschluss bleibt unbenommen.[81]

cc. Gemischte Nutzung, dual use

Problematisch ist die Anwendbarkeit der Verbraucherschutzvorschriften bei Verträgen von gewerblich oder freiberuflich Tätigen, soweit die Leasing- bzw. Mietkaufgegenstände sowohl beruflich als auch privat genutzt werden sollen, sog. dual use. Häufiges Anwendungsbeispiel in der Praxis ist der gemischt genutzte Pkw oder der

---

79 BGH Urteil vom 22.12.2004 – VIII ZR 91/04 = BGH NJW 2005, 1045: *„Der Wortlaut des § 13 BGB lässt allerdings nicht erkennen, ob der Geschäftszweck, von dem die Verbrauchereigenschaft nach §§ 13, 474 BGB abhängt, subjektiv oder objektiv zu bestimmen ist (Micklitz, in: MünchKomm, 4. Auflage, § 13 Rn. 30). Die Frage, inwieweit sich der Geschäftszweck nach dem erklärten Parteiwillen – also nach dem durch Auslegung zu ermittelnden Inhalt des Vertrags – oder gegebenenfalls nach davon abweichenden tatsächlichen Gegebenheiten richtet, kann aber in dem hier zu beurteilenden besonderen Fall der bewussten Täuschung des Vertragspartners über den Geschäftszweck dahinstehen. Die den Verbraucher schützenden Vorschriften der §§ 474 ff. BGB finden jedenfalls dann keine Anwendung, wenn der Vertragspartner des Unternehmers bei Abschluss des Vertrags wahrheitswidrig als Gewerbetreibender auftritt und dadurch einen gewerblichen Geschäftszweck vortäuscht (ebenso Lorenz, in: MünchKomm, § 474 Rn. 23; Basedow, in: MünchKomm, § 310 Rn. 48; Soergel/Pfeiffer, BGB, 13. Auflage, § 13 Rn. 28; Staudinger, BGB, 2004, § 491 Rn. 42; Jauernig/Berger, BGB, 11. Auflage, § 474 Rn. 3; Müller, NJW 2003, 1975 [1979]; unklar Staudinger/Matusche-Beckmann, § 474, Rn. 9).“*
„Die Rechtfertigung für die Beschränkung des Verbraucherschutzes auf den redlichen Vertragspartner liegt in dem auch im Verbraucherschutzrecht geltenden Grundsatz von Treu und Glauben (§ 242 BGB; Lorenz, in: MünchKomm, § 474 Rn. 23; Basedow, in: MünchKomm, § 310 Rn. 48). Wer eine Sache von einem Unternehmer kaufen will, der zu einem Geschäftsabschluss mit einem Verbraucher nicht bereit ist, weil er keine Gewähr für die Kaufsache übernehmen will, darf sich den Schutz der ihn begünstigenden Vorschriften über den Verbrauchsgüterkauf nicht dadurch erschleichen, dass er sich gegenüber dem Unternehmer wahrheitswidrig als Händler ausgibt, um diesem zum Vertragsabschluss zu bewegen. Verstößt er dagegen, so ist ihm die spätere Berufung darauf, er sei in Wahrheit Verbraucher, nach Treu und Glauben (sog. „venire contra factum proprium“) verwehrt (Basedow, in: MünchKomm, § 310 Rn. 48).“

80 Staudinger, § 13, Rn. 43.

81 Graf von Westphalen, Kapitel L, Rn. 21, S. 587.

PC, der sowohl für den geschäftlichen als auch für den privaten Gebrauch geleast bzw. genutzt wird.

Bei einer gemischten Nutzung ist die Verbrauchereigenschaft dann anzunehmen, wenn der gewerbliche Zweck nur von untergeordneter Bedeutung ist und der Schwerpunkt privater Natur ist.[82] Entsprechend der Zuordnung im Steuerrecht ist die Grenze bei 10 % anzusetzen.

Die Vermutung des § 344 Abs. 1 HGB kann nicht auf das BGB übertragen werden, da sich im Verbraucherschutzrecht die Lösung des dual use nicht einheitlich gestaltet.[83] So ist umstritten, wie die Abgrenzung zwischen privater und geschäftlicher Nutzung zu erfolgen hat. Vor der Schuldrechtsmodernisierung wurde auf den Schwerpunkt der Nutzung abgestellt, was überwiegend mit der vergleichbaren Regelungen des § 609a Abs. 1 Nr. 2 BGB a.F. begründet wurde.[84] Nach anderer Ansicht soll in Mischfällen grundsätzlich privates Handeln angenommen werden.[85] Darüber hinaus wird vertreten, dass eine auch nur in Teilen gewerbliche Ausprägung dem Geschäft den Charakter des Verbrauchervertrages entziehe.[86] Zunehmend scheint sich mittlerweile wieder die von der Rechtsprechung und großen Teilen der Literatur vertretene Meinung durchzusetzen, nach der ein Verbraucherhandeln dann angenommen werden kann, wenn der gewerbliche Zweck nur eine untergeordnete Rolle spielt und der Schwerpunkt privater Natur ist. Entsprechend der Zuordnung im Steuerrecht ist die Grenze bei höchstens 10 % anzusetzen.[87]

82 EuGH (2. Kammer) Urteil vom 20.01.2005 – C-464/01 (Gruber/BayWa AG) = NJW 2005, 653; OLG Celle NJW-RR 2004, 1645; Palandt/Ellenberger, § 13, Rn. 4; Soergel, § 13, Rn. 38; Staudinger, § 13, Rn. 46; Reinking, Der Autokauf, Rn. L 102 ff.

83 Vgl. etwa Palandt/Ellenberger, § 13, Rn. 4; Staudinger, § 13, Rn. 46; Reinking, Der Autokauf, Rn. L 102 ff.; Graf von Westphalen, Kapitel L, Rn. 17, S. 586.

84 OLG Naumburg, NJW-RR 1998, 1351; OLG Düsseldorf, OLGR 2001, 195; MüKoBGB/Ulmer, 3. Auflage, § 1 VerbrKrG, Rn. 49; Staudinger, BGB, 13. Auflage, § 1 VerbrKrG; Bülow, VerbrKrG, § 1, Rn. 137; Pfeiffer, NJW 1999, 169.

85 Graf von Westphalen BB 1996, 2101; Schwerdtfeger DStR 1997, 499.

86 Larenz/Wolf, § 43, Rn. 49; Reiff in: Dauner-Lieb/Heidel/Lepa/Ring, AK-Schuldrecht, § 489, Rn. 13.

87 EuGH (2. Kammer) Urteil vom 20.01.2005 – C-464/01 (Gruber/BayWa AG) = NJW 2005, 653: *„Schon aus dem Zweck der Art. 13–15 EuGVÜ, die Person zu schützen, von der vermutet wird, dass sie sich gegenüber ihrem Vertragspartner in einer schwächeren Position befindet, folgt insoweit, dass sich eine Person, die einen Vertrag zu einem Zweck abschließt, der sich teilweise auf ihre beruflich-gewerbliche Tätigkeit bezieht und der somit nur zu einem Teil nicht dieser Tätigkeit zugerechnet werden kann, grundsätzlich nicht auf diese Vorschriften berufen kann. Etwas anderes könne nur gelten, wenn die Verbindung zwischen diesem Vertrag und der beruflich-gewerblichen Tätigkeit des Betroffenen so schwach wäre, dass sie nebensächlich würde und folglich im Zusammenhang des Geschäfts, über das der Vertrag abgeschlossen wurde, insgesamt betrachtet nur eine ganz untergeordnete Rolle spielte.*
Wie nämlich der Generalanwalt in den Nrn. 40 und 41 seiner Schlussanträge ausgeführt hat, hat

Tritt eine natürliche Person rechtswirksam als Strohmann für einen gewerblich Tätigen auf, so ist der Strohmann nicht Verbraucher.[88]

dd. Arbeitnehmer

Nach der Rechtsprechung des Bundesgerichtshofes sind alle Rechtsgeschäfte, wie etwa der Kauf, die Darlehensgewährung, oder das private Kraftfahrzeugleasing, die nicht unmittelbar das Arbeitsverhältnis betreffen, Verbrauchergeschäfte.[89] Least ein

---

eine Person, die einen Vertrag zu einem Zweck schließt, der mit ihrer gewerblichen oder beruflichen Tätigkeit zusammenhängt, als auf gleicher Stufe wie ihr Vertragspartner stehend zu gelten, so dass der besondere Schutz, den das EuGVÜ für Verbraucher vorsieht, in diesem Fall nicht gerechtfertigt ist.
Dass der streitige Vertrag auch privaten Zwecken dient, ändert an dieser Feststellung nichts. Sie gilt unabhängig von dem Verhältnis zwischen dem privaten und dem beruflich-gewerblichen Zweck, zu dem der betreffende Gegenstand oder die betreffende Dienstleistung verwendet werden kann, und zwar sogar dann, wenn der private Zweck überwiegen sollte, solange der beruflich-gewerbliche Zweck nicht ganz untergeordnet ist.
Im Falle eines Vertrages, mit dem ein doppelter Zweck verfolgt wird, ist es daher nicht erforderlich, dass der betreffende Gegenstand oder die betreffende Dienstleistung überwiegend zu beruflich-gewerblichen Zwecken verwendet wird, damit die Anwendung der Art. 13–15 EuGVÜ ausgeschlossen ist.
Diese Auslegung wird dadurch bestätigt, dass der Begriff des Verbrauchers in Art. 13 I EuGVÜ eindeutig eng definiert wird, indem eine negative Wendung benutzt wird („Vertrag, ... zu einem Zweck, der nicht der beruflichen oder gewerblichen Tätigkeit ... zugerechnet werden kann"). Darüber hinaus ist der Begriff der Verbrauchersache insofern eng auszulegen, als die daran anknüpfende Zuständigkeitsregel eine Ausnahme von dem in Art. 2 I EuGVÜ vorgesehenen Grundsatz in Bezug auf die Zuständigkeit darstellt und mit ihr ausnahmsweise die Gerichte am Wohnsitz des Kl. für zuständig erklärt werden (...).
Diese Auslegung ist auch deswegen geboten, weil die Einstufung des Vertrags nur auf Grund einer Gesamtbewertung erfolgen kann. Denn der EuGH hat mehrfach entschieden, dass die Vermeidung der Häufung von Gerichtsständen in Bezug auf ein und dasselbe Rechtsverhältnis eines der wesentlichen Ziele des EuGVÜ darstellt (vgl. in diesem Sinne u.a. EuGH, Slg. 2002, I-1699 = NJW 2002, 1407 = NZBau 2002, 284 = EuZW 2002, 217 Rn. 27 – Besix; Slg. 2002, I-6367 = NJW 2002, 2697 = EuZW 2002, 539 Rn. 57 – Gabriel, u. v. 5.2.2004 – C-18/02 Rn. 26 – DFDS Torlinie).
Die Auslegung, nach der die Verbrauchereigenschaft i.S. des Art. 13 I EuGVÜ verneint wird, wenn der Gegenstand oder die Dienstleistung einem Zweck dient, der einen nicht ganz untergeordneten Zusammenhang mit der beruflichen oder gewerblichen Tätigkeit des Betroffenen aufweist, entspricht auch am ehesten den Erfordernissen der Rechtssicherheit und der Vorhersehbarkeit des zuständigen Gerichts durch einen zukünftigen Beklagten, die die Grundlage des EuGVÜ bilden (vgl. u.a. EuGH, Slg. 2002, I-1699 = NJW 2002, 1407 = NZBau 2002, 284 = EuZW 2002, 217 Rdnrn. 24–26 – Besix)."; vgl. hierzu auch OLG Celle NJW-RR 2004, 1645; Palandt/Ellenberger, § 13, Rn. 4; Soergel/Pfeiffer, § 13, Rn. 38; Staudinger, § 13, Rn. 46; Reinking, Der Autokauf, Rn. L 102 ff.

88 Palandt/Ellenberger, § 14, Rn. 2; BGH NJW 2002, 2030.

89 Palandt/Ellenberger, § 13, Rn. 3; Staudinger, § 13, Rn. 53; Graf von Westphalen, Der Leasingvertrag, Rn. 1676.

Arbeitnehmer von seinem Arbeitgeber einen Gegenstand, finden die Verbrauchervorschriften Anwendung.

ee. Existenzgründer als Verbraucher oder Unternehmer

Problematisch ist, ob und inwieweit Existenzgründer noch als Verbraucher oder als Unternehmer zu qualifizieren sind.

Eine ausdrückliche gesetzliche Regelung zur Behandlung von Existenzgründern findet sich in § 512 BGB. Dort wird der Existenzgründer für sonstige Finanzierungshilfen, also insbesondere für einen Leasing- bzw. Mietkaufvertrag, bis 75.000 € einem Verbraucher gleichgestellt. Liegen die Voraussetzungen des § 512 BGB nicht vor, ist der Existenzgründer e contrario § 512 BGB Unternehmer.

Gemäß § 512 BGB sind die §§ 491 ff. BGB auch auf einen Existenzgründer bei Finanzierungsverträgen bis 75.000 € anwendbar. Umstritten ist, auf welchen Betrag bei Leasing- bzw. Mietkaufverträgen für die 75.000 €-Grenze abzustellen ist, da es an einem Barzahlungspreis regelmäßig ermangelt. Teilweise wird auf den Brutto-Anschaffungspreis abgestellt, folglich auf den Betrag, den der Verbraucher hätte zahlen müssen, hätte er die Sache selbst in bar gekauft.[90] Zudem wird vertreten, dass auf den zwischen Lieferant und Leasinggeber geltenden Barzahlungspreis abzustellen sei.[91] Andere sind der Ansicht, der Nettopreis sei entscheidend.[92] Richtig ist es, in Anlehnung an den Wortlaut des § 512 BGB a.E. („Nettodarlehensbetrag") und in Hinblick auf § 506 Abs. 4 BGB, auf den Netto-Anschaffungspreis des Leasingobjektes abzustellen, da dieser dem Nettodarlehensbetrag am nächsten kommt.

Existenzgründer im Sinne der §§ 491 Abs. 1, 512 BGB kann selbst ein Unternehmer sein, der eine weitere gewerbliche Tätigkeit aufnimmt und hierfür einen Gegenstand least, sofern die neue Tätigkeit in keinerlei Zusammenhang mit der bereits ausgeübten steht und klar davon abgegrenzt ist.[93]

Problematisch ist die Einordnung, wenn § 512 BGB keine Anwendung findet. Dies kann beispielsweise dann der Fall sein, wenn der Finanzierungsbetrag von 75.000 € überschritten wird, ein sonstiges Widerrufsrecht aus den §§ 312 ff.[94] bzw. § 491 f.[95] BGB zur Diskussion steht oder aber ein Verbrauchsgüterkauf gemäß den §§ 474 ff. BGB vorliegt, weil der Leasinggeber das Leasingobjekt an den Leasingnehmer veräußert[96].

---

90 MüKoBGB/Schürnbrand, § 507, Rn. 9 (5. Auflage).

91 Westphalen/Emmerich/v. Rottenburg, § 3 VerbrKrG, Rn. 33.

92 Bülow/Artz, Verbraucherkreditrecht, Rn. 17.

93 BGH Urteil vom 14.12.1994 – VIII ZR 46/94 = NJW 1995, 722; BGH ZIP 2000, 670, 671.

94 Der Leasingvertrag wird über das Internet abgeschlossen.

95 Der Leasinggeber bzw. ein Dritter finanziert die Leasingsonderzahlung des Leasingnehmers.

96 Vor allem beim Leasingvertrag mit Andienungsrecht des Leasinggebers oder aber nach Beendigung erfolgt die Verwertung durch Verkauf an den bisherigen Leasingnehmer.

Aus einem Umkehrschluss zu § 512 BGB ergibt sich, dass der Existenzgründer außerhalb des Anwendungsbereichs der Vorschrift Unternehmer i.S.d. § 14 BGB ist.[97]

Damit unterfallen alle Geschäfte außerhalb der Grenzen des § 512 BGB, die unmittelbar der Unternehmensgründung dienen, wie etwa der Abschluss eines Leasingvertrages, nicht mehr unter den Schutz des § 13 BGB. Noch nicht zur Existenzgründung gehörend und damit vom Verbraucherschutz umfasst sind sog. Vorbereitungsgeschäfte, wie beispielsweise Vorbereitungskurse, die nur mittelbar der Existenzgründung dienen und bei denen noch nicht sicher feststeht, ob es zu einer Unternehmensgründung kommen wird.[98]

97 BGH NJW 2005, 1273 = ZIP 2005, 623: *„Nach dem Wortlaut der Verbraucherdefinition des § 13 BGB (i.V. mit § 1031 V 1 ZPO) ist die objektiv zu bestimmende Zweckrichtung des Verhaltens entscheidend. Das Gesetz stellt nicht auf das Vorhandensein oder Nichtvorhandensein geschäftlicher Erfahrung, etwa auf Grund einer bereits ausgeübten gewerblichen oder selbständigen beruflichen Tätigkeit, ab (vgl. BGH NJW 1994, 2759 [2760]; OLG Rostock, NotBZ 2003, 242 = ZVI 2003, 332 = OLG-Report 2003, 505 [506]; abw. OLG Koblenz, NJW 1987, 74). Es kommt vielmehr darauf an, ob das Verhalten der Sache nach dem privaten – dann Verbraucherhandeln – oder dem gewerblich-beruflichen Bereich – dann Unternehmertum – zuzuordnen ist (vgl. Schmidt-Räntsch, in: Bamberger/Roth, § 13 Rn. 9, § 14 Rn. 10). Rechtsgeschäfte im Zuge einer Existenzgründung, zum Beispiel die Miete von Geschäftsräumen, der Abschluss eines Franchisevertrags oder der Kauf eines Anteils an einer freiberuflichen Gemeinschaftspraxis, ..., sind nach den objektiven Umständen klar auf unternehmerisches Handeln ausgerichtet.*
Es besteht ferner kein Anlass, demjenigen Verbraucherschutz zu gewähren, der sich für eine bestimmte gewerbliche oder selbständige berufliche Tätigkeit entschieden hat und diese vorbereitende oder unmittelbar eröffnende Geschäfte abschließt. Denn er begibt sich damit in den unternehmerischen Geschäftsverkehr. Ein Existenzgründer agiert nicht mehr „von seiner Rolle als Verbraucher her“ (so aber Micklitz, in: MünchKomm, § 13 Rn. 41). Er gibt dem Rechtsverkehr zu erkennen, dass er sich nunmehr dem Recht für Unternehmer unterwerfen und dieses seinerseits auch in Anspruch nehmen will (vgl. Staudinger/Weick, § 13 Rn. 60; OLG Oldenburg, NJW-RR 2002, 641 [642]).
§ 507 BGB bestimmt, dass die Vorschriften über Verbraucherdarlehen usw. auch für entsprechende Geschäfte zum Zweck der Aufnahme einer gewerblichen oder selbständigen beruflichen Tätigkeit gelten, allerdings nur bis zur Höhe von 50 000 Euro. Damit werden die Existenzgründer in dieser Beziehung und innerhalb dieser Begrenzung Verbrauchern gleichgestellt. Daraus ergibt sich im Umkehrschluss, dass der Gesetzgeber den Existenzgründer grundsätzlich nicht als Verbraucher ansieht. (Soergel/Pfeiffer, § 13 Rn. 35, unter Hinw. Auf die Mat. zur Schuldrechtsreform 2001, BT-Dr 14/6857, S. 32 f. [Stellungnahme des BR] und S. 64 f. [Gegenäußerung der Breg.]; Erman/Saenger, § 13 Rn. 16; § 14 Rn. 14; OLG Rostock, NotBZ 2003, 242 = ZVI 2003, 332 = OLG Report 2003, 505 [507 f.]; s. auch BGHZ 128, 156 [163] = NJW 1995, 722, zu § 1 I VerbrKrG einerseits, § 6 Nr. 1 Alt. 1 HwiG andererseits; Reiff, in: AnwKomm-BGB, 2001, § 507 Rdnrn. 1 f.; a.A. Palandt/Heinrichs, § 13 Rn. 3; vgl. zudem Staudinger/Weick, § 13 Rn. 59).“; vgl. hierzu auch Soergel/Pfeiffer, § 13, Rn. 35; a.A. Palandt/Ellenberger, § 13, Rn. 3 sowie Staudinger, § 13, Rn. 59, der aber trotz anderer Begründung zu den gleichen Ergebnissen kommt.

98 Soergel/Pfeiffer, § 13, Rn. 35; Staudinger, § 13, Rn. 60.

Problematisch ist, wann die Phase der Existenzgründung zeitlich endet und die bereits ausgeübte gewerbliche bzw. selbständige berufliche Tätigkeit beginnt. Eine Entscheidung des Bundesgerichtshofes zu dieser Frage steht noch aus.[99] Er hat lediglich festgestellt, dass sieben Wochen nach Anmeldung eines Gewerbebetriebs stets eine bereits ausgeübte gewerbliche Tätigkeit anzunehmen ist.[100] Auf eine etwaige Eintragung ins Handelsregister kommt es nicht an. Denn hinter der gesetzlichen Regelung des Handelsgesetzbuches stehen die speziellen handelsrechtlichen Wertungen, die auf das Verbraucherschutzrecht des BGB nicht unmittelbar übertragen werden können.[101] Richtigerweise ist für die Abgrenzung zwischen Geschäften der Existenzgründung und solchen der Vollunternehmerschaft maßgeblich darauf abzustellen, ob dieses der zukünftigen Geschäftsaufnahme (Existenzgründung) dient oder bereits als Teil eines bereits in Vollzug gesetzten Geschäftsbetriebs einzustufen ist. Von einer Maßnahme der Existenzgründung ist danach auszugehen, wenn ein Verbraucherkreditgeschäft den bisher Unselbständigen in „die Lage versetzen soll, sich durch die Gründung eines eigenen Unternehmens selbständig zu machen“[102], während eine Ausübung eines bereits gegründeten Geschäftsbetriebs vorliegt, sofern lediglich der Ausbau eines solchen Betriebs vollzogen wird. Spätestens, wenn erste Ausgangsumsätze erzielt werden, ist der Ausübung eines bereits bestehenden Unternehmens auszugehen.

Die folgende Übersicht gibt Aufschluss darüber, wann eine Maßnahme der Existenzgründung im Einzelfall bejaht werden kann. Dabei ist zu beachten, dass ein Geschäft, dass im Zuge der der Existenzgründung abgeschlossen wurde und damit dem Anwendungsbereich des § 512 BGB zuzuordnen ist, nach der Erstarkung des Existenzgründers zum Vollunternehmer weiterhin als ein solches der Geschäftsaufnahme (Existenzgründung) einzustufen ist; maßgeblich ist ausschließlich der Zeitpunkt des Vertragsabschlusses.[103] Dies kann für Leasingverträge in der Praxis dazu führen, dass sich ein Unternehmer noch lange Zeit nach Aufnahme des Geschäftsbetriebs auf den Existenzgründerschutz berufen kann, sofern das Rechtsgeschäft bei Abschluss des Vertrags der Geschäftsaufnahme gedient hat.

99 Wolf/Eckert/Ball, Handbuch des gewerblichen Miet-, Pacht- und Leasingrechts, Rn. 2042.
100 BGH, Urt. v. 22.03.2002 – VIII ZR 292/00, ZIP 2002, 930 = WM 2002, 1066.
101 Staudinger, § 13, Rn. 58.
102 MüKoBGB/Schürnbrand, § 507, Rn. 4 (5. Auflage).
103 OLG Düsseldorf, Urteil vom 24.04.1997 – 10 U 123/95.

Nr.	Maßnahme/ Umstände	Ausreichend für Beendigung der Existenzgründereigenschaft	Nicht Ausreichend für Beendigung der Existenzgründereigenschaft
1	Handelsregister-eintragung		h.M. - MüKo/*Schürnbrand*, 5. Aufl. 2008, § 507 BGB, Rn. 4 - Staudinger/*Kessal-Wulf*, 2004, § 507, Rn. 7 - *Graf v. Westphalen*, in Graf v. Westphalen/Emmerich/v. Rottenburg, Verbraucherkreditgesetz, 2. Aufl. 1996, § 1 Rn. 56 - *Scholz*, DB 1993, 261 - *Vortmann*, ZIP 1992, 229, 231
2	Gewerbe-anmeldung		h.M. - MüKo/*Schürnbrand*, 5. Aufl. 2008, § 507 BGB, Rn. 4 - Staudinger/*Kessal-Wulf*, 2004, § 507, Rn. 7 - *Graf v. Westphalen*, in Graf v. Westphalen/Emmerich/v. Rottenburg, Verbraucherkreditgesetz, 2. Aufl. 1996, § 1 Rn. 56 - *Scholz*, DB 1993, 261 - *Vortmann*, ZIP 1992, 229, 231 - *Bülow/Artz*, Verbraucherkreditrecht, 6. Aufl. 2006, § 507 BGB, Rn. 8 - *Bülow*, Verbraucherkreditgesetz, 3. Aufl. 1998, § 1, Rn. 42.
3	Schutz des Rechts am eingerichteten und ausgeübten Gewerbebetrieb, § 823 Abs. 1 BGB		- MüKo/*Schürnbrand*, 5. Aufl. 2008, § 507 BGB, Rn. 4 - *Bülow/Artz*, Verbraucherkreditrecht, 6. Aufl. 2006, § 507 BGB, Rn. 8 - *Bülow*, Verbraucherkreditgesetz, 3. Aufl. 1998, § 1, Rn. 42.

Nr.	Maßnahme/ Umstände	Ausreichend für Beendigung der Existenzgründereigenschaft	Nicht Ausreichend für Beendigung der Existenzgründereigenschaft
4	Eröffnung des Geschäftslokals	h.M. - MüKo/*Schürnbrand*, 5. Aufl. 2008, § 507 BGB, Rn. 4 - Staudinger/*Kessal-Wulf*, 2004, § 507, Rn. 7 - *Graf v. Westphalen*, in Graf v. Westphalen/Emmerich/v. Rottenburg, Verbraucherkreditgesetz, 2. Aufl. 1996, § 1 Rn. 56 - *Scholz*, DB 1993, 261 - *Vortmann*, ZIP 1992, 229, 231 - *Bülow/Artz*, Verbraucherkreditrecht, 6. Aufl. 2006, § 507 BGB, Rn. 8 - *Bülow*, Verbraucherkreditgesetz, 3. Aufl. 1998, § 1, Rn. 42.	
5	Abschluss erster Verträge etc.	- Staudinger/*Kessal-Wulf*, 2004, § 507, Rn. 7 - *Bülow/Artz*, Verbraucherkreditrecht, 6. Aufl. 2006, § 507 BGB, Rn. 8	- *Graf v. Westphalen*, in Graf v. Westphalen/Emmerich/v. Rottenburg, Verbraucherkreditgesetz, 2. Aufl. 1996, § 1 Rn. 56 (Qualifikation als bloße Vorbereitungshandlung)
6	Schaffung von Umsatz bzw. Gewinn		- *Bülow/Artz*, Verbraucherkreditrecht, 6. Aufl. 2006, § 507 BGB, Rn. 8 - MüKo/*Schürnbrand*, 5. Aufl. 2008, § 507 BGB, Rn. 4 - Staudinger/*Kessal-Wulf*, 2004, § 507, Rn. 7

Gibt der Unternehmer seinen Geschäftsbetrieb auf, zählt die Existenzaufgabe als letzter Akt der bisher ausgeübten Tätigkeit noch zum Bereich des Unternehmens und somit zu § 14 BGB.[104]

ff. Mehrere Personen als Leasingnehmer

Sind mehrere Personen Leasingnehmer eines Leasingobjektes, so ist die Verbrauchereigenschaft für jeden Leasingnehmer gesondert festzustellen. Die Verbrauchereigenschaft fehlt dem Leasingnehmer dann, wenn er das Leasingobjekt für seine eigene

104 Staudinger, § 13, Rn. 61; i.E. ebenso Soergel/Pfeiffer, § 13, Rn. 36.

gewerbliche oder selbständige berufliche Tätigkeit nutzt.[105] Auf die Fremdzuordnung kommt es dagegen nicht an.

gg. Beweislast

§ 13 BGB enthält keine Regelung über die Verteilung der Beweislast. Sämtliche Verbraucherschutzvorschriften des BGB setzen die Verbrauchereigenschaft voraus. Daher obliegt dem Verbraucher – als eine für diesen günstige Tatsache – die Darlegungs- und Beweislast.[106]

b. Unternehmerbegriff

Unternehmer ist nach § 14 Abs. 1 BGB eine natürliche oder juristische Person bzw. eine rechtsfähige Personengesellschaft, die bei Abschluss eines Rechtsgeschäfts in Ausübung ihrer gewerblichen oder selbständigen beruflichen Tätigkeit handelt und am Markt planmäßig gegen Entgelt Leistungen anbietet.[107]

aa. Gewerbliche oder selbständige Tätigkeit

Bei dem Begriff des Gewerbes kann auf den handelsrechtlichen Begriff des §§ 1 ff. HGB abgestellt werden.[108] Unter einer gewerblichen Tätigkeit ist eine kaufmännische oder sonstige selbständige, auf Dauer angelegte entgeltliche Tätigkeit zu verstehen, die sich als Beteiligung am allgemeinen Wirtschaftsverkehr darstellt und keinen freiberuflichen Charakter hat,[109] wobei es auf eine Gewinnerzielungsabsicht nicht ankommen soll.[110] Die Verwaltung eigenen Vermögens ist keine Teilnahme am freien Wirtschaftsverkehr und folglich keine gewerbliche oder selbständige berufliche Tätigkeit.[111] Insbesondere das Halten eines GmbH-Anteils entspricht nach der Rechtsprechung des Bundesgerichtshofes einer privaten Vermögensverwaltung.[112] Freiberufler üben eine selbständige berufliche Tätigkeit aus, die nach ihrem historisch gewachsenen Berufsbild und aufgrund der allgemeinen Verkehrsanschauung nicht

---

105 Wolf/Eckert/Ball, Handbuch des gewerblichen Miet-, Pacht- und Leasingrechts, Rn. 2045.
106 Palandt/Ellenberger, § 13, Rn. 4 m.w.N.
107 Palandt/Ellenberger, § 14, Rn. 2; BGH NJW 06, 2250.
108 MüKoBGB/Micklitz, § 14, Rn. 18; Staudinger, § 13, Rn. 51.
109 Staudinger, § 13, Rn. 51.
110 Baumbach/Hopt, Handelsgesetzbuch, § 1, Rn. 12; BGHZ 95, 155; a.A. aber noch BGHZ 49, 258; 83, 382.
111 MüKoBGB/Micklitz, § 13, Rn. 45; Staudinger, § 13, Rn. 51; Staudinger/Habermann, § 14, Rn. 37.
112 BGHZ 133, 71, 78: *„Insbesondere sind das Halten eines GmbH-Geschäftsanteils keine gewerbliche Tätigkeit, sondern Vermögensverwaltung und die Geschäftsführung einer GmbH keine selbständige, sondern eine angestellte berufliche Tätigkeit."*

gewerblicher Natur ist und damit auch nicht dem Kaufmannsbegriff der §§ 1 ff. HGB unterliegt.[113] Freiberufler sind jedoch wegen ihrer selbständigen beruflichen Tätigkeit Unternehmer im Sinne von § 14 Abs. 1 BGB.[114]

bb. Rechtsfähigkeit

§ 14 Abs. 2 BGB qualifiziert eine Personengesellschaft, die mit der Fähigkeit ausgestattet ist, Rechte zu erwerben und Verbindlichkeiten einzugehen, als rechtsfähige Personengesellschaft. Damit ist jede OHG gem. § 124 Abs. 1 HGB, jede KG gem. §§ 161 Abs. 2, 124 Abs. 1 HGB sowie jede teilrechtsfähige GbR, soweit diese unternehmerisch tätig ist, Unternehmerin. Zwar sind die zuvor genannten Gesellschaftsformen keine juristischen Personen, doch handelt es sich um rechtsfähige Personengesellschaften im Sinne von § 14 Abs. 2 BGB.[115] Eben Gesagtes gilt entsprechend über die Verweisung des § 54 S. 1 BGB für den nicht rechtsfähigen Verein. Rechtsfähige Personengemeinschaften im Sinne des § 14 Abs. 2 BGB sind zudem die Partnerschaftsgesellschaft gem. § 7 Abs. 2 PartGG sowie die Europäische Wirtschaftliche Interessenvereinigung (EWIV) gem. Art. 1 Abs. 2 EWIV-VO, da bei diesen ebenfalls eine Teilrechtsfähigkeit besteht.[116] Ausländische Kapitalgesellschaften, wie etwa die Limited (Ltd.), wurden zunächst einer GbR als rechtsfähige Personengesellschaft gleichgestellt, da nach Ansicht des Europäischen Gerichtshofes einer ausländischen Gesellschaft die Rechtsfähigkeit nicht allein deshalb abgesprochen werden darf, weil sie ihren Sitz nach Deutschland verlegt hat.[117]

---

113 Baumbach/Hopt, Handelsgesetzbuch, § 1, Rn. 19.

114 Palandt/Ellenberger, § 14, Rn. 2.

115 Palandt/Ellenberger, § 14, Rn. 3; Staudinger, § 14, Rn. 61; BGHZ 146, 347; NJW 2001, 1056.

116 Staudinger, § 14, Rn. 61.

117 EuGH (Plenum), Urteil vom 05.11.2002 – Rs. C-208/00 (Überseering BV/Nordic Construction Company Baumanagement GmbH [NCC]) = NJW 2002, 3614: *„1. Es verstößt gegen die Art. 43 und 48 EG, wenn einer Gesellschaft, die nach dem Recht des Mitgliedsstaates, in dessen Hoheitsgebiet sie ihren satzungsmäßigen Sitz hat, gegründet worden ist und von der nach dem Recht eines anderen Mitgliedsstaates angenommen wird, dass sie ihren tatsächlichen Verwaltungssitz dorthin verlegt hat, in diesem Mitgliedsstaat die Rechtsfähigkeit und damit die Parteifähigkeit vor seinen nationalen Gerichten für das Geltendmachen von Ansprüchen aus einem Vertrag mit einer in diesem Mitgliedsstaat ansässigen Gesellschaft abgesprochen wird.*
2. Macht eine Gesellschaft, die nach dem Recht des Mitgliedsstaats gegründet worden ist, in dessen Hoheitsgebiet sie ihren satzungsmäßigen Sitz hat, in einem anderen Mitgliedsstaat von ihrer Niederlassungsfreiheit Gebrauch, so ist dieser andere Mitgliedsstaat nach den Art. 43 und 48 EG verpflichtet, die Rechtsfähigkeit und damit die Parteifähigkeit zu achten, die diese Gesellschaft nach dem Recht ihres Gründungsstaats besitzt.“

Seit dem der Bundesgerichtshof der Rechtsprechung des Europäischen Gerichtshofes gefolgt ist, werden auch ausländische Kapitalgesellschaften als juristische Personen und somit stets als Unternehmer nach § 14 Abs. 1 BGB eingeordnet.[118]

cc. Gewinnerzielungsabsicht

Die gewerbliche Tätigkeit und folglich auch die Unternehmerstellung setzen nach der Rechtsprechung des Bundesgerichtshofes nicht voraus, dass die Geschäftstätigkeit mit der Absicht erfolgt, Gewinn zu erzielen.

Mit Verweis auf seine Rechtsprechung zum Verbraucherdarlehensrecht und auf die herrschende Literaturmeinung hält der Bundesgerichtshof weiterhin an der Auffassung fest, dass das Vorliegen eines Gewerbes und damit die Unternehmerstellung des Verkäufers nach dem Willen des Gesetzgebers im Interesse eines wirksamen Verbraucherschutzes nicht voraussetzt, dass dieser mit seiner Geschäftstätigkeit die Absicht verfolgt, Gewinne zu erzielen.[119] Folglich kann auf der Grundlage dieser

118 Palandt/Ellenberger, § 14, Rn. 3; Staudinger, § 14, Rn. 62 ff.; EuGH (Plenum), Urteil vom 05.11.2002 – Rs. C-208/00 (Überseering BV/Nordic Construction Company Baumanagement GmbH [NCC]) = NJW 2002, 3614; BGH NJW 2003, 1461.

119 BGH Urteil vom 29.03.2006 – VIII ZR 173/05 = NJW 2006, 2250: *„Beim Verbrauchsgüterkauf setzt das Vorliegen eines Gewerbes und damit die Unternehmerstellung des Verkäufers nicht voraus, dass dieser mit seiner Geschäftstätigkeit die Absicht verfolgt, Gewinn zu erzielen. Dies entspricht der Rechtsprechung des BGH zum Verbraucherkreditrecht (BGHZ 155, 240 [246] = NJW 2003, 2742) und auch der ganz herrschenden Auffassung im Schrifttum zur Auslegung des für § 474 BGB maßgeblichen Unternehmerbegriffs in § 14 I BGB (Micklitz, in: MünchKomm, § 14 BGB Rn. 16 ff.; Soergel/Pfeiffer, § 14 Rn. 13; Staudinger/Habermann, BGB, Neubearb. 2004, § 14 Rn. 35; Schmidt-Räntsch, in Bamberger/Roth, BGB, § 14 Rn. 6; Palandt/Heinrichs, § 14 Rn. 2; Erman/Saenger, BGB, 11. Auflage, § 14 Rdnrn. 8 ff., 12).*
Zwar ist nach der höchstrichterlichen Rechtsprechung zum handelsrechtlichen Kaufmannsbegriff, der ebenfalls an den Gewerbebegriff anknüpft, eine Gewinnerzielungsabsicht des Kaufmanns oder selbständigen Unternehmers im Bereich des Handels- bzw. Unternehmensrechts grundsätzlich unverzichtbar (BGHZ 155, 240 [245] = NJW 2003, 2742 m.w. Nachw.). Ob das Merkmal der Gewinnerzielungsabsicht im Handels- und Unternehmensrecht inzwischen überholt ist, hat der BGH (BGHZ 155, 240 [246] = NJW 2003, 2742) offen gelassen und bedarf auch hier keiner Entscheidung. Jedenfalls ist beim Verbrauchsgüterkauf – ebenso wie beim Verbraucherkredit (BGHZ 155, 240 [246] = NJW 2003, 2742) – die Unternehmerstellung des Vertragspartners des Verbrauchers nicht von der Motivation, Gewinn zu erzielen, abhängig.
Zum Verbraucherkreditgesetz hat der BGH entschieden, dass es für das Abgrenzungskriterium „in Ausübung ihrer gewerblichen oder beruflichen Tätigkeit“ in § 1 I VerbrKrG (a.F.) auf ein dauerhaftes Gewinnstreben des Kreditgebers nach dem Willen des Gesetzgebers im Interesses eines wirksamen Verbraucherschutzes nicht ankommt (BGHZ 155, 240 [246 f.] = NJW 2003, 2742). Dies gilt nicht nur für das Verbraucherkreditrecht, das hinsichtlich des Unternehmerbegriffs ohne sachliche Änderung in das Bürgerliche Gesetzbuch (§§ 491 ff. BGB) übernommen worden ist (Staudinger, BGB, Neubearb.

Rechtsprechung Unternehmer sein, wer lediglich einen ideellen oder der Daseinsfürsorge dienenden Zweck verfolgt.[120]

dd. Geschäftsführer bzw. geschäftsführende Alleingesellschafter einer GmbH

Nicht dem Unternehmerbegriff unterliegen der Geschäftsführer einer GmbH und der geschäftsführende Alleingesellschafter. Sie sind nach der bestätigten Ansicht des Bundesgerichtshofes als Verbraucher im Sinne des § 13 BGB zu charakterisieren.[121] Dies ist der Tatsache geschuldet, dass die Gesellschaft Inhaber des Handelsgeschäfts ist, nicht aber der Gesellschafter oder ein gesetzlicher Vertreter, vgl. § 1 HGB.

2004, § 491 Rdnrn. 3, 7), sondern gleichermaßen für den Verbrauchsgüterkauf (§§ 474 ff. BGB). Auch hier steht das Interesse des Gesetzgebers an einem wirksamen Verbraucherschutz, dessen Umsetzung in nationales Recht dem Gesetzgeber durch die Richtlinie 1999/44/EG des Europäischen Parlaments und des Rates vom 25.5.1999 zu bestimmten Aspekten des Verbrauchsgüterkaufs und der Garantien für Verbrauchsgüter (AblEG Nr. L 171/12) aufgegeben worden war, im Vordergrund, und nicht die Anknüpfung an den traditionellen Gewerbebegriff des deutschen Handelsrechts. Dementsprechend wird in der Begründung zum Schuldrechtsmodernisierungsgesetz (BT-Dr. 14/6040, S. 243) zur Erläuterung des Unternehmerbegriffs in § 474 BGB nicht auf den traditionellen Gewerbebegriff des deutschen Handelsrechts Bezug genommen, sondern darauf hingewiesen, dass der für § 474 BGB maßgebliche Unternehmerbegriff in § 14 BGB der Definition des Verkäufers in Art. 1 II lit. c der Verbrauchsgüterkaufrichtlinie entspreche …“

120 Erman/Saenger, § 14, Rn. 12; Staudinger, § 14, Rn. 35.

121 BGHZ 133, 77; BGH NJW 2000, 3135; ZIP 2004, 1648; BGH Urteil vom 08.11.2005 – XI ZR 34/05 = NJW 2006, 431: *„Nach der gefestigten Rechtsprechung des BGH findet das Verbraucherkreditgesetz auch in den Fällen Anwendung, in denen der Kredit einer GmbH gewährt wird und der der Gesellschaftsschuld Beitretende deren geschäftsführender Gesellschafter ist. Dies gilt nicht nur dann, wenn der Beitretende Mehrheitsgesellschafter und Alleingeschäftsführer (vgl. BGHZ 133, 71 [77 f.] = NJW 1996, 2156) oder Hauptgesellschafter und Mitgeschäftsführer der kreditnehmenden Hauptschuldnerin ist (vgl. BGHZ 133, 220 [223] = NJW 1996, 2865), sondern auch dann, wenn es sich bei ihm um den geschäftsführenden Alleingesellschafter handelt (vgl. BGHZ 144, 370 [380] = NJW 2000, 3133 und Senat, NJW 1997, 1443 = WM 1997, 710, jew. m.w. Nachw.). An dieser in der Literatur (Ulmer, in: MünchKomm, 4. Auflage, § 491 Rdrn. 41; Kurz, NJW 1997, 1828; Wackenbarth, DB 1998, 1950 [1951 ff.]; Canaris, AcP 200 [2000], 273 [355, 359]; Hänlein, DB 2001, 1185 [1887]; Dauner-Lieb/Dötsch, DB 2003, 1666 [1667 f.]; s. auch Bungeroth, in: Festschrift f. Schimansky, S. 279 ff.) zum Teil auf Kritik gestoßenen Ansicht hält der erkennende Senat auch unter Berücksichtigung der Erwägungen des BerGer. fest.*
Der Geschäftsführer einer werbenden GmbH ist weder Kaufmann i.S. der §§ 1 ff. HGB noch Unternehmer gem. § 14 BGB (BGH, NJW 2004, 3039 = ZIP 2004, 1647 [1648 f.] für den Geschäftsführer einer deutschen GmbH bzw. einer französischen S.A.R.L.). Nur die GmbH selbst ist nach § 13 III GmbHG, § 6 I HGB Kaufmann. Daran ändert auch der Besitz aller oder einiger GmbH-Anteile durch den Geschäftsführer nichts, weil die Beteiligung an einer Kapitalgesellschaft zur reinen Vermögensverwaltung zählt…“; vgl. hierzu auch Palandt/Ellenberger, § 13, Rn. 3.

ee. Vermutung

Nach der Rechtsprechung des Bundesgerichtshofes findet § 344 HGB Anwendung, so dass bei einem Geschäft eines Kaufmanns im Zweifel keiner Tätigkeit im privaten Bereich vorliegt.

Im Einzelnen existiert zu der Thematik einer Vermutung für ein Unternehmergeschäft folgende Rechtsprechung: In dem vom Landgericht Frankfurt a.M. entschiedenen Fall hatte eine Zahnärztin ihren aus steuerlichen Gründen über die Arztpraxis geführten Pkw an einen Verbraucher verkauft. Die Ärztin hatte hier nicht als Unternehmerin im Sinne des § 14 BGB gehandelt. Der Umstand, dass die Ärztin als Freiberuflerin dem Grunde nach dem Unternehmerbegriff des § 14 Abs. 1 BGB unterfällt, sei nicht ausreichend, um damit per se den Verkauf eines Fahrzeuges der unternehmerischen Sphäre der Ärztin zuzuordnen. Denn wie der Wortlaut des § 14 Abs. 1 BGB zeige, bedürfe es neben der Unternehmereigenschaft zudem einer kausalen, engen Verknüpfung zwischen der unternehmerischen Tätigkeit als solcher und dem gegenständlichen Rechtsgeschäft. Dies sei bei einer Zahnärztin nicht der Fall, da zum Kerngeschäft einer Zahnärztin nicht die Veräußerung eines Fahrzeuges gehöre.[122] In dieselbe Richtung hat das KG Berlin einen Fall entschieden, in dem eine Fachberaterin im Bereich des Vertriebs von Ferienhäusern ihren Geschäftswagen verkauft hatte.[123] In beiden Fällen hatten die Gerichte die steuerliche Zuordnung als nicht ausschlaggebend erachtet. Denn die Geltendmachung steuerlicher Vorteile treffe keine Aussage über die tatsächliche Nutzung des Pkws. Der Verbraucher müsse in allen Fällen beweisen, dass der Vertragsgegenstand zum Unternehmen des Handelnden gehöre und damit eine unternehmerische Tätigkeit vorläge. Die Unternehmensbezogenheit des Rechtsgeschäftes werde bei Freiberuflern nicht über § 344 Abs. 1 HGB, mangels Kaufmannseigenschaft, vermutet. Denn die §§ 13 und 14 BGB würden den Ausgleich vermuteter wirtschaftlicher Ungleichheit bezwecken und seien damit, im Unterschied zu den handelsrechtlichen Vorschriften, nicht auf die Publizität und Vertrauensschutz gerichtet.

Etwas anderes gilt für die Tätigkeit eines Kaufmanns. Bei Kaufleuten spreche bereits die Vermutung des § 343, 344 HGB für einen unmittelbaren Bezug zu der unternehmerischen Tätigkeit. Selbst branchenfremde Nebengeschäfte unterliegen folglich der Unternehmereigenschaft, soweit ein Kaufmann handelt und da damit die Vermutung der §§ 343, 344 HGB einschlägig ist.[124]

---

122 LG Frankfurt a.M. NJW-RR 2004, 1208 ff.

123 KG Berlin, ZGS 2007, 78.

124 BGH vom 13.07.2011, VIII Z R 215/10.

ff. Juristische Personen des öffentlichen Rechts

Einigkeit besteht, dass juristische Personen des öffentlichen Rechts dann Unternehmer im Sinne des § 14 Abs. 1 BGB sind, wenn sie privatrechtlich tätig werden. Dies ist dann der Fall, wenn die Leistungsbeziehung nicht ausschließlich öffentlich-rechtlich organisiert ist, wie z.B. bei gemeindlich betriebenen Schwimmbädern, Museen oder sonstigen Einrichtungen, die gegen ein Entgelt für den Bürger Leistungen erbringen.[125]

Problematisch und in ihrer Lösung noch nicht abschließend geklärt ist die Frage nach der Unternehmereigenschaft beim Abschluss öffentlich-rechtlicher (Leasing-) Verträge.[126] Einerseits wird der Abschluss öffentlich-rechtlicher Verträge mit Hinweis auf § 62 VwVfG als Verbraucherhandeln eingestuft.[127] Eine andere Ansicht verneint dagegen in diesem Bereich die Verbrauchereigenschaft wegen des Fehlens einer vergleichbaren Interessenlage.[128] Maßgeblich ist, ob die juristische Person des öffentlichen Rechts den Vertrag auf der Gleichordnungsebene abschließt. Da dies stets der Fall sein wird, ist die Unternehmereigenschaft anzunehmen. Allerdings werden in § 14 Abs. 1 BGB, anders als noch in § 24 S. 1 Nr. 1 AGBG a.F., öffentlich-rechtliche Einrichtungen nur dann als Unternehmer qualifiziert, wenn sie rechtsfähig sind.

II. Formelle Wirksamkeitsvoraussetzungen des Vertrages

Ein Leasing- bzw. Mietkaufvertrag i.S.d. § 506 BGB bedarf als Verbrauchervertrag gemäß § 492 Abs. 1 S. 1 BGB der Schriftform und muss die Angaben nach Art. 247 § 3 EGBGB enthalten. Die Unterschrift hat den Vertrag abzuschließen (i.d.R. nach den AGB's).

Wird gegen das Schriftformerfordernis verstoßen, führt dies auf Grund der Verweisung in § 506 Abs. 1 BGB auf § 494 BGB zunächst zur Nichtigkeit des Leasingvertrages, § 125 S. 1 BGB.

Eine Heilung des Formmangels ist möglich, kann jedoch zu weitgehenden Anpassungen des Vertrages führen.

---

125 Palandt/Ellenberger, § 14, Rn. 2; Staudinger, § 14, Rn. 48.

126 Staudinger, § 14, Rn. 49 ff.

127 Erman/Saenger, § 14, Rn. 6.

128 Palandt/Ellenberger, § 14, Rn. 2; Palandt/Grüneberg Übbl. v. § 311, Rn. 35.

1. Schriftformerfordernis

a. Schriftform des Leasingvertrages

Ein Leasing- oder Mietkaufvertrag i.S.d. § 506 BGB bedarf der Schriftform. Der gesamte Vertragsinhalt, einschließlich aller den Verbraucher nicht ausschließlich begünstigenden Nebenabreden, sind in den schriftlichen Vertragsurkunden zu fixieren.

Verbraucherleasingverträge, die vom Anwendungsbereich des § 506 BGB umfasst sind, bedürfen über die Verweisung des § 506 Abs. 1 BGB zu ihrer Wirksamkeit der Schriftform gemäß § 492 Abs. 1 S. 1 BGB. Es findet § 126 BGB Anwendung, wonach der gesamte Vertragsinhalt, einschließlich aller den Verbraucher nicht ausschließlich begünstigenden Nebenabreden, in der schriftlichen Vertragsurkunden enthalten sein müssen.[129]

Mit der Gesetzesänderung zum 11.06.2011 wurde in § 492 Abs. 2 BGB geregelt, dass der Verbraucherdarlehensvertrag die Vorgaben des Art. 247 §§ 6–13 EGBGB erfüllen muss, um wirksam zu sein.[130] Diese Vorschrift findet über die Verweisung des § 506 Abs. 1 BGB entsprechende Anwendung.

Für die erforderlichen Angaben im Verbraucherleasingvertrag ergeben sich dieselben Anpassungsprobleme wie für die vorvertraglichen Informationen. Es sind daher im Leasingvertrag Anpassungen bezüglich der erforderlichen Angaben des *„Nettodarlehensbetrags“*, des *„Gesamtbetrags“*, der *„Gesamtkosten des Kredits“* und des *„Gesamtkreditbetrags“* vorzunehmen.[131] Der Anschaffungspreis entspricht den vom Leasinggeber für den Erwerb der Leasingsache getätigten Aufwendungen, zuzüglich der Umsatzsteuer.[132] Der Leasinggeber hat Preisnachlässe und Zuschüsse, die der Lieferant dem Leasinggeber gewährt, im Rahmen der Angabe des Anschaffungspreises zu berücksichtigen. Dies führt zur Offenlegung von gewährten Rabatten.

Die in § 491 Abs. 2 Nr. 1 und 3 BGB genannten Ausnahmen sind ohne praktische Relevanz, da die Anschaffungskosten des Leasingobjektes 200,00 € übersteigen und die Grundmietzeit mehr als 3 Monate betragen dürfte.

Gemäß § 6 Abs. 3 PAngV (Preisangabenverordnung) sind alle Kosten einschließlich etwaiger Vermittlungsgebühren, die der Leasingnehmer im Zusammenhang mit dem Leasingvertrag zu entrichten hat, als Gesamtkosten in die Berechnung des effektiven Jahreszinses mit einzubeziehen. Im Rahmen des Fahrzeugleasing fallen darunter vor allem Kosten einer Restschuldversicherung bzw. der so genannten GAP-

---

129 BGH NJW 1995, 43; Engel, Handbuch Kfz-Leasing, § 11, Rn. 17; Staudinger, Leasing, Rn. 155.
130 Vgl. Gesetzesbegründung zu Nr. 25 (Änderung des § 495), BT-Drucks. 16/11643, S. 83.
131 Vgl. B. III. 1. a.
132 Vgl. MüKoBGB/Krüger, BGB, § 256 Rn. 10; vgl. auch Wolf/Eckert/Ball, Handbuch des gewerblichen Miet-, Pacht- und Leasingrechts, Rn. 1814.

Versicherung (Versicherung für den Unterschied zwischen Rest- und Buchwert der Leasingsache) oder eine Leasingratenausfallversicherung. Dies ist ausnahmsweise nicht der Fall, wenn der Leasinggeber nachweisen kann, dass diese Versicherungen für den Leasingvertrag nicht zwingend waren.[133] Eine verbindlich vorgeschriebene Restschuldversicherung stellt nach der Rechtsprechung des BGH[134] eine andere Leistung im Sinne von § 358 Abs. 3 S. 1 BGB dar, und ist somit weder Teil der Gesamtfinanzierung noch Sicherungsmittel.

Gemäß §§ 506 Abs. 1, 494 Abs. 1 BGB ist ein Verbraucherleasingvertrag nichtig, wenn die Schriftform insgesamt nicht eingehalten wurde oder eine der in Art. 247 §§ 6 und 9–13 EGBGB erforderlichen Pflichtangaben fehlt. Dies gilt selbst bei Vertragsschluss in elektronischer Form. Diese Folge tritt jedoch nicht ein, wenn lediglich Zusatzangaben (wie z.B. Art. 247 §§ 7 und 8 EGBGB), die nicht den Pflichtangaben zuzurechnen sind, fehlen.

Gemäß §§ 506 Abs. 1, 494 Abs. 2 S. 1 BGB können Formmängel eines Vertrages geheilt werden, wenn die Schriftform insgesamt nicht eingehalten wurde oder eine der in Art. 247 EGBGB vorgeschriebenen Angaben fehlt. Solange die Heilung nicht eingetreten ist, ist der Vertrag gemäß § 494 Abs. 1 BGB nichtig.

Wurde die Leasingsache bereits an den Leasingnehmer übergeben, so wird der Leasingvertrag zwar gemäß §§ 506 Abs. 1, 494 Abs. 2 BGB wirksam; es treten jedoch für den Leasinggeber nachteilige Folgen ein und führen möglicherweise zu einer Änderung des Vertrages, §§ 506 Abs. 1, 494 Abs. 2 S. 2 bis Abs. 6 BGB.

Die §§ 506 Abs. 1, 492 Abs. 6 BGB erlauben dem Unternehmer fehlende Angaben, die für einen wirksamen Vertragsschluss oder einem Wirksamwerden des Vertrags erforderlich sind, in Textform (§ 126b BGB) nachzuholen. Die fehlenden Angaben können nur durch Übergabe eines nach §§ 506 Abs. 1, 494 Abs. 7 BGB erforderlichen neuen Vertragsexemplars nachgeholt werden. Dem Verbraucher sind spätestens im Zeitpunkt der Nachholung der Angaben die Unterlagen gemäß §§ 506 Abs. 1, 355 Abs. 3 S. 2 BGB zu überlassen. In diesen Fällen beträgt die Widerrufsfrist nach §§ 506 Abs. 1, 495 BGB einen Monat, worauf der Verbraucher im Falle der Nachholung der Angaben des §§ 506 Abs. 1, 492 Abs. 2 BGB in Textform hinzuweisen ist.

Erfolgt eine Änderung des Vertrags gemäß §§ 506 Abs. 1, 494 Abs. 2 S. 2 – Abs. 6 BGB, so tritt an die Stelle des § 355 Abs. 3 S. 2 BGB die Abschrift des geänderten Vertrags mit den entsprechenden Angaben. Erst mit dessen Übergabe beginnt die Widerrufsfrist gemäß §§ 506 Abs. 1, 495 Abs. 2 Nr. 2b BGB zu laufen.

Das Erfordernis der Abschrift kann durch Übersendung eines elektronischen Dokuments erfüllt werden, da jedes Dokument das den Vertragsinhalt wiedergibt eine Abschrift darstellt, unabhängig davon, wie es hergestellt wurde.[135]

---

133 Vgl. Ady/Paetz, WM 2009, 1061, 1068.

134 BGH, Urteil vom 15.12.2009 – XI ZR 45/09.

135 Vgl. Gesetzesbegründung zu Nr. 22 (Änderung des § 492), BT-Drucks. 16/11643, S. 80.

Für entgeltliche Finanzierungshilfen gelten gemäß Art. 247 § 12 Abs. 1 S. 1 EGBGB die §§ 1–11 des Artikels 247 EGBGB entsprechend.

Gemäß Art. 247 § 12 Abs. 2 S. 1 EGBGB sind bei Verträgen mit Restwertgarantie nach § 506 Abs. 2 S. 1 Nr. 3 BGB in der vorvertraglichen Information Angaben nach Art. 247 § 3 Abs. 1 Nr. 14, § 4 Abs. 1 Nr. 3 und im Vertrag selbst Angaben nach Art. 247 § 7 Nr. 3 entbehrlich.[136]

b. Unterschrift des Vertrags

Die Ausfertigung durch Unterschrift hat am Ende des Vertrages zu erfolgen. Die elektronische Signatur nach §§ 126 Abs. 3, 126a BGB ist möglich, nicht aber Textform gemäß § 126b BGB.

Gemäß §§ 506 Abs. 1, 492 Abs. 1 S. 1 BGB ist der Vertrag, soweit nicht eine strengere Form vorgeschrieben ist, schriftlich abzuschließen.[137] Für den Verbraucher bedeutet dies, dass er den Leasingvertrag eigenhändig unterzeichnen muss.[138] Die Erklärung des Leasinggebers kann auch ohne eigenhändige Unterschrift wirksam werden, wenn die Erklärung durch eine automatische Einrichtung abgegeben wird, § 492 Abs. 1 Satz 3 BGB. Seit dem 11.06.2010 kann ein Verbraucherdarlehens-/Verbraucherleasingvertrag statt durch Unterschrift durch elektronische Signatur nach §§ 126 Abs. 3, 126a BGB, nicht aber in Textform, abgeschlossen werden.[139] Der Formzwang erstreckt sich nach § 126 BGB grundsätzlich auf den gesamten Vertrag; einschließlich aller Nebenabreden.[140]

Gemäß §§ 506 Abs. 1, 492 Abs. 2 BGB hat der Leasingvertrag – wie zuvor erläutert – die Angaben nach Art. 247 §§ 6 bis 13 EGBGB zu enthalten; folglich auch die Angaben nach Art. 247 Abs. 1 Nr. 6 BGB („alle weiteren Vertragsbedingungen"), worunter – nach Ansicht des Verfassers – die Allgemeinen Leasingbedingungen des Leasinggebers ebenfalls gehören.

Es ist aus diesem Grunde nun nicht mehr ausreichend, dass im Leasingvertrag auf die Einbeziehung der Leasingbedingungen verwiesen wird. Zwingend erforderlich ist es, dass die Unterschrift am Ende des Vertrags und somit nach den Allgemeinen Leasingbedingungen erfolgt.

Auf Grund der eingeführten Informationspflichten des Leasinggebers im vorvertraglichen Bereich empfiehlt es sich, am Ende des Leasingvertrags einen Zusatz einzufügen, mit dem der Leasingnehmer die erforderlichen vorvertraglich zu erfül-

---

136 Vgl. Palandt/Weidenkaff, Art. 247, § 12 EGBGB, Rn. 2.

137 Vgl. Palandt/Weidenkaff, BGB, § 492 BGB, Rn. 2.

138 Vgl. Palandt/Ellenberger, BGB, § 126 BGB, Rn. 6.

139 Vgl. Gesetzesbegründung zu Nr. 22 (Änderung des § 492), BT-Drucks. 16/11643, S. 79.

140 Vgl. Palandt/Ellenberger, BGB, § 125, Rn. 9.

lenden Formalia bestätigt, um für den Leasinggeber eine Beweislasterleichterung zu schaffen. Der Leasingnehmer kann auf diese Weise vor Vertragsschluss noch einmal überprüfen, ob das formelle Verfahren ihm gegenüber eingehalten wurde und ihm alle erforderlichen Informationen zur Verfügung gestellt wurden. Beispiel für eine derartige Formulierung:

> „Der Leasingnehmer erklärt, die vom Leasinggeber schriftlich und/oder mündlich erhaltenen vorvertraglichen Informationen, den Leasingvertrag und die Allgemeinen Leasingbedingungen des Leasinggebers vor Vertragsschluss erhalten und in Abwesenheit des Leasinggebers gelesen und verstanden zu haben; insbesondere die Hauptmerkmale des vom Leasinggeber angebotenen Vertrages, die vertragstypischen Auswirkungen, die Folgen eines Zahlungsverzuges und die Besonderheiten des Fernabsatzes."

Der Vertrag wird erst mit Zugang der eigenhändig unterzeichneten Annahmeerklärung des Leasinggebers im Original beim Leasingnehmer wirksam. Eine Übersendung per Telefax ist unzureichend, was sich bereits aus einem Umkehrschluss zu § 127 Abs. 2 BGB ergibt.[141] Eine Klausel, in welcher der Leasingnehmer auf den Zugang des vom Leasinggeber unterzeichneten Vertragsformulars verzichtet, verstößt sowohl gegen § 506 Abs. 1, 494 BGB wie auch nach der Rechtsprechung zum alten Recht gegen § 307 BGB.[142] Bei einer Annahme unter Änderungen wird der Vertrag erst mit schriftlicher Annahme durch den Leasingnehmer und deren Zugang beim Leasinggeber wirksam, § 150 Abs. 2 BGB.

Der Schuldbeitritt eines Verbrauchers zu einem Finanzierungsleasingvertrag bedarf ebenfalls der Schriftform, die bei Übermittlung per Telefax nicht eingehalten ist.[143]

2. Mündliche Zusagen des Leasinggebers bzw. des Lieferanten

Von besonderer Relevanz ist die Frage, welche Rechtsfolgen mündliche Zusagen des Leasinggebers bzw. eines Lieferanten haben, da solche Zusagen – insbesondere im Hinblick auf Erwerbs- oder Rückgabemöglichkeiten – häufig getroffen werden[144]. Mündliche Abreden, die Vertragsinhalt werden sollen, sind wegen des Verstoßes gegen das Schriftformerfordernis des § 492 Abs. 1 S. 1 BGB gemäß § 125 S. 1 BGB nichtig.

---

141 BGH Urteil vom 30.07.1997 – VIII ZR 244/96 = WM 1997, 2000 = NJW 1997, 3169 = ZIP 1997, 1694: *„Eine empfangsbedürftige Willenserklärung, die nach dem Gesetz der Schriftform bedarf, wird nicht wirksam, wenn sie dem Erklärungsempfänger lediglich per Telefax zugeht."*

142 OLG Düsseldorf, NJW-RR 2003, 126; Staudinger, Leasing, Rn. 100 und Rn. 156.

143 BGH ZIP 1997, 1694; vgl. auch Martinek/Stoffels/Wimmer-Leonhardt, Handbuch des Leasingrechts, 15. Kapitel, § 52, Rn. 49, S. 499.

144 Vgl. hierzu Kapitel B. II.

Ist darüber hinaus anzunehmen, dass der Vertrag ohne die mündliche Abrede nicht geschlossen worden wäre, ist im Zweifel der gesamte Vertrag nichtig, § 139 BGB.

Mit Übergabe des Leasing- bzw. Mietkaufobjektes tritt jedoch die Heilung – nebst etwaiger Nebenabreden – des gesamten Vertrages ein, § 492 Abs. 2 BGB (s.o.).

III. Widerrufs- und Rückgaberecht des Verbrauchers

Bei einem Leasing- oder Mietkaufvertrag i.S.d. § 506 BGB steht dem Verbraucher ein Widerrufsrecht nach §§ 506 Abs. 1, 495 Abs. 1, 355 BGB zu.

Gemäß §§ 506 Abs. 1, 495 Abs. 1, 355 BGB steht dem Verbraucher bei einem von § 506 BGB erfassten Verbraucherleasingvertrag ein nicht disponibles Widerrufsrecht zu. Fällt ein Leasingvertrag nicht unter § 506 BGB, so kann dem Verbraucherleasingnehmer ein Widerrufsrecht nach den Grundsätzen des Fernabsatzvertrages zustehen, wenn die entsprechenden Voraussetzungen vorliegen. Der Widerruf ist ein Gestaltungsrecht, durch das ein Vertrag in ein Rückabwicklungsschuldverhältnis umgewandelt wird. Der Widerruf bedarf keiner Begründung, so dass sich der Leasingnehmer innerhalb der Widerrufsfrist ohne Weiteres vom Vertrag lösen kann.[145] Gegebenenfalls kann der Widerruf als Einwendung i.S.v. § 767 ZPO einem titulierten Zahlungsanspruch des Leasinggebers entgegengehalten werden.[146]

1. Voraussetzungen des Widerrufs

Die Voraussetzungen des Widerrufs finden sich abschießend in § 355 Abs. 1 und 2 BGB. Hiernach erfordert ein Widerruf eine formwirksame Widerrufserklärung innerhalb der Widerrufsfrist.[147]

Für die Einhaltung der Widerrufsfrist genügt die rechtzeitige Absendung des Widerrufs, § 355 Abs. 1 S. 2 BGB.[148] Der Zeitpunkt des Zugangs ist unerheblich, soweit es zum Zugang kommt.[149] Da der Verbraucher die rechtzeitige Absendung und die Tatsache, dass der Widerruf dem Leasinggeber zugegangen ist, beweisen muss und der Widerruf als empfangsbedürftige Willenserklärung gemäß § 130 Abs. 1 BGB erst mit Zugang

145 Palandt/Grüneberg, § 357, Rn. 2; Bülow, WM 2000, 2361; Bülow/Artz, NJW 2000, 2049; v. Koppenfels, WM 2001, 1360; Beckmann, Finanzierungsleasing, § 3, Rn. 278.

146 Beckmann, Finanzierungsleasing, § 3, Rn. 279.

147 Palandt/Weidenkaff, § 495, Rn. 6.

148 Palandt/Grüneberg, § 355, Rn. 10.

149 Palandt/Grüneberg, § 355, Rn. 10; OLG Dresden OLGR 2000, 20.

wirksam wird, liegt der Zugang im Risikobereich des Leasingnehmers.[150] Erfolgt der Widerruf durch Rücküberseendung der Leasingsache, so wird der Widerruf wegen der Gefahrtragung des Leasinggebers selbst dann wirksam, wenn der Leasinggegenstand bei der Versendung untergeht.[151]

Die Widerrufserklärung muss nach § 355 Abs. 1 S. 2 BGB in Textform erfolgen, § 126b BGB.

Entscheidend ist die dauerhafte Wiedergabe in Schriftzeichen, so dass jede Wiedergabe auf Papier, CD, Telefax, E-Mail oder Computerfax die Formvoraussetzungen erfüllt.[152] Da die Möglichkeit der Identifikation des Verbrauchers maßgeblich ist, muss der Widerruf nicht unterschrieben sein. Auch die Terminologie „Widerruf" muss nicht verwendet werden.[153] Ein Widerruf zu Protokoll der Geschäftsstelle ist möglich.[154] Umstritten ist dagegen die Möglichkeit des Widerrufs durch Übermittlung der Verteidigungsanzeige an das Gericht. Im Ergebnis ist dies aber mangels Zugang der verkörperten Widerrufserklärung beim Unternehmer abzulehnen.[155] Die Darlegungs- und Beweislast für den formgerechten Widerruf trägt der Leasingnehmer.[156] Dem Vertreter, der den Vertrag als Vertreter ohne Vertretungsmacht abgeschlossen hat, wird ein eigenes Widerrufsrecht zugestanden das es ihm ermöglicht von seiner Erfüllungspflicht nach Maßgabe des § 179 Abs. 1 BGB Abstand zu nehmen, wenn die Genehmigung vom nicht wirksam Vertretenen gemäß § 177 Abs. 1 BGB verweigert werden sollte.[157] Hat der Vertretene als Verbraucher das Handeln des falsus procurators genehmigt, beginnt die Widerrufsfrist nicht vor dem Zugang der Genehmigung beim Vertragspartner.[158]

2. Widerrufsinformation für Verbraucherdarlehensverträge

a. Neuregelung des Widerrufsrechts des Verbraucherdarlehensnehmers

Der Deutsche Bundestag hatte im Zusammenhang mit dem Beschluss über den Entwurf eines Gesetzes zur Umsetzung der Verbraucherkreditrichtlinie 2008, des zivilrechtlichen Teils der Zahlungsdienstrichtlinie sowie zur Neuordnung der Vor-

150 Palandt/Grüneberg, § 355, Rn. 10.
151 Palandt/Grüneberg, § 355, Rn. 10 a.E.
152 Palandt/Ellenberger, § 126b, Rn. 3.
153 Palandt/Ellenberger, § 355, Rn. 6.
154 OLG Hamm NJW-RR 1989, 369.
155 Palandt/Ellenberger, § 355, Rn. 6; a.A. OLG Karlsruhe NJW-RR 1998, 1438.
156 Palandt/Ellenberger, § 126b, Rn. 6.
157 BGH NJW-RR 1991, 1974.
158 BGH NJW 1995, 2290.

schriften über das Widerrufs- und Rückgaberecht[159] ein Gesetzgebungsverfahren zur Schaffung eines Musters für eine Information über das Widerrufsrecht bei Verbraucherdarlehensverträgen mit Gesetzlichkeitsfiktion eingeleitet und vollzogen.[160]

Das Muster für den Darlehensvertrag wurde als Anlage 6 zu Artikel 247 § 6 Abs. 2 und § 12 Abs. 1 EGBGB in das Gesetz aufgenommen und erhielt – wie die Anlage 1 zu Art. 246 § 2 Abs. 3 S. 1 EGBGB – den Rang eines Gesetzes. Diese Regelung geht die Anforderungen der Verbraucherkreditrichtlinie 2008 hinaus und ist von der Richtlinie 2008/48/EG des Europäischen Parlaments und des Rates vom 23. April 2008 über Verbraucherkreditverträge und zur Aufhebung der Richtlinie 87/102/EWG des Rates[161] weder gefordert noch vorgesehen gewesen. Das für den Darlehensvertrag geschaffene Muster soll der Rechtssicherheit und der Rechtsklarheit dienen und steht den europarechtlichen Vorgaben nicht entgegen, da die Verwendung des Musters dem Darlehensgeber freigestellt wird. Der Darlehensgeber kann auch nach den neuen Vorschriften die vertraglichen Pflichtangaben nachholen. Die Darlehensnehmer, die von der Nachholung solcher Pflichtangaben überrascht werden könnten, werden durch die verlängerte Widerrufsfrist von einem Monat geschützt. Außerdem muss den Verbrauchern die rechtliche Folge des Beginns der Widerrufsfrist durch die Nachholung der Pflichtangaben ausdrücklich mitgeteilt werden.

aa. Neuregelung des § 495 BGB

Die Widerrufsinformation ist Inhalt des Vertrages.

Im Verbraucherdarlehensrecht ist das Widerrufsrecht des Verbrauchers in § 495 Abs. 1 BGB normiert. Das Widerrufsrecht für den Verbraucherleasingvertrag ergibt sich aus §§ 506 Abs. 1, 495 Abs. 2 Nr. 1 BGB i.V.m. Art. 247 § 6 Abs. 2 EGBGB. Es ergeben sich einige Änderungen zu der bis zum 10.06.2010 bestehenden Rechtslage.

Gemäß § 495 Abs. 2 Nr. 1 BGB ist der Verbraucher nicht über sein Widerrufsrecht zu belehren, da gemäß § 495 Abs. 2 Nr. 1 BGB die §§ 355 bis 359a BGB mit der Maßgabe anzuwenden sind, dass an die Stelle der Widerrufsbelehrung die Pflichtangaben nach Art. 247 § 6 EGBGB treten. Das bedeutet, dass die Information über das Bestehen eines Widerrufsrechts in den Vertrag mit aufzunehmen ist und somit zu einem Bestandteil des Vertrags selbst wird.[162]

In § 495 Abs. 2 Nr. 1 BGB ist eine Belehrung über das Bestehen eines Widerrufsrechts nicht mehr vorgesehen. Es wird weder auf § 360 BGB Bezug genommen, noch

---

159 BGBl. I S. 2355.

160 Vgl. BT-Drucks. 16/13669.

161 Verbraucherkreditrichtlinie 48/2008/EG – ABl. L 133 vom 22.5.2008, S. 66.

162 Vgl. Gesetzesbegründung zu Nr. 25 (Änderung des § 495), BT-Drucks. 16/11643, S. 83.

ist diese Vorschrift – auch nicht analog – anwendbar.[163] Für eine Anwendung des § 360 BGB ist nach dem Darlehensvertragsrecht kein Raum, da die Widerrufsinformationen in den Vertrag mit aufzunehmen sind und keine eigenständige Widerrufsbelehrung zu erfolgen hat.

Außerdem kann wegen des Grundsatzes der Vollharmonisierung nicht auf die allgemeinen Vorschriften verwiesen und auch keine eigene Belehrung nach § 355 Abs. 2 BGB verlangt werden.[164] Es müssen daher an Stelle der Voraussetzungen des § 360 BGB die Voraussetzungen des § 492 BGB für einen formgerechten Darlehens-/Leasingvertrag, in dem die erforderlichen Angaben gemäß § 247 § 6 Abs. 2 EGBGB enthalten sein müssen, eingehalten werden.[165]

> „§ 495 Abs. 2 BGB erklärt, dass §§ 355 bis 359 mit bestimmten Maßgaben gelten und nimmt § 360 somit aus. Das bedeutet nicht, dass § 360 ohne Maßgabe anzuwenden ist. Vielmehr ist für die Anwendung des § 360 im Rahmen des Widerrufsrechts nach § 495 kein Raum, da die Informationen zum Widerrufsrecht in den Vertrag aufzunehmen sind und keine separate Belehrung über das Widerrufsrecht zu erfolgen hat. Zur Erfüllung der vorvertraglichen Information über das Widerrufsrecht ist es ausreichend, die von der Richtlinie vorgesehenen bzw. im EGBGB-E eingestellten Muster zu verwenden."[166]

bb. Folgen einer fehlerhaften Widerrufsinformation

Eine fehlerhafte Widerrufsinformation führt zu einer Verletzung der Schriftform, § 492 BGB. Die Folgen orientieren sich an §§ 506 Abs. 1, 494 BGB.

Hält der Leasinggeber die gesetzlichen Voraussetzungen nicht ein, so führt dies zur Anwendung der §§ 506 Abs. 1, 494 BGB, da bei fehlenden oder unzutreffenden Pflichtangaben § 492 BGB verletzt wird. Nach § 494 BGB ist der Verbraucherleasingvertrag und die auf Abschluss eines solchen Vertrags vom Verbraucher erteilte Vollmacht nichtig, wenn die Schriftform insgesamt nicht eingehalten ist oder eine der in Art. 247 §§ 6 und 9–13 EGBGB vorgeschriebenen Angaben fehlt. Es beginnt folglich nicht nur die Widerrufsfrist nicht zu laufen (vgl. § 495 Abs. 2 Nr. 2 BGB), sondern der Leasinggeber läuft zudem Gefahr, dass der gesamte Leasingvertrag gemäß §§ 506 Abs. 1, 494 Abs. 1 BGB nichtig ist.[167] Gemäß §§ 506 Abs. 1, 494 Abs. 2 S. 1 BGB wird der Verbraucherleasingvertrag ungeachtet eines Mangels nach §§ 506 Abs. 1, 494 Abs. 1

163 Vgl. Palandt/Weidenkaff, BGB, § 495, Rn. 2; vgl. auch BT-Drucks. 16/11643, S. 83.
164 Vgl. Gesetzesbegründung zu Nr. 25 (Änderung des § 495), BT-Drucks. 16/11643, S. 83.
165 Vgl. Palandt/Weidenkaff, BGB, § 495, Rn. 2; vgl. auch Gesetzesbegründung zu Nr. 25 (Änderung des § 495), BT-Drucks. 16/11643, S. 83.
166 Gesetzesbegründung zu Nr. 25 (Änderung des § 495), BT-Drucks. 16/11643, S. 83.
167 Vgl. Palandt/Weidenkaff, BGB, § 494, Rn. 2.

BGB wirksam, sofern der Leasingnehmer die Leasingsache erhält oder in Anspruch nimmt. In diesem Fall führt eine fehlende oder fehlerhafte Widerrufsinformation – wie nach der alten Rechtslage im Falle einer nicht ordnungsgemäßen Belehrung – dazu, dass die Widerrufsfrist nicht zu laufen beginnt, §§ 506 Abs. 1, 495 Abs. 2 Nr. 2 BGB.[168]

Gemäß §§ 506 Abs. 1, 495 Abs. 2 Nr. 2 BGB ist eine weitere Voraussetzung für den Beginn der Widerrufsfrist nach §§ 506 Abs. 1, 355 Abs. 3 S. 2 BGB, dass der Leasingnehmer vor Vertragsabschluss über die Pflichtangaben gemäß §§ 506 Abs. 1, 492 Abs. 2 BGB informiert wurde.[169]

Unterbleiben die vorgeschriebenen vorvertraglichen Informationen gemäß Art. 247 § 3 Nr. 13 EGBGB (vorvertragliche Information über das Bestehen oder Nichtbestehen des Widerrufsrechts), so hindert dies den Beginn der Widerrufsfrist nicht. §§ 506 Abs. 1, 495 Abs. 2 Nr. 3 S. 1 BGB räumen dem Leasinggeber im Falle des Widerrufs einen schuldrechtlichen Anspruch auf Ersatz der Aufwendungen ein, die an öffentlichen Stellen zu bezahlen waren. §§ 506 Abs. 1, 495 Abs. 2 Nr. 3 S. 2 BGB schließen die Anwendung von § 346 Abs. 2 S. 2 Hs. 2 BGB auf die von der Richtlinie erfassten Verträge aus, die nicht durch ein Grundpfandrecht gesichert, sind.[170] § 495 Abs. 3 BGB erwähnt Ausnahmetatbestände, für die kein Widerrufsrecht besteht. Jedoch sind diese Tatbestände bei Verbraucherleasingverträge nicht anwendbar.

cc. Übereinstimmung der Umsetzung mit der Verbraucherkreditrichtlinie 2008

Die Vorgaben der Verbraucherkreditrichtlinie wurden vollständig und richtlinienkonform umgesetzt.

Grundlagen für die Gesetzesänderungen sind die Art. 10 Abs. 2 Buchstabe p sowie Art. 14 der Verbraucherkreditrichtlinie 2008.[171] Art. 10 Abs. 2 Buchstabe p sieht vor, dass im Darlehensvertrag in klarer und prägnanter Form anzugeben ist, ob ein Widerrufsrecht besteht oder nicht, sowie die Frist und die anderen Modalitäten für die Ausübung des Widerrufsrechts anzugeben sind; einschließlich der Angaben zur Verpflichtung des Darlehensnehmers, das in Anspruch genommene Kapital zurückzuzahlen, Angaben zu den Zinsen gemäß Art. 14 Abs. 3 Buchstabe b und zur Höhe der Zinsen pro Tag. In Art. 14 der Verbraucherkreditrichtlinie 2008 finden sich die weiteren gesetzlichen Grundlagen für die Regelungen zum Widerrufsrecht. In § 495 BGB wird das Widerrufsrecht folgerichtig neu geregelt und die Vorgaben der Art. 10 Buchstabe p sowie Art. 14 der Verbraucherkreditrichtlinie 2008 umgesetzt. § 495 Abs. 1

168 Vgl. Palandt/Weidenkaff, BGB, § 495, Rn. 3.
169 Vgl. Palandt/Weidenkaff, BGB, § 495, Rn. 3.
170 Vgl. Palandt/Weidenkaff, BGB, § 495, Rn. 3.
171 Verbraucherkreditrichtlinie 2008/48/EG – ABl. EU Nr. L 133 S. 66.

BGB bleibt dabei unverändert und räumt dem Verbraucherleasingnehmer ein Widerrufsrecht ein. Insoweit bestand kein Umsetzungsbedarf, da bereits die Regelung nach altem Recht mit der Regelung der neuen Verbraucherkreditrichtlinie 2008 übereinstimmte. In § 495 Abs. 2 BGB erfolgt aufgrund eine Abweichung von den im deutschen Recht geschaffenen allgemeinen Vorschriften über das Widerrufsrecht. Diese Abweichungen werden aufgrund der Regelungen in Art. 14 der Verbraucherkreditrichtlinie 2008 erforderlich. Eine Verweisung auf die Regelungen des allgemeinen Widerrufsrechts ist nun nicht mehr vorgesehen. Art. 14 der Verbraucherkreditrichtlinie 2008 gibt besondere Regelungen für das Widerrufsrecht im Darlehensvertragsrecht vor. Eine Umsetzung dieser Regelungen in den allgemeinen Vorschriften des Widerrufsrechts der §§ 355 ff. BGB würde der bisher geltenden Rechtslage, vor allen des § 355 Abs. 2 BGB widersprechen und diese von der Verbraucherkreditrichtlinie 2008 vorgesehenen Ausnahmen auf alle weiteren Widerrufstatbestände im BGB ausweiten. Dies ist von der Verbraucherkreditrichtlinie 2008 nicht beabsichtigt. Vor allem für eine Anwendung von § 360 BGB ist aufgrund dieser Regelung im Darlehensvertragsrecht kein Raum, da die Informationen zum Widerrufsrecht in den Vertrag aufzunehmen sind und keine separate Belehrung über das Widerrufsrecht mehr vorgesehen ist.[172] Dies ergibt sich – wie aufgezeigt – vor allem aus dem Wortlaut des § 495 Abs. 2 BGB, wonach die §§ 355–359a BGB mit den dort geregelten Maßgaben anzuwenden sind. Eine Verweisung auf § 360 BGB erfolgt hierbei nicht.

(1) § 495 Abs. 2 Nr. 1 BGB

In § 495 Abs. 2 Nr. 1 BGB wurde die von der Verbraucherkreditrichtlinie 2008 vorgegebene Pflichtangabe zum Widerrufsrecht im Vertrag (vgl. Art. 10 Buchstabe p der Verbraucherkreditrichtlinie 2008), die anstelle der bisher erforderlichen Belehrung tritt, umgesetzt. Eine Widerrufsbelehrung nach § 355 Abs. 2 BGB ist nach der Verbraucherkreditrichtlinie 2008 nicht mehr vorgesehen und kann wegen der Vollharmonisierung auch nicht zusätzlich verlangt werden.[173] Die entsprechenden Informationen im Vertrag, die den Anforderungen nach Art. 247 § 6 Abs. 1 und 2 EGBGB entsprechen müssen, treten somit an die Stelle der nach der bisherigen Rechtslage erforderlichen Widerrufsbelehrung.

(2) § 495 Abs. 2 Nr. 2 BGB

§ 495 Abs. 2 Nr. 2 BGB ergänzt § 355 Abs. 3 S. 2 BGB und führt zur richtlinienkonformen Umsetzung von Art. 14 Abs. 1a und b der Verbraucherkreditrichtlinie 2008.[174]

---

172 Vgl. Gesetzesbegründung zu Nr. 25 (Änderung des § 495), BT Drucks. 16/11643, S. 83.
173 Vgl. Gesetzesbegründung zu Nr. 25 (Änderung des § 495), BT Drucks. 16/11643, S. 83.
174 Vgl. Gesetzesbegründung zu Nr. 25 (Änderung des § 495), BT Drucks. 16/11643, S. 83.

Bei schriftlich abzuschließenden Verträgen – wie dem Verbraucherleasingvertrag – beginnt die Widerrufsfrist nicht zu laufen, bevor der Verbraucher nicht die vollständige Vertragsurkunde erhalten und den Vertrag abgeschlossen hat.

(3) § 495 Abs. 2 Nr. 3 BGB

§ 495 Abs. 2 Nr. 3 BGB richtet sich an die Rechtsfolgen des Widerrufs und setzt damit Art. 14 Abs. 3 Buchstabe b der Verbraucherkreditrichtlinie 2008 um. Die Rechtsfolgen eines ordnungsgemäßen Widerrufs ergeben sich aus den §§ 357 Abs. 1, 346 BGB. In §§ 355, 357 und 346 BGB sind die meisten Rechtsfolgen, die in Art. 14 Abs. 3 der Verbraucherkreditrichtlinie 2008 niedergelegt sind, bereits umgesetzt. § 495 Abs. 2 Nr. 3 BGB verkörpert somit nur noch eine Klarstellung dahingehend, dass zu den in § 346 BGB vorgesehenen Ansprüchen auch ein Anspruch auf Ersatz der Aufwendungen des Darlehens-/Leasinggebers besteht, die er an öffentliche Stellen geleistet hat.

b. Musterwiderrufsinformation für Verbraucherdarlehensverträge

Gemäß Anlage 6 zu Art. 247 § 6 Abs. 2 und § 12 Abs. 1 EGBGB wurde ein Muster für die Widerrufsinformation[175] für Verbraucherdarlehensverträge in den Rang eines Gesetzes umgesetzt. Wird dieses Muster richtig und formgerecht in der Vertragsurkunde oder einer sonstigen Unterlage i.S.v. § 355 Abs. 2 BGB verwendet, so tritt eine Gesetzlichkeitsfiktion ein.[176]

c. Musterwiderrufsinformation für Verbraucherleasingverträge

Im Gegensatz zur bisherigen Musterwiderrufsbelehrung nach BGB-Info-V tritt mit Verwendung des ordnungsgemäß ausgefüllten Musters gemäß Anlage 6 zu Art. 247 § 6 Abs. 2 und § 12 Abs. 1 EGBGB eine Gesetzlichkeitsfiktion ein.[177] Sind die Angaben vollständig, ersetzt die Widerrufsinformation die Belehrung nach § 355 Abs. 2 BGB.[178] Das Muster gemäß Anlage 6 zu Art. 247 § 6 Abs. 2 ist jedoch für Verbraucherdarlehensverträge konzipiert, so dass für sonstige entgeltliche Finanzierungshilfen – wie Verbraucherleasing- oder Mietkaufverträge – eine Anpassung notwendig ist. Damit besteht die Gefahr, dass durch unrichtige Änderungen am vorgegebenen Muster die Gesetzlichkeitsfiktion nicht eintritt.[179] Denn die Gesetzlichkeitsfiktion tritt nur ein, wenn die Angaben in der jeweiligen Widerrufsinformation gemäß den Anmerkungen

---

175 Vgl. BT-Drucks. 17/2095, S. 10–15.
176 Vgl. Palandt/Weidenkaff, BGB, Art. 247, § 6 EGBGB, Rn. 4; BT-Drucks. 17/1394, S. 22.
177 Vgl. Palandt/Weidenkaff, BGB, Art. 247, § 6 EGBGB, Rn. 4.
178 Vgl. Gesetzesbegründung zu Art. 247 BGB-E, BT-Drucks. 16/11643, S. 128.
179 Vgl. Palandt/Grüneberg, BGB, § 360, Rn. 7.

zu Anlage 6 zu Art. 247 § 6 Abs. 2 und § 12 Abs. 1 EGBGB geändert werden. Aus der Gesetzesbegründung zur Anlage 6 zu Art. 247 § 6 Abs. 2 und § 12 Abs. 1 EGBGB ergibt sich, dass Ergänzungen oder Streichungen, die im Mustertext oder den Gestaltungshinweisen nicht vorgesehen sind, zum Verlust der Gesetzlichkeitsfiktion führen.[180] Die vom Leasinggeber zu verwendende Widerrufsinformation ist im Falle des Wegfalls der Gesetzlichkeitsfiktion folglich nur wirksam, wenn sie die gesetzlichen Anforderungen erfüllt.[181] Das bedeutet, dass die modifizierte Widerrufsinformation durch die Gerichte überprüft werden kann; insbesondere, ob die gesetzlichen Anforderungen eingehalten worden sind. Da für die entgeltlichen Finanzierungshilfen – wie dem Leasingvertrag – die Anmerkungen zum Muster der Widerrufsinformation nicht vollständig sind, um eine auf den Leasingvertrag anwendbare Widerrufsinformation allein anhand der gesetzlichen Vorgabe umzusetzen, obliegt es den Leasinggebern, für eine ordnungsgemäße Umsetzung Sorge zu tragen.[182] Jedenfalls muss die in den Vertrag aufzunehmende Widerrufsinformation folgende Angaben enthalten:

- Widerrufsfrist (Beginn, Frist, Dauer, 14 Tage, § 355 BGB).
- Eckpunkte für die Widerrufserklärung, insbesondere den Empfänger mit Name und Anschrift, sowie Formvorgaben (insbesondere entsprechend § 360 Abs. 1 Nr. 1 bis 4 BGB) und den Hinweis auf die Entbehrlichkeit einer Begründung, §§ 495 Abs. 2 Nr. 2, 355 BGB.
- Hinweis auf die Rückabwicklung nach § 346 BGB, Zinszahlungspflicht (§ 346 Abs. 1, § 347 Abs. 1 BGB) nebst Zinshöhe als Tagespreis, ggf. Aufwendungsersatz gemäß §§ 346, 347, 495 Abs. 2 Nr. 3 BGB.[183]

Hält der Leasinggeber im Falle der sachlichen Änderung des Mustertextes die gesetzlichen Vorgaben ein, so entsteht zwar keine Gesetzlichkeitsfiktion, jedoch hält diese einer gerichtlichen Prüfung stand.

d. Aushändigung der Vertragsurkunde

Zum Anlauf der Widerrufsfrist ist dem Verbraucher eine Vertragsurkunde zu übergeben.

Gemäß § 355 Abs. 2 S. 3 BGB ist dem Verbraucher eine Vertragsurkunde oder deren Abschrift zu Verfügung zu stellen, wobei die Widerrufsfrist vor Aushändigung der Urkunde nicht zu laufen beginnt. Diese Voraussetzung für den Anlauf der Frist ist

180 Vgl. Palandt/Weidenkaff, BGB, Art. 247, § 6 EGBGB, Rn. 4; BT-Drucks. 17/1394, S. 22.
181 Vgl. Palandt/Grüneberg, BGB, § 360, Rn. 7.
182 Vgl. Gesetzesbegründung zu Art. 247 BGB-E, BT-Drucks. 16/11643, S. 128.
183 Vgl. Gesetzesbegründung zu Art. 247 BGB-E, BT-Drucks. 16/11643, S. 128; vgl. auch Palandt/Weidenkaff, BGB, Art. 247, § 6 EGBGB, Rn. 3.

gewahrt, wenn dem Leasingnehmer eine Durchschrift oder eine Fotokopie ausgehändigt wird.[184] Die Mitteilung an den Leasingnehmer muss der Gestalt erfolgen, dass ein Exemplar mit der Widerrufsinformation beim Leasingnehmer verbleibt.[185] Nimmt der Leasinggeber die Widerrufsinformation nach Aushändigung wieder an sich, so beginnt die Widerrufsfrist erst mit der dauerhaften Aushändigung an den Leasingnehmer zu laufen.[186] Als getrennte Urkunde bedarf es keiner festen Verbindung zwischen Widerrufsinformation und Vertragsdokument.[187] Die Darlegungs- und Beweislast für die Aushändigung obliegt dem Leasinggeber.[188] Dieser sollte daher Vorsorge treffen, um den Verbleib des Vertragsdokuments mit entsprechender Widerrufsinformation nachweisen zu können.

e. Angaben bei verbundenen Verträgen

In der Widerrufsinformation ist auf die sich aus verbundenen Verträgen ergebenden Rechte und über die Bedingungen für deren Ausübung hinzuweisen. Ein Verstoß führte zu einem Schriftformverstoß. Die §§ 506 Abs. 1, 494 Abs. 2 S. 1 BGB finden entsprechende Anwendung.

In § 247 § 12 Abs. 1 S. 2 Nr. 2b EGBGB ist geregelt, dass bei verbundenen Verträgen gemäß § 358 Abs. 3 BGB Informationen über die sich aus §§ 358 und 359 BGB ergebenden Rechte und über die Bedingungen für die Ausübung dieser Rechte im Vertrag angegeben werden müssen. Auch die Informationen nach Art. 247 § 12 Abs. 1 S. 2 Nr. 2b EGBGB müssen im Vertrag enthalten sein. Fehlt eine dieser Pflichtangaben, führt dies zu einer Verletzung von §§ 506 Abs. 1, 492 BGB. Es sind danach die §§ 506 Abs. 1, 494 Abs. 1 BGB anzuwenden, was zunächst zur Nichtigkeit des Vertrages führt, soweit nicht eine Heilung nach den §§ 506 Abs. 1, 494 Abs. 2 S. 1 BGB eintritt. Diese Rechtsfolge unterscheidet sich zur Rechtslage bis zum 10.06.2010. Nach der alten Rechtslage war im Rahmen der Widerrufsbelehrung auf die Besonderheiten bei verbundenen Verträgen hinzuweisen. Erfolgte eine falsche oder unzutreffende Belehrung des Verbrauchers, so führte dies dazu, dass die Widerrufsfrist nicht zu laufen begann. Die Folgen der fehlerhaften Widerrufsinformation im Darlehens-/Leasingvertrag nach neuem Recht ergeben sich nicht aus den allgemeinen Vorschriften, sondern aus den §§ 506 Abs. 1, 494 und 495 Abs. 2 Nr. 2 BGB. Danach ist der Leasingvertrag zunächst nichtig, §§ 506 Abs. 1, 494 Abs. 1 BGB. Im Falle der Heilung durch Übergabe der Leasingsache gemäß §§ 506 Abs. 1, 494 Abs. 2 BGB muss der Leasinggeber, um die Wider-

184 Beckmann, Finanzierungsleasing, § 3, Rn. 283.
185 BGH NJW 1998, 540.
186 Palandt/Grüneberg, § 355, Rn. 20.
187 Martis/Meinhof MDR 2004, S. 4 ff.
188 BGH NJW 1998, 540; OLG Dresden ZIP 2000, 362.

rufsfrist in Gang zu setzten, den Leasingnehmer in Textform (§ 126b BGB) über das bestehende Widerrufsrecht aufklären und ihm eine Widerrufsfrist von einem Monat einräumen, §§ 506 Abs. 1, 492 Abs. 6 BGB. Erfolgt dies nicht, beginnt auch nach der Rechtslage nach dem 10.06.2010 die Widerrufsfrist nicht zu laufen.

f. Unterschrift unter die Widerrufsinformation

Eine Unterschrift der Widerrufsbelehrung/-information ist nicht erforderlich.

Nach alter Rechtlage war die Unterschrift der Widerrufsbelehrung durch den Verbraucher gemäß § 355 Abs. 2 S. 2 BGB a.F. Wirksamkeitsvoraussetzung für eine ordnungsgemäße Widerrufsbelehrung.[189] Dies ist nach neuer Rechtlage nun selbst für Widerrufsbelehrungen nicht mehr erforderlich. Bei Widerrufsbelehrungen wird es auf Grund der zu Lasten des Unternehmers bestehenden Beweislast jedoch nach wie vor für zweckmäßig erachtet, den Verbraucher die Widerrufsbelehrung unterschreiben zu lassen[190] und das unterzeichnete Exemplar in den Unterlagen des Unternehmers zu behalten.[191] Da die Widerrufsinformation nach dem 10.06.2010 Bestandteil des Leasingvertrages ist und dieser unterschrieben werden muss, ist die isolierte Unterzeichnung der Widerrufsinformation nicht von Bedeutung. Gemäß §§ 506 Abs. 1, 492 Abs. 2 BGB hat der Leasingvertrag alle vorgeschriebenen Angaben gemäß Art. 247 §§ 6–13 EGBGB zu enthalten und somit auch gemäß Art. 247 § 6 Abs. 2 EGBGB die Informationen zum Widerrufsrecht gemäß Anlage 6 zu Art. 247 § 6 Abs. 2 und § 12 Abs. 1 EGBGB.

3. Widerrufsbelehrung für Fernabsatzverträge

a. Besonderheiten beim Fernabsatzgeschäft

Leasingverträge, die im Wege des Fernabsatzes abgeschlossen werden, erfordern die weiteren Angaben nach Art. 246 § 1 und 2 EGBGB.

Nach bisher herrschender Meinung können, soweit die Voraussetzungen im Übrigen erfüllt sind, Finanzierungsleasingverträge unter § 312b Abs. 1 BGB subsumiert werden.[192] Liegt ein Fernabsatzvertrag vor, löst dies seit dem 11.06.2010 für den

189 BGH, Urteil vom 31.10.2002 – I ZR 132/00 = WM 2003, 204.
190 Vgl. Palandt/Grüneberg, BGB, § 355, Rn. 23.
191 BGH, Urteil vom 10.03.2009 – XI ZR 33/08 = ZIP 09, 952.
192 Vgl. Weber, Die Entwicklung des Leasingrechts von Mitte 2003 bis Mitte 2005, NJW 2005, 2195;

Leasinggeber nach Maßgabe des Art. 246 §§ 1 und 2 EGBGB die Pflicht aus, den Verbraucherleasingnehmer auch über die dort beschriebenen Inhalte zu informieren. Es entsteht somit ein weiterer Informationspflichtenkatalog, den der Leasinggeber einzuhalten hat. Der Leasinggeber hat dem Verbraucherleasingnehmer rechtzeitig vor Abgabe von dessen Vertragserklärung, in einer einem Fernkommunikationsmittel entsprechenden Weise, klar und verständlich und unter Angabe des geschäftlichen Zwecks diese Informationen zur Verfügung zu stellen.[193] In Art. 246 § 1 Abs. 1 Nr. 10 EGBGB werden die Anforderungen an die für den Fernabsatzvertrag erforderliche Widerrufsbelehrung festgelegt. Liegt ein verbundener Vertrag vor, so ist auch Art. 246 § 1 Abs. 1 und Abs. 2 EGBGB zu beachten.

b. Erforderlichkeit einer Widerrufsbelehrung bei einem unter § 506 BGB fallenden Leasingvertrag im Fernabsatzgeschäft

Es besteht kein Widerrufsrecht nach den Vorschriften über den Fernabsatzvertrag, wenn dem Verbraucher ein Widerrufsrecht nach den Verbraucherdarlehensvorschriften zusteht.

Gemäß § 312d Abs. 5 BGB besteht das Widerrufsrecht nach den Vorschriften über den Fernabsatz nicht, wenn dem Verbraucher ein Widerrufsrecht nach §§ 495, 355 BGB zusteht.[194] Geändert wurde zudem, dass der Beginn der Widerrufsfrist im Fernabsatzgeschäft nicht mehr an die zusätzlichen Voraussetzungen des § 312d Abs. 2 BGB geknüpft wird. Der bisherige Verweis in § 312d Abs. 5 S. 2 BGB auf die weiteren Voraussetzungen nach § 312d Abs. 2 BGB wurde zum 11.06.2010 gestrichen. Es müssen somit dem Verbraucherleasingnehmer nicht mehr die Inhalte des § 312d Abs. 2 BGB mitgeteilt werden, damit die Widerrufsfrist zu laufen beginnt.[195] Die bisherige Regelung würde gegen Art. 14 Abs. 1 S. 2 der Verbraucherkreditrichtlinie 2008 verstoßen, da hiernach die Widerrufsfrist bereits am Tag des Vertragsschlusses oder am Tag der Aushändigung der Vertragsbedingungen und des Vertragsinhalts beginnt, soweit diese nach dem Vertragsschluss stattfindet.[196]

Für die Formulierung der Information über das Widerrufsrecht des Verbraucherleasingnehmers, das gemäß §§ 495, 355 BGB einer Widerrufsinformation bedarf, muss nach der Gesetzesänderung nun nicht mehr danach unterschieden werden, ob der Verbraucherleasingvertrag im Fernabsatz abgeschlossen wurde oder nicht. Es gelten

vgl. auch Graf von Westphalen, Der Leasingvertrag Kap. L, Rn. 459; vgl. auch Knöfel, Auf dem Weg zu einem neuen Schuldrecht für den Fernabsatz von Finanzdienstleistungen, ZGS 2004, 182.

193 Vgl. Palandt/Grüneberg, BGB, Art. 246, § 1 EGBGB, Rn. 3.

194 Vgl. § 312d, Abs. 5 BGB.

195 Vgl. Palandt/Grüneberg, BGB, § 312d, Rn. 16.

196 Vgl. Palandt/Grüneberg, BGB, § 312d, Rn. 16.

somit seit dem 11.06.2010 für beide Vertragsarten gemeinsame Widerrufsinformationen gemäß Anlage 6 zu Art. 247 § 6 Abs. 2 und § 12 Abs. 1 EGBGB. Aus Gründen der Gleichbehandlung fallen unter diese neue Regelung auch entgeltliche Finanzierungshilfen wie der Leasingvertrag mit Existenzgründern.[197] Folge ist, dass bei Leasingverträgen i.S.d. § 506 Abs. 2 BGB eine Widerrufsinformation nach den § 506 Abs. 1, 495, 355 BGB maßgeblich ist und nicht eine Widerrufsbelehrung nach §§ 312d, 355 BGB.

4. Rechtsfolgen des Widerrufs

a. Allgemeines

Die Rechtsfolgen eines wirksamen Widerrufs bestimmen sich nach den Vorschriften des Rücktrittsrechts, §§ 357 Abs. 1, 346 Abs. 1 BGB.

Der Leasingnehmer kann gemäß § 346 Abs. 1 BGB die Erstattung des gezahlten Leasingentgelts, d.h. Leasingraten nebst Sonderzahlungen und gezogener Nutzungen, Zug um Zug gegen Rückgabe des Leasinggegenstands sowie Nutzungsersatz vom Leasinggeber verlangen, § 348 BGB.
Entgegen der früheren Rechtsprechung des Bundesgerichtshofes ist der Leasingvertrag auf der Grundlage der nach der Schuldrechtsmodernisierung geltenden Gesetzeslage bis zu seinem Widerruf wirksam, § 355 Abs. 1 S. 1 BGB.

Die Wirksamkeit des Leasingvertrags bis zur Ausübung des Widerrufsrechts ist eine wesentliche Änderung zur Rechtslage vor Inkrafttreten der Schuldrechtsmodernisierung 2002.[198] Nach alter Rechtslage wurde der Vertrag als im Sinne des § 177 BGB schwebend unwirksam angesehen, bis die Widerrufsfrist abgelaufen war. Deshalb konnte der Leasinggeber nach der Rechtslage bis Ende 2001 während dieses Schwebezustands weder den Vertrag kündigen noch Schadensersatz wegen Nichterfüllung verlangen.[199] Diese Grundsätze sind seit 2002 nicht mehr anwendbar.[200] Nach Ansicht der Instanzrechtsprechung führt der Widerruf, wie eine Rücktrittserklärung, zur Umwandlung des zunächst wirksamen Vertragsverhältnisses in ein Rückabwicklungsverhältnis. [201]

---

197 Vgl. Palandt/Grüneberg, BGB, § 312d, Rn. 16.

198 Staudinger, Leasing, Rn. 160.

199 BGH Urteil vom 12.06.1996 – VIII ZR 248/95 = WM 1996, 1688 = NJW 1996, 2367 = ZIP 1996, 1336, 1338.

200 Palandt/Grüneberg, § 355, Rn. 3 m.w.N.

201 Vgl. hierzu OLG Koblenz Urteil vom 09.01.2006 – 12 U 740/04 = NJW 2006, 919: *„...[d]er wirksame Widerruf des Kl. [führte] dazu, dass das Vertragsverhältnis der Parteien, mit der Widerrufserklärung bei der Bekl. in ein Rückabwicklungsverhältnis umgewandelt wurde (§§ 357 I, 346 ff. BGB; vgl. Börner/Erberich, in: Schimmel/Buhlmann, Frankf. Hdb. z. neuen SchuldR, 2002, D. IX. Rdnrn. 6, 14). Mit der Einführung des § 361a BGB a.F. verband der Gesetzgeber die Einschätzung, dass die Konstruktion der schwebenden Wirksamkeit für alle Verbraucherschutzgesetze eingeführt*

Eine Kündigung des Leasinggebers ist folgerichtig während der Widerrufsfrist möglich. Auch kann der Leasinggeber, wenn die Voraussetzungen hierfür vorliegen, während dieser Zeit Schadensersatz statt der Leistung verlangen. Allerdings kann der Leasingnehmer bei der Schadensberechnung im Rahmen der §§ 249 ff. BGB seine Widerrufsmöglichkeit als rechtmäßiges Alternativverhalten einwenden.[202] So kann er behaupten, dass der Leasinggeber den entstandenen Schaden auch bei einem rechtmäßigen Alternativverhalten tragen müsste, wenn er den Leasingvertrag widerrufen hätte. Trägt der Leasingnehmer diesen Einwand vor, so entfällt nach der Differenzhypothese der ersatzfähige Schaden des Leasinggebers, soweit dieser auch im Falle des rechtmäßigen Alternativverhaltens, also bei einem Widerruf des Leasingnehmers, entstanden wäre.

Seit der Entscheidung des EuGH vom 03.09.2009[203] bestand im deutschen Verbraucherrecht ein Änderungsbedarf der Vorschriften zum Widerrufs- und Rückgaberecht im BGB. Nach dieser Entscheidung hat ein Verbraucher, der ein bestehendes

---

wurde (BT-Dr 14/2648, S. 47). Wie der Gesetzgeber aber schon damals festgestellt hat, war er „konstruktiv nicht festgelegt“, weil sich die Modelle in ihrer Wirkung für den Verbraucher nicht wesentlich unterscheiden (BT-Dr 14/2648, S. 42). Indes bedarf es der Annahme der schwebenden Wirksamkeit des Verbrauchervertrages bis zum Widerruf durch den Verbraucher nicht, und der gesetzgeberische Wille hat auch im Wortlaut des nunmehr geltenden Gesetzes keinen hinreichenden Ausdruck gefunden. Danach ist der Verbraucher erst ab der wirksamen Widerrufserklärung „nicht mehr“ an seine Willenserklärung gebunden (§ 355 I 1 BGB) und auf den Fall des wirksamen Widerrufs sind die Vorschriften über den gesetzlichen Rücktritt vom Vertrag anzuwenden (§ 357 I 1 BGB).
Erst der Widerruf führt demnach, ebenso wie eine Rücktrittserklärung, zur Umwandlung des zunächst wirksamen Vertragsverhältnisses in ein Rückabwicklungsverhältnis. Durch die Annahme einer schwebenden Unwirksamkeit des Vertrages bis zur tatsächlich erfolgten Widerrufserklärung wird demgegenüber der unpassende Eindruck erweckt, ein Vertrag, auf den künftig ein Gestaltungsrecht einwirken könnte, befinde sich von Anfang an in der Schwebe. Dies geht insbesondere bei Vertragsverhältnissen, in denen tatsächlich kein Widerruf erfolgt, zu weit. Die Annahme einer schwebenden Unwirksamkeit ist aber auch dann nicht sachgerecht, wenn – wie hier – mangels ausreichender Widerrufsbelehrung das Widerrufsrecht nicht befristet ist und auch nicht nach Ablauf eines längeren Zeitraums erlischt (§ 355 III 3 BGB), so dass es noch nach längerer Zeit wirksam ausgeübt wird. In diesem Fall würde der Vertrag nach dem Modell der schwebenden Unwirksamkeit zunächst auf unbestimmte Zeit in der Schwebe bleiben, ohne dass ein solche Annahme rechtlich erforderlich ist (vgl. Grothe, in: Bamberger/Roth, BGB, 2003, § 355 Rn. 3; Palandt/Heinrichs, § 355 Rn. 3).
Auch im vorliegenden Fall ist es deshalb nicht angebracht, anzunehmen, der Vertrag sei rund vier Monate lang schwebend unwirksam gewesen und erst danach mit rückwirkender Kraft unwirksam geworden. Vielmehr sind in dieser Zeit die wechselseitigen Leistungen vertragsgemäß erbracht worden. Deshalb sind die Ansprüche aus dem widerruflichen Vertrag nur einer rechtsvernichtenden Einwendung ausgesetzt; der Vertrag ist bis dahin aber vollständig wirksam gewesen. Dafür spricht auch der Wortlaut des § 355 I 1 BGB, wonach der Verbraucher erst auf Grund des wirksamen Widerrufs an seine Willenserklärung „nicht mehr gebunden“ ist...“

202 Vgl. hierzu Palandt/Grüneberg, Vorb. v. § 249, Rn. 105.

203 EuGH, Urteil vom 03.09.2009 – Rs. C-489/07 = ZGS 2009, 463.

Widerrufsrecht bei einem Fernabsatzvertrag fristgerecht ausübt, nicht in allen Fällen Wertersatz für die Nutzung der Ware zu leisten.[204]

Die Regelungskette der §§ 312d, 355, 357 und 346 BGB stand im Widerspruch zu Art. 6 Abs. 1 S. 2 und Abs. 2 der Richtlinie 97/7/EG des Europäischen Parlaments vom 20.05.1997 über den Verbraucherschutz im Fernabsatzgeschäft. Der EuGH stellte in der zuvor genannten Entscheidung fest, dass die Fernabsatzrichtlinie nicht grundsätzlich einer Verpflichtung des Verbrauchers, Wertersatz für die Benutzung der Ware zu leisten, entgegensteht. Voraussetzung dafür sei jedoch, dass der Verbraucher die Ware auf eine mit den Grundsätzen des Bürgerlichen Rechts sowie den Grundsätzen von Treu und Glauben oder der ungerechtfertigten Bereicherung unvereinbaren Art und Weise benutzt hat.

Im Rahmen der Umsetzung der Verbraucherkreditrichtlinie 2008 wurden nun sowohl ein Muster für die Widerrufsbelehrung für Fernabsatzgeschäfte als Anlage 1 zum Art. 246 EGBGB sowie ein Muster für die Widerrufsinformation für Verbraucherdarlehensverträge als Anlage 6 zu Artikel 247 § 6 Abs. 2 und § 12 Abs. 1 EGBGB in das Gesetz aufgenommen.

Ein Unterschied zur bisher bestehenden Rechtslage ergibt sich vor allem daraus, dass nun zwischen einer Widerrufsbelehrung und einer Widerrufsinformation des Verbrauchers zu unterscheiden ist. Diesbezüglich wird auf die zuvor erfolgten Ausführungen verwiesen.

b. Rückabwicklung nach erklärtem Widerruf

Die Rechtsfolgen des wirksamen Widerrufs entsprechen einem gesetzlichen Rücktritt, §§ 357 Abs. 1, 346 Abs. 1 BGB. Der Leasingvertrag wandelt sich ex nunc in ein Rückgewährschuldverhältnis um.[205] Leasinggeber und Leasingnehmer haben die empfangenen Leistungen zurückzugewähren.[206] Das Widerrufsrecht birgt für den Leasinggeber die Gefahr, dass der Verbraucher zu einem Zeitpunkt widerruft, in dem der Leasinggeber seinerseits an den Leasinggegenstand vertraglich gebunden ist. Er

---

204 Vgl. Faustmann, Erneut Änderung des gesetzlichen Belehrungsmusters erforderlich – im Fernabsatz kein Wertersatz bei Widerruf? ZGS 2009, 502–503; vgl. auch Messner, Drum prüfe, wer sich ewig bindet – Die Wertersatzverpflichtung des Verbrauchers bei Widerruf im Warenfernabsatz nach EuGH v. 3.9.2009 – C-489/07, ZGS 2009, 539.

205 Vgl. OLG Koblenz Urteil vom 9.1.2006 – 12 U 740/04 = NJW 2006, 919: *„(...) dem Widerruf eine Wirkung nur ex nunc [zukommt] (Börner/Erberich, in: Schimmel/Buhlmann, D.IX. Rn. 14; Grothe, in: Bamberger/Roth, § 355 Rn. 3; Mankowski, Beseitigungsrechte, 2003, S. 51; Ulmer, in: MünchKomm, § 355 Rn. 33).“* Palandt/Grüneberg, § 357, Rn. 2; Jaunering/Jaunering, § 355, Rn. 7. *„Durch den Widerruf als gesetzlich ausgestaltetes Rücktrittsrecht wandelt sich der Verbrauchervertrag ab dem Zeitpunkt des Zugangs der Widerrufserklärung in ein Rückabwicklungsverhältnis um...“*

206 Staudinger, Leasing, Rn. 160; Beckmann, Finanzierungsleasing, § 3, Rn. 289.

trägt das Risiko der Verwendung. Deshalb sollte sich der Leasinggeber für den Fall des Widerrufs des Leasingvertrages durch den Leasingnehmer im Liefervertrag mit seinem Lieferanten – soweit sich dieser hierauf einlässt – ein Rücktritts- oder Rückgaberecht vorbehalten.[207]

Da der Bundesgerichtshof auch sale-and-lease-back-Verträge als verdecktes Abzahlungsgeschäft ansieht, wenn darin ein Erwerbsrecht vereinbart ist, finden die vorgenannten Ausführungen entsprechende Anwendung.[208]

Nach den Grundsätzen der §§ 346 ff. BGB entsteht ein Rückgewährschuldverhältnis, aus dem sich die gegenseitigen Ansprüche ergeben.[209] Der Leasingnehmer ist Zug um Zug gegen Erstattung des gezahlten Leasingentgelts, d.h. der Leasingraten nebst Sonderzahlungen und Zinsen, gemäß § 346 Abs. 1 BGB verpflichtet, das Leasinggut an den Leasinggeber herauszugeben und bei Verschlechterung des Leasingobjekts Wertersatz zu leisten. Sollte der Leasinggeber in diesem Fall zum Rücktritt gegenüber dem Lieferanten berechtigt sein, so kommt es auch in diesem Verhältnis zu einer Rückabwicklung nach den §§ 346 ff. BGB. Dies bedeutet, dass der Lieferant wiederum den Kaufpreis nebst Zinsen an den Leasinggeber gemäß § 346 Abs. 1 BGB auszuzahlen hat.

Verstößt einer Partei gegen ihre Pflichten aus dem erklärten Widerruf, kommen gemäß § 346 Abs. 4 BGB Schadensersatzansprüche in Betracht.

aa. Nutzungsersatz

Wenn der Leasingvertrag bereits in Vollzug gesetzt worden ist, löst der Widerruf Probleme bezüglich des zu leistenden Nutzungsersatzes aus. Der Leasingnehmer hat in diesem Fall Ersatz für den Gebrauch des Leasinggegenstandes zu leisten.

(1) Gezogene Nutzungen

Zur Ermittlung des Nutzungsersatzes ist der Bruttokaufpreis des Leasinggegenstandes durch die voraussichtliche Gesamtnutzungsdauer bzw. bei gebrauchten Gegenständen durch die voraussichtliche Restnutzungsdauer zu teilen und der hieraus resultierende Wert mit der tatsächlichen Nutzungsdauer zu multiplizieren.[210]

---

207 Beckmann, Finanzierungsleasing, § 3, Rn. 290.

208 BGH NJW 1990, 829.

209 Jauernig, § 346, Rn. 2.

210 BGH NJW 2006, 1582; NJW 1996, 250 sowie Palandt/Grüneberg, § 346, Rn. 10 mit weiteren Verweisen.

Die tatsächlichen und noch vorhandenen Nutzungen sind von den Parteien gemäß § 346 Abs. 1 BGB herauszugeben.[211] Nutzungen sind nicht nur Früchte und Gebrauchsvorteile, sondern auch im Hinblick auf das gezahlte Entgelt ersparte Schuldzinsen, wenn der Leasinggeber mit Kontokorrent bzw. – wie üblich – mit einer Refinanzierung arbeiten sollte.[212] Können die gezogenen Nutzungen, wie etwa gefahrene Kilometer des KFZ[213] bzw. der Gebrauchsvorteil am Leasinggegenstand, ihrer Natur nach nicht herausgegeben werden, besteht die Pflicht zum Nutzungsersatz für den Leasingnehmer gemäß § 346 Abs. 2 S. 1 Nr. 1 BGB. Der Anspruch gemäß § 346 Abs. 2 S. 1 BGB ist ausschließlich auf Geld gerichtet und bestimmt sich nach dem Wert des Gegenstandes.[214] Dabei wird für § 346 Abs. 2 S. 1 Nr. 1 BGB eine Verschlechterung des Gegenstandes nicht vorausgesetzt. Die Nutzungsvergütung ist anhand einer Wertschwundberechnung zu ermitteln. Die Verpflichtung zum Nutzungsersatz umfasst sowohl die Zeit vor als auch nach der Erklärung des Widerrufs.[215] Die Höhe der Nutzungen kann durch das Gericht gemäß § 287 ZPO geschätzt werden. Die Leasingraten für vergleichbare Gegenstände sind allerdings kein tauglicher Vergleichsmaßstab, da diese je nach Vereinbarung einer Leasingsonderzahlung bzw. des kalkulierten Restwertes variieren.[216] Mangels Vergleichbarkeit zwischen Leasing, Kauf und Miete kann der alternative Mietwert nicht herangezogen werden.[217] Etwas anderes gilt beim Immobilienleasing, bei dem die ortsübliche Vergleichsmiete herangezogen werden kann.[218] Grundsätzlich ist daher zur Berechnung des Nutzungsersatzes die Gesamtnutzungsdauer heranzuziehen. Es gilt folgende Berechnungsformel:

$$\text{Wert der Nutzung} = \frac{\text{Bruttokaufpreis} \times \text{tatsächliche Nutzungszeit in Tagen}}{\text{erwartete Gesamtnutzungsdauer}}$$

Unabhängig davon, ob eine Vorsteuerabzugsberechtigung besteht, ist stets der Bruttoanschaffungspreis anzusetzen. Zwar ist bei Vorsteuerabzugsberechtigten die Umsatzsteuer wegen des Erstattungsanspruchs gemäß § 15 UStG ein durchlaufender Posten, jedoch orientiert sich ein Nutzungswert am aufzuwendenden Kaufpreis, der zunächst stets brutto anfällt. Dass allein die Ansetzung des Bruttopreises zutreffend sein kann, resultiert auch aus der Überlegung, dass ein Verkäufer beim vollständigen Verbrauch des Gegenstandes weniger als den Anschaffungspreis zurückerhalten würde, wegen

211 Palandt/Grüneberg, § 346, Rn. 6.
212 BGH NJW 1998, 2354.
213 Hierzu umfassend Reinking, Der Autokauf, Rn. 1156 ff.
214 Palandt/Grüneberg, § 346, Rn. 10.
215 Arnold, Jura 2002, 154 ff.
216 Soergel/Huber, § 467, Rn. 174.
217 BGH WM 1991, 1800 ff.; VersR 1969, 628 f.
218 BGH NJW 2006, 1582.

§ 346 Abs. 1 BGB jedoch zur Erstattung des Bruttokaufpreises verpflichtet wäre.[219] Überdies besteht für den Vorsteuerabzugsberechtigten die Verpflichtung zur Korrektur der Umsatzsteuererklärung, wenn der das Entgelt vom Vertragspartner zurück erhält.[220]

(a) Nutzungsersatz bei Kraftfahrzeugen

Bei Kraftfahrzeugen hatte sich in der Rechtsprechung eine pauschale Ansetzung von 0,67 % des Kaufpreises je gefahrener 1000 km etabliert.[221] Dies entspricht jedoch nicht mehr den heutigen Verhältnissen. Aufgrund der verbesserten Qualitätsstandards kann bei Kraftfahrzeugen der mittleren und gehobenen Klasse eine Gesamtlaufleistung zwischen 200.000 und 300.000 km angesetzt werden.[222] Bei Dieselfahrzeugen ist zumindest eine Laufleistung von 200.000 km auszugehen.[223] Zur Schätzung gemäß § 287 ZPO kann die Laufleistung des Leasingvertrages oder aber im Zweifel ein Sachverständigengutachten herangezogen werden. Nur auf diese Weise kann ein realistischer Ansatz erfolgen. Dieser Auffassung sind die Instanzgerichte weitgehend gefolgt.[224] Regelmäßig ist bei Kraftfahrzeugen folglich gemäß § 287 ZPO für jeweils gefahrene 1000 km ein Nutzungswert zwischen 0,4 und 1 % des Anschaffungspreises anzusetzen.[225] Bei Vollamortisationsverträgen wird die Leasingzeit der Gesamtnutzungsdauer entsprechen. Bei Kraftfahrzeugen ist daher auf die Gesamtlaufleistung abzustellen:

$$\text{Wert der Nutzung} = \frac{\text{Bruttokaufpreis} \times \text{gefahrene Kilometer}}{\text{erwartete Gesamtlaufleistung}}$$

Bei Lastkraftfahrzeugen und Omnibussen sind die zu erwartenden Gesamtlaufleistungen ungleich höher und mit 500.000 bis 800.000 km anzusetzen.[226] Aufgrund der höheren Laufleistung ist daher bei Nutzfahrzeugen 0,5 % des Anschaffungspreises

219 BGH WM 1991, 1800 ff.
220 Reinking, Der Autokauf, Rn. 1161 ff.
221 OLG Braunschweig OLGR 1998, 274; LG Bonn NJW-RR 1998, 846.
222 Reinking, Der Autokauf, Rn. 1169 ff.
223 OLG Koblenz VersR 1993, 1492.
224 OLG Hamm AZ: 2 U 40/01; OLG Koblenz VersR 1993, 1492; OLG Stuttgart DAR 1998, 393; OLG Dresden DAR 1999, 68 f.; OLG Braunschweig OLGR 2001, 205; OLG Oldenburg DAR 2000, 219; OLG Frankfurt 13 U 92/02; OLG Karlsruhe NJW 2003, 1950; OLG Köln 13 U 92/02.
225 Palandt/Grüneberg, § 346, Rn. 10 a.E.
226 Reinking, Der Autokauf, Rn. 1169 ff.

maßgeblich.[227] Bei einem Reisemobil wurde von 200.000 km ausgegangen.[228] Bei einem Motorrad wurden 80.000 km angesetzt.[229]

(b) Eingeschränkte Gebrauchstauglichkeit

Für den Fall einer mangelbedingten eingeschränkten Gebrauchsmöglichkeit ist für die Berechnung des Nutzungsersatzes der um die hypothetische Minderung reduzierte Bruttoanschaffungspreis anzusetzen.

Da die Berechnung des Nutzungswertes sich an der üblichen Gebrauchsmöglichkeit orientiert, bedarf es bei einer eingeschränkten Nutzungsmöglichkeit einer Korrektur. Eine Reduzierung hat stets dann zu erfolgen, wenn aufgrund der Mangelhaftigkeit die vertragsgemäße Nutzung reduziert wird. Optische Mängel werden regelmäßig nicht zu einer Reduzierung führen.[230] Eine nachvollziehbare Abänderung des Nutzungswertes kann dadurch erreicht werden, dass der hypothetische Minderungsbetrag vom Bruttoanschaffungspreis abgezogen wird.[231] Jedoch bedarf es hierfür gemäß § 287 ZPO einer Schätzung im Einzelfall, da sich Mängel teilweise auf die Gebrauchstauglichkeit des konkreten Leasingnehmers kaum auswirken bzw. bei zugesicherten Eigenschaften gegebenenfalls eine erhöhte Gebrauchsminderung individuell bei eben diesem Leasingnehmer angesetzt werden muss.[232]

(2) Nicht gezogene Nutzungen

Gemäß § 347 Abs. 1 BGB besteht die Ersatzpflicht selbst für nicht gezogene Nutzungen. Dies wird beim Leasing in der Praxis wohl selten relevant sein, da der Leasinggeber sich regelmäßig refinanzieren und die Raten zur Tilgung heranziehen wird, was eine Nutzung darstellt. Nur für den Fall, dass der Leasinggeber aus den erhaltenen Leasingraten bzw. der Leasingsonderzahlung Nutzungen entgegen den Regeln einer ordnungsgemäßen Wirtschaft nicht zieht, ist der Anspruch aus § 347 Abs. 1 BGB gegeben.[233]

---

227 OLG Stuttgart DAR 1998, 393.
228 OLG München 25 U 5214/91; OLG Nürnberg OLGR 2002, 628 f.
229 OLG Schleswig DAR 1987, 87.
230 OLG Köln DAR 2002, 453.
231 OLG Köln OLGR 1998, 378; NJW-RR 1999, 774; DAR 1993, 349; Gaier WM 2002, 1 ff.
232 Reinking, Der Autokauf, Rn. 1161 ff.
233 Palandt/Grüneberg, § 347, Rn. 3.

bb. Wertersatz für die Ingebrauchnahme durch den Leasingnehmer

Gemäß § 346 Abs. 2 S. 1 Nr. 3 HS. 2 BGB ist der widerrufende Leasingnehmer nicht zum Wertersatz verpflichtet, soweit es den Wertverlust betrifft, der durch die bestimmungsgemäße Ingebrauchnahme eingetreten ist. Der Wertverlust beträgt bei Kraftfahrzeugen durch die bloße Zulassung allerdings regelmäßig bis zu 20 %.[234]

Ob der Leasingnehmer Ersatz dieses Wertverlustes nach § 357 Abs. 3 S. 2 BGB verpflichtet ist, war nach dem Urteil des EuGH vom 03.09.2009[235] umstritten. Das Gesetz legte bisher für die Belehrung/Information keine weiteren Spezifikationen fest.[236]

Durch das Gesetz zur Anpassung der Vorschriften über den Wertersatz bei Widerruf von Fernabsatzverträgen und über verbundene Verträge vom 03.08.2011 kam es zu einer neuerlichen Gesetzesänderung bezüglich des Wertersatzes bei Widerruf, die zum 04.08.2011 in Kraft trat. Dabei wird die Argumentation des EuGH im Urteil vom 03.09.2009 – C-489/07 aufgegriffen und die deutsche Regelung entsprechend angepasst. Gemäß § 357 Abs. 3 Satz 1 BGB n.F. müssen Verbraucher Wertersatz für Verschlechterungen für seit dem 04.11.2011 abgeschlossene Verträge nur dann leisten, wenn diese auf einen Umgang mit der Sache zurückzuführen sind, die über die Prüfung von deren Eigenschaften und Funktionsweise hinausgehen. Nach der neuen Gesetzeslage wird unter Prüfung der Eigenschaften und der Funktionsweise neben der bloßen Augenscheinnahme nun auch eine bestimmungsgemäße Ingebrauchnahme des Gegenstandes verstanden.

Dies bedeutet, dass nur eine über die bestimmungsgemäße Ingebrauchnahme der Sache hinausgehende Nutzung nicht mehr unter die Prüfung der Eigenschaft und Funktionsweise der Sache zu subsumieren ist und zu einer Wertersatzpflicht des Verbrauchers führt. Diese neue Regelung wird als Ausnahme zu § 346 Abs. 2 Satz 1 Nr. 3 BGB angesehen und erfolgt vorwiegend aus Gründen der Beweislastverteilung,[237] wie auch vom EuGH im Urteil vom 03.09.2009 (RS C-489/07) entschieden. Dem Verbraucher soll nicht die Beweislast dafür obliegen, dass er die Sache lediglich im Rahmen, wie es zu ihrer Prüfung erforderlich war, behandelt hat. Darüber hinaus soll den Verbraucher auch nicht die Beweislast dafür treffen, dass er die Sache nur bestimmungsgemäß in Gebrauch genommen hat.

Das bedeutet, dass nun die Beweislast dafür, dass die Verschlechterungen der Sache auf einem Umstand beruht, der für die Prüfung der Sache nicht notwendig gewesen war bzw. eine nicht bestimmungsgemäße Ingebrauchnahme erfolgte, auf den Unternehmer verlagert wurde.[238]

---

234 Palandt/Grüneberg, § 357, Rn. 9.

235 EuGH, Urteil vom 03.09.2009 – Rs. C-489/07 = ZGS 2009, 463.

236 Palandt/Grüneberg, § 357, Rn. 10.

237 BT-Drucks. 17/5095, S. 17.

238 BT-Drucks. 17/5095, S. 17.

Dabei verkennt der Gesetzgeber nicht, dass bereits durch eine bestimmungsgemäße Ingebrauchnahme der Wert der Sache erheblich beeinträchtigt werden kann (z.B. durch Ingebrauchnahme eines Fahrzeugs). Allerdings argumentiert der Gesetzgeber (beruhend auf den Argumenten des EuGH), dass im Falle einer solchen Wertersatzpflicht des Verbrauchers dieser davon abgehalten werden könnte, sein Widerrufsrecht auszuüben, um die möglicherweise entstehende Wertersatzpflicht zu vermeiden.[239] Es ist daher in der Widerrufsinformation nicht mehr erforderlich, den Verbraucher darauf hinzuweisen, wie er eine Wertersatzpflicht für die bestimmungsgemäße Ingebrauchnahme vermeiden kann. Es kommt nun allein auf die Abgrenzung zwischen der Prüfung der Eigenschaften und der Funktionsweise auf der einen Seite und einer darüber hinausgehenden Nutzung auf der anderen Seite an.[240]

Zusammenfassend kann festgehalten werden, dass eine Wertersatzpflicht des Verbrauchers nur noch in folgenden Fällen entsteht:

- Es liegt eine bestimmungsgemäße Ingebrauchnahme vor, die über die Prüfung der Sache hinausgeht, oder
- es liegt eine nicht bestimmungsgemäße Ingebrauchnahme vor.

Dies bedeutet vor allem, dass im Falle des wirksamen Widerrufs eines KFZ-Leasingvertrages die Wertminderung aufgrund der vorgenommenen Zulassung des Fahrzeugs nicht vom Verbraucher ersetzt werden muss. Zu beachten ist zudem, dass der Leasingnehmer nicht zum Ersatz für solche gefahrenen Kilometer verpflichtet ist, die zur Prüfung des Gegenstandes erforderlich waren.[241] Darüber hinaus ist Wertersatz für eine Verschlechterung nur zu leisten, wenn der Verbraucher spätestens bei Vertragsschluss auf die Rechtsfolgen des § 357 Abs. 1 BGB hingewiesen wurde. Die zentrale Vorschrift für den zu leistenden Nutzungsersatz bei Fernabsatzverträgen findet sich nun im neu eingeführten § 312e BGB. Danach soll die bestimmungsgemäße – aber übermäßige oder zweckfremde – Nutzung einer Kaufsache eine Ersatzpflicht auslösen. Die bereits in § 312e BGB geregelte Beweislast für Unternehmer gilt über dem § 357 Abs. 3 BGB nun auch für alle weiteren Widerrufsrechte. Aus Gründen der Einheitlichkeit und Übersichtlichkeit hielt es der Gesetzgeber für sachgerecht, die vorgesehene Beweislastumkehr für alle Widerrufsrechte an allgemeiner Stelle zu regeln[242]. Die Gesetzesänderung führt nun dazu, dass die entsprechenden Muster für die Widerrufsbelehrung/-information erneut anzupassen sind. In Art. 229 § 27 EGBGB findet sich eine Übergangsregelung, nach der die bisher geltenden Muster vom 11.06.2010 bis zum 04.11.2011 weiter Anwendung finden dürfen. Auf die im nachfolgenden Muster bereits geänderte Formulierung wird verwiesen.

239 BT-Drucks. 17/5095, S. 17.
240 BT-Drucks. 17/5097, S. 17, BT-Drucks. 17/5097, S. 17.
241 Reinking, Der Autokauf, Rn. L 135.
242 BT-Drucks. 17/5097, S. 17.

cc. Ausschluss des Wertersatzes

Der Anspruch des Leasinggebers gegen den Leasingnehmer auf Wertersatz für die Verschlechterung des Leasinggegenstandes ist vom Verschulden unabhängig.[243] Wird der Leasinggegenstand zerstört, ist der Leasingnehmer zum Ersatz des Wertes verpflichtet, ohne weiteres Verschulden; nicht dagegen zur Vollamortisation. Bei der Bestimmung des Wertersatzes ist grundsätzlich auf das abzustellen, was die Parteien als Wert angesetzt haben (Anschaffungskosten), § 346 Abs. 2 Satz 2 BGB. Das Gesetz sieht für Verschlechterungen bzw. für den Untergang des Leasinggegenstandes vor, dass bei Erklärung des Rücktritts die Haftungsprivilegierung des § 346 Abs. 3 S. 1 Nr. 3 BGB für die Sorgfalt in eigenen Angelegenheiten im Sinne des § 277 BGB Anwendung finden muss. Wurde der Leasingnehmer jedoch ordnungsgemäß über sein Widerrufsrecht informiert/belehrt, findet diese Haftungsprivilegierung bei der Rückabwicklung nach erfolgten Widerruf keine Anwendung, § 357 Abs. 3 S. 3 BGB. Telos der gesetzlichen Regelung ist, dass nach Widerruf der Leasingnehmer jederzeit mit einer Rückabwicklung rechnen muss.

c. Gerichtsstand und Erfüllungsort der Rückabwicklung

Grundsätzlich gelten die allgemeinen Grundsätze der §§ 12 ff. ZPO. Nach zutreffender Ansicht ist Erfüllungsort für die Rückgabe des Leasinggegenstandes der Ort, an dem sich der Gegenstand vertragsgemäß befindet, regelmäßig der im Leasingvertrag genannte Standort des Leasingobjekts bzw. der Wohnort des Leasingnehmers.[244] Dies soll selbst dann gelten, wenn der Leasinggegenstand zwischenzeitlich zurückgegeben wurde.[245] Eine Prorogation ist bei Verbrauchern wegen § 38 ZPO im Leasingvertrag nicht möglich. Ist jedoch im Vertrag vereinbart, dass der Leasingnehmer das Leasingobjekt an den Leasinggeber zurückzugeben hat, ist Erfüllungsort der Sitz des Leasinggebers, §§ 17, 29 ZPO.

5. Rechtsfolgen des nicht erklärten Widerrufs

Das Widerrufsrecht ist ein Gestaltungsrecht, so dass die Wirkungen nur eintreten, wenn der Verbraucher den Widerruf form- und fristgemäß erklärt.

Sollte der Verbraucher keinen Gebrauch von dem ihm eingeräumten Widerrufsrecht machen und sich etwa auf die Erhebung anderer Einwände gegen einen Erfüllungsanspruch des Unternehmers berufen, so bleibt ihm das Widerrufsrecht so lange

---

243 Bamberger/Roth, § 347, Rn. 20.
244 Palandt/Grüneberg, § 269, Rn. 16.
245 LG Kleve NJW-RR 2003, 196.

erhalten, wie die Frist hierfür noch nicht abgelaufen ist. Vor allem für den Fall der Anlaufhemmung des § 355 Abs. 3 S. 3 HS. 1 BGB kann dies entscheidungserheblich werden. Der Leasingnehmer kann sich dann auf den Widerruf im Rahmen der Vollstreckungsgegenklage gemäß § 767 ZPO berufen.[246] Die zur Rechtslage vor 2002 ergangene Rechtsprechung ist aufgrund der neuen Gesetzeslage obsolet.[247] Nach heutiger Rechtslage ist der Widerruf ein Gestaltungsrecht,[248] das einen anfänglich voll wirksamen Vertrag umgestaltet, so dass einer Berufung auf § 767 Abs. 1 ZPO nichts im Wege steht, solange nicht nach § 767 Abs. 2 ZPO der Widerruf präkludiert ist.[249] Nach dem Bundesgerichtshof ist zur Wahrung der Rechtskraft und Rechtssicherheit für das Entstehen des Widerrufsrechts, nicht die Ausübung desselben entscheidend,[250] wenn es sich bei der zeitlichen Wahlfreiheit des Berechtigten nur um eine Nebenfolge, nicht aber um den Zweck des Gestaltungsrechtes handelt.[251]

Da der Bundesgerichtshof das Widerrufsrecht zutreffend als Gestaltungsrecht qualifiziert, wird der Leasingnehmer bei Titeln, die Rechtskraft entfalten (nicht aber Vergleich bzw. vollstreckbare Urkunde, § 797 Abs. 4 ZPO), regelmäßig präkludiert sein.

6. Rückgaberecht statt Widerruf

Dem Verbraucher kann vom Unternehmer anstelle des Widerrufsrechts ein Rückgaberecht im Sinne von § 356 BGB eingeräumt werden, § 508 Abs. 1 BGB.

Dies gilt seit dem 11.06.2010 für alle unter die Darlehensvorschriften fallenden Verträge. Die Einschränkung der §§ 499 Abs. 2, 508 Abs. 2 BGB, wonach das Rückgaberecht auf Finanzierungsleasingverträge keine Anwendung findet, ist nach neuer Rechtslage nicht mehr vorgesehen. Das Rückgaberecht bleibt jedoch auf Fernabsatzverträge zugeschnitten und wird für den Leasingvertrag kaum Bedeutung gewinnen. Nimmt in diesem Zusammenhang der Unternehmer die gelieferte Sache wieder an sich, so löst diese Handlung eine Rücktrittsfiktion aus. Im Unterschied zum Widerrufsrecht kann der Leasingnehmer das Rückgaberecht nur durch Rückgabe des Leasinggegenstandes ausüben.[252] Der Leasinggeber muss den Leasingnehmer jedoch bei Vertragsschluss hierauf hinweisen. Der Inhalt des Hinweises ergibt sich aus §§ 508

246 Baumbach/Lauterbach/Albers/Hartmann/Hartmann, § 767, Rn. 37.
247 BGH NJW 1996, 57, 58.
248 Palandt/Grüneberg, § 355, Rn. 3.
249 Staudinger, § 361a, Rn. 20; Lorenz, JuS 2000, 833; K. Schmidt, JuS 2000, 1096; Berger, Jura 2001, 289.
250 Thomas/Putzo, § 767, Rn. 9.
251 BGHZ 103, 362, 366.
252 Palandt/Grüneberg, § 356, Rn. 1.

Abs. 1, 356 BGB. Ein Muster für eine ordnungsgemäße Belehrung über das Rückgaberecht findet sich in Anlage 2 zu Art. 246 EGBGB.

IV. Leasingvertrag als verbundenes Geschäft

Die Vorschriften der §§ 358, 359 BGB über verbundene Verträge sind auf Leasing- bzw. Mietkaufverträge zwischen Verbrauchern und Unternehmern nur unter den dort genannten Voraussetzungen anwendbar, da § 506 Abs. 1 BGB eine Rechtsgrundverweisung ist. Da in der typischen Leasingsituation lediglich der Leasinggeber – nicht aber der Leasingnehmer – zwei Verträge abschließt, ist beim indirekten Leasing regelmäßig kein verbundenes Geschäft gegeben. Beim Eintrittsmodell kommt dagegen eine Anwendbarkeit in Betracht.

---

1. Verbundene Verträge

§ 506 Abs. 1 BGB ist eine Rechtsgrundverweisung auf die §§ 358 ff. BGB.[253] Voraussetzung für die Anwendbarkeit der §§ 358 ff. BGB ist folglich, dass der Leasingnehmer zwei Verträge abschließt und diese Verträge eine wirtschaftliche Einheit darstellen. Voraussetzung für die wirtschaftliche Einheit i.S.d. § 358 Abs. 3 BGB ist wiederum, dass sich beide Verträge als Teilstücke einer rechtlichen oder wenigstens wirtschaftlichen Einheit ergänzen.[254] Eine derartige Verbindung liegt nach § 358 Abs. 3 S. 2 BGB insbesondere dann vor, wenn der Leasingvertrag der Finanzierung des Kaufpreises dient. Dies ist beim Leasingvertrag der Fall. Weitere Indizien sind die Verwendung einheitlicher oder aufeinander abgestimmter Formulare durch Verkäufer und Leasinggeber, die Bezeichnung der Vertragspartner im Vertrag als „Käufer und Leasingnehmer" oder das (teilweise) Bestehen von Namens- oder Firmengleichheit.[255] Weiterhin ist Voraussetzung, dass Verkäufer und Leasinggeber aus der Sicht des Verbrauchers einvernehmlich zusammenwirken, um den Leasingvertrag zustande zu bringen. Dafür ist es allerdings nicht erforderlich, dass der Lieferant über Vertragsformulare verfügt. Vielmehr genügt es, dass der Lieferant den Verbraucher veranlasst, sich an den Leasinggeber zum Abschluss des Leasingvertrages zu wenden.

a. Indirektes Leasing

Beim klassischen indirekten Leasing schließt der Leasingnehmer nur einen Vertrag ab; mithin den Leasingvertrag. Der Liefervertrag kommt dagegen zwischen dem Lea-

---

253 Palandt/Weidenkaff, § 506, Rn. 2.

254 Palandt/Grüneberg, § 358, Rn. 10.

255 Palandt/Grüneberg, § 358, Rn. 12 m.w.N.

singgeber und dem Leasingnehmer zustande, so dass die §§ 358 ff. BGB nicht anwendbar, weil der Leasingnehmer keine zwei Verträge abschließt.

b. Eintrittsmodell

Beim Eintrittsmodell schließt der spätere Leasingnehmer den Kaufvertrag zunächst im eigenen Namen mit dem Lieferanten ab. In der Folgezeit kommt es zum Leasingvertrag, der der Finanzierung des Kaufvertrages dient. Die Eigentumsübertragung und die Finanzierung vollziehen sich unmittelbar im Verhältnis Lieferant und Leasinggeber, in dem dieser im Wege einer befreienden Vertragsübernahme in den Kaufvertrag zwischen Leasingnehmer und Lieferant eintritt und den Kaufpreis begleicht. Da der Leasingnehmer beim Eintrittsmodel zwei Verträge abschließt, kommt eine Anwendbarkeit der §§ 358 ff. in Betracht. Dabei sind drei Konstellationen zu unterschieden:

1. Der Leasinggeber ist mit dem Lieferanten identisch.
2. Der Leasinggeber bedient sich der Mitwirkung des Lieferanten/ Hersteller bei Vorbereitung oder Abschluss des Leasingvertrags.
3. Der Leasingnehmer schließt einen Kaufvertrag mit dem Lieferanten und einen Leasingvertrag mit dem Leasinggeber, ohne dass die Verträge eine wirtschaftliche Einheit i.S.d. § 358 Abs. 3 BGB bilden (z.B.: zwischen Lieferant und Leasinggeber besteht keine Geschäftsbeziehung).

In den Fällen 1 und 2 liegt jeweils ein verbundener Vertrag zwischen dem Leasingvertrag und dem Kaufvertrag vor, da Kauf- und Leasingvertrag eine wirtschaftliche Einheit i.S.d. § 358 Abs. 3 BGB darstellen. Widerruft der Leasingnehmer den Leasingvertrag, so ergibt sich Folgendes:

- Der Leasingvertrag ist aufgrund des Widerrufs über die §§ 357 Abs. 1, 346 BGB rückabzuwickeln.
- Der Eintrittsvertrag entfällt, da dieser unter der aufschiebenden Bedingung des wirksamen Zustandekommens des Leasingvertrages geschlossen wurde.
- Auf Grund des Vorliegens eines verbundenen Vertrags zwischen Kaufvertrag und Leasingvertrag fällt der Kaufvertrag mit Widerruf des Leasingvertrags.

Im Fall 3 ist der Leasinggeber nicht mit dem Lieferanten identisch und bedient sich auch nicht des Lieferanten bei Abschluss des Leasingvertrags. In diesem Fall liegt kein verbundener Vertrag zwischen dem Leasingvertrag und dem Kaufvertrag vor, da es an der wirtschaftlichen Einheit der Verträge fehlt.[256] Es stellt sich in diesem Fall die Frage, wie der zwischen Leasinggeber, Leasingnehmer und Lieferanten entstehende Eintrittsvertrag im Falle des Widerrufs des Leasingvertrags zu beurteilen ist.

256 Vgl. Palandt/Grüneberg, BGB, § 358, Rn. 12.

Bei der Vertragsübernahme durch den Leasinggeber handelt es sich nicht um eine Erfüllungsübernahme gemäß § 429 BGB[257], sondern um eine Schuldübernahme im Sinne von § 414 BGB ff. BGB[258]. Wird nun der Leasingvertrag vom Verbraucherleasingnehmer widerrufen, so entfällt damit die Geschäftsgrundlage für den Eintrittsvertrag, so dass dieser rückabgewickelt wird (vgl. § 313 BGB). Es realisiert sich das Finanzierungsrisiko des Leasingnehmers, da er sich am Kaufvertrag mit den Lieferanten festhalten muss, was sachgerecht ist, da der Kaufvertrag bei der Variante 3 keine Einheit mit dem Leasingvertrag darstellt. Etwas anderes gilt jedoch dann, wenn im Kaufvertrag die beabsichtigte Finanzierung verankert wird (z.B. Abwicklung über Leasing), da die Rechtsprechung in diesem Fall einen Kaufvertrag unter der Bedingung des Zustandekommens eines Leasingvertrages annimmt, so dass mit dem Widerruf des Leasingvertrages auch der Kaufvertrag aufgrund der Bedingung fällt.

2. Widerrufsdurchgriff bei nicht miteinander verbundenen Verträgen

a. Verträge über Lieferung von Waren oder Erbringung von Dienstleistungen

Zum 11.06.2010 wurde in das BGB § 359a Abs. 1 BGB aufgenommen. § 359a Abs. 1 BGB ermöglicht dem Verbraucherleasingnehmer einen Widerrufsdurchgriff in den Fällen, in denen der Darlehensvertrag und der Vertrag über die Lieferung einer Ware oder der Erbringung einer Leistung keine verbundenen Geschäfte im Sinne von § 358 Abs. 3 BGB darstellen. Über § 506 Abs. 1 BGB finden diese Vorschriften für die unter § 506 BGB zu subsumierenden Leasingverträge entsprechende Anwendung.

Voraussetzung für die Anwendung des § 359a Abs. 1 BGB ist die Angabe des Vertragsgegenstands im Vertrag. Es muss aufgrund dieser Angaben eine Identifizierung des Vertragsgegenstands möglich sein. Die bloße Typenbezeichnung genügt nicht.[259] Werden diese Voraussetzungen durch den jeweiligen Vertrag erfüllt, so ist der Verbraucher an seine auf Abschluss des Leasingvertrags gerichtete Willenserklärung nicht mehr gebunden, wenn er den Vertrag über die Lieferung der Waren oder die Erbringung der Leistungen widerruft. Es treten dann die Rechtsfolgen des § 358 Abs. 4 BGB ein. Zu beachten ist, dass § 359a BGB dem Verbraucher lediglich einen Widerrufs-, nicht jedoch einen Einwendungsdurchgriff gewährt.[260]

Mit der Neufassung von § 359a Abs. 2 BGB finden die § 358 Abs. 2 und Abs. 4 BGB auch auf Verträge über Zusatzleistungen, die der Verbraucher im Zusammenhang mit

257 A.A. OLG Dresden, Urteil vom 26.04.1995 – 8 U 1551/94 = NJW-RR 1996, 625.
258 BGH, Urteil vom 09.05.1990 – VIII ZR 22/89 = NJW-RR 1990, 1009; BGH, Urteil vom 25.11.1992 – VIII ZR 176/91 = NJW-RR 1993, 307; vgl. Reinking, Der Autokauf, L 106, L 237.
259 Vgl. Gesetzesbegründung zu Nr. 11 (Einfügung des § 358a), BT-Drucks. 16/11643, S. 73.
260 Vgl. Palandt/Grüneberg, § 359a BGB, Rn. 3.

dem Verbraucherleasingvertrag geschlossen hat, entsprechende Anwendung. Ein verbundenes Geschäft im Sinne von § 358 Abs. 3 BGB ist nicht erforderlich.

b. Verträge über Zusatzleistungen

In Art. 247 § 8 Abs. 1 EGBGB wird der Begriff der Zusatzleistung definiert. Gemäß § 359a Abs. 2 BGB ergibt sich für den Verbraucherleasingnehmer auch bei Verträgen über Zusatzleistungen, die eine unmittelbare kausale Verknüpfung mit dem Leasingvertrag aufweisen, die Möglichkeit des Widerrufsdurchgriffs. Hierfür ist nicht erforderlich, dass die zu erbringenden Zusatzleistung auf einer separaten Vereinbarung zwischen dem Leasinggeber und dem Dritten beruht, wie es in Art. 14 der Verbraucherkreditrichtlinie 2008 vorgesehen ist.[261] Wird der Leasingvertrag widerrufen, so ist der Verbraucher an seine auf Abschluss des Vertrags über die Zusatzleistung gerichtete Willenserklärung ebenfalls nicht mehr gebunden. Für das Beispiel des Kfz-Leasingvertrags erlangt diese Regelung vor allem im Rahmen der Restschuldversicherung, der Leasingratenversicherung bzw. der so genannten GAP-Versicherung (Versicherung des Restamortisationsrisikos) Bedeutung. Neben der GAP-Versicherung stellt bei einem KFZ-Leasingvertrag die Pflicht, eine Haftpflicht- und Kaskoversicherung abzuschließen, eine typische Zusatzleistung dar. Auch Garantieversicherungen im Sinne von § 443 BGB und Wartungsverträge können unter den Regelungsinhalt fallen. Entscheidend ist jedoch, dass diese Verträge über den Leasinggeber und nicht über Dritte abgeschlossen werden. Sämtliche dieser Verträge werden unwirksam, wenn der Verbraucherleasingnehmer den Verbraucherleasingvertrag widerruft. Es ist jedoch jeweils eine Abgrenzung dahingehend vorzunehmen, ob die abgeschlossene Versicherung und der Leasingvertrag nicht schon ein verbundenes Geschäft im Sinne von § 358 Abs. 3 BGB darstellen.[262] Liegt ein verbundenes Geschäft vor, ist ein Rückgriff auf § 359a Abs. 2 BGB nicht erforderlich, da § 358 Abs. 2 und 4 BGB in diesem Fall unmittelbar anwendbar sind.

3. Rechtsfolgen der §§ 358, 359 BGB

Die wirtschaftlich verbundenen Verträge bleiben rechtlich selbständig und bilden kein einheitliches Rechtsgeschäft.[263]

---

261 Vgl. Mülbert/Wilhelm, Rechtsfragen der Kombination von Verbraucherdarlehen und Restschuldversicherung, WM 2009, 2241, 2244.

262 BGH, Urteil vom 15.12.2009 – XI ZR45/09; a.A. Mülbert/Wilhelm, Rechtsfragen der Kombination von Verbraucherdarlehen und Restschuldversicherung, WM 2009, 2241, 2245.

263 Palandt/Grüneberg, § 358, Rn. 19.

a. Widerrufsrecht bezüglich des Kaufvertrags

Das Gesetz gibt dem Verbraucher durch den Widerruf des Leasingvertrages bzw. Kaufvertrages in § 358 BGB die Möglichkeit, sich der Bindung des jeweils verbundenen Vertrages zu entziehen. Er ist somit bei einem wirksamen Widerruf an beide Verträge nicht mehr gebunden. Diese sind dann – der widerrufene Vertrag direkt und der verbundene Vertrag in entsprechender Anwendung – gemäß § 357 BGB rückabzuwickeln.[264]

b. Einwendungsdurchgriff

Das Gesetz gibt dem Verbraucher das Recht, die Zahlungen auf das Darlehen – beim Leasingvertrag folglich die Zahlung der Leasingraten – einzustellen, wenn er gegenüber dem Verkäufer aus dem Kaufvertrag Einwendungen erheben kann, § 359 BGB. Dieses Recht ist allerdings nur ein Leistungsverweigerungsrecht und kein Rückforderungsrecht. Ein solches Rückforderungsrecht könnte sich nach teilweise vertretener Ansicht zwar aus § 358 Abs. 4 S. 3 BGB oder aus § 813 Abs. 1 S. 1 BGB ergeben,[265] was von der herrschenden Lehre und vom Bundesgerichtshof allerdings abgelehnt wird. Nach § 359 S. 2 BGB ist der Einwendungsdurchgriff ausgeschlossen, wenn das finanzierte Entgelt 200 € nicht überschreitet (was für Leasingverträge ohne Relevanz sein dürfte) oder die Einwendung auf einer nach Abschluss des Leasingvertrages vereinbarten Vertragsänderung beruht. Unter Einwendungen werden alle rechtshindernden, -vernichtenden und -hemmenden Einwendungen verstanden.[266] Diese müssen im Rechtsverhältnis zwischen den Parteien des finanzierten Vertrages bereits entstanden und, sofern es sich um Gestaltungsrechte (Minderung, Rücktritt) handelt, gegenüber dem Unternehmer oder Leasinggeber geltend gemacht worden sein, wobei bei mehreren Gestaltungsrechten § 350 BGB entsprechend gilt.[267] Der Verbraucher kann jedoch während der Nacherfüllungsfrist zur Mängelbehebung die Einrede des nicht erfüllten Vertrages, § 320 BGB, nicht geltend machen, § 359 S. 3 BGB. Der Einwendungsdurchgriff bringt dem Leasingnehmer einen zeitlichen Vorteil. Üblicherweise ist der Leasingnehmer erst von dem Zeitpunkt an zur Einstellung der Zahlung der Leasingraten befugt, in dem er Klage gegen den Lieferanten erhoben hat.[268] Auch nach der Schuldrechtsreform findet sich diese Regelung in sämtlichen Leasingbedingungen. Nach § 359 BGB wird der Zeitpunkt auf den des Fehlschlagens der Nacherfüllung, der Erklärung des Rücktritts bzw. der sonstigen Leistungsstörung vorverlagert.

---

264 Palandt/Grüneberg, § 358, Rn. 20.
265 Palandt/Grüneberg, § 359, Rn. 4.
266 Palandt/Grüneberg, § 359, Rn. 3.
267 Palandt/Grüneberg, § 359, Rn. 3; BGH NJW 2000, 3559; 2003, 2821; NJW-RR 2000, 1576.
268 BGH NJW 1986, 1744; Reinking, DAR 2002, 145, 148.

Das ist eine erhebliche Besserstellung[269] des Verbrauchers im Vergleich zur bisherigen Rechtsprechung zum finanzierten Abzahlungskauf, wonach der Verbraucher zunächst erfolglos gegen den Verkäufer vorgehen musste.

4. Auswirkungen auf die Widerrufsbelehrung

Gemäß Art. 247 § 12 Abs. 1 EGBGB sind die §§ 1 bis 11 des Art. 247 EGBGB für entgeltliche Finanzierungshilfen gemäß § 506 Abs. 1 BGB und somit auch für den Leasingvertrag entsprechend anwendbar. Darin wird festgelegt, dass im Falle der Verwendung des Musters gemäß Anlage 6 zu Art. 247 § 6 Abs. 2 und § 12 Abs. 1 EGBGB in deutlich gestalteter und hervorgehobener Form, den Anforderungen gemäß Art. 247 § 12 Abs. 1 Nr. 2b EGBGB für verbundene Verträge sowie Geschäften nach § 359a Abs. 1 BGB genügt. Dies gilt für entgeltliche Finanzierungshilfen allerdings nur, wenn die Informationen im Einzelfall an den vorliegenden Vertragstyp angepasst werden (vgl. Art. 247 § 12 Abs. 1 S. 4 EGBGB). Problematisch ist hierbei vor allem, dass die generelle Information eines Verbraucherleasingnehmers über die Widerrufsinformationen für verbundene Verträge keine Lösung darstellt, da auch eine Überbelehrung zu einer nicht ordnungsgemäßen Widerrufsinformation führen kann und somit die oben dargestellte Gesetzlichkeitsfiktion verloren gehen und auch die dann erforderliche Überprüfung durch die Gerichte zu einer unwirksamen Widerrufsinformation führen würde. Der Leasinggeber muss deshalb vor Vertragsschluss überprüfen und festlegen, ob es sich jeweils um verbundene Verträge im Sinne des § 358 Abs. 3 BGB handelt und somit die umfangreichere Widerrufsinformation erforderlich ist oder die Standardinformation ohne die im Muster vorgesehenen zusätzlichen Angaben ausreicht.

V. Leasinggeberkündigung wegen Zahlungsverzuges

Für eine außerordentliche Kündigung des Leasinggebers wegen Zahlungsverzuges des Leasingnehmers als Verbraucher sind für Leasingverträge i.S.d. § 506 BGB aufgrund § 498 Abs. 1 S. 1 BGB über § 543 Abs. 2 Nr. 3 BGB hinausgehende Voraussetzungen erforderlich.
Der Leasingnehmer muss zumindest mit zwei **aufeinander folgenden** Leasingraten in Verzug sein, wobei ausreichend ist, wenn die Raten nur teilweise nicht bezahlt wurden.
Kumulativ muss der Leasingnehmer mit mindestens 10 %, bei einer Laufzeit von mehr als drei Jahren, mit mindestens 5 % des Nennbetrages der Leasingraten im Verzug sein. Als Bemessungsgrundlage für die Rückstandsquote ist auf die Summe der Brutto-Leasingraten abzustellen. Dies entspricht der Laufzeit, d.h., bei einem Leasingvertrag von 36 Monaten, zumindest 3,6 Raten.
Die Voraussetzungen einer Kündigung **müssen zum Zeitpunkt des Zugangs beim Leasingnehmer vor-**

---

269 Reinking (DAR 2002, 145, 147) sieht nur „marginale Vorteile".

liegen. Spätere Zahlungen wirken sich nicht aus. Die Kündigung wegen Zahlungsverzugs des Leasingnehmers als Verbraucher wird selbst dadurch nicht ausgeschlossen, dass er vor Ausspruch der ihm angedrohten Kündigung den rückständigen Betrag durch eine Teilzahlung unter die Rückstandsquote von zehn beziehungsweise fünf vom Hundert des Nennbetrags des Kredits oder des Teilzahlungsanspruchs verringert.
Der Leasinggeber muss dem Leasingnehmer **zusätzlich vor Ausspruch der Kündigung erfolglos eine Nachfrist zur Zahlung** des genau zu beziffernden Rückstandes (qualifizierte Mahnung) von zwei Wochen mit Kündigungsandrohung gesetzt haben. Dabei muss auch der Hinweis erfolgen, dass er innerhalb der Frist die gesamte Restschuld verlange. Dabei soll er dem Leasingnehmer ein Gespräch über die Möglichkeiten einer einvernehmlichen Lösung anbieten.

Während die Verbraucherschutzvorschriften bei einer Kündigung aus wichtigem Grund wegen vertragswidrigen Gebrauchs keine Änderungen im Vergleich zur gesetzlichen Regelung des § 543 BGB enthalten, wird der Kündigungsgrund des Zahlungsverzugs bei unter § 506 BGB zu subsumierenden Leasingverträgen durch § 498 Abs. 1 S. 1 BGB modifiziert. § 498 Abs. 1 S. 1 BGB enthält dabei eine für das Leasing anwendbare Sonderregelung für die Voraussetzungen einer Kündigung wegen Zahlungsverzuges, die der Regelung des § 543 Abs. 2 Nr. 3 BGB vorgeht.[270] Die strengeren Kündigungsvoraussetzungen des § 498 Abs. 1 S. 1 BGB sind ebenso gegenüber mithaftenden Verbrauchern (Schuldbeitritt[271]) zu beachten. Trotz wirksamer Kündigung gegenüber einem nicht in den Schutzbereich des § 491 Abs. 1 BGB fallenden Leasingnehmer bleibt der Erfüllungsanspruch gegen den Mithaftenden bestehen. Dieser kann sich aber dann auf eine fehlende Fälligkeit berufen.

1. Qualifizierter Ratenverzug

Erste Voraussetzung für eine Kündigung wegen Zahlungsverzuges nach § 498 Abs. 1 S. 1 BGB ist ein sog. qualifizierter Ratenverzug. Der Leasingnehmer muss dafür mit mindestens zwei aufeinander folgenden Zahlungen ganz oder teilweise und zumindest mit 10 Prozent, bei einer Laufzeit des Vertrags über drei Jahre, mit 5 Prozent der Leasingraten im Sinne des § 286 BGB in Verzug sein.

a. Zwei aufeinander folgende Raten

Die Kündigung eines Leasingvertrages durch den Leasinggeber wegen Zahlungsverzug gemäß § 543 Abs. 2 Nr. 3 BGB wird durch die Vorschrift des § 498 Abs. 1 S. 1 BGB modifiziert. § 498 Abs. 1 S. 1 BGB verlangt nicht nur, dass der Leasingnehmer mit zwei Leasingraten im Verzug ist, sondern es muss sich hierbei auch um zwei auf-

---

270 BGH NJW 2001, 1349; Palandt/Weidenkaff, § 498, Rn. 2.
271 Palandt/Weidenkaff, § 498, Rn. 2; § 491, Rn. 11; OLG Karlsruhe NJW-RR 1998, 1438.

einander folgende Raten handeln. Es ist ausreichend, wenn die Leasingrate auch nur teilweise nicht bezahlt wurde.[272] Dies führt dazu, dass es dem Leasingnehmer möglich ist, den Eintritt dieser Voraussetzung dadurch zu verhindern, dass er mittels einer zuvor abgeschlossenen einseitigen Tilgungsbestimmung nur auf jede zweite Rate leistet. Um diese rechtsmissbräuchliche Gestaltung für den Leasinggeber zu vermeiden, empfiehlt es sich, im Voraus in den Allgemeinen Leasingbedingungen eine Vereinbarung zu treffen, wonach die Zahlungen des Leasingnehmers in einer bestimmten Reihenfolge auf die ausstehenden Leasingraten angerechnet werden (vertraglich antizipierte Tilgungsbestimmung). Dies ist nach der Rechtsprechung des Bundesgerichtshofes durch eine formularvertragliche Vereinbarung möglich.[273] Allerdings muss eine solche Klausel den Belangen des Schuldners genügen, da dieser ein schützenswertes Interesse daran hat zu wissen, auf welche Rate er leistet. Demnach ist eine freie einseitige Bestimmungsmöglichkeit durch den Leasinggeber unwirksam. Eine starre Festlegung der Reihenfolge ist hingegen zulässig. Teilweise wird von einem stillschweigenden Ausschluss des Bestimmungsrechts des Leasingnehmers bzw. von einer generellen Verrechnungsabrede ausgegangen. Die Aufnahme einer entsprechenden Klausel in die Allgemeinen Leasingbedingungen empfiehlt sich aber schon allein deshalb, weil es Fälle geben mag, bei denen beide vorgenannten Konstruktionen versagen. Dies ist der Fall, wenn dem Verzug mit der einzelnen Rate eine Mahnung vorausgehen muss und der Vertragszins höher ist als der nach § 497 Abs. 1 BGB zu zahlende Zins. Dann ist schon nach § 366 Abs. 2 BGB die Zahlung auf die laufende Rate anzurechnen.

b. Rückstandsquote von 10 % bzw. 5 %

Weiterhin muss die Rückstandsquote die Schwelle von 10 % bzw. 5 % erreichen. Der Bundesgerichtshof stellt in seiner Rechtsprechung im Ergebnis auf die Summe der Brutto-Leasingraten, und nicht wie teilweise vertreten, auf die Nettoraten, als Bemes-

272 Palandt/Weidenkaff, § 498, Rn. 5.

273 Vgl. BGHZ 91, 375 = NJW 1984, 2404; BGH ZIP 1991, 1054: *„Grundsätzlich mag auch in Allgemeinen Geschäftsbedingungen die Tilgungsbestimmungsregelung des § 366 BGB abbedungen werden können. Wirksam ist sie jedoch nur dann, wenn in der an die Stelle des Gesetzes tretenden Regelung die Belange auch des Schuldners in angemessener Weise berücksichtigt werden. Es darf nicht übersehen werden, „dass das Zahlungsgeschäft vom Schuldner ausgeht“ (RGZ 66, 54 [59]), dass er insbesondere die Darlegungs- und Beweislast für die Erfüllung einer Schuld trägt. Er muss, wenn er die Tilgung schon nicht selbst bestimmen und demgemäß sie auch darlegen und beweisen kann, bei der Erfüllung wissen, auf welche Schuld er leistet. Dem Verwender von Allgemeinen Geschäftsbedingungen, der sich als Gläubiger das Erfüllungsbestimmungsrecht einräumen lässt, ist zuzumuten, sich bei Vertragsschluss auf eine bestimmte Tilgungsreihenfolge für mehrere Forderungen festzulegen ...“*

sungsgrundlage für die Rückstandsquote ab.[274] Insbesondere sind der kalkulierte Restwert und/oder Sonderzahlungen nicht zu berücksichtigen, da ansonsten eine mehrmonatige Wartezeit entstehen könnte, bevor die erforderliche Rückstandsquote erreicht werden würde.[275] Eine solche Wartezeit wäre trotz des bezweckten Verbraucherschutzes nicht zumutbar.[276]

---

274 Vgl. BGH Urteil vom 14.2.2001 – VIII ZR 277/99 = BGHZ 147, 7 = NJW 2001, 1349, bestätigt durch BGH Urteil vom 26.01.2005 – VIII ZR 90/04 = WM 2005, 459 = ZIP 2005, 406: *„Für die nunmehr erforderliche Entscheidung der Frage, wie die Rückstandsquote bei Finanzierungsleasingverträgen zu berechnen ist, kann offen bleiben, ob von dem Nennbetrag des Kredits oder Teilzahlungspreis auszugehen ist und ob danach – zusätzlich zu den Leasingraten – ein kalkulierter Restwert und eine ... Sonderzahlung zu berücksichtigen ist. Unabhängig davon ist im Ergebnis allein die Summe der Brutto-Leasingraten maßgebend. Die in den Leasingraten enthaltenen Zinsen und Kosten sind schon deswegen nicht abzusetzen, weil sie vom Leasinggeber ... im Leasingvertrag üblicherweise nicht angegeben werden und der Leasingnehmer ohne diese Angabe nicht voraussehen kann, wann die Rückstandsquote erreicht ist."*

275 Vgl. BGH Urteil vom 14.02.2001 – VIII ZR 277/99 = BGHZ 147, 7 = NJW 2001, 1349: *„Sollten der kalkulierte Restwert und/oder eine Sonderzulage bei der Berechnung der Rückstandsquote zu berücksichtigen sein, würde dies zu Ergebnissen führen, die eine Korrektur nach Sinn und Zweck der Regelung erforderlich machten. Allein schon die Einbeziehung des kalkulierten Restwertes in die Berechnung der Rückstandsquote hätte zur Folge, dass die Zeit, die bei Ausbleiben der monatlichen Leasingraten zur Erreichung der Rückstandsquote erforderlich ist (sog. Wartezeit), viele Monate betragen könnte. Sie würde – bei jeweils gleichbleibender Laufzeit des Vertrages und Gesamtleistung des Leasingnehmers – umso länger ausfallen, je größer der Restwert und je geringer demgemäß die Summe aller Leasingraten und damit zugleich die einzelne monatliche Rate wären. Die Wartezeit würde sich noch weiter verlängern, wenn neben dem kalkulierten Restwert auch eine vertraglich vereinbarte Sonderzahlung zu berücksichtigen wäre."*

276 Vgl. BGH Urteil vom 14.02.2001 – VIII ZR 277/99 = BGHZ 147, 7 = NJW 2001, 1349: *„Danach mögliche Wartezeiten von sechs, neun oder gar mehr Monaten (vgl. die Beispiele bei Ball, Rn. 2141, Engel, BB 1997, Beil. 6, S. 26, und Engel/Paul, S. 336 f.) wären indessen auch unter Berücksichtigung des vom Verbraucherkreditgesetzes bezweckten Verbraucherschutzes nicht gerechtfertigt. Das Ausbleiben mehrerer Raten lässt auf eine besondere Kreditgefährdung schließen (vgl. die Gesetzesbegr. zu § 11 RegE, dem Vorläufer von § 12 VerbrKrG, BT-Dr 11/5462, S. 27). Je länger der Leasinggeber mit der Kündigung zuwarten muss, desto größer wird die Gefahr, dass er mit seinen anwachsenden Forderungen gegen den Leasingnehmer ausfällt, zumal die Leasingsache, die nicht selten die einzige Sicherheit darstellt, im Verlauf der Zeit durch fortgesetzten Gebrauch zunehmend entwertet wird oder gar ganz verloren geht. Angesichts dessen müsste bei Einbeziehung eines kalkulierten Restwertes und/oder einer Sonderzahlung in die Berechnung der Rückstandsquote das Ergebnis nach Sinn und Zweck der Regelung korrigiert werden. Die – aus § 4 II AbzG übernommene – Regelung der Rückstandsquote in § 12 I 1 Nr. 1 VerbrKrG ist ganz auf Geldkredite und Abzahlungsgeschäfte zugeschnitten (vgl. die Gesetzesbegr.), die in gleichbleibenden Raten abzutragen sind. Deswegen erschiene es nahe liegend und sachgerecht (Ball, Rn. 2142), die vom Leasingnehmer geschuldeten Zahlungen, die in die Rückstandsquote einzubeziehen wären, in einer fiktiven Vergleichsregelung gleichmäßig auf die Vertragslaufzeit zu verteilen und sodann zu ermitteln, mit welcher Anzahl dieser fiktiven Leasingraten der Leasingnehmer in Verzug sein müsste, um die Rückstandsquote zu erreichen. Wäre der Leasingnehmer tatsächlich mit einer entsprechenden Anzahl realer Leasingraten – oder bei teilweisem Ausbleiben einzelner Raten mit*

Diese Auffassung ist bereits deshalb vorzugswürdig, da allein durch diese die 5 bzw. 10-Prozent-Grenze auch für den Leasingnehmer kalkulierbar und überschaubar bestimmt werden kann. Sonderzahlungen (Anzahlung und Abschlusszahlung) sowie der kalkulierte Restwert sind daher richtigerweise nicht anzusetzen.[277]

c. Maßgeblicher Zeitpunkt für den Zahlungsrückstand

Maßgeblicher Zeitpunkt für den Zahlungsrückstand ist der Zugang der Kündigung. Problematisch ist, ob es zur Erfüllung der besonderen Kündigungsvoraussetzungen genügt, dass im Zeitpunkt der Kündigungsandrohung ein Zahlungsrückstand in Höhe der relativen Rückstandsquote bestanden hat und dieser bis zum Ausspruch der Kündigung nicht vollständig ausgeglichen wird, oder ob die Kündigung nur dann wirksam ist, wenn ein nach Teilzahlungen des Schuldners verbliebener Rückstand die relative Rückstandsquote im Zeitpunkt des Wirksamwerdens der Kündigung erreicht. Der Bundesgerichtshof stellte fest, dass sich die Antwort auf diese Frage weder aus dem Gesetz ergebe, noch durch die höchstrichterliche Rechtsprechung geklärt worden sei.[278] Nach herrschender Auffassung in der Literatur könnten die einmal eingetretenen Kündigungsvoraussetzungen nur dann wieder entfallen, wenn der Schuldner vor Ausspruch der Kündigung den Rückstand vollständig tilgt.[279]

---

einer entsprechenden Gesamtsumme – in Verzug, würde die Rückstandsquote als erreicht gelten. Diese Berechnungsweise würde – ebenso wie bei dem in gleichbleibenden Raten zu tilgenden Kredit – zu dem der Intention des Gesetzgebers offenbar entsprechenden Ergebnis führen, dass die Wartefrist 10 bzw. 5 % der Laufzeit des Vertrags betrüge (Ball, Rn. 2141 m. Bsp.). Zugleich hätte die Verteilung eines kalkulierten Restwerts und einer Sonderzahlung auf die Leasingraten zur Folge, dass die Rückstandsquote genau zu dem gleichen Zeitpunkt erreicht würde wie ohne Berücksichtigung der genannten Leistungsteile des Leasingnehmers."

277 MüKoBGB/Schürnbrand, § 498, Rn. 14 (5. Auflage).

278 Vgl. BGH Urteil vom 26.01.2005 – VIII ZR 90/04 = WM 2005, 459 = ZIP 2005, 406: *„Eine Antwort auf diese Frage lässt sich dem Gesetz nicht unmittelbar entnehmen. Eine ausdrückliche Regelung, wie sie in § 543 Abs. 2 S. 2 und § 569 Abs. 3 Nr. 2 BGB für die fristlose Kündigung des Vermieters wegen Zahlungsverzugs des Mieters vorgesehen ist, findet sich ... nicht. Höchstrichterlich ist die Frage bislang nicht geklärt."*

279 BGH Urteil vom 26.01.2005 – VIII ZR 90/04 = WM 2005, 459 = ZIP 2005, 406: *„Im Schrifttum sind die Meinungen geteilt. Herrschend ist die Auffassung, dass die einmal eingetretenen Kündigungsvoraussetzungen des § 12 VerbrKrG nur dann wieder entfallen, wenn der Schuldner vor Ausspruch der Kündigung den Rückstand vollständig tilgt (Staudinger, BGB (2001), Rn. 22; MünchKomm-Habersack, BGB, 3. Auflage, Rn. 18; Soergel/Häuser, BGB, 12. Auflage, Rn. 13 i.V.m. Fn. 32; Erman/Saenger, BGB, 10. Auflage, Rn. 29, jeweils zu § 12 VerbrKrG; Münstermann/Hannes, VerbrKrG, Rn. 667). Begründet wird diese Auffassung vor allem mit der Erwägung, der Schutz des Verbrauchers sei durch die strengen und formalisierten tatbestandlichen Voraussetzungen der Gesamtfälligstellung hinreichend gewährleistet, ohne dass noch zusätzliche Hürden für die Kündigung geschaffen werden müssten (Kessal-Wulf aaO m. Nachw.). Nach der Gegenmeinung, die sich vor allem auf den Gesetzeswortlaut stützt, ist die Kündigung schon dann ausgeschlossen,*

Der Bundesgerichtshof hat sich in der zitierten Entscheidung nun der in der Literatur herrschenden Auffassung angeschlossen, dass die einmal eingetretenen Kündigungsvoraussetzungen des § 498 BGB nur dann wieder entfallen, wenn der Schuldner vor Ausspruch der Kündigung den Rückstand vollständig tilgt, weil der Schutz des Verbrauchers durch die strengen und formalisierten tatbestandlichen Voraussetzungen der Gesamtfälligstellung hinreichend gewährleistet ist, ohne dass noch zusätzliche Hürden für die Kündigung geschaffen werden müssen.[280]

---

wenn der Schuldner den Rückstand vor Ausspruch der Kündigung durch Teilzahlungen auf einen Betrag zurückführt, der unter der Rückstandsquote des § 12 Abs. 1 Satz 1 Nr. 1 VerbrKrG liegt (Bülow, VerbrKrG, 4. Auflage, Rn. 37; von Westphalen/Emmerich/von Rottenburg, VerbrKrG, 2. Auflage, Rn. 27 ff.; Bruchner/Ott/Wagner-Wieduwilt, VerbrKrG, 2. Auflage, Rn. 20, jew. zu § 12 VerbrKrG)."

280 Vgl. BGH Urteil vom 26.01.2005 – VIII ZR 90/04 = WM 2005, 459 = ZIP 2005, 406: *„Zwar scheinen Wortlaut und Systematik der Norm dafür zu sprechen, dass die beiden Kündigungsvoraussetzungen des § 12 Abs. 1 VerbrKrG bei Ausspruch der Kündigung – oder, was für den Streitfall keiner Vertiefung bedarf, bei deren Wirksamwerden – erfüllt sein müssen. Darauf deutet insbesondere die Formulierung des § 12 Abs. 1 Satz 1 Nr. 1 VerbrKrG hin, nach der das Kündigungsrecht davon abhängt, dass der Verbraucher mit einem Betrag, der die maßgebliche Rückstandsquote erreicht, „in Verzug ist". Gegen ein solches Verständnis spricht indessen entscheidend die nähere Ausgestaltung der nach § 12 Abs. 1 Satz 1 Nr. 2 VerbrKrG erforderlichen Kündigungsandrohung. Denn nach dieser Bestimmung hat der Kreditgeber dem Verbraucher eine zweiwöchige Frist „zur Zahlung des rückständigen Betrags" mit der Erklärung (Androhung) zu setzen, dass er „bei Nichtzahlung" – wie zu ergänzen ist: des rückständigen Betrags – „innerhalb der Frist" die gesamte Restschuld verlange, das heißt, den Kreditvertrag fristlos kündigen werde. Zweck dieser Regelung ist es, dem Verbraucher „die gefährliche Situation des Kredits vor Augen zu führen" und ihm „eine letzte Chance zur Rettung des Kredits" zu geben (Begründung des Regierungsentwurfs zum Verbraucherkreditgesetz, BT-Drucks. 11/5462, S. 27). Eine den gesetzlichen Vorgaben entsprechende Kündigungsandrohung kann der Verbraucher nur dahin verstehen, dass zur Abwendung der angedrohten Kündigung die fristgerechte Zahlung des gesamten rückständigen Betrags erforderlich ist. Mit diesem Verständnis der Kündigungsandrohung wäre es nicht zu vereinbaren, dem Kreditgeber die Kündigung schon dann zu versagen, wenn der Verbraucher nur einen Teil des rückständigen Betrages zahlt. Es kann nicht angenommen werden, dass es in der Absicht des Gesetzgebers liegt, den Kreditgeber zum Ausspruch einer „leeren Drohung" zu veranlassen und zugleich den Verbraucher hinsichtlich des zur Abwendung der angedrohten Kündigung Erforderlichen in die Irre zu führen."*

„§ 12 Abs. 1 Satz 1 VerbrKrG ist folglich dahin zu interpretieren, dass das Kündigungsrecht des Kreditgebers entsteht, sobald der Verbraucher mit einem Betrag in Verzug gerät, der die maßgebliche Rückstandsquote erreicht, und dass es nur dann wieder entfällt, wenn der Verbraucher fristgerecht, jedenfalls vor Ausspruch der Kündigung, den rückständigen Betrag vollständig zahlt. Die Regelung entspricht damit im Kern der Ausgestaltung des außerordentlichen Kündigungsrechts des Vermieters wegen Zahlungsverzugs des Mieters (§ 543 Abs. 2 Satz 1 Nr. 3, § 569 Abs. 3 Nr. 1 BGB), zu der § 12 VerbrKrG, wie das Berufungsgericht richtig gesehen hat, deutliche Parallelen aufweist. Zwar kann der Kreditgeber anders als der Vermieter nicht sogleich kündigen, wenn der Zahlungsrückstand den gesetzlichen Grenzwert erreicht. Kündigungsgrund ist aber ebenso wie im Mietrecht der einmal eingetretene Zahlungsverzug in der nach dem Gesetz erforderlichen Höhe. Ein Unterschied besteht nur insoweit, als nach den mietrechtlichen Bestimmungen die bereits

2. Qualifizierte Fristsetzung mit Androhung

Mittels empfangsbedürftiger Willenserklärung muss der Leasinggeber dem Leasingnehmer vor Ausspruch der Kündigung eine Nachfrist zur Zahlung des zu beziffernden Rückstandes (qualifizierte Mahnung) von zwei Wochen mit Kündigungsandrohung setzen, um dem Leasingnehmer eine letzte Chance zu geben, den Leasingvertrag aufrecht zu erhalten. Mängel in der Erklärung führen zur Unwirksamkeit der Kündigung.[281] Dazu bedarf es einer genauen Angabe des Betrages, von dessen fristgerechter Bezahlung der Fortbestand des Leasingvertrages abhängen soll.[282] Die Kündigung ist folglich bereits dann unwirksam, wenn der rückständige Betrag falsch beziffert wird. Das gilt selbst für geringe Zuvielforderungen.[283] Eine andere Betrachtung könnte allenfalls bei geringen Cent-Beträgen oder offenbaren Berechnungsfehlern aufgrund eines Zahlendrehers angebracht sein, § 242 BGB. Der Leasinggeber sollte deshalb bei der qualifizierten Mahnung keine Nebenkosten – Mahnspesen oder Rücklastschriftgebühren – in die Abrechnung einstellen. Diese sollten besser nach Wirksamkeit von Abmahnung und Kündigung nachberechnet werden, um somit das Risiko der Unwirksamkeit der Kündigung zu minimieren. Nicht ausreichend für eine

ausgesprochene Kündigung des Vermieters nicht wirksam wird, wenn der Vermieter vor deren Zugang befriedigt wird (§ 543 Abs. 2 Satz 2 BGB), beziehungsweise rückwirkend ihre Wirksamkeit verliert (§ 569 Abs. 3 Nr. 2 BGB), wenn der rückständige Betrag dem Vermieter spätestens bis zum Ablauf von zwei Monaten nach Eintritt der Rechtshängigkeit des Räumungsanspruchs zufließt, während das Verbraucherkreditrecht den Ausspruch der Kündigung durch das zusätzliche Erfordernis einer befristeten Kündigungsandrohung aufschiebt und dementsprechend eine Abwendung der Kündigung durch Ausgleich des Rückstands nur für die Zeit vor dem Ausspruch oder dem Wirksamwerden der Kündigung vorsieht. Der den mietrechtlichen Regelungen zugrundeliegende Rechtsgedanke ist jedoch derselbe, der auch in § 12 Abs. 1 Satz 1 VerbrKrG zum Ausdruck kommt: Ist durch den Eintritt des Zahlungsverzugs in einer bestimmten, vom Gesetz festgelegten Höhe ein wichtiger Grund zur außerordentlichen Kündigung entstanden, so kann der säumige Schuldner die Kündigung nur dadurch abwenden, dass er den Gläubiger innerhalb bestimmter zeitlicher Grenzen wegen des Rückstands vollständig befriedigt. Der gesetzestechnische Unterschied zu der mietrechtlichen Regelung des § 569 Abs. 3 Nr. 2 BGB, der darin besteht, dass der Verbraucherkreditnehmer die Kündigung anders als der Wohnraummieter nicht mehr nach deren Wirksamwerden durch Zahlung abwenden kann, rechtfertigt in der Sache keine unterschiedliche Beurteilung.

281 Palandt/Weidenkaff, § 498, Rn. 6.

282 BGH NJW-RR 2005, 1410; Palandt/Weidenkaff, § 498, Rn. 6; MüKoBGB/Schürnbrand, § 498, Rn. 16 (5. Auflage); vgl. BGH Urteil vom 24.04.1996 – VIII ZR 150/95 = WM 1996, 1146 = NJW 1996, 2033 = ZIP 1996, 1170: *„Durch die Fristsetzung mit Kündigungsandrohung nach § 498 Abs. 1 S. 1 Nr. 2 BGB soll dem Schuldner eine letzte Chance gegeben werden, das Darlehen noch zu retten. Dazu ist erforderlich, dass der Gläubiger den rückständigen Betrag, von dessen fristgerechter Bezahlung der Fortbestand des Darlehens abhängen soll, genau beziffert."*
„Der rückständige Betrag im Sinne des § 498 Abs. 1 S. 1 Nr. 2 BGB setzt sich aus dem zusammen, was der Verbraucher dem Darlehensgeber gemäß § 497 Abs. 1 und 2 BGB schuldet."

283 MüKoBGB/Schürnbrand, § 498, Rn. 16 m.w.N (5. Auflage).

qualifizierte Mahnung ist die bloße Aufforderung „zur Bezahlung rückständiger Leasingraten für mehrere aufeinander folgende Fälligkeiten" ohne Bezifferung des rückständigen Betrages.[284] Ebenfalls unzureichend ist das Verlangen nach einem Eingang der Zahlung innerhalb der Frist, da es sich bei Geldschulden um Schickschulden handelt, §§ 269 Abs. 1, 270 Abs. 4 BGB.[285] Nicht erforderlich ist hingegen die Abrechnung der noch ausstehenden künftigen Leasingraten. Zahlt der Leasingnehmer innerhalb der gesetzten Frist den gesamten ausstehenden Betrag, ist eine Kündigung nicht möglich. Verzugsschäden können vom Leasinggeber jedoch geltend gemacht werden.[286] Bezahlt der Leasingnehmer dagegen den ausstehenden Betrag nicht oder nur teilweise, so kann der Leasinggeber die Kündigung innerhalb der gebotenen Zeit aussprechen.[287] Schließlich sieht § 498 Abs. 1 S. 2 BGB als Soll-Vorschrift ein Angebot des Leasinggebers an den Leasingnehmer zu einem Gespräch über die Möglichkeiten einer einvernehmlichen Regelung vor, wobei zu beachten ist, dass das Vorliegen eines Gesprächsangebots nach allgemeiner Meinung keine Wirksamkeitsvoraussetzung für die Fristsetzung oder die Kündigung darstellt. Dies ergibt sich bereits aus dem Gesetzeswortlaut „soll". Es kann aber aus Sicht des Leasinggebers sinnvoll sein, um das Scheitern des Leasingvertrages zu vermeiden.[288]

VI. Verzugszinsen und die Anrechnung von Teilleistungen

Auf Verbraucherleasingverträge findet die Regelung des § 497 BGB Anwendung, wonach der Verzugszins für den Verbraucher gemäß §§ 497 Abs. 1, 288 BGB mit 5 Prozentpunkten über dem Basiszinssatz anzusetzen ist, soweit nicht der Leasinggeber einen höheren oder der Leasingnehmer einen niedrigeren Schaden nachweist. Zahlungen sind gemäß § 497 Abs. 3 BGB abweichend von § 367 BGB zunächst auf Kosten der Rechtsverfolgung, sodann auf die Hauptschuld und erst dann auf Zinsen anzurechnen. Diese Zinsregelung wird von der Rechtsprechung des Bundesgerichtshofs als Maßstab für die Bewertung der Angemessenheit einer Zinspauschale in Allgemeinen Geschäftsbedingungen im Rahmen des § 309 Nr. 5 BGB angesehen.[289] Eine Bestimmung eines Zinssatzes von 5 Prozentpunkten über dem jeweiligen Basiszinssatz hat der Bundesgerichtshof in Allgemeinen Geschäftsbedingungen ausdrücklich für solche Wirtschaftsbetriebe gebilligt, die in der Regel mit Darlehen arbeiten.[290]

---

284 BGH Urteil vom 12.06.1996 – VIII ZR 248/95 = WM 1996, 1688 = NJW 1996, 2367 = ZIP 1996, 1336.
285 OLG Düsseldorf NJW-RR 1998, 780.
286 Palandt/Weidenkaff, § 498, Rn. 4.
287 BGH NJW 1996, 2033; Palandt/Weidenkaff, § 498, Rn. 7.
288 Vgl. Palandt/Weidenkaff, § 498, Rn. 5.
289 BGHZ 115, 273; NJW 1995, 954 und 1954.
290 BGH NJW 1995, 954.

Die Wirksamkeit einer sog. Basiszinssatz-Verzugszinsklausel scheitert weder an dem Kenntnisverschaffungsverbot des § 305 Abs. 2 Nr. 2 BGB noch an fehlender Transparenz. Mit der Regelung in § 497 BGB hat der Gesetzgeber eine allgemein verständliche und unproblematisch nachvollziehbare Form der Schadenspauschalierung gefunden, die Modellcharakter auch für andere Bereiche, insbesondere für Allgemeine Geschäftsbedingungen hat (sog. D + 5 %-Formel). Ein Leasinggeber, der einem Darlehensgeber gleichgestellt ist und wie eine Bank regelmäßig seinerseits mit Darlehen arbeitet, kann in zulässiger Weise Zinsen in genannter Höhe verlangen und die unter Beachtung von § 309 Nr. 5 lit. a BGB in seinen Allgemeinen Leasingbedingungen festlegen. Die Zinsen, die nach Eintritt des Verzuges anfallen, sind gemäß § 497 Abs. 2 BGB auf einem separaten Konto zu verbuchen.

VII. Kreditwürdigkeitsprüfung

Gemäß § 509 BGB hat der Unternehmer vor Abschluss eines Vertrags über ein Darlehen oder eine entgeltliche Finanzierungshilfe die Kreditwürdigkeit des Verbrauchers zu bewerten. Darunter wird die Wahrscheinlichkeit verstanden, mit der der Verbraucher seine Zahlungsverpflichtungen aus dem Vertrag über das Darlehen oder die entgeltliche Finanzierungshilfe erfüllen können wird.[291] Der Unternehmer kann sich dabei auf eine Selbstauskunft des Verbrauchers, Auskünfte von Auskunftsdateien oder auf eigene Kenntnisse aus längerer Geschäftsbeziehung zum Verbraucher berufen.[292]

VIII. Recht auf vorzeitige Rückzahlung

Eine weitere Neuerung stellt das Recht auf vorzeitige Rückzahlung gemäß § 500 Abs. 2 BGB dar. § 500 Abs. 2 BGB räumt dem Verbraucher das Recht ein, das Darlehen ganz oder teilweise vorzeitig zurückzuzahlen.[293] In § 502 BGB findet sich die hierzu korrespondierende Regelung einer Vorfälligkeitsentschädigung, die es dem Unternehmer im Falle der vorzeitigen Rückzahlung ermöglicht, zumindest einen Teil seines Schadens über eine nach vorgegebenen Grundsätzen zu berechnende Vorfälligkeitsentschädigung geltend zu machen. Dieses Recht auf vorzeitige Rückzahlung ist bei Verträgen i.S.d. § 506 Abs. 2 S. 1 Nr. 1 und 2 BGB anwendbar. Auf entgeltliche Finanzierungshilfen gemäß § 506 Abs. 1 S. 1 Nr. 3 BGB findet das Recht der vorzeitigen Rückzahlung keine Anwendung, da für diese Verträge, wie beispielsweise den Lea-

---

291 Vgl. Palandt/Weidenkaff, BGB § 509 Rn. 2.

292 Vgl. insgesamt Gesetzesbegründung zu Nr. 35 (Einfügung des § 509 BGB-E), BT-Drucks. 16/11643, S. 95, 96.

293 Vgl. Gesetzesbegründung zu § 500 BGB-E, BT-Drucks. 16/11643, S. 85.

singvertrag mit Restwertgarantie, eine Ausnahme in § 506 Abs. 2 S. 2 BGB vorgesehen ist; folglich kein Recht des Verbraucherleasingnehmers auf vorzeitige Rückzahlung besteht. In § 500 Abs. 2 BGB werden zwei Varianten unterschieden. Danach kann ein Darlehensnehmer seine Verbindlichkeiten aus einem Verbraucherdarlehensvertrag jederzeit ganz oder teilweise vorzeitig erfüllen. Üblicherweise schuldet der Darlehensnehmer die Verzinsung und die Rückzahlung der überlassenen Geldmittel in Höhe ihres ursprünglichen Betrages. Beim Leasing hingegen werden abnutzbare Investitionsgüter zum Gebrauch überlassen. Somit schuldet der Leasingnehmer die Leasingraten, die sowohl den Wertverlust der Leasingsache als auch die Verzinsung des vom Leasinggeber eingesetzten Kapitals umfassen. Darüber hinaus schuldet der Leasingnehmer am Ende der Vertragslaufzeit die Rückgabe der Leasingsache. Daraus folgt, dass die Vorschriften zur vorzeitigen Rückzahlung auf Leasingverträge kaum sinnvoll umgesetzt werden können, da am Ende des Leasingvertrags unterschiedliche Beendigungsmöglichkeiten stehen können, wodurch auch die bestehende Restschuld des Leasingnehmers sehr unterschiedlich ausgestaltet sein kann. Dies hat der Gesetzgeber in der Gesetzesbegründung berücksichtigt.[294] Würde der Leasingnehmer vorzeitig die vollständigen Raten an den Leasinggeber zahlen, so hätte er auch den in den Raten enthaltenen Gebrauchsvorteil an den Leasinggeber zu entrichten, obwohl er diesen nicht (mehr) schuldet.

Im Falle der Leasingverträge mit Restwertgarantie wird daher die Ausnahme gemäß § 502 Abs. 2 S. 2 BGB vom Gesetz vorgesehen. Allerdings findet im Falle eines Leasingvertrags mit Andienungsrecht die Vorschrift des § 500 Abs. 2 BGB Anwendung, ohne zu einem wirklich sinnvollen Ergebnis führen zu können, da sich während der Restlaufzeit des Leasingvertrags keine Unterschiede zwischen dem Leasingvertrag mit Restwertgarantie und dem Leasingvertrag mit Andienungsrecht ergeben. Auch beim Leasingvertrag mit Andienungsrecht würde der Leasingnehmer im Falle der vorzeitigen Zahlung der noch ausstehenden Leasingraten den in den Raten für die Restlaufzeit enthaltenen Gebrauchsvorteil an den Leasinggeber entrichten. Nach dem Wortlaut des Gesetzes sind diese beiden Vertragsformen zu unterscheiden. Nach Sinn und Zweck und der tatsächlichen Abwicklung müsste für beide Verträge die Vorschrift des § 506 Abs. 1 S. 2 BGB Anwendung finden.

Der Anspruch des Unternehmers auf eine Vorfälligkeitsentschädigung im Falle der vorzeitigen Rückzahlung ist in § 502 BGB geregelt. Damit soll der Schaden des Unternehmers eingeschränkt werden.[295] Die Vorfälligkeitsentschädigung ist begrenzt und darf gemäß § 502 Abs. 1 BGB folgende Beträge nicht überschreiten:

---

294 Insgesamt siehe Gesetzesbegründung zu Nr. 30 (Neufassung des § 506 BGB-E), BT-Drucks. 16/11643, S. 92.

295 Vgl. Gesetzesbegründung zu § 502 BGB-E, BT-Drucks. 16/11643, S. 86.

- 1 Prozent des vorzeitig zurückgezahlten Betrages bzw. 0,5 Prozent, wenn der Zeitraum zwischen der vorzeitigen und vereinbarten Zahlung weniger als 1 Jahr beträgt, und
- den Betrag der Sollzinsen, den der Leasingnehmer in dem Zeitraum zwischen der vorzeitigen und vereinbarten Rückzahlung entrichtet hätte.[296]

Darüber hinaus bestehen Ausschlussgründe. Der Anspruch auf Vorfälligkeitsentschädigung ist danach ausgeschlossen, wenn
- die Rückzahlung aus den Mitteln einer zwingend vom Verbraucher abzuschließenden Versicherung bewirkt wurde, oder
- im Vertrag die Angaben über die Vertragslaufzeit, das Kündigungsrecht des Verbrauchers oder die Berechnung der Vorfälligkeitsentschädigung unzureichend sind.[297]

Der Leasinggeber soll insbesondere dafür entschädigt werden, dass ihm die Kosten zur Refinanzierung des jeweiligen Vertrags verbleiben und ihm die Zinserträge in Höhe des vereinbarten Sollzinssatzes, auf die er im Rahmen der festen Laufzeit des Vertrags vertrauen durfte, entgehen.

IX. Das SECCI-Formular

Einer der wesentlichen Änderungen zum 11.06.2010 stellt die Verpflichtung des Unternehmers zur vorvertraglichen Aufklärung des Verbrauchers dar.

Gemäß § 491a Abs. 1 BGB treffen den Unternehmer gegenüber dem Verbraucher spezifische vorvertragliche Informationspflichten, die gemäß Art. 247 § 2 Abs. 3 EGBGB als erfüllt gelten, wenn der Unternehmer dem Verbraucher das ordnungsgemäß ausgefüllte gesetzliche Muster in Textform vor Vertragsschluss übermittelt. Erfüllt der Unternehmer diese Pflicht nicht oder nicht ausreichend, stehen dem Verbraucher Ansprüche aus culpa in contrahendo (v.a. auf Vertragsaufhebung) zu.

---

1. Ziel des SECCI-Formulars

Gemäß Art. 247 § 1 EGBGB hat die vorvertragliche Information nach §§ 491a Abs. 1 BGB vor Abschluss des Verbraucherleasingvertrags in Textform (§ 126b BGB) zu erfolgen und muss die Einzelheiten gemäß Art. 247 §§ 3–5 und 8–13 EGBGB enthalten. Art. 247 § 12 Abs. S. 1 EGBGB stellt fest, dass Art. 247 §§ 1–11 EGBGB auf entgeltliche

296 Vgl. § 502, Abs. 1, BGB.
297 Vgl. § 502, Abs. 2, BGB.

Finanzierungshilfen i.S.d. § 506 BGB anzuwenden sind.[298] Auch Art. 247 §§ 13 und 14 EGBGB finden nach der Gesetzesbegründung auf entgeltliche Finanzierungshilfen gemäß § 506 BGB Anwendung, auch wenn diese vom Verweis in Art. 247 § 12 Abs. 1 S. 1 EGBGB nicht umfasst sind.[299] Die Verwendung des Musters gemäß Anlage 3 zu Art. 247 § 2 EGBGB wird in Art. 247 § 2 Abs. 1 EGBGB vorgeschrieben. Die Informationspflichten nach § 491a Abs. 1 BGB gelten gemäß Art. 247 § 2 Abs. 3 EGBGB als erfüllt, wenn der Leasinggeber dem Leasingnehmer das ordnungsgemäß ausgefüllte Muster in Textform übermittelt. Werden die Voraussetzungen ordnungsgemäß umgesetzt, so kommt dem SECCI-Formular Gesetzlichkeitsfiktion zu. Handelt es sich bei dem Leasingvertrag um einen Fernabsatzvertrag, so gelten die Anforderungen des § 312c Abs. 1 BGB als erfüllt, wenn die entsprechenden Informationen in das jeweilige Muster mit aufgenommen werden. Die Informationspflichten im vorvertraglichen Bereich sind dreistufig aufgebaut:

- An erster Stelle steht die Unterrichtung des Verbrauchers über die in Art. 247 EGBGB erfassten Einzelheiten (v.a. Nettodarlehensbetrag/Anschaffungspreis, effektiver Jahreszinssatz, Verzugszinsensatz, Bestehen eines Widerrufsrechts usw.).
- An zweiter Stelle steht eine auf die individuellen Bedürfnisse des Verbrauchers zugeschnittene Erläuterung des konkreten Verbraucherdarlehens-/Verbraucherleasingvertrags.
- An dritter Stelle wird der Leasinggeber verpflichtet, eine auf den jeweiligen Verbraucher zugeschnittene Erläuterung der Informationen aus Art. 247 EGBGB zukommen zu lassen.[300]

Der Leasinggeber ist gemäß §§ 506 Abs. 1, 491a Abs. 2 S. 1 BGB verpflichtet, dem Leasingnehmer auf dessen Verlangen einen Vertragsentwurf auszuhändigen, sobald der Leasinggeber einen Vertragsabschluss in Aussicht stellt. An einem in Aussicht stellen fehlt es, wenn der Leasinggeber den Vertragsabschluss von einer Bonitätsprüfung abhängig macht[301] oder er noch nicht zum Vertragsschluss bereit ist, vgl. § 491a Abs. 2 S. 2 BGB.

Gemäß §§ 506 Abs. 1, 491a Abs. 2 S. 1 BGB hat der Leasingnehmer einen Anspruch auf Übergabe eines Entwurfs des Leasingvertrags, der dem beabsichtigten Vertragsinhalt entspricht. Dieser Anspruch besteht neben den vorvertraglichen Informations-

298 Vgl. Gesetzesbegründung zu Art. 247 EGBGB-E zu § 12, BT-Drucks. 16/11643, S. 132; vgl. auch Omlor, Finanzierungsleasing unter der neuen Verbraucherkreditrichtlinie, NJW 2010, 2694.

299 Vgl. Gesetzesbegründung zu Art. 247 EGBGB-E zu § 12, BT-Drucks. 16/11643, S. 132; vgl. auch Omlor, Finanzierungsleasing unter der neuen Verbraucherkreditrichtlinie, NJW 2010, 2694.

300 Vgl. Kulke, Das Gesetz zur Umsetzung der Verbraucherkreditrichtlinie, des zivilrechtlichen Teils der Zahlungsdienstrichtlinie sowie zur Neuordnung der Vorschriften über das Widerrufs- und Rückgaberecht – Teil 2, VuR 2009, 373, 379.

301 Vgl. Palandt/Weidenkaff, BGB, § 491a BGB, Rn. 3.

pflichten des Leasinggebers. Für diese Leistung dürfen dem Leasingnehmer keine Kosten auferlegt werden.

Ziel dieses vorvertraglichen Informationsformulars ist es, dem Verbraucherleasingnehmer die Vergleichbarkeit verschiedener Angebote und die Erreichung der größtmöglichen Transparenz zu ermöglichen. An diesen Zielen hat der Leasinggeber die Gestaltung des vorvertraglichen Informationsformulars zu orientieren. Der Gesetzgeber macht hinsichtlich der Gestaltung keine detaillierten Vorgaben. Es ist allerdings in Anlage 3 zu Art. 247 EGBGB ein Muster für den Verbraucherdarlehensvertrag eingefügt worden, das zumindest bezüglich der dort festgelegten Kategorien unverändert bleiben sollte. Verwendet der Darlehens-/Leasinggeber das ordnungsgemäß ausgefüllte Muster, wird gemäß Art. 247 § 2 Abs. 3 S. 1 EGBGB die Erfüllung seiner Informationspflichten fingiert. Dabei müssen die jeweiligen Vertragsbedingungen wiedergegeben und die Wünsche der Darlehens-/Leasingnehmer – soweit bekannt – berücksichtigt werden.[302] Verwendet der Leasinggeber nicht das vorgegebene Muster, müssen die Angaben gleichartig gestaltet und hervorgehoben sein. Die Pflichtangaben müssen vom Verbraucher eindeutig als solche wahrgenommen werden können.[303]

Gemäß Art. 247 § 1 EGBGB hat die Unterrichtung des Leasingnehmers rechtzeitig vor Abschluss des Leasingvertrags in Textform (§ 126b BGB) zu erfolgen. Das Kriterium der Rechtzeitigkeit ist nach dieser Vorschrift erfüllt, wenn der Verbraucherleasingnehmer die Information vor Vertragsschluss in Abwesenheit des Leasinggebers lesen und überprüfen kann. Das Einhalten einer bestimmten Frist, die dem Verbraucherleasingnehmer zur Verfügung stehen muss, wurde im Gesetz nicht vorgesehen. Für die Praxis ist zu beachten, dass für den Verbraucherleasingnehmer die Möglichkeit bestehen muss, die vorvertragliche Information räumlich getrennt vom Leasinggeber studieren zu können.

Inwieweit eine Erweiterung dieses Formulars für den speziellen Verbraucherleasingvertrag vorzunehmen ist, muss anhand der für den Leasingvertrag erforderlichen vorvertraglichen Informationen nach Art. 247 EGBGB entschieden werden. Soweit bestimmte Angaben, die im Muster vorgesehen sind, für den einzelnen Leasingvertrag nicht in Betracht kommen, sollten diese vollständig aus dem Formular gelöscht werden, um nicht die Übersichtlichkeit und Transparenz des Formulars zu beeinträchtigen. Auch bezüglich Schriftbild und Schriftgröße sollte diesen Grundsätzen Rechnung getragen werden.

---

302 Vgl. Palandt/Weidenkaff, BGB, Art. 247 § 2 EGBGB, Rn. 2; vgl. auch Gesetzesbegründung zu Art. 247 Art. BGB-E, BT-Drucks. 16/11643, S. 123.

303 Vgl. Palandt/Weidenkaff, BGB, Art. 247 § 2 EGBGB Rn. 3; vgl. auch Gesetzesbegründung zu Art. 247 Art. BGB-E, BT-Drucks. 16/11643, S. 123.

2. Übertragung der Mustervorgaben auf den Leasingvertrag

Schwierigkeiten ergeben sich, wird der Versuch unternommen, diese für den Darlehensvertrag konzipierten Vorgaben auf den Leasingvertrag zu übertragen, ohne die Gesetzlichkeitsfiktion zu gefährden. Der Gesetzgeber hat zur Sicherstellung der Erfüllung dieser vorvertraglichen Informationspflichten gemäß Art. 247 § 2 EGBGB das SEECI-Formular (Standard European Consumer Credit Information) mit Gesetzesrang umgesetzt. In Art. 247 § 2 Abs. 3 EGBGB wurde normiert, dass die vorvertragliche Informationspflicht als erfüllt gilt, wenn der Darlehensgeber dem Darlehensnehmer ein ordnungsgemäß ausgefülltes Formular dieses Musters (gemäß Anlage 2 zu Art. 247 § 2 EGBGB) in Textform (§ 126b BGB) übermittelt. Das Formular ist ordnungsgemäß, wenn die vorgesehenen Pflichtangaben, die tatsächlichen Vertragsbedingungen des jeweiligen Leasinggebers wiedergeben und die Wünsche des Leasingnehmers, soweit möglich und bekannt, berücksichtigt werden. Die Übertragung dieser, auf den Darlehensvertrag gemünzten Vorgaben, ist problembehaftet. Denn das Leasing kennt weder einen effektiven Jahreszins noch einen Nettodarlehensbetrag. Die Legaldefinitionen wurden in Art. 3 der Verbraucherkreditrichtlinie 2008 aufgenommen. Der deutsche Gesetzgeber hat deshalb Sonderregelungen in § 506 Abs. 4 S. 2 BGB und in Art. 247 § 12 Abs. 2 S. 3 EGBGB geschaffen. Dabei ist zu beachten, dass § 506 Abs. 4 S. 2 BGB aufgrund des offenen Wortlauts und des übergreifenden Sinn und Zwecks der Regelung über § 491 Abs. 2 und Abs. 3 BGB Anwendung findet.[304] An Stelle des Nettodarlehensbetrags ist gemäß § 506 Abs. 4 S. 2 BGB entweder der Barzahlungspreis oder der Anschaffungspreis – einschließlich der jeweils geltenden Umsatzsteuer – anzugeben.[305]

Der anzugebende *„Gesamtbetrag"* gemäß Art. 3 lit. h der Verbraucherkreditrichtlinie 2008 ergibt sich aus der Summe aller vom Leasinggeber über die gesamte Vertragslaufzeit zu zahlenden Einzelbeträge (Leasingraten, Anfangs-, Schluss- und Sonderzahlungen).

Die Ermittlung der *„Gesamtkosten des Kredits"* gemäß Art. 3 lit. g der Verbraucherkreditrichtlinie 2008 ist beim Leasingvertrag problembehaftet. Der europäische Gesetzgeber hat nicht berücksichtigt, dass beim Leasing kein Nettodarlehensbetrag existiert, der zur Abgrenzung von den Kreditkosten herangezogen werden könnte. Da für den Nettodarlehensbetrag der Barzahlungspreis oder im Falle eines Beschaffungsvorgangs der Anschaffungspreis einschließlich der jeweils geltenden Umsatzsteuer anzusetzen ist, können die *„Gesamtkosten des Kredits"* vereinfacht aus dem *„Gesamt-*

---

304 Vgl. Omlor, Finanzierungsleasing unter der neuen Verbraucherkreditrichtlinie, NJW 2010, 2694, 2698.

305 Vgl. Omlor, Finanzierungsleasing unter der neuen Verbraucherkreditrichtlinie, NJW 2010, 2694, 2698.

betrag“, abzüglich des Anschaffungspreises, einschließlich der jeweils geltenden Umsatzsteuer, errechnet werden.

Vergleichbare Probleme ergeben sich bei der Festlegung des „*Gesamtkreditbetrags*“ gemäß Art. 3 lit. l der Verbraucherkreditrichtlinie 2008, der beim Darlehensvertrag der Summe aller Beträge, die aufgrund eines Kreditvertrags zur Verfügung gestellt werden, entspricht. Beim Leasing sollte der „*Gesamtkreditbetrag*“ dem oben dargestellten hypothetischen Nettodarlehensbetrag und somit dem Anschaffungspreis einschließlich der jeweils geltenden Umsatzsteuer entsprechen, § 506 Abs. 4 Satz 2 BGB.

Gemäß §§ 506 Abs. 1, 491a Abs. 3 BGB treffen den Leasinggeber Erläuterungspflichten bezüglich des Leasingvertrags. Mit diesen Erläuterungen soll erreicht werden, dass der Leasingnehmer anhand seiner Vermögensverhältnisse und des mit dem Vertrag verfolgten Zweckes einschätzen kann, ob er sich diesen Vertrag „leisten kann“ und dieser für ihn „nützlich ist“. Die Erläuterungspflichten sind erfüllt, wenn der Leasinggeber dem Leasingnehmer den Leasingvertrag verständlich gemacht hat. Aus dem Gesetzeswortlaut – gegebenenfalls – kann geschlossen werden, dass diese Erläuterungspflicht erfüllt ist, wenn ein durchschnittlicher Leasingnehmer den Leasingvertrag verstehen würde oder kein Anlass zu weitergehenden Aufklärungen besteht, da der Leasingnehmer den Leasingvertrag verstanden hat.

Aufgrund der eingeschränkten Verweisung in § 506 Abs. 1 BGB haben die Art. 247 §§ 9–11, 16 und 17 EGBGB für das Leasing keine Bedeutung. Auch die Sonderregelungen in Art. 247 § 12 Abs. 1 S. 2 finden auf den Leasingvertrag keine Anwendung, da dort von Krediten in Form eines Zahlungsaufschubs die Rede ist. Lediglich Art. 247 § 12 Abs. 2 EGBGB stellt eine modifizierte Sonderregelung für Leasingverträge mit Restwertausgleich dar. [306]

Anpassungsmaßnahmen durch den Leasinggeber sind nach dem Erwägungsgrund 23 der Verbraucherkreditrichtline 2008 zulässig.[307]

Zur Verdeutlichung, wie ein solches SECCI-Formular für den Leasingvertrag aufgebaut sein kann, wird auf das in der Anlage angefügte Muster für einen KFZ-Leasingvertrag verwiesen.

3. Rechtsfolge fehlerhafter oder unterlassener vorvertraglicher Information

Als Rechtsfolge einer fehlerhaften bzw. fehlenden Erfüllung der vorvertraglichen Informationspflichten ergeben sich Schadensersatzansprüche aus *culpa in contrahendo* (c.i.c), §§ 280 Abs. 1, 311 Abs. 2 und 3, 241 Abs. 2 BGB (Vertragsaufhebung, wäre

306 Vgl. Omlor, Finanzierungsleasing unter der neuen Verbraucherkreditrichtlinie, NJW 2010, 2694, 2699.

307 Vgl. Omlor, Finanzierungsleasing unter der neuen Verbraucherkreditrichtlinie, NJW 2010, 2694.

der Vertrag bei zutreffender Belehrung nicht oder nicht mit diesem Inhalt abgeschlossen worden).[308]

X. Muster

1. Musterwiderrufsinformation:

a. Mustertext

Widerrufsinformation für Verbraucher i.S.d. § 13 BGB und Existenzgründer i.S.v. § 512 BGB (im Falle: verbundener Vertrag gemäß § 358 BGB)

Widerrufsinformation
Der Leasingnehmer kann seine Vertragserklärung innerhalb von 14 Tagen ohne Angabe von Gründen in Textform (z.B. Brief, Fax, E-Mail) oder – wenn ihm die Sache vor Fristablauf überlassen wird – durch Rücksendung der Leasingsache widerrufen. Die Frist beginnt nach Abschluss des Vertrages, aber erst, nachdem der Leasingnehmer alle Pflichtangaben nach § 492 Absatz 2 BGB (z.B. Angabe zur Art der entgeltlichen Finanzierungshilfe, Angabe des Anschaffungspreises, Angabe des effektiven Jahreszinses, Angaben zum einzuhaltenden Verfahren bei der Kündigung des Vertrags, Angabe der für den Leasinggeber zuständigen Aufsichtsbehörde)(1) erhalten hat. Der Leasingnehmer hat alle Pflichtangaben erhalten, wenn sie in der für den Leasingnehmer bestimmten Ausfertigung seines Antrags oder in der für den Leasingnehmer bestimmten Ausfertigung der Vertragsurkunde oder in einer für den Leasingnehmer bestimmten Abschrift seines Antrags oder der Vertragsurkunde enthalten sind und dem Leasingnehmer eine solche Unterlage zur Verfügung gestellt worden ist. Über in den Vertragstext nicht aufgenommene Pflichtangaben kann der Leasingnehmer nachträglich in Textform informiert werden; die Widerrufsfrist beträgt dann einen Monat. Der Leasingnehmer ist mit den nachgeholten Pflichtangaben nochmals auf den Beginn der Widerrufsfrist hinzuweisen. Zur Wahrung der Widerrufsfrist genügt die rechtzeitige Absendung des Widerrufs oder wenn ihm die Leasingsache vor Fristablauf überlassen wird, kann er den Widerruf auch durch Rücksendung der Leasingsache erklären.(2) Der Widerruf ist zu richten an:
__________________ (Name und Anschrift des Leasinggebers)

Besonderheiten bei weiteren Verträgen(3)
Wenn dem Leasingnehmer für den weiteren Vertrag ein Rückgaberecht an Stelle eines Widerrufsrechts eingeräumt wurde, steht die Rückgabe im Folgenden dem Widerruf gleich.
Widerruft der Leasingnehmer diesen Leasingvertrag, so ist er auch an den Kaufvertrag über das zu beschaffende Leasingobjekt (im Folgenden: verbundener Vertrag) nicht mehr gebunden.(4) Steht dem Leasingnehmer in Bezug auf den verbundenen Vertrag ein Widerrufsrecht zu, so ist er mit wirksamem Widerruf des verbundenen Vertrags auch an den Leasingvertrag nicht mehr gebunden. Für die Rechtsfolgen des Widerrufs sind die in dem verbundenen Vertrag getroffenen Regelungen und die hierfür erteilte Widerrufsbelehrung maßgeblich.(5)
Steht dem Leasingnehmer in Bezug auf diesen Leasingvertrag ein Widerrufsrecht zu, so ist er mit wirksamem Widerruf des Leasingvertrags auch an den Vertrag über die Zusatzleistung nicht mehr

---

308 Vgl. Palandt/Weidenkaff, BGB, § 491a, Rn. 5.

gebunden, wenn der Vertrag über die Zusatzleistung in unmittelbarem Zusammenhang mit dem Leasingvertrag abgeschlossen wurde.(6)

Widerrufsfolgen
Der Leasingnehmer hat die Leasingsache(7), soweit diese bereits übergeben wurde, zurückzugeben und für den Zeitraum zwischen der Übergabe und der Rückgabe der Leasingsache die vereinbarten Leasingraten zu entrichten.(8) Für den Zeitraum zwischen Übergabe und Rückgabe der Leasingsache ist bei vertragsgemäßer Inanspruchnahme(9) der Leasingsache pro Tag als Leasingrate ein Betrag in Höhe von ___________,00 €
(entspricht 1/30,416667 der vereinbarten monatlichen Leasingrate)(10) zu zahlen. Dieser Betrag verringert sich entsprechend, wenn die Leasingsache nicht oder nur teilweise genutzt wurde oder nur teilweise nutzbar(11) war.
Der Leasingnehmer hat dem Leasinggeber auch die Aufwendungen zu ersetzen, die der Leasinggeber gegenüber öffentlichen Stellen erbracht hat und nicht zurückverlangen kann.(12)
Paketversandfähige Sachen sind auf Kosten und auf Gefahr des Vertragspartners des Leasingnehmers zurückzusenden. Die Kosten der Rücksendung hat der Leasingnehmer abweichend davon zu tragen, wenn dies im verbundenen Vertrag wirksam vereinbart wurde.(13) Nicht paketversandfähige Sachen werden beim Leasingnehmer abgeholt. Wenn der Leasingnehmer die aufgrund des verbundenen Vertrages überlassene Leasingsache sowie Nutzungen (z.B. Gebrauchsvorteile) nicht oder teilweise nicht oder nur in verschlechtertem Zustand zurückgewähren kann, hat er insoweit ggf. Wertersatz zu leisten.
Für die Verschlechterung der Sache muss der Leasingnehmer Wertersatz nur leisten, soweit die Verschlechterung auf einen Umgang mit der Sache zurückzuführen ist, der über die Prüfung der Eigenschaften und Funktionsweise hinausgeht. Unter „Prüfung der Eigenschaften und der Funktionsweise" versteht man das Testen und Ausprobieren der jeweiligen Ware, wie es etwa im Ladengeschäft möglich und üblich ist.(14)

Besonderheiten bei weiteren Verträgen(15)
Steht dem Leasingnehmer in Bezug auf den verbundenen Vertrag (Kaufvertrag) ein Widerrufsrecht zu, sind im Fall des wirksamen Widerrufs des verbundenen Vertrags (Kaufvertrag) Ansprüche des Leasinggebers auf Zahlung von Zinsen und Kosten aus der Rückabwicklung des Leasingvertrags gegen den Leasingnehmer ausgeschlossen.(16)
Ist der Leasingnehmer aufgrund des Widerrufs dieses Leasingvertrags an den verbundenen Vertrag oder den Vertrag über eine Zusatzleistung nicht mehr gebunden, sind insoweit die beiderseits empfangenen Leistungen zurückzugewähren und ggf. gezogene Nutzungen (z.B. Zinsen) herauszugeben(17)
Wenn der Leasingnehmer infolge des Widerrufs des Leasingvertrags nicht mehr an den weiteren Vertrag gebunden ist oder infolge des Widerrufs des weiteren Vertrags nicht mehr an den Leasingvertrag gebunden ist, gilt ergänzend Folgendes: Ist die Leistung des Leasinggebers bei Wirksamwerden des Widerrufs dem Vertragspartner des Leasingnehmers aus dem verbundenen Vertrag bereits zugeflossen, tritt der Leasinggeber im Verhältnis zum Leasingnehmer hinsichtlich der Rechtsfolgen des Widerrufs in die Rechte und Pflichten des Vertragspartners aus dem weiteren Vertrag ein.(18)

Einwendungen bei verbundenen Verträgen(19)
Der Leasingnehmer kann die Zahlung der Raten aus dem Leasingvertrag verweigern, soweit ihn Einwendungen berechtigen würden, seine Leistung gegenüber dem Vertragspartner aus dem verbundenen Vertrag zu verweigern. Dies gilt nicht, wenn das finanzierte Entgelt weniger als 200 Euro beträgt oder wenn der Rechtsgrund für die Einwendung auf einer Vereinbarung beruht, die zwischen dem Leasingnehmer und dem anderen Vertragspartner nach dem Abschluss des Leasingvertrags getroffen wurde. Kann der Leasingnehmer von dem anderen Vertragspartner Nacherfüllung verlangen, so kann er die Zahlung der Raten aus dem Leasingvertrag erst verweigern, wenn die Nacherfüllung fehlgeschlagen ist.(20)

b. Erläuterung der vorgenommenen Änderungen

Die Bezeichnungen des Darlehensnehmers und des Darlehensgebers können ohne Bedenken an die Terminologie des Leasingvertrags, Leasingnehmer und Leasinggeber, angepasst werden.[309]

Im Übrigen werden die Abänderungen zum Musterformular anhand der Nummerierung wie folgt erläutert:

---

(1) Hier ist eine Anpassung des Textes an die Besonderheiten des Verbraucherleasingvertrags vorzunehmen. Es handelt sich um eine entgeltliche Finanzierungshilfe gemäß § 506 BGB. Gemäß § 506 Abs. 4 BGB ist bei Verträgen, die keinen Nettodarlehensbetrag kennen der Barzahlungspreis anzugeben,[310] das bedeutet für den Verbraucherleasingvertrag den Anschaffungspreis der Leasingsache.[311]

(2) Am Ende des ersten Absatzes ist im Falle des Leasingvertrags der Gestaltungshinweis 1 des gesetzlichen Musters aufzunehmen. Unter bestimmten Umständen kann der Leasingnehmer den Leasingvertrag auch durch Rücksendung der Leasingsache widerrufen. Damit wird die Regelung gemäß § 355 Abs. 1 S. 2 BGB berücksichtigt. Diese Regelung findet gemäß §§ 506 Abs. 1, 495 Abs. 1 BGB (n.F.) auch auf den Leasingvertrag Anwendung.

(3) Der Einschub für „Besonderheiten bei weiteren Verträgen" ist wie im gesetzlichen Muster nur vorzunehmen, wenn es sich um verbundene Verträge nach § 358 Abs. 3 BGB handelt. Wann beim Verbraucherleasingvertrag von einem verbundenen Vertrag auszugehen ist, wird nachfolgend noch ausführlich dargestellt.

(4) Dieser Hinweis ist in die Widerrufsinformation aufzunehmen, wenn ein verbundener Vertrag nach § 358 Abs. 3 BGB vorliegt, da es sich beim Leasingvertrag um einen Vertrag handelt, der nicht den Erwerb von Finanzinstrumenten zum Gegenstand hat.

(5) Dieser Absatz ist beim Leasingvertrag einzufügen, wenn der Vertragsgegenstand in dem Verbraucherleasingvertrag genau angegeben ist und nicht gleichzeitig die Voraussetzungen eines verbundenen Vertrages gemäß § 358 Abs. 3 BGB (angegebenes Geschäft gemäß § 359a Abs. 1 BGB) erfüllt sind. Dies ist insbesondere der Fall, wenn der Leasingnehmer mit Abschluss des Leasingvertrags einen Vertrag über eine Zusatzleistung abschließt, wie bspw. eine Leasingratenversicherung oder eine sog. GAP-Versicherung.

(6) Dieser Absatz ist bei einem Vertrag über eine vom Leasinggeber für den Abschluss des Leasingvertrags verlangte Zusatzleistung (§ 359a Abs. 2 BGB in Verbindung mit Art. 247 § 8 EGBGB) einzufügen, der nicht gleichzeitig die Voraussetzungen eines verbundenen Vertrages gemäß § 358 Abs. 3 BGB erfüllt. Dies ist in der Leasingpraxis vor allem dann der Fall, wenn der Leasinggeber den Vertragsschluss vom Abschluss einer Versicherung verlangt.

(7) Das Muster für den Verbraucherdarlehensvertrag sieht im ersten Satz bei den Widerrufsfolgen eine 30-Tagesfrist für die Rückzahlung des Darlehens durch den Darlehensnehmer vor. Diese beruht auf der gesetzlichen Regelung der §§ 357 Abs. 1 S. 2 i.V.m. § 286 Abs. 3 BGB, wo eine 30-Tagesfrist vorgesehen ist. Nach dem Gesetzeswortlaut ergibt sich allerdings, dass diese Frist nur für Entgeltforderungen, nicht jedoch für die Rückgabe von Sachen anzuwenden ist. Diese Regelung macht deshalb grundsätzlich nur bei Vorliegen eines Darlehens Sinn, da es sich bei der Rückzahlungsforderung des Darlehensgebers um eine Entgeltforderung handelt. Bei Verbraucherleasingverträgen hingegen läuft

---

309 Vgl. Palandt/Weidenkaff, BGB, Art. 247, § 12, Rn. 3; vgl. auch BT-Drucks. 17/1394, S. 23.

310 Vgl. Gesetzesbegründung zu Nr. 30 (Neufassung des § 506 BGB-E), BT-Drucks. 16/11643, S. 92.

311 Vgl. Staudinger, Kommentar zum BGB, § 500, Rn. 12.

diese Regelung dem Grunde nach ins Leere und kann auf den Leasingvertrag nicht sinnvoll angewendet werden.[312] Für die Rückgabe von Sachen sind die §§ 357 Abs. 1 S. 1 i.V.m. 348 BGB anzuwenden und die daraus entstehenden Rückgewährpflichten Zug um Zug zu erfüllen.

(8) Aufgrund der gerade genannten Gründe, ist – nach Ansicht des Verfassers – auch der Satz *„Die Frist beginnt mit der Absendung der Widerrufserklärung"* zu löschen. Da keine 30-Tagesfrist für den Verbraucherleasingvertrag besteht, kann diese auch nicht mit Absendung der Widerrufserklärung oder der Leasingsache zu laufen beginnen. Sie ist deshalb – nach Ansicht des Verfassers – somit obsolet.

Dieses Ergebnis entspricht zwar der Gesetzeslage, es ist aber durchaus denkbar, dass dem Verbraucher vom Unternehmer vor dem Hintergrund einer erhöhten Schutzbedürftigkeit trotzdem eine Frist zur Rückgabe eingeräumt werden sollte. Die Länge dieser Frist sollte sich dann an der 30-Tages-Frist des § 286 Abs. 3 BGB orientieren. Aufgrund des bestehenden Risikos, dass die abgeänderte Widerrufsinformation – der möglicherweise keine Gesetzlichkeitsfiktion zukommt – einer Überprüfung standhalten muss, hat jeder Leasinggeber für sich zu entscheiden, ob er dem Verbraucher entgegen des Wortlauts des Gesetzes eine Frist für die Rückgabe einräumt.

(9) Nach Ansicht des Verfassers ist an dieser Stelle das Einfügen des Zusatzes „bei vertragsgemäßer Inanspruchnahme" erforderlich. Beim Verbraucherleasingvertrag kommt es für den vom Verbraucherleasingnehmer zu leistenden Nutzungsersatz darauf an, dass er die Leasingsache vertragsgemäß in Anspruch genommen hat. Die bloße vollständige Nutzungsüberlassung ist für das Entstehen des Nutzungsersatzes nicht ausreichend, da es erforderlich ist, dass der Verbraucherleasingnehmer nicht nur die vollständige Nutzung der Leasingsache ermöglicht wird, sondern er diese auch tatsächlich genutzt haben muss, um einen Anspruch auf Nutzungsersatz zu begründen.

(10) Hier ist die Leasingrate pro Tag anzugeben.[313] Mit dieser Ergänzung wird dem Leasingnehmer die Berechnungsgrundlage für die Leasingrate pro Tag mitgeteilt. Für den Verbraucher wird damit nachvollziehbar, wie sich die vorstehende Leasingrate pro Tag errechnet. Dieser Hinweis dient der Klarstellung und sollte keinen Einfluss auf Gesetzmäßigkeit der Widerrufsinformation haben.

(11) Auch hier ist eine Anpassung vorzunehmen, da es beim Leasingvertrag nicht lediglich auf die Übergabe der Leasingsache ankommt, sondern auch darauf, dass die Leasingsache genutzt wurde bzw. überhaupt nutzbar war. Wurde die Leasingsache nicht genutzt oder war diese nicht nutzbar, so ist der vom Leasingnehmer für den Zeitraum zwischen Übergabe und Rückgabe der Leasingsache zu ersetzende Betrag entsprechend zu verringern.

(12) Dieser Hinweis sollte bei Vorliegen der Voraussetzungen ggf. eingefügt werden. Ausweislich der Gesetzesbegründung handelt es sich bei Aufwendungen gegenüber öffentlichen Stellen beispielsweise um Notarkosten. Ebenfalls erfasst sein dürften für den Bereich des Leasing beispielsweise die Zahlung von Kfz-Steuern, Kfz-Zulassungsgebühren, GEZ-Gebühren oder andere Aufwendungen, die der Leasinggeber gegenüber öffentlichen Stellen erbringt. In der Regel wird dieser Gestaltungshinweis wohl nicht zur Anwendung kommen; für solche Geschäftsmodelle jedoch, bei denen der Leasinggeber Aufwendungen gegenüber öffentlichen Stellen erbringt (sog. Full-Service-Komponenten) und sich für den Fall des Widerrufs die Geltendmachung dieses Anspruches vorbehalten will, müsste dieser Hinweis in die Widerrufsinformation aufgenommen werden.

(13) Dieser Einschub ist nur vorzunehmen, wenn es sich um einen verbundenen Vertrag nach § 358 Abs. 3 BGB über die Überlassung der Leasingsache handelt. Nach dem Gesetzeswortlaut ist die Übertragung der Rücksendekosten auf den Verbraucher durch Vereinbarung ausgeschlossen, da dies gemäß § 357 Abs. 2 S. 3 BGB nur möglich ist, wenn dem Verbraucher ein Widerrufsrecht nach § 312d BGB zusteht; also nur beim Fernabsatzgeschäft. Außerdem steht dem Verbraucher im Falle des Leasing-

---

312 Vgl. Palandt/Grüneberg, BGB, § 357, Rn. 4b.

313 Vgl. Palandt/Weidenkaff, BGB, Art. 247, § 12, Rn. 3; BT-Drucks. 17/1394, S. 23.

vertrags ein Widerrufsrecht nach § 495 BGB (n.F.) zu. Daneben ist eine Widerrufsrecht nach § 312d BGB ausgeschlossen (§ 312d Abs. 5 S. 1 BGB).
Der zweite Satz („Die Kosten der Rücksendung ...") entfällt, wenn ein weiterer Vertrag nicht vorliegt.
(14) Dieser Absatz entspricht bereits der Gesetzesänderung des § 357 Abs. 3 BGB zum 04.08.2011.[314] Danach hat der Verbraucher Wertersatz für eine durch die bestimmungsgemäße Ingebrauchnahme der Sache entstandene Verschlechterung nur dann zu leisten, wenn er spätestens bei Vertragsschluss in Textform (§ 126b BGB) auf diese Rechtsfolge und eine Möglichkeit hingewiesen worden ist, sie zu vermeiden. Diese Änderung beruht auf dem Urteil des Europäischen Gerichtshofes vom 03.09.2009 (Rs C-489/07) und des hierdurch vom deutschen Gesetzgeber initiierten Gesetzgebungsverfahrens (Gesetz zur Anpassung über den Wertersatz bei Widerruf von Fernabsatzverträgen). Bis zum Ablauf des 04.11.2011 können auch die alten Musterbelehrungen in der vom 11.06.2010 bis 03.08.2011 gültigen Fassung weiter verwendet werden.
Im Falle, dass es sich bei dem verbundenen Vertrag auch um einen Fernabsatzvertrag handelt, wonach ein Widerrufsrecht nach § 312d BGB besteht, ist folgende Formulierung zu wählen: *Für die Verschlechterung der Sache und für gezogene Nutzungen muss der Leasing-Nehmer Wertersatz nur leisten, soweit die Verschlechterung auf einen Umgang mit der Sache zurückzuführen ist, der über die Prüfung der Eigenschaften und der Funktionsweise hinausgeht. Unter „Prüfung der Eigenschaften und der Funktionsweise" versteht man das Testen und Ausprobieren der jeweiligen Ware, wie es etwa im Ladengeschäft möglich und üblich ist.*
(12)-(14) Dieser Absatz ist beim Leasingvertrag einzufügen, da nach dem Gestaltungshinweis 8c des gesetzlichen Musters dieser Absatz bei Vorliegen eines verbundenen Vertrags gemäß § 358 Abs. 3 BGB über die Überlassung einer Sache (Kaufvertrag) oder bei einem Vertrag über eine entgeltliche Finanzierungshilfe, deren Vertragsgegenstand die Überlassung einer Sache ist (Leasingvertrag) sowie bei einem Vertrag über eine Zusatzleistung gerichtet auf die Überlassung einer Sache, wenn von Gestaltungshinweis 4c des gesetzlichen Musters Gebrauch gemacht wurde. Nach Auffassung des Verfassers, ist dieser Absatz jedoch nicht unter die Überschrift „Besonderheiten bei weiteren Verträgen" einzufügen, da – wie vorstehend ausgeführt – dieser Absatz auch eingefügt werden kann, wenn keine weiteren Verträge vorliegen.
(15) Die folgenden Absätze „Besonderheiten bei weiteren Verträgen" und „Einwendungen bei verbundenen Verträgen" sind nicht einzufügen, wenn beim Leasingvertrag ausschließlich der Hinweis(12–15) verwandt wird und weitere Verträge nicht vorliegen.
(16) Dieser Absatz ist einzufügen, wenn ein verbundenes Geschäft gemäß § 358 Abs. 3 BGB vorliegt.
(17) Liegt ein verbundener Vertrag nach § 358 Abs. 3 BGB oder bei einem Vertrag über eine Zusatzleistung vor und wurde von Gestaltungshinweis(6) Gebrauch gemacht, so ist auch dieser Absatz einzufügen.
(18) Dieser Absatz ist einzufügen, wenn ein mit dem Leasingvertrag verbundener Vertrag nach § 358 Abs. 3 BGB oder ein Geschäft gemäß § 359a Abs. 1 BGB vorliegt oder bei einem vom Leasinggeber finanzierten Vertrag über eine Zusatzleistung, wenn von Gestaltungshinweis(6) Gebrauch gemacht wurde. Dieser Absatz entfällt auch beim verbundenen Vertrag, wenn der Leasinggeber zugleich Vertragspartner des Leasingnehmers aus dem weiteren Vertrag ist (z.B. beim so genannten Herstellerleasing, wo der Leasinggeber auch Verkäufer der Leasingsache ist).
(19), (20) Die Überschrift und der nachfolgende Hinweis nur ist bei einem verbundenen Vertrag nach § 358 Abs. 3 BGB einzufügen.
(21) Wird die Widerrufsinformation in die AGBs mit aufgenommen, so muss diese – wie oben bereits ausgeführt – optisch hervorgehoben werden. Zur Darstellung, welche Teile der AGBs die Widerrufsinformation darstellt, sollte am Ende der Zusatz „Ende der Widerrufsinformation" eingefügt werden. Damit wird möglichen Missverständnissen bereits entgegengetreten.

---

314 BGBl. I, 1600.

2. Muster einer SECCI Belehrung

Verbraucherinformation SECCI

Die Angaben werden nach Treu und Glauben zur Verfügung gestellt und sind eine Beschreibung des Angebots, das der Leasinggeber (im Folgenden LG genannt) unter aktuellen Marktbedingungen und auf der Basis der vom Kunden bereitgestellten Informationen machen würde. Es sollte allerdings beachtet werden, dass sich die Angaben je nach Marktentwicklung ändern können.
Die Aushändigung dieses Informationsmerkblattes verpflichtet den LG nicht automatisch zum Abschluss des Leasingvertrages. Der Leasingvertrag kommt zu Stande, wenn der Leasingnehmer (im Folgenden LN genannt) den Leasingvertrag unterzeichnet und diesen dem LG zukommen lässt. Der LN ist an diesen Antrag einen Monat ab Zugang beim LG gebunden, soweit bis zu diesem Zeitpunkt kein Widerruf erfolgt. Der Leasingvertrag wird wirksam, sobald der LG entweder das Leasingangebot annimmt, einen Liefervertrag über das Leasingobjekt (LO genannt) abschließt, in einen solchen Vertrag eintritt oder den Kaufpreis an den Lieferanten zahlt.
Bitte beachten Sie, dass Sie mit Unterzeichnung und Rücksendung des Leasing-Vertragsformulars eine rechtlich verbindliche Erklärung abgeben, aus der Rechte und Pflichten für Sie entstehen.
Lehnt der vom LN bestimmte Lieferant das Kaufangebot des LGs ab, so kann der LG vom Leasingvertrag zurücktreten. Ansprüche des LN gegen den LG hieraus sind ausgeschlossen.

I. Europäische Standardinformationen für Verbraucherkredite

1. Name und Kontoangaben des Kreditgebers/Kreditvermittlers

Kreditgeber

Anschrift

Telefon

E-Mail

Fax

Internet-Adresse

Kreditvermittler

Anschrift

Telefon

E-Mail

2. Beschreibung der wesentlichen Merkmale des Kredits

Kreditart	Leasingvertrag mit Kilometerabrechnung entgeltliche Finanzierungshilfe
Gesamtkreditbetrag Obergrenze oder Summe aller Beträge, die aufgrund des Kreditvertrags zur Verfügung gestellt wird	EUR ________ (Anschaffungspreis) inkl. gesetzlicher Mehrwertsteuer.

Bedingungen für die Inanspruchnahme Gemeint ist, wie und wann Sie das Geld erhalten	Beim Leasingvertrag erhält der LN keinen Geldbetrag. Vielmehr zahlt der LG den Kaufpreis für das Leasingobjekt unmittelbar an den Lieferanten/Hersteller, nachdem der LN das Leasingobjekt von dem Lieferanten erhalten und der LN dem LG dessen Übernahme bestätigt hat. Leasingsonderzahlungen sind vom LN zu leisten.
Laufzeit des Kreditvertrages	________ Monate
Teilzahlungen und ggf. Reihenfolge, in der die Teilzahlungen angerechnet werden	Der LN muss folgende Zahlungen leisten: EUR ________ Leasing-Sonderzahlung einmalig zu zahlen zu Vertragsbeginn EUR ________ mal, monatlich; zahlbar jeweils am 1. eines Kalendermonats im Voraus. Alle angegebenen Beträge enthalten die gesetzliche Mehrwertsteuer. Die erste Leasingrate ist zu Beginn der Vertragslaufzeit fällig. Der LN zahlt ab Beginn der Vertragslaufzeit bis zum Ende des ersten Kalendermonats für die erste Leasingrate anteilig täglich 1/30 der monatlichen Leasingraten. Die weiteren Leasingraten sind stets monatlich, jeweils zum Ersten eines Kalendermonats im Voraus fällig und zu zahlen. Ratenzahlungen im Übrigen sind stets monatlich fällig. Eine vereinbarte Leasingsonderzahlung ist zusätzliches Entgelt neben den Leasingraten und dient nicht als Kaution. Durch sie werden Leasingraten nicht getilgt.
	Abrechnung am Vertragsende: Zum Vertragsende wird eine Abrechnung des Leasingvertrages vorgenommen. Dabei werden die im Leasingvertrag vereinbarten Freikilometer mit den tatsächlich gefahrenen Kilometern verglichen. Innerhalb eines Toleranzbereiches von +/– 2500 km erfolgt keine Nachberechnung. Belastung des LNs bei: Mehr-km (Toleranz 2.500 km / max. unbeschränkt) Cent ______(exkl. Mehrwertsteuer) Cent ______(inkl. Mehrwertsteuer) Gutschrift für LN bei: Minder-km (Freigrenze 2.500 km / max. 10.000 km) Cent ______(exkl. Mehrwertsteuer) Cent ______(inkl. Mehrwertsteuer). Zinsen und Kosten sind anteilig enthalten

Von Ihnen zu zahlender Gesamtbetrag Betrag des geliehenen Kapitals zuzüglich Zinsen und etwaigen Kosten im Zusammenhang mit Ihrem Kredit	EUR ______ inkl. gesetzlicher Mehrwertsteuer.
Der Kredit wird in Form eines Zahlungsaufschubs für eine Ware oder Dienstleistung gewährt oder ist mit der Lieferung bestimmter Waren der Erbringung einer Dienstleistung verbunden. Bezeichnung der Ware oder Dienstleistung Barzahlungspreis	Nutzungsüberlassung des Leasing-Objekts EUR ______ inkl. gesetzl. Mehrwertsteuer (Anschaffungspreis).
Verlangte Sicherheiten	**Bürgschaft** Der LG fordert ggf. eine Selbstschuldnerische Bürgschaft für alle Verbindlichkeiten aus dem abzuschließenden Leasingvertrag. Eingeschlossen sind die Ansprüche aus einer vorzeitigen Vertragsbeendigung, gleich aus welchem Grund. **Abtretung** der Ansprüche aus einer für den Leasinggegenstand abzuschließenden Vollkaskoversicherung, auf Ziffer I Nr. 8 der im Falle des Zustandekommens eines Leasingvertrages maßgeblichen Allgemeinen Leasingbedingungen des LGs (nachfolgend ALB genannt) gemäß Anlage wird verwiesen. **Lohn- und Gehaltsabtretung** a) Der LN/Bürge tritt mit Abschluss des Vertrages unwiderruflich den pfändbaren bzw. übertragbaren Teil seiner gegenwärtigen und zukünftigen Ansprüche auf Arbeitsentgelt/Lohn, Gehalt, Wehrsold, Abfindungen, Gewinnbeteiligungen, Provisionen, Tantiemen, Betriebsrenten, Pensionen, Arbeitnehmersparzulagen, Weihnachts- und Urlaubsgeld, Arbeitslosengeld, Teilarbeitslosengeld, Übergangsgeld, Kurzarbeitergeld, Insolvenzgeld, Wintergeld, Winterausfallgeld, Vorruhestandsleistung, Leistungen der gesetzlichen sowie privaten Kranken-, Unfall- und Rentenversicherungen sowie Berufs- und Erwerbsunfähigkeitsrente gegen den jeweiligen Leistungsverpflichteten an den LG ab, der die Abtretung annimmt. b) Gesichert sind die Ansprüche des LG im Zusammenhang mit dem abzuschließenden Vertrag, gleich aus welchem Rechtsgrund. c) Die Abtretung ist begrenzt auf den Gesamtzahlungsbetrag dieses Leasingvertrages. Wird nicht auf

	die Abtretung gezahlt, setzt sich die Abtretung bis zum Erreichen des zuvor genannten Betrages fort.
3. Kreditkosten	
Sollzinsen oder ggf. die verschiedenen Sollzinssätze, die für den Kreditvertrag gelten.	_____ % p.a.
Effektiver Jahreszins Gesamtkosten ausgedrückt als jährlicher Prozentsatz des Gesamtbetrags. Diese Angabe hilft Ihnen dabei, unterschiedliche Angebote zu vergleichen.	_____ % p.a. Der effektive Jahreszins wurde nach den gesetzlichen Vorgaben des § 6 PAngV berechnet. Dabei wurden die in dieser Standardinformation enthaltenen Angaben (Gesamtkreditbetrag, Laufzeit, Teilzahlungen, Sollzinssatz, Gesamtkosten) zugrunde gelegt. In die Gesamtkosten wurden mit eingerechnet: Bearbeitungsgebühren, Zinsen Nicht in die Gesamtkosten wurden eingerechnet:
Ist – der Abschluss einer Kreditversicherung *oder* – die Inanspruchnahme einer anderen mit dem Kreditvertrag zusammenhängenden Nebenleistung zwingende Voraussetzung dafür, dass der Kredit überhaupt oder nach den vorgesehenen Vertragsbedingungen gewährt wird? Falls der Kreditgeber die Kosten dieser Dienstleistungen nicht kennt, sind sie nicht im effektiven Jahreszins enthalten.	 Nein Ja, Sachversicherung, z.B. Vollkaskoversicherung Ja, Haftpflichtversicherung Diese Kosten sind dem Kreditgeber nicht bekannt.
Kosten im Zusammenhang mit dem Kredit	
Höhe der Kosten für die Verwendung eines bestimmten Zahlungsmittels (z.B. einer Kreditkarte)	
Sonstige Kosten im Zusammenhang mit dem Kreditvertrag	
Notarkosten	
Kosten bei Zahlungsverzug	Soweit der LN mit Zahlungen, die er auf Grund des Verbraucherleasingvertrages schuldet in Verzug kommt, hat er den Betrag nach § 288 Abs. 1 BGB zu verzinsen.

Ausbleibende Zahlungen können schwerwiegende Folgen für Sie haben (z.B. Zwangsverkauf) und die Erlangung eines Kredits erschweren.	Im Einzelfall kann der LG eine höheren und der LN einen niedrigeren Schaden nachweisen. Die nach Eintritt des Verzugs anfallenden Zinsen sind auf einem gesonderten Konto zu verbuchen und dürfen nicht in ein Kontokorrent mit dem geschuldeten Betrag oder andern Forderungen des LGs eingestellt werden. Hinsichtlich dieser Zinsen gilt § 289 S. 2 BGB mit der Maßgabe, dass der Darlehensgeber Schadensersatz nur bis zur Höhe des gesetzlichen Zinssatzes (§ 246 BGB) verlangen kann. Für eine von der Bank des LN nicht eingelöste Lastschrift berechnet der LG dem LN eine Bearbeitungsgebühr von jeweils _____ Euro. Der LN ist berechtigt, seinerseits den Nachweis anzutreten, dass dem LG ein geringerer oder kein Schaden entstanden ist. Die Geltendmachung eines weitergehenden Verzugsschadens ist dadurch nicht ausgeschlossen. Die Kosten der Sicherstellung des Fahrzeugs hat der LN zu tragen. Für den Fall einer Vertragskündigung wegen Zahlungsverzugs wird der LG dem LN den konkret entstehenden Schaden in Rechnung stellen.
4. Andere wichtige rechtliche Aspekte	
Widerrufsrecht Sie haben das Recht, innerhalb von 14 Kalendertagen den Kreditvertrag zu widerrufen.	Ja
Vorzeitige Rückzahlung Sie haben das Recht, den Kredit jederzeit ganz oder teilweise zurückzuzahlen. Dem Kreditgeber steht bei vorzeitiger Rückzahlung eine Entschädigung zu.	Das Recht nach § 500 Abs. 2 BGB steht dem LN nicht zu. Eine vorzeitige Rückzahlung ist nicht möglich.
Datenbankabfrage Der Kreditgeber muss Sie unverzüglich und unentgeltlich über das Ergebnis einer Datenbankanfrage unterrichten, wenn ein Kreditantrag aufgrund einer solchen Abfrage abgelehnt wird. Dies gilt nicht, wenn eine entsprechende Unterrichtung durch die Rechtsvorschriften der Europäischen Gemeinschaft untersagt ist oder den Zielen der öffentlichen Ordnung oder Sicherheit zuwiderläuft.	Ja

Recht auf einen Kreditvertragsentwurf Sie haben das Recht, auf Verlangen unentgeltlich eine Kopie des Kreditvertragsentwurfes zu erhalten. Diese Bestimmung gilt nicht, wenn der Kreditgeber zum Zeitpunkt der Beantragung nicht zum Abschluss eines Kreditvertrages mit Ihnen bereit ist.	ja
Zeitraum, während dessen der Kreditgeber an die vorvertraglichen Informationen gebunden ist	Diese Informationen gelten vier Wochen ab Erhalt dieser Belehrung.
Widerrufsrecht Sie haben das Recht, innerhalb von 14 Kalendertagen den Kreditvertrag zu widerrufen.	Ja

5. Zusätzliche Informationen beim Fernabsatz von Finanzdienstleistungen

a) zum Kreditgeber

Vertreter des Kreditgebers in dem Mitgliedstaat, in dem Sie Ihren Wohnsitz haben Anschrift	
Eintrag im Handelsregister	
Zuständige Aufsichtsbehörde	Bundesanstalt für Finanzdienstleistungsaufsicht Graurheindorferstraße 108 53177 Bonn

b) zum Kreditvertrag

Ausübung des Widerrufsrechts	Der LN kann seine Vertragserklärung innerhalb von 14 Tagen ohne Angabe von Gründen in Textform (z.B. Brief, Fax, E-Mail) oder – wenn ihm die Sache vor Fristablauf überlassen wird – durch Rücksendung der Leasingsache widerrufen. Die Frist beginnt nach Abschluss des Vertrages, aber erst, nachdem der LN alle Pflichtangaben nach § 492 Absatz 2 BGB (z.B. Angabe des effektiven Jahreszinses, Angaben zum einzuhaltenden Verfahren bei der Kündigung des Vertrags, Angabe der für den LG zuständigen Aufsichtsbehörde) erhalten hat. Der LN hat alle Pflichtangaben erhalten, wenn sie in der für den LN bestimmten Ausfertigung seines Antrags oder in der für den LN bestimmten Ausfertigung der Vertragsurkunde oder in einer für den LN bestimmten Abschrift seines Antrags oder der Vertragsurkunde enthalten sind und

	dem LN eine solche Unterlage zur Verfügung gestellt worden ist. Über in den Vertragstext nicht aufgenommene Pflichtangaben kann der LN nachträglich in Textform informiert werden; die Widerrufsfrist beträgt dann einen Monat. Der LN ist mit den nachgeholten Pflichtangaben nochmals auf den Beginn der Widerrufsfrist hinzuweisen. Zur Wahrung der Widerrufsfrist genügt die rechtzeitige Absendung des Widerrufs oder der Sache. Der Widerruf ist zu richten an: ________________ ________________ Bei Nichtausübung dieses Rechts innerhalb der Frist, steht dem LN kein Widerrufsrecht mehr zu.
Recht, das der Kreditgeber der Aufnahme von Beziehungen zu Ihnen vor Abschluss des Kreditvertrages zugrunde legt	Es findet deutsches Recht Anwendung.
Wahl der Sprache	Die Informationen und Vertragsbedingungen werden in Deutschland in deutscher Sprache vorgelegt. Mit ihrer Zustimmung werden wir während der Laufzeit des Kreditvertrages in Deutsch mit Ihnen Kontakt halten.
c) zu den Rechtsmitteln	
Verfügbarkeit außergerichtlicher Beschwerden und Rechtsbehelfsverfahren und Zugang dazu	Der LN kann nach § 14 Unterlassungsklagengesetz vor Anrufung der deutschen Gerichte von dem außergerichtlichen Streitschlichtungsverfahren der Deutschen Bundesbank Gebrauch machen. Die Beschwerde des LN ist schriftlich und unter kurzer Schilderung des Sachverhalts und ggf. unter Beifügung von Kopien der notwendigen Unterlagen zu erheben bei Deutsche Bundesbank – Schlichtungsstelle – Postfach 11 12 32, 60047 Frankfurt am Main, Tel.: +49 69 2388-1907/1906/1908, Fax.: +49 69 2388-1919, E-Mail: schlichtung@bundesbank.de Die Beschwerde kann auch per E-Mail oder Fax eingereicht werden; evtl. erforderliche Unterlagen sind dann per Post nachzureichen. Sie dürfen vor Anrufung der Beschwerdestelle weder ein Gericht, noch eine Streitschlichtungsstelle und auch keine Gütestelle angerufen haben und auch keinen außergerichtlichen Vergleich mit dem Beschwerdegegner abgeschlossen haben.

	Darüber hinaus darf der Anspruch bei Erhebung Ihrer Beschwerde nicht verjährt sein.
II. Zusätzliche Informationen beim Fernabsatz von Leasingverträgen	
zusätzliche Kosten	Der LN ist auf seine Kosten verpflichtet, das LO sorgfältig und pfleglich unter Beachtung der Gebrauchsanweisung einzusetzen und in betriebs- und verkehrssicherem Zustand zu erhalten. Er hat pünktlich vorgeschriebene oder empfohlene Wartungsarbeiten und erforderlich werdende Reparaturen am LO von einer vom Hersteller oder Lieferanten autorisierten Fachwerkstatt auf eigene Kosten durchführen zu lassen. Der LN trägt ab Abnahme alle Gebühren, Steuern, Abgaben, sonstige Lasten, die mit dem Besitz oder der Nutzung des LO anfallen, und sonstige Kosten (wie z.B. für Überführung, Zulassung und für Zahlungsauthentifizierungsinstrumente). Dies gilt insbesondere auch für Autobahn- und Straßennutzungsgebühren. Der LN hat alle Gesetze und Vorschriften, die den Besitz und den Betrieb des LO regeln, einzuhalten und das LO von Rechten Dritter freizuhalten. Der LN stellt den LG von allen Ansprüchen Dritter in Bezug auf das LO frei. Kommt der LN den vorgenannten Verpflichtungen nicht nach, ist der LG bei Gefahr in Verzug oder besonderer Eilbedürftigkeit berechtigt, diese Verpflichtungen auf Kosten des LN vorzunehmen. Für das Erstellen und den Versand von Dokumenten oder Schriftstücken während der Vertragslaufzeit berechnet der LG eine Aufwandsentschädigung, die per Lastschrift eingezogen werden kann. Teilt der LN eine Adressänderung dem LG nicht oder nicht rechtzeitig mit, berechnet der LG dem LN für die Adressrecherche eine Pauschale in Höhe von 25,00 €. Entstehen höhere Kosten, so sind diese vom LN zu tragen.
Vertragsbestimmungen	Es wird auf die im Falle des Zustandekommens eines Leasingvertrages maßgeblichen Allgemeinen Leasingbedingungen des LGs gemäß Anlage verwiesen.

III. Weitere Informationen für Verbraucherleasingverträge mit Kilometerabrechnung

1. Die Hauptmerkmale des vom LG angebotenen Leasingvertrag

a. Zweck des Leasing-Vertrages

Der Zweck des Verbraucherleasingvertrages mit Kilometerabrechnung ist die entgeltliche Nutzungs- bzw. Gebrauchsüberlassung des Fahrzeuges während der vereinbarten Vertragslaufzeit. Eigentümer des Fahrzeuges ist der LG. Der LG ist berechtigt, in Abstimmung mit dem LN das Fahrzeug zu besichtigen und auf seinen Zustand zu überprüfen. Der LN darf das Fahrzeug weder verkaufen, verpfänden, verschenken, vermieten oder verleihen, noch zur Sicherung übereignen. Eine Verwendung zu Fahrschulzwecken, als Taxi oder zu sportlichen Zwecken bedarf der vorherigen schriftlichen Zustimmung des LGs.

Gegenleistungen für die Gebrauchsüberlassung des Fahrzeuges sind die Leasingraten, eine ggf. vereinbarte Sonderzahlung, ggf. eine Mehrkilometerberechnung und eine Abschlusszahlung bei Änderung der tatsächlichen Nutzungsdauer oder im Fall vorzeitiger Vertragsbeendigung. Der LG hat in jedem Falle Anspruch auf Vollamortisation.

Die Leasingrate ist für die Laufzeit des Leasingvertrages fest vereinbart.

Die Leasingzeit beginnt am Tag der Übergabe des Fahrzeuges an den LN. Falls auf Wunsch des LNs das Fahrzeug vorher zugelassen wird, beginnt die Leasingzeit am Tag der Zulassung. Holt der LN das Fahrzeug trotz Anzeige der Bereitstellung des Fahrzeuges seitens des LGs oder des Lieferanten nicht ab, beginnt die Leasingzeit sieben Tage nach Zugang der Anzeige.

Eine im Leasingvertrag vereinbarte Sonderzahlung ist innerhalb von zwei Wochen nach Zugang des Annahmeschreibens zu entrichten. Vor Zahlungseingang ist der LG zur Übergabe des Leasingobjekts nicht verpflichtet.

Die erste Leasingrate ist zu Vertragsbeginn fällig. Der LN zahlt ab Vertragsbeginn bis zum Ende des ersten Kalendermonats für die erste Leasingrate anteilig für jeden Tag 1/30 der monatlichen Leasingraten.

Die weiteren Leasingraten sind stets monatlich, jeweils zum Ersten eines Kalendermonats im Voraus fällig und zu zahlen. Die letzte Rate wird voll fällig. Endet die Leasingzeit nicht zum Ende eines Kalendermonats, hat der LG für jeden Tag 1/30 der letzten Leasingrate zurückzuerstatten, an dem der Leasingvertrag in diesem Monat nicht mehr bestand. Die Leasingraten sind bis zur Beendigung des Vertrages auch für die Dauer von Reparaturarbeiten oder bei Abhandenkommen des Fahrzeuges zu zahlen. Der LN erteilt dem LG Einzugsermächtigung. In jedem Fall haben sämtliche Zahlungen für den LG kostenfrei zu erfolgen.

Ist bei Rückgabe des Fahrzeuges nach Ablauf der bei Vertragsschluss vereinbarten Vertragslaufzeit die festgelegte Gesamtkilometerlaufleistung über- bzw. unterschritten, werden die gefahrenen Mehr- bzw. Minderkilometer dem LN zu dem im Leasingvertrag genannten Satz nach berechnet bzw. vergütet. Eine Über- bzw. Unterschreitung der vereinbarten Laufleistung bis zu 2.500 Kilometer bleibt außer Betracht. Minderkilometer werden nur bis höchstens 10.000 Kilometer vergütet.

Ein garantierter Restwert für das Fahrzeug wird nicht geschuldet.

b. Rückgabepflicht am Ende der Vertragslaufzeit

Nach Beendigung des Leasingvertrages ist der LN verpflichtet, das LO auf seine Kosten einschließlich aller Unterlagen und Schlüssel an den LG oder dessen Beauftragten herauszugeben. § 545 BGB wird abbedungen.

Das LO hat sich bei Rückgabe in einem verkehrs- und betriebssicheren Zustand zu befinden, der dem Auslieferungszustand des LO zum Beginn des Leasingvertrages unter Berücksichtigung des durch den vertragsgemäßen Gebrauch entstandenen normalen Verschleißes entspricht. Andernfalls hat der LN die erforderlichen Reparaturkosten und Schäden hieraus zu tragen.

Auf Verlangen des LN oder des LG wird der Zustand des LO bei Rückgabe in einem gemeinsamen Protokoll festgehalten, das von beiden Parteien zu unterzeichnen ist. Finden die Parteien keine Einigung, wird der Zustand des LO von einem öffentlich bestellten und vereidigten Sachverständigen oder einem unabhängigen Sachverständigenunternehmen festgestellt. Die Bestimmung des Sachverständigen erfolgt durch den LG. Die Kosten sind zu teilen.

c. Abzuschließende Versicherungen

Der LN ist verpflichtet, eine Sachversicherung (v.a. für Feuer, Wasser, Einbruch und Diebstahl) zugunsten des LO bei einem in der Bundesrepublik Deutschland tätigen Versicherer auf eigene Kosten zum Neuwert abzuschließen und während der gesamten Vertragslaufzeit aufrecht zu erhalten. Schon jetzt tritt der LN alle ihm gegenüber dem Versicherer zustehenden Ersatzansprüche an den LG ab. Bei Fahrzeugen hat der LN eine Kfz-Haftpflichtversicherung mit einer Deckungssumme von zumindest 1. Mio. Euro sowie eine Vollkaskoversicherung mit einer Selbstbeteiligung von höchstens 500,00 Euro abzuschließen. Der LN hat innerhalb von 14 Tagen nach Abnahme des LO den Versicherungsschutz gegenüber dem LG nachzuweisen. Kommt der LN dieser Verpflichtung nicht nach, kann der LG das LO auf Kosten des LN versichern. Überdies hat sich der LN zugunsten des LG für diese Versicherungen einen Sicherungsschein zu verschaffen und an den LG zu übergeben. Trotz Abtretung bleibt der LN berechtigt und verpflichtet, die abgetretenen Ansprüche gegenüber dem Versicherer auf eigene Kosten geltend zu machen. Zahlungen darf er nur an den LG verlangen. Der LG hat erhaltene Versicherungsentschädigungen – mit Ausnahme von Zahlungen zur Abdeckung des merkantilen Minderwertes, die wirtschaftlich dem LG zustehen – dem LN zur Wiederherstellung des LO zur Verfügung zu stellen oder auf die Zahlungspflicht des LN anzurechnen. Der LG ist vom LN unverzüglich über den Schadensfall und seine Abwicklung zu unterrichten.

d. Gewährleistungsrechte hinsichtlich des überlassenen Leasingobjektes

a) Mit Ausnahme der mietvertraglichen Sachverschaffungspflicht sind alle mietvertraglichen Gewährleistungsansprüche des LN gegenüber dem LG abbedungen
aa) Zum Ausgleich tritt der LG an den LN – gleich aus welchem Rechtsgrund – seine Ansprüche und Rechte wegen etwaiger Sach- und Rechtsmängel des LO, insbesondere alle Nacherfüllungs-, Rücktritts-, Minderungs- und Schadensersatzansprüche sowie mängelbezogene Garantien gegenüber dem Lieferanten des LO ab. Der LN nimmt die Abtretung mit Vertragsschluss an. Dies gilt jedoch erst, nachdem der LG seine Sachverschaffungspflicht gegenüber dem LN erfüllt hat.
bb) Deshalb ist der LN verpflichtet, diese Ansprüche auf eigene Kosten unverzüglich und fristwahrend, gegebenenfalls auch gerichtlich, mit der Maßgabe geltend zu machen, dass beanspruchte Zahlungen ausschließlich an den LG zu leisten sind. Der LG ist über die Geltendmachung von Ansprüchen durch den LN laufend zeitnah zu informieren. Verletzt der LN schuldhaft diese Pflicht, ist er dem LG zum Ersatz des daraus entstehenden Schadens verpflichtet.
cc) Können sich Lieferant und LN nicht über die Wirksamkeit eines vom LN erklärten Rücktrittes oder einer Minderung einigen, ist der LN zur Verweigerung oder Zurückbehaltung von Zahlungspflichten dieses Leasingvertrages wegen etwaiger Mängel erst dann – im Falle der Minderung anteilig – berechtigt, wenn der LN den Lieferanten unverzüglich und unter Einhaltung etwaiger Fristen, spätestens jedoch innerhalb einer Frist von 4 Wochen gerechnet ab der Rücktritts- bzw. Minderungserklärung, auf Rückabwicklung des Liefervertrages oder Minderung verklagt. Bei nicht fristgerechter Klageerhebung greift das Zurückbehaltungsrecht an den Raten ab dem Tag der Klageerhebung. Bei Erfolglosig-

keit des Klagebegehrens entfällt das Zurückbehaltungsrecht rückwirkend und die zurück behaltenen Raten sind unverzüglich in einem Betrag zu zahlen. Der LN ist mit dieser Regelung einverstanden.
b) Der LN hat für den Fall der Nachlieferung mit dem Lieferanten zu vereinbaren, dass dieser das Eigentum an dem LO unmittelbar auf den LG überträgt. Die Besitzverschaffung jedoch erfolgt durch Lieferung an den LN. Der LN hat den LG von der erfolgten Nachlieferung unverzüglich in Kenntnis zu setzen und die Identifikationsmerkmale des neuen LO dem LG schriftlich mitzuteilen sowie durch einen Lieferschein zu belegen.
c) Der LG ist im Falle der rechtswirksamen Minderung verpflichtet, die Leasingraten und gegebenenfalls den Restwert anzupassen.
d) Der LN nimmt zustimmend davon Kenntnis, dass ihm gegenüber dem LG keine Gewährleistungsansprüche zustehen, sofern diese Ansprüche im Verhältnis zum Lieferanten nach der Abtretung verjähren. Das Risiko rechtzeitiger Rechtsverfolgung gegenüber dem Lieferanten obliegt dem LN.
e) Haftet der LG gegenüber dem LN für einen Schaden aufgrund eigenen oder Verschuldens seiner gesetzlichen Vertreter oder sonstiger Erfüllungsgehilfen aus einem anderen Rechtsgrund des abzuschließenden Vertrages oder vorstehend geregelt, ist die Haftung auf Fälle von Vorsatz oder grober Fahrlässigkeit beschränkt; bei Verletzung von Leben, Körper und Gesundheit haftet der LG auch für einfache Fahrlässigkeit. Zuletzt Genanntes gilt auch bei Verletzung von wesentlichen Vertragspflichten, jedoch dann beschränkt auf den vorhersehbaren Schaden.
f) Etwaige Zusagen oder Absprachen zwischen LN und Lieferanten, deren Kenntnis der LG nicht schriftlich bestätigt hat, gehen nicht zu Lasten des LG. Der LN stellt den LG im Zweifel von diesbezüglichen Ansprüchen frei.

e. Gefahrtragung

a) Die Gefahr eines zufälligen Untergangs des LO trägt ab Abnahme der LN; dies gilt auch, wenn das LO dem LN gestohlen wird oder abhandenkommt, es sei denn, dies ist vom LG zu vertreten.
b) Im Falle eines Totalschadens oder bei völligem Verlust oder einer wesentlichen sonstigen Beschädigung des LO steht dem LN und dem LG ein außerordentliches Kündigungsrecht zu; gleichwohl bleibt der LN verpflichtet, die abgezinste Restamortisation dem LG gut zu bringen. Der LN bleibt bis zur Kündigung zur Zahlung der vereinbarten Raten verpflichtet. Für diesen Fall tritt der LG bereits hiermit alle Ansprüche, die ihm aufgrund seines Eigentums an dem LO gegen Dritte zustehen, an den die Abtretung annehmenden LN ab. Anstatt zur Kündigung, ist der LN auch zur unveränderten Fortsetzung des Vertrages berechtigt, in dem er nach seiner Wahl entweder das LO auf seine Kosten instand setzt oder durch ein gleichartiges oder gleichwertiges Objekt ersetzt. Der LN hat den LG über seine Wahl unverzüglich zu informieren. Entscheidet sich der LN für die Instandsetzung, so hat er das LO in einen vertragsgemäßen Zustand zu versetzen. Entscheidet sich der LN für eine Ersetzung, so hat er dem LG das Eigentum an dem Objekt zu verschaffen, soweit dieser das Ersetzungsobjekt nicht vom Lieferanten erwirbt. Der LN hat die ordnungsgemäße Instandsetzung oder Ersetzung dem LG unverzüglich nachzuweisen. Der Leasingvertrag gilt unverändert für das Ersatzleasingobjekt.

f. Sonstige Besonderheiten, die den vorliegenden Vertrag von anderen Verträgen unterscheidet

Abnahme, Lieferung und Abnahmebestätigung
a) Die Auslieferung des LO durch den Lieferanten erfolgt unmittelbar an den LN.
b) Der LN ist verpflichtet, das LO unverzüglich auf Gebrauchs- und Funktionstauglichkeit, insbesondere auf Mängel, Vollständigkeit und Übereinstimmung mit dem zwischen den Parteien des Liefervertrages Vereinbarten zu untersuchen und Beanstandungen spezifiziert dem Lieferanten und dem LG unverzüglich schriftlich anzuzeigen. Der LN hat das LO abzunehmen, sofern sich keine Beanstandungen zeigen. Der LN muss jedoch zumutbare Konstruktions- und Formänderungen, v.a. zumutbare Abweichungen im Farbton und des serienmäßigen Lieferumfangs hinnehmen.

c) Der LN hat nach erfolgter Abnahme innerhalb einer Frist von 3 Arbeitstagen eine Abnahmeerklärung rechtsverbindlich zu unterzeichnen und dem LG zu übergeben. Der LN nimmt zustimmend davon Kenntnis, dass der LG auf die Richtigkeit der Annahmeerklärung vertraut und deshalb nach Erhalt der Abnahmeerklärung den Kaufpreis an den Lieferanten des LO bezahlt. Der LN ist verpflichtet, den LG von allen Schäden freizuhalten, die daraus entstehen, dass der LN aus Gründen, die er zu vertreten hat, eine unvollständige oder fehlerhafte Abnahmeerklärung ausstellt.

2. Weitere Vertragstypischen Auswirkungen des Leasingvertrages auf den LN

Gibt der LN Schlüssel oder Unterlagen nicht zurück, trägt er die Kosten der Ersatzbeschaffung sowie einen sich daraus ergebenden weiteren Schaden.

Werden Inspektionen oder Wartungsarbeiten gemäß der Betriebsanleitung des Herstellers im Monat der Beendigung des Leasingvertrages fällig, trägt der LN deren Kosten.

Wird das Fahrzeug nicht termingemäß zurückgegeben, wird dem LN für jeden überschrittenen Tag als Grundbetrag 1/30 der für die Vertragszeit vereinbarten monatlichen Leasingrate, gegebenenfalls zuzüglich des durch eine Leasingsonderzahlung oder abgezinste Einmalzahlung (AEZ) nicht mehr gedeckten Vorauszahlungsanteils, und die durch die Rückgabeverzögerung verursachten Kosten berechnet.
Entspricht das Fahrzeug bei Rückgabe nicht dem ordnungsgemäßen Zustand und ist das Fahrzeug hierdurch im Wert gemindert, ist der LN zum Ersatz des entsprechenden Schadens verpflichtet.

a. Folgen bei Zahlungsverzug

Verzug tritt ein, wenn der LN die fälligen Leasingraten nicht fristgemäß an den LG bezahlt. Eine gesonderte Erklärung des LGs ist dafür nicht erforderlich. Der LN hat den LG den Verzugsschaden zu ersetzen (zum Beispiel Rechtsverfolgungskosten des Rechtsanwalts nach RVG). Außerdem sind die Leasingraten, mit denen sich der LN in Verzug befindet, in Höhe von 5 Prozentpunkten über dem Basiszinssatz zu verzinsen.
Im Einzelfall kann der LG einen höheren und der LN einen niedrigeren Schaden nachweisen.

Kommt der LN mit mindestens zwei aufeinander folgenden Leasingraten ganz oder teilweise und mit mindestens 10 %, bei einer Laufzeit des Verbraucherleasingvertrages von mehr als drei Jahren mit mindestens 5 % der insgesamt zu zahlenden Leasingraten, in Verzug und hat der LG dem LN erfolglos eine zweiwöchige Frist zur Zahlung des rückständigen Betrags mit der Erklärung gesetzt, dass er bei Nichtzahlung innerhalb einer Frist die gesamte Restschuld verlange, so kann der LG den Leasingvertrag kündigen. Der LG wird dem LN spätestens mit der Fristsetzung ein Gespräch über die Möglichkeit einer einverständlichen Regelung anbieten.

Im Falle einer vom LN veranlassten fristlosen Kündigung durch den LG, hat der LN dem LG Schadensersatz zu leisten, der durch die vorzeitige Vertragsbeendigung entsteht. Dabei hat der LG einen Anspruch auf Vollamortisation unter Berücksichtigung des durch den Verkauf an den gewerblichen Kraftfahrzeughandel zu erzielenden Fahrzeugerlöses. Erforderliche Verwertungskosten trägt der LN.

b. Verfahren bei Kündigung

Während der Grundmietzeit ist die ordentliche Kündigung des Leasingvertrages ausgeschlossen.

Der Leasingvertrag kann unter den gesetzlichen Voraussetzungen fristlos gekündigt werden.

Als Folge der vom LN veranlassten fristlosen Kündigung hat der LG einen Anspruch auf Schadensersatz, der konkret zu berechnen ist. Darüber hinaus ist der LG für diesen Fall berechtigt, das LO auf Kosten des LN in seinen Besitz zu nehmen und zu verwerten. Der LN erklärt hiermit ausdrücklich seine Zustimmung zur Inbesitznahme durch den LG.

Der LN ist verpflichtet, dass LO innerhalb von 14 Tagen nach Zugang der Bereitstellungsanzeige abzunehmen. Im Falle der Nichtabnahme kann der LG von seinen gesetzlichen Rechten Gebrauch machen; insbesondere den Leasingvertrag kündigen und Schadensersatz vom LN begehren.

Dieselben Rechte stehen dem LG zu, wenn der LN die mit Vertragsschluss fällige Sonderzahlung nicht innerhalb von 14 Tagen nach Zugang der Bereitstellungsanzeige zahlt.

Die Kündigung wird im Falle des Vorliegens der gesetzlichen Voraussetzungen mit Zugang wirksam.

Die Kündigung bedarf der Textform.

c. Anpassungsmöglichkeiten

Die Leasingrate ist für die Laufzeit des Leasingvertrages fest vereinbart.
- Die Parteien sind berechtigt, bei einer Veränderung von Steuern (z.B. Umsatzsteuer) oder Gebühren während der Vertragslaufzeit eine Anpassung der Leasingraten vorzunehmen.
- Bis zum Beginn der Vertragslaufzeit behält sich der LG eine Anpassung der Leasingraten vor, sofern sich bis zu diesem Zeitpunkt der Kaufpreis des LO erhöht oder ermäßigt. Der LG ist berechtigt, die Leasingraten auch dann anzupassen, wenn sich bis zum Beginn der Vertragslaufzeit die Zinsen auf dem Refinanzierungsmarkt ändern.
- In den zuvor genannten Fällen können LG und LN eine Anpassung der Leasingraten und der anderen Leasingentgelte nur dann verlangen, wenn sich der Gesamtpreis des Leasingobjektes oder die Refinanzierungskosten des LG nach dem Datum des Leasingantrages verändert, sofern zwischen Leasingantrag und Übernahme des LO mehr als 4 Monate liegen. Ergibt sich durch die erfolgte Anpassung eine Erhöhung um mehr als 5 %, kann der LN durch unverzügliche schriftliche Erklärung vom Leasingvertrag zurücktreten.

XI. Vertragsverlängerungen und Vertragsübernahmen

Bei Vertragsänderungen und Vertragsübernahmen müssen die Verbraucherschutzvorschriften erneut beachtet werden.

Ändern sich die Zinskonditionen oder werden die Leasingraten hinsichtlich ihrer Höhe angepasst (bzw. die essentialia negotii im Übrigen), handelt es sich um den Abschuss eines neuen Vertrages. In diesem Fall ist es erforderlich, dass der Leasingnehmer sowohl im vorvertraglichen als auch im vertraglichen Bereich entsprechend den gesetzlichen Vorgaben informiert wird.

Wird lediglich die Laufzeit des Leasingvertrags verlängert, ändert sich, mit Ausnahme der Laufzeit, der Inhalt des Leasingvertrages nicht, so dass keine Notwendigkeit einer neuen Information besteht.

Vergleichbares gilt im Falle einer Vertragsübernahme. In der Regel gestaltet sich der Ablauf einer Vertragsübernahme[315] als ein Vertrag zwischen dem ausscheidenden

315 Vgl. zum Begriff; Palandt/Grüneberg, BGB, § 398, Rn. 41.

Leasingnehmer und dem neu eintretenden Dritten unter Zustimmung des Leasinggebers. Der dreiseitige Vertrag bewirkt eine Rechtsnachfolge.[316]

Übernimmt ein Leasingnehmer, der die Verbrauchereigenschaft erfüllt, einen Leasingvertrag, treffen den Leasinggeber sämtliche Verpflichtungen (vorvertragliche Information und Widerrufsbelehrung), da die Übernahme des Vertrages für den Verbraucher einem Neuabschluss eines Leasingvertrages gleichkommt.

XII. Verbrauchsgüterkaufvertrag, §§ 474 ff. BGB

Veräußert der Leasinggeber als Unternehmer an einen Verbraucher das Leasingobjekt, finden die §§ 474 ff. BGB Anwendung. Dies ist vor allem bei der Andienung des Leasinggebers an den Leasingnehmer nach Beendigung des Leasingvertrages von Bedeutung (Verkauf im Rahmen einer Kauf- oder Andienungsoption bzw. Verwertung nach Beendigung des Leasingvertrages), da der Leasinggeber in diesem Fall dem Leasingnehmer als Käufer die kaufrechtlichen Gewährleistungsrechte weitestgehend einräumen muss. Aufgrund der zwingenden Vorgaben kann der Leasinggeber lediglich die Gewährleistungsfrist auf ein Jahr reduzieren und mittels Allgemeiner Geschäftsbedingungen die Haftung für Vermögensschäden für leichte und mittlere Fahrlässigkeit ausschließen, §§ 475, 309 Nr. 7 BGB. Hierauf wirkt es sich nicht aus, dass der Leasingnehmer das Leasingobjekt über Jahre selbst genutzt hat, da aufgrund der europarechtlichen Vorgaben für den Zeitpunkt der Übergabe eine solche im Sinne des § 446 BGB (nationale Vorschrift) maßgeblich ist; folglich zum Zwecke der Erfüllung des Kaufvertrages. Dies kann mit der Folge verbunden sein, dass der Leasingnehmer bei einem auf drei Jahre befristeten Leasingvertrag im dritten Jahr keine Gewährleistungsrechte mehr hat, solche ihm aber gegen den Leasinggeber zustehen, kauft er nach Ablauf das Leasingobjekt. Folglich kann sich der Leasingnehmer innerhalb der ersten sechs Monaten nach Übergabe zum Zwecke der Erfüllung des Kaufvertrages auf die Vermutung des § 476 BGB berufen. Abweichende Vereinbarungen sind auch im Hinblick auf eine unzulässige Umgehung nicht möglich, § 475 Abs. 1 Satz 2 BGB.[317]

Auf den Leasingvertrag selbst sind die Vorschriften zum Verbrauchsgüterkauf dagegen mangels Kaufvertrag des Leasingnehmers nicht direkt, und mangels Vergleichbarkeit zwischen Leasing- und Kaufvertrag, auch nicht analog anwendbar. Leasing ist zudem kein Umgehungsgeschäft im Sinne des § 475 Abs. 1 S. 2 BGB.[318]

---

316 Vgl. Palandt/Weidenkaff, BGB, § 491, Rn. 9.

317 MüKoBGB/Koch, Bd. 3, Finanzierungsleasing, Rn. 71; AG Frankfurt/M. NJW-RR 2004, 486, 487.

318 Vgl. Kapitel A. I. 1. b.

E. Leasingvertrag und Allgemeine Leasingbedingungen (ALB)

Wie im Kapitel A bereits behandelt, ist das Leasingrecht nicht gesetzlich geregelt; folglich Vertragsrecht. Die Gestaltungsmöglichkeiten von Leasingverträgen werden durch die Inhaltskontrolle der §§ 305 ff. BGB beschränkt. In der Praxis des Leasingmandats, vor allem in der Kautelarjurisprudenz, sind die in diesem Kapitel behandelten Möglichkeiten und Beschränkungen der Allgemeinen Leasingbedingungen von entscheidender Bedeutung.

I. Vertragsabschluss zwischen Leasinggeber und Leasingnehmer unter Einbeziehung von ALB

In der Praxis werden Leasingverträge nahezu ausnahmslos als Formularverträge unter Verwendung Allgemeiner Leasingbedingungen (ALB) geschlossen.

1. Sachlicher Anwendungsbereich (AGB)

Leasingverträge werden in der Praxis unter Verwendung von Allgemeinen Geschäftsbedingungen im Sinne der §§ 305 ff. BGB geschlossen. Individualvereinbarungen stellen die Ausnahme dar und treten nur bei
- Rahmenverträgen und
- atypischen Zusagen des Lieferanten auf.

---

a. Für eine Vielzahl von Verträgen vorformulierte Vertragsbedingungen

Allgemeine Geschäftsbedingungen sind alle für eine Vielzahl von Verträgen vorformulierten Vertragsbedingungen, die eine Vertragspartei der anderen bei Abschluss eines Vertrages stellt, § 305 Abs. 1 BGB. Vertragsbedingungen sind insbesondere dann vorformuliert, wenn sie einerseits zeitlich vor dem Vertragsabschluss gefertigt und andererseits für eine mehrfache Verwendung vorgesehen sind.[1] Grundsätzlich müssen diese schriftlich aufgezeichnet oder in sonstiger Weise (Programm eines Schreibautomaten, Tonband, Computer-Textbaustein) festgehalten sein.[2] Allerdings ist eine schriftliche Aufzeichnung nicht zwingende Voraussetzung. Eine Verwendung aus dem Gedächtnis soll nach der Rechtsprechung des Bundesgerichtshofs ausrei-

1 Martinek/Stoffels/Wimmer-Leonhardt, Handbuch des Leasingrechts, § 8, Rn. 8, S. 102.

2 Palandt/Grüneberg, § 305, Rn. 8; vgl. BGH Urteil vom 17.03.1993 – VIII ZR 180/92 = NJW 1992, 503; 1993.

chen.[3] Die Rechtsprechung ist großzügig mit der Annahme Allgemeiner Geschäftsbedingungen.

Die Vertragsbedingungen müssen für eine Vielzahl von Verträgen vorformuliert werden.[4] Eine für einen bestimmten Leasingvertrag speziell ausgearbeitete formularvertragliche Vereinbarung fällt folglich nicht unter den Begriff der AGB im Sinne von § 305 Abs. 1 BGB.[5] Dabei werden die für eine bestimmte Zahl von Verträgen entworfenen Vertragsbedingungen erst dann als AGB angesehen, wenn mindestens drei Verwendungsfälle beabsichtigt sind.[6] Nur dann entfalten die Vertragsbedingungen bereits im ersten Verwendungsfall ihre Geltung als AGB. Dies gilt auch, wenn eine Vertragspartei die von einem anderen vorformulierten Bedingungen verwendet, da sich der abstrakt-generelle Charakter bereits aus dem Verwendungszweck des Erstellers ergibt, ohne dass die Partei selbst eine mehrfache Verwendung beabsichtigt.[7]

b. Ausgehandelte Vertragsbedingungen und Individualvereinbarungen

AGB liegen nicht vor, soweit die Vertragsbedingungen zwischen den Vertragsparteien im Einzelfall ausgehandelt sind, § 305 Abs. 1 S. 3 BGB.[8] Dem Verwender wird diesbezüglich die Möglichkeit gegeben, im Einzelfall den Nachweis zu führen, ob es sich um AGB oder ausgehandelte Vertragsbedingungen handelt. Dabei trägt er die Darlegungs- und Beweislast für die für ihn günstigen Rechtsfolgen, § 305 Abs. 1 S. 3 BGB.[9] Die Regelungen der §§ 305 ff. BGB sind auf die ausgehandelten Vereinbarungen nicht anwendbar.[10] Aushandeln erfordert dabei mehr als ein bloßes Verhandeln.[11] So muss der Verwender dem Vertragspartner die tatsächliche Möglichkeit geben, auf die vorformulierten Vertragsbedingungen Einfluss nehmen zu können.[12] Folglich kommt es darauf an, ob der Verwender den Inhalt seiner Vertragsbedingungen ernsthaft zur Disposition stellt und dem anderen Teil die reale Möglichkeit einräumt, den Inhalt der Vertragsbedingungen zu beeinflussen.[13] Das Aushandeln muss sich als Ausdruck der rechtsgeschäftlichen Selbstbestimmung und Selbstverantwortung beider

3 BGH Urteil vom 25.10.2000 – VIII ZR 306/99 = NJW 2001, 2635; WM 2005, 1373.
4 Graf von Westphalen, Der Leasingvertrag, Kap. C, Rn. 4, S. 156.
5 Palandt/Grüneberg, § 305, Rn. 9 mit Verweis auf BGH NJW-RR 2002, 13.
6 BGH Urteil vom 15.04.1998 – VIII ZR 377/96 = NJW 1998, 2286; 2002, 138.
7 BGH Urteil vom 16.11.1990 – V ZR 217/89 = NJW 1991, 843 ZIP 2005, 1604.
8 Palandt/Grüneberg, § 305, Rn. 9 mit Verweis auf BGH NJW-RR 2002, 13; Bamberger/Roth/Becker, § 305, Rn. 33.
9 BGH NJW 1987, 2011; 1998, 2600.
10 Palandt/Grüneberg, § 305, Rn. 18.
11 BGH Urteil vom 27.03.1991 – IV ZR 90/90 = NJW 1991, 1679.
12 Palandt/Grüneberg, § 305, Rn. 20 mit Verweis auf BGHZ 85, 308; 104, 236; NJW 1992, 1107; BGH Urteil vom 15.6.1992 – II ZR 18/91 = NJW 1992, 2760; 2000, 1110.
13 Palandt/Grüneberg, § 305, Rn. 20 mit Verweis auf BGHZ 85, 308; 104, 236; NJW 1992, 1107, BGH Urteil vom 15.06.1992 – II ZR 18/91 = NJW 1992, 2760; 2000, 1110.

Vertragsparteien darstellen.[14] Eine lediglich allgemein geäußerte Bereitschaft des Verwenders, belastende Klauseln abzuändern, genügt nicht.[15] Ebenso ist das bloße gemeinsame Erörtern der einzelnen Klauseln kein Aushandeln in diesem Sinne.[16] Für den Vertragspartner müssen sich Alternativen ergeben, zwischen denen er tatsächlich wählen kann. Das Ankreuzen einzelner Alternativen genügt nicht, ebenso wenig wie die Wahl den Vertrag mit den AGB zu schließen oder eben überhaupt nicht.[17] Auf der anderen Seite müssen durch die Verhandlungen keine Veränderungen an den zur Verfügung gestellten AGB vorgenommen worden sein. So können in besonderen Fällen die vom Verwender vorformulierten AGB „im Einzelnen ausgehandelt" sein, obwohl sie unverändert, folglich ohne äußerlich sichtbare Änderung oder Ergänzung, in den Vertrag aufgenommen wurden. Dies kann nur gelten, wenn der Verwender die Klauseln ausdrücklich zur Disposition stellt, der Vertragspartner sich darüber bewusst war und der unveränderten Einbeziehung ausdrücklich zugestimmt hat.[18] Nicht ausreichend ist, wenn in den AGB lediglich die Position des Verwenders gestärkt und in erheblichem Umfang von den gesetzlichen Vorschriften zum Nachteil des Vertragspartners abgewichen wird.[19] Ein Indiz für individuelles Aushandeln kann sein, dass im vorformulierten Vertragstext nachträglich Änderungen eingefügt wurden.[20] Die zusätzliche Unterzeichnung von zum Vertragstext gesondert überreichten AGB stellt keinen Beweis für ein individuelles Aushandeln dar.[21] Zwischen Kaufleuten kann bereits ausreichend sein, dass der Verwender ausdrücklich seine AGB als unabdingbar erklärt.[22] Im Einzelnen ausgehandelte Klauseln sind Individualvereinbarungen im Sinne des § 305b BGB, die Vorrang vor abweichenden AGB-Klauseln haben. Es wird vom sog. Vorrangprinzip in Folge des funktionellen Rangverhältnisses zwischen Individualvereinbarung und AGB gesprochen.[23] Dabei ist stets zwingende Voraussetzung, dass die kollidierende Regelung eine AGB i.S.d. § 305 Abs. 1 ist. Bei einer Kollision treten AGBs hinter der Individualvereinbarung zurück und werden nicht Vertragsbestandteil. Ein Widerspruch zwischen einzelnen individualvertraglichen Vereinbarungen ist hingegen nach den allgemeinen Auslegungsregelungen der §§ 133, 157 BGB zu lösen. Individualvereinbarungen können stillschweigend und trotz einer in AGB enthaltenen Schriftformklausel als Ausdruck der Vertragsfreiheit wirksam mündlich getroffen werden. Die als niedriger einzustufenden AGB können

---

14 BGH NJW 1991, 1678 f.
15 BGH NJW-RR 2005, 1040.
16 Martinek/Stoffels/Wimmer-Leonhardt, Handbuch des Leasingrechts, § 8, Rn. 19, S. 105.
17 BGH WM 1995, 1455.
18 Martinek/Stoffels/Wimmer-Leonhardt, Handbuch des Leasingrechts, § 8, Rn. 19, S. 105.
19 BGH NJW 1981, 2343.
20 BGH NJW 1992, 2283, 2285.
21 BGHZ 85, 305, 308 = NJW 1983, 385; BGHZ 104, 232, 236 = NJW 1988, 2465.
22 BGH Urteil vom 26.02.1992 – XII ZR 129/90 = NJW 1992, 2283.
23 Palandt/Grüneberg, § 305b, Rn. 1.

die höherrangige individuelle Vereinbarung durch ein Schriftformerfordernis nicht außer Kraft setzen.[24] Das im Rahmen eines Formularvertrages oder in AGB vereinbarte Schriftformerfordernis kann von den Parteien durch formlose Vereinbarung aufgehoben werden, wenn ihnen die Bedeutung ihres Handelns und die Reichweite ihrer Entscheidung bewusst und dies von beiden Seiten gewollt war. Dies gilt selbst dann, wenn die Parteien an den vorher vereinbarten Formzwang nicht gedacht haben.[25] Eine besondere Konstellation ergibt sich beim indirekten Leasing. Hier ist zu beachten, dass ein Drei-Personenverhältnis besteht, bei dem der Leasingnehmer nicht Vertreter des Leasinggebers ist, soweit nicht von einer Zustimmung des Leasinggebers als notwendige Folge der Abtretungskonstruktion ausgegangen wird.[26] Der Leasingnehmer kann nicht durch Individualvereinbarung mit dem Lieferanten ein Schriftformerfordernis des Liefervertrages ausschalten. Der Liefervertrag wirkt nur inter partes, folglich zwischen Lieferant und Leasinggeber, so dass nur diese den Inhalt des Vertrages bestimmen und verändern können. Dennoch sollten mündliche Individualvereinbarungen zur Rechtssicherheit schriftlich fixiert werden, da grundsätzlich derjenige, der sich auf die Wirksamkeit einer derartigen Abrede beruft, die Beweislast trägt.[27] Eine schriftlich abgefasste Formulierung kann dagegen nur unter strengen Anforderungen widerlegt werden.[28] So wird beim Leasingvertrag meist der Leasingnehmer in der Situation sein, die für ihn günstigen, vom schriftlichen Vertrag abweichenden, mündlichen Zusagen beweisen zu müssen.[29]

2. Einbeziehung von AGB

Für die Einbeziehung von Allgemeinen Geschäftsbedingungen gelten zwischen einem Unternehmer und einem Verbraucher die allgemeinen Regeln für AGBs, §§ 305 ff. BGB. Zwischen Unternehmern sind geringere Einbeziehungsvoraussetzungen zu beachten, mithin zwei Willenserklärungen auf Einbeziehung.

Eine Berücksichtigung von AGB kann nur dann erfolgen, wenn sie wirksam in den zustande gekommenen Vertrag einbezogen worden sind, § 305 Abs. 1 und 2 BGB.[30]

24 BGH NJW 1986, 3132, NJW-RR 95, 179; Staudinger Leasing Rn. 118.
25 BGH NJW 1986, 3131; BGH Urteil vom 13.03.1991 – VIII ZR 34/90 = BGHZ 114, 57 = WM 1991, 954 = NJW 1991, 1746; Urteil vom 15.02.1995 – VIII ZR 93/94 = NJW 1995, 1488.
26 BGH Urteil vom 10.10.1994 – VIII ZR 295/93 = NJW 1995, 187.
27 Palandt/Grüneberg, § 305, Rn. 23; Graf von Westphalen, Der Leasingvertrag, Kap. C, Rn. 14, S. 161.
28 BGH Urteil vom 19.03.1980 – VIII ZR 183/79 = NJW 1980, 1680; BGH NJW 1991, 1751; NJW-RR 1990, 738.
29 BGH Urteil vom 14.10.1988 – V ZR 73/87 = NJW 1989, 898.
30 BGH WM 1992, 916 = NJW-RR 1992, 626.

Sollte dies nicht der Fall sein, so kommt der Vertrag ohne die AGB zustande und an deren Stelle treten die gesetzlichen Vorschriften, § 306 Abs. 1 und 2 BGB. Voraussetzung ist zudem, dass nur eine Partei diese AGB in den Vertrag einbeziehen will. Verlangen dagegen beide Vertragsparteien unabhängig voneinander die Einbeziehung derselben AGB, so finden die §§ 305 ff. BGB keine Anwendung. Der Wortlaut der §§ 305 ff. BGB spricht von der Beziehung zwischen dem Verwender und dem Vertragspartner; folglich nicht von zwei Verwendern.[31] Bei einem offenen oder versteckten Dissens über die Einbeziehung der AGB kommt der Vertrag nicht zustande. Er wird allerdings wirksam, wenn und soweit die Parteien trotz des Dissenses den Vertrag einvernehmlich durchführen.[32]

a. Einbeziehung von AGB; Leasingnehmer ist Verbraucher

Die Einbeziehung von AGB bestimmt sich zwischen Unternehmern und Verbrauchern nach §§ 305 Abs. 2 und 3 BGB, wonach AGB nur dann Bestandteil des Vertrages werden, wenn der Verwender bei Vertragsschluss ausdrücklich auf sie hinweist, § 305 Abs. 2 Nr. 1 BGB, und der anderen Partei die Möglichkeit verschafft, in zumutbarer Weise von ihrem Inhalt Kenntnis zu erlangen, § 305 Abs. 2 Nr. 2 BGB, sog. Einbeziehungsvereinbarung. Der Vertragspartner muss mit der Geltung der AGB einverstanden sein; die Beweislast hierfür trifft den Verwender. Ein bloßes Kennen oder Kennenmüssen der AGB ist nicht ausreichend. Der Hinweis kann sowohl mündlich als auch schriftlich erfolgen.[33] Dieser muss ausdrücklich und im Zusammenhang mit dem Vertragsschluss erfolgen.[34] Maßgeblicher Zeitpunkt für den Hinweis gemäß § 305 Abs. 2 Nr. 1 BGB ist derjenige, an dem der Verwender ein bindendes Angebot abgibt. In den Fällen des § 506 BGB ist darauf zu achten, dass die AGB Vertragsbestandteil sind und damit auch insoweit die Schriftform eingehalten werden muss; insoweit sei auf das Kapitel D (Leasing und Verbraucher) verwiesen.

Geht das Angebot, wie es bei Leasingverträgen meist der Fall sein wird, vom Verwendungsgegner aus, so trifft ebenfalls den Verwender der AGB die Hinweispflicht.[35] Daher sollte sich bereits auf dem Antragsformular ein Hinweis auf die AGB befinden, wobei dieser in seiner Anordnung und Gestaltung der Art gestaltet sein muss, dass er selbst von einem Durchschnittskunden bei flüchtiger Betrachtung nicht übersehen werden kann.[36] Statt dem Hinweis ist ausnahmsweise ein deutlich sichtbarer Aushang am Ort des Vertragsschlusses ausreichend. Daraus ergibt sich, dass versteckte oder

31 Palandt/Grüneberg, § 305, Rn. 13.
32 Palandt/Grüneberg, § 305, Rn. 42 und § 154, Rn. 3.
33 BGH NJW 1983, 817.
34 Palandt/Grüneberg, § 305, Rn. 27; BGH NJW-RR 1987, 114.
35 Palandt/Grüneberg, § 305, Rn. 27 mit Verweis auf BGH NJW 1988, 2108.
36 Palandt/Grüneberg, § 305, Rn. 37.

missverständliche sowie erst nach Vertragsschluss, z.B. in der Rechnung oder auf dem Lieferschein, bekannt gemachte Hinweise nicht ausreichend sind.[37] Die AGB werden dann mangels wirksamer Einbeziehung nicht Vertragsbestandteil. Jedoch ist eine nachträgliche Einbeziehung durch die Vertragsparteien möglich, wenn ein ausdrücklicher Einbeziehungshinweis erteilt worden ist, die nachträgliche Einbeziehung im gegenseitigen Einverständnis erfolgte und die oben genannten Formvorschriften dabei wiederum eingehalten worden sind.

Des Weiteren verlangt das Transparenzgebot des § 307 Abs. 1 S. 2 BGB, dass die AGB für den Durchschnittskunden ohne Anstrengung lesbar, verständlich, übersichtlich und der Bedeutung des Geschäfts angepasst sind, damit die fehlerfreie und wirksame Kenntnisnahme i.S.v. § 305 Abs. 2 und 3 BGB gewährleistet wird. Dabei muss auh eine körperliche Behinderung des Vertragspartners berücksichtigt[38] und vor allem auch wirtschaftliche Nachteile und Belastungen deutlich gemacht werden.[39] Die Kenntnisnahme ist gemäß § 305 Abs. 2 Nr. 2 BGB im Zeitpunkt des Vertragsabschlusses zu gewährleisten, d.h. dem Vertragspartner muss vor dem Zugang seiner Annahmeerklärung beim Anbietenden die Möglichkeit der Kenntnisnahme verschafft werden.

b. Einbeziehung von AGB; Leasingnehmer ist Unternehmer

Zwischen Unternehmern müssen gemäß § 310 Abs. 1, S. 1 BGB die formalisierten Einbeziehungsregelungen des § 305 Abs. 2 und 3 BGB nicht gegeben sein.[40] Nach alter Rechtslage fand § 24 S. 1 AGBG a.F. lediglich auf Kaufleute Anwendung; seit der Eingliederung der AGB-Vorschriften in das BGB werden alle Unternehmer, folglich auch Freiberufler, von dieser Regelung umfasst, § 310 Abs. 1 BGB. Dabei hat weiterhin eine rechtsgeschäftliche Einbeziehung nach den §§ 145 ff. BGB zu erfolgen, es sei denn, es besteht ein entsprechender Handelsbrauch, § 346 HGB.[41] Bei Handelsgeschäften ist bereits von einer wirksamen Einbeziehung auszugehen, wenn der Kunde vom Vor-

37 Palandt/Grüneberg, § 305, Rn. 27 m.w.N.
38 Palandt/Grüneberg, § 305, Rn. 37.
39 Staudinger, Leasing, Rn. 127.
40 Staudinger/Stoffels, Leasing, Rn. 116.
41 BGH Urteil vom 12.02.1992 – VIII ZR 84/91 = NJW 1992, 1232: *„Es bleibt indessen dabei, dass auch im kaufmännischen Geschäftsverkehr – vorbehaltlich des Bestehens eines entsprechenden Handelsbrauchs [...] – AGB nur kraft rechtsgeschäftlicher Vereinbarung Vertragsbestandteil werden können (Senat NJW 1985, 1838 = LM § 157 [Ga] BGB Nr. 32 = WM 1985, 694 [695] m.w. Nachw.). Notwendig ist demgemäß eine ausdrückliche oder stillschweigende Willensübereinstimmung der Vertragspartner zur Geltung der AGB. Dazu ist erforderlich, dass der eine Teil zum Ausdruck bringt, neben dem individualvertraglich Vereinbarten sollten auch bestimmte AGB Vertragsinhalt werden, und der andere Teil damit einverstanden ist.“*; Martinek/Stoffels/Wimmer-Leonhardt, Handbuch des Leasingrechts, § 8, Rn. 24, S. 106.

handensein der AGB Kenntnis hatte oder hätte haben können, ihm mithin erkennbar war, dass der Verwender nur mit zusätzlichen AGB den Vertrag abschließen will und er diesen nicht widerspricht.[42] So genügt hier der erst nachträgliche Hinweis auf die AGB, wenn der Vertragspartner wusste oder wissen musste, dass der Verwender seinen Geschäften AGB zu Grunde zu legen pflegt. Auch kann die Einbeziehung nach den Grundsätzen des kaufmännischen Bestätigungsschreibens erfolgen. Dabei werden selbst die AGB Vertragsbestandteil, die nicht in die Vertragsverhandlungen einbezogen oder dem Vertrag beigefügt waren, wenn darauf erst im kaufmännischen Bestätigungsschreiben hingewiesen wird und der Empfänger nicht rechtzeitig widerspricht.[43] Dem ist allerdings nur insoweit zu folgen, als die AGB nicht erheblich von den mündlichen Verhandlungen abweichen. Dies ergibt sich bereits aus dem Charakter des kaufmännischen Bestätigungsschreibens, welches nur einen bereits geschlossenen Vertrag mit dem Inhalt, der zuvor besprochen wurde, bestätigen soll. Der Vertragspartner darf darauf vertrauen, dass das Bestätigungsschreiben einer Zusammenfassung der Vertragsverhandlungen entspricht. Das Gleiche gilt, wenn erstmals im Bestätigungsschreiben auf die AGB hingewiesen wird, der Vertragspartner keine Abwehrklausel verwendet und er die Leistung widerspruchslos entgegennimmt.[44]

Ein Einzelwissen bezüglich des Inhalts der AGB ist nicht erforderlich, wenn der Vertragspartner auf die Kenntnisnahme verzichtet hat, was regelmäßig konkludent geschieht. Bei einschlägiger Branchenüblichkeit werden bei einem Vertrag zwischen Unternehmern AGB auch ohne besonderen Hinweis Vertragsbestandteil, soweit deren Inhalt branchenüblich ist.

---

42 BGH Urteil vom 12.02.1992 – VIII ZR 84/91 = NJW 1992, 1232.

43 Palandt/Grüneberg, § 305, Rn. 52; BGH NJW 1978, 2244; BGHZ 7, 190, 18, 216.

44 Palandt/Grüneberg, § 305, Rn. 52 mit Verweis auf BGHZ 61, 287 = NJW 1995, 1671: *„Wie der BGH wiederholt entschieden hat, kann bei einer modifizierten Auftragsbestätigung in der widerspruchslosen Entgegennahme einer der Vertragsleistungen eine stillschweigende Annahme des geänderten Antrags (§ 150 II BGB) insbesondere dann gesehen werden, wenn die Gegenseite vorher deutlich zum Ausdruck gebracht hat, dass sie nur unter ihren Bedingungen zur Leistung bereit ist (BGHZ 61, 282 [287 f.] = NJW 1973, 2106 = LM Allg. Geschäftsbedingungen Nr. 50; BGH WM 1977, 451 [unter II 4], jeweils m.w. Nachw.). So ist es hier. Die Kl. hat durch die Aufnahme des verlängerten Eigentumsvorbehalts in ihre Auftragsbestätigung zu erkennen gegeben, dass sie den Vertrag – entgegen der bisherigen Übung – nur mit verlängerten Eigentumsvorbehalt schließen wollte. Wollte die Firma A diesen nicht gelten lassen, hätte sie daher jedenfalls bei der Entgegennahme der Ware widersprechen müssen."*
„Soweit der BGH trotz Entgegennahme der Ware eine stillschweigende Annahme des geänderten Antrags des Lieferanten durch den Arbeitnehmer verneint hat, beruhte dies jeweils auf einem (vorweggenommenen) Widerspruch durch eine besondere Erklärung oder eine gegen abweichende Verkaufsbedingungen des Lieferanten gerichtete Abwehrklausel in den Einkaufsbedingungen des Abnehmers (BGHZ 61, 282 [288] = NJW 1973, 2106 = LM Allg. Geschäftsbedingungen Nr. 50; BGH WM 1977, 451 [unter II 4 b]; NJW 1985, 1838 = LM § 157 [Ga] BGB Nr. 32 = WM 1985, 694 [unter II 2 a]; NJW 1986, 984 = WM 1986, 643 [unter 1])"; BGH NJW-RR 2000, 1154.

Enthalten AGB zumindest auch branchenunübliche Klauseln, so kann eine Einbeziehung nur angenommen werden, wenn weitere Umstände hinzutreten. Diese können beispielsweise darin zu sehen sein, dass die Parteien im Rahmen einer laufenden Geschäftsbeziehung ständig Verträge mit den AGB der einen Partei geschlossen haben und der Verwender dabei unmissverständlich zu erkennen gab, dass er Verträge grundsätzlich nur unter Verwendung dieser AGB schließen würde.

Grenzen der Einbeziehung sind die Grundsätze von Treu und Glauben, § 242 BGB. Eine Einbeziehung erfolgt vor allem nicht bei Unredlichkeit des Erklärenden und/ oder bei groben Abweichungen des Bestätigungsschreibens vom tatsächlichen Inhalt der vorangegangenen Verhandlungen.[45] Auch kann sich der Verwender dann nicht auf die Geltung von AGB berufen, wenn er zur Übersendung aufgefordert wurde, er diese aber unterlassen hat, § 242 BGB.

c. Nachträgliche Einbeziehung von AGB

Die Einbeziehung von AGB ist bis Vertragsschluss möglich. Dies ergibt sich aus dem Wortlaut des § 305 Abs. 1, S. 1 BGB, der AGB als vorformulierte Vertragsbedingungen, die der Verwender der anderen Vertragspartei bei Abschluss eines Vertrages stellt, definiert. Werden AGB erst nach Vertragsschluss dem Verwendungsgegner vorgelegt, so bedarf es einer eigenen Annahme dieser Erklärung gegenüber dem Verwender, die diesem nach den allgemeinen Vorschriften über empfangsbedürftige Willenserklärungen, § 130 Abs. 1 BGB, zugehen muss. Zwar ist in besonderen Fällen auch eine nachträgliche Einbeziehung der AGB möglich. Dafür genügt die Unterschrift auf nachträglich zugeschickten AGB nicht ohne weiteres. Vor allem bei einer nachträglichen Einbeziehung der AGB des Liefervertrages in den Leasingvertrag muss der Leasinggeber für die Wirksamkeit der Einbeziehung und der Geltung zwischen Leasingnehmer und Leasinggeber sorgen.

d. Unterlassene Beifügung der AGB

Hat der Verwender den Vertragspartner zwar ordnungsgemäß auf seine AGB hingewiesen, diese ihm aber nicht zur Einsicht zur Verfügung gestellt, so ist strittig, ob diese Vertragsbestandteil geworden sind. Soweit die AGB branchenüblich sind, ist der früheren Rechtsprechung weiterhin zuzustimmen, dass der Vertragspartner selbst dafür verantwortlich ist, sich über den Inhalt der AGB zu informieren. Dies gilt vor allem dann, wenn der Vertragspartner bereits durch frühere Vertragsabschlüsse die Möglichkeit hatte, sich Kenntnis von den AGB zu verschaffen. Ein Zugänglichmachen

45 Palandt/Grüneberg, § 305, Rn. 52 mit Verweis auf BGHZ 61, 287 = NJW 1995, 1671.

in geeigneter Weise auf Verlangen des Vertragspartners wird vom Bundesgerichtshof als ausreichend erachtet.[46]

e. Rahmenvereinbarungen

Wurden bei einem Vertragsschluss AGB wirksam einbezogen und hat der Verwender den Vertragspartner darauf aufmerksam gemacht, dass diese AGB für alle weiteren Verträge Geltung entfalten sollen, so liegt eine sog. Rahmenvereinbarung vor.

Angekündigte AGB werden selbst dann Bestandteil der nachfolgenden Verträge, wenn der Verwender bei den Folgeverträgen nicht erneut auf die AGBs hinweist.

Jedoch gilt zwischen Unternehmern, obwohl die gesetzliche Regelung des § 305 Abs. 3 BGB keine Anwendung findet, dass bei einer Vereinbarung, wonach die jeweils gültigen AGB Vertragsbestandteil werden sollen, die künftigen veränderten AGB nur dann Vertragsbestandteil werden, wenn sie dem Vertragsgegner spätestens bei Abschluss des Vertrages bekannt gegeben werden.

3. Person des Stellers der AGB im Leasingvertrag

Für die Frage, wen die Pflicht zur Einbeziehung der AGB in den Leasingvertrag trifft gilt Folgendes:

Der Leasinggeber ist als Verwender der AGB für die Einbeziehung in den Leasingvertrag verantwortlich.

---

a. Einbeziehung von AGB durch den Leasinggeber

Der Leasinggeber hat als Verwender der AGB dafür Sorge zu tragen, dass die vorgenannten Einbeziehungsvoraussetzungen erfüllt werden.[47] Das gilt vor allem dann, wenn sich der Leasinggeber im Rahmen der leasingtypischen Abtretungskonstruktion von der Haftung gegenüber dem Leasingnehmer unter gleichzeitiger Abtretung seiner Ansprüche gegen den Lieferanten an den Leasingnehmer frei zeichnet und auf Grund dessen die Vertragsbedingungen des Lieferanten zum Leasingvertragsinhalt werden.

---

46 BGH NJW 1988, 1210 = DB 1979, 982; BGHZ 18, 212 = NJW 1955, 1794: *„dass der Verwender sie seinem Vertragspartner auf Verlangen in geeigneter Weise zugänglich macht."*
47 Beckmann, Finanzierungsleasing, § 3, Rn. 12.

b. Einbeziehung von AGB durch den Leasingnehmer

Bedingungen des Leasingnehmers werden in der Praxis nur selten in den Leasingvertrag einbezogen; etwa wenn er der wirtschaftlich stärkere Partner ist.[48] Andernfalls wird sich der Leasinggeber nicht auf eine Abänderung einlassen, zumal die refinanzierende Bank des Leasinggebers die Leasingverträge nebst AGB als Grundlage der Finanzierung festgelegt haben wird.

c. Beweislastumkehr

Dem Verwender von AGB ist es nicht gestattet, die gesetzliche oder von der Rechtsprechung getroffene Beweislast zum Nachteil des Vertragspartners abzuändern.[49]

4. Einbeziehung von AGB des Liefervertrages in den Leasingvertrag

Insbesondere beim indirekten Leasing entsteht durch die leasingtypische Abtretungskonstruktion eine Rechtsbeziehung zwischen Leasingnehmer und Lieferant. Problematisch ist in dieser Konstellation, ob und wie die AGB des Liefervertrages im Rahmen des Leasingvertrages einbezogen werden können. Der Leasinggeber verpflichtet den Lieferanten in den Einkaufsbedingungen nicht selten zu einer Abnahmebestätigung bei der Auslieferung und verknüpft die Fälligkeit der Kaufpreiszahlung aus dem Liefervertrag mit der Übersendung der vom Leasingnehmer unterschriebenen Abnahmebestätigung. Überdies wird oftmals vereinbart, dass der Lieferant auf die Einhaltung des § 377 HGB verzichtet bzw. diese auf den Leasingnehmer modifiziert übertragen wird. Da der Leasinggeber Partei beider Verträge ist, hat er ein gesteigertes Interesse daran, dass deren vertraglicher Regelungsinhalt aufeinander abgestimmt ist.

a. Prinzip der deckungsgleichen Verhandlungsergebnisse bei der Einbeziehung

---

Eine Angleichung der AGB setzt voraus, dass diese sowohl in den Liefervertrag als auch in den Leasingvertrag nach den allgemeinen Grundsätzen deckungsgleich wirksam mit einbezogen worden sind.

Praxisüblich ist, dass der Lieferant und der zukünftige Leasingnehmer sich über die Einzelheiten des Liefervertrages einig sind und lediglich die Zahlungsmodalitäten mit dem Käufer/Leasinggeber geregelt werden müssen. Der Liefervertrag ist in der Regel bereits bis ins Detail ausgehandelt und wird nicht selten vor dem Lea-

48 Martinek/Stoffels/Wimmer-Leonhardt, Handbuch des Leasingrechts, § 8, Rn. 16, S. 104.
49 Jauernig, § 309, Rn. 21.

singvertrag abgeschlossen. Der Leasinggeber muss dann, möchte er die Kongruenz der Verträge erreichen, darauf achten, dass die Lieferbedingungen zum Inhalt des Leasingvertrages werden, wofür die bereits dargestellten Grundsätze Anwendung finden. Bedient sich der Leasinggeber des Lieferanten als Verhandlungsgehilfen i.S.v. § 278 BGB, so sind dem Leasinggeber dessen schuldhafte Verletzungen der Aufklärungspflicht zuzurechnen, soweit diese im Zusammenhang mit dem Abschluss des Leasingvertrages stehen. Dies ist vor allem dann der Fall, wenn der Leasinggeber dem Lieferanten Leasingformulare in der Erwartung überlässt, damit dieser den Inhalt mit dem Leasingnehmer bespricht, ausfüllt und unterschreibt und ihm dadurch eigene Arbeitsleistung erspart. Dabei wird der Lieferant regelmäßig mit Wissen und Wollen des Leasinggebers tätig und ist so Erfüllungsgehilfe des Leasinggebers i.S.v. § 278 BGB.[50] Die Erfüllungsgehilfenstellung hinsichtlich der Aufklärungs- und Hinweispflicht endet erst mit Vertragsabschluss.[51] Ein formularvertraglicher Ausschluss dieser Haftung ist nach Ansicht des Bundesgerichtshofes nicht möglich.[52] Ein solcher Ausschluss hält einer AGB-Kontrolle gemäß § 307 BGB nicht stand, wenn die Freizeichnung umfassend formuliert ist und sich damit auch auf grob fahrlässige und vorsätzliche Pflichtverletzungen des Erfüllungsgehilfen bezieht.[53] Überträgt der Leasinggeber die Einbeziehung der AGB dem Lieferanten, hat er für ein Fehlverhalten einzustehen. Handeln ausnahmsweise Lieferant und Leasingnehmer nicht nur den Liefervertrag, sondern auch, unter Einbeziehung der Lieferbedingungen des Lieferanten, den Leasingvertrag aus und schließt der Leasinggeber beide Verträge zu den ausgehandelten Bedingungen ab (sog. Einheitsmodell) oder tritt er als Übernehmer in die vertragliche Beziehung zwischen Leasingnehmer und Lieferant ein (sog. Eintrittsmodell), so liegt eine Kongruenz von Liefer- und Leasingvertrag vor, sog. Prinzip der deckungsgleichen Verhandlungsergebnisse.[54] Die Lieferbedingungen des Lieferanten werden wirksamer Bestandteil des Leasingvertrages und sind vom Leasingnehmer bei der Geltendmachung von Schadensersatz- und Gewährleistungsansprüchen im Rahmen der leasingtypischen Abtretungskonstruktion zu berücksichtigen.[55] Voraussetzung dafür ist, dass die AGB wirksam in den Liefervertrag miteinbezogen wurden. Eine wirksame Einbeziehung der Lieferbedingungen in den Leasingvertrag scheitert nicht an einer Verletzung der Kenntnis-Verschaffungsobliegenheit des Leasinggebers als Verwender, wenn die Lieferbedingungen wirksam in den zwischen Lieferant und Leasingnehmer ausgehandelten oder bereits abgeschlossenen Liefervertrag einbezogen worden sind und der Leasinggeber erst nachträglich in das Geschäft eintritt und

---

50 Vgl. Kapitel B. II.
51 Reinking, Der Autokauf, Rn. L 271.
52 BGH NJW-RR 1988, 241.
53 Vgl. Kapitel B. IV.
54 Engel, Handbuch Kfz-Leasing, § 4, Rn. 4.
55 Martinek/Stoffels/Wimmer-Leonhardt, Handbuch des Leasingrechts, § 9, Rn. 2, S. 117.

somit den Leasingnehmer nicht bereits bei Vertragsschluss auf „seine“ AGB hinweisen konnte. In der Praxis wird sich der Leasinggeber im Rahmen der Vertragsübernahme beim Eintrittsmodell[56] vom Lieferanten zumindest die gesetzlichen Gewährleistungsrechte einräumen lassen, um dieser Rechtsunsicherheit zu entgehen. Auch der Leasinggeber kann in diesen Fällen darauf vertrauen, dass der Leasingnehmer ausreichende Kenntnis von den Lieferbedingungen hat, so dass ein ausdrücklicher Hinweis auf die Einbeziehung bei Abschluss des Leasingvertrages nicht erforderlich ist. Es ist davon auszugehen, dass ein bei den Vorverhandlungen erteilter Hinweis auf die Einbeziehung ausreicht, wenn er noch bei Vertragsschluss fortwirkt. Hierfür trägt der Leasinggeber die Beweislast.[57]

aa. Nachträgliche Einbeziehung in den Liefer- und Leasingvertrag

Bezieht der Lieferant seine Lieferbedingungen nachträglich bei der Unterzeichnung des Liefervertrages mit dem Leasinggeber mit ein, so ist der Leasinggeber für eine wirksame Einbeziehung der Lieferbedingungen in den Leasingvertrag verantwortlich.[58] Unterlässt der Leasinggeber eine wirksame Einbeziehung der Lieferbedingungen in den Leasingvertrag, indem er den Leasingnehmer nicht von den AGB in Kenntnis setzt und diesem damit gegebenenfalls Gewährleistungsansprüche nicht zustehen, so ist aufgrund Rechtslosstellung die Freizeichnungs- und Abtretungskonstruktion unwirksam. Der Leasinggeber haftet dann nach den mietrechtlichen Vorschriften.[59] Aus diesem Grund sollte eine Bestätigungsregelung zur Vermeidung von Streitigkeiten verwendet werden:

> „Der Leasingnehmer versichert mit seiner Unterschrift, dass ihm der Lieferant seine in den Liefervertrag einbezogenen AGB ausgehändigt und eingeräumt hat.“

(1) Einbeziehung gegenüber einem Verbraucher

Fügt der Leasinggeber dem Schreiben, mit dem er die Annahme des Leasingvertrags erklärt – sog. Auftragsbestätigung –, die Lieferbedingungen des Lieferanten bei, ohne dass diese zuvor Gegenstand der Vertragsverhandlungen zwischen Leasingnehmer und Lieferant waren, so liegt eine Ablehnung des Leasingantrags verbunden mit einem neuen Vertragsangebot vor, § 150 Abs. 2 BGB. Dieses Angebot bedarf dann einer Annahmeerklärung des Leasingnehmers, die anschließend dem Leasingge-

56 Vgl. zum Eintrittsmodell Kapitel B. I. 2. a.

57 BGH NJW-RR 1987, 112.

58 Beckmann, Finanzierungsleasing, § 3, Rn. 14.

59 Vgl. Kapitel F. III.; BGH NJW 2006, 1066; BGH Urteil vom 17.12.1986 – VIII ZR 279/85 = WM 1987, 349 = NJW 1978, 1072 = NJW-RR 1987, 563 = ZIP 1987, 240; Urteil vom 11.11.1992 – VIII ZR 238/91 = NJW 1993, 335.

ber zugehen muss. Dies kann auch konkludent erfolgen, jedoch nicht durch bloßes Schweigen, dem insoweit im Rechtsverkehr kein Erklärungswert zukommt. Jedoch kann selbst ein Schweigen als Annahme angesehen werde, wenn der Vertragsgegner die Ware des Verwenders vorbehaltlos entgegengenommen und Zahlungen an ihn geleistet hat. Dies gilt nur dann, wenn für den Kunden nach Lage des Falles kein Zweifel daran bestehen konnte, dass der Verwender auf die Geltung seiner AGB entscheidenden Wert legt, und wenn ihm wegen der Bedeutung des Geschäfts eine Prüfung der AGB und ein Widerspruch zumutbar waren.[60]

(2) Einbeziehung gegenüber einem Unternehmer

Unter Unternehmern besteht bezüglich der Einbeziehung der AGB durch eine Auftragsbestätigung kein Unterschied zu einer Einbeziehung gegenüber einem Verbraucher. Hat der Kunde, bevor er die Leistung des Verwenders angenommen hat, ausdrücklich auf seine AGB verwiesen, so kann nicht davon ausgegangen werden, dass die AGB aus der Auftragsbestätigung Vertragsbestandteil werden sollten. Der Kunde nimmt die Leistung in diesem Falle vielmehr als Erfüllung eines ohne die AGB des Leistenden geschlossenen Vertrages an. Anders ist dies bei einem Bestätigungsschreiben zu beurteilen. Der Unterschied zur Auftragsbestätigung ist darin zu sehen, dass mit dem Bestätigungsscheiben ein bereits bestehendes Vertragsverhältnis bestätigt werden soll, während bei der Auftragsbestätigung der Kunde mit der Bestätigung das Angebot annimmt und somit in diesem Zeitpunkt der Vertrag geschlossen wird.[61] Schweigt der Kunde auf ein Bestätigungsschreiben, so ist darin die Genehmigung des Schreibens und damit der in diesem Schreiben erkennbaren AGB zu sehen. Dies gilt selbst dann, wenn die AGB dem Schreiben nicht beigefügt sind oder der Kunde keine Kenntnis vom Inhalt der AGB hat, aber der Verweis auf die AGB eindeutig gestaltet war. Jedoch kann bloßes Schweigen dann nicht als Annahme des Angebots gewertet werden, wenn nach Treu und Glauben und mit Rücksicht auf die Verkehrssitte eine ausdrückliche Zustimmung geboten war.[62] Von einer konkludenten Annahme des abändernden Angebots kann der Leasinggeber nur dann ausgehen, wenn der Leasingnehmer die Waren entgegennimmt und die Zahlung der Leasingraten aufnimmt, folglich der Vertrag in Vollzug gesetzt wird.

---

60 BGH NJW 1963, 1248.
61 Palandt/Ellenberger, § 148, Rn. 2.
62 Palandt/Ellenberger, § 150, Rn. 3.

bb. Nachträgliche Vereinbarungen zwischen Lieferant und Leasingnehmer

Eine nachträgliche Vereinbarung zwischen Lieferant und Leasingnehmer zum Nachteil des Leasinggebers ist ohne seine Mitwirkung mangels Dispositionsbefugnis der vereinbarenden Parteien unwirksam.

Die Rechtsprechung des Bundesgerichtshofs sieht die nachträgliche Einbeziehung von AGB durch sog. Änderungsvereinbarungen i.S.v. § 311 Abs. 1 BGB zwar grundsätzlich als möglich an[63], wenn diese geänderten AGB wirksam einbezogen werden. Allerdings ist beim Leasing zu beachten, dass Vertragspartner des Liefervertrages der Leasinggeber ist; nicht dagegen der Leasingnehmer. Dieser wird keine Vollmacht zum Abschluss einer derartigen Änderungsvereinbarung, die zwischen Leasinggeber und Lieferant geschlossen werden müsste, haben und nicht über fremde Vertragsinhalte entscheiden können. Der Leasinggeber kann jedoch eine nachträgliche Einbeziehungsvereinbarung nach den Vorschriften nach § 177 BGB genehmigen. Trifft der Leasingnehmer nun nach Abschluss der Verträge mit dem Lieferanten für den Leasinggeber ungünstige Vereinbarungen, wie etwa hinsichtlich der Gewährleistungsregelungen, so kann dies gegenüber dem Leasinggeber wegen schuldhafter Verletzung vertraglicher Pflichten Schadensersatzansprüche auslösen.

b. Einbeziehung von Einkaufsbedingungen des Leasinggebers in den Liefer- und Leasingvertrag

In der Praxis hat sich gezeigt, dass der Leasinggeber zunehmend den Versuch unternimmt, seine Einkaufsbedingungen anstelle der Lieferantenbedingungen in den Kaufvertrag einzubeziehen. Darin gibt der Leasinggeber vor, dass das Leasingobjekt nicht an ihn als Käufer, sondern direkt an den Leasingnehmer auszuliefern ist. Zur Abnahme wird vereinbart, dass sie durch den Leasingnehmer erfolgt, weshalb der Leasinggeber eine Übernahmebestätigung der folgenden Art in die Einkaufsbedingungen einfügen wird.

> „Nach Prüfung bestätigen wir hiermit, die nachstehend näher bezeichnete Ausrüstung (Leasingobjekt) heute in ordnungsgemäßen, mangelfreiem, funktionsfähigem und vertragsgemäßem

63 BGH Urteil vom 16.12.1982 – VII ZR 92/82 = NJW 1983, 816: *„Nachträglich konnte auch die Geltung von Allgemeinen Geschäftsbedingungen vereinbart werden. Sie wurden in den Vertrag einbezogen, wenn nunmehr die in § 2 Abs. 1 AGBG genannten Voraussetzungen beachtet wurden (Ulmer/Brandner/Hensen, AGB-Kommentar, 4. Aufl., § 2, Rdn. 57; Löwe/von Westphalen/Trinkner, AGB-Gesetz, § 2 Rdn. 21; Palandt/Heinrichs, BGB, 41. Aufl., AGBG § 2 Anm. 5b; Kötz in MüKo, AGBG § 2 Rdn. 18; Erman/H. Hefermehl, BGB, 7. Aufl., AGBG § 2 Rdn. 23). Geschäftsbedingungen können nur nicht nachträglich einseitig zum Vertragsinhalt gemacht werden, indem etwa in Rechnungen, Lieferscheinen oder Quittungen auf sie hingewiesen wird.“*

Zustand übernommen zu haben. Das Leasingobjekt entspricht der Bezeichnung im Leasingvertrag und allen mit dem Lieferanten getroffenen Vereinbarungen und Zusagen. Uns ist bekannt, dass der Leasinggeber den Kaufpreis für das Leasingobjekt abzüglich einer eventuell vereinbarten Leasingsonderzahlung erst nach Vorliegen dieser rechtsverbindlich unterzeichneten Abnahmebestätigung und im Vertrauen auf ihre Richtigkeit an den Lieferanten/Hersteller bezahlen wird."

Der Leasinggeber verpflichtet den Lieferanten in den Einkaufsbedingungen zur Vorlage einer – wie zuvor dargestellten – Abnahmebestätigung bei der Auslieferung und verknüpft die Fälligkeit der Kaufpreiszahlung mit der Übersendung der vom Leasingnehmer unterschriebenen Abnahmebestätigung an ihn. Überdies wird vereinbart, dass der Lieferant auf die Einhaltung des § 377 HGB verzichtet und der Leasingnehmer den ihm durch die verspätete, die Nicht- oder Schlechtlieferung oder durch Pflichtverletzungen im Übrigen entstandenen Schaden gegen den Lieferanten geltend machen kann und Erfüllungsort wie auch Gerichtsstand für Ansprüche aus dem Liefergeschäft der Sitz des Leasinggebers sein sollen. Will der Leasinggeber diese Vorgaben gegenüber dem Leasingnehmer vereinbaren, muss er auf die wirksame Einbeziehung seiner Einkaufsbedingungen auch in den Leasingvertrag achten. Erfolgt keine Einbeziehung, finden die allgemeinen Grundsätze nach Maßgabe des Leasingvertrages Anwendung.

c. Einbeziehung von Einkaufsbedingungen des Leasingnehmers

Wenn dem Liefervertrag weder die Lieferantenbedingungen noch die Einkaufsbedingungen des Leasinggebers, sondern die Einkaufsbedingungen des Leasingnehmers zugrunde gelegt werden, dann muss der Leasingnehmer als Verwender selbst für die wirksame Einbeziehung dieser Bedingungen in das Liefer- und das Leasingverhältnis Sorge tragen, §§ 305 ff. BGB. Eine wirksame Einbeziehung in das Lieferverhältnis ist nur beim sog. Eintrittsmodell möglich. Nur hier ist der Leasingnehmer Vertragspartner des Lieferanten.[64] Nur als solcher kann er seine Einkaufsbedingungen in den Liefervertrag als Verwender einbringen. Im Übrigen gelten die allgemeinen Grundsätze zur Einbeziehung von formularvertraglichen Vereinbarungen zwischen Leasinggeber und Lieferant.

64 Martinek/Stoffels/Wimmer-Leonhardt, § 10, Rn. 4, S. 128.

5. Persönlicher Anwendungsbereich der AGB und die Person des Leasingnehmers als Einordnungskriterium

Zur Bestimmung der Unternehmereigenschaft wird nach der Rechtsprechung des Bundesgerichtshofes allein auf die Vertragsparteien abgestellt.

§ 310 Abs. 1 BGB unterscheidet hinsichtlich des persönlichen Anwendungsbereichs der AGB-Vorschriften zwischen Unternehmern und Verbrauchern. So sind die Vorschriften zur Einbeziehung der AGB nach § 305 Abs. 2 BGB und die §§ 308, 309 BGB nicht anwendbar, wenn AGB gegenüber einem Unternehmer verwendet werden.

Umstritten ist, auf wen in diesem Leasingdreieck bezüglich der Unternehmereigenschaften abgestellt werden muss. Denn der Leasingnehmer ist zwar ausschließlich Vertragspartei des Leasinggebers, tritt jedoch mittels der abgetretenen Gewährleistungsansprüche in die Rechtsbeziehung zum Lieferanten aus dem Liefervertrag ein. Dies ist notwendige Konsequenz der leasingtypischen Freizeichnungs- und Abtretungskonstruktion.[65] So sei es insbesondere in dieser Situation nicht sachgerecht, allein auf die Personen der Vertragsverhältnisse zu achten und den eigentlich Handelnden (Leasingnehmer) bei der Geltendmachung der abgetretenen Mängelrechte auszuklammern. Deshalb sei in der jeweiligen Situation zu bewerten, ob entscheidender Maßstab die Person des Leasinggebers als Vertragspartner oder die des Leasingnehmers als Handelnder ist.[66] Der Leasingnehmer ist zumindest mittelbar in die Vertragsbeziehung zwischen dem Leasinggeber und dem Lieferanten einbezogen, denn er ist im Liefervertrag meist als erfüllungszuständige Person benannt, §§ 362 Abs. 2, 185 BGB. Zudem schließen Lieferant und Leasinggeber den Liefervertrag nur auf Initiative des Leasingnehmers ab. Dessen Einbeziehung erfordere der Schutz des Leasingnehmers als Verbraucher. Der Lieferant ist insoweit nicht schutzbedürftig, als er im Leasingdreieck selbst mit dem Leasingnehmer verhandelt und nur die Finanzierung über das „Leasing“ erfolgt.[67] Der Lieferant und auch der Leasinggeber werden regelmäßig Unternehmer sein. Dagegen kann der Leasingnehmer Unternehmer oder Privatperson sein. Im Ergebnis hat der Leasingnehmer faktisch eine vertragsähnliche Beziehung zum Lieferanten, weil er sich nach Abtretung der Gewährleistungsrechte von dem Leasinggeber an ihn nur an den Lieferanten wenden kann. So sei es sachgemäß, ungeachtet der liefervertraglichen Parteistellung des Leasinggebers, bei der Frage der Anwendbarkeit der §§ 305 ff. BGB auf die Person des Leasingneh-

65 Vgl. zur leasingtypischen Freizeichnungs- und Abtretungskonstruktion Kapitel F. I.
66 Beckmann, Finanzierungsleasing, § 1, Rn. 144.
67 Beckmann, Finanzierungsleasing, § 3, Rn. 5.

mers abzustellen, § 310 Abs. 1 S. 1 BGB.[68] Nach dem Rechtsgedanken des § 166 Abs. 1 BGB sei deshalb bei der Ausfüllung subjektiver Begriffe wie Parteiwille, Kenntnis von Umständen, Willensmängel, persönlicher Anwendungsbereich der §§ 305 ff. BGB, auf die Person des Leasingnehmers abzustellen. Dies gelte entsprechend für die §§ 305c, 306, 307 ff. BGB.

Der Bundesgerichtshof stellt dagegen allein auf die Vertragsparteien ab; folglich kommt der Liefervertrag ausschließlich zwischen Lieferant und Leasinggeber, folglich zwei Unternehmer, zustande.[69] Nur beim Eintrittsmodell ist dies in beiden Verträgen der Leasingnehmer.

6. Widersprechende AGB

Sich widersprechende AGB-Regelungen werden nicht wirksamer Vertragsbestandteil. Im Übrigen behalten die vertraglichen Vereinbarungen gemäß § 306 Abs. 1 BGB ihre Wirksamkeit.

Für den Fall, dass die Beteiligten jeweils ihre eigenen AGB verwenden und wirksam einbeziehen, werden die sich widersprechenden Klauseln nicht Vertragsbestandteil, die übereinstimmenden Klauseln bleiben wirksam (Prinzip der Kongruenzgeltung).[70] Im Übrigen bleiben sowohl der Liefer- als auch der Leasingvertrag wirksam, sofern die Vertragsparteien einvernehmlich mit der Vertragsdurchführung beginnen, § 155 BGB i.V.m. § 306 Abs. 1 BGB.[71] Das gilt selbst dann, wenn sich die Unwirksamkeit auf alle Klauseln erstreckt.[72] An deren Stelle treten dann gemäß § 306 Abs. 2 BGB die gesetzlichen Regelungen.[73] Ergibt sich aus den Umständen kein entgegenstehender Wille des Vertragspartners, so sind auch Klauseln wirksam, die einen Bereich regeln, der in den AGB des Verwendungsgegners keine Berücksichtigung gefunden hat.[74] Es ist anerkannt, dass Schweigen oder widerspruchsloser Empfang der Leistung nicht ausreichend ist, um eine Regelung in AGB Vertragsbestandteil werden zu lassen. Vielmehr muss ein ausdrückliches Verständnis des anderen Vertragsteiles vorliegen. Dies bedeutet: Soweit die AGB einander widersprechen, finden diese keine Anwendung. Soweit sie übereinstimmen, wurden die Vertragsbedingungen vereinbart.[75]

---

68 Beckmann, Finanzierungsleasing, § 3, Rn. 22.
69 BGH LM AGBG, Nr. 13 = NJW 1981, 1509.
70 Palandt/Grüneberg, § 305, Rn. 54.
71 BGH Urteil vom 20.03.1985 – VIII ZR 327/83 = NJW 1985, 1838; Palandt/Grüneberg, § 305, Rn. 54.
72 Martinek/Stoffels/Wimmer-Leonhardt, Handbuch des Leasingrechts, § 9, Rn. 6, S. 118.
73 BGH Urteil vom 11.10.1984 – VII ZR 248/83 = NJW 1985, 852.
74 BGH Urteil vom 20.03.1985 – VIII ZR 327/83 = NJW 1985, 1838.
75 BGH NJW 1991, 1604.

Enthalten die AGB des Verwendungsgegners eine strikte Abwehrklausel, so sollen nicht nur inhaltlich widersprechende, sondern auch zusätzliche Klauseln des Verwenders nicht mit einbezogen sein. Strikte Abwehrklauseln können wie folgt lauten:

> „Anderslautende Bedingungen – soweit sie nicht in dieser Bestellung festgestellt sind – gelten nicht."[76]
> „Es gelten ausschließlich die hier folgenden Allgemeinen Geschäftsbedingungen. Anderslautende Vereinbarungen werden nicht Vertragsbestandteil."

Dies gilt sowohl bei einer Kollision innerhalb der einzelnen AGB als auch bei widerstreitenden AGB der jeweiligen Vertragsparteien.

7. Verbot der geltungserhaltenden Reduktion

Eine Reduktion einer unwirksamen Klausel auf das gesetzlich zulässige Maß ist nicht zulässig; Verbot der geltungserhaltenden Reduktion.
Sind Teile einer verwendeten Klausel unwirksam, so wirkt sich die Unwirksamkeit innerhalb des Regelungsgehaltes auf die gesamte Klausel aus.[77]

Es stellt sich oftmals die Frage, welche Rechtsfolge eintritt, wenn lediglich Teile der AGB-Klauseln unwirksam sind. Ist die Klausel im Übrigen wirksam? Wird diese auf ein zulässiges Maß reduziert? Ist die gesamte Klausel unwirksam?

Aus dem Wortlaut der §§ 307 ff. BGB lässt sich eine teilweise Aufrechterhaltung der gegen das Gesetz verstoßenden Klausel nicht herleiten. Das Gesetz spricht in diesen Vorschriften von der Unwirksamkeit der Bestimmungen. Auch der Zweck der Vorschrift spricht gegen eine geltungserhaltende Reduktion. Denn dem Kunden die soll Möglichkeit sachgerechter Information über die ihm aus dem vorformulierten Vertrag erwachsenden Rechte und Pflichten verschafft werden. Dieses Ziel ließe sich nicht erreichen, wenn jeder Verwender von AGB zunächst einmal ungefährdet bis zur Grenze dessen gehen könnte, was zu seinen Gunsten noch in vertretbarer Art und Weise anführbar wäre. Dann würde nicht verhindert werden können, dass der Vertragspartner des Verwenders in der Vertragsabwicklungspraxis mit überzogenen Klauseln konfrontiert wird und er nur durch einen Prozess gegen den Verwender seine Rechte geltend machen könnte. Somit wird die Verwendung von zumindest teilweise verbotswidrigen Klauseln als eine objektiv zur Täuschung im Rechtsverkehr geeignete Störung angesehen, weil es der rechtsunkundige Verwendungsgegner nicht auf einen Rechtsstreit mit dem Verwender ankommen lassen wird, sondern in der Regel

76 BGH NJW-RR 2001, 484.
77 Palandt/Grüneberg, § 306, Rn. 6.

eine Vertragsabwicklung unter Berücksichtigung der unwirksamen Regelung in den AGB hinnimmt. Dem Verwender würde es ermöglicht, Übermaßklauseln zu verwenden, um die gesetzlich höchstmöglichen Bedingungen durchsetzen zu können. Der Verwender hätte somit kein Risiko, nicht wenigstens seine gesetzlich vorgegebenen Rechte zu erhalten. Dieses Verhalten kann die Rechtsordnung nicht dadurch fördern, dass sie eine verbotswidrige Klausel durch Reduktion auf das gesetzlich noch zulässige Maß aufrechterhält.[78] Dies gilt insbesondere dann, wenn der unwirksame Teil der Klauseln von so wesentlicher Bedeutung ist, dass sich ohne diese eine neue Vertragsgestaltung ergäbe. Die Unwirksamkeit der Teilklausel erstreckt sich folglich auf die gesamte Klausel.[79] Der Bundesgerichtshof stellt in seiner Rechtsprechung ausdrücklich klar, dass es nicht Aufgabe des Gerichts sei, eine Fassung der AGB zu finden, die für den Verwender möglichst günstig, aber noch rechtlich zulässig ist. Vielmehr gilt es die Interessen des Vertragsgegners zu berücksichtigen.[80] Eine geltungserhaltende Reduktion ist nicht geboten.[81] Dies gilt nach der ständiger Rechtsprechung des Bundesgerichtshofes selbst im unternehmerischen Rechtsverkehr.[82]

Nach Ansicht des Bundesgerichtshofes kann jedoch unter besonderen Voraussetzungen, namentlich bei inhaltlicher und sprachlicher Teilbarkeit einer Klausel, der wirksame – hiervon sachlich eigenständige Teil – bestehen bleiben.[83]

78 Palandt/Grüneberg, § 306, Rn. 6.
79 BGH Urteil vom 25.06.1992 – VII ZR 128/91 = NJW 1992, 2759; NJW 1993, 1113.
80 BGH Urteil vom 17.05.1982 – VII ZR 316/81 = BGHZ 84, 114 = NJW 1982, 2309 55/1; BGH Urteil vom 16.10.1984 – X ZR 97/83 = NJW 1985, 319: „Das Gericht hat nicht die Aufgabe eine Fassung zu finden, die einerseits dem Unternehmer möglichst günstig, andererseits gerade noch rechtlich zulässig ist. Das Gericht muss vielmehr insbesondere auch die Interessen des Bestellers angemessen berücksichtigen."
81 BGH Urteil vom 17.12.1986 – VIII ZR 279/85 = WM 1987, 349 = NJW 1987, 1072 = NJW-RR 1987, 563 = ZIP 1987, 240; Urteil vom 17.5.1982 – VII ZR 316/81 = BGHZ 84, 114 = NJW 1982, 2309; BGH Urteil vom 16.10.1984 – X ZR 97/83 = NJW 1985, 319. Palandt/Grüneberg, § 306, Rn. 6; BGHZ 86, 297; 114, 342; 120, 122; NJW 1993, 1135; 2000, 1110.
82 Palandt/Grüneberg, § 306, Rn. 6; BGHZ 92, 315; NJW 1993, 1787.
83 BGH NJW 1988, 200; ZIP 1992, 312 und 233; WM 1994, 680; BGH Urteil vom 17.01.1985 – XI ZR 192/93 = NJW 1995, 1085 59/2; BGH Urteil vom 30.05.1995 – XI ZR 78/94 = NJW 1995, 2219 59/3; BGH Urteil vom 27.06.1995 – XI ZR 8/94 = NJW 1995, 2221; BGH Urteil vom 27.09.2000 – VIII ZR 155/99 = NJW 2001, 292: *„Lässt sich eine Formularklausel jedoch nach ihrem Wortlaut aus sich heraus verständlich und sinnvoll in einen inhaltlich zulässigen und in einen unzulässigen Regelungsteil trennen, so ist die Aufrechterhaltung des zulässigen Teils nach der ständigen Rechtsprechung des Bundesgerichtshofes rechtlich unbedenklich (NJW 1998, 2284 m.w.N.)."*

Um eine partielle Aufrechterhaltung einer teilweisen unwirksamen ABG-Klausel vornehmen zu können, ist Voraussetzung, dass nach dem Herausstreichen des unwirksamen Teils ein aus sich heraus verständlicher Klauselrest bestehen bleibt – sog. „blue-pencil-test“ – und dass dieser Rest auch ohne den unwirksamen Teil eine sinnvolle Regelung enthält.[84]

Auch ein in AGB häufig enthaltener Zusatz zu einer unwirksamen Klausel, wonach die Regelung unter Vorbehalt der gesetzlichen Zulässigkeit steht, ist als sog. salvatorische Klausel bedeutungslos, da sie gegen das Transparenzgebot des § 307 Abs. 1 Satz 2 BGB verstößt.[85] Sie gewährleistet nicht das durch § 305 Abs. 2 Nr. 1 BGB geforderte Mindestmaß an Verständlichkeit. Die Klausel bleibt deshalb insgesamt nichtig.[86] Bei einer wirksamen Klausel ist der Zusatz unschädlich, solange sie im Zeitpunkt des Vertragsschlusses der Judikatur entspricht.[87]

Außerhalb des Verbrauchsgüterkaufs ist beim Verkauf gebrauchter Sachen ein Zusatz zum Gewährleistungsausschluss zulässig, der wie folgt lautet:

> „Die Gewährleistung ist vollständig ausgeschlossen, soweit der Verkäufer nicht gesetzlich zwingend haftet oder etwas anderes vereinbart ist.“[88]

Diese Klausel stellt keine Umgehung der gesetzlichen Lage dar und entspricht nicht einer geltungserhaltenden Reduktion. Dagegen ist eine Regelung unwirksam, wonach an die Stelle einer unwirksamen Klausel die Regelung treten soll, die dem Vertragszweck am nächsten kommt. Dies entspräche ebenfalls einer geltungserhaltenden Reduktion.[89]

II. Typische AGB-Klauseln

Im Folgenden werden in der Praxis häufig anzutreffende Klauseln dargestellt und deren Wirksamkeit bzw. zulässige Regelungsreichweite erörtert. Die Vielzahl von Formulierungsbeispielen soll die praktische Handhabung vereinfachen. Zur Beantwortung der Frage der Wirksamkeit von AGB kann folgender Grundsatz festgehalten werden:

---

84 Palandt/Grüneberg, § 306, Rn. 7; BGH NJW 1984, 2816; 1988, 198 und 2106; 1989, 831; 1994, 1532; 1997, 3437; 1998, 2284; 1999, 1108; 2001, 292; BayObLG NJW-RR 1997, 1371.

85 Palandt/Grüneberg, § 306, Rn. 11.

86 BGHZ 93, 48; NJW 1991, 2632; 1993, 1062; 1996, 1408.

87 Palandt/Grüneberg, § 306, Rn. 11.

88 BGH NJW 93, 658 mit ausführlicher Begründung; Palandt/Grüneberg, § 306, Rn. 11.

89 OLG Celle WM 94, 885, 893.

Da Leasing dem Grunde nach Mietrecht ist[90], können bei der Beurteilung der Wirksamkeit von AGB die wesentlichen Grundgedanken und gesetzlichen Regelungen des Mietrechts herangezogen werden. Entspricht eine Klausel dem wesentlichen Grundgedanken des Mietrechts, ist von einer Wirksamkeit auszugehen.

---

1. Typische Standard-Klausel

Auch wenn auf Finanzierungsleasingverträge in erster Linie Mietrecht anzuwenden ist, muss bei einer Inhaltskontrolle der verwendeten formularmäßigen Klauseln der konkrete Leasingvertrag unter sachgerechter Bewertung der von den Parteien typischerweise verfolgten Interessen berücksichtigt werden. Dabei ist die Feststellung, ob eine Leasingvertragsklausel mit den wesentlichen Grundgedanken des Gesetzes gem. § 307 Abs. 2 Nr. 1 BGB vereinbar ist, nicht unproblematisch. Da der typische Wesensgehalt des Leasingvertrages mit demjenigen eines Mietvertrages übereinstimmt, können Parallelen und Wertungen aus den §§ 535 ff. BGB bei der Beurteilung der Wirksamkeit herangezogen werden. Entspricht eine Klausel dem wesentlichen Grundgedanken des Mietrechts, scheidet eine Unwirksamkeit regelmäßig aus.

a. Klauseln zur Anpassung der Leasingraten

Entgeltanpassungsklauseln sind üblich und anerkannt. Sie unterliegen der Inhaltskontrolle des § 307 BGB und sind unwirksam, wenn sich der Verwender ausschließlich ein unbeschränktes und nicht näher konkretisiertes Recht zur Preiserhöhung vorbehält. Etwas anderes gilt dann, wenn der Verwender der anderen Vertragspartei nicht einseitig die Gefahr einer Preiserhöhung auferlegt, sondern ihm zugleich die Möglichkeit einräumt, von einer günstigen Entwicklung der für das Leasingentgelt maßgeblichen Kostenfaktoren zu profitieren.[91]

Eine zulässige Preisänderungsklausel muss dem Leasingnehmer sowohl die Umstände, die zur Erhöhung des Entgelts berechtigen, sowie den Umfang der Erhöhung hinreichend verdeutlichen. Er muss in der Lage sein, die Berechtigung zur Entgeltanpassung aufgrund der konkreten Anpassungsklausel selbst zu überprüfen.

Um eine Flexibilität im Hinblick auf die Entwicklung des Investitionsbedarfes beim Leasing zu erreichen, vereinbaren die Vertragsparteien regelmäßig sog. Anpassungs-

---

90 Vgl. Kapitel A. I. 2.

91 BGH NJW 1980, 2519; 1985, 854; MüKo Beckmann, Die Zulässigkeit von Preis- und Prämienanpassungsklauseln nach dem AGB-Gesetz, Diss. Freiburg, 1990; Lübke-Detring, Preisanpassungsklauseln in AGB, Diss. Hamburg, 1989; OLG Frankfurt Urteil vom 14.5.1985 – 5 U 210/84 = NJW 1986, 1355; Martinek/Stoffels/Wimmer-Leonhardt, Handbuch des Leasingrechts, § 18, Rn. 5 ff., S. 192 ff.

klauseln, die in verschiedenen Formen auftreten.[92] Eine solche Klausel kann wie folgt lauten:

> „Die Parteien sind berechtigt, bei einer Veränderung von Steuern, insbesondere der Umsatzsteuer oder Gebühren während der Vertragslaufzeit eine Anpassung der Leasingraten zu verlangen."

Leasingverträge werden regelmäßig für einen längeren Zeitraum in Form von Dauerschuldverhältnissen abgeschlossen, so dass in bestimmten Bereichen eine genaue Kalkulation für den Leasinggeber nicht möglich ist. Aus diesem Grund finden sich in zahlreichen Leasingverträgen Anpassungsklauseln, die insbesondere eine Änderung des vereinbarten Leasingentgelts für bestimmte Ereignisse, wie z.B. Änderung des Anschaffungspreises des Leasinggutes, Änderung der Refinanzierungsbedingungen für den Leasinggeber oder Änderungen im Bereich der öffentlichen Abgaben und vom Leasinggeber zu bezahlenden Versicherungsprämien vorsehen. Eine solche Klausel bringt den Willen der Parteien zum Ausdruck, auf geänderte Rahmenbedingungen entsprechend der gesetzlichen Wertung des § 313 Abs. 1 und 2 BGB mit einer Anpassung des Vertrages reagieren zu wollen. Dies entspricht der Rechtsprechung des Bundesgerichtshofes, nach der bei langfristigen Vertragsverhältnissen, worunter der Leasingvertrag fällt, das Bedürfnis zu berücksichtigen sei, dass das bei Vertragsschluss bestehende Verhältnis von Leistung und Gegenleistung über die gesamte Vertragsdauer im Gleichgewicht gehalten wird. Hierfür kämen Kostenelement- oder Wertsicherungsklauseln in Betracht, die aber nicht ausschließlich zur Wahrung der Verwenderinteressen führen dürfen.[93]

---

92 Graf von Westphalen, Der Leasingvertrag, Kap. F, Rn. 11, S. 295.

93 BGH Urteil vom 12.07.1989 – VIII ZR 297/88 = BGH NJW 1990, 115: *„Bei langfristigen Vertragsverhältnissen, insbesondere solchen, die auf Leistungsaustausch gerichtet sind, besteht ein anerkennenswertes Bedürfnis, dass bei Vertragsschluss bestehende Verhältnis von Leistung und Gegenleistung über die gesamte Vertragsdauer im Gleichgewicht zu halten. Je nachdem, ob es darum geht den Anstieg der Gestehungskosten für die künftige Leistung oder den Wertverfall der Gegenleistung auszugleichen, kommen hierfür Kostenelement- oder Wertsicherungsklauseln in Betracht. Kostenelementklauseln dienen dazu, einerseits dem Verwender das Risiko langfristiger Kalkulation abzunehmen und ihm seine Gewinnspanne trotz nachträglicher, ihn belastender Kostensteigerung zu sichern, und andererseits den Vertragspartner davor zu bewahren, dass der Verwender mögliche künftige Kostenerhöhungen durch Risikozuschläge aufzufangen versucht (vgl. BGHZ 82, 21 [24] = NJW 1982, 331 = LM § 9 [Cb] AGBG Nr. 3 unter 2b aa). Wird die Preisanpassung auf der Grundlage der Entwicklung von Kostenelementen herbeigeführt, was im – veränderten – Listenpreis Ausdruck findet, so darf die Regelung andererseits aber [...] nicht zu einer ausschließlichen oder überwiegenden Wahrung der Verwenderinteressen führen".*

aa. Vorrang der Individualabrede

Die im Leasingvertrag vereinbarte Zahlung des Leasingentgelts ist eine individualvertragliche Regelung i.S.v. § 305b BGB.[94] Im Wege der Auslegung ist zu ermitteln, ob die in den AGB des Leasinggebers enthaltenen Entgeltanpassungsklauseln nicht zur Anwendung gelangen, weil sie der Individualvereinbarung widersprechen. Ergibt die Auslegung, dass das Leasingentgelt als Festpreis vereinbart wurde, dann besteht eine der Entgeltanpassungsklausel vorrangige Individualabrede i.S.v. § 305b BGB. In der Regel wird die Auslegung aber ergeben, dass kein Festpreis vereinbart wurde, sondern es dem Willen der Parteien entspricht, auf veränderte Rahmenbedingungen mit einer Vertragsanpassung zu reagieren. Dafür ist Voraussetzung, dass im Vertrag in unmittelbarem Zusammenhang mit der Preisgestaltung auf die Anpassungsklausel in den AGB Bezug genommen wird. Ist dies nicht der Fall, so hat gemäß § 305b BGB die individuelle Vertragsabrede Vorrang vor den AGB. Die Anpassungsklausel entfaltet für diesen Fall keine Wirkung.

bb. Allgemeine Prüfungsmaßstäbe

§ 309 Nr. 1 BGB ist nicht anwendbar, weil es sich beim Leasingvertrag um ein atypisches Dauerschuldverhältnis handelt, § 309 Nr. 1 Hs. 2 BGB. Entgeltanpassungsklauseln unterliegen aber der Inhaltskontrolle des § 307 BGB. Die Vereinbarung eines einseitigen Rechts zur Preisänderung in den AGB verstößt nicht grundsätzlich gegen § 307 BGB.[95] Unzulässig ist sie aber dann, wenn sich der Verwender ein unbeschränktes und nicht näher konkretisiertes Recht zur Preiserhöhung ausbedingt.[96] Dabei ist zu beachten, dass der Leasingnehmer auf der einen Seite nicht nur die Gefahr einer Preiserhöhung aufgebürdet bekommt, sondern auf der anderen Seite auch in den Genuss kommen muss, von einer für ihn positiven Preisentwicklung zu profitieren (sog. Waffenparität bzw. keine einseitige Benachteiligung).[97] Eine Klausel, die lediglich eine im Ermessen des Leasinggebers stehende Anpassung des Leasingentgelts bei Veränderung der maßgeblichen Kostenfaktoren zulässt, ist folglich unwirksam, wenn dem Leasinggeber nicht zugleich die Verpflichtung auferlegt wird, die Anpassung bei einer für den Leasingnehmer günstigen Entwicklung zu dessen Gunsten vorzunehmen.[98] So ist z.B. folgende Klausel unter anderem aufgrund ihrer nur einseitigen Anpassungsregelung nach der Rechtsprechung des OLG Frankfurt unwirksam:

---

94 Palandt/Grüneberg, § 305b BGB, Rn 1.

95 BGH NJW 1980, 2519; 1985, 854.

96 Beckmann, Die Zulässigkeit von Preis- und Prämienanpassungsklauseln nach dem AGB-Gesetz, Diss. Freiburg, 1990; Lübke-Detring, Preisanpassungsklauseln in AGB, Diss. Hamburg, 1989.

97 OLG Frankfurt Urteil vom 14.05.1985 – 5 U 210/84 = NJW 1986.

98 OLG Frankfurt Urteil vom 14.05.1985 – 5 U 210/84 = NJW 1986, 1355.

> „Bei einer Veränderung der Verhältnisse am Geld- und Kapitalmarkt, z.B. bei Änderung des Diskontsatzes der Deutschen Bundesbank, bis zur Bezahlung des Mietgegenstandes behält sich der Vermieter eine Anpassung des Mietpreises vor. Dieser Mietpreis bleibt dann die gesamte Laufzeit des jeweiligen Mietvertrages unverändert.“[99]

Des Weiteren ist eine Regelung nur dann wirksam, wenn sich die Verhältnisse, die bei Vertragsschluss vorgelegen haben, tatsächlich geändert haben und diese Veränderungen, die z.B. zu einer Erhöhung des Leasingentgelts führen, bei Vertragsschluss bestimmt waren.[100] Eine Klausel, die es dem Leasinggeber allein aufgrund von preisbildenden Faktoren erlaubt, den Vertrag anzupassen, ist demzufolge zu unbestimmt, zumal der Leasingnehmer darauf keinen Einfluss hat (Transparenzgebot).[101] Gegen § 307 BGB verstößt nach der Feststellung des Bundesgerichtshofes eine Klausel, die dem Leasinggeber lediglich einen zusätzlichen Gewinn einbringen soll, sofern diese eine unbeschränkte Anpassung des Entgelts vorsieht, die wie Material- oder Lohnkosten unabhängig von den tatsächlich anfallenden Kostensteigerungen ist.[102]

Die vorgesehene Anpassung muss darüber hinaus in einem angemessenen Verhältnis zur eingetretenen Änderung stehen. Der Leasinggeber kann nicht aufgrund einer eingetretenen Situationsänderung eine beliebige Anpassung vornehmen.[103] Wie bereits festgestellt, müssen dem Leasingnehmer aufgrund des Transparenzgebots von AGB sowohl der Grund als auch die Höhe des anzupassenden Bemessungsfaktors bereits bei Vertragsschluss bekannt sein.[104] Beliebige Preisanpassungen des Leasinggebers sind unwirksam.[105] Für den Fall, dass das Leasingentgelt stärker steigt als die

---

99 OLG Frankfurt Urteil vom 14.05.1985 – 5 U 210/84 = NJW 1986, 1355.

100 BGH NJW 1980, 2519; WM 1989, 1731.

101 BGH NJW 1980, 2519.

102 BGH Urteil vom 12.07.1989 – VIII ZR 297/88 = BGH NJW 1990, 115: *„Die Schranke des § 9 AGBG (jetzt § 307 BGB) wird nicht eingehalten, wenn die Preisanpassungsklausel dem Verwender ermöglicht, über die Abwälzung konkreter Kostensteigerung (etwa Lohn- und Materialkosten) hinaus, den zunächst vereinbarten Preis ohne jede Begrenzung anzuheben und so nicht nur eine Gewinnschmälerung zu vermeiden, sondern einen zusätzlichen Gewinn zu erzielen (vgl. NJW 1980, 2518 = LM § 9 [Cb] AGBG Nr. 1 = WM 1980, 1120 [1121] unter II 2b; BGHZ 82, 21 [25] = NJW 1982, 331 = LM § 9 [Cb] AGBG Nr. 3 unter 2c; BGH NJW 1985, 855 = LM § 9 [Cb] AGBG Nr. 13 = WM 1985, 199 [200] unter II 1b; BGHZ 94, 335 [340] = NJW 1985, 2270 = LM § 9 [Bf] AGBG Nr. 9 unter II 2b; BGH NJW-RR 1986, 211 = WM 1986, 73, 75 unter IV 3; BGH NJW-RR 1988, 819 [821] unter 8).“*
„Eine in Allgemeinen Geschäftsbedingungen eines Vermieters von Fernmeldeanlagen enthaltene Klausel, wonach sich die vereinbarte Miete entsprechend ändert, wenn im Zusammenhang mit Lohnänderungen in der Fernmeldeindustrie die beim Vermieter übliche listenmäßige Miete erhöht oder ermäßigt wird, benachteiligt den Vertragspartner – jedenfalls im nichtkaufmännischen Verkehr – entgegen den Geboten von Treu und Glauben unangemessen und ist daher unwirksam“.

103 BGH NJW 1980, 2519; WM 1989, 1731; OLG Frankfurt Urteil vom 14.05.1985 – 5 U 210/84 = NJW 1986, 1355.

104 Reinking, Der Autokauf, Rn. L 380 ff.; BGH NJW 1980, 2519.

105 BGH Urteil vom 12.07.1989 – VIII ZR 297/88 = BGH NJW 1990, 115.

Lebenshaltungskosten, muss dem Leasingnehmer nach Ansicht des Bundesgerichtshofes zudem das Recht eingeräumt werden, sich vom Vertrag lösen zu können.[106] Ist die Entgeltanpassungsklausel nun aus einem der oben genannten Gründe unwirksam, so treten an deren Stelle gemäß § 306 Abs. 2 BGB die gesetzlichen Bestimmungen. Bestehen solche nicht, so kann nur im Wege der ergänzenden Vertragsauslegung nach §§ 133, 157 BGB festgestellt werden, was die Parteien vereinbart hätten, wenn ihnen die Unwirksamkeit der Klausel bekannt gewesen wäre.[107] Führt die Auslegung ebenfalls nicht zum Erfolg, kommt, soweit eine Unzumutbarkeit außerhalb des Risikobereiches einer Vertragspartei eintreten würde, eine Vertragsanpassung nach § 313 Abs. 1 BGB in Betracht.

cc. Einzelne Anpassungsklauseln

Im Folgenden wird auf typische Anpassungsklauseln eingegangen.

(1) Änderung des Anschaffungspreises des Leasingguts

Eine Klausel, die eine Anpassung des Leasingentgeltes für den Fall vorsieht, dass sich zwischen Abschluss des Leasingvertrages und Zahlung des Kaufpreises durch den Leasinggeber an den Lieferanten der Preis für das Leasinggut ändert, ist wirksam und verstößt nicht gegen § 307 BGB.[108] Die Klausel benachteiligt den Leasingnehmer nicht unangemessen, denn er „kauft" das Leasinggut beim Lieferanten und der Leasinggeber soll dieses lediglich finanzieren. Da der Leasinggeber aber mit dem Lieferanten den zwischen Leasingnehmer und Lieferant ausgehandelten Vertrag schließt und er die Ware zu diesem Preis abnehmen muss, kann es nicht sein Risiko sein, wenn sich die Ware verteuert. Würde der Leasingnehmer direkt beim Lieferanten kaufen, so hätte er ebenfalls das Risiko der Preiserhöhung zu tragen. Dies kann bei einer Finanzierung durch einen Dritten nicht unterschiedlich beurteilt werden. Die Finanzierung ist für die tatsächlich zu bezahlenden Anschaffungskosten vorgesehen, so dass eine Klausel, die eine Anpassung an geänderte Anschaffungskosten vorsieht, nicht unbillig ist.[109] Eine formularvertragliche Vereinbarung könnte dabei wie folgt lauten:

> „Bei einer Veränderung des Lieferumfangs auf Wunsch des Leasingnehmers nach Vertragsabschluss und bei Einführung objektbezogener Sondersteuern sind beide Vertragsparteien berechtigt, eine der Veränderung entsprechenden Anpassung der Leasingraten und etwaiger Sonderzahlungen sowie des Restwertes zu verlangen. Dasselbe Recht steht beiden Vertragsparteien bei

---

106 BGHZ 90, 69 [79]; vgl. auch OLG Düsseldorf OLGR 2001, 195.
107 BGH NJW 1984, 1177; BGH Urteil vom 12.07.1989 – VIII ZR 297/88 = BGH NJW 1990, 115.
BGH NJW 1990, 116; BGH NJW 1984, 1177.
108 Martinek/Stoffels/Wimmer-Leonhardt, Handbuch des Leasingrechts, § 18, Rn. 5, S. 192.
109 Graf von Westphalen, Der Leasingvertrag, Kap. F, Rn. 13, S. 195.

> einer Änderung der unverbindlichen Preisempfehlung des Herstellers nach Vertragsabschluss zu, soweit sich dadurch die Anschaffungskosten des Leasinggebers verändern. Sollte sich hierdurch eine Erhöhung der Leasingrate, der Leasingsonderzahlung oder des Restwertes um mehr als fünf Prozent ergeben, so ist der Leasingnehmer berechtigt, durch schriftliche Erklärung gegenüber dem Leasinggeber innerhalb von drei Wochen ab Zugang der Mitteilung zur Erhöhung vom Leasingvertrag zurückzutreten."

Eine Anpassung ist unwirksam, wenn der Leasinggeber allein für die erhöhten Leasingraten verantwortlich oder wenn die Bezugsgröße nach Ablauf des vereinbarten Liefertermins eingetreten ist.[110] Eine Entgeltanpassung in Form der Preiserhöhung, die der Lieferant gegenüber dem Leasingnehmer wegen § 309 Nr. 1 BGB nicht durchzusetzen vermag, fällt unmittelbar in den Verantwortungsbereich des Leasinggebers.[111] Aber auch hier muss die Klausel bezüglich des Grundes und der Höhe der Änderung bzw. Erhöhung des Entgelts hinreichend bestimmt sein, um nicht gegen § 307 BGB zu verstoßen. Eine Anpassung ist in allen Fällen nur bis zu dem Zeitpunkt möglich, bis der Leasinggeber die Anschaffungskosten in voller Höhe an den Lieferanten bezahlt hat.

(2) Änderung der Refinanzierungsbedingungen des Leasinggebers

Klauseln, in denen der Leasinggeber dem Leasingnehmer das Risiko der Finanzierung, wie z.B. eine veränderte Zinssituation, aufgebürdet bekommt, sind unwirksam, da die Refinanzierungsmodalitäten im Risikobereich des Leasinggebers liegen und nicht auf den Leasingnehmer transferierbar sind. Eine solche unzulässige Klausel kann beispielsweise wie folgt lauten:

> „Der Leasinggeber ist insbesondere dann zur Anpassung der Leasingraten berechtigt, wenn sich die Zinsen auf dem Refinanzierungsmarkt ändern oder geändert haben."

Die Unwirksamkeit beruht hier auf drei Ursachen: Zum einen wird auf eine Änderung von Umständen Bezug genommen, die ausschließlich in der Vermögens- und Risikosphäre des Leasinggebers liegen, da die Refinanzierungsbedingungen Bestandteil der Eigenfinanzierung des Leasinggebers sind. Folglich muss er das Risiko möglicher Änderungen tragen und kann diese nicht auf den Leasingnehmer abwälzen. Dem Leasinggeber stünde es frei, dieses Risiko in seiner Kalkulation für den jeweiligen Leasingvertrag zu berücksichtigen und vorab einen gewissen Spielraum einzuplanen. Auf der anderen Seite arbeiten Leasinggeber nicht selten dauerhaft mit Geldinstituten zusammen, mit denen diese aufgrund ihrer laufenden Geschäftsbeziehung feste Zins- und Finanzierungskonditionen vereinbaren könnten. Im Ergebnis reali-

110 Martinek/Stoffels/Wimmer-Leonhardt, Handbuch des Leasingrechts, § 18, Rn. 5, S. 193.
111 Graf von Westphalen, Der Leasingvertrag, Kap. F, Rn. 14, S. 297.

siert sich bei einer nach Abschluss des Leasingvertrages eingetretenen Änderung der Kapitalmarktverhältnisse ein zumindest mittelbar dem Leasinggeber zurechenbares Geschäftsrisiko.[112] Zweiter Grund für die Unwirksamkeit einer derartigen Klausel ist nach der Rechtsprechung des OLG Frankfurt, dass diese Klausel keine Konkretisierung der Erhöhungsbefugnis enthält, die das Ausmaß der möglichen Erhöhung in einem angemessenen Verhältnis zu der eingetretenen Änderung stellt.[113]

Als dritten Grund führt die Instanzrechtsprechung zur Unwirksamkeit der vorgenannten Klausel aus, dass die Klausel nur dem Leasinggeber, nicht aber dem Leasingnehmer ein Recht zur Anpassung des Leasingvertrages gebe.[114]

Dies bedeutet jedoch nicht, dass alle Anpassungsklauseln unwirksam sind.[115] Nur einseitige Änderungsklauseln ohne Beteiligung des Vertragspartners sind unzulässig. Anpassungsklauseln sind durch eine beiderseitige Risikoverteilung in der Form auszugestalten, dass eine Anpassung sowohl zugunsten des Leasinggebers und, bei einer für ihn positiven Entwicklung auf dem Kapitalmarkt, auch zugunsten des Leasingnehmers erfolgt, um so eine beiderseitige Risikoverteilung zu erreichen. Des Weiteren ist aufgrund des Transparenzgebotes auf eine konkretisierende und damit bestimmte Formulierung zu achten, die das Ausmaß der möglichen Erhöhung eindeutig und für den Leasingnehmer verständlich in ein angemessenes Verhältnis zu der eingetretenen Veränderung stellt. Die formularmäßige Überwälzung des Risikos einer Änderung der Geld- und Kapitalmarktverhältnisse, die allein den Leasingnehmer ohne Risikoverteilung und ohne Angabe eines angemessenen Verhältnisses der Erhöhung zur Veränderung der Leasingraten belastet, verstößt gegen § 307 BGB.

(3) Änderung der öffentlichen Abgaben und Versicherungsprämien

Häufig in der Praxis anzutreffen und in Verträgen sinnvoller Weise einzufügen sind Änderungsklauseln zu öffentlichen Abgaben, da deren Veränderungen während der Leasingzeit von den Vertragspartnern meist nicht voraussehbar sind und das Investitionsverhältnis einseitig belasten können.

---

112 Graf von Westphalen, Der Leasingvertrag, Kap. F, Rn. 20, S. 299.

113 OLG Frankfurt Urteil vom 14.5.1985 – 5 U 210/84 = NJW 1986, 1355: *„Zum anderen konkretisiert und beschränkt sie die Erhöhungsbefugnis nicht so, dass von vornherein das Ausmaß der möglichen Erhöhung in ein angemessenes Verhältnis zu der eingetretenen Änderung gestellt wird.“*

114 OLG Frankfurt Urteil vom 14.5.1985 – 5 U 210/84 = NJW 1986, 1355: *„Die Unwirksamkeit beruht auf zwei voneinander unabhängigen Gründen. Zum einen gibt die Klausel nur dem Leasinggeber, nicht aber dem Leasingnehmer eine rechtliche Handhabe zur Anpassung des Leasingvertrages.“*

115 BGH NJW 1985, 853; a.A. Sannwald, Der Finanzierungsleasingvertrag über bewegliche Sachen mit Nichtkaufleuten, S. 145.

(a) Umsatzsteuer

Es ist das Wesen der Umsatzsteuer als indirekte Verkehrssteuer vom Endverbraucher wirtschaftlich getragen zu werden. Demzufolge ist es nicht unbillig und verstößt nicht gegen § 307 BGB, wenn der Leasinggeber dem Leasingnehmer durch AGB eine mögliche Umsatzsteuererhöhung, die sich im Verhältnis Leasinggeber zum Leasingnehmer vollzieht, aufbürdet. Eine Erhöhung der Umsatzsteuer fällt in den Risikobereich des Leasingnehmers.[116] Häufig werden Klauseln der folgenden Art verwendet:

> „Bei einer gesetzlichen Änderung der Umsatzsteuer passt der Leasinggeber alle sich aus dem Leasingvertrag ergebenden Forderungen, Beträge und Zahlungen ab dem Zeitpunkt der Änderung der Umsatzsteuer dem neuen Steuersatz an."
> „Die Parteien sind berechtigt, bei einer Veränderung von Steuersätzen, wie insbesondere der Umsatzsteuer, oder Gebühren, während der Vertragslaufzeit eine Anpassung der Leasingraten zu verlangen."

Eine Klausel, die nur eine Anpassung des Leasingentgelts bei Erhöhungen der Umsatzsteuer zulässt, ist wie oben bereits erläutert, wegen Verstoßes gegen § 307 BGB und der ungleichen Risikoverteilung unwirksam. Jedoch sind Umsatzsteuerveränderungen, die im Verhältnis zwischen Leasinggeber und Lieferant entstehen, nicht auf den Leasingnehmer abwälzbar. Dies allein schon deshalb, weil der Leasinggeber als Unternehmer gemäß § 15 UStG zum Vorsteuerabzug berechtigt ist und es für ihn somit zu keiner finanziellen Belastung durch seinen Eingangsumsatz kommt, so dass der Leasinggeber diesen nicht auf den Leasingnehmer transferieren kann.

(b) Sonstige öffentliche Abgaben und Versicherungsprämien

Ebenso sind Klauseln, die die Abwälzung sonstiger öffentlicher Abgaben oder Versicherungsprämien betreffen und nur vom Leasinggeber für das Leasingobjekt zu zahlen sind, wirksam. Dies gilt nur insoweit, als die Steuern oder Versicherungen nicht den Betrieb des Leasinggebers als Darlehensgeber betreffen, sondern er diese als Eigentümer oder Vermieter des Leasinggutes zu entrichten hat und somit ein direkter Sachbezug der Aufwendung besteht. Dies ist konsequent, da diese Kosten lediglich das bereitgestellte bzw. finanzierte Leasinggut des Leasingnehmers betreffen und mit dem Geschäftsbetrieb des Leasinggebers als solches nichts zu tun haben.[117] Eine Kostendeckung durch die Nutzung des Leasinggutes ist nicht möglich, so dass eine Überwälzung auf den Leasingnehmer nur konsequent erscheint.

---

116 Reinking, Der Autokauf, Rn. L 380 ff.; Sannwald, Der Finanzierungsleasingvertrag über bewegliche Sachen mit Nichtkaufleuten, S. 146.
117 Graf von Westphalen, Der Leasingvertrag, Kap. F, Rn. 27 f., S. 302.

(c) Änderungen von weiteren Bezugsgrößen

Eine Anpassung des Leasingentgelts ist nicht nur bei direkten Änderungen möglich, sondern auch bei Änderungen im Umfeld des Leasinggutes, die mit diesem in direktem Bezug stehen, wie beispielsweise Reparatur- oder Ersatzteilkosten, d.h. bei einem indirekten Sachbezug der Aufwendung. Dies gilt nur dann, wenn sowohl Leasinggeber als auch Leasingnehmer nach dem Grundsatz der gleichmäßigen und wechselbezüglichen Risikoverteilung Anpassungen vornehmen können und die Bezugsgrößen, deren wertmäßiger Anteil am jeweiligen Leasingentgelt sowie das Ausmaß der entsprechenden Anpassung in der betreffenden Klausel transparent gestaltet sind.

dd. Rechtsfolgen unwirksamer Anpassungsklauseln

Die ergänzende Vertragsauslegung bei unwirksamen Änderungsklauseln führt regelmäßig im Ergebnis dazu, dass der Leasinggeber eine Anpassung des Leasingentgelts entsprechend der Erhöhung der allgemeinen Lebenshaltungskosten nach Maßgabe des Verbraucherindex in der Zeit zwischen Vertragsabschluss und dem auslösenden Ereignis zur Änderung des Vertrages vornehmen kann. Übersteigt die Anpassung i.S.d. § 313 Abs. 1 und 2 BGB in erheblichem Umfang diesen Rahmen, so steht dem Leasingnehmer das Recht zu, den Leasingvertrag vorzeitig zu kündigen.[118]

Eine unwirksame Anpassungsklausel hat keine Auswirkung auf die Wirksamkeit des Vertrages im Übrigen, § 306 Abs. 1 BGB. An die Stelle der unwirksamen Klausel treten gemäß § 306 Abs. 2 BGB die gesetzlichen Vorschriften.[119] Beziehen sich die Änderungen auf Ereignisse, auf die der Leasinggeber während der Laufzeit des Leasingvertrages keinen Einfluss hat, also Änderungen des Anschaffungspreises für das Leasinggut, Änderungen von Versicherungsprämien, die der Leasinggeber als Eigentümer oder Vermieter des Leasinggutes tragen muss, Änderungen bei Steuerabgaben oder Änderungen anderer Bezugsgrößen, dann besteht die Möglichkeit mittels ergänzender Vertragsauslegung die durch die unwirksame Entgeltanpassungsklausel entstandene Regelungslücke im Leasingvertrag zu schließen, §§ 133, 157 BGB.[120] Diese Ereignisse dürfen, wie zuvor erläutert, nicht im Zusammenhang mit der Finanzierungsleistung des Leasinggebers stehen.[121] Würde eine Anpassung im Übrigen bei anzuerkennenden Kostenfaktoren nicht zugelassen werden, so erhielte der Leasingnehmer einen ungerechtfertigten Vorteil, welcher ihm bei einem Kauf des Leasinggutes nicht zustehen würde.[122] Die Rechtsprechung des Bundesgerichtshofes geht ferner

118 BGH NJW 1984, 1178.
119 Palandt/Grüneberg, § 306, Rn. 12.
120 Kügel, in Büschgen, Praxishandbuch Leasing (1. Auflage), § 6, Rn. 139, S. 132.
121 Vgl. E. II. 1. a. cc. (2).
122 BGH NJW 1984, 1177 (1178): *„Die Bekl. kann nicht an der Preisvereinbarung bei Vertragsschluss festgehalten werden. Dies wäre unbillig, weil es die Ausgewogenheit der beiderseitigen*

davon aus, dass eine unwirksame Tagespreisklausel durch eine Regelung zu ersetzen sei, die den Käufer zur Bezahlung des bei Auslieferung gültigen Listenpreises verpflichtet. Voraussetzung hierfür sei, dass dieser Preis einer nach billigem Ermessen zu treffenden Leistungsbestimmung durch den Verkäufer entspreche und dem Käufer ein Rücktrittsrecht einräumt, sollte die Preiserhöhung den Anstieg der allgemeinen Lebenshaltungskosten in der Zeit zwischen Bestellung und Auslieferung erheblich übersteigen.[123] Problematisch ist, wo die Grenze für eine solche Erheblichkeit zu ziehen ist. Eine starre Grenze ist weder sinnvoll noch praktikabel, da die jeweilige Situation und die dazugehörigen Umstände im Einzelfall maßgebend sind. Kügel hält eine Grenze bei 20–25 % über dem Lebenshaltungskostenindex für angemessen.[124] Sachgerechter ist jedoch eine Interessensabwägung im Einzelfall, bei der die Regelung zum Wegfall der Geschäftsgrundlage nach Maßgabe des § 313 Abs. 1 und 2 BGB als gesetzlicher Leitfaden herangezogen werden kann. Die entscheidende Fragestellung dabei ist, ob das Festhalten am Vertrag für den Leasingnehmer noch zumutbar ist. Anpassungen des Vertrages sind aber nicht bei Änderungen möglich, die allein im Risikobereich des Leasinggebers liegen, so – wie bereits dargestellt – bei Änderungen der Refinanzierung. Dies ist das Geschäftsrisiko des Leasinggebers, das er durch eine qualifizierte Kalkulation minimieren kann. Denn es darf nicht übersehen werden, dass der Leasinggeber andererseits von Änderungen zu seinen Gunsten profitiert.[125]

b. Klauseln zum Erfüllungsort und Gerichtsstand

Gerichtsstandsvereinbarungen sind wegen Verstoßes gegen § 38 ZPO unwirksam, wenn sie von Nichtkaufleuten in AGB vereinbart werden; unter Kaufleuten sind sie wirksam.

Hat der Leasingvertrag zwischen Kaufleuten eine bewegliche Sache als Leasinggut zum Inhalt, so ist gesetzlicher Erfüllungsort der Zahlungen der Leasingraten der Wohnsitz des Leasingnehmers, den er zum Zeitpunkt des Abschlusses des Leasing-

vertraglichen Leistungen verändern, zu einer mit der Zielsetzung des AGB-Gesetzes nicht zu vereinbarenden Benachteiligung des Klausel-Verwenders führen und dem Kunden als Nutznießer einen unverhofften und ungerechtfertigten Gewinn verschaffen würde […].“

123 BGH, NJW 1984, 1177: „*Die unwirksame Tagespreisklausel […] der im Neufahrzeughandel verwendeten Neufahrzeug-Verkaufsbedingungen ist danach durch eine Regelung zu ersetzen, die den Käufer zwar grundsätzlich zur Zahlung des bei Auslieferung des Fahrzeugs gültigen Listenpreises verpflichtet, soweit dieser Preis einer nach billigem Ermessen zu treffenden Leistungsbestimmung durch den Verkäufer entspricht, die ihm aber andererseits ein Rücktrittsrecht einräumt, wenn die Preiserhöhung den Anstieg der allgemeinen Lebenshaltungskosten in der Zeit zwischen Bestellung und Auslieferung nicht unerheblich übersteigt*“.

124 Kügel, in Büschgen, Praxishandbuch Leasing (1. Auflage), § 6, Rn. 139, S. 132.

125 OLG Frankfurt Urteil vom 14.05.1985 – 5 U 210/84 = NJW 1986, 1355.

vertrages hatte, §§ 269 Abs. 1 BGB, 29 Abs. 1 ZPO. Eine Klage am neuen Wohnsitz des Leasingnehmers ist dadurch nicht ausgeschlossen, § 12 ZPO.[126] Dies gilt auch beim Immobilienleasing, da hier die besonderen dinglichen Gerichtsstände der §§ 24 bis 26 ZPO nicht zur Anwendung kommen. Vertragliche Gerichtsstandsvereinbarungen von Nichtkaufleuten im Leasingvertrag verstoßen gegen § 38 Abs. 1 ZPO und sind stets unwirksam.[127] Im Gegensatz dazu sind unter Kaufleuten Gerichtsstandsklauselvereinbarungen in AGB üblich und zulässig. Dabei ist unerheblich, welchen Gerichtsstand Leasinggeber und Lieferant im Liefervertrag vereinbart haben, da es Folge der leasingtypischen Freizeichnungs- und Abtretungskonstruktion ist, dass der Leasingnehmer zwei verschiedene Geschäftspartner hat und sich der Gerichtsstand im Liefervertrag nach dem Sitz des Leasinggebers richtet und er demzufolge bei unterschiedlichen Gerichten gegen Leasinggeber und Lieferant vorgehen muss. Dabei kann jedoch kein beliebiger Gerichtsstand gewählt werden. Er muss entweder einen Bezug zum Geschäftssitz des Verwenders oder zum Vertragsinhalt aufweisen, da andernfalls ein Verstoß gegen § 307 BGB gegeben ist. Des Weiteren ist eine Vereinbarung unzulässig, wenn für den Verwender und den Vertragspartner ein gemeinsamer Gerichtsstand besteht.[128]

c. Klauseln zur Zahlungssicherung

In der Praxis hat der Leasinggeber ein erhebliches Interesse daran, die Leasingzahlungen des Leasingnehmers gesichert zu wissen. Aus diesem Grund werden nicht selten Ausschlussregelungen für Aufrechnungs- und Zurückbehaltungsrechte des Leasingnehmers vereinbart.

aa. Vereinbarung eines Aufrechnungsverbotes

Die formularvertragliche Vereinbarung eines Aufrechnungsverbotes ist aufgrund des Klauselverbots des § 309 Nr. 3 BGB in seinem Umfang auf bestrittene und zugleich nicht rechtskräftig festgestellte Ansprüche begrenzt. Dies gilt für Unternehmer über §§ 310 Abs. 1, 307 BGB entsprechend.

Gemäß § 309 Nr. 3 BGB kann der Leasinggeber die Aufrechnung mit Forderungen des Leasingnehmers gegenüber seinem Zahlungsanspruch nur innerhalb der Wirksamkeitserfordernisse des Klauselverbotes nach § 309 Nr. 3 BGB begrenzen.[129] Das formu-

126 BGH NJW 1988, 914.

127 Palandt/Grüneberg, § 307, Rn. 93; EuGH ZIP 2000, 1165; BGH NJW 1983, 1320; OLG Düsseldorf NJW-RR 1995, 440.

128 LG Konstanz BB 1983, 1372; OLG Köln ZIP 1989, 1068.

129 Jauernig/Teichmann, § 309, Rn. 4.

larvertraglich vereinbarte Aufrechnungsverbot ist gemäß § 309 Nr. 3 BGB unwirksam, sofern es unbestrittene oder rechtskräftig festgestellte Gegenforderungen betrifft.[130] Dem Leasingnehmer muss die Möglichkeit verbleiben, mit unbestrittenen oder mit rechtskräftig feststehenden Gegenforderungen aufzurechnen.[131] Deshalb wird in der Praxis häufig folgende Klausel in die AGB aufgenommen:

> „Gegen die Ansprüche des Leasinggebers kann der Leasingnehmer nur dann aufrechnen, wenn die Gegenforderung des Leasingnehmers unbestritten ist oder ein rechtskräftiger Titel vorliegt; ein Zurückbehaltungsrecht kann der Leasingnehmer nur geltend machen, wenn es auf Ansprüchen aus dem Leasingvertrag beruht."

Dabei gelten als unbestrittene Forderungen über den engen Wortlaut hinaus selbst solche, gegen die unhaltbare oder unsubstantiierte Einwendungen erhoben werden oder denen eine unschlüssige Gegenaufrechnung entgegengehalten wird.[132] Das Aufrechnungsverbot tritt allerdings dann zurück, wenn es wegen Insolvenz, Vermögensverfall oder aus sonstigen Gründen eine Durchsetzung der behaupteten Gegenforderung endgültig vereiteln würde.[133] Zwischen Unternehmern können Aufrechnungsverbote vereinbart werden,[134] jedoch nur, sofern sie nicht rechtskräftige, unbestrittene oder entscheidungsreife Forderungen des Leasingnehmers mit einschließen.[135] Allerdings ist keinen Verstoß gegen § 309 Nr. 3 BGB gegeben, weil dieser gemäß § 310 Abs. 1 BGB für Unternehmer keine Anwendung findet. Vielmehr sind die Wertungen der §§ 308 und 309 BGB bei § 307 BGB heranzuziehen, so dass gleichlaufend zum Verbraucher über diese Vorschrift ein Verstoß gegeben ist. Rechtsfolge des Verstoßes einer Vereinbarung mit generellem Aufrechnungsverbot ist die Gesamtnichtigkeit der Klausel.[136]

bb. Vereinbarung eines Leistungsverweigerungsrechts

Die formularvertragliche Vereinbarung des Ausschlusses eines Leistungsverweigerungsrechts ist aufgrund des Klauselverbotes des § 309 Nr. 2 BGB gegenüber Verbrauchern in seinem Umfang begrenzt. Zwar kann eine Beschränkung oder ein Ausschluss eines Leistungsverweigerungsrechts im Verkehr zwischen Unternehmern gemäß §§ 310 Abs. 1, 307 BGB ebenfalls unwirksam sein; die Möglichkeiten der zulässigen Ausgestaltung zum Leistungsverweigerungsrecht sind jedoch weitergehend.

130 Palandt/Grüneberg, § 309, Rn. 17.
131 Martinek/Stoffels/Wimmer-Leonhardt, Handbuch des Leasingrechts, § 20, Rn. 2, S. 200 f.
132 BGH NJW 1985, 1556.
133 Palandt/Grüneberg, § 387, Rn. 17, § 309, Rn. 17; BGH NJW 1975, 442; 1984, 357.
134 Jauernig/Teichmann, § 309, Rn. 4.
135 BGH NJW 1985, 319.
136 Palandt/Grüneberg, § 309, Rn. 18; BGHZ 92, 316; NJW-RR 1986, 1281.

Das Klauselverbot des § 309 Nr. 2 BGB findet gemäß § 310 Abs. 1 BGB auf den formularmäßigen Ausschluss von Zurückbehaltungsrechten des Leasingnehmers gegen den Anspruch des Leasinggebers auf Zahlung des Leasingentgelts nur im Rechtsverkehr des Leasinggebers zu Verbrauchern Anwendung. Demzufolge wäre eine Klausel unwirksam, soweit sie dem Leasingnehmer das ihm gemäß § 320 BGB zustehende Leistungsverweigerungsrecht oder ein Zurückbehaltungsrecht, das auf demselben Vertragsverhältnis beruht, einschränkt.[137] Aufgrund der leasingtypischen Freizeichnungs- und Abtretungskonstruktion[138] bestehen Besonderheiten. Denn dem Leasingnehmer stehen nicht gegenüber dem Leasinggeber, sondern allein gegenüber dem Lieferanten Gewährleistungsansprüche zu. Daher ist wie folgt zu unterscheiden: Wird der Leasinggegenstand nicht oder verspätet dem Leasingnehmer geliefert, steht diesem ein Leistungsverweigerungsrecht aus § 320 BGB zu, was aufgrund der Kardinalpflicht zur Gebrauchsüberlassung nicht ausgeschlossen werden kann.[139] Soweit der Leasingnehmer sich auf Mängelrechte nach Überlassung des Leasinggegenstandes beruft, ist zu beachten, dass der Leasinggeber leasingtypisch und wirksam die Preis- und Leistungsgefahr auf den Leasingnehmer übertragen haben wird, so dass dieser beim zufälligen Untergang oder einer Verschlechterung des Leasinggutes weiterhin die Verpflichtung zur Zahlung der vereinbarten Leasingraten hat.[140] Eine wirksame Übertragung der Leistungs- und Preisgefahr auf den Leasingnehmer kann jedoch erst nach der Überlassung des Leasinggutes im vertragsgemäßen Zustand erfolgen. Der Leasingnehmer ist daher zur Zahlung der Leasingraten selbst dann verpflichtet, wenn der Leasinggegenstand nach Überlassung beschädigt oder zerstört wird. Bei Mängelrechten ist zu beachten, dass diese bei einer leasingtypischen Freizeichnungs- und Abtretungskonstruktion nur gegenüber dem Lieferanten zustehen und es daher für die Rechte der §§ 320, 273 BGB an einer Gegenseitigkeit ermangelt. Der Leasingnehmer kann sich folglich insoweit nicht auf die Mangelhaftigkeit des Leasinggegenstandes gegenüber dem Leasinggeber berufen. Nur die Durchsetzung der Mängelrechte des Rücktritts, der Minderung oder des Schadensersatzes statt der Leistung wirkt sich zwingend auf die Leasingraten aus.[141]

Unwirksam ist aber eine formularvertragliche Vereinbarung, die zu einem völligen Ausschluss aller Leistungsverweigerungsrechte führt, § 309 Nr. 2 BGB. Folglich muss der Ausschluss des Zurückbehaltungsrechts dann als unwirksam angesehen werden, wenn er für unbestrittene oder rechtskräftig feststehende Forderungen Anwendung

137 Palandt/Grüneberg, § 309, Rn. 12.

138 Vgl. Kapitel A. I. F. I.

139 Martinek/Stoffels/Wimmer-Leonhardt, Handbuch des Leasingrechts, § 20, Rn. 6, S. 202.

140 Martinek/Stoffels/Wimmer-Leonhardt, Handbuch des Leasingrechts, § 31, Rn. 6, S. 360.

141 Zu den Auswirkungen der einzelnen Mängelrechte auf die Leasingraten sowie zum Ausschluss des § 320 BGB siehe Kapitel F. I. 4 und F. II. 3.

finden soll.[142] Grund dafür ist, dass § 273 BGB durch eine Regelung innerhalb der AGB weder ausgeschlossen noch eingeschränkt werden soll.[143]

Dagegen ist unter Unternehmern eine formularmäßige Abbedingung zulässig.[144] Jedoch kann sich der Leasinggeber nicht auf eine Ausschlussklausel berufen, wenn er selbst vertragsbrüchig war oder ist, § 242 BGB.[145]

d. Klauseln zur Sicherung und Wahrung der Eigentumsrechte des Leasinggebers

Leasingverträge enthalten in der Praxis nicht selten Klauseln zur Sicherung und Wahrung der Eigentumsrechte des Leasinggebers.

aa. Feststellung des Eigentumsrechts des Leasinggebers

> „Der Leasinggeber ist Eigentümer des Leasingobjektes. Er ist nach Verständigung mit dem Leasingnehmer berechtigt, die Leasingsache zu besichtigen und auf ihren Zustand hin zu überprüfen. Der Leasingnehmer darf das Leasingobjekt nicht verkaufen, verpfänden, verschenken, vermieten, verleihen oder zur Sicherung an einen Dritten übereignen."

Die Klausel ist wirksam. Denn durch diese wird lediglich zivil- und steuerrechtlich der dem Leasinggeschäft zugrunde liegende Sachverhalt wiedergegeben. Diese formularvertragliche Vereinbarung entspricht der Stellung des Leasinggebers als Eigentümer. Er allein ist gemäß § 903 S. 1 BGB dazu berechtigt, andere von Einwirkungen auf die Sache auszuschließen.

bb. Kennzeichnungspflicht

> „Der Leasingnehmer ist auf Verlangen des Leasinggebers verpflichtet, das Leasinggut in deutlich erkennbarer Weise als im Eigentum des Leasinggebers stehend zu kennzeichnen."

Auch diese Klausel entspricht dem Sicherungsinteresse des Leasinggebers, da die Möglichkeit eines Eigentumsverlustes besteht, z.B. mittels eines gutgläubigen Erwerbes i.S.v. §§ 929 ff. BGB. Durch eine solche Kennzeichnung kann ein gutgläubiger Erwerb eines Dritten eingeschränkt werden, so dass ein berechtigtes Interesse des Leasinggebers an der Kennzeichnung des Leasinggutes anzunehmen und somit kein Verstoß gegen § 307 BGB zu sehen ist.

---

142 BGH NJW 1985, 320.

143 Palandt/Grüneberg, § 309, Rn. 15.

144 Palandt/Grüneberg, § 309, Rn. 17; BGHZ 115, 327.

145 Martinek/Stoffels/Wimmer-Leonhardt, Handbuch des Leasingrechts, § 20, Rn. 8, S. 203.

cc. Ausschluss des Rechst zur Untervermietung

> „Eine Untervermietung oder anderweitige Gebrauchsüberlassung des Leasinggutes bedarf der vorherigen Zustimmung des Leasinggebers. Der Leasingnehmer tritt in diesen Fällen bereits jetzt seine Vergütungs- und Herausgabeansprüche an den Leasinggeber ab."

Diese formularmäßige Vereinbarung entspricht der gesetzlichen Regelung des § 540 Abs. 1 S. 1 BGB und ist nach der Rechtsprechung des Bundesgerichtshofes nicht nach § 307 BGB zu beanstanden.[146] Eine Zustimmungspflicht des Leasinggebers ist nach dem Bundesgerichtshof mit dessen rechtlich beachtlichem Interesse gerechtfertigt, dass der Leasingnehmer nicht seinerseits im Wege der Untervermietung als Leasinggeber auf dem Markt in Erscheinung tritt. Darüber hinaus ist ein Interesse des Leasinggebers anzuerkennen, sein Leasinggut vor einer erhöhten Abnutzung durch die Untervermietung und einer daraus resultierenden erschwerten Verwertung nach Beendigung des Leasingvertrages zu schützen.[147] Aus diesem Urteil des Bundesgerichtshofes ergibt sich, dass der Leasingvertrag während der Grundmietzeit ordentlich unkündbar ist. Eine Ausnahme ist nur dann gegeben, wenn es sich um Störungen im Vertrag handelt, die die Hauptpflichten betreffen. Bezüglich der Kündigungsmöglichkeit nach § 540 Abs. 2 S. 2 BGB ergibt sich beim Leasingvertrag ein Unterschied zum Mietvertrag, der auf die Grundstruktur des Leasingvertrages zurückzuführen ist. Beim Leasingvertrag steht nicht die Vermietertätigkeit des Leasinggebers im Vordergrund, sondern die Finanzierung des Leasinggutes. Ziel des Leasings ist für den Leasinggeber, dass er am Ende der Leasingzeit die Anschaffungskosten, Verwaltungsaufwendungen, Refinanzierungskosten und den Gewinn – d.h. die Vollamortisation – vom Leasingnehmer erhält. Hätte der Leasingnehmer nun ein Kündigungsrecht nach § 540 BGB, so wäre der Vollamortisationsanspruch des Leasinggebers gefährdet. Demzufolge scheidet beim Leasing ein Kündigungsrecht des Leasingnehmers wegen verweigerter Zustimmung zur Untervermietung durch den Leasinggeber i.S.v § 540 Abs. 1 S. 2 BGB aus.[148]

---

146 BGH Urteil vom 4.7.1990 – VIII ZR 288/89 = NJW 1990, 3016: *„Das formularmäßige Verbot der Untervermietung von Leasingobjekten durch antizipierte Erlaubnisverweigerung des Leasinggebers in einem Finanzierungsleasingvertrag verstößt nicht gegen § 307 BGB."*

147 BGH Urteil vom 4.7.1990 – VIII ZR 288/89 = NJW 1990, 3016: *„Darüber hinaus hat der Leasinggeber ein rechtlich beachtliches Interesse daran, dass der Leasingnehmer nicht seinerseits im Wege der Untervermietung als Leasinggeber auf dem Markt in Erscheinung tritt (vgl. dazu Melcher, CR 1989, 1119 [1122]). Durch eine Untervermietung würde das Leasinggut zudem einer erhöhten Abnutzung ausgesetzt sein, so dass seine Verwertung nach Ablauf der Grundmietzeit durch den Leasinggeber erschwert wäre. Es kann daher nicht als unangemessene Benachteiligung des Leasingnehmers angesehen werden, wenn dieser entsprechend dem Vertragszweck während der Mindestmietzeit das Leasingobjekt nicht untervermieten kann."*

148 BGH Urteil vom 4.7.1990 – VIII ZR 288/89 = NJW 1990, 3016: *„Beim reinen Mietvertrag schuldet der Vermieter Gebrauchsüberlassung und Erhaltung. Beim Leasingvertrag tritt zur*

Darüber hinaus kommt hinzu, dass die Regelung des § 540 BGB dispositiv ausgestaltet und somit, sofern nicht die Sonderregelung des § 553 BGB zu Gunsten des Mieters bei Wohnraum eingreift, im Übrigen abdingbar ist.[149] Aus oben ausgeführten Gründen ist die Vorausabtretung von Vergütungs- und Herausgabeansprüchen des Leasingnehmers gegen seinen Untermieter an den Leasinggeber nicht unangemessen i.S.v. § 307 BGB. Erlaubt der Leasinggeber dem Leasingnehmer die Weitervermietung, so besteht dennoch ein berechtigtes Interesse an der Amortisation. So ist es nur billig, dem Leasinggeber bei Zahlungsausfall des Leasingnehmers dessen Ansprüche gegen seinen Untermieter zuzusprechen. Des Weiteren ist und bleibt der Leasinggeber Eigentümer der Leasingsache, so dass ihm ein berechtigtes Interesse an dem ungehinderten Zugriff auf sein Eigentum zustehen muss. Entsprechend würde dem Leasinggeber bei einer unberechtigten Untervermietung Ansprüche aus der Geschäftsführung ohne Auftrag zustehen, §§ 667, 681 S. 2, 687 Abs. 2 BGB.

dd. Änderungen am Leasingobjekt und Einbauten

Problembehaftet ist, ob und inwieweit der Leasingnehmer zu Änderungen am Leasingobjekt oder zu Einbauten befugt ist. Gemäß § 538 BGB sind Veränderungen zulässig, die dem vertragsgemäßen Gebrauch entsprechen. Demzufolge ist in der Vereinbarung des Vertragszweckes zugleich eine Einwilligung in die damit verbundenen

---

Gebrauchsüberlassung die Finanzierungsfunktion hinzu. Beides ist, wie in der Rechtsprechung des erkennenden Senats von Anfang an betont worden ist, auf die individuellen Investitionsbedürfnisse des Leasingnehmers zugeschnitten. In der Finanzierungsfunktion wurzelt das Amortisationsprinzip, das den entscheidenden Unterschied zum reinen Mietvertrag ausmacht. Das Amortisationsprinzip akzeptiert der Leasingnehmer, wenn er sich zur Verwirklichung eines Investitionsvorhabens durch Leasing des Investitionsgutes entschließt. Das Risiko, damit den richtigen Weg beschritten zu haben und dadurch die allein von ihm bestimmte Auswahl des Leasingobjekts dem innerbetrieblichen Zweck der Investition optimal gerecht zu werden, trägt der Leasingnehmer von Hause aus. Das Prinzip der Vollamortisation durch Zahlung der vereinbarten Leasingraten im Verlaufe einer entsprechend festgelegten Vertragsdauer, ergänzt um den anteiligen Verwertungserlös, wird auch verwirklicht durch die Ausgestaltung in Form von Teilamortisationsverträgen, in denen [...] nach Ablauf einer Mindestvertragsdauer dem Leasingnehmer das Recht zur ordentlichen Kündigung eingeräumt wird. Durch die Vereinbarung einer Mindestmietzeit [...] soll auf leasingtypische Art und Weise die volle Amortisation der Gesamtkosten des Leasinggebers gleichfalls sichergestellt werden (st. Rspr., zuletzt BGH NJW 1990, 247 = LM § 535 BGB Nr. 122 = WM 1989, 1694 [1695 f. unter II 1c]). Dieser Zweck könnte nicht erreicht werden, wenn der Leasingnehmer schon während der Mindestmietzeit bei verweigerter Zustimmung des Leasinggebers zur Untervermietung das Vertragsverhältnis gem. § 540 BGB ohne Ausgleich der weiteren Ratenzahlung mit der Folge kündigen könnte, dass dem Leasinggeber der Finanzierungsaufwand einschließlich des kalkulierten anteiligen Gewinns nicht wieder zufließen würde. Schon von der Grundstruktur des Finanzierungsleasingverhältnisses her passt die Regelung des § 540 Abs. 1 S. 2 BGB nicht in dieses Schuldverhältnis."

149 Palandt/Weidenkaff, § 540, Rn. 2.

Veränderungen am Leasinggut zu sehen. Soweit es sich jedoch um Veränderungen am Leasinggut handelt, die vom Vertragszweck nicht gedeckt sind, verstoßen die Maßnahmen gegen § 538 BGB. Somit wären diese rechtswidrig. Eine Klausel, die dem Leasingnehmer Veränderungen am Leasinggut nach Einholung einer Genehmigung erlaubt, ist nicht zu seinem Nach-, sondern zu seinem Vorteil, um Schadensersatzansprüche zu vermeiden. Insbesondere führen diese Vereinbarungen zu einer Rechtssicherheit für den Leasingnehmer. Darüber hinaus spricht für die Wirksamkeit einer derartigen Klausel, dass § 538 BGB vertraglich abdingbar ist.[150] Eine zulässige Klausel könnte daher wie folgt lauten:

> „Änderungen am Leasinggut oder Einbauten bedürfen der vorherigen schriftlichen Zustimmung des Leasinggebers."

Hat der Leasinggeber der Vornahme von Einbauten oder Veränderungen zugestimmt, so kann er bei einer entsprechenden Vereinbarung bei Vertragsende verlangen, dass sie wieder entfernt werden und der ursprüngliche Zustand wiederhergestellt wird.[151] Allerdings hat der Leasinggeber dem Leasingnehmer einen angemessenen Ausgleich zu bezahlen, wenn die Einbauten oder Veränderungen nach Vertragsbeendigung werterhöhend wirken, § 539 Abs. 1 BGB. Nimmt der Leasingnehmer unberechtigterweise Einbauten oder Veränderungen vor, kann der Leasinggeber ihn gemäß § 541 BGB auf Unterlassung verklagen, den Leasingvertrag gemäß § 543 Abs. 2 BGB kündigen, Schadensersatz gemäß § 280 Abs. 1 BGB verlangen und bzw. oder den Leasingnehmer nach § 823 Abs. 1 BGB wegen einer Verletzung seines Eigentums in Anspruch nehmen.[152] Im Hinblick auf Einbauten des Leasingnehmers ist zu beachten, dass gemäß § 947 Abs. 2 BGB der Eigentümer der Hauptsache das Eigentum an den mit dieser Sache verbundenen Gegenständen bzw. Teilen erwirbt. Hauptmerkmal des Leasings ist unter anderem, dass der Leasinggeber Eigentümer des Leasinggutes ist und bleiben soll. Ist nun das Leasinggut nicht als die Hauptsache anzusehen, so würde er sein Eigentum an den Leasingnehmer oder einen Dritten verlieren. § 947 BGB ist nicht abdingbar, so dass ein Eigentumsverlust durch § 947 BGB nicht durch eine vertragliche Vereinbarung verhindert werden kann.[153] Das Problem kann durch eine Klausel der folgenden Art gelöst werden, in der eine antizipierte Eigentums(rück)übertragung nach §§ 929 ff. BGB vereinbart wird.

> „Einbauten, die zu Bestandteilen des Leasinggutes geworden sind, gehen in das Eigentum des Leasinggebers über. Ein Entschädigungsanspruch des Leasingnehmers ist ausgeschlossen. Der Leasingnehmer darf das Leasinggut nur dann mit anderen beweglichen oder unbeweglichen

150 Palandt/Weidenkaff, § 538, Rn. 2, § 535, Rn. 32.
151 Palandt/Weidenkaff, § 538, Rn. 2.
152 Palandt/Weidenkaff, § 541, Rn. 1 ff.
153 Erman BGB, Band 2, §§ 854–2385, § 947, Rn. 4.

> Sachen verbinden, wenn er sichergestellt hat, dass die Verbindung nur zu einem vorübergehenden Zweck i.S.v. § 95 BGB erfolgt, mit der Absicht der Trennung des Leasinggutes bei Vertragsbeendigung. Der Leasingnehmer ist verpflichtet auf Verlangen des Leasinggebers bei Vertragsbeendigung den ursprünglichen Zustand auf seine Kosten wiederherzustellen, es sei denn, der Leasinggeber hat hierauf verzichtet, oder der ursprüngliche Zustand kann nur mit unverhältnismäßig hohem Aufwand wiederhergestellt werden."

Ein Ausschluss des Entschädigungsanspruchs des Leasingnehmers in einer Vereinbarung verstößt nicht gegen die Wertung des § 307 BGB. Auch wenn der Ausschluss dem § 539 Abs. 1 BGB widerspricht, ist er wirksam, weil § 539 BGB abdingbar ist.[154] Des Weiteren ist der Leasingnehmer zur Erhaltung des Leasinggutes verpflichtet und hat die notwendigen Aufwendungen zu tragen.[155] Selbst der Ausschluss des Ersatzanspruchs nach den Vorschriften über die Geschäftsführung ohne Auftrag, § 539 Abs. 2 BGB, für sonstige Verwendungen, insbesondere Luxusverwendungen, ist angemessen, weil diese Verwendungen ausschließlich im Interesse des Leasingnehmers getätigt werden. Die zuvor genannte Klausel enthält einen Ausschluss des Anspruchs für den erlittenen Rechtsverlust des Leasingnehmers nach § 951 Abs. 1 BGB. Dies ist allerdings nur einschlägig, wenn das Leasinggut als die Hauptsache anzusehen ist und der Leasingnehmer aufgrund der Verbindung seines Eigentums mit dem Leasinggut sein Eigentum an der eingebrachten Sache verliert. Da § 951 BGB abdingbar ist, spricht nichts gegen einen Ausschluss dieser Regelung durch AGB.

Zuletzt ist in der Klausel noch ein Vorbehalt der Gestalt enthalten, dass der Leasingnehmer nur Sachen mit dem Leasinggut verbinden darf, sofern sichergestellt ist, dass die Verbindung nur zu einem vorübergehenden Zweck i.S.v. § 95 BGB erfolgt. Diese Klausel dient ebenfalls dem Interesse des Leasinggebers, sein Eigentum an dem Leasinggut zu wahren und es nicht nach 947 Abs. 1 BGB an den Leasingnehmer oder einen Dritten zu verlieren. Jedoch kann eine solche Klausel, wie zuvor bereits aufgezeigt, keinen ausreichenden Schutz vor einem Eigentumsverlust bieten, weil die sachenrechtlichen Grundsätze nicht abdingbar sind. Ergibt sich folglich aus den §§ 93–95 i.V.m. § 947 Abs. 1 BGB, dass der Leasinggeber nicht mehr Eigentümer der Sache ist, so kann ihm auch keine vertragliche Vereinbarung sein Eigentum sichern.[156]

ee. Zwangsvollstreckung

Der Leasinggeber hat ein Interesse daran, sein Eigentum gesichert zu wissen, ohne dass es ihm durch eine Versteigerung oder auf anderem Wege entzogen wird. Aus diesem Grund ist es sachgerecht, dem Leasingnehmer aufzubürden, den Leasinggeber

---

154 Palandt/Weidenkaff, § 539, Rn. 1.

155 Martinek/Stoffels/Wimmer-Leonhardt, Praxishandbuch Leasing, § 24, Rn. 10, S. 251.

156 Palandt/Ellenberger, § 93, Rn. 4; ausführlich auch Sannwald, Der Finanzierungsleasingvertrag über bewegliche Sachen mit Nichtkaufleuten, S. 132 ff.

von etwaigen Zwangsvollstreckungen oder Pfändungen zu informieren, damit dieser im Vorfeld bereits Maßnahmen zur Sicherung seines Eigentums treffen kann. Erfolgt der Zugriff aber durch Gläubiger des Leasinggebers, so ist es dem Leasingnehmer nicht zumutbar, auf seine Kosten gegen die Zwangsvollstreckungsmaßnahme vorzugehen. Andererseits erscheint es durchaus problematisch, wenn der Leasingnehmer beim Zugriff von Gläubigern des Leasinggebers, untätig bleibt.

> „Der Leasingnehmer hat das Leasinggut von Rechten Dritter freizuhalten. Er hat dem Leasinggeber unverzüglich drohende oder bewirkte Zwangsvollstreckungsmaßnahmen in das Leasinggut schriftlich anzuzeigen und das Pfändungsprotokoll sowie Name und Anschrift des Gläubigers beizufügen. Der Leasingnehmer hat ferner den Leasinggeber unverzüglich von einer drohenden Zwangsversteigerung oder Zwangsverwaltung des Grundstücks, auf dem das Leasinggut sich befindet, zu unterrichten. Der Leasingnehmer ist verpflichtet, gegen bevorstehende oder bewirkte Zwangsvollstreckungsmaßnahmen mit den ihm zur Verfügung stehenden Rechtsbehelfen einzuschreiten. Der Leasingnehmer trägt die Interventionskosten zur Abwehr des Zugriffs Dritter, soweit sie nicht vom Leasinggeber verursacht sind."
> „Der Leasingnehmer ist auf Verlangen des Leasinggebers verpflichtet, das Leasinggut in deutlich erkennbarer Weise als im Eigentum des Leasinggebers stehend zu kennzeichnen."

Auch diese Klausel entspricht dem Sicherungsinteresse des Leasinggebers. Dieser ist als Eigentümer nicht weiter geschützt. Denn es besteht die Möglichkeit eines Eigentumsverlustes, z.B. mittels eines gutgläubigen Erwerbes i.S.v. §§ 929 ff. BGB. Durch eine solche Kennzeichnung wäre zumindest ein gutgläubiger Erwerb eines Dritten ausgeschlossen, so dass ein berechtigtes Interesse des Leasinggebers an der Kennzeichnung des Leasinggutes anzunehmen und somit kein Verstoß gegen § 307 BGB zu sehen ist.[157]

e. Klauseln zur Risiko- und Gefahrtragung

Typische Klauseln zur Risiko- und Gefahrtragung lauten:

> „Die Gefahr eines zufälligen Untergangs des Fahrzeuges trägt ab Abnahme der LN; dies gilt auch, wenn das Fahrzeug dem LN gestohlen wird oder abhanden kommt, es sei denn, dies ist vom LG zu vertreten."

Es gelten folgende Grundsätze:

Die Abwälzung der Leistungs- und der Preisgefahr auf den Leasingnehmer ist nach Ansicht der ständigen Rechtsprechung leasingtypisch und nicht zu beanstanden, da sie dem Grundgedanken des Leasings als Finanzierungsgeschäft entsprechen. Beschränkt werden die Gestaltungsmöglichkeiten einer Klausel dadurch, dass die Verschlechterung bzw. der Untergang des Leasinggutes in der Zurech-

157 Martinek/Stoffels/Wimmer-Leonhardt, Praxishandbuch Leasing, § 48, Rn. 20, S. 440.

nungssphäre des Leasingnehmers stattfindet und nicht vom Leasinggeber zu vertreten ist. Darüber hinaus muss dem Leasingnehmer vor allem beim Kfz-Leasing ein Kündigungsrecht zustehen, wenn eine erhebliche Verschlechterung eintritt, d.h. der Leasingnehmer objektiv kein Interesse an der Fortsetzung des Leasingvertrages mehr hat.

---

aa. Leistungs- und Preisgefahr

Aufgrund der mietrechtlichen Einordnung des Leasingvertrages trifft den Leasinggeber die Leistungsgefahr, folglich die Gefahr, neu leisten zu müssen, wenn das Leasinggut untergeht oder in seiner Substanz beeinträchtigt wird,[158] da er gemäß § 535 BGB dazu verpflichtet ist, die Leasingsache während der gesamten Mietzeit in einem gebrauchsfähigen Zustand zu erhalten.[159] Wird das Leasinggut beschädigt, so ist der Leasinggeber zur Instandsetzung verpflichtet.[160] Die gesetzliche Regelung ist abdingbar, so dass im Regelfall diese Instandhaltungspflicht in den AGB auf den Leasingnehmer übertragen wird. Demzufolge hat nun der Leasingnehmer das Risiko des zufälligen Untergangs bzw. einer zufälligen Verschlechterung der Leasingsache, die Gefahr der Zerstörung, der Beschädigung und des Diebstahls durch Dritte zu tragen.[161] Dies ist nach Ansicht der ständigen Rechtsprechung sachgerecht, weil der Leasingnehmer das Leasinggut im Gebrauch hat; im Gegensatz dazu hat der Leasinggeber das Leasinggut regelmäßig nur finanziert und weiter keinen Einfluss auf dessen Zustand. Vor allem im mietrechtlichen Bereich ist es üblich, Erhaltungsmaßnahmen, so vor allem sog. Schönheitsreparaturen, auf den Mieter zu übertragen.[162]

Wenn die Leasingsache völlig zerstört wird, entfällt die Leistungspflicht des Leasinggebers gemäß § 275 BGB.[163] In diesem Fall stellt sich das Problem der sog. Preisgefahr, also die Frage, ob der Leasingnehmer, obwohl der Leasinggeber nach § 275 Abs. 1 BGB nicht zu leisten braucht, dennoch gemäß § 326 Abs. 2 BGB die vollen Leasingraten bezahlen muss.[164] Insbesondere weil mit der Leistungsgefahr die Preisgefahr einhergeht, wird bezüglich dieser oftmals eine Vereinbarung durch AGB festgeschrieben.[165] Dabei wird die Preisgefahr gewöhnlich auf den Leasingnehmer übertragen, so dass dieser beim zufälligen Untergang oder einer Verschlechterung des Leasinggutes

---

158 Graf von Westphalen, Der Leasingvertrag, Kap. I, Rn. 2, S. 469.

159 Palandt/Weidenkaff, § 535, Rn. 34.

160 Palandt/Weidenkaff, § 535, Rn. 36; Martinek/Stoffels/Wimmer-Leonhardt, Praxishandbuch Leasing, § 24, Rn. 10, S. 251.

161 Graf von Westphalen, Der Leasingvertrag, Kap. I, Rn. 5, S. 470.

162 BGH WM 1977, 473; NJW 1987, 377; 1990, 1785; 2004, 1041.

163 Zum Kündigungsrecht des Leasingnehmers bei vollständiger oder teilweiser Zerstörung des Leasinggegenstandes siehe Kapitel G. II. 3.

164 Graf von Westphalen, Der Leasingvertrag, Kap. I, Rn. 2, S. 469.

165 Beckmann, Finanzierungsleasing, § 2, Rn. 475.

weiterhin die Verpflichtung zur Zahlung der vereinbarten Leasingraten hat.[166] Fraglich ist die Wirksamkeit einer solchen formularvertraglichen Vereinbarung.

bb. Typische Klauseln zur Leistungs- und Preisgefahr

In der Praxis lauten Leistungs- und Preisgefahrtragungsklauseln regelmäßig wie folgt:

> „Die Gefahr des Untergangs, Verlustes oder Diebstahls, ausbesserungsfähiger und nicht ausbesserungsfähiger Beschädigungen sowie des vorzeitigen Verschleißes des Leasinggegenstandes trägt der Leasingnehmer, selbst wenn ihn kein Verschulden trifft. Derartige Umstände entbinden den Leasingnehmer nicht von seinen Verpflichtungen aus dem Leasingvertrag, v.a. nicht von der Verpflichtung zur Entrichtung der Leasingraten. Der Leasingnehmer wird den Leasinggeber von derartigen Ereignissen unverzüglich unterrichten."

Üblich sind auch Formulierungen wie diese:

> „Für Untergang, Verlust, Beschädigung und Wertminderung der Leasingsache haftet der Leasingnehmer dem Leasinggeber auch ohne Verschulden, jedoch nicht bei Verschulden des Leasinggebers."
> „Der Leasingnehmer trägt ab Abnahme der Leasingsache die Gefahr für den zufälligen Untergang, den Verlust, den Diebstahl und die Beschädigung des Leasingobjekts, es sei denn, der betreffende Umstand ist vom Leasinggeber zu vertreten."

Eine wirksame Klausel im Kfz-Bereich könnte daher wie folgt lauten:

> „Der Leasingnehmer trägt ab dem Zeitpunkt der Übernahme die Gefahr des zufälligen Untergangs, den Verlust, den Diebstahl und die Beschädigung des Leasingobjekts, es sei denn, dies ist vom Leasinggeber zu vertreten.
> Bei einem völligen Verlust oder Totalschaden oder einer wesentlichen sonstigen Beschädigung des Leasingobjekts stehen dem Leasingnehmer, als auch dem Leasinggeber ein außerordentliches Kündigungsrecht zu.
> Im Falle der Kündigung hat der Leasingnehmer dem Leasinggeber die bis zur fristlosen Kündigung bereits fällig gewordenen Raten in voller Höhe, einschließlich etwaiger Verzugszinsen, zu zahlen. Darüber hinaus ist der Leasingnehmer verpflichtet, die noch offenen Leasingraten, eine ggf. vereinbarte Abschlusszahlung sowie eine Vorfälligkeitsentschädigung zu bezahlen, um den Vollamortisationsanspruch des Leasinggebers zu gewährleisten."

cc. Wirksamkeit der Klauseln zur Leistungs- und Preisgefahr

Klauseln zur Regelung der Leistungs- und Preisgefahr sind grundsätzlich wirksam, da sie dem Grundgedanken des Leasing als Finanzierungsgeschäft entsprechen. Beschränkt werden die Gestaltungs-

---

166 Martinek/Stoffels/Wimmer-Leonhardt, Praxishandbuch Leasing, § 56, Rn. 3, S. 534.

möglichkeiten einer solchen Klausel dadurch, dass die Verschlechterung bzw. der Untergang des Leasinggutes in der Zurechnungssphäre des Leasingnehmers stattfindet und nicht vom Leasinggeber zu vertreten ist. Darüber hinaus muss dem Leasingnehmer vor allem beim Kfz-Leasing ein Kündigungsrecht zustehen, wenn eine erhebliche Verschlechterung eintritt, d.h. der Leasingnehmer objektiv kein Interesse an der Fortsetzung des Leasingvertrages mehr hat.

---

(1) Klauseln zur Leistungsgefahr

Übereinstimmend mit den zuvor dargestellten Klauseln, die im unmittelbaren Zusammenhang mit dem Gebrauch der Leasingsache stehen und auf die der Leasinggeber regelmäßig keinen Einfluss hat, werden die Klauseln zur Leistungsgefahrtragung von der ständigen und unbestrittenen Rechtsprechung des Bundesgerichtshofs als leasingtypisch und wirksam angesehen.[167] Jedoch kann dem Leasingnehmer nicht die Gefahrtragung aufgebürdet werden, ohne dass ihm die Möglichkeit der Inanspruchnahme eines Drittschädigers eingeräumt bzw. vorbehalten wird. Der Leasingnehmer verkörpert nach außen hin die Eigentümerstellung des Leasinggebers, so dass es angemessen ist, diesem dann die dem Leasinggeber als Eigentümer zustehenden Ersatzansprüche gegen etwaige Schädiger auf der Grundlage der leasingtypischen Abtretungskonstruktion zu übertragen und dadurch die Risikoverteilung nur auf die Risiken zu beschränken, die in den Einflussbereich des Leasingnehmers fallen.[168] Nach der Rechtsprechung des Bundesgerichtshofs ist deshalb folgende Klausel als unwirksam anzusehen:[169]

> „Scheitert ein Finanzierungsleasingvertrag ohne Verschulden des Leasingnehmers, weil der Lieferant den Leasinggegenstand nicht liefert, so steht dem Leasinggeber ein Anspruch auf Erstattung der von ihm an seine Refinanzierungsbank zu zahlenden Bereitstellungsprovision und Nichtabnahmeentschädigung zu."

Dieses Ergebnis begründet der Bundesgerichtshof mit einer andernfalls bestehenden schweren Störung der Äquivalenz im Leasingvertrag. Der Leasinggeber würde von allen Verpflichtungen befreit, insbesondere von der ihm obliegenden Hauptpflicht der Gebrauchsüberlassung der Leasingsache, während der Leasingnehmer im Ergeb-

---

167 BGH NJW 1977, 195 und 1085; 1986, 1335; 1987, 377; 1990, 1785; 1995, 1541; 2004, 1041 (1043): *„Der Senat hat zur Angemessenheit der – leasingtypischen und sonst nicht zu beanstandenden – Abwälzung der Sach- und Gegenleistungsgefahr in Allgemeinen Geschäftsbedingungen eines Leasinggebers lediglich verlangt, dass für den Fall völligen Verlustes des Fahrzeuges ein kurzfristiges Kündigungsrecht des Leasingnehmers vorgesehen ist."*; so auch Graf von Westphalen, Der Leasingvertrag, Kap. I, Rn. 5, S. 470.

168 BGH NJW 1985, 1535; 1988, 198; 1995, 1541; Palandt/Weidenkaff, Einf. v. § 535, Rn. 59.

169 BGH Urteil vom 09.10.1985 – VIII ZR 217/84 = BGHZ 96, 103 = WM 1985, 1447 = NJW 1986, 179 = ZIP 1985, 1398.

nis einen Teil seiner Gegenleistung erbringen müsste.[170] Erhält der Leasinggeber nach einer Beschädigung durch einen Dritten Ersatz- oder Versicherungsleistungen, so hat er diese auch vorrangig für die Reparatur der Sache zu verwenden. So ist z.B. eine Verrechnung mit Ansprüchen gegen den Leasingnehmer nicht zulässig, es sei denn, dass die Leasingsache völlig zerstört wurde.[171] Diese Regelung, die den Leasingnehmer stark in seinen Rechten aus §§ 535 ff. BGB beeinträchtigt, wird als angemessen erachtet. Es steht dem Leasingnehmer nach der Rechtsprechung des Bundesgerichtshofes frei, das Leasinggut gegen etwaige Beschädigungen versichern zu lassen. Die unter Umständen an den Leasinggeber ausbezahlten Versicherungsbeträge, müssen ihm wieder zufließen.[172]

---

170 BGH Urteil vom 09.10.1985 – VIII ZR 217/84 = BGHZ 96, 103 = WM 1985, 1447 = NJW 1986, 179 = ZIP 1985, 1398: *„Die Äquivalenz im Leasingvertrag wäre schwer gestört, wenn infolge Nichtbeschaffung der Leasingsache und damit zugleich Nichterfüllung der dem Leasinggeber obliegenden Hauptpflicht der Gebrauchsgewährung (§§ 535, 536 BGB) zwar der Leasinggeber von allen Verpflichtungen befreit wäre, der Leasingnehmer aber im praktischen Ergebnis einen Teil seiner Gegenleistung (Leasingraten) erbringen müsste. Zwar soll der Leasingvertrag nach der ausdrücklichen Formulierung der Klausel „gegenstandslos" sein, was die Befreiung beider Partner von ihren Vertragspflichten zur Folge haben müsste. Dem widerspricht aber die Kostenregelung. Wäre der Vertrag durchgeführt worden, so wären die auch dann entstehenden Aufwendungen, z.B. die Bereitstellungsprovision, von der Bekl. mit ihren Leasingraten abgedeckt und nicht etwa gesondert berechnet worden. Darin zeigt sich, dass ihre Geltendmachung trotz Wegfalls der Geschäftsgrundlage des Leasingvertrages praktisch die Inanspruchnahme eines Teils der Gegenleistung der Bekl. ist."*

171 BGH NJW 1985, 1537.

172 BGH Urteil vom 30.09.1987 – VIII ZR 226/86 = WM 1987, 1338 = NJW 1988, 198 = ZIP 1987, 1390: *„Leasingverträge sind zwar nach der […] Rechtsprechung des BGH „in erster Linie" nach Mietrecht zu beurteilen[…]. Gerade diese Einschränkung beruht aber darauf, dass sich der typische Vertragsgehalt nicht in der Gebrauchsüberlassung erschöpft, sondern zusätzliche Elemente enthält. Dabei handelt es sich sowohl um rechtliche Gestaltungen (so bei der typischen Gewährleistungsregelung) als auch um wirtschaftliche Gesichtspunkte (so die Anschaffung allein im Interesse und entsprechend den Wünschen des Leasingnehmers oder die Motivation steuerlicher und betriebswirtschaftlicher Erleichterungen, ferner die Berechnung der Vergütungsleistung fast ausschließlich aufgrund der konkreten Anschaffungs- und Kreditkosten). Diese Besonderheiten gegenüber dem allgemeinen Mietrecht haben dem BGH Veranlassung gegeben, die von den in §§ 535 ff. BGB abweichende AGB-Klauseln für angemessen zu erklären und modifizierende Rechtsfolgen anzuerkennen. Insbesondere gilt das für die weit reichende Freizeichnung von eigener Gewährleistung (st. Rspr. seit BGHZ 68, 118 = NJW 1977, 848) und die Zubilligung eines Ausgleichsanspruchs trotz vertraglicher ordentlicher Kündigung (BGHZ 95, 39 = NJW 1985, 2253; BGHZ 97, 65 = NJW 1986, 1335; Senat, NJW 1986, 1746). Die hierfür maßgebenden Gesichtspunkte gelten ebenso für die Überwälzung der Sach- und Gegenleistungsgefahr. Der Leasingnehmer will – aus steuerlichen und betriebswirtschaftlichen Gründen – ein für ihn zweckmäßiges Wirtschaftsgut nicht käuflich erwerben, sondern sich durch Einschaltung eines Leasinggebers nur auf Zeit nutzbar machen. In seinem Interesse – wenn auch zugleich im eigenen – erwirbt der Leasinggeber das Leasinggut und stellt es zum Gebrauch zur Verfügung. Das Interesse an der Sache und an ihrer Benutzung liegt also weit überwiegend beim Leasingnehmer. Deshalb erscheint es gerechtfertigt,*

Regelmäßig wird der Leasinggeber als Begünstigter der Versicherung angegeben, dem unmittelbar ein Anspruch auf Auszahlung zusteht. Zieht der Leasinggeber die Versicherungsleistungen ein und lässt der Leasingnehmer den Leasinggegenstand reparieren, ist der Leasinggeber zur Auszahlung verpflichtet.[173]

(2) Klauseln zur Preisgefahr

Die Preisgefahr ist das notwendige Gegenstück zur Leistungsgefahr und geht mit dieser einher. Trägt der Leasingnehmer – wie zuvor erörtert – die Leistungsgefahr, so ist es nur konsequent, wenn er auch die Preisgefahr trägt. Dies ist Ausdruck der Struktur des Leasings, nach welcher der Leasinggeber dem Leasingnehmer das Leasinggut finanziert und der Leasingnehmer eine käuferähnliche Stellung einnimmt.[174] Folglich ist es nicht unbillig, wenn der Leasingnehmer gemäß § 446 BGB bei teilweiser Nichterfüllung weiterhin zur Zahlung verpflichtet bleibt.[175]

Die oben genannten Grundsätze sind nur insoweit anzuwenden, als sich die Leasingsache im Einflussbereich des Leasingnehmers befindet.[176] Mit diesem Argument wurde der Leasinggeber von seinen Verpflichtungen und Risikoübernahmen befreit und diese auf den Leasingnehmer abgewälzt. Aus diesem Grund kann die Überwälzung der Preisgefahr auf den Leasingnehmer dann nicht wirksam sein, wenn sich das Leasinggut nicht mehr in seinem Einfluss- und Verantwortungsbereich befindet und sich eine Gefahr realisiert, die dem originären Einfluss- und Verantwortungsbereich des Leasinggebers zuzuordnen ist.[177] So befindet sich das Leasinggut im Einflussbereich des Leasinggebers, wenn sich das Leasinggut leasingvertragsgemäß beim Lieferanten zur Nacherfüllung befindet. Grund dafür ist, dass nicht der Leasingnehmer mit dem Lieferanten in einer vertraglichen Nähebeziehung steht, sondern der Leasinggeber. Dieser hat mit dem Lieferanten einen Kaufvertrag über die Leasingsache abgeschlossen und der Leasingnehmer macht dessen abgetretenen Rechte gegenüber dem Lieferanten geltend.[178] Will nun der Leasinggeber dem Leasingnehmer die Preisgefahr aufbürden, verstößt die Klausel nur dann nicht gegen § 307 Abs. 2 Nr. 1 BGB, wenn dem Leasingnehmer gleichzeitig die Möglichkeit eingeräumt wird, für den Fall

in Bezug auf die Sach- und Gegenleistungsgefahr den Leasingnehmer in den Allgemeinen Geschäftsbedingungen wie einen Käufer zu behandeln und damit vom gesetzlichen Mietrecht auch in diesem Punkte abzuweichen. Die sich für den Leasingnehmer daraus ergebende Belastung ist erträglich, weil er die Leasingsache versichern lassen kann und ihm eine dem Leasinggeber ausgezahlte Versicherungssumme zugute kommen muss (BGHZ 93, 391 = NJW 1985, 1537)".

173 BGH NJW 2004, 1041 ff.

174 Beckmann, Finanzierungsleasing, § 2, Rn. 476.

175 Martinek/Stoffels/Wimmer-Leonhardt, Praxishandbuch Leasing, § 31, Rn. 6, S. 360.

176 Beckmann, Finanzierungsleasing, § 2, Rn. 488.

177 BGH NJW 1985, 1535.

178 Vgl. Kapitel F. II.

des Verlustes, irreparabler Schäden bzw. der völligen Zerstörung des Leasinggutes, die eine Weiterverwendung unmöglich machen, sich gemäß § 542 BGB kurzfristig durch außerordentliche Kündigung vom Vertrag zu lösen und eine Abrechnung zu erzwingen.[179] Dies hatte der Bundesgerichtshof nur für den Bereich des Kfz-Leasing zwingend vorgeschrieben, weil hier der Leasingnehmer ein besonderes Interesse an einer weitgehend risikofreien Nutzung des Leasingfahrzeuges und ein besonderes Interesse daran habe, vor der Gefahr versteckter Schäden und Reparaturausfallschäden geschützt zu sein.[180] Auf der Grundlage dieser Rechtsprechung ist die nachfolgende formularmäßige Vereinbarung unwirksam:

> „Die Gefahr für Beschädigung, Untergang, Zerstörung oder Abhandenkommen des Fahrzeugs, gleich aus welchem Rechtsgrund trägt der Leasingnehmer [...]. Mit Ausnahme von Personen- und Gebrauchsausfällen tritt der Leasingnehmer alle Ansprüche, die ihm aus einem Schadensereignis gegen Versicherer und/oder Dritte zustehen, an den Leasinggeber im Voraus sicherungshalber ab. Im Falle des Untergangs, des Verlustes, der nichtreparablen Beschädigung oder einer Beschädigung zu mehr als 80 % des Zeitwertes kann der Leasingvertrag von jeder Vertragspartei zum Ende eines Vertragsmonats schriftlich gekündigt werden. Der Leasinggeber ist dann berechtigt, alle bis zum Ende der vereinbarten unkündbaren Vertragsdauer ausstehenden Leasingraten, zuzüglich den kalkulierten Restwert, zu verlangen, wobei eine angemessene Zinsgutschrift, etwaige Erlöse aus vorstehender Abtretung und ein Restzeitwert in Abzug gebracht werden."

Als Begründung führt der Bundesgerichtshof[181] aus, dass eine Abwägung der Interessen von Leasinggeber und Leasingnehmer eine Aufrechterhaltung des Leasingvertrages nicht erfordere. Während der Leasinggeber vorrangig an der Vollamortisation seiner Aufwendungen interessiert sei, stehe für den Leasingnehmer in erster Linie die Nutzungsmöglichkeit eines in der Regel fabrikneuen Fahrzeugs im Vordergrund. Dieser Vertragsweck werde für ihn bei Zerstörung, Diebstahl oder nicht unerheblicher Beschädigung des Leasingobjekts unerreichbar. All diese Umstände stellen nach Ansicht des Bundesgerichtshofes eine erhebliche Veränderung gegenüber denjenigen bei Vertragsabschluss und schadenfreiem Verlauf dar. Denn die Erwartung,

---

179 BGH NJW 2004, 1041 (1043): *„Der Senat hat zur Angemessenheit der – leasingtypischen und sonst nicht zu beanstandenden – Abwälzung der Sach- und Gegenleistungsgefahr in Allgemeinen Geschäftsbedingungen eines Leasinggebers lediglich verlangt, dass für den Fall völligen Verlustes des Fahrzeuges ein kurzfristiges Kündigungsrecht des Leasingnehmers vorgesehen ist"*.

180 BGH Urteil vom 15.10.1986 – VIII ZR 319/85 = WM 1987, 38 = NJW 1987, 377 = NJW-RR 1987, 241 = ZIP 1986, 1566; Urteil vom 11.12.1991 – VIII 31/91 = BGHZ 116, 278 = WM 1992, 233 = NJW 1992, 683; Urteil vom 06.03.1996 – VIII ZR 98/95 = WM 1996, 1320 = NJW 1996, 1888 = ZIP 1996, 1172; Urteil vom 25.03.1998 – VIII ZR 244/97 = WM 1998, 1452 = NJW 1998, 2248 = ZIP 1998, 1003.

181 BGH Urteil vom 15.10.1986 – VIII ZR 319/85 = WM 1987, 38 = NJW 1987, 377 = NJW-RR 1987, 241 = ZIP 1986, 1566; bestätigend BGH Urteil vom 11.12.1991 – VIII 31/91 = BGHZ 116, 278 = WM 1992, 233 = NJW 1992, 683; Urteil vom 6.3.1996 – VIII ZR 98/95 = WM 1996, 1320 = NJW 1996, 1888 = ZIP 1996, 1172; Urteil vom 25.3.1998 – VIII ZR 244/97 = WM 1998, 1452 = NJW 1998, 2248 = ZIP 1998, 1003.

während der regelmäßig drei Jahre nicht übersteigenden Nutzung eines fabrikneuen Fahrzeugs nicht mit Schäden, Reparaturkosten und Ausfallzeiten belastet zu werden, ist ein typisches und wesentliches Motiv für den Entschluss des Leasingnehmers ein Fahrzeug zu leasen. Zwar ergebe eine Abwägung der dargestellten Interessen nach dem Bundesgerichtshof, dass die Sachgefahr auf den Leasingnehmer abgewälzt werden könne, doch sei es nicht erforderlich diesem bei unverschuldeten erheblichen Gebrauchsbeeinträchtigungen ein Kündigungsrecht zu versagen. Ein solches Kündigungsrecht verschaffe dem Leasinggeber keinen Nachteil, da er auch in diesem Fall grundsätzlich ein auf Vollamortisation gerichteten Ausgleichsanspruch gegen den Leasingnehmer habe. Ein Interesse des Leasinggebers an der formalen Aufrechterhaltung des Leasingvertrages sei nicht ersichtlich.[182]

182 BGH Urteil vom 15.10.1986 – VIII ZR 319/85 = WM 1987, 38 = NJW 1987, 377 = NJW-RR 1987, 241 = ZIP 1986, 1566; bestätigend BGH Urteil vom 11.12.1991 – VIII 31/91 = BGHZ 116, 278 = WM 1992, 233 = NJW 1992, 683; Urteil vom 6.3.1996 – VIII ZR 98/95 = WM 1996, 1320 = NJW 1996, 1888 = ZIP 1996, 1172; Urteil vom 25.3.1998 – VIII ZR 244/97 = WM 1998, 1452 = NJW 1998, 2248 = ZIP 1998, 1003: *„Der Leasinggeber, der beim Kraftfahrzeugleasing in aller Regel ein Fahrzeug zwecks einmaliger Gebrauchsüberlassung an den Leasingnehmer und anschließender Veräußerung angeschafft hat, ist in erster Linie an der Amortisation seiner Aufwendungen einschließlich seines Gewinnanteils durch Erhalt der Leasingraten und des ihm gebührenden Teils des Veräußerungserlöses interessiert. Diesen wirtschaftlichen Zweck hat der BGH in anderem Zusammenhang mehrfach anerkannt und daraus – abweichend vom normalen Mietverhältnis – den Anspruch des Leasinggebers auf einen Ausgleich hergeleitet, wenn die Vertragspartner eine vorzeitige ordentliche Kündigung vorgesehen, deren Rechtsfolgen aber nicht wirksam geregelt haben (vgl. u.a. BGHZ 95, 39 [49 f.] = NJW 1985, 2253; BGHZ 97, 65 [74 f.] = NJW 1986, 1335 = LM § 535 BGB Nr. 102). Daneben mag besonders beim markengebundenen Leasing das Interesse am Absatz der Neufahrzeugproduktion bestehen, das aber bereits durch den Abschluss des Leasingvertrages und den Beginn seiner Vollziehung voll gewahrt ist und deshalb bei der Interessenabwägung für die Sachgefahrverteilung außer Betracht bleiben kann.“ „Demgegenüber steht für den Leasingnehmer, der sich aus finanziellen, betriebswirtschaftlichen oder sonstigen Gründen nicht zum Erwerb eines eigenen Fahrzeugs entschlossen hat, die Nutzungsmöglichkeit an einem, bei Vertragsbeginn in aller Regel fabrikneuen Fahrzeug, im Vordergrund. Dieser Zweck des Vertrages wird für ihn unerreichbar, wenn das Fahrzeug durch Diebstahl oder Totalschaden verloren geht. Darüber hinaus kann sich auch eine nicht unerhebliche Beschädigung für den Leasingnehmer als fühlbare Beeinträchtigung der Benutzung auswirken. Verbleibt in Ausnahmefällen trotz Reparatur ein erkennbarer Schaden, liegt das auf der Hand. Selbst wenn aber die Beschädigung als beseitigt erscheint, lässt sich das Risiko verdeckter und fortwirkender Restschäden nicht vollständig ausschließen. Der Leasingnehmer muss je nach Art und Schwere des eingetretenen Schadens unter Umständen damit rechnen, dass die Verkehrs- und Betriebssicherheit des Fahrzeugs nicht mehr die gleiche ist wie bei Vertragsbeginn, dass ihn künftige Reparaturkosten treffen und dass er in diesem Fall zeitweilig auf den Wagen verzichten muss. All diese Umstände stellen eine erhebliche Veränderung gegenüber denjenigen bei Vertragsabschluss und schadenfreiem Verlauf dar. Denn die Erwartung, während der zumeist dreijährigen Nutzung eines fabrikneuen Fahrzeugs nicht mit Schäden, Reparaturkosten und Ausfallzeiten belastet zu werden, ist ein typisches und wesentliches Motiv für den Entschluss einen Pkw zu leasen.“*

Es erscheint allerdings fragwürdig, ob dem Leasingnehmer nur beim Kfz-Leasing ein derart vorzugswürdiges Schutzinteresse zugebilligt werden muss. Denn das dargelegte Interesse ist für andere Leasingnehmer und Leasingverträge regelmäßig mindestens ebenso weitreichend.[183] Aus den genannten Gründen wird nicht ersichtlich, dass das Gebrauchsinteresse eines Leasingnehmers im Bereich des Kraftfahrzeugleasing im Vergleich zu einem anderen Leasingnehmer überwiegen würde; zudem hat der Bundesgerichtshof für eine solche Annahme in seiner Rechtsprechung zur Überwälzung der Leistungs- und Preisgefahr keine Argumente angeführt, die diese Unterscheidung zu anderen Leasingverträgen rechtfertigen würde. Vielmehr ist es so, dass dem Leasinggeber durch ein solches Kündigungsrecht kein wirtschaftlicher Nachteil entsteht, weil er weiterhin seinen Anspruch auf Vollamortisation seiner Aufwendungen einschließlich des für die unkündbare Laufzeit des Vertrags garantierten Gewinnanteils behält. Aus diesen Gründen kann dieser Einschränkung des Bundesgerichtshofes nicht gefolgt werden.[184] In seiner Entscheidung vom 30.9.1987 hat sich der Bundesgerichtshof der Kritik angenommen und in Abgrenzung zum zitierten Urteil vom 15.10.1986 ausführlich zur Abwälzung der Leistungs- und Gegenleistungsgefahr auf den Leasingnehmer in Leasingverträgen, die kein Kraftfahrzeug zum Gegenstand haben, Stellung genommen. Eine Abkehr von der bisherigen Rechtsprechung des Bundesgerichtshofes ist aber nicht erfolgt. Der Bundesgerichtshof rechtfertigt die

---

„Stellt man die erörterten Interessengesichtspunkte einander gegenüber, so muss es zwar dabei bleiben, dass die Sachgefahr wirtschaftlich auf den Leasingnehmer abgewälzt werden kann, weil sie sich im allgemeinen in seinem Besitz- und Benutzungsbereich realisiert und er sich gegen die Kostenlast weitgehend versichern kann. Nicht erforderlich und für den Leasingnehmer erheblich belastend aber ist es, bei von keinem Vertragspartner verschuldeten Gebrauchsbeeinträchtigungen nicht unerheblicher Art ausnahmslos ein Kündigungsrecht zu versagen. Dem Leasinggeber entsteht durch dessen Einräumung kein Nachteil. Er hat, wie der erkennende Senat in seinem Urteil vom 22.1.1986 (BGHZ 97, 65 ff. = NJW 1986, 1335 = LM § 535 BGB Nr. 102) entschieden hat, auch bei einem vertraglichen Kündigungsrecht, wie es in dem dort entschiedenen Fall in den Vertragsbedingungen eines anderen Leasinggebers vorgesehen war, einen grundsätzlich auf Vollamortisation seines Aufwands (vgl. dazu auch Senat, NJW 1986, 1746 = WM 1986, 673) gerichteten Ausgleichsanspruch. Welches beachtliche Interesse darüber hinaus an der formalen Aufrechterhaltung des Vertrages bestehen soll, ist nicht ersichtlich. Andererseits wird der Leasingnehmer selbst dann, wenn er Ausgleichszahlungen leisten muss, von den zusätzlichen technischen und finanziellen Risiken weiterer Benutzung befreit. Außerdem kommt ihm – ohne Benachteiligung des Leasinggebers – zugute, dass das Fahrzeug bei sofortiger Veräußerung einen höheren Marktwert hat als Monate oder gar Jahre später bei Ablauf der unkündbaren Vertragszeit.“
„Die Abwälzung der Sach- und Gegenleistungsgefahr in AGB eines Kraftfahrzeug-Leasinggebers ist also nicht angemessen, wenn für den Fall des völligen Verlustes oder einer nicht unerheblichen Beschädigung des Fahrzeugs kein kurzfristiges Kündigungsrecht des Leasingnehmers vorgesehen ist. Die nähere Formulierung einer angemessenen Regelung ist nicht Sache der Gerichte […]“

183 Graf von Westphalen, Der Leasingvertrag, Kap. I, Rn, 41, S. 487.

184 Beckmann, Finanzierungsleasing, § 2, Rn. 487; Graf von Westphalen, Der Leasingvertrag, Kap. I, Rn. 41, S. 487; Emmerich JuS 1990.

Einschränkung seiner Rechtsprechung auf Kfz-Leasingverträge mit den besonderen Verhältnissen beim Kfz-Leasing, insbesondere dem typischen Interesse des Leasingnehmers, während der regelmäßig kurzen Vertragszeit ein weitgehend risikofreies, weil anfangs fabrikneues Fahrzeug zu fahren und vor der Gefahr versteckter Schäden und Reparaturausfallzeiten geschützt zu sein, welches bei anderen Leasingarten nicht gleichermaßen vorliege.[185]

Oben genannte unwirksame Klausel zur Preisgefahr verstößt des Weiteren bezüglich der Grenze der Reparaturkosten von mehr als 80 % gegen den eindeutigen Wortlaut der Entscheidung des Bundesgerichtshofes. Die Klausel muss dabei so verstanden werden, dass ein Kündigungsrecht erst ab Kosten von 80 % des Zeitwertes bestehen würde. Der Bundesgerichtshof hat ausgeführt, dass eine erhebliche Beschädigung des Fahrzeuges und ein damit einhergehendes Kündigungsrecht des Leasingnehmers jedenfalls nicht erst dann zu bejahen sei, wenn der Reparaturkostenaufwand mehr als 80% des Zeitwertes betrage.[186]

Jedoch ist die Abwälzung der Preisgefahr nur für solche Ereignisse möglich, die dem Einflussbereich des Leasingnehmers zuzuordnen sind.[187] Folglich verstoßen Klauseln in AGB, nach denen die Ablieferung, Montage und Abnahme des Leasinggutes allein auf die Gefahr des Leasingnehmers erfolgen soll, gegen § 307 Abs. 2 Nr. 2

---

185 BGH Urteil vom 30.09.1987 – VIII 226/86 = WM 1987, 1338 = ZIP 1987, 1390 = NJW 1988, 198 (200): *„Soweit die Entscheidung vom 15.10.1986 (NJW 1987, 377) wegen ihrer durch Auslegung gewonnenen Einbeziehung eines Kündigungsausschlusses in den Regelungsbereich der dort behandelten Geschäftsbedingungen kritisiert worden ist […], ist dies für den vorliegenden Fall unerheblich, weil die von der Kl. verwandte Klausel ausdrücklich den Fortbestand der Zahlungspflicht vorsieht und damit die Gegenleistungsgefahr einbezieht. Für deren Abwälzbarkeit hält der erkennende Senat an der bisherigen Rechtsprechung fest. Die besonderen, ein sofortiges Kündigungsrecht fordernden Verhältnisse beim Kfz-Leasing […] liegen in den übrigen Leasingfällen nicht in gleicher Weise vor. Insbesondere fehlt es im allgemeinen an dem für Kraftfahrzeug-Leasingnehmer typischen Interesse, während der zumindest kurzen Vertragszeit ein weitgehend risikofreies, weil anfangs fabrikneues Fahrzeug zu fahren und vor der Gefahr versteckter Schäden und Reparaturausfallzeiten geschützt zu sein.“*

186 BGH Urteil vom 15.10.1986 – VIII ZR 319/85 = WM 1987, 38 = NJW 1987, 377 = NJW-RR 1987, 241 = ZIP 1986, 1566; Urteil vom 11.12.1991 – VIII 31/91 = BGHZ 116, 278 = WM 1992, 233 = NJW 1992, 683; Urteil vom 06.03.1996 – VIII ZR 98/95 = WM 1996, 1320 = NJW 1996, 1888 = ZIP 1996, 1172; Urteil vom 25.03.1998 – VIII ZR 244/97 = WM 1998, 1452 = NJW 1998, 2248 = ZIP 1998, 1003: *„Die Notwendigkeit, bei formularmäßiger Abwälzung der Leistungs- und Gegenleistungsgefahr auf den Leasingnehmer diesem auch im Falle einer erheblichen Beschädigung des Fahrzeugs ein kurzfristiges Kündigungsrecht einzuräumen, beruht auf der Erwägung, dass der Leasingnehmer in diesem Fall entgegen der bei Vertragsschluss gerechtfertigten Erwartung wegen des Umfangs der Beschädigung mit einer geminderten Verkehrs- und Betriebssicherheit des Fahrzeugs sowie weiteren Reparaturkosten und Ausfallzeiten rechnen muss […]. Eine erhebliche Beschädigung des Leasingfahrzeugs ist jedenfalls nicht erst dann zu bejahen, wenn der Reparaturkostenaufwand mehr als 80 % des Zeitwertes beträgt.“*

187 Martinek/Stoffels/Wimmer-Leonhardt, Praxishandbuch Leasing, § 31, Rn. 7, S. 361.

BGB, da sich der Leasinggeber nicht von den Risiken entlasten kann, die mit seiner Hauptpflicht zur Überlassung eines gebrauchstauglichen und funktionstüchtigen Leasinggutes gemäß § 535 Abs. 1 BGB verbunden sind.[188] Dieser Grundsatz muss auch für den Fall gelten, dass der Leasinggeber Handlungen zur Gebrauchsverschaffung durch den Lieferanten vornehmen lässt, da dieser als Erfüllungsgehilfe des Leasinggeber angesehen wird, § 278 BGB.

Eine wirksame Übertragung der Leistungs- und Preisgefahr auf den Leasingnehmer kann demzufolge erst nach der Überlassung des Leasinggutes im vertragsgemäßen Zustand erfolgen.

Rechtsfolge der Unwirksamkeit einer Klausel zur Preisgefahrabwälzung ist, dass wie beim Mietvertrag die Preisgefahr beim Leasinggeber verbleibt.[189]

dd. Erhaltung, Instandsetzung, Ersatzbeschaffung und Wartung des Leasinggutes

Klauseln zur Regelung der Erhaltung, Instandsetzung, Ersatzbeschaffung und Wartung des Leasinggutes sind wirksam, da sie dem Grundgedanken des Leasings als Finanzierungsgeschäft entsprechen. Eine wirksame Klausel im Kfz-Bereich könnte wie folgt lauten:

> „Der Leasingnehmer hat das Leasingobjekt auf seine Kosten schonend und pfleglich zu behandeln und auf eigene Kosten in einem verkehrs- und betriebsgemäßen Zustand zu erhalten. Er darf das Leasingobjekt nur unter sorgfältiger Beachtung der Gebrauchsanweisung sowie der Wartungs- und Pflegeanleitungen des Herstellers einsetzen. Der Leasingnehmer hat die vom Hersteller empfohlenen Wartungsarbeiten pünktlich in einer vom Hersteller/Lieferanten autorisierten Fachwerkstatt durchführen zu lassen. Dies gilt auch für etwaig erforderliche Reparaturen am Leasingobjekt. Der Leasingnehmer hat zudem sämtliche gesetzlichen Vorschriften, die den Besitz und den Betrieb des Leasingobjekts regeln, einzuhalten, dabei insbesondere die hieraus resultierenden Pflichten zu erfüllen. Der Leasingnehmer stellt den Leasinggeber von hieraus entstehenden Verpflichtungen gegenüber Dritten frei. Dies gilt insbesondere für Autobahn- und Straßennutzungsgebühren sowie Verpflichtungen aus dem Verstoß gegen zuvor genannte gesetzliche Vorschriften. Sollte sich der Leasingnehmer mit einer der zuvor benannten Verpflichtungen im Verzug befinden, ist der Leasinggeber berechtigt, soweit Gefahr im Verzug oder eine besondere Eilbedürftigkeit besteht, diese Verpflichtung auf Kosten des Leasingnehmers zu erfüllen. Änderungen und Einbauten am Leasingobjekt, welche die Funktionsfähigkeit bzw. Werthaltigkeit nicht nur unerheblich verändern, bedürfen der Zustimmung des Leasinggebers."

---

188 Martinek/Stoffels/Wimmer-Leonhardt, Praxishandbuch Leasing, § 31, Rn. 13, S. 363.
189 Beckmann, Finanzierungsleasing, § 2, Rn. 476.

(1) Gesetzliche und vertragliche Regelungen

(a) Grundsatz: mietrechtliche Regelungen

Nach den gesetzlichen Vorschriften des Mietrechts obliegt es dem Vermieter, die Mietsache dem Mieter in einem vertragsgemäßen Zustand zu überlassen und sie während der Mietzeit in diesem Zustand zu erhalten, § 535 Abs. 1 S. 2 BGB.[190] Lasten der Mietsache und Verwendungen auf diese hat der Vermieter zu tragen, §§ 535 Abs. 1, 539 Abs. 1 BGB, wobei kleine Instandhaltungskosten dem Mieter in Formularmietverträgen ohne Verstoß gegen § 307 BGB auferlegt werden können.[191]

(b) Mögliche vertragliche Leasingvereinbarungen

In Abweichung von der gesetzlichen mietrechtlichen Risikoverteilung sehen Leasingverträge in der Praxis vor, dass der Leasingnehmer das Leasinggut auf eigene Kosten in einem ordnungsgemäßen und funktionsfähigen Zustand zu erhalten hat und dafür anfallende notwendige Instandhaltungs- und Instandsetzungsarbeiten selbst durchführen, oder durch Dritte durchführen lassen muss.[192] Die Erhaltung des Leasinggutes umfasst alle Maßnahmen, die erforderlich sind, das Leasinggut während der gesamten Laufzeit in einem gebrauchsfähigen Zustand zu erhalten.[193] Instandsetzung ist die Wiederherstellung des vertrags- und ordnungsgemäßen Zustands der Leasingsache durch Beseitigung, insbesondere die Reparatur, von Schäden oder Erneuerung nicht reparaturfähiger bzw. reparaturwürdiger Teile oder Einrichtungen.[194] Insbesondere im Fahrzeugleasing sind Klauseln wie die nachfolgende üblich:

> „Fällige Wartungsarbeiten hat der Leasingnehmer pünktlich, erforderliche Reparaturen unverzüglich durch eine vom Hersteller anerkannte Reparaturwerkstatt ausführen zu lassen. Das gilt auch für Schäden an der Kilometeranzeige. In diesem Fall ist der Leasingnehmer verpflichtet, dem Leasinggeber eine Kopie der Reparaturrechnung mit dem Vermerk des alten Kilometerstandes zu übergeben. In Notfällen können, sofern die Hilfe eines vom Hersteller anerkannten Betriebes nicht oder nur unter unzumutbaren Schwierigkeiten erreichbar ist, Reparaturen in einer anderen Reparaturwerkstatt, die die Gewähr für sorgfältige handwerksmäßige Arbeit bietet, durchgeführt werden."

Bei hochwertigen oder besonders störanfälligen Leasinggegenständen ist häufig der Abschluss eines ergänzenden Wartungsvertrages vorgesehen. Dies soll gewährleisten, dass das Leasinggut in Erfüllung der Instandsetzungs- und Instandhaltungspflicht nach Beendigung der Grundmietzeit einen optimalen Zeit- bzw. Verkehrswert

---

190 Palandt/Weidenkaff, § 535, Rn. 14.
191 Palandt/Weidenkaff, § 535, Rn. 32.
192 Palandt/Weidenkaff, § 535, Rn. 42.
193 Palandt/Weidenkaff, § 535, Rn. 36.
194 Palandt/Weidenkaff, § 535, Rn. 38.

besitzt.[195] Ist eine Reparatur der Leasingsache nicht oder nur unter unwirtschaftlichen Anstrengungen möglich, so kann vereinbart werden, dass der Leasingnehmer anstelle des zerstörten oder abhanden gekommenen Leasinggutes einen gleichartigen und gleichwertigen Gegenstand beschaffen muss.[196] Kommt der Leasingnehmer seinen Verpflichtungen zur Instandhaltung nicht nach, so kann sich der Leasinggeber nur dadurch schützen, dass er sich mittels AGB das Recht vorbehält, nach erfolgloser Mahnung und Fristsetzung, die erforderlichen Reparaturen auf Kosten des Leasingnehmers durchführen zu lassen.[197]

(2) Wirksamkeit der Klauseln zur Erhaltung, Instandsetzung, Ersatzbeschaffung und Wartung des Leasinggutes

Eine Überwälzung der Erhaltungs-, Instandsetzungs-, Ersatzbeschaffungs- und Wartungspflicht auf den Leasingnehmer ist nicht unangemessen i.S.v. § 307 BGB.[198] Dies gilt vor allem für die Erhaltungskosten. Hauptargument ist, dass sich das Leasinggut ausschließlich im Einwirkungsbereich des Leasingnehmers befindet.[199] Hinzu kommt, dass der Leasingnehmer das Leasingentgelt entsprechend erhöhen würde, wenn er in Anlehnung an den Mietvertrag die Erhaltungsaufwendungen selbst zu tragen hätte.[200] Anders ist dies bei Instandsetzungspflichten zu beurteilen, die für außerhalb des vertragsgemäßen Gebrauchs entstandene Beschädigungen vereinbart werden. Hier kommt es im Gegensatz zu der pauschalen Betrachtungsweise des Bundesgerichtshofs wesentlich darauf an, ob der Leasingnehmer die Beschädigung zu vertreten hat oder nicht. Hat der Leasingnehmer die Beschädigung zu vertreten, so ist es vor dem Hintergrund seiner Nähe zum Leasinggut nicht unbillig, ihm die Instandsetzungskosten aufzubürden. Jedoch darf die Reparatur nicht zu einem unverhältnismäßig hohen Aufwand führen.[201] Trifft dagegen den Leasinggeber ein Verschulden an der eingetretenen Beschädigung, so hat er für deren Beseitigung einzustehen und kann die Reparaturkosten nicht wirksam auf den Leasingnehmer abwälzen. Hat keine der Parteien die Beschädigung zu vertreten, so ergeben sich keine Besonderheiten zur gesetzlichen Vorgabe; der Leasinggeber ist gemäß § 535 Abs. 1 BGB dazu verpflichtet dem Leasingnehmer die Sache während der gesamten Leasingzeit in gebrauchsfä-

---

195 Martinek/Stoffels/Wimmer-Leonhardt, Praxishandbuch Leasing, § 31, Rn. 33, S. 371.
196 Martinek/Stoffels/Wimmer-Leonhardt, Praxishandbuch Leasing, § 31, Rn. 32, S. 371.
197 OLG Koblenz WM 91, 2001.
198 Martinek/Stoffels/Wimmer-Leonhardt, Praxishandbuch Leasing, § 31, Rn. 33, S. 371.
199 BGH Urteil vom 15.10.1986 – VIII ZR 319/85 = WM 1987, 38 = NJW 1987, 377 = NJW-RR 1987, 241 = ZIP 1986, 1566.
200 Palandt/Weidenkaff, § 535, Rn. 32.
201 BGH Urteil vom 15.10.1986 – VIII ZR 319/85 = WM 1987, 38 = NJW 1987, 377 = NJW-RR 1987, 241 = ZIP 1986, 1566; Graf von Westphalen, Der Leasingvertrag, Kap. I, Rn. 51, S. 493 f.; Martinek, Moderne Vertragstypen, § 7 I 2.

higem Zustand zu überlassen. Kommt er dieser Verpflichtung nicht nach, so hat der Leasingnehmer ein außerordentliches Kündigungsrecht nach § 543 BGB.[202] Auf der Grundlage der Rechtsprechung des Bundesgerichtshofes kann eine zutreffende Beurteilung, ob ein das Kündigungsrecht auslösendes Schadensereignis vorliegt, nahezu ausschließlich anhand des konkreten Einzelfalles beurteilt werden.[203] In der Regel wird der Leasinggeber aber wie dargelegt die Erhaltungspflicht auf den Leasingnehmer abwälzen.[204]

Am Rande ist in diesem Zusammenhang zu beachten, dass der Unternehmer, der mit der Reparatur des Leasinggutes beauftragt wird, bei Erteilung eines Reparaturauftrags seitens des Leasingnehmers kein Werkunternehmerpfandrecht im Sinne des § 647 BGB erlangt, sondern lediglich ein Zurückbehaltungsrecht gemäß § 1000 BGB.[205] Dies dient dem Schutz des Eigentums des Leasinggebers. Ein gutgläubiger Erwerb eines Werkunternehmerpfandrechtes nach § 647 BGB ist mangels rechtsgeschäftlicher Begründung eines gesetzlichen Pfandrechts ausgeschlossen.[206]

Ebenso bestehen keine Bedenken hinsichtlich der Wirksamkeit einer Verpflichtung des Leasingnehmers zur Beschaffung eines mit dem zerstörten oder gestohlenen Leasinggut gleichartigen und gleichwertigen Gegenstandes, weil sich diese Verpflichtung ebenso innerhalb der leasingtypischen Überwälzung der Leistungs- und Preisgefahr verhält, § 307 Abs. 2 Nr. 1 BGB.[207] Allerdings steht dem Leasingnehmer auch hier ein Recht zur fristlosen Kündigung des Leasingvertrages nach den vorgenannten Grundsätzen zu, § 543 BGB.

Die darüber hinaus in der Praxis übliche Verpflichtung des Leasingnehmers in den AGB einen Wartungsvertrag zur Erhaltung und Instandsetzung für das Leasinggut abzuschließen, begegnet ebenfalls keinen Wirksamkeitsbedenken im Sinne von § 307 Abs. 2 Nr. 1 BGB. Durch die Verpflichtung zur regelmäßigen Wartung des Leasinggutes soll sichergestellt werden, dass der Leasingnehmer seiner Instandhaltungspflicht nachkommen kann, da er meist nicht in der Lage sein wird, notwendige Reparaturen oder Instandhaltungsmaßnahmen zu erkennen. Dies soll durch einen Fachmann festgestellt und behoben werden, damit das Leasinggut selbst zum Vertragsende in einem für sein Alter optimalen Zustand ist. Dieses schutzwürdige Interesse des Leasinggebers als Eigentümer des Leasinggutes entspricht der leasingtypischen Instandhaltungsverpflichtung des Leasingnehmers.[208] Die Unwirksamkeit einer derartigen

---

202 Martinek/Stoffels/Wimmer-Leonhardt, Praxishandbuch Leasing, § 43, Rn. 1, S. 418.
203 BGH Urteil vom 22.01.1986 – VIII ZR 318/84 = BGHZ 97,65 = WM 1986, 458 = NJW 1986, 1335; 1987, 378; Urteil vom 15.10.1986 – VIII ZR 319/85 = WM 1987, 38 = NJW 1987, 377 = NJW-RR 1987, 241 = ZIP 1986, 1566.
204 Martinek/Stoffels/Wimmer-Leonhardt, Praxishandbuch Leasing, § 43, Rn. 3, S. 418.
205 OLG Hamm OLGR 2004, 182.
206 Palandt/Sprau, § 647, Rn. 3.
207 Martinek/Stoffels/Wimmer-Leonhardt, Praxishandbuch Leasing, § 31, Rn. 32, S. 371.
208 Martinek/Stoffels/Wimmer-Leonhardt, Praxishandbuch Leasing, § 31, Rn. 33, S. 371.

formularvertraglichen Vereinbarung kann sich allenfalls aus ihrer konkreten Ausgestaltung ergeben. Der Leasingnehmer muss in der Regel nicht damit rechnen, dass ein Wartungsvertrag als weiteres Geschäft an den Leasingvertrag gekoppelt wird. Eine auf eine solche Verkopplung abzielende Klausel in den AGB ist für den Leasingnehmer überraschend im Sinn von § 305c BGB und damit unwirksam.[209]

Ebenfalls tritt die Unwirksamkeit einer Klausel in dem Fall ein, in dem die Verpflichtung zum Abschluss eines Wartungsvertrages in den AGB derart konkretisiert wurde, dass ein Wartungsvertrag mit einer bestimmten Firma oder dem Leasinggeber selbst abgeschlossen werden soll. Dieser Ausschluss der Wahlfreiheit des Leasingnehmers im Rahmen seiner Privatautonomie kann im Einzelfall entweder eine unangemessene Regelung im Sinne von § 307 BGB oder wiederum eine überraschende Klausel im Sinne von § 305c BGB darstellen.[210]

Zur Vermeidung der Unwirksamkeit einer Klausel mit der Verpflichtung zum Abschluss eines Wartungsvertrages sollten die vorgenannten Klauseln keine Verpflichtung zum Abschluss des Wartungsvertrages mit einem bestimmten Dritten oder dem Leasinggeber selbst enthalten. Eine Verletzung der §§ 305 ff. BGB kann bei einer Koppelung nur vorliegen, als diese nicht durch Gründe, die im Leasinggut selbst liegen, gerechtfertigt sind. So ist es durchaus legitim vorzuschreiben, dass die Wartung des Leasinggutes nur durch einen Fachbetrieb durchgeführt werden darf. Dieser muss sich gerade durch seine Spezialisierung oder durch sein Know-How qualifizieren und das Leasinggut muss die Durchführung der Wartung ausschließlich durch einen solch qualifizierten Betrieb erfordern, wie es beispielsweise beim Computer- oder Großanlagenleasing der Fall sein kann.

f. Klauseln zur Versicherung des Leasinggutes

Praxisüblich sind Klauseln zur Versicherung des Leasinggutes.

Eine Verpflichtung des Leasingnehmers in AGB des Leasinggebers, die Leasingsache auf Kosten des Leasingnehmers zu versichern, verstößt nicht gegen § 307 BGB, da der Leasingnehmer leasingtypisch die Leistungs- und Preisgefahr für die Leasingsache trägt und der Leasinggeber ein berechtigtes Interesse an der Sicherung seines Eigentums hat.

---

aa. Gesetzliche und vertragliche Regelungen

In der Praxis beinhalten Leasingverträge regelmäßig Klauseln, die den Leasingnehmer verpflichten, die Leasingsache auf seine Kosten für die Dauer des Leasingvertra-

---

209 Palandt/Grüneberg, § 305c, Rn. 4; Graf von Westphalen, Der Leasingvertrag, Kap. I, Rn. 54, S. 494.

210 Martinek/Stoffels/Wimmer-Leonhardt, Praxishandbuch Leasing, § 31, Rn. 33, S. 371.

ges gegen die Risiken des Untergangs, Verlustes oder der Beschädigung durch Feuer, Diebstahl, Wasser o.ä. zugunsten des Leasinggebers zu versichern. Solche Klauseln lauten:

> „Für die Dauer des Leasingvertrages hat der Leasingnehmer die Leasingsache bei einem in der Bundesrepublik Deutschland tätigen Versicherer auf eigene Kosten gegen Feuer, Einbruch und Diebstahl zum Neuwert zu versichern und diese Versicherung aufrecht zu erhalten. Für Fahrzeuge ist eine Kraftfahrzeughaftpflichtversicherung mit einer Deckungssumme von mindestens 1 Million Euro und eine Vollkaskoversicherung mit einer Selbstbeteiligung von höchstens 1.000 Euro abzuschließen. Erbringt der Leasingnehmer innerhalb von 14 Tagen nach Abnahme keinen Versicherungsnachweis, so ist der Leasinggeber berechtigt, die Leasingsache auf Kosten des Leasingnehmers zu versichern. Der Leasingnehmer verpflichtet sich darüber hinaus, zugunsten des Leasinggebers für die vorgenannten Versicherungen einen Versicherungsschein zu beschaffen und zu übergeben“.

bb. Wirksamkeit von Klauseln zur Versicherung des Leasinggutes

Wie im Mietrecht verstößt die Klausel über die Auferlegung der Versicherungspflicht auf den Leasingnehmer nicht gegen § 307 BGB.[211] Wie bereits erläutert, trägt der Leasingnehmer leasingtypisch die Preis- und Leistungsgefahr. Mit der Versicherung des Leasinggutes soll sichergestellt werden, dass der Leasingnehmer dieser Gefahrtragung gerecht werden und den Leasinggeber für den Verlust ausreichend entschädigen kann.[212] Die Versicherungspflicht entspricht den Interessen beider Vertragsparteien. Der Leasingnehmer kann sich durch Abschluss einer Versicherung davor schützen, die Leasingraten an den Leasinggeber zahlen zu müssen, ohne das Leasinggut zur Verfügung zu haben. Deshalb unterliegt die im Falle einer Beschädigung oder Zerstörung des Leasinggutes gezahlte Versicherungssumme der Zweckbindung, so dass der Leasinggeber, auch ohne ausdrückliche Vereinbarung, dem Leasingnehmer gegenüber verpflichtet ist, ihm bzw. dem Leasinggut die Versicherungssumme zu Gute kommen zu lassen.[213] Folglich hat der Leasingnehmer gegen den Leasinggeber einen Anspruch auf Auszahlung der von diesem empfangenen Entschädigungsleistung und der Leasinggeber ist, je nach Weisung des Leasingnehmers, zur Auszahlung direkt an das mit einer Reparatur beauftragte Unternehmen verpflichtet.[214] Dem Leasingge-

---

211 BGH NJW 1985, 1537; 1988, 198; 1992, 683.

212 Martinek/Stoffels/Wimmer-Leonhardt, Praxishandbuch Leasing, § 31, Rn. 26, S. 368 f.

213 BGH NJW 1988, 198; 1992, 683; 1995, 1541; 2004, 1041: *„Eine Klausel, die die Sach- und Preisgefahr auf den Leasingnehmer abwälzt, setzt keine ausdrückliche Regelung voraus, dass die Ansprüche des Leasinggebers aus einer von dem Leasingnehmer für den Leasinggegenstand abzuschließenden Versicherung dem Leasingnehmer zugute kommen. Dass der Leasinggeber diese von der Versicherung erhaltenen Beträge an den Leasingnehmer herausgeben muss, folge stets aus der Zweckbindung der Versicherung für das Leasingobjekt und dem Rechtsgedanken des § 255 BGB. Ausdrücklich müsse diese Selbstverständlichkeit nicht in den AGB erwähnt werden“.*

214 BGH NJW 1985, 1537: *„Im Verhältnis zum Leasingnehmer ist der Leasinggeber grundsätzlich*

ber gebühren die Versicherungsleistungen dann, wenn die Leasingsache wegen der Schwere der Beschädigung nicht repariert oder im Fall der Zerstörung nicht wiederbeschafft werden kann. Dabei erfolgt eine Verrechnung mit den Zahlungen des Leasingnehmers bzw. dem Vollamortisationsanspruch des Leasinggebers.

g. Klauseln über den Gebrauch und die Behandlung des Leasinggutes

Klauseln in AGB über den Gebrauch und die Behandlung des Leasinggutes sind zulässig. Es gilt folgender Grundsatz:

Die besondere formularvertragliche Ausgestaltung der Nebenpflicht des Leasingnehmers zum sorgsamen und pfleglichen Umgang mit der Leasingsache begegnet keinen rechtlichen Bedenken, da eine solche Vorgabe den gesetzlichen Pflichten des Leasingnehmers entspricht.

Während der Dauer des Mietvertrages hat der Mieter im Rahmen einer vertraglichen Nebenpflicht das Mietobjekt ordnungsgemäß und pfleglich zu behandeln und vor Schädigungen zu bewahren.[215] An diese mietrechtliche Nebenpflicht angelehnt, findet sich in Leasingverträgen häufig folgende Formulierung:

> „Der Leasingnehmer wird das Leasinggut in sorgfältiger Weise gebrauchen, es vor Überbeanspruchung schützen, alle Vorschriften, die mit dem Besitz, dem Gebrauch und der Erhaltung des Leasinggutes verbunden sind, berücksichtigen, sowie die Wartungs-, Pflege- und Gebrauchsempfehlungen des Lieferanten genau beachten."

Das Leasinggut befindet sich im Einflussbereich des Leasingnehmers, steht jedoch weiterhin im Eigentum des Leasinggebers. So hat der Leasinggeber ein berechtigtes Interesse daran, dass mit seinem Eigentum pfleglich umgegangen und es ihm nach Ablauf der Leasingzeit in ordentlichem, nur durch einen „normalen" Gebrauch abgenutzten Zustand, zurückgegeben wird, §§ 546, 538 BGB. Dabei ist es nicht unangemessen ihm die Einhaltung der Wartungs-, Pflege- und Gebrauchsanleitungen aufzuerlegen. Denn diese spiegeln den vernünftigen Umgang mit dem Leasinggut wieder.[216]

---

verpflichtet, eine ihm von dem Versicherer geleistete Entschädigung für die Reparatur des gemieteten Fahrzeugs zur Verfügung zu stellen. Hat der Leasingnehmer – wie im vorliegenden Fall – den Auftrag zur Reparatur des unfallbeschädigten Fahrzeugs im eigenen Namen erteilt, so kann er von dem Leasinggeber verlangen, dass dieser ihn mit dem Entschädigungsbetrag von einer Verbindlichkeit gegenüber dem mit der Reparatur beauftragten Unternehmer befreit, dass heißt, die Versicherungsleistung zur Begleichung der Reparaturkosten an diesen auszahlt".

215 Palandt/Weidenkaff, Einf. v. § 535, Rn. 83; § 535, Rn. 81.

216 Martinek/Stoffels/Wimmer-Leonhardt, Praxishandbuch Leasing, § 31, Rn. 31, S. 370.

Eine solche Klausel entspricht der leasingspezifischen Ausgestaltung von Sorgfaltspflichten i.S.v. § 242 BGB.[217]

h. Klauseln über den Verwendungszweck des Leasinggutes

Eine Änderung des Verwendungszwecks der Leasingsache bedarf aufgrund des dem Leasinggeber allein zustehenden Sachinteresses der Zustimmung des Leasinggebers. Eine in den AGB vereinbarte Klausel, die zur Änderung der vereinbarten Nutzung die Zustimmung des Leasinggebers erforderlich macht, ist folglich wirksam, da sie dem gesetzlichen Leitbild des – für das Leasing maßgeblichen – Mietrechts entspricht, §§ 541, 543 Abs. 2 BGB.

Den Mieter trifft die Nebenpflicht, die Mietsache ausschließlich innerhalb des vertraglich vereinbarten Gebrauchsrechts zu nutzen, §§ 541, 543 Abs. 2 BGB.[218] Aus diesem Grund wird in den Formularleasingverträgen häufig folgende Klausel verwendet:

> „Der Leasingnehmer ist nicht berechtigt, ohne vorherige schriftliche Zustimmung des Leasinggebers den vertraglich vereinbarten Verwendungszweck zu ändern."

Gegen die Wirksamkeit dieser Klausel bestehen keine Bedenken, da sie durch das Sachinteresse des Leasinggebers als Eigentümer gerechtfertigt ist.[219] Grund dafür ist, dass das Leasinggut während der Vertragsdauer insbesondere deshalb in einem vertragsgerechten Zustand erhalten werden soll, damit es nach der Beendigung des Leasingvertrages noch dem dann vorgesehenen Zweck, der zumeist in einer Weiterverwendung oder einem Weiterverkauf besteht, zugeführt werden kann. Wird dieses Sachinteresse des Leasinggebers nicht beeinträchtigt (identische Nutzungsart), so kann der Leasingnehmer vom Leasinggeber die Zustimmung zur Änderung des Verwendungszwecks verlangen, da die Interessen des Leasinggebers nicht beeinträchtigt werden.

i. Klauseln zur Übernahme von öffentlichen und privaten Lasten

Eine Klausel zur Übernahme von öffentlichen und privaten Lasten durch den Leasingnehmer ist wirksam, wenn im Leasingvertrag eine eindeutige Regelung zur Übernahme der öffentlichen und privaten enthalten ist.

---

217 OLG Hamm NJW-RR 1987, 1143.
218 Palandt/Weidenkaff, Einf. v. § 535, Rn. 83; § 535, Rn. 81.
219 OLG Hamm NJW-RR 1987, 1143.

Grundsätzlich hat der Vermieter die auf der vermieteten Sache ruhenden öffentlichen und privaten Lasten zu tragen.[220] Da der Leasinggeber nur die Finanzierung für den Leasingnehmer übernimmt und das Leasinggut im Einflussbereich des Leasingnehmers steht, wird in Leasingverträgen folgende Klausel verwendet:

> „Der Leasingnehmer trägt sämtliche Kosten und Aufwendungen, die mit dem Betrieb und der Haltung des Leasingfahrzeugs verbunden sind, insbesondere die Steuern, Versicherungsbeiträge, Wartungs- und Reparaturkosten. Ebenso verpflichtet sich der Leasingnehmer zur Tragung aller anfallenden Gebühren, Abgaben und sonstigen Lasten."

Klauseln zur Übernahme von öffentlichen und privaten Lasten in Formularleasingverträgen entfalten ausschließlich im Vertragsverhältnis zwischen Leasinggeber und Leasingnehmer Wirkung: folglich Innenwirkung in Form eines Freistellungsanspruchs des Leasinggebers gegen den Leasingnehmer.[221] Weder können Dritte aus solchen formularmäßigen Bestimmungen Rechte herleiten, noch kann sich der Leasinggeber gegenüber Dritten auf die Übertragung von öffentlichen und privaten Lasten auf den Leasingnehmer berufen.[222] Von besonderer Bedeutung für die Beurteilung der Wirksamkeit der Klauseln zur Übernahme von öffentlichen und privaten Lasten, vor allem in Bezug auf die Auslegung des Begriffs der sonstigen Lasten in der vorgenannten Variante, ist § 305c Abs. 2 BGB. Fehlt in den AGB des Leasingvertrages eine eindeutige Regelung zur Übernahme der öffentlichen und privaten Lasten durch den Leasingnehmer, geht dies zu Lasten des Leasinggebers als Verwender; dieser hat in diesem Fall die Kosten zu tragen. Denn gemäß § 535 Abs. 1 BGB sind sämtliche Verbindlichkeiten, die auf der Sache selbst ruhen, vom Leasinggeber zu tragen.[223] Zwar ist § 535 Abs. 1 BGB abdingbar, jedoch muss bei der Übertragung auf den Leasingnehmer die Reichweite der übernommenen Lasten und Kosten aufgrund des Transparenzgebotes für den Leasingnehmer bei Vertragsschluss eindeutig erkennbar sein. Insoweit finden die von der Rechtsprechung des Bundesgerichtshofs entwickelten Kriterien der Bestimmtheit und Transparenz zur Anpassung des Leasingentgelts bei Änderung der sie bestimmenden Kostenfaktoren entsprechende Anwendung.[224] Dies ist gemäß § 307 Abs. 2 Nr. 1 BGB möglich, als dem Leasingnehmer nur Lasten auferlegt werden dürfen, die in einem Zusammenhang mit dem Leasingvertrag stehen. So steht es in keinem Zusammenhang mit dem Leasingvertrag, wenn dem Leasingnehmer eine Strafe oder ein Bußgeld des Leasinggebers im Zusammenhang mit dem Leasing-

---

220 Palandt/Weidenkaff, § 535, Rn. 68.

221 Palandt/Weidenkaff, § 535, Rn. 69.

222 Sannwald, Der Finanzierungsleasingvertrag über bewegliche Sachen mit Nichtkaufleuten, S. 165.

223 Jauernig/Teichmann, § 535, Rn. 15.

224 Vgl. dazu ausführlich BGH Urteil vom 07.10.1981 – VIII ZR 229/80 = NJW 1982, 331.

vertrag oder dem Liefervertrag aufgebürdet wird.[225] Eine solche Klausel wäre gemäß § 307 Abs. 2 Nr. 1 BGB unwirksam. § 307 Abs. 2 Nr. 1 BGB kann jedoch nicht zur Unwirksamkeit führen, wenn es sich bei den Lasten um Aufgaben oder Pflichten handelt, die dem Leasingnehmer aufgrund der Benutzung des Leasinggutes gegenüber Dritten entstehen. Insoweit kann sich der Leasinggeber für Ansprüche, die sich aus diesem Verhältnis ergeben, wirksam freizeichnen. Die vorgenannte Klausel ist wirksam, da sie diese Vorgaben einhält, da der Betrieb vom Leasingnehmer veranlasst wird.[226]

j. Klauseln zur Abtretung von Ansprüchen gegenüber Dritten

Des Weiteren wird der Leasingnehmer in der Regel formularmäßig verpflichtet, die Ansprüche, die ihm gegen Dritte zustehen, an den Leasinggeber abzutreten.

Formularvertragliche Vereinbarungen zur Abtretung von Ansprüchen gegenüber Dritten sind wirksam.

Eine Abtretungsklausel entspricht einem sachlichen Interesse des Verwenders, mithin dem Schutz des Leasinggebers als Eigentümer. Wird sein Eigentum beschädigt, so gebühren ihm etwaige Zahlungen auf das Leasinggut. Jedoch muss die Zahlungsverpflichtung des Leasingnehmers berücksichtigt werden, was sich aus der Zweckbindung der Vereinbarung selbst ergibt. Eine Klausel die eine Verrechnung und Rückabtretung nicht ausdrücklich vorsieht, verstößt folglich nicht gegen § 307 Abs. 2 Nr. 1 BGB.[227]

k. Klauseln über Anzeigepflichten des Leasingnehmers

Das dem Leasinggeber zustehende Sachinteresse rechtfertigt die Einbeziehung von Klauseln in den Leasingvertrag, nach denen dem Leasingnehmer Anzeigepflichten obliegen.

Da den Leasingnehmer als vertragliche Nebenpflichten Anzeigepflichten treffen, wird zur Konkretisierung eine der nachfolgenden Klausel vergleichbare Vorgabe aufgenommen:

> „Der Leasingnehmer verpflichtet sich, dem Leasinggeber einen Wohn- oder Geschäftssitzwechsel unverzüglich schriftlich anzuzeigen. Dies gilt auch für eine Geschäftsaufgabe des Leasingnehmers."

---

225 Sannwald, Der Finanzierungsleasingvertrag über bewegliche Sachen mit Nichtkaufleuten, S. 167.

226 Sannwald, Der Finanzierungsleasingvertrag über bewegliche Sachen mit Nichtkaufleuten, S. 167.

227 BGH NJW 2004, 1041 ff.

Zwischen Leasinggeber und Leasingnehmer besteht ein Schuldverhältnis. Beide sind zu Leistungen verpflichtet; der Leasinggeber zur Gewährung der Leasingsache und der Leasingnehmer zur Entrichtung des Leasingentgeltes. So ist es nur verständlich, dass der Leasinggeber ein berechtigtes Interesse daran hat, zu wissen, wo sich sein Schuldner aufhält bzw. wo dieser seinen Wohnsitz hat. Ebenso ist dies bei einer Geschäftsaufgabe zu sehen, die evtl. die wirtschaftliche Grundlage für das Leasinggeschäft gewesen ist. Dieses Interesse des Leasinggebers rechtfertigt es, eine Klausel der zuvor zitierten Art in den Leasingvertrag einzubeziehen. Der Bundesgerichtshof erkennt in seiner Rechtsprechung zum Eigentumsvorbehalt, die aufgrund der vergleichbaren Interessenlage (Eigentum des Leasinggeber, das ein anderer nutzt) entsprechend heranzuziehen ist, die Zulässigkeit der formularmäßigen Auferlegung dieser Mitteilungspflichten an.[228]

l. Klauseln zur Sicherstellung des Leasinggutes

Eine Klausel, nach welcher der Leasinggeber zur Sicherstellung der Leasingsache vor Beendigung des Leasingvertrages berechtigt sein soll, ist unwirksam. Sie missachtet das Besitzrecht des Leasingnehmers.

Die Vereinbarung in Formularleasingverträgen, die dem Leasinggeber für den Fall des Zahlungsverzuges des Leasingnehmers das Recht einräumt, die Leasingsache zur Sicherstellung herauszuverlangen, ist vor Beendigung des Leasingvertrages wegen Missachtung des Besitzrechts des Leasingnehmers unwirksam, § 307 BGB. Eine dennoch erfolgte Rücknahme der Leasingsache führt zum Verlust des Anspruchs auf Zahlung der Leasingraten, § 320 BGB. Dies muss sich schon aus der mietrechtlichen Einordnung des Leasingvertrages ergeben. Hier ist der Vermieter gemäß § 535 Abs. 1 BGB verpflichtet, dem Mieter die Sache während der Mietzeit zu überlassen. Kommt er dieser Pflicht nicht nach, so steht dem Mieter die Einrede des nichterfüllten Vertrages gemäß § 320 BGB zu, da die Leasingraten im Synallagma zur Gebrauchsüberlassung stehen.[229]

228 BGH Urteil vom 31.10.1984 – VIII ZR 226/83 = NJW 1985, 320: *„[...] Die Vertragsverletzungen, an die ein Rücktrittsrecht des Verkäufers angeknüpft wird, beziehen sich auf die in Nr. IV der AGB der Bekl. geregelten Pflichten des Käufers, das Vorbehaltseigentum des Verkäufers zu wahren und die Waren sorgsam zu behandeln, bei Pfändungen Mitteilungen zu machen und eine Vernichtung oder Beschädigung der Sachen sowie einen Besitz- und Wohnungswechsel anzuzeigen. Diese Verpflichtungen können auch formularmäßig dem Vorbehaltskäufer auferlegt werden [...]“*

229 BGH Urteil vom 12.09.1996 – VIII ZR 248/95 = WM 1986, 1688 = NJW 1996, 2367 = ZIP 1996, 1336: *„...Daraus kann indessen nicht geschlussfolgert werden, der Leasinggeber sei befugt, das Leasingobjekt wieder an sich zu nehmen und gleichwohl vom Leasingnehmer Vertragserfüllung zu verlangen. Vielmehr entspricht es gefestigter Rechtsprechung des erkennenden Senats, dass der Leasinggeber, der dem Leasingnehmer das Leasinggut ohne rechtfertigenden Grund entzieht, für*

m. Klauseln über die Untervermietung des Leasinggutes

Das formularmäßige Verbot der Untervermietung von Leasingobjekten durch eine antizipierte Zustimmungsverweigerung des Leasinggebers in einem Finanzierungsleasingvertrag verstößt nicht gegen § 307 BGB, da sie dem Leitbild des § 540 BGB entspricht.[230]

Häufig findet sich in den AGB des Leasinggebers eine Untersagung der Erlaubnis zur Untervermietung i.S.v. § 540 BGB. Nach der Rechtsprechung des Bundesgerichtshofs ist ein Ausschluss wirksam und durch die für Finanzierungsleasingverträge typische Interessenlage gerechtfertigt. Insbesondere ist eine Untervermietung der Leasingsache geeignet, das Interesse des Leasinggebers an einer Verhinderung des Auftretens des Leasingnehmers als Leasinggeber auf dem Markt sowie der Bewahrung seines Leasinggutes vor einer erhöhten Abnutzung und einer daraus resultierenden erschwerten Verwertung nach Beendigung des Leasingvertrages zu beeinträchtigen.[231] Zwar ist der Leasingvertrag als atypischer Mietvertrag zu qualifizieren, jedoch kommt hier zusätzlich zum Tragen, dass zum Mietverhältnis die Finanzierung des Leasinggutes hinzukommt. Beim Mietvertrag steht die Gebrauchsüberlassung im Vordergrund. Der Leasinggeber ist vorrangig an der Vollamortisation seiner Aufwendungen interessiert. Hätte der Leasingnehmer nun ein Kündigungsrecht nach § 540 BGB, so wäre der Vollamortisationsanspruch des Leasinggebers gefährdet. Dieser Unterschied rechtfertigt es nach Auffassung des Bundesgerichtshofes, dem Leasingnehmer ein Kündigungsrecht gemäß § 540 BGB zu versagen, sollte der Leasinggeber die Zustimmung zur Untervermietung verweigern.[232] Zudem ist § 540 BGB abdingbar.[233]

---

die Dauer der Gebrauchsentziehung den Anspruch auf die Leasingraten verliert (BGHZ 82, 121 [125] = NJW 1982, 870 = LM § 242 [Cd] BGB Nr. 241; NJW 1988, 198 = LM § 278 BGB Nr. 102 = WM 1987, 1338 unter II 2a).“

230 BGH Urteil vom 04.07.1990 – VIII ZR 288/89 = BGHZ 112, 65 = WM 1990, 1620 = NJW 1990, 3016.

231 BGH Urteil vom 04.07.1990 – VIII ZR 288/89 = BGHZ 112, 65 = WM 1990, 1620 = NJW 1990, 3016: *„Darüber hinaus hat der Leasinggeber ein rechtlich beachtliches Interesse daran, dass der Leasingnehmer nicht seinerseits im Wege der Untervermietung als Leasinggeber auf dem Markt in Erscheinung tritt (vgl. dazu Melcher, CR 1989, 1119 [1122]). Durch eine Untervermietung würde das Leasinggut zudem einer erhöhten Abnutzung ausgesetzt sein, so dass seine Verwertung nach Ablauf der Grundmietzeit erschwert wäre. Es kann daher nicht als unangemessene Benachteiligung des Leasingnehmers angesehen werden, wenn dieser entsprechend dem Vertragszweck während der Mindestmietzeit das Leasingobjekt nicht untervermieten kann.“*

232 BGH Urteil vom 04.07.1990 – VIII ZR 288/89 = BGHZ 112, 65 = WM 1990, 1620 = NJW 1990, 3016: *„Beim reinen Mietvertrag schuldet der Vermieter Gebrauchsüberlassung und Erhaltung. Beim Leasingvertrag tritt zur Gebrauchsüberlassung die Finanzierungsfunktion hinzu. Beides ist, wie in der Rechtsprechung des erkennenden Senats von Anfang an betont worden ist, auf die individuellen Investitionsbedürfnisse des Leasingnehmers zugeschnitten. In der Finanzierungsfunktion wurzelt das Amortisationsprinzip, das den entscheidenden Unterschied zum reinen Mietvertrag ausmacht. Das Amortisationsprinzip akzeptiert der Leasingnehmer, wenn er sich zur Verwirklichung eines Investitionsvorhabens durch Leasing des Leasinggutes entschließt. Das Risiko, damit den richtigen*

2. Typische Klauseln zur Verteilung der Rechte und Pflichten

Die Vorschriften des Mietrechts werden vor allem modifiziert, um Pflichten und Risiken auf den Leasingnehmer zu übertragen. Allerdings eröffnet sich in diesem Bereich ein Spannungsfeld durch den Interessenwiderstreit von Leasinggeber und Leasingnehmer. Der Leasinggeber hat ein Interesse sämtliche Pflichten und Risiken auf den Leasingnehmer zu übertragen, während der Leasingnehmer nicht rechtlos gestellt werden darf.

a. Klauseln über die Erfüllungsgehilfenstellung des Lieferanten

---

Der Leasinggeber kann mittels AGB eine Haftungsbeschränkung für das Verhalten des Lieferanten/Herstellers nicht vereinbaren.[234]

Regelmäßig wird der Leasinggeber mit dem Leasingnehmer nicht persönlich in Kontakt treten, so dass Pflichtverletzungen nahezu ausschließlich vom Lieferanten/Hersteller gegenüber dem Leasingnehmer verwirklicht werden.[235] Daher hat der Leasinggeber ein gesteigertes Interesse an der Begrenzung seiner Haftung für ein Fehlverhalten des Lieferanten. Häufig werden in der Praxis folgende Klauseln verwendet, um die Haftung des Leasinggebers auszuschließen:

Weg beschritten zu haben und durch die allein von ihm bestimmte Auswahl des Leasingobjekts dem innerbetrieblichen Zweck der Investition optimal gerecht zu werden, trägt der Leasingnehmer von Haus aus. Das Prinzip der Vollamortisation durch Zahlung der vereinbarten Leasingraten im Verlaufe einer entsprechend festgelegten Vertragsdauer, ergänzt um den anteiligen Verwertungserlös, wird auch verwirklicht durch die Ausgestaltung in Form von Teilamortisationsverträgen, in denen nach Ablauf einer Mindestvertragsdauer dem Leasingnehmer das Recht zur ordentlichen Kündigung eingeräumt wird. Durch die Vereinbarung einer Mindestmietzeit [...] verbunden mit einer Restzahlung bei Ablauf der Mindestmietzeit [...] soll auf leasingtypische Art und Weise die volle Amortisation der Gesamtkosten des Leasinggebers gleichfalls sichergestellt werden (st. Rspr., zuletzt BGH, NJW 1990, 247 = LM § 535 BGB Nr. 122 = WM 1989, 1694 [1695 f. unter II 1c]).“
„Dieser Zweck könnte nicht erreicht werden, wenn der Leasingnehmer schon während der Mindestmietzeit bei verweigerter Zustimmung des Leasinggebers zur Untervermietung das Vertragsverhältnis gem. § 540 BGB ohne Ausgleich der weiteren Ratenzahlung mit der Folge kündigen könnte, dass dem Leasinggeber der Finanzierungsaufwand einschließlich des kalkulierten anteiligen Gewinns nicht wieder zufließen würde. Schon von der Grundstruktur des Finanzierungsleasingverhältnisses her passt die Regelung des § 540 BGB nicht in dieses Schuldverhältnis.“

233 Palandt/Weidenkaff, § 540, Rn. 2.

234 Vgl. zur Stellung und Zurechnung des Lieferanten/Hersteller Kapitel B. II.; B. IV.

235 Vgl. zur leasingtypischen Anbahnungssituation Kapitel B. I.

> „Der Vermieter (Leasinggeber) haftet nicht für Dritte, insbesondere nicht für den Lieferanten des Leasingobjektes. Vereinbarungen zwischen dem Mieter und Dritten, insbesondere dem Lieferanten, verpflichten den Vermieter nicht, soweit sie nicht von diesem ausdrücklich bestätigt werden".[236]

Bei der Beurteilung des Ausschlusses der Haftung für ein Verhalten des Lieferanten/ Herstellers ist zeitlich in drei Zeiträume zu unterteilen.

aa. Haftungsbegrenzungen für das Verhalten des Lieferanten vor Vertragsschluss

Ein Haftungsausschluss für das Verhalten des Lieferanten vor Vertragsausschluss scheitert bereits daran, dass die Klausel in den AGB des Leasingvertrages erst nach Entstehung des Anspruchs vereinbart wird.

Grundsätzlich ist eine Begrenzung der Schadensersatzpflicht für leichte und mittlere Fahrlässigkeit des Erfüllungsgehilfen, wozu der Lieferant im Verhältnis zum Leasinggeber bei der Anbahnung des Leasingvertrages regelmäßig gehört[237], gemäß § 309 Nr. 7 BGB für Vermögensschäden möglich. Davon werden Ansprüche aus §§ 280 Abs. 1, 311 Abs. 2, 241 Abs. 2 BGB (c.i.c.) erfasst.[238] Jedoch werden Schadensersatzansprüche allein deshalb nicht von einer vertraglichen Klausel umfasst, da diese regelmäßig bereits vor Abschluss des Leasingvertrages entstanden sind.[239] Die Auslegung wird im Zweifel ergeben, dass es dem Leasingnehmer am Rechtsbindungswillen zum Verzicht auf einen bereits entstanden Anspruch fehlt, zumal ihm dieser zu diesem Zeitpunkt nicht einmal bekannt sein wird und die Klausel damit als überraschend im Sinne des § 305c Abs. 2 BGB zu werten ist. Ein ausdrücklicher Verzicht auf bereits entstandene Ansprüche mittels AGB scheitert am Transparenzgebot; jedenfalls wäre eine solche Klausel gemäß § 305c Abs. 1 BGB unwirksam.

bb. Haftungsbegrenzungen für das Verhalten des Lieferanten bei der Gebrauchsüberlassung des Leasingobjektes

Da die Gebrauchsüberlassung Haupt- und damit Kardinalpflicht des Leasinggebers im Sinne des § 535 Abs. 1 BGB ist, kann er die Haftung für den Lieferanten nicht modifizieren, da andernfalls der Vertragszweck des Leasingvertrages gefährdet würde.[240]

236 BGH NJW 1985, 2258; 1987, 1072.
237 Vgl. Kapitel B. II.
238 Palandt/Grüneberg, § 309, Rn. 40.
239 Ziegler BB 90, 2325.
240 Palandt/Grüneberg, § 309, Rn. 55.

Der Leasinggeber bedient sich zur Erfüllung seiner Pflicht zur Gebrauchsverschaffung des Leasinggutes gegenüber dem Leasingnehmer regelmäßig des Lieferanten als Erfüllungsgehilfen, § 278 BGB.[241] Aufgrund der leasingtypischen Konstruktion liefert der Lieferant das Leasinggut auf Geheiß des Leasinggebers unmittelbar an den Leasingnehmer. Dadurch wird nach Ansicht des Bundesgerichtshofes die Pflicht des Leasinggebers zur Gebrauchsverschaffung als Hauptverpflichtung in vertragsgemäßer Weise erfüllt.[242] Wird der Rechtsprechung des Bundesgerichtshofes gefolgt und betrachtet den Lieferanten hinsichtlich der Lieferung der Leasingsache an den Leasingnehmer als Erfüllungsgehilfen des Leasinggebers, so hat die Vereinbarung der vorgenannten Klauseln im Falle ihrer Wirksamkeit zwingend die Haftungsbefreiung des Leasinggebers für den Bereich der Lieferung zur Folge. Darüber hinaus wäre ein Verstoß gegen die vertragliche Hauptpflicht des Leasinggebers, dem Leasingnehmer den Gebrauch der Leasingsache zu verschaffen, für den Leasinggeber ohne rechtliche Sanktionen. Die vorzunehmende Inhaltskontrolle zeigt, dass derartige AGB weder gegenüber einem Verbraucher noch gegenüber einem Unternehmer wirksam sind.[243]

(1) Verträge mit Verbrauchern

Die vollständige Freizeichnung des Leasinggebers von der Haftung für das Verschulden des Lieferanten als Erfüllungsgehilfen mittels formularvertraglichen Vereinbarung ist gegenüber einem Verbraucher unwirksam, § 309 Nr. 7 BGB.[244]

---

241 Graf von Westphalen, Der Leasingvertrag, Kap. C, Rn. 99, S. 204; Engel, Handbuch Kfz-Leasing, § 5, Rn. 10; Martinek/Stoffels/Wimmer-Leonhardt, Handbuch des Leasingrechts, § 12, Rn. 3, S. 160.

242 BGH Urteil vom 30.09.1987 – VIII ZR 226/86 = WM 1987, 1338 = NJW 1988, 198 = ZIP 1987, 1390: *„Hat der Lieferant die Leasingsache im Auftrag des Leasinggebers dem Leasingnehmer zu übergeben, so ist er bis zur vollständigen Übergabe insoweit Erfüllungsgehilfe des Leasinggebers.“„Dem gewöhnlichen, hier auch konkret festgestellten Ablauf bei Finanzierungsleasingverträgen entspricht es, dass der Leasinggeber die von ihm geschuldete Übergabe der Leasingsache durch den Lieferanten ausführen lässt, so dass dieser insoweit zum Erfüllungsgehilfen wird (Senat, NJW 1988, 204 [in diesem Heft] unter A II 2 d bb; Graf von Westphalen, Der Leasingvertrag, 3. Aufl., RdNr. 198, 201 m.w. Nachw.). Das gilt – wie bei jedem Erfüllungsgehilfen – aber nur, soweit und so lange sich der Schuldner [...] seiner Hilfe tatsächlich bedient. Beim Leasingvertrag ist die Inanspruchnahme in aller Regel mit der Übergabe der Sache beendet. Sind nicht besondere, hier nicht festgestellte Abreden getroffen, so beschränken sich nach der Auslieferung des Leasinggutes die Rechtsbeziehungen zwischen Leasinggeber und Lieferant auf die Abwicklung des Kaufvertrages über die Leasingsache [...]“*; BGH NJW 1989, 3222.

243 Vgl. Graf von Westphalen, Der Leasingvertrag, Kap. C, Rn. 113 f., S. 214 f.

244 Staudinger, Leasing, Rn. 169.

In Formularleasingverträgen mit Verbrauchern ist ein Ausschluss der Haftung, d.h. für Schadensersatzansprüche, bereits aufgrund des § 309 Nr. 7 BGB unwirksam.[245] Dies gilt vor allem dann, wenn die Klausel umfassend formuliert ist und die Freizeichnung grob fahrlässige und vorsätzliche Pflichtverletzungen umfasst. § 309 Nr. 7 BGB gilt darüber hinaus für alle vertraglichen Schadensersatzansprüche – auch für Ansprüche aus Verschulden bei Vertragsanbahnung (c.i.c.) im Sinne von § 311 Abs. 2 BGB – sowie in entsprechender Anwendung für deliktische Ansprüche. Da die Liefer- und Gebrauchsverschaffungspflicht eine Hauptpflicht des Leasinggebers darstellt, die er nicht auf den Lieferanten übertragen kann, muss die vollständige Freizeichnung des Leasinggebers von der Haftung für das Verschulden des Lieferanten als Erfüllungsgehilfen unwirksam sein.[246] Der Lieferant kann hier nur Erfüllungsgehilfe des Leasinggebers sein, dessen Verhalten der Sphäre des Leasinggebers zuzurechnen ist. Ein Haftungsausschluss ist bereits nach § 309 Nr. 7 lit. b) BGB unwirksam.[247]

(2) Verträge mit Unternehmern

Die Freizeichnung des Leasinggebers von der Haftung für das Verschulden des Lieferanten als Erfüllungsgehilfen in seinen AGB ist auch im unternehmerischen Verkehr unwirksam, da sie eine unangemessene Benachteiligung im Sinne von § 307 Abs. 2 Nr. 2 BGB darstellt und einer Inhaltskontrolle nicht standhält.

Nach der ständigen Rechtsprechung des Bundesgerichtshofs ist, über die unstreitige Unwirksamkeit des Haftungsausschlusses für grobes Verschulden eines Erfüllungsgehilfen hinaus, bei der Verletzung von vertraglichen Kardinalpflichten ein vollständiger Haftungsausschluss selbst bei einfacher Fahrlässigkeit unwirksam.[248] Der

245 Palandt/Grüneberg, § 309, Rn. 40.
246 Martinek/Stoffels/Wimmer-Leonhardt, Handbuch des Leasingrechts, § 10, Rn. 30, S. 139; Graf von Westphalen, ZIP 1985, 1436; Emmerich JuS 1990, 5.
247 Staudinger, Leasing, Rn. 169.
248 BGH NJW 1984, 1350; 1985, 914; BGH Urteil vom 3.3.1988 – X ZR 54/86 = NJW 1988, 1785: *„Nach § 307 BGB, der auch zugunsten von Kaufleuten Anwendung findet (§ 310 Abs. 1 S. 2 BGB), sind Bestimmungen in AGB unwirksam, wenn sie den Vertragspartner des Verwenders entgegen den Geboten von Treu und Glauben unangemessen benachteiligen. Das ist im Zweifel anzunehmen, wenn eine Bestimmung mit wesentlichen Grundgedanken der gesetzlichen Regelung, von der abgewichen wird, nicht zu vereinbaren ist (§ 307 Abs. 2 Nr. 1 BGB) oder wenn sie wesentliche Rechte und Pflichten, die sich aus der Natur des Vertrages ergeben, so einschränkt, dass die Erreichung des Vertragszwecks gefährdet ist (§ 307 Abs. 2 Nr. 2 BGB).“ „Das BerGer. hat das Vorliegen dieser Voraussetzungen im Ergebnis zutreffend verneint. Es ist von der Rechtsprechung des BGH zum AGB-Gesetz ausgegangen, nach der die Haftung für jedes Verschulden „einfacher“ Erfüllungsgehilfen des Klauselverwenders auch im kaufmännischen Geschäftsverkehr nicht formularmäßig ausgeschlossen werden kann, wenn sich der Haftungsausschluss auf die Verletzung von so genannten „Kardinal“-*

Leasinggeber ist im Rahmen seiner leasingvertraglichen Hauptpflicht verpflichtet, dem Leasingnehmer das Leasinggut ordnungsgemäß und rechtzeitig zur Verfügung zu stellen. Wie ausgeführt, kann er sich zur Erfüllung dieser Pflicht des Lieferanten bedienen, aber sich dann nicht von dem mit diesem Einsatz verbundenem Risiko freizeichnen.[249] Folglich kann es auf der Grundlage der ständigen Rechtsprechung des Bundesgerichtshofes als unangemessene Benachteiligung i.S.v. § 307 Abs. 2 Nr. 2 BGB des unternehmerischen Vertragspartners angesehen werden, wenn der Leasinggeber seine Haftung für von ihm eingeschaltete Dritte, insbesondere im Bereich der Gebrauchsüberlassung, ausschließt.[250] Daran vermag es auch nichts zu ändern, dass sich in der Praxis zumeist der Leasingnehmer den Lieferanten aussucht. Denn letztendlich hat der Leasinggeber es selbst in der Hand, den Leasingvertrag mit dem künftigen Leasingnehmer abzuschließen oder aufgrund der Risiken, die mit dem Lieferanten verbunden sein könnten, von einem Abschluss des Vertrages Abstand zu nehmen. Entschließt sich der Leasinggeber, den Lieferanten zu seinem Vertragspartner zu machen und ihn durch den Liefervertrag in seine Risikosphäre einzubeziehen, so muss er konsequenterweise auch für dessen Verschulden einstehen.

Jedoch muss der Lieferant dabei zumindest auch im Rahmen der vom Leasinggeber übertragenen Aufgaben tätig geworden sein.[251]

cc. Haftungsbeschränkungen für das Verhalten des Lieferanten während der Vertragsdurchführung

Eine Haftungsbeschränkung für das Verhalten des Lieferanten während der Vertragsdurchführung ist mangels Gehilfenstellung nicht erforderlich, jedenfalls nicht ratsam.

Während der Durchführung des Leasingvertrages ist der Lieferant regelmäßig nicht Erfüllungsgehilfe, da er keine Verpflichtungen des Leasinggebers erfüllt, sondern eigene Verpflichtungen aus dem kaufrechtlichen Gewährleistungsrecht.[252] Daher ist ein Ausschluss der Haftung nicht notwendig. Darüber hinaus ist zu beachten, dass

oder Hauptpflichten oder auch auf die Verletzung von Nebenpflichten (z.B. Schutzpflichten) bezieht, sofern bei diesen die Freizeichnung die angemessene Risikoverteilung empfindlich stören würde (vgl. hierzu BGHZ 83, 301 [308] = NJW 1982, 1694 = LM § 242 [Cd] BGB Nr. 250a; ferner BGHZ 89, 363 [366] = NJW 1984, 1350; BGH NJW 1985, 3016 [3018] = BB 1984, 930 [939]; BGH, NJW 1985, 914 [916] = BB 1984, 1449 [1450])…"; NJW-RR 1988, 559; BGH Urteil vom 30.11.2004 – X ZR 133/03 = NJW 2005, 422.

249 Martinek/Stoffels/Wimmer-Leonhardt, Handbuch des Leasingrechts, § 10, Rn. 30, S. 139.

250 BGH NJW 1984, 1350; 1985, 914; BGH Urteil vom 03.03.1988 – X ZR 54/86 = NJW 1988, 1785; NJW-RR 1988, 559; BGH Urteil vom 30.11.2004 – X ZR 133/03 = NJW 2005, 422.

251 Reinking, Der Autokauf, Rn. L 293.

252 Vgl. Kapitel B. II. 3.

der Leasinggeber keinen Nachteil dadurch erleidet, dass der Lieferant aufgrund einer Pflichtverletzung in Anspruch genommen wird. Jedenfalls besteht eine Regressforderung des Leasinggebers gegenüber dem Lieferanten, sollte er vom Leasingnehmer in Anspruch genommen worden sein. Soweit Schäden aus Mangel- und Mangelfolgeschaden gemäß § 437 BGB betroffen sind, ist zudem zu berücksichtigen, dass zur Wirksamkeit der Abtretungskonstruktion der Leasinggeber dem Leasingnehmer sämtliche Mängelrechte endgültig, unmittelbar und vollständig abtreten muss.[253] Der Leasinggeber kann allenfalls eine Beschränkung von Vermögensschäden für leichte und mittlere Fahrlässigkeit für Nebenpflichtverletzungen i.S.d. § 241 Abs. 1 BGB vereinbaren. Eine Stellung des Lieferanten als Erfüllungsgehilfen des Leasinggebers bei Nebenpflichten ist jedoch nicht wahrscheinlich.[254]

b. Klauseln zum Liefertermin

Der Leasingnehmer hat ein berechtigtes Interesse an der Verbindlichkeit eines vereinbarten Liefertermins, so dass Klauseln zur Unverbindlichkeit vereinbarter Liefertermine der Inhaltskontrolle gemäß §§ 307 ff. BGB nicht standhalten.

Vor allem der Leasingnehmer hat ein Interesse daran, einen Liefertermin mit dem Leasinggeber zu vereinbaren. Um sich nicht Forderungen aus einem Verzugsschaden gemäß § 286 Abs. 1, Abs. 2 Nr. 1 BGB auszusetzen, wird der Leasinggeber ein Interesse daran haben, keinen festen Termin zu vereinbaren, zumal er meist keinen Einfluss auf die tatsächliche Lieferung des Lieferanten an den Leasingnehmer hat, da die Auslieferung vom Lieferanten vorgenommen wird. Demnach Nicht selten finden sich im Leasingvertrag Vereinbarungen zum Liefertermin bzw. der Leasingnehmer und der Lieferant vereinbaren einen Übergabezeitpunkt.[255] In den Leasingbedingungen finden sich bisweilen sog. Nichtlieferungs- und Verspätungsklauseln. Diese beabsichtigen, den Leasinggeber von einer Haftung für eine ausbleibende oder verspätete Lieferung des Leasingobjekts durch den Lieferanten freizustellen:

aa. Vereinbarung eines festen Liefertermins

Ist individualvertraglich ein Liefertermin vereinbart, so geht diese Vereinbarung einer solchen in den ALB vor, § 305b BGB.

253 BGH Urteil vom 21.12.2005 – VIII ZR 85/05 = NJW 2006, 1066.

254 Vgl. Kapitel B. II. 3.

255 Vgl. zu Lieferterminklauseln: Martinek/Stoffels/Wimmer-Leonhardt, Handbuch des Leasingrechts, § 23, Rn. 34 ff., S. 242 ff.

Bei der Vereinbarung eines festen Liefertermins gilt der Vorrang der Individualabrede, § 305b BGB, ohne dass es einer Unterscheidung bedarf, ob der Leasingnehmer Verbraucher oder Unternehmer ist.[256]

bb. Vereinbarung eines unverbindlichen Liefertermins

Bei Vereinbarungen zum unverbindlichen Liefertermin ist nach der Verbrauchereigenschaft des Leasingnehmers zu unterscheiden.

(1) Verträge mit Verbrauchern

Die Vereinbarung eines unverbindlichen Liefertermins ist in ALB gegenüber einem Verbraucher aufgrund des Klauselverbotes des § 308 Nr. 1 BGB unwirksam.

Gemäß § 308 Nr. 1 BGB ist es unzulässig, sich eine unbestimmte Frist für die Erbringung einer Leistung oder der Lieferung einer Ware vorzubehalten. Denn der Leasingnehmer muss in der Lage sein, das Fristende selbst zu erkennen und zu errechnen.[257] Das gilt auch bei einer Klausel, die den Liefertermin als freibleibend bezeichnet, weil dann der Leistungszeitpunkt unbestimmbar ist oder nur mit erheblichen Schwierigkeiten bestimmt werden kann.[258] Auch nach Ansicht des Bundesgerichtshofes ist für eine hinreichende Bestimmtheit darauf zu achten, ob der Leasingnehmer die Frist selbstständig errechnen und bestimmen kann.[259] Dies kann dann nicht angenommen werden, wenn der Anfangszeitpunkt der Laufzeit von einem noch nicht zeitlich fixierten oder in der Sphäre des Verwenders fallenden Ereignis abhängig gemacht wird.[260] Nach der Rechtsprechung des Bundesgerichtshofes liegt im Bereich des Fahrzeugleasings ausnahmsweise keine Unwirksamkeit der Klauseln über unbestimmte Liefertermine vor, soweit vereinbart ist, dass der Leasingnehmer den Leasinggeber erst sechs Wochen nach Überschreiten eines unverbindlichen Liefertermins schriftlich zur Lieferung binnen einer angemessenen Frist auffordern kann, um mit deren Ablauf mit der Lieferung des Fahrzeugs in Verzug zu kommen.[261]

---

256 Martinek/Stoffels/Wimmer-Leonhardt, Handbuch des Leasingrechts, § 23, Rn. 36, S. 242.
257 Palandt/Grüneberg, § 308, Rn. 5, 8 mit Verweis auf BGH NJW 1985, 856; 1989, 1603.
258 Martinek/Stoffels/Wimmer-Leonhardt, Handbuch des Leasingrechts, § 23, Rn. 40, S. 243.
259 Palandt/Grüneberg, § 308, Rn. 8.
260 Jauernig, § 308, Rn. 2.
261 BGH NJW 1982, 331.

(2) Verträge gegenüber einem Unternehmer

Gegen eine formularvertragliche Vereinbarung eines unverbindlichen Liefertermins bestehen keine Wirksamkeitsbedenken.[262]

Oftmals werden auch Individualvereinbarungen wie „Lieferung baldmöglichst" oder „Lieferung prompt" vereinbart, die keiner AGB-Prüfung unterliegen, § 305 Abs. 1 S. 3 BGB. Wurde eine AGB-Klausel verwendet, so ist diese nach § 307 BGB überprüfbar.

cc. Vereinbarung einer unangemessen langen oder kurzen Frist

Häufig findet eine Modifizierung der oben genannten Klausel durch folgende Formulierung statt:

> „Die Lieferung hat spätestens innerhalb von 8 Wochen nach Abschluss des Leasingvertrages zu erfolgen."

Für die Wirksamkeit derartiger Klauseln ist eine Unterscheidung zwischen Unternehmern und Verbrauchern nicht angezeigt, weil in beiden Fällen, soweit es die vorliegende Klausel betrifft, dieselben Maßstäbe Anwendung finden.[263] Es gilt das Verbot des § 308 Nr. 1 BGB, welches zur Unwirksamkeit von Klauseln führt, die eine unangemessen lange Frist zur Leistungserbringung vorsehen. Jedoch ist stets auf den Einzelfall abzustellen.[264] So kann eine Klausel, die zunächst eindeutig für eine unangemessen lange Frist spricht, durch einen sachlichen Grund gerechtfertigt sowie branchentypisch sein. Ein solcher Grund kann etwa in der besonderen Herstellung eines Individualwerkes liegen. Es sind die Interessen beider Vertragsparteien zu berücksichtigen.[265] Dabei können Verzögerungen, die auf den Lieferanten zurückzuführen sind, berücksichtigt werden, jedoch nicht solche Verzögerungen, die auf einem Organisationsverschulden des Leasinggebers beruhen.[266]

c. Klauseln zu Untersuchungs- und Rügeobliegenheiten

Da Lieferant und Leasinggeber Kaufleute sein werden, stellt sich die Problematik der Präklusion von Gewährleistungspflichten gem. § 377 HGB.[267] Wie bereits erläutert,

---

262 Martinek/Stoffels/Wimmer-Leonhardt, Handbuch des Leasingrechts, § 23, Rn. 42, S. 244.
263 Jauernig, § 308, Rn. 3.
264 Palandt/Grünberg, § 308, Rn. 7.
265 Palandt/Grünberg, § 308, Rn. 7.
266 Martinek/Stoffels/Wimmer-Leonhardt, Handbuch des Leasingrechts, § 23, Rn. 45, S. 245.
267 Baumbach/Hopt, Handelsgesetzbuch, § 377, Rn. 2, 3.

obliegt nach dem Gesetz nur dem Leasinggeber die Untersuchungs- und Rügeobliegenheit.[268]

Grundsätzlich trifft die Rügeobliegenheit des § 377 HGB den Leasinggeber. Ist der Leasingnehmer Kaufmann, können sämtliche Obliegenheiten des § 377 HGB auf diesen übertragen werden, da er zum einen die notwendigen Fachkenntnisse zur Untersuchung hat und ihn zum anderen im Handelsverkehr die Untersuchungs- und Rügeobliegenheit bei Kaufverträgen trifft. Der Leasinggeber kann dagegen nur die Rügeobliegenheit auf den nicht kaufmännischen Leasingnehmer übertragen, soweit es sich um die Anzeige von offensichtlichen Mängeln handelt.

In der leasingvertraglichen Praxis werden Klauseln über die Untersuchungs- und Rügeobliegenheiten und deren Rechtsfolgen verwendet. Zur Veranschaulichung dient nachfolgende Formulierung:

> „Der Leasingnehmer ist verpflichtet, die Leasingsache unverzüglich auf Mängel, Vollständigkeit und Übereinstimmung mit dem zwischen den Parteien des Liefervertrages Vereinbarten zu untersuchen und Beanstandungen dem Lieferanten und dem Leasinggeber unverzüglich anzuzeigen."

aa. Leasingnehmer ist kein Kaufmann

Grundsätzlich trifft die Rügeobliegenheit des § 377 HGB den Leasinggeber. Eine Befreiung hiervon tritt nicht allein dadurch ein, dass die Leasingsache direkt vom Lieferant an den Leasingnehmer geliefert wird. Der Leasinggeber kann die Rügeobliegenheit auf den Leasingnehmer als Nichtkaufmann nur insoweit übertragen, soweit es sich nur um die Anzeige von offensichtlichen Mängeln handelt.

Da der Lieferant einen Kaufvertrag mit dem Leasinggeber schließt und in Erfüllung dieses Kaufvertrages den Gegenstand, auf Weisung des Leasinggebers, an den Leasingnehmer übergibt, obliegt allein dem Leasinggeber als Käufer gegenüber dem Lieferanten als Verkäufer die Obliegenheit gemäß § 377 HGB.[269] Diese Aussage mag im Hinblick auf die gesetzliche Regelung und dem Handelskauf zwischen Lieferant und Leasinggeber zunächst eindeutig sein. Zu bedenken ist, dass die Untersuchung der Leasingsache für den Leasinggeber mit erheblichen Schwierigkeiten verbunden ist. Denn zumeist wird das Leasinggut direkt vom Lieferanten an den Leasingnehmer geliefert, weshalb der Leasinggeber das Leasinggut nicht ohne weiteres seiner Untersuchungsobliegenheit nachkommen kann und somit auf die Mithilfe des Leasingnehmers angewiesen wäre. Würde der Leasingnehmer die Ware nicht untersuchen und nicht unverzüglich erkannte Mängel gegenüber dem Leasinggeber rügen, so könnte

---

268 Vgl. Kapitel C. III. 3.
269 BGH NJW 1990, 1290.

sich der Leasinggeber gegenüber dem Lieferanten nicht auf eine Nachlässigkeit des Leasingnehmers berufen, weil dieser für die Untersuchungspflicht Erfüllungsgehilfe (Obliegenheitsgehilfe) des Leasinggebers gegenüber dem Lieferanten ist.[270] Die Tatsache, dass sich der Leasinggeber bei der Abnahme des Leasinggutes eines Nichtkaufmanns bedient, rechtfertigt es nach Auffassung des Bundesgerichtshofes nicht, den Käufer und Leasinggeber von der ihn gemäß § 377 HGB treffenden Rügeobliegenheit zu befreien, da sich der Charakter des Geschäfts als Handelsgeschäft nicht ändert. Dies zeige im Übrigen der Vergleich mit dem sog. Streckengeschäft, bei dem anerkannt sei, dass der Zwischenhändler die Untersuchung des Kaufobjekts zwar seinem Abnehmer überlassen darf, dann aber auch dafür zu sorgen hat, dass dieser ihn so bald wie möglich von Mängeln unterrichtet. Versäumt der Abnehmer dies, muss sich der Zwischenhändler den aus § 377 II HGB folgenden Rechtsnachteil von seinem Verkäufer entgegenhalten lassen.[271] Es obliegt folglich dem Leasinggeber, das Leasinggut

---

270 BGH Urteil vom 24.1.1990 – VIII ZR 22/89 = NJW 1990, 1290: „...*Die Obliegenheit zur Rüge gegenüber der Bekl. traf die Käuferin/Leasinggeberin, und allein die Anwendbarkeit der §§ 377, 378 HGB auf sie und auf den von ihr mit der Bekl. geschlossenen Kaufvertrag und damit die Erhaltung oder der Ausschluss ihrer Gewährleistungsansprüche steht in Frage. Nach der Rechtsprechung des erkennenden Senats bedient sich der Käufer/Leasinggeber in Bezug auf die Abnahme der Kaufsache in seinem Verhältnis zum Verkäufer des Leasingnehmers als Erfüllungsgehilfen, so etwa, wenn er bestimmt, die Abnahme des gekauften Gegenstandes erfolge durch den Leasingnehmer an dem von diesen angegebenen Bestimmungsort (BGHZ 90, 302 [309] = NJW 1984, 2034 = LM § 278 BGB Nr. 90)*".

271 BGH Urteil vom 24.1.1990 – VIII ZR 22/89 = NJW 1990, 1290: „...*Die Obliegenheit zur Rüge gegenüber der Bekl. traf die Käuferin/Leasinggeberin, und allein die Anwendbarkeit der §§ 377, 378 HGB auf sie und auf den von ihr mit der Bekl. geschlossenen Kaufvertrag und damit die Erhaltung oder der Ausschluss ihrer Gewährleistungsansprüche steht in Frage. Nach der Rechtsprechung des erkennenden Senats bedient sich der Käufer/Leasinggeber in Bezug auf die Abnahme der Kaufsache in seinem Verhältnis zum Verkäufer des Leasingnehmers als Erfüllungsgehilfen, so etwa, wenn er bestimmt, die Abnahme des gekauften Gegenstandes erfolge durch den Leasingnehmer an dem von diesen angegebenen Bestimmungsort (BGHZ 90, 302 [309] = NJW 1984, 2034 = LM § 278 BGB Nr. 90). Das rechtfertigt es indessen nicht, die den Käufer und Leasinggeber aufgrund seines Kaufvertragsabschlusses treffenden Pflichten und Obliegenheiten in ihrem Bestand und Umfang nur deshalb zu verändern, weil er bei der Abnahme einen Nichtkaufmann zu Hilfe zieht. Die Pflichten und Obliegenheiten eines Schuldners beurteilen sich grundsätzlich aus seiner Person und seiner vertraglichen Beziehung zum Gläubiger, nicht aus der Person des Erfüllungsgehilfen. Auch aus der Sicht des Lieferanten ist nicht einzusehen, dass er gegenüber seinem kaufmännischen Vertragspartner nur deshalb den Schutz des § 377 HGB verlieren sollte. Die Vorschriften über die Mängelrüge tragen in erster Linie den Belangen des Verkäufers Rechnung, der davor bewahrt werden soll, sich noch längere Zeit nach der Ablieferung Ansprüchen wegen etwaiger dann nur schwer feststellbarer Mängel ausgesetzt zu sehen, wodurch zugleich dem allgemeinen Interesse an einer raschen Abwicklung der Rechtsgeschäfte im Handelsverkehr entsprochen wird (BGH NJW 1985, 2417 = LM § 607 BGB Nr. 70 = WM 1985, 834 [unter 3 b cc β]; BGHZ 101, 337 [345] = NJW 1988, 53 = LM § 377 HGB Nr. 31). Der Charakter des vorliegenden Kaufs als eines Handelsgeschäfts ändert sich nicht dadurch, dass der Ankäufer die Kaufsache zum Gegenstand eines Leasingvertrages*

zu untersuchen und einen Mangel anzuzeigen. Kommt er dieser Obliegenheit nicht nach, hat dies den Verlust seiner Mängelechte gegenüber dem Lieferanten zur Folge. Zwar tritt der Leasinggeber in aller Regel seine Gewährleistungsrechte gegenüber dem Lieferanten an den Leasingnehmer ab; unterlässt er aber die Mängelrüge, so hat er keine Gewährleitungsrechte gegenüber dem Lieferanten, die er abtreten könnte, weil die von diesem gelieferte Ware als genehmigt gilt.[272] Der Leasingnehmer wäre somit in der leasingtypischen Freizeichnungs- und Abtretungssituation rechtlos gestellt, weil der Leasinggeber seine Gewährleistungsrechte, bei gleichzeitiger Abtretung der Rechte gegenüber dem Lieferanten, gegenüber dem Leasingnehmer ausgeschlossen hat. Dies hätte zur Folge, dass die leasingtypische Freizeichnungs- und Abtretungskonstruktion unwirksam wäre und die mietrechtlichen Ansprüche des Leasingnehmers gegen den Leasinggeber wiederaufleben würden.[273] Der Leasinggeber wäre den mietrechtlichen Ansprüchen des Leasingnehmers ausgesetzt, ohne eigene Rechte gegenüber dem Lieferanten geltend machen zu können.[274] Dieses Problem könnte der Leasinggeber einerseits durch eine Abbedingung der Rügeobliegenheit mit dem Lieferanten lösen. Zwar ist eine solche Abbedingung durch AGB umstritten, wird aber – da im kaufmännischen Vertragsverhältnis – meist bejaht.[275] Sollte dies nicht erfolgen, so könnte der Leasinggeber gegebenenfalls in seinen ALB eine Rügeobliegenheit dem Leasingnehmer aufbürden. Bei einem Verbrauchergeschäft ist die formularmäßige Übertragung der Untersuchungs- und Rügeobliegenheiten aus § 377 HGB des Leasinggebers auf den Leasingnehmer rechtlich zweifelhaft. Nach wohl herrschender Meinung ist eine Übertragung nur wirksam, wenn sie sich entsprechend § 309 Nr. 8 lit. b) ee) BGB auf offensichtliche Mängel beschränkt.[276] Dabei liegt kein Verstoß gegen das Klauselverbot des § 309 Nr. 8 lit. b) ee) BGB vor, weil sich die Regelun-

---

macht und bei der Abnahme einen nichtkaufmännischen Leasingnehmer einschaltet. Das zeigt im Übrigen auch der Vergleich mit dem so genannten Streckengeschäft. Hier ist anerkannt, dass der weiterverkaufende Zwischenhändler die Untersuchung des Kaufobjekts zwar seinem Abnehmer überlassen darf, dann aber auch dafür zu sorgen hat, dass der Abnehmer ihn so bald wie möglich von Mängeln unterrichtet; bei einer vermeidbaren Verzögerung der Mängelanzeige muss sich der Zwischenhändler den aus § 377 II HGB folgenden Rechtsnachteil von seinem Verkäufer entgegenhalten lassen (RGZ 96, 13 [14 f.]; RG, LZ 1917 Sp. 795; BGH, NJW 1954, 1841 = LM § 377 HGB Nr. 2 = BB 1954, 954 und BGH, NJW 1978, 2394 = LM § 378 HGB Nr. 5 = WM 1978, 725 [unter III]). Erfolgt die Durchlieferung an einen nichtkaufmännischen Abnehmer, bleibt es nach – soweit ersichtlich – allgemeiner Meinung Sache des kaufmännischen Zwischenhändlers, für eine unverzügliche Untersuchung und Mängelanzeige durch den nichtkaufmännischen Abnehmer zu sorgen (z.B. RGZ 102, 91; Straub-Brüggemann, § 377 Rdnr. 38, Rdnr. 75; K. Schmidt, HandelsR, 3. Aufl., S. 722 f.; Padeck, Jura 1987, 454 [455])“; Staudinger, Leasing, Rn. 177.

272 Martinek/Stoffels/Wimmer-Leonhardt, Handbuch des Leasingrechts, § 14, Rn. 8 ff., S. 176 f.

273 Vgl. Kapitel F. I. und F. III.

274 BGH Urteil vom 21.12.2005 – VIII ZR 85/05 = NJW 2006, 1066.

275 Baumbach/Hopt, Handelsgesetzbuch § 377, Rn. 57.

276 Graf von Westphalen BB 1990, 5; Wolf/Eckert/Ball, Rn. 1967a; Staudinger, Leasing, Rn. 179.

gen über Haftungsausschlüsse bei Mängeln nur auf Liefer- und Werkverträge, nicht aber auf Gebrauchsüberlassungsverträge, wie dem Leasingvertrag, beziehen.[277] Dem Leasingnehmer als Verbraucher kann jedoch nicht die Pflicht zur Untersuchung aufgebürdet werden, wie einem Kaufmann, zumal dieser meist weder die Fähigkeiten noch Möglichkeiten für eine umfassende Untersuchung haben wird. Andere Ansichten wollen eine solche Verlagerung auf den Leasingnehmer als wirksam ansehen. Dies vor allem deshalb, weil aufgrund der leasingtypischen Freizeichnungs- und Abtretungskonstruktion die tatsächliche Abwicklung des Liefervertrages auf das Verhältnis zwischen Leasingnehmer und Lieferant reduziert wird. Zudem müsse dem Leasingnehmer allgemein bekannt sein, dass er seine Gewährleistungsrechte gegenüber dem Lieferanten allein geltend zu machen hat. Eine solche Regelung sei deshalb nicht überraschend im Sinne von § 305c BGB.[278] Ein weiterer Grund für die Wirksamkeit dieser Klausel sei, dass eine solche formularmäßige Vereinbarungen nicht gegen das Verbot der unangemessenen Benachteiligung nach § 307 BGB verstoße. Denn der Leasingnehmer trägt selbst gegenüber dem Leasinggeber die Verantwortung dafür, dass er während der Vertragsdauer auftretende Schäden rechtzeitig anzeigt.[279] Eine Verschärfung dieser Verpflichtung sei für den Leasingnehmer nicht unangemessen. Zudem müsse beachtet werden, dass bei den aus dem Leasingvertrag originär anzuwendenden mietrechtlichen Vorschriften ebenfalls den Leasingnehmer die Pflicht zur rechtzeitigen Mängelanzeige auferlegt wird, § 536c Abs. 1 BGB. Diese Argumente vermögen nicht zu überzeugen. Zwar trifft den Leasingnehmer die Pflicht etwaige Mängel unverzüglich dem Leasinggeber anzuzeigen, jedoch setzt die Unverzüglichkeit der Rüge voraus, dass dieser die Mängel erkannt hat. Nach § 377 Abs. 1 HGB müsste der Leasingnehmer zunächst das Leasinggut umfassend untersuchen. Unterlässt er die Untersuchung, wäre der Leasingnehmer mit seinen vertraglichen Mängelrechten gegenüber dem Lieferanten präkludiert. Über § 536c BGB hinaus würde den Leasingnehmer nicht nur eine Mängelanzeige, sondern insbesondere eine Untersuchungsobliegenheit aufgebürdet werden, deren Umfang sich nach handelsrechtlichen Grundsätzen orientiert. Sollte der Leasingnehmer Verbraucher sein, kann ihm keine am Handelsrecht zu messende Untersuchungspflicht aufgelegt werden, zumal ihm regelmäßig die entsprechenden Fachkenntnisse fehlen. Käme der Leasingnehmer seiner Untersuchungs- und oder Mängelanzeigepflicht nicht nach, würde die Genehmigung des Leasinggegenstandes fingiert, § 377 Abs. 2 HGB. Aufgrund dessen kann es dem Leasingnehmer nur zugemutet werden, Mängel, die für einen fachlichen Laien bei Erhalt der Ware offensichtlich erkennbar sind, anzuzeigen. Nicht jedoch kann dem Leasingnehmer als Verbraucher eine solch weitrechende Untersuchungsobliegenheit i.S.v. § 377 BGB aufgebürdet werden.

---

277 BGH NJW 1985, 1547.
278 OLG Hamm OLGR 1999, 165; Lieb DB 1988, 2501; Knops JuS 1994, 110; Martinek ZHR 163, 599.
279 BGH NJW 1990, 1290.

bb. Leasingnehmer als Kaufmann

Die formularvertragliche Übertragung der Rügeobliegenheit des § 377 HGB auf den Leasingnehmer ist wirksam, da sie sich am gesetzlichen Leitbild des Handelsrechts orientiert.

Im Gegensatz dazu ist mangels eines besonderen Schutzbedürfnisses des kaufmännischen Leasingnehmers die Übertragung der Untersuchungs- und Rügeobliegenheiten in den ALB zulässig, da Kaufleute im Rahmen ihres Geschäftsbetriebes mit der Notwendigkeit der Einhaltung dieser Obliegenheiten vertraut sind, so dass sich die Übertragung weder als überraschend im Sinne von § 305c BGB noch als unangemessen im Sinne von § 307 BGB darstellt.[280] Dem kaufmännischen Leasingnehmer werden keine Pflichten auferlegt, die ihm nicht auch aus sonstigen Kaufverträgen bekannt sind.

d. Klauseln über das Recht zum Rücktritt und zur Kündigung des Leasinggebers

aa. Allgemeines Rücktritts- oder Kündigungsrecht des Leasinggebers

---

Eine Klausel über ein Rücktritts- oder Kündigungsrecht ist nur dann wirksam und verstößt nicht gegen § 308 Nr. 3 BGB, wenn ein sachlich gerechtfertigter Grund für den Leasinggeber die Abstandnahme vom Vertrag rechtfertigt (insbesondere die in § 543 BGB gesetzlich vorgesehenen Kündigungsgründe).

Der Leasinggeber wird ein Interesse daran haben, sich seiner Haftung wegen ausbleibender Lieferung des Leasingobjektes zu entledigen. Dies vor allem deshalb, weil er auf die Mithilfe des Lieferanten bei der Lieferung angewiesen ist und er auf die Handlungen des Lieferanten nur beschränkten Einfluss haben wird. Deshalb werden in der Praxis zumeist folgende Klauseln in AGB des Leasingvertrages einbezogen:

> „Dem Leasinggeber steht ein Recht zur Kündigung des Leasingvertrages zu, wenn der Vertrag zwischen dem Leasinggeber und dem Lieferanten nicht zustande kommt. Dies gilt auch im Fall der ausbleibenden Lieferung."[281]

Gegenüber einem Verbraucher findet § 308 Nr. 3 BGB Anwendung. Demzufolge muss der Verwender eines Rücktrittsvorbehaltes einen sachlich gerechtfertigten Grund aufweisen, den er im Vertrag ausdrücklich anzugeben hat, um einen solchen Rücktrittsvorbehalt in AGB einbringen zu können.[282] Hierdurch soll die Durchsetzung des Rechtsgrundsatzes „pacta sunt servanda" gegenüber dem Verwender der AGB

---

280 Martinek/Stoffels/Wimmer-Leonhardt, Handbuch des Leasingrechts, § 14, Rn. 12, S. 177.
281 BGHZ 96, 103; weitere Klauseln finden sich in BGH NJW 1986, 179; MDR 1985, 929.
282 Jauernig, § 308, Rn. 5.

gewährleistet werden.[283] Zwar steht der eindeutige Wortlaut des § 308 Nr. 3 HS. 2 BGB einer Anwendung des Klauselverbotes auf Dauerschuldverhältnisse entgegen. Wenn aber der Leasingvertrag mangels Lieferung des Leasinggutes noch nicht in Vollzug gesetzt ist, dann ist ein Dauerschuldverhältnis noch nicht gegeben, weshalb § 308 Nr. 3 HS. 2 BGB keine Anwendung findet und damit die Klausel nach § 308 Nr. 3 HS. 1 unwirksam ist.[284] Demnach muss als Voraussetzung für die Wirksamkeit der vorgenannten Klauseln ein überwiegendes, zumindest durch ein anerkennenswertes Interesse des Verwenders gerechtfertigtes Rücktrittsrecht, folglich ein sachlich gerechtfertigter Grund vorliegen. Dies ist dann nicht der Fall, wenn der Leasinggeber die Unmöglichkeit der Lieferung zu vertreten hat oder er sich mit seiner Leistung, der Verschaffung der Leasingsache, in Verzug befindet.[285] Dies muss gelten, weil die Besitzverschaffung zu den Hauptpflichten des Leasinggebers gehört. So darf es für den Leasinggeber nicht gestattet sein, sich mittels AGB gegenüber einem Verbraucher von den Folgen der Nichterfüllung seiner Hauptpflichten bzw. einer Kardinalpflicht freizuzeichnen.[286] Die eigene Lieferfähigkeit der Leasingsache ist nicht als angemessener Grund i.S.v. § 308 Nr. 3 BGB anzusehen.[287]

Da die Klauselverbote der §§ 308, 309 BGB gemäß § 310 Abs. 1 S. 1 BGB keine Anwendung finden, ist die Beurteilung der Wirksamkeit im unternehmerischen Verkehr anhand § 307 BGB vorzunehmen.[288] Es gelten die Wertungen der §§ 308 ff. BGB, § 310 Abs. 1 S. 2 BGB. Eine unangemessene Benachteiligung liegt vor, wenn die zum Rücktritt oder zur Kündigung berechtigende Pflichtverletzung auf Vorsatz oder grobem Verschulden des Leasinggebers oder des Lieferanten, als dessen Erfüllungsgehilfen, beruht, § 307 Abs. 2 BGB.[289] Jedoch kann auch im unternehmerischen Verkehr unter Berücksichtigung der Hauptpflicht des Leasinggebers zur Besitzverschaffung keine andere Wertung erfolgen, so dass sich der Leasinggeber nicht durch ein einseitiges Rücktrittsrecht von seiner Kardinalpflicht befreien kann.[290] Die zuvor zitierte Klausel ist folglich unwirksam.

283 Palandt/Grüneberg, § 308, Rn. 16.
284 Martinek/Stoffels/Wimmer-Leonhardt, Handbuch des Leasingrechts, § 22, Rn. 61, S. 230 m.w.N.
285 Palandt/Grüneberg, § 308, Rn. 18; BGHZ 99, 193.
286 BGH MDR 1985, 929; NJW 1986, 179; Martinek/Stoffels/Wimmer-Leonhardt, Handbuch des Leasingrechts, § 22, Rn. 62, S. 230.
287 Jauernig, § 308, Rn. 5.
288 Palandt/Grüneberg, § 310, Rn. 2.
289 Martinek/Stoffels/Wimmer-Leonhardt, Handbuch des Leasingrechts, § 22, Rn. 63, S. 231.
290 Jauernig, § 380, Rn. 5 a.E.

bb. Rücktrittsrecht oder Kündigungsrecht bei vom Leasinggeber nicht zu vertretender Nichtlieferung oder verspäteter Lieferung des Leasinggutes

Die Vereinbarung eines Rücktritts- oder Kündigungsrechts in den AGB für den Fall der vom Leasinggeber nicht zu vertretenen Unmöglichkeit ist wirksam; nicht dagegen im Falle der verspäteten Lieferung des Leasinggutes.

Typische Klauseln, die dem Leasinggeber für die Fälle der nicht zu vertretenden Unmöglichkeit und der nicht zu vertretenden verspäteten Lieferung des Leasinggutes ein Rücktrittsrecht einräumen, können folgenden Wortlaut haben:

> „Beruht die Nichtlieferung oder verspätete Lieferung auf Umständen, die der Leasinggeber nicht zu vertreten hat, hat dieser ein Rücktrittsrecht, wenn ihm ein Festhalten am Vertrag nicht mehr zugemutet werden kann."

(1) Vom Leasinggeber nicht zu vertretende Unmöglichkeit

Eine solche Klausel ist in Bezug auf die vom Leasinggeber nicht zu vertretenden Unmöglichkeit wirksam und im Hinblick auf § 308 Nr. 3 BGB und § 307 Abs. 2 Nr. 1 BGB unbedenklich, da lediglich das Ergebnis des einschlägigen § 326 BGB festgehalten wird. Kündigt der Leasinggeber ordnungsgemäß den Leasingvertrag, so steht dem Leasingnehmer der Gewinnanteil des Leasinggebers für die Zeit nach Vertragsbeendigung zu. Entgegenstehende Bestimmungen in den AGB des Leasinggebers sind unwirksam. Eine Sonderzahlung ist als Teil der Amortisation voll zugunsten des Leasingnehmers zu berücksichtigen.[291]

(2) Vom Leasinggeber nicht zu vertretende verspätete Lieferung

Hinsichtlich eines vom Leasinggeber nicht zu vertretenden Verzugs ist ein sachlicher Grund im Sinne des § 308 Nr. 3 BGB und damit keine unangemessene Benachteiligung gemäß § 307 Abs. 2 Nr. 1 BGB gegeben. Denn der Leasinggeber, der die Sache nicht vorrätig hat, müsste andernfalls für eine unbestimmt lange Zeit den Kaufpreis bzw. etwaige Finanzierungsmittel bereithalten. Ihm soll durch die vorgenommene Wertung im Interesse einer gesicherten Finanzplanung ermöglicht werden, in über-

291 BGH NJW 2006, Heft 52: *„Wird ein Leasingvertrag auf Grund eines eingeräumten Kündigungsrechtes beendet, so gebührt bei der Vertragsabrechnung der vom Leasinggeber darzulegende kalkulierte Gewinnanteil aus dem Vertrag für die Zeit nach der Kündigung dem Leasingnehmer; entgegenstehende AGB des Leasinggebers sind insoweit unwirksam. Eine Sonderzahlung ist als Teil der Amortisation voll zugunsten des Leasingnehmers zu berücksichtigen"*; AZ: AG Berlin-Wedding, 21a C 354/05.

schaubaren Zeiträumen Klarheit über seine finanziellen Verpflichtungen zu erhalten. Beruht die Verzögerung auf einem Organisationsverschulden des Leasinggebers, kann sich dieser hingegen nicht von den Folgen seines Fehlverhaltens frei zeichnen.

Nach anderer Ansicht führt ein Rücktrittsrecht des Leasinggebers zu einer unangemessenen Benachteiligung des Leasingnehmers, da ihm die Durchsetzbarkeit seines Erfüllungsanspruches genommen wird, an dem er auch im Falle einer Leistungsverzögerung noch ein berechtigtes Interesse haben kann.[292]

Auch im Einzelfall kann ein Rücktrittsrecht des Leasinggebers nicht geboten sein. Dies dann, wenn im Leasingvertrag individualvertragliche Vereinbarungen i.S.v. § 305b BGB getroffen wurden und der Leasingnehmer vor allem auf die Einhaltung dieser Vereinbarung vertrauen durfte; so beispielsweise bei vereinbarten Lieferzeiten. Hat sich der Leasingnehmer in einem solchen Fall aufgrund der individualvertraglichen Vereinbarung auf die rechtzeitige Lieferung des Leasinggutes eingestellt und entsprechende Dispositionen getroffen, so ist eine entsprechende Klausel unwirksam, § 307 Abs. 2 Nr. 1 BGB. Die rechtzeitige Lieferung ist durch die individualvertragliche Lieferzeitvereinbarung eine wesentliche Vertragspflicht geworden. Der Ausschluss der Haftung bei Kardinalpflichten ist wegen § 307 Abs. 2 BGB jedoch stets unwirksam.[293]

e. Klauseln über den Ausschluss der Haftungsfolgen bei anfänglicher Unmöglichkeit

---

Klauseln über einen Ausschluss der Haftungsfolgen bei anfänglicher Unmöglichkeit sind unwirksam.

Leasinggeber versuchen zumeist in ihren AGB die gesetzlichen Rechte des Leasingnehmers bei anfänglicher Unmöglichkeit auszuschließen, indem in der Praxis häufig folgende Klausel verwendet wird:

> „Schadensersatzansprüche gegen den Leasinggeber ausgeschlossen. Vom Ausschluss umfasst sind insbesondere Ansprüche aus Unmöglichkeit und wegen Nichterfüllung. Das gilt nicht, soweit in Fällen des Vorsatzes und des Fehlens zugesicherter Eigenschaften gesetzlich gehaftet wird.“

Es entspricht dem Risikobereich des Leasinggebers dem Leasingnehmer das Leasinggut zu beschaffen und zum Gebrauch zu überlassen, § 535 Abs. 1 BGB.[294] Der Leasinggeber übernimmt nach der Rechtsprechung des Bundesgerichtshofes eine Garantiehaftung für die Beschaffung des Leasinggutes[295]; nach der Schuldrechtsreform das

292 Martinek/Stoffels/Wimmer-Leonhardt, Handbuch des Leasingrechts, § 23, Rn. 67, S. 232.
293 Beckmann, Finanzierungsleasing, § 3, Rn. 155.
294 Martinek/Stoffels/Wimmer-Leonhardt, Handbuch des Leasingrechts, § 31, Rn. 10 ff., S. 362 f.
295 BGHZ 47, 266, 269.

gesetzliche Beschaffungsrisiko gemäß § 276 Abs. 1 BGB. Dieses Risiko kann der Leasinggeber nicht im Rahmen von Allgemeinen Geschäftsbedingungen ausschließen.[296] Die Freizeichnung von der Haftung würde zu einem Verstoß gegen den Grundsatz von Treu und Glauben gemäß § 242 BGB, gegen das Klauselverbot des § 309 Nr. 8 BGB und gegen § 307 Abs. 2 Nr. 2 BGB führen.[297] Die Freizeichnung von den Folgen der objektiven anfänglichen Unmöglichkeit verstößt zudem gegen § 309 Nr. 8 BGB, so dass es bei den mietrechtlichen Regelungen verbleibt. Nicht in Betracht kommt in beiden Fällen aber eine Nichtigkeit des Leasingvertrages, da gemäß § 311a Abs. 1 BGB seit der Schuldrechtsreform ein Vertrag selbst dann wirksam ist, wenn das Leistungshindernis bereits bei Vertragsschluss vorgelegen hat.

Aufgrund des Verstoßes gegen § 307 Abs. 2 Nr. 2 BGB ist eine solche Klauseln auch gegenüber Unternehmern unwirksam.[298]

f. Klauseln über den Ausschluss der Haftungsfolgen bei nachträglicher Unmöglichkeit

Klauseln über einen Ausschluss der Haftungsfolgen bei nachträglicher Unmöglichkeit sind unwirksam. Dies gilt sowohl gegenüber Unternehmern als auch gegenüber Verbrauchern.

Gegenüber Verbrauchern sind formularmäßige Beschränkungen der Haftung für den Fall der nachträglichen Unmöglichkeit unwirksam, da diese gegen die Klauselverbote des § 309 Nr. 7 und Nr. 8 BGB verstoßen.[299] Aufgrund der für den Leasingvertrag prägenden mietvertraglichen Elemente ist die Verpflichtung zur Überlassung des Leasinggutes nach der ständigen Rechtsprechung des Bundesgerichtshofes eine Kardinalpflicht des Leasinggebers.[300] Dieser Einordnung widerspricht es, die vorgenannte Klausel im Verkehr zwischen Unternehmern als wirksam anzuerkennen. Dieselbe Erwägung gilt für den Ausschluss des Schadensersatzanspruchs unter Unternehmern, da die Wertung des § 309 Nr. 7 und Nr. 8 BGB im Rahmen des § 307 Abs. 2 BGB im unternehmerischen Verkehr Anwendung findet, § 310 Abs. 1 S. 2 BGB.[301]

Zulässig soll jedoch eine Beschränkung – der Höhe nach – des Schadensersatzes für beim konkret vorgenommenen Geschäft typischerweise entstehende Schäden sein.[302]

---

296 BGH Urteil vom 10.3.1972 – V ZR 87/70 = BGHZ 47, 266 = WM 1972, 656.

297 Palandt/Grüneberg, § 309, Rn. 48.

298 Palandt/Grüneberg, § 309, Rn. 50 f.

299 Palandt/Grüneberg, § 309, Rn. 40, 58 ff.

300 Graf von Westphalen, Der Leasingvertrag, Kap. G, Rn. 1, S. 321, mit Verweis auf BGH WM 1981, 1219; 1985, 1447; 1990, 1244; NJW 1990, 1785; 1995, 1019.

301 Palandt/Grüneberg, § 309, Rn. 55, 71.

302 Palandt/Grüneberg, § 309, Rn. 56; BGH NJW 1993, 335; NJW-RR 2006, 267; Langer WM 2006, 1213.

F. Mängelrechte des Leasingnehmers

Der Leasinggeber zeichnet sich leasingtypisch von seiner mietrechtlichen Gewährleistung frei und tritt dem Leasingnehmer im Gegenzug seine kaufrechtlichen Mängelrechte gegen den Lieferanten ab. Bei wirksamer Vereinbarung einer solchen Freizeichnungs- und Abtretungskonstruktion stehen dem Leasingnehmer allein kaufrechtliche Mängelrechte gegenüber dem Lieferanten aus abgetretenem Recht zu. Der Leasinggeber ist an das Ergebnis der Durchsetzung der abgetretenen Mängelrechte zwischen Leasingnehmer und Lieferant gebunden; etwas anderes gilt bei kollusiven Zusammenwirken zwischen Lieferant und Leasingnehmer. Wird der Kaufvertrag zwischen Leasinggeber und Lieferant rückabgewickelt, entfällt für den Leasingvertrag rückwirkend die Geschäftsgrundlage, § 313 BGB.
Ist die Freizeichnungs- und Abtretungskonstruktion unwirksam, kann sich der Leasingnehmer auf die für ihn vorteilhaften mietrechtlichen Gewährleistungsrechte gegenüber dem Leasinggeber berufen.

I. Leasingtypische Freizeichnungs- und Abtretungskonstruktion

Es entspricht der üblichen Vertragsgestaltung in Allgemeinen Leasingbedingungen, dass sich der Leasinggeber gegenüber dem Leasingnehmer von seiner mietvertraglichen Eigenhaftung frei zeichnet.[1] Im Gegenzug tritt der Leasinggeber seine Gewährleistungsansprüche aus den §§ 434 ff. BGB, die ihm gegenüber dem Lieferanten/Hersteller des Leasinggutes aus dem Kaufvertrag zustehen, an den Leasingnehmer ab. Durch diese Gestaltung in den Allgemeinen Leasingbedingungen ersetzt der Leasinggeber seine mietvertragliche Haftung durch die kaufrechtliche Gewährleistung des Lieferanten/Herstellers. Es entspricht der gefestigten Rechtsprechung des Bundesgerichtshofes, dass eine solche leasingtypische Freizeichnungs- und Abtretungskonstruktion den Leasingnehmer – im Rahmen der Vorgaben der Rechtsprechung – nicht unangemessen rechtlos stellt und daher wirksam ist.[2] Diese Konstruktion ist sowohl gegenüber einem Kaufmann als auch gegenüber einem Verbraucher möglich.[3]

1 Vgl. zur leasingtypischen Freizeichnungs- und Abtretungskonstruktion Kapitel A. I. sowie Martinek/Stoffels/Wimmer-Leonhardt, Handbuch des Leasingrechts, § 31.
2 BGH, Urteil vom 28.10.1981 VIII ZR 175/80: *„Es entspricht typischerweise der rechtlichen Ausgestaltung eines Finanzierungs-Leasingsvertrags, dass der Leasinggeber sich von der mietrechtlichen Gewährleistungspflicht formularmäßig in vollem Umfang freizeichnet und zum Ausgleich dafür dem Leasingnehmer diejenigen Gewährleistungsrechte, die ihm gegenüber dem Hersteller oder Lieferanten der Leasingsache zustehen, abtritt und ihn zur rechtzeitigen Geltendmachung dieser Ansprüche verpflichtet. Daß durch eine solche formularmäßige Freizeichnung von der eigenen Gewährleistungspflicht der Leasinggeber den Leasingnehmer nicht unangemessen rechtlos stellt, entspricht gefestigter Rechtsprechung des Senats.“*
3 MüKoBGB/Koch, Bd. 3, Finanzierungsleasing, Rn. 103.

Eine formularvertragliche Vereinbarung, nach der sich der Leasinggeber gegenüber dem Leasingnehmer von seiner mietvertraglichen Mängelhaftung durch AGB freizeichnet, entspricht der typischen Interessenlage des Leasingvertrages. Sie ist wirksam, wenn der Leasingnehmer nicht rechtlos gestellt wird, sondern ihm die bestehenden Sachmängelrechte des Leasinggebers gegen den Lieferanten **endgültig, vorbehaltlos und unbedingt** abgetreten werden.

Eine übliche Klausel lautet:

> „Alle mietvertraglichen Gewährleistungsansprüche, die dem Leasingnehmer gegenüber dem Leasinggeber zustehen, sind ausgeschlossen. Im Gegenzug tritt der Leasinggeber dem Leasingnehmer hiermit die Ansprüche aus dem Kaufvertrag zwischen dem Leasinggeber und dem Lieferanten wegen Sach- oder Rechtsmängel gegenüber dem Lieferanten ab; der Leasingnehmer nimmt hiermit die Abtretung an. Die Abtretung umfasst insbesondere alle Nacherfüllungs-, Rücktritts- und Minderungsansprüche sowie alle Ansprüche aus Garantien."

1. Kein Verstoß gegen § 309 Nr. 8 lit. b) aa) BGB

§ 309 Nr. 8 lit. b) aa) BGB findet keine Anwendung auf Gebrauchsüberlassungsverträge; folglich auch nicht auf Miet- und Leasingverträge.[4]

Leasingtypische Klauseln könnten den Tatbestand des § 309 Nr. 8 lit. b) aa) BGB (unzulässige Drittverweisung) verwirklichen.[5] Nach dem Wortlaut des § 309 Nr. 8 lit. b) aa) BGB ist dieser allerdings nur „bei Verträgen über Lieferungen neu hergestellter Sachen und über Werkleistungen" anwendbar[6]; folglich auf Kauf- und Werkverträge, bei denen die wirtschaftliche Verfügungsmacht über den Gegenstand verschafft wird.[7] Auch der in den §§ 309 Nr. 8 lit. b) bb) – dd) BGB verwendete Begriff der Nacherfüllung kommt bei Leasingverträgen typischerweise nicht in Betracht.[8] Die Rechtsprechung und herrschende Meinung wendet § 309 Nr. 8 lit. b) aa) BGB daher folgerichtig nicht auf Leasingverträge an.[9]

a. Keine Anwendbarkeit des § 309 Nr. 8 lit. b) aa) BGB beim Operating-Leasing

§ 309 Nr. 8 lit. b) aa) BGB findet auch beim Operating-Leasing keine Anwendung, da es sich um einen reinen Gebrauchsüberlassungsvertrag handelt.

---

4 Jauernig, § 309, Rn. 11.
5 Palandt/Grüneberg, § 309, Rn. 63.
6 MüKoBGB/Koch, Bd. 3, Finanzierungsleasing, Rn. 104.
7 Palandt/ Grüneberg, § 309, Rn. 60.
8 Palandt/ Grüneberg, § 309, Rn. 60.
9 Jauernig, § 309, Rn. 11 f.; MüKoBGB/Koch, Bd. 3, Finanzierungsleasing, Rn. 105.

Nach teilweise vertretender Ansicht in der Literatur sei § 309 Nr. 8 lit. b) aa) BGB beim sog. Operating-Leasing mit der Begründung anwendbar, dass der Leasinggeber nach der rechtlichen Ausgestaltung des Operating-Leasing und aufgrund der tatsächlichen Abwicklung die Verantwortung für die Leasingsache trage.[10] Dieser Ansicht ist nicht zu folgen. Denn beim Operating-Leasing handelt es sich nicht um einen Kauf, sondern um eine reine Gebrauchsüberlassung,[11] so dass – noch weitergehend als beim Leasing – ausschließlich Mietrecht anzuwenden ist. Nach ständiger Rechtsprechung des Bundesgerichtshofes ist auf die Miete § 309 Nr. 8 lit. b) aa) BGB nicht anwendbar.[12]

b. Anwendbarkeit des § 309 Nr. 8 lit. b) aa) BGB auf den Mietkauf

Im Unterschied zum Leasing oder Operating-Leasing ist die Anwendbarkeit des § 309 Nr. 8 lit. b) aa) BGB beim Mietkauf nicht a priori ausgeschlossen. Vielmehr muss hier zwischen Miet- und Kaufelement des Vertrages unterschieden werden.

Soweit es die Grundmietzeit betrifft, liegt ein Gebrauchsüberlassungsvertrag vor, weshalb § 309 Nr. 8 lit. b) aa) BGB keine Anwendung findet. Für die Vertragsbedingung des Kaufvertrages ist die Drittverweisung gemäß § 309 Nr. 8 lit. b) aa) BGB dagegen unwirksam. Da der Vermieter beim Mietkauf – für den Fall der Optionsausübung – regelmäßig die Gewährleistung ausschließen wird, ist die Anwendbarkeit nur dann von praktischer Relevanz, wenn ein Verbrauchsgüterkauf gegeben ist, folglich ein Unternehmer an einen Verbraucher veräußert.

Der Bezeichnung Mietkauf ist nicht zu entnehmen, ob § 309 Nr. 8 lit. b) aa) BGB einschlägig ist oder nicht, da sowohl eine Miete als auch ein Kauf Gegenstand des Vertrages ist. Beim Mietkauf findet keine Vermengung der Zeiträume Miete und Kauf statt. Vielmehr stellt der Mietkauf eine zeitlich aufeinander abfolgende Koppelung zweier Verträge dar.[13] Der Mieter erwirbt – erst und nur – mit Ausübung der Option das Eigentum an der Sache, da der Kauf aufschiebend bedingt durch die Optionserklärung zustande kommt.[14] Während der Grundmietzeit findet ausschließlich Mietrecht Anwendung.

Nur für den Fall, dass der Mieter von seinem vertraglich vereinbarten Ankaufsrecht mit Ablauf der Mietzeit Gebrauch macht, entsteht mit Ausübung der Kaufoption mit ex nunc Wirkung ein Kaufvertrag. Erst ab diesem Zeitpunkt findet Kaufrecht Anwendung.[15]

---

10 MüKoBGB/Kieninger, Bd. 2, § 309, Nr. 8, Rn. 25.

11 Siehe Kapitel A. III. 2.

12 BGH NJW 1985, 1547; siehe auch Palandt/Grüneberg, § 309, Rn. 60.

13 Palandt/Weidenkaff, Vor § 535, Rn. 30; Graf von Westphalen, Der Leasingvertrag, Kap. B, Rn. 78, S. 150.

14 Martinek/Stoffels/Wimmer-Leonhardt, Handbuch des Leasingrechts, § 4, Rn. 31, S. 45.

15 Martinek/Stoffels/Wimmer-Leonhardt, Handbuch des Leasingrechts, § 4, Rn. 31, S. 45; OLG Hamm, BB 1983, 337; Wolf/Horn/Lindacher, § 9 AGBG, Rn. 39.

Auch aufgrund der rechtlichen und wirtschaftlichen Nähe des erlasskonformen Vollamortisationsleasingvertrages mit Kaufoption und dem Mietkauf ist die leasingtypische Abtretungs- und Freizeichnungskonstruktion unter den selben Voraussetzungen wie beim Leasing zulässig, d.h., der Vermieter muss zur Wirksamkeit der Freizeichnung sämtliche kaufrechtlichen Mängelansprüche dem Mieter endgültig, unmittelbar und vorbehaltlos abtreten.[16] Da der Mietverkäufer die Gewährleistung im Falle der Optionsausübung regelmäßig vollständig ausschließt, ist reines Kaufrecht für die Beurteilung maßgeblich. Dies bedeutet, dass gegenüber einem unternehmerisch Tätigen die Gewährleistung ausgeschlossen werden kann; gegenüber einem Verbraucher dagegen nur nach Maßgabe des § 475 BGB.

2. Grundsätzlich kein Verstoß gegen § 307 Abs. 2 Nr. 2 BGB

§ 307 Abs. 2 Nr. 2 BGB soll den Schutz des Vertragspartners dort sicherstellen, wo es an einer ausgeführten gesetzlichen Regelung fehlt.[17] Mit den Worten „wesentliche Rechte oder Pflichten aus der Natur des Vertrages" umschreibt das Gesetz den schützenswerten, vom Verwender zurechenbar veranlassten Vertrauenstatbestand.[18] Insbesondere durch den Verbrauchsgüterkauf kam es zu umfangreichen Diskussionen nach der Schuldrechtsmodernisierung, inwieweit die Abtretungskonstruktion, vor allem für den Fall, dass der Leasingnehmer Verbraucher ist, wirksam ist. Die Einzelheiten sind umstritten. Dennoch können folgende Grundsätze festgehalten werden:

Die leasingtypische Freizeichnungs- und Abtretungskonstruktion ist grundsätzlich zulässig. Als Mindestvoraussetzung ist zu fordern, dass der Leasinggeber seine kaufrechtlichen Gewährleistungsansprüche endgültig, vorbehaltlos und unbedingt an den Leasingnehmer abtritt. Andernfalls wäre der Leasingnehmer unangemessen benachteiligt.[19]
Haben der Lieferant und der Leasinggeber untereinander einen Haftungsausschluss zugunsten des Lieferanten vereinbart, so können an den Leasingnehmer keine kaufrechtlichen Gewährleistungsansprüche abgetreten werden. Der Gewährleistungsausschluss zwischen Lieferant und Leasinggeber ist wirksam, da kein Umgehungsgeschäft i.S.d. § 475 Abs. 1 S. 2 BGB vorliegt. Vielmehr ist die Freizeichnung des Leasinggebers im Leasingvertrag gemäß § 307 Abs. 2 Nr. 2 BGB aufgrund der Rechtlosstellung des Leasingnehmers unwirksam.
Dem Leasingnehmer stehen aufgrund der unwirksamen Freizeichnung des Leasinggebers die mietrechtlichen Gewährleistungsansprüche aus dem Leasingvertrag gegen den Leasinggeber zu, §§ 535 ff. BGB.

---

16 BGH, ZIP 1987, 240; BGH, WM 1998, 979; BGH, NJW 2006, 1068.
17 Staudinger, Leasing, Rn. 125.
18 Staudinger, Leasing, Rn. 126.
19 BGH Urteil vom 21.12.2005 – VIII ZR 85/05 = NJW 2006, 1066.

Soweit es den sachlichen Umfang der dem Leasingnehmer einzuräumenden kaufrechtlichen Gewährleistungsansprüche betrifft, muss unterschieden werden. So ist es gegenüber dem unternehmerischen Leasingnehmer ausreichend, wenn der Leasinggeber dem Leasingnehmer zumindest ein kaufrechtliches Rücktrittsrecht verschafft, da sich der Leasingnehmer durch Ausübung des kaufrechtlichen Rücktrittsrechts über § 313 Abs. 1 und 2 BGB vom Leasingvertrag lösen kann.
Dies gilt – wenn auch in der Literatur umstritten – auch für den Leasingnehmer als Verbraucher. Eine anderweitige Wertung ergibt sich für den Leasingnehmer als Verbraucher nicht aus den Grundsätzen des Verbrauchsgüterkaufs. § 475 BGB findet mangels Kaufvertrags für den Leasingnehmer keine Anwendung. Ein Umgehungsgeschäft i.S.d. § 475 Abs. 1 S. 2 BGB scheidet aus. Allenfalls die Wertung des § 475 BGB kann bei der Frage der Wirksamkeit der Freizeichnungs- und Abtretungskonstruktion im Rahmen des § 307 BGB herangezogen werden.[20]
Eine unangemessene Benachteiligung ist aber unter keinen rechtlichen Gesichtspunkten anzunehmen, wenn dem Leasingnehmer die kaufrechtlichen Ansprüche nach dem Standard des § 309 Nr. 8 lit. b) BGB eingeräumt werden;[21] denn dann genießt selbst der Leasingnehmer als Verbraucher ausreichenden Schutz.

---

a. Grundsatz

Entscheidend für die Frage der Wirksamkeit der leasingtypischen Freizeichnungs- und Abtretungskonstruktion ist, ob der Leasingnehmer durch den Ausschluss der mietrechtlichen Gewährleistungsansprüche gegen den Leasinggeber unter Verweis auf die kaufrechtlichen Ansprüche des Leasinggebers gegen den Lieferanten/Hersteller unangemessen benachteiligt wird.[22]

Ein Verstoß gegen das Aushöhlungsverbot des § 307 Abs. 2 Nr. 2 BGB liegt vor, wenn der Leasingnehmer durch die Abtretungskonstruktion unangemessen benachteiligt wird. Dies gilt insbesondere dann, wenn wesentliche Pflichten der Gestalt durch AGB modifiziert werden, dass der Vertragszweck gefährdet wird.[23]

Seit der Schuldrechtsreform gehören zu den geschützten Rechten des § 307 Abs. 2 Nr. 2 BGB auch die Ansprüche des Käufers auf Lieferung einer mangelfreien Sache § 433 Abs. 1 BGB. Die Gewährleistungsrechte und die hieraus resultierende Rechtslage hinsichtlich einer Mängelhaftung bezüglich des Leasinggegenstandes werden maßgeblich durch die Rechtsnatur des Leasingvertrages als Finanzierungsgeschäft geprägt. Dabei ist zu berücksichtigen, dass der Leasinggeber nicht als Verkäufer, sondern als Financier auftritt und lediglich für den Leasingnehmer die Nutzungsmöglichkeit an der Leasingsache eröffnet. Diesen Gesichtspunkten trägt die ständige Rechtsprechung des Bundesgerichtshofes Rechnung, indem sie die leasingtypische

20 Vgl. umfassend im Kapitel A. I. 3. a.
21 MüKoBGB/Koch, Bd. 3, Finanzierungsleasing, Rn. 103 f. und 123.
22 Engel, Handbuch Kraftfahrzeugleasing, § 5, Rn. 30.
23 Palandt/Grüneberg, § 307, Rn. 36.

Freizeichnungs- und Abtretungskonstruktion gestattet[24], sofern der Leasingnehmer durch die leasingtypische Klausel nicht rechtlos gestellt wird.[25] Dies wird dadurch gewährleistet, dass die Durchsetzung des Gewährleistungsrechts dem sachnäheren Leasingnehmer übertragen wird.[26] Nach ständiger Rechtsprechung des Bundesgerichtshofes gilt daher, dass die leasingtypische Freizeichnungs- und Abtretungskonstruktion auch im nichtkaufmännischen Verkehr durch AGB zulässig ist, wenn dem Leasingnehmer gleichzeitig die kaufrechtlichen Mängelrechte des Leasinggebers abgetreten werden und diese Ansprüche die Interessen des Leasingnehmers in angemessener Weise wahren.[27] Von dieser Rechtsprechung ist der Bundesgerichtshof auch nach der Schuldrechtsreform nicht abgewichen.[28]

---

24 BGH NJW 1982, 105: *„Bei einem Finanzierungs-Leasingvertrag, wie er hier vorliegt, gehört es typischerweise zur formularmäßigen Ausgestaltung der Gewährleistung, daß der Leasinggeber sich von der ihn treffenden, aus der entsprechenden Anwendung der mietrechtlichen Vorschriften herzuleitenden Gewährleistungspflicht (§§ 537 ff. BGB) freizeichnet und zum Ausgleich dafür dem Leasingnehmer diejenigen kaufrechtlichen Gewährleistungsrechte einschließlich der Wandelungsbefugnis abtritt, die ihm selbst gegen den Hersteller bzw. Lieferanten der Leasingsache zustehen. Diese Regelung der Gewährleistungspflicht nach kaufrechtlichem Vorbild – so, als sei der Leasingnehmer selbst Käufer der Leasingsache – gibt dem Finanzierungsleasing sein typisches, insoweit vom Leitbild des Mietvertrages abweichendes Gepräge […].“;* siehe auch Martinek/Stoffels/Wimmer-Leonhardt, Handbuch des Leasingrechts, § 31, Rn. 4, 6, S. 359 f.

25 BGH NJW 1988, 2467: *„Voraussetzung für die Angemessenheit und damit Wirksamkeit (§ 9 I AGB-Gesetz [entspricht § 307 II Nr. 2 BGB neue Fassung]) einer solchen, der typischen Interessenlage beim Leasingvertrag entsprechenden Vertragsgestaltung ist aber, dass der Leasingnehmer nicht rechtlos gestellt wird, sondern Sachmängelansprüche nach kaufrechtlichem Vorbild unmittelbar gegenüber dem Lieferanten der Leasingsache geltend machen kann. Das kann durch deren Abtretung oder durch Ermächtigung des Leasingnehmers zu ihrer Geltendmachung gegen den Lieferanten geschehen.“*

26 MüKoBGB/Koch, Bd. 3, Finanzierungsleasing, Rn. 101.

27 BGH NJW 1986, 1744/1745: *„Von der sich daran anknüpfenden mietrechtlichen Sachmängelhaftung nach § 537 BGB [§ 536 BGB neue Fassung] kann sich der Leasinggeber wegen der Besonderheiten des Leasingverhältnisses auch im nichtkaufmännischen Verkehr in AGB freizeichnen, wenn er dem Leasingnehmer gleichzeitig seine kaufrechtlichen Gewährleistungsansprüche gegen den Lieferanten abtritt und diese Ansprüche die Interessen des Leasingnehmers in angemessener Weise wahren (für den nichtkaufmännischen Verkehr Senat, NJW 1985, 129 = WM 1984, 1089; ferner allg. BGHZ 68, 118 [123] = NJW 1977, 848; BGHZ 81, 298 [301 f.] = NJW 1982, 105; BGHZ 94, 44 [48] = NJW 1985, 1535; BGHZ 94, 180 [185 ff.] = NJW 1985, 1547 mit dem Ergebnis, dass § 11 Nr. 10a AGB-Gesetz diese Freizeichnung nicht hindert).“*

28 BGH NJW 2006, 1066.

b. Voraussetzung: Endgültige, vorbehaltlose und unbedingte Abtretung der kaufrechtlichen Gewährleistungsansprüche an den Leasingnehmer

Die Freizeichnung des Leasinggebers von seiner Verpflichtung gegenüber dem Leasingnehmer aus den mietrechtlichen Gewährleistungsansprüchen setzt voraus, dass er seine kaufrechtlichen Gewährleistungsansprüche **endgültig, vorbehaltlos und unbedingt** an den Leasingnehmer abtritt. Andernfalls wäre der Leasingnehmer unangemessen benachteiligt.[29]

Nach ständiger Rechtsprechung des Bundesgerichtshofes ist die Freizeichnung des Leasinggebers von seiner mietrechtlichen Haftung nur dann wirksam, wenn der Leasingnehmer durch die Regelung nicht **„rechtlos gestellt"** wird.[30] Eine solche Rechtlosstellung des Leasingnehmers wird insbesondere dann angenommen, wenn die dem Leasingnehmer vom Leasinggeber übertragene Rechtsposition nicht stark genug ist. Der Leasinggeber muss seine kaufrechtlichen Mängelansprüche/Gestaltungsrechte gegen den Lieferanten an den Leasingnehmer abtreten oder ihn in vollem Umfang zur Geltendmachung dieser Rechte ermächtigen.[31] Dem Leasingnehmer muss die alleinige Rechtsmacht zur Ausübung der Mängelansprüche/Gestaltungsrechte zustehen.[32] Der Leasinggeber darf sich dabei keine eigene Rechtsverfolgung vorbehalten, sondern hat seine Rechte vollumfänglich an den Leasingnehmer zu übertragen.[33]

Bei der inzwischen kaum noch gebräuchlichen Ermächtigungskonstruktion legitimiert der Leasinggeber den Leasingnehmer die Ansprüche aus dem Liefervertrag gegenüber dem Lieferanten/Hersteller geltend zu machen. Während diese Konstruktion früher als unbedenklich angesehen wurde[34], bestehen zwischenzeitlich bei differenzierter Betrachtung Zweifel an deren Wirksamkeit. Diese ergeben sich daraus, dass es dem Leasingnehmer bei Pflichtverletzungen des Lieferanten nicht möglich ist, eigene Schäden gegen den Lieferanten geltend zu machen. Dies kann als eine unzulässige Einschränkung der Rechte des Leasingnehmers im Vergleich zur mietrechtlichen Haftung des Leasinggebers gewertet werden.[35]

---

29 BGH Urteil vom 21.12.2005 – VIII ZR 85/05 = NJW 2006, 1066: *„Die – grundsätzlich zulässige […] – formularmäßige Freizeichnung des Leasinggebers von seiner mietrechtlichen Gewährleistung bei gleichzeitiger Abtretung seiner kaufrechtlichen Gewährleistungsansprüche gegen den Lieferanten der Leasingsache an den Leasingnehmer ist nach der Rechtsprechung des Senats wegen unangemessener Benachteiligung des Leasingnehmers nach § 307 I 1 BGB (früher § 9 I AGGG) unkwirksam, wenn die Abtretung nicht endgültig, vorbehaltlos und unbedingt erfolgt."*

30 Engel, Handbuch Kraftfahrzeugleasing, § 5, Rn. 30; BGH NJW 1987, 1072.

31 MüKoBGB/Koch, Bd. 3, Finanzierungsleasing, Rn. 104.

32 MüKoBGB/Koch, Bd. 3, Finanzierungsleasing, Rn. 104.

33 Engel, Handbuch Kraftfahrzeugleasing, § 5, Rn. 30.

34 Beckmann, in: Büschgen, Praxishandbuch Leasing, § 6, Rn. 29, S. 95.

35 Martinek/Stoffels/Wimmer-Leonhardt, Handbuch des Leasingrechts, § 25, Rn. 10 f., S. 259.

Als nicht ausreichend wird es jedenfalls angesehen, wenn der Leasinggeber dem Leasingnehmer nur eine Ermächtigung unter dem Vorbehalt des jederzeitigen Widerrufs erteilt oder dem Leasingnehmer das Risiko der Durchsetzbarkeit der Gewährleistungsansprüche gegen den Lieferanten auferlegt (das so genannte Insolvenzrisiko).[36] Auch eine Klausel, nach der die Abtretung des Wandelungsanspruchs, seit der Schuldrechtsreform das Rücktrittsrecht, nur Zug um Zug gegen Zahlung sämtlicher noch ausstehender Leasingraten des Restwertes erfolgt, stellt den Leasingnehmer nach Ansicht des Bundesgerichtshofes rechtlos und ist daher unwirksam.[37]

Unzulässig ist zudem eine Abtretung an den Leasingnehmer unter der Bedingung der Zahlung der ausstehenden Leasingraten des Restwertes sowie sonstiger Kosten oder Erfüllung weiterer Verbindlichkeiten durch den Leasingnehmer.[38]

Ebenso ist von einer unzulässigen Klausel auszugehen, wenn der Leasingnehmer dazu gezwungen wird, seine ihm abgetretenen Gewährleistungsansprüche gegen den Lieferanten jedenfalls **gerichtlich** – eine außergerichtliche Geltendmachung kann auferlegt werden – geltend zu machen. Denn erklärt sich der Lieferant mit der Rückabwicklung des Kaufvertrages einverstanden, so benachteiligt eine derartige Verpflichtung den Leasingnehmer unangemessen, da ein sachlicher Grund für die Verpflichtung nicht gegeben ist.[39]

Dagegen ist es zulässig, wenn der Leasinggeber sich den Widerruf der Abtretung für den Fall der Nichtgeltendmachung durch den Leasingnehmer – trotz vertraglicher Verpflichtung – vorbehält. Denn der Leasinggeber hat ein berechtigtes Interesse an der Durchsetzung seiner Ansprüche gegenüber dem Lieferanten/Hersteller, da es sich um sein Wirtschaftsgut bzw. Eigentum handelt.[40]

Aufgrund der typischen Abtretungskonstruktion ist es zulässig, dass der Leasingnehmer die Ansprüche gegenüber dem Lieferanten/Hersteller zunächst auf seine eigenen Kosten geltend machen muss, weil der Lieferant bei einem begründeten Anspruch des Leasingnehmers zur entsprechenden Kostentragung gemäß § 91 ZPO verpflichtet ist.[41] Dieses Kostenrisiko trüge der Leasingnehmer auch bei seinen mietrechtlichen Gewährleitungsansprüchen gegenüber dem Leasinggeber, läge keine Freizeichnung vor.

---

36 BGH NJW 1987, 1072; 1988, 2465; WM 1992, 1609; DB 2002, 2529.

37 BGH Urteil vom 04.04.1984 – VIII ZR 313/82 = WM 1984, 933: *„Rechtlos stellt den Leasingnehmer [auch] eine Freizeichnungsklausel, nach der der Leasingnehmer zwar die Abtretung sämtlicher Gewährleistungsansprüche gegen den Lieferanten verlangen kann, die Abtretung des Wandelungsrechts aber nur Zug um Zug gegen Zahlung sämtlicher noch ausstehender Leasingraten des Restwertes erfolgt."*

38 BGH NJW 1986, 1774; BGH NJW 1987, 1072; MüKoBGB/Koch, Bd. 3, Finanzierungsleasing, Rn. 104.

39 Tietke/Möllmann DB 2004, 583.

40 OLG Dresden NJW-RR 2004, 1712.

41 Graf von Westphalen, Der Leasingvertrag, Rn. 438.

c. Umfang der kaufrechtlichen Ansprüche

Besondere Probleme treten auf, wenn der Leasinggeber zwar vollumfänglich seine Gewährleistungsansprüche abtritt, diese aber ins Leere laufen, da er die Gewährleistung mit dem Lieferanten/Hersteller ausgeschlossen hat oder – rechtlich problematischer – diese von dem gesetzlichen Leitbild des § 437 BGB bzw. der §§ 474 ff. BGB abweichen.

aa. Vollumfänglicher Gewährleistungsausschluss im Verhältnis Leasinggeber zum Lieferanten als Rechtlos-Stellung des Leasingnehmers

---

Haben der Lieferant und der Leasinggeber im Rahmen des Liefervertrages einen Gewährleistungsausschluss zugunsten des Lieferanten vereinbart, so können an den Leasingnehmer keine kaufrechtlichen Gewährleistungsansprüche, da solche aufgrund des Ausschlusses nicht existieren, abgetreten werden. Der Gewährleistungsausschluss zwischen Lieferant und Leasinggeber ist wirksam, da kein Umgehungsgeschäft i.S.d. § 475 Abs. 1 S. 2 BGB angenommen werden kann. Vielmehr ist die Freizeichnung des Leasinggebers im Leasingvertrag gemäß § 307 Abs. 2 Nr. 2 BGB aufgrund der Rechtlosstellung unwirksam. Der Leasingnehmer hat aufgrund der unwirksamen Freizeichnung mietrechtliche Gewährleistungsansprüche gegen den Leasinggeber aus dem Leasingvertrag, §§ 535 ff. BGB.

Der Lieferant/Hersteller, der stets Unternehmer sein wird, kann e contrario § 475 BGB mit einem Leasinggeber, welcher ebenfalls regelmäßig Unternehmer sein wird, die kaufrechtliche Gewährleistung vollständig abbedingen. Erfolgt nunmehr ein Gewährleistungsausschluss im Verhältnis Lieferanten/Hersteller zum Leasinggeber, so kann der Leasinggeber zwar eine leasingtypische Freizeichnungs- und Abtretungskonstruktion mit dem Leasingnehmer vereinbaren, jedoch erhält der Leasingnehmer keine Ansprüche gegenüber dem Lieferanten/Hersteller, weil abtretbare Ansprüche gegenüber dem Lieferanten/Hersteller nicht bestehen.

Wie bereits dargelegt[42], liegt mangels kaufrechtlicher Struktur kein Verstoß gegen § 475 Abs. 1 S. 2 BGB vor, jedoch erfolgt nach der Rechtsprechung des Bundesgerichtshofes eine Rechtlosstellung des Leasingnehmers, weshalb in diesem Fall die leasingtypische Freizeichnungs- und Abtretungskonstruktion eine unangemessene Benachteiligung des Leasingnehmers im Sinne des § 307 Abs. 1 S. 1, Abs. 2 Nr. 2 darstellt und damit unwirksam ist.[43]

---

42 Vgl. Kapitel A. I. 3. a.
43 BGH Urteil vom 21.12.2005 – VIII ZR 85/05 = NJW 2006, 1066: *„Jedenfalls ist der Ausschluss der mietrechtlichen Gewährleistung des Leasinggebers einem Leasingnehmer mit Verbrauchereigenschaft gegenüber [...] dann unwirksam, wenn die Abtretung der kaufrechtlichen Gewährleistungsansprüche des Leasinggebers nicht nur eingeschränkt ist, sondern – wie hier – vollständig leer läuft, weil diese Ansprüche im Kaufvertrag zwischen Leasinggeber und Lieferant ausgeschlossen sind. Andernfalls wäre der Leasingnehmer rechtlos gestellt.“*

Bei einem Verstoß in Form der Rechtlosstellung ist zu beachten, dass nicht etwa die kaufrechtlichen Ansprüche gegenüber dem Lieferanten/Hersteller aufleben, sondern vielmehr der Leasingnehmer weiterhin seine originären mietrechtlichen Ansprüche aus dem Leasingvertrag gegenüber dem Leasinggeber geltend machen kann. Zwischen Lieferant und Leasinggeber wurden die Ansprüche wirksam ausgeschlossen und sind zu keinem Zeitpunkt entstanden und können folglich nicht wieder „aufleben". Die Ansprüche des Leasingnehmers gegenüber dem Leasinggeber aus dem Leasingvertrag dagegen bestehen von Anfang an. Der Ausschluss der Rechte gegenüber dem Leasingnehmer ist nur unter der Bedingung zulässig, dass der Leasingnehmer nicht rechtlos gestellt wird. Ist dies jedoch der Fall, so stehen dem Leasingnehmer, der Verbraucher ist, nach der Rechtsprechung des Bundesgerichtshofes mietrechtliche Gewährleistungsansprüche gegen den Leasinggeber zu.[44]

Nach dem Wortlaut bezieht sich die Entscheidung des Bundesgerichtshofes lediglich auf die Konstellation, in der der Leasingnehmer Verbraucher ist. Problematisch ist, ob gegenüber einem unternehmerisch bzw. kaufmännisch Tätigen in der soeben ausgeführten Situation ebenfalls eine Rechtlosstellung, und folglich ein Verstoß gegen § 307 Abs. 1 S. 1 BGB, vorliegt.

Da die Rechtsprechung des Bundesgerichtshofes zur Rechtlosstellung im Verbraucher- als auch Unternehmerbereich bereits vor der Schuldrechtsreform einheitlich geführt wurde, ist davon auszugehen, dass eine Rechtlosstellung in der zuvor bezeichneter Ausgangslage bei einem Unternehmer als Leasingnehmer ebenfalls anzunehmen ist.[45]

Insbesondere in der vorgenannten Entscheidung[46] hat der Bundesgerichtshof klargestellt, dass auch gegenüber einem Kaufmann eine rechtliche Freizeichnung mittels AGB nur unter Abtretung seiner kaufrechtlichen Gewährleistungsansprüche gegenüber dem Lieferanten wirksam ist. Der Bundesgerichtshof hat in einer seiner Entscheidungen vom 27.04.1989 klargestellt, dass auch zwischen kaufmännisch Tätigen im Rahmen des § 307 Abs. 1 S. 1 BGB **„die Interessen des Leasingnehmers nur gewahrt [werden], wenn ihm die kaufrechtlichen Mängelansprüche unbedingt übertragen worden sind."** [47]

In dieser Entscheidung beruft sich der Bundesgerichtshof auf sein Urteil vom 17.12.1986, in dem er klargestellt hat, dass ein Leerlauf der Abtretung der kaufrechtlichen Gewährleistungsansprüche an den unternehmerisch tätigen Leasingnehmer eine Rechtlosstellung des Leasingnehmers darstellt.[48]

---

44 BGH Urteil vom 21.12.2005 – VIII ZR 85/05 = NJW 2006, 1066: *„In diesem Fall stehen dem Leasingnehmer mit Verbrauchereigenschaft mietrechtliche Gewährleistungsansprüche gegen den Leasinggeber zu."*

45 Palandt/Grüneberg, § 309, Rn. 48.

46 BGH VIII ZR 91/85 = BGH NJW 1986, 1744.

47 BGH VIII ZR 84/87 = BGH NJW 1988, 2467.

48 BGH NJW 1987, 1072: *„Soweit der Bundesgerichtshof bereits zuvor entschieden hat, dass*

Somit ist festzuhalten, dass sowohl gegenüber dem Leasingnehmer als Verbraucher als auch gegenüber dem unternehmerisch tätigen Leasingnehmer eine Rechtlosstellung anzunehmen ist, wenn im Verhältnis zwischen Leasinggeber und Lieferanten/Hersteller ein wirksamer Gewährleistungsausschluss vereinbart wurde und damit die Abtretung der Ansprüche an den Leasingnehmer ins Leere laufen. Dem Leasingnehmer stehen dann die mietrechtlichen Gewährleistungsansprüche gegen den Leasinggeber zu.[49]

bb. Sachlicher Umfang der abzutretenden Gewährleistungsansprüche

Der Leasinggeber muss sämtliche Gewährleistungsrechte, die ihm gegenüber dem Lieferanten zustehen, vollumfänglich, bedingungslos, vorbehaltlos und endgültig an den Leasingnehmer abtreten. Haben der Lieferant und der Leasinggeber einen Haftungsausschluss vereinbart und stehen deshalb dem Leasinggeber nicht sämtliche Gewährleistungsansprüche zu, so genügt es, wenn der Leasinggeber dem Leasingnehmer zumindest ein Rücktrittsrecht verschafft. Ist der Leasingnehmer Verbraucher, können mangels vergleichbarer Interessenlage die Grundsätze des § 475 BGB nicht auf den Leasingvertrag übertragen werden.

Nach bisheriger ständiger Rechtsprechung setzt ein wirksamer vollständiger Gewährleistungsausschluss im Leasingvertrag voraus, dass dem Leasingnehmer sämtliche dem Leasinggeber gegen den Lieferanten/Hersteller zustehenden kaufrechtlichen Gewährleistungsansprüche übertragen werden.[50]

Entscheidend ist die Frage, ob ein wirksamer Ausschluss der mietrechtlichen Gewährleistungsansprüche des Leasinggebers gegenüber dem Leasingnehmer vorliegt, wenn der Leasinggeber zwar seine Gewährleistungsansprüche gegenüber dem Lieferanten an den Leasingnehmer wirksam abtritt, diese aber nicht vollumfänglich

---

die kaufrechtlichen Ansprüche unbedingt an den unternehmerisch tätigen Leasingnehmer zu transferieren sind, muss sich aus dem „argumentum a maiore ad minus" ergeben, dass ein Leerlauf der Abtretung mangels kaufrechtlicher Gewährleistungsansprüche des Leasinggebers an den Leasingnehmer jedenfalls eine Rechtlosstellung darstellt."

49 BGH VIII ZR 91/85 = BGH NJW 1986, 1744: *„Eine Rechtlosstellung [liegt] sowohl gegenüber dem Verbraucher, als auch gegenüber dem Unternehmer als Leasingnehmer [vor], wenn der Leasinggeber seine Gewährleistungsansprüche gegenüber dem Lieferanten/Hersteller ausgeschlossen hat und damit die Abtretung der Ansprüche an den Leasingnehmer ins Leere laufen. In diesem Falle richten sich die Ansprüche des Leasingnehmers gegenüber dem Leasinggeber ausschließlich nach den mietrechtlichen Vorschriften."*

50 BGH VIII ZR 124/75 = NJW 1977, 848: *„Der in einem Leasingvertrag formularmäßig vereinbarte vollständige Gewährleistungsausschluss ist wirksam, wenn der Leasinggeber dem Leasingnehmer sämtliche ihm gegenüber dem Lieferanten zustehenden kaufrechtlichen Gewährleistungsansprüche einschließlich der Wandlungsbefugnis überträgt."*

dem Leitbild der §§ 437 ff. BGB bzw. im Falle des Leasingnehmers als Verbraucher demjenigen des § 475 BGB entsprechen.

(1) Leasingnehmer als Unternehmer

Der Leasinggeber muss sämtliche, ihm gegenüber dem Lieferanten zustehenden Gewährleistungsrechte, vollumfänglich, bedingungslos, vorbehaltlos und endgültig an den Leasingnehmer abtreten. Stehen dem Leasinggeber aber aufgrund vertraglicher Vereinbarungen mit dem Lieferanten nicht sämtliche Gewährleistungsansprüche zu, so ist es gegenüber dem unternehmerischen Leasingnehmer ausreichend, wenn der Leasinggeber dem unternehmerisch tätigen Leasingnehmer zumindest ein kaufrechtliches Rücktrittsrecht verschafft, da sich der Leasingnehmer durch Ausübung des kaufrechtlichen Rücktrittsrechts über § 313 Abs. 1 und 2 BGB vom Leasingvertrag lösen kann.

Bei der Frage, welche kaufrechtlichen Gewährleistungsansprüche der Leasinggeber dem unternehmerischen Leasingnehmer verschaffen muss, ist nach dem Bundesgerichtshof die Wertung heranzuziehen, dass der Leasinggeber, der durch Aufstellung allgemeiner Leasingbedingungen die Vertragsfreiheit allein für sich in Anspruch nimmt, die schutzwürdigen Belange der Leasingnehmer angemessen zu berücksichtigen hat, insbesondere die Leasingnehmer nicht rechtlos stellen darf.[51] Vor allem weil die leasingtypische Freizeichnung die wesentlichste Pflicht des Vermieters, mithin die Bereitstellung und Erhaltung der Mietsache in gebrauchsfähigem Zustand betrifft, kann der Ausschluss der mietrechtlichen Mängelrechte nur dann als wirksam angesehen werden, wenn die abgetretenen kaufrechtlichen Gewährleistungsansprüche gegen den Lieferanten/Hersteller, dem Leasingnehmer einen ausreichenden Schutz gewähren. Dies umfasst nach der Rechtsprechung des Bundesgerichtshofes auch die Möglichkeit des Leasingnehmers bei völliger Unbrauchbarkeit des Leasinggutes den Leasingvertrag zu wandeln, seit der Schuldrechtsreform nunmehr vom Leasingvertrag zurückzutreten, und sich damit zugleich von der Pflicht zur Zahlung der Leasingraten zu befreien.[52]

---

51 BGH VIII ZR 124/75 = BGH NJW 1977, 849: *„Wer durch einseitige Aufstellung derartiger Bedingungen [allgemeine Leasingbedingungen] die Vertragsfreiheit allein für sich in Anspruch nimmt, hat von vornherein die schutzwürdigen Belange künftiger Vertragspartner angemessen zu berücksichtigen und darf diese insbesondere nicht rechtlos stellen (BGHZ 54, 106 [109] = NJW 1970, 1596; St. Rspr.).“*

52 BGH VIII ZR 124/75 = BGH NJW 1977, 849: *„Das gilt hier umso mehr, als die Freizeichnung die wesentlichste Pflicht des Vermieters – die Bereitstellung der Mietsache in gebrauchsfähigem Zustand – betrifft. Der Gewährleistungsausschluss kann daher nur dann als noch rechtswirksam hingenommen werden, wenn die zum Ausgleich abgetretenen kaufrechtlichen Gewährleistungsansprüche der Klägerin gegenüber der Firma D dem Beklagten einen ausreichenden Schutz gewähren würden und ihn – worauf es im vorliegenden Fall ankommt – insbesondere bei*

Der Bundesgerichtshof hat bei seiner Entscheidung zum alten Schuldrecht auf das heutige Rücktrittsrecht abgestellt. Der wesentliche Gedanke dabei ist, dass der Leasingnehmer die Möglichkeit des Rücktritts vom Kaufvertrag haben soll, um sich von seiner Verpflichtung, die Leasingraten bezahlen zu müssen, über die Grundsätze des § 313 Abs. 1 und 2 BGB vom Leasingvertrag befreien zu können. Dies könnte einen Rückschluss insoweit zulassen, dass dem Leasingnehmer lediglich das kaufrechtliche Rücktrittsrecht gemäß § 437 Nr. 2 BGB übertragen werden muss, damit die leasingtypische Freizeichnungs- und Abtretungskonstruktion i.S.d. § 307 Abs. 2 Nr. 2 BGB zulässig ist.

Auf dieser Argumentationsebene bewegt sich auch die Aussage des Bundesgerichtshofes, dass angesichts der typischen Interessenlage im kaufmännischen Handelsverkehr der Leasingnehmer nicht in einer gegen Treu und Glauben verstoßenden Weise unangemessen benachteiligt, wenn ihm an Stelle der mietrechtlichen Gewährleistungsansprüche gegen den Leasinggeber die Befugnis eingeräumt wird, notfalls vom Kaufvertrag zurückzutreten (früher: zu wandeln) und damit dem Leasingvertrag den Boden zu entziehen.[53]

Der Bundesgerichtshof hat dies sowohl zum Kaufmann als auch zum (bis zur Reform des Handelsrechts 1998 gesetzlich geregelten) Minderkaufmann entschieden, weshalb diese Wertung insgesamt auf einen Leasingnehmer als Unternehmer übertragen werden kann. Demnach ist die Freizeichnung von den mietrechtlichen Gewährleistungsansprüchen jedenfalls dann zulässig, wenn dem Leasingnehmer ein kaufrechtliches Rücktrittsrecht eingeräumt wird.[54]

Umstritten ist nach der Schuldrechtsreform vor allem, ob dem Leasingnehmer als Unternehmer zumindest der Standard des § 309 Nr. 8 lit. b) BGB an Gewährleistungsrechten eingeräumt werden muss. Obwohl der Bundesgerichtshof in seiner Rechtsprechung hierzu nicht ausdrücklich Stellung genommen hat, kann ihr die Wertung entnommen werden, dass bei einer Einräumung des Standards des § 309 Nr. 8 lit. b)

---

völliger Unbrauchbarkeit der vermieteten Anlage, in die Lage versetzt, den Kaufvertrag zu wandeln und sich damit zugleich von der Mietzinsverpflichtung gegenüber der Kl. zu befreien."

53 BGH VIII ZR 265/80 = BGH NJW 1982, 106: *„Angesichts dieser typischen Interessenslage – und dadurch unterscheidet sich der Leasingvertrag grundlegend von anderen Vertragstypen, die eine Beschränkung der Gewährleistung auf die Einräumung von Ansprüchen gegen Dritte zum Inhalt haben (vgl. etwa BGHZ 62, 256 = NJW 1974, 1617) – wird jedenfalls im kaufmännischen Handelsverkehr der Leasingnehmer nicht in einer gegen Treu und Glauben verstoßenen Weise unangemessen benachteiligt, wenn ihm an Stelle der Gewährleistungsansprüche gegen den Leasinggeber (§§ 537 ff. BGB) die Befugnis eingeräumt wird, notfalls den Kaufvertrag zu wandeln und damit dem Leasingvertrag den Boden zu entziehen."*

54 Staudinger, Leasing, Rn. 216; BGHZ 81, 298 = NJW 1982, 105; BGHZ 94, 44; 94, 180, 187 ff. = NJW 1985, 1547.

BGB eine Rechtslosstellung des Leasingnehmers nicht gegeben ist und die Freizeichnung folglich wirksam ist.[55]

Zwar hat der Bundesgerichtshof in der zuvor bezeichneten Entscheidung die Vorschrift des § 309 Nr. 8 lit. b) BGB – mangels Anwendbarkeit in zeitlicher Hinsicht – nicht unmittelbar zur Anwendung gebracht, aber als maximalen Maßstab im Rahmen der Wertung herangezogen. Dieser Ansicht hat sich auch die herrschende Literaturmeinung angeschlossen, so dass auch ihrem Erachten nach die Einräumung des Standards des § 309 Nr. 8 lit. b) BGB ausreichend ist.[56]

Durch die Schuldrechtsmodernisierung wurde gemäß § 439 Abs. 1 BGB das Recht der zweiten Andienung für den Verkäufer eingeführt. Demnach räumt der Gesetzgeber dem Verkäufer das Recht der Nacherfüllung ein, bevor der Käufer Gestaltungsrechte in Form des Rücktritts, der Minderung oder des Schadensersatzes statt der Leistung geltend machen kann.[57] Telos des § 439 BGB ist folglich der Schutz des Verkäufers vor der sofortigen Geltendmachung der Gestaltungsrechte. Damit dient § 439 BGB nicht allein dem Schutze des Käufers, sondern wahrt vielmehr die Rechte des Verkäufers. Folglich kann es nicht zwingend erforderlich sein, dem Leasingnehmer den Nacherfüllungsanspruch abzutreten.

Dies gilt auch hinsichtlich der Schadensersatzansprüche, da sich der Leasingnehmer bei etwaigen Pflichtverletzungen wegen Verschuldens ohnehin an den Leasinggeber wenden kann.

Letztendlich ist zusammenfassend festzuhalten, dass der Leasinggeber grundsätzlich sämtliche ihm gegenüber dem Lieferanten zustehenden Gewährleistungsrechte vollumfänglich, bedingungslos, vorbehaltlos und endgültig an den unternehmerischen Leasingnehmer abzutreten hat. Stehen dem Leasinggeber aber aufgrund vertraglicher Vereinbarungen mit dem Lieferanten nicht sämtliche Gewährleistungsansprüche zu, so genügt es, wenn der Leasinggeber dem Leasingnehmer zumindest ein kaufrechtliches Rücktrittsrecht verschafft, da der Leasingnehmer durch Ausübung des kaufrechtlichen Rücktrittsrechts über § 313 Abs. 1 und 2 BGB sich vom Leasingvertrag lösen kann. Darüber hinausgehende Gewährleistungsrechte sind nicht zwingende Voraussetzung für die Freizeichnung von der mietrechtlichen Gewährleistung des Leasinggebers, da der kaufrechtliche Rücktritt ohne vorherige Verpflichtung zur Nacherfüllung des Verkäufers die sofortige Möglichkeit der Abstandnahme vom

55 BGH VIII ZR 124/75 = BGH NJW 1977, 849: *„Räumt der Leasinggeber einem Leasingnehmer als Unternehmer zumindest den Standard des § 309 Nr. 8 lit. b) BGB ein, ist eine Rechtlosstellung nicht gegeben und folglich die Freizeichnung von der mietrechtlichen Gewährleistung wirksam."*.

56 MüKoBGB/Koch, Bd. 3, Finanzierungsleasing, Rn. 100, 106; Emmerich JuS 1990, 6 Fn. 65; H. Schmidt, Rn. 463.

57 Palandt/Weidenkaff, § 439, Rn. 2.

Leasingvertrag ermöglicht. Jedenfalls aber ist eine Freizeichnung wirksam, soweit der Leasinggeber die Standards des § 309 Nr. 8 lit. b) BGB einhält.[58]

(2) Leasingnehmer als Verbraucher

Für den Fall, dass der Leasingnehmer Verbraucher im Sinne des § 13 BGB ist, stellt sich die Frage, inwieweit die Wertungen des § 475 BGB auf die leasingtypische Freizeichnungs- und Abtretungskonstruktion des Leasingvertrages im Rahmen des § 307 Abs. 1 und 2 Nr. 2 BGB zu übertragen sind.

Der Leasinggeber muss sämtliche, ihm gegenüber dem Lieferanten zustehenden Gewährleistungsrechte, vollumfänglich, bedingungslos, vorbehaltlos und endgültig an den Leasingnehmer abtreten. Stehen dem Leasinggeber aber aufgrund vertraglicher Vereinbarungen mit dem Lieferanten nicht sämtliche Gewährleistungsansprüche zu, so ist es entsprechend der Rechtsprechung zum Leasingnehmer als Unternehmer ausreichend, wenn der Leasinggeber dem Leasingnehmer zumindest ein kaufrechtliches Rücktrittsrecht verschafft, da der Leasingnehmer durch Ausübung des kaufrechtlichen Rücktrittsrechts über § 313 Abs. 1 und 2 BGB sich vom Leasingvertrag lösen kann.
Eine andere Wertung ergibt sich auch nicht aus den Grundsätzen des Verbrauchsgüterkaufs. § 475 BGB findet mangels Kaufvertrages für den Leasingnehmer keine unmittelbare Anwendung. Darüber hinaus hat der Bundesgerichtshof festgestellt, dass Leasing kein Umgehungsgeschäft i.S.d. § 475 Abs. 1 S. 2 BGB darstellt. Folgerichtig kann allenfalls die Wertung des § 475 BGB zur Wirksamkeit der Freizeichnungs- und Abtretungskonstruktion im Rahmen des § 307 BGB herangezogen werden.[59]
Eine unangemessene Benachteiligung durch eine Rechtlosstellung im Rahmen der Freizeichnung der mietrechtlichen Gewährleistungsansprüche ist aber keinesfalls gegeben, wenn dem Leasingnehmer die kaufrechtlichen Ansprüche nach dem Standard des § 309 Nr. 8 lit. b) BGB eingeräumt werden;[60] denn dann genießt auch der Leasingnehmer als Verbraucher jedenfalls ausreichenden Schutz.

(a) Keine Aussage des Bundesgerichtshofs

In seiner Rechtsprechung hat der Bundesgerichtshof die Frage, inwieweit die Wertungen des § 475 BGB auf die leasingtypische Freizeichnungs- und Abtretungskonstruktion des Leasingvertrages im Rahmen des § 307 Abs. 1 und 2 Nr. 2 BGB zu transferieren sind, zu Lasten der Rechtssicherheit ausdrücklich offen gelassen.[61] Hierzu war er in der Lage, weil in dem Sachverhalt, welcher der Entscheidung zugrunde lag, der Leasingnehmer als Verbraucher bereits dadurch rechtlos gestellt worden war, dass der Leasinggeber dem Leasingnehmer überhaupt keine Gewährleistungsrechte verschafft hatte. Der Bundesgerichtshof nahm diese Gelegenheit für ein „obiter dictum" nicht

---

58 MüKoBGB/Koch, Bd. 3, Finanzierungsleasing, Rn. 100, 103–105; Emmerich JuS 1990, 6 Fn. 65; H. Schmidt, Rn. 463.
59 Vgl. Kapitel A. I. 3. a.
60 MüKoBGB/Koch, Bd. 3, Finanzierungsleasing, Rn. 104.
61 BGH Urteil vom 21.12.2005 – VIII ZR 85/05 = NJW 2006, 1066.

wahr und stellte lediglich fest, dass die Frage, ob der Ausschluss der mietrechtlichen Gewährleistung auch dann unwirksam ist, wenn der Leasinggeber einem Leasingnehmer mit Verbrauchereigenschaft nicht als Ersatz sämtliche Gewährleistungsansprüche verschafft, die diesem bei einem Verbrauchsgüterkauf zustehen würden, vorliegend keiner Entscheidung bedarf.[62]

Die Entscheidung des Bundesgerichtshofes, die Klärung dieser Frage offen zu lassen, hat für eine erhebliche Rechtsunsicherheit gesorgt. Sollte die Wertung des § 475 BGB auf die Frage der Rechtlosstellung eines Leasingnehmers im Rahmen des § 307 Abs. 1 S. 1 BGB übertragbar sein, wären die Gestaltungsmöglichkeiten für den Leasinggeber stark eingeschränkt.

Nach § 475 Abs. 2 BGB ist lediglich bei gebrauchten Sachen eine Verkürzung der Gewährleistung auf ein Jahr ab Abnahme möglich und der Schadensersatz ist im Rahmen des § 309 Nr. 7 BGB für Vermögensschäden auf grobe Fahrlässigkeit und Vorsatz begrenzbar, § 475 Abs. 3 BGB.

Darüber hinaus würde sich die Frage stellen, ob der Leasinggeber dem Leasingnehmer zudem die Privilegierung der Beweislastumkehr gemäß § 476 BGB verschaffen muss. Da aber zwischen Leasinggeber und Lieferant/Hersteller stets ein Unternehmerkauf vorliegen wird, müsste der Leasinggeber dem Leasingnehmer als Verbraucher etwas verschaffen, was er selbst regelmäßig nicht hat. Der Leasinggeber müsste eine Vereinbarung mit dem Lieferanten/Hersteller zur Anwendbarkeit des § 476 BGB treffen. Dies dürfte unter praktischen Erwägungen für vom Hersteller unabhängige Leasinggesellschaften höchst problematisch sein.

(b) Ansatzpunkte in der Literatur

Zur Klärung des aufgezeigten Problems wird innerhalb der Literatur für die Anwendbarkeit des Maßstabs des § 475 BGB vorgetragen, dass der Leasingnehmer als Verbraucher bei einem Leasingvertrag bereits dadurch erheblich in seinen Rechten eingeschränkt werde, dass er auf die weit reichenden mietrechtlichen Gewährleistungsansprüche verzichten müsse und im Gegenzug lediglich die kaufrechtliche Sachmängelhaftung erhalte.[63] Diese sei im Vergleich zu den mietrechtlichen Ansprüchen schwächer. Denn während der Vermieter über §§ 535, 536 BGB während der gesamten Vertragsdauer für die vertragsmäßig vereinbarte Tauglichkeit des Mietge-

---

62 BGH Urteil vom 21.12.2005 – VIII ZR 85/05 = NJW 2006, 1066: *„Keiner Entscheidung bedarf im vorliegenden Zusammenhang, ob der Ausschluss der mietrechtlichen Gewährleistung auch dann unwirksam ist, wenn der Leasinggeber einem Leasingnehmer mit Verbrauchereigenschaft nicht als Ersatz sämtliche Gewährleistungsansprüche verschafft, die diesem bei einem Verbrauchsgüterkauf zustehen würden (dafür Reinking, aaO, Rdnrn. 864 ff., 872 f.; Graf von Westphalen, Vertragsrecht und AGB – Klauselwerke, Leasing, Neubearbeitung Juni 2003, RdNr. 97; dagegen MüKoBGB/Koch, aaO, Leasing RdNr. 39 f.; Tietke/Möllmann, DB 2004, 283, 286).“*

63 Reinking, Der Autokauf, Rn. L 167 ff.

genstandes verantwortlich ist und dafür einzutreten hat, haftet der Lieferant/Hersteller aufgrund der typischen Abtretungskonstruktion im Rahmen der kaufrechtlichen Gewährleistungsansprüche nur für eine Sachmangelfreiheit zum Zeitpunkt des Gefahrübergangs, §§ 434, 446 BGB.[64]

Die Begrenzung auf die kaufrechtliche Sachmängelhaftung und die Herabstufung des Leasingnehmers als Verbraucher auf einen bloßen Käufer kann dabei nur dann hingenommen werden, wenn der Leasinggeber ihm diejenigen Rechte verschafft, die er selbst erhalten und in Anspruch nehmen könnte, wenn er das Leasinggut als Verbraucher vom Händler gekauft hätte.[65] Daher sei ein privater Leasingnehmer in gleicher Weise schutzwürdig wie ein privater Käufer. Begründet wird dies vor allem damit, dass der Leasingnehmer ein gesteigertes Interesse an der Mangelfreiheit des Leasinggegenstandes während der gesamten Leasingzeit habe, da die Leasingzeit regelmäßig die Verjährungsfrist des § 438 Abs. 1 Nr. 1 BGB überdauere und damit eine Aushebelungsgefahr bestünde.[66]

Im Wesentlichen wird bei der Frage der Anwendbarkeit der §§ 474 ff. BGB durch die Literatur vorgebracht, dass dem Leasingnehmer als Verbraucher als Ausgleich für die mietrechtlichen Gewährleistungsansprüche nahezu gleichwertige kaufrechtliche Sachmängelansprüche eingeräumt werden müssten. Unter Berücksichtigung des Gewährleistungsanspruchs, insbesondere hinsichtlich der Erhaltungspflicht während der gesamten Mietzeit nach §§ 535, 536 BGB, tritt durch die Abtretung der kaufrechtlichen Sachmängelansprüche eine erhebliche Verschlechterung der Rechtsposition des Leasingnehmers ein. Deshalb seien weitere Einbußen nicht akzeptabel, so dass dem Leasingnehmer als Verbraucher dieselben Rechte eingeräumt werden müssen, wie einem Verbraucher bei einem Verbrauchsgüterkauf gemäß § 474 ff. BGB.[67]

(c) Eigene Stellungnahme unter Bezug auf die Rechtsprechung

Zunächst ist festzuhalten, dass § 475 BGB mangels Kaufvertrag für den Leasingnehmer keine unmittelbare Anwendung findet. Darüber hinaus hat der Bundesgerichtshof mit einer überzeugenden Begründung festgestellt, dass Leasing kein Umgehungsgeschäft i.S.d. § 475 Abs. 1 S. 2 BGB darstellt, so dass allenfalls die Wertung des § 475 BGB zur Wirksamkeit der Freizeichnungs- und Abtretungskonstruktion im Rahmen des § 307 BGB herangezogen werden kann.[68]

Die wertende Argumentation der Literatur kann aber schon allein deshalb nicht überzeugen, weil bei einer unmittelbaren Anwendung des § 475 BGB ein Käufer dauer-

64 Reinking, Der Autokauf, Rn. L 167 ff.; Graf von Westphalen, ZIP 2001, 2258.
65 Reinking, Der Autokauf, Rn. L 167 ff.
66 Beckmann, Finanzierungsleasing, § 2, Rn. 326; Graf von Westphalen, ZIP 2001, 2258.
67 Reinking, Der Autokauf, Rn. L 167 ff.; Graf von Westphalen, ZIP 2001, 2258.
68 Vgl. Kapitel A. I. 3. a.

haft und endgültig die Verfügungsmacht über den Kaufgegenstand erhält und damit die Gefahr der Verschlechterung für ihn weitreichender ist als bei der üblichen zwei bis dreijährigen Leasingzeit.

Die Literaturansicht vermag im Ergebnis nicht zu überzeugen. Denn wie der Bundesgerichtshof in seiner Entscheidung nachvollziehbar dargelegt hat, bestehen keine kaufrechtlichen Beziehungen zwischen dem Leasingnehmer und dem Leasinggeber bzw. dem Lieferanten.[69] Auch hat der Bundesgerichtshof zutreffend festgestellt, dass die Abtretung der kaufrechtlichen Gewährleistungsansprüche nicht etwa erfolgt, um dem Leasingnehmer wieder eine Stellung als Käufer zu verschaffen, sondern allein dem Zweck dient, den Ausschluss der mietrechtlichen Gewährleistung auszugleichen, was die Freizeichnung in rechtlicher Hinsicht erst ermöglicht.[70]

(d) Jedenfalls keine Rechtlosstellung des Leasingnehmers als Verbraucher durch Drittverweisung mit den Rechten des § 309 Nr. 8 lit. b) BGB

Der Leasingnehmer wird nicht durch eine Freizeichnung des Leasinggebers von den mietrechtlichen Gewährleistungsansprüchen rechtlos gestellt, wenn ihm die kaufrechtlichen Ansprüche nach dem Standard des § 309 Nr. 8 lit. b) BGB eingeräumt werden.

Nach ständiger Rechtsprechung findet zwischen dem Leasinggeber und dem Leasingnehmer grundsätzlich Mietrecht Anwendung.[71] Der Leasinggeber kann diese mietrechtlichen Ansprüche ausschließen und den Leasingnehmer auf die kaufrechtlichen Gewährleistungsansprüche gegen den Lieferanten/Hersteller verweisen, wenn diese zumindest dem Standard des § 309 Nr. 8 lit. b) BGB entsprechen.[72]

Eine Vereinbarung, wonach der Leasingnehmer lediglich einen Anspruch auf Sachmängelhaftung für den Fall des Mangels bei Gefahrübergang i.S.v. §§ 434, 446 BGB hat und er diesen lediglich innerhalb der kaufrechtlichen Verjährungsfrist des § 438 Abs. 1 Nr. 3 BGB geltend machen kann, ist nach oben Gesagtem ebenfalls zulässig.

---

69 BGH Urteil vom 21.12.2005 – VIII ZR 85/05 = NJW 2006, 1066.

70 BGH Urteil vom 21.12.2005 – VIII ZR 85/05 = NJW 2006, 1066: *„Diese Abtretung erfolgt nach der zutreffenden Ansicht des Berufungsgerichts nicht, um dem Leasingnehmer wieder eine ihm eigentlich zukommende Käuferposition zu verschaffen, die ihm durch den Leasingvertrag mit dem Leasinggeber entgangen ist, sondern dient allein dem Zweck, den vom Leasinggeber angestrebten Ausschluss seiner mietrechtlichen Gewährleistung auszugleichen und damit in rechtlicher Hinsicht zu ermöglichen."*

71 BGH NJW 1977, 848; 1989, 460 und 1279; 1990, 247; 1995 1019; Beckmann, Finanzierungsleasing, § 1, Rn. 43.

72 Jauernig, § 309, Rn. 12 i.V.m. Rn. 11.

Demnach entspricht es ständiger Rechtsprechung, dass eine solche Drittverweisung auch im Geschäftsverkehr mit Verbrauchern bei einem Finanzierungsleasingvertrag wirksam ist.[73] Zwar würde dies dem Wortlaut des § 309 Nr. 8 lit. b) BGB entsprechen, jedoch ist dieser seit seiner Inkorporierung in das BGB nur auf Kauf- und Werkverträge anzuwenden. Eine Anwendbarkeit auf Leasingverträge ist somit ausgeschlossen.[74]

Folglich findet § 309 Nr. 8 lit. b) BGB im Verhältnis zwischen Leasinggeber und Leasingnehmer keine unmittelbare Anwendung. Die Wertungen der §§ 308, 309 BGB werden im Rahmen der unangemessenen Benachteiligung des § 307 Abs. 1 S. 1 BGB berücksichtigt.[75]

Bei der dauerhaften Übertragung des Eigentums und dem damit verbundenem Risiko wird die Drittverweisung im Rahmen des § 309 Nr. 8 BGB nicht zugelassen.[76] Etwas anderes muss dann gelten, wenn wie beim stets zeitlich begrenzten Leasingvertrag eine zeitlich beschränkte Gebrauchsüberlassung vorliegt. Entscheidend ist zudem, dass nach ständiger Rechtsprechung mit der Abtretung der kaufrechtlichen Gewährleistungsansprüche dem Leasingnehmer nicht qualitativ dieselben Rechte einzuräumen sind, wie im Rahmen der mietrechtlichen Gewährleistung, sondern der Leasingnehmer durch die Abtretungskonstruktion lediglich nicht rechtlos gestellt werden darf.

§ 307 Abs. 1 S. 1 BGB umfasst die unangemessene Benachteiligung in AGB. Eine solche ist nicht gegeben, wenn in begrenztem Umfang von den vorherigen mietrechtlichen Gewährleistungsansprüchen abgewichen wird. Die Frage darf also nicht lauten, ob der Leasingnehmer als Verbraucher Rechte – wie beim Verbrauchsgüterkauf – erhält. Vielmehr ist entscheidend, ob seine Rechte trotz des Ausschlusses der mietrechtlichen Ansprüche ausreichend geschützt werden. Maßgeblich ist ein Mindestmaß an Schutz des Leasingnehmers als Verbraucher. Die Richtlinie über den Verbrauchsgüterkauf zwingt zu keiner hiervon abweichenden Auslegung, da sie lediglich die auf Eigentumsübertragung gerichteten Verträge erfasst. Somit kann nach der Rechtsprechung des Bundesgerichtshofes ein Gewährleistungsausschluss dann als wirksam angesehen werden, wenn die abgetretenen kaufrechtlichen Gewährleistungsansprüche gegen den Lieferanten/Hersteller dem Leasingnehmer einen ausreichenden Schutz gewähren. Dies erfordert insbesondere auch die Einräumung der Möglichkeit des Leasingnehmers bei völliger Unbrauchbarkeit des Leasinggutes den Leasingvertrag zu wandeln, seit der Schuldrechtsreform nunmehr vom Leasingver-

73 BGH NJW 1985, 1547.
74 MüKoBGB/Kieninger, Bd. 2, § 309, Nr. 8, Rn. 13.
75 Palandt/Grüneberg, § 307, Rn. 40.
76 Palandt/Grüneberg, § 309, Rn. 63; Jauernig, § 309, Rn. 12.

trag zurückzutreten, und sich damit zugleich von der Pflicht zur Zahlung der Leasingraten zu befreien.[77]

Folglich ist die Einräumung der Rechte dann ausreichend, wenn der Leasingnehmer als Verbraucher einen ausreichenden Schutz genießt und nicht rechtlos gestellt wird.

Nach der Wertung des Gesetzgebers ist dies bei einer Drittverweisung im Rahmen der § 309 Nr. 8 BGB unter den dort genannten Voraussetzungen zwischen einem Unternehmer und einem Verbraucher zulässig. Wird folglich der Standard des § 309 Nr. 8 lit. b) BGB gewahrt, so genießt der Leasingnehmer als Verbraucher einen ausreichenden Schutz.[78]

Ein weiteres Argument für dieses Ergebnis bietet die Richtlinie 1999/44/EG. Die verbrauchsgüterkaufrechtlichen Vorschriften finden nach ihrem eindeutigen Wortlaut nur auf Verkäufer Anwendung. Nach Art. 1 Abs. 2 lit. c) der Richtlinie 1999/44/EG des Europäischen Parlaments und des Rates vom 25.05.1999 ist Verkäufer „jede natürliche oder juristische Person, die aufgrund eines Vertrages im Rahmen ihrer beruflichen oder gewerblichen Tätigkeit Verbrauchsgüter verkauft". Offensichtlich veräußert der Leasinggeber nichts an den Leasingnehmer, weshalb die verbrauchsgüterkaufrechtlichen Vorschriften keine Anwendung finden. Dabei liegt keine Vertragswidrigkeit im Sinne des Art. 1 Abs. 2 vor, wenn der Verbraucher zum Zeitpunkt des Vertragsschlusses Kenntnis von der Vertragswidrigkeit hatte oder vernünftigerweise nicht in Unkenntnis darüber sein konnte oder wenn die Vertragswidrigkeit auf den vom Verbraucher gelieferten Stoff zurückzuführen ist. Telos der Verbrauchsgüterkaufrichtlinie ist es, dass der Verkäufer bzw. Hersteller die entsprechende Transparenz über die Qualität des Verkaufsgegenstandes hat, nicht aber der Käufer. Die Haftung des Verkäufers ist begrenzt. Er haftet nach Art. 3 der vorgenannten Richtlinie, wenn die Vertragswidrigkeit binnen zwei Jahren nach der Lieferung des Verbrauchsgutes offenbar wird. Hiernach soll der Verbraucher deshalb geschützt werden, weil er weniger Einblicke in die Qualität und die Vertragsmäßigkeit des Kaufgegenstandes hat als der Verkäufer. In der typischen Leasingkonstellation ist dies aber keinesfalls der Fall, da eben der Leasingnehmer sich den Hersteller/Lieferant regelmäßig selber aussucht und damit mehr Transparenz über das Leasinggut hat als der Leasinggeber. In der Regel erfolgt darüber hinaus eine Direktlieferung des Lieferanten/Hersteller an den Leasingnehmer, so dass der Leasinggeber das Leasinggut zu keinem Zeitpunkt begutachten kann.

---

77 BGH NJW 1977, 849: „*Der Gewährleistungsausschluss kann daher nur dann als noch rechtswirksam hingenommen werden, wenn die zum Ausgleich abgetretenen kaufrechtlichen Gewährleistungsansprüche [...] einen ausreichenden Schutz gewährten und ihn – worauf es im vorliegenden Fall ankommt – insbesondere bei völliger Unbrauchbarkeit der vermieteten Anlage in die Lage versetzen, den Kaufvertrag zu wandeln und sich damit zugleich von der Mietzinsverpflichtung [...] zu befreien.*"

78 MüKoBGB/Koch, Bd. 3, Finanzierungsleasing, Rn. 103 f.

Auch aus diesen Wertungsgesichtspunkten ist zu entnehmen, dass der Schutz des Verbrauchers über die §§ 474 ff. BGB eben lediglich beim Verkäufer stattfinden soll und nicht beim Leasinggeber.

Eine unangemessene Benachteiligung durch eine Rechtlosstellung im Rahmen der Freizeichnung der mietrechtlichen Gewährleistungsansprüche ist folglich nicht gegeben, wenn dem Leasingnehmer die kaufrechtlichen Ansprüche nach dem Standard des § 309 Nr. 8 lit. b) BGB eingeräumt werden.[79] Der Leasingnehmer genießt dann einen ausreichenden Schutz. Dieses Ergebnis entspricht der Rechtsprechung des Bundesgerichtshofes.[80] Dabei besteht nach Ansicht des Bundesgerichtshofes keine Veranlassung, die Interessenlage beim Immobilienleasing unterschiedlich zu beurteilen.[81]

Der Leasingnehmer erlangt durch die leasingtypische Abtretungskonstruktion alle dem Leasinggeber gegen den Lieferanten zustehenden Gewährleistungsrechte. Weitere originäre Mängelrechte gegen den Leasinggeber oder dem Lieferanten stehen ihm dagegen nach Ansicht in Rechtsprechung und Literatur nicht zu.[82]

---

79 MüKoBGB/Koch, Bd. 3, Finanzierungsleasing, Rn. 103 f.

80 BGH Urteil vom 16.09.1981 – VIII ZR 265/80 = BGHZ 81, 298 = WM 1981, 1219 = ZIP 1981, 1215: *„Bei einem Finanzierungsleasingvertrag gehört es typischerweise zur formularmäßigen Ausgestaltung der Gewährleistung, dass der Leasinggeber sich von der ihn treffenden Gewährleistungspflicht (§§ 537 ff. BGB) freizeichnet und zum Ausgleich dafür dem Leasinggeber diejenigen kaufrechtlichen Gewährleistungsrechte abtritt, die ihm selbst gegen den Hersteller bzw. Lieferanten der Leasingsache zustehen. Diese Regelung der Gewährleistungspflicht nach kaufrechtlichem Vorbild – so, als sei der Leasingnehmer selbst Käufer der Leasingsache – gibt dem Finanzierungsleasing sein typisches vom Leitbild des Mietvertrages abweichendes Gepräge“ (Graf von Westphalen, Der Leasingvertrag, S. 20, S. 45 ff.; Schmidt-Salzer, Allgemeine Geschäftsbedingungen 2. Aufl. F 176 ff; Ernst-Gerald Koch, Störungen beim Finanzierungsleasing S. 104 ff).“*
„Dass durch eine solche formularmäßige Freizeichnung von der eigenen Gewährleistungspflicht der Leasinggeber den Leasingnehmer nicht unangemessen rechtlos stellt, entspricht gefestigter Rechtsprechung des Bundesgerichtshofs.“

81 So bereits BGH Urteil vom 04.07.1979 – VIII ZR 338/78 = WM 1979, 1040; Urteil vom 25.01.1989 – VIII ZR 302/87 = BGHZ 106, 304 = WM 1989, 442 = ZIP 1989, 377: *„Es entspricht dem typischen Vertragsbild und der Interessenlage beim Finanzierungsleasingvertrag, dass sich der Leasinggeber auch in Allgemeinen Geschäftsbedingungen von eigener Sachmängelhaftung freizeichnen kann, sofern er dem Leasingnehmer die gegen einen mit dem Leasinggeber nicht identischen Lieferanten oder Hersteller bestehenden Gewährleistungsansprüche abtritt oder ihn zur Geltendmachung ermächtigt (st.Rspr., vgl. zuletzt Senatsurteile BGHZ 97, 135, 140, vom 17. Dezember 1986 – VIII ZR 279/85 = NJW 1987, 1072 = WM 1987, 349 unter II 1 und vom 27. April 1988 – VIII ZR 84/87 = BGHZ 104, 232 = NJW 1988, 2465 = WM 1988, 979 unter II 1 a). Der Bundesgerichtshof hat diese Frage bisher zwar nur für Mobilien-Leasingverträge entschieden. Es besteht aber keine Veranlassung, die Interessenlage beim Immobilien-Leasing anders zu beurteilen. Davon ist der erkennende Senat in anderem Zusammenhang schon in seinem Urteil vom 4. Juli 1979 (VIII ZR 338/78 = WM 1979, 1040; zustimmend Graf von Westphalen, Der Leasingvertrag, 3. Aufl., Rdn. 646) ausgegangen.“*

82 BGH Urteil vom 23.02.1977 – VIII ZR 124/75 = BGHZ 68, 118 = WM 1977, 447 = NJW 1977, 848 =

Eigene Ansprüche des Leasingnehmers gegen den Lieferanten scheiden bereits deshalb aus, weil in diesem Verhältnis keine vertragliche Beziehung besteht. Stünden dem Leasingnehmer über die abgetretenen Ansprüche hinaus unmittelbar eigene kaufrechtliche Gewährleistungsansprüche zu, würden die abgeschlossenen Verträge wie Scheinverträge behandelt und zudem die Kaufvertragsparteien in eine Rechtsposition gedrängt, die sie nicht vereinbaren wollten.

Die durch das Schuldrechtsmodernisierungsgesetz eingeführten Änderungen haben keinen Anlass gegeben, an der Zulässigkeit der Abtretungskonstruktion und der dargestellten Rechtsprechung zu zweifeln.[83] Der Leasingnehmer hat sich das Leasingobjekt ausgesucht und bei der Ausgestaltung des Leasingvertrages eine käuferbzw. bestellerähnliche Stellung eingenommen.[84] Es ist als sach- und interessengerecht anzusehen, wenn sich der Leasingnehmer allein an den Lieferanten zwecks der – notfalls zwangsweisen – Durchsetzung der Gewährleistung halten muss. Dieses Ergebnis ist sachgerecht und muss in Anbetracht der besseren Abhilfemöglichkeiten sowie der größeren Fach- und Sachkunde des Lieferanten ohne Ausnahmen gelten.[85]

Die Abtretung der Gewährleistungsrechte führt dagegen nicht zu einer Vertragsübernahme.[86] Die Beziehung des Lieferanten und des Leasinggebers als Parteien des Beschaffungsverkehrs bleibt rechtlich selbständig bestehen, wodurch sich die dem Leasingnehmer zustehenden Leistungen nicht originär aus dem Beschaffungsvertrag ergeben, sondern sich allein auf die abgetretenen Rechte beschränken.[87]

3. Freizeichnung des Leasinggebers von der Schadensersatzhaftung

Der Leasinggeber zeichnen sich in der Praxis nicht lediglich von seinen Gewährleistungspflichten, sondern auch von seiner Pflicht zum Ersatz von Vermögensschäden[88]

BB 1977, 513: *„Das Wesen und der typische Inhalt sog. Finanzierungsleasinggeschäfte rechtfertigen es nicht, dem Leasingnehmer abweichend von den vertraglichen Vereinbarungen eigene Gewährleistungsansprüche gegen den Lieferanten zuzubilligen.“*; so auch Palandt/Weidenkaff, Einf. v. § 535, Rn. 37; MüKoBGB/Koch; Staudinger BGB, Leasing, Rn. 227.

83 MüKoBGB/Koch, Bd. 3, Finanzierungsleasing, Rn. 104; Arnold in: Dauner-Lieb/Konzen/K. Schmidt, S. 589; Graf von Westphalen, DB 2001, 1291; ders., ZIP 2001, 2258; Gebler/Müller, ZBB 2002, 107; Koch, Bankrechtstag 2002, 42; Reiner/Kaune, WM 2002, 2314; Zahn, DB 2002, 985.

84 Martinek/Stoffels/Wimmer-Leonhardt, Handbuch des Leasingrechts, § 25, Rn. 17, S. 260.

85 BGH NJW 85, 1547.

86 Staudinger, Leasing, Rn. 228; anders dagegen im Rahmen des Eintrittsmodells bzw. des sale-and-lease-back Verfahrens vgl. in Kapitel A. II. 3.

87 BGH NJW, 1977, 848, 850; 1985, 1355, 1357.

88 Wegen § 309 Nr. 7 BGB erfolgt eine Modifikation nur für Vermögensschäden, da ein Ausschluss für Verletzungen von Leben, Körper und Gesundheit durch Allgemeine Geschäftsbedingungen stets an § 307 Nr. 7a BGB scheitert, der auch im Verkehr zwischen Unternehmern Anwendung findet; vgl. Palandt/Grüneberg, § 309, Rn. 55.

frei. Auch diese Freizeichnung unter zeitgleicher Abtretung der Schadensersatzansprüche aus dem Liefergeschäft gegen den Lieferanten wird anerkannt, soweit es sich um gewährleistungsrechtliche Schadensersatzansprüche aus §§ 437 Nr. 3, 634 Nr. 4 BGB handelt.[89]

Die formularvertragliche Haftungsfreizeichnung für eine Schadensersatzhaftung ist nur dann zulässig, wenn der Leasinggeber die ihm zustehenden Ansprüche gegen den Lieferanten an den Leasingnehmer abtritt. Erfolgt lediglich eine Haftungsfreizeichnung ohne eine solche Drittverweisung, scheitert die Zulässigkeit einer derartigen Klausel in der Regel an § 309 Nr. 7 BGB bzw. § 307 Abs. 2 Nr. 2 BGB.[90]

---

a. Haftungsausschluss ohne Drittverweisung

Ein vollumfänglicher formularvertraglicher Haftungsausschluss für das Verhalten Dritter und somit auch für den Lieferanten als Erfüllungsgehilfen ist im Rechtsverkehr mit Unternehmern und Verbrauchern nach der Rechtsprechung des Bundesgerichtshofes wegen Verstoßes gegen das Klauselverbot des § 309 Nr. 7 BGB unwirksam.[91] Da von einem solchen Ausschluss die Pflichtverletzungen gesetzlicher Vertreter und leitender Angestellter, als auch die Verletzung von Kardinalpflichten durch Erfüllungsgehilfen selbst dann erfasst werden, wenn diese grob fahrlässig oder gar vorsätzlich handeln, muss darüber hinaus – selbst im unternehmerischen Geschäftsverkehr – ein Ausschluss jeglicher Verschuldenshaftung für Erfüllungsgehilfen nach § 307 Abs. 2 Nr. 2 BGB unwirksam sein.[92] Im Übrigen werden Haftungsfreizeichnungsklauseln für Nichtlieferung und Verspätung gemäß § 307 Abs. 2 Nr. 2 BGB selbst bei nur leichtem Verschulden des Lieferanten als unwirksam angesehen, da sich der Leasinggeber zur Erfüllung seiner Gebrauchsüberlassungspflicht als Kardinalpflicht leasingtypisch des Lieferanten bedient.

Trotz einzelner anders lautender Stimmen in der Literatur geht die ständige Rechtsprechung des Bundesgerichtshofes zutreffend von der Unwirksamkeit der vollständigen Freizeichnung von der Haftung für das Verschulden des Lieferanten als Erfüllungsgehilfen aus, da es die Haupt- bzw. Kardinalpflicht des Leasinggebers gemäß § 535 Abs. 1 BGB ist, dem Leasingnehmer den Leasinggegenstand durch Einschaltung des Lieferanten rechtzeitig und in gebrauchsfähigem Zustand zur

89 MüKoBGB/Koch, Bd. 3, Finanzierungsleasing, Rn. 106.
90 Vgl. Martinek/Stoffels/Wimmer-Leonhardt, Handbuch des Leasingrechts, § 25, Rn. 16, S. 260.
91 BGH Urteil vom 03.07.1985 – VIII ZR 102/84 = BGHZ 95, 170 = WM 1985, 906 = NJW 1985, 2285; siehe auch MüKoBGB/Kieninger, Bd. 2, § 309 Nr. 7, Rn. 1; Arnold in: Dauner-Lieb/Konzen/K. Schmidt, S. 589.
92 BGH Urteil vom 04.11.1987 – VIII ZR 313/86 = WM 1988, 84 = NJW-RR 1988, 241.

Verfügung zu stellen.[93] Nach dem Bundesgerichtshof wäre die Äquivalenz des Leasingvertrages gestört, wenn infolge einer Nichtbeschaffung der Leasingsache und damit zugleich Nichterfüllung der dem Leasinggeber obliegenden Hauptpflicht der Gebrauchsgewährung der Leasinggeber von allen Verpflichtungen befreit wäre, der Leasingnehmer aber im Ergebnis einen Teil seiner Gegenleistung, mithin die Leasingraten, erbringen müsste.[94]

Über den Wortlaut der Klauselverbote der §§ 309 Nr. 7 und Nr. 8 lit. a) BGB hinaus ist gemäß § 307 Abs. 2 Nr. 2 BGB eine Freizeichnung für leichte Fahrlässigkeit des Lieferanten als unzulässig anzusehen. Denn bei der Überlassung der Leasingsache handelt es sich um die Hauptpflicht des Leasinggebers. Die Erfüllung dieser Hauptpflicht ist für den Leasingnehmer von solch wesentlicher Bedeutung, dass sich der Leasinggeber von dieser nicht formularmäßig freizeichnen kann.[95] Das gilt ebenso für den Ersatz des Verzögerungsschadens gemäß §§ 280 Abs. 1, Abs. 2 i.V.m. 286 BGB.[96]

b. Haftungsausschluss mit Drittverweisung

Ebenso ist die Zulässigkeit einer Freizeichnung des Leasinggebers von einer Schadensersatzpflicht unter gleichzeitiger Abtretung von Schadensersatzansprüchen gegen den Lieferanten an den Leasingnehmer problematisch. Dies betrifft insbesondere eine Haftung wegen Nichterfüllung bzw. eine Haftung wegen Verschuldens des Lieferanten.[97] Der Bundesgerichtshof hat die Zulässigkeit der vollständigen Freizeichnung des Leasinggebers mit der gleichzeitigen Abtretung von Schadensersatzansprüchen offen gelassen.[98] Als wirksam hat er jedoch die Abtretung der Ansprüche aus positiver Vertragsverletzung gegen den Lieferanten gemäß § 280 Abs. 1 BGB wegen der Verletzung einer Nebenpflicht angesehen.[99] Das OLG München – und daran anschließend auch das LG Ulm – gehen dagegen ohne Bedenken von der Zulässigkeit

---

93 BGH Urteil vom 16.09.1981 – VIII ZR 265/80 = WM 1981, 1219 = NJW 1982, 105; Urteil vom 09.10.1985 – VIII ZR 217/84 = WM 1985, 1447 = NJW 1986, 179 = ZIP 1985, 1398.

94 BGH Urteil vom 09.10.1985 – VIII ZR 217/84 = WM 1985, 1447 = NJW 1986, 179 = ZIP 1985, 1398: *„Die Äquivalenz des Leasingvertrages wäre gestört, wenn infolge Nichtbeschaffung der Leasingsache und damit zugleich Nichterfüllung der dem Leasinggeber obliegenden Hauptpflicht der Gebrauchsgewährung (§§ 535, 536 BGB) zwar der Leasinggeber von allen Verpflichtungen befreit wäre, der Leasingnehmer aber im praktischen Ergebnis einen Teil seiner Gegenleistung (Leasingraten) erbringen müsste.“*

95 Martinek/Stoffels/Wimmer-Leonhardt, Handbuch des Leasingrechts, § 22, Rn. 26, 27, S. 219, 220.

96 BGHZ 86, 284.

97 Engel, Handbuch Kfz-Leasing, § 2, Rn. 58; Martinek/Stoffels/Wimmer-Leonhardt, Handbuch des Leasingrechts, § 26, Rn. 13, S. 270.

98 BGH Urteil vom 07.03.1990 – VIII ZR 56/89 = WM 1990, 987; Urteil vom 07.10.1992 – VIII ZR 182/91 = WM 1992, 2063 = NJW 1993, 122.

99 BGH Urteil vom 24.04.1996 – VIII ZR 114/95 = NJW 1996, 2025.

der vollständigen Freizeichnung des Leasinggebers mit der gleichzeitigen Abtretung von Schadensersatzansprüchen an den Leasingnehmer aus.[100]

Es erscheint aufgrund der Charakteristik der leasingtypischen Interessenlage im Gleichklang zur gewährleistungsrechtlichen Haftung sach- und interessengerecht, die Freizeichnung des Leasinggebers bei gleichzeitiger uneingeschränkter Abtretung sämtlicher Schadensersatzansprüche gegen den Lieferanten als wirksam anzusehen.[101] Dies gilt vor allem dann, wenn der Leasingvertrag durch Lieferung und Unterzeichnung der Übernahmebestätigung durch den Leasinggeber bereits erfüllt worden ist und sich der Leasingnehmer zur Erfüllung seiner vertraglichen Hauptpflicht, zur Zahlung der Leasingraten, verpflichtet hat. Der Leasinggeber möchte in die Abwicklung von Pflichtverletzungen aus dem Lieferverhältnis grundsätzlich nicht eingebunden werden, so dass der Leasingnehmer als bestelleráhnliche Person angesehen werden soll.

Die Frage des Vorliegens einer Pflichtverletzung soll beim typischen Leasing nicht auf zwei Ebenen – einerseits zwischen Leasinggeber und Lieferant und sodann zwischen Leasingnehmer und Leasinggeber –, sondern einheitlich ausgetragen werden. Deshalb wird die Freizeichnung des Leasinggebers mit Drittverweisung im Grundsatz als leasingtypisch und interessengerecht angesehen, was konsequenter Weise dann auch für sonstige Pflichtverletzungen gelten muss.

Die §§ 309 Nr. 7 lit. b) und Nr. 8 lit. a) sowie 307 Abs. 2 BGB verbieten lediglich die völlige Rechtlosstellung des Leasingnehmers infolge einer Haftungsfreizeichnung des Leasinggebers. Beim Leasingvertrag ist aber die Abwälzung der Ansprüche gegen den Lieferanten als Anspruchsgegner als leasingtypische Kompensation der Eigenhaftung des Leasinggebers anzusehen.[102] Die grundsätzliche Zulässigkeit der Haftungsfreizeichnung findet jedoch ihre Grenze in grob fahrlässigen oder vorsätzlichen Pflichtverletzungen des Erfüllungsgehilfen.

Eine Haftungsausschlussklausel in Leasingbedingungen ist im Rahmen einer AGB-Kontrolle nur dann gem. § 307 unwirksam, wenn die Freizeichnung so umfassend konzipiert ist, dass sie auch grob fahrlässige und vorsätzliche Pflichtverletzungen des Erfüllungsgehilfen mit einbezieht.[103]

Die Möglichkeit des Leasinggebers sich von der leichten Fahrlässigkeit des Lieferanten frei zu zeichnen, wurde von der Rechtsprechung noch nicht entschieden. Der Lieferant ist dem Leasinggeber als seinem Vertragspartner im Lieferverhältnis gegenüber verpflichtet, für den Fall der Verletzung einer vorvertraglichen oder vertraglichen Aufklärungs- und Beratungspflicht Schadensersatz zu leisten. Deshalb trifft den Lie-

100 OLG München NJW-RR 1993, 123; CR 1993, 92; LG Ulm CR 1994, 219.
101 Vgl. Martinek/Stoffels/Wimmer-Leonhardt, Handbuch des Leasingrechts, § 26, Rn. 15 ff., S. 271.
102 Martinek/Stoffels/Wimmer-Leonhardt, Handbuch des Leasingrechts, § 26, Rn. 15, S. 271.
103 Staudinger, Leasing, Rn. 169; BGH NJW 1985, 2258, 2261.

feranten im Vorfeld die Verpflichtung, den Liefervertrag einschließlich aller dazugehörigen Nebenpflichten so zu erfüllen, dass der Leasingvertrag keinerlei Störungen ausgesetzt ist. Die Aufklärungs- und Beratungspflichten richten sich im leasingtypischen Dreiecksverhältnis nach Art und Umfang ausschließlich nach der Person des Leasingnehmers. Denn insbesondere bei diesem besteht als bestellerähnliche Person ein nicht zu vernachlässigender Beratungsbedarf. Aus diesen Gründen ist der Leasingnehmer unter Berücksichtigung des Rechtsgedankens des § 166 Abs. 1 BGB als Verhandlungsgehilfe des Leasinggebers in die Interessenbewertung einzubeziehen. Im Ergebnis muss es demnach als interessengerecht angesehen werden, den Leasingnehmer die im Leasingverhältnis begründeten Ansprüche aus einer Pflichtverletzung zunächst gegen den Lieferanten verfolgen zu lassen und nur eine subsidiäre Haftung des Leasinggebers anzunehmen. Entspricht die Drittverweisungsklausel diesen Anforderungen nicht, ist die Freizeichnungsklausel insgesamt unwirksam.[104] Gemäß § 306 Abs. 2 BGB findet als Folge das mietrechtliche Gewährleistungsrecht des Leasingnehmers gegenüber dem Leasinggeber Anwendung.[105] Ein unwirksamer Gewährleistungsausschluss führt nicht zum Verlust der Aktivlegitimation des Leasingnehmers für einen Rechtsstreit gegen den Lieferanten.[106] Es erfolgt eine Umdeutung in eine rechtswirksame Ermächtigung des Leasingnehmers, die Ansprüche gegen den Lieferanten im eigenen Namen durchzusetzen.[107]

4. Einrede des nicht erfüllten Vertrages, § 320 Abs. 1 S. 1 BGB

Von der leasingtypischen Freizeichnung des Leasinggebers ist die Einrede des nicht erfüllten Vertrages nicht erfasst. Denn der Leasinggeber schließt die Mängelansprüche gegen sich aus. Diese finden jedoch erst nach Überlassung des Leasingobjektes Anwendung. Der Leasingnehmer kann folglich die Leasingraten zurückbehalten, kommt der Leasinggeber seiner Verpflichtung zur Gebrauchsüberlassung nicht nach § 320 Abs. 1 S. 1 BGB.[108] Ein Ausschluss wäre unwirksam, da die Gebrauchsüberlassungspflicht Kardinalpflicht des Leasinggebers ist, § 307 BGB.[109]

---

104 Staudinger BGB, Leasing, Rn. 222.
105 BGH NJW 1990, 314, 315; 1987, 1072; Graf von Westphalen, Der Leasingvertrag, Kap. H, Rn. 6, S. 345.
106 Staudinger BGB, Leasing, Rn. 222.
107 BGH NJW-RR 2003, 51, 52.
108 BGH NJW 1989, 3222, 3224.
109 Vgl. zur Gebrauchsüberlassungspflicht Kapitel C. II. 1.

II. Mängelrechte des Leasingnehmers bei einer wirksamen Freizeichnungs- und Abtretungskonstruktion

Ist die leasingtypische Freizeichnungs- und Abtretungskonstruktion wirksam, stehen dem Leasingnehmer allein kaufrechtliche Mängelrechte aus abgetretenem Recht gegenüber dem Lieferanten zu.[110] Originäre kaufvertragliche Mängelansprüche gegen den Lieferanten und kaufrechtlicher Verbraucherschutz stehen dem Leasingnehmer nicht zu, da lediglich der Leasinggeber Vertragspartner des Lieferanten ist.[111]

Nach der ständigen Rechtsprechung des Bundesgerichtshofs ist es dem Leasinggeber gestattet, den Leasingnehmer auf die gegen den Lieferanten gerichteten Mängelansprüche – durch Abtretung vom Leasinggeber auf den Leasingnehmer – zu verweisen.[112] Der Leasinggeber muss als Initiator der Drittverweisung an den Lieferanten das Ergebnis der rechtlichen Auseinandersetzung zwischen Leasingnehmer und Lieferanten gegen sich gelten lassen.[113]

1. Kaufrechtlicher Mangelbegriff als Grundlage der Mängelhaftung

Da dem Leasingnehmer die Mängelrechte aus abgetretenem Kaufrecht zustehen, ist der kaufrechtliche Mangelbegriff des § 434 BGB maßgeblich (Abretungsidentität).
Es finden die allgemeinen Grundsätze des Kaufrechts Anwendung.
Beim Mangel kann unterschieden werden in die vereinbarte Beschaffenheit gemäß § 434 Abs. 1 S. 1 BGB (sog. subjektiver Fehlerbegriff)[114], die Eignung zur vorausgesetzten Verwendung der Sache gemäß § 434 Abs. 1 S. 2 Nr. 1 BGB, die Eignung zur gewöhnlichen Verwendung der Sache gemäß § 434 Abs. 1 S. 2 Nr. 2, S. 3 BGB, die unsachgemäße Montage gemäß § 434 Abs. 2 S. 1 BGB, die mangelhafte

110 Vgl. zum zulässigen Umfang in AGB in Kapitel E. II.

111 So bereits BGH Urteil vom 23.2.1977 – VIII ZR 312/75 = WM 1977, 390 = NJW 1977, 847: *„Werden zur Beschaffung einer elektronischen Datenverarbeitungsanlage ein Kaufvertrag zwischen dem Lieferanten und einem Leasinggeber sowie ein Mietvertrag zwischen dem Leasinggeber und dem Benutzer als Leasingnehmer abgeschlossen, so erwirbt der Leasingnehmer ohne eine besondere Vereinbarung keine unmittelbaren eigenen Gewährleistungsansprüche."*
„Wesen und typischer Inhalt sogenannter „Finanzierungs-Leasing-Geschäfte" rechtfertigen es nicht, dem Leasingnehmer abweichend von den vertraglichen Vereinbarungen eigene Gewährleistungsansprüche gegen den Lieferanten zuzubilligen."

112 BGH Urteil vom 23.2.1977 – VIII ZR 124/75 = BGHZ 68, 118 = WM 1977, 447 = NJW 1977, 848 = BB 1977, 513; Urteil vom 9.3.1977 – VIII ZR 192/75 = WM 1977, 473 = NJW 1977, 1058; Urteil vom 5.4.1978 – VIII ZR 49/77 = BGHZ 71, 196 = WM 1978, 570 = NJW 1978, 1432 = BB 1978, 729; Urteil vom 16.9.1981 – VIII ZR 265/80 = BGHZ 81, 298 = WM 1981, 1219 = NJW 1982, 105 = ZIP 1982, 1215; Urteil vom 28.10.1981 – VIII ZR 175/80 = WM 1982, 7 = ZIP 1987, 67.

113 Palandt/Weidenkaff, Einf. v. § 535, Rn. 56; Beckmann, Finanzierungsleasing, § 2, Rn. 148.

114 Marfurt, Schuldrecht, Teil 1, § 2, Rn. 365.

Montageanleitung gemäß § 434 Abs. 2 S. 2 BGB, die Lieferung einer anderen Sache gemäß § 434 Abs. 3 1. Alt. BGB sowie die Lieferung einer Mindermenge gemäß § 434 Abs. 3 2. Alt. BGB.[115]
Der Leasinggeber hat das Leasingobjekt frei von Rechtsmängeln zu verschaffen, § 435 BGB.

Maßgeblich für den Mangelbegriff ist das Kaufrecht. Dabei ist zu berücksichtigen, dass der Leasingnehmer seine Mängelrechte vom Leasinggeber mittels Abtretung erhält. Dies bedeutet zum einen, dass der Leasingnehmer lediglich die kaufrechtlichen Gewährleistungsansprüche erwirbt, die dem Leasinggeber zustehen und sich daher der Mangelbegriff für die kaufrechtlichen Mängelrechte vom Vertragsverhältnis Leasinggeber zum Lieferanten ableitet. Zum anderen kann der Mangelbegriff im Verhältnis Leasingnehmer zum Leasinggeber durch den Leasingvertrag (z.B. Sonderzusagen oder Modifikationen) modifiziert werden. Dann steht der Leasinggeber gegebenenfalls in der Eigenhaftung. Da bei der leasingtypischen Anbahnungssituation die Konkretisierung des Leasinggegenstandes aber zwischen Lieferant und Leasingnehmer erfolgen wird[116], besteht, wenn auch nicht zwingend, regelmäßig eine Kongruenz des Mangelbegriffs in den Rechtsbeziehungen Lieferant, Leasinggeber und Leasingnehmer.

Der Gewährleistungssystematik der §§ 433 ff. BGB liegt der einheitliche Begriff des Mangels zu Grunde.[117] Seit der Schuldrechtsreform stellt das Gesetz nicht mehr auf einen Fehler im Sinne von § 459 Abs. 1 BGB a.F. oder auf das Fehlen einer zugesicherten Eigenschaft im Sinne von § 459 Abs. 2 BGB a.F. ab, sondern orientiert sich am Mangelbegriff des § 434 BGB.[118] Folglich existieren neben dem Rechtsmangel im Sinne von § 435 BGB mehrere Arten von Sachmängeln. Die Kaufsache ist in erster Linie gemäß § 434 Abs. 1 S. 1 BGB mangelhaft, wenn sie bei Gefahrübergang nicht die vereinbarte Beschaffenheit hat (sog. subjektiver Fehlerbegriff).[119] Es ist primär auf die zwischen den Parteien vereinbarte Beschaffenheit abzustellen. Dabei sind gegebenenfalls Zusagen des Lieferanten gegenüber dem späteren Leasingnehmer im Rahmen der Vertragsanbahnung zu berücksichtigen, obwohl letzterer nicht Partei des Kaufvertrages wird.[120]

Liegt keine Beschaffenheitsvereinbarung vor, richtet sich die Bestimmung des Mangels nach der für den Vertrag vorausgesetzten Verwendung gemäß § 434 Abs. 1 S. 2 Nr. 1 BGB und subsidiär nach der gewöhnlichen Verwendung gemäß § 434 Abs. 1 S. 2 Nr. 2 BGB.[121]

---

115 Vgl. ausführlich zum Sachmangelbegriff Palandt/Weidekaff, § 434, Rn. 7 ff.
116 Umfassend zur leasingtypischen Anbahnungssituation siehe Kapitel B. I.
117 Palandt/Weidenkaff, Einf. v. § 535, Rn. 56.
118 Palandt/Weidenkaff, § 434, Rn. 1.
119 Marfurt, Schuldrecht, Teil 1, § 2, Rn. 365.
120 Vgl. umfassend Kapitel F. I. 1. c.
121 Palandt/Weidenkaff, § 433, Rn. 13.

Nach § 434 Abs. 1 S. 2 Nr. 1 BGB ist die Sache frei von Sachmängeln, wenn sie sich für den nach dem Vertrag vorausgesetzte Verwendung eignet. Ist der Verwendungszweck der Kaufsache beiden Parteien bekannt, ist von einer konkludenten Beschaffenheitsvereinbarung auszugehen.[122]

Gleichfalls liegt ein Mangel vor, wenn gemäß § 434 Abs. 1 S. 3 BGB eine Abweichung von den öffentlichen Aussagen des Verkäufers, des Herstellers oder seines Gehilfen gegeben ist. Der Verkäufer haftet aber dann nicht für die Aussagen des Herstellers, wenn er diese nicht kannte und auch nicht kennen musste, sie in gleichwertiger Weise berichtigt wurde oder sie die Kaufentscheidung nicht beeinflussen konnte.[123]

Ein Sachmangel ist selbst dann gegeben, wenn die vereinbarte Montage nicht ordnungsgemäß erfolgt ist, § 434 Abs. 2 S. 1 BGB oder die Montageanleitung fehlerhaft ist, § 434 Abs. 2 S. 2 BGB.[124]

Verleast der Leasinggeber etwa ein Fahrzeug als „fabrikneu", dann können aufgrund des umfassenden Sachmangelbegriffs zahlreiche Probleme auftreten. Nach der Rechtsprechung des Bundesgerichtshofes ist ein Pkw dann nicht mehr als „fabrikneu" anzusehen, wenn das Modell im Zeitpunkt des Verkaufs nicht mehr unverändert hergestellt wird.[125]

Zur ähnlich gelagerten Frage, ob ein unbenutztes Kraftfahrzeug nach einer Tages- oder Kurzzulassung auf den Autohändler noch die zugesicherte Eigenschaft „fabrikneu" hat, entschied der Bundesgerichtshof, dass eine Tageszulassung keine Auswirkung auf den Charakter des Fahrzeuges als „fabrikneu" hat. In seiner Entscheidung stellte der BGH klar, dass das Fahrzeug im wirtschaftlichen Wert nicht gemindert werde. Entscheidend sei allein, dass das Fahrzeug nicht gefahren, also vom Händler in keiner Weise, insbesondere nicht als Vorführwagen, genutzt worden und deshalb technisch ohnehin ein Neuwagen sei. Tageszulassungen seien vielmehr eine besondere Form des Neuwagengeschäfts. Der Kunde erwerbe auch in diesen Fällen ein fabrikneues Fahrzeug. Die kurzfristige Zulassung auf den Händler diene, anders als bei so genannten Vorführwagen, nicht der Nutzung des Fahrzeugs. Mittlerweile sei dem potenziellen Autokäufer bewusst, dass eine Tageszulassung nur rein formal erfolgt, ohne dass sich die Beschaffenheit des Fahrzeugs als Neufahrzeug dadurch ändert, es insbesondere nicht benutzt worden ist.[126]

---

122 Marfurt, Schuldrecht, Teil 1, § 2, Rn. 366.

123 Palandt/Weidenkaff, § 434, Rn. 38.

124 Vgl. ebenso die Ausführungen in Palandt/Sprau, § 633, Rn. 1 ff.; Marfurt, Schuldrecht, Teil 1, § 2, Rn. 369.

125 BGH, Urteil vom 22.03.2000 – VIII ZR 325/98 = NJW 2000, 2018; Urteil vom 16.07.2003 – VIII ZR 243/02 = NJW 2003, 2824: *„Ein als Neuwagen verkaufter Pkw ist entgegen der in der Regel hierin liegenden konkludenten Zusicherung nicht mehr „fabrikneu", wenn das betreffende Modell im Zeitpunkt des Verkaufs nicht mehr unverändert hergestellt wird."*

126 BGH Urteil vom 12.01.2005 – VIII ZR 109/04 = NJW 2005, 1422: *„Dem Kl. stehe kein*

2. Keine Präklusion der Mängelrechte gemäß § 377 HGB

Grundsätzlich trifft den Leasinggeber die Obliegenheiten zur Untersuchung und Rüge der gelieferten Leasingsache gemäß § 377 Abs. 1 HGB. Verstößt der Leasinggeber gegen diese Obliegenheit, sind die kaufrechtlichen Mängelrechte aus dem Liefervertrag für den Leasinggeber und damit auch für den Leasingnehmer präkludiert. Auf die Obliegenheit des Leasinggebers gemäß § 377 BGB wirkt sich die unmittelbare Lieferung des Leasinggegenstandes vom Lieferanten an den Leasingnehmer nicht aus. Dies gilt unabhängig davon, ob der Leasingnehmer Kaufmann ist oder nicht.

Wandelungs- oder Schadensersatzanspruch wegen Fehlens einer zugesicherten Eigenschaft gem. §§ 462, 463, 459 II BGB a.F. zu. Das tatsächliche Vorbringen des Kl. zu den Kaufumständen als wahr unterstellt, komme es allein darauf an, ob einem als Neuwagen verkauften Kraftfahrzeug diese Eigenschaft fehle, wenn es eine Tages-/Kurzzulassung aufweise. Das sei zu verneinen. Soweit mit der Erstzulassung die Fristen für eine Neuwertentschädigung im Rahmen einer Vollkaskoversicherung, für die Hauptuntersuchung als auch für die Abgassonderuntersuchung und die Herstellergarantie zu laufen begonnen haben sollten, seien diese verkürzten Fristen jedenfalls in den Fällen zu vernachlässigen und unerheblich, in denen der Verkauf – wie hier – kurze Zeit nach der Tageszulassung erfolgt sei, weil die Verkürzung sich dann nur auf wenige Tage beschränkt habe. Soweit der Kl. die Auffassung vertrete, bei einer Tageszulassung werde das Fahrzeug im wirtschaftlichen Wert gemindert, die Zahl der Halter bzw. Vorbesitzer spiele bei dem Verkauf eines Gebrauchtwagens eine erhebliche Rolle, bei zwei Vorbesitzern sei das Fahrzeug im wirtschaftlichen Wert gemindert, weil es bei einem Weiterverkauf nicht mehr als Fahrzeug aus erster Hand bezeichnet werden könne, erscheine dies zweifelhaft, denn mittlerweile sei allgemein bekannt, was eine Tages- oder Kurzzulassung bedeute; entscheidend sei allein, dass das Fahrzeug nicht gefahren, also vom Händler in keiner Weise, insbesondere nicht als Vorführwagen, genutzt worden und deshalb technisch ohnehin ein Neuwagen sei.“

„Tageszulassungen sind eine besondere Form des Neuwagengeschäfts. Der Kunde erwirbt auch in diesen Fällen ein fabrikneues Fahrzeug (ebenso u.a. Westermann, in: MüKo, § 434 Rdnr. 57; a.A. Reinking, Der Autokauf, 8. Aufl., Rdnr. 203; OLG Dresden, NJW 1999, 1036). Die kurzfristige Zulassung auf den Händler dient, anders als bei so genannten Vorführwagen, nicht der Nutzung des Fahrzeugs. Tageszulassungen erfolgen im Absatzinteresse beider Seiten. Der Händler kommt durch die Steigerung der Abnahmemenge in den Genuss höherer Prämien, die er, ohne den Beschränkungen des damals noch geltenden Rabattgesetzes zu unterliegen, an den Endkunden weitergeben kann. Der Hersteller wird in die Lage versetzt, gezielt zu bestimmten Stichtagen mit höheren Zulassungszahlen zu werben (Senat, NJW 1996, 2302 [unter B II 1b]). Das ist dem potenziellen Autokäufer bewusst, der weiß, dass eine Tageszulassung aus den genannten Gründen nur rein formal erfolgt, ohne dass sich die Beschaffenheit des Fahrzeugs als Neufahrzeug dadurch ändert, es insbesondere nicht benutzt worden ist (vgl. BGH, NJW 2000, 2821 [unter II 2b aa]).“

„Die Annahme der Revision, der Käufer eines wenige Tage zugelassenen Fahrzeugs erziele bei der Weiterveräußerung in der Regel einen geringeren Erlös als der Käufer eines nur auf sich zugelassenen Kraftwagens, findet in der allgemeinen Lebenserfahrung keine Stütze. Entscheidend ist für den durchschnittlich informierten und verständigen Autokäufer, dass er ein unbenutztes Neufahrzeug erwirbt (vgl. BGH, NJW 2000, 2821 [unter II 2b bb]). Dies kann er bei einem Weiterverkauf im Allgemeinen durch Vorlage des Kaufvertrags auch nachweisen, so dass die von der Revision befürchtete Benachteiligung des Käufers, der ein Neufahrzeug mit einer nur wenige Tage umfassenden Zulassung erworben hat, als verhältnismäßig gering einzuschätzen ist (BGH, NJW 2000, 2821 [unter II 2b bb]; vgl. auch EuGH, Slg. 1992, I-131 Rdnr. 14).“

Bürdet der Leasinggeber dem Leasingnehmer als Unternehmer die Obliegenheit gemäß § 377 HGB wirksam auf und kommt dieser der Untersuchungs- oder Rügeobliegenheit nicht nach, sind die kaufrechtlichen Mängelrechte ebenfalls präkludiert. Der Leasingnehmer kann sich sodann weder gegenüber dem Lieferanten, noch gegenüber dem Leasinggeber auf das Mängelrecht berufen.[127] Zudem scheidet die Geltendmachung der Unwirksamkeit der Freizeichnungskonstruktion aufgrund Rechtlosstellung[128] aus, da der Leasingnehmer diese selbst herbeigeführt hat.
Mittels individualvertraglicher Vereinbarung kann die Untersuchungs- und Rügeobliegenheit einem Leasingnehmer, der nicht Kaufmann ist, auferlegt werden.
Bezüglich einer formularvertraglichen Übertragung der Untersuchungs- und Rügeobliegenheit stellt sich die Sachlage differenzierter dar.[129] Einem kaufmännisch tätigen Leasingnehmer können die Obliegenheiten des § 377 HGB vollumfänglich übertragen werden, da diese handelsüblich sind. Die Übertragung auf einen nichtkaufmännischen Leasingnehmer hat der Bundesgerichtshof bisweilen nicht entschieden. Die h.M. will dies nur bei offensichtlichen Mängeln zulassen.[130]
Entstehen dem Leasinggeber durch die Verletzung der übertragenen Untersuchungs- und Rügeobliegenheit Schäden, ist der Leasingnehmer nach § 280 Abs. 1 zum Schadensersatz verpflichtet.

3. Einrede des nicht erfüllten Vertrages bei mangelhafter Lieferung

Ist die Leasingsache mit einem Mangel behaftet, so hat dieser Umstand grundsätzlich keine Auswirkungen auf den Leasingvertrag und führt nicht ipso iure zu einem Leistungsverweigerungsrecht des Leasingnehmers bezüglich der Zahlung der Leasingraten an den Leasinggeber, soweit die § 535 ff. BGB abbedungen wurden und der Leasingnehmer Rechte allein gegenüber dem Lieferanten geltend machen kann. Ein Einwendungsdurchgriff gemäß § 358 BGB scheidet mangels verbundener Verträge aus.[131]

a. Leistungsverweigerungsrecht des Leasinggebers gegenüber dem Lieferanten

Wird der Liefervertrag gegenüber dem Leasinggeber nicht ordnungsgemäß oder überhaupt nicht erfüllt, so steht dem Leasinggeber als Vertragspartner des Lieferanten die Einrede des nichterfüllten Vertrages gemäß § 320 BGB zu und kann somit die Zahlung des vereinbarten Kaufpreises verweigern. Dies gilt über § 439 Abs. 1 i.V.m. § 320 BGB auch für den Fall einer mangelhaften Lieferung, soweit der Mangel behebbar ist. Bei nicht behebbaren Mängeln stehen dem Leasinggeber die Gestaltungsrechte nach §§ 437 Nr. 2 und Nr. 3 BGB unmittelbar zu.

127 Vgl. Kapitel C. II. 5.
128 Vgl. Kapitel C. II. 5.
129 Vgl. Kapitel C. II. 5.
130 Staudinger, Leasing, Rn. 179.
131 Vgl. umfassend zur Nichtanwendbarkeit der § 358 und 359 BGB Kapitel D. IV.

b. Leistungsverweigerungsrecht des Leasingnehmers

Ein Mangel der Leasingsache lässt den Bestand des Leasingvertrags zunächst unberührt. Auch bedeutet die Nichterfüllung des Kauf- und Liefervertrages nicht automatisch die Nichterfüllung des Leasingvertrages.[132] Es muss vielmehr zwischen der Nichterfüllung des Kauf- und Liefervertrages und der Nichterfüllung des Leasingvertrages unterschieden werden.

Dem Leasingnehmer steht nach der Überlassung der Leasingsache nicht die Einrede des nicht erfüllten Vertrages gemäß § 320 BGB und damit auch kein sofortiges Zurückbehaltungsrecht an den Leasingraten gegenüber dem Leasinggeber zu, da sich der Leasinggeber von der mietrechtlichen Mangelhaftung freigezeichnet hat.

In Einzelfällen kann dem Leasingnehmer jedoch die Einrede des nichterfüllten Vertrages zustehen. Hier ist zwischen Verträgen mit unwirksamer und Verträgen mit wirksamer Abtretungskonstruktion zu unterscheiden.

aa. Einrede des nicht erfüllten Vertrages bei unwirksamer Abtretungskonstruktion

Ist die leasingtypische Freizeichnungs- und Abtretungskonstruktion unwirksam, dann steht dem Leasingnehmer in Anwendung der mietrechtlichen Vorschriften der §§ 535 ff. BGB[133] und des § 320 BGB das Recht zur Verweigerung der Zahlung der Leasingraten zu.[134]

bb. Einrede des nicht erfüllten Vertrages bei wirksamer leasingtypischen Freizeichnungs- und Abtretungskonstruktion

Vor der Überlassung des Leasinggutes und Gegenzeichnung der Übernahmebestätigung kann zu Gunsten des Leasingnehmers kein Leistungsverweigerungsrecht bestehen, da zu diesem Zeitpunkt noch keine Leistungen geschuldet sind. Etwas anderes kann nur bei der Vereinbarung eines Liefertermins und beim Ausbleiben der Lieferung gelten. Dann steht dem Leasingnehmer hinsichtlich der Zahlung der Leasingraten das Leistungsverweigerungsrecht aus § 320 Abs. 1 BGB zu, weil nur so die zeitnahe Lieferung der Leasingsache erzwungen werden kann.[135]

---

132 Engel, Handbuch Kraftfahrzeugleasing, § 6, Rn. 21.

133 Vgl. zur Anwendung der mietrechtlichen Vorschriften Kapitel A. I.

134 Staudinger, Leasing, Rn. 190 ff.

135 BGH Urteil vom 19.05.1991 – VIII ZR 125/90 = WM 1991, 1416 = NJW 1991, 2135: *„Haben sich die Partner eines Finanzierungsleasingvertrags über Computer-Hard- und Software auf den Beginn der Vertragslaufzeit in Kenntnis dessen geeinigt, dass Teile der Software noch nicht in vertragsmäßigen Zustand vorhanden, jedoch noch nachzuliefern sind, ist der Anspruch des Leasinggebers auf Zahlung der Leasingraten zunächst in voller Höhe fällig. Dem Leasingnehmer*

Anders muss die Interessenabwägung entschieden werden, wenn der Leasingnehmer trotz ihm bekannter Unvollständigkeit der Lieferung die Übernahmebestätigung unterschrieben hat.[136] Denn in einem solchen Fall ist der Leasingnehmer gemäß § 320 Abs. 1 S. 1 BGB solange vorleistungspflichtig, bis er die ihm abgetretenen Ansprüche gegen den Lieferanten durchsetzt. Einem Recht die Zahlung der Leasingraten zu verweigern, steht § 242 BGB entgegen. Dem Leasingnehmer steht nach der Überlassung der Leasingsache und Gegenzeichnung der Übernahmebestätigung aus dem Leasingvertrag als gegenseitigen Vertrag nicht die Einrede des nicht erfüllten Vertrages gemäß § 320 BGB und damit auch kein sofortiges Zurückbehaltungsrecht an den Leasingraten gegenüber dem Leasinggeber bei Lieferung einer mangelhaften Leasingsache zu. Es besteht darüber hinaus auch kein gesondertes Leistungsverweigerungsrecht im Stadium der Nacherfüllung, so dass der Leasinggeber seinen Anspruch auf Zahlung der Leasingraten weiterhin geltend machen kann.[137]

Selbst bei der Durchsetzung eines abgetretenen Mängelrechts gegen den Lieferanten steht dem Leasingnehmer kein Leistungsverweigerungsrecht an den geschuldeten Leasingraten gemäß § 320 BGB zu, weil er aufgrund der in der Praxis regelmäßig anzutreffenden formularvertraglichen Vereinbarung die Sach-, Preis- und Gegenleistungsgefahr trägt.[138] Nach der Rechtsprechung des Bundesgerichtshofes ist die Abwälzung der Sach- und Preisgefahr auf den Leasingnehmer in AGB wirksam, wenn für den Fall des völligen Verlusts oder einer nicht unerheblichen Beschädigung der Leasingsache ein kurzfristiges Kündigungs- oder gleichwertiges Lösungsrecht des Leasingnehmers vorgesehen ist. Im Falle einer Kündigung durch den Leasingnehmer steht dem Leasinggeber jedoch ein Anspruch auf Ausgleich seines zum Kündigungszeitpunkt noch nicht amortisierten Gesamtaufwands zu.[139] Dieser Ausgleichsanspruch des Leasinggebers soll selbst dann bestehen, wenn der Berechnungsmaßstab

---

kann jedoch die Einrede des nicht erfüllten Vertrages (§ 320 BGB) von dem Zeitpunkt an zustehen, an dem die Lieferung der fehlenden, für die Vertragserfüllung wesentlichen Teile der Software vereinbarungsgemäß zu erbringen war.“; vgl. auch Staudinger, Leasing, Rn. 194, 195.

136 Vgl. Kapitel C. II. 4.

137 Engel, Handbuch Kraftfahrzeugleasing, § 6, Rn. 24.

138 Palandt/Weidenkaff, Einf. v. § 535 Rn. 59, m.w.N.; vgl. auch die Differenzierungen bei Beckmann, Finanzierungsleasing, § 5, Rn. 8 ff.

139 BGH Urteil vom 08.10.2003 – VIII ZR 55/03 = NJW 2004, 1041: *„Nach der Rechtsprechung des Senats ist die Abwälzung der Sach- und Preisgefahr in den Allgemeinen Geschäftsbedingungen eines Kfz-Leasinggebers, wie sie in XI.1 bzw. X.6 II 2 AGB enthalten ist, i.S. des § 9 I AGBG (i.d.gem. Art. 229 § 5 EGBGB am 31.12.2001 geltenden Fassung; jetzt § 307 I 1 BGB) unangemessen und daher unwirksam, wenn nicht – wie hier in X.6 – für den Fall des völligen Verlusts oder einer nicht unerheblichen Beschädigung des Leasingfahrzeugs ein kurzfristiges Kündigungs- oder gleichwertiges Lösungsrecht des Leasingnehmers vorgesehen ist (NJW 1987, 377 = WM 1987, 38 [unter I 2a bb]; BGHZ 116, 278 [287] = NJW 1992, 683; NJW 1996, 1888 = WM 1996, 1320 [unter II 1a]; NJW 1998, 2284 = WM 1998, 1452 [unter II 1a aa]; NJW 1998, 3270 = WM 1998, 2148 [unter II 1 bis 3]). Macht der Leasingnehmer von dem ihm eingeräumten Kündigungsrecht Gebrauch,*

in den AGB unwirksam ist, sofern die Abwälzung der Sach- und Preisgefahr wirksam und der Leasingnehmer deswegen trotz des Verlusts oder der Beschädigung der Leasingsache und des dadurch eingetretenen Unvermögens des Leasinggebers, dessen Gebrauch zu gewähren, verpflichtet blieb, seine vertraglich vereinbarte Gegenleistung zu erbringen.[140] Etwas anderes soll nach Ansicht der des Bundesgerichtshofes nur dann gelten, wenn die Leasingsache dem Lieferanten zur Nachbesserung übergeben wurde und sie bei diesem untergeht.[141]

Im Ergebnis ist wie folgt zu unterscheiden:

Wird der Leasinggegenstand nicht oder verspätet dem Leasingnehmer geliefert, steht diesem ein Leistungsverweigerungsrecht aus § 320 BGB zu, was aufgrund der Kardinalpflicht zur Gebrauchsüberlassung nicht vertraglich ausgeschlossen werden kann.[142]

Soweit der Leasingnehmer sich auf Mängelrechte nach Überlassung des Leasinggegenstandes beruft, ist zu beachten, dass der Leasinggeber leasingtypisch und wirksam die Preis- und Leistungsgefahr auf den Leasingnehmer übertragen wird, so dass dieser beim zufälligen Untergang oder einer Verschlechterung des Leasinggutes weiterhin die Verpflichtung zur Zahlung der vereinbarten Leasingraten hat.[143] Eine wirksame Übertragung der Leistungs- und Preisgefahr auf den Leasingnehmer kann jedoch erst nach der Überlassung des Leasinggutes im vertragsgemäßen Zustand erfolgen. Der Leasingnehmer ist daher zur Zahlung der Leasingraten selbst dann verpflichtet, wenn der Leasinggegenstand nach Überlassung beschädigt oder zerstört wird. Bei Mängelrechten ist zu beachten, dass diese bei einer leasingtypischen Freizeichnungs- und Abtretungskonstruktion dem Leasingnehmer nur gegenüber dem Lieferanten zustehen und es daher für die Rechte der §§ 320, 273 BGB an einer Gegenseitigkeit (Leasingnehmer Leasinggeber) ermangelt. Der Leasingnehmer

---

hat der Leasinggeber einen Anspruch auf Ausgleich seines zum Kündigungszeitpunkt noch nicht amortisierten Gesamtaufwands (WM 1987, 38 [unter I 2a bb, II 3a] m.w. Nachw.).“

140 BGH Urteil vom 08.10.2003 – VIII ZR 55/03 = NJW 2004, 1041: *„Dieser leasingtypische Ausgleichsanspruch besteht dem Grunde nach selbst dann, wenn die Regelung in den AGB des Leasinggebers – wie in XV (1) II AGB hinsichtlich der Berechnung des Anspruchs (Senat, NJW 1996, 455 = WM 1996, 311 [unter II 1]) – unwirksam ist (Senat, BGHZ 97, 65 [74] = NJW 1986, 1335; NJW 1996, 455 = WM 1996, 311 [unter II 2a] jew. m.w. Nachw.). Voraussetzung ist jedoch, dass die Abwälzung der Sach- und Preisgefahr wirksam und der Leasingnehmer deswegen trotz des Verlusts oder der Beschädigung des Leasingfahrzeugs und des dadurch eingetretenen Unvermögens des Leasinggebers, dessen Gebrauch zu gewähren (§ 535 BGB), verpflichtet geblieben ist, seine vertraglich vereinbarte Gegenleistung zu erbringen.“*

141 BGH Urteil vom 27.02.1985 – VIII ZR 328/83 = BGHZ 94, 44 = NJW 1985, 1535: *„Der Leasingnehmer haftet nicht für den zufälligen Untergang der Leasingsache, wenn die Sache bereits zur Nachbesserung vertragsgemäß dem Lieferanten übergeben worden ist. Dies gilt auch entgegen einer formularmäßig ausbedungenen Haftung des Leasingnehmers.*

142 Martinek/Stoffels/Wimmer-Leonhardt, Handbuch des Leasingrechts, § 20, Rn. 6, S. 202.

143 Martinek/Stoffels/Wimmer-Leonhardt, Handbuch des Leasingrechts, § 31, Rn. 6, S. 360.

kann sich folglich insoweit nicht auf die Mangelhaftigkeit des Leasinggegenstandes gegenüber dem Leasinggeber berufen. Nur die (gerichtliche) Durchsetzung (Rücktritt, Minderung oder Schadensersatz) der Mängelrechte gegenüber dem Lieferanten wirkt sich auf die Leasingraten aus.[144]

4. Mängelrechte des Leasingnehmers gegen Lieferanten

Dem Leasingnehmer stehen aufgrund der leasingtypischen Freizeichnungs- und Abtretungskonstruktion keine eigenen Gewährleistungsrechte gegen den Lieferanten zu. Vielmehr wird die Geltendmachung eines Sachmangels gegenüber dem Lieferanten auf den Leasingnehmer übertragen, so dass der Leasingnehmer gegen den Lieferanten vorgehen kann.[145] Dies entspricht der ständigen Rechtsprechung des Bundesgerichtshofes.[146] Damit lässt sich folgender Grundsatz festhalten:

Der Leasingnehmer kann und (regelmäßig vertraglich vorgesehen) muss aufgrund der leasingtypischen Freizeichnungs- und Abtretungskonstruktion die Mängelrechte des Leasinggebers gegen den Lieferanten geltend machen.

Dem Leasingnehmer stehen dem Grund nach folgende Mängelrechte zu:

- Nacherfüllung gemäß §§ 437 Nr. 1, 439 BGB,
- Rücktritt vom Vertrag gemäß §§ 437 Nr. 2 1. Alt., 440, 323, 326 Abs. 5 BGB,
- Minderung gemäß §§ 437 Nr. 2 2. Alt., 441 BGB,
- Schadensersatz statt der Leistung gemäß §§ 437 Nr. 3 1. Alt., 440, 280, 281, 283 bzw. 311a BGB,
- Ersatz vergeblicher Aufwendungen gemäß §§ 437 Nr. 3 2. Alt., 284 BGB, und
- Schadensersatz neben der Leistung, §§ 437 Nr. 3, 280 BGB.[147]

Bei behebbaren Mängeln, mit Ausnahme des Mangelfolgeschadens, gilt der Vorrang der Nacherfüllung. Erst nach Fristablauf bzw. § 440 BGB besteht für den Leasingnehmer das Recht, vom Kaufvertrag zurückzutreten, den Kaufpreis zu mindern oder Schadensersatz statt der Leistung zu fordern bzw. den Ersatz vergeblicher Aufwendungen zu verlangen.[148] Dies ergibt sich bereits aus der Systematik der Gewährleistungsrechte, die (bis auf die Nacherfüllung) nur unter der Voraussetzung einer erfolg-

---

144 Zu den Auswirkungen der einzelnen Mängelrechte auf die Leasingraten siehe Kapitel G. I. 3.
145 MüKoBGB/Koch, Bd. 3, Finanzierungsleasing, Rn. 100 m.w.N.
146 BGH Urteil vom 16.09.1981 – VIII ZR 265/80 = BGHZ 81, 298 = WM 1981, 1219 = NJW 1982, 105 = ZIP 1981, 1215: *„Der Leasingnehmer kann die kaufrechtlichen Gewährleistungsrechte des Leasinggebers gegen den Lieferanten geltend machen, wie wenn er selbst Käufer gewesen wäre."*
147 Für den Fall eines Werkvertrages vgl. §§ 633 ff. BGB.
148 Palandt/Weidenkaff, § 437, Rn. 4.

los abgelaufenen Frist zur Nacherfüllung bestehen. Auch die Rechtsprechung wendet den Vorrang der Nacherfüllung konsequent an.[149]

a. Nacherfüllungsanspruch

Aufgrund der leasingtypischen Abtretung der Gewährleistungsrechte des Leasinggebers als Käufer gegen den Lieferanten als Verkäufer steht dem Leasingnehmer der vorrangige Nacherfüllungsanspruch gemäß §§ 437 Nr. 1, 439 BGB zu.[150]

Der kaufrechtliche Nacherfüllungsanspruch ist von der leasingtypischen Abtretungskonstruktion trotz Ausgestaltung der Mangelfreiheit als kaufvertragliche Hauptpflicht mit umfasst, da damit der Ausschluss der mietvertraglichen Gewährleistungsansprüche gegenüber dem Leasinggeber kompensiert werden soll.[151] Voraussetzung für den Nacherfüllungsanspruch sind kumulativ:

- Wirksame Abtretung des Nacherfüllungsanspruchs des Leasinggebers gegen den Lieferanten an den Leasingnehmer im Rahmen der leasingspezifischen Abtretungskonstruktion,
- Mangel bei Gefahrübergang, §§ 434 bis 436, 446 BGB; § 476 BGB findet keine Anwendung,
- keine Unmöglichkeit oder Unzumutbarkeit der Nacherfüllung, §§ 439 Abs. 3, 275 BGB und
- keine Verjährung, § 438 Abs. 1 und 2 BGB.

---

aa. Wahlrecht des Käufers

Grundsätzlich hat der Käufer – und aufgrund der im Leasing typischen Abtretung somit auch der Leasingnehmer – das Wahlrecht zwischen der Beseitigung des Mangels in Form der Nachbesserung und der Lieferung einer mangelfreien Sache in Form der Ersatzlieferung.[152] Dabei ist er grundsätzlich in seiner Wahl frei und kann seine Entscheidung ohne Rücksicht auf das Interesse des Verkäufers treffen.[153]

Allerdings wird dem Wahlrecht insofern eine Grenze gesetzt, als der Verkäufer im Fall der Unmöglichkeit der Nacherfüllung im Sinne von § 275 BGB oder der Unverhältnismäßigkeit gemäß § 439 Abs. 3 BGB berechtigt ist, die vom Käufer gewählte Alternative der Nacherfüllung zu verweigern.[154] Das ist der Fall, wenn die Nacherfüllung

149 BGH Urteil vom 23.2.2005 – VIII ZR 100/04 = NJW 2005, 1348: *„Sowohl das Recht des Käufers, gem. §§ 437 Nr. 2, 441 BGB den Kaufpreis zu mindern, als auch der Anspruch auf Schadensersatz statt der Leistung gem. §§ 437 Nr. 3, 280, 281 BGB setzen, wenn nicht einer der gesetzlich geregelten Ausnahmetatbestände eingreift, voraus, dass der Käufer dem Verkäufer erfolglos eine angemessene Frist zur Nacherfüllung bestimmt hat.“*

150 Palandt/Weidenkaff, § 437, Rn. 4.

151 Löbbe, Der Finanzierungsleasingvertrag nach der Schuldrechtsreform, in: Finanzierungsleasing und Verbrauchergeschäfte, BB 2003 Beilage 6, 7.

152 Palandt/Weidenkaff, § 439, Rn. 5.

153 Palandt/Weidenkaff, § 439, Rn. 5; Reinking, Der Autokauf, Rn. 3434.

154 Palandt/Weidenkaff, § 439, Rn. 14 ff.

für den Lieferanten nach den allgemeinen Vorschriften der §§ 275 Abs. 1, 311a BGB anfänglich oder nachträglich unmöglich ist, wenn die vom Käufer gewählte Leistung in einem groben Missverhältnis zu dessen Leistungsinteresse gemäß § 275 Abs. 2 BGB steht, wenn gemäß § 275 Abs. 3 BGB der Verkäufer die Leistung nur persönlich erbringen und diese ihm unter Abwägung mit dem Leistungsinteresse des Gläubigers nicht zugemutet werden kann, und, darüber hinaus, wenn die Leistung nur mit unverhältnismäßigen Kosten für den Verkäufer möglich ist, § 439 Abs. 3 BGB.[155] Insbesondere die letztgenannte Verweigerungsmöglichkeit soll die Auswahl des in der Regel sachunkundigen Käufers dort korrigieren, wo diese Wahl unverkennbar zu einem unangemessen teuren Ergebnis führen würde.

Ist etwa ein gebrauchtes Fahrzeug Gegenstand des Leasingvertrages, so wird sich die Nacherfüllung regelmäßig auf die Mängelbeseitigung beschränken, da die Nachlieferung eines identischen oder zumindest vergleichbaren Ersatzfahrzeuges regelmäßig nicht möglich ist.[156] Ob dies bei einem Stückkauf, wie dem vorliegenden Fall, tatsächlich immer der Fall ist, wird von der Rechtsprechung und Literatur umfassend diskutiert.[157] Der Bundesgerichtshof hat sich einer generellen Ablehnung der Nacherfüllung durch Ersatzlieferung beim Stückkauf verwehrt und stellt darauf ab, ob nach der Vorstellung der Parteien ein Ersatz durch eine gleichartige oder gleichwertige Sache möglich ist.[158]

Der Bundesgerichtshof geht in seiner Urteilsbegründung ausführlich auf die unterschiedlichen Ansichten in der Literatur und Rechtsprechung ein und erteilt der teilweise im Schrifttum vertretenen Auffassung, nach der sich die Leistungspflicht des Verkäufers beim Stückkauf nur auf die verkaufte Sache beziehe und somit jede andere Sache von vornherein untauglich sei, den vertraglich geschuldeten Zustand herbeizuführen, eine klare Absage. Eine einschränkende Auslegung des § 439 Abs. 1 BGB dahin, dass der Käufer einer Stücksache eine Ersatzlieferung in keinem Fall verlangen kann, finde weder im Wortlaut der Vorschrift eine Stütze noch sei sie mit dem aus den Gesetzesmaterialien hervorgehenden Willen des Gesetzgebers vereinbar. Der Wortlaut des § 439 Abs. 1 BGB, der nicht zwischen Stück- und Gattungskauf unterscheidet, enthält keinen Anhaltspunkt für die Annahme, dass ein Anspruch des Käufers auf Ersatzlieferung nur bei einem Gattungskauf, nicht dagegen bei einem

155 Jauernig, § 439, Rn. 11–18.

156 Palandt/Weidenkaff, § 439, Rn. 15; MüKoBGB/Westermann, § 439, Rn. 11; Reinking, Der Autokauf, Rn. 3435.

157 Palandt/Weidenkaff, § 439, Rn. 15.

158 BGH Urteil vom 7.6.2006 – VIII ZR 209/05 = NJW 2006, 2839: *„Die Nacherfüllung durch Lieferung einer anderen, mangelfreien Sache ist auch beim Stückkauf nicht von vornherein wegen Unmöglichkeit ausgeschlossen. Möglich ist die Ersatzlieferung nach der Vorstellung der Parteien dann, wenn die Kaufsache im Falle ihrer Mangelhaftigkeit durch eine gleichartige und gleichwertige ersetzt werden kann. Beim Kauf eines Gebrauchtwagens liegt es in der Regel nahe, dies zu verneinen, wenn dem Kaufentschluss eine persönliche Besichtigung des Fahrzeugs vorangegangen ist."*

Stückkauf, gegeben sei. Die nach früherem Recht bestehende Unterscheidung zwischen Stück- und Gattungskauf, wonach der Käufer nur im letzteren Falle die Lieferung einer mangelfreien Sache verlangen konnte (§ 480 Abs. 1 S. 1 BGB a.F.), ist nach der Schuldrechtsmodernisierung aufgegeben worden. Nach Ansicht des Bundesgerichtshofes widerspräche es dem Willen des Gesetzgebers, wenn der Vorrang des Anspruchs auf Nacherfüllung, der wie gesehen den §§ 437 ff. BGB zu Grunde liegt beim Stückkauf von vornherein entfiele.[159]

Da das Interesse des Käufers nach der Entwurfsbegründung in erster Linie nicht auf eine Rückgängigmachung des Kaufs oder eine Herabsetzung des Kaufpreises zielt, sondern darauf eine mangelfreie Sache zu erhalten, könne dieses Interesse in der Regel auch beim Stückkauf durch Nachbesserung oder Lieferung einer anderen

---

159 BGH Urteil vom 7.6.2006 – VIII ZR 209/05 = NJW 2006, 2839: *„Das BerGer. ist allerdings mit Recht davon ausgegangen, dass die Lieferung eines anderen – funktionell und vertragsmäßig gleichwertigen – Gebrauchtwagens nicht schon deshalb ausscheidet, weil es sich um einen Stückkauf handelt. Demgegenüber soll nach einer im Schrifttum vertretenen Auffassung eine Ersatzlieferung beim Stückkauf in jedem Fall unmöglich sein (Ackermann, JZ 2002, 378; Faust, ZGS 2004, 252 m.w. Nachw.; P. Huber, NJW 2002, 1004 [1006]; U. Huber, in: Festschr. f. Schlechtriem, 2003, S. 521 [523 Fußn. 9]; Tiedtke/Schmitt, JuS 2005, 583 [586]; Lorenz, JZ 2001, 742 [744], anders jedoch nunmehr ders., in: MüKo, 4. Aufl., Vorb. § 474 Rdnr. 17). Zur Begründung wird ausgeführt, dass sich die Leistungspflicht des Verkäufers beim Stückkauf nur auf die verkaufte Sache beziehe und somit jede andere Sache von vornherein untauglich sei, den vertraglich geschuldeten Zustand herbeizuführen (vgl. U. Huber, S. 523 Fußn. 9 m.w. Nachw.; Ackermann, JZ 2002, 379).“*
„Dieser Auffassung, die in der Rechtsprechung und überwiegend auch im Schrifttum abgelehnt wird (OLG Braunschweig, NJW 2003, 1053 [1054]; LG Ellwangen, NJW 2003, 517; Bitter/Meidt, ZIP 2001, 2114 [2119 f.]; Canaris, JZ 2003, 831, 1156; Westermann, in: MüKo, § 439 Rdnrn. 11 f.; Palandt/Putzo, BGB, 65. Aufl., § 439 Rdnr. 15; Staudinger/Matusche-Beckmann, BGB, Neubearb. 2004, § 439 Rdnrn. 28 ff.; Ball, NZV 2004, 217 [220]), ist das BerGer. zu Recht nicht gefolgt. Eine einschränkende Auslegung des § 439 I BGB dahin, dass der Käufer einer Stücksache eine Ersatzlieferung in keinem Fall verlangen kann, findet im Wortlaut des § 439 I BGB keine Stütze und ist mit dem aus den Gesetzesmaterialien hervorgehenden Willen des Gesetzgebers nicht vereinbar; sie würde dazu führen, dass der Vorrang des Anspruchs auf Nacherfüllung, der den §§ 437 ff. BGB zu Grunde liegt (vgl. hierzu Entwurfsbegründung zum Schuldrechtsmodernisierungsgesetz, BT-Dr 14/6040, S. 94 f., 220 f., 230; BGHZ 162, 219 [226 ff.] = NJW 2005, 1348), beim Stückkauf von vornherein entfiele. Das widerspräche dem Willen des Gesetzgebers.“
„Gemäß § 439 I BGB, der durch das Schuldrechtsmodernisierungsgesetz vom 26.11.2001 (BGBl. I, 3138) in das BGB eingefügt worden ist, kann der Käufer als Nacherfüllung nach seiner Wahl die Beseitigung des Mangels oder die Lieferung einer mangelfreien Sache verlangen. Der Wortlaut der Bestimmung, wonach es weder hinsichtlich der Nachbesserung noch der Ersatzlieferung darauf ankommt, ob ein Stückkauf oder ein Gattungskauf vorliegt, enthält keinen Anhaltspunkt für die Annahme, dass ein Anspruch des Käufers auf Ersatzlieferung nur bei einem Gattungskauf, nicht dagegen bei einem Stückkauf gegeben sei. Die nach früherem Recht bestehende Unterscheidung zwischen Stück- und Gattungskauf, wonach der Käufer nur im letzteren Falle die Lieferung einer mangelfreien Sache verlangen konnte (§ 480 I 1 BGB a.F.), ist im neuen Recht aufgegeben worden (vgl. BT-Dr 14/6040, S. 230).“

gleichartigen Sache befriedigt werden.[160] Daraus folgert der Bundesgerichtshof, dass der Gesetzgeber die Nacherfüllung durch Lieferung einer anderen, mangelfreien Sache beim Stückkauf nicht grundsätzlich ausschließen wollte.[161] Allerdings bedeutet dies nicht, dass eine Nacherfüllung beim Stückkauf stets möglich wäre. Insbesondere beim Kauf gebrauchter Sachen scheide eine Nacherfüllung aufgrund der Individualisierung in der Regel aus.[162] Ob auch beim Stückkauf eine Nachlieferung in Betracht kommt, ist vielmehr nach dem durch Auslegung zu ermittelnden Willen der Vertragsparteien bei Vertragsschluss zu beurteilen, §§ 133, 157 BGB. Maßgeblich soll sein, ob die mangelhafte Kaufsache durch eine gleichartige und gleichwertige ersetzt werden kann. Dies soll jedenfalls dann ausgeschlossen sein, wenn der Käufer seine Kaufentscheidung nicht nur auf Grund objektiver Anforderungen, sondern auch auf Grund des bei der Besichtigung gewonnenen persönlichen Eindrucks von der Kaufsache getroffen habe.[163]

---

160 BT-Drucks. 14/6040, S. 89, 220, 230.

161 BGH Urteil vom 7.6.2006 – VIII ZR 209/05 = NJW 2006, 2839: *„Der Gesetzgeber ist davon ausgegangen, dass die Schaffung des – in §§ 459 ff. BGB a.F. nicht geregelten – Nacherfüllungsanspruchs des Käufers unabhängig davon, ob ein Stückkauf oder ein Gattungskauf vorliegt, sowohl den Interessen des Käufers als auch denen des Verkäufers entspricht, und hat die Möglichkeit der Nacherfüllung durch die Lieferung einer mangelfreien anderen Sache bewusst auch für den Fall eines Stückkaufs vorgesehen. In der Entwurfsbegründung wird hierzu ausgeführt, der Käufer habe nicht in erster Linie ein Interesse an der Rückgängigmachung des Kaufs oder an der Herabsetzung des Kaufpreises; ihm gehe es vor allem darum, eine mangelfreie Sache zu erhalten. Dieses Interesse könne „in den meisten Fällen – auch beim Stückkauf – durch Nachbesserung oder Lieferung einer anderen gleichartigen Sache befriedigt werden" (BT-Dr 14/6040, S. 89, 220, 230). Daraus ist zu ersehen, dass der Gesetzgeber die Nacherfüllung durch Lieferung einer anderen, mangelfreien Sache beim Stückkauf nicht als grundsätzlich ausgeschlossen angesehen hat."*

162 BGH Urteil vom 7.6.2006 – VIII ZR 209/05 = NJW 2006, 2839: *„Auch wenn danach, wie dargelegt, eine Ersatzlieferung beim Stückkauf nicht von vornherein ausscheidet, so ist sie doch, wie schon in der Entwurfsbegründung betont worden ist (BT-Dr 14/6040, S. 209), nicht in jedem Fall möglich; dies gilt insbesondere für den Kauf gebrauchter Sachen. In den Gesetzesmaterialien wird darauf hingewiesen, dass beim Kauf einer bestimmten gebrauchten Sache eine Nachlieferung „zumeist von vornherein ausscheiden" werde (BT-Dr 14/6040, S. 232). Die mit dieser Erwägung in Einklang stehende Annahme des BerGer., dass auch im hier vorliegenden Fall eines Gebrauchtwagenkaufs die Ersatzlieferung eines anderen Fahrzeugs unmöglich i.S. des § 275 I BGB war, ist aus Rechtsgründen nicht zu beanstanden."*

163 BGH Urteil vom 7.6.2006 – VIII ZR 209/05 = NJW 2006, 2839: *„Ob eine Ersatzlieferung in Betracht kommt, ist nach dem durch Auslegung zu ermittelnden Willen der Vertragsparteien bei Vertragsschluss zu beurteilen (§§ 133, 157 BGB; vgl. Palandt/Putzo, § 439 Rdnr. 15). Möglich ist die Ersatzlieferung nach der Vorstellung der Parteien dann, wenn die Kaufsache im Falle ihrer Mangelhaftigkeit durch eine gleichartige und gleichwertige ersetzt werden kann. Das BerGer. ist bei seiner Auslegung des Kaufvertrags zu dem Ergebnis gelangt, es könne nicht davon ausgegangen werden, dass die Kaufsache nach dem Willen der Beteiligten austauschbar war, und hat dies damit begründet, dass der Kl. seine Kaufentscheidung nicht nur auf Grund objektiver Anforderungen, sondern auch auf Grund des bei der Besichtigung gewonnenen persönlichen Eindrucks von*

Im Ergebnis räumt der Bundesgerichtshof damit ein, dass es in der Praxis nur sehr schwer möglich sein dürfte, für eine gebrauchtes Fahrzeug einen gleichartigen und gleichwertigen Ersatz zu finden und es oftmals zu Streit führen würde, ob tatsächlich eine Gleichartigkeit und Gleichwertigkeit vorliege. Deshalb bleibt es dabei, dass die Nacherfüllung durch Ersatzlieferung bei einem Gebrauchtfahrzeug regelmäßig nicht möglich ist.[164] Somit wird das Wahlrecht zwischen der Beseitigung des Mangels und der Lieferung einer mangelfreien Sache unproblematisch tatsächlich nur dann zur Anwendung gelangen können, wenn Gegenstand des Vertrages ein Neufahrzeug und damit ein Gattungskauf ist.[165]

---

dem Fahrzeug getroffen habe. Diese tatrichterliche Würdigung, die vom RevGer. nur beschränkt überprüfbar ist, ist aus Rechtsgründen nicht zu beanstanden. Soweit die Revision meint, der Bekl. sei die Lieferung eines gleichwertigen Gebrauchtfahrzeugs nicht unmöglich, weil der Kl. nicht auf ein bestimmtes individuelles Fahrzeug Wert gelegt habe, sondern es ihm nur um einen bestimmten Typ mit einer bestimmten Ausstattung gegangen sei, kann sie damit keinen Erfolg haben. Der tatrichterlichen Auslegung des Kaufentschlusses durch das BerGer. setzt die Revision nur ihre eigene Auffassung von der Austauschbarkeit des Fahrzeugs entgegen, ohne Auslegungsfehler aufzuzeigen."

„Die Auslegung des BerGer. beruht auf der Überlegung, dass beim Kauf eines Gebrauchtwagens, auch wenn es dem Käufer – wie von der Revision unter Bezugnahme auf entsprechendes Vorbringen in der Klageschrift dargetan – auf einen bestimmten Typ und eine bestimmte Ausstattung des Fahrzeugs ankommt, in der Regel erst der bei einer persönlichen Besichtigung gewonnene Gesamteindruck von den technischen Eigenschaften, der Funktionsfähigkeit und dem äußeren Erscheinungsbild des individuellen Fahrzeugs ausschlaggebend für den Entschluss des Käufers ist, das konkrete Fahrzeug zu kaufen, das in der Gesamtheit seiner Eigenschaften dann nicht gegen ein anderes austauschbar sein soll. Diese Sichtweise des BerGer. liegt nicht nur beim Gebrauchtwagenkauf nahe, sondern ist beim Kauf gebrauchter Sachen in der Regel sachgerecht. Angesichts der vielfältigen Unterschiede im Abnutzungsgrad gebrauchter Sachen – auch gleichen Typs – ist Zurückhaltung bei der Annahme geboten, dass beim Kauf einer gebrauchten Sache auch die Lieferung einer anderen Sache dem Parteiwillen entspreche. Wenn eine Ersatzlieferung als möglich angesehen wird, hat dies auf Grund des Vorrangs der Nacherfüllung zur Folge, dass sich die Parteien zunächst über die Lieferung einer anderen gebrauchten Sache auseinanderzusetzen haben, bevor ein Rücktritt vom Vertrag oder ein anderes Recht aus § 437 Nrn. 2 und 3 BGB beansprucht werden kann. Angesichts des naturgemäß unterschiedlichen Erhaltungszustands gebrauchter Sachen und der damit verbundenen Schwierigkeit, eine in jeder Hinsicht gleichwertige Ersatzsache zu beschaffen, wäre häufiger Streit über die Gleichwertigkeit der angebotenen oder zu beschaffenden Ersatzsache absehbar, wenn auch bei gebrauchten Sachen regelmäßig Anspruch auf eine Ersatzlieferung bestünde. Dies liefe den Interessen beider Kaufvertragsparteien zuwider. Das wollte auch der Gesetzgeber vermeiden, indem er zum Ausdruck brachte, dass beim Kauf einer bestimmten gebrauchten Sache eine Nachlieferung „zumeist von vornherein ausscheiden" werde (BT-Dr 14/6040, S. 232; ebenso zum Gebrauchtwagenkauf: Reinking, Rdnrn. 1421 f.; vgl. dazu auch Ball, NZV 2004, 217 [220])."

164 Palandt/Weidenkaff, § 439, Rn. 15; MüKoBGB/Westermann Bd. 3, § 439, Rn. 11.

165 Vgl. auch MüKoBGB/Westermann, Bd. 3, § 439, Rn. 11.

Gemäß § 439 Abs. 3 BGB kann der Lieferant die Nacherfüllung auch dann verweigern, wenn sie nur mit unverhältnismäßigen Kosten zu erbringen wäre. Dabei ist zwischen der relativen und der absoluten Unverhältnismäßigkeit zu unterscheiden.

Absolut unverhältnismäßig ist eine Nacherfüllung, wenn die Kosten der Nacherfüllungsalternative und der Wert der Sache in mangelfreiem Zustand außer Verhältnis stehen. Zu beachten ist hierbei, dass nicht das Verhältnis der Nacherfüllungskosten zum Kaufpreis zu beurteilen ist, sondern zum objektiven Wert der Sache in mangelfreiem Zustand. Die prozentuale Grenze liegt dabei bei 100 % des Wertes der Kaufsache in mangelfreiem Zustand, wenn der Lieferant die Lieferung der mangelhaften Sache nicht zu vertreten hat. Hat er dagegen die Lieferung der mangelhaften Sache zu vertreten, so liegt die Grenze bei 130 %.[166] Wiederum sind vom EuGH zum Schutz des Verbrauchers ergangenen Urteil selbst für den Leasingnehmer als Verbraucher nicht anwendbar, da die Richtlinie einen Kaufvertrag des Verbrauchers voraussetzt, woran es, wie bereits erläutert, ermangelt.

Verweigert der Verkäufer berechtigterweise die vom Käufer gewählte Variante der Nacherfüllung, dann beschränkt sich der Nacherfüllungsanspruch auf die andere Variante, § 439 Abs. 3 S. 3 BGB.[167]

Die **relative Unverhältnismäßigkeit** bestimmt sich im Verhältnis der Nachlieferung zur Nachbesserung. Die Grenze der relativen Unverhältnismäßigkeit wird bei ca. 10 % angenommen. D.h. übersteigen die Kosten für die Nachlieferung die Kosten für die Nachbesserung um mehr als 10 %, so kann der Lieferant auch hier die Nachlieferung verweigern und lediglich eine Nachbesserung durchführen, § 439 Abs. 3 S. 3 BGB.

Ist nur eine Möglichkeit der Nacherfüllung gegeben, erfolgt zuletzt eine Überprüfung des Anspruchs über § 439 Abs. 3 S. 1 i.V.m. §§ 275 Abs. 2 und 3 BGB.

bb. Nachbesserung und Nachlieferung

(1) Abgrenzung und Kostentragung

Eine Nachbesserung liegt vor, wenn der Mangel der verkauften und gelieferten Sache durch den Verkäufer so beseitigt wird, dass die Sache vertragsgemäß mangelfrei wird.[168] Eine Nachlieferung ist dagegen die vom Verkäufer vorgenommene oder zumindest veranlasste unentgeltliche Lieferung einer anderen Sache.[169] Die dabei anfallenden Kosten, insbesondere Transport-, Wege-, Arbeits- und Materialkosten, in

166 Vgl. auch AG Menden NJW 2004, 2171, 2172; Palandt/Weidenkaff, § 439, Rn. 16a.

167 Jauernig, § 439, Rn. 31.

168 Palandt/Weidenkaff, § 437 Rn. 6; 439, Rn. 1.

169 Palandt/Weidenkaff, § 437 Rn. 7, § 439 Rn. 1; Haas, Kaufrecht, in: Haas/Medicus/Rolland/Schäfer/Wendtland, Das neue Schuldrecht, Rn. 148; Arnold, Gewährleistung beim Finanzierungsleasing nach der Schuldrechtsreform, DStR 2002, 1049; Zahn, Der kaufrechtliche Nacherfüllungsanspruch – ein Trojanisches Pferd im Leasingvertrag, DB 2002, 985.

Form von erforderlichen Aufwendungen hat der Verkäufer zu tragen, sofern sie auf der Verletzung seiner Hauptleistungspflicht beruhen, § 439 Abs. 2 BGB.

(2) Auswirkungen auf den Leasingvertrag

Der Bundesgerichtshof hat für den Fall des Austausches des Leasinggutes entschieden, dass der Kaufvertrag über das Leasinggut und die damit verbundene Geschäftsgrundlage des Leasingvertrages unberührt bleiben. Zwar entfalle der ursprünglich die Geschäftsgrundlage des Leasingvertrages bildende Kaufvertrag, doch trete nach dem zu unterstellenden Parteiwillen an die Stelle des ursprünglichen Kaufvertrages ein neuer Kaufvertrag, so dass der Leasingvertrag von der Nacherfüllung letztlich nicht betroffen wird.[170] Da der Leasingvertrag fortbesteht, bleibt der Leasingnehmer verpflichtet, die Leasingraten zu bezahlen. Darüber hinaus ist insbesondere bei der Neulieferung einer mangelfreien Leasingsache darauf zu achten, dass erneut eine Übernahmebestätigung erforderlich wird.[171]

---

170 BGH Urteil vom 30.9.1997 – VIII ZR 157/96 = WM 1997, 1996 = NJW-RR 1998, 123 = ZIP 1997, 1703: *„Entgegen der Ansicht der Revision ist die Geschäftsgrundlage der Leasingverträge nicht allein dadurch entfallen, dass sich die Parteien und die Firma D als Lieferantin über einen Umtausch der Farbkopierer gegen Schwarz-Weiß-Kopierer geeinigt haben. Nach der ständigen Rechtsprechung des Senats (BGHZ 68, 118 [126] = NJW 1977, 848 = LM § 6 AbzG Nr. 22; BGHZ 81, 298 [306 f.] = NJW 1982, 105 = LM § 9 [Bb] AGBG Nr. 1; BGHZ 94, 44 [48 f.] = NJW 1985, 1535 = LM § 242 [Bb] BGB Nr. 115a; BGHZ 109, 139 [142 f.] = NJW 1990, 314 = LM § 535 BGB Nr. 123 m.w. Nachw.) entfällt bei Vollzug der Wandelung des Kaufvertrages über Leasingsachen – mit dem Kaufvertrag – rückwirkend die Geschäftsgrundlage des Leasingvertrages. Anders verhält es sich, wenn Leasingnehmer, Leasinggeber und Lieferant – wie hier – einvernehmlich den Umtausch einer mangelhaften Leasingsache gegen eine andere, mangelfreie Leasingsache vereinbaren. Das versteht sich von selbst, wenn die gegeneinander ausgetauschten Sachen […] einer Gattung angehören und sich der Umtausch deswegen rechtlich als Nachlieferung i.S. des 480 I BGB darstellt. Die Nachlieferungsvereinbarung lässt den Bestand des Kaufvertrages und damit die Geschäftsgrundlage des Leasingvertrages unberührt.*
Nichts anderes kann für die Umtauschvereinbarungen der Firma D gelten, auch wenn die gegeneinander auszutauschenden Sachen unterschiedlicher Gattung (einerseits Farbkopierer, andererseits Schwarz-Weiß-Kopierer) angehören und die Umtauschvereinbarung sich deswegen im Verhältnis zwischen Leasinggeber und Lieferant rechtlich als einvernehmliche Aufhebung oder Wandelung des Kaufvertrages über die gelieferte Sache (Farbkopierer) bei gleichzeitigem Abschluss eines neuen Kaufvertrages über die Lieferung einer anderen Sache (Schwarz-Weiß-Kopierer) darstellt. Damit entfällt zwar der ursprünglich die Geschäftsgrundlage des Leasingvertrages bildende Kaufvertrag. Das hat hier jedoch nicht den Wegfall der Geschäftsgrundlage des Leasingvertrages zur Folge, weil nach dem zu unterstellenden Parteiwillen an die Stelle des ursprünglichen Kaufvertrages ein neuer Kaufvertrag tritt. Danach bleibt der Leasingvertrag von dem vereinbarten Umtausch letztlich unberührt.

171 Beckmann, Finanzierungsleasing, § 3, Rn. 58.

cc. Ausübung des Wahlrechts

Die Ausübung des Wahlrechts erfolgt durch zweifelsfreie Erklärung des Leasingnehmers gegenüber dem Lieferanten, wobei der beanstandete Mangel hinreichend bestimmt bezeichnet sein muss.[172] Denn nur ein spezifiziert gerügter Mangel erhält oder begründet die gesetzlichen Rechte.[173] Folglich setzt ein ordnungsgemäßes Nacherfüllungsverlangen voraus, dass der Käufer bzw. der Leasingnehmer aufgrund abgetretenen Rechts den Mangel, also das für ihn erkennbare „Symptom", nicht die technische Ursache,[174] schildert und zugleich mitteilt, dass er die Beseitigung des Mangels oder die Lieferung einer mangelfreien Sache als Ersatz verlangt. Diese empfangsbedürftige Willenserklärung ist nicht an eine bestimmte Form gebunden.[175] Da der Leasinggeber aber zivilrechtlicher und wirtschaftlicher Eigentümer des Leasinggutes geblieben ist, muss er wiederum Eigentümer der nachgelieferten Sache werden. Folglich muss der Leasingnehmer mit seinem Nacherfüllungsverlangen die Lieferung des mangelfreien Leasingobjekts an sich und die Übereignung an den Leasinggeber fordern.[176] Dies gilt entsprechend für eine eventuell zu erhebende Klage des Leasingnehmers gegen den Lieferanten auf Nacherfüllung. Die Klage ist gegen den Lieferanten auf Leistung an den Leasinggeber zu richten.

Der Leasingnehmer ist bei Wahl der Nacherfüllung in der Alternative der Mängelbeseitigung berechtigt und regelmäßig auch verpflichtet, diese bei einem vom Hersteller anerkannten Betrieb entsprechend den dafür geltenden Bedingungen geltend zu machen. Wählt der Leasingnehmer dagegen die Nacherfüllung in der Alternative der Nachlieferung, dann ist diese derart zu erfüllen, dass im Zuge des Austausches das mangelfreie Leasingobjekt dem mangelhaften Leasingobjekt entspricht.[177]

dd. Einschränkung des Anspruchs auf Nacherfüllung durch Vereinbarung

Grundsätzlich ist § 439 im Individualvertrag abdingbar; e contrario § 444 BGB.[178] Bei Kaufverträgen, die der Verkäufer als Verwender von AGB abgeschlossen hat, sind Änderungen des § 439 BGB nach Maßgabe des § 309 Nr. 8 b. lit. cc) BGB unwirksam.[179]

---

172 Palandt/Weidenkaff, § 439, Rn. 6; Reinking, Der Autokauf, Rn. 3434 ff.

173 Beckmann, Finanzierungsleasing, § 4, Rn. 63 mit Verweis auf BGH NJW 1997, 727; WM 1996, 1917; 1998, 937.

174 Jauernig, § 439, Rn. 18.

175 Palandt/Weidenkaff, § 439, Rn. 6.

176 Reinking/Koyka, Mobilienleasing, in: Kroiß, Klauselbuch Schuldrecht, Rn. 98; Löbbe, Der Finanzierungsleasingvertrag nach der Schuldrechtsreform, in: Finanzierungsleasing und Verbrauchergeschäfte, BB 2003 Beilage 6, 7; Reiner/Kaune, Die Gestaltung von Finanzierungsleasingverträgen nach der Schuldrechtsreform, WM 2002, 2314.

177 Palandt/Weidenkaff, § 439, Rn. 23 ff.

178 Jauernig, § 439, Rn. 5.

179 Palandt/Weidenkaff, § 439, Rn. 3.

Im Übrigen ist für die Wirksamkeit einer Modifikation des Nacherfüllungsanspruchs vor allem auf das Klauselverbot des § 309 Nr. 8 b. lit. cc) BGB zu achten. Ist eine Modifikation möglich, so kann der Anspruch auf die Nachbesserung beschränkt oder bestimmte Anforderungen an den Anspruch gestellt werden.[180]

ee. Anspruch des Verkäufers auf Nutzungsentschädigung

Wählt der Käufer die Nacherfüllung in Form der Nachlieferung und kommt der Lieferant als Verkäufer diesem Verlangen nach, dann ist der Leasingnehmer zur Rückgewähr der mangelhaften Sache nach Maßgabe der §§ 346 bis 349 BGB verpflichtet, § 439 Abs. 4 BGB.[181] Demzufolge sind nach § 346 Abs. 1 BGB die empfangenen Leistungen zurückzugewähren und die gezogenen Nutzungen herauszugeben.[182] Dabei steht dem Lieferant als Verkäufer – ungeachtet einer wirksamen Abtretung – gegen den Leasinggeber als Käufer ein Anspruch auf Nutzungsentschädigung für den Zeitraum zwischen Übergabe und Vollziehung der Ersatzlieferung zu, §§ 439 Abs. 4, 346 Abs. 2 Nr. 1 BGB. Die Nutzungsentschädigung[183] ist für den Gebrauch des mangelhaften Leasinggutes zu zahlen, weil der Leasinggeber für den von ihm bereits gezahlten Kaufpreis einen mangelfreien neuen Leasinggegenstand erhält.[184] Der Leasinggeber kann die Pflicht zur Zahlung der Nutzungsentschädigung im Innenverhältnis auf den Leasingnehmer ausnahmsweise abwälzen, obwohl der Leasingnehmer für die Nutzung des mangelhaften Leasingobjekts bereits die Leasingraten entrichtet hat. Nicht der Leasinggeber, sondern der Lieferant wird regelmäßig den Sachmangel zu vertreten haben und darüber hinaus entsteht dem Leasinggeber ein Schaden, da er den Betrag der Nutzungsentschädigung nicht mit einkalkuliert hat und demnach Gefahr läuft, die Vollamortisation gegenüber dem Leasingnehmer nicht zu erreichen. Diese Rechtslage hat sich durch die Modifikation des § 474 Abs. 2 BGB nicht geändert, da allein der Leasinggeber Käufer ist und er damit die Anwendung der §§ 474 ff. BGB nicht eröffnet. Diese Verbraucherschutzvorschriften sind für den Leasingnehmer als Verbraucher weder direkt noch analog anwendbar.[185]

ff. Erfüllungsort für die Nacherfüllung

Der Erfüllungsort der Nacherfüllung war nach der Schuldrechtsreform in Literatur und Instanzrechtsprechung heftig umstritten. Während zum Teil auf den momen-

---

180 Palandt/Weidenkaff, § 439, Rn. 3 und Einf. v. § 535, Rn. 37.
181 Jauernig, § 439, Rn. 38.
182 Palandt/Weidenkaff, § 439, Rn. 25.
183 Vgl. zur Höhe der Nutzungsentschädigung umfassend Kapitel D. III. 2.
184 Vgl. zur Berechnung Reinking, Der Autokauf, Rn. L 483.
185 Vgl. umfassend zu dieser Thematik Kapitel A. I.

tanen Belegenheitsort der Sache abgestellt wurde[186], vertrat eine andere Ansicht die Auffassung, dass der ursprüngliche Erfüllungsort der Primärleistungspflicht maßgeblich sei.[187] Der Bundesgerichtshof entschied hierzu am 13.04.2011, dass der Nacherfüllungsort gemäß § 269 BGB zu ermitteln sei.[188] Sofern sich aus der Vereinbarung der Vertragsparteien bzw. den Umständen des Schuldverhältnisses nichts anderes ergebe, sei danach der Wohnsitz bzw. Sitz des Schuldners (Lieferanten/Verkäufers) als Erfüllungsort der Nacherfüllung einzustufen. Den Stimmen, die eine grundsätzliche Abholungspflicht des Verkäufers/Lieferanten auf § 439 Abs. 2 BGB gestützt hatten, wird entgegnet, dass es sich bei dieser Vorschrift ausschließlich um die Regelung der Kostentragung der Nacherfüllung handele, eine Aussage bezüglich des Nacherfüllungsortes aber gerade nicht getroffen werde.[189] Nach Ansicht des VIII. Senats ist die Nacherfüllungssache im Zweifel zum Verkäufer zu verbringen, dem im Gegenzug gemäß § 439 Abs. 2 BGB die Kosten dieser Maßnahme aufzuerlegen sind. Nachdem der Bundesgerichtshof ausdrücklich darauf hingewiesen hat, dass eine Vereinbarung des Nacherfüllungsortes möglich ist, empfiehlt es sich in der Praxis, dass Leasinggeber und Lieferant einen Nacherfüllungsort – beispielsweise am Wohnort des Leasingnehmers – vertraglich fixieren, um dadurch die Unsicherheit des § 269 BGB vermeiden.

Damit kann Klage am besonderen Gerichtsstand des Erfüllungsortes nach § 29 Abs. 1 ZPO erhoben werden. Wiederum ist darauf hinzuweisen, dass die Rechtspre-

---

186 OLG München (15. Senat), NJW 2006, 449 (450).

187 OLG München (20. Senat), NJW 2007, 3214 f.

188 BGH Urteil vom 13.4.2011 – Az. VIII ZR 220/10: *„Der Senat hat die Frage des Erfüllungsorts der Nacherfüllung im neuen Kaufrecht bislang offen lassen können (Senatsurteil vom 15. Juli 2008 – VIII ZR 211/07, BGHZ 177, 224 Rn. 27). Er entscheidet sie nunmehr dahin, dass der Erfüllungsort für die Nacherfüllung nach der allgemeinen Vorschrift des § 269 BGB zu bestimmen ist“. § 269 BGB als Bestimmung des allgemeinen Schuldrechts ist anwendbar, weil das Kaufrecht des BGB keine spezielle Regelung zum Erfüllungsort der Nacherfüllung enthält. Eine solche lässt sich auch nicht aus der Entstehungsgeschichte oder der Systematik der aktuellen Gesetzesfassung ableiten.*

189 BGH Urteil vom 13.4.2011 – Az. VIII ZR 220/10: *„Auch aus der Bestimmung des § 439 Abs. 2 BGB, nach der der Verkäufer die zum Zwecke der Nacherfüllung erforderlichen Aufwendungen, insbesondere Transport-, Wege-, Arbeits- und Materialkosten, zu tragen hat, lässt sich keine Regelung über den Erfüllungsort bei der Nacherfüllung ableiten. Die Kostenregelung des § 439 Abs. 2 BGB beruht ausweislich der Begründung des Gesetzentwurfs zur Modernisierung des Schuldrechts auf Art. 3 Abs. 4 der Verbrauchsgüterkaufrichtlinie, nach dem die Nacherfüllung für den Verbraucher unentgeltlich, insbesondere ohne Versand-, Arbeits- und Materialkosten durchzuführen ist (BT-Drucks. 14/6040, S. 231). Dafür, dass der Gesetzgeber über die Umsetzung der Richtlinie hinaus eine eigenständige Regelung des Erfüllungsorts für Nacherfüllungsansprüche treffen wollte, bestehen keine tragfähigen Anhaltspunkte (vgl. OLG München, NJW 2007, 3214, 3215; Reinking, NJW 2008, 3608, 3609; Haas, aaO). Entgegen einzelnen Stimmen im Schrifttum und in der Instanzrechtsprechung kann die Kostentragungsregelung des § 439 Abs. 2 BGB auch nicht als Auslegungshilfe für die Bestimmung des bei der Nacherfüllung maßgeblichen Erfüllungsorts herangezogen werden“.*

chung des EuGH für den Verbraucher nicht auf das Leasing übertragbar ist, da der Leasinggeber seine Gewährleistungsrechte als Unternehmer an den Leasingnehmer abtritt.

gg. Verjährung des Anspruchs auf Nacherfüllung

Der Nacherfüllungsanspruch verjährt in zwei Jahren nach Übergabe, § 438 Abs. 1 Nr. 3 BGB.

hh. Besonderheiten beim Kfz-Leasing

Besonderheiten treten beim Kfz-Leasing auf. Ist der Leasingvertrag über ein gebrauchtes Kfz geschlossen, so beschränkt sich die Nacherfüllung regelmäßig auf die Mängelbeseitigung in Form der Reparatur, da die Nachlieferung eines anderen Kfz – wie zuvor dargestellt – beim Stückkauf in der Regel nicht möglich sein wird.[190]

Eine weitere Besonderheit ergibt sich vor allem bei der Lieferung eines mit einem Sachmangel behafteten fabrikneuen Fahrzeugs. Dort wird die vom Leasingnehmer gewählte Nachlieferung in der Praxis häufig in der Art geregelt, dass das ursprüngliche Kfz durch ein fabrikneues und baugleiches Kfz ersetzt wird, sofern der Lieferant den Nacherfüllungsanspruch anerkennt und der Leasinggeber Gelegenheit zur Stellungnahme bekommen hatte. Durch den Austausch des Fahrzeugs bleiben die zuvor erörterten Zahlungsverpflichtungen des Leasingnehmers unberührt, so dass dem Leasingnehmer kein Zurückbehaltungsrecht in Form der Einrede des nicht erfüllten Vertrages gemäß § 320 BGB gegen die Zahlungsverpflichtung der Leasingraten zusteht. Denn der Haftungsausschluss des Leasinggebers für Sachmängel ist leasingtypisch und damit nach der Rechtsprechung des Bundesgerichtshofs zulässig. Auch bedeutet die Lieferung des mangelbehafteten Kfz und damit die Nichterfüllung des Kaufvertrags nicht zugleich die Nichterfüllung des Leasingvertrags. Erkennt dagegen der Lieferant den Nacherfüllungsanspruch nicht an, so trifft den Leasingnehmer gemäß vertraglicher Vereinbarung regelmäßig die Pflicht zur Klageerhebung binnen sechs Wochen ab dem Zeitpunkt des Zugangs der Ablehnung durch den Lieferanten.

Vor allem bei kurzen Vertragslaufzeiten, die mitunter zusammen mit der Verjährungsfrist enden, droht die Gefahr, dass der Anspruch des Leasinggebers auf Amortisation eingeschränkt wird. Der Leasingnehmer ist berechtigt, die Nachlieferung während des gesamten Verjährungszeitraums zu fordern. Fallen demnach die Vertragslaufzeit des Leasingvertrags und der Verjährungseintrittszeitpunkt zusammen oder sind nahezu identisch, dann wäre die Nachlieferung noch bis zum Vertragsauslaufzeitpunkt möglich. Um diesem Risiko zu begegnen, wird in der Praxis überwiegend die Einrede der Unverhältnismäßigkeit der Kosten und damit die Unzu-

190 BGH Urteil vom 7.6.2006 – VIII ZR 209/05 = NJW 2006, 2839.

mutbarkeit der Nacherfüllung zugelassen, § 439 Abs. 3 BGB. Für die Bewertung der Unverhältnismäßigkeit der Kosten ist in diesem Zusammenhang auf den Wert der Sache in mangelfreiem Zustand, die Bedeutung des Mangels und die Frage, ob auf die andere Art der Nacherfüllung zurückgegriffen werden kann. § 439 Abs. 3 S. 2 BGB.[191] Die vom Leasinggeber an den Lieferanten zu zahlende Nutzungsentschädigung nach § 439 Abs. 4 BGB berechnet sich bei Fahrzeugen grundsätzlich über die in der Rechtsprechung des Bundesgerichtshofs anerkannte Formel von 0,4 % bis 0,67 % des Bruttokaufpreises je 1.000 gefahrene Kilometer.[192]

ii. Erfolglosigkeit der Nacherfüllung

Die Erfolglosigkeit bzw. Entbehrlichkeit der Nacherfüllung ist bei behebbaren Mängeln Voraussetzung für Minderung, Rücktritt und Schadensersatz statt der Leistung.[193]

jj. Vorteilsausgleich bei Nacherfüllung

Das Gesetz sieht eine Ausgleichsvorschrift nicht vor, die berücksichtigt, dass der Leasingnehmer dadurch einen Vorteil erhält, dass der Lieferant durch die Nachlieferung eine ältere Sache gegen eine neuwertigere ersetzt. Tritt durch die Nachbesserung eine Werterhöhung der Leasingsache ein, so wird eine Kostenbeteiligung des Kunden, auch entgegen des Grundsatzes der Unentgeltlichkeit der Nacherfüllung, anerkannt.[194] Es können sich somit Ansprüche des Lieferanten gegen den Leasinggeber ergeben, was im Innenverhältnis zu einer Kostentragung des Leasingnehmers führen wird, § 313 BGB.[195]

b. Rücktritt

Neben der Nacherfüllung besteht die Möglichkeit des Rücktritts gem. §§ 437 Nr. 2 1. Alt., 440, 323, 326 Abs. 5 BGB.

---

191 Haas, Kaufrecht, in: Haas/Medicus/Rolland/Schäfer/Wendtland, Das neue Schuldrecht, Rn. 157; Reinking, Der Autokauf, Rn. 820 ff.; Reinking/Koyka, Mobilienleasing, in: Kroiß, Klauselbuch Schuldrecht, Rn. 72; Reinking, Der Nacherfüllungsanspruch auf Lieferung eines mangelfreien Fahrzeugs im Rahmen des Kfz-Leasingvertrags, DAR 2002, 496; Reiner/Kaune, Die Gestaltung von Finanzierungsleasingverträgen nach der Schuldrechtsreform, WM 2002, 2314.

192 Reinking/Koyka, Mobilienleasing, in: Kroiß, Klauselbuch Schuldrecht, Rn. 95.

193 Palandt/Weidenkaff, § 437, Rn. 4.

194 Staudinger/Matusche-Beckmann, § 439, Rn. 56; Reinking, der Autokauf, Rn. 779.

195 Reinking, Der Autokauf, Rn. 342.

Der Leasingnehmer erklärt den Rücktritt aus abgetretenem Recht und hat gerichtlich auf Zahlung des Kaufpreises an den Leasinggeber – Zug um Zug gegen Rückgabe und Rückübereignung des Leasinggutes – zu klagen. Der zu erstattende Kaufpreis reduziert sich um die gezogenen Nutzungen. Wird der Kaufvertrag zwischen Leasinggeber und Lieferant rückabgewickelt, entfällt für den Leasingvertrag die Geschäftsgrundlage nach § 313 BGB.

Im Zuge der Schuldrechtsmodernisierung ist das bis zum 31.12.2001 geltende Gewährleistungsrecht der Wandelung gemäß §§ 462, 465, 467 BGB a.F. in dem Mängelrecht des Rücktritts gemäß §§ 323, 326 Abs. 5 BGB aufgegangen. Der Unterschied zwischen Wandelung und Rücktritt besteht darin, dass die Wandelung ein Anspruch darstellte, der durchgesetzt werden musste, wohingegen der Rücktritt ein einseitiges Gestaltungsrecht ist; die Rechtsfolgen treten folglich mit Zugang der Rücktrittserklärung beim Verkäufer ein.[196] Voraussetzungen für den Rücktritt sind:

- „Wirksame Abtretung des Rücktrittsrechts" des Leasinggebers gegen den Lieferanten an den Leasingnehmer im Rahmen der leasingspezifischen Abtretungskonstruktion.
- Mangel bei Gefahrübergang, §§ 434 bis 436, 446 BGB; § 476 BGB findet keine Anwendung.
- Das Recht zur zweiten Andienung des Lieferanten wurde gewahrt, d.h. der Leasingnehmer hat eine Nacherfüllungsfrist erfolglos gesetzt, die Nacherfüllung ist unmöglich oder die Voraussetzungen des § 440 BGB sind gegeben.
- Der Mangel ist erheblich im Sinne des § 323 Abs. 5 Satz 2 BGB.
- Keine „Verjährung", § 438 Abs. 4 i.V.m. § 218 BGB.

---

aa. Erklärung des Rücktritts

Der Leasingnehmer ist bei einem Sachmangel berechtigt und aufgrund der leasingtypischen Abtretungskonstruktion regelmäßig vertraglich verpflichtet, nach dem Scheitern der Nacherfüllung dem Lieferanten gegenüber[197] den Rücktritt vom Kaufvertrag zu erklären.[198] Damit genügt bereits der Zugang der Gestaltungserklärung im Sinne von § 349 BGB, um den Kaufvertrag in ein Rückgewährschuldverhältnis gemäß §§ 346, 347 BGB umzuwandeln, § 130 BGB.[199] Praxisüblich verpflichtet der Leasinggeber den Leasingnehmer in den Leasingbedingungen, den „Rücktritt" gerichtlich durchzusetzen, sollte der Lieferant dem Rücktritt entgegentreten.

---

196 Palandt/Weidenkaff, § 437, Rn. 20; Beckmann, Finanzierungsleasing, § 2, Rn. 207.

197 Staudinger, Leasing, Rn. 237.

198 Palandt/Weidenkaff, § 437, Rn. 5, Palandt/Grüneberg § 346, Rn. 2; Martinek/Stoffels/Wimmer-Leonhardt, Handbuch des Leasingrechts, § 27, Rn. 60, S. 301; § 11 Rn. 30 ff.; 376; Reinking/Koyka, Mobilienleasing, in: Kroiß, Klauselbuch Schuldrecht, Rn. 100.

199 Palandt/Grüneberg, § 349, Rn. 1; Einf. v. § 346, Rn. 5.

bb. Wegfall der Geschäftsgrundlage des Leasingvertrags durch Rücktrittserklärung
Problematisch ist nunmehr, ob mit der Erklärung des Rücktritts vom Kaufvertrag durch den Leasingnehmer gleichzeitig die Geschäftsgrundlage des Leasingvertrages entfällt beziehungsweise von Anfang an gefehlt hat. Vor der Schuldrechtsreform hatte sich eine ständige Rechtsprechung des Bundesgerichtshofes entwickelt, nach der dem Leasingvertrag durch den Vollzug der Wandelung des Kaufvertrages automatisch von vornherein die Geschäftsgrundlage entzogen werden sollte, § 242 BGB.[200]

Denn nach Ansicht des Bundesgerichtshofes stand fest, dass der Zweck des Leasingvertrages, die Bereitstellung eines vertragsgemäßen Leasinggutes, nicht mehr erreicht werden kann, wird der Liefervertrag durch Rücktritt in ein Rückgewährschuldverhältnis umgewandelt.[201] Dabei sind im Rahmen des Rückabwicklungsschuldverhältnisses die Parteien so zu stellen, als sei der Kaufvertrag von vornherein nicht zustande gekommen. Damit ist die Geschäftsgrundlage, auf die der Leasingvertrag nach den Vorstellungen beider Parteien aufbaut, nämlich der käufliche Erwerb einer gebrauchsfähigen Sache durch den Leasinggeber zum Zweck der Weitergabe an den Leasingnehmer, konsequenterweise nicht nachträglich für die Zukunft weggefallen, sondern ist durch den Rücktritt vom Kaufvertrages als von vornherein nicht vorhanden anzusehen.[202] Diese Rechtsprechung hat der Bundesgerichtshof in nachfolgenden Entscheidungen fortlaufend bestätigt.[203]

---

200 Vgl. BGHZ 68, 118; 81, 298; 94, 44; 109, 139; BGH Urteil vom 30.7.1997 – VIII ZR 157/96 = WM 1997, 1996 = NJW-RR 1998, 123 = ZIP 1997, 1703: *„Nach der ständigen Rechtsprechung [...] entfällt bei Vollzug der Wandelung des Kaufvertrages über die Leasingsache – mit dem Kaufvertrag – rückwirkend die Geschäftsgrundlage des Leasingvertrages."*

201 BGH Urteil vom 16.9.1981 – VIII ZR 265/80 = BGHZ 81, 298 = WM 1981, 1219 = NJW 1982, 105 = ZIP 1981, 1215: *„Es trifft [...] zu, dass mit Vollzug der Wandelung der Kaufvertrag nicht ersatzlos wegfällt, sondern sich die Vertragsbeziehungen zwischen den Parteien in ein gesetzliches Rückabwicklungsschuldverhältnis umwandeln."*

202 Zum alten Schuldrecht vgl. BGH Urteil vom 16.9.1981 – VIII ZR 265/80 = BGHZ 81, 298 = WM 1981, 1219 = NJW 1982, 105 = ZIP 1981, 1215: *„Daraus folgt jedoch nicht, dass die Geschäftsgrundlage des Leasingvertrages erst mit Vollzug der Wandelung des Kaufvertrages wegfällt und erst von diesem Zeitpunkt an der Leasingnehmer von seiner Zahlungspflicht frei wird. Entscheidend ist vielmehr, dass im Rahmen des Rückabwicklungsschuldverhältnisses die Parteien einander so zu stellen haben, als sei der Kaufvertrag von vornherein nicht zustande gekommen [...]. Die Geschäftsgrundlage, auf die der Leasingvertrag nach den bei Vertragsschluss zutage getretenen Vorstellungen beider Parteien aufbaut, nämlich der käufliche Erwerb einer gebrauchsfähigen Sache durch den Leasinggeber zum Zweck der Weitergabe an den Leasingnehmer, ist mithin nicht nachträglich für die Zukunft weggefallen, sondern hat sich mit der Wandelung des Kaufvertrages als von vornherein nicht vorhanden erwiesen."*

203 BGH Urteil vom 9.10.1985 – VIII ZR 217/84 = BGHZ 96, 103 = WM 1985, 1447 = NJW 1986, 179 = ZIP 1985, 1398: *„Unterbleibt die Lieferung der Leasingsache aus Gründen, die der Leasingnehmer nicht zu vertreten hat, so fehlt dem Leasingvertrag die Grundlage ebenso wie nach erfolgreicher Wandelung des Kaufvertrages."*

Allerdings war diese Rechtsprechung bereits vor der Schuldrechtsreform vor allem in der Literatur nicht unumstritten. Häufig wurde gegen die Ansicht des Bundesgerichtshofes vorgebracht, dass die Lehre von der Geschäftsgrundlage lediglich subsidiären Charakter habe und eine Vertragskorrektur grundsätzlich nur mit der Wirkung ex nunc ermöglichen könne. Nach dieser Meinung führte der Vollzug der Wandelung unmittelbar zur Unmöglichkeit, so dass der Leasinggeber gemäß § 323 Abs. 1 BGB a.F. seinen Anspruch nur auf die künftigen Leasingraten verlieren sollte.

Diese Ansicht vermag trotz ihrer dogmatischen Argumentation nicht zu überzeugen. Denn die durch den Vollzug der Wandelung bedingte Rückabwicklung des Kaufvertrages zwischen Leasinggeber und Lieferant muss auch unmittelbare Auswirkungen auf den Leasingvertrag haben, da der Leasinggeber das Leasinggut deswegen erworben hat, um dem Leasingnehmer die Gebrauchsüberlassung während der Dauer des Leasingvertrages zu ermöglichen.[204] Darüber hinaus wurde von anderen Teilen der Literatur gegen die Ansicht des Bundesgerichtshofes vorgebracht, dass den Leasinggeber keine vertragliche Pflicht treffe, für die Gebrauchstauglichkeit des Leasinggutes einzustehen. Nach dieser Ansicht schuldet der Leasinggeber lediglich die Finanzierung, so dass das Sachmängelrisiko ausschließlich den Leasingnehmer treffen solle.[205] Gegen diese Ansicht spricht allerdings die nicht nur formale und vorübergehende, sondern sachliche und dauernde Zuordnung des Leasinggegenstandes zum Vermögen des Leasinggebers. Dieser ist und bleibt Eigentümer des Leasinggutes. Ebenso bestehen aber auch nach der Schuldrechtsreform Bedenken gegen die Fortführung dieser Rechtsprechung unter Berücksichtigung des § 313 Abs. 3 S. 2 BGB. Sie rühren daher, dass nach § 313 Abs. 3 S. 2 BGB bei einem Dauerschuldverhältnis an die Stelle des im Allgemeinen bei Unmöglichkeit der Vertragsanpassung bestehenden Rücktrittsrechts, das Recht zur Kündigung und somit wiederum nur eine Wirkung für die Zukunft eintreten könne.[206]

Entgegen der kritischen Stimmen in der Literatur ist jedoch aufgrund der zuvor dargestellten engen Verflechtung der mit dem Kaufvertrag und dem Leasingvertrag verbundenen Interessen der jeweiligen Vertragsparteien und der rechtlichen, wirtschaftlichen und steuerlichen Zuordnung des Leasinggutes zum Eigentum des Leasinggebers – der Leasinggeber hat das Leasinggut als Wirtschaftsgut in seinem Anlagevermögen gemäß § 247 Abs. 2 HGB zu aktivieren – an der Ansicht des Bundesgerichtshofes weiterhin festzuhalten. Denn der Leasinggeber ist nach vollzogener Wandelung, nunmehr nach Erklärung des Rücktritts, nicht mehr berechtigt, das Wirtschaftsgut in seinem Anlagevermögen gemäß § 247 Abs. 2 HGB zu bilanzieren. Vielmehr ist der Zweck der vom Leasinggeber getroffenen Investition fehlgeschlagen,

---

204 Beckmann, in: Büschgen, Praxishandbuch Leasing, § 11, Rn. 1 ff., S. 306 ff.

205 Lieb, DB 1988, 2495; Canaris, AcP 190 (1990), 410.

206 Arnold, DStR 2002, 1049; Arnold in: Dauner/Lieb/Konzen/Schmidt, S. 598; Löbbe, BB 2003, Beilage 6, S. 13; Bamberger/Roth/Möller/Wendehorst, § 500 Rn. 40.

da er nicht mehr, wie ursprünglich vereinbart, in der Lage ist, das Leasinggut dem Leasingnehmer zum Gebrauch zu überlassen.[207] Auch die Änderungen der kaufrechtlichen Sachmängelhaftung rechtfertigen eine grundsätzliche Aufgabe der gefestigten Rechtsprechung nicht, zumal die für das Leasing entsprechend anwendbaren mietrechtlichen Regelungen durch die Schuldrechtsreform nicht geändert worden sind.[208] Damit bleibt es mit der Rechtsprechung zum alten Schuldrecht bei der Folge der Wandelung, nunmehr des Rücktritts, dass sich der zwischen Lieferant/Hersteller und Leasinggeber geschlossene Kaufvertrag in ein Rückabwicklungsschuldverhältnis umwandelt, was zu einem Wegfall der Geschäftsgrundlage des Leasingvertrages von Anfang an führt und den Anspruch des Leasinggebers auf die Leasingraten entfallen lässt.[209] Würde man sich dagegen von der ständigen Rechtsprechung des Bundesgerichtshofes abwenden, dann bliebe der Leasingnehmer für die Dauer der gerichtlichen Durchsetzung der Gewährleistungsrechte zur Zahlung der Leasingraten verpflichtet, ohne eine entsprechende Gegenleistung zu erhalten. Dies bedeutete eine unangemessene Benachteiligung des Leasingnehmers, die notwendigerweise dazu führen würde, dass die leasingtypische Freizeichnungsklausel unwirksam wäre.[210]

Nach der Schuldrechtsreform bestand weiterer Klärungsbedarf hinsichtlich der Frage, ab welchem Zeitpunkt der Leasingnehmer bei Erklärung des Rücktritts berechtigt sein soll, die Zahlung der Leasingraten gegenüber dem Leasinggeber einzustellen. Vor der Schuldrechtsreform wurde eine Zahlungsverweigerung seitens des BGH erst dann als rechtmäßig erkannt, wenn der Anspruch auf Wandelung gerichtlich eingeklagt wurde.[211] Bei der Wandelung handelte es sich – im Gegensatz zum heutigen Gestaltungsrecht des Rücktritts – um einen schuldrechtlichen Anspruch, der erst durch seine Vollziehung der Umwandlung in ein Rückgewährschuldverhältnis wirksam wurde. Die Koppelung des Zahlungsverweigerungsrechts des Lea-

---

207 Graf von Westphalen, BB 1984, 2093; 1988, 1829; Martinek, Moderne Vertragstypen, Bd. I, Leasing und Factoring, S. 178.

208 Palandt/Weidenkaff, vor § 535, Rn. 58; Gebler/Müller ZBB 2002, 107; Habersack, Bankrechtstag 2002, S. 3, 44; Mankowski/Knöfel, Rn. 90; Reinking, ZGS 2002, 229; Schmalenbach/Sester WM 2002, 2184; Zahn DB 2002, 985.

209 BGH Urteil vom 5.12.1984 – VIII ZR 277/83 = WM 1985, 226 = NJW 1985, 796 = ZIP 1985, 226: *„Eine vollzogene Wandelung bewirkt die Rückabwicklung des zwischen den Lieferanten und dem Leasinggeber abgeschlossenen Kaufvertrages, was zu einem Wegfall der Geschäftsgrundlage des Leasingvertrages von Anfang an führt. Der Leasinggeber hat dann keinen Anspruch mehr auf Zahlung der Leasingraten gegen den Leasingnehmer.“*

210 BGH Urteil vom 16.9.1981 – VIII ZR 265/80 = BGHZ 81, 298 = WM 1981, 1219 = NJW 1982, 105 = ZIP 1981, 1215: *„[...] bliebe der Leasingnehmer für die Dauer des Gewährleistungsprozesses, auf dessen Beschleunigung er nur bedingt Einfluss hat, zur Zahlung der Leasingraten ohne entsprechende Gegenleistung verpflichtet; eine dermaßen unangemessene Benachteiligung würde aber notwendig [...] dazu führen, dass die formularmäßige Freizeichnung des Leasinggebers von seiner eigenen Gewährleistungspflicht [...] unwirksam wäre.“*

211 BGHZ 97, 135, 141 ff.

singnehmers an die klägerische Durchsetzung war hier dogmatisch gerechtfertigt. Denn sofern der Lieferant/Verkäufer seine Zustimmung zur Wandelung verweigerte, wurde der Vollzug der Umwandlung in ein Rückgewährschuldverhältnis erst durch die gerichtliche Durchsetzung erreicht. Beim Rücktritt kommt es hingegen auf einen Vollzug nicht an; das Rückgewährschuldverhältnis entsteht hier allein durch den Zugang der Rücktrittserklärung. Gleichwohl entschied der BGH im Jahre 2010, dass sich an der „leasingtypischen Interessenlage" nichts geändert habe und daher eine Zahlungsverweigerung trotz der Ausgestaltung des Rücktritts als Gestaltungsrecht durch die Schuldrechtsreform erst ab einer klageweisen Durchsetzung des Rückgewährschuldverhältnisses zulässig sei.[212] Zutreffend wird kritisiert, dass der BGH mit dieser Entscheidung die Trennung zwischen materiellem Recht und prozessualer Geltendmachung außer Acht lässt, da die Einleitung eines Gerichtsverfahrens keine Auswirkung auf die Entstehung des Rückgewährverhältnisses mehr hat.[213] Denn durch die Rücktrittserklärung wird das Gestaltungsrecht ausgeübt, das automatisch zur Rückabwicklung des Kaufvertrages führt und damit auch die Geschäftsgrundlage des Leasingvertrages stört; auf die gerichtliche Durchsetzung soll es nach neuem Recht nicht mehr ankommen. Dogmatisch richtig wäre es, eine Zahlungsverweigerung bereits ab dem Zugang einer berechtigten Rücktrittserklärung zu bejahen. Zeigt sich im Prozess, dass ein Rücktrittrecht nicht vorlag, hätte auch ein Zahlungsverweigerungsrecht hinsichtlich der Leasingraten nie bestanden.[214]

Für die Praxis bleibt die Erkenntnis, dass der Leasingnehmer aufgrund der aktuellen Rechtsprechung die Leasingzahlung erst mit der klageweisen Geltendmachung der Ansprüche aus dem Rückgewährschuldverhältnis verweigern kann. Folglich wird

---

212 BGH Urteil vom 16.6.2010 – VIII ZR 317/09: *„Unter der Voraussetzung, dass der Leasingnehmer gegenüber dem Lieferanten gemäß § 437 Nr. 2, §§ 440, 323, 326 Abs. 5 zum Rücktritt berechtigt ist, wird der Kaufvertrag über das Leasingobjekt bereits mit dem Zugang der rechtsgestaltenden Rücktrittserklärung des Leasingnehmers beim Lieferanten in ein Rückgewährschuldverhältnis umgewandelt mit der Folge, dass zugleich rückwirkend die Geschäftsgrundlage des Leasingvertrages entfällt [...] Die Ersetzung der Wandelung durch den Rücktritt im Gewährleistungsverhältnis Leasingnehmer/Lieferant hat keine Auswirkung auf die Interessenlage im Verhältnis Leasinggeber/Leasingnehmer. Denn ob die Rücktrittserklärung des Leasingnehmers die Umgestaltung des Kaufvertrags über das Leasingobjekt in ein Rückgewährschuldverhältnis und damit zugleich den Wegfall der Geschäftsgrundlage des Leasingvertrags bewirkt, muss, wenn der Lieferant den Rücktritt nicht akzeptiert, gerichtlich geklärt werden und steht daher – ebenso wie der Vollzug der Wandelung nach altem Recht – erst mit dem Eintritt der Rechtskraft des Urteils im Gewährleistungsprozess gegen den Lieferanten fest [...] Es ist daher auch unter der Geltung des modernisierten Schuldrechts interessensgerecht, dem Leasingnehmer für den Fall, dass der Lieferant den Rücktritt vom Kaufvertrag nicht akzeptiert, ein Recht zur vorläufigen Einstellung der Zahlung der Leasingraten schon, aber auch erst dann zuzugestehen, wenn er aus dem erklärten Rücktritt klageweise gegen den Lieferanten vorgeht"*; zustimmend, Palandt/Weidenkaff, v. § 535 Rn. 58.

213 Gsell, ZJS 2010, 540 (540).

214 Gsell, ZJS 2010, 540 (540).

mit Einlegung der Klage aus dem Rückgewährschuldverhältnis auch dem Leasingvertrag ipso iure die Geschäftsgrundlage entzogen, so dass die Rückabwicklung beider Verträge nach Rücktrittsrecht zu erfolgen hat, ohne dass der Leasingnehmer gesondert den Rücktritt vom Leasingvertrag erklären müsste.[215] Als Rechtsfolge hat der Leasinggeber nach erfolgtem Rücktritt des Leasingnehmers die von diesem gezahlten Leasingraten nach bisheriger Rechtsprechung nach Bereicherungsrecht herauszugeben, was zuletzt vom Bundesgerichtshof im Hinblick auf §§ 346, 313 Abs. 3 BGB ausdrücklich offen gelassen wurde.[216] Der Bundesgerichtshof hält auch nach 2002 an der Rückwirkung fest.[217] Der Leasinggeber kann dabei seine Vertragskosten, insbesondere die Kaufpreiszahlung an den Lieferanten/Hersteller nicht bereicherungsmindernd geltend machen. Die vom Leasingnehmer gezogenen Nutzungen – für die der Leasinggeber die Darlegungs- und Beweislast trägt – sind jedoch in den Bereicherungsausgleich einzubeziehen.[218]

cc. Ausschluss des Rücktritts in AGB

Das Rücktrittsrecht des Leasingnehmers kann nicht durch eine Regelung in den formularvertraglichen Klauseln des Leasinggebers ausgeschlossen werden.[219] Der Leasinggeber ist an das Ergebnis der Mängelauseinandersetzung des Leasingnehmers mit dem Lieferanten gebunden. Der Leasinggeber kann nicht durch eine Regelung des Rücktritts in seinen AGB die an sich bestehende mietrechtliche Mängelhaftung umgehen.

---

215 So auch Palandt/Weidenkaff, Einf. v. § 535 Rn. 58; Graf von Westphalen ZIP 2001, 2258; Reinking ZGS 2002, 229.

216 Zur Anwendbarkeit des Bereicherungsrechts näher unten F. II. 4. b. hh.

217 BGH Urteil vom 16.6.2010 – VIII ZR 317/09.

218 BGH Urteil vom 25.10.1989 – VIII ZR 105/88 = BGHZ 109, 139 = WM 1990, 25 = NJW 1990, 314: *„Ist die Geschäftsgrundlage eines Leasingvertrages infolge der rechtskräftigen Wandelung des Kaufvertrags über die Leasingsache rückwirkend weggefallen, hat der Leasinggeber die vom Leasingnehmer gezahlten Leasingraten nach Bereicherungsrecht herauszugeben. Seine Vertragskosten, insbesondere die Zahlung des Kaufpreises an den Lieferanten, kann er nicht bereicherungsmindernd geltend machen. In den Bereicherungsausgleich sind die vom Leasingnehmer gezogenen Nutzungen einzubeziehen. Die Darlegungs- und Beweislast für solche Nutzungen trägt der Leasinggeber. Kann er ihr mangels eigener Wahrnehmungsmöglichkeit nicht entsprechen, muß der Leasingnehmer – soweit zumutbar – die nur pauschal behauptete Nutzung substantiiert bestreiten."*

219 BGH Urteil vom 13.3.1991 – VIII ZR 34/90 = BGHZ 114, 57 = WM 1991, 954 = NJW 1991, 1746 = ZIP 1991, 519: *„Auch im kaufmännischen Verkehr ist eine AGB Klausel unwirksam, durch die der Leasinggeber, der sich von mietrechtlicher Mängelhaftung freigezeichnet hat, die Wandelungsfolgen im Leasingverhältnis ausschließen will, wenn nach der Verjährung der Gewährleistungsansprüche Leasingnehmer und Lieferant eine Wandelungsvereinbarung treffen oder wenn die Mängel tatsächlich nicht vorlagen. Das gleiche gilt, wenn der Leasinggeber das Risiko der Insolvenz des Lieferanten bei erfolgreicher Wandelung des Kaufvertrages auf den Leasingnehmer abwälzen will."*

dd. Berechtigung zum Rücktritt und die Fristsetzung zur Nacherfüllung

Voraussetzung für den Rücktritt ist, dass eine Leistung nicht oder nicht vertragsgemäß erbracht wurde, § 323 Abs. 1 BGB. Auf ein Vertretenmüssen des Schuldners kommt es seit der Schuldrechtsmodernisierung nicht mehr an.[220] Die Berechtigung zum Rücktritt fehlt, wenn die Pflichtverletzung des Verkäufers – die nicht oder nicht vertragsgemäße Leistung – nur unerheblich gemäß §§ 437 Nr. 2 1. Alt., 323 Abs. 5 S. 2 BGB war oder der Käufer den Umstand, der ihn zum Rücktritt berechtigen würde, gemäß §§ 437 Nr. 2 1. Alt., 323 Abs. 6 BGB allein oder weit überwiegend zu verantworten hat.[221] Hinzu kommt, dass ein Rücktrittsrecht des Käufers auch wegen eigener mangelnder Vertragstreue gem. § 242 BGB ausgeschlossen sein kann.[222] Da sich das Recht zum Rücktritt gemäß § 440 S. 1 BGB nach den allgemeinen Regeln für Leistungsstörungen richtet, ist für den wirksamen Rücktritt weiterhin erforderlich, dass der Käufer dem Verkäufer eine angemessene Frist zur Nacherfüllung gesetzt hat, § 323 Abs. 1 S. 1 BGB.[223] Allerdings ist das Fristsetzungserfordernis dann entbehrlich, wenn der Verkäufer gemäß § 323 Abs. 2 Nr. 1 BGB die Erfüllung ernsthaft und endgültig verweigert, es sich um ein Fixgeschäft gemäß § 323 Abs. 2 Nr. 2 BGB handelt oder aber besondere Umstände vorliegen, die gemäß § 323 Abs. 2 Nr. 3 BGB unter Abwägung der beiderseitigen Interessen den sofortigen Rücktritt rechtfertigen. Ebenso bedarf es keiner Fristsetzung, wenn die Nacherfüllung unmöglich ist, §§ 326 Abs. 5, 275 BGB. Neben diesen aus dem allgemeinen Leistungsstörungsrecht stammenden Gründen, ist die Fristsetzung gemäß § 440 BGB auch dann entbehrlich, wenn der Verkäufer beide Arten der Nacherfüllung gemäß § 439 Abs. 3 BGB verweigert, die dem Käufer zustehende Art der Nacherfüllung fehlgeschlagen oder die Nacherfüllung für den Käufer unzumutbar ist.

ee. Vollzug des Rücktritts durch Feststellung zur Insolvenztabelle

Die Rechtsfolgen des Rücktritts treten auch ein, wählt der Insolvenzverwalter im Rahmen einer Insolvenz des Leasingnehmers die Nichterfüllung nach § 103 InsO.[224]

---

220 Vgl. zu den Änderungen zum früheren Recht Palandt/Grüneberg, § 323, Rn. 1.

221 Jauernig, § 323, Rn. 21 ff.

222 Palandt/Grüneberg, § 323, Rn. 27 ff.

223 Jauernig, § 323, Rn. 8.

224 *„Für die Frage des rückwirkenden Wegfalls der Geschäftsgrundlage des Leasingvertrages ist es unerheblich, ob das auf Veranlassung des Leasinggebers vom Leasingnehmer gegenüber dem Lieferanten erhobene Wandelungsbegehren zu einem rechtskräftigen Wandelungsurteil oder – im Konkurs über das Vermögen des Lieferanten – zur Feststellung der sich aus der vollzogenen Wandelung ergebenden Forderung zur Konkurstabelle geführt hat (Bestätigung von BGHZ 109, 139, 143 = ZIP 1990, 175, dazu EWiR 1990, 137). In beiden Fällen kommt es nicht darauf an, ob das Wandelungsbegehren gerechtfertigt war, ob der Lieferant oder der Konkursverwalter sich mit der Wandelung einverstanden erklärt hat und welchen Inhalt das Urteil hatte, das in dem durch die*

ff. „Verjährung" des Rücktritts

Um einen Gleichklang zwischen den Gewährleistungsrechte zu ermöglichen, gilt gemäß §§ 438 Abs. 4, 218 Abs. 1 BGB, dass die Ausübung des Rücktrittsrechts unwirksam ist, wenn der Anspruch auf Nacherfüllung im Sinne von § 438 Abs. 1 Nr. 3 BGB verjährt ist.[225]

gg. Unwirksamer Rücktritt

Haben Leasingnehmer und Lieferant kollusiv zum Nachteil des Leasinggebers zusammengewirkt, so muss dieser den Rücktritt nicht hinnehmen.[226]

hh. Folgen eines wirksamen Rücktritts

Vor der Schuldrechtsreform waren die gegenseitig empfangenen Leistungen nach den Vorschriften des Bereicherungsrechts gemäß §§ 812 ff. BGB herauszugeben[227] Nach der Schuldrechtsreform ist Rechtsfolge eines wirksamen Rücktritts die Rückabwicklung des Vertragsverhältnisses nach den Grundsätzen der §§ 346 ff. BGB.[228] Allerdings ist zu beachten, dass die Vorschriften der §§ 346 ff. BGB nur auf den Liefervertrag, d.h. im Verhältnis zwischen Leasinggeber und Lieferant Anwendung finden. Für den Leasingvertrag, bei dem im Falle des Rücktritts des Leasingnehmers die Geschäftsgrundlage von Anfang an fehlt, besteht zwar seit der Schuldrechtsreform die gesetzliche Regelung des § 313 BGB.[229] Dennoch soll ein Ausgleich insoweit auch weiterhin nach den Regelungen der §§ 812 ff. BGB stattfinden. Der Bundesgerichtshof hat zuletzt ausdrücklich offen gelassen, ob die Rückabwicklung nicht doch über § 313 Abs. 3, 346 BGB zu erfolgen habe, ließ die Entscheidung jedoch offen, da sich im zugrunde lie-

---

Eröffnung des Konkurses unterbrochenen und nicht wieder aufgenommenen Rechtsstreit über die Wandelung ergangen ist." BGH Urteil vom 10.11.1993 – VIII ZR 119/92 = WM 1994, 208 = NJW 1994, 576 = ZIP 1993, 1876.

225 Palandt/Weidenkaff, § 438, Rn. 17; Palandt/Grüneberg, § 323, Rn. 33.

226 BGH Urteil vom 13.03.1991 – VIII ZR 34/90 = BGHZ 114, 57 = WM 1991, 954 = NJW 1991, 1746 = ZIP 1991, 519: *„Ausnahmsweise braucht der Leasinggeber den Rücktritt nicht hinzunehmen, wenn der Leasingnehmer und der Lieferant kollusiv zum Nachteil des Leasinggebers zusammengewirkt haben (BGHZ 94, 44, 52), insbesondere wenn sie eine Wandelung im Bewusstsein dessen vereinbart haben, dass ein Mangel nicht vorlag.*"

227 BGH Urteil vom 25.10.1989 – VIII ZR 105/88 = BGHZ 109, 139 = WM 1990, 25 = NJW 1990, 314: *„Ist die Geschäftsgrundlage eines Leasingvertrages infolge der rechtskräftigen Wandelung des Kaufvertrages über die Leasingsache rückwirkend weggefallen, so hat der Leasinggeber die vom Leasingnehmer gezahlten Leasingraten nach Bereicherungsrecht herauszugeben. Seine Vertragskosten, insbesondere die Zahlung des Kaufpreises an den Lieferanten kann er nicht bereicherungsmindernd geltend machen.*"

228 Palandt/Grüneberg, § 346, Rn. 4.

229 Staudinger, Leasing, Rn. 239.

genden Fall inhaltlich keine Unterschiede ergaben.[230] So ist der Leasingnehmer Zug um Zug gegen Erstattung des gezahlten Leasingentgelts, d.h. der Leasingraten nebst Sonderzahlungen und Zinsen vom Leasinggeber gemäß § 346 Abs. 1 BGB verpflichtet, das mangelhafte Leasinggut an den Lieferanten herauszugeben, wobei dieser wiederum den Kaufpreis nebst Zinsen an den Leasinggeber gemäß § 346 Abs. 1 BGB auszuzahlen hat. Im Gegenzug schuldet der Leasinggeber dem Lieferanten eine Nutzungsentschädigung, die ihm allerdings der Leasingnehmer, wie im Fall der Nacherfüllung, zu ersetzen hat, sowie Wertersatz bei Verschlechterung. Diese Regelung zur Nutzungsentschädigung ergab sich allerdings bereits schon nach altem Recht.[231] Da eine gesetzliche Regelung fehlt, schuldet der Leasingnehmer ohne gesonderte Vereinbarung dem Leasinggeber keinen Aufwendungsersatz, Gewinnausfall oder Finanzierungszinsen. Aber auch dem Leasingnehmer steht gegen den Lieferanten kein Aufwendungsersatzanspruch zu, da er nicht dessen Vertragspartner ist.[232] Des Weiteren entfällt mit der Rückabwicklung des Leasingvertrages die Verpflichtung des Leasingnehmers die Leasingraten an den Leasinggeber zu bezahlen, da dieser das Ergebnis eines zwischen Leasingnehmer und Lieferant geführten Gewährleistungsprozesses nach der Rechtsprechung grundsätzlich als für sich verbindlich hinzunehmen hat.[233] Wurde die Rücktrittserklärung des Leasingnehmers vom Leasinggeber nicht anerkannt, so steht dem Leasingnehmer bis zur endgültigen Klärung des Sachverhalts ein Zurückbehaltungsrecht der Leasingraten zu, sofern er innerhalb von sechs Wochen Klage erhebt.[234] Versäumt der Leasingnehmer aber fristgerecht Klage zu erheben, so besteht das Zurückbehaltungsrecht ab dem Tag der Klageerhebung. Bleibt die Klage des Leasingnehmers erfolglos, so entfällt das Zurückbehaltungsrecht ex tunc. Der Leasingnehmer ist verpflichtet, dem Leasinggeber sämtliche einbehaltenen Raten zu ersetzen. Zusätzlich hat der Leasingnehmer den entstandenen Verzugsschaden zu ersetzen. Hat die Klage jedoch Erfolg, so erhält der Leasingnehmer seine bereits gezahlten Raten und die Sonderzahlung mit der entsprechenden Umsatzsteuer zurück. Der zu ersetzende Betrag muss jedoch um den entsprechenden Nutzungsausgleich und möglicher im Leasingvertrag vereinbarter Dienstleistungen gekürzt werden. Scheitert die Durchsetzung der Wandelung, nunmehr des Rücktritts, an der Vermögenslosigkeit des Lieferanten/Herstellers, so wird der Leasingnehmer

---

230 Palandt/Weidenkaff, Einf. v. § 535, Rn. 58 m.w.N.

231 BGH Urteil vom 25.10.1989 – VIII ZR 105/88 = BGHZ 109, 139 = WM 1990, 25 = NJW 1990, 314: *„In den Bereicherungsausgleich sind die vom Leasingnehmer gezogenen Nutzung einzubeziehen. Die Darlegungs- und Beweislast für solche Nutzungen trägt der Leasinggeber. Kann er ihr mangels eigener Wahrnehmungsmöglichkeit nicht entsprechen, muss der Leasingnehmer – soweit zumutbar – die nur pauschal behauptete Nutzung substantiiert bestreiten.“*

232 Staudinger, Leasing, Rn. 240.

233 Staudinger, Leasing, Rn. 240.

234 Palandt/Weidenkaff, Einf. v. § 535, Rn. 58.

im Verhältnis zum Leasinggeber nach Ansicht des Bundesgerichtshofes so gestellt, wie er bei vollzogenem Rücktritt vom Kaufvertrag stünde.[235]

c. Minderung

Erklärt der Leasingnehmer aus abgetretenem Recht für den Leasinggeber die Minderung, reduziert sich der Kaufpreis des Leasinggebers zum Lieferanten sowie zugleich – in entsprechender Höhe – über § 313 Abs. 1 BGB die Leasingraten, da sich die Anschaffungskosten für den Leasinggeber verringern. Maßgeblich für die Reduzierung sind die Leasing- und Finanzierungskonditionen des laufenden Leasingvertrages (Anschaffungswert des Leasingobjektes bei der Kalkulation des Vollamortisationsanspruches des Leasinggebers).

Das Minderungsrecht gem. §§ 437 Nr. 2 2. Alt., 441 BGB hat folgende Voraussetzungen:

- „Wirksame Abtretung des Minderungsrechts" des Leasinggebers gegen den Lieferanten an den Leasingnehmer im Rahmen der leasingspezifischen Abtretungskonstruktion.
- Mangel bei Gefahrübergang, §§ 434 bis 436, 446 BGB; § 476 BGB findet keine Anwendung.
- Das Recht zur zweiten Andienung des Lieferanten wurde gewahrt, d.h. der Leasingnehmer hat eine Nacherfüllungsfrist erfolglos gesetzt, die Nacherfüllung ist unmöglich oder die Voraussetzungen des § 440 BGB sind gegeben.
- Der Mangel muss nicht erheblich sein, § 441 Abs. 1 Satz 2 BGB.
- Keine „Verjährung", § 438 Abs. 5 i.V.m. § 218 BGB.

aa. Wahlrecht zwischen Rücktritt und Minderung

Anstatt vom Vertrag zurückzutreten, kann der Käufer alternativ den Kaufpreis für und gegen den Leasinggeber mindern, §§ 437 Nr. 2 2. Alt., 441 Abs. 1 S. 1 BGB, so dass im Gegensatz zum Rücktritt die Leasingsache bei ihm verbleibt und lediglich der Kaufpreis des Leasinggebers dem geminderten Wert angepasst wird.[236] Minderung ist demnach die verhältnismäßige Herabsetzung des Kaufpreises um den Betrag, der dem durch den Mangel geminderten Wert der gekauften Sache entspricht, § 441 Abs. 3 BGB.[237]

---

235 BGH Urteil vom 20. Juni 1984 – VIII ZR 131/83: *„Scheitert beim Finanzierungsleasing die Durchsetzung der Wandelung an der Vermögenslosigkeit des Herstellers/Lieferanten, so muss der Leasingnehmer im Verhältnis zum Leasinggeber so gestellt werden, wie er stünde, wenn die Wandelung des Kaufvertrages vollzogen worden wäre."*

236 Palandt/Weidenkaff, § 437, Rn. 27.

237 Palandt/Weidenkaff, § 437, Rn. 28, § 441, Rn. 1; Haas, Kaufrecht, in: Haas/Medicus/Rolland/Schäfer/Wendtland, Das neue Schuldrecht, S. 209.

bb. Minderungserklärung

Die Minderung ist wie der Rücktritt ein Gestaltungsrecht.[238] Demzufolge gelten für die Minderung dieselben Grundsätze wie für das Rücktrittsrecht des Leasingnehmers. Insbesondere bedarf es für die empfangsbedürftige Erklärung[239] der Minderung keiner Zustimmung des Lieferanten.

cc. Voraussetzungen der Minderung

Voraussetzung eines wirksamen Minderungsrechts des Leasingnehmers ist, wie sich bereits aus dem Wortlaut des § 441 Abs. 1 BGB ergibt („anstatt"), das Vorliegen eines Rücktrittsrechts, wobei der Ausschluss des Rücktritts wegen Unerheblichkeit der Pflichtverletzung gemäß § 323 Abs. 5 S. 2 BGB die Minderung nicht hindert, § 441 Abs. 1 S. 2 BGB.[240] Darüber hinaus darf das Wahlrecht zwischen dem Rücktritt und der Minderung noch nicht erloschen sein, § 441 Abs. 1 S. 1 BGB.[241]

dd. „Verjährung" der Minderung

Formal unterliegt das Minderungsrecht als Gestaltungsrecht nicht der Verjährung, § 194 Abs. 1 BGB. Allerdings entfällt das Recht zur Minderung, wenn der Anspruch auf Nacherfüllung im Sinne von § 438 Abs. 1 Nr. 3 BGB verjährt, §§ 438 Abs. 4, 218 Abs. 1 BGB.[242]

ee. Folgen einer wirksamen Minderung

Wird die Minderung wirksam erklärt, so bestehen der Kaufvertrag und der Leasingvertrag mit allen Rechten und Pflichten fort. Zunächst wird der Kaufpreis des Leasinggebers mit Zugang der Minderungserklärung auf den geminderten Betrag ipso iure herabgesetzt.[243] Bei der Berechnung des zu mindernden Betrages ist grundsätzlich vom Kaufpreis zum Zeitpunkt des Abschlusses des Kaufvertrages auszugehen, § 441 Abs. 3 S. 2 BGB.[244] Spätere Wertänderungen bleiben unberücksichtigt.[245] Der Kaufpreis ist dabei um den Betrag herabzusetzen, um den der Verkehrswert einer mangelfreien Sache im Vergleich zu dem einer mangelhaften Sache vermindert wird. Eine weitere Rechtsfolge der wirksamen Minderung stellt das Erlöschen des Nacherfül-

---

238 Palandt/Weidenkaff, § 437, Rn. 29 und § 441, Rn. 1.
239 Jauernig, § 441, Rn. 5.
240 Jauernig, § 441, Rn. 3; Palandt/Weidenkaff, § 441, Rn. 7.
241 Palandt/Weidenkaff, § 441, Rn. 8.
242 Jauernig, § 441 Rn. 2 a.E.; Palandt/Weidenkaff, § 441, Rn. 22.
243 Palandt/Weidenkaff, § 441, Rn. 19.
244 Palandt/Weidenkaff, § 441, Rn. 12.
245 Jauernig, § 441, Rn. 6.

lungsanspruchs dar. Der Leasingnehmer ist zwar nicht berechtigt das Leasingentgelt durch eine einseitige Gestaltungserklärung dem geminderten Kaufpreis im Sinne von § 441 Abs. 3 BGB anzupassen. Allerdings kann er vom Leasinggeber die Anpassung des Leasingentgelts an den geminderten Kaufpreis durch eine entsprechende Neuberechnung der Leasingraten und durch Neufestsetzung des kalkulierten Restwerts verlangen, § 313 Abs. 1 BGB (Störung der Geschäftsgrundlage).[246] Da der Kaufpreis als Finanzierungsbasis des Leasingvertrages dient, führt jede nicht unerhebliche Veränderung zu einer Anpassung der Leasingraten. Der Lieferant ist mit dem Zugang der Minderungserklärung des Leasingnehmers verpflichtet, dem Leasinggeber die Differenz zum geminderten Kaufpreis und damit den Mehrbetrag inklusive Zinsen zu erstatten, § 441 Abs. 4 S. 1 BGB.

ff. Prozessuale Besonderheiten bei der Minderung

Weigert sich der Lieferant den Kaufpreis zu mindern und möchte der Leasingnehmer sein Recht gerichtlich geltend machen, so muss er Zahlung an den Leasinggeber verlangen, da er nur aus abgetretenem Recht vorgeht.[247] Der Leasingnehmer kann darüber hinaus die Zahlung der Leasingraten, wie beim Rücktritt, erst dann teilweise verweigern, wenn er die Klage auf Minderung gegen den Lieferanten erhoben hat.[248] Leistungsort für die Minderungsklage ist der Sitz des Lieferanten.[249]

d. Schadensersatz

Trifft den Lieferanten ein Verschulden daran, dass er seiner Hauptleistungspflicht zur Lieferung einer mangelfreien Sache oder Nacherfüllung nicht nachkommen kann, so ist er dem Leasingnehmer/Leasinggeber neben deren Möglichkeit des Rücktritts oder der Minderung zum Ersatz des dadurch entstandenen Schadens verpflichtet, §§ 437 Nr. 3 1. Alt., 440, 280, 281, 283 und 311a BGB.[250] Dabei sind aufgrund des Verweises in § 437 Nr. 3 1. Alt. BGB die Schadensersatzregelungen des allgemeinen Leistungsstörungsrechts anwendbar, §§ 280 ff. BGB, wobei zwischen Schadensersatz statt der Leistung (Mangelschaden) und Schadensersatz neben der Leistung (Mangelfolgeschaden) zu unterscheiden ist.[251] Voraussetzungen für den Schadensersatz statt der Leistung sind:

---

246 BGH NJW 1987, 1072; Reinking, Der Autokauf, L 44 ff.; Beckmann, Finanzierungsleasing, § 2, Rn. 303.

247 BGH WM 92, 1609; vgl. Martinek/Stoffels/Wimmer-Leonhardt, Handbuch des Leasingrechts, § 26, Rn. 70 f., S. 281.

248 Beckmann, Finanzierungsleasing, § 2, Rn. 304.

249 Palandt/Heinrichs, § 269, Rn. 16 m.w.N.

250 Palandt/Weidenkaff, § 437, Rn. 32; Marfurt, Schuldrecht, § 2, Rn. 487.

251 Palandt/Weidenkaff, § 437, Rn. 32.

- Wirksame Abtretung des Schadensersatzanspruches des Leasinggebers gegen den Lieferanten an den Leasingnehmer im Rahmen der leasingspezifischen Abtretungskonstruktion.
- Mangel bei Gefahrübergang, §§ 434 bis 436, 446 BGB; § 476 BGB findet keine Anwendung.
- Das Recht zur zweiten Andienung des Lieferanten wurde gewahrt, d.h. der Leasingnehmer hat eine Nacherfüllungsfrist erfolglos gesetzt, die Nacherfüllung ist unmöglich oder die Voraussetzungen des § 440 BGB sind gegeben.
- Der Lieferant hat die mangelhafte Übergabe oder aber die unterbliebene Nacherfüllung zu vertreten, § 276 BGB.
- Der Mangel ist erheblich im Sinne des § 323 Abs. 5 Satz 2 BGB, soweit der Leasingnehmer Schadensersatz statt der ganzen Leistung begehrt, § 281 Abs. 1 Satz 3 BGB.
- Keine Verjährung, § 438 Abs. 1 und 2 BGB.

aa. Schadensersatz statt der Leistung

Wählt der Leasingnehmer Schadensersatz statt der Leistung, dann erlischt – selbst bei einer ursprünglich möglichen Nacherfüllung – der Erfüllungsanspruch gemäß § 281 Abs. 4 BGB und sogleich auch der Anspruch des Leasinggebers auf Zahlung der Leasingraten.[252] Der Leasingnehmer kann dabei entweder den „kleinen" oder den „großen" Schadensersatz verlangen. Im letzteren Fall des Schadensersatzverlangens, d.h. beim Schadensersatz statt der ganzen Leistung, ist der Kaufvertrag gemäß § 281 Abs. 5 BGB, wie bei Ausübung des Rücktrittsrechts nach §§ 346 ff. BGB, rückabzuwickeln.[253] Dies führt dann – wie gezeigt – zu einem Wegfall der Geschäftsgrundlage des Leasingvertrages, § 313 BGB. Wählt der Leasingnehmer dagegen den kleinen Schadensersatz statt der Leistung (§ 281 Abs. 1 Satz 1 BGB „soweit"), führt dies zu denselben Rechtsfolgen, wie eine wirksam erklärte Minderung, namentlich der Herabsetzung des Leasingraten. Die Höhe kann dagegen zur Minderung divergieren, da der Schaden anhand der Differenzhypothese zu ermitteln ist und nicht wie bei der Minderung eine verhältnismäßige Herabsetzung des Kaufpreises erfolgt. Grundsätzlich gilt, dass bei einem hohen Kaufpreis die Minderung und bei einem niedrigen Kaufpreis der Schadensersatz die günstigere Rechtsfolge mit sich bringt, da die Minderung sich anteilig zum Kaufpreis vollzieht. Zu beachten ist, dass beide Ansprüche vom Leasingnehmer aus abgetretenem Recht geltend gemacht werden. Der Leasingnehmer muss folglich Zahlung an den Leasinggeber begehren.

bb. Schadensersatz neben der Leistung

Vom Schadensersatz statt der Leistung ist der Schadensersatz neben der Leistung (Mangelfolgeschaden, Begleitschaden) gemäß § 280 Abs. 1 BGB strikt zu trennen, da die Rechtsfolgen sich unterscheiden. Denn beim Schadensersatz neben der Leis-

252 Palandt/Grüneberg, § 281, Rn. 52 m.w.N.
253 Palandt/Grüneberg, § 281, Rn. 48.

tung bestehen die Hauptleistungspflichten fort.[254] Der Schadensersatzanspruch tritt neben den Erfüllungsanspruch und nicht wie bei §§ 281 ff. BGB an dessen Stelle.[255] Schadensersatz statt der Leistung ist gegeben, wenn der Leasingnehmer anstatt der Nachlieferung Schadensersatz begehrt, § 280 Abs. 3 BGB. Schadensersatz neben der Leistung umfasst insbesondere die Schäden an anderen Rechtsgütern; dann finden zudem die §§ 823 ff. BGB Anwendung. Beim Schadensersatz neben der Leistung ist ein Recht zur zweiten Andienung nicht zu berücksichtigen sowie es nicht zu einem Wegfall der Geschäftsgrundlage für den Leasingvertrag gemäß § 313 BGB kommt, da der Kaufvertrag fortbesteht.[256]

cc. Schadensersatzanspruch des Leasinggebers neben erklärtem Rücktritt des Leasingnehmers

Nach § 325 BGB stehen Schadensersatz und Rücktritt nicht mehr in einem Alternativverhältnis, sondern können neben einander geltend gemacht werden. Von besonderer Bedeutung ist dabei vor allem, dass der Leasingnehmer den Rücktritt vom Kaufvertrag erklärt und damit auch den Leasingvertrag zum Fall bringt. Ist der Rücktrittsgrund vom Lieferanten zu vertreten, kann nunmehr der Leasinggeber über den Schadensersatz seinen entgangenen Gewinn vom Lieferanten geltend machen, da die Rechte aus § 437 BGB an den Leasinggeber „zurückfallen“, wird der Leasingvertrag über § 313 BGB rückabgewickelt.

e. Aufwendungsersatz

Der Käufer kann anstelle des Schadensersatzanspruchs statt der Leistung Ersatz seiner vergeblichen Aufwendungen verlangen, §§ 437 Nr. 3 2. Alt., 284 BGB. Aus dem Wortlaut des § 284 BGB ergibt sich, dass ein Aufwendungsersatzanspruch nur gegeben ist, wenn die Voraussetzungen eines Schadensersatzanspruches statt der Leistung gegeben sind.[257] Unter vergeblichen Aufwendungen sind solche zu verstehen, die der Leasingnehmer in Anbetracht des mangelfreien Erhalts des Leasinggutes machen durfte.[258]

---

254 Jauernig, § 280, Rn. 21.
255 Palandt/Grüneberg, § 280, Rn. 18, 32.
256 Jauernig, § 280, Rn. 21.
257 Palandt/Grüneberg, § 284, Rn. 3; Palandt/Weidenkaff, § 437, Rn. 42.
258 Palandt/Weidenkaff, § 437, Rn. 42.

5. Bindungswirkungen festgestellter Mängelrechte in der leasingtypischen Abtretungskonstruktion

a. Bindung des Leasinggebers

aa. Bindung des Leasinggebers bei Vorliegen einer wirksamen Abtretung

(1) Bindung an gerichtliche Entscheidungen

Der Leasinggeber erklärt mit der leasingtypischen Abtretung seiner Gewährleistungsansprüche gegen den Lieferanten an den Leasingnehmer zugleich, dass er das Ergebnis einer Auseinandersetzung zwischen Leasingnehmer und Lieferanten über das Vorliegen von Mängeln als für sich bindend ansehen werde.[259] Dadurch wird der Leasinggeber nicht in seiner Möglichkeit beeinträchtigt, seine Rechte geltend zu machen. Denn den Leasingnehmer trifft die vertragliche Nebenpflicht, den Leasinggeber von der beabsichtigten Durchsetzung der Gewährleistungsansprüche in Kenntnis zu setzen. Dem Leasinggeber steht sodann die Möglichkeit offen, dem Rechtsstreit je nach Interessenlage auf Seiten des Lieferanten oder des Leasingnehmers gem. § 66 ZPO beizutreten und damit auf das Verfahren Einfluss zu nehmen.[260] Die umfassende Bindungswirkung gilt nicht nur für ein kontradiktorisches Urteil, welches etwa den Rücktritt des Leasingnehmers für wirksam erklärt, sondern entsprechend auch für ein Versäumnisurteil.[261] Die Bindungswirkung besteht selbst dann, wenn im Rahmen der Schlüssigkeitsprüfung gemäß § 331 Abs. 1 S. 1 ZPO die an sich begründete Einrede der Verjährung gemäß § 438 Abs. 1 BGB unberücksichtigt geblieben ist, weil der Lieferant diese entweder nicht außergerichtlich geltend gemacht hat oder eine außergericht-

---

259 BGH Urteil vom 16.9.1981 = BGHZ 81, 298 = WM 1982, 1219 = NJW 1982, 105 = ZIP 1981, 1215: *„Wer sich als Leasinggeber von der eigenen Gewährleistungspflicht umfassend freizeichnet und dem Leasingnehmer die ihm als Käufer zustehenden Gewährleistungsansprüche abtritt, erklärt damit zugleich, dass er die rechtlichen Folgen, die sich aus der Geltendmachung der Gewährleistungsrechte durch den Leasingnehmer ergeben, als für sich verbindlich hinnimmt.“*; Urteil vom 13.3.1991 – VIII ZR 34/90 = BGHZ 114, 57 = WM 1991, 954 = NJW 1991, 1746 = ZIP 1991, 519; Urteil vom 10.11.1993 – VIII ZR 119/82 = WM 1994, 208 = NJW 1994, 576 = ZIP 1993, 1876.

260 BGH Urteil vom 16.9.1981 = BGHZ 81, 298 = WM 1982, 1219 = NJW 1982, 105 = ZIP 1981, 1215: *„Der Leasinggeber wird bei einer solchen Auslegung [...] auch nicht in der Möglichkeit, seine Rechte geltend zu machen, beeinträchtigt. Da der Leasingnehmer – als Nebenpflicht aus dem Leasingvertrag – gehalten ist, seinen Vertragspartner von der beabsichtigten Durchsetzung der ihm abgetretenen Gewährleistungsansprüche in Kenntnis zu setzen, ist dieser in der Lage, dem Rechtsstreit je nach Interessenlage auf Seiten des Leasingnehmers oder des Verkäufers als Streitgehilfe gemäß § 66 ZPO beizutreten und damit auf die Verfahrensdurchführung Einfluss zu nehmen.“*

261 BGH Urteil vom 13.3.1991 – VIII ZR 34/90 = BGHZ 114, 57 = WM 1991, 954 = NJW 1991, 1746 = ZIP 1991, 519: *„Bei wirksamer Freizeichnung von mietrechtlicher Mängelhaftung unter Abtretung der kaufrechtlichen Gewährleistungsansprüche ist der Leasinggeber an die vollzogene Wandelung des Kaufvertrags auch dann gebunden, wenn sie auf einem Versäumnisurteil gegen den Lieferanten beruht“.*

liche Geltendmachung vom Leasingnehmer nicht vorgetragen wird.[262] Zur Begründung führt der Bundesgerichtshof aus, dass der Erlass eines Versäumnisurteils die Prüfung des Klagebegehrens auf dessen Schlüssigkeit voraussetzt. Ist die Schlüssigkeit zu bejahen, so beruht das Versäumnisurteil auf der gesetzlichen Fiktion, dass die klagebegründenden Tatsachen im Falle der Säumnis der beklagten Partei gem. § 331 Abs. 1 S. 1 ZPO als zugestanden gelten. Nach Ansicht des BGH bestehe kein Anlass einem Versäumnisurteil eine geringere Wirkung für das Leasingverhältnis zuzusprechen als einem auf streitige Verhandlung ergangenen Urteil.[263] Auch steht nach der Rechtsprechung des Bundesgerichtshofes einem rechtskräftigen Wandelungsurteil, seit der Schuldrechtsmodernisierung nunmehr Rücktrittsurteil, die Feststellung des Anspruchs auf Rückzahlung des Kaufpreises zur Tabelle im Insolvenzverfahren gemäß § 178 ZPO gleich.[264]

(2) Bindung an außergerichtliche Entscheidungen

Nach der Rechtsprechung des Bundesgerichtshofs ist der Leasinggeber selbst an eine wirksame außergerichtliche Vereinbarung zwischen Leasingnehmer und Lieferant, nach der die Leasingsache mangelhaft und der Kaufvertrag rückabzuwickeln ist, gebunden.[265] Nach der Rechtsprechung des Bundesgerichtshofes gilt dies allerdings

262 Thomas/Putzo, § 331, Rn. 5.

263 BGH Urteil vom 13.3.1991 – VIII ZR 34/90 = BGHZ 114, 57 = WM 1991, 954 = NJW 1991, 1746 = ZIP 1991, 519: *„Der Leasinggeber, der unter Freizeichnung von eigener Mängelhaftung seine kaufrechtlichen Gewährleistungsansprüche an den Leasingnehmer abgetreten hat, hat grundsätzlich das Ergebnis eines zwischen Leasingnehmer und Lieferanten geführten Gewährleistungsprozesses als für sich verbindlich hinzunehmen und kann nicht unabhängig davon im Leasingverhältnis das Fehlen von Mängeln erneut geltend machen. Das gilt nicht nur für ein aufgrund streitiger Verhandlung ergangenes kontradiktorisches Urteil, das die Wandelung des Kaufvertrags ausdrücklich für berechtigt erklärt oder aufgrund dieser Berechtigung die Rückzahlung des Kaufpreises zuspricht, sondern ebenso für ein diese Rechtsfolgen aussprechendes Versäumnisurteil [...]. Sein Erlass setzt die Prüfung des Wandelungsbegehrens auf dessen Schlüssigkeit voraus und beruht, wenn diese zu bejahen ist, auf der gesetzlichen Regel, dass die klagebegründenden Tatsachen im Fall der Säumnis der beklagten Partei als zugestanden gelten (§ 331 Abs. 1 S. 1 ZPO). Es besteht kein Anlass, einem Versäumnisurteil eine geringere Wirkung für das Leasingverhältnis zuzusprechen als einem auf streitige Verhandlung ergangenen Urteil.“*

264 BGH Urteil vom 10.11.1993 – VIII ZR 119/82 = WM 1994, 208 = NJW 1994, 576 = ZIP 1993, 1876: *„Für die Frage des rückwirkenden Wegfalls der Geschäftsgrundlage des Leasingvertrages ist es unerheblich, ob das auf Veranlassung des Leasinggebers vom Leasingnehmer gegenüber dem Lieferanten erhobene Wandelungsbegehren zu einem rechtskräftigen Wandelungsurteil oder – im Konkurs über das Vermögen des Lieferanten – zur Feststellung der sich aus der vollzogenen Wandelung ergebenden Forderung zur Konkurstabelle geführt hat.“*

265 BGH Urteil vom 27.2.1985 – VIII ZR 328/83 = BGHZ 94, 44 = WM 1985, 573 = NJW 1985, 1535 = ZIP 1985, 682: *„Der Leasinggeber, der seine kaufrechtlichen Gewährleistungsansprüche an den Leasingnehmer abgetreten hat, muss eine vom Leasingnehmer mit dem Lieferanten wegen*

nur dann, wenn die Vereinbarung auch unter Berücksichtigung der Interessen des Leasinggebers sachgerecht ist.[266] Die Bindungswirkung tritt vor allem dann ein, wenn die Schaffung klarer Verhältnisse bezweckt wird, der Leasinggeber an den Vergleichsgesprächen teilgenommen hat und später die im Vergleich vereinbarten Zwischenzinsen vom Leasinggeber beansprucht worden sind. Die Berufung auf mangelnde Sachgerechtigkeit des Vergleichs nach Treu und Glauben im Sinne von § 242 BGB sei deshalb dem Leasinggeber in dem der Entscheidung des Bundesgerichtshofes zu Grunde liegenden Fall zu versagen gewesen.[267] Der Leasinggeber kann infolge der leasingtypischen Abtretung sämtlicher Gewährleistungsansprüche gegen den Lieferanten auch nicht vom Leasingnehmer verlangen einen Prozess zur Herbeiführung eines streitigen Urteils einzugehen, da ihm aufgrund der vorbehaltlosen Abtretung und der deshalb alleinigen Berechtigung des Leasingnehmers zur Rechtsverfolgung bereits das Rechtsschutzbedürfnis fehle.[268]

Etwas anderes gilt für die Fälle der Kollusion, wenn folglich der Leasingnehmer und der Lieferant bewusst zum Nachteil des Leasinggebers zusammenwirken, etwa indem sie eine außergerichtliche Vereinbarung treffen, obwohl dies nicht durch einen Sachmangel gerechtfertigt war.[269] Liegt Kollusion vor, muss der Leasinggeber eine Vereinbarung zwischen Lieferant und Leasingnehmer nicht gegen sich gelten lassen.[270] Dafür bedarf es jedoch konkreter Anhaltspunkte, die auf eine entsprechende Abrede zwischen Lieferant und Leasingnehmer schließen lassen. Hierfür reicht nach dem Bundesgerichtshof die Tatsache, dass der Lieferant ein Versäumnisurteil gegen sich hat ergehen lassen oder sich nicht auf die Verjährung von Mängelansprüchen beruft nicht aus, da dies durch sachgemäße kaufmännische Gründe gerechtfertigt sein kann.[271]

Mangelhaftigkeit der Leasingsache getroffene Wandelungsvereinbarung gegen sich gelten lassen […]."; Urteil vom 24.6.1992 – VIII ZR 188/91 = WM 1992, 1609.

266 BGH Urteil vom 27.2.1985 – VIII ZR 328/83 = BGHZ 94, 44 = WM 1985, 573 = NJW 1985, 1535 = ZIP 1985, 682: „*Das gilt nach der Rechtsprechung des Bundesgerichtshofs allerdings nur, […] sofern die Regelung auch unter Berücksichtigung der Interessen des Leasinggebers sachgerecht sei.*"

267 BGH Urteil vom 27.2.1985 – VIII ZR 328/83 = BGHZ 94, 44 = WM 1985, 573 = NJW 1985, 1535 = ZIP 1985, 682.

268 BGH Urteil vom 27.2.1985 – VIII ZR 328/83 = BGHZ 94, 44 = WM 1985, 573 = NJW 1985, 1535 = ZIP 1985, 682.

269 BGH Urteil vom 27.2.1985 – VIII ZR 328/83 = BGHZ 94, 44 = WM 1985, 573 = NJW 1985, 1535 = ZIP 1985, 682, der eine Kollusion bejahte „*…indem [Leasingnehmer und Lieferant] sich auf eine Wandelung einigten, obwohl das durch keinen Sachmangel gerechtfertigt war*".

270 BGH Urteil vom 27.2.1985 – VIII ZR 328/83 = BGHZ 94, 44 = WM 1985, 573 = NJW 1985, 1535 = ZIP 1985, 682; Urteil vom 13.3.1991 – VIII ZR 34/90 = BGHZ 114, 57 = WM 1991, 954 = NJW 1991, 1746 = ZIP 1991, 519.

271 BGH Urteil vom 13.3.1991 – VIII ZR 34/90 = BGHZ 114, 57 = WM 1991, 954 = NJW 1991, 1746 = ZIP 1991, 519: „*Allein die Tatsache, dass die Lieferantin ein Versäumnisurteil gegen sich hat ergehen lassen, lässt noch nicht auf einvernehmliches Verhalten mit den Klägern schließen. Dass*

(3) Keine Abbedingung der Bindung durch formularvertragliche Vereinbarungen

Der Bundesgerichtshof lehnt aufgrund des umfassenden Schutzbedürfnisses des Leasingnehmers eine Einschränkung der Bindungswirkung durch eine Klausel in den AGB des Leasinggebers ab.[272]

bb. Bindung des Leasinggebers bei Vorliegen einer unwirksamen Abtretung

Die zuvor erläuterte Bindungswirkung besteht selbst dann, wenn die leasingtypische Freizeichnungs- und Abtretungskonstruktion unwirksam ist. Denn dann hat der Leasinggeber typischerweise das Vorgehen des Leasingnehmers veranlasst und muss sich demzufolge auch in diesem Fall am Ergebnis der Auseinandersetzung zwischen Leasingnehmer und Lieferant festhalten lassen.[273]

b. Bindung des Leasingnehmers bei wirksamer Freizeichnung

Der Leasingnehmer kann sich nicht auf Mängel gegenüber dem Leasinggeber berufen, wenn die vom Leasingnehmer gegenüber dem Lieferanten geltend gemachten Mängelrechte mittels rechtskräftigen Urteils abgewiesen wurden.[274] Das Ergebnis der

---

diese die Klage erst nach Verjährungseintritt erhoben haben, deutet jedenfalls nicht zwingend auf eine Schädigungsabsicht im Zusammenwirken mit der Lieferantin hin. Es kann durchaus sachgemäße kaufmännische Gründe geben, dass sich ein Lieferant nicht auf die Verjährung von Mängelansprüchen beruft, um etwa dem tatsächlichen Zustand der Kaufsache Rechnung zu tragen oder eine bestehende Kundenbindung nicht zu gefährden."

272 BGHZ 114, 47, 64 ff. = NJW 1991, 1746.

273 BGH Urteil vom 25.10.1989 – VIII ZR 105/88 = BGHZ 109, 139 = WM 1990, 25 = NJW 1990, 314: *„Es entspricht der ständigen Rechtsprechung des Bundesgerichtshofes, dass im Fall einer auf einem rechtskräftigen Urteil beruhenden Wandelung des Kaufvertrages über den Leasinggegenstand die Geschäftsgrundlage des Leasingvertrages rückwirkend wegfällt (BGHZ 68, 118 [126] = NJW 1977, 848 = LM § 6 AbzG Nr. 22; BGHZ 81, 298 [306, 307] = NJW 1982, 105 = LM § 9 AGBG Nr. 1; BGHZ 94, 44 [48, 49] = NJW 1985, 1547 = LM § 11 Ziff. 10a AGBG Nr. 1; BGHZ 97, 135 [140] = NJW 1986, 1744 = LM § 535 BGB Nr. 104; BGH, NJW 1985, 129 = LM § 535 BGB Nr. 89 = WM 1984, 1089 unter I 2 b dd). Den Einwand der Revision, das widerspreche der für den Leasingvertrag maßgebenden Risikoverteilung, hat der Senat bereits in seinen Urteilen vom 27.2.1985 (BGHZ 94, 44 = NJW 1985, 1535 = LM § 242 [Bb] BGB Nr. 115a) und vom 19.2.1986 (BGHZ 97, 135 = NJW 1985, 1547 = LM § 11 Ziff. 10a AGBG Nr. 1) erörtert und zurückgewiesen [...]. Unerheblich ist ferner, dass die Haftungsfreizeichnung der Klägerin mangels vorbehaltloser Abtretung kaufrechtlicher Gewährleistungsansprüche unwirksam ist und die Kl. infolgedessen zur mietrechtlichen Gewährleistung verpflichtet war (BGH, NJW 1987, 1072 = LM § 9 [Bb] AGBG Nr. 15 = WM 1987, 349 unter II 2), denn die Kl. hat den Bekl. formularvertraglich zur Geltendmachung von Gewährleistungsansprüchen gegen die Lieferantin veranlasst und muss das Ergebnis eines solchen Vorgehens hinnehmen (BGH, NJW 1988, 2465 = WM 1988, 979 unter III 3).“*; Urteil vom 24.6.1992 – VIII ZR 188/91 = WM 1992, 1609; Urteil vom 10.11.1993 – VIII ZR 119/92 = WM 1994, 208 = NJW 1994, 576 = ZIP 1993, 1876.

274 Beckmann, Finanzierungsleasing, § 7, Rn. 9.

gewährleistungsrechtlichen Auseinandersetzung haben der Leasingnehmer und der Lieferant gegen sich gelten zu lassen. Der Leasingnehmer hat kein Recht, die Leasingraten wegen des angeblichen Mangels zu verweigern. Er bleibt vorleistungspflichtig. Auf dieses Ergebnis wirkt es sich nicht aus, wenn die Klage wegen Verjährung des geltend gemachten Anspruchs und nicht wegen Fehlens der geltend gemachten Ansprüche abgewiesen wurde. Hat der Leasingnehmer dagegen die Zahlung der vereinbarten Leasingraten verweigert und unterliegt er im Prozess gegenüber dem Lieferanten, so ist er zur Zahlung der rückständigen Raten und eines etwaigen Verzugsschadens verpflichtet.[275] Entscheidend ist, ob der Leasingnehmer bei der Durchsetzung der an ihn abgetretenen Mängelrechte Erfolg hat. Wird das Bestehen eines Mängelrechts verneint, so können nach der Rechtsprechung des Bundesgerichtshofes weder der Bestand des Leasingvertrages, noch die damit verbundenen Verpflichtungen des Leasingnehmers unter Berufung auf die Mangelhaftigkeit in Zweifel gezogen werden.[276]

6. Auswirkungen der Abtretung der Mängelrechte an den Leasingnehmer auf weitere Inanspruchnahme des Leasinggebers

Die wirksame Abtretungskonstruktion führt nicht nur zum Ausschluss eines Vorgehens gegen den Leasinggeber im Rahmen der Mängelhaftung. Dieser Ausschluss ist vielmehr umfassend zu verstehen, weshalb selbst Kündigungsrechte des Leasingnehmers aufgrund eines Mangels ausscheiden.

---

275 Martinek/Stoffels/Wimmer-Leonhardt, Handbuch des Leasingrechts, § 29, Rn. 2, S. 337.
276 BGH Urteil vom 5.12.1984 – VIII ZR 87/83 = WM 1985, 263: *„Das Ergebnis der gewährleistungsrechtlichen Auseinandersetzung zwischen der Beklagten und der Lieferantin haben die Parteien des vorliegenden Rechtsstreits für und gegen sich gelten zu lassen (vgl. BGHZ 81, 298). Demgemäß ist bei der Beurteilung des Klagebegehrens davon auszugehen, dass die Geschäftsgrundlage des zwischen den Parteien geschlossenen Leasingvertrages und die hierauf beruhenden Zahlungsverpflichtungen der Beklagten nicht weggefallen sind, der Beklagten also kein Recht zusteht, die Entrichtung der Leasingraten wegen der angeblichen Mängel der Leasingsache zu verweigern. Der Umstand, dass die Wandelungsklage der Beklagten wegen Verjährung des geltend gemachten Gewährleistungsanspruchs und nicht wegen Fehlens der gerügten Mängel abgewiesen worden ist, vermag hieran nichts zu ändern. Aus welchem Grunde der Vollzug der Wandelung scheitert, ist unerheblich. Für die Frage, ob sich der Leasingnehmer gegenüber der Zahlungsklage des Leasinggebers mit Erfolg auf Mängel des Leasingguts berufen kann, ist nicht entscheidend, ob die behaupteten Mängel bestehen, sondern ob der hieraus abgeleitete Gewährleistungsanspruch durchgreift und dadurch dem Leasingvertrag die Geschäftsgrundlage entzogen wird. Ist der geltend gemachte Gewährleistungsanspruch – wie hier – rechtskräftig verneint, so können ungeachtet der Begründung dieses Erkenntnisses der Bestand des Kaufvertrages und folglich auch die Verpflichtungen des Leasingnehmers aus dem Leasingvertrag nicht mehr unter Berufung der Mangelhaftigkeit der Leasingsache in Zweifel gezogen werden."*

a. Ausschluss des Kündigungsrechts gemäß § 543 Abs. 2 BGB bei zulässiger Freizeichnung

Hat sich der Leasinggeber von der mietrechtlichen Einstandspflicht in zulässiger Weise für Mängel der Leasingsache durch Abtretung seiner Mängelrechte gegen den Lieferanten freigezeichnet, so sind nicht nur die Mängelrechte des Leasingnehmers gegen den Leasinggeber ausgeschlossen.[277] Abgesehen von einem Kündigungsrecht des Leasingnehmers aus wichtigen Grund i.S.v. § 543 Abs. 1 BGB kommt für den Leasingnehmer ein Kündigungsrecht wegen Nichtgewährung des Gebrauchs des Leasinggegenstandes, entsprechend § 543 Abs. 2 Nr. 1 BGB, in Betracht.[278] Im Hinblick auf das Eigengepräge des Leasings scheidet auch diese Kündigung aus, da es dem Leasingnehmer nach dem Inhalt des Leasingvertrages obliegt, wegen eines Mangels oder der Nichtlieferung des Leasinggegenstandes zunächst den Lieferanten in Anspruch zu nehmen. Denn der Leasinggeber hat sich insoweit wirksam von seiner Gebrauchsverschaffungspflicht mit der Abtretung des kaufrechtlichen Erfüllungsanspruches an den Leasingnehmer freigezeichnet.[279] Folglich verbleibt lediglich eine Kündigung nach § 543 Abs. 2 Nr. 1 BGB, soweit ein Dritter dem Leasingnehmer den Gebrauch des Leasinggutes infolge der Geltendmachung eines Rechts vorenthält (Dritteigentum) oder ungeachtet der §§ 986 Abs. 2, 566 BGB das Leasinggut nachträglich entzogen wird.

b. Ausschluss der Zahlungspflicht bei Nachlieferungsverlangen

Hat der Leasingnehmer Klage auf Nachlieferung gegen den Lieferanten erhoben, kann der Leasinggeber nicht vorläufig die Zahlung von Leasingraten verlangen. Dies ergibt eine Auslegung der leasingtypischen Freizeichnungs- und Abtretungskonstruktion.[280] Für eine Klage des Leasinggebers auf Zahlung der Leasingraten bedeu-

---

277 Staudinger, Leasing, Rn. 311.

278 BGH NJW 1993, 122, 123 f. = LM § 542 Nr. 18; BGH NJW 1988, 204, 205 f. = LM § 536 Nr. 27.

279 BGH Urteil vom 7.10.1992 – VIII ZR 182/91 = WM 1992, 2063 = NJW 1993, 122 = ZIP 1992, 130: *„Hat sich der Leasinggeber – wie hier – in zulässiger Weise von seiner mietrechtlichen Einstandspflicht für Mängel der Leasingsache (§§ 537 ff. BGB) freigezeichnet, indem er die kaufrechtlichen Gewährleistungsansprüche gegen den Lieferanten an den Leasingnehmer abgetreten hat, so ist der Leasingnehmer nicht nur mit gegen den Leasinggeber gerichteten Mängelansprüchen ausgeschlossen. Vielmehr ist es ihm konsequenterweise auch versagt, das Leasingverhältnis unter Berufung auf eine durch Mangelhaftigkeit der Leasingsache begründete Nichtgewährung des vertragsmäßigen Gebrauches nach § 542 BGB zu kündigen. Gleichermaßen ist dem Leasingnehmer ein Kündigungsrecht nach dieser Vorschrift verschlossen, wenn die Nichtgewährung des vertragsgemäßen Gebrauches auf einer – wie hier – unvollständigen Verschaffung der Leasingsache beruht, der Leasinggeber sich insoweit aber wirksam von seiner Gebrauchsverschaffungspflicht mit der Abtretung des kaufvertraglichen Erfüllungsanspruches an den Leasingnehmer freigezeichnet hat […].“*

280 BGH Urteil vom 19.02.1986 – VIII ZR 91/85 = BGHZ 97, 135 = WM 1986, 591 = NJW 1986, 1744

tet dies, dass das Gericht den Rechtsstreit gem. § 148 ZPO auszusetzen hat, bis eine rechtskräftige Entscheidung im Nachlieferungsprozess gegen den Lieferanten ergangen ist.[281] Daraus ergibt sich, dass die Position des Leasinggebers nicht auf die Finanzierung beschränkt ist, sondern er zudem die Stellung eines Vermieters übernimmt. Es gelingt dem Leasinggeber nicht, sich durch die Abwälzung der Haftung auf den Leasingnehmer vollumfänglich der Sachgefahr zu entziehen und sich auf die Stellung des Finanzierenden zu beschränken. Dies ergibt sich aus der Eigentümerstellung des Leasinggebers und die Eingliederung der Leasingsache in dessen Vermögen. Der Haftungsregelung ist zu entnehmen, dass der Leasinggeber das Ergebnis des Gewährleistungsstreits gegen sich gelten lassen muss und es als verbindlich anerkennt. Daraus ergibt sich zudem, dass vor Beendigung des Gewährleistungsstreits der Leasinggeber die Leasingraten nicht vorläufig fordern kann.

III. Mietrechtliche Gewährleistungsrechte bei unwirksamer Freizeichnung des Leasinggebers

Ist die Freizeichnung des Leasinggebers unwirksam[282], führt dies bei Vorliegen eines Mangels an der Leasingsache nicht zur Anwendung der zuvor dargestellten kaufrechtlichen Mängelrechte. Denn diese stehen in diesem Fall ausschließlich dem Leasinggeber zu. Der Leasingnehmer kann sich jedoch dann auf seine originären mietrechtlichen Mängelrechte aus dem Leasingvertrag gegenüber dem Leasinggeber berufen.[283] Die originären Mietmängelrechte des Leasingnehmers gegenüber dem Leasingnehmer stellen sich wie folgt im Überblick dar[284]:

- Anspruch auf Beseitigung etwaiger Mängel als synallagmatische Hauptpflicht. Dies auch dann, wenn die Mängel nach Übergabe entstanden sind, § 535 Abs. 1 S. 2 BGB.

= NJW-RR 1986, 986 = ZIP 1986, 716 = BB 1986, 900: *„Der in allgemeinen Geschäftsbedingungen eines Leasingebers enthaltene Ausschluss der mietrechtlichen Gewährleistung unter Abtretung der kaufrechtlichen Sachmängelansprüche gegenüber dem Lieferanten an den Leasingnehmer ist dahin auszulegen, dass der Leasinggeber auch nicht vorläufig Zahlung von Leasingraten fordern kann, wenn der Leasingnehmer Klage auf Nachlieferung gegen den Lieferanten erhoben hat.“*

281 BGH Urteil vom 19.02.1986 – VIII ZR 91/85 = BGHZ 97, 135 = WM 1986, 591 = NJW 1986, 1744 = NJW-RR 1986, 986 = ZIP 1986, 716 = BB 1986, 900: *„Kann in einem solchen Fall mangels rechtskräftiger Entscheidung im Prozeß gegen den Lieferanten ein Sachurteil über den vom Leasinggeber anhängig gemachten Anspruch auf Leasingraten noch nicht ergehen, so hat das Gericht den Rechtsstreit nach 148 ZPO auszusetzen.“*

282 Vgl. Kapitel A. I.

283 BGH Urteil vom 17.12.1986 – VIII ZR 279/85 = WM 1987, 349 = NJW 1987, 1072 = NJW-RR 1987, 563 = ZIP 1987, 240: *„Bei Unwirksamkeit der Ersetzung der mietrechtlichen durch die kaufrechtliche Gewährleistung haftet der Leasinggeber für Mängel des Leasingobjekts nach §§ 537 ff. BGB.“*

284 Martinek/Stoffels/Wimmer-Leonhardt, Handbuch des Leasingrechts, §§ 21 ff., S. 204 ff.

- Ipso iure eintretende Minderung und Rückforderung der zuviel gezahlten Leasingraten über § 812 Abs. 1 S. 1 BGB.
- Schadensersatzansprüche nach § 536a Abs. 1 BGB. Ist der Mangel bei Vertragsschluss und Überlassung vorhanden, haftet der Leasinggeber verschuldensunabhängig, § 536a Abs. 1 Alt. 1 BGB.
- Aufwendungsersatzansprüche für den Fall der Selbstreparatur, § 536a Abs. 2 BGB.

Der Leasingnehmer kann in entsprechender Anwendung des § 536 Abs. 1 BGB die Herabsetzung der Leasingraten in dem Umfang verlangen, in welchem zur Zeit der Überlassung der Leasingsache ein Mangel vorgelegen oder eine zugesicherte Eigenschaft gefehlt hat und diese deshalb in ihrer Tauglichkeit nicht unerheblich beeinträchtigt gewesen ist.[285] Dabei ist es unerheblich, ob der Leasinggeber den Mangel zu vertreten hat, ob die Mangelbeseitigung überhaupt möglich ist und ob der Leasingnehmer die Leasingsache tatsächlich gebraucht hätte.[286] Dies gilt gemäß § 536 Abs. 3 BGB gleichlaufend für Rechtsmängel. Der Leasingnehmer ist aber zugleich zur Zahlung der Leasingraten verpflichtet, da der Erfüllungsanspruch des Leasinggebers bestehen bleibt,[287] und der Leasingnehmer für den Ausfall der Gegenleistung entschädigt wird. Neben dem Anspruch auf Minderung der Leasingraten kann der Leasingnehmer entsprechend der Regelungen in § 536a Abs. 1 und Abs. 2 BGB aufgrund der Verweisung auf § 536 BGB bei Vorliegen eines Mangels ab dem Zeitpunkt der Überlassung der Leasingsache Schadensersatz oder Aufwendungsersatz verlangen.[288] Vor der Überlassung stehen ihm diese Rechte aufgrund des allgemeinen Leistungsstörungsrechts zu, § 311a BGB. Der Leasingnehmer ist – wie gesehen – zumindest teilweise von seiner Zahlungspflicht befreit, wenn das Leasinggut während der Leasingzeit nicht in vertragsgemäßem Zustand ist, § 536 Abs. 1 BGB.[289] Zu einer vollständigen Freistellung von der Zahlungspflicht kommt es nur, wenn dem Leasingnehmer das Leasinggut durch den Leasinggeber vorenthalten wird und er so die Leasingsache nicht vertragsgemäß nutzen kann oder wenn die Tauglichkeit der Leasingsache so beeinträchtigt ist, dass die Nutzung vollständig ausgeschlossen ist, § 536 Abs. 1 S. 1 BGB.[290] Jedoch muss der Leasingnehmer gemäß § 536c Abs. 1 BGB den Leasinggeber unverzüglich von einem auftretenden Mangel unterrichten. Unterlässt er dies, hat der Leasinggeber im Gegenzug einen Schadensersatzanspruch gegen den Leasingnehmer für die Schäden, die

285 Palandt/Weidenkaff, § 536, Rn. 33.
286 MüKoBGB/Häublein, Bd. 3, § 536, Rn. 27.
287 Schmidt-Futterer, § 536, Rn. 436; Palandt/Weidenkaff, § 536, Rn. 6.
288 Palandt/Weidenkaff, § 536a, Rn. 3.
289 MüKoBGB/Häublein, Bd. 3, § 536, Rn. 27.
290 BGH Urteil vom 29.10.1986 – VII ZR 144/85 = WM 1987, 219 = NJW 1987, 432 = NJW-RR 1987, 202: *„Ist die Mietsache von Anfang an mit einen Mangel behaftet, der im Laufe der Mietzeit zur Aufhebung der Gebrauchstauglichkeit führen würde, und nimmt der Vermieter sie in seinen Besitz, um den Mangel beheben zu lassen, so gilt die Gebrauchstauglichkeit für die Dauer der Mängelbeseitigung als aufgehoben mit der Folge, dass der Mieter während dieser Zeit von der Entrichtung des Mietzinses befreit ist.“*

aufgrund der verspäteten Mängelanzeige entstanden sind, § 536c Abs. 2 BGB.[291] Nach dem Bundesgerichtshof ergibt sich dies vor allem daraus, dass der Leasinggeber ein berechtigtes Interesse an der rechtzeitigen Unterrichtung über aufgetretene Mängel und einem potentiellen Rechtsstreit mit dem Lieferanten hat.[292] Etwas anderes gilt jedoch, wenn die Beseitigung des Mangels offenkundig unmöglich ist[293], der Leasinggeber die Obhut über die Sache einem seiner Bediensteten anvertraut hat[294] oder wenn der Mangel dem Leasinggeber bekannt ist oder ihm dies ebenso offenkundig sein muss wie dem Leasingnehmer.[295] In diesem Fall ist die Verletzung der Mitteilungspflicht gerade nicht ursächlich für die Unmöglichkeit der Mängelbeseitigung bzw. besteht in diesem Fall überhaupt keine Anzeigepflicht des Leasingnehmers.[296]

---

291 MüKoBGB/Häublein, Bd. 3, § 536c, Rn. 11; Palandt/Weidenkaff, § 536c, Rn. 10.

292 BGH Urteil vom 16.09.1981 – VIII ZR 265/80 = BHZ 81, 298 = WM 1981, 1219 = NJW 1982, 105 = ZIP 1981, 1215: *„Dies ergibt sich vor allem daraus, dass der Leasinggeber stets ein berechtigtes Interesse an rechtzeitiger Unterrichtung über aufgetretene Mängel und einem sich möglicherweise anbahnenden Gewährleistungsstreit mit dem Lieferanten hat."*

293 BGHZ 68, 281, 283.

294 OLG Karlsruhe NJW-RR 1988, 528.

295 BGH NJW-RR 2002, 515; MüKoBGB/Häublein, Bd. 3, § 536c, Rn. 10.

296 MüKoBGB/Häublein, Bd. 3, § 536c, Rn. 10.

G. Vertragsbeendigung

Die Beendigungsmöglichkeiten für einen Leasingvertrag sind vielfältiger Natur. In der Leasingpraxis sind im Wesentlichen die ordentliche Vertragsbeendigung mit Ablauf der im Leasingvertrag vereinbarten Vertragsdauer (befristete Leasingverträge) und durch außerordentliche Kündigung vorzeitig beendete Leasingverträge von Relevanz.

Da nach ständiger Rechtsprechung des Bundesgerichtshofs[1] und den Instanzgerichten[2] sowie nach herrschender Literatur[3] der Leasingvertrag als atypischer Mietvertrag zu qualifizieren ist, auf den in erster Linie die Bestimmungen des Mietrechts Anwendung finden, sind die §§ 535 ff. BGB für die Voraussetzungen und die Rechtsfolgen der Vertragsbeendigung maßgebend.
Wesentlicher Unterschied ist, dass der Leasingnehmer „nach den erlasskonformen Leasingvertragstypen“[4] – in Abweichung zum Mietrecht – darüber hinaus die Vollamortisation des Leasinggebers als selbständige Garantiepflicht neben den Leasingraten schuldet. Der Vollamortisationsanspruch bestimmt sich nach dem Restwert, den Leasingraten, den Finanzierungskosten und den Verwaltungskosten des Leasinggebers.

Nicht selten lösen die Rechtsfolgen bei Vertragsbeendigung Rechtsstreitigkeiten zwischen den Leasingvertragsparteien aus. Dies vor allem deshalb, weil die einzelnen Leasingvertragsvarianten zu unterschiedlichen Rechtsfolgen führen, die nicht selten vermengt werden.

I. Voraussetzungen der ordentlichen Vertragsbeendigung

Die ordentliche Beendigung des Leasingvertrages tritt je nach Leasingvertragstyp entweder durch Zeitablauf – der Regelfall in der Leasingpraxis – gemäß § 542 Abs. 2 BGB (befristete Leasingverträge) oder bei Verträgen ohne festgelegte Vertragsdauer (unbefristete Leasingverträge) durch ordentliche Kündigung gemäß § 542 Abs. 1 BGB ein.

---

1 BGH NJW 1977, 195 f.; NJW 1977, 847 f.; BGH WM 1978, 510; BGH ZR VIII 85/05; BGH vom 2.11.1988, NJW 1989, 460; vom 19.9.1981, BB 1981, 2093 ff.; vom 2.12.1981, DB 1982, 428; vom 28.10.1981, MDR 1982, 485 ff.; 4.11.1990, NJW 1990, 3016 ff.

2 Exemplarisch: OLG Düsseldorf 2.12.2003; OLGR 2004, 267.

3 Graf von Westphalen, Der Leasingvertrag, Kapitel B, Rn. 5, S. 116; Staudinger, Leasing, Rn. 17; von Westphalen, BB 1988, 1829; Erman/Jendrek, Anh. § 535, Rn. 15; Reinicke/Tiedke, BB 1982, 1142; Flume, DB 1972, 3 ff.; Sannwald, Der Finanzierungsvertrag über bewegliche Sachen mit Nichtkaufleuten, S. 89; Seifert, DB-Beilage 1/83, S. 2 ff.; Berger, Typus und Rechtsnatur des Herstellerleasing, S. 48 ff.; Döllerer, BB 1971, 535 ff.; Emmerich, JuS 1990, 1 ff.; Hiddemann, WM 1978, 834 ff.; Blomeyer, NJW 1978, 973; Knebel, WM 1993, 1026; Brunotte, DroZ 1990, 396 ff.; Meilicke, BB 1964, 691.

4 BGH NJW 1985 S. 2255.

1. Befristete Leasingverträge und Vertragsbeendigung durch Zeitablauf

In der Leasingpraxis werden Leasingverträge nahezu ausschließlich befristet – über eine ordentlich unkündbare Vertragslaufzeit – abgeschlossen, die sodann mit Zeitablauf ipso iure enden. Für die zivilrechtliche Beurteilung der Vertragsbeendigung und deren Folgen sind allein die Vereinbarungen der Parteien im Leasingvertrag maßgebend.

a. Erlasskonformer Vollamortisationsvertrag als befristeter Leasingvertrag

Erlasskonforme Vollamortisationsleasingverträge[5] werden befristet auf eine unkündbare Grundvertragslaufzeit abgeschlossen. Eine ordentliche Kündigung ist während der Vertragslaufzeit ausgeschlossen.[6] Die Vertragsbeendigung tritt bei Ablauf der Grundmietzeit ipso iure ein, ohne dass es einer Kündigungserklärung bedarf. Nach dem Leasingerlass gilt, dass

> (1) „der Vertrag über eine bestimmte Zeit, die so genannte Grundmietzeit, abgeschlossen wird und diese mindestens 40 %, höchstens jedoch 90 % der betriebsgewöhnlichen Nutzungsdauer beträgt,
> (2) der Vertrag – bei vertragsgemäßer Erfüllung – nicht kündbar ist, und
> (3) der Leasingnehmer mit den in der Grundmietzeit zu entrichtenden Raten mindestens die Anschaffungs- oder Herstellungskosten, sowie alle Nebenkosten, einschließlich der Finanzierungskosten und den Gewinn des Leasinggebers, deckt."[7]

b. Erlasskonformer Teilamortisationsvertrag als befristeter Leasingvertrag

Erlasskonforme Teilamortisationsverträge mit Andienungsrecht bzw. Mehrerlösbeteiligung werden mit einer unkündbaren Grundmietzeit als befristete Leasingverträge abgeschlossen, die mit Zeitablauf automatisch enden.

Darüber hinaus kann der Teilamortisationsvertrag auch unter einer auflösenden Bedingung abgeschlossen werden. In einem solchen Fall endet er gemäß § 158 Abs. 2 BGB mit Bedingungseintritt.[8] Handelt es sich um einen erlasskonformen Teilamortisationsvertrag, muss jedoch zwischen Verträgen mit Andienungsrecht und Verträgen mit Mehrerlösbeteiligung unterschieden werden.

5 Vgl. zum erlasskonformen Vollamortisationsvertrag Kapitel A. II. 1. a.
6 Palandt/Weidenkaff, Einf. v. § 535, Rn. 61.
7 Mobilienerlasses/Vollamortisation, BMF-Schreiben vom 19.04.1971 – IV B/2 – S 2170 – 31/1 (BStBl. 1971 I 264).
8 Palandt/Ellenberger, § 158, Rn. 2.

aa. Erlasskonformer Teilamortisationsvertrag mit Andienungsrecht als befristeter Leasingvertrag

Bei einem Teilamortisationsvertrag mit Andienungsrecht[9] werden zwischen den Parteien eine feste Grundmietzeit und ein Restwert vereinbart. Der Leasinggeber kann am Ende der Grundmietzeit vom Leasingnehmer verlangen, dass dieser das Leasinggut zu einem bereits bei Vertragsschluss vereinbarten Preis käuflich erwirbt, wenn nach Ablauf der Grundmietzeit kein Anschlussvertrag mit dem Leasingnehmer zustande kommt; ein Rechtsanspruch des Leasingnehmers hierauf besteht bei erlasskonformen Leasingverträgen nicht.[10] Der Teilamortisationsvertrag mit Andienungsrecht endet als befristeter Leasingvertrag automatisch.

bb. Erlasskonformer Teilamortisationsvertrag mit Mehrerlösbeteiligung als befristeter Leasingvertrag

Liegt ein Teilamortisationsvertrag mit Mehrerlösbeteiligung[11] vor, dann kann das Leasinggut nach Ablauf der Grundmietzeit durch den Leasinggeber oder nach dessen Weisung auch durch den Leasingnehmer veräußert werden.[12] Wird dabei ein den noch nicht amortisierten Restwert übersteigender Verkaufserlös erzielt, wird der Mehrerlös nach einer im Voraus festgelegten Quotelung auf den Leasingnehmer und Leasinggeber aufgeteilt.[13] Liegt aber der Veräußerungspreis unter dem Restwert, so besteht in Höhe des Differenzbetrages eine Zahlungsverpflichtung (Vollamortisationszusage) des Leasingnehmers gegenüber dem Leasinggeber. Der Leasingvertrag endet mit Ablauf der Grundmietzeit, ohne dass es einer Kündigung bedarf.

c. Leasingvertrag mit Kilometerabrechnung

Der Leasingvertrag mit Kilometerabrechnung ist ein befristeter Leasingvertrag, der mit Ablauf der Grundmietzeit ebenfalls ipso iure endet.

Die Leasingvertragsparteien vereinbaren eine unkündbare Grundmietzeit sowie – im Unterschied zu erlasskonformen Teilamortisationsverträgen mit Mehrerlösbeteiligung – eine bestimmte Laufleistung des Kraftfahrzeuges. Praxisüblich werden Freibeträge für Mehr- bzw. Minderkilometer von 2000 bis 3000 Kilometer vereinbart.

9 Vgl. zum erlasskonformen Teilamortisationsvertrag mit Andienungsrecht Kapitel A. II. 1. b. aa.
10 Martinek/Stoffels/Wimmer-Leonhardt, Handbuch des Leasingrechts, § 2, Rn. 22, S. 16.
11 Vgl. zum erlasskonformen Teilamortisationsvertrag mit Mehrerlösbeteiligung Kapitel A. II. 1. b. bb.
12 Graf von Westphalen, Der Leasingvertrag, Kapitel B, Rn. 49 f., S. 138.
13 Martinek/Stoffels/Wimmer-Leonhardt, Handbuch des Leasingrechts, § 2, Rn. 23, S. 17.

Gibt der Leasingnehmer das Kraftfahrzeug am Ende der Grundmietzeit in einem vertragsgemäßen Zustand zurück, hat er seine Verpflichtungen aus dem Leasingvertrag erfüllt. Eine darüber hinausgehende Vollamortisationszusage besteht nicht, weshalb der Leasinggeber das Verwertungsrisiko trägt. Überschreitet der Leasingnehmer dagegen die Laufleistung, ist er zum Ersatz eines im Leasingvertrag festgelegten Geldbetrages je Mehrkilometer verpflichtet. Unterschreitet er dagegen die Laufleistung, besteht ein Rückvergütungsanspruch gegenüber dem Leasinggeber.[14] Etwaige Freibeträge sind bei der Berechnung zu berücksichtigen.

Die Leasingraten werden bei diesem Leasingmodell regelmäßig höher sein als bei anderen erlasskonformen Leasingverträgen, da der Leasinggeber sein – aufgrund der fehlenden Vollamortisationszusage – erhöhtes Verwertungsrisiko in die Gesamtkalkulation mit einbeziehen muss. Die Vollamortisation des Leasinggebers wird durch die Leasingraten während der Grundmietzeit sowie durch die Verwertung nach Beendigung gesichert. Da der Leasingnehmer für das gesteigerte Verwertungsrisiko durch erhöhte Leasingraten zahlt und der Leasinggeber unmittelbar an einer Wertsteigerung partizipiert, steht das wirtschaftliche Eigentum im Sinne des § 39 Abs. 2 AO dem Leasinggeber zu.

Gibt der Leasingnehmer das Leasinggut nicht in dem vertraglich vereinbarten Zustand zurück, sondern weist dieses Schäden bzw. Abnutzungen auf, die über die normalen Verschleißspuren hinausgehen, hat der Leasingnehmer diesen Minderwert auszugleichen. Zu beachten ist, dass hierfür keine Umsatzsteuer anfällt, da es sich beim Minderwertausgleich nicht um ein Entgelt (§ 10 Abs. 1 S. 1 UStG) für eine steuerbare Leistung im Sinne des § 1 Abs. 1 Nr. 1 UStG handelt. Nach der überzeugenden Einschätzung des Bundesgerichtshofs setzt die Entstehung einer Umsatzsteuerschuld voraus, „dass zwischen dem Leistenden und dem Leistungsempfänger ein Rechtsverhältnis bestehe, in dessen Rahmen gegenseitige Leistungen ausgetauscht werden, wobei die vom Leistungen die vom Leistenden empfangene Vergütung den tatsächlichen Gegenwert für die vom Leistungsempfänger erbrachte Leistung bildet".[15] Der Minderwertausgleich stellt kein Gegenleistung für die dem Leasingnehmer eingeräumte Kapitalnutzung dar, da diese Hauptleistungspflicht des Leasinggebers mit der Rückgabe des Leasingobjekts endete und somit eine Verknüpfung ausscheidet.[16] Denn

---

14 Reinking, Der Autokauf, Rn. L 16.

15 BGH Urteil vom 18.5.2011 – VIII ZR 260/10.

16 BGH Urteil vom 18.5.2011 – VIII ZR 260/10: *„Die Leistung der Klägerin als Leasinggeberin war nicht derart mit der vom Beklagten zu erbringenden Zahlung verknüpft, dass sie auf die Erlangung einer solchen Gegenleistung gerichtet war. Vielmehr war die vertragliche Hauptleistungspflicht beendet, nachdem sie das Fahrzeug – hier aus Anlass des Ablaufs der Leasingdauer – zurückerlangt und auf diese Weise zugleich die dem Beklagten eingeräumte Kapitalnutzung geendet hatte. Damit fehlt es – ähnlich, wie bei Schadensersatzzahlungen, die der Leasingnehmer für den Ausfall seiner Leasingraten zu erbringen hat (vgl. BGH, Urteil vom 11.2.1987 – VIII ZR 27/86) – zwischen den Leistungspflichten der Klägerin [Leasinggeber] und der Ausgleichspflicht des Beklagten*

der Leasingnehmer leistet die Ausgleichszahlung nicht, um das Leasingobjekt zur Verfügung gestellt zu bekommen, sondern weil er sich vertraglich hierzu verpflichtet hatte.[17] Zu Recht wird vom Bundesgerichtshof zudem verneint, dass der Minderwertausgleich als Gegenleistung für die Duldung des Leasinggebers einer Nutzung über den vertraglich vereinbarten Gebrauch hinaus durch den Leasingnehmer einzustufen sei. So wird doch die Herstellung eines vertragswidrigen Zustands des Leasingobjekts seitens des Leasinggebers gerade nicht geduldet, weshalb er den Leasingnehmer im Falle des Verstoßes zum Ausgleich verpflichtet.[18]

d. Nicht erlasskonforme Leasingverträge

Für die zivilrechtliche Beurteilung der Vertragsbeendigung und deren Rechtsfolgen ist allein die Vereinbarung der Parteien im Leasingvertrag entscheidend, d.h., ob zwischen den Parteien eine Grundlaufzeit vereinbart wurde, die zu einem befristeten Leasingvertrag führt.

Die Vielzahl der rechtlichen Möglichkeiten zur Ausgestaltung von Leasingverträgen[19] wird dadurch eingeschränkt, dass der Leasinggeber und auch – soweit unternehmerisch tätig – der Leasingnehmer aufgrund steuerlichen Erwägungen ein gesteigertes Interesse am Abschluss eines erlasskonformen Leasingvertrages haben. Denn durch einen erlasskonformen Leasingvertrag ist gewährleistet, dass der Leasinggeber das Leasinggut in seinem Anlagevermögen aktivieren und der Leasingnehmer die Leasingraten als sofort abzugsfähige Betriebsausgaben geltend machen kann.[20]

Die ertragssteuerlichen Erwägungen geben dem Finanzierungsleasing in der Praxis die Grenzen für die zivilrechtliche Ausgestaltung vor, wobei diese nicht zwingend sind. Folglich ist bei sämtlichen Leasingverträgen die Ausgestaltung selbst entscheidend, unabhängig davon, ob die Leasingerlasse eingehalten werden.

2. Vertragsbeendigung durch ordentliche Kündigung

Ist der Leasingvertrag nicht von Beginn an für eine feste Zeit geschlossen, so bedarf es zu seiner Vertragsbeendigung der Ausübung des ordentlichen Kündigungsrechts.[21]

[Leasingnehmer] an der für den erforderlichen unmittelbaren Zusammenhang dauerhaften Abhängigkeit in Entstehung und Fortbestand dieser Pflichten“.

17 BGH Urteil vom 18.5.2011 – VIII ZR 260/10.

18 BGH Urteil vom 18.5.2011: BGH Urteil vom 18.5.2011 – VIII ZR 260/10.

19 Vgl. zu den Ausgestaltungsmöglichkeiten Kapitel A. II.

20 Vgl. zur Leasingbilanzierung: Graf von Westphalen, Der Leasingvertrag, Kap. A, Rn. 70 ff., S. 31 ff.

21 MüKoBGB/Koch, Bd. 3, Finanzierungsleasing, Rn. 115.

Mit Ausnahme des Teilamortisationsvertrages mit Kündigungsrecht sind erlasskonforme Leasingverträge während der Laufzeit nicht ordentlich kündbar, § 542 Abs. 1 BGB. Maßgeblich für die zivilrechtliche Beurteilung ist jedoch allein die Vereinbarung einer kündbaren Grundmietzeit bzw. der Möglichkeit einer ordentlichen Kündigung.

a. Allgemeine Grundsätze der Kündigung

Da Leasingverträge als atypische Mietverträge zu qualifizieren sind, finden auf diese die Kündigungsregelungen des Mietrechts Anwendung.

Die Kündigung ist eine einseitige, empfangsbedürftige, bedingungsfeindliche und unwiderrufliche Willenserklärung.[22] Deshalb ist – wie bei jeder Kündigung – ein Zugang der Kündigungserklärung gemäß §§ 130 ff. BGB beim Vertragspartner oder einer empfangszuständigen Person erforderlich. Vertragsparteien des Leasingvertrages sind allein Leasinggeber und Leasingnehmer; nicht aber der Lieferant. Zuletzt genannter ist auch für die Entgegennahme der Kündigung nicht empfangszuständig, sondern lediglich Erklärungsbote, so dass ein Weiterleitungs- und Verzögerungsrisiko besteht. Verhindert der Kündigungsempfänger den rechtzeitigen Zugang, sind die Grundsätze der Zugangsvereitelung zu beachten.[23] Stehen auf einer Seite des Leasingvertrages mehrere Vertragspartner, dann kann der Leasingvertrag diesen gegenüber nur einheitlich gekündigt werden.[24] Allerdings kann sich eine Personenmehrheit gegenseitig durch entsprechende Vereinbarung in den Allgemeinen Leasingbedingungen zur Empfangnahme von Kündigungserklärungen bevollmächtigen.[25]

Dabei kann sich der Kündigende auch einer anderen Person zur Abgabe der Kündigungserklärung bedienen und diesem eine entsprechende Vollmacht erteilen.[26] Wird aber ein Rechtsanwalt mit der Erklärung der Kündigung beauftragt, so verletzt dieser seine anwaltliche Sorgfaltspflicht, wenn er durch die Verwendung eines unpräzisen Fachbegriffs das Risiko eines Missverständnisses hervorruft und dadurch den Erfolg der Gestaltungserklärung gefährdet. Die Rechtsprechung des Bundesgerichtshofes stellt fest, dass ein Rechtsanwalt wissen müsse, dass man sich von einem mietähnlichen Vertrag wie dem Leasingvertrag durch Kündigung und nicht etwa durch den Rücktritt löst.[27] Folglich kann eine Rücktrittserklärung eines Rechtsanwalts nach der Rechtsprechung des Bundesgerichtshofes nicht als Kündigung ausgelegt werden.[28] Zudem ist § 174 BGB zu beachten.

---

22 MüKoBGB/Bieber, Bd. 3, § 542, Rn. 9.

23 Palandt/Ellenberger § 130, Rn. 16 f.

24 Palandt/Weidenkaff, Einf. v. § 535, Rn. 60; BGH NJW 2000, 3133.

25 BGH NJW 1997, 3437.

26 OLG Naumburg NJW-RR 2001, 423.

27 BGH DB 1996, 1866.

28 BGH Urteil vom 4.6.1996 – IX ZR 51/95 = NJW 1996, 2649: *„Aufgabe des Rechtsanwalts, der mit einer Rechtsgestaltung beauftragt ist, ist es, schon durch die Wortwahl seiner Erklärung Klarheit zu*

Darüber hinaus trägt der Kündigende die Beweislast für den Zugang. Es ist daher auf die Beweisbarkeit des Zugangs zu achten. Das Gesetz schreibt für die Kündigung keine Schriftform vor. Es empfiehlt sich aber zu Beweiszwecken die Kündigung und den Zugang der Kündigung schriftlich zu fixieren. In der Praxis wird regelmäßig die Schriftform vereinbart, so dass § 127 BGB Anwendung findet und nach Maßgabe des § 127 Abs. 2 BGB eine Übermittlung per Telefax ausreichend ist.

Mit dem Zugang der Kündigung erlöschen die beiderseitigen Erfüllungspflichten mit sofortiger Wirkung für die Zukunft (ex nunc) und der Leasingvertrag wandelt sich in ein Abwicklungsschuldverhältnis um.[29] Der Leasingnehmer verliert sein Besitzrecht und ist zur Rückgabe des Leasinggutes sowie zum Ausgleich des noch nicht amortisierten Teils der Gesamtkosten des Leasinggebers verpflichtet. Ist dagegen die Kündigung unwirksam, dann führt nach Ansicht der Rechtsprechung des Bundesgerichtshofes die Unwirksamkeit zu einer Schadensersatzpflicht des Kündigenden gemäß § 280 Abs. 1 BGB.[30]

Die Angabe eines Kündigungsgrundes ist für das Wirksamwerden der Kündigung nur dann erforderlich, wenn die Kündigung lediglich – wie regelmäßig nicht – aus bestimmten Gründen zulässig ist.[31] Darüber hinaus ist die Angabe eines unzutreffenden Kündigungsgrundes unerheblich, sofern zum Zeitpunkt des Zugangs der Kündigungserklärung tatsächlich ein Kündigungsgrund bestanden hat. Im Leasingrecht gilt der im Mietrecht anerkannte Grundsatz, dass nicht bekannt gegebene Gründe nachgeschoben werden können, um eine Kündigung zu rechtfertigen.[32]

---

schaffen. Der Laie als Auftraggeber schaltet den Fachberater u.a. deswegen ein, damit dieser das erwünschte rechtliche Ergebnis möglichst auch erreicht (vgl. Vollkommer, AnwaltshaftungsR, Rdnr. 572). Auslegung setzt erst ein, wenn der Wortlaut einer Erklärung zu Zweifeln überhaupt Anlass gibt; dazu darf es der Rechtsanwalt regelmäßig gar nicht kommen lassen. Auch § 133 BGB ändert nichts daran, dass das Ergebnis von Auslegungen erfahrungsgemäß oft zweifelhaft und umstritten ist. Das ist ein Risiko, welches ein juristischer Fachberater nach Möglichkeit vermeiden muss. Den sichersten Weg hält er nur ein, falls seine Erklärung unmissverständlich ist. Dazu gehört die zutreffende Verwendung der einschlägigen Fachausdrücke. Das war für den Bekl. hier auch erkennbar. Jeder Rechtsanwalt muss wissen, dass man sich von einem Mietvertrag oder mietähnlichen Vertrag im Regelfall durch eine „Kündigung", nicht durch einen „Rücktritt" löst. Ein gesetzlicher Rücktritt von einem Dauerschuldverhältnis wie der Miete ist nach Überlassung der Mietsache regelmäßig ausgeschlossen, weil er die Hauptleistungspflichten rückwirkend zerstört; er wird durch die – nur für die Zukunft wirkende – Kündigung ersetzt (BGHZ 50, 312 [315] = NJW 1969, 37 = LM § 553 BGB Nr. 9; Voelskow, in: MüKo, 3. Aufl., § 553 Rdnr. 8 m.w. Nachw.; Palandt/Putzo, BGB, 55. Aufl., § 553 Rdnr. 3). Für den Leasingvertrag als Dauerschuldverhältnis gilt nichts anderes. Eine abweichende Wortwahl kann den Erfolg des Gestaltungsrechts gefährden..."

29 Palandt/Grüneberg, § 314, Rn. 10.

30 BGH NJW-RR 2003, 416.

31 OLG Düsseldorf NJW-RR 1990, 1469; OLG Hamm NJW-RR 1992, 502.

32 OLG Hamm NJW-RR 1998, 706.

b. Vertragsbeendigung erlasskonformer Teilamortisationsverträge mit vereinbartem Kündigungsrecht

Ein Teilamortisierungsvertrag mit Kündigungsrecht[33] des Leasingnehmers wird auf unbestimmte Zeit abgeschlossen. Eine ordentliche Kündigungsmöglichkeit besteht nur für den Leasingnehmer.[34] Die Kündigung kann jedoch frühestens nach Ablauf einer unkündbaren Grundmietzeit von 40 % der betriebsgewöhnlichen Nutzungsdauer erfolgen. Im Falle einer solchen Kündigung muss der Leasingnehmer an den Leasinggeber eine Abschlusszahlung leisten, die den jeweiligen, sich bei linearer Abschreibung ergebenden Restbuchwert des Leasingguts übersteigt. Verwertet der Leasinggeber den Leasinggegenstand infolge der Kündigung durch Verkauf oder Weitervermietung, so wird der sodann erzielte Nettoerlös dem Leasingnehmer i.d.R. bis zu 90 % auf seine Abschlusszahlung angerechnet. Ist der Veräußerungserlös höher als die Differenz der Gesamtkosten des Leasinggebers und der bis zur Veräußerung des Leasinggutes entrichteten Leasingraten, so erhält der Leasinggeber den gesamten Differenzbetrag.

Grundsätzlich ist die Kündigung eines Mietverhältnisses über bewegliche Sachen bei einer monatlichen Mietzinszahlung spätestens am dritten Tag vor dem Tag, mit dessen Ablauf das Mietverhältnis enden soll, zulässig, § 580a Abs. 3 Nr. 2 BGB. Allerdings werden bei Teilamortisationsverträgen regelmäßig feste Kündigungstermine bis zu sechs Monaten für eine Beendigung des Leasingvertrages vorgesehen, um den Vertragsparteien finanzielle Planungen zu ermöglichen. Nach der Rechtsprechung des Bundesgerichtshofes sollen bezüglich einer einseitigen Kündigung des Leasingnehmers trotz einer die Vertragsauflösung regelnden Klausel aber die gesetzlichen Kündigungsfristen maßgeblich sein.[35]

Kündigt der Leasingnehmer den Teilamortisationsvertrag bevor die erlasskonform kalkulierte Vertragsdauer abgelaufen ist, dann löst die Kündigung ein Abwicklungsschuldverhältnis aus, das die Befriedigung des Vollamortisationsinteresses des Leasinggebers zum Inhalt hat.

Erfolgt aber weder vorzeitig noch zum Ablauf der Grundmietzeit eine Kündigung durch den Leasingnehmer und gibt er das Leasinggut nicht zurück, so schuldet er gemäß § 546a BGB die Weiterzahlung der vereinbarten Leasingraten als Nutzungsentschädigung – trotz der bereits erreichten Vollamortisation des Leasinggebers – in voller Höhe.[36]

---

33 Vgl. zum Teilamortisationsvertrag mit Kündigungsrecht Kapitel A. III. 1. b. cc.

34 Martinek/Stoffels/Wimmer-Leonhardt, Handbuch des Leasingrechts, § 2, Rn. 24, S. 17.

35 BGH NJW-RR 2004, 558.

36 BGH WM 2005, 1332; NJW 1990, 247; BGH NJW-RR 1990, 182; BGH Urteil vom 8.11.1989 – VIII ZR 1/89 = WM 1990, 23: *„Wird ein formularmäßiger, auf unbestimmte Dauer abgeschlossener Finanzierungs-Leasingvertrag vom Leasingnehmer nicht gekündigt, ist dieser zur Weiterzahlung der vereinbarten Leasingraten auch dann verpflichtet, wenn die nach dem Vertrag für die Kalkulation der Raten zugrunde gelegte Nutzungsdauer des Leasinggegenstandes abgelaufen ist."*

II. Voraussetzungen der vorzeitigen Vertragsbeendigung mittels außerordentlicher Kündigung

Eine Beendigung des Leasingvertrages kann auch vorzeitig im Wege der außerordentlichen Kündigung erfolgen. Es gelten folgende Grundsätze:

Da nach ständiger Rechtsprechung des Bundesgerichtshofs der Leasingvertrag als atypischer Mietvertrag zu qualifizieren ist, findet auf die außerordentliche Kündigung § 543 BGB Anwendung.[37] Es können die Grundsätze und die Rechtsprechung des Mietrechts zur rechtlichen Beurteilung herangezogen werden. Jeder Leasingvertrag ist außerordentlich kündbar. Ein vertraglicher Ausschluss oder eine Beschränkung des Rechts zur außerordentlichen Kündigung ist unwirksam.
Ist der Leasingnehmer Verbraucher, müssen für die Kündigung wegen Zahlungsverzuges die zusätzlichen Voraussetzungen des § 498 BGB beachtet werden.

Eine fristlose Kündigung des Leasingvertrages – sowohl des Vollamortisationsvertrages als auch des Teilamortisationsvertrages – ist für beide Vertragspartner nach den gesetzlichen Regelungen des Mietrechts gemäß § 543 BGB sowie nach Treu und Glauben für Dauerschuldverhältnisse gemäß § 314 BGB möglich.[38]

Vor allem kommt eine außerordentliche fristlose Kündigung des Leasinggebers aufgrund des Zahlungsverzugs des Leasingnehmers oder aufgrund einer schuldhaften nicht unerheblichen Pflichtverletzung des Leasingnehmers in Form des vertragswidrigen Gebrauchs der Leasingsache mit der Folge eines Schadensersatzanspruchs des Leasinggebers auf Vollamortisation oder aufgrund eines Totalschadens oder Diebstahls sowie eine außerordentliche Kündigung des Leasingnehmers wegen Nichtgewährung des Gebrauchs oder wegen Zerstörung oder erheblicher Beschädigung der Leasingsache in Betracht.

Mit der außerordentlichen Kündigung können sowohl auf eine bestimmte als auch auf eine unbestimmte Zeit geschlossene Leasingverträge vorzeitig beendet werden, sofern die besonderen gesetzlichen bzw. vertraglich vereinbarten Voraussetzungen

---

„Der Umstand, dass nach Ablauf der kalkulierten Nutzungsdauer ... die Vollamortisation einschließlich des Anteils des Leasinggebers an dem Wiederverwertungserlös ... erreicht ist, kann ... nicht zu einer Herabsetzung der vertraglich geschuldeten Leasingraten führen."
„Der Leasingnehmer kann sich ... durch rechtzeitige Kündigung zum Ende der „unterstellten Nutzungsdauer" vor einer Heranziehung zur Zahlung weiterer Raten schützen. Die Überwachung des Vertragsablaufs ist ihm, selbst wenn er kein Kaufmann ist, zuzumuten. Unterlässt der Leasingnehmer ... die Kündigung zum Ablauf der zur Kalkulationsgrundlage gemachten Nutzungsdauer und benutzt er die Leasingsache weiter, schuldet er die vereinbarten Raten bis zur anderweitigen Vertragsbeendigung."

37 BGH NJW 1977, 195 f.; NJW 1977, 847 f.; BGH WM 1978, 510; BGH ZR VIII 85/05; BGH vom 2.11.1988, NJW 1989, 460; vom 19.9.1981, BB 1981, 2093 ff.; vom 2.12.1981, DB 1982, 428; vom 28.10.1981, MDR 1982, 485 ff.; 4.11.1990, NJW 1990, 3016 ff.

38 MüKoBGB/Koch, Bd. 3, Finanzierungsleasing, Rn. 137 ff.

vorliegen.[39] Angesichts der mit einer außerordentlichen Kündigung verbundenen vorzeitigen Vertragsbeendigung kann aber nicht jedwede Verfehlung einer Partei des Leasingvertrages zu einer wirksamen Kündigung berechtigen. Vielmehr bedarf es stets eines wichtigen Kündigungsgrundes nach § 543 Abs. 1 BGB. Erforderlich ist ein wichtiger persönlicher oder sachlicher Grund, der die Fortsetzung des Leasingvertragsverhältnisses für den Kündigenden unzumutbar werden lässt.[40]

Ebenso wie bei der regulären Vertragsbeendigung durch ordentliche Kündigung erlöschen bei der vorzeitigen Vertragsbeendigung durch außerordentliche Kündigung die gegenseitigen Hauptpflichten des Leasinggebers und des Leasingnehmers mit sofortiger Wirkung und der Leasingvertrag wandelt sich in ein Abwicklungsschuldverhältnis um. Der Leasingnehmer verliert sein Besitzrecht und ist zur Rückgabe des Leasingobjekts sowie zum Ausgleich der noch nicht getilgten Kosten des Leasinggebers verpflichtet.

1. Außerordentliche Kündigung des Leasinggebers

a. Außerordentliche Kündigung des Leasinggebers wegen Zahlungsverzug des Leasingnehmers

Kommt der Leasingnehmer in Verzug mit der Bezahlung seiner Leasingraten an den Leasinggeber entsteht ein außerordentliches Kündigungsrecht des Leasinggebers. Es gelten folgende Grundsätze:

Der Leasinggeber kann gemäß § 543 Abs. 2 Nr. 3 lit. a) BGB den Leasingvertrag außerordentlich kündigen, wenn der Leasingnehmer mit zwei aufeinander folgenden Terminen mit der Entrichtung der Leasingraten oder eines nicht unerheblichen Teils der Leasingraten in Verzug ist.

Dies gilt auch, wenn der Leasingnehmer in einem Zeitraum, der sich über mehr als zwei Termine erstreckt, mit der Entrichtung der Leasingraten in Höhe eines nicht unerheblichen Betrages in Verzug ist, § 543 Abs. 2 Nr. 3 lit. b) BGB.

Demnach bedarf es für eine wirksame Kündigung folgender Voraussetzungen:

(1) Keine Zahlung der vereinbarten Leasingraten
   a) für zwei aufeinander folgenden Terminen in voller Höhe oder
   b) an zwei aufeinander folgenden Terminen in nicht unerheblicher Höhe der Leasingraten (eine Leasingrate plus 0,01 €), oder
   c) über einen Zeitraum von mehr als zwei Terminen in Höhe einer doppelten Leasingrate und
(2) Verzug.

---

39 Palandt/Weidenkaff, Einf. v. § 535, Rn. 61.
40 BGH NJW 1985, 2478; BB 1990, 2441; ZIP 1990, 1406; Palandt/Grüneberg, § 314, Rn. 7.

aa. Zahlungsverzug des Leasingnehmers

Der Leasingnehmer hat aufgrund der leasingtypischen Hauptleistungspflicht die vereinbarten Leasingraten als Gegenleistung für die Gebrauchsüberlassung der Leasingsache und für die Finanzierung der Investition zu entrichten, § 535 Abs. 2 BGB.[41] Der Leasingnehmer kommt mit dieser Hauptleistungspflicht in Verzug, wenn er aus einem von ihm zu vertretenden Grund die Leasingraten nicht zu dem kalendermäßig bestimmten Zeitpunkt an den Leasinggeber entrichtet. Da die Leasingraten vereinbarungsgemäß zu einem bestimmten Kalenderzeitpunkt im Voraus fällig werden – regelmäßig am ersten des jeweiligen Monats im Voraus –, tritt ohne Mahnung Zahlungsverzug ein, wenn der Leasingnehmer zum Fälligkeitszeitpunkt nicht bezahlt.[42] Bei einem Zahlungsverzug von mindestens zwei aufeinander folgenden monatlichen Leasingraten oder eines nicht unerheblichen Teils der Leasingraten ist der Leasinggeber dann zur außerordentlichen Kündigung des Leasingvertrages berechtigt, § 543 Abs. 2 S. 1 Nr. 3 BGB.[43]

Für den Zahlungsverzug im Sinne von § 543 Abs. 2 S. 1 Nr. 3 BGB genügt der bloße Zahlungsrückstand nicht. Vielmehr müssen die Verzugsvoraussetzungen gemäß § 286 BGB, insbesondere ein Verschulden des Leasingnehmers im Sinne von § 286 Abs. 4 BGB vorliegen.[44] Ein Verschulden liegt nur dann nicht vor, wenn der Leasingnehmer aufgrund Fahrlässigkeit einem entschuldbaren Rechtsirrtum über seine Zahlungspflicht erlegen ist.[45] Eine bloße Verzögerung bei der Banküberweisung der fälligen Leasingraten genügt jedoch nicht zur Verzugsbegründung, wenn der Leasingnehmer die rechtzeitige Überweisung veranlasst hat.[46] Denn die Zahlung des vereinbarten Leasingentgelts stellt eine qualifizierte Schickschuld nach § 270 BGB dar, weshalb die rechtzeitige Anweisung und nicht der Eingang beim Leasinggeber maßgeblich ist.[47] Mittels Leasingvertrag kann jedoch, analog zum Mietrecht, vereinbart werden, dass der Zahlungseingang maßgeblich ist.

Eine formularvertragliche Regelung, die ein Kündigungsrecht des Leasinggebers schon bei einem Rückstand mit zwei Leasingraten – ohne Verzugsvoraussetzungen – vorsieht, ist nicht mit dem Schutzbedürfnis des Leasingnehmers zu vereinbaren und damit unwirksam.[48] Ebenso sind auch sog. Verfallsklauseln in den Allgemeinen Leasingbedingungen, die für den Zahlungsverzug des Leasingnehmers den Verlust seines Besitzrechts, die Verpflichtung zur Rückgabe des Leasinggutes und die sofor-

41 Palandt/Weidenkaff, Einf. v. § 535, Rn. 50.
42 Palandt/Grüneberg, § 286, Rn. 22 m.w.N.
43 BGH WM 1995, 935; NJW 1978, 1432; 1991, 221; 1996, 2033; NJW-RR 1994, 1334; ZIP 1995, 286.
44 MüKoBGB/Bieber, Bd. 3, § 543, Rn. 49; BGH NJW 1987, 2506; OLG Hamm NJW-RR 1992, 502; OLG Köln BB 1996, 80.
45 MüKoBGB/Bieber, Bd. 3, § 543, Rn. 49.
46 MüKoBGB/Bieber, Bd. 3, § 543, Rn. 50.
47 MüKoBGB/Bieber, Bd. 3, § 535, Rn. 50 m.w.N.
48 BGH NJW 1987, 2506; OLG Hamm NJW-RR 1992, 502; OLG Köln BB 1996, 80.

tige Fälligkeit aller noch ausstehenden Leasingraten vorsehen, nach der Rechtsprechung des Bundesgerichtshofes aus dem gleichen Grunde unwirksam.[49]

bb. Erhöhte Voraussetzungen der Leasinggeberkündigung wegen Zahlungsverzuges beim Leasingnehmer mit Verbrauchereigenschaft

Ist der Anwendungsbereich der Vorschriften für Verbraucherdarlehen gem. § 506 BGB eröffnet, dann müssen die besonderen Kündigungsvoraussetzungen gemäß §§ 506, 498 Abs. 1 S. 1 Nr. 1 BGB beachten werden, die gem. § 512 BGB nicht disponibel sind. Für Einzelheiten wird auf die umfassenden Ausführungen im Kapitel D. IV. (Leasing und Verbraucherrecht) verwiesen. Es sind jedoch folgende Grundsätze festzuhalten:

Der Leasingnehmer muss mit zwei **aufeinander folgenden** Leasingraten im Verzug sein, wobei ausreichend ist, wenn die Raten nur teilweise nicht bezahlt wurden.
Kumulativ muss der Leasingnehmer mit mindestens 10 % des Nennbetrages der Leasingraten im Verzug sein. Bei einer Laufzeit von mehr als drei Jahren muss der Leasingnehmer mit zumindest 5 % des Nennbetrages in Verzug sein. Als Bemessungsgrundlage für die Rückstandsquote ist allein auf die Summe der Brutto-Leasingraten abzustellen. Dies entspricht der Laufzeit, d.h., bei einem Leasingvertrag von 36 Monaten mit 3,6 Raten.
Die Voraussetzungen einer Kündigung **müssen zum Zeitpunkt des Zugangs beim Leasingnehmer vorliegen.** Spätere Zahlungen wirken sich nicht aus. Die Kündigung wegen Zahlungsverzugs des Leasingnehmers als Verbraucher wird selbst nicht dadurch ausgeschlossen, dass er vor Ausspruch der ihm angedrohten Kündigung den rückständigen Betrag durch eine Teilzahlung unter die Rückstandsquote von zehn beziehungsweise fünf vom Hundert des Nennbetrags des Kredits oder des Teilzahlungsanspruchs verringert.
Der Leasinggeber muss dem Leasingnehmer **zusätzlich vor Ausspruch der Kündigung eine Nachfrist zur Zahlung** des genau zu beziffernden Rückstandes (qualifizierte Mahnung) von zwei Wochen mit Kündigungsandrohung setzen.

Während die Verbraucherschutzvorschriften bei ordentlicher Kündigung sowie bei Kündigung aus wichtigem Grund wegen vertragswidrigen Gebrauchs keine Änderungen im Vergleich zur gesetzlichen Regelung des § 543 BGB enthalten, wird der Kündigungsgrund des Zahlungsverzugs durch § 498 Abs. 1 S. 1 BGB modifiziert, was insbesondere in den Allgemeinen Leasingbedingungen beachtet werden muss. § 498 Abs. 1 S. 1 BGB enthält dabei eine für das Leasing anwendbare Sonderregelung für die Voraussetzungen einer Kündigung wegen Zahlungsverzuges, die der Regelung des § 543 Abs. 2 Nr. 3 BGB vorgeht.[50]

Die strengeren Kündigungsvoraussetzungen des § 498 Abs. 1 S. 1 BGB sind ebenso gegenüber mithaftenden Verbrauchern zu beachten. Für den aufgrund eines Schuldbeitritts haftenden Dritten bzw. Vierten gelten ebenfalls die besonderen Kündigungs-

---

49 BGH NJW 1978, 1432; 1984, 2938; 1995, 954.
50 BGH NJW 2001, 1349; Palandt/Weidenkaff, § 498, Rn. 1.

voraussetzungen des § 498 BGB.[51] Trotz wirksamer Kündigung gegenüber einem nicht unter den Schutzbereich des § 491 Abs. 1 BGB fallenden Leasingnehmer bleibt der Erfüllungsanspruch gegen den Mithaftenden bestehen. Dieser kann sich dann auf fehlende Fälligkeit berufen.

cc. Vorübergehende Sicherstellung des Leasinggutes

Ein Recht des Leasinggebers zur Sicherstellung der Leasingsache besteht allenfalls bei ausdrücklicher Vereinbarung mit dem Leasingnehmer, da das entsprechend anwendbare Mietrecht ein Recht zur Sicherstellung oder endgültigen Rücknahme erst nach der Kündigung gewährt.[52] Deshalb ist der Leasinggeber nach der Rechtsprechung des Bundesgerichtshofes berechtigt, mit dem Leasingnehmer formularvertraglich in seinen Allgemeinen Leasingbedingungen für den Fall des Verzugs des Leasingnehmers zu vereinbaren, dass sich der Leasingnehmer zur vorübergehenden Herausgabe des Leasinggutes verpflichtet, bis er seiner Pflicht zur Zahlung nachgekommen ist.[53] Eine derartige Regelung verstößt nicht gegen § 307 Abs. 2 Nr. 1 BGB, da die Rücknahme der Leasingsache zum Zweck der Sicherstellung des Teils des Zahlungsanspruchs, mit dem der Leasingnehmer sich in Verzug befindet, die Belange des Leasingnehmers in angemessener Weise berücksichtigt und nicht nur einseitig auf die Interessen des Leasinggebers gerichtet ist.[54]

Dagegen ist eine Klausel in den Allgemeinen Leasingbedingungen gemäß § 307 Abs. 2 Nr. 1 BGB unwirksam, wenn anstelle des Rechts zur fristlosen Kündigung des Leasinggebers vereinbart wird, dass der Leasinggeber nicht nur die Leasingsache zur Sicherung seiner Zahlungsansprüche herausverlangen, sondern zusätzlich auch sämtliche, noch ausstehenden Leasingraten fällig stellen kann.[55] Ebenso ist eine Klausel gemäß § 307 Abs. 2 Nr. 1 BGB unwirksam, die vom Leasingnehmer erst die Zahlung aller rückständigen und künftigen Leasingraten verlangt, bevor er wieder in den Besitz der Leasingsache kommt.[56] Weiterhin ist eine Klausel unwirksam, die dem Leasinggeber ein Sicherstellungsrecht für den Fall einräumt, dass sich der Leasingnehmer nur mit einer Leasingrate im Verzug befindet oder lediglich auf einen verschuldensunabhängigen Zahlungsrückstand abgestellt wird.[57] Eine Klausel, die den Leasinggeber berechtigt, die Leasingsache nicht nur vorübergehend, sondern bereits endgültig zurückzunehmen und zugleich wiederum sämtliche Leasingraten sofort

51 Palandt/Weidenkaff, § 498, Rn. 1, 2; § 491, Rn. 11; OLG Karlsruhe NJW-RR 1998, 1438.
52 BGH NJW 1978, 1519; 1982, 870.
53 BGH BB 1978, 523; OLG Hamm NJW-RR 1992, 502.
54 BGH WM 1982, 7.
55 BGH WM 1978, 570; OLG Düsseldorf BB 1988, 863.
56 BGH WM 1982, 7; NJW 1987, 2506.
57 BGH WM 1982, 7; NJW 1987, 2506.

fällig zu stellen, ist aufgrund der unangemessenen Kumulierung für den Leasingnehmer benachteiligend im Sinne des § 307 BGB.[58]

Der Leasingnehmer bleibt zur Zahlung der seinerseits geschuldeten Leasingraten verpflichtet, da der Leasinggeber das Leasingobjekt dem Leasingnehmer wieder zur Nutzung zu überlassen hat, wenn der Leasingnehmer seiner Zahlungsverpflichtung nachgekommen ist.

Das für den Zahlungsverzug des Leasingnehmers dem Leasinggeber zustehende Recht zur vorübergehenden Sicherstellung des Leasinggutes ist nicht auf den Fall des Zahlungsverzugs beschränkt, sondern gilt auch in allen anderen Fällen, in denen der Leasingnehmer seine Vertragspflichten in sonstiger, schwerwiegender Weise verletzt.

Nimmt der Leasinggeber die Leasingsache beim Leasingnehmer unberechtigt an sich, obwohl die Voraussetzungen für eine wirksame Sicherstellung nicht vorliegen, verliert er seinen Anspruch auf Zahlung der vereinbarten Leasingraten.[59]

Dies gilt nach Ansicht des Bundesgerichtshofes auch für den Fall einer unwirksamen außerordentlichen Kündigung des Leasinggebers, sofern der Leasingnehmer sie für wirksam hält und deshalb das Leasingobjekt entsprechend der Aufforderung des Leasinggebers an diesen zurückgibt.[60] Da der Lieferant während der Vertragsabwicklungsphase nicht Erfüllungsgehilfe des Leasinggebers gemäß § 278 BGB ist, muss sich der Leasinggeber eine unberechtigte Sicherstellung des Leasinggutes durch ihn nicht zurechnen lassen.[61]

dd. Befriedigung des Leasinggebers

Bestand ein die Kündigung begründender Zahlungsverzug des Leasingnehmers und zahlt der Leasingnehmer vor Zugang der Leasinggeberkündigung (Eingang beim Leasinggeber maßgeblich), so ist die Kündigung gemäß § 543 Abs. 2 S. 2 BGB ausgeschlossen. Rechtzeitig ist bei einer Einzahlung des ausstehenden Betrages auf ein Bankkonto des Leasinggebers am Erfüllungsort die Einzahlung oder die Absendung der Überweisung vor dem Zugang der Kündigung.[62] Der Leasingnehmer hat die Rechtzeitigkeit der Zahlung vor Zugang der Kündigung zu beweisen. Erfolgt ein vollständiger Ausgleich erst nach Zugang der Kündigung, dann ist nach der Rechtsprechung des

58 BGH NJW 1978, 1432; 1982, 870 und 1747.

59 BGH Urteil vom 28.10.1981 – VIII ZR 302/80 = BGHZ 82, 121 = WM 1981, 1378 = NJW 1982, 870 = ZIP 1982, 64: *„Das auf Leasingverträge [...] in erster Linie anwendbare Mietrecht räumt dem Leasinggeber kein Recht zur Sicherstellung oder zur endgültigen Rücknahme der Mietsache vor Vertragsbeendigung ein. Will der Leasinggeber die Sache wegen Zahlungsverzugs des Leasingnehmers zurückverlangen, ist er darauf angewiesen, den Vertrag zu kündigen.“*; BGH NJW 1988, 198; OLG Hamm OLGR 1999, 201.

60 BGH NJW 2000, 3133.

61 Vgl. Kapitel B. II. 3.

62 MüKoBGB/Bieber, Bd. 3, § 543, Rn. 54 f.

Bundesgerichtshofes zwar die fristlose, nicht aber eine gleichzeitig hilfsweise ausgesprochene ordentliche Kündigung unwirksam.[63]

Einzig eine nach dem Zugang der Kündigung des Leasinggebers unverzüglich erklärte und berechtigte Aufrechnung des Leasingnehmers führt zur nachträglichen Unwirksamkeit der Kündigung, § 543 Abs. 2 S. 3 BGB. Dabei braucht die Forderung, mit welcher aufgerechnet wird, nicht schon bei Fälligkeit der Leasingrate bestanden zu haben und aufrechenbar gewesen zu sein.[64]

Eine teilweise Befriedigung durch teilweise Zahlung des rückständigen Betrages genügt für eine Heilung selbst dann nicht, wenn weiterhin nur noch ganz geringfügige Beträge offen bleiben.[65]

ee. Abzinsung und konkreter Verzugsschaden des Leasinggebers

Die noch darzustellenden Grundsätze zur Verzinsung der Abschlusszahlung gelten auch für die außerordentliche Kündigung wegen Zahlungsverzugs des Leasingnehmers.[66]

Als weitere Rechtsfolge – neben dem außerordentlichen Kündigungsrecht wegen Zahlungsverzugs des Leasingnehmers – erwächst dem Leasinggeber auch ein Anspruch auf Ersatz des Verzugsschadens. Die Höhe des Verzugsschadens richtet sich grundsätzlich nach dem tatsächlich eingetretenen Schaden. Daneben kann auch der pauschalierte Schadensersatz über § 288 BGB geltend gemacht werden, folglich fünf, bei zwei Unternehmern acht Prozentpunkte über dem Basiszinssatz.[67] Demzufolge darf gegenüber dem Leasingnehmer der Nachweis eines geringeren Schadens oder der Nachweis, dass kein Schaden entstanden ist, nicht vertraglich ausgeschlossen werden.

Daneben kann der Leasinggeber im Falle des Zahlungsverzuges des Leasingnehmers einen Arrest erwägen, §§ 916 ff. ZPO.

b. Außerordentliche Kündigung des Leasinggebers wegen einer schuldhaften, nicht unerheblichen Pflichtverletzung des Leasingnehmers

Auch bei einer schuldhaften, nicht unerheblichen Pflichtverletzung des Leasingnehmers kann dem Leasinggeber ein außerordentliches Kündigungsrecht zustehen. Folgende Grundsätze sind zu beachten:

---

63 BGH Urteil vom 16.2.2005 – VIII ZR 6/04 = WuM 2005, 250.

64 MüKoBGB/Bieber, Bd. 3, § 543, Rn. 55.

65 MüKoBGB/Bieber, Bd. 3, § 543, Rn. 55 m.w.N.

66 Vgl. III. 3. b. aa.

67 OLG Düsseldorf BB 1998, 2179; OLG Celle NJW-RR 1994, 743.

Der Leasinggeber hat ein außerordentliches Kündigungsrecht, wenn der Leasingnehmer die Rechte des Leasinggebers dadurch verletzt, dass er aufgrund der Vernachlässigung der ihm obliegenden Sorgfalt das Leasinggut erheblich gefährdet oder die Leasingsache unbefugt an Dritte überlässt, § 543 Abs. 2 S. 1 Nr. 2 BGB.
Das Recht zur außerordentlichen Kündigung des Leasinggebers besteht folglich immer dann, wenn folgende Kündigungsgründe und Voraussetzungen gegeben sind:
(1) Vernachlässigung der Sorgfaltspflicht
  a) Vernachlässigung der Sorgfaltspflicht als vertragswidrige Handlung des Leasingnehmers und
  b) dadurch bedingte erhebliche Gefährdung der Leasingsache.
(2) Unerlaubte Gebrauchsüberlassung
  a) Unbefugte Gebrauchsüberlassung als vertragswidrige Handlung des Leasingnehmers und
  b) dadurch bedingte erhebliche Rechtsverletzung.
(3) Abmahnung.

aa. Vertragswidrige Nutzung trotz Fristsetzung oder Abmahnung

Verletzt der Leasingnehmer schuldhaft und in nicht unerheblichem Umfang seine Pflichten aus dem Leasingvertrag, vernachlässigt er die ihm obliegende Sorgfaltspflicht und nutzt er die Leasingsache demnach in vertragswidriger Art und Weise, indem er das Leasingfahrzeug etwa wiederholt unter Alkoholeinfluss oder ohne gültige Fahrerlaubnis benutzt, dann ist der Leasinggeber nach erfolglosem Verstreichen einer Abhilfefrist oder vorheriger erfolgloser Abmahnung zur außerordentlichen Kündigung gemäß § 543 Abs. 2 S. 1 Nr. 2 BGB berechtigt.[68] Voraussetzung ist stets, dass der Leasinggeber den Leasingnehmer vor Ausspruch der Kündigung gemäß § 543 Abs. 3 S. 1 BGB vergeblich eine Frist zur Abhilfe gesetzt oder abgemahnt hat.[69] Versprechen die Fristsetzung oder die Abmahnung jedoch offensichtlich keinen Erfolg oder ist aufgrund der Schwere der Pflichtverletzung die sofortige Kündigung gerechtfertigt, dann entfällt das Erfordernis der Abhilfefrist bzw. der Abmahnung, § 543 Abs. 3 S. 2 BGB.

Auf den Leasingvertrag findet die Regelung des § 626 BGB keine analoge Anwendung, so dass der Kündigungsgrund nicht innerhalb einer zweiwöchigen Erklärungsfrist erklärt werden muss.[70] Der Leasingnehmer darf mit dem Ausspruch der Kündigung aber nicht zu lange abwarten, da dieses Verhalten gegen die Unzumutbarkeit der Fortsetzung des Leasingvertrages gemäß § 543 Abs. 1 BGB spricht. Begründet wird dies in der Rechtsprechung damit, dass nun auch § 314 BGB eine Ausübung des Kündigungsrechts innerhalb einer angemessenen Frist fordert und neben §§ 543, 568 BGB anwendbar ist.[71] Zwar haben die §§ 543, 568 BGB. soweit eine außerordentliche Kündigung einschlägig ist, abschließenden Charakter. Aber insbesondere für das Finanzie-

---

68 OLG Düsseldorf BB 1997, 702.
69 Schmidt-Futterer, § 541, Rn. 89 und § 543, BGB, Rn. 58.
70 Palandt/Weidenkaff, Einf. v. § 535, Rn. 61.
71 OLG Celle ZMR 1995, 298; OLG München ZMR 1996, 487.

rungsleasing kann aufgrund des darlehensvertraglichen Charakters ein ergänzender Rückgriff auf die Regelung des § 314 BGB nicht ausgeschlossen werden.

bb. Wichtiger Grund

Da der Leasingvertrag ein gegenseitiger Vertrag gemäß §§ 320 ff. BGB und ein Dauerschuldverhältnis ist, bedarf es für das außerordentliche Kündigungsrecht des Leasinggebers eines wichtigen Grundes.[72] Ein wichtiger Grund ist gegeben, wenn Tatsachen vorliegen, die unter Berücksichtigung aller Umstände und unter Abwägung der beiderseitigen Interessen die Fortsetzung des Vertrags für den Kündigenden unzumutbar machen.[73] Der wichtige Grund kann aus der leasingvertraglichen Vereinbarung, aus dem Gesetz gemäß § 314 BGB oder aus dem Rechtsgedanken des § 242 BGB abgeleiteten Recht zur Kündigung von Dauerschuldverhältnissen abgeleitet werden. Darüber hinaus stellt die gesetzliche Regelung des § 543 Abs. 1 BGB präzise dar, dass ein wichtiger Grund immer dann vorliegt, wenn dem Kündigenden unter Berücksichtigung aller Umstände des Einzelfalls, insbesondere eines Verschuldens der Vertragsparteien, und unter Abwägung der beiderseitigen Interessen die Fortsetzung des Mietverhältnisses bis zum Ablauf der Kündigungsfrist oder bis zur sonstigen Beendigung des Mietverhältnisses nicht zugemutet werden kann. Da § 543 BGB eine Sonderreglung zur außerordentlichen fristlosen Kündigung darstellt, sollte demnach die Definition des § 543 Abs. 1 BGB vorrangig herangezogen werden.[74]

Seitens des Leasinggebers kann ein wichtiger Grund demnach immer dann bejaht werden, wenn seine Rechte erheblich gefährdet bzw. verletzt sind, wobei aber allein das Verschulden des Leasingnehmers weder erforderlich noch ausreichend sein kann.[75]

(1) Wichtiger Grund der Vermögensverschlechterung des Leasingnehmers

Als wichtiger Grund für eine außerordentliche Kündigung des Leasinggebers sind insbesondere die Gefährdung des Anspruchs des Leasinggebers auf die Zahlung des Leasingentgelts und des Rückgabeanspruchs zu nennen.[76] Die Gefährdung des Anspruchs des Leasinggebers auf Zahlung des Leasingentgelts kann insbesondere im Eintritt einer nicht unerheblichen Vermögensverschlechterung des Leasingnehmers gesehen werden.[77] Demnach sind die bei einer Zahlungseinstellung in der Person des

---

72 BGHZ 29, 172; 41, 108; 112, 279.
73 Palandt/Grüneberg, § 314, Rn. 7.
74 Palandt/Grüneberg, § 314, Rn. 4; Palandt/Weidenkaff, § 543, Rn. 1.
75 OLG Hamm NJW-RR 1992, 502.
76 MüKoBGB/Koch, Bd. 3, Finanzierungsleasing, Rn. 139.
77 Reinking, Der Autokauf, L 753 ff.; BGH DB 1990, 2367.

Leasingnehmers eingetretene Umstände als so erheblich anzusehen, dass aufgrund einer realistischen Prognose aller Wahrscheinlichkeit nach anzunehmen ist, dass der Leasinggeber das vom Leasingnehmer geschuldete Leasingentgelt nicht erhält.

Dem Leasinggeber steht mangels wichtigen Grundes das außerordentliche Kündigungsrecht wegen einer anspruchsgefährdenden Vermögensverschlechterung des Leasingnehmers jedoch dann nicht zu, wenn sich der Leasingnehmer in erkennbarer Weise schon zum Zeitpunkt des Vertragsabschlusses in finanziellen Schwierigkeiten befunden hat. Gleiches gilt, wenn der Leasinggeber es versäumt hat, die Leasingraten in dem mit dem Leasingnehmer vereinbarten Lastschriftverfahren einzuziehen. Derartige Fälle fallen in den Risikobereich des Leasinggebers. Nicht anders ist es zu beurteilen, wenn der Leasingnehmer den Leasinggeber bevollmächtigt, monatlich zu zahlende Leasingraten von seinem Bankkonto einzuziehen und diese Abbuchung über einen gewissen Zeitraum unterbleibt. Der Leasingnehmer gerät dann dennoch in Verzug, wenn er vom Leasinggeber zur Zahlung innerhalb einer Frist aufgefordert wird und der Leasingnehmer nicht fristgemäß bezahlt, da die Einzugsermächtigung nicht mit einer Verpflichtung zur Abbuchung gleichgesetzt werden kann.[78] Letztlich sollen bloße ungünstige finanzielle Umstände zur außerordentlichen Kündigung wegen einer Vermögensverschlechterung des Leasingnehmers nicht ausreichen, da ein zwingender Schluss auf die Nichtzahlung der vereinbarten Leasingraten zum vereinbarten Fälligkeitszeitpunkt nicht gezogen werden könne.[79]

Wird bereits von anderer Seite in das Vermögen des Leasingnehmers die Zwangsvollstreckung betrieben, so kann der Leasinggeber diese Umstände derart werten, dass der Leasingnehmer nicht in der Lage bzw. nicht Willens ist, selbst gerichtlich festgestellte Leistungspflichten freiwillig zu erfüllen. Denn der Leasinggeber ist dann gezwungen, sich mit Dritten auseinander zu setzen und zur Sicherung seines Eigentums die Drittwiderspruchsklage zu erheben.[80] Nach der Rechtsprechung des Bundesgerichtshofes stellt ein Vorbehalt des Rechts zur fristlosen Kündigung durch den Leasinggeber in den Allgemeinen Leasingbedingungen für den Fall von Zwangsvollstreckungsmaßnahmen in das Vermögen des Leasingnehmers keinen Verstoß gegen § 307 BGB dar, wenn es sich um Leasingverträge im kaufmännischen Verkehr über Investitionsgüter von beträchtlichem Wert handelt, welche durch den bestimmungsgemäßen Einsatz starker Beanspruchung und damit einem hohen Verschleiß ausgesetzt sind. Der Bundesgerichtshof begründet diese Ansicht damit, dass durch die Zwangsvollstreckungsmaßnahmen die berechtigten Belange des Leasinggebers nachhaltig beeinträchtigt werden können.[81]

---

78 OLG Düsseldorf BB 1988, 2208.

79 Reinking, Der Autokauf, Rn. L 753 ff.; BGH ZIP 1990, 1406.

80 BGH NJW 1984, 871; OLG Hamm NJW-RR 1986, 927.

81 BGH Urteil vom 7.12.1983 – VIII ZR 257/82 = WM 1984, 163 = 1984, 871 = ZIP 1984, 185: *„In Leasingverträgen, die im kaufmännischen Verkehr über Investitionsgüter von beträchtlichem*

(2) Wichtiger Grund der schwerwiegenden Vertragsverletzungen des Leasingnehmers

Ein wichtiger Grund ist ebenfalls zu bejahen, wenn der Leasingnehmer schwerwiegende Vertragsverletzungen nicht unterlässt oder bereits eingetretene Folgen solcher Vertragsverletzungen nicht unverzüglich beseitigt, § 543 Abs. 2 S. 1 Nr. 2 BGB. Dazu gehört das zuvor bereits genannte wiederholte Fahren mit dem Leasingfahrzeug unter Alkoholeinfluss oder ohne gültige Fahrerlaubnis.[82] Ein vertragswidriger Gebrauch ist aber auch dann gegeben, wenn das Leasingfahrzeug vom Leasingnehmer nicht entsprechend den leasingvertraglichen Vereinbarungen sach- und fachgerecht eingesetzt wird und der Leasingnehmer seine Instandhaltungs- und Wartungspflichten nicht ordnungsgemäß erfüllt oder der Leasingnehmer das Leasinggut etwa ohne Einverständnis des Leasinggebers an Dritte überlässt.[83] Stets wird zu prüfen sein, ob die Pflichtverletzung nicht nur unerheblich ist, sondern die Rechte und Ansprüche des Leasinggebers in einem besonderen Umfang konkret gefährdet.

Der Leasingnehmer ist nur mit Zustimmung des Leasinggebers zur Überlassung der Leasingsache an Dritte berechtigt, § 540 BGB, so dass eine Gebrauchsüberlassung nicht schon dann unbefugt ist, wenn der Leasingnehmer die erforderliche Erlaubnis nicht einholt, sondern nur dann, wenn er keinen Anspruch darauf hat.[84] Es ist formal davon auszugehen, dass die Dauer der unkündbaren Grundmietzeit mindestens 40 Prozent der betriebsgewöhnlichen Nutzungsdauer des Leasinggutes beträgt. Folglich hat der Leasinggeber ein nicht unerhebliches und anerkennenswertes Interesse an der alleinigen Nutzung durch den ihm bekannten Leasingnehmer. Ähnlich ist die Argumentation des Bundesgerichtshofes in seiner Rechtsprechung zur Frage, ob der Leasinggeber berechtigt ist, das gesetzliche außerordentliche Kündigungsrecht des

Wert abgeschlossen werden, welche, wie Nutzfahrzeuge, Baumaschinen u.ä., durch den bestimmungsgemäßen Einsatz starker Beanspruchung und damit einem hohen Verschleiß ausgesetzt sind, verstößt es nicht gegen § 307 BGB, wenn der Verwender sich für den Fall von Zwangsvollstreckungsmaßnahmen in das Vermögen des Leasingnehmers das Recht zur fristlosen Kündigung des Leasingvertrages vorbehält. Die berechtigten Belange des Leasinggebers können bei solcher Fallgestaltung durch Zwangsvollstreckungsmaßnahmen in das Vermögen des Leasingnehmers nachhaltig beeinträchtigt werden. Sinn und Zweck des Leasingvertrages besteht darin, dem Leasingnehmer die Möglichkeit zu eröffnen, den Investitionsaufwand für das Leasingobjekt aus laufenden Erträgen des Unternehmens zu erwirtschaften. Kommt es zur Zwangsvollstreckung, so ist das regelmäßig ein Anzeichen dafür, dass der Schuldner selbst titulierte Leistungspflichten nicht freiwillig erfüllen kann oder will. Wird das Leasingobjekt selbst gepfändet, muss der Leasinggeber sich unter Umständen mit der Drittwiderspruchsklage zur Wehr setzen. Trägt der Leasinggeber ... im Hinblick auf die Eigenart des Leasingobjekts ein erhöhtes Risiko, so kann unter Kaufleuten nicht davon ausgegangen werden, dass die in Rede stehende Kündigungsklausel den Leasingnehmer entgegen den Geboten von Treu und Glauben unangemessen benachteiligt."

82 Reinking, Der Autokauf, Rn. L 749 ff.

83 Vgl. zu weiteren vergleichbaren Fällen MüKoBGB/Bieber, Bd. 3, § 543, Rn. 12.

84 MüKoBGB/Bieber, Bd. 3, § 543, Rn. 40.

Leasingnehmers gemäß § 540 S. 2 BGB wirksam durch formularvertragliche Regelung auszuschließen. Er sieht einen Ausschluss des außerordentlichen Kündigungsrechts gemäß § 540 S. 2 BGB als mit § 307 Abs. 2 Nr. 1 BGB vereinbar an, weil der Leasingvertrag – im Gegensatz zum reinen Mietvertrag – nicht nur auf die Gebrauchsüberlassung gerichtet ist, sondern seine Charakterisierung insbesondere durch die Finanzierungsfunktion erfährt.[85]

Würde man demnach das fristlose Kündigungsrecht des Leasingnehmers gemäß § 540 S. 2 BGB akzeptieren, dann wäre er berechtigt, den Leasingvertrag bei verweigerter Zustimmung des Leasinggebers zur Gebrauchsüberlassung an Dritte vorzeitig durch außerordentliche Kündigung zu beenden. Der Leasinggeber würde seinen Finanzierungsaufwand samt des kalkulierten Gewinns aber nicht ersetzt bekommen.

(3) Weitere wichtige Gründe

Ein weiterer wichtiger Grund, der den Leasinggeber zur außerordentlichen Kündigung des Leasingvertrages berechtigt, ist das Verschweigen von erheblichen Tatsachen bzw. das Angeben von unzutreffenden vertragswesentlichen Umständen im Zeitpunkt des Vertragsschlusses, die z.B. die Kreditwürdigkeit oder die Wohn- oder Geschäftssitzverlagerung ins Ausland betreffen. Die Berechtigung zur außerordentlichen fristlosen Kündigung bei Verlagerung des Wohn- oder Geschäftssitzes des Leasingnehmers ins Ausland wird in der Regel mit der Gefahr begründet, dass der Leasinggeber nicht mehr in ausreichendem Maße auf das Leasinggut zugreifen kann oder ein Zugriff unmöglich gemacht wird.

Wenn der Leasingnehmer das Leasinggut ohne Zustimmung des Leasinggebers an einen anderen Standort verbringt, so beeinträchtigt dies die Interessen des Leasinggebers nicht notwendigerweise. Solange der Leasingnehmer die Leasingsache weiterhin vertragsgemäß nutzt und ein Zugriff des Leasinggebers nicht ausgeschlossen ist, kann ein Kündigungsgrund nicht begründet werden. Denn der Nachweis eines hierdurch entstehenden Schadens wird regelmäßig nicht gelingen, so dass vorzugswürdig ein Anspruch des Leasinggebers auf Verbringung des Leasingobjektes an den vertragsgemäßen Standort zu bejahen ist.

(4) Formularmäßige Erweiterung des außerordentlichen Kündigungsrechts aus wichtigem Grund

Oftmals versucht der Leasinggeber durch entsprechende formularvertragliche Vereinbarung sein außerordentliches Kündigungsrecht zu erweitern. Jedoch ist eine in die Allgemeinen Leasingbedingungen aufgenommene Klausel, die den Leasinggeber zur

85 BGH ZIP 1990, 1133: *„In der Finanzierungsfunktion wurzelt das Amortisationsprinzip, das den entscheidenden Unterschied zum reinen Mietvertrag ausmacht."*

Kündigung beim Eintritt sonstiger Umstände berechtigt, unwirksam, da der Leasingnehmer hierdurch unangemessen benachteiligt wird, § 307 Abs. 2 Nr. 1 BGB.[86] Der Bundesgerichtshof führt in seiner Rechtsprechung dazu aus, dass auf den Leasingvertrag in erster Linie die für die Miete geltenden Vorschriften Anwendung finden. Danach setzt ein Recht zur fristlosen Kündigung das Vorliegen besonderer Umstände voraus, die so erheblich sind, dass dem Kündigenden nicht mehr zuzumuten ist, am Vertrag festzuhalten. Der Bundesgerichtshof stellt klar, dass nur in diesem Fall das Vertrauen der Gegenseite auf den Bestandsschutz, der bei Dauerschuldverhältnissen zu den wesentlichen Grundgedanken der gesetzlichen Regelung gehört, keine Beachtung verdient. Damit ist eine Klausel in Allgemeinen Leasingbedingungen, wonach dem Leasinggeber bei „sonstigen Umständen" ohne weiteres ein Recht zur fristlosen Kündigung eingeräumt werden soll, gem. § 307 BGB unwirksam."[87]

---

86 BGH Urteil vom 8.10.1994 – VIII ZR 247/89 = BGHZ 112, 279 = WM 1990, 1967 = NJW 1991, 102.

87 BGH Urteil vom 8.10.1994 – VIII ZR 247/89 = BGHZ 112, 279 = WM 1990, 1967 = NJW 1991, 102: *„Eine in den Allgemeinen Geschäftsbedingungen eines Leasinggebers enthaltene Klausel, wonach der Leasinggeber ohne weiteres zur fristlosen Kündigung berechtigt sein soll, wenn „sonstige Umstände" vorliegen, aus denen sich eine wesentliche Verschlechterung oder eine erhebliche Gefährdung des Vermögens des Leasingnehmers ergibt, benachteiligt den Leasingnehmer entgegen den Geboten von Treu und Glauben unangemessen und ist daher unwirksam."*

„Eine Klausel, die – wie hier – den Leasinggeber ohne weiteres allein schon beim Vorliegen „sonstiger Umstände", die zu einer wesentlichen Verschlechterung oder Gefährdung des Vermögens des Leasingnehmers führen, ein Recht zur fristlosen Kündigung einräumt, benachteiligt den Leasingnehmer entgegen den Geboten von Treu und Glauben unangemessen. Sie verstößt im Sinne von § 307 Abs. 2 Nr. 1 BGB gegen wesentliche Grundgedanken der gesetzlichen Regelung."

„Auf den Leasingvertrag finden in erster Linie die für die Miete geltenden Vorschriften Anwendung. Danach setzt ein Recht zur fristlosen Kündigung voraus, dass besondere Umstände vorliegen, die so erheblich sind, dass dem Kündigenden nicht mehr zuzumuten ist, am Vertrag festzuhalten und er demgemäß befugt ist, die eigentlich geschuldete Vertragstreue hintanzustellen. Nur in einem solchen Fall verdient das Vertrauen der Gegenseite auf den Bestandsschutz, der bei Dauerschuldverhältnissen zu den wesentlichen Grundgedanken der gesetzlichen Regelung gehört, keine Beachtung. Die in Allgemeinen Geschäftsbedingungen erfolgte Festlegung von Kündigungsgründen, die noch innerhalb der Zumutbarkeitsgrenze liegen, ist daher ... mit dem Grundgedanken der gesetzlichen Regelung nicht vereinbar."

„So liegt der Fall ..., in dem sich die Klägerin ein Recht zur fristlosen Kündigung allein schon beim Vorliegen von „sonstigen Umständen", aus denen sich eine wesentliche Verschlechterung oder erhebliche Gefährdung des Vermögens des Leasinggebers ergibt, einräumen ließ. Ungünstige Umstände über die Vermögensverhältnisse des Leasingnehmers bewirken noch nicht ohne weiteres, dass dieser nicht in der Lage ist, die geschuldeten Gegenleistungen zum Fälligkeitszeitpunkt zu erbringen. Kann er dies, so ist es dem Leasinggeber nicht unzumutbar, sondern ein Gebot der eigenen Leistungstreue, trotz einer wesentlichen Verschlechterung der Vermögensverhältnisse des Leasingnehmers am Vertrag festzuhalten. Die ... getroffene Regelung ermöglicht es dem Leasinggeber indessen, das Leasingverhältnis fristlos zu kündigen, auch wenn der Leasingnehmer trotz der eingetretenen erheblichen Vermögensverschlechterung leistungswillig und leistungsfähig geblieben ist."

Ebenfalls ist eine Klausel gemäß § 307 BGB unwirksam, die den Leasinggeber zur fristlosen Kündigung des Leasingvertrages berechtigt, wenn der Leasingnehmer die ihm obliegende Versicherungspflicht für das Leasingfahrzeug auf Anfrage nicht nachweist. Denn bei der gebotenen Auslegung wäre der Leasinggeber sogar dann berechtigt den bestehenden Leasingvertrag außerordentlich zu kündigen, wenn der Leasingnehmer das Leasingfahrzeug vereinbarungsgemäß versichert hat, der Leasinggeber von der Versicherung weiß und der Leasingnehmer – aus welchen Gründen auch immer – den angeforderten Nachweis nicht erbringt.[88] Als zulässig wird von der Rechtsprechung eine Klausel angesehen, die den Leasinggeber zur außerordentlichen fristlosen Kündigung berechtigt, wenn der Leasingnehmer die Zahlung der Leasingraten endgültig einstellt oder Zwangsvollstreckungsmaßnahmen gegen den Leasingnehmer eingeleitet worden sind.[89]

c. Außerordentliche Kündigung des Leasinggebers trotz Sicherungsabtretung

Der Leasinggeber sollte sich vor Ausspruch der außerordentlichen Kündigung das Recht zur Erklärung der Kündigung zurückübertragen, wenn er zur Refinanzierung pauschal *sämtliche* Rechte an einen Refinanzierer abgetreten hat; dann soll seine Kündigung unwirksam sein.[90]

2. Außerordentliche Kündigung des Leasingnehmers

Nicht nur der Leasinggeber ist beim Vorliegen eines wichtigen Grundes berechtigt, den Leasingvertrag außerordentlich zu kündigen. Vielmehr steht dieses Recht zum Ausgleich der am Vertragsverhältnis beteiligten Interessen auch dem Leasingnehmer zu. Dabei kommt vor allem dem Kündigungsgrund der Störung des Gebrauchs- und Besitzrechts durch den Leasinggeber Bedeutung zu.

a. Außerordentliche Kündigung des Leasingnehmers wegen schuldhafter Pflichtverletzung des Leasinggebers

Verletzt der Leasinggeber seine leasingvertraglichen Pflichten schuldhaft, so steht dem Leasingnehmer ein Recht zur außerordentlichen Kündigung gemäß § 543 Abs. 1 und 3 BGB zu.

Für den Leasingnehmer gilt gemäß § 543 Abs. 3 BGB, dass er vor der Kündigung dem Leasingeber als Vertragspartner eine angemessene Frist zur Abhilfe setzen bzw. eine Abmahnung aussprechen muss. Der Lieferant ist nicht empfangszuständig im

88 BGH NJW 1994, 1798; OLG Koblenz MDR 2002, 694.
89 BGH NJW 1984, 871; OLG Dresden ZMR 2000, 375.
90 OLG Naumburg WM 2000, 1710.

Sinne des § 164 Abs. 3 BGB, da er nicht Vertreter und auch nicht Erfüllungsgehilfe des Leasinggebers ist. Allerdings kann die Fristsetzung unter den Voraussetzungen des § 543 Abs. 3 S. 2 BGB entbehrlich sein.

aa. Nichtgewährung des Gebrauchs

Der Leasingnehmer ist zur außerordentlichen fristlosen Kündigung des Leasingvertrages berechtigt, sofern der Leasinggeber seine vertragliche Hauptpflicht zur Gebrauchsüberlassung verletzt und er dem Leasingnehmer entweder den Gebrauch der Leasingsache von Beginn an nicht gewährt oder der Leasinggeber den Gebrauch durch eine eigenmächtige Rücknahme der Leasingsache nachträglich entzieht, § 543 Abs. 2 Nr. 1 BGB.[91]

Gewährt der Leasinggeber den Gebrauch der Leasingsache von Anfang an nicht und ist der Leasingvertrag mangels Unterzeichnung der Übernahmebestätigung und Zahlung der Vergütung an den Lieferanten noch nicht in Vollzug gesetzt, dann mag eine Kündigung seitens des Leasingnehmers noch nicht erforderlich erscheinen. Denn die Ratenzahlungspflicht besteht zu diesem Zeitpunkt noch nicht. Allerdings sollte der Leasingnehmer in einem solchen Fall dennoch vorsorglich die Kündigung des Leasingvertrages erklären, um den Vertrag zu beenden.[92]

Haben die Parteien des Leasingvertrages diesen trotz teilweiser Nichterfüllung bereits einvernehmlich in Vollzug gesetzt oder hat der Leasingnehmer die Übernahmebestätigung uneingeschränkt unterzeichnet, dann bedarf es der Kündigung des Leasingnehmers. Denn die Pflicht des Leasingnehmers zur Zahlung der vertraglich vereinbarten Leasingraten besteht trotz teilweiser Nichterfüllung.[93] Allerdings ist der Leasingnehmer berechtigt, die Leasingraten ab der Störung des Gebrauchs gemäß § 320 BGB zurückzubehalten. Erst ab Zugang der Kündigung entfällt der Anspruch des Leasinggebers auf Zahlung der Leasingraten.[94]

bb. Weigerung des Leasinggebers eine Leistungsstörung zu beseitigen

Der Leasingnehmer ist weiterhin zur außerordentlichen fristlosen Kündigung des Leasingvertrages berechtigt, wenn der Leasinggeber unberechtigterweise eine Leistungsstörung nicht beseitigt, obwohl er dazu verpflichtet ist.[95]

---

91 BGH NJW 1988, 204; 1993, 122; Beispiele für einen Verstoß gegen die Gebrauchsüberlassungspflicht des Leasinggebers finden sich u.a. bei Reinking, Der Autokauf, Rn. 1012.

92 BGH NJW 1988, 204 und 2465.

93 BGH NJW 1988, 204.

94 Reinking, Der Autokauf, Rn. L 739 ff.

95 BGH NJW-RR 1991, 1202.

cc. Freizeichnung des Leasinggebers bei Vorliegen einer Leistungsstörung

Der Leasingnehmer muss vorrangig gegen den Lieferanten vorgehen, von diesem Nacherfüllung verlangen oder die abgetretenen Sekundäransprüche auf Rückabwicklungen des Liefervertrages durchsetzen und kann den Leasingvertrag nicht außerordentlich kündigen, wenn sich der Leasinggeber aufgrund der leasingtypischen Abtretungskonstruktion wirksam umfassend für Pflichtverletzungen aus dem Leasingvertrag freigezeichnet hat. Dennoch sollte der Leasingnehmer auch immer gegenüber dem Leasinggeber außerordentlich fristlos gemäß § 543 BGB und vorsorglich ordentlich kündigen, um auch bei einem etwaigen Unterliegen im Prozess gegen den Lieferanten nicht Leasingraten für die Zeit nach der möglichen vorzeitigen Beendigung des Leasingvertrages oder eine Nutzungsentschädigung gemäß § 546a Abs. 1 BGB zu schulden. Darüber hinaus sollte der Leasingnehmer das Leasingobjekt so früh als möglich an den Leasinggeber zurückgeben. So kann er eine vorzeitige, bestmögliche Verwertung fördern und die Fortzahlung der Leasingraten vermeiden.

Ist die Freizeichnung des Leasinggebers nicht in umfassender Art und Weise erfolgt, so kann ein Kündigungsrecht des Leasingnehmers gemäß § 543 BGB sogar nach einer rechtskräftigen Abweisung einer Klage auf Rückabwicklung wegen Sachmängeln im Lieferprozess bestehen, wenn eine wirksame Freizeichnung des Leasinggebers nur wegen der Sachmängelhaftung, nicht wegen Nichterfüllung erfolgt ist und Nichterfüllungsansprüche nicht Gegenstand des Rechtsstreits mit dem Lieferanten waren.[96] Gleiches gilt, wenn der Leasingnehmer, obwohl eine unwirksame Freizeichnung des Leasinggebers vorliegt, zunächst gegen den Lieferanten vorgegangen ist und seine Klage wegen fehlender Aktivlegitimation abgewiesen wurde.

b. Ausschluss der außerordentlichen Kündigung des Leasingnehmers

Hatte der Leasingnehmer von einem Mangel bei Vertragsschluss Kenntnis und hat er sich seine Rechte bei der Übernahme nicht im Sinne von § 536b S. 1 und 3 BGB vorbehalten, dann ist sein außerordentliches Kündigungsrecht gemäß § 543 Abs. 4 BGB ausgeschlossen.

Bei grob fahrlässiger Unkenntnis ist der Leasingnehmer nur bei arglistigem Verschweigen des Leasinggebers zur Kündigung berechtigt. Denn nach § 536d BGB kann sich der Leasinggeber nicht auf seine Freizeichnung von der Sachmängelhaftung berufen, wenn er den Mangel arglistig verschwiegen hat.[97] Problematisch ist, ob diese Rechtsfolge auch im Rahmen der leasingtypischen Abtretungskonstruktion gilt, wenn der Lieferant als Erfüllungsgehilfe des Leasinggebers den Leasingnehmer arglistig getäuscht hat. Würden §§ 543 Abs. 4, 536d BGB ohne weiteres angewendet, dann hätte dies zur Folge, dass der Leasinggeber wie ein Vermieter für alle Mängel

96 BGH NJW 1993, 122.
97 Palandt/Weidenkaff, § 536d, Rn. 1.

der Leasingsache einstehen müsste. Unter Berücksichtigung der beiderseitigen Interessen innerhalb der leasingtypischen Abtretungskonstruktion wäre eine derartige Rechtsfolge nicht sachgerecht, weil sich das arglistige Verschweigen eines Mangels durch den Lieferanten in erster Linie auf seine eigenen Pflichten aus dem Liefervertrag bezieht. Der Lieferant ist hier nicht Erfüllungsgehilfe des Leasinggebers.

c. Kündigungsrecht des Leasingnehmers wegen Betriebsaufgabe

Da der Leasingnehmer das Verwendungsrisiko trägt, ist er nicht zur außerordentlichen Kündigung berechtigt, wenn er wegen der Aufgabe seines Betriebes kein Interesse mehr am Gebrauch des Leasinggutes hat.[98]

3. Außerordentliche Kündigung des Leasinggebers bzw. des Leasingnehmers wegen erheblicher Beschädigung, Zerstörung oder Verlust neuwertiger Leasingsachen

a. Besonderes beiderseitiges Kündigungsrecht

Als Besonderheit des Kfz-Leasings steht dem Leasingnehmer bei erheblicher Beschädigung, Zerstörung oder Verlust eines Leasingfahrzeugs nach der Rechtsprechung des Bundesgerichtshofes ein außerordentliches Kündigungsrecht zu.

Eine erhebliche Beschädigung liegt vor, wenn die erforderlichen Reparaturkosten 60 Prozent des Wiederbeschaffungswertes des Leasingfahrzeugs überschreiten. Ist das Kündigungsrecht dagegen nur für den Fall einer Beschädigung zu mehr als 80 Prozent des Zeitwerts vorgesehen, dann ist die Risikoverlagerung auf den Leasingnehmer unwirksam.[99]

Der Bundesgerichtshof begründet in seiner Rechtsprechung die Notwendigkeit des nicht entziehbaren, außerordentlichen Kündigungsrecht mit dem Ausgleichsbedürfnis für die leasingtypische Überwälzung der Sachgefahr auf den Leasingnehmer, vor deren Risiken sich der Leasingnehmer durch den Abschluss einer Fahrzeugvollversicherung schützen kann.[100] Der Bundesgerichtshof legt diesem Ergebnis die Erwägung zugrunde, dass für den Leasingnehmer beim Abschluss eines Leasingvertrages über ein fabrikneues Fahrzeug die Erwartung im Vordergrund stehe, dieses während der Vertragslaufzeit nutzen zu können, ohne mit Reparaturkosten, Ausfallzeiten und einer möglicherweise geminderten Verkehrs- und Betriebssicherheit des Fahrzeugs belastet zu werden oder gar die Nutzungsmöglichkeit durch Diebstahl oder Totalscha-

---

98 BGH ZIP 2005, 534.

99 BGH Urteil vom 25.3.1998 – VIII ZR 244/97 = DB 1998, 1076.

100 BGH NJW 1987, 377; 1988, 198; 1992, 683; 1998, 3270; NJW-RR 1987, 241; 1991, 280; 1992, 683; 1996, 1888.

den zu verlieren. Der Bundesgerichtshof stellt des Weiteren klar, dass sich dieses Interesse des Leasingnehmers nicht auf Leasingverträge über Neufahrzeuge beschränkt. Zwar schwinde die Erwartung des Leasingnehmers nicht mit Reparaturkosten oder Ausfallzeiten belastet zu werden mit zunehmendem Alter des Leasingfahrzeugs. Doch dürfe der Leasingnehmer auch bei einem Gebrauchtwagen zumindest bis zum Ablauf des dritten Betriebsjahres des Leasingfahrzeugs einen im Wesentlichen ungestörten Gebrauch erwarten. Somit ist nach Auffassung des Bundesgerichtshofes selbst bei einem Leasingvertrag über ein gebrauchtes Kfz eine Abwälzung der Sachgefahr auf den Leasingnehmer in Allgemeinen Leasingbedingungen nur dann wirksam, wenn dem Leasingnehmer zumindest bis zum Ablauf des dritten auf die Erstzulassung des Leasingfahrzeugs folgenden Jahres für die Fälle des völligen Verlusts und einer nicht unerheblichen Beschädigung des Fahrzeugs ein kurzfristiges Kündigungsrecht eingeräumt wird.[101]

Eine außerordentliche Kündigung ist dann unzulässig, wenn der kündigende Leasingnehmer die Störung des vertragsgemäßen Gebrauchs selbst zu vertreten hat. Ist die Schadensursache zwischen den Leasingvertragsparteien streitig, dann trägt der Leasinggeber die Beweislast dafür, dass sie dem Verantwortungsbereich des Leasingnehmers zuzuordnen ist und nicht aus dem Verhalten eines Vierten herrührt, für

---

101 BGH NJW 1987, 377; 1988, 198; 1992, 683; 1998, 3270; NJW-RR 1991, 280: *„Die Abwälzung der Sach- und Gegenleistungsgefahr in Allgemeinen Geschäftsbedingungen eines Kfz-Leasingvertrages benachteiligt den Leasingnehmer auch dann nicht unangemessen, wenn ihm für die Fälle des Verlusts und der erheblichen Beschädigung des Leasingfahrzeugs wahlweise ein Lösungsrecht eingeräumt ist, das einem kurzfristigen, mit der Verpflichtung zur Leistung einer Ausgleichszahlung verbundenen Kündigungsrecht gleichkommt.“*
„Dieser nach der Senatsrechtsprechung bislang allein für das KfZ-Leasing geltenden Besonderheit liegt die Erwägung zugrunde, dass für den Leasingnehmer beim Abschluss eines Leasingvertrages über ein bei Vertragsbeginn in aller Regel fabrikneues Fahrzeug die Erwartung im Vordergrund steht, dieses während der zumeist dreijährigen Vertragslaufzeit nutzen zu können, ohne mit Reparaturkosten, Ausfallzeiten und einer möglicherweise geminderten Verkehrs- und Betriebssicherheit des Fahrzeugs belastet zu werden oder gar die Nutzungsmöglichkeit durch Diebstahl oder Totalschaden zu verlieren.“
„Dieses besondere Interesse des Leasingnehmers beschränkt sich … nicht auf Leasingverträge über Neufahrzeuge. Zwar wird die berechtigte Erwartung des Leasingnehmers, nicht mit Schäden, Reparaturkosten und Ausfallzeiten belastet zu werden, mit zunehmendem Alter und Gebrauch des Leasingfahrzeugs nach und nach schwinden. Zumindest bis zum Ablauf des dritten Betriebsjahres eines Leasingfahrzeugs darf der Leasingnehmer aber einen im wesentlichen ungestörten Gebrauch regelmäßig auch dann erwarten, wenn das Leasingfahrzeug bei Vertragsabschluss nicht mehr fabrikneu war. Auch bei einem Leasingvertrag über ein gebrauchtes Kfz ist daher eine Abwälzung der Sach- und Gegenleistungsgefahr auf den Leasingnehmer in AGB nur dann wirksam, wenn dem Leasingnehmer zumindest bis zum Ablauf des dritten auf die Erstzulassung des Leasingfahrzeugs folgenden Jahres für die Fälle des völligen Verlusts und einer nicht unerheblichen Beschädigung des Fahrzeugs ein kurzfristiges Kündigungsrecht eingeräumt wird.“

dessen Verhalten der Leasingnehmer nicht einzustehen hat.[102] Ein außerordentliches Kündigungsrecht des Leasinggebers ist ferner dann ausgeschlossen, wenn das Leasingfahrzeug gestohlen, nach einigen Tagen wieder aufgefunden und dann fachgerecht instandgesetzt worden ist, ohne dass Restmängel befürchtet werden müssen.[103]

Auch dem Leasinggeber steht dieses außerordentliche Kündigungsrecht zu, wobei er bei entsprechender vertraglicher Vereinbarung den Leasingvertrag mit einem anderen Leasinggegenstand fortsetzen kann.

Problematisch erscheint, ob das außerordentliche Kündigungsrecht tatsächlich nur für das Kfz-Leasing anwendbar ist. Denn die vom Bundesgerichtshof angeführten Argumente der Erwartungen des Leasingnehmers in Bezug auf eine ungestörte Nutzung während der vereinbarten Laufzeit und der Versicherbarkeit des Risikos können ohne Weiteres auch auf andere Leasinggüter übertragen werden. Allerdings ist der Bundesgerichtshof in seiner Rechtsprechung der Ansicht, dass bei anderen Leasinggütern die Interessenslage nicht mit derjenigen bei Neu- und Gebrauchtfahrzeugen vergleichbar sei.[104]

b. Rechtsfolgen des besonderen beiderseitigen Kündigungsrechts beim Kfz-Leasing

aa. Die Ansprüche des Leasinggebers

Vom vorgenannten Kündigungsrecht unberührt bleibt der Anspruch des Leasinggebers auf Vollamortisation.

Darüber hinaus kann er von einem Drittschädiger Schadensersatz wegen Verletzung seines Eigentums verlangen, wobei der Schaden in dem verlorenen Restwert und dem entgangenen Gewinn für die Zeit nach der Kündigung zu sehen ist.

Soweit die Sachgefahr im Rahmen der leasingtypischen Abtretungskonstruktion wirksam auf den Leasingnehmer übertragen worden ist, kann der Leasinggeber auch vom Leasingnehmer Schadensersatz verlangen. Der vom Drittschädiger geleistete Schadensersatz oder die von einer Versicherung gezahlte Entschädigungssumme sind jedoch anzurechnen.

bb. Ansprüche des Leasingnehmers

Dem Leasingnehmer stehen Ansprüche gegen den Drittschädiger wegen Besitzstörung aufgrund der Entziehung der Sachnutzung zu, da das Äquivalent für die Leistung der Leasingraten weggefallen ist. Der Schaden ist auf den Wiederbeschaffungs-

---

102 BGH Urteil vom 3.11.2004 – VIII ZR 28/04 = VersR 2005, 498; Urteil vom 10.11.2004 – VII ZR 71/01 = WM 2005, 15 = NJW 2005, 359 = ZIP 2004, 2384.

103 BGH ZIP 1986, 1566.

104 BGH Urteil vom 22.3.2000 – VIII ZR 325/98 = BB 2000, 1316.

wert begrenzt und umfasst grundsätzlich nicht den Vollamortisationsanspruch des Leasinggebers gegen den Leasingnehmer.[105] Allerdings kann der Leasingnehmer Schadensersatz wegen der gegenüber dem Leasinggeber bestehenden Pflicht zur weiteren Zahlung der Leasingraten und des Restwertes verlangen, sofern im Vergleich zur ursprünglichen Vertragsverpflichtung des Leasingnehmers durch die Schädigung Mehrkosten entstehen.[106]

4. Außerordentliche Kündigung des Leasinggebers oder der Erben des Leasingnehmers wegen Tod des Leasingnehmers

Stirbt der Leasingnehmer, so wird Leasingvertrag mit dem oder den Erben weitergeführt. Ist dies tatsächlich der Fall, dann ist der Leasinggeber nicht zu einer einseitigen Kündigung berechtigt. Eine abweichende formularvertragliche Vereinbarung ist unwirksam.[107]

Gemäß § 580 BGB können bei Tod des Leasingnehmers aber sowohl seine Erben als auch der Leasinggeber den Leasingvertrag vorzeitig mit einer Überlegungsfrist von einem Monat unter Einhaltung der gesetzlichen Frist kündigen, da der Leasingvertrag mietrechtlichen Charakter aufweist.[108] Dabei hängt die Ausübung des Kündigungsrechts des § 580 BGB nicht davon ab, dass der Erbe die Erbschaft angenommen hat. Die gesetzliche Regelung des § 580 BGB ist dispositiver Natur und kann abbedungen werden.[109]

Zu beachten ist, dass eine Regelung, nach welcher der Leasinggeber bei Tod des Leasingnehmers berechtigt sein soll, den Leasingvertrag außerordentlich fristlos zu kündigen und Schadensersatz wegen vorzeitiger Beendigung des Leasingvertrages zu verlangen, unzulässig ist. Denn der Rechtsnachfolger des Leasingnehmers würde in unangemessener Form benachteiligt werden, da er der Schadensersatzforderung des Leasinggebers selbst dann nicht entgehen kann, wenn er den Leasingvertrag fortsetzen will.

---

105 BGH NJW 1992, 553.

106 BGH VersR 1976, 943; NJW 1992, 553.

107 OLG Düsseldorf NJW-RR 1990, 1469.

108 Palandt/Weidenkaff, Einf. v. § 535, Rn. 63 m.w.N. und § 580, Rn. 3.

109 BVerfG Beschluss vom 10.10.1990 – 1 BvR 660/90 = NJW 1997, 2746: *„Die Auffassung, wonach das Mietverhältnis nach dem Tod des Mieters gegenüber dessen Erben nur unter Beachtung von § 546b BGB wirksam gekündigt werden kann, ist mit der Eigentumsgarantie des Grundgesetzes jedenfalls dann vereinbar, wenn § 569 I BGB auch zugunsten des Eigentümers als dispositiv angesehen wird. Der von dieser Befugnis keinen Gebrauch machenden Eigentümer verzichtet auf die personale Komponente des Mietverhältnisses mit der Folge, dass dieses als von der Person des Erben losgelöst zu betrachten ist.“*

III. Rechtsfolgen der Vertragsbeendigung

Von besonderer praktischer Bedeutung sind die Rechtsfolgen der Vertragsbeendigung. Stets hat der Leasingnehmer – unabhängig von einem etwaigen Andienungsrecht des Leasinggebers – das Leasingobjekt zurückzugeben. Rechtsstreitigkeiten entstehen dabei vor allem im Rahmen der Abrechnung des Leasingvertrages.

1. Rückgabeverpflichtung des Leasingnehmers

Der Leasingnehmer hat das Leasinggut am Vertragsende an den Leasinggeber zurückzugeben.

Diesbezügliche praxisübliche Klauseln können wie folgt lauten:

Rückgabe des Fahrzeuges, Schlussabrechung
Nach Beendigung des Leasingvertrages ist das Fahrzeug mit allen Schlüsseln und allen überlassenen Unterlagen (z.B. Zulassungsbescheinigung Teil 1, Kundendienstheft, Ausweise, Navigations-DVD) vom LN auf seine Kosten und Gefahr unverzüglich dem ausliefernden Händler/Lieferanten oder nach Bestimmung des LG an diesen zurückzugeben. Gibt der LN Schlüssel oder Unterlagen nicht zurück, trägt er die Kosten der Ersatzbeschaffung sowie einen sich daraus ergebenden weiteren Schaden.
Bei Rückgabe muss das Fahrzeug in einem gereinigten, dem Alter und der vertragsgemäßen Fahrleistung entsprechenden Erhaltungszustand, frei von Schäden sowie verkehrs- und betriebssicher sein (nach StVO). Normale Verschleißspuren gelten nicht als Schaden. Über den Zustand wird bei Rückgabe ein Protokoll angefertigt und von beiden Vertragspartnern oder ihren Bevollmächtigten unterzeichnet.
Im Rücknahmeprotokoll werden die vom LN zurückgegebenen Unterlagen und Zubehörteile des Leasingfahrzeuges vermerkt. Der LN versichert mit seiner Unterschrift ausdrücklich, dass er alle Schäden des Fahrzeuges gemeldet hat bzw. dass das Fahrzeug unfallfrei ist und ihm keine versteckten Mängel bekannt sind.
Werden Inspektionen oder Wartungsarbeiten gemäß der Betriebsanleitung des Herstellers im Monat der Beendigung des Leasingvertrages fällig, trägt deren Kosten der LN. Ist laut Vorgaben des Herstellers/Händler binnen 3.000 km oder 3 Monate nach Rückgabe des Fahrzeuges ein Wartungsdienst fällig, so ist der LG berechtigt, diesen Wartungsdienst sofort durchführen zu lassen. Die hierdurch entstehenden Kosten hat der LN dem LG anteilig entsprechend der Kilometer zwischen der letzten und der anstehenden Inspektion zu erstatten.
Im Monat der Vertragsbeendigung fällige gesetzlich vorgeschriebene Untersuchungen gemäß §§ 29; 47 StVZO (TÜV und AU) hat der LN auf eigene Kosten vor Rückgabe des Kfz vornehmen zu lassen.
Wird das Fahrzeug nicht termingemäß zurückgegeben, werden dem LN für jeden überschrittenen Tag als Grundbetrag 1/30 der für die Vertragszeit vereinbarten monatlichen Leasingrate, gegebenenfalls zuzüglich des durch eine Leasingsonderzahlung oder abgezinste Einmalzahlung (AEZ) nicht mehr gedeckten Vorauszahlungsanteils, und die durch die Rückgabeverzögerung verursachten Kosten berechnet.
Im Übrigen gelten während dieser Zeit die Pflichten des LN aus diesem Vertrag sinngemäß fort. Die Weiterbenutzung des Fahrzeuges durch den LN nach Ablauf des Leasingvertrages führt nicht zu einer Fortsetzung des Leasingverhältnisses.
Der LG verpflichtet sich, das Fahrzeug unverzüglich nach Rückgabe auf Kosten des LN abzumelden.

Rückgabe bei Leasingverträgen mit Kilometerabrechnung
Entspricht das Fahrzeug bei Verträgen mit Kilometerabrechnung bei Rückgabe nicht dem Zustand und ist das Fahrzeug hierdurch im Wert gemindert, ist der LN zum Ersatz des entsprechenden Schadens verpflichtet. Eine schadensbedingte Wertminderung bleibt dabei außer Betracht, soweit der LG bereits eine Entschädigung erhalten hat.
Können sich die Vertragspartner über einen vom LN auszugleichenden Minderwert nicht einigen oder sollte der LN das Rücknahmeprotokoll nicht unterschreiben, wird der Minderwert auf Veranlassung des LG durch einen öffentlich bestellten und vereidigten Sachverständigen oder ein unabhängiges Sachverständigenunternehmen ermittelt. Die Kosten dieses Gutachtens tragen die Parteien je zur Hälfte. Das Gutachten erkennen beide Vertragsparteien als verbindlich an. Dadurch wird der Rechtsweg nicht ausgeschlossen.
Ist bei Rückgabe des Fahrzeuges nach Ablauf der bei Vertragsschluss vereinbarten Vertragslaufzeit die festgelegte Gesamtkilometerlaufleistung über- bzw. unterschritten, werden die gefahrenen Mehr- bzw. Minderkilometer dem LN zu dem im Leasingvertrag genannten Satz nachberechnet bzw. vergütet.
Soweit bei der Rückgabe die Gesamtlaufleistung nicht um 2.500 Kilometer über- oder unterschritten wird, bleiben die Mehr- oder Minderkilometer außer Betracht. Wird die Gesamtlaufleistung bei Rückgabe um mehr als 2.500 Kilometer über- oder unterschritten, so werden diese insgesamt, ausgehend von der vereinbarten Gesamtlaufleistung, nachbelastet oder bis zu einer Minderkilometerlaufleistung von 10.000 Kilometer vom LG vergütet.

Rückgabe bei Leasingverträgen mit Restwertgarantie
Bei Verträgen mit Restwertabrechnung trägt der LN das Restwertrisiko, indem er die Zahlung des Restwertes an den LG garantiert. Die Restwertzahlung ist an dem auf das Ende der Vertragslaufzeit folgenden Tag zur Zahlung fällig.
Der LG ist berechtigt, aber nicht verpflichtet, vom LN den Erwerb des Leasingobjekts in dem Zustand, in dem es sich befindet, zu dem vertraglich festgelegten Restwert zzgl. jeweils maßgeblicher MwSt zu verlangen (Andienungsrecht). Eine erbrachte Restwertzahlung wird auf den Kaufpreis angerechnet. Soweit der Käufer Unternehmer ist, erfolgt der Kauf unter Ausschluss sämtlicher Rechte wegen Sach- und/oder Rechtsmängel. Der Ausschluss findet keine Anwendung für Schadensersatzansprüche jeglicher Art, wenn der Verkäufer, sein gesetzlicher Vertreter oder seine Erfüllungsgehilfen grob fahrlässig oder vorsätzlich ihre Pflichten verletzt haben sowie für Schadensersatzansprüche bei Verletzungen des Körpers, des Lebens oder der Gesundheit oder bei der Verletzung wesentlicher Vertragspflichten (Kardinalpflichten), wenn die Pflichten fahrlässig verletzt wurden. Mängelansprüche und Mängelrechte des Leasingnehmers – auch als Verbraucher – aus einem Kaufvertrag verjähren innerhalb eines Jahres ab Ablieferung des Kaufgegenstandes.
Macht der LG von seinem Andienungsrecht keinen Gebrauch, so verwertet er das Leasingobjekt bestmöglich. Unterschreitet der erzielte Erlös nach Abzug der erforderlichen Verwertungskosten den festgelegten Restwert, so hat der LN die Differenz zwischen dem Verwertungserlös – nach Abzug der Kosten – und dem festgelegten Restwert zu erstatten. Wird ein Überschuss erzielt, verbleibt dieser (nach Abzug der Kosten) zu 25 % beim LG und kommt im Übrigen dem LN zu Gute.
Der LN hat aufgrund dieses Vertrages keinen Anspruch auf Erwerb des Fahrzeuges.

Mit der Beendigung des Leasingvertrages trifft den Leasingnehmer die Leistungspflicht zur Rückgabe des Leasinggutes nach den mietrechtlichen Vorgaben, §§ 546 Abs. 1, 985 BGB. Etwas anderes kann sich nur dann ergeben, wenn vom Leasinggeber ein vertraglich vereinbartes Andienungsrecht oder eine Kaufoption in Anspruch genommen wird oder ein Folgevertrag zustande kommt.

Über die gesetzlichen Regelungen hinaus wird die Rückgabepflicht des Leasingnehmers im Leasingvertrag regelmäßig gesondert festgehalten. Nach Auffassung des Bundesgerichtshofes besteht ein erhebliches wirtschaftliches Interesse des Leasinggebers an der alsbaldigen Rückgabe des Leasingobjektes, da er aus dem Verkauf oder der anderweitigen Nutzung des Leasinggutes weiteren Gewinn ziehen kann und häufig erst dadurch die volle Amortisation der Aufwendungen Leasinggebers erreicht wird.[110]

Folglich ist ein Interesse des Leasinggebers an einer spezifischen Rückgabevereinbarung anzuerkennen.[111]

a. Inhalt und Umfang der Rückgabepflicht

Inhalt und Umfang der Rückgabepflicht wird im Leasingverhältnis im Wesentlichen durch die vertraglichen Vereinbarungen bestimmt.

aa. Rückgabepflicht als Bringschuld

Der Leasingnehmer hat die Pflicht die Leasingsache bei Vertragsende auf seine Kosten und Gefahr am Sitz des Leasinggebers zurückzugeben. Modifizierte Vereinbarungen sind zulässig und üblich, insbesondere zur Rückgabe gegenüber dem Lieferanten.

Leistungs- und Erfüllungsort der Rückgabepflicht ist nach herrschender Meinung, sofern keine andere vertragliche Bestimmung oder keine anderen Umständen vorliegen, der Sitz des Leasinggebers, da es sich um eine Bringschuld handelt.[112] Das Gesetz regelt zwar nicht ausdrücklich, an wen und wie die Rückgabe zu erfolgen hat. Die Charakterisierung als Bringschuld resultiert nach Ansicht der Rechtsprechung aber aus der Verpflichtung des Leasingnehmers zur Wiedereinräumung des unmittelbaren

---

110 BGH Urteil vom 22.03.1989 – VIII ZR 155/88 = WM 1989, 797 = NJW 1989, 2132 = ZIP 1989, 713: *„An der alsbaldigen Rückgabe der Leasingobjekte hat der Leasinggeber ein erhebliches wirtschaftliches Interesse, weil er dann aus dem Leasinggut durch Verkauf oder anderweitige Vermietung weiteren Gewinn ziehen kann. Häufig wird die volle Amortisation der Aufwendungen des Leasinggebers erst durch die weitere Verwertung des Leasinggutes erreicht. Jede Verzögerung oder Weiterverwertung schädigt den Leasinggeber unmittelbar. Dieses Interesse deckt sich mit demjenigen des Vermieters, der nach Ablauf der Mietzeit regelmäßig ebenfalls an der weiteren wirtschaftliche Verwertung der Mietsache interessiert ist."*

111 Martinek/Stoffels/Wimmer-Leonhardt, Handbuch des Leasingrechts, § 34, Rn. 8, S. 382.

112 BGH NJW 1982, 1747; 1987, 2367; 1988, 2665; OLG Rostock OLGR 2001, 255; Martinek/Stoffels/Wimmer-Leonhardt, Handbuch des Leasingrechts, § 35, Rn. 2, S. 384; Beckmann, Finanzierungsleasing, § 8, Rn. 171; Engel, KFZ-Leasing, § 9, Rn. 40; Graf von Westphalen, Der Leasingvertrag, Kapitel J, Rn. 2, S. 498; a.A. u.a. Reinking, Der Autokauf, Rn. L 611: bei beweglichen Sachen Holschuld des Leasinggebers am Bestimmungsort.

Besitzes an den Leasinggeber gemäß § 546 Abs. 1 BGB.[113] Folglich wird im Leasingvertrag zulässigerweise vereinbart, dass der Leasingnehmer das Leasinggut auf seine Kosten und seine Gefahr an den Leasinggeber zurückzugeben hat.[114] Da teilweise mit gewichtigen Argumenten eine Holschuld in der Literatur vertreten wird, ist eine vertragliche Vereinbarung sinnvoll.[115] Sie kann etwa wie folgt ausgestaltet sein:

> „Nach vertragsgemäßer Beendigung des Leasingvertrages ist das Fahrzeug mit Schlüsseln und allen überlassenen Unterlagen (z.B. Zulassungsbescheinigung Teil 1, Kundendienstheft, Ausweise) vom Leasingnehmer auf seine Kosten und Gefahr unverzüglich dem ausliefernden Händler oder nach Bestimmung des Leasinggebers an diesen zurückzugeben. Gibt der Leasingnehmer Schlüssel oder Unterlagen nicht zurück, hat er die Kosten der Ersatzbeschaffung sowie einen sich daraus ergebenden weiteren Schaden zu ersetzen."

Die vertragliche Regelung beseitigt zum einen eine Rechtsunsicherheit und bestimmt zugleich die Gefahrtragung des Leasinggebers für den zufälligen Untergang oder die zufällige Beschädigung während des Transports des Leasinggutes.

(1) Bestimmung des Sitzes des Leasinggebers oder des Lieferanten als Erfüllungsort und Gefahrtragungsregelung

In der Praxis hat der Leasinggeber beim Leasing in der Regel nicht die räumlichen und strukturellen Möglichkeiten, die Leasingsache selbst in Besitz zu nehmen. Die Rückgabe und die damit einhergehende Bestimmung des Erfüllungsortes kann einvernehmlich geregelt werden. Nach herrschender Meinung kann folgerichtig bestimmt werden, dass die Rückgabe der Leasingsache dem Leasinggeber oder dem Lieferanten gegenüber erfolgt, da § 546 Abs. 1 BGB dispositiv ist.[116] Aufgrund der Qualifizierung als Bringschuld bestehen keine grundlegenden Bedenken gegen die Wirksamkeit einer solchen Vereinbarung in Allgemeinen Geschäftsbedingungen, da der Leasingnehmer ohnehin auf seine Gefahr und Kosten das Leasinggut überbringen muss. Dies gilt vor allem auch deshalb, weil regelmäßig der Lieferant näher beim Leasingnehmer sein wird, als der Leasinggeber und sich der Leasingnehmer vormals den Lieferanten selbst ausgesucht haben dürfte.[117]

Dabei sollte darauf geachtet werden, dass der Ort der Rückgabe hinreichend bestimmt bezeichnet wird.[118]

---

113 BGH WM 1982, 666 = NJW 1982, 1747; 1987, 2367; 1988, 2665; OLG Düsseldorf ZMR 2001, 270; OLG Rostock OLGR 2001, 255.

114 BGH WM 1982, 666 = NJW 1982, 1747.

115 Beckmann, Finanzierungsleasing, § 8, Rn. 178; Reinking, Der Autokauf, Rn. L 611.

116 Vgl. bereits RGZ 139, 17; Beckmann, Finanzierungsleasing, § 8, Rn. 172; a.A. Graf von Westphalen, Der Leasingvertrag, Kapitel J, Rn. 2 ff., S. 498 f.

117 Beckmann, Finanzierungsleasing, § 8, Rn 173.

118 OLG Düsseldorf vom 14.11.2000; AZ: 24 U 22/00.

Vorangestellte Ausführungen zur Rückgabepflicht des Leasingnehmers als Bringschuld gelten jedoch nur hinsichtlich der Rückgabe am vereinbarten Ende der Laufzeit des Leasingvertrages und bei einer vom Leasingnehmer veranlassten vorzeitigen Beendigung des Leasingvertrages. Keine Rückgabepflicht des Leasingnehmers als Bringschuld zum Sitz des Leasinggebers oder des Lieferanten soll bei einer Beendigung des Leasingvertrages wegen einer vom Lieferanten zu vertretenden Rückabwicklung des Liefervertrages bestehen, da eine solche Klausel aufgrund der Vereinbarungen im Leasingdreieck als überraschend im Sinne von § 305c Abs. 1 BGB anzusehen sei.[119] Nach Auffassung des Autors dient die Vereinbarung eines einheitlichen Erfüllungsortes für sämtliche Vertragsbeendigungen der Rechtssicherheit. Dies vor allem auch deshalb, weil dem Leasinggeber das Verhalten des Lieferanten im Rahmen der Vertragsabwicklung mangels Erfüllungsgehilfenstellung ohnehin nicht zugerechnet werden kann.[120]

(2) Bestimmung des Wohnorts des Leasingnehmers oder des Lieferanten

Eine Vereinbarung, wonach eine Holschuld des Leasinggebers beim Leasingnehmer vereinbart wird, stehen keine Bedenken entgegen, da diese – mangels Kosten und Gefahrtragung des Transports – für den Leasingnehmer günstiger ist.[121]

Auch der Bestimmung des Sitzes des Lieferanten ist nicht zu beanstanden, da dies dem Ort der Abholung und ursprünglichen Übergabe entsprechen wird.[122] Dies gilt vor allem deshalb, weil der Lieferant dem Leasingnehmer regelmäßig örtlich näher ist, als der Leasinggeber und der Leasingnehmer sich den Lieferanten ausgesucht haben wird.

(3) Ausschließliche Bestimmung des Sitzes des Leasinggebers

Nach Beckmann ist in der Festlegung der ausschließlichen Rückgabe beim Leasinggeber eine unzulässige Vereinbarung im Sinne des § 29 Abs. 2 ZPO zu sehen. Dies solle vor allem deshalb nicht möglich sein, da der Leasinggeber im Vergleich zum Lieferanten oftmals in einer größeren räumlichen Distanz zum Leasingnehmer stehe. Eine solche Klausel sei daher überraschend im Sinne des § 305c Abs. 1 BGB.[123]

Unabhängig davon, dass der Leasinggeber in der Praxis ohnehin die Rückgabe an den Lieferanten aufgrund der Sachnähe bestimmen wird, ist den Ausführungen

---

119 Beckmann, Finanzierungsleasing, § 8, Rn. 175.
120 Vgl. Kapitel B. II. 3.
121 Beckmann, Finanzierungsleasing, § 8, Rn. 177.
122 Beckmann, Finanzierungsleasing, § 8, Rn. 187 f.
123 Beckmann, Finanzierungsleasing, § 8, Rn. 183.

von Beckmann nicht zu folgen.[124] Denn wird der zutreffenden herrschenden Meinung gefolgt, ist der Leasingnehmer bereits kraft Gesetz zur Rückgabe des Leasingsache auf seine Gefahr und Kosten beim Leasinggeber verpflichtet, §§ 546 Abs. 1, 985 BGB.[125] Die Entsprechung der gesetzlichen Vorgaben kann nicht überraschend sein, da in diesem Fall eine Inhaltskontrolle nicht durchzuführen ist, § 307 Abs. 3 S. 1 BGB.

bb. Rückgabe der Leasingsache in ordnungsgemäßem Zustand

Der Leasingnehmer hat das Leasinggut bei Vertragsbeendigung nicht nur zurückzugeben; vielmehr schuldet er die Rückgabe in einem ordnungsgemäßen und vollständigen Zustand.
Die Leasingvertragsparteien können dabei Zustandsvereinbarungen treffen. Solche vertraglichen Vereinbarungen zum Zustand des Leasingobjektes sind aber nur bei Vollamortisationsverträgen und bei Kfz-Leasingverträgen mit Kilometerabrechnung von Relevanz, da bei allen anderen Verträgen der Leasingnehmer durch die Restwertgarantie ohnehin das Verwertungsrisiko, folglich das Risiko der Verwertbarkeit, trägt.

Der Leasingnehmer hat die Leasingsache vollständig und in ordnungsgemäßem Zustand mit sämtlichen Unterlagen zurückzugeben. Darüber hinaus hat er Veränderungen bzw. Einbauten, mit denen er die Leasingsache versehen hat, gemäß §§ 539, 546 BGB zu entfernen.[126] Das gilt selbst dann, wenn der Leasingnehmer zuvor die Zustimmung des Leasinggebers eingeholt hatte und die Einrichtungen mittlerweile in das Eigentum des Leasinggebers übergegangen sind.[127] Dabei ist es grundsätzlich unerheblich, welche Kosten anfallen, weil der Leasinggeber einen Anspruch darauf hat, die Leasingsache in dem Zustand zurückzuerhalten, in dem er sie an den Leasingnehmer überlassen hat. Dieser Anspruch entfällt einzig in dem seltenen Fall, dass der Leasinggeber das Leasingobjekt in Zukunft so verwenden möchte, dass die Arbeiten zur Beseitigung von Einbauten und Zusatzeinrichtungen des Leasingnehmers völlig nutzlos wären. In einem solchen Fall kann der Leasinggeber keine Entschädigung oder Abfindung für den Wegfall des Beseitigungsanspruchs verlangen.[128]

Hat das Leasinggut allerdings Veränderungen oder Verschlechterungen durch einen vertragswidrigen Gebrauch erfahren, so haftet der Leasingnehmer bei ihn tref-

124 Vgl. auch BGH WM 1982, 666, 668, Graf von Westphalen, Der Leasingvertrag, Kapitel J, Rn. 2, S. 498.

125 BGH NJW 1982, 1747; 1987, 2367; 1988, 2665; OLG Rostock OLGR 2001, 255; Martinek/Stoffels/Wimmer-Leonhardt, Handbuch des Leasingrechts, § 35, Rn. 7, S. 385; Beckmann, Finanzierungsleasing, § 8, Rn. 171; Engel, KFZ-Leasing, § 9, Rn. 40; Graf von Westphalen, Der Leasingvertrag, Kapitel J, Rn. 2 ff., S. 498 f.

126 BGH WM 1981, 1060 = NJW 1981, 2564.

127 BGH NJW-RR 1994, 847; NZM 1999, 478.

128 BGHZ 96, 141.

fendem Verschulden dem Leasinggeber gemäß §§ 280 Abs. 1, 546a Abs. 2 BGB auf Ersatz der Reparaturkosten. Nach Ansicht von Teilen der Rechtsprechung soll dem Leasinggeber aber nur ein Anspruch auf Erstattung des Minderwerts zuzüglich der Mehrwertsteuer zustehen.[129] Für die Abnutzung der Leasingsache durch vertragsgemäßen Gebrauch haftet der Leasingnehmer nicht. Denn typische Gebrauchsspuren beeinträchtigen die Ordnungsgemäßheit der Rückgabe nicht, § 538 BGB. Sie sind vielmehr bereits von der Zahlung der Leasingraten abgedeckt.[130]

Die Rechtsprechung des Bundesgerichtshofes sieht in diesem Zusammenhang sog. Zustandsklauseln, nach denen sich die Leasingsache bei der Rückgabe in einem unveränderten, dem Alter und des vertragsgemäßen Nutzungsumfangs entsprechenden Zustand befinden muss und keine Mängel aufweisen darf, als wirksam an.[131] Das gilt sofern die Klausel objektive und konkrete Abgrenzungskriterien bzw. eine Checkliste oder gewisse Richtwerte enthält. Die Möglichkeit der Vereinbarung von Zustandsklauseln hat jedoch nur bei den Vollamortisationsverträgen und bei der Kilometerabrechnung praktische Relevanz, da im Übrigen der Leasingnehmer die Restwertgarantie schuldet; folglich das Verwertungsrisiko trägt.

Für die Vollständigkeit der Rückgabe, für den ordnungsgemäßen Zustand des Leasinggutes und für den Umstand, dass Veränderungen oder Verschlechterungen lediglich auf der vertragsgemäßen Nutzung beruhen oder von ihm nicht zu vertreten sind, trägt der Leasingnehmer die Beweislast.[132] Der Leasinggeber trägt dagegen die Beweislast dafür, dass die bei Rückgabe der Leasingsache festgestellten Mängel während der Nutzung und des Besitzes des Leasingnehmers entstanden sind.[133]

Zur Streitvermeidung ist es empfehlenswert, wenn die Vertragsparteien ein gemeinsam gefertigtes Protokoll über die Rückgabe der Leasingsache anfertigen, dieses unterschreiben und Fotos über den Zustand des Leasinggutes beifügen. Nach Unterzeichnung des Protokolls über den vertragsgemäßen Zustand der Leasingsache ist der Leasinggeber mit seinen Schadensersatzansprüchen dann nämlich ausgeschlossen, es sei denn, er hat sich ausdrücklich die Geltendmachung von Mängeln vorbehalten.[134]

---

129 LG Frankfurt, VersR 1999, 1113.
130 LG München DAR 1998, 19.
131 BGH NJW-RR 2000, 1303; a.A. LG München DAR 1999, 268; 2000, 363.
132 BGH NJW 2000, 2344; 2002, 3234.
133 LG München DAR 1998, 203; LG Frankfurt/M. NJW-RR 1988, 1132.
134 OLG Celle BB 1997, 2215; MDR 1998, 149.

b. Verletzung der Rückgabepflicht

Kommt der Leasingnehmer seiner Pflicht zur Rückgabe der Leasingsache bei Beendigung des Leasingvertrages schuldhaft nicht ordnungsgemäß nach, so macht er sich schadensersatzpflichtig. Gibt er sie dagegen gegen den Willen des Leasinggebers überhaupt nicht zurück, so wird der Leasingvertrag faktisch weitergeführt.

---

aa. Rechtsfolgen der Unmöglichkeit der Rückgabe

Ist die Rückgabe der Leasingsache unmöglich und hat der Leasingnehmer diesen Umstand zu vertreten, dann muss er dem Leasinggeber Schadensersatz in Höhe des Verkehrswertes leisten, §§ 280 Abs. 1, Abs. 3, 283, 546a Abs. 2 BGB.[135] Darüber hinaus kann der zu ersetzende Schaden in Höhe des Kaufpreises bzw. Werklohns oder eines Teils davon bestehen, wenn die vom Leasingnehmer zu vertretende Unmöglichkeit der Rückgabe dazu führt, dass der Leasinggeber seinen Rückzahlungsanspruch gegen den Lieferanten nicht oder nicht in vollem Umfang durchsetzen kann.

Hat der Leasingnehmer dagegen die Unmöglichkeit der Rückgabe nicht zu vertreten, dann haftet er nicht auf Schadensersatz. Allerdings besteht nach § 280 Abs. 1 S. 2 BGB die Vermutung des Vertretenmüssens. Es liegt an dem Leasingnehmer diese Vermutung zu widerlegen.

bb. Rechtsfolgen der verspäteten oder unterlassenen Rückgabe

Gibt der Leasingnehmer die Leasingsache bei regulärer Vertragsbeendigung verspätet zurück oder unterlässt er die Rückgabe völlig, dann setzt sich das Leasingverhältnis auf unbestimmte Dauer faktisch fort, sofern nicht Leasinggeber oder Leasingnehmer binnen einer Frist von zwei Wochen der Fortsetzung des Vertragsverhältnisses widersprechen, § 545 BGB. Denn der Leasingnehmer, der dem Leasinggeber das Leasinggut vorenthält, soll nicht besser stehen, als er stünde, wenn der Leasingvertrag fortdauern würde.[136]

(1) Anspruch des Leasinggebers auf Zahlung einer Nutzungsentschädigung

In solchen Fällen ist der Leasinggeber berechtigt, gemäß § 546a Abs. 1 BGB eine Nutzungsentschädigung zu verlangen. Das gilt jedoch nur, wenn die Nichtrückgabe dem Willen des Leasinggebers widerspricht.[137] Denn sofern der Leasinggeber selbst von einer Fortsetzung des Leasingvertrages ausgeht, liegt keine Vorenthaltung der Lea-

---

135 BGH NJW 1985, 1535.

136 Vgl. zur verspäteten Rückgabe MüKoBGB/Koch, Bd. 3, Finanzierungsleasing, Rn. 141.

137 BGH NJW-RR 2004, 558; NJW 2005, 1081; WM 2005, 1332.

singsache und folglich die Voraussetzung für den Anspruch auf Nutzungsentschädigung nicht vor, sondern eine konkludente Verlängerung des vorherigen Leasingvertrages mit den dort bestimmen Vertragsparametern. Folglich genügt als Voraussetzung für die Nutzungsentschädigung nicht allein das Vorenthalten der Leasingsache. Vielmehr kommt es zusätzlich auf den Willen des Leasinggebers an.

Der Anspruch auf Nutzungsentschädigung gemäß § 546a BGB stellt keinen Schadensersatzanspruch dar, so dass die Regelungen des § 254 BGB keine Anwendung finden.[138]

Da der Amortisationszweck für die Sanktion unberechtigter Vorenthaltung der Leasingsache nach Vertragsende unerheblich ist, ist der Leasingnehmer unabhängig davon, ob dem Leasinggeber aus der Vorenthaltung der Leasingsache tatsächlich ein Schaden entstanden ist oder er irgendeinen Nutzen hätte ziehen können, zur Zahlung der Nutzungsentschädigung gemäß § 546a BGB verpflichtet. Der Anspruch auf Zahlung einer solchen Nutzungsentschädigung besteht demnach sowohl bei Vollamortisations- als auch bei Teilamortisationsverträgen, sofern die Rückgabe bei Ende der Vertragslaufzeit unterbleibt. Nach der Rechtsprechung des Bundesgerichtshofes gilt das selbst dann, wenn die Vollamortisation erreicht ist.[139] Aus diesem Grund ist es für den Leasingnehmer ratsam, die Leasingsache an den Leasinggeber spätestens am Vertragsende auch bei einem noch andauernden Lieferprozess zurückzugeben bzw. den Leasinggeber wegen der Rückgabe in Annahmeverzug zu setzen.

Allerdings kann in Ausnahmefällen dem Leasinggeber nach Ansicht des Bundesgerichtshofes die Geltendmachung einer Nutzungsentschädigung wegen Vorenthaltens der zurück zu gewährenden Leasingsache versagt werden. So handele es sich um eine unzulässige Rechtsausübung im Sinne von § 242 BGB, wenn etwa der Zeitwert der Sache alters- oder gebrauchsbedingt so weit abgesunken ist, dass eine Nutzungsentschädigung in Höhe der Leasingrate zu dem verbliebenen Verkehrswert völlig außer Verhältnis stünde.[140] Ebenso wird die Geltendmachung einer Nutzungsentschädigung durch den Leasinggeber als rechtsmissbräuchlich angesehen, wenn der Leasingnehmer das Leasinggut aufgrund eines Sachmangels nicht vereinbarungsgemäß nutzen kann und er deshalb sogar einen Lieferprozess gegen den Lieferanten führt.[141] Die Beweislast obliegt insoweit dem Leasingnehmer.

Darüber hinaus besteht ein Nutzungsanspruch des Leasinggebers bei der berechtigten Geltendmachung eines Zurückbehaltungsrechts gemäß § 273 BGB durch den Leasingnehmer nur dann, wenn der Leasingnehmer das Leasingobjekt tatsächlich weiternutzt.[142]

---

138 MüKoBGB/Bieber, Bd. 3, § 546a, Rn. 7 m.w.N.
139 BGH NJW-RR 1990, 182.
140 BGH NJW 2005, 1081.
141 OLG Köln NJW-RR 1993, 121.
142 BGH NJW 1975, 1773; OLG Köln CR 1996, 152.

(2) Umfang der Nutzungsentschädigung

Die Nutzungsentschädigung wird vom Leasingnehmer in Höhe der vereinbarten Leasingraten als Mindestentschädigung geschuldet.[143] Da der Leasingnehmer das Leasingobjekt jederzeit zurückgeben kann, soll dies nach Ansicht der Rechtsprechung selbst dann gelten, wenn zwischen dem Restwert der Leasingsache und der vereinbarten Ratenhöhe ein Missverhältnis besteht.[144] Wie bereits angesprochen, ist das Verlangen des Leasinggebers nach Zahlung einer Nutzungsentschädigung in Höhe der vereinbarten Leasingraten erst dann als unzulässige Rechtsausübung anzusehen, wenn der Zeitwert des Leasingobjekts alters- oder gebrauchsbedingt so weit abgesunken ist, dass eine Nutzungsentschädigung in Höhe der vereinbarten monatlichen Leasingrate zu dem verbliebenen Verkehrs- oder Gebrauchswert der Leasingsache völlig außer Verhältnis steht.[145]

Es ist weiter zu beachten, dass eine Klausel in den Allgemeinen Leasingbedingungen des Leasinggebers, nach welcher der Leasingnehmer für jeden angefangenen Monat der Vorenthaltung der Leasingsache die im Leasingvertrag vereinbarte Leasingrate als Nutzungsentschädigung vollständig zu bezahlen hat, nach der Rechtsprechung des Bundesgerichtshofes wegen Verstoßes gegen § 307 Abs. 2 Nr. 1 BGB unwirksam ist.[146]

Die Nutzungsentschädigung unterliegt der Umsatzsteuer.[147] Bei Verzug des Leasingnehmers mit der Zahlung der geschuldeten Nutzungsentschädigung ist die Verzinsung in Höhe von acht Prozentpunkten über dem Basiszins bei einem Unternehmergeschäft zu beachten, § 288 Abs. 2 BGB. Andernfalls beläuft sich die Verzinsung auf fünf Prozentpunkte über dem Basiszinssatz, § 288 Abs. 1 BGB.

Der Leasingnehmer schuldet die Zahlung der Nutzungsentschädigung wegen Vorenthaltung der Leasingsache aber nicht bis zum Schluss der jeweiligen Abrech-

---

143 MüKoBGB/Bieber, Bd. 3, § 546a, Rn. 10, 12.

144 BGH NJW 1989, 1730; OLG Hamm NJW-RR 1999, 1729; OLG Celle OLGR 1995, 194.

145 BGH Urteil vom 13.4.2005 – VIII ZR 377/03 = WM 2005, 1332 = NJW-RR 2005, 1081 = DB 2005, 1328: *„Das Verlangen des Leasinggebers nach Zahlung einer Nutzungsentschädigung in Höhe der vereinbarten Leasingrate wegen Vorenthaltung der vom Leasingnehmer vertragswidrig nicht zurückgegebenen Leasingsache ist erst dann als unzulässige Rechtsausübung anzusehen, wenn der Zeitwert des Leasingobjekts alters- oder gebrauchsbedingt so weit abgesunken ist, dass eine Nutzungsentschädigung in Höhe der vereinbarten monatlichen Leasingrate zu dem verbliebenen Verkehrs- oder Gebrauchswert der Leasingsache völlig außer Verhältnis steht."*

146 BGH Urteil vom 7.1.2004 – VIII ZR 103/03 = WM 2004, 1187 = NJW-RR 2004, 558 = DB 2004, 376: *„Die in den Allgemeinen Geschäftsbedingungen eines Leasinggebers enthaltene Klausel. ‚Gibt der Leasingnehmer das Leasingobjekt nicht zurück, so hat er für jeden angefangenen Monat der nicht erfolgten Rückgabe die im Leasingvertrag vereinbarte Leasingrate als Nutzungsentschädigung zu bezahlen' ist wegen unangemessener Benachteiligung des Leasingnehmers nach § 307 Abs. 2 Nr. 1 BGB unwirksam, weil sie mit einem wesentlichen Grundgedanken der gesetzlichen Regelung des § 546a Abs. 1 BGB nicht zu vereinbaren ist."*

147 BGH NJW 1988, 2665; 1989, 1730; NJW-RR 1996, 460; ZIP 1988, 917.

nungsperiode. Vielmehr schuldet er sie nur bis zur tatsächlichen Rückgabe des Leasingobjekts.[148] Anschließend hat der Leasinggeber nur noch einen Schadensersatzanspruch, der sich nach der abgezinsten Nettorate ohne Umsatzsteuer berechnet.[149]

(3) Weitere Ersatzansprüche des Leasinggebers

Liegen die Voraussetzungen des Nutzungsersatzanspruches aus § 546a BGB mangels Vorenthaltens nicht vor, dann kommen vor allem Ersatzansprüche des Leasinggebers aus §§ 812, 818 Abs. 2 BGB oder aus §§ 987 ff. BGB in Betracht.[150]

Ein Anspruch auf Nutzungsersatz gemäß §§ 812, 818 Abs. 2 BGB wird durch § 546a BGB nicht ausgeschlossen. Allerdings erscheint es fraglich, ob der Leasinggeber weiterhin berechtigt ist, vom Leasingnehmer die Zahlung der Leasingraten in voller Höhe zu verlangen, da der § 818 Abs. 2 BGB auf Wertersatz in Geld gerichtet ist. Da die Leasingsache regelmäßig einen wesentlich geringeren Verkehrswert zum Zeit des Rückgabeverlangens aufweist, als zu dem Zeitpunkt als der Leasinggeber die Kalkulation der Leasingraten erstellt hat, kann folglich nur der objektive Verkehrswert, den die Nutzung der Leasingsache nach ihrer tatsächlichen Beschaffenheit hat, Gegenstand der Pflicht zur Herausgabe gemäß § 818 Abs. 2 BGB sein. Zugleich ist aber anzumerken, dass der Leasinggeber hierdurch in der Regel nicht unangemessen benachteiligt wird, weil er zur Zeit der regulären Beendigung des Leasingvertrages bereits seine kalkulierte Vollamortisation erreicht haben wird.

Ebenfalls nicht durch § 546a BGB ausgeschlossen sind die Ansprüche aus dem Eigentümer-Besitzer-Verhältnis der §§ 987 ff. BGB. Der wegen seines fehlenden Besitzrechts bösgläubige Besitzer oder bereits auf Rückgabe der Leasingsache verklage Leasingnehmer ist zur Herausgabe der gezogenen Nutzungen verpflichtet. Dabei liegt die erforderliche Bösgläubigkeit bereits dann vor, wenn der Leasingnehmer aufgrund der vertraglichen Absprachen davon Kenntnis hat, wie es regelmäßig der Fall sein wird, dass die Laufzeit des Leasingvertrages beendet ist und ihm keine Nutzungsberechtigung mehr zusteht. Auch hier hat der Leasinggeber demnach nicht ohne weiteres Anspruch auf Zahlung der vereinbarten Leasingraten in Form einer Nutzungsentschädigung. Denn der Leasingnehmer kann wiederum nur verpflichtet werden, den objektiven Verkehrswert für das betroffenen Leasingobjekt unter Berücksichtigung der Nutzungsdauer zu erstatten.[151]

---

148 MüKoBGB/Bieber, Bd. 3, § 546a, Rn. 16.
149 OLG Rostock NJW-RR 2002, 1712.
150 BGH WM 1974, 260 = NJW 1974, 556; NJW-RR 2004, 558.
151 OLG Hamm ZIP 1989, 45.

(4) Verschärfte Haftung des Leasingnehmers

Neben den vorgenannten Ansprüchen des Leasinggebers ist weitere Konsequenz der nicht rechtzeitigen Rückgabe der Leasingsache, dass den Leasingnehmer die Haftungsverschärfung des § 287 BGB trifft. Demnach haftet er auch für die nach Vertragsende eintretende Verschlechterung und den Untergang der Leasingsache, selbst wenn diese auf Zufall beruhen sollte. Etwas anderes gilt nur dann, wenn der Schaden am Leasingobjekt auch bei rechtzeitiger Rückgabe eingetreten wäre und der Leasingnehmer diesen Umstand auch beweisen kann.

c. Durchsetzung des Rückgabeanspruchs

aa. Rückgabe als Rücknahme aufgrund des Selbsthilferechts des Leasinggebers

In der Leasingbranche ist es üblich, dass der Leasinggeber im Zusammenhang mit einer Kündigung eines Leasingvertrages die Rückgabe der Leasingsache vollzieht. Einer der Gründe dafür ist der Umstand, dass der Leasinggeber in den Fällen des Vorenthaltens der Leasingsache durch den Leasingnehmer hinreichend geschützt ist, weil ihm weiterhin der Anspruch auf Zahlung der Leasingraten zusteht. Andererseits ist das Leasinggut für den Leasinggeber bei nicht solventen Leasingnehmern regelmäßig die einzige Sicherheit.

Wenn der Leasingnehmer die Leasingsache nicht freiwillig herausgibt, dann muss der Leasinggeber sich zur Durchsetzung seines Rückgabeanspruchs der Hilfe der Gerichte bedienen. Nimmt der Leasinggeber die Leasingsache selbst und im Rahmen von Selbstjustiz (private Sichersteller) an sich, dann liegt in diesem Verhalten eine Beeinträchtigung des Besitzrechts des Leasingnehmers, der sich hiergegen nach § 862 BGB wehren kann. Denn eine Sicherstellung im Wege der Selbsthilfe stellt selbst bei Bestehen eines Herausgabeanspruchs des Leasinggebers verbotene Eigenmacht gemäß § 858 BGB dar, die entgegen der weit verbreiteten Praxis nicht nach den §§ 229 ff. BGB erlaubt ist.[152] Selbsthilfe wird gemäß § 229 BGB nur gestattet, sofern obrigkeitliche Hilfe nicht zu erlangen oder die Verwirklichung des Anspruchs gefährdet ist. Dies kann etwa dann angenommen werden, wenn sich der Leasingnehmer ins Ausland absetzen möchte oder nur die Leasingsache ins Ausland ausführen will.

Ob die vertragliche Vereinbarung eines Selbsthilferechts zulässig ist und somit praktikabel wäre, erscheint fraglich. So führt der Bundesgerichtshof in seiner Rechtsprechung dazu aus, dass zu bedenken sein müsse, dass die Selbsthilfe jedenfalls im Zeitpunkt ihrer Ausübung gegen den Willen des Leasingnehmers erfolgt und folglich verbotene Eigenmacht darstellt.[153]

152 OLG Hamm BB 1992, 730; LG Fürth, BB-Beilage 5/1998, 24.
153 BGH NJW 1977, 1818.

bb. Durchsetzung der Rückgabe im Wege der einstweiligen Verfügung

Vorzugsweise sollte der Leasinggeber den Rückgabeanspruch im Wege der einstweiligen Verfügung gemäß §§ 935 ff. ZPO sichern, um zu verhindern, dass das Leasingobjekt durch die weitere Nutzung seitens des Leasingnehmers weiter an Wert verliert. Sind sogar weitere Vermögenswerte des Leasingnehmers verfügbar, dann ist es für den Leasinggeber ratsam, an die Beantragung eines Arrestes gemäß §§ 916 ff. ZPO zu denken, um wegen der gegen den Leasingnehmer bestehenden Entgeltforderungen Sicherung zu erlangen.

Der Leasinggeber kann die Herausgabe der Leasingsache an sich selbst regelmäßig nicht erfolgreich in Form der Leistungsverfügung gemäß § 940 ZPO erwirken. Die Rechtsprechung gibt einem derartigen Antrag wegen Vorwegnahme der Hauptsache in der Regel nicht statt. Grundsätzlich kann die ausnahmsweise Befriedigung des Leasinggebers als Gläubiger durch eine einstweilige Verfügung darüber hinaus auch nur dann erfolgen, wenn ein besonderer Verfügungsgrund vorliegt und der Leasinggeber demnach auf die sofortige Vollziehung dringend angewiesen ist. Das kann nur dann der Fall sein, wenn es dem Leasinggeber unter keinen Umständen länger zugemutet werden kann, bis zur Entscheidung in der Hauptsache zuzuwarten, sondern vielmehr die Herausgabe der Leasingsache an ihn kurzfristig erfolgen muss.[154] Dazu müsste der Leasinggeber etwa glaubhaft machen können, dass der Leasingnehmer das Leasingobjekt wegen der Kündigung oder des Rückgabeverlangens so sehr abnutzt oder gar beschädigt, dass der Verkehrswert in erheblichem Umfang beeinträchtigt zu werden droht.

Um dennoch mit einer Leistungsverfügung auf Herausgabe der Sache an den Leasinggeber Erfolg zu haben, wird in der Praxis häufig von vornherein vom Leasinggeber die Herausgabe der Leasingsache nicht an sich, sondern an einen Sequester beantragt.[155]

Es ist dem Leasinggeber zu empfehlen, dass er gleichzeitig mit seinem Antrag auf Herausgabe an sich zum Zweck der werthaltigen Verwertung der Leasingsache eine Sicherheitsleistung anbietet. Denn dann kann das Gericht die Herausgabe an ihn mit der Anordnung einer Sicherheitsleistung gemäß §§ 936, 921 ZPO verbinden. Die Sicherheit kann durch eine schriftliche, unwiderrufliche, unbedingte und unbefristete selbstschuldnerische Bürgschaft eines im Inland zum Geschäftsbetrieb zugelassenen Kreditinstituts erbracht werden, § 108 ZPO.

Dennoch ist zu bedenken, dass in der gerichtlichen Praxis der einstweilige Rechtsschutz nur unzureichend gewährt wird. Auch das bereits angedeutete Problem, dass während der Dauer eines Rechtsstreits über die Rückgabe des Leasinggutes und über die Zahlung ausstehender Leasingraten der Leasingnehmer die Leasingsache

---

154 OLG Köln NJW-RR 1996, 1088.

155 OLG Düsseldorf WM 1995, 2049; OLG Köln NJW-RR 1997, 57; OLG Dresden WM 1998, 1678; OLG Celle NZM 2001, 194.

unter Umständen noch monate- oder jahrelang weiternutzt, ohne die vereinbarten Leasingraten, eine Nutzungsentschädigung oder einen Restwertausgleich zu zahlen, obwohl der Wertverlust immer weiter fortschreitet, ändert an der Vorgehensweise der Gerichte nichts.

cc. Herausgabeklage des Leasinggebers gegen den Leasingnehmer

Gibt der Leasingnehmer die Leasingsache nicht freiwillig heraus und liegen die Voraussetzungen einer einstweiligen Verfügung nicht vor, dann ist der Leasinggeber gezwungen, seinen Anspruch auf Rückgabe der Leasingsache durch die Erhebung einer Klage geltend zu machen.

Dabei sollte der Leasinggeber beachten, dass bei einem Leasingvertrag mit mehreren Leasingnehmern für die Zwangsvollstreckung ein Titel gegen jeden der Leasingnehmer erforderlich ist, auch wenn nur noch einer der Leasingnehmer unmittelbarer Besitzer ist.[156] Dies gilt auch bei Personengesellschaften, da sich § 128 HGB direkt – bei der GbR analog – auf den unmittelbaren Besitz erstreckt.

Zwar ist ein Titel gegen den lediglich mithaftenden Vierten, der nicht Besitzer des Leasingobjekts ist, nicht erforderlich. Aber auch Mitbesitzer, die nicht Leasingnehmer und nicht zur Herausgabe bereit sind, müssen einbezogen werden. Verweigert der mitbesitzende Nichtleasingnehmer und Vertragspartner die Herausgabe des Leasingobjekts, dann muss der Leasinggeber sonst auch gegen ihn auf Herausgabe im Erkenntnisverfahren klagen und kann die Zwangsvollstreckung nicht betreiben.[157]

Da der Leasinggeber sich den Anspruch des Leasingnehmers gegen den Dritten gemäß § 886 ZPO nach den Vorschriften über die Pfändung und Überweisung von Geldforderungen überweisen lassen kann, ist ein Titel auf Herausgabe der Leasingsache gegen bloße Besitzdiener im Sinne des § 855 BGB, wie etwa Angestellte, Gäste etc., für die Zwangsvollstreckung nicht erforderlich.

Selbst für den Fall, dass der Besitzübergang vom Leasingnehmer auf einen Vierten nach Rechtshängigkeit der Herausgabeklage gegen den Leasingnehmer erfolgt, ist der Leasinggeber ausreichend geschützt. Er kann sich den Titel gegen den Leasingnehmer gemäß §§ 727, 325 Abs. 1 ZPO umschreiben lassen.

dd. Gegenrechte des Leasingnehmers

Da der Leasingnehmer daran interessiert sein dürfte, die Leasingsache weiterhin nutzen zu können, steht ihm die Möglichkeit zu, die Vollstreckung der auf Herausgabe an den Leasinggeber gegen Sicherheitsleistung gerichteten einstweiligen Verfügung

---

156 BGH NJW 2004, 3041.

157 BGH NJW-RR 2003, 1450; NJW 2004, 3041.

seinerseits durch das Angebot einer Sicherheit entsprechend § 923 ZPO abzuwenden. Daneben besteht die Möglichkeit der Sicherheitsleistung nach § 108 ZPO.

Sofern der Leasinggeber die Leasingsache gegen den Willen des Leasingnehmers weggenommen und somit verbotene Eigenmacht gemäß § 858 BGB verübt hat, kann der Leasingnehmer seinerseits im Wege der einstweiligen Leistungsverfügung vom Leasinggeber die Wiedereinräumung des Besitzes im Sinne von § 861 BGB verlangen, § 940 ZPO.[158]

d. Rechtsfolgen der vorzeitigen Rückgabe

Erfolgt die Rückgabe vorzeitig, dann muss sich dieser Vorteil für den Leasinggeber durch eine Neuberechnung des vereinbarten Restwerts zugunsten des Leasingnehmers auswirken.[159] Dies gilt nach Auffassung des Bundesgerichtshofes selbst dann, wenn das Leasinggut nach der Beendigung des Leasingvertrages durch Zufall untergegangen ist. Denn selbst eine formularmäßige Klausel, nach welcher der Leasingnehmer die Gefahr des zufälligen Untergangs zu tragen hat, kann nur für die Zeit des Bestehens des Leasingvertrages zur Anwendung gelangen.[160]

2. Abrechnung und Zahlungspflichten bei regulärer Vertragsbeendigung

Die Zahlungspflichten des Leasingnehmers nach Vertragsbeendigung hängen von der jeweiligen Ausgestaltung des Leasingvertrages ab. Es gilt:

Unabhängig davon, ob es sich um einen Voll- oder Teilamortisationsvertrag handelt, schuldet der Leasingnehmer bei ordentlicher Beendigung des Leasingvertrages stets die Vollamortisation des Leasinggebers. Beim Teilamortisationsvertrag erfolgt dies im Wege einer Restwertgarantie, die eine Zahlungspflicht des Leasingnehmers bei Vertragsbeendigung in Höhe des Restwertes abzüglich des Verwertungserlöses begründet. Besonderheiten gelten beim kündbaren Teilamortisationsvertrag. Beim Leasingvertrag mit Kilometerabrechnung dagegen schuldet der Leasingnehmer lediglich die Rückgabe des Leasinggutes in einem vertragsgemäßen Zustand, da er hier keine Restwertgarantie übernimmt.

Bei der Abrechnung des Leasingvertrages bedarf es der notwendigen Unterscheidung zwischen der Abrechnung bei regulärer Vertragsbeendigung und der Abrechnung bei vorzeitiger Vertragsbeendigung.[161] Die Risikoverteilung gleicht bei der Beendigung des Leasingvertrages derjenigen des Mietvertrages. Dort trifft den Vermieter einerseits

158 OLG Düsseldorf OLGR 2002, 175; OLG Saarbrücken MDR 2003, 1198.
159 OLG Celle NJW-RR 1998, 704.
160 BGH NJW 1995, 1541.
161 BGH NJW 2002, 2713.

das Risiko der Verschlechterung im Rahmen des vertragsgemäßen Gebrauchs gemäß § 538 BGB durch übermäßige Abnutzung. Andererseits trägt der Vermieter das Risiko einer Wertminderung oder eines völligen Wertverlustes, wobei beim Leasingvertrag das Risiko des Leasinggebers – als wesentlicher Unterschied zum klassischen Mietvertrag – in Form der Werthaltigkeit durch die entweder während der Vertragslaufzeit eintretende oder mit Vertragsende begründete Vollamortisation begrenzt wird. Wird der Leasingvertrag der regulären Beendigung zugeführt, sei es durch Ablauf der Vertragsdauer oder bei unbestimmter Vertragslaufzeit durch im Vertrag vorgesehene ordentliche Kündigung, dann schuldet der Leasingnehmer soweit nichts anderes vereinbart ist, die Erfüllung des Leasingvertrages in Form der Vollamortisation.

Der Leasingnehmer hat folglich den Anschaffungswert der Leasingsache zu erstatten und die Vertragskosten sowie den kalkulierten Gewinn des Leasinggebers auszugleichen.[162]

a. Abrechnung von erlasskonformen Vollamortisationsverträgen bei regulärer Vertragsbeendigung

Bei Vollamortisationsverträgen erfolgt durch die während der Grundmietzeit geleisteten Leasingraten einschließlich eventueller Leasingsonderzahlungen eine vollständige Amortisation des Leasinggebers. Gibt der Leasingnehmer den Leasinggegenstand vertragsgemäß zum Vertragsende zurück, dann ist der Vollamortisationsvertrag mit regulärer Beendigung abgewickelt, ohne dass eine weitere Ausgleichspflicht zwischen den Leasingvertragsparteien besteht.[163]

Bei allen Varianten der erlasskonformen Vollamortisationsverträge bewirkt der Leasingnehmer während der Grundmietzeit durch Zahlung der Leasingraten bzw. der Leasingsonderzahlungen die Vollamortisation des Leasinggebers. Als Folge der begrenzten Grundmietzeit von höchstens 90 % besteht für den Leasinggeber die Chance einer weiteren Gewinnrealisierung, was zur Bestätigung des wirtschaftlichen Eigentums beim Leasinggeber führt. Da die Verwertung der Leasingsache demzufolge nicht mehr der Amortisation dient, fällt sie in den Verantwortungsbereich des Leasinggebers.

Die zusätzliche Gewinnchance wird regelmäßig den stillen Reserven entsprechen, folglich dem Unterschiedsbetrag zwischen Buchwert und dem realen Wert. Zur Realisierung sind je nach Vertragsbedingungen zum Ende der Grundmietzeit Vollamortisationsverträge ohne Option und solche mit Option zu unterscheiden.[164]

162 Beckmann, Finanzierungsleasing, § 8, Rn. 27.
163 Vgl. Kapitel A. II. 1. sowie Martinek/Stoffels/Wimmer-Leonhardt, Handbuch des Leasingrechts, § 34, Rn. 8, S. 382.
164 Martinek/Stoffels/Wimmer-Leonhardt, Handbuch des Leasingrechts, § 2, Rn. 15, S. 15.

aa. Vollamortisationsverträge mit Option

Beiden Vollamortisationsverträgen mit Option ist immanent, dass der Leasingnehmer einen Anschlussvertrag vom Leasinggeber verlangen kann. Darüber hinaus bestehen bei vertragsgemäßer Rückgabe keine weiteren Zahlungsansprüche des Leasinggebers.

(1) Kaufoption des Leasingnehmers

Wird bei Vertragsabschluss eine Kaufoption vereinbart, so steht dem Leasingnehmer nach Ablauf der Grundmietzeit das Recht zu, das Leasingobjekt zu einem bei Vertragsschluss vereinbarten Preis zu erwerben.

Nach dem Leasingerlass gilt für Vollamortisationsverträgen mit Kaufoption:

> „Der Leasingnehmer hat das Recht, nach Ablauf der Grundmietzeit, die regelmäßig kürzer ist als die betriebsgewöhnliche Nutzungsdauer des Leasinggegenstandes, den Leasinggegenstand zu erwerben."[165]

Damit ein erlasskonformer Leasingvertrag einschlägig ist, darf der Preis jedoch nicht unter dem Wert liegen, der sich bei Anwendung der linearen AfA gemäß § 7 Abs. 1 EStG als Buchwert ergibt; oder aber als der niedrigere gemeine Wert im Zeitpunkt der Veräußerung.

(2) Mietverlängerungsoption

Dem Leasingnehmer kann anstelle einer Kaufoption auch eine Mietverlängerungsoption eingeräumt werden. Dem Leasingnehmer wird dadurch die Möglichkeit eröffnet, am Ende der vereinbarten Vertragslaufzeit eine Verlängerung des Leasingvertrages zu verlangen.[166]

Nach dem Leasingerlass gilt für Vollamortisationsverträge mit Mietverlängerungsoption:

---

165 Mobilienerlass/Vollamortisation, BMF-Schreiben vom 19.04.1971 – IV B/2 – S 2170 – 31/1 (BStBl. 1971 I 264).

166 Martinek/Stoffels/Wimmer-Leonhardt, Handbuch des Leasingrechts, § 2, Rn. 18, S. 15.

> „Der Leasingnehmer hat das Recht, nach Ablauf der Grundmietzeit, die regelmäßig kürzer ist als die betriebsgewöhnliche Nutzungsdauer des Leasinggegenstandes, das Vertragsverhältnis zu verlängern.“ [167]

Die Bestimmung der Verlängerungsrate am Ende der Grundmietzeit orientiert sich dabei am tatsächlichen Werteverzehr des Leasinggutes während des Verlängerungszeitraumes.[168] Die Rate errechnet sich auf der Grundlage des Buchwerts des Leasinggutes, der sich bei Anwendung der linearen AfA aus § 7 Abs. 1 EStG ergibt. Es kann hier jedoch auch der niedrigere gemeine Wert sowie die Restnutzungsdauer laut AfA-Tabelle angesetzt werden. Für die zivilrechtliche Ausgestaltung ist allein die Festlegung im Leasingvertrag entscheidend.

bb. Vollamortisationsverträge ohne Option

Daneben existieren auch Vollamortisationsverträge ohne Option. Für die Abrechnung nach Vertragsbeendigung gilt folgender Grundsatz:

Mit vertragsgemäßer Rückgabe des Leasingobjekts bei Beendigung des Leasingvertrages bestehen keine darüber hinaus gehenden Ausgleichsansprüche der Leasingvertragsparteien, insbesondere keine weiteren Zahlungspflichten des Leasingnehmers.

Nach dem Leasingerlass gilt für Vollamortisationsverträge ohne Option:

> „Der Leasingnehmer hat nicht das Recht, nach Ablauf der Grundmietzeit den Leasinggegenstand zu erwerben oder den Leasingvertrag zu verlängern.“[169]

Bei Vollamortisationsverträgen ohne Option sind zwei Fälle zu unterscheiden:

Entweder die Grundmietzeit deckt sich mit der betriebsgewöhnlichen Nutzungsdauer des Leasinggegenstandes oder sie ist geringer als die betriebsgewöhnliche Nutzungsdauer des Leasinggegenstandes.

Der Leasingnehmer muss das Leasinggut nach Ablauf der Grundmietzeit an den Leasinggeber zurückgeben, wenn bei Vertragsabschluss keine Optionsvereinbarung zu Gunsten des Leasingnehmers getroffen wurde. Der Leasinggeber kann mit Einverständnis des Leasingnehmers das Leasinggut an diesen veräußern; muss dies aber nicht. Eine unterschiedliche steuerliche Behandlung ergibt sich zwischen Verträgen mit und solchen ohne Option nicht.

---

167 Mobilienerlass/Vollamortisation, BMF-Schreiben vom 19.04.1971 – IV B/2 – S 2170 – 31/1 (BStBl. 1971 I 264).

168 Martinek/Stoffels/Wimmer-Leonhardt, Handbuch des Leasingrechts, § 2, Rn. 18, S. 15.

169 Mobilienerlass/Vollamortisation, BMF-Schreiben vom 19.04.1971 – IV B/2 – S 2170 – 31/1 (BStBl. 1971 I 264).

cc. Ansprüche des Leasinggebers bei nicht vertragsgemäßer Rückgabe des Leasingobjektes

Wie bereits zuvor dargestellt, steht dem Leasinggeber bei nicht vertragsgemäßer Rückgabe des Leasingobjekts ein Anspruch auf Nutzungsentschädigung zu. Darüber hinaus können aber auch weitergehende Schadensersatzansprüche gegen den Leasingnehmer erwachsen.[170]

b. Erlasskonformer Teilamortisationsvertrag bei regulärer Vertragsbeendigung

---

Bei sämtlichen Teilamortisationsverträgen schuldet der Leasingnehmer die Vollamortisation, folglich die Leasingraten, Leasingsonderzahlungen und den bei Vertragsabschluss garantierten Restwert (kalkulatorische Gesamtbetrag). Vom Restwert ist der Erlös aus der Verwertung des Leasinggegenstandes zum Abzug zu bringen.[171]

Wird der kalkulatorische Gesamtbetrag nach Verwertung erreicht, bestehen keine weiteren Zahlungsansprüche gegen den Leasingnehmer. Besteht jedoch eine Unterdeckung, schuldet der Leasingnehmer dem Leasinggeber aufgrund der Vollamortisationszusage Ausgleich in Form eines Entgeltanspruchs i.S.d. § 288 Abs. 1 BGB.

Der garantierte Restwert wird mit Vertragsbeendigung fällig. Da der Leasingnehmer ohnehin das Risiko der Wertentwicklung und Verwertbarkeit bei Vertragsbeendigung trägt, ist der bestmögliche Zustand des Leasingobjektes im originären Interesse des Leasingnehmers, weshalb eine Regelung im Unterschied zum Leasingvertrag mit Kilometerabrechnung im Leasingvertrag entbehrlich ist.

Teil- und Vollamortisationsvertrag sind auf die vollständige Amortisation des Leasinggebers gerichtet.[172] Im Unterschied zum Vollamortisationsvertrag erreicht der Leasinggeber dieses Ziel beim Teilamortisationsvertrag nicht bereits während der unkündbaren Grundmietzeit, sondern durch Verwertung des Leasinggutes nach Beendigung des Leasingvertrages. Nach der Rechtsprechung des Bundesgerichtshofes ist dem kündbaren Teilamortisationsvertrag immanent, dass jede Form der vertragsgemäßen Beendigung die Vollamortisation des Leasinggebers einschließlich des kalkulierten Gewinns sicherstellen soll.[173]

---

170 Vgl. III. 1. b.

171 Vgl. zur ordnungsgemäßen Verwertung Kapitel G. IV.

172 BGH NJW 2002, 2713.

173 BGH Urteil vom 12.6.1985 – VIII ZR 148/84 = BGHZ 95, 39 = WM 1985, 860 = NJW 1985, 2253 = ZIP 1985, 868: *„Ist dem kündbaren Teilamortisationsvertrag immanent, dass jede Form vertragsgemäßer Beendigung die volle Amortisation der Gesamtkosten des Leasinggebers einschließlich des kalkulierten Gewinns sicherstellen soll, so muss im Falle einer ordentlichen Kündigung des Vertrages durch den Leasingnehmer zunächst konkret festgestellt werden, welche Leistung der Leasingnehmer noch schuldete, wenn der Vertrag bis zu dem Zeitpunkt fortbestehen würde, in dem volle Amortisation durch Zahlung der Leasingraten eingetreten wäre. Als leasingtypisch hat danach zu gelten, dass der Leasingnehmer eine Ausgleichsleistung zu erbringen hat, die von den Gesamtkosten des Leasinggebers einschließlich seines Gewinns zu berechnen ist.“*

Handelt es sich – wie in der Praxis wegen den Vorgaben des Steuerrechts üblich – um erlasskonforme Leasingverträge, bestehen dem Grunde nach zwei Arten der Verwertungsmöglichkeiten, die sich wie folgt zusammenfassen lassen:

Stets garantiert der Leasingnehmer dem Leasinggeber die Verwertung des Leasinggutes zu einem bei Vertragsabschluss festgelegten Wert (Leasingvertrag mit Restwertgarantie). Auf diesen garantierten Restwert muss der Leasinggeber den erzielten Veräußerungspreis nach Verwertung des Leasinggutes anrechnen.
Gegebenenfalls behält sich der Leasinggeber ein Andienungsrecht vor (Leasingvertrag mit Andienungsrecht des Leasinggebers), um die Verwertung zu vereinfachen.

Der Leasingnehmer hat nach Beendigung des Leasingvertrages keinen Anspruch auf den Leasinggegenstand. Der Leasingnehmer trägt wirtschaftlich das Verwertungsrisiko.[174]

aa. Teilamortisationsvertrag mit Andienungsrecht

Beim Teilamortisationsvertrag mit Andienungsrecht kann der Leasinggeber die ordnungsgemäße Verwertung bereits dadurch erreichen, dass er den Leasingnehmer aus seiner Ankaufsverpflichtung zum kalkulatorischen Restwert in Anspruch nimmt. Erfolgt dies, besteht ein darüber hinausgehender Zahlungsanspruch des Leasinggebers nicht, weil der Andienungspreis dem garantierten Restwert entspricht.[175] Etwas anderes gilt dann, wenn weitere Zahlungsrückstände des Leasingnehmers bestanden, wie aus den Leasingraten, Verzugsschäden oder Sonderzahlungen.
Der Leasinggeber muss von seinem Andienungsrecht **keinen** Gebrauch machen und kann alternativ das Leasingobjekt frei verwerten. Erreicht der Leasinggeber trotz ordnungsgemäßer Verwertung diesen Wert nicht, hat er gegen den Leasingnehmer aus der Restwertgarantie einen Zahlungsanspruch in Höhe der Unterdeckung (garantierte Restwert abzüglich Verwertungserlös).

Beim Teilamortisationsvertrag mit Andienungsrecht werden zwischen den Parteien eine feste Grundmietzeit und ein Restwert vereinbart. Der Leasinggeber kann am Ende der Grundmietzeit vom Leasingnehmer verlangen, dass dieser das Leasinggut zu einem bereits bei Vertragsschluss vereinbarten Preis käuflich erwirbt, wenn nach Ablauf der Grundmietzeit kein Anschlussvertrag mit dem Leasingnehmer zustande kommt; ein Rechtsanspruch des Leasingnehmers hierauf besteht nicht.[176] Hierin liegt eine garantieähnliche Verpflichtung des Leasingnehmers. Das Andienungsrecht wird der Leasinggeber regelmäßig dann in Anspruch nehmen, wenn der am Markt für den Leasinggegenstand erzielbare Preis den vereinbarten Andienungspreis unterschrei-

---

174 Engel, KFZ-Leasing, Rn. 105.
175 Vgl. zur ordnungsgemäßen Verwertung Kapitel G. IV.
176 Martinek/Stoffels/Wimmer-Leonhardt, Handbuch des Leasingrechts, § 2, Rn. 22, S. 16; Reinking, Der Autokauf, Rn. L 13; vgl. auch MüKoBGB/Koch, Bd. 3, Finanzierungsleasing, Rn. 134.

tet oder er eine schnelle Verwertung an den Leasingnehmer bevorzugt. Entscheidend dabei ist zudem die Liquidität und Solvenz des Leasingnehmers. Andererseits ist es für den Leasinggeber wirtschaftlich günstiger, wenn er sein Andienungsrecht nicht ausübt und das Leasinggut zu einem höheren Preis am Markt veräußert oder weitervermietet, da ihm der Mehrwert in voller Höhe als wirtschaftlicher und zivilrechtlicher Eigentümer des Leasingobjektes zusteht.[177]

bb. Teilamortisationsvertrag mit Mehrerlösbeteiligung

Beim Teilamortisationsvertrag mit Mehrerlösbeteiligung garantiert der Leasingnehmer ebenfalls die Vollamortisation des Leasinggebers. Soweit es die Restwertgarantie und eine etwaige Unterdeckung bei der Verwertung betrifft, gelten die zuvor geschilderten Abrechungsmodi. Erzielt der Leasinggeber jedoch einen Verwertungserlös, der den Vollamortisationsanspruch bzw. den garantierten Restwert übersteigt, partizipiert der Leasingnehmer – erlasskonform zu 75 % – am erzielten Mehrerlös (Veräußerungspreis abzüglich erforderlicher Veräußerungskosten, wie Gutachten usw.).

Liegt ein Teilamortisationsvertrag mit Mehrerlösbeteiligung vor, dann kann das Leasinggut nach Ablauf der Grundmietzeit durch den Leasinggeber oder nach dessen Weisung auch durch den Leasingnehmer veräußert werden.[178] Wird dabei ein den noch nicht amortisierten Restwert übersteigender Verkaufserlös erzielt, wird der Mehrerlös nach einer im Voraus festgelegten Quotelung zwischen Leasingnehmer und Leasinggeber aufgeteilt.[179] Liegt aber der Veräußerungspreis unter dem Restwert, so besteht in Höhe des Differenzbetrages eine Zahlungsverpflichtung (Vollamortisationszusage) des Leasingnehmers gegenüber dem Leasinggeber. Denn nach dem Leasingerlass gilt:

> „Nach Ablauf der Grundmietzeit wird der Leasinggegenstand durch den Leasinggeber veräußert. Ist der Veräußerungserlös niedriger als die Differenz zwischen den Gesamtkosten des Leasinggebers und den in der Grundmietzeit entrichteten Leasingraten (Restamortisation), so muss der Leasingnehmer eine Abschlusszahlung in Höhe der Differenz zwischen Restamortisation und Veräußerungserlös zahlen. Ist der Veräußerungserlös hingegen höher als die Restamortisation, so erhält der Leasinggeber 25 %, der Leasingnehmer 75 % des die Restamortisation übersteigenden Teils des Veräußerungserlöses.[180]

177 Graf von Westphalen, Der Leasingvertrag, Kapitel B, Rn. 41, S. 134.
178 Graf von Westphalen, Der Leasingvertrag, Kapitel B, Rn. 49 f., S. 138.
179 Martinek/Stoffels/Wimmer-Leonhardt, Handbuch des Leasingrechts, § 2, Rn. 23, S. 16 f.
180 Martinek/Stoffels/Wimmer-Leonhardt, Handbuch des Leasingrechts, § 2, Rn. 23, S. 17.

cc. Teilamortisationsvertrag mit Kündigungsrecht des Leasingnehmers und Pflicht zur Abschlusszahlung

---

Eine Teilamortisierung mit Kündigungsrecht des Leasingnehmers wird auf unbestimmte Zeit abgeschlossen. Eine ordentliche Kündigungsmöglichkeit besteht nur für den Leasingnehmer.[181] Die Kündigung kann jedoch beim erlasskonformen Leasingvertrag frühestens nach Ablauf einer unkündbaren Grundmietzeit von 40 % der betriebsgewöhnlichen Nutzungsdauer erfolgen.
Im Falle einer ordentlichen Kündigung muss der Leasingnehmer an den Leasinggeber eine Abschlusszahlung leisten, die den jeweiligen, sich bei linearer Abschreibung ergebenden, Restbuchwert des Leasingguts übersteigt. Verwertet der Leasinggeber den Leasinggegenstand infolge der Kündigung durch Verkauf oder Weitervermietung, so wird der sodann erzielte Nettoerlös dem in der Regel bis zu 90 % auf seine Abschlusszahlung angerechnet.
Ist der Veräußerungserlös höher als die Differenz der Gesamtkosten des Leasinggebers und der bis zur Veräußerung des Leasinggutes entrichteten Leasingraten, so erhält der Leasinggeber den gesamten Differenzbetrag.

Hinsichtlich der Abrechnungsansprüche muss unterschieden werden, ob der Leasingnehmer von seinem ordentlichen Kündigungsrecht vor oder nach eingetretener Vollamortisation des Leasinggebers Gebrauch macht. Ebenso schuldet der Leasingnehmer auch bei kündbaren Leasingverträgen, die den Teilamortisationsverträgen gleichgestellt sind, die Vollamortisation.[182] Da bei den kündbaren Leasingverträgen die Vollamortisation aber nicht per se eintritt, wird sie durch die Zahlung einer zum Zeitpunkt der ordentlichen Kündigung fällig werdenden Ausgleichs- bzw. Abschlusszahlung erreicht.[183] Das Leasingvertragsverhältnis wandelt sich in ein Abwicklungsschuldverhältnis um.[184]

(1) Kündigung vor Vollamortisation des Leasinggebers

Beendet der Leasingnehmer den Leasingvertrag vorzeitig, ist die Vollamortisation des Leasinggebers noch nicht eingetreten. Durch die Kündigung entsteht zwischen den Leasingvertragsparteien ein Austauschverhältnis, das von der Vollamortisationszusage des Leasingnehmers im Vergleich zum klassischen Rückgewährschuldverhältnis modifiziert wird. Der Vollamortisationsanspruch wird im Rahmen des Austauschverhältnisses dadurch erreicht, dass der Leasingnehmer über die Leasingraten hinaus eine Abschlusszahlung zu erbringen hat.

---

181 Martinek/Stoffels/Wimmer-Leonhardt, Handbuch des Leasingrechts, § 2, Rn. 24, S. 17.
182 BGH NJW 1985, 2253; 1990, 2377.
183 Reinking, Der Autokauf, Rn. L 15; Martinek/Stoffels/Wimmer-Leonhardt, Handbuch des Leasingrechts, § 2, Rn. 24, S. 17; Beckmann, Finanzierungsleasing, § 8, Rn. 35.
184 Beckmann, Finanzierungsleasing, § 8, Rn. 33.

(a) Zahlung der geschuldeten Leasingraten

Um die Vollamortisation zu erreichen, verbleiben die entrichteten Leasingraten und eine eventuell zum Zeitpunkt des Vertragsbeginns geleistete Sonderzahlung des Leasingnehmers beim Leasinggeber.[185]

Nach Ansicht der Rechtsprechung ist darüber hinaus die Sonderzahlung nur insoweit auf die ausgefallene Restlaufzeit des Leasingvertrages anzurechnen, als die Vollamortisation aufgrund der vorzeitigen ordentlichen Kündigung scheitert.[186]

(b) Zahlung einer Abschlusszahlung

Der Anspruch des Leasinggebers auf eine Abschlusszahlung als leasingtypischer Ausgleich für die noch nicht eingetretene Vollamortisation ist die Folge einer interessengerechten Auslegung bzw. der Rechtsnatur des Leasingvertrages. Auch der Bundesgerichtshof sieht die grundsätzliche Verpflichtung des Leasingnehmers zur Vollamortisation durch die Abschlusszahlung als vertragsimmanente und leasingtypische Ausgleichsregelung an.[187]

Der Ausgleichsanspruch tritt mangels Vollamortisation an die Stelle des Erfüllungsanspruchs, wird mit der Verwertung der Leasingsache fällig und hat folglich Entgeltcharakter.[188] Er unterliegt deshalb der Umsatzsteuer.[189]

Ausgehend von den Gesamtkosten des Leasinggebers einschließlich seines Gewinns ist die Ausgleichszahlung entsprechend dem Teilamortisationserlass vom

185 BGH Urteil vom 11.1.1995 – VIII ZR 61/94 = NJW 1995, 954: „*...Das BerGer. hat die Sonderzahlung des Bekl. zutreffend wie bereits entrichtete Leasingraten behandelt. Der Leasinggeber kann nach vom Leasingnehmer veranlasster fristloser Kündigung im Wege des Schadensersatzes verlangen, so gestellt zu werden, wie er bei ordnungsgemäßer Durchführung des Vertrages gestanden hätte. In diesem Falle hätte die Kl. neben den vereinbarten Leasingraten auch die gesamte Sonderzahlung erhalten. Abzuziehen sind von diesen vertraglich vereinbarten Leistungen zum Zwecke des Vorteilsausgleiches lediglich die Vorteile, die der Kl. dadurch zukommen, dass sie die Geldleistungen des Leasingnehmers, die erst nach der fristlosen Kündigung fällig geworden wären, hier also allein die restlichen Leasingraten, vorzeitig beanspruchen konnte.*“
186 OLG Rostock OLGR 2000, 2.
187 Vgl. bereits BGH Urteil vom 12.6.1985 – VIII ZR 148/84 = NJW 1985, 2253: „*Wird ein auf unbestimmte Dauer geschlossener kündbarer Teilamortisationsvertrag im Sinne des Erlasses des Bundesministers für Finanzen vom 22.12.1975 – IV B 2 – S 2170 – 161/75 vom Leasingnehmer vertragsgemäß gekündigt, bevor durch Zahlung der vereinbarten Leasingraten die mit der Beschaffung des Leasingobjekts verbundenen Gesamtkosten des Leasinggebers einschließlich des kalkulierten Gewinns ausgeglichen sind, so behält der Leasinggeber Anspruch auf volle Amortisation der Gesamtkosten einschließlich des kalkulierten Gewinns; das Erfüllungsinteresse ist, falls es an einer wirksamen vertraglichen Regelung fehlt, konkret zu berechen.*“
188 Martinek/Stoffels/Wimmer-Leonhardt, Handbuch des Leasingrechts, § 37, Rn. 45, S. 399; BGH NJW 1986, 1335.
189 BGH DB 2002, 475.

22.12.1975 konkret zu berechnen, wenn keine oder nur eine unzureichende vertragliche Regelung zur Berechnung der Ausgleichszahlung getroffen wurde.[190]

Der Ausgleichsanspruch ist dabei auf das Erfüllungsinteresse bei vertragsmäßiger Laufzeit des Leasingvertrages und durch den entgangenen Gewinn des Leasinggebers der Höhe nach begrenzt. Denn der Leasinggeber soll nach der Rechtsprechung des Bundesgerichtshofes nicht besser, aber zugleich auch nicht schlechter, stehen, als er ohne die ordentliche Kündigung stehen würde.[191]

Folglich muss der Leasingnehmer die Leasingraten zahlen, die er bis zum vereinbarten Ende des Leasingvertrages noch zu leisten gehabt hätte.

Auch soll der Ausgleichsbetrag abgezinst werden, um den Vorteil des Leasinggebers auszugleichen, den dieser durch die vorzeitige Rückzahlung erhält.[192] Im Ergebnis müssen nach dem Bundesgerichtshof die Interessen beider Vertragsparteien durch die gewählte Methode zur Abzinsung angemessen berücksichtigt und der Abzinsungssatz anhand der konkreten Umstände des Einzelfalles bestimmt werden.[193]

Obwohl es nach Auffassung des Bundesgerichtshofes für die Berechnung der Abzinsung keine allgemein gültige Formel gibt[194], wird in der Regel mit dem im Leasingvertrag zur Refinanzierung zugrunde gelegten Zinssatz abgezinst.[195]

Die gewählte Abzinsungsmethode muss der Leasinggeber im Streitfalle schlüssig darlegen und die ersparten Refinanzierungskosten sowie seine Kalkulation im Prozess aufzeigen. Das Gericht hat die für die Berechnung der Abzinsung einzusetzenden Annäherungswerte gemäß § 278 ZPO zu schätzen.[196] Nach der Rechtsprechung des Bundesgerichtshofes soll sie regelmäßig aber unter Berücksichtigung der sog. Barwertformel für vorschüssige oder nachschüssige Renten erfolgen.[197] Aller-

190 BGH NJW 1982, 870.

191 BGH NJW 1984, 2687; 1991, 221; BGH Urteil vom 22.1.1986 – VIII ZR 318/84 = BGHZ 97, 65 = WM 1986, 458 = NJW 1986, 1335 = ZIP 1986, 439: *„Der Grundsatz, dass der Ausgleichsanspruch des Leasinggebers bei vorzeitiger Beendigung des Leasingvertrages auf volle Amortisation des Gesamtkosten des Leasinggebers nebst Gewinn gerichtet ist, muss allerdings insofern eine Einschränkung erfahren, als der Leasinggeber durch die vorzeitige Beendigung des Vertrages zwar nicht schlechter, aber auch nicht besser gestellt werden darf, als er bei kündigungsfreiem Ablauf des Vertragsverhältnisses bzw. der kalkulierten Amortisationsdauer stünde."*; OLG Celle NJW-RR 1974, 743.

192 BGH NJW 1996, 455; vgl. auch Beckmann, Finanzierungsleasing, § 8, Rn. 40.

193 BGH WM 1983, 931.

194 BGH Urteil vom 6.6.1984 – VIII ZR 65/83 = WM 1984, 1217; Urteil vom 10.10.1990 – VIII ZR 296/89 = WM 1990, 2043 = NJW 1991, 221: *„Für die Berechnung der Abzinsung ... gibt es keine allgemein gültige Formel. Jede Berechnung eines Abzinsungsbetrages führt nur zu einem Annäherungswert, dessen Maßgeblichkeit der Tatrichter wie bei einer Schadensschätzung nach § 287 ZPO zu beurteilen und auszusprechen hat."*

195 BGH NJW 1986, 1746; 1991, 221; siehe auch Martinek/Stoffels/Wimmer-Leonhardt, Handbuch des Leasingrechts, § 37, Rn. 30, S. 397.

196 BGH NJW 1990, 2377; 1991, 221.

197 BGH WM 1984, 1217; NJW 1985, 1539; 1986, 1746; 1991, 221.

dings können nach vorheriger vertraglicher Vereinbarung auch standardisierte Computerprogramme verwendet werden, die zumeist alle erforderlichen Rechenschritte erledigen.[198]

Darüber hinaus ist der Leasinggeber zur Darlegung seiner Vertrags- und Verwaltungskosten verpflichtet, um die Vollamortisation durch Einbeziehung dieser in die Ausgleichung sicherstellen zu können.[199] Ihm obliegt im Prozess demnach die Darlegungs- und Beweislast, dass ihm durch die vorzeitige reguläre Vertragsbeendigung keine Vertrags- und Verwaltungskosten erspart worden sind. Denn nach Ansicht des Bundesgerichtshofes liegt der Wegfall gewisser Aufwendungen auf der Hand.[200] In diesem Zusammenhang ist festzuhalten, dass das Gericht den Anspruch des Leasinggebers aber nicht insgesamt abweisen darf, wenn er die angeblich ersparten Aufwendungen nicht darlegt. Denn wird grundsätzlich eine Ersparnis bejaht, dann muss gemäß § 287 ZPO eine Schätzung vorgenommen werden.[201] In der Gerichtspraxis hat sich ein Abzug von 20 bis 30 Prozent der Nichtfinanzierungskosten durchgesetzt, obwohl zum Teil die offenen Leasingraten in ihrem Nettobetrag auch einfach um ersparte Verwaltungskosten in Höhe von zwei Prozent und um einen Risikofaktor in Höhe von einem Prozent gekürzt werden.[202]

Ebenso muss auch eine vom Leasinggeber an den Refinanzierer gezahlte Vorfälligkeitsentschädigung zur Wahrung der gegenseitigen Interessen berücksichtigt werden und ist von der vom Leasingnehmer zu erbringenden, aufgrund des Vollamortisationsgrundsatzes zu errechnenden Ausgleichsleistung umfasst.[203]

---

198 OLG Stuttgart NJW-RR 1988, 501; OLG Köln NJW-RR 1993, 1016; CR 1995, 390.

199 BGH NJW 1986, 1746.

200 BGH NJW 1996, 455.

201 OLG Frankfurt/M. VersR 1995, 53.

202 OLG Stuttgart NJW-RR 1988, 501; OLG Köln ZIP 1995, 46; OLG Naumburg DAR 1998, 393; vgl. umfassend zur Berechnung Reinking, Der Autokauf, Rn. 792 ff.

203 BGH Urteil vom 16.5.1990 – VIII ZR 108/89 = BGHZ 111, 237 = WM 1990, 1244 = NJW-RR 1990, 1335: *„Die vom Leasingnehmer nach vorzeitiger ordentlicher Kündigung eines Teilamortisationsvertrages zu erbringende, aufgrund des Vollamortisationsgrundsatzes zu errechnende Ausgleichsleistung umfasst auch die Erstattung einer vom Leasinggeber mit der Refinanzierungsbank wirksam vereinbarten und gezahlten Vorfälligkeitsentschädigung." „Abzusetzen vom Bruttobetrag der restlichen Leasingraten sind als wesentlicher Teil der ersparten Vertragskosten vor allem die im Wege der „Abzinsung" auf den Zeitpunkt der Vertragsbeendigung zu ermittelnden, in den restlichen Raten enthaltenen Kreditkosten. Ihr Ansatz bei Abschluss des Leasingvertrages richtet sich nach der Verzinsung des eingesetzten Eigenkapitals und – regelmäßig vor allem – der aufgenommenen Refinanzierungsmittel. Fällt ein Teil dieses Aufwands infolge Rückführung des Refinanzierungskredits nicht mehr an, wird dies bei der Berechnung der Ausgleichsleistung zugunsten des Leasingnehmers berücksichtigt, weil und soweit sich damit die Vertragskosten für den Leasinggeber verringern. Dieser Grundgedanke der Berechnung muss andererseits dazu führen, den Leasingnehmer mit der Erstattung einer Vorfälligkeitsentschädigung zu belasten, die mit der Refinanzierungsbank wirksam vereinbart war und vom Leasinggeber tatsächlich gezahlt worden ist. Denn auch sie beruht auf der vom Leasingnehmer veranlassten*

Um den Leasingnehmer wegen der ordentlichen Kündigung nicht unangemessen zu benachteiligen, müssen von den vorgenannten Kosten des Leasinggebers der auf die Zeit nach dem Wirksamwerden der Kündigung entfallende Gewinnanteil des Leasinggebers sowie sonstige laufzeitbezogene Vertragskosten abgezogen werden.[204]

Weiterhin muss nach der Rechtsprechung des Bundesgerichtshofes und aufgrund der Teilamortisationserlasse der Verwertungserlös im Umfang von 90 Prozent des Nettobetrages auf die Zahlungspflichten des Leasingnehmers angerechnet werden.[205] Eine anderslautende vertragliche Regelung, die etwa eine Anrechnung von weniger als 90 Prozent vorsieht, ist einerseits aufgrund ihres überraschenden Charakters gemäß § 305c Abs. 1 BGB und zugleich auch wegen einer unangemessenen Benachteiligung des Leasingnehmers gemäß § 307 BGB unwirksam.[206] Hat sich aber der Leasinggeber ein Andienungsrecht ohne Nachzahlungspflicht vertraglich vorbehalten, dann soll der Leasingnehmer mit 100 Prozent am Verwertungserlös beteiligt werden.[207]

Da der Anspruch auf die Abschlusszahlung eine im Synallagma stehende Entgeltforderung ist, wird sie im Verbrauchergeschäft gemäß § 288 Abs. 1 BGB mit fünf Prozentpunkten über dem Basiszinssatz und im Unternehmergeschäft gemäß § 288 Abs. 2 BGB mit acht Prozentpunkten über dem Basiszinssatz verzinst.[208] Beim Immobilienfinanzierungsleasinggeschäft mit einem Verbraucher beträgt der gesetzliche Verzugszins als objektiver Mindestschaden gemäß § 503 Abs. 2 BGB dagegen nur 2,5 Prozentpunkte über dem Basiszinssatz.[209] Da das Zinseszinsverbot des § 289 Satz 1 BGB nur die gesetzlichen Verzugszinsen umfasst, schließt es einen Schadensersatzanspruch wegen verzögerter Zinszahlung aus § 288 Abs. 4 BGB nicht aus, § 497 Abs. 2 S. 2 BGB. Folglich kann der Leasinggeber als Schadensersatz gemäß § 289 Satz 2 BGB bezüglich der rückständigen Leasingraten und sonstiger Ansprüche auch Zinsen von Verzugszinsen verlangen, wenn er den Leasingnehmer wegen noch ausstehender Verzugszinsen wirksam in Verzug gesetzt hat.[210]

---

und in seinem Interesse liegenden vorzeitigen Kündigung des Leasingvertrages. Verlangt die refinanzierende Bank vom Leasinggeber, dass er sich bei der Kreditgewährung zur Zahlung der Vorfälligkeitsentschädigung verpflichtet, steht sie überdies in so engem Zusammenhang mit den Vertragskosten, dass sie hinsichtlich der Berechnung der Ausgleichsleistung dem Risikobereich des Leasingnehmers und nicht demjenigen des Leasinggebers zuzurechnen ist.“

204 BGH NJW 1991, 221.

205 BGH NJW 1985, 2253; BB 1976, 72; Reinking, Der Autokauf, Rn. L 803 ff.

206 BGH NJW 1990, 247; 1991, 221; 2002, 2713.

207 OLG Celle NJW-RR 1994, 1334.

208 Beckmann, Finanzierungsleasing, § 8, Rn. 35, 76.

209 Palandt/Weidenkaff, § 503, Rn. 4.

210 BGH NJW 1993, 1260.

Für die Verjährung der Abschlusszahlung gilt die regelmäßige Verjährung von drei Jahren ab Kenntnis der anspruchsbegründenden Umstände, §§ 195, 199 BGB.[211]

(2) Kündigung nach Erreichen der Vollamortisation des Leasinggebers

Wird der erlasskonforme Teilamortisationsvertrag erst nach Erreichen der Vollamortisation gekündigt, dann bestehen keine Zahlungsansprüche. Denn die grundsätzlich geschuldete Zahlung der vereinbarten Leasingraten und des kalkulierten Restwertes unter Abzug des Verwertungserlöses ist mit der Vollamortisation bereits erreicht.

c. Besonderheiten der Abrechnung beim Kfz-Leasing mit Kilometerabrechnung

---

Bei KfZ-Leasingverträgen bestehen Besonderheiten lediglich bei solchen mit Kilometerabrechnung, da hier im Unterschied zu den Leasingverträgen im Übrigen der Leasingnehmer keine Restwertgarantie gegenüber dem Leasinggeber abgibt.

---

aa. Kfz-Leasingvertrag mit Kilometerabrechnung

Beim Leasingvertrag mit Kilometerabrechnung besteht für den Leasingnehmer allein die Pflicht zur vertragsgemäßen Rückgabe des Leasinggegenstandes bei Beendigung des Leasingvertrages. Der Leasingnehmer übernimmt bei dieser Leasingvertragsart keine Vollamortisationszusage. Auf die Verwertung kommt es für den Leasingnehmer nicht an.[212]

Zahlungsansprüche werden bei vertragsgemäßer Rückgabe nur ausgelöst, wenn unter Berücksichtigung eines regelmäßig vereinbarten Freibetrages (regelmäßig 2.000 bis 3.000 km) die Gesamtlaufleistung über- oder unterschritten wird.

Beim Kfz-Leasingvertrag mit Kilometerabrechnung trägt der Leasinggeber das Verwertungsrisiko.

---

(1) Grundsatz der Abrechnung

Beim sog. Leasingvertrag mit Kilometerabrechnung[213] legen die Vertragsparteien bei Vertragsabschluss eine bestimmte jährliche Kilometerlaufleistung zugrunde, welche sich regelmäßig an der gewöhnlichen Fahrleistung des Leasingnehmers orientiert und zugleich in die Kalkulation aufgenommen wird.[214] Zusätzlich wird jeweils ein

---

211 Martinek/Stoffels/Wimmer-Leonhardt, Handbuch des Leasingrechts, § 37, Rn. 50, S. 400; Beckmann, Finanzierungsleasing, § 8, Rn. 78 m.w.N.

212 Vgl. zum KFZ-Leasingvertrag mit Kilometerabrechnung Kapitel A. II. 1. c.

213 Vgl. Kapitel A. II. 1. d.

214 Martinek/Stoffels/Wimmer-Leonhardt, Handbuch des Leasingrechts, § 55, Rn. 5, S. 531; Reinking, Der Autokauf, Rn. L 16 ff.

Preis für Mehr- und für Minderkilometer festgelegt. Wird der Leasingvertrag regulär beendet, dann werden die Mehr- bzw. Minderkilometer finanziell ausgeglichen.[215]

Mit dieser Vertragsform legen der Leasinggeber und der Leasingnehmer anhand der jährlichen Kilometerlaufleistung den Umfang der vertragsgemäßen Abnutzung konkret fest.[216] Geht die Abnutzung über diesen festgelegten Rahmen hinaus, d.h. überzieht der Leasingnehmer die vertraglich vereinbarte Fahrleistung, so ist von ihm eine zusätzliche Vergütung zu erbringen, während andererseits eine geringere Abnutzung dem Leasingnehmer zugute kommt.

Da bei der Kilometerabrechnung der Verwertungserlös keine Anrechnung findet, bleibt bei dieser Vertragsvariante das Restwertrisiko beim Leasinggeber.[217] Folglich kann der Leasinggeber vom Leasingnehmer nicht verlangen, die Restamortisation zu zahlen, wenn sich der kalkulierte Restwert tatsächlich nicht erzielen lässt.[218] Der Leasingnehmer hat aber zugleich keinen Anspruch darauf, dass eine unfallbedingte Wertminderung, die der Verursacher an den Leasinggeber gezahlt hat, bei der Abrechnung zu seinen Gunsten berücksichtigt wird. Denn der Leasingnehmer erleidet keinen Schaden, weil die Wertminderung das Eigentum und nicht den Gebrauchswert betrifft.

Das Risiko der Verschlechterung des Leasingobjekts durch Beschädigungen bzw. übermäßige Abnutzung trifft allerdings den Leasingnehmer, sofern er vertraglich zum Ausgleich eines etwaigen Minderwertes bei der Rückgabe verpflichtet wurde.[219] Dies rechtfertigt den Leasinggeber als wirtschaftlichen Eigentümer einzuordnen.

(2) Konkrete Berechnung von Mehr- oder Minderkilometer

Für den Leasingvertrag und die Rückkaufvereinbarung wird eine Gesamtkilometerlaufleistung des Kraftfahrzeuges vereinbart. Mehr- oder Minderkilometer bis 2.000 bzw. 2.500 km von der vereinbarten Gesamtkilometerlaufleistung haben auf den Rückkaufspreis aufgrund vertraglicher Vorgaben keine Auswirkung (Freibeträge).[220] Wird der Freibetrag über- oder unterschritten, erfolgt eine Abrechnung nur der die Freibeträge über- oder unterschrittenem Kilometer:

---

215 BGH NJW 2004, 2823.

216 MüKoBGB/Koch, Bd. 3, Finanzierungsleasing, Rn. 135.

217 MüKoBGB/Koch, Bd. 3, Finanzierungsleasing, Rn. 136; Reinking, Der Autokauf, Rn. L 16 ff.; Martinek/Stoffels/Wimmer-Leonhardt, Handbuch des Leasingrechts, § 55, Rn. 5, S. 531.

218 MüKoBGB/Koch, Bd. 3, Finanzierungsleasing, Rn. 135.

219 Martinek/Stoffels/Wimmer-Leonhardt, Handbuch des Leasingrechts, § 55, Rn. 6, S. 531.

220 Reinking, Der Autokauf, Rn. L 16 ff.

„Für Minderkilometer von mehr als 2.000 km bei Beendigung des Leasingvertrages ist der Leasinggeber zum Ausgleich von _______ Eurocent pro mindergefahrenen Kilometer gegenüber dem Leasingnehmer verpflichtet (Werte zzgl. jeweils gültiger USt). Überschreitet der Leasingnehmer die Gesamtlaufleistung um mehr als 2.000 km, hat der Leasinggeber einen Nachbelastungsanspruch gegenüber dem Leasingnehmer von _______ Eurocent pro mehrgefahrenen Kilometer (Werte zzgl. jeweils gültiger USt).“

Die Ansetzung der Mehr- und Minderkilometer kann nicht beliebig erfolgen. Da für den zu erzielenden Verwertungserlös aber nicht nur die Laufleistung maßgeblich ist, sondern vielmehr auch der Zustand des Leasingfahrzeugs, gilt es zu beachten, dass der Leasinggeber an einer nicht über die verkehrsübliche hinausgehende Abnutzung der Leasingsache interessiert sein wird.[221]

Darüber hinaus kann nicht einseitig dem Leasingnehmer eine Vergütungsverpflichtung für Mehrkilometer auferlegt werden und zugleich die Erstattungspflicht des Leasinggebers für die Unterschreitung der Kilometergrenze ausgeschlossen werden. Eine solche Vereinbarung wird entweder bereits als überraschende Klausel im Sinne von § 305c BGB scheitern oder aber zumindest wegen einer unangemessenen Benachteiligung des Leasingnehmers gemäß § 307 Abs. 1 S. 1 BGB unwirksam sein.[222]

Um den Amortisationserlassen zu entsprechen, ist jedoch eine Regelung zu Mehr- und Minderkilometer zwingend erforderlich, da andererseits das wirtschaftliche Eigentum (Bilanzierung beim Leasinggeber) nicht dem Leasinggeber zugeordnet werden könnte. Es muss gewährleistet sein, dass der Leasinggeber an der positiven oder negativen Wertentwicklung partizipiert.

Freigrenzen müssen nicht vereinbart werden, so dass jeder Mehr- oder Minderkilometer berechnet wird, sobald die Freigrenze über- oder unterschritten wird.

(3) Ansprüche des Leasinggebers bei nicht vertragsgemäßer Rückgabe des Leasinggegenstandes

Um den Vollamortisationsanspruch des Leasinggebers zu sichern, werden bei Leasingverträgen mit Kilometerabrechnung Zustandsvereinbarungen bei Rückgabe des Leasingobjekts vereinbart, die wie folgt lauten können:[223]

„1. Bei Rückgabe muss das Fahrzeug in einem dem Alter und der vertragsgemäßen Fahrleistung entsprechenden Erhaltungszustand, ohne Schäden sowie verkehrs- und betriebssicher sein. Dem normalen Maß entsprechende Verschleißspuren gelten nicht als Schaden.

221 Martinek/Stoffels/Wimmer-Leonhardt, Handbuch des Leasingrechts, § 55, Rn. 6, S. 531.
222 Reinking, Der Autokauf, Rn. L 16 ff.
223 Reinking, Der Autokauf, Rn. L 16 ff. mit Verweis auf LG München, DAR 1999, 268.

2. Über den Zustand wird bei Rückgabe ein gemeinsames Protokoll angefertigt und von beiden Vertragspartnern oder ihren Bevollmächtigten unterzeichnet.
3. Bei Rückgabe des Fahrzeuges nach Ablauf der bei Vertragsschluss vereinbarten Leasingzeit gilt folgende Regelung: Entspricht das Fahrzeug nicht dem oben vereinbarten Zustand und ist das Fahrzeug hierdurch im Wert gemindert, ist der Leasingnehmer zum Ausgleich dieses Minderwertes zzgl. Umsatzsteuer verpflichtet. Eine schadenbedingte Wertminderung bleibt außer Betracht, soweit der Leasinggeber hierfür bereits eine Entschädigung erhalten hat.
Können sich die Vertragspartner über einen vom Leasingnehmer auszugleichenden Minderwert oder – bei Verträgen mit Gebrauchtwagenabrechnung – über den Wert des Fahrzeuges (Händlereinkaufspreis) nicht einigen, werden Minderwert bzw. Wert des Fahrzeuges auf Veranlassung des Leasinggebers mit Zustimmung des Leasingnehmers durch einen öffentlich bestellten und vereidigten Sachverständigen oder ein unabhängiges Sachverständigenunternehmen ermittelt. Die Kosten tragen die Vertragspartner je zur Hälfte. Durch das Sachverständigengutachten wird der Rechtsweg nicht ausgeschlossen. Kann bei einem Vertrag mit Gebrauchtwagenabrechnung keine Einigung über den Wert des Fahrzeuges erzielt werden, wird dem Leasingnehmer die Möglichkeit eingeräumt, innerhalb von zwei Wochen ab Zugang des Sachverständigengutachtens einen Kaufinteressenten zu benennen, der innerhalb dieser Frist das Fahrzeug zu einem über dem Schätzwert zzgl. MwSt. liegenden Kaufpreis bar bezahlt und abnimmt. Bis zum Abschluss des Kaufvertrages bleibt es dem Leasinggeber unbenommen, das Fahrzeug zu einem höheren als dem vom Kaufinteressenten gebotenen Kaufpreis anderweitig zu veräußern."

Die Rechtsprechung sieht in diesem Zusammenhang sog. Zustandsklauseln, nach denen sich die Leasingsache bei der Rückgabe in einem unveränderten, dem Alter und des vertragsgemäßen Nutzungsumfangs entsprechenden Zustand befinden muss und keine Mängel aufweisen darf, als wirksam an.[224] Das gilt sofern die Klausel objektive und konkrete Abgrenzungskriterien bzw. eine Checkliste oder gewisse Richtwerte enthält.

Für die Vollständigkeit der Rückgabe, für den ordnungsgemäßen Zustand des Leasinggutes und für den Umstand, dass Veränderungen oder Verschlechterungen lediglich auf der vertragsgemäße Nutzung beruhen oder von ihm nicht zu vertreten sind, trägt der Leasingnehmer die Beweislast.[225] Der Leasinggeber trägt dagegen die Beweislast dafür, dass die bei Rückgabe der Leasingsache festgestellten Mängel während der Nutzung und des Besitzes des Leasingnehmers entstanden sind.[226] Letzteres wird ihm im Hinblick auf das Übernahmeprotokoll meist ohne weiteres gelingen.

Hat das Leasinggut allerdings Veränderungen oder Verschlechterungen durch einen vertragswidrigen Gebrauch erfahren, so haftet der Leasingnehmer bei ihn treffendem Verschulden dem Leasinggeber neben dem Reparaturanspruch hinaus gemäß §§ 280 Abs. 1, 546a Abs. 2 BGB auf Schadensersatz. Nach Ansicht von Teilen der Rechtsprechung soll dem Leasinggeber aber nur ein Anspruch auf Erstattung

224 BGH NJW-RR 2000, 1303; LG München DAR 1999, 268; 2000, 363.
225 BGH NJW 2000, 2344; 2002, 3234.
226 LG München DAR 1998, 203; LG Frankfurt/M. NJW-RR 1988, 1132.

des Minderwerts zustehen.[227] Für die Abnutzung der Leasingsache durch vertragsgemäßen Gebrauch haftet der Leasingnehmer nicht, denn typische Gebrauchsspuren beeinträchtigen die Ordnungsgemäßheit der Rückgabe nicht, § 538 BGB. Sie sind vielmehr bereits von der Zahlung der Leasingraten abgedeckt.[228]

Zur Streitvermeidung ist es empfehlenswert, wenn die Vertragsparteien ein gemeinsam gefertigtes Protokoll über die Rückgabe der Leasingsache anfertigen, dieses zu unterschreiben und Fotos über den Zustand des Leasinggutes beizufügen. Nach Unterzeichnung des Protokolls über den vertragsgemäßen Zustand der Leasingsache ist der Leasinggeber dann nämlich mit seinen Schadensersatzansprüchen ausgeschlossen, es sei denn er hat sich ausdrücklich die Geltendmachung von Mängeln vorbehalten.[229]

bb. Kfz-Leasingvertrag mit Andienungsrecht bzw. mit Restwertabrechnung

Der Kfz-Leasingvertrag mit Andienungsrecht entspricht dem erlasskonformen Teilamortisationsvertrag mit Andienungsrecht. Wird dem Leasinggeber kein Andienungsrecht eingeräumt, finden im Übrigen aber die Regelungen zum Teilamortisationsvertrag Anwendung, so handelt es sich um einen Kfz-Leasingvertrag mit Restwertabrechnung.

Ist im Leasingvertrag für die reguläre Vertragsbeendigung ein sog. Andienungsrecht zwischen dem Leasinggeber und dem Leasingnehmer vereinbart worden, dann ist der Leasingnehmer zur Zahlung des vereinbarten Bruttokaufpreises verpflichtet, wenn der Leasinggeber von seinem Andienungsrecht Gebrauch macht.[230] Wenn der Leasinggeber das Andienungsrecht ausübt, dann trägt er alle mit der Verwertung des Fahrzeugs zusammenhängenden Risiken. Im Übrigen wird auf die Ausführungen zum erlasskonformen Teilamortisationsvertrag mit Andienungsrecht verwiesen.[231]

d. Die Ermittlung bzw. Ansetzung des Restwertes

Da die Vollamortisation des Leasinggebers bei Teilamortisationsverträgen letztlich durch die Restwertgarantie des Leasingnehmers gewährleistet wird, kommt der kalkulatorischen Ermittlung eine besondere Bedeutung zu.

227 LG Frankfurt, VersR 1999, 1113.
228 LG München DAR 1998, 19.
229 OLG Celle BB 1997, 2215; MDR 1998, 149.
230 Engel, KFZ-Leasing, Rn. 105 f.
231 Vgl. hierzu III. 2. b. aa.

Eine Verpflichtung des Leasingnehmers zum Restwertausgleich besteht nur bei einer eindeutigen vertraglichen Fixierung.[232]
Eine eindeutige vertragliche Fixierung lautet:
„Die Vertragsparteien sind sich einig, dass der kalkulierte Restwert in Höhe von ____ € als garantiert gilt."[233]

Der Restwert darf nicht mit dem Zeitwert der Leasingsache verwechselt werden, da es sich um einen bloßen kalkulatorischen Wert handelt. Hierauf sollte der Leasinggeber den Leasingnehmer in seinem Vertragsformular deutlich hinweisen und besser anstatt des Begriffes „Restwert" die Bezeichnung „Restamortisationsschuld" verwenden.

Da die willkürliche Festsetzung des Restwertes in einem Formularvertrag gegen § 305c Abs. 1 BGB verstoßen würde, wird der Leasinggeber regelmäßig an einer sorgfältigen Kalkulation des Restwertes, der sich bei einer normalen Marktentwicklung realisieren lässt, interessiert sein. Denn auch die Rechtsprechung des Bundesgerichtshofes verlangt eine angemessene Restwerthöhe und eine hinreichende Transparenz, um einen Verstoß gegen das Transparenzgebot des § 307 Abs. 1 S. 2 BGB zu vermeiden.[234]

Es stellt sich allerdings die Frage, wie eine realistische Berechnung des zukünftigen Verkehrswertes vorab vorgenommen werden kann. In Betracht kommt etwa eine konkrete Ermittlung durch die Veräußerung der Leasingsache und eine theoretische Berechnung durch ein Sachverständigengutachten. Haben also die Vertragsparteien zuvor keine anders lautende vertragliche Regelung getroffen, dann ist der Leasinggeber nicht zur Veräußerung verpflichtet, sondern vielmehr dazu befugt, den tatsächlichen Restwert durch die Einholung eines Gutachtens ermitteln zu lassen.[235] Allerdings ist der Leasingnehmer an der Benennung des Sachverständigen und auch im Rahmen der Bewertung angemessen zu beteiligen. Auch der so ermittelte Restwert ist abzuzinsen und um 90 Prozent des Verkehrswertes zu mindern.

Die Parteien des Leasingvertrages können bereits in den Allgemeinen Leasingbedingungen vereinbaren, dass der Verkehrswert des Leasinggutes zum Zeitpunkt der Rückgabe durch einen Sachverständigen geschätzt werden soll. Eine solche Vereinbarung ist als Schiedsgutachtenvertrag gemäß § 317 BGB einzuordnen, da der Sachverständige als Schiedsgutachter Tatsachen und weitere Umstände als für die Leasingvertragsparteien verbindlich festlegt.[236] Jedoch ist eine Klausel in den Allgemeinen Leasingbedingungen, wonach ein als Schiedsgutachter eingeschalteter Sachverstän-

---

232 BGH NJW 2001, 2165.
233 Vgl. zur Formulierung auch Reinking, Der Autokauf, Rn. L 18 ff. mit Verweis auf die Rechtsprechung.
234 BGH NJW 1985, 2253; 1990, 247.
235 OLG Frankfurt WM 1987, 1402.
236 BGH NJW 2001, 3775.

diger den Verwertungserlös verbindlich festlegen soll, gemäß § 307 BGB unwirksam. Um aber Unklarheiten zu vermeiden, können die Parteien gemäß § 319 BGB gerichtlich überprüfen lassen, ob die Bestimmungen des Schiedsgutachters offenbar unbillig sind.[237] Zu beachten ist, dass bei einem Leasingvertrag mit Schiedsgutachtenklausel, das Schiedsgutachten auf jeden Fall vor der Klageerhebung einzuholen ist. Denn ansonsten ist die Klage als noch unbegründet abzuweisen.[238] Dem Gericht steht keine Befugnis zu, die vom Sachverständigen festzustellenden Tatsachen selbst festzustellen. Für den Fall, dass in den Allgemeinen Leasingbedingungen geregelt ist, dass zum Zeitpunkt des Vertragsendes ein Gutachten eines von der zuständigen Industrie- und Handelskammer zu benennenden Sachverständigen eingeholt werden soll, so kann ein eigenmächtig vom Leasinggeber eingeholtes Gutachten vom Gericht nur als Parteivortrag berücksichtigt werden.[239]

Dabei stellt sich die Streitfrage, ob für die Ermittlung des Verkehrswertes der sog. Händlereinkaufspreis oder der sog. Händlerverkaufspreis ausschlaggebend sein soll. Denn zwischen beiden Bezugsgrößen können erhebliche Wertunterschiede liegen. Der Bundesgerichtshof vertritt in seiner heutigen Rechtsprechung die Auffassung, dass immer der tatsächlich erzielte Erlös und nicht der Händlereinkaufswert Berechnungsgrundlage sein kann und der Leasinggeber seiner Pflicht zur bestmöglichen Verwertung nicht bereits dadurch ausnahmslos genügt, wenn er an einen Händler zu dessen Einkaufspreis veräußert.[240] Der Händlereinkaufspreis könne demnach allenfalls Berechnungsgrundlage sein, wenn der Pkw nicht veräußert wird.[241] Die Instanzrechtsprechung ist unterschiedlich. So rechnen einige Gerichte bei markengebunde-

---

237 So bereits BGH NJW 1958, 2967; 1991, 2761; 1996, 452.

238 BGH NJW 2001, 2176.

239 LG München DAR 1998, 19.

240 BGH Urteil vom 10.10.1990 – VIII ZR 296/89 = WM 1990, 2031 = NJW 1991, 221: *„Der Bundesgerichtshof hat zur Veräußerung der Leasingsache nach beendetem Vertrag den Grundsatz aufgestellt, der Leasinggeber müsse sich mit zumutbarer Sorgfalt um die bestmögliche Verwertung des Leasingobjekts bemühen. Diese Pflicht zur bestmöglichen Verwertung erfüllt der Leasinggeber nicht ausnahmslos schon durch die Veräußerung an einen Händler zu dessen Einkaufspreis. Anderen Möglichkeiten zur Erzielung eines höheren Erlöses muss der Leasinggeber nachgehen. Das gilt insbesondere dann, wenn ihm vom Leasingnehmer weitere Interessenten genannt werden. Inwieweit sich der Leasinggeber selbst um solche Interessenten bemühen muss, hängt von den Umständen des Einzelfalls und insbesondere von der Marktgängigkeit des Leasingobjekts ab. Auf der anderen Seite kann dem Leasinggeber nicht allein deshalb die Missachtung der ihm zumutbaren Sorgfalt vorgeworfen werden, weil er an einen Händler veräußert und weniger als den Händlerwiederverkaufswert erzielt hat. Die Suche nach einem anderen Abnehmer als einem Händler kann sich als zeitraubend und aufwendig erweisen, aber gleichwohl erfolglos bleiben und dann dem Leasinggeber sowohl den Vorwurf der Verletzung der ihm zur Schadensminderung obliegenden Pflicht zur Veräußerung in angemessener Zeit eintragen als auch ihn dem Einwand aussetzen, er habe unnötige Kosten verursacht.“*; vgl. auch BGH NJW 1991, 221; 1996, 455.

241 BGH NJW 1996, 455; 1997, 3166.

nen Leasinggebern den Händlerverkaufswert zu 100 Prozent an.[242] Andere dagegen vertreten die Auffassung, dass mangels anderer Anhaltspunkte der Händlerverkaufswert abzüglich einer Kostenpauschale von 10 Prozent anzurechnen sein soll.[243] Einigkeit besteht aber, dass nicht automatisch eine schuldhafte Sorgfaltspflichtverletzung angenommen werden könne, wenn der Leasinggeber zum Händlereinkaufspreis veräußert, sondern nur dann, wenn der Händlereinkaufspreis mehr als 10 Prozent unter dem Händlerverkaufswert liege.[244]

Auch soll nach Ansicht der Instanzrechtsprechung der Händlereinkaufspreis nicht beanstandet werden, sofern es sich um ein nur schwer verkäufliches, da nicht marktgängiges, Modell handelt.[245]

Fest steht, dass der Leasingnehmer zum Ausgleich der Differenz zwischen dem vertraglich vereinbarten und tatsächlich erzielten Restwert bei einer Unterschreitung des kalkulierten Restwerts verpflichtet ist. Die Verwertungskosten werden vor einer Anrechnung des Veräußerungserlöses aber nur bei einer entsprechenden vertraglichen Vereinbarung in Abzug gebracht. Der Leasingnehmer wird zugleich im Gegenzug aber auch an einem eventuellen Mehrerlös beteiligt. Somit trägt bei diesem Vertragstypus der Leasingnehmer das Restwertrisiko.

3. Abrechnung bei außerordentlicher Vertragsbeendigung

Die Veranlassung einer außerordentlichen Kündigung durch den Leasingnehmer stellt eine Pflichtverletzung im Rahmen des Leasingvertrages dar, die den Leasinggeber zum Schadensersatz berechtigt. Der Leasinggeber ist so zu stellen, wie er ohne eine Kündigung stünde, weshalb sich die Zahlungsansprüche des Leasinggebers gegen den Leasingnehmer nach der regulären Vertragsbeendigung richten (Vollamortisationsanspruch, Schadensersatz statt der Leistung, §§ 280, 281 BGB). Bei der vom Leasingnehmer veranlassten außerordentlichen Kündigung ist rechtlich in zwei Zeitabschnitte zu unterscheiden. Bis zum Zugang der Kündigung schuldet der Leasingnehmer die Leasingraten als

242 OLG Brandenburg NJW-RR 1998, 1671; DAR 1999, 359; OLG Koblenz NJW 1995, 1227.
243 OLG Düsseldorf NJW-RR 1999, 1661.
244 BGH Urteil vom 10.10.1990 – VIII ZR 296/89 = WM 1990, 2031 = NJW 1991, 221: *„Ob unter solchen Umständen die Suche nach weiteren Interessenten aussichtsreich ist, muss vom Standpunkt eines mit zumutbarer Sorgfalt handelnden Leasinggebers und unter Berücksichtigung der ihm zum Zeitpunkt der Verwertung offenen Erkenntnismöglichkeiten beurteilt werden... Der Klägerin kann eine schuldhafte Sorgfaltspflichtverletzung jedenfalls deshalb nicht angelastet werden, weil der erzielte Erlös trotz des Verkaufs an einen Händler weniger als 10 Prozent unter dem vom Sachverständigen ermittelten Händlerverkaufswert liegt, bei dem ohnehin nicht außer acht gelassen werden darf, dass er lediglich auf einer – wenn auch sachverständigen – Schätzung beruht. Eine solche Abweichung vom Händlereinkaufswert, die erheblich unter den vom Sachverständigen genannten Händlerabschlägen von 30 bis 50 Prozent liegt, hält sich noch in dem Rahmen, den der Leasingnehmer ... im Hinblick auf die mit der Verwertung des Leasingobjekts notwendig verbundenen Unsicherheiten hinnehmen muss.“*; 1996, 2860; OLG Düsseldorf NJW-RR 2004, 1208.
245 OLG Oldenburg WiB 1997, 657; OLG Frankfurt/M. WiB 1997, 1106.

Entgeltforderung inklusiver Umsatzsteuer (brutto), gegebenenfalls auch bis zu einer ausgesprochenen Auslauffrist (außerordentliche Kündigung zum Ende des Monats).
Im Übrigen wird der vertragliche Vollamortisationsanspruch in selber Höhe durch den Schadensersatz statt der Leistung ersetzt. Die Ansetzung erfolgt als einseitiger Schadensersatz ohne Umsatzsteuer (netto).
Der Zahlungs-/Vollamortisationsanspruch des Leasinggebers verringert sich durch den Erlös aus der ordnungsgemäßen Verwertung des Leasinggutes.[246]
Die Formel zur Berechnung, des vom Leasingnehmer zu zahlenden Betrages lautet demnach:
- Rückständige Leasingraten brutto
- Zzgl. abgezinster künftiger Leasingraten/Restwert
- Abzgl. tatsächlich erzielter Restwert (unter Berücksichtigung der notwendigen Verwertungskosten)

Der maßgebliche Unterschied zur Abrechnung bei der regulären Vertragsbeendigung besteht darin, dass der sich bei regulärer Beendigung des Leasingvertrages ergebende Zahlungsanspruch des Leasinggebers als vertraglicher Primäranspruch zu charakterisieren ist, der sich durch die vom Leasingnehmer zu verantwortende vorzeitige Beendigung des Leasingvertrages zusätzlich zum Erfüllungsanspruch auf Zahlung der vereinbarten Leasingraten ergebende Anspruch dagegen als abzuzinsender und sofort fälliger Schadensersatzanspruch zu qualifizieren ist.

a. Rückständige Leasingraten

Aufgrund der ex nunc Wirkung der Kündigung schuldet der Leasingnehmer die Leasingraten als Entgeltforderung inklusive Umsatzsteuer (brutto) bis zum Zugang der Kündigung, gegebenenfalls auch bis zu einer ausgesprochenen Auslauffrist (außerordentliche Kündigung zum Ende des Monats).

Sofern der Leasinggeber den Leasingvertrag wegen des Zahlungsverzugs des Leasingnehmers berechtigterweise kündigt, kann er vom Leasingnehmer zunächst die Erfüllung seiner Hauptleistungspflicht zur Zahlung der (rückständigen) Leasingraten verlangen.[247] Denn erst mit Wirksamwerden der Kündigung (ex nunc Wirkung) kann neben dem Erfüllungsanspruch des Leasinggebers ein Schadensersatzanspruch entstehen.[248]

Allerdings schuldet der Leasingnehmer auch nach der Kündigung bis zur tatsächlichen Rückgabe die Zahlung der Leasingraten als Nutzungsentschädigung, § 546a BGB. Bei dem Anspruch auf Zahlung der rückständigen Leasingraten handelt es sich ebenfalls nicht um einen Schadensersatzanspruch des Leasinggebers, sondern um

246 Vgl. zur Verwertung IV.
247 Beckmann, Finanzierungsleasing, § 8, Rn. 130.
248 BGH Urteil vom 3.6.1992 – VIII ZR 138/91 = BGHZ 118, 282 = WM 1993, 606 = NJW 1992, 2150 = ZIP 1992, 930: *„Der Schadensersatzanspruch des Leasinggebers aus einer vom Leasingnehmer schuldhaft veranlassten fristlosen Kündigung des Leasingvertrages entsteht erst mit Zugang der Kündigungserklärung.“*

einen vertraglichen Erfüllungsanspruch in Form einer Entgeltforderung im Sinne des § 288 Abs. 2 BGB.

b. Schadensersatzanspruch des Leasinggebers ab Kündigung

Der Leasingnehmer hat dem Leasinggeber bei einer von ersterem veranlassten außerordentlichen Kündigung Schadensersatz statt der Leistung in Höhe des vertraglichen Vollamortisationsanspruchs zu leisten, §§ 280 Abs. 1 und 3, § 281 BGB. Die Ansetzung erfolgt als einseitiger Schadensersatz ohne Umsatzsteuer (netto).
Der Leasinggeber ist folglich so zu stellen, wie er stünde, wenn der Vertrag ordnungsgemäß erfüllt worden wäre.[249]

Nach der Schuldrechtsreform vom 1.1.2002 handelt sich um einen Schadensersatzanspruch statt der Leistung aufgrund einer Pflichtverletzung des Leasingnehmers – der Veranlassung der Kündigung – aufgrund einer von ihm zu verantwortender vorzeitiger Kündigung des Leasingvertrages, §§ 280 Abs. 1, Abs. 3, 281 Abs. 1 BGB.

Er entsteht, wie der vor der Schuldrechtsreform von der Rechtsprechung des Bundesgerichtshofs anerkannte Anspruch[250], erst mit dem Wirksamwerden der Kündigung und tritt an die Stelle des Erfüllungsanspruchs.[251]

Für den Inhalt des Schadensersatzanspruchs statt der Leistung gemäß §§ 280 Abs. 1, Abs. 3, 281 Abs. 1 BGB ist wiederum das Mietrecht maßgebend, so dass der Leasinggeber den Ersatz seines Kündigungsschadens verlangen kann.[252] Davon umfasst sind grundsätzlich sämtliche Anschaffungs- und Finanzierungskosten sowie sein kalkulierter Gewinn, folglich der Vollamortisationsanspruch.[253]

Die Schadensersatzforderung ist netto anzusetzen. Dies jedenfalls dann, wenn der Leasingnehmer keine Nutzungen mehr zieht und damit echter einseitiger Schadensersatz gegeben ist. Dann ermangelt es an einem Austauschverhältnis im Sinne einer Lieferung nach §§ 1 Abs. 1 Nr. 1, 3 Abs. 1 UStG.[254] Mangels Austauschverhältnis ist der Verwertungserlös aus der Veräußerung des Leasinggegenstandes ebenfalls ohne Umsatzsteuer anzusetzen.[255]

---

249 BGH NJW 1984, 2687; 1985, 2253; 1987, 1690; 1990, 247.
250 BGH NJW 1984, 2687; 1985, 2253; 1987, 1690; 1990, 247.
251 BGH NJW 1992, 2150.
252 BGH NJW 1970, 1313; vgl. umfassend Reinking, Der Autokauf, Rn. L 774 ff.
253 BGH Urteil vom 10.10.1990 – VIII ZR 296/98 = WM 1990, 2043 = NJW 1991, 221: *„Veranlasst der Leasingnehmer ... die fristlose Kündigung des Leasingvertrages, so umfasst der von ihm zu leistende Schadensersatz den vollen entgangenen Gewinn, den der Leasinggeber bis zum Zeitpunkt einer nach dem Vertrag zulässigen ordentlichen Kündigung hätte beanspruchen können.“*.
254 Martinek/Stoffels/Wimmer-Leonhardt, Handbuch des Leasingrechts, § 39, Rn. 49, S. 413.
255 BGH NJW 1991, 221; 1987, 1690; OLG Hamm NJW 1987, 445; Martinek/Stoffels/Wimmer-Leonhardt, Handbuch des Leasingrechts, § 39, Rn. 49, S. 413.

Allerdings muss sich der Leasinggeber bei der vorzeitigen Beendigung des Leasingvertrages anrechnen lassen, was er sich durch die vorzeitige Vertragsbeendigung erspart hat; wie etwa laufzeitabhängige Aufwendungen, Vertragskosten etc. Denn er darf im Ergebnis nicht besser oder schlechter gestellt werden, als er bei ordnungsgemäßer Vertragserfüllung stehen würde.[256]

aa. Konkrete Berechnung des Schadensersatzanspruchs des Leasinggebers

Grundsätzlich ist der Schadensersatzanspruch des Leasinggebers nach der Rechtsprechung des Bundesgerichtshofes konkret zu berechnen.[257] Dabei kann an die Berechnung der Abschlusszahlung beim kündbaren Teilamortisationsvertrag angeknüpft werden. Nur wenn die Berechnung des Leasinggebers in seiner Klageschrift nachvollziehbar ist, kann seine Klage schlüssig sein.[258]

Der Schadensersatzbetrag des Leasinggebers ist der Höhe und dem Grunde nach durch das Erfüllungsinteresse in Form der Vollamortisation des Leasinggebers begrenzt, § 252 Satz 1 BGB.[259]

Der Bundesgerichtshof begründet dieses Ergebnis damit, dass der Schaden eines Vermieters im Wesentlichen in dem ihm entgehenden Mietzins besteht. Ist der Mietvertrag auf unbestimmte Zeit geschlossen, oder bis zu einem bestimmten Zeitpunkt unkündbar, so ist der Schadensersatz in seiner Höhe regelmäßig auf den Betrag des für den unkündbaren Zeitraum vertraglich vereinbarten Mietzinses bzw. für den Mietzins, der sich bis zu einer möglichen ordentlichen Kündigung des Mieters ergeben würde begrenzt (rechtmäßiges Alternativverhalten).[260] Da auf den Finanzierungslea-

---

256 BGH NJW 1982, 870; 2002, 2713.
257 BGH NJW 1984, 2687; 1985, 796 und 1539 und BGH Urteil vom 12.6.1985 – VIII ZR 148/84 = BGHZ 95, 39 = WM 1985, 86 = NJW 1985, 2253 = ZIP 1985, 868: *„Wird ein auf unbestimmte Dauer geschlossener kündbarer Teilamortisationsvertrag ... vom Leasingnehmer ... gekündigt, bevor durch Zahlung der vereinbarten Leasingraten die mit der Beschaffung des Leasingobjekts verbundenen Gesamtkosten des Leasinggebers einschließlich des kalkulierten Gewinns ausgeglichen sind, so behält der Leasinggeber Anspruch auf volle Amortisation der Gesamtkosten einschließlich des kalkulierten Gewinns; das Erfüllungsinteresse ist, falls es an einer wirksamen vertraglichen Regelung fehlt, konkret zu berechnen.“*
„Kündigt der Leasinggeber einen auf unbestimmte Dauer geschlossenen kündbaren Teilamortisationsvertrag wegen Zahlungsverzug des Leasingnehmers gemäß § 543 Abs. 2 S. 1 Nr. 3 BGB, so wird sein Anspruch auf Schadensersatz wegen Nichterfüllung der Höhe nach durch das Erfüllungsinteresse bei vertragsgemäßer Beendigung bestimmt; der Anspruch auf Schadensersatz statt der Leistung ist, falls es an einer wirksamen vertraglichen Regelung fehlt, konkret zu berechnen.“; vgl. auch Reinking, Der Autokauf, Rn. L 777 f.
258 OLG Koblenz, OLGR 1997, 137; OLG Celle, OLGR 1999, 299; a.A. LG Frankfurt, NJW-RR 1997, 434.
259 BGH NJW 1984, 2687; 1985, 2253.
260 BGH Urteil vom 18.12.1954 – VI ZR 177/53 = LM BGB § 249 Nr. 6: *„Der Schaden des Vermieters besteht im wesentlich in dem ihm entgehenden Mietzins, gegebenenfalls unter Berücksichtigung einer Vorteilsausgleichung. Soweit der Mietvertrag auf unbestimmte Zeit abgeschlossen oder bis zu*

singvertrag in erster Linie Mietrecht anzuwenden ist, kann hier grundsätzlich nichts anderes gelten.[261]

(1) Berechnungsmethode der Rechtsprechung

Die Rechtsprechung hat zur Abrechnung von vorzeitig beendeten Leasingverträgen verschiedene Methoden angewendet, wobei sich diejenige des Oberlandesgerichts Celle vielfach durchgesetzt hat.[262] Danach sind zuerst alle offenen und erst zukünftig fällig werdenden Leasingraten vom Zeitpunkt der Kündigung bis zum Ablauf der vereinbarten Laufzeit des Leasingvertrages zu berechnen und sodann mit dem Zinssatz abzuzinsen, der als Berechnungsgrundlage für die Leasingraten verwendet und mit mithin der Leasingvertrag refinanziert wurde.[263]

Dieser Berechnungsmethode des Oberlandesgerichts Celle haben sich auch der Bundesgerichtshof sowie weitere Oberlandesgerichte angeschlossen.[264]

(2) Einzelne Schadensposten

(a) Künftig fällig werdende Leasingraten und Restwert

Zunächst müssen die noch offenen, aber erst künftig fällig werdenden Leasingraten, vom Zeitpunkt der außerordentlichen Kündigung bis zum Ende der vertraglich kalkulierten Vertragslaufzeit ermittelt werden.[265] Grundsätzlich ist bei Schadensersatzansprüchen die Umsatzsteuer nicht geschuldet. Nach anderer Ansicht soll der Leasinggeber dennoch die Bruttoleasingraten zugrunde legen können.[266] Denn nach Ansicht der Rechtsprechung des Bundesgerichtshofes unterliegt ein auf Nichterfüllung gestützter Schadensersatzanspruch für eine untergegangene Vergütungsforderung wie eine Entgeltforderung der Umsatzsteuer.[267]

---

einem vereinbarten Zeitpunkt unkündbar ist, ist die Schadenshöhe in aller Regel auf den Betrag des für den unkündbaren Zeitraum vertraglich vereinbarten Mietzins nach oben begrenzt, weil der Mieter im Falle der Vertragserfüllung zu weitergehenden Leistungen nicht verpflichtet gewesen wäre.“

261 BGH Urteil vom 28.10.1981 – VIII ZR 302/80 = BGHZ 82, 121 = WM 1981, 1378 = NJW 1982, 870 = ZIP 1982, 64: *„Für den ... Finanzierungs-Leasingvertrag, auf den in erster Linie Mietrecht anzuwenden ist, gilt grundsätzlich dasselbe.“*

262 OLG Celle NJW-RR 1994, 1334; 1999, 704.

263 Reinking, Der Autokauf, Rn. L 774 ff.; Beckmann, Finanzierungsleasing, § 8, Rn. 136 ff.

264 BGH NJW 1995, 954; OLG Stuttgart EWiR § 157 BGB 2196, 633; OLG Oldenburg DAR 2003, 460.

265 Reinking, Der Autokauf, Rn. L 774 ff.; Martinek/Stoffels/Wimmer-Leonhardt, Handbuch des Leasingrechts, § 39, Rn. 25, S. 409.

266 Vgl. noch BGH NJW 1987, 1690 zu Netto-Raten.

267 BGH NJW-RR 1998, 803; NJW 2001, 3535.

(b) Restwert

Wurde ein Leasingvertrag mit Restwertgarantie abgeschlossen, stellt dieser Wert abgezinst einen Schadensposten dar, da aufgrund der Vollamortisationszusage der Leasingnehmer zur Zahlung verpflichtet ist. Weiterhin ist auch eine am Vertragsende vom Leasingnehmer zu leistenden Sonderzahlung zugunsten des Leasinggebers zu berücksichtigen.[268]

(c) Abzinsung der Leasingraten, Sonderzahlungen und etwaig garantierter Restwerte

Da der Leasinggeber die künftigen Leasingraten, Sonderzahlungen bzw. den garantierten Restwert vorzeitig erhält, müssen diese Beträge abgezinst werden, um den Zinsvorteil des Leasinggebers zu berücksichtigen.

Die zuvor ermittelten Beträge – Leasingraten und Restwert – sind anschließend auf den Zeitpunkt des vorzeitigen Vertragsendes bzw. der tatsächlichen Rückgabe der Leasingsache mit dem der Leasingratenberechnung und der Refinanzierungskalkulation zugrunde liegenden Zinssatz abzuzinsen.[269] Hier gelten die zur regulären Vertragsbeendigung aufgezeigten Grundsätze entsprechend.

Zwar gibt es keine allgemeingültige Formel zur Berechnung der Abzinsung der Leasingraten und des Restwertes. Allerdings verwendet die Rechtsprechung zur Abzinsung der Leasingraten in der Regel die Rentenbarwertmethode.[270] Denn mit ihr werden im Vergleich zu anderen Abzinsungsmethoden genaue Ergebnisse erzielt. Bei der Rentenbarwertmethode ist dabei zwischen der vorschüssigen und der nachschüssigen Rentenbarwertmethode zu unterscheiden. Die vorschüssige Rentenbarwertmethode wird bei der Abzinsung monatlich im Voraus zu zahlender Leasingraten und die nachschüssige Rentenbarwertmethode entsprechend bei der Abzinsung nachträglich im Monat fällig werdender Leasingraten angewendet.

268 BGH ZIP 1995, 286; Reinking, Der Autokauf, Rn. L 774 ff.

269 BGH NJW 1986, 1746; 1991, 221; Reinking, Der Autokauf, Rn. L 784 ff.; Beckmann, Finanzierungsleasing, § 8, Rn. 139; Martinek/Stoffels/Wimmer-Leonhardt, Handbuch des Leasingrechts, § 39, Rn. 33, S. 410.

270 OLG Celle NJW-RR 1994, 743; OLG Köln OLGR 1995, 49; OLG Frankfurt VersR 1995, 53; OLG Karlsruhe OLGR 1998, 213.

(aa) Berechnungsformeln zur Abzinsung der Leasingraten

Die Berechnungsformeln für die Abzinsung der Leasingraten gestalten sich dabei wie folgt:[271]

Vorschüssige Rentenbarwertmethode

$$\text{Barwert} = \text{Rate} \cdot \frac{1}{q^{n-1}} \cdot \frac{q^n - 1}{q - 1}$$

Nachschüssige Rentenbarwertmethode

$$\text{Barwert} = \text{Rate} \cdot \frac{1}{q^n} \cdot \frac{q^n - 1}{q - 1}$$

q = Refinanzierungssatz
n = Restlaufzeit

(bb) Berechnungsformeln zur Abzinsung des Restwertes

Die Abzinsung des Restwertes erfolgt nach der Rentenbarwertmethode dagegen anhand folgender Formel:

$$\text{Barwert} = \frac{\text{Restwert}}{q^n}$$

Darüber hinaus wird in einigen Fällen zur Abzinsung des Restwertes auch die sog. „Blue-Book-Methode" angewandt. Dies geschieht vor allem in solchen Fällen, in denen der Leasinggeber Eigenmittel zur Finanzierung eingesetzt hat. Die Berechnung erfolgt bei dieser Methode nach folgender Formel:[272]

$$\text{Abgezinster Restwert} = \text{Rate} \cdot \frac{1 - \dfrac{1}{\left(1 + \dfrac{p}{1200}\right)^n}}{\dfrac{p}{1200}}$$

$$\text{Abzinsungsfaktor} = q = 1 + \frac{p}{1200}$$

271 Reinking, Der Autokauf, Rn. L 784 ff.; Martinek/Stoffels/Wimmer-Leonhardt, Handbuch des Leasingrechts, § 39, Rn. 34 ff., S. 411.
272 Reinking, Der Autokauf, Rn. L 784 ff.

(cc) Abzinsung nach Ablauf der Vertragsmindestlaufzeit

Fraglich ist, ob eine Abzinsung auch dann vorzunehmen ist, wenn die vereinbarte Mindestlaufzeit des Leasingvertrages bereits abgelaufen ist. Der Sinn und Zweck der Abzinsung liegt darin, den Leasinggeber nicht unangemessen besser zu stellen. Denn er erhält die eigentlich erst bis zum Vertragsende anfallenden offenen Leasingraten aufgrund der vorzeitigen Vertragsbeendigung bereits zu einem früheren Zeitpunkt als dies ursprünglich vorgesehen war. Erhält der Leasinggeber demnach die noch offenen Leasingraten vorzeitig oder nicht einmal zu dem vertraglich vereinbarten Zeitpunkt, dann kann der Zweck der Abzinsung nicht mehr erreicht werden. Er darf dann nicht zusätzlich Verzugszinsen beanspruchen.

(dd) Anrechnung des tatsächlich erzielten Restwertes

Der Leasinggeber ist nach Maßgabe des § 254 BGB verpflichtet, seiner Schadensminderungspflicht durch eine bestmögliche Verwertung nachzukommen und den tatsächlich erzielten Verwertungserlös auf den Schadensersatzanspruch anzurechnen.

Für den Leasinggeber besteht nur bei Vollamortisationsverträgen keinerlei Verpflichtung zur Verwertung der Leasingsache. Vielmehr kommt ihm nach erfolgter außerordentlicher Kündigung ein Wahlrecht zu, ob er entweder die Leasingsache verwertet und dem Leasingnehmer den vollen Verwertungserlös gutschreibt oder andererseits dem Leasingnehmer den mit 10 Prozent kalkulierten Restwert gutschreibt, wenn er die Leasingsache behält.

Sofern eine Verwertung zum Zeitpunkt des Prozessbeginns noch nicht erfolgt ist, muss der Leasinggeber seine Bereitschaft erkennen lassen, sich einen künftig zu erzielenden Verwertungserlös anrechnen zu lassen.[273]

Wenn die Verwertung des Leasinggutes nicht möglich sein sollte und dieser Umstand nicht vom Leasingnehmer zu vertreten ist, muss sich der Leasinggeber nach Ansicht des Bundesgerichtshofes zumindest den Vorteil anrechnen lassen, der darin besteht, dass die Leasingsache bei der vorzeitigen Rückgabe einen höheren Wert besitzt, als sie nach vertragsgemäßen Ablauf der Leasingzeit besäße.[274] Letztlich muss sich der Leasinggeber die Vorteile schadensmindernd anrechnen lassen, die er durch die vorzeitige Vertragsbeendigung erlangt, was neben dem vorzeitigen Rückfluss des eingesetzten Kapitals auch die frühere Zurückerlangung der Leasing-

---

273 BGH NJW 1985, 1539.

274 BGH Urteil vom 8.3.1995 – VIII ZR 313/93 = WM 1995, 935 = NJW 1995, 1541: *„Erhält der Leasinggeber die Leasingsache nach einer vom Leasingnehmer veranlassten fristlosen Kündigung des Leasingvertrages vorzeitig zurück, so muss er sich bei vom Leasingnehmer nicht zu vertretender Unmöglichkeit der Verwertung der Leasingsache auf seinen Schadensersatzanspruch zumindest den Vorteil anrechnen lassen, der darin besteht, dass die Leasingsache bei der vorzeitigen Rückgabe einen höheren Wert besitzt, als sie nach vertragsgemäßen Ablauf der Leasingzeit besäße."*

sache umfasst, soweit der Wert der Sache zum Zeitpunkt der früheren Rückgabe den Restwert übersteigt.[275]

bb. Beschränkung des Schadensersatzanspruchs des Leasinggebers beim Verbraucherleasing während der Widerrufsfrist

Grundsätzlich steht dem Leasinggeber auch bei Verbraucherleasingverträgen der Schadensersatzanspruch statt der Leistung gemäß §§ 280 Abs. 1, Abs. 3, 281 Abs. 1 BGB bei durch den Leasingnehmer veranlasster vorzeitiger Vertragsbeendigung zu. Nur wenn der Leasinggeber während einer nach § 355 BGB noch laufenden Widerrufsfrist den Leasingvertrag kündigt, ist der Schadensersatzanspruch des Leasinggebers beim Verbraucherleasing ausgeschlossen (rechtmäßiges Alternativverhalten).[276]

cc. Keine pauschale Berechnung des Schadensersatzanspruchs des Leasinggebers aufgrund formularvertraglicher Vereinbarung

Zwar soll auch bei einem Schadensersatzanspruch des Leasinggebers nach einer vom Leasingnehmer veranlassten vorzeitigen Vertragsbeendigung die Schadensberechnung aufgrund einer formularvertraglichen Vereinbarung grundsätzlich zulässig sein, sofern die Grenzen von § 138 BGB eingehalten werden.[277] Allerdings verstoßen die in der Leasingpraxis in den Allgemeinen Leasingbedingungen des Leasinggebers verwendeten Klauseln bereits regelmäßig gegen das Transparenzgebot gemäß § 307 Abs. 1 S. 2 BGB. Denn nach der Rechtsprechung des Bundesgerichtshofes liegt eine vollständige Transparenz nur dann vor, wenn die gesamten Anschaffungskosten, die Vertragsnebenkosten, der kalkulierte Gewinn des Leasinggebers, der Refinanzierungszinssatz sowie die Erklärung, dass 90 Prozent des Verwertungserlöses auf die Abschlusszahlung angerechnet werden, in der formularvertraglichen Vereinbarung enthalten sind.[278]

---

275 BGH Urteil vom 8.3.1995 – VIII ZR 313/93 = WM 1995, 935 = NJW 1995, 1541: *„Hat ... der Leasingnehmer schuldhaft die vorzeitige Beendigung des Leasingvertrages veranlasst, so ist er verpflichtet, dem Leasinggeber im Wege des Schadensersatzes die – allerdings abgezinsten – Leistungen zu erbringen, die er zum Zwecke der Vollamortisation bei ordnungsgemäßer Vertragsabwicklung noch geschuldet hätte, ... also die restlichen Leasingraten und den kalkulierten Restwert. Andererseits muss sich der Leasinggeber aber auch – schadensmindernd – die Vorteile anrechnen lassen, die er durch die vorzeitige Vertragsbeendigung erlangt. Das ist einmal der Anspruch auf vorzeitigen Rückfluss des eingesetzten Kapitals. Insoweit findet ein Ausgleich durch Abzinsung statt. In Fällen, in denen er infolge der vorzeitigen Vertragsbeendigung die Leasingsache eher als nach dem Vertrag vorgesehen zurückerhält, erlangt er einen weiteren Vorteil, wenn und soweit der Wert der Sache zum Zeitpunkt der früheren Rückgabe den Restwert übersteigt.“*

276 BGH NJW 1996, 455 und 2367.

277 BGH NJW 1985, 2253; 1996, 455.

278 BGH NJW 1996, 455; Reinking, Der Autokauf, Rn. L 776.

Allerdings erscheint diese von der Rechtsprechung des Bundesgerichtshofes geforderte umfassende Transparenz nicht immer erforderlich. Zwar soll eine Klausel in den Allgemeinen Leasingbedingungen auch dann unwirksam sein, wenn sie nicht hinreichend durchschaubar ist und der Leasingnehmer den Umfang seiner Rechte und Pflichten aufgrund der unklaren Bestimmung nicht erkennen kann.[279] Fraglich erscheint ein Verstoß gegen das Transparenzgebot aber vor allem dann, wenn der Umfang der Verpflichtung des Leasingnehmers durch Angaben eines Prozentsatzes von den Anschaffungskosten klar bestimmt und nur die Berechnung nicht ohne weitere Angaben nachvollziehbar gewesen ist.

Darüber hinaus stellen die verwendeten Klauseln nach Ansicht des Bundesgerichtshofes eine unzulässige Pauschalierung von Schadensersatzansprüchen gemäß § 309 Nr. 5a BGB dar bzw. benachteiligen den Leasingnehmer gemäß § 307 BGB in unangemessener Form, weshalb vom Bundesgerichtshof eine konkrete Klausel noch nicht positiv bestätigt wurde.[280]

Die restriktive Rechtsprechung des Bundesgerichtshofes ist letztlich für den Vollamortisationsanspruch des Leasinggebers nicht schädlich. Denn trotz der Unwirksamkeit einer Klausel, die den Anspruch des Leasinggebers und dessen Berechnung regelt, kann der Leasinggeber vom Leasingnehmer bereits aufgrund der gesetzlichen Regelung der §§ 280 Abs. 1, Abs. 3, 281 Abs. 1 BGB Ersatz seines konkret zu berechnenden Kündigungsschadens verlangen, sofern das Verschulden des Leasingnehmers gegeben ist.[281]

(a) Entgangener Gewinn

Da es bei einer außerordentlichen Kündigung des Leasinggebers der Leasingnehmer war, der vertragsbrüchig geworden ist und Veranlassung zur Kündigung gegeben hat, ist kein nachvollziehbarer Grund ersichtlich, warum der Leasinggeber auf einen Teil seines bei Vertragsabschluss kalkulierten Gewinns verzichten sollte. Der vom Leasingnehmer zu ersetzende Kündigungsschaden erfasst den entgangenen Gewinn des Leasinggebers.[282] Dies gilt jedoch nur für den Vollamortisationsvertrag und den befristeten/unkündbaren Teilamortisationsvertrag, § 542 BGB. Nach zutreffender Ansicht des Bundesgerichtshofes ist bei einem Teilamortisationsvertrag mit vorzeitiger Kündigungsmöglichkeit der dem Leasinggeber entgangene Gewinn nur bis zu dem Zeitpunkt, zu dem der Leasingnehmer vorzeitig hätte kündigen können, zu ersetzen (rechtsmäßiges Alternativverhalten).[283]

---

279 BGH NJW 1983, 159; 1986, 1335.

280 BGH NJW 1996, 455.

281 BGH NJW 2002, 2713.

282 Reinking, Der Autokauf, Rn. L 774 ff.

283 BGH Urteil vom 10.10.1990 – VIII ZR 296/89 = WM 1990, 2043 = NJW 1991, 221: *„Veranlasst der*

(b) Vorfälligkeitsentschädigung
Eine vom Leasinggeber wegen der vorzeitigen Ablösung des refinanzierten Darlehens an die Refinanzierungsbank zu zahlende Vorfälligkeitsentschädigung kann dieser als Schadensposten einer konkreten Abrechnung einstellen.[284]

(c) Kosten der Rechtsverfolgung
Sind im Rahmen der Kündigung für den Leasinggeber Kosten für die Rechtsverfolgung entstanden, so müssen diese vom Leasingnehmer insoweit ersetzt werden, als sie notwendig sind (erforderliche Rechtsverfolgungskosten).

(d) Vorteilsausgleichung
Wie bereits erwähnt, muss sich der Leasinggeber die Ersparnis laufzeitabhängiger Vertragskosten und Aufwendungen im Wege der Vorteilsausgleichung anrechnen lassen. Hier muss im Einzelfall geprüft werden, ob dem Leasinggeber tatsächlich durch die vorzeitige Vertragsbeendigung Minderkosten entstanden sind.[285] Zudem ist der Leasinggeber gezwungen, seine Kostenkalkulation umfassend aufzuschlüsseln und nachzuweisen, da andernfalls dem Gericht die Möglichkeit zur Schätzung gemäß § 287 ZPO zusteht.[286]

dd. Verjährung des Schadensersatzanspruchs des Leasinggebers
Für den Schadensersatzanspruch des Leasinggebers nach einer vom Leasingnehmer veranlassten fristlosen Kündigung des Leasingvertrages gilt die dreijährige Verjährungsfrist gemäß §§ 195, 199 BGB.

Leasingnehmer ... die fristlose Kündigung des Leasingvertrages, so umfasst der von ihm zu leistende Schadensersatz den vollen entgangenen Gewinn, den der Leasinggeber bis zum Zeitpunkt einer nach dem Vertrag zulässigen ordentlichen Kündigung hätte beanspruchen können."
„Der Anspruch auf Schadensersatz statt der Leistung umfasst grundsätzlich den vollständigen Gewinn, den der Gläubiger bei ordnungsgemäßer Vertragserfüllung erzielt hätte (§ 252 BGB). Daraus kann indessen nicht gefolgert werden, dass der fristlos kündigende Leasinggeber den vollständigen kalkulierten Gewinn auch für den Zeitraum nach einem vertraglich eingeräumten Kündigungszeitpunkt beanspruchen kann. Bei einem Mietvertrag, nach dessen Regeln der Leasingvertrag in erster Linie zu beurteilen ist, kann der Vermieter Schadensersatz nur für die ihm während der unkündbaren Mietzeit entgehenden Leistungen fordern, weil es an der Kausalität zwischen seiner fristlosen Kündigung und dem Ausfall fehlt, der ihm nach dem dem Mieter eingeräumten ordentlichen Kündigungszeitpunkt entsteht."

284 BGH NJW 1985, 1539; 1990, 2377; OLG Köln NJW-RR 1993, 1016; OLG Celle NJW-RR 1994, 1334.

285 OLG Hamm NJW-RR 1994, 1467.

286 Reinking, Der Autokauf, Rn. L 792 ff. m.w.N. und ausführlichem Rechenbeispiel.

c. Besonderheiten der Abrechnung beim Kfz-Leasing

Bei der Abrechnung beim Kfz-Leasing gelten einige Besonderheiten, die im Folgenden dargestellt werden.

aa. Kfz-Leasingvertrag mit Kilometerabrechnung

Beim Leasingvertrag mit Kilometerabrechnung ist bei der vorzeitigen Vertragsbeendigung zur Schadensregulierung die entstandene Vermögenslage des Leasinggebers mit derjenigen zu vergleichen, die bei einer regulären Vertragsbeendigung eingetreten wäre.
Eine Umstellung auf Restwertabrechnung ist nicht zulässig, da andernfalls entgegen der vertraglichen Vereinbarung nachträglich das Verwertungs- und Marktwertrisiko auf den Leasingnehmer verlagert werden würde.

Auch bei der vorzeitigen Beendigung des Kfz-Leasingvertrages mit Kilometerabrechnung werden entsprechend der vertraglichen Vereinbarungen im Leasingvertrag die Mehr- bzw. Minderkilometer festgestellt und gegebenenfalls wird ein finanzieller Ausgleich vorgenommen. Dabei ist allerdings zu berücksichtigen, dass die bloße Schadensberechnung anhand etwaiger Mehr- bzw. Minderkilometer zu ungenauen Ergebnissen führen kann, da sich auch das niedrigere Fahrzeugalter werterhöhend auswirken kann.[287]

Nach der zuvor erwähnten und mittlerweile vom Bundesgerichtshof in seiner Rechtsprechung gebilligten Berechnungsmethode des Oberlandesgerichts Celle sind von dem Schaden des Leasinggebers, der in den bis zu der regulären Vertragsbeendigung geschuldeten Leasingraten besteht, der Zinsvorteil infolge der Vorfälligkeit der Leasingraten, ein unter Umständen ersparter Verwaltungsaufwand und der erhöhte Wert des Leasingfahrzeugs im Vergleich zum Wert bei regulärer Beendigung des Leasingvertrages abzüglich etwaiger Reparaturkosten anzusetzen.[288] Folglich muss der vom Gutachter ermittelte Wert des Leasingfahrzeugs zur Zeit der wirksamen Kündigung bzw. Rückgabe mit dem Wert verglichen werden, den das Fahrzeug zum vereinbarten Vertragsende gehabt hätte.[289]

bb. Kfz-Leasingvertrag mit Restwertabrechnung

Entsprechend dem Vorteil der Überschussbeteiligung trägt der Leasingnehmer bei einem Kfz-Leasingvertrag mit Restwertabrechnung das Risiko eines Mindererlöses. Folglich sind im Rahmen der Vorteilsausgleichung sowohl Minder- als auch Mehrer-

---

287 Reinking, Der Autokauf, Rn. L 813 ff.
288 BGH Urteil vom 11.1.1995 – VIII ZR 61/94 = ZIP 1995, 286.
289 BGH NJW 2004, 2823.

löse zu berücksichtigen, welche sich aus der Gegenüberstellung von offenem Restwert und tatsächlichen Erlös ergeben. Dabei hat der Leasingnehmer einen Anspruch darauf, dass der Leasinggeber den erzielten Veräußerungserlös zur Anrechnung bringt, was in der Regel in Form einer Verteilung von 75 Prozent zugunsten des Leasingnehmers und zu 25 zugunsten des Leasinggebers geschieht. Folglich wird der Verwertungserlös zu 100 Prozent angerechnet.[290] Eine anderslautende Klausel, nach welcher der Veräußerungserlös nur mit 90 Prozent berücksichtigt werden soll, ist nach Ansicht des Bundesgerichtshofes weder interessengerecht noch steuerlich gerechtfertigt.[291]

cc. Kfz-Leasingvertrag mit Andienungsrecht

Wie auch beim Kfz-Leasingvertrag mit Restwertabrechnung erfolgt beim Andienungsrecht eine Anrechnung des Verwertungserlöses zu 100 Prozent. Denn der Leasingnehmer trägt auch bei dieser Vertragsform das Restwertrisiko.

dd. Abzug der Verwertungskosten beim KfZ-Leasing

Auch bei vorzeitiger Beendigung des Leasingvertrages ist der Leasinggeber berechtigt, den mit der Verwertung zusammenhängenden Aufwand und die daraus folgenden Kosten dem Leasingnehmer gesondert in Rechnung zu stellen.[292]

IV. Verwertung der Leasingsache nach Beendigung des Leasingvertrages

---

Da der realisierte Restwert durch Veräußerung des Leasingobjektes auf den Vollamortisationsanspruch des Leasinggebers gegenüber dem Leasingnehmer angerechnet wird, hat der Leasinggeber die Pflicht zur ordnungsgemäßen Verwertung. Dies gilt unabhängig davon, ob der Vertrag ordentlich (Verwertung im Rahmen der Restwertzusage des Leasingnehmers) oder außerordentlich (Verwertung im Rahmen des Schadensersatzes und der Schadensminderung) beendet wurde.
Demnach besteht die Pflicht des Leasinggebers, die Leasingsache bestmöglich zu verwerten.
Bei Leasingverträgen mit Kilometerabrechnung hat die Verwertung des Leasingobjektes für den Leasingnehmer keine Auswirkungen.

Sofern die Beendigung des Leasingvertrages nicht auf einer Rückabwicklung des Liefervertrages beruht und wenn keine anderweitigen vertraglichen Vereinbarungen

290 Reinking, Der Autokauf, Rn. L803 ff.
291 BGH ZIP 2002, 1402.
292 BGH NJW 1991, 221; OLG Köln NJW-RR 1993, 1016.

– Andienungsrecht, Kaufoption, Rückkaufverpflichtung – zwischen den Leasingvertragsparteien getroffen wurden, muss der Leasingnehmer die Leasingsache an den Leasinggeber als Eigentümer zurückgeben. Sie ist anschließend vom Leasinggeber zu verwerten und der Verwertungserlös muss sodann unter den Leasingvertragsparteien anhand bestimmter Grundsätze verteilt werden.[293] Folglich ist die endgültige Abrechnung des Leasingvertrages erst nach der Verwertung der Leasingsache möglich.[294] Der Problematik der ordnungsgemäßen und bestmöglichen Verwertung kommt eine erhebliche praktische Bedeutung zu, was auch die Vielzahl der bereits ergangenen höchstrichterlichen Entscheidung zeigt.[295]

1. Pflicht des Leasinggebers zur Verwertung der Leasingsache

Demnach fällt die Verwertung des Leasinggutes grundsätzlich in den Aufgaben- und Verantwortungsbereich des Leasinggebers. Denn bei einem Vollamortisationsvertrag ohne Kaufoption ist es allein dem Leasinggeber überlassen, wie nach Rückgabe der Leasingsache mit dieser weiter verfahren werden soll. Aber auch bei einem Vollamortisationsvertrag mit eingeräumter Kaufoption kommt dem Leasinggeber die Aufgabe zu, über die weitere Vorgehensweise und somit über eine mögliche Verwertung zu entscheiden.

Wird jedoch der Leasingvertrag infolge einer Rückabwicklung des Liefervertrages rückabgewickelt, dann ist die Leasingsache nicht an den Leasinggeber, sondern vom Leasinggeber an den Lieferanten zurückzugeben.[296] Folglich ist es nicht Aufgabe des Leasinggebers die Leasingsache zu verwerten, sondern die Verwertung fällt in den Aufgabenbereich des Lieferanten. Zu bedenken ist aber, dass eine Rückgabe an den Lieferanten auch nach einer Rückabwicklung des Liefervertrages dann nicht stattfindet, wenn der Lieferant nach einem rechtswirksamen Rücktritt des Leasingnehmers mit Bindungswirkung für den Leasinggeber in die Insolvenz fällt. Dann wird eine Rückabwicklung nach den Rücktrittsvorschriften tatsächlich nicht mehr durchgeführt.

---

293 BGH Urteil vom 12.6.1985 – VIII ZR 148/84 = BGHZ 95, 39 = WM 1985, 860 = NJW 1983, 2253 = ZIP 1985, 868: *„Die … Kündigung verwandelt den Finanzierungsleasingvertrag in ein Abwicklungsschuldverhältnis, das den Leasingnehmer zur Rückgabe des Leasingobjekts und zum Ausgleich des noch nicht getilgten Teils der Gesamtkosten des Leasinggebers verpflichtet, den Leasinggeber zu bestmöglicher Verwertung des Leasingobjekts.“*; vgl. auch Reinking, Der Autokauf, Rn. L 673 ff. und L 798 ff.

294 OLG Hamm OLGR 1996, 1.

295 Vgl. Reinking, Der Autokauf, Rn. L 673 ff.

296 Beckmann, Finanzierungsleasing, § 8, Rn. 211.

2. Pflicht des Leasinggebers zur bestmöglichen Verwertung und Verstöße gegen des Leasinggebers Pflicht

a. Pflicht zur bestmöglichen Verwertung

Wie bereits aufgezeigt, trifft den Leasinggeber die aus dem Grundsatz des § 254 Abs. 2 BGB erwachsende Pflicht, den Schaden so gering als möglich zu halten. Gleichzeitig trifft ihn auch in Form einer eigenständigen Nebenpflicht gemäß § 241 Abs. 2 BGB aus dem Leasingvertrag die Verpflichtung zur bestmöglichen Verwertung der Leasingsache.[297]

aa. Unternehmensorganisation als Grundlage einer ordnungsgemäßen Verwertung

Der Leasinggeber muss sein Leasingunternehmen so organisieren, dass eine optimale Verwertung des Leasinggutes möglich ist. Zur Einrichtung einer eigenen Verwertungsabteilung ist er nicht verpflichtet. Es genügt vielmehr, wenn der Leasinggeber eine im Firmenverbund bestehende Verkaufsorganisation und ein bekanntes Netz von autorisierten Vertragshändlern, mit denen er bei der Vertragsanbahnung zusammenarbeitet, auch im Rahmen der Verwertung nutzt.[298]

bb. Angebot der Leasingsache und die Käuferbenennung

Der Leasinggeber kann die Leasingsache dem Leasingnehmer selbst oder den ihm vom Leasingnehmer benannten Interessenten unter Mitteilung des ermittelten Schätzwertes anbieten.[299] Dabei sollte der Leasingnehmer nach Ansicht von Teilen der Rechtsprechung innerhalb von maximal zwei Wochen Käufer benennen können.[300] Eine formularvertragliche Vereinbarung im Leasingvertrag, die vorsieht, dass der Leasingnehmer binnen 14 Tagen nach Mitteilung des Händlereinkaufspreises einen Käufer benennen kann, der bereit ist, zu einem höheren Preis zu kaufen, verstößt jedoch gegen § 307 BGB.[301] Grundsätzlich sollte deshalb berücksichtigt werden, dass die Frist zur Käuferbenennung vorzugsweise in ihrem Umfang an den Umständen des Einzel-

---

297 BGH Urteil vom 12.6.1985 – VIII ZR 148/84 = BGHZ 95, 39 = WM 1985, 860 = NJW 1985, 2253 = ZIP 1985, 868: *„Die [...] Kündigung verwandelt den Finanzierungsleasingvertrag in ein Abwicklungsschuldverhältnis, das den Leasingnehmer zur Rückgabe des Leasingobjekts und zum Ausgleich des noch nicht getilgten Teils der Gesamtkosten des Leasinggebers verpflichtet, den Leasinggeber zu bestmöglicher Verwertung des Leasingobjekts"*; NJW 1997, 3166; OLG Koblenz NJW 1995, 1227; OLG Köln CR 1995, 340.

298 OLG Koblenz NJW 1995, 1227; OLG Köln CR 1995, 340.

299 OLG Köln NJW-RR 1993, 1016; LG Halle DAR 2003, 464.

300 OLG Bremen DAR 2001, 161.

301 OLG Celle NJW-RR 1997, 1008; OLG Dresden NJW-RR 1999, 703; OLG Düsseldorf NJW-RR 1999, 1661; 2004, 1208.

falls gemessen werden sollte. Denn insbesondere die Marktgängigkeit der Leasingsache als auch die Marktkenntnis des Leasingnehmers, aber auch andere Faktoren spielen eine erhebliche Rolle für den zeitlichen Rahmen der Verwertung. Auch der überwiegende Teil der Rechtsprechung billigt daher mittlerweile einen Zeitraum von mindestens zwei Wochen nach Zugang der Aufforderung zu, wobei eine Einschränkung nicht akzeptiert wird.[302]

Nach Ansicht der Instanzrechtsprechung solle die Frist zur Käuferbenennung nicht bereits mit dem Datum des Aufforderungsschreibens beginnen, da sie sich bei verspätetem Zugang sonst nur noch auf wenige Tage belaufen könne.[303] Allerdings ist das Angebot des Leasinggebers an den Leasingnehmer dann als entbehrlich anzusehen, wenn sich der Leasingnehmer als unzuverlässig erwiesen hat, bereits ersichtlich zahlungsunfähig oder zumindest erhebliche Zweifel an der Zahlungsfähigkeit eines vom Leasingnehmer benannten Interessenten besteht.[304]

Hat ein Lieferant die Mithaftung für die Ansprüche des Leasinggebers gegen den Leasingnehmer übernommen, dann muss der Leasinggeber die Sache vor der eigenen Verwertung dem Lieferanten anbieten, sofern dieser über die besseren Absatzmöglichkeiten verfügt.

cc. Verwertung innerhalb angemessener Zeit

Zur bestmöglichen Verwertung gehört auch eine solche innerhalb eines angemessenen Zeitrahmens. Der Leasinggeber muss sich somit gleichzeitig um eine Verwertung in angemessener Zeit bemühen und dafür mitunter Anzeigen in regionalen Zeitungen bzw. Fachzeitschriften schalten.[305] Ist die Leasingsache an eine Refinanzierungsbank zur Sicherheit übereignet, dann muss auch diese sich um die bestmögliche Verwertung bemühen.[306]

dd. Einwände des Leasingnehmers

Weiterhin ist fraglich, ob und wie der häufige Einwand des Leasingnehmers, der erzielte oder geschätzte Verkehrswert sei zu gering bemessen, da er selbst einen erheblich höheren Veräußerungserlös hätte erzielen können, erheblich sein kann.

Grundsätzlich muss davon ausgegangen werden, dass der Leasinggeber in der Verwertung frei ist und nicht dazu verpflichtet ist, an einen vom Leasingnehmer

---

302 Vgl. etwa OLG Dresden, OLGR 1998, 207; OLG Düsseldorf, OLGR 1999, 333.

303 OLG Celle NJW-RR 1997, 1008; OLG Dresden NJW-RR 1999, 703; OLG Düsseldorf NJW-RR 1999, 1661; 2004, 1208.

304 OLG Düsseldorf BB 1997, 13; OLG Hamm OLGR 1998, 89; OLG Brandenburg NJW-RR 2001, 277.

305 BGH NJW 1985, 1539; OLG Celle NJW-RR 1997, 1008.

306 OLG Oldenburg DAR 1997, 203.

genannten Käufer zu veräußern. Völlig frei ist der Leasinggeber in seiner Auswahl des Käufers jedoch nicht. Ihn trifft vielmehr die Pflicht, das Leasinggut bestmöglich zu verwerten, um somit zum Schutz des Leasingnehmers zu gewährleisten, dass diesem der tatsächliche Marktwert des Leasingobjekts im Verwertungszeitpunkt zugute kommt.[307] Wie bereits erwähnt, muss er dazu seinen Betrieb so organisieren, dass eine optimale Verwertung ermöglicht wird und etwa ein Netz von autorisierten Vertragshändlern, mit denen er bereits bei der Vertragsanbahnung zusammengearbeitet hat, auch bei der Verwertung heranziehen.[308] Andernfalls verstößt der Leasinggeber gegen seine Pflicht zur Schadensminderung und muss der Abrechnung den Händlerverkaufspreis zugrunde legen.[309] Allerdings kann der Leasinggeber nicht verpflichtet werden, eine gesonderte Verwertungsabteilung zu schaffen und zu unterhalten.

Die Veräußerung des Leasingobjektes zum Händlereinkaufspreis stellt nach Ansicht des Bundesgerichtshofes keine Verletzung der Pflicht des Leasinggebers zur bestmöglichen Verwertung dar, wenn er das Leasingobjekt zuvor dem Leasingnehmer zu denselben Bedingungen zum Erwerb anbietet.[310]

ee. Abweichende Vereinbarungen zwischen Leasinggeber und Leasingnehmer

Der Leasinggeber kann nach Ansicht der Rechtsprechung mit dem Leasingnehmer alternativ zu Vorgenannten vereinbaren, dass der Leasingnehmer die Leasingsache – vor allem beim Kfz-Leasing – zum Händlereinkaufspreis oder zu dem vom Leasingnehmer als zu gering erachteten Schätzwert erwerben kann, um anschließend den Verkauf zu einem höheren Preis herbeizuführen.[311] Die dem Leasingnehmer damit auferlegte Mühe und das Risiko der Weiterverwertung sollten dabei allerdings nicht unangemessen sein.[312]

---

307 BGH NJW 1997, 3166.

308 OLG Koblenz NJW 1995, 1227; OLG Köln CR 1995, 340.

309 OLG Brandenburg DAR 1999, 359.

310 BGH Urteil vom 4.6.1997 – VIII ZR 312/96 = WM 1997, 1904 = NJW 1997, 3166 = ZIP 1997, 1457: *„Der Leasinggeber, der das Leasingobjekt zum Händlereinkaufspreis veräußert, verletzt regelmäßig nicht seine Verpflichtung zur bestmöglichen Verwertung, wenn er das Leasingobjekt zuvor dem Leasingnehmer zu denselben Bedingungen zum Erwerb anbietet."*

311 BGH NJW 1997, 3166; OLG Frankfurt/M. OLGR 1998, 207; BGH Urteil vom 4.6.1997 – VIII ZR 312/96 = WM 1997, 1904 = NJW 1997, 3166 = ZIP 1997, 1457: *„Die Verpflichtung des Leasinggebers, das Leasinggut bestmöglich zu verwerten, soll zum Schutz des Leasingnehmers gewährleisten, dass diesem der tatsächliche Marktwert des Leasingobjekts im Verwertungszeitpunkt zugute kommt. Diesen Vorteil kann der Leasingnehmer sich auch dadurch sichern, dass er das nach seiner Auffassung zu gering bewertete Leasingobjekt zum Schätzpreis erwirbt und es auf eigene Rechnung zu dem höheren tatsächlichen Marktwert weiterveräußert."*

312 BGH NJW 1997, 3166; OLG Frankfurt/M. OLGR 1998, 207.

b. Verstöße des Leasinggebers gegen die Pflicht zur bestmöglichen Verwertung und Rechtsfolgen

Kommt der Leasinggeber seiner Pflicht zur bestmöglichen Verwertung nicht nach, so macht er sich unter Umständen dem Leasingnehmer gegenüber schadensersatzpflichtig. Dieser Umstand ist dann bei der Abrechnung des Verwertungserlöses wegen Pflichtverletzung oder wegen Verstoß gegen die Schadensminderungspflicht gemäß § 254 Abs. 2 BGB zu berücksichtigen.[313]

Der Bundesgerichtshof führt in seiner Rechtsprechung zur Schadensminderungspflicht des Leasinggebers aus, dass die im Hinblick auf die Veräußerung der Leasingsache getätigten Aufwendungen grundsätzlich nur dann voll zu Lasten des Leasingnehmers zu berücksichtigen sind, wenn sie entweder erforderlich waren, um den Leasinggegenstand überhaupt veräußern zu können, oder zu einem vergleichbar höheren Verwertungserlös geführt haben oder der Leasinggeber jedenfalls von einem entsprechend höheren Verwertungserlös bei Vornahme der Verwendungen unverschuldet ausging. Dies folge aus der Pflicht des Leasinggebers zur bestmöglichen Verwertung des Leasingobjekts.[314]

Eine Schadensersatzpflicht soll den Leasinggeber nach Ansicht der Rechtsprechung aber dann nicht treffen, wenn er auf die gutachterlichen Feststellungen eines Sachverständigen vertraut hat. Wird aber der Abrechnung kein Sachverständigengutachten zugrunde gelegt, sondern eine Verwertung vorgenommen, dann ist der Einwand des Leasingnehmers in jedem Fall erheblich.[315] Denn das Gericht trifft bei entsprechendem Beweisantritt des Leasingnehmers die Verpflichtung ein Sachverständigengutachten einzuholen, das die Frage klärt, ob ein höherer Preis erzielbar gewesen wäre.[316]

Wenn der Leasinggeber demnach gegen die Pflicht zur bestmöglichen Verwertung des Leasinggutes schuldhaft verstößt, dann ist dieser Umstand bei der Abrech-

313 BGH WM 1985, 860 = NJW 1985, 2253; OLG Köln BB 1997, 2555.

314 BGH Urteil vom 27.11.1991 – VIII ZR 39/91 = WM 1992, 231 = NJW-RR 1992, 378: „*... im Hinblick auf die Veräußerung der Leasingsache getätigten Aufwendungen sind indessen grundsätzlich nur dann voll zu Lasten des Leasingnehmers zu berücksichtigen, wenn sie entweder erforderlich waren, um den Leasinggegenstand überhaupt veräußern zu können, oder – bei einer möglichen Veräußerung auch in unrepariertem Zustand – zu einem vergleichbar höheren Verwertungserlös geführt haben. Soweit ein solcher Mehrerlös tatsächlich nicht erreicht worden ist, kommt es darauf an, ob der Leasinggeber bei seiner Entscheidung, die Reparatur durchführen zu lassen, unverschuldet davon ausgegangen ist, der Reparaturaufwand werde zumindest einen entsprechend höheren Verwertungserlös bedingen. Dies folgt aus der dem Leasinggeber obliegenden Verpflichtung, sich nach Beendigung des Leasingvertrages mit zumutbarer Sorgfalt um die bestmögliche Verwertung der Leasingsache zu bemühen. Wählt er – obwohl zumutbar und möglich – nicht die Verwertungsalternative, die den Schaden am geringsten hält, kann ihm dies wegen Verletzung seiner Schadensminderungspflicht (§ 254 Abs. 2 BGB) zum Nachteil gereichen.*“

315 BGH WM 1985, 860 = NJW 1985, 2253.

316 BGH WM 1985, 860 = NJW 1985, 2253; OLG Hamm NJW-RR 1994, 1467; OLG Köln CR 1995, 340.

nung des Verwertungserlöses wegen Pflichtverletzung oder aber zumindest wegen eines Verstoßes gegen die Schadensminderungspflicht gemäß § 254 Abs. 2 BGB angemessen zu berücksichtigen.[317] Die Beweislast für einen Verstoß des Leasinggebers gegen die Pflicht zur bestmöglichen Verwertung trifft den Leasingnehmer, wobei aber der Leasingnehmer aufgrund der gesetzlichen Vermutung des § 280 Abs. 1 S. 2 BGB beweisen muss, dass er die Pflichtverletzung nicht zu vertreten hat.[318]

Auch soll eine schuldhafte Pflichtverletzung des Leasinggebers dann ausscheiden, wenn er die Sache nur an einen unternehmerischen Käufer veräußern will, weil er andernfalls bei Verkauf an einen Verbraucher zwingend den besonderen Regelungen zur Mängelhaftung des Verbrauchsgüterkaufs über eine gebrauchte Sache ausgesetzt ist, §§ 474 ff. BGB.

Hingegen liegt nach Ansicht von Teilen der Rechtsprechung ein schuldhafter Verstoß des Leasinggebers gegen die Pflicht zur bestmöglichen Verwertung selbst dann vor, wenn der Leasinggeber eine günstige Rückkaufvereinbarung gegenüber dem Lieferanten nicht durchsetzt, sondern die Leasingsache lediglich zum zuvor geschätzten Kaufpreis an einen Vierten veräußert.[319] Interessengerechter erscheint jedoch die Auffassung der Rechtsprechung, die keinen Verstoß gegen die Pflicht zur bestmöglichen Verwertung annimmt.[320] Denn eine Rückkaufsverpflichtung dient nicht der Freistellung des Leasingnehmers vom Restwertrisiko, sondern stellt allein eine zusätzliche Absicherung des Leasinggebers dar, so dass der Leasinggeber gerade nicht verpflichtet ist, zum Schutz des Leasingnehmers den Rückkauf durchzusetzen.[321] Dies verkennt der andere Teil der Rechtsprechung und verlagert somit das Restwertrisiko auf den Leasinggeber.

3. Keine Verwertung zu Beginn des Leasingprozesses

Sofern eine Verwertung zu Beginn des Leasingprozesses noch nicht erfolgt ist und der Leasinggeber diesen Umstand zu vertreten hat, muss er in der Klageschrift seine Bereitschaft zur Anrechnung eines zu erzielenden Verwertungserlöses deutlich hervorheben.[322] Andernfalls muss sich der Leasinggeber bei einer möglichen und zumutbaren Verwertungsmöglichkeit den geschätzten Verwertungserlös abziehen lassen.[323]

---

317 BGH WM 1985, 860 = NJW 1985, 2253; OLG Köln BB 1997, 2555.

318 OLG Hamm NJW-RR 1994, 1467; OLG Köln CR 1995, 340.

319 Vgl. Reinking, Der Autokauf, Rn. L 673 ff. mit Verweis auf unveröffentlichte Entscheidung des OLG Oldenburg.

320 OLG Frankfurt, WiB 1997, 1107.

321 Beckmann, Finanzierungsleasing, § 8, Rn. 250.

322 BGH NJW 1985, 1539.

323 OLG Dresden NJW-RR 2003, 194.

4. Einzelne Verwertungsmöglichkeiten

Für die Verwertung stehen dem Leasinggeber mehrere Möglichkeiten zur Verfügung, wobei er aber grundsätzlich zur bestmöglichen Verwertung verpflichtet ist. Um vorab dem späteren Einwand des Leasingnehmers der nicht bestmöglichen Verwertung vorzubeugen, können die Leasingvertragsparteien vereinbaren, dass die Verwertung dem Leasingnehmer überlassen wird.

a. Verwertung durch Veräußerung der Leasingsache

Enthält der Leasingvertrag eine Kaufoption, dann erfolgt die Verwertung der Leasingsache regelmäßig durch Veräußerung an den Leasingnehmer. Ist dagegen im Leasingvertrag eine Rückkaufvereinbarung enthalten, dann wird die Leasingsache an den Lieferanten veräußert. Sind keine besonderen vertraglichen Vereinbarungen im Leasingvertrag getroffen, dann kann die Verwertung auch durch eine Veräußerung an einen Vierten durchgeführt werden. Wie bereits dargelegt, ist der Verwertungserlös dann im Rahmen der Vorteilsausgleichung bei der Abrechnung des Leasingvertrages bzw. des Ausgleichsanspruchs und des Kündigungsschadens zu berücksichtigen.

b. Verwertung durch Abschluss eines Folgeleasingvertrages

An die Stelle der Veräußerung kann auch der Abschluss eines Folgeleasingvertrags mit einem neuen Leasingnehmer treten. Wird diese Verwertungsmethode vom Leasinggeber gewählt, dann muss er gegenüber dem vorherigen Leasingnehmer den Nettobetrag der Anschaffungskosten aus dem neuen Leasingvertrag berücksichtigen.[324]

c. Gescheiterte Verwertung der Leasingsache

Scheitert die Verwertung der Leasingsache wegen eines Totalschadens oder Verlustes der Leasingsache ganz oder kann wegen einer Beschädigung der Leasingsache nur ein geringerer Verwertungserlös erzielt werden und wird dafür eine Ersatzzahlung vorgenommen, dann müssen solche Ersatzleistungen dem Leasingnehmer zugute kommen, indem sie bei der Abrechnung Berücksichtigung finden.[325] Gleichfalls ist eine erfolgte Ersatzleistung des Kaskoversicherers wegen Verlustes, Zerstörung oder Beschädigung sowie entsprechend auch eine Leistung eines des Schädigers oder dessen Haftpflichtversicherers in vollem Umfang anzurechnen.[326]

---

324 OLG Celle NJW-RR 1994, 1334.
325 BGH NJW 2004, 1041.
326 BGH NJW 1995, 1541.

d. Verzicht auf eine Verwertung der Leasingsache

Haben die Leasingvertragsparteien dagegen vertraglich auf eine Verwertung der Leasingsache verzichtet und vereinbart, dass sie ohne Verwertung beim Leasinggeber verbleiben soll, dann ist der Restbuchwert anzurechnen. Steht dagegen der Leasinggeber ein Andienungsrecht zu, so tritt an die Stelle des Restwertes der Leasingsache der vereinbarte Kaufpreis. Besteht ein Andienungsrecht des Leasinggebers ohne Nachzahlungsverpflichtung, ist der Verwertungserlös in voller Höhe anzurechnen.[327]

5. Berücksichtigung des Verwertungserlöses im Rahmen der Anrechnung

---

Grundlage der Anrechnung ist stets der tatsächlich erzielte Verwertungserlös. Grundsätzlich nicht berücksichtigt wird dagegen der Händlereinkaufspreis.

---

a. Grundsätze der Anrechnung

Bei erlasskonformen Teilamortisationsverträgen ist der Verwertungserlös auf die vom Leasinggeber geschuldete Ausgleichszahlung anzurechnen. Dies erfolgt in der Regel in Höhe von 90 Prozent des Nettoverwertungserlöses.[328] Zu beachten ist dabei, dass immer der tatsächlich erzielte Erlös und nicht der Händlereinkaufswert anzurechnen ist.[329]

Bei vorzeitig beendeten Leasingverträgen ist der Verwertungserlös in voller Höhe dem Leasingnehmer anzurechnen.[330] In diesem Fall würde sogar eine formularvertragliche Vereinbarung, nach der der Leasinggeber bei der Abrechnung nach vorzeitiger Beendigung des Leasingvertrages nur 90 Prozent des erzielten Verwertungserlöses zugunsten des Leasingnehmers berücksichtigt, den Leasingnehmer unangemessen benachteiligen und wäre gem. § 307 BGB unwirksam. Denn der Leasinggeber würde somit besser gestellt werden, als er ohne das schädigende Ereignis stehen würde.[331]

b. Konkrete Berechnung des Anrechnungsbetrages

aa. Nettoerlös als Grundlage für die Berechnung des Anrechnungsbetrages

Grundlage jeder Berechnung des dem Leasingnehmer anzurechnenden Betrages ist der aus der Verwertung erzielte Veräußerungserlös mit seinem Nettobetrag. Denn die Veräußerung des Leasinggutes unterliegt gemäß §§ 1, 3 UStG der Umsatzsteuer,

---

327 OLG Celle NJW-RR 1994, 1334.
328 BGH NJW 1985, 2253; 1986, 1335; 2002, 2713.
329 BGH NJW 1991, 221.
330 BGH NJW 2002, 2713.
331 BGH NJW 2002, 2713.

so dass diese an das Finanzamt abgeführt werden muss und nicht im Rahmen der Anrechnung berücksichtigt werden darf.

bb. Tatsächlich erzielter Erlös

Zur Anrechnung zu bringen ist der tatsächlich erzielte Erlös. Nicht aber darf der sog. Händlereinkaufspreis angerechnet werden. Dieser kann nach der Rechtsprechung des Bundesgerichtshofes allenfalls Berechnungsgrundlage sein, wenn die Leasingsache nicht veräußert wird.[332] Wie bereits dargelegt, ist sich die Instanzrechtsprechung bei der Behandlung dieses Problempunktes und der Lösung der Streitfrage nicht einig. So rechnen einige Gerichte bei markengebundenen Leasinggebern den Händlerverkaufswert zu 100 Prozent an.[333] Andere dagegen vertreten die Auffassung, dass mangels anderer Anhaltspunkte der Händlerverkaufswert abzüglich einer Kostenpauschale von 10 Prozent anzurechnen sein soll.[334]

Die Veräußerung zu einem Preis, der jedoch weniger als 10 Prozent unter dem Händlerverkaufspreis liegt, soll nach der Rechtsprechung des Bundesgerichtshofes und der Instanzrechtsprechung kein Verstoß des Leasinggebers gegen seine Pflicht zur bestmöglichen Verwertung darstellen.[335] Denn es darf nicht außer Acht gelassen werden, dass der erzielte Erlös lediglich auf einer – wenn auch sachverständigen – Schätzung beruht. Eine Abweichung vom Händlerverkaufswert, die unter 10 % und damit erheblich unter den vom Sachverständigen genannten Händlerabschlägen von 30 % bis 50 % liegt, hält sich nach Ansicht des Bundesgerichtshofes noch in dem Rahmen, den der Leasingnehmer im Hinblick auf die mit der Verwertung des Leasingobjekts notwendig verbundenen Unsicherheiten hinnehmen muss.[336]

---

332 BGH NJW 1991, 221; 1996, 455; 1997, 3166; OLG Düsseldorf DB 2004, 700.

333 OLG Brandenburg NJW-RR 1998, 1671; DAR 1999, 359; OLG Koblenz NJW 1995, 1227.

334 OLG Düsseldorf NJW-RR 1999, 1661.

335 BGH NJW 1991, 221: „*... im Hinblick auf die Veräußerung der Leasingsache getätigten Aufwendungen sind indessen grundsätzlich nur dann voll zu Lasten des Leasingnehmers zu berücksichtigen, wenn sie entweder erforderlich waren, um den Leasinggegenstand überhaupt veräußern zu können, oder – bei einer möglichen Veräußerung auch in unrepariertem Zustand – zu einem vergleichbar höheren Verwertungserlös geführt haben. Soweit ein solcher Mehrerlös tatsächlich nicht erreicht worden ist, kommt es darauf an, ob der Leasinggeber bei seiner Entscheidung, die Reparatur durchführen zu lassen, unverschuldet davon ausgegangen ist, der Reparaturaufwand werde zumindest einen entsprechend höheren Verwertungserlös bedingen. Dies folgt aus der dem Leasinggeber obliegenden Verpflichtung, sich nach Beendigung des Leasingvertrages mit zumutbarer Sorgfalt um die bestmögliche Verwertung der Leasingsache zu bemühen. Wählt er – obwohl zumutbar und möglich – nicht die Verwertungsalternative, die den Schaden am geringsten hält, kann ihm dies wegen Verletzung seiner Schadensminderungspflicht (§ 254 Abs. 2 BGB) zum Nachteil gereichen.*“; 1996, 2860; OLG Düsseldorf NJW-RR 2004, 1208.

336 BGH Urteil vom 10.10.1990 – VIII ZR 296/89 = WM 1990, 2043 = NJW 1991, 221: „*... Der Klägerin kann eine schuldhafte Sorgfaltspflichtverletzung jedenfalls dann nicht angelastet*

Der Bundesgerichtshof argumentiert wiederum damit, dass die Suche nach einem anderen Käufer als einem Händler äußerst aufwendig und zeitintensiv sein kann, aber nicht unbedingt Erfolg versprechend sein muss. Noch dazu kann sich der Leasinggeber dem Einwand ausgesetzt sehen, dass er unnötig Kosten verursacht habe und zugleich seiner Pflicht zur Veräußerung in angemessener Zeit nicht nachgekommen ist. Ob die Suche nach weiteren Interessenten aussichtsreich ist beurteilt sich nach Auffassung des Bundesgerichtshofes vom Standpunkt eines mit zumutbarer Sorgfalt handelnden Leasinggebers mit dem ihm im Zeitpunkt der Verwertung bestehenden Erkenntnismöglichkeiten.[337]

Auch soll nach übereinstimmender Ansicht der Instanzrechtsprechung der Händlereinkaufspreis nicht beanstandet werden, sofern es sich um ein nur schwer verkäufliches, da nicht marktgängiges, Modell handele.[338]

Alternativ kann der Leasinggeber dem Leasingnehmer nach Ansicht des Bundesgerichtshofes in zulässiger Weise in den Allgemeinen Leasingbedingungen anbieten, das Leasingobjekt zum Händlereinkaufspreis zu erwerben, um zu versuchen, es zu einem höheren Verkaufspreis weiterzuveräußern.[339]

cc. Erzielter Mehrerlös

Wird die Leasingsache vorzeitig an den Leasinggeber zurückgegeben oder wurden vom Leasingnehmer Verbesserungen an ihr vorgenommen, so lässt sich in der Regel bei der Verwertung ein Mehrerlös erzielen. Problematisch ist, wie dieser bei der Anrechnung zu berücksichtigen ist.

(1) Mehrerlös wegen vorzeitiger Rückgabe der Leasingsache

Der Bundesgerichtshof fordert für die Anrechnung, dass bei einem Leasingvertrag mit Restwertabrechnung und Mehrerlösbeteiligung der durch die vorzeitige Verwertung

---

werden, weil der erzielte Erlös trotz des Verkaufs an einen Händler weniger als 10 % unter dem vom Sachverständigen ermittelten Händlereinkaufswert liegt, bei dem ohnehin nicht außer acht gelassen werden darf, dass er lediglich auf einer – wenn auch sachverständigen – Schätzung beruht. Eine solche Abweichung vom Händlerverkaufswert, die erheblich unter den vom Sachverständigen genannten Händlerabschlägen von 30 % bis 50 % liegt, hält sich noch in dem Rahmen, den der Leasingnehmer … im Hinblick auf die mit der Verwertung des Leasingobjekts notwendig verbundenen Unsicherheiten hinnehmen muss."

337 BGH Urteil vom 10.10.1990 – VIII ZR 296/89 = WM 1990, 2043 = NJW 1991, 221: *„…Ob unter solchen Umständen die Suche nach weiteren Interessenten aussichtsreich ist, muss vom Standpunkt eines mit zumutbarer Sorgfalt handelnden Leasinggebers und unter Berücksichtigung der ihm zum Zeitpunkt der Verwertung offenen Erkenntnismöglichkeiten beurteilt werden…"*

338 OLG Oldenburg WiB 1997, 657; OLG Frankfurt/M. WiB 1997, 1106.

339 BGH NJW 1997, 3166.

erzielte Mehrerlös dem Leasingnehmer in vollem Umfang zugute kommen müsse, soweit der Mehrerlös die Summe aus dem kalkulierten Restwert und der ab Vertragsende künftig noch zu zahlenden Leasingraten im Betrage übersteigen sollte.[340]

Folglich steht ein auf Grund der vorzeitigen Rückgabe des Leasinggutes im Vergleich zum vereinbarten Restwert erzielter Mehrerlös dem Leasingnehmer zu.[341]

Der wegen der vorzeitigen Rückgabe der Leasingsache erzielte Mehrerlös ist aber dann nicht zu berücksichtigen, wenn sich der vertragsgemäße Zustand der Leasingsache erheblich verschlechtert hat oder die Leasingsache nach der vorzeitigen Rückgabe durch den Leasingnehmer beim Leasinggeber oder einem von diesem beauftragten Dritten abhanden kommt oder zerstört wird.[342]

(2) Mehrerlös wegen an der Leasingsache vorgenommener Verbesserungen

Zwar ist der Leasinggeber grundsätzlich nicht zum Wertersatz für vom Leasingnehmer vorgenommene Verbesserungen an der Leasingsache verpflichtet, aber ein durch die Verbesserungen des Leasingnehmers erzielter Mehrerlös, muss dem Leasingnehmer zugute kommen. Insofern besteht nicht nur ein Wegnahmerecht des Leasingnehmers.

dd. Abzug der Verwertungskosten vom erzielten Erlös

Notwendige Verwertungskosten werden zu Lasten des Leasingnehmers angerechnet.

Der Leasingnehmer schuldet dem Leasinggeber die Vollamortisation über den garantierten Restwert oder den erzielten Verwertungserlös. Jedoch entstehen bei der Verwertung der Leasingsache für den Leasinggeber regelmäßig Kosten, die den Verwertungserlös schmälern. Sie sind demnach vorab vom Verwertungserlös abzurechnen und folglich zu Lasten des Leasingnehmers zu berücksichtigen.[343]

So muss der Leasingnehmer etwa die Kosten für die Beauftragung eines Sachverständigen mit der Erstellung eines Gutachtens über den Verkehrswert der Leasingsache tragen, weil das Sachverständigengutachten der ordnungsgemäßen Verwertung und somit dem Interesse des Leasingnehmers dient.[344] Das soll auch für den Fall gelten, dass der Leasinggeber den Sachverständigen vorrangig damit beauftragt hat, den Händlereinkaufspreis festzustellen, weil sich daraus auch der Händlerverkaufspreis ergibt.

340 BGH NJW 2002, 2713.
341 OLG Celle NJW-RR 1998, 704.
342 BGH NJW 1995, 1541.
343 BGH NJW 1991, 221; 1992, 683; 1997, 3166; OLG Dresden NJW 1999, 703.
344 BGH NJW 1997, 3166; OLG Düsseldorf BB 1998, 2179.

Ebenfalls sind notwendige Reparaturkosten der beschädigten Leasingsache als Verwertungskosten zu charakterisieren und deshalb vom Leasingnehmer zu übernehmen, wenn eine sinnvolle Verwertung nur nach einer ordnungsgemäßen Instandsetzung Erfolg versprechend ist.[345]

Wie bereits im Rahmen der Schadensminderungspflicht des Leasinggebers dargelegt, stellt der Bundesgerichtshof klar, dass die im Hinblick auf die Veräußerung der Leasingsache getätigten Aufwendungen grundsätzlich nur dann voll zu Lasten des Leasingnehmers zu berücksichtigen sind, wenn sie entweder erforderlich waren, um den Leasinggegenstand überhaupt veräußern zu können, oder zu einem vergleichbar höheren Verwertungserlös geführt haben oder der Leasinggeber jedenfalls von einem entsprechend höheren Verwertungserlös bei Vornahme der Verwendungen unverschuldet ausging. Dies folge aus der Pflicht des Leasinggebers zur bestmöglichen Verwertung des Leasingobjekts.[346]

Gleiches gilt für eine notwendige Aufbereitung der Leasingsache. Dabei müssen aber normale Nutzungs- und Gebrauchsspuren unberücksichtigt bleiben, denn der Leasingnehmer hat für den normalen Verschleiß des Leasingobjekts nicht einzustehen. Wird eine Reparatur vor der Verwertung dagegen nicht vorgenommen, dann muss sich der Leasingnehmer die durch die Schäden verursachte Wertminderung anrechnen lassen.[347]

Fraglich erscheint jedoch, ob im Falle der regulären Vertragsbeendigung durch ordentliche Kündigung oder bei Ende der Vertragslaufzeit des kündbaren Teilamortisationsvertrages nicht der Leasinggeber besser die Verwertungskosten tragen solle.

---

345 BGH Urteil vom 27.11.1991 – VIII ZR 39/91 = WM 1992, 231 = NJW-RR 1992, 378: *„Maßgebend für die Höhe des dem Leasinggeber infolge der Verwertung des Leasinggegenstandes anzurechnenden Vorteils ist grundsätzlich nur der Vermögenszuwachs, der ihm tatsächlich zugeflossen ist (Senatsurteil vom 29. Juni 1983 – VIII ZR 141/82 = WM 1983, 931, 932 = ZIP 1983, 1084, 1086). Das wäre hier – rechnerisch – allerdings lediglich der um die Reparaturaufwendungen verminderte Verwertungserlös, weil die Reparaturen zum Zweck der Verwertung … durchgeführt wurden."*

346 BGH Urteil vom 27.11.1991 – VIII ZR 39/91 = WM 1992, 231 = NJW-RR 1992, 378: *„Solche im Hinblick auf die Veräußerung der Leasingsache getätigten Aufwendungen sind indessen grundsätzlich nur dann voll zu Lasten des Leasingnehmers zu berücksichtigen, wenn sie entweder erforderlich waren, um den Leasinggegenstand überhaupt veräußern zu können, oder – bei einer möglichen Veräußerung auch in unrepariertem Zustand – zu einem vergleichbar höheren Verwertungserlös geführt haben. Soweit ein solcher Mehrerlös tatsächlich nicht erreicht worden ist, kommt es darauf an, ob der Leasinggeber bei seiner Entscheidung, die Reparatur durchzuführen zu lassen, unverschuldet davon ausgegangen ist, der Reparaturaufwand werde zumindest einen entsprechend höheren Verwertungserlös bedingen. Dies folgt aus der dem Leasinggeber obliegenden Verpflichtung, sich nach Beendigung des Leasingvertrages mit zumutbarer Sorgfalt um die bestmögliche Verwertung der Leasingsache zu bemühen (vgl. hierzu Senatsurteil vom 10. Oktober 1990 – VIII ZR 296/89 = WM 1990, 2043, 2046 m.w. Nachw.). Wählt er – obwohl zumutbar und möglich – nicht die Verwertungsalternative, die den Schaden am geringsten hält, kann ihm dies wegen Verletzung seiner Schadensminderungspflicht (§ 254 Abs. 2 BGB) zum Nachteil gereichen."*

347 OLG Dresden, NJW-RR 1999, 703; BB 1999, 285; OLG Düsseldorf DB 2004, 700.

Denn ihm kommt dann die Chance der Wertsteigerung zu, so dass die optimale Verwertung in erster Linie seinen Interessen dient und dem Leasinggeber daher auch nur die Aufwendungen ersetzt werden dürfen, die über solche bei der Verwertung zum Ende der Vertragslaufzeit hinausgehen.[348]

Im Ergebnis bleibt festzuhalten, dass bei der Verwertung des Leasingobjekts regelmäßig Kosten entstehen, die zwangsläufig den Verwertungserlös verringern und zu Lasten des Leasingnehmers gehen. Deshalb müssen diese vorab vom erzielten Verwertungserlös abgezogen werden.[349] So muss der Leasingnehmer etwa die Kosten für das zur Ermittlung des Restwertes notwendige Sachverständigengutachten übernehmen, weil es der Verwertung der Leasingsache und damit seinem Interesse dient.[350] Ebenfalls sind notwendige Reparaturkosten des in beschädigten Zustand zurückgewährten Leasinggutes vom Leasingnehmer zu tragen, sofern eine sinnvolle Verwertung nur nach einer Beseitigung der Schäden möglich ist.[351] Wird keine Reparatur vorgenommen, so hat der Leasingnehmer aber die durch die Beschädigungen verursachte Wertminderung einschließlich der anteiligen Umsatzsteuer auszugleichen.[352] Eine Haftung und somit Anrechnung von gewöhnlichen Verschleißerscheinungen trifft den Leasingnehmer hingegen nicht.

ee. Schätzung des Verkehrswertes der Leasingsache

Den Leasingvertragsparteien ist es darüber hinaus nicht verwehrt, die Höhe des Verkehrswertes der Leasingsache durch einen Sachverständigen schätzen zu lassen und die Ermittlung des Schätzwertes auf diese Weise bereits durch eine Klausel in den Allgemeinen Leasingbedingungen zu vereinbaren. Wie an anderer Stelle bereits dargelegt, handelt es sich bei einer solchen formularvertraglichen Vereinbarung um einen Schiedsgutachtervertrag im Sinne des § 317 BGB. Das Schiedsgutachten muss aufgrund der Schiedsgutachtenklausel vor der Erhebung der Klage eingeholt werden, wobei der Leasingnehmer an der Benennung des Sachverständigen und soweit dies praktisch überhaupt möglich ist auch im Rahmen der Bewertung angemessen beteiligt werden muss.

Enthalten die Allgemeinen Leasingbedingungen eine Regelung, nach der zum Zeitpunkt des Leasingvertragsendes ein Gutachten eines von der zuständigen Industrie- und Handelskammer zu benennenden Sachverständigen eingeholt werden soll, dann kann ein eigenmächtig vom Leasinggeber eingeholtes DEKRA-Gutachten nach einer Ansicht der Instanzrechtsprechung lediglich als Parteivortrag verwertet werden und der Leasingnehmer kann seinerseits ein Sachverständigengutachten vorlegen,

---

348 Beckmann, Finanzierungsleasing, § 8, Rn. 256.
349 BGH NJW 1991, 221; 1992, 683; 1997, 3166.
350 BGH NJW 1997, 3166.
351 BGH NJW-RR 1992, 378.
352 OLG Düsseldorf DB 2004, 700; OLG Dresden NJW-RR 1999, 703; BB 1999, 285.

aus dem sich der Zeitwert ergibt.[353] Aufgrund einer anderen Auffassung in der Instanzrechtsprechung stelle die DEKRA eine unabhängige Sachverständigenstelle dar, so dass das Gericht im Leasingprozess den auf Veranlassung des Leasinggebers ermittelten Verkehrswert ohne konkrete Anhaltspunkte nicht durch einen gerichtlichen Sachverständigen überprüfen lassen müsse, sondern der Objektivität des DEKRA-Gutachtens Glauben schenken könne.[354]

Hat der Sachverständige einen Schätzwert ermittelt und gelingt dem Leasinggeber der Verkauf zu diesem festgestellten Verkehrswert aber nicht, so muss er in besonderem Maße darlegen, welche Anstrengungen er konkret unternommen hat und aus welchen Gründen der Verkauf zum Schätzpreis nicht gelungen ist.[355]

V. Vorzeitige Vertragsbeendigung durch einvernehmliche Aufhebung des Leasingvertrages

Die Leasingvertragsparteien können den Leasingvertrag jederzeit einvernehmlich durch Aufhebungsvertrag beenden bzw. modifizieren. Teilweise wird in Leasingverträgen eine Möglichkeit zur einvernehmlichen Aufhebung unter bestimmten Voraussetzungen vereinbart.
In diesen Fällen orientiert sich die Rückabwicklung zunächst an der vertraglichen Vereinbarung. Sollten Regelungslücken bestehen, kann auf die gesetzlichen Rechtsfolgen zurückgegriffen werden, die bei einer ordentlichen Vertragsbeendigung Anwendung finden.

Nicht ungewöhnlich sind Leasingformularverträge mit einer Klausel, nach der die Vertragspartner den Leasingvertrag im gegenseitigen Einvernehmen vorzeitig nach einer bestimmten Mindestlaufzeit beenden können. Oftmals wird dabei vereinbart, dass eine Aufhebung frühestens nach 6 Monaten möglich ist, um so zumindest im Ansatz einen interessengerechten Schutzstandard gewährleisten zu können.[356] In einem solchen Fall kann der Vertrag aufgehoben werden und zugleich können Regelungen über die Folgen der vorzeitigen Vertragsbeendigung getroffen werden. Dabei sind die gesetzlichen Vorschriften der §§ 779 ff. BGB anzuwenden.

1. Auswirkungen eines Aufhebungsvertrages und der Verwertung des Leasinggutes

Zusätzlich sollte berücksichtigt werden, dass die wirtschaftliche Auswirkung einer derartigen Vereinbarung die Interessen des Leasinggebers sowie die steuerrechtli-

353 LG München DAR 1998, 19.
354 DAR 2003, 440.
355 OLG Düsseldorf WiB 1997, 821.
356 Beckmann, Finanzierungsleasing, § 8, Rn. 6; Engel, Kfz-Leasing, § 9, Rn. 30.

chen Anforderungen an das wirtschaftliche Eigentum am Leasingobjekt nicht unerheblich berühren können. Dabei ist zwischen den Vollamortisations- und den Teilamortisationsverträgen zu unterscheiden.

a. Vollamortisationsverträge

Wird ein Aufhebungsvertrag geschlossen und ist die Vollamortisation bereits erreicht, dann hat der Leasinggeber den Anschaffungspreis in Form der Leasingraten als auch die ihm entstandenen Kosten zuzüglich eines möglichen Gewinns erzielt. Daher ist sein wirtschaftliches Interesse am Eigentum an der Leasingsache oftmals begrenzt, so dass der Leasinggeber in diesen Fällen dem Leasingnehmer etwa eine Kaufoption einräumen wird.

Wird dagegen der Leasingvertrag vorzeitig aus einem im Verantwortungsbereich des Leasingnehmers liegenden Grund einvernehmlich aufgehoben, dann steht dem Leasinggeber nach Auffassung der Rechtsprechung aus einer Aufhebungsvereinbarung ein Ausgleichsanspruch zur Sicherung der Vollamortisation zu, sofern diese noch nicht erreicht wurde.[357]

b. Teilamortisationsverträge

Ebenso verwirklicht sich bei einer vorzeitigen Aufhebung eines Teilamortisationsvertrages das Restwert- und Verwertungsrisiko, so dass bei dieser Vertragsform ein entsprechender Ausgleich zur Sicherung der Vollamortisation vorgenommen werden muss. Denn eine Risikoabwälzung auf den Leasingnehmer in Form einer Ankaufsverpflichtung ist nicht zulässig, da sie dem Leasingnehmer das wirtschaftliche Eigentum zuordnen würde.[358] Aus steuerrechtlicher Sicht muss zumindest die Möglichkeit einer Realisierung der Wertsteigerung zum Vertragsende beim Leasinggeber bestehen können.

2. Sonderprobleme bei der Vertragsaufhebung

Die Hinnahme einer Kündigung kann nicht ohne weitere Anhaltspunkte als stillschweigender Abschluss einer Aufhebungsvertrages angesehen werden.[359] Nach der Rechtsprechung des Bundesgerichtshofes ist eine solche Auslegung der Kündigungserklärung zwar im Dienst- und Arbeitsvertragsrecht möglich, wenn beispielsweise der Arbeitnehmer erkennbar unter allen Umständen von seinem Vertrag loskommen will.

357 OLG Düsseldorf OLGR 2001, 401.
358 Martinek/Stoffels/Wimmer-Leonhardt, Handbuch des Leasingrechts, § 34, Rn. 9, S. 382.
359 BGH Urteil vom 24.9.1980 – VIII ZR 299/79 = NJW 1981, 43.

Die Übertragung dieser Grundsätze auf andere Schuldverhältnisse – wie den Leasingvertrag – wird jedoch als äußerst zweifelhaft beurteilt. Der Bundesgerichtshof äußert Bedenken, dass die Möglichkeit einer Umdeutung bei der Ausübung von Gestaltungsrechten, d.h. dort, wo Gesetz und Rechtsprechung Klarheit und Eindeutigkeit im Interesse der Rechtssicherheit verlangen, ihrer Natur nach gerade Unsicherheit brächte. Auch spreche – von Ausnahmefällen abgesehen – der objektive Erklärungsinhalt der Kündigungserklärung, der nach dem objektiven Empfängerhorizont auszulegen ist, §§ 133, 157 BGB, gegen eine Umdeutung.[360]

Darüber hinaus kann nach Ansicht des Bundesgerichtshofes ebenso wenig ein Verzicht des Leasinggebers gemäß § 397 BGB auf Forderungen aus dem Leasingvertrag vermutet werden, da an die Erklärung eines konkludenten Verzichts strenge Anforderungen zu stellen sind.[361]

---

360 BGH Urteil vom 24.9.1980 – VIII ZR 299/79 = NJW 1981, 43: *„Im Dienst- und Arbeitsvertragsrecht hat die Erwägung in Literatur und Rechtsprechung Zustimmung gefunden, wenn der Arbeitnehmer erkennbar unter allen Umständen vom Vertrage loskommen wolle, dann entspreche es seinem mutmaßlichen Willen, dies – wenn nicht im Wege der erklärten Kündigung – auch über einen Aufhebungsvertrag erreichen zu wollen (Mayer-Maly, in: MüKo. § 140 Rdnr. 33; Palandt-Putzo, BGB, 39. Aufl., § 564 Rdnr. 3g; Soergel-Hefermehl, BGB, 11. Aufl., § 140 Rdnr. 14; Staudinger-Sonnenschein, BGB, 12. Aufl., § 564 Rdnr. 41; BAG, AP § 626 BGB Nr. 64; LAG Baden-Württemberg, BB 1975, 1254). Diese Wertung mag für Schuldverhältnisse geboten sein, in denen vom kündigenden Vertragspartner persönliche Arbeits- und Dienstleistungen geschuldet werden. Ob sie sich auf andere Schuldverhältnisse übertragen läßt, ist äußerst zweifelhaft (vgl. RGZ 143, 124). Zu berücksichtigen ist nämlich, daß eine Umdeutung ihrer Natur nach Unsicherheit gerade dort brächte, wo Gesetz und Rechtsprechung Klarheit und Eindeutigkeit im Interesse der Rechtssicherheit verlangen, nämlich bei der Ausübung von Gestaltungsrechten. Die Unsicherheit wird dadurch verursacht, daß der Vermieter, wäre der Standpunkt des BerGer. richtig, gezwungen würde, einer Kündigung zur Vermeidung von Rechtsnachteilen stets zu widersprechen.“*
„Weiterhin spricht der objektive Erklärungsinhalt des Kündigungsschreibens gegen eine Umdeutung. Zu ermitteln ist der Erklärungsinhalt aus der Sicht des Erklärungsempfängers, hier der Kl. bzw. deren Rechtsvorgängerin. Diese konnte aber dem Kündigungsschreiben nicht entnehmen, dass sie zu einer Entschließung über eine vorzeitige Vertragsbeendigung aufgefordert werden sollte (vgl. RGZ 143, 124). Sie durfte, entsprechend der tatsächlichen Rechtslage, die Kündigung für unwirksam halten und dementsprechend reagieren. Es mögen zwar Fallgestaltungen denkbar sein, in denen ein Kündigungsschreiben in einen Antrag auf Abschluß eines Auflösungsvertrages umgedeutet werden kann, etwa wenn der Erklärung des Kündigenden zu entnehmen ist, daß er mit einer Stellungnahme des Erklärungsgegners rechnet oder wenn eine Umdeutung den beiderseitigen Interessen entspricht; ein solcher Ausnahmefall liegt hier nicht vor…“

361 BGH NJW-RR 1996, 237.

H. Leasing und Zwangsvollstreckung

In der Praxis ist die Zwangsvollstreckung gegen den Leasinggeber weit weniger häufig als eine solche in das Vermögen des Leasingnehmers.[1] Denn Leasinggesellschaften sind auf eine (sehr) gute Bonität angewiesen, da sie sich regelmäßig zu 100 % bei Banken refinanzieren. Soweit der Leasinggeber hierzu wirtschaftlich in der Lage ist, wird er ein existenzielles Interesse an der Abwendung von Zwangsvollstreckungsmaßnahmen haben, um seine Refinanzierung nicht zu gefährden. Denn refinanzierenden Banken lassen sich die Leasinggegenstände zur Sicherheit übereignen und die laufenden Leasingraten zur Sicherheit abtreten; der Sicherungsfall tritt nach Maßgabe des Sicherungsvertrages regelmäßig mit Zahlungsrückständen oder Zwangsvollstreckungsmaßnahmen ein.

I. Zwangsvollstreckung gegen den Leasingnehmer

Für die Klärung der Fragen der Zwangsvollstreckung gegen den Leasingnehmer ist zu unterscheiden, in was die Zwangsvollstreckung der Gläubiger erfolgt.

Dem Grunde nach kommt eine Zwangsvollstreckung in das Leasingobjekt, in das Gebrauchsüberlassungsrecht des Leasingnehmers, in einen etwaigen Mehrerlösanspruch des Leasingnehmers sowie in eine etwaige Kauf- oder Verlängerungsoption des Leasingnehmers in Betracht.[2]

Während die Zwangsvollstreckung in Sachen dadurch vollzogen wird, dass der Gerichtsvollzieher diese in Besitz nimmt bzw. die Pfändung durch ein Pfandsiegel kenntlich macht (Sachpfändung, § 3 808 ff. ZPO), erfolgt für die drei zuletzt genannten Varianten der Zwangsvollstreckung eine Pfändung in das jeweilige Recht[3]; das Vollstreckungsgericht hat auf Antrag des Gläubigers einen Pfändungs- und Überweisungsbeschluss zu erlassen und diesen sodann dem Drittschuldner zuzustellen, §§ 828, 829 ZPO.[4]

Erfolgt eine Zwangsvollstreckung in das Vermögen des Leasingnehmers, stellt sich für den Leasinggeber die Frage, ob er den Leasingvertrag gemäß § 543 Abs. 1 BGB kündigen kann. Gemäß § 543 Abs. 1 BGB bedarf es einer umfassenden Interessensabwägung im Einzelfall, ob eine Kündigung gerechtfertigt ist. Für den Leasinggeber bietet es sich an, eine Klausel in den Allgemeinen Leasingbedingungen aufzunehmen, die für den Fall der Zwangsvollstreckung ein Kündigungsrecht für den Leasinggeber vor-

1 Martinek/Stoffels/Wimmer-Leonhardt, Handbuch des Leasingrechts, § 48, Rn. 25, S. 442.
2 Martinek/Stoffels/Wimmer-Leonhardt, Handbuch des Leasingrechts, § 48, Rn. 2, 11, S. 433, 436.
3 Vgl. ausführlich MüKoZPO/Gruber, Bd. 2, § 803, Rn. 1.
4 Zöller/Stöber, § 829, Rn. 3; Thomas/Putzo, § 803, Rn. 4, 5.

sieht. Nach der Rechtsprechung des Bundesgerichtshofes ist eine solche AGB-Klausel jedenfalls im kaufmännischen Verkehr zulässig. Er begründet diese Ansicht damit, dass die berechtigten Belange des Leasinggebers bei Zwangsvollstreckungsmaßnahmen in das Vermögen des Leasinggebers nachhaltig beeinträchtigt werden können.[5] Dies muss im Lichte der Entscheidung des Bundesgerichtshofes – auch wenn eine Rechtsprechung hierzu aussteht – selbst im nicht kaufmännischen Bereich gelten.

1. Zwangsvollstreckung in das Leasingobjekt

Mangels Eigentum des Leasingnehmers kann der Leasinggeber gegen eine Zwangsvollstreckung mit der Drittwiderspruchsklage gemäß § 771 ZPO gerichtlich vorgehen und somit einen Zugriff auf sein Leasingobjekt verhindern.

In der Praxis sind bei Zwangsvollstreckungsmaßnahmen in das Leasingobjekt häufig anzutreffen, weil für die Pfändung in körperlichen Sachen gemäß § 808 Abs. 1 ZPO der sog. formale Zugriffstatbestand des Gewahrsams entscheidend ist. Demnach überprüft der Gerichtsvollzieher nicht, ob der Pfändungsschuldner Eigentümer des Gegenstandes ist. Es erfolgt lediglich eine Prüfung auf erste Sicht.[6] Während der Laufzeit des Leasingvertrages hat jedoch nicht der Leasinggeber, sondern vielmehr der Leasingnehmer den Gewahrsam am Leasingobjekt.[7] Damit wird sich in der Praxis

---

5 BGH Urteil vom 7.12.1983 – VIII ZR 257/82 = WM 1984, 163 = NJW 1984, 871 = ZIP 84, 185:
„Zur Frage der Wirksamkeit eines in AGB geregelten Rechts des Leasinggebers, den Leasingvertrag über einen LKW fristlos zu kündigen, wenn in das Vermögen des Leasingnehmers eine Zwangsvollstreckung betrieben wird.
In Leasingverträgen, die im kaufmännischen Verkehr über Investitionsgüter von beträchtlichem Wert abgeschlossen werden, welche, wie Nutzfahrzeuge, Baumaschinen u.ä., durch den bestimmungsgemäßen Einsatz starker Beeinspruchnahme mit hohem Verschleiß ausgesetzt sind, verstößt es nicht gegen § 9 AGBG [entspricht § 307 BGB], wenn der Verwender sich für den Fall von Zwangsvollstreckungsmaßnahmen in das Vermögen des Leasingnehmers das Recht zur fristlosen Kündigung des Leasingvertrages vorbehält. Die berechtigten Belange des Leasinggebers können bei solcher Fallgestaltung durch Zwangsvollstreckungsmaßnahmen in das Vermögen des Leasingnehmers nachhaltig beeinträchtigt werden. Sinn und Zweck des Leasingvertrages besteht darin, dem Leasingnehmer die Möglichkeit zu eröffnen, den Investitionsaufwand für das Leasingobjekt aus laufenden Erträgen des Unternehmens zu erwirtschaften. Kommt es zur Zwangsvollstreckung, so ist das regelmäßig ein Anzeichen dafür, dass der Schuldner selbst titulierte Leistungspflichten freiwillig nicht erfüllen kann oder will. Wird das Leasingobjekt selbst gepfändet, muss der Leasinggeber sich mit der Drittwiderspruchsklage zur Wehr setzen. Trägt der Leasinggeber, wie hier, im Hinblick auf die Eigenart des Leasingobjektes ein erhöhtes Risiko, so kann unter Kaufleuten nicht davon ausgegangen werden, dass die in Rede stehende Kündigungsklausel den Leasingnehmer entgegen den Geboten von Treu und Glauben unangemessen benachteiligt.“

6 Zöller/Stöber, § 808, Rn. 3; Thomas/Putzo § 808, Rn. 9.

7 Graf von Westphalen, Der Leasingvertrag, Kap. O, Rn. 3, S. 833.

nicht selten die Frage stellen, wie sich die Pfändung des Leasingobjektes auswirkt und welche Rechte dem Leasinggeber gegen eine solche Pfändung zustehen.

Mangels Eigentums des Leasingnehmers entsteht am Leasingobjekt kein Pfändungspfandrecht (§ 804 Abs. 1 ZPO) des Vollstreckungsgläubigers am Leasingobjekt.[8] Denn dem Pfändungsgläubiger steht an schuldnerfremden Sachen zwar kein Verwertungsrecht zu, jedoch kommt es an schuldnerfremden Gegenständen zu einer wirksamen Verstrickung.[9] Diese Verstrickung ist Grundlage für die Zwangsversteigerung im Rahmen der §§ 814 ff. ZPO. Folglich erwirbt der Ersteigerer durch Zuschlag kraft Gesetz gemäß § 817 Abs. 1 ZPO das Eigentum am Leasingobjekt, wenn der Leasinggeber nicht gegen die Zwangsvollstreckung vorgeht. Denn unabhängig von der Gutgläubigkeit des Ersteigerers erwirbt dieser die Eigentümerstellung.[10]

Daher ist dem Leasinggeber dringend anzuraten, gegen eine Zwangsvollstreckung in das Leasingobjekt rechtlich vorzugehen. Richtiger Rechtsbehelf ist die Drittwiderspruchsklage gemäß § 771 ZPO.[11] Aufgrund der Gefahr der prozessualen Überholung ist zudem ein Antrag auf einstweilige Einstellung gemäß § 771 Abs. 3 ZPO anzuraten. Das Eigentum des Leasinggebers ist ein die Veräußerung hinderndes Recht im Sinne des § 771 ZPO. Dies gilt nach Auffassung des Bundesgerichtshofes selbst dann, wenn er als Sicherungsgeber das Leasingobjekt an eine refinanzierende Bank zur Sicherheit übereignet hat, soweit nicht der Sicherungsfall und damit die Verwertungsreife eingetreten ist.[12]

---

8 Thomas/Putzo, § 804, Rn. 2 und 3.

9 Zöller/Stöber, § 803, Rn. 2; Thomas/Putzo, § 804, Rn. 3; vgl. ausführlich Brox/Walker, Rn. 374 ff. sowie BGHZ 119, 75 = NJW 1992, 2570.

10 Thomas/Putzo, § 817, Rn. 2.

11 MüKoZPO/Gruber, Bd. 2, § 808, Rn. 50.

12 BGH Urteil vom 28.6.1978 – VIII ZR 60/77 = BGHZ 72, 141 = NJW 1978, 1859: *„Die Entscheidung muss vom Sinn und Zweck der Vorschrift des § 771 ZPO ausgehen. Maßgebend ist, ob und wieweit der Pfändungsschuldner (Sicherungsnehmer) im Verhältnis zu dem widersprechenden Dritten (Sicherungsgeber) berechtigt ist, das Sicherungsgut zu verwerten (vgl. auch BGHZ 55, 20 [26] = NJW 1971, 799 m.w. Nachw.). Ein solches Recht steht dem Sicherungsnehmer jedenfalls so lange nicht zu, als nach dem Sicherungsvertrag das Sicherungsgut nicht verwertet werden darf. Ist danach der Sicherungsnehmer in seinem Verwertungsrecht gegenüber dem Sicherungsgeber eingeschränkt, so rechtfertigt es sich auch, dem Sicherungsgeber grundsätzlich ein Widerspruchsrecht zuzubilligen, wenn Gläubiger des Sicherungsnehmers die Einzelvollstreckung in das Sicherungsgut betreiben. Daß umgekehrt auch dem Sicherungsnehmer nach überwiegender Ansicht (RGZ 124, 73; BGHZ 12, 232 [234] = NJW 1954, 673 m.w. Nachw.) ein Widerspruchsrecht gegen Vollstreckungsmaßnahmen von Gläubigern des Sicherungsgebers zusteht, steht dem nicht entgegen. Dieses Recht des Sicherungsnehmers lässt sich aus der allgemein die „Veräußerung“ durch Dritte „hindernden“ Wirkung des Eigentums herleiten. Eine in der Sicherungsabrede begründete vertragliche Verwertungsbeschränkung zu Lasten des Sicherungsnehmers und damit ein Widerspruchsrecht des Sicherungsgebers wird dadurch nicht ausgeschlossen. Entfällt aber im Verhältnis zwischen Sicherungsgeber und -nehmer dessen Beschränkung, darf er also das Sicherungsgut zwecks*

Die Möglichkeit einer Drittwiderspruchsklage steht in dieser Fallkonstellation auch der refinanzierenden Bank als Sicherungsnehmerin offen.[13]

Der Leasinggeber hat den Antrag zu stellen, dass die Zwangsvollstreckung in das Leasingobjekt für unzulässig erklärt wird.[14] Dabei ist zu beachten, dass das Rechtschutzbedürfnis der Drittwiderspruchsklage mit Zuschlag zu Gunsten des Ersteigerers gemäß § 817 Abs. 1 ZPO entfällt; daher ist, wie bereits erwähnt, die einstweilige Einstellung dringend anzuraten.[15]

Sollte der Zuschlag gemäß § 817 Abs. 1 ZPO dennoch während des Verfahrens erfolgen, ist eine Klageänderung in eine sog. verlängerte Drittwiderspruchsklage vorzunehmen. Diese ist stets sachdienlich i.S.d. §§ 763, 264 Nr. 3 ZPO.[16] Der vormalige Eigentümer hat sodann die Drittwiderspruchsklage auf eine Leistungsklage auf Herausgabe des Verwertungserlöses gemäß § 812 Abs. 1 S. 1 Alt. 2 BGB umzustellen. Da der Vollstreckungsgläubiger zwar die Verstrickung erreicht, mangels Eigentum des Vollstreckungsschuldners jedoch kein Pfandrecht entstanden ist, stand diesem ein Verwertungsrecht nicht zu, so dass die Zwangsvollstreckung ohne Rechtsgrund erfolgt. Für den Fall der Gutgläubigkeit des Vollstreckungsgläubigers, d.h. bei mangelnder Kenntnis von dem Dritteigentum, richtet sich der Anspruch auf den ausgekehrten Verwertungserlös, der sich aus dem Zuschlagsbetrag abzüglich der Versteigerungskosten errechnet. Im Übrigen ist eine Entreicherung gemäß § 818 Abs. 3 BGB eingetreten. Hat der Vollstreckungsgläubiger dagegen Kenntnis vom Dritteigentum, kann sich der Leasinggeber auf § 823 BGB stützen und den Wert des Leasinggegenstandes zum Zeitpunkt der Verwertung vom Vollstreckungsgläubiger ersetzt verlangen.[17] Erfährt der Leasinggeber erst nach Zuschlag von der Zwangsvollstreckung, ist Leistungsklage auf Herausgabe des Verwertungserlöses gegen den Vollstreckungsgläubiger zu erheben.

Der Leasinggeber wird zumeist nicht in der Lage sein, die Gefahr einer solchen Zwangsvollstreckung der Gläubiger gegen den Leasingnehmer durch Anbringung einer Kennzeichnung zu verhindern. Wie bereits erläutert, ist der sog. formale Zugriffstatbestand des Gewahrsams maßgebend. Der Gerichtsvollzieher prüft die Eigentümerstellung nicht. Etwas anderes ergibt sich allerdings bei einem sog. evidenten Dritteigentum.[18] Dies bedeutet, dass für den Gerichtsvollzieher ohne weitere Prüfung erkennbar ist, dass sich der Leasinggegenstand nicht im Eigentum des Leasingnehmers befindet. Während die wohl überwiegende Literaturansicht davon ausgeht, dass die Vorlage eines Leasingvertrages bzw. eines Hinweisschildes auf dem

---

Befriedigung seiner Forderung verwerten, so lässt sich auch ein Verbot des Zugriffs durch Gläubiger des Sicherungsnehmers nicht mehr rechtfertigen.“; Thomas/Putzo, § 771, Rn. 19.

13 Thomas/Putzo, § 771, Rn 15.

14 Zöller/Herget, § 771, Rn. 16 mit Verweis auf RGZ 81, 191.

15 Zöller/Herget, § 771, Rn. 19 und 19a m.w.N.

16 Thomas/Putzo, § 771, Rn. 11.

17 Palandt/Sprau § 812, Rn. 37 ff.

18 MüKoZPO/Gruber, Bd. 2, § 808, Rn. 21 f.

Leasinggegenstand ein solches evidentes Dritteigentum nicht begründet,[19] hat nach Ansicht des Autors der Gerichtsvollzieher die Vollstreckung zu unterlassen. Denn dann können für den Gerichtsvollzieher nach Lage der Dinge vernünftigerweise keine Zweifel an der Drittberechtigung bestehen.[20]

Gemäß § 241 Abs. 2 BGB i.V.m. dem Leasingvertrag ist der Leasingnehmer verpflichtet, den Gerichtsvollzieher auf das Dritteigentum und den Leasinggeber auf die Zwangsvollstreckung hinzuweisen. Daher ist eine in Allgemeinen Leasingbedingungen aufgenommene Klausel, die eine solche Pflicht dem Leasingnehmer auferlegt, nicht unangemessen i.S.d. § 307 Abs. 2, Abs. 1 BGB.[21] Für den Fall der Zwangsvollstreckung besteht für den Leasinggeber zudem die Möglichkeit der Geltendmachung von Regress- bzw. Schadensersatzansprüchen gegen den Leasingnehmer. Denn den Leasingnehmer trifft gemäß § 241 Abs. 2 BGB i.V.m. dem Leasingvertrag die Nebenpflicht gegenüber dem Leasinggeber, eine Zwangsvollstreckung in das Leasinggut nicht zuzulassen. Entstehen dem Leasinggeber im Rahmen einer Drittwiderspruchsklage Kosten, kann er sich gemäß § 280 Abs. 1 i.V.m. § 241 Abs. 2 BGB i.V.m. dem Leasingvertrag beim Leasingnehmer schadlos halten.[22] Eine diese Klausel regelnde Vorschrift in Allgemeinen Leasingbedingungen ist nicht unangemessen i.S.v. § 307 Abs. 2 BGB. Die Ansprüche erstrecken sich auf alle etwaigen Schäden, die dadurch entstehen, dass das Leasinggut durch Zuschlag auf den Meistbietenden übergeht.[23] In der Praxis wird sich sodann jedoch regelmäßig die Frage der Solvenz des Leasingnehmers stellen.

2. Zwangsvollstreckung in das Gebrauchsüberlassungsrecht des Leasingnehmers

Die Zwangsvollstreckung in das Gebrauchsüberlassungsrecht des Leasingnehmers als Vermögensrecht im Sinne von § 857 Abs. 1 ZPO ist nur möglich, sofern dem Leasingnehmer ein Recht zur Drittüberlassung eingeräumt worden ist.

Dem Leasingnehmer steht gegenüber dem Leasinggeber aufgrund des Leasingvertrages ein Gebrauchsüberlassungsrecht gem. § 535 Abs. 1 BGB zu. Ein solches ist dem Grunde nach gemäß § 857 Abs. 1 ZPO als anderes Vermögensrecht der Zwangsvollstreckung über die Forderungspfändung der §§ 828 ff. ZPO der Zwangsvollstreckung

19 Martinek/Stoffels/Wimmer-Leonhardt, Handbuch des Leasingrechts, § 48, Rn. 4, S. 433; Graf von Westphalen, Der Leasingvertrag, Kap. O, Rn. 4, S. 834, Rn. 9, S. 836.
20 Siehe zur Offenkundigkeit der Drittberechtigung MüKoZPO/Gruber, Bd. 2, § 808, Rn. 21 f.
21 Martinek/Stoffels/Wimmer-Leonhardt, Handbuch des Leasingrechts, § 48, Rn. 20, S. 440; Graf von Westphalen, Der Leasingvertrag, Kap. O, Rn. 7 f., S. 834.
22 Graf von Westphalen, Der Leasingvertrag, Kap. O, Rn. 7 f., S. 834, Rn. 25, S. 841.
23 Martinek/Stoffels/Wimmer-Leonhardt, Handbuch des Leasingrechts, § 48, Rn. 9, S. 435; Graf von Westphalen, Der Leasingvertrag, Kap. O, Rn. 8, S. 834.

unterworfen.[24] Das Gerbrauchsüberlassungsrecht i.S.v. § 535 Abs. 1 BGB verkörpert einen Vermögenswert derart, dass die Pfandverwertung zur Befriedigung des Geldanspruchs des Gläubigers führen kann.[25]

Nach anderer Ansicht richtet sich die Zwangsvollstreckung in das Nutzungsrecht des Leasingnehmers nach den §§ 829 ff. ZPO in direkter Anwendung, da das Nutzungsrecht einen gewöhnlichen schuldrechtlichen Anspruch darstelle.[26]

Ein anderes Vermögensrecht i.S.d. § 857 Abs. 1 ZPO ist unpfändbar, wenn es weder übertragen, noch die Ausübung des Rechtes einem Dritten überlassen werden kann, §§ 851, 857 Abs. 3 ZPO. Ist im Leasingvertrag vorgesehen, dass das Leasinggut an Dritte nicht überlassen werden kann, wie dies regelmäßig in der Praxis der Fall sein dürfte, scheidet eine Pfändung aus. Nur für den Fall, dass eine Drittüberlassung zugelassen wird, unterliegt die Gebrauchsüberlassung für die Untervermietung der Zwangsvollstreckung.[27]

3. Zwangsvollstreckung in einen etwaigen Mehrerlösanspruch des Leasingnehmers

Der Anspruch des Leasingnehmers auf Mehrerlösbeteiligung ist als zukünftige (Geld-)Forderung pfändbar.

Besteht zwischen den Leasingvertragsparteien ein erlasskonformer Teilamortisationsleasingvertrag mit Mehrerlösbeteiligung, stellt sich die Frage, ob ein zukünftiger Mehrerlösanspruch pfändbar ist. Bei erlasskonformen Teilamortisationsleasingverträgen mit Mehrerlösbeteiligung steht dem Leasingnehmer nach Beendigung des Leasingvertrages und einer etwaigen zum vereinbarten Restwert erhöhten Verwertung bis zu 75 % des über den Restwert erzielten Mehrerlöses zu. Da es sich insofern um eine künftige, folglich betagte (Geld-)Forderung nach Verwertung des Leasingobjekts handelt, ist diese nach herrschender Meinung gemäß §§ 829, 835 ZPO pfändbar.[28]

24 BGH ZIP 1990, 1133; OLG Düsseldorf NJW 1988, 1676; vgl. auch Berninghaus, in: Büschgen, Praxishandbuch Leasing, § 13, Rn. 8, S. 369; Beckmann, Finanzierungsleasing, § 9, Rn. 2; Zöller/Stöber, § 857 Rn. 12; Baumbach/Lauterbach, § 857 ZPO, Rn. 14.

25 Zöller/Stöber, § 857 Rn. 2 mit Verweis auf BGH MDR 2005, 1311 = NJW 2005, 3353.

26 Martinek/Stoffels/Wimmer-Leonhardt, Handbuch des Leasingrechts, § 48, Rn. 12, S. 436 f.

27 Berninghaus, in: Büschgen, Praxishandbuch Leasing, § 13, Rn. 11, S. 370.

28 Beckmann, Finanzierungsleasing, § 9, Rn. 6; Martinek/Stoffels/Wimmer-Leonhardt, Handbuch des Leasingrechts, § 48, Rn. 19, S. 440; Graf von Westphalen, Der Leasingvertrag, Kap. O, Rn. 46, S. 848; vgl. auch Zöller/Stöber, § 829, Rn. 2; a.A. Spittler, S. 86, der davon ausgeht, dass die Mehrerlösbeteiligung Ausschluss des garantierten Restwertes ist und daher eine Pfändung nur dann in Betracht kommt, sollte dem Leasingnehmer die Gebrauchsmöglichkeit bis zur ordentlichen Beendigung des Leasingvertrages zustehen.

Für den Fall der Pfändung einer solchen zukünftigen (Geld-)Forderung ist zu beachten, dass der Pfändungsgläubiger sich gemäß § 836 ZPO sämtliche Einwendungen des Leasinggebers aus dem Leasingvertrag gemäß §§ 404 ff. BGB entgegen halten lassen muss.[29] Dies gilt auch für etwaige Sonderabreden, wie eine Verrechnung der Mehrerlösbeteiligung mit Leasingsonderzahlungen.[30]

4. Zwangsvollstreckung in eine etwaige Kauf- oder Verlängerungsoption des Leasingnehmers

Wie bereits dargestellt, sind Teilamortisations- und Vollamortisationsverträge mit Verlängerungsoptionen bzw. Kaufoptionen des Leasingnehmers möglich. Sodann stellt sich im Rahmen der Zwangsvollstreckung die Frage, ob diese Optionen als Forderungen für einen Gläubiger des Leasingnehmers pfändbar sind.

a. Zwangsvollstreckung in eine Kaufoption des Leasingnehmers

Eine Zwangsvollstreckung in die Kaufoption des Leasingnehmers kommt nicht in Betracht, da das Optionsrecht nur eine künftige Erwerbsmöglichkeit des Leasingnehmers darstellt. Einen eigenständigen und somit pfändbaren Vermögenswert wird einer etwaigen Kaufoption nicht zugestanden.

Nach herrschender Ansicht ist ein Optionsrecht auf den Erwerb der Leasingsache nicht pfändbar, da die Kaufoption nicht mit einer Anwartschaft gleichzustellen ist.[31] Das Kaufoptionsrecht stellt lediglich eine Erwerbsmöglichkeit für den Leasingnehmer dar, die keinen eigenen Vermögenswert aufzeigt.[32] Damit ist eine möglicherweise eingeräumte Kaufoption nicht verwertbar und folglich auch der Zwangsvollstreckung nicht unterworfen, zumal dem Leasingnehmer andernfalls ein Kaufvertrag durch den

---

29 Thomas/Putzo, § 836, Rn. 6.

30 Berninghaus, in: Büschgen, Praxishandbuch Leasing, § 13, Rn. 12, S. 370; ähnlich: Martinek/Stoffels/Wimmer-Leonhardt, Handbuch des Leasingrechts, § 49, Rn. 19, S. 440; Graf von Westphalen, Der Leasingvertrag, Kap. O, Rn. 47, S. 848.

31 Beckmann, Finanzierungsleasing, § 9, Rn. 6; Staudinger, Leasing, Rn. 333

32 Martinek/Stoffels/Wimmer-Leonhardt, Handbuch des Leasingrechts, § 48, Rn. 15, S. 438; Graf von Westphalen, Der Leasingvertrag, 5. Auflage, Rn. 1480, S. 614; mit Verweis auf LG Berlin, MDR 1976, 409; zum Ganzen siehe auch Graf von Westphalen, Der Leasingvertrag, Kap. O, Rn. 48 ff., S. 848 ff.

Pfändungsgläubiger aufgezwungen werden könnte.[33] Eine Zwangsvollstreckung über die §§ 847 ff. ZPO scheidet aus.[34]

Auch eine Pfändbarkeit gemäß § 857 Abs. 3 ZPO kommt mangels Übertragbarkeit der Kaufoption gem. § 514 BGB analog nicht in Betracht.[35]

b. Zwangsvollstreckung in eine Verlängerungsoption

Auch die Zwangsvollstreckung in eine mögliche Verlängerungsoption des Leasingnehmers ist unzulässig, weil das Optionsrecht lediglich eine nicht zum Vermögen des Schuldners gehörende, künftige Erwerbsmöglichkeit darstellt.

Für eine etwaige Verlängerungsoption des Leasingnehmers bei Beendigung des Leasingvertrages gilt das zuvor Gesagte entsprechend, da es sich lediglich um eine künftige Erwerbsmöglichkeit handelt, die keinen eigenen Vermögenswert aufweist und damit der Zwangsvollstreckung nicht unterliegt.[36]

Nach Ansicht von Teilen der Literatur ergibt sich die Unpfändbarkeit darüber hinaus aus dem Umstand, dass eine Doppelpfändung von Verlängerungsoption und des künftigen Gebrauchsüberlassungsrechts des Leasingnehmers aus einer Gesamtschau der §§ 549 BGB und § 857 Abs. 3 ZPO mangels Übertragbarkeit der Gebrauchsüberlassung unzulässig sei.[37]

II. Zwangsvollstreckung gegen den Leasinggeber

Dem Grunde nach ist die Zwangsvollstreckung in das Leasingobjekt, in den Rückgabeanspruch gemäß § 546 BGB, den Anspruch des Leasinggebers auf Zahlung der Leasingraten und Leasingsonderzahlungen sowie der Anspruch des Leasinggebers gegenüber den Lieferanten auf Rückzahlung des Kaufpreises aufgrund eines erklärten Rücktritts aus abgetretenem Recht denkbar.[38]

33 Martinek/Stoffels/Wimmer-Leonhardt, Handbuch des Leasingrechts, § 48, Rn. 15, 438; Graf von Westphalen, Der Leasingvertrag, Kap. O, Rn. 59, S. 852; Spittler S. 86.
34 Graf von Westphalen, Der Leasingvertrag, Kap. O, Rn. 59, S. 852.
35 Berninghaus, in: Büschgen, Praxishandbuch Leasing, § 13, Rn. 14, S. 371.
36 Berninghaus, in: Büschgen, Praxishandbuch Leasing, § 13, Rn. 17, S. 371; Graf von Westphalen, Der Leasingvertrag, 5. Auflage, Rn. 1482, S. 615 f.
37 Berninghaus, in: Büschgen, Praxishandbuch Leasing, § 13, Rn. 17, S. 371.
38 Martinek/Stoffels/Wimmer-Leonhardt, Handbuch des Leasingrechts, § 48, Rn. 25 ff., S. 442 ff.

1. Zwangsvollstreckung in das Leasingobjekt

Eine Zwangsvollstreckung in das Leasingobjekt während der Laufzeit des Leasingvertrages ist nicht zulässig, § 809 ZPO. Etwas anderes gilt nur dann, wenn der Leasingnehmer als Gewahrsamsinhaber seine Zustimmung zur Pfändung und Verwertung erteilt hat.

Während der Grundmietzeit ist zu berücksichtigten, dass der Leasinggeber zwar zivilrechtlicher Eigentümer des Leasingobjektes ist, der Leasingnehmer jedoch den Gewahrsam am Leasinggut ausübt. Damit scheidet eine Zwangsvollstreckung in das Leasingobjekt regelmäßig aus faktischen Erwägungen aus, da gem. § 809 ZPO der Gewahrsamsinhaber (Leasingnehmer) der Zwangsvollstreckung zustimmen muss.[39] Zudem ist zu berücksichtigen, dass die Zustimmung des Leasingnehmers als Gewahrsamsinhaber sowohl auf die Pfändung erstrecken muss und darüber hinaus auf die Verwertung des Leasinggutes.[40] Da der Leasingnehmer aber an der weiteren Nutzung des Leasinggegenstandes interessiert ist, wird er eine solche Zustimmung nicht erteilen, weshalb eine Zwangsvollstreckung in das Leasingobjekt in aller Regel ausscheidet. Sollte eine Pfändung durch den Gerichtsvollzieher ohne Zustimmung des Leasingnehmers erfolgen, steht diesem die Erinnerungsklage gem. § 766 ZPO zu.[41]

Darüber hinaus ist zu berücksichtigen, dass der Leasinggeber sich bei einer Bank refinanzieren wird. Zur Absicherung der Finanzierung wird sich die Bank das Sicherungseigentum am Leasingobjekt sichern. Somit steht der refinanzierenden Bank als Sicherungsnehmerin eine Drittwiderspruchsklage gem. § 771 ZPO zu, sollte es zu einer Zwangsvollstreckung gegen den Leasinggeber in das Leasinggut kommen.[42] Zu beachten ist in diesem Zusammenhang, dass der Besitz des Leasingnehmers kein die Veräußerung hinderndes Recht i.S.d. § 771 ZPO darstellt und diesem damit tatsächlich lediglich die Erinnerungsklage offen steht.[43]

39 Martinek/Stoffels/Wimmer-Leonhardt, Handbuch des Leasingrechts, § 48, Rn. 27, S. 442; Beckmann, Finanzierungsleasing, § 9, Rn. 7; vgl. auch MüKoZPO/Gruber, Bd. 2, § 809, Rn. 8; Zöller/Stöber, § 809, Rn. 6 m.w.N.

40 BGH NJW-RR 2004, 252; MüKoZPO/Gruber, Bd. 2, § 809, Rn. 8; Zöller/Stöber, § 809, Rn. 6; Martinek/Stoffels/Wimmer-Leonhardt, Handbuch des Leasingrechts, § 48, Rn. 27, S. 442.

41 MüKoZPO/Gruber, Bd. 2, § 809, Rn. 19; Zöller/Stöber, § 809, Rn. 9; Graf von Westphalen, Der Leasingvertrag, Kap. O, Rn. 67, S. 854 f.; Martinek/Stoffels/Wimmer-Leonhardt, Handbuch des Leasingrechts, § 48, Rn. 27, S. 442 f.; Beckmann, Finanzierungsleasing, § 9, Rn. 7.

42 Beckmann, Finanzierungsleasing, § 9, Rn. 8; Graf von Westphalen, Der Leasingvertrag, Kap. O, Rn. 67, S. 855.

43 BGH WM 1987, 1338; Thomas/Putzo, § 771, Rn. 21.

2. Zwangsvollstreckung in den Rückgabeanspruch des Leasinggebers

---

Die Zwangsvollstreckung in den nach Ende der Vertragslaufzeit begründeten Rückgabeanspruch aus §§ 546, 985 BGB ist zulässig, da es sich hierbei um einen künftigen Anspruch handelt, §§ 846, 829 ff. ZPO.

Nach Beendigung des Leasingvertrages steht dem Leasinggeber gegenüber dem Leasingnehmer ein Rückgabeanspruch gemäß §§ 546, 985 BGB zu. Dieser ist als künftiger Anspruch gem. §§ 846, 829 ff. ZPO der Pfändung unterworfen.[44] Dabei ist jedoch zu berücksichtigen, dass gemäß § 836 ZPO i.V.m. mit den §§ 404 ff. BGB dem Leasingnehmer die Einwendungen zustehen, die er auch gegenüber dem Leasinggeber hat.[45] Damit ist der Rückgabeanspruch betagt, insbesondere im Hinblick auf eine Verlängerungs- und/oder Kaufoption des Leasingnehmers.

3. Zwangsvollstreckung in den Zahlungsanspruch des Leasinggebers auf Leasingraten

---

Der Anspruch des Leasinggebers gegen den Leasingnehmer auf Zahlung der vereinbarten Leasingraten unterliegt der Zwangsvollstreckung nach §§ 828 ff. ZPO.
Sofern eine Bank die Refinanzierung des Leasinggutes übernommen hat, können Gläubiger des Leasinggebers neben der Zwangsvollstreckung in den Zahlungsanspruch auf Leasingraten auch den Freigabeanspruch gegen die Bank pfänden und sich überweisen lassen, wenn eine Übersicherung vorliegt.

Die Forderungen des Leasinggebers gegen den Leasingnehmer auf Zahlung der Leasingraten und Leasingsonderzahlungen sind über die §§ 828 ff. ZPO pfändbar und können mittels Überweisungsbeschluss an die Gläubiger des Leasinggebers überwiesen werden.[46]

Zu beachten ist, dass der Leasingnehmer Einwendungen gegen den Leasinggeber auch dem Vollstreckungsgläubiger über § 836 ZPO i.V.m. §§ 404 ff. BGB entgegen halten kann.[47] Praktische Relevanz dürfte diese Vorgehensweise haben. Mithin wird der Leasinggeber regelmäßig seine Zahlungsansprüche im Rahmen einer Globalzes-

---

44 Beckmann, Finanzierungsleasing, § 9, Rn. 12; Staudinger, Leasing, Rn. 336; Graf von Westphalen, Kap. O, Rn. 73, S. 856.

45 Beckmann, Finanzierungsleasing, § 9, Rn. 12; Staudinger, Leasing, Rn. 36; Graf von Westphalen, Der Leasingvertrag, Kap. O, Rn. 73, S. 856.

46 Beckmann, Finanzierungsleasing, § 9, Rn. 10; Graf von Westphalen, Der Leasingvertrag, Kap. O, Rn. 76, S. 857; Martinek/Stoffels/Wimmer-Leonhardt, Handbuch des Leasingrechts, § 48, Rn. 31, S. 443.

47 Thomas/Putzo, § 836, Rn. 21.

sion an die refinanzierende Bank abgetreten haben, weshalb aufgrund des Prioritätsprinzips Pfändung und Überweisung von Gläubigern des Leasinggebers erfolglos sein werden.[48] Zu beachten ist, dass bei Nichtbestehen der Forderung weder die Pfändung noch die Verstrickung eintritt und damit der Vollstreckungsgläubiger keine Rechte erwerben wird.

Etwas anderes gilt nur dann, wenn ausnahmsweise eine Sicherungsabtretung der Leasinggesellschaft an die refinanzierende Bank nicht erfolgt sein sollte, oder aber eine Übersicherung im Rahmen der Globalzession zu Gunsten der refinanzierenden Bank eingetreten ist, was in der Praxis wohl ebenfalls selten anzutreffen sein wird.[49] Nur in diesen Fällen kann ein Versuch der Gläubiger des Leasinggebers die Zwangsvollstreckung in die Leasingraten zu betreiben, Erfolg versprechend sein. Dabei ist zu beachten, dass sich die frühere Rechtsprechung geändert hat.[50] Der Sicherungsgeber, hier der Leasinggeber, hat nunmehr bei revolvierenden Sicherheiten in Folge einer nachträglichen Übersicherung kraft Gesetz einen ermessensunabhängigen Freigabeanspruch.[51] Dies gilt selbst dann, wenn die Allgemeinen Geschäftsbedingungen des Leasinggebers mit der refinanzierenden Bank eine ermessensabhängige Freigaberegelung vorsieht. AGB-Regelungen sind darüber hinaus nach § 307 Abs. 2 Nr. 2 BGB unwirksam, sollten sie eine Freigabe einschränken oder ausschließen. Nach Auffassung des Bundesgerichtshofes schränken solche Klauseln wesentliche Rechte und Pflichten, die sich aus der Natur des Sicherungsvertrags ergeben, ein und gefährden die Erreichung des Vertragszwecks.[52]

---

48 Beckmann, Finanzierungsleasing, § 9, Rn. 10; Graf von Westphalen, Der Leasingvertrag, Kap. O, Rn. 78, S. 857; Martinek/Stoffels/Wimmer-Leonhardt, Handbuch des Leasingrechts, § 48, Rn. 31, S. 443; vgl. zum Prioritätsprinzip Zöller/Stöber, § 804, Rn. 5.

49 Graf von Westphalen, Der Leasingvertrag, Kap. O, Rn. 78, S. 857 f.

50 BGH Beschluss vom 27.11.1997 – GSZ 1 u. 2/97 = BGHZ 137, 212 = NJW 1998, 671 = NJW-RR 1998, 1273.

51 Vgl. zum Freigabeanspruch Palandt/Grüneberg, § 307, Rn. 133; MüKoBGB/Roth, Bd. 2, § 398, Rn. 122 ff.

52 BGH Beschluss vom 27.11.1997 – GSZ 1 u. 2/97 = BGHZ 137, 212 = NJW 1998, 671 = NJW-RR 1998, 1273: *„Eine Beschränkung des vertraglichen Freigabeanspruchs durch eine Regelung, die die Freigabe in das Ermessen des Sicherungsnehmers stellt, ist bei formularmäßigen Sicherungsabtretungen und Sicherungsübereignungen wegen Verstoßes gegen § 9 AGBG unwirksam. Eine solche Regelung, die nicht lediglich deklaratorische Wirkung hat und deshalb nach § 8 AGBG kontrollfähig ist, schränkt wesentliche Rechte und Pflichten, die sich aus der Natur des Sicherungsvertrags ergeben, ein (§ 9 II Nr. 2 AGBG). Sie ersetzt den ermessensunabhängigen Freigabeanspruch durch einen bloßen Anspruch auf fehlerfreie Ermessensausübung innerhalb der Grenzen der Billigkeit. Die Beschränkung des Sicherungsgebers auf einen solchen Freigabeprüfungsanspruch gefährdet in der Regel das Erreichen des Vertragszwecks (§ 9 Abs. 2 Nr. 2 AGBG). Eine ermessensabhängige Freigaberegelung eröffnet dem Sicherungsnehmer einen zweckwidrigen Entscheidungsspielraum, obwohl feststeht, dass er das Sicherungsgut teilweise nicht mehr benötigt. Seine Entscheidung unterliegt zwar gem. § 315 Abs. 3 BGB der richterlichen Nachprüfung, jedoch beschränkt darauf, ob sie die Grenzen der Billigkeit überschreitet. Unter dieser*

Enthält der Sicherungsvertrag keine oder aber eine unangemessene hohe Deckungsgrenze, so tritt kraft Gesetz ein Freigabeanspruch nach Maßgabe des Rechtsgedankens des § 237 S. 1 BGB in der Regel bei 150 % des Schätzwertes des Sicherungsgutes ein. Dabei berücksichtigen die 150 % bereits etwaige Kosten und rechtfertigen keinen darüber hinaus gehenden Zuschlag.[53] Damit unterliegt im Falle einer Übersicherung die Leasingrate bzw. der Freigabeanspruch gegenüber der refinanzierenden Bank der Pfändung.

Wiederum ist zu beachten, dass die monatlichen Leasingraten betagte Forderungen darstellen, die jeweils erst zum jeweiligen Fälligkeitszeitpunkt auch gegenüber dem Leasingnehmer entstehen.[54] Nur für den Fall, dass der Leasingvertrag vorzeitig gekündigt wird, tritt eine Fälligkeit sämtlicher Leasingraten bzw. des Restwertes im Rahmen des Vollamortisationsanspruchs des Leasinggebers ein, der sodann der Pfändung und somit auch der Zwangsvollstreckung unterliegt.[55]

4. Zwangsvollstreckung in einen etwaigen Rückzahlungsanspruch des Leasinggebers gegen den Lieferanten

Auch ein aus dem Rücktritt vom Liefervertrag resultierender Rückzahlungsanspruch des Leasinggebers gegen den Lieferanten aus §§ 346 Abs. 1 i.V.m. 437 Nr. 2 Alt. 1 BGB unterliegt der Zwangsvollstreckung nach §§ 828 ff. ZPO.

Erklärt der Leasingnehmer im Rahmen der leasingspezifischen Freizeichnungs- und Abtretungskonstruktion den Rücktritt vom Liefervertrag, so erwirbt der Leasinggeber gegenüber dem Lieferanten gem. den §§ 346 Abs. 1 i.V.m. § 437 Nr. 2 Alt. 1 BGB einen Rückzahlungsanspruch auf den an den Lieferanten geleisteten Kaufpreis. Soweit

Voraussetzung bestünde ein Freigabeanspruch des Sicherungsgebers nur dann, wenn sich der Ermessensspielraum des Sicherungsnehmers ausnahmsweise auf Null reduziert hätte.“
„Die Ersetzung des vertraglichen Freigabeanspruchs durch einen Anspruch auf Ermessensausübung nach Billigkeit benachteiligt den Sicherungsgeber entgegen den Geboten von Treu und Glauben unangemessen (§ 9 I, II AGBG). Der Sicherungsgeber hat ein schutzwürdiges Interesse daran, über Sicherungsgegenstände, die zur Absicherung des Sicherungsnehmers nicht benötigt werden, schnell frei zu verfügen, insbesondere sie zur Kreditbeschaffung verwenden zu können. Diese Möglichkeit wird beeinträchtigt, wenn sich seine Rechte auf eine ermessensfehlerfreie Prüfung und Entscheidung seines Freigabeverlangens durch den Sicherungsnehmer beschränken (BGH, NJW 1997, 1570 = LM H. 6/1996 § 138 [Aa] BGB Nr. 53a = WM 1997, 750 [755]).“

53 BGH Beschluß vom 27.11.1997 – GSZ 1 u. 2/97 = BGHZ 137, 212 = NJW 1998, 671 = NJW-RR 1998, 1273.

54 Graf von Westphalen, Der Leasingvertrag, Kap. O, Rn. 78, S. 857 f.

55 Berninghaus, in: Büschgen, Praxishandbuch Leasing, § 13, Rn. 25 a.E., S. 374.

dieser nicht an die refinanzierende Bank abgetreten ist, unterliegt dieser Rückzahlungsanspruch den Grundsätzen der Forderungspfändung über die §§ 828 ff. ZPO und kann damit von Gläubigern des Leasinggebers gepfändet und an sich zur Überweisung überwiesen werden.[56]

56 Berninghaus, in: Büschgen, Praxishandbuch Leasing, § 13, Rn. 25, S. 374.

I. Leasing und Insolvenz

Der Leasinggeber trägt aufgrund des leasingspezifischen Dreipersonenverhältnisses nach ständiger Rechtsprechung des Bundesgerichtshofes sowohl das Insolvenzrisiko des Leasingnehmers als auch dasjenige des Lieferanten.[1] Die Insolvenz des Leasingnehmers ist, im Unterschied zur Insolvenz des Leasinggebers, eine in der Leasingpraxis häufig anzutreffende Problemstellung. Es gelten folgende Grundsätze:

Leasingverträge werden in der Insolvenzordnung nicht ausdrücklich geregelt; nach allgemeiner Auffassung sind Leasingverträge als (atypische) Mietverträge zu behandeln.[2] Die Insolvenz verändert Inhalt und Umfang des Leasingvertrages nicht.[3]

I. Insolvenz des Leasingnehmers

Soweit es Rechte und Pflichten betrifft, ist in zeitlicher Hinsicht zwischen dem Zeitraum vor Insolvenzantrag, dem Zeitraum zwischen Insolvenzantrag und Eröffnung des Verfahrens und dem Zeitraum nach Eröffnung des Insolvenzverfahrens zu unterscheiden.

Eine vor Antragstellung des Insolvenzverfahrens dem Leasingnehmer zugegangene wirksame Kündigung des Leasinggebers, behält ihre Wirksamkeit auch nach Eröffnung des Insolvenzverfahrens.
Nach Eingang des Insolvenzantrages beim Insolvenzgericht besteht für den Leasinggeber eine Kündigungssperre wegen Zahlungsverzuges für vor Stellung des Eröffnungsantrages nicht geleistete Leasingraten bzw. eine Kündigungssperre wegen Verschlechterung der Vermögensverhältnisse des Leasingnehmers. Sonstige Kündigungsgründe bestehen fort. Die Kündigung ist dem Leasingnehmer gegenüber zu erklären, es sei denn, ein „starker“ Insolvenzverwalter (in der Praxis die Ausnahme) mit den Befugnissen nach § 22 Abs. 1 InsO wurde bestellt.
Dem Leasinggeber steht das Kündigungsrecht wegen Zahlungsverzuges insoweit zu, als die Voraussetzungen nach Antragstellung auf Eröffnung des Insolvenzverfahrens eingetreten sind.
Der Insolvenzverwalter kann Zahlungen in den letzten drei Monaten vor Eingang des Insolvenzantrages anfechten und zurückverlangen.
Der Insolvenzverwalter kann nach Eröffnung des Insolvenzverfahrens zwischen Ablehnung der Erfüllung des Leasingvertrages (einhergehend mit einem Aussonderungsrecht des Leasinggebers auf das Leasingobjekt) und Erfüllung des Leasingvertrages wählen (Fortsetzung des Leasingvertrages, soweit nicht bereits wirksam gekündigt wurde).

---

1 BGH NJW 1991, 1746; 1990, 314; 1986; 179.

2 Graf von Westphalen, Der Leasingvertrag, Kap. P, Rn. 1, S. 860.

3 Beckmann, Finanzierungsleasing, § 9, Rn. 14; Schwemer ZMR 2000, 348; BGH ZEP 1983, 1874; BGH WM 1987, 1337.

Primäres Ziel der Insolvenzordnung ist die Fortsetzung des Leasingvertrages, soweit die Aufrechterhaltung des Betriebes dies erfordert.[4] Diese Intention der Insolvenzordnung hat der Gesetzgeber mit der zum 01.07.2007 in Kraft tretenden Regelung des § 21 Abs. 2 S. 1 Nr. 5 InsO erneut konstituiert, die umfassende Auswirkungen auf die Abwicklung des Leasingvertrages haben kann.[5] Wird durch das Insolvenzgericht eine Anordnung im Sinne des § 21 Abs. 2 Satz 1 Nr. 5 InsO getroffen, so bedeutet dies, dass das Leasingobjekt vom Gläubiger nicht mehr aus dem vorläufigen Insolvenzverfahren extrahiert werden kann. Vielmehr ist der Leasinggeber gezwungen, die Nutzung des Leasingobjektes zur Fortführung des schuldnerischen Unternehmens zu dulden.

Abweichende Vereinbarungen zu Lasten des Schuldners im Rahmen des Insolvenzverfahrens sind nach §§ 103, 119 InsO unwirksam.[6]

---

1. Zeitraum vor Insolvenzantrag

Der Leasinggeber kann unter folgenden Voraussetzungen den Leasingvertrag kündigen:

- Die allgemeinen Voraussetzungen der Kündigung (v.a. § 543 BGB) müssen erfüllt sein. Bei einer Kündigung wegen Zahlungsverzuges müssen die Voraussetzungen vor Antragstellung des Insolvenzverfahrens vollständig vorliegen.
- Die Kündigung des Leasinggebers bleibt auch nach Eröffnung des Insolvenzverfahrens wirksam.

Folgende Rechtsfolgen treten mit wirksamer Kündigung ein:

- Dem Leasinggeber steht ein Aussonderungsrecht (Anspruch auf Herausgabe) bzgl. des Leasingobjektes zu, § 47 InsO.
- Der Insolvenzverwalter kann die Herausgabe des Leasingobjektes nur dann verweigern, wenn durch das Insolvenzgericht eine Anordnung im Sinne des § 21 Abs. 2 Satz 1 Nr. 5 n.F. InsO getroffen wurde bzw. wird. Liegen die Voraussetzungen vor, hat der Insolvenzverwalter ein Zurückbehaltungsrecht, muss jedoch als Masseverbindlichkeit Nutzungsersatz leisten.
- In beiden Fällen sind die ausstehenden Leasingraten echte Insolvenzforderungen, die nach Anmeldung nur gemäß der jeweiligen Quote erfüllt werden.

---

4 Beckmann, Finanzierungsleasing, § 9, Rn. 15.

5 Vgl. zu den Änderungen der Insolvenzordnung aufgrund des Gesetzes zur Vereinfachung des Insolvenzverfahrens vom 13.04.2007 BGBl. I 2007, 509 ff.

6 BGH NJW 2001, 2966 f.; BGH NZI 2006, 293.

Nach der modifizierten Erlöschenstheorie bewirkt eine Eröffnung des Insolvenzverfahrens nicht, dass die beiderseitigen Pflichten aus dem Leasingvertrag erlöschen.[7] Vielmehr wird nach Eröffnung des Insolvenzverfahrens der Leasingvertrag – ohne inhaltliche Änderung – fortgesetzt, wobei die Ansprüche des Leasinggebers auf Entgelt vollständig oder teilweise nicht mehr durchsetzbar sind (Insolvenzforderung).[8]

Der Leasinggeber kann Rückgabe des Leasinggutes nur verlangen, wenn er den Leasingvertrag wirksam kündigt oder der Leasingvertrag durch Zeitablauf endet.

Kündigt der Leasinggeber nicht, besteht die Gefahr, dass er zum einen das Leasingobjekt nicht verwerten und zum anderen die Leasingraten und Leasingsonderzahlungen nur als einfache Insolvenzforderung geltend machen kann, die gegebenenfalls mangels ausreichender Insolvenzmasse wirtschaftlich wertlos ist. Daher wird der Leasinggeber eine Herausgabe des Leasingobjektes jedenfalls dann verfolgen, wenn das Leasingobjekt wirtschaftlich verwertet werden kann, um den Vollamortisationsanspruch weitestgehend zu gewährleisten.

a. Kündigungsvoraussetzungen

Von großer praktischer Bedeutung aus Sicht des Leasinggebers ist daher, dass er in der Insolvenz des Leasingnehmers versucht, seinen Vollamortisationsanspruch durch Kündigung des Leasingvertrages weitestgehend zu sichern. Für die rechtliche Beurteilung der Kündigungsmöglichkeiten ist der Zeitpunkt der Antragsstellung auf Eröffnung des Insolvenzverfahrens entscheidend.

Sind die allgemeinen Voraussetzungen einer außerordentlichen Kündigung des Leasingvertrages nach Maßgabe des § 543 Abs. 2 S. 1 Nr. 3 BGB gegeben bzw. für den Fall des Verbraucherleasings die zusätzlichen Voraussetzungen des § 498 Abs. 1 BGB, so behält eine **vor** Stellung des Antrags auf Eröffnung des Insolvenzverfahrens dem Leasingnehmer zugegangene außerordentliche Kündigung des Leasingvertrages durch den Leasinggeber ihre Wirksamkeit.[9]

Die zwischenzeitliche Anordnung von Sicherungsmaßnahmen nach Maßgabe des § 21 InsO durch den vorläufigen Insolvenzverwalter hat auf die wirksam gewordene Kündigung keine Auswirkungen.[10]

---

7 So früher: BGH NJW 1995, 1966 ff.

8 BGH NJW 2006, 915.

9 Braun/Kroth, InsO, § 112, Rn. 6; Beckmann, Finanzierungsleasing, § 9, Rn. 17; Reinking, Der Autokauf, Rn. L 219 ff.

10 Beckmann, Finanzierungsleasing, § 9, Rn. 17 m.w.N.

b. Rechtsfolgen und Herausgabeanspruch des Leasinggebers

Eine Verwertung kann der Leasinggeber jedoch nur dann vornehmen, wenn er tatsächlich den Leasinggegenstand erhält. Darüber hinaus stellt sich in der Praxis oftmals die Frage, welche Ansprüche des Leasinggebers bestehen, wenn der Leasinggegenstand trotz wirksamer Kündigung nicht herausgegeben wird.

aa. Rückgabeanspruch

Mit Vertragsablauf oder mit wirksamer Kündigung kann der Leasinggeber Aussonderung gem. § 47 InsO verlangen. Nach § 47 S. 2 InsO bestimmt sich der Herausgabeanspruch nach den allgemeinen Vorschriften. Folglich kann der Leasinggeber vom Insolvenzverwalter Herausgabe der Leasingsache gem. §§ 546, 985 BGB verlangen.[11]

Maßgeblich ist regelmäßig § 546 BGB, da sich der Leasinggeber refinanzieren wird und zur Sicherung der Forderungen der Bank gegen den Leasinggeber das Sicherungseigentum am Leasingobjekt auf die Bank überträgt. Mangels Eigentum an der Leasingsache steht dem Leasinggeber folglich nur der Herausgabeanspruch aus § 546 BGB zu; nicht dagegen der das Eigentum voraussetzende § 985 BGB. Aufgrund der fiduziarischen Bindung der refinanzierenden Bank aus dem Sicherungsvertrag besteht ein Herausgabeanspruch der refinanzierenden Bank solange nicht, wie der Sicherungsfall gegenüber dem Leasinggeber nicht eingetreten ist.

Der Anspruch des Leasinggebers auf Aussonderung richtet sich auf Einräumung des unmittelbaren Besitzes bzw. bei Immobilien auf Räumung nach den allgemeinen Vorschriften. Regelmäßig werden im Leasingvertrag jedoch ein Erfüllungsort sowie die Modi der Rückgabe geregelt.

Bei der Nichterfüllung der Herausgabepflichten durch den Insolvenzverwalter ist zu unterscheiden:

Kommt der Insolvenzverwalter seinen Verpflichtungen zur Herausgebe gemäß der gesetzlichen Voraussetzungen nicht nach, handelt es sich um Masseverbindlichkeiten.[12]

Verstößt der Insolvenzverwalter gegen die modifizierten Herausgabepflichten aus der vertraglichen Regelung des Leasingvertrages, muss erneut unterschieden werden: Grundsätzlich handelt es sich um eine Verpflichtung aus dem gegenseitigen Leasingvertrag, weshalb eine schlichte Insolvenzforderung vorliegt. Nach § 55 Abs. 1 Nr. 1 InsO werden diese Ansprüche zu Masseverbindlichkeiten, sofern der „starke“ vorläufige Insolvenzverwalter den Leasinggegenstand in einen vertragswidrigen Zustand versetzt bzw. verbracht hat.[13]

---

11 BGH NJW 1994, 3232.
12 BGH NJW 2001, 2966.
13 BGH NJW 2001, 2966.

Hat lediglich der „schwache" vorläufige Insolvenzverwalter oder der Leasingnehmer durch einen Verstoß gegen seine Verpflichtungen einen vertragswidrigen Zustand herbeigeführt, stellen die Schadensersatzansprüche Insolvenzforderungen dar.

bb. Sperrwirkung des Herausgabeanspruchs gem. § 21 Abs. 2 Satz 1 Nr. 5 InsO

Zum 01.07.2007 wurde § 21 Abs. 2 S. 1 Nr. 5 InsO eingeführt, der umfassende Auswirkungen auf die rechtlichen Gestaltungsmöglichkeiten im Hinblick auf die Herausgabe der Leasingsache mit sich bringt.

(1) Voraussetzungen des § 21 Abs. 2 S. 1 Nr. 5 InsO

Ordnet, was auf Antrag des Insolvenzverwalters auch nachträglich möglich ist, das Insolvenzgericht die Möglichkeit des § 21 Abs. 2 Satz 1 Nr. 5 InsO an, kann der Insolvenzverwalter während des Insolvenzantragsverfahrens[14] die Herausgebe des Leasingobjektes unter den dort genannten Voraussetzungen verweigern.

(2) Rechtsfolgen des § 21 Abs. 2 Satz 1 Nr. 5 InsO

Wird durch das Insolvenzgericht eine Anordnung im Sinne des § 21 Abs. 2 Satz 1 Nr. 5 InsO getroffen und macht der vorläufige Insolvenzverwalter hiervon Gebrauch, so bedeutet dies, dass der Absonderungsanspruch auf das Leasingobjekt nicht besteht. Der Leasinggeber ist zur Duldung der Nutzung durch den Insolvenzverwalter verpflichtet; dies jedoch nur gegen die Zahlung eines entsprechenden Nutzungsersatzes.

cc. Ersatzansprüche wegen verspäteter Herausgabe

Kommt der Insolvenzverwalter seiner Verpflichtung zur Herausgabe nicht nach, hat der Leasinggeber gem. § 546a BGB einen Anspruch auf Nutzungsentschädigung als einfache Insolvenzforderung.

Nutzt der „starke" vorläufige Insolvenzverwalter das Leasingobjekt während des Insolvenzantragsverfahrens weiterhin, so ist der Nutzungsentschädigungsanspruch als Masseverbindlichkeit zu qualifizieren, § 55 Abs. 2 Satz 2 InsO.

Nutzt der Insolvenzverwalter das Leasingobjekt auch nach Insolvenzeröffnung fort, stellt der Nutzungsersatzanspruch stets eine Masseverbindlichkeit dar, da er durch die Handlung des Insolvenzverwalters, namentlich durch die Vorenthaltung, entstanden ist, § 55 Abs. 1 Nr. 1 InsO.

---

14 § 21 InsO betrifft nur vorläufige Maßnahmen bis zur Eröffnung des Insolvenzverfahrens. Danach steht dem Insolvenzverwalter das Wahlrecht nach § 103 InsO zu.

Auf den Umfang der Nutzung kommt es dabei nicht an. Nimmt der Insolvenzverwalter das Leasingobjekt in Besitz, genügt die Nutzungsmöglichkeit, um die Masseschuld zu begründen.[15]

Regelmäßig wird in den Allgemeinen Leasingbedingungen vereinbart, dass für die Bestimmung der Höhe des Nutzungsersatzes die Leasingraten anzusetzen sind. Eine solche Vereinbarung ist nach der Rechtsprechung des Bundesgerichtshofes wirksam.[16]

Dabei ist nicht entscheidend, ob bereits eine Vollamortisation des Leasinggebers eingetreten ist.[17]

Über § 242 BGB ist die Ansetzung der Leasingraten nur dann unangemessen, wenn sich der Zeitwert des Leasinggutes in einem solchen Umfang reduziert hat, dass die Nutzungsentschädigung in Höhe der Leasingrate – unter Vergleich zu den marktüblichen Konditionen – völlig außer Verhältnis steht.[18] Dafür ist der Insolvenzverwalter darlegungs- und beweispflichtig.

dd. Schadensersatzansprüche des Leasinggebers

Soweit der Leasinggeber wegen der verspäteten Rückgabe einen Verzugsschaden oder Schadensersatz wegen Verschlechterung bzw. Veränderung geltend macht, ist wie folgt zu unterscheiden:

- Schäden, die der Insolvenzverwalter nach Eröffnung oder ein vorläufig „starker" Insolvenzverwalter verursacht, stellen Masseverbindlichkeiten dar, sofern dieser die Verschlechterung persönlich oder durch eine zurechenbare Handlung verursacht hat, § 55 InsO.[19]
- Schäden, die vom Leasingnehmer oder vom schwachen vorläufigen Insolvenzverwalter verursacht wurden, stellen Insolvenzforderungen dar.

Gegebenfalls bestehen Ansprüche unmittelbar gegen die den Schaden herbeiführenden Personen über §§ 823 ff. BGB. Ansprüche gegen Sachversicherer stehen unmittelbar dem Leasinggeber zu.[20]

Wählt der Insolvenzverwalter wirksam (d.h. bis dato keine wirksame Kündigung) die Fortsetzung des Leasingvertrages, sind alle Forderung, die nach Eröffnung entstehen Masseverbindlichkeiten. Die Beweislast trägt der Leasinggeber.[21]

---

15 BGH NJW 1995, 2783 ff.
16 BGH NJW 2007, 1594; BGH NJW 1989, 1730.
17 BGH NJW 1989, 1730.
18 BGH NJW-RR 2005, 1081 f.
19 Braun/Kroth, InsO, § 60, Rn. 6 ff.; FK-InsO/Kind, § 60, Rn. 7 ff.
20 OLG Frankfurt NZV 2002, 44.
21 BGH NJW 2001, 2966 f.

2. Zeitraum nach Insolvenzantrag und vor Eröffnung des Insolvenzverfahrens (Insolvenzantragsverfahren)

Während des Insolvenzantragsverfahrens modifiziert die Kündigungssperre des § 112 InsO das Kündigungsrecht des Leasinggebers wie folgt:

Bei einer Kündigung wegen Zahlungsverzuges müssen die Kündigungsvoraussetzungen vollumfänglich (Verzug der Raten) **nach** Antragstellung eingetreten sein; andernfalls ist die Kündigung wegen Zahlungsverzuges unwirksam, § 112 Nr. 1 InsO.
Ein Kündigungsrecht des Leasinggebers wegen Verschlechterung der Vermögensverhältnisse des Leasingnehmers besteht nicht, § 112 Nr. 2 InsO.
Abweichende Vereinbarungen sind unwirksam, §§ 103, 119 InsO.
Sonstige Kündigungsrechte im Sinne des § 543 BGB bestehen unverändert fort.
Die Kündigung ist dem Leasingnehmer gegenüber zu erklären, es sei denn ein „starker" Insolvenzverwalter mit den Befugnissen nach § 22 Abs. 1 InsO (Verwaltungs- und Verfügungsbefugnisse wurden übertragen) wurde bestellt.

Die Rechtsfolgen einer wirksamen Kündigung stellen sich wie folgt dar:

Dem Leasinggeber steht ein Aussonderungsrecht (Herausgabeanspruch) bzgl. des Leasingobjektes zu, § 47 InsO i.V.m. § 546 BGB.
Der Insolvenzverwalter kann die Herausgabe des Leasingobjektes nur dann verweigern, wenn durch das Insolvenzgericht eine Anordnung im Sinne des § 21 Abs. 2 Satz 1 Nr. 5 InsO getroffen wurde. Sind die Voraussetzungen gegeben, hat der Insolvenzverwalter ein Zurückbehaltungsrecht, muss jedoch als Masseverbindlichkeiten Nutzungsersatz leisten.
In beiden Fällen sind die ausstehenden Leasingraten echte Insolvenzforderungen, die nach Anmeldung nur gemäß der jeweiligen Quote erfüllt werden.

---

a. Kündigungsvoraussetzungen und zwingendes Recht

Nach Eingang des Insolvenzantrages beim Insolvenzgericht (Amtsgericht) besteht für den Leasinggeber gem. § 112 Nr. 1 InsO eine Kündigungssperre wegen Zahlungsverzuges gem. § 543 Abs. 2 S. 1 Nr. 3 BGB.[22] Die außerordentliche Kündigungsmöglichkeit des Leasinggebers wegen Pflichtverletzungen und sonstiger Voraussetzungen bleiben von der Insolvenz unberührt.[23] Die Kündigungssperre gilt jedoch lediglich und ausschließlich für Kündigungen wegen Zahlungsverzuges, deren Voraussetzungen vor Stellung des Eröffnungsantrages eingetreten sind.[24] Mit der Einführung der Kündigungssperre hat der Gesetzgeber beabsichtigt, die mit dem Vermögensverfall

---

22 Vgl. ausführlich Engel/Völckers, Leasing in der Insolvenz, Rn. 282 ff.
23 Reinking, Der Autokauf, Rn. L 219 ff.
24 Beckmann, Finanzierungsleasing, § 9, Rn. 18; Palandt/Weidenkaff, Einleitung vor § 535, Rn. 73; vgl. auch Reinking, Der Autokauf, Rn. L 219 ff.

des Leasingnehmers verknüpften nachteiligen Auswirkungen für die Insolvenzverwaltung abzuwenden.[25] So soll primär gewährleistet werden, dass die wirtschaftliche Einheit der im Besitz des Leasingnehmers stehenden Leasingsachen nicht zur Unzeit auseinander gerissen wird und sie zumindest vorerst in seinem Verfügungsbereich verbleiben.[26]

Die Kündigungssperre gilt für bei Insolvenzantrag „eingegangene" Verträge, so dass der Abschluss des Leasingvertrages und nicht die In-Vollzug-Setzung (Auslieferung) des Leasingvertrages entscheidend ist. Wurde das Leasingobjekt noch nicht ausgeliefert, kann der Leasinggeber dies von einer Sicherungsleistung bedingen, § 321 BGB.

In zeitlicher Hinsicht ist zu beachten, dass die Kündigungssperre entfällt, wenn der Antrag auf Eröffnung des Verfahrens zurückgenommen oder der Antrag auf Eröffnung des Verfahrens rechtskräftig abgewiesen wird.

Sind dagegen sämtliche Voraussetzungen der außerordentlichen Kündigung wegen Zahlungsverzuges i.S.d. §§ 543 Abs. 2 S. 1 Nr. 3 BGB bzw. beim Verbraucherleasing die zusätzlichen Voraussetzungen des § 498 Abs. 1 BGB nach Stellung des Eröffnungsantrages eingetreten, steht dem Leasinggeber nach der Rechtsprechung des Bundesgerichtshofes ein außerordentliches Kündigungsrecht nach den allgemeinen Grundsätzen zu.[27]

Zahlt der Leasingnehmer oder der vorläufige Insolvenzverwalter während des Insolvenzantragsverfahrens rückständige Leasingraten, entfällt das Kündigungsrecht

---

25 Braun/Kroth, InsO, § 112, Rn. 3; Graf von Westphalen, Der Leasingvertrag, Kap. P, Rn. 1, S. 860.

26 BT-Drucks. 12/2443, S. 148.

27 BGH Urteil vom 18. 7. 2002 – IX ZR 195/01 = NJW 2002, 3326 = WM 2002, 1888: *„Wird die nach dem Eröffnungsantrag fällig werdende Miete oder Pacht nicht vertragsgemäß gezahlt, steht § 112 InsO nicht einer Kündigung des Vertragsverhältnisses gemäß allgemeinen Regeln entgegen." „Entscheidet sich der vorläufige Insolvenzverwalter andererseits aus Zweckmäßigkeitserwägungen gegen eine Fortsetzung des Nutzungsvertrags und zahlt er deshalb die geschuldete Miete oder Pacht nicht, so ist der andere Vertragsteil berechtigt, den Vertrag wegen der nach dem Eröffnungsantrag neu eintretenden Zahlungsrückstände gegebenenfalls schon während des Eröffnungsverfahrens nach näherer Maßgabe des § 543 II 1 Nr. 3 BGB zu kündigen (OLG Celle, ZInsO 2002, 326 [328]; Eckert, in: MüKo-InsO, § 112 Rdnrn. 35 f. m.w. Nachw.; Marotzke, in: Heidelberger Komm., § 112 Rdnr. 8; Meyer, DZWiR 2002, 40 [42]; Pape, in: Kölner Schrift z. InsO, Rdnr. 59 [S. 569]; Haarmeyer/Wutzke/Förster, Hdb. Rdnr. 5.212; Balthasar, in: Nerlich/Römermann, § 112 Rdnr. 13; Sinz, in: Kölner Schrift z. InsO, S. 593 [597 Rdnr. 8]; Smid, § 112 Rdnr. 6; Schwörer, Lösungsklauseln für den Insolvenzfall, 2000, Rdnr. 471; Braun/Kroth, § 112 Rdnr. 10). Die Amtliche Begründung zu § 112 InsO (s.o. unter IV 1 a.E., S. 148 [zu § 126]) hebt ausdrücklich hervor, dass das Kündigungsrecht wegen eines Verzugs nach dem Eröffnungsantrag „keiner Einschränkung" unterliegen sollte. Insbesondere wird ein Verzug des vorläufigen Insolvenzverwalters i.S. von §§ 543 II 1 Nr. 3, 286 II Nr. 1, IV BGB nicht etwa dadurch ausgeschlossen, dass regelmäßig erst der für das eröffnete Verfahren bestellte endgültige Insolvenzverwalter nach §§ 103 ff. InsO über das rechtliche Schicksal von Verträgen in der Insolvenz entscheidet."*

des Leasinggebers wegen Zahlungsverzuges, da die Voraussetzungen zum Zeitpunkt des Zugangs der Kündigung gegeben sein müssen.

Erfolgt die Zahlung durch einen „starken“ vorläufigen Insolvenzverwalter oder einen „schwachen“ vorläufigen Insolvenzverwalter, der zur Begründung von künftigen Masseverbindlichkeiten berechtigt ist, besteht kein Anfechtungsrecht hinsichtlich der geleisteten Zahlungen, § 55 Abs. 2 Satz 2 InsO.

Erfolgt die Zahlung jedoch von einem „schwachen“ vorläufigen Insolvenzverwalter oder von dem Leasingnehmer, so besteht die Gefahr der späteren Anfechtung der Zahlung, so dass diese vom Leasinggeber zu erstatten wäre, soweit er sein Kündigungsrecht nicht geltend gemacht hat. Ein Anfechtungsrecht besteht jedoch nur, wenn die Nutzung des Leasingobjektes den Eintritt von mehr Nachteilen als Vorteilen befürchten lassen.

Der Leasinggeber kann diese Rechtsunsicherheit vermeiden und sein Kündigungsrecht aufrechterhalten, in dem er ohne den Annahmeverzug zu begründen aufgrund dieser Rechtsunsicherheit die Zahlung zurückweist. Dies ist möglich, da der Leasinggeber anfechtungsfrei leisten muss, § 293 BGB.

Wie bereits aufgeführt, wird der Leasinggeber regelmäßig im Rahmen seiner Allgemeinen Leasingbedingungen eine Vereinbarung dahingehend aufnehmen, dass ihm für den Fall des Vermögensverfalls bzw. der Zahlungsunfähigkeit des Leasingnehmers ein außerordentliches Kündigungsrecht zusteht. Grundsätzlich benachteiligt den Leasingnehmer eine solche Vereinbarung nach der Rechtsprechung des Bundesgerichtshofes, jedenfalls im kaufmännischen Verkehr, nicht unangemessen i.S.v. § 307 Abs. 2 BGB.[28] Der Bundesgerichtshof begründet seine Auffassung damit, dass insbesondere bei Investitionsgütern von beträchtlichem Wert, welche durch den bestimmungsgemäßen Einsatz starker Beanspruchung und damit hohem Verschleiß ausgesetzt sind, die berechtigten Belange des Leasinggebers durch Zwangsvollstreckungsakte in das Vermögen des Leasingnehmers nachhaltig beeinträchtigt werden können.[29]

---

28 BGH Urteil vom 7.12.1983 – VIII ZR 257/82 = NJW 1984, 871 = WM 1984, 163; vgl. auch Graf von Westphalen, Der Leasingvertrag, Kap. P, Rn. 21 ff., S. 866 ff.

29 BGH Urteil vom 7.12.1983 – VIII ZR 257/82 = NJW 1984, 871 = WM 1984, 163: *„In Leasingverträgen, die im kaufmännischen Verkehr über Investitionsgüter von beträchtlichem Wert abgeschlossen werden, welche, wie Nutzfahrzeuge, Baumaschinen u.ä., durch den bestimmungsgemäßen Einsatz starker Beanspruchung und damit hohem Verschleiß ausgesetzt sind, verstößt es nicht gegen § 9 AGB-Gesetz, wenn der Verwender sich für den Fall von Zwangsvollstreckungsmaßnahmen in das Vermögen des Leasingnehmers das Recht zur fristlosen Kündigung des Leasingvertrages vorbehält. Die berechtigten Belange des Leasinggebers können bei solcher Fallgestaltung durch Zwangsvollstreckungsakte in das Vermögen des Leasingnehmers nachhaltig beeinträchtigt werden. Sinn und Zweck des Leasingvertrages besteht darin, dem Leasingnehmer die Möglichkeit zu eröffnen, den Investitionsaufwand für das Leasingobjekt aus laufenden Erträgen des Unternehmens zu erwirtschaften. Kommt es zur Zwangsvollstreckung, so ist das regelmäßig ein Anzeichen dafür, daß der Schuldner selbst titulierte Leistungspflichten freiwillig*

Zu beachten ist jedoch, dass die Vorschriften der InsO nicht disponibel sind, so dass ein Sonderkündigungsrecht des Leasinggebers, welches gegen die Vorschriften der InsO verstößt, nicht wirksam vereinbart werden kann.[30] Eine vertragliche Vereinbarung, die die Kündigungsmöglichkeiten des Leasinggebers im Falle der Insolvenz erweitert, ist damit rechtlich nicht zulässig. Dies gilt auch für ein etwaiges Sonderkündigungsrecht des Insolvenzverwalters aus § 109 Abs. 1 InsO.[31]

b. Rechtsfolgen und Herausgabeanspruch des Leasinggebers

Rückständige Leasingraten sind wie der Vollamortisationsanspruch für den Fall einer wirksamen Kündigung Insolvenzforderungen.

Soweit es den Herausgabeanspruch betrifft, kann auf die Ausführungen über die Rechtsfolgen einer Kündigung vor dem Antragseröffnungsverfahren verwiesen werden.

3. Zeitraum nach Eröffnung des Insolvenzverfahrens

Nach Eröffnung des Insolvenzverfahrens gilt Folgendes:

Die zuvor geschilderten Grundsätze für den Zeitraum zwischen Insolvenzantrag und Eröffnung gelten fort.
Darüber hinaus steht dem Insolvenzverwalter ein Wahlrecht gem. § 103 InsO, ob er die Erfüllung des Vertrages oder die Nichterfüllung wählt.
Der Leasinggeber kann – wie in der Praxis regelmäßig geboten – den Insolvenzverwalter, gegebenenfalls bereits den vorläufigen, zur unverzüglichen Erklärung über das Wahlrecht nach Insolvenzeröffnung auffordern. Wurde eine wirksame Kündigung des Leasingvertrages nicht erklärt, ist der Insolvenzverwalter bis zur Ausübung seines Wahlrechts nicht zur Herausgabe verpflichtet.

Eine wirksame Kündigung oder Wahl der Nichterfüllung durch den Insolvenzverwalter haben folgende Rechtsfolgen:

---

nicht erfüllen kann oder will. Wird das Leasingobjekt selbst gepfändet, muß der Leasinggeber sich unter Umständen mit der Drittwiderspruchsklage zur Wehr setzen. Trägt der Leasinggeber, wie hier, im Hinblick auf die Eigenart des Leasingobjekts ein erhöhtes Risiko, so kann unter Kaufleuten nicht davon ausgegangen werden, daß die in Rede stehende Kündigungsklausel den Leasingnehmer entgegen den Geboten von Treu und Glauben unangemessen benachteiligt. Dies kann bei anderer Sachlage, z.B. bei Geschäftsraummiete anders zu beurteilen sein (vgl. Ulmer-Brandner-Hensen, AGB-Gesetz, 4. Aufl., Anh. §§ 9–11 Rdnr. 509; Schlosser, AGB-Gesetz, § 9 Rdnr. 149; vgl. ferner Löwe-Graf-von-Westphalen-Trinkner, AGB-Gesetz II, 2. Aufl., § 10 Nr. 3 Rdnrn. 25, 26).“

30 Beckmann, Finanzierungsleasing, § 9, Rn. 19; Graf von Westphalen, Der Leasingvertrag, Kap. P, Rn. 21, S. 866 f.; Bergkamm ZEP 1994, 177.

31 Braun/Kroth, InsO, § 109 Rn. 1 ff.

Dem Leasinggeber steht ein Aussonderungsrecht (Herausgabeanspruch auf Herausgabe) bzgl. des Leasingobjektes zu.
Die ausstehenden Leasingraten sowie der Anspruch auf Vollamortisation des Leasinggebers aufgrund einer erklärten Kündigung sind echte Insolvenzforderungen, die nach Anmeldung nur gemäß der jeweiligen Quote erfüllt werden.
Wurde der Leasingvertrag nicht wirksam gekündigt und wählt der Insolvenzverwalter die Erfüllung des Vertrages, so gilt:
Der Leasingvertrag wird mit dem ursprünglichen Regelungsinhalt fortgesetzt.
Die Leasingraten, auch diejenigen vor Eröffnung des Insolvenzantrages, sind Masseverbindlichkeiten, § 55 Abs. 1 Nr. 2 InsO.

Da der Leasingvertrag auch im Rahmen der Insolvenz als Mietvertrag zu behandeln ist, steht dem Insolvenzverwalter gemäß § 103 InsO das Wahlrecht zu, ob er den Leasingvertrag erfüllen möchte oder nicht. Für den Bereich des Immobilienleasings ist die spezialgesetzliche Regelung des § 108 Abs. 1 InsO zu beachten.[32]

Das Wahlrecht des Insolvenzverwalters aus § 103 InsO steht dem vorläufigen Insolvenzverwalter nicht zu. Er hat keine Befugnis, die Erfüllung zu wählen oder diese abzulehnen.[33] Die Ausübung des Wahlrechts ist nicht formgebunden und kann somit auch stillschweigend erklärt werden.[34] Es wird durch eine einseitig empfangsbedürftige Willenserklärung ausgeübt.[35]

a. Erfüllung des Leasingvertrages

Für den Fall, dass der Insolvenzverwalter die Erfüllung des Leasingvertrages wählt, sind die vor dem Insolvenzantrag fälligen Leasingraten einfache Insolvenzforderungen i.S.d. § 38 InsO und damit auf die Quote beschränkt. Die Leasingraten, die nach Eröffnung des Insolvenzverfahrens fällig geworden sind, sind den Masseschulden i.S.d. § 55 Abs. 1 Nr. 2 InsO zuzurechnen, so dass dem Leasinggeber diese Leasingraten in voller Höhe zustehen und nicht auf die Quote beschränkt sind.[36]

Für die Leasingraten, die zwischen dem Insolvenzantrag und der Insolvenzeröffnung fällig geworden sind, besteht zunächst ein Schwebezustand. Mit der Bestellung des Insolvenzverwalters werden diese Forderungen mit ex nunc Wirkung Masseschulden i.S.d. § 55 Abs. 1 Nr. 2 InsO, da Masseschulden rechtstechnisch die Verfahrenseröffnung selbst voraussetzen.[37] Eine etwaige Schlussrate ist teilbar und begründet nur

32 Andres/Leithaus, InsO, § 103, Rn. 8; vgl. auch Reinking, Der Autokauf, Rn. L 219 ff. m.w.N.
33 MüKoInsO/Huber, Bd. 2, § 103, Rn. 150.
34 MüKoInsO/Huber, Bd. 2, § 103, Rn. 156; vgl. auch BGHZ 81, 90.
35 Braun Kroth, InsO, § 103, Rn. 53 m.w.N.
36 BGH NJW 1978, 1383; NJW 1994, 516; OLG Naumburg DZWiR 1997, 74; Staudinger, Leasing, Rn. 339 ff.; Engel/Völckers, Leasing in der Insolvenz, Rn. 307; a.A. Graf von Westphalen, Der Leasingvertrag, Kap. P, Rn. 49, S. 876.
37 BGH Urteil vom 18.7.2002 – IX ZR 195/01 = NJW 2002, 3326 = WM 2002, 1888; nach a.A.

insoweit, als diese auf die noch offene Laufzeit entfällt, eine Masseverbindlichkeit, §§ 105, 108 Abs. 2 InsO.

b. Ablehnung des Leasingvertrages durch den Insolvenzverwalter

Der Insolvenzverwalter kann gem. § 103 InsO die Erfüllung des Leasingvertrages verweigern. Mit Erklärung zur Ablehnung der Erfüllung des Leasingvertrages erlöschen sämtliche Ansprüche des Leasinggebers auf Zahlung der Leasingraten. Dem Leasinggeber steht sodann ein Schadensersatzanspruch auf Vollamortisation zu. Dieser ist konkret nach den Allgemeinen Grundsätzen zu berechnen. Der Vollamortisationsanspruch des Leasinggebers ist gewöhnliche Insolvenzforderung gem. § 103 InsO und wird daher nach der Quote berechnet.

Wurde die Erfüllung des Leasingvertrages abgelehnt, kann der Leasinggeber gem. § 47 InsO das Leasinggut aussondern. Dies bedeutet, dass er Rückgabe der Leasingsache gem. §§ 546, 985 BGB gegenüber dem Insolvenzverwalter verlangen kann. Für den Fall der verspäteten Rückgabe stehen dem Leasinggeber gegenüber dem Insolvenzverwalter als Masseschulden Nutzungsentschädigungsansprüche zu.[38] Kosten der Aussonderung sind dagegen einfache Insolvenzforderungen i.S.v. § 38 InsO.[39] Im Übrigen wird auf die obigen Ausführungen in diesem Kapitel verwiesen.

c. Ausübungsfrist des Insolvenzverwalters

Gemäß § 103 Abs. 2 InsO steht dem Leasinggeber die Möglichkeit zu, den Insolvenzverwalter unter Fristsetzung zur Ausübung seines Wahlrechts aufzufordern. Sodann hat der Insolvenzverwalter sein Wahlrecht unverzüglich nach Zugang der Aufforderung auszuüben.[40] Unterlässt der Insolvenzverwalter die unverzügliche Ausübung des Wahlrechts, erlischt der Erfüllungsanspruch, so dass die Nichterklärung als Ablehnung der Erfüllung des Leasingvertrages anzusehen ist.

Auch in diesem Zusammenhang erstreckt sich die zeitliche Komponente aus dem Begriff „unverzüglich" auf die in § 121 BGB verwandte Auslegung im Sinne von „ohne schuldhaftes Zögern".[41] Da für die Unverzüglichkeit die allgemeinen Grundsätze gelten, sind in der Leasingpraxis daher je nach Umfang und Art des Leasinggutes zwischen drei und zehn Tagen anzusetzen. Besonderheiten bestehen während der

---

sollen diese Forderungen schlichte Insolvenzforderungen i.S.d. § 38 InsO bleiben, vgl. Beckmann, Finanzierungsleasing, § 9, Rn. 34 ff. m.w.N.

38 Weber, NJW 2007, 2525 m.w.N.

39 Beckmann, Finanzierungsleasing, § 9, Rn. 32.

40 Graf von Westphalen, Der Leasingvertrag, Kap. P, Rn. 57, S. 879; Beckmann, Finanzierungsleasing, § 9 Rn. 27; Reinking, Der Autokauf, Rn. L 219 ff.; Engel/Völckers, Leasing in der Insolvenz, Rn. 335.

41 Braun/Kroth, InsO, § 103, Rn. 62.

Einsetzung des vorläufigen Insolvenzverwalters. Dieser kann oftmals erst mit Eröffnung des Insolvenzverfahrens entscheiden, ob das Leasinggut zur Betriebsfortführung bzw. der Abwicklung der Insolvenz notwendig ist bzw. gebraucht wird.[42] Wie bereits aufgezeigt, steht ihm das Wahlrecht des § 103 Abs. 1 InsO als vorläufiger Insolvenzverwalter nicht zu. Die Frage, ob noch nicht abgewickelte Verträge fortzuführen sind, stellt sich für ihn erst mit Eröffnung des Insolvenzverfahrens.[43]

Erklärt sich der Insolvenzverwalter mit der Maßgabe, dass er den Leasingvertrag gegen geringere Leasingraten oder einer geringen Leasingsonderzahlung fortführen wolle, so ist dies im Zweifel als Ablehnung der Erfüllung des Leasingvertrags anzusehen.[44]

Gibt dagegen weder der Insolvenzverwalter eine Erklärung ab und wird er auch nicht zur Abgabe einer solchen aufgefordert, so bleibt aufgrund der beiderseitigen Untätigkeit der zuvor eingetretene Schwebezustand bestehen.[45]

d. Wahlrecht und eine etwaige Kaufoption des Leasingnehmers

Zu beachten ist, dass der Insolvenzverwalter den Leasingvertrag inhaltsgleich übernimmt. Somit steht ihm eine etwaige Kaufoption erst zu einem Zeitpunkt zu, zu dem auch der Leasingnehmer diese hätte ausüben können; in der Praxis regelmäßig vier Wochen vor Beendigung des Leasingvertrages.[46] Damit kann auch der Insolvenzverwalter erst zu diesem Zeitpunkt eine etwaige Kaufoption ausüben. Zudem ist zu beachten, dass mit der Wahl zur Erfüllung des Leasingvertrages der Insolvenzverwalter nicht automatisch zugleich eine Kaufoption ausübt. Beide Optionen sind rechtlich voneinander zu beurteilen.

4. Anfechtungen von Zahlungen des Leasingnehmers vor Verfahrenseröffnung

Gemäß § 130 Abs. 1 Nr. 1 InsO kann der Insolvenzverwalter die Zahlung von rückständigen Leasingraten des Leasingnehmers an den Leasinggeber, die in den letzten drei Monaten vor Eingang des Insolvenzantrages erfolgten, anfechten und daher zurückverlangen.[47]

Selbst Zahlungen aus dem Zeitraum vor dem gestellten Insolvenzantrag können gemäß § 130 InsO aufgrund einer inkongruenten Deckung anfechtbar sein.

---

42 OLG Köln, ZIP 2003, 543.
43 Braun/Kroth, InsO, § 103, Rn. 62; Andres/Leithaus, InsO, § 103, Rn. 18 m.w.N.
44 Beckmann, Finanzierungsleasing, § 9, Rn. 29.
45 Braun/Kroth, InsO, § 103, Rn. 63.
46 Beckmann, Finanzierungsleasing, § 9, Rn. 37.
47 Beckmann, Finanzierungsleasing, § 9, Rn. 21.

Gemäß § 130 Abs. 1 Nr. 2, Abs. 2 InsO kann der Insolvenzverwalter verspätete Zahlungen des vorläufigen Insolvenzverwalters, die keinen unmittelbaren Bezug zur Nutzungsüberlassung am Leasinggut haben, anfechten und damit herausverlangen.[48]

Zu beachten ist, dass für die Anfechtung keine zeitliche Begrenzung besteht. So kann der Insolvenzverwalter insbesondere Einzugsermächtigungen nach § 130 InsO auch zwei Jahre nach Insolvenzeröffnung widerrufen, was nach dem Bundesgerichtshof weder sittenwidrig noch rechtsmissbräuchlich ist. Sollte der Insolvenzverwalter jedoch das Schuldnerkonto während der Insolvenz genutzt haben, ist hierin gem. Nr. 7 Abs. 3 AGB-Banken eine konkludente Genehmigung der Einziehung zu sehen, so dass er die Lastschriften nicht mehr widerrufen kann, da er die Endgültigkeit der Buchung herbei geführt hat.[49]

Etwas anderes soll nur dann gelten, wenn dem vorläufigen Insolvenzverwalter unter Ausschluss des Leasingnehmers die Verfügungsbefugnis übertragen worden ist. Sondervereinbarungen mit dem Insolvenzverwalter begründen Masseverbindlichkeiten i.S.d. § 55 Abs. 2 InsO analog.[50] Im Rahmen von Sondervereinbarungen zwischen dem Leasinggeber und dem vorläufigen Insolvenzverwalter ist jedoch darauf zu achten, dass eine solche Regelung hinreichend deutlich zum Ausdruck bringen muss, dass der Insolvenzverwalter Vertragspartner sein soll und damit eine Masseverbindlichkeit begründet wird. Da nur der starke vorläufige Insolvenzverwalter in die Stellung des Schuldners wächst, gilt dies nicht bei einem schwachen vorläufigen Insolvenzverwalter.[51]

5. Sonderfragen

Im Folgenden werden Sonderfragen in der gebotenen Kürze behandelt.

a. Insolvenzantrag

Unter Umständen kann es angezeigt sein, als Leasinggeber selbst den Insolvenzantrag zu stellen. Die Voraussetzungen für einen Insolvenzantrag – insbesondere die drohende Zahlungsunfähigkeit – werden in § 18 InsO geregelt.[52]

48 Vgl. ausführlich Braun/Kroth, InsO, § 130, Rn. 4 ff.
49 BGH vom 25.10.2007 – IX ZR 217/06.
50 Beckmann, Finanzierungsleasing, § 9 Rn. 22.
51 BGH Urteil vom 18.7.2002 – IX ZR 195/01 = NJW 2002, 3326 = WM 2002, 1888.
52 Braun/Kroth, InsO, § 18, Rn. 3.

b. Sale-and-lease-back Verträge

Bei sale-and-lease-back-Verträgen ist zu beachten, dass der Insolvenzverwalter nur einheitlich sein Wahlrecht (Kauf und Leasingvertrag) nach Maßgabe des § 139 BGB ausüben kann, da sich Kauf- und Leasingvertrag gegenseitig bedingen.

c. Immobilienleasing

Im Unterschied zu beweglichen Sachen gilt für unbewegliche Leasinggüter die Sonderregelung des § 108 Abs. 1 S. 1 InsO.[53] Danach steht dem Insolvenzverwalter trotz Insolvenz kein Wahlrecht zu. Der Leasingvertrag besteht fort, kann jedoch vom Insolvenzverwalter nach Maßgabe des § 109 Abs. 1 S. 1 InsO gekündigt werden.[54] Die Leasingraten stellen grundsätzliche Insolvenzforderungen dar. Nutzt jedoch der starke vorläufige Insolvenzverwalter die Immobilie fort, handelt es sich um Masseverbindlichkeiten, § 55 Abs. 2 Nr. 2 InsO. Hinsichtlich der Beendigungsmöglichkeiten muss zwischen den Zeiträumen vor bzw. nach Überlassung des Leasingobjektes unterschieden werden.

aa. Insolvenzeröffnung vor Überlassung des Leasingobjektes

War zur Zeit der Eröffnung des Insolvenzverfahrens das Leasingobjekt noch nicht überlassen, steht sowohl dem Insolvenzverwalter, als auch dem Leasinggeber, ein Kündigungsrecht gem. § 109 Abs. 2 Satz 1 InsO zu. Beide können den jeweils anderen zur Erklärung binnen zwei Wochen auffordern. Wird die Kündigung nicht fristgemäß erklärt, entfällt das Kündigungsrecht.

Der Rücktritt führt zu den Rechtsfolgen einer fristlosen Kündigung. Die Leistungspflichten erlöschen. Der Insolvenzverwalter kann nur – vorausgezahlte – Leasingraten zurückfordern. Der Leasinggeber kann seinen Vollamortisationsanspruch als Insolvenzforderung geltend machen.

bb. Insolvenzeröffnung nach Überlassung des Leasingobjektes

Der Insolvenzverwalter kann einen Immobilienleasingvertrag unter Einhaltung der gesetzlichen Kündigungsfrist, d.h. drei Monate zum Monatsende, jederzeit kündigen, wenn das Leasingobjekt zum Zeitpunkt der Insolvenzeröffnung bereits überlassen war, § 109 Abs. 1 Satz 1 InsO.

Im Unterschied zu § 103 InsO steht dem Insolvenzverwalter das Kündigungsrecht jederzeit zu. Insbesondere führt eine Aufforderung zur Erklärung nicht zum Untergang des Kündigungsrechtes des Insolvenzverwalters.

---

53 Andres/Leithaus, InsO, § 103, Rn. 8.

54 Braun/Kroth, InsO, § 109, Rn. 11; Beckmann, Finanzierungsleasing, § 9, Rn. 41.

Für den Fall der Kündigung ist der Vollamortisationsanspruch des Leasinggebers als einfache Insolvenzforderung zu qualifizieren.

d. Insolvenz des Leasingnehmers während der prozessualen Geltendmachung von Gewährleistungsrechten

Die Frage, wie mit der Insolvenz des Leasingnehmers während der prozessualen Durchsetzung von Gewährleistungsansprüchen umgegangen werden muss, stellt sich insbesondere dann, wenn der Leasingnehmer während eines gerichtlichen Verfahrens gegen den Lieferanten zur Geltendmachung der abgetretenen Gewährleistungsrechte insolvent wird. Die Insolvenz einer Partei führt zum Ruhen des Verfahrens, § 240 ZPO. Das Verfahren kann durch den Insolvenzverwalter oder mittels Parteiwechsel nach Maßgabe des § 263 ZPO fortgesetzt werden. Nach der Insolvenz kann der Leasinggeber den Vertrag kündigen und damit wiederum aus eigenem Gewährleistungsrecht im Rahmen einer sachdienlichen Klageänderung den Prozess gegenüber dem Lieferanten fortführen.[55]

e. Aussonderungsrecht bezüglich des Surrogats

Wird das Leasinggut zerstört oder beschädigt, wird dem Leasingnehmer bzw. Leasinggeber aufgrund der Pflicht zum Abschluss einer Vollkaskoversicherung bzw. einer vollumfänglichen Versicherung des Leasinggutes ein Anspruch gegen eine Versicherung zustehen. Der Leasinggeber kann sodann Aussonderung des Surrogats verlangen, §§ 48 ff. InsO.[56]

---

55 BGH Urteil vom 7.7.1993 – IV ZR 190/92 = BGHZ 123, 132 = WM 1993, 1940 = NJW 1993, 3072: *„...Diese Erwägungen treffen auch zu, wenn die gewillkürte Prozeßstandschaft endet und der Rechtsinhaber das Verfahren fortsetzt. In diesem Fall ist von den Regeln über den gewillkürten Parteiwechsel auszugehen, der nach ständiger Rechtsprechung als Klageänderung gem. § 263 ZPO behandelt wird (BGHZ 65, 264 (267 f.) = NJW 1976, 239 = LM § 264 ZPO Nr. 33a). Wenn der Rechtsinhaber den Prozeß fortführen will, nachdem die Prozeßstandschaft des von ihm ermächtigten Kl. erloschen ist, bedarf es einer Zustimmung des bisherigen Kl. oder seiner Erben nicht, da ihnen die Prozeßführungsbefugnis fehlt. Stimmt die beklagte Partei einem Parteiwechsel auf Klägerseite nicht zu, hängt seine Wirksamkeit jedenfalls bei einem Wechsel des Klägers vor Beginn der ersten mündlichen Verhandlung erster Instanz wie im vorliegenden Fall allein davon ab, ob das Gericht den Parteiwechsel als sachdienlich beurteilt.“*; vgl. auch Beckmann, Finanzierungsleasing, § 9, Rn. 42; vgl. auch Zöller/Vollkommer, Vor § 50, Rn. 53.

56 OLG Frankfurt/Main Beschluss vom 07.08.2001 – 7 U 30/01 = NZV 2002, 44; Beckmann, Finanzierungsleasing, § 9, Rn. 40; vgl. auch Weber NJW 2003, 2353 mit Fortführung in NJW 2007, 2525.

II. Insolvenz des Leasinggebers

Auch bei der Insolvenz des Leasinggebers besteht das Wahlrecht des Insolvenzverwalters gemäß § 103 Abs. 1 InsO. Er kann zwischen der Erfüllung des Leasingvertrages und der Ablehnung des Leasingvertrages wählen. Allerdings wird dem Leasingnehmer kein Sonderkündigungsrecht zugestanden. § 108 Abs. 1 InsO führt jedoch regelmäßig dazu, dass dem Insolvenzverwalter kein Kündigungsrecht nach § 103 InsO zusteht.

Wiederum ist zu unterscheiden, ob der Insolvenzverwalter gemäß § 103 InsO zwischen Erfüllung oder Ablehnung des Leasingvertrages wählt.[57] Unabhängig davon, wie sich der Insolvenzverwalter entscheidet, steht dem Leasingnehmer kein Kündigungs- oder Rücktrittsrecht zu.[58]

Nach Maßgabe des § 103 Abs. 2 InsO kann der Leasingnehmer dem Insolvenzverwalter eine Frist zur Ausübung des Wahlrechts setzen. Erklärt sich der Insolvenzverwalter innerhalb der Frist nicht oder lehnt er die Erfüllung ab, sind die Ansprüche des Leasingnehmers gewöhnliche Insolvenzforderungen, die mit der Quote abgegolten werden. Nach Maßgabe des § 119 InsO sind abweichende Klauseln im Sinne von formularvertraglichen Vereinbarungen unwirksam.[59]

Solange sich der Insolvenzverwalter nicht erklärt, bleibt der Leasingvertrag trotz Beantragung der Insolvenz über das Vermögen des Leasinggebers wirksam.[60]

1. Ablehnung der Erfüllung durch den Insolvenzverwalter

Wählt der Insolvenzverwalter des Leasinggebers die Auflösung des Leasingvertrages, so entfallen sämtliche Rechte und Pflichten des Leasingnehmers aus dem Leasingvertrag. Dies gilt auch für die Zahlung der Leasingraten. Auch für den Fall der Refinanzierung orientieren sich die Rechte der refinanzierenden Bank nach Maßgabe des Leasingvertrages, so dass der Leasingnehmer auch gegenüber der refinanzierenden Bank die zuvor genannten Einwände einbringen kann.

---

57 Reinking, Der Autokauf, Rn. L 225 ff.
58 Graf von Westphalen, Der Leasingvertrag, 5. Auflage, 1998, Rn. 1542; Beckmann, Finanzierungsleasing, § 9, Rn. 43.
59 Graf von Westphalen, Der Leasingvertrag, 5. Auflage, 1998, Rn. 1544; Beckmann, Finanzierungsleasing, § 9, Rn. 44.
60 BGH WM 1984, 1217; 1990, 197.

2. Erfüllung des Leasingvertrags

Entscheidet sich der Insolvenzverwalter für die Erfüllung der Leasingverträge, so bleibt die Masse für die gesamte Laufzeit des Leasingvertrages gebunden.[61] Der Insolvenzverwalter kann sodann die Leasingraten selbst einziehen. Dies gilt unabhängig davon, ob eine Sicherungsabtretung an die refinanzierende Bank erfolgte.

3. Ausschluss des Wahlrechts

Nach § 108 Abs. 1 S. 2 InsO bestehen Leasingverträge, bei denen eine Vorausabtretung an eine refinanzierende Bank stattfand, auch nach der Insolvenz fort.[62] Die Vorschrift des § 108 Abs. 1 S. 2 InsO findet insbesondere deshalb auf das Leasing Anwendung, weil für sie grundsätzlich ein gewisser sachlicher und zeitlicher Zusammenhang zwischen Herstellung bzw. Anschaffung und Refinanzierung ausreichend ist und die Fremdfinanzierung beim Leasing oftmals bereits von vornherein beabsichtigt ist.[63] Rechtsfolge von § 108 Abs. 1 S. 2 InsO ist das ausdrückliche und gegenüber der Insolvenzmasse wirksame Fortbestehen der vom Leasinggeber geschlossenen Leasingverträge, sofern die Leasingsache zur Sicherheit an einen Dritten übertragen worden ist und der Dritte die Finanzierung übernommen hat.[64]

Ein Wahlrecht des Insolvenzverwalters besteht in diesem Fall nicht. Vielmehr ist der Insolvenzverwalter zur Erfüllung verpflichtet.[65]

Durch die in der Praxis regelmäßig erfolgte Refinanzierung des Leasinggebers im Wege der Sicherungsübereignung des Leasingobjektes an die refinanzierende Bank werden die Forderungen aus dem Leasingvertrag gegen den Leasingnehmer insolvenzfest, soweit die Voraussetzungen des § 108 Abs. 1 InsO eingehalten werden; dem Insolvenzverwalter steht kein Kündigungsrecht nach § 103 InsO zu.[66]

Das Wahlrecht lebt jedoch für den Fall der Übersicherung wieder auf, da dem Leasinggeber in diesem Fall gegenüber der refinanzierenden Bank ein Freistellungsanspruch der übersicherten Forderung zusteht.

61 Beckmann, Finanzierungsleasing, § 9, Rn. 49.
62 Braun/Kroth, InsO, § 108, Rn. 14; Engel/Völckers, Leasing in der Insolvenz, Rn. 344; MüKoInsO/Eckert, Bd. 2, § 108, Rn. 57.
63 Für die Anwendbarkeit des § 108, Abs. 1, S. 2 InsO auf Leasingverträge siehe MüKoInsO/Eckert, Bd. 2, § 108, Rn. 28 ff. m.w.N.
64 Zu den Tatbestandsmerkmalen des § 108, Abs. 1, S. 2 InsO vgl. ausführlich Engel/Völckers, Leasing in der Insolvenz, Rn. 350 ff.
65 Beckmann, Finanzierungsleasing, § 9, Rn. 46; vgl. auch Andres/Leithaus, InsO, § 103, Rn. 8.
66 Braun/Kroth, InsO, § 108, Rn. 14.

4. Fortwirkung der Kaufoption

Der Insolvenzverwalter ist an den Leasingvertrag gebunden. Will er damit die Erfüllung des Leasingvertrages, ist er auch an eine Kaufoption gemäß §§ 108 Abs. 1 S. 2, 103 InsO gebunden.[67]

III. Insolvenz des Lieferanten

Aufgrund der leasingspezifischen Freizeichnungs- und Abtretungskonstruktion trägt der Leasinggeber sowohl das Insolvenzrisiko des Leasingnehmers als auch dasjenige des Lieferanten. Dabei ist zwischen zwei Zeiträumen zu unterscheiden: Das ist zum einen die Insolvenz des Lieferanten **vor** der Auslieferung des Leasinggutes und zum anderen die Insolvenz des Lieferanten **nach** der Auslieferung des Leasinggutes im Rahmen der Geltendmachung abgetretener Gewährleistungsansprüche.

1. Insolvenz des Lieferanten vor der Auslieferung des Leasinggutes

Ist eine Auslieferung des Leasinggutes an den Leasingnehmer vom Lieferanten noch nicht erfolgt, so kann der Insolvenzverwalter nach den zuvor geschilderten Vorschriften gemäß § 103 InsO entscheiden, ob er Erfüllung des Kaufvertrages wählt oder nicht. Sollte er die Auslieferung vornehmen, kann der Insolvenzverwalter die Zahlung des Kaufpreises gemäß § 433 Abs. 2 BGB an sich verlangen.

2. Insolvenz des Lieferanten nach der Auslieferung des Leasinggutes während der Geltendmachung von Gewährleistungsansprüchen

Aufgrund der leasingspezifischen Freizeichnungs- und Abtretungskonstruktion wird der Leasingnehmer im Falle etwaiger Mängel diese im Rahmen eines Prozesses gegenüber dem Lieferanten geltend machen.

Da der Leasinggeber nicht nur das Insolvenzrisiko des Leasingnehmers, sondern auch das des Lieferanten trägt, leben die mietrechtlichen Gewährleistungsansprüche auf, sollte der Leasingnehmer aufgrund der Insolvenz des Lieferanten die abgetretenen Gewährleistungsansprüche gegenüber diesem nicht durchsetzen können.[68]

---

67 Beckmann, Finanzierungsleasing, § 9, Rn. 52.

68 Vgl. st. Rspr. BGH Urteil vom 13.3.1991 – VIII ZR 34/90 = BGHZ 114, 57 = NJW 1991, 1746 = NJW-RR 1991, 1202: „*Der Leasinggeber, der unter Freizeichnung von eigener Mängelhaftung seine kaufrechtlichen Gewährleistungsansprüche an den Leasingnehmer abgetreten hat,*

Wird der Lieferant während eines Verfahrens insolvent, ist der Prozess gemäß § 240 ZPO zu unterbrechen. Trotz einer leasingvertraglichen Regelung, wonach der Leasingnehmer zur Durchsetzung von Mängelrechten gegenüber dem Lieferanten verpflichtet ist, entbindet diesen das Gesetz von dieser Obliegenheit.[69] Der Leasinggeber kann gem. § 263 ZPO im Wege eines Parteiwechsels in das Verfahren eintreten.

Der Leasinggeber kann sodann einen Rückzahlungsanspruch gemäß § 346 BGB nach Maßgabe der §§ 87, 174 InsO in die Insolvenztabelle zur Anmeldung eintragen. Entsprechende Zahlungsansprüche sind sodann schlichte Insolvenzforderungen und unterliegen der Insolvenzquote. Wird die Forderung des Leasinggebers im Prüfungstermin nicht bestritten und zur Tabelle gemäß § 478 Abs. 1 InsO festgelegt, so ist der unterbrochene Rechtsstreit gemäß § 240 ZPO erledigt. Der Leasing- und der Liefervertrag sind rückabzuwickeln.

Ist der Rückzahlungsanspruch des Leasinggebers dagegen bestritten, kann dieser als Nebenintervenient gemäß § 66 ZPO selbst Anträge stellen und aus eigener Rechtsposition den Prozess fortführen, §§ 86, 179 ff. InsO. Das Bestreiten der Forderungen ist dabei aber durch Vorlage des Tabellenauszuges nachzuweisen, § 179 Abs. 3 S. 1 InsO.

Sollte der Rückzahlungsanspruch des Leasinggebers aus dem gescheiterten Liefervertrag zur Tabelle bindend festgestellt werden, so ist nach der ständigen Rechtsprechung des Bundesgerichtshofes der Leasingvertrag ebenfalls rückabzuwickeln.[70]

Für den Fall, dass der Insolvenzverwalter den Rückzahlungsanspruch bestreitet, erfolgt zwar keine Feststellung zur Tabelle, jedoch muss der Leasingnehmer keine Klage gegen den Insolvenzverwalter auf Feststellung der Forderung erheben. Eine

hat grundsätzlich das Ergebnis eines zwischen Leasingnehmer und Lieferanten geführten Gewährleistungsprozesses als für sich verbindlich hinzunehmen und kann nicht unabhängig davon im Leasingverhältnis das Fehlen von Mängeln erneut geltend machen (BGHZ 81, 298 (304 f.) = NJW 1982, 105 = LM § 9 (Bb) AGBG Nr. 1; BGH, NJW 1985, 796 = LM § 537 BGB Nr. 34 = WM 1985, 226 (unter II 2 a))...“; vgl. auch Beckmann, Finanzierungsleasing, § 9, Rn. 56.

69 Beckmann, Finanzierungsleasing, § 9, Rn. 60.

70 BGH Urteil vom 10.11.1993 – VIII ZR 119/92 = WM 1994, 208 = NJW 1994, 576 = ZIP 1993, 1876: *„Es entspricht der ständigen Rechtsprechung des BGH, daß im Falle der auf einem rechtskräftigen Urteil beruhenden Wandelung des Kaufvertrages über den Leasinggegenstand die Geschäftsgrundlage des Leasingvertrages rückwirkend wegfällt (BGHZ 109, 139 (142) m.w. Nachw. = NJW 1990, 314 = LM § 535 BGB Nr. 123). Das gilt auch dann, wenn die Haftungsfreizeichnung des Leasinggebers – wie hier – mangels vorbehaltloser Abtretung der kaufrechtlichen Gewährleistungsansprüche unwirksam ist (BGHZ 109, 139 (143) = NJW 1990, 314 = LM § 535 BGB Nr. 123), weil der Leasinggeber den Leasingnehmer formularvertraglich zur Geltendmachung von Gewährleistungsansprüchen gegen den Lieferanten veranlaßt hat und infolgedessen das Ergebnis eines solchen Vorgehens hinnehmen muß (BGHZ 109, 139 (143) = NJW 1990, 314 = LM § 535 BGB Nr. 123). Nach der Rechtsprechung des BGH ist es ferner unerheblich, ob das Wandelungsbegehren des Leasingnehmers zu einem rechtskräftigen Wandelungsurteil oder – wie hier – zur Feststellung der sich aus der vollzogenen Wandelung ergebenden Forderung zur Konkurstabelle geführt hat (BGHZ 109, 139 (143) = NJW 1990, 314 = LM § 535 BGB Nr. 123). Denn letztere steht nach §§ 145 II, 164 II, III KO im Verhältnis zu den Konkursgläubigern einem rechtskräftigen Urteil gleich.“*

solche Pflicht zur Klage verstieße gegen den Grundsatz, dass der Leasinggeber die Gefahr der Insolvenz des Lieferanten trägt.

Hat der Leasingnehmer bereits aus dem Lieferprozess einen rechtskräftigen Titel auf Rückzahlung des Kaufpreises an den Leasinggeber erreicht, liegt es ebenfalls im Risikobereich des Leasinggebers, diesen Titel durchzusetzen.

Im Rahmen der Insolvenz ist die Forderung auf Rückzahlung des Kaufpreises eine gewöhnliche Insolvenzforderung und unterliegt der jeweiligen Quote.

Anhang

1. Allgemeine Geschäftsbedingungen – Teilamortisationsvertrag mit Restwertgarantie

I. Allgemeine Vertragsbedingungen Leasing

1. Vertragsabschluss und Vertragslaufzeit

a) Der Leasingnehmer (LN genannt) bindet sich für einen Zeitraum von einem Monat ab Zugang beim Leasinggeber (LG genannt) an seinen Antrag, soweit bis zu diesem Zeitpunkt kein Widerruf des LN erfolgt. Der Leasingvertrag wird wirksam, sobald der LG entweder das Leasingangebot annimmt, einen Liefervertrag über das Leasingobjekt (LO genannt) abschließt, in einen solchen Vertrag eintritt oder den Kaufpreis an den Lieferanten zahlt.

b) Lehnt der vom LN bestimmte Lieferant das Kaufangebot des LG ab, so kann der LG von diesem Leasingvertrag zurücktreten. Ansprüche des LN gegen den LG hieraus sind ausgeschlossen.

c) Die Vertragslaufzeit, die der im Leasingvertrag genannten Vertragsdauer entspricht, beginnt mit Übergabe des LO. Unabhängig von der Übergabe oder einer Vereinbarung über den Zeitpunkt der Übergabe beginnt die Vertragslaufzeit 14 Tage nach Anzeige der Bereitstellung des LO. Falls zur Einhaltung des vereinbarten Übergabezeitpunktes die Zulassung des LO erfolgen muss, ist der Tag der Zulassung Beginn der Vertragslaufzeit.

2. Leasingraten/Steuern und Aufrechnungsverbot

a) Die erste Leasingrate ist zu Beginn der Vertragslaufzeit (Ziffer I. 1. c)) fällig. Der LN zahlt ab Beginn der Vertragslaufzeit bis zum Ende des ersten Kalendermonats für die erste Leasingrate anteilig täglich 1/30 der monatlichen Leasingraten. Die weiteren Leasingraten sind stets monatlich, jeweils zum Ersten eines Kalendermonats im Voraus fällig und zu zahlen. Ratenzahlungen im Übrigen sind stets monatlich fällig.

b) Alle Zahlungen sind – unter Angabe der Leasing-Vertragsnummer – auf das vorstehend bezeichnete Konto des LG zu zahlen; sie werden vom LG im Wege des Lastschriftverfahrens eingezogen. Hierfür erteilt der LN dem LG eine jederzeit widerrufliche Einzugsermächtigung.

c) Für eine von der Bank des LN nicht eingelöste Lastschrift berechnet der LG dem LN eine Bearbeitungsgebühr von jeweils 10,00 Euro. Der LN ist berechtigt, seinerseits den Nachweis anzutreten, dass dem LG ein geringerer oder kein Schaden entstanden ist. Die Geltendmachung eines weitergehenden Verzugsschadens ist dadurch nicht ausgeschlossen.

d) Die Leasingrate ist für die Laufzeit des Leasingvertrages fest vereinbart.

aa) Die Parteien sind berechtigt, bei einer Veränderung von Steuern (z.B. Umsatzsteuer) oder Gebühren während der Vertragslaufzeit eine Anpassung der Leasingraten vorzunehmen.

bb) Bis zum Beginn der Vertragslaufzeit behält sich der LG eine Anpassung der Leasingraten vor, sofern sich bis zu diesem Zeitpunkt der Kaufpreis des LO erhöht oder ermäßigt. Der LG ist berechtigt, die Leasingraten auch dann anzupassen, wenn sich bis zum Beginn der Vertragslaufzeit die Zinsen auf dem Refinanzierungsmarkt ändern.

cc) In den zuvor genannten Fällen der Ziffern I. 2. d) aa) und bb) können LG und LN eine Anpassung der Leasingraten und der anderen Leasingentgelte nur dann verlangen, wenn sich der Gesamtpreis des Leasingobjektes oder die Refinanzierungskosten des LG nach dem Datum des Leasingantrages verändert, sofern zwischen Leasingantrag und Übernahme des LO mehr als 4 Monate liegen. Ergibt sich durch die erfolgte Anpassung eine Erhöhung um mehr als 5 %, kann der LN durch unverzügliche schriftliche Erklärung vom Leasingvertrag zurücktreten.

e) Eine vereinbarte Leasingsonderzahlung ist zusätzliches Entgelt neben den Leasingraten und dient nicht als Kaution. Durch sie werden Leasingraten nicht getilgt.

f) Der LN kann gegen fällige Forderungen nur aufrechnen, wenn die Gegenforderung rechtskräftig festgestellt, von dem LG anerkannt oder unbestritten ist.

g) Der LN kann vom LG einen Tilgungsplan (Zahlungsplan) verlangen. Dieser zeigt dem LN seine

Belastung über den Vertragszeitraum an. In dem Zahlungsplan werden die tatsächlich zu zahlenden Leasingraten, die noch offenen Leasingraten sowie ggf. zu erbringende Abschlusszahlungen aufgeführt.

3. Lieferverzug
Die Schadensersatzhaftung des LG wegen eines vom Lieferanten zu vertretenden Lieferverzuges ist ausgeschlossen; es gelten die allgemeinen Haftungsregeln gemäß Ziffer I. 5. Vorbehalten bleibt der dem LN zustehende Anspruch auf Nutzungsüberlassung sowie auf Rücktritt oder Kündigung.

4. Abnahme/Lieferung und Übernahmebestätigung
a) Die Auslieferung des LO durch den Lieferanten erfolgt unmittelbar an den LN.
b) Der LN ist verpflichtet, das LO unverzüglich auf Gebrauchs- und Funktionstauglichkeit, insbesondere auf Mängel, Vollständigkeit und Übereinstimmung mit dem zwischen den Parteien des Liefervertrages Vereinbarten zu untersuchen und Beanstandungen spezifiziert dem Lieferanten und dem LG unverzüglich schriftlich anzuzeigen. Der LN hat das LO abzunehmen, sofern sich keine Beanstandungen zeigen. Der LN muss jedoch zumutbare Konstruktions- und Formänderungen, v.a. zumutbare Abweichungen im Farbton und des serienmäßigen Lieferumfangs hinnehmen.
c) Der LN hat nach erfolgter Abnahme innerhalb einer Frist von 3 Arbeitstagen eine Abnahmeerklärung rechtsverbindlich zu unterzeichnen und dem LG zu übergeben. Der LN nimmt zustimmend davon Kenntnis, dass der LG auf die Richtigkeit der Abnahmeerklärung vertraut und deshalb nach Erhalt der Abnahmeerklärung den Kaufpreis an den Lieferanten des LO bezahlt. Der LN ist verpflichtet, den LG von allen Schäden freizuhalten, die daraus entstehen, dass der LN aus Gründen, die er zu vertreten hat, eine unvollständige oder fehlerhafte Abnahmeerklärung ausstellt.
d) Der LN trägt die Kosten und die Gefahr aus der Lieferung, Aufstellung, Montage und Demontage des LO.

5. Sach- und Rechtsmängel, Haftungsbeschränkung
a) Mit Ausnahme der mietvertraglichen Sachverschaffungspflicht sind alle mietvertraglichen Gewährleistungsansprüche des LN gegenüber dem LG abbedungen.
aa) Zum Ausgleich tritt der LG an den LN – gleich aus welchem Rechtsgrund – seine Ansprüche und Rechte wegen etwaiger Sach- und Rechtsmängel des LO, insbesondere alle Nacherfüllungs-, Rücktritts-, Minderungs- und Schadensersatzansprüche sowie mängelbezogene Garantien gegenüber dem Lieferanten des LO ab. Der LN nimmt die Abtretung an. Dies gilt jedoch erst, nachdem der LG seine Sachverschaffungspflicht gegenüber dem LN erfüllt hat.
bb) Deshalb ist der LN verpflichtet, diese Ansprüche auf eigene Kosten unverzüglich und fristwahrend, gegebenenfalls auch gerichtlich, mit der Maßgabe geltend zu machen, dass beanspruchte Zahlungen ausschließlich an den LG zu leisten sind. Der LG ist über die Geltendmachung von Ansprüchen durch den LN laufend zeitnah zu informieren. Verletzt der LN schuldhaft diese Pflicht, ist er dem LG zum Ersatz des daraus entstehenden Schadens verpflichtet.
cc) Können sich Lieferant und LN nicht über die Wirksamkeit eines vom LN erklärten Rücktrittes oder einer Minderung einigen, ist der LN zur Verweigerung oder Zurückbehaltung von Zahlungspflichten dieses Leasingvertrages wegen etwaiger Mängel erst dann – im Falle der Minderung anteilig – berechtigt, wenn der LN den Lieferanten unverzüglich und unter Einhaltung etwaiger Fristen, spätestens jedoch innerhalb einer Frist von 4 Wochen gerechnet ab der Rücktritts- bzw. Minderungserklärung, auf Rückabwicklung des Liefervertrages oder Minderung verklagt. Bei nicht fristgerechter Klageerhebung greift das Zurückbehaltungsrecht an den Raten ab dem Tag der Klageerhebung. Bei Erfolglosigkeit des Klagebegehrens entfällt das Zurückbehaltungsrecht rückwirkend und die zurück behaltenen Raten sind unverzüglich in einem Betrag zu zahlen. Der LN ist mit dieser Regelung einverstanden.
b) Der LN hat für den Fall der Nachlieferung mit dem Lieferanten zu vereinbaren, dass dieser das Eigentum an dem LO unmittelbar auf den LG überträgt. Die Besitzverschaffung jedoch erfolgt durch Lieferung an den LN. Der LN hat den LG von der erfolgten Nachlieferung unverzüglich in Kenntnis zu

setzen und die Identifikationsmerkmale des neuen LO dem LG schriftlich mitzuteilen sowie durch einen Lieferschein zu belegen.
c) Der LG ist im Falle der rechtswirksamen Minderung verpflichtet, die Leasingraten und gegebenenfalls den Restwert anzupassen.
d) Der LN nimmt zustimmend davon Kenntnis, dass ihm gegenüber dem LG keine Gewährleistungsansprüche zustehen, sofern diese Ansprüche im Verhältnis zum Lieferanten nach der Abtretung verjähren. Das Risiko rechtzeitiger Rechtsverfolgung gegenüber dem Lieferanten obliegt dem LN.
e) Haftet der LG gegenüber dem LN für einen Schaden aufgrund eigenen oder Verschuldens seiner gesetzlichen Vertreter oder sonstiger Erfüllungsgehilfen aus einem anderen Rechtsgrund als unter Ziffer I. 3. dieses Vertrages oder vorstehend geregelt, ist die Haftung auf Fälle von Vorsatz oder grober Fahrlässigkeit beschränkt; bei Verletzung von Leben, Körper und Gesundheit haftet der LG auch für einfache Fahrlässigkeit. Zuletzt Genanntes gilt auch bei Verletzung von wesentlichen Vertragspflichten, jedoch dann beschränkt auf den vorhersehbaren Schaden.
f) Etwaige Zusagen oder Absprachen zwischen LN und Lieferanten, deren Kenntnis der LG nicht schriftlich bestätigt hat, gehen nicht zu Lasten des LG. Der LN stellt den LG im Zweifel von diesbezüglichen Ansprüchen frei.

6. Überwälzung der Sach- und Preisgefahr
a) Die Gefahr eines zufälligen Untergangs des LO trägt ab Abnahme der LN; dies gilt auch, wenn das LO dem LN gestohlen wird oder abhandenkommt, es sei denn, dies ist vom LG zu vertreten.
b) Im Falle eines Totalschadens oder bei völligem Verlust oder einer wesentlichen sonstigen Beschädigung des LO steht dem LN und dem LG ein außerordentliches Kündigungsrecht zu; gleichwohl bleibt der LN verpflichtet, die abgezinste Restamortisation dem LG gut zu bringen. Die Ziffer I. 9. findet für diesen Fall entsprechende Anwendung. Der LN bleibt bis zur Kündigung zur Zahlung der vereinbarten Raten verpflichtet. Für diesen Fall tritt der LG bereits hiermit alle Ansprüche, die ihm aufgrund seines Eigentums an dem LO gegen Dritte zustehen, an den die Abtretung annehmenden LN ab. Ziffer I. 5. gilt für die Geltendmachung dieser Rechte entsprechend. Anstatt zur Kündigung, ist der LN auch zur unveränderten Fortsetzung des Vertrages berechtigt, in dem er nach seiner Wahl entweder das LO auf seine Kosten instand setzt oder durch ein gleichartiges oder gleichwertiges Objekt ersetzt. Der LN hat den LG über seine Wahl unverzüglich zu informieren. Entscheidet sich der LN für die Instandsetzung, so hat er das LO in einen vertragsgemäßen Zustand zu versetzen. Entscheidet sich der LN für eine Ersetzung, so hat er dem LG das Eigentum an dem Objekt zu verschaffen, soweit dieser das Ersetzungsobjekt nicht vom Lieferanten erwirbt. Der LN hat die ordnungsgemäße Instandsetzung oder Ersetzung dem LG unverzüglich nachzuweisen. Der Leasingvertrag gilt unverändert für das Ersatzleasingobjekt.

7. Gebrauch, Reparaturen, Standort und Lasten/Steuern
a) Der LN ist auf seine Kosten verpflichtet, das LO sorgfältig und pfleglich unter Beachtung der Gebrauchsanweisung einzusetzen und in betriebs- und verkehrssicherem Zustand zu erhalten. Er hat pünktlich vorgeschriebene oder empfohlene Wartungsarbeiten und erforderlich werdende Reparaturen am LO von einer vom Hersteller oder Lieferanten autorisierten Fachwerkstatt auf eigene Kosten durchführen zu lassen.
b) Der LN ist nicht berechtigt das LO von seinem vertraglich vorgesehenen Standort (vereinbarter Zulassungsbezirk) zu entfernen, seinen Verwendungszweck zu ändern oder wesentliche Änderungen am LO durchzuführen, ohne zuvor die schriftliche Zustimmung des LG eingeholt zu haben. Der LN darf insbesondere keine Veränderungen am Kilometerzähler oder Stundenzähler des LO vornehmen. Einbauten, die zu Bestandteilen des LO geworden sind, gehen in das Eigentum des LG über. Auf Verlangen ist das LO als Eigentum des LG zu kennzeichnen.
c) Wird das LO mit einem Grundstück oder Gebäude oder einer beweglichen Sache fest verbunden oder auf einem Grundstück eingebracht, so geschieht dies im Sinne von § 95 BGB lediglich zu einem vorübergehenden Zweck; dieser endet mit Ablauf der Vertragslaufzeit.

d) Der LN trägt ab Abnahme alle Gebühren, Steuern, Abgaben, sonstige Lasten, die mit dem Besitz oder der Nutzung des LO anfallen, und sonstige Kosten (wie z.B. für Überführung, Zulassung und für Zahlungsauthentifizierungsinstrumente). Dies gilt insbesondere auch für Autobahn- und Straßennutzungsgebühren.
e) Der LN hat alle Gesetze und Vorschriften, die den Besitz und den Betrieb des LO regeln, einzuhalten und das LO von Rechten Dritter freizuhalten. Der LN stellt den LG von allen Ansprüchen Dritter in Bezug auf das LO frei.
f) Kommt der LN den vorgenannten Verpflichtungen nicht nach, ist der LG bei Gefahr in Verzug oder besonderer Eilbedürftigkeit berechtigt, diese Verpflichtungen auf Kosten des LN vorzunehmen.

8. Versicherung, Abtretung von Ersatzansprüchen
Der LN ist verpflichtet, eine Sachversicherung (v.a. für Feuer, Wasser, Einbruch und Diebstahl) zugunsten des LO bei einem in der Bundesrepublik Deutschland tätigen Versicherer auf eigene Kosten zum Neuwert abzuschließen und während der gesamten Vertragslaufzeit aufrecht zu erhalten. Schon jetzt tritt der LN alle ihm gegenüber dem Versicherer zustehenden Ersatzansprüche an den LG ab. Bei Fahrzeugen hat der LN eine Kfz-Haftpflichtversicherung mit einer Deckungssumme von zumindest 1. Mio. Euro sowie eine Vollkaskoversicherung mit einer Selbstbeteiligung von höchstens 500,00 Euro abzuschließen. Der LN hat innerhalb von 14 Tagen nach Abnahme des LO den Versicherungsschutz gegenüber dem LG nachzuweisen. Kommt der LN dieser Verpflichtung nicht nach, kann der LG das LO auf Kosten des LN versichern. Überdies hat sich der LN zugunsten des LG für diese Versicherungen einen Sicherungsschein zu verschaffen und an den LG zu übergeben. Trotz Abtretung bleibt der LN berechtigt und verpflichtet, die abgetretenen Ansprüche gegenüber dem Versicherer auf eigene Kosten geltend zu machen. Zahlungen darf er nur an den LG verlangen. Der LG hat erhaltene Versicherungsentschädigungen – mit Ausnahme von Zahlungen zur Abdeckung des merkantilen Minderwertes, die wirtschaftlich dem LG zustehen – dem LN zur Wiederherstellung des LO zur Verfügung zu stellen oder auf die Zahlungspflicht des LN anzurechnen. Der LG ist vom LN unverzüglich über den Schadensfall und seine Abwicklung zu unterrichten.

9. Zahlungsverzug/Kündigung
a) Soweit der LN mit Zahlungen, die er auf Grund des Verbraucherleasingvertrages schuldet, in Verzug kommt, hat er den Betrag nach § 288 Abs. 1 BGB zu verzinsen. Im Einzelfall kann der LG eine höheren und der LN einen niedrigeren Schaden nachweisen.
Die nach Eintritt des Verzugs anfallenden Zinsen sind auf einem gesonderten Konto zu verbuchen und dürfen nicht in ein Kontokorrent mit dem geschuldeten Betrag oder andern Forderungen des LGs eingestellt werden. Hinsichtlich dieser Zinsen gilt § 289 S. 2 BGB mit der Maßgabe, dass der LG Schadensersatz nur bis zur Höhe des gesetzlichen Zinssatzes (§ 246 BGB) verlangen kann. Der Verzugszinssatz beträgt 5 %-Punkte über dem jeweils geltenden Basiszinssatz (www.basiszinssatz.de). Zahlungen des LNs, die zur Tilgung der gesamten fälligen Schuld nicht ausreichen, werden abweichend von § 367 Abs. 1 BGB zunächst auf die Kosten der Rechtsverfolgung, dann auf den übrigen geschuldeten Betrag (§ 497 Abs. 1 BGB) und zuletzt auf die Zinsen (§ 497 Abs. 2 BGB) angerechnet. Der LG darf Teilzahlungen nicht zurückweisen.
b) Während der Grundmietzeit ist die ordentliche Kündigung des Leasingvertrages ausgeschlossen.
c) Der Leasingvertrag kann unter den gesetzlichen Voraussetzungen fristlos gekündigt werden. In den Fällen des Zahlungsverzuges des LN steht dem LG das Kündigungsrecht erst zu, wenn der LN
– sich mit zwei aufeinander folgenden Teilzahlungen ganz oder teilweise und mit mindestens 10 %, bei einer Laufzeit des Leasingvertrages von mehr als drei Jahren mit mindestens 5 % der Bruttoleasingraten in Verzug befindet und
– der LG dem LN erfolglos eine zweiwöchige Frist zur Zahlung des rückständigen Betrages mit der Erklärung gesetzt hat, dass er bei Nichtzahlung innerhalb der Frist die gesamt Restschuld verlange.

Der LG wird dem LN spätestens mit Fristsetzung ein Gespräch über die Möglichkeiten einer einverständlichen Regelung anbieten.
d) Als Folge der vom LN veranlassten fristlosen Kündigung hat der LG einen Anspruch auf Schadensersatz, der konkret zu berechnen ist.
e) Darüber hinaus ist der LG für diesen Fall berechtigt, das LO auf Kosten des LN in seinen Besitz zu nehmen und zu verwerten. Der LN erklärt hiermit ausdrücklich seine Zustimmung zur Inbesitznahme durch den LG. Die Inbesitznahme erfolgt nach Maßgabe der Ziffer I. 12.
f) Der LN ist verpflichtet, dass LO innerhalb von 14 Tagen nach Zugang der Bereitstellungsanzeige abzunehmen. Im Falle der Nichtabnahme kann der LG von seinen gesetzlichen Rechten Gebrauch machen; insbesondere den Leasingvertrag kündigen und Schadensersatz vom LN begehren.
g) Dieselben Rechte stehen dem LG zu, wenn der LN die mit Vertragsschluss fällige Sonderzahlung nicht innerhalb von 14 Tagen nach Zugang der Bereitstellungsanzeige zahlt.
h) Die Kündigung wird im Falle des Vorliegens der gesetzlichen Voraussetzungen mit Zugang wirksam. Die Kündigung bedarf der Textform.
Folge der Kündigung ist die Rückabwicklung des Leasingvertrages. Im Falle einer außerordentlichen Kündigung kann daneben ein Anspruch auf Schadensersatz bestehen, der konkret zu berechnen ist.

10. Untervermietung
Der LN ist nicht berechtigt, das LO unter zu vermieten oder an Dritte weiter zu vermieten; beides bedarf der schriftlichen Zustimmung des LG. Der LN tritt dem LG etwaige Ansprüche aus einer unzulässigen Untervermietung ab, der die Abtretung annimmt.

11. Abtretung, Refinanzierung und Vertragsübernahme
a) Der LG ist berechtigt, die ihm auf Grund dieses Vertrages zustehenden Rechte – gleich welcher Art diese sein mögen – ganz oder teilweise zu Zwecken der Refinanzierung abzutreten; er ist des Weiteren berechtigt, das LO zur Sicherheit zu übereignen. Der LN erklärt hiermit seine unwiderrufliche Zustimmung zu einer solchen Abtretung oder Übertragung.
b) Gleiches gilt, sofern sich der LG entschließt, die ihm aus dem Leasingvertrag zustehenden Ansprüche an eine refinanzierende Bank zu forfaitieren.
c) Der LG ist berechtigt, seine Rechte und Pflichten – einschließlich des Eigentums – am LO aus dem Leasingvertrag an Dritte zu übertragen, mit der Folge, dass nach dieser Vertragsübernahme allein der Dritte Vertragspartner des LN ist. Der LN erklärt bereits jetzt seine unwiderrufliche Zustimmung zu dieser Vertragsübernahme. Gleiches gilt für eine Rückübertragung der Rechte und Pflichten aus dem Leasingvertrag an den LG durch den Dritten.
d) Der LN ist nicht berechtigt, die ihm aus diesem Vertrag zustehenden Rechte oder Ansprüche zu übertragen oder zu verpfänden.

12. Rückgabepflicht
a) Nach Beendigung des Leasingvertrages ist der LN verpflichtet, das LO auf seine Kosten einschließlich aller Unterlagen und Schlüssel an den LG oder dessen Beauftragten herauszugeben. § 545 BGB wird abbedungen.
b) Kommt der LN seiner Pflicht zur Rückgabe nicht nach, findet Ziffer I. 9. f) entsprechende Anwendung.
c) Das LO hat sich bei Rückgabe in einem verkehrs- und betriebssicheren Zustand zu befinden, der dem Auslieferungszustand des LO zum Beginn des Leasingvertrages unter Berücksichtigung des durch den vertragsgemäßen Gebrauch entstandenen normalen Verschleißes entspricht. Andernfalls hat der LN die erforderlichen Reparaturkosten und Schäden hieraus zu tragen.
d) Auf Verlangen des LN oder des LG wird der Zustand des LO bei Rückgabe in einem gemeinsamen Protokoll festgehalten, das von beiden Parteien zu unterzeichnen ist. Finden die Parteien keine Einigung, wird der Zustand des LO von einem öffentlich bestellten und vereidigten Sachverständigen oder einem unabhängigen Sachverständigenunternehmen festgestellt. Die Bestimmung des Sachverständigen erfolgt durch den LG. Die Kosten sind zu teilen.

13. Nutzungsentschädigung
a) Gibt der LN das LO nach Beendigung des Leasingvertrages nicht zurück, so ist der LG berechtigt, für die Dauer der Vorenthaltung des LO als Entschädigung für jeden Tag 1/30 der vereinbarten monatlichen Brutto-Leasingraten zu verlangen.
b) Für den Fall einer Leasingsonderzahlung erhöht sich die gemäß Ziffer I. 13. a) maßgebliche monatliche Brutto-Leasingrate um die anteilige Brutto-Leasingsonderzahlung.
c) Die Geltendmachung eines weiteren Schadens bleibt für den LG hiervon unberührt, wobei der LN berechtigt ist, nachzuweisen, dass ein geringerer oder kein Schaden entstanden ist.

14. Verwaltungskosten
Für das Erstellen und den Versand von Dokumenten oder Schriftstücken während der Vertragslaufzeit berechnet der LG eine Aufwandsentschädigung, die per Lastschrift eingezogen werden kann.

15. Lohn- und Gehaltsabtretung des LN/Bürgen
a) Der LN/Bürge tritt hiermit unwiderruflich den pfändbaren bzw. übertragbaren Teil seiner gegenwärtigen und zukünftigen Ansprüche auf Arbeitsentgelt/Lohn, Gehalt, Wehrsold, Abfindungen, Gewinnbeteiligungen, Provisionen, Tantiemen, Betriebsrenten, Pensionen, Arbeitnehmersparzulagen, Weihnachts- und Urlaubsgeld, Arbeitslosengeld, Teilarbeitslosengeld, Übergangsgeld, Kurzarbeitergeld, Insolvenzgeld, Wintergeld, Winterausfallgeld, Vorruhestandsleistung, Leistungen der gesetzlichen sowie privaten Kranken-, Unfall- und Rentenversicherungen sowie Berufs- und Erwerbsunfähigkeitsrente gegen den jeweiligen Leistungsverpflichteten an den LG ab, der die Abtretung annimmt.
b) Gesichert sind die Ansprüche des LG im Zusammenhang mit diesem Vertrag, gleich aus welchem Rechtsgrund.
c) Die Abtretung ist begrenzt auf den Gesamtzahlungsbetrag dieses Leasingvertrages. Wird nicht auf die Abtretung gezahlt, setzt sich die Abtretung bis zum Erreichen des zuvor genannten Betrages fort.
d) Der LG legt die Abtretung nur offen und wird die abgetretenen Ansprüche nur einziehen, wenn der LN/Bürge mit einem Betrag im Rückstand ist, der mindestens zwei vollen Leasingraten entspricht und mindestens zweimal schriftlich zur Zahlung aufgefordert worden ist, wobei die erste Zahlungsaufforderung bereits nach Rückstand mit nur einer Rate erfolgen kann. Der LG hat dem LN/Bürgen mit einer Frist von einem Monat die Offenlegung anzudrohen. Die Androhung kann mit einer Mahnung verbunden werden.
e) Nach Befriedigung aller gesicherten Ansprüche ist der LG zur Rückübertragung der Sicherheiten verpflichtet und wird diese an den LN/Bürgen zurückübertragen.
f) Der LN/Bürge bevollmächtigt hiermit den LG, über die in Ziffer I. 15. a) genannten Ansprüche Auskünfte beim Leistungsverpflichteten einzuholen.

16. Adress- und sonstige Änderungen; Einsichtsrecht
a) Der LN ist verpflichtet, jede Anschriften-, Bankverbindungs-, Namens- und Sitzänderung sowie Änderung in den Rechtsverhältnissen innerhalb von 8 Tagen dem LG mitzuteilen.
b) Der LN ist überdies verpflichtet, während der Vertragsdauer auf Verlangen des LG Einblick in seine Vermögensverhältnisse zu gewähren und diese dem LG zur Verfügung zu stellen. Der LG ist berechtigt, neben Jahresabschlüssen ergänzende Unterlagen vom LN zur Einsichtnahme zu verlangen.

17. Datenschutzklausel
Der LG ist berechtigt, Daten (wie personenbezogene Daten) über die Beantragung (z.B. LN, Gesamtschuldner, Bürge, Leasingraten, Laufzeit des Leasingvertrages, Beginn und Höhe der Leasingzahlungen) und die Durchführung des Leasingvertrages (z.B. vorzeitige Vertragsablösung, fristlose Kündigung, Klageerhebung, Zwangsvollstreckungsmaßnahmen) gem. § 28 BDSG intern zu speichern, für die Bearbeitung des Leasingantrags/-vertrags zu nutzen und zum Zweck der Refinanzierung des Leasingvertrages an ein Refinanzierungsinstitut und/oder Datenpools zur Verbesserung der Branchensicherheit zu übermitteln.

18. Gerichtsstand und Schlussbestimmungen

a) Es gilt das Recht der Bundesrepublik Deutschland.

b) Alle im Rahmen dieses Vertrages getroffenen Vereinbarungen sind in dieser Urkunde enthalten. Änderungen dieses Vertrages bedürfen der Schriftform, was auch für den Verzicht auf diese Klausel gilt.

c) Erfüllungsort für sämtliche Verpflichtungen aus diesem Vertrag ist der Sitz des LG (München).

d) Gerichtsstand ist, soweit zulässig, der Sitz des LG (München).

e) Für den LG zuständige Aufsichtsbehörde:
Bundesanstalt für Finanzdienstleistungsaufsicht
Graurheindorfer Straße 108, 53177 Bonn

f) Außergerichtlichen Beschwerde- und Rechtsbehelfsverfahren:
Der LN nach § 14 Unterlassungsklagengesetz vor Anrufung der deutschen Gerichte von dem außergerichtlichen Streitschlichtungsverfahren der Deutschen Bundesbank Gebrauch machen. Die Beschwerde ist schriftlich und unter kurzer Schilderung des Sachverhalts und ggf. unter Beifügung von Kopien der notwendigen Unterlagen zu erheben bei Deutsche Bundesbank – Schlichtungsstelle – Postfach 11 12 32, 60047 Frankfurt am Main, Tel.: +49 69 2388-1907/1906/1908, Fax.: +49 69 2388-1919, E-Mail: schlichtung@bundesbank.de. Die Beschwerde kann auch per E-Mail oder Fax eingereicht werden; evtl. erforderliche Unterlagen sind dann per Post nachzureichen. Der LN darf vor Anrufung der Beschwerdestelle weder ein Gericht, noch eine Streitschlichtungsstelle und auch keine Gütestelle angerufen haben und auch keinen außergerichtlichen Vergleich mit dem Beschwerdegegner abgeschlossen haben. Darüber hinaus darf der Anspruch bei Erhebung der Beschwerde nicht verjährt sein.

Zugangsvoraussetzungen:

1. der Beschwerdegegenstand darf nicht bereits bei einem Gericht anhängig sein, in der Vergangenheit anhängig gewesen sein oder von dem Beschwerdeführer während des Schlichtungsverfahrens anhängig gemacht werden,
2. die Streitigkeit darf nicht durch einen außergerichtlichen Vergleich beigelegt worden sein,
3. ein Antrag auf Prozesskostenhilfe darf nicht abgewiesen worden sein, weil die beabsichtigte Rechtsverfolgung keine Aussicht auf Erfolg bietet,
4. die Angelegenheit darf nicht bereits Gegenstand eines Schlichtungsvorschlags oder eines Schlichtungsverfahrens einer Schlichtungsstelle nach § 14 des Unterlassungsklagengesetzes oder einer anderen Gütestelle, die Streitbeilegung betreibt, sein,
5. der Anspruch darf bei Erhebung der Kundenbeschwerde nicht bereits verjährt sein, falls sich der Beschwerdegegner auf die Verjährung beruft.

Der Schlichter kann die Schlichtung ablehnen, wenn die Schlichtung die Klärung einer grundsätzlichen Rechtsfrage beeinträchtigen würde.

II. Vertragsbeendigung, Restwert

1. Die Restwertzahlung ist an dem auf das Ende der Vertragslaufzeit folgenden Tag zur Zahlung fällig.
2. Nach Vertragsablauf kann eine weitere Überlassung des LO durch den LG erfolgen. Der LN wird sich insoweit rechtzeitig, spätestens 2 Monate vor Ablauf der Grundvertragslaufzeit, mit dem LG in Verbindung setzen, um die Bedingungen des Anschluss-Leasingvertrages zu verhandeln. Der LG wird innerhalb der verbleibenden Vertragslaufzeit über eine Annahme des Antrages entscheiden. Kommt ein Anschluss-Leasingvertrag zustande, so steht dem LN ein Erstattungsanspruch in Höhe der erbrachten Restwertzahlung, anrechenbar auf die Anschlussleasingraten, zu.
3. Kommt kein Anschluss-Leasingvertrag zustande, kann der LG innerhalb von 2 Monaten nach Vertragsbeendigung verlangen, dass der LN auf seine Kosten und Gefahr das LO unverzüglich an den vom LG bestimmten Ort innerhalb der Bundesrepublik Deutschland transportversichert zurückliefert. Die erbrachte Restwertzahlung verbleibt dem LG, soweit sie nicht durch den Verwertungserlös, gemindert

um die Kosten der Verwertung, abgedeckt ist. Im Übrigen gelten die Ziffern I. 12. und I. 13. entsprechend. Soweit das LO nicht mehr verwertbar ist, trägt der LN die Kosten der Entsorgung.
4. Der LN hat aufgrund dieses Vertrages keinen Anspruch auf Erwerb des LO.

III. Ergänzende Bestimmungen für Bürgen

1. Der Bürge willigt ein, dass der LG der für ihren Wohnsitz zuständigen Schufa-Gesellschaft (Schutzgesellschaft für allgemeine Kreditsicherung) Daten über die Beantragung, die Aufnahme (LN, Summe aller Leasingraten, Laufzeit, Ratenbeginn, Bürgen) und vereinbarungsgemäße Abwicklung (z.B. vorzeitige Vertragsbeendigung, Laufzeitverlängerung) dieses Leasingvertrages übermittelt. Die Schufa speichert und übermittelt die Daten an ihre Vertragspartner im EU-Binnenmarkt, um diesen Informationen zur Beurteilung der Kreditwürdigkeit von natürlichen Personen zu geben. Die Schufa stellt personenbezogene Daten nur zur Verfügung, wenn ein berechtigtes Interesse hieran im Einzelfall glaubhaft dargelegt wurde. Der LN/Bürge kann Auskunft bei der Schufa über die ihn betreffenden Daten erhalten. Weitere Informationen über das Schufa-Auskunfts- und Score- Verfahren enthält ein Merkblatt, das auf Wunsch von der Schufa zur Verfügung gestellt wird. Die Adresse der Schufa lautet: Schufa Holding AG, Verbraucherservice, Postfach 600509, 44845 Bochum.
2. Auf die Anwendbarkeit der Ziffer I. 15. für den Bürgen wird hingewiesen.

IV. Widerrufsinformation für Verbraucher und Existenzgründer i.S.v. § 512 BGB

Einfügen der jeweils zutreffenden *Widerrufsinformation*. Siehe hierzu S. 552 ff.

2. Allgemeine Geschäftsbedingungen – Vollamortisationsvertrag mit Kauf-/Verlängerungsoption

I. Allgemeine Vertragsbedingungen Leasing

1. Vertragsabschluss und Vertragslaufzeit

a) Der Leasingnehmer (LN genannt) bindet sich für einen Zeitraum von einem Monat ab Zugang beim Leasinggeber (LG genannt) an seinen Antrag. Der Leasingvertrag wird wirksam, sobald der LG entweder das Leasingangebot annimmt, einen Liefervertrag über das Leasingobjekt (LO genannt) abschließt, in einen solchen Vertrag eintritt oder den Kaufpreis an den Lieferanten zahlt.
b) Lehnt der vom LN bestimmte Lieferant das Kaufangebot des LG ab, so kann der LG von diesem Leasingvertrag zurücktreten. Ansprüche des LN gegen den LG hieraus sind ausgeschlossen.
c) Die Vertragslaufzeit, die der im Leasingvertrag genannten Vertragsdauer entspricht, beginnt mit Übergabe des LO. Unabhängig von der Übergabe oder einer Vereinbarung über den Zeitpunkt der Übergabe beginnt die Vertragslaufzeit 14 Tage nach Anzeige der Bereitstellung des LO. Falls zur Einhaltung des vereinbarten Übergabezeitpunktes die Zulassung des LO erfolgen muss, ist der Tag der Zulassung Beginn der Vertragslaufzeit.

2. Leasingraten/Steuern und Aufrechnungsverbot

a) Die erste Leasingrate ist zu Beginn der Vertragslaufzeit (Ziffer I. 1. c)) fällig. Der LN zahlt ab Beginn der Vertragslaufzeit bis zum Ende des ersten Kalendermonats für die erste Leasingrate anteilig täglich 1/30 der monatlichen Leasingraten. Die weiteren Leasingraten sind stets monatlich, jeweils zum Ersten eines Kalendermonats im Voraus fällig und zu zahlen. Ratenzahlungen im Übrigen sind stets monatlich fällig.
b) Alle Zahlungen sind – unter Angabe der Leasing-Vertragsnummer – auf das vorstehend bezeichnete Konto des LG zu zahlen; sie werden vom LG im Wege des Lastschriftverfahrens eingezogen. Hierfür erteilt der LN dem LG eine jederzeit widerrufliche Einzugsermächtigung.
c) Für eine von der Bank des LN nicht eingelöste Lastschrift berechnet der LG dem LN eine Bearbeitungsgebühr von jeweils 10,00 Euro. Der LN ist berechtigt, seinerseits den Nachweis anzutreten, dass dem LG ein geringerer oder kein Schaden entstanden ist. Die Geltendmachung eines weitergehenden Verzugsschadens ist dadurch nicht ausgeschlossen.
d) Die Leasingrate ist für die Laufzeit des Leasingvertrages fest vereinbart.
aa) Die Parteien sind berechtigt, bei einer Veränderung von Steuern (z.B. Umsatzsteuer) oder Gebühren während der Vertragslaufzeit eine Anpassung der Leasingraten vorzunehmen.
bb) Bis zum Beginn der Vertragslaufzeit behält sich der LG eine Anpassung der Leasingraten vor, sofern sich bis zu diesem Zeitpunkt der Kaufpreis des LO erhöht oder ermäßigt. Der LG ist berechtigt, die Leasingraten auch dann anzupassen, wenn sich bis zum Beginn der Vertragslaufzeit die Zinsen auf dem Refinanzierungsmarkt ändern.
cc) In den zuvor genannten Fällen der Ziffern I. 2. d) aa) und bb) können LG und LN eine Anpassung der Leasingraten und der anderen Leasingentgelte nur dann verlangen, wenn sich der Gesamtpreis des Leasingobjektes oder die Refinanzierungskosten des LG nach dem Datum des Leasingantrages verändert, sofern zwischen Leasingantrag und Übernahme des LO mehr als 4 Monate liegen. Ergibt sich durch die erfolgte Anpassung eine Erhöhung um mehr als 5 %, kann der LN durch unverzügliche schriftliche Erklärung vom Leasingvertrag zurücktreten.
e) Eine vereinbarte Leasingsonderzahlung ist zusätzliches Entgelt neben den Leasingraten und dient nicht als Kaution. Durch sie werden Leasingraten nicht getilgt.
f) Der LN kann gegen fällige Forderungen nur aufrechnen, wenn die Gegenforderung rechtskräftig festgestellt, von dem LG anerkannt oder unbestritten ist.
g) Der LN kann vom LG einen Tilgungsplan (Zahlungsplan) verlangen. Dieser zeigt dem LN seine Belastung über den Vertragszeitraum an. In dem Zahlungsplan werden die tatsächlich zu

zahlenden Leasingraten, die noch offenen Leasingraten sowie ggf. zu erbringende Abschlusszahlungen aufgeführt.

3. Lieferverzug
Die Schadensersatzhaftung des LG wegen eines vom Lieferanten zu vertretenden Lieferverzuges ist ausgeschlossen; es gelten die allgemeinen Haftungsregeln gemäß Ziffer I. 5. Vorbehalten bleibt der dem LN zustehende Anspruch auf Nutzungsüberlassung sowie auf Rücktritt oder Kündigung.

4. Abnahme/Lieferung und Übernahmebestätigung
a) Die Auslieferung des LO durch den Lieferanten erfolgt unmittelbar an den LN.
b) Der LN ist verpflichtet, das LO unverzüglich auf Gebrauchs- und Funktionstauglichkeit, insbesondere auf Mängel, Vollständigkeit und Übereinstimmung mit dem zwischen den Parteien des Liefervertrages Vereinbarten zu untersuchen und Beanstandungen spezifiziert dem Lieferanten und dem LG unverzüglich schriftlich anzuzeigen. Der LN hat das LO abzunehmen, sofern sich keine Beanstandungen zeigen. Der LN muss jedoch zumutbare Konstruktions- und Formänderungen, v.a. zumutbare Abweichungen im Farbton und des serienmäßigen Lieferumfangs hinnehmen.
c) Der LN hat nach erfolgter Abnahme innerhalb einer Frist von 3 Arbeitstagen eine Abnahmeerklärung rechtsverbindlich zu unterzeichnen und dem LG zu übergeben. Der LN nimmt zustimmend davon Kenntnis, dass der LG auf die Richtigkeit der Abnahmeerklärung vertraut und deshalb nach Erhalt der Abnahmeerklärung den Kaufpreis an den Lieferanten des LO bezahlt. Der LN ist verpflichtet, den LG von allen Schäden freizuhalten, die daraus entstehen, dass der LN aus Gründen, die er zu vertreten hat, eine unvollständige oder fehlerhafte Abnahmeerklärung ausstellt.
d) Der LN trägt die Kosten und die Gefahr aus der Lieferung, Aufstellung, Montage und Demontage des LO.

5. Sach- und Rechtsmängel, Haftungsbeschränkung
a) Mit Ausnahme der mietvertraglichen Sachverschaffungspflicht sind alle mietvertraglichen Gewährleistungsansprüche des LN gegenüber dem LG abbedungen.
aa) Zum Ausgleich tritt der LG an den LN – gleich aus welchem Rechtsgrund – seine Ansprüche und Rechte wegen etwaiger Sach- und Rechtsmängel des LO, insbesondere alle Nacherfüllungs-, Rücktritts-, Minderungs- und Schadensersatzansprüche sowie mängelbezogene Garantien gegenüber dem Lieferanten des LO ab. Der LN nimmt die Abtretung an. Dies gilt jedoch erst, nachdem der LG seine Sachverschaffungspflicht gegenüber dem LN erfüllt hat.
bb) Deshalb ist der LN verpflichtet, diese Ansprüche auf eigene Kosten unverzüglich und fristwahrend, gegebenenfalls auch gerichtlich, mit der Maßgabe geltend zu machen, dass beanspruchte Zahlungen ausschließlich an den LG zu leisten sind. Der LG ist über die Geltendmachung von Ansprüchen durch den LN laufend zeitnah zu informieren. Verletzt der LN schuldhaft diese Pflicht, ist er dem LG zum Ersatz des daraus entstehenden Schadens verpflichtet.
cc) Können sich Lieferant und LN nicht über die Wirksamkeit eines vom LN erklärten Rücktrittes oder einer Minderung einigen, ist der LN zur Verweigerung oder Zurückbehaltung von Zahlungspflichten dieses Leasingvertrages wegen etwaiger Mängel erst dann – im Falle der Minderung anteilig – berechtigt, wenn der LN den Lieferanten unverzüglich und unter Einhaltung etwaiger Fristen, spätestens jedoch innerhalb einer Frist von 4 Wochen gerechnet ab der Rücktritts- bzw. Minderungserklärung, auf Rückabwicklung des Liefervertrages oder Minderung verklagt. Bei nicht fristgerechter Klageerhebung greift das Zurückbehaltungsrecht an den Raten ab dem Tag der Klageerhebung. Bei Erfolglosigkeit des Klagebegehrens entfällt das Zurückbehaltungsrecht rückwirkend und die zurück behaltenen Raten sind unverzüglich in einem Betrag zu zahlen. Der LN ist mit dieser Regelung einverstanden.
b) Der LN hat für den Fall der Nachlieferung mit dem Lieferanten zu vereinbaren, dass dieser das Eigentum an dem LO unmittelbar auf den LG überträgt. Die Besitzverschaffung jedoch erfolgt durch Lieferung an den LN. Der LN hat den LG von der erfolgten Nachlieferung unverzüglich in Kenntnis zu

setzen und die Identifikationsmerkmale des neuen LO dem LG schriftlich mitzuteilen sowie durch einen Lieferschein zu belegen.
c) Der LG ist im Falle der rechtswirksamen Minderung verpflichtet, die Leasingraten und gegebenenfalls den Restwert anzupassen.
d) Der LN nimmt zustimmend davon Kenntnis, dass ihm gegenüber dem LG keine Gewährleistungsansprüche zustehen, sofern diese Ansprüche im Verhältnis zum Lieferanten nach der Abtretung verjähren. Das Risiko rechtzeitiger Rechtsverfolgung gegenüber dem Lieferanten obliegt dem LN.
e) Haftet der LG gegenüber dem LN für einen Schaden aufgrund eigenen oder Verschuldens seiner gesetzlichen Vertreter oder sonstiger Erfüllungsgehilfen aus einem anderen Rechtsgrund als unter Ziffer I. 3. dieses Vertrages oder vorstehend geregelt, ist die Haftung auf Fälle von Vorsatz oder grober Fahrlässigkeit beschränkt; bei Verletzung von Leben, Körper und Gesundheit haftet der LG auch für einfache Fahrlässigkeit. Zuletzt Genanntes gilt auch bei Verletzung von wesentlichen Vertragspflichten, jedoch dann beschränkt auf den vorhersehbaren Schaden.
f) Etwaige Zusagen oder Absprachen zwischen LN und Lieferanten, deren Kenntnis der LG nicht schriftlich bestätigt hat, gehen nicht zu Lasten des LG. Der LN stellt den LG im Zweifel von diesbezüglichen Ansprüchen frei.

6. Überwälzung der Sach- und Preisgefahr
a) Die Gefahr eines zufälligen Untergangs des LO trägt ab Abnahme der LN; dies gilt auch, wenn das LO dem LN gestohlen wird oder abhandenkommt, es sei denn, dies ist vom LG zu vertreten.
b) Im Falle eines Totalschadens oder bei völligem Verlust oder einer wesentlichen sonstigen Beschädigung des LO steht dem LN und dem LG ein außerordentliches Kündigungsrecht zu; gleichwohl bleibt der LN verpflichtet, die abgezinste Restamortisation dem LG gut zu bringen. Die Ziffer I. 9. findet für diesen Fall entsprechende Anwendung. Der LN bleibt bis zur Kündigung zur Zahlung der vereinbarten Raten verpflichtet. Für diesen Fall tritt der LG bereits hiermit alle Ansprüche, die ihm aufgrund seines Eigentums an dem LO gegen Dritte zustehen, an den die Abtretung annehmenden LN ab. Ziffer I. 5. gilt für die Geltendmachung dieser Rechte entsprechend. Anstatt zur Kündigung, ist der LN auch zur unveränderten Fortsetzung des Vertrages berechtigt, in dem er nach seiner Wahl entweder das LO auf seine Kosten instand setzt oder durch ein gleichartiges oder gleichwertiges Objekt ersetzt. Der LN hat den LG über seine Wahl unverzüglich zu informieren. Entscheidet sich der LN für die Instandsetzung, so hat er das LO in einen vertragsgemäßen Zustand zu versetzen. Entscheidet sich der LN für eine Ersetzung, so hat er dem LG das Eigentum an dem Objekt zu verschaffen, soweit dieser das Ersetzungsobjekt nicht vom Lieferanten erwirbt. Der LN hat die ordnungsgemäße Instandsetzung oder Ersetzung dem LG unverzüglich nachzuweisen. Der Leasingvertrag gilt unverändert für das Ersatzleasingobjekt.

7. Gebrauch, Reparaturen, Standort und Lasten/Steuern
a) Der LN ist auf seine Kosten verpflichtet, das LO sorgfältig und pfleglich unter Beachtung der Gebrauchsanweisung einzusetzen und in betriebs- und verkehrssicherem Zustand zu erhalten. Er hat pünktlich vorgeschriebene oder empfohlene Wartungsarbeiten und erforderlich werdende Reparaturen am LO von einer vom Hersteller oder Lieferanten autorisierten Fachwerkstatt auf eigene Kosten durchführen zu lassen.
b) Der LN ist nicht berechtigt das LO von seinem vertraglich vorgesehenen Standort (vereinbarter Zulassungsbezirk) zu entfernen, seinen Verwendungszweck zu ändern oder wesentliche Änderungen am LO durchzuführen, ohne zuvor die schriftliche Zustimmung des LG eingeholt zu haben. Der LN darf insbesondere keine Veränderungen am Kilometerzähler oder Stundenzähler des LO vornehmen. Einbauten, die zu Bestandteilen des LO geworden sind, gehen in das Eigentum des LG über. Auf Verlangen ist das LO als Eigentum des LG zu kennzeichnen.
c) Wird das LO mit einem Grundstück oder Gebäude oder einer beweglichen Sache fest verbunden oder auf einem Grundstück eingebracht, so geschieht dies im Sinne von § 95 BGB lediglich zu einem vorübergehenden Zweck; dieser endet mit Ablauf der Vertragslaufzeit.

d) Der LN trägt ab Abnahme alle Gebühren, Steuern, Abgaben, sonstige Lasten, die mit dem Besitz oder der Nutzung des LO anfallen, und sonstige Kosten (wie z.B. für Überführung, Zulassung und für Zahlungsauthentifizierungsinstrumente). Dies gilt insbesondere auch für Autobahn- und Straßennutzungsgebühren.
e) Der LN hat alle Gesetze und Vorschriften, die den Besitz und den Betrieb des LO regeln, einzuhalten und das LO von Rechten Dritter freizuhalten. Der LN stellt den LG von allen Ansprüchen Dritter in Bezug auf das LO frei.
f) Kommt der LN den vorgenannten Verpflichtungen nicht nach, ist der LG bei Gefahr in Verzug oder besonderer Eilbedürftigkeit berechtigt, diese Verpflichtungen auf Kosten des LN vorzunehmen.

8. Versicherung, Abtretung von Ersatzansprüchen
Der LN ist verpflichtet, eine Sachversicherung (v.a. für Feuer, Wasser, Einbruch und Diebstahl) zugunsten des LO bei einem in der Bundesrepublik Deutschland tätigen Versicherer auf eigene Kosten zum Neuwert abzuschließen und während der gesamten Vertragslaufzeit aufrecht zu erhalten. Schon jetzt tritt der LN alle ihm gegenüber dem Versicherer zustehenden Ersatzansprüche an den LG ab. Bei Fahrzeugen hat der LN eine Kfz-Haftpflichtversicherung mit einer Deckungssumme von zumindest 1. Mio. Euro sowie eine Vollkaskoversicherung mit einer Selbstbeteiligung von höchstens 500,00 Euro abzuschließen. Der LN hat innerhalb von 14 Tagen nach Abnahme des LO den Versicherungsschutz gegenüber dem LG nachzuweisen. Kommt der LN dieser Verpflichtung nicht nach, kann der LG das LO auf Kosten des LN versichern. Überdies hat sich der LN zugunsten des LG für diese Versicherungen einen Sicherungsschein zu verschaffen und an den LG zu übergeben. Trotz Abtretung bleibt der LN berechtigt und verpflichtet, die abgetretenen Ansprüche gegenüber dem Versicherer auf eigene Kosten geltend zu machen. Zahlungen darf er nur an den LG verlangen. Der LG hat erhaltene Versicherungsentschädigungen – mit Ausnahme von Zahlungen zur Abdeckung des merkantilen Minderwertes, die wirtschaftlich dem LG zustehen – dem LN zur Wiederherstellung des LO zur Verfügung zu stellen oder auf die Zahlungspflicht des LN anzurechnen. Der LG ist vom LN unverzüglich über den Schadensfall und seine Abwicklung zu unterrichten.

9. Zahlungsverzug/Kündigung
a) Soweit der LN mit Zahlungen, die er auf Grund des Verbraucherleasingvertrages schuldet, in Verzug kommt, hat er den Betrag nach § 288 Abs. 1 BGB zu verzinsen. Im Einzelfall kann der LG eine höheren und der LN einen niedrigeren Schaden nachweisen.
Die nach Eintritt des Verzugs anfallenden Zinsen sind auf einem gesonderten Konto zu verbuchen und dürfen nicht in ein Kontokorrent mit dem geschuldeten Betrag oder andern Forderungen des LGs eingestellt werden. Hinsichtlich dieser Zinsen gilt § 289 S. 2 BGB mit der Maßgabe, dass der LG Schadensersatz nur bis zur Höhe des gesetzlichen Zinssatzes (§ 246 BGB) verlangen kann. Der Verzugszinssatz beträgt 5 %-Punkte über dem jeweils geltenden Basiszinssatz (www.basiszinssatz.de). Zahlungen des LNs, die zur Tilgung der gesamten fälligen Schuld nicht ausreichen, werden abweichend von § 367 Abs. 1 BGB zunächst auf die Kosten der Rechtsverfolgung, dann auf den übrigen geschuldeten Betrag (§ 497 Abs. 1 BGB) und zuletzt auf die Zinsen (§ 497 Abs. 2 BGB) angerechnet. Der LG darf Teilzahlungen nicht zurückweisen.
b) Während der Grundmietzeit ist die ordentliche Kündigung des Leasingvertrages ausgeschlossen. Ausnahme hierzu bildet für den LN § 500 Abs. 2 BGB. Der LN kann seine Verbindlichkeiten aus diesem Vertrag gemäß § 500 Abs. 2 BGB jederzeit vorzeitig ganz oder teilweise vorzeitig erfüllen.
c) Im Falle einer vorzeitigen Rückzahlung nach § 500 Abs. 2 BGB kann der LG gemäß § 502 BGB eine angemessene Vorfälligkeitsentschädigung für den unmittelbar mit der vorzeitigen Rückzahlung zusammenhängenden Schaden verlangen. In diesem Fall wird der LG diesen Schaden nach den vom Bundesgerichtshof für die Berechnung vorgeschriebenen finanzmathematischen Rahmenbedingungen berechnen, die insbesondere
– ein zwischenzeitlich verändertes Zinsniveau,

– die für den Leasing-Vertrag ursprünglich vereinbarten Zahlungen,
– den dem LG entgangenen Gewinn,
– den mit der vorzeitigen Rückzahlung verbundenen Verwaltungsaufwand sowie
– die infolge der vorzeitigen Rückzahlung ersparten Risiko- und Verwaltungskosten
berücksichtigen.
Die so errechnete Vorfälligkeitsentschädigung wird, wenn sie höher ist, auf den niedrigeren der beiden folgenden Beträge reduziert:
– 1 Prozent beziehungsweise, wenn der Zeitraum zwischen der vorzeitigen und der vereinbarten Rückzahlung weniger als 1 Jahr beträgt, 0,5 Prozent des vorzeitig zurückgezahlten Betrags,
– den Betrag der Sollzinsen, den der LN in dem Zeitraum zwischen der vorzeitigen und der vereinbarten Rückzahlung entrichtet hätte.
Der Anspruch auf eine Vorfälligkeitsentschädigung ist ausgeschlossen, wenn
– Die Rückzahlung aus den Mitteln einer zwingend vom LN abzuschließenden Leasingraten-Versicherung bewirkt wurde, oder
– Im Vertrag die Angaben über die Vertragslaufzeit, das Kündigungsrecht des LNs oder die Berechnung der Vorfälligkeitsentschädigung unzureichend sind.
d) Der Leasingvertrag kann unter den gesetzlichen Voraussetzungen fristlos gekündigt werden. In den Fällen des Zahlungsverzuges des LN steht dem LG das Kündigungsrecht erst zu, wenn der LN
– sich mit zwei aufeinander folgenden Teilzahlungen ganz oder teilweise und mit mindestens 10 %, bei einer Laufzeit des Leasingvertrages von mehr als drei Jahren mit mindestens 5 % der Bruttoleasingraten in Verzug befindet und
– der LG dem LN erfolglos eine zweiwöchige Frist zur Zahlung des rückständigen Betrages mit der Erklärung gesetzt hat, dass er bei Nichtzahlung innerhalb der Frist die gesamt Restschuld verlange.
Der LG wird dem LN spätestens mit Fristsetzung ein Gespräch über die Möglichkeiten einer einverständlichen Regelung anbieten.
e) Als Folge der vom LN veranlassten fristlosen Kündigung hat der LG einen Anspruch auf Schadensersatz, der konkret zu berechnen ist.
f) Darüber hinaus ist der LG für diesen Fall berechtigt, das LO auf Kosten des LN in seinen Besitz zu nehmen und zu verwerten. Der LN erklärt hiermit ausdrücklich seine Zustimmung zur Inbesitznahme durch den LG. Die Inbesitznahme erfolgt nach Maßgabe der Ziffer I. 12.
g) Der LN ist verpflichtet, dass LO innerhalb von 14 Tagen nach Zugang der Bereitstellungsanzeige abzunehmen. Im Falle der Nichtabnahme kann der LG von seinen gesetzlichen Rechten Gebrauch machen; insbesondere den Leasingvertrag kündigen und Schadensersatz vom LN begehren.
Dieselben Rechte stehen dem LG zu, wenn der LN die mit Vertragsschluss fällige Sonderzahlung nicht innerhalb von 14 Tagen nach Zugang der Bereitstellungsanzeige zahlt.
h) Die Kündigung wird im Falle des Vorliegens der gesetzlichen Voraussetzungen mit Zugang wirksam. Die Kündigung bedarf der Textform.
Folge der Kündigung ist die Rückabwicklung des Leasingvertrages. Im Falle einer außerordentlichen Kündigung kann daneben ein Anspruch auf Schadensersatz bestehen, der konkret zu berechnen ist.

10. Untervermietung

Der LN ist nicht berechtigt, das LO unter zu vermieten oder an Dritte weiter zu vermieten; beides bedarf der schriftlichen Zustimmung des LG. Der LN tritt dem LG etwaige Ansprüche aus einer unzulässigen Untervermietung ab, der die Abtretung annimmt.

11. Abtretung, Refinanzierung und Vertragsübernahme

a) Der LG ist berechtigt, die ihm auf Grund dieses Vertrages zustehenden Rechte – gleich welcher Art diese sein mögen – ganz oder teilweise zu Zwecken der Refinanzierung abzutreten; er ist des

Weiteren berechtigt, das LO zur Sicherheit zu übereignen. Der LN erklärt hiermit seine unwiderrufliche Zustimmung zu einer solchen Abtretung oder Übertragung.
b) Gleiches gilt, sofern sich der LG entschließt, die ihm aus dem Leasingvertrag zustehenden Ansprüche an eine refinanzierende Bank zu forfaitieren.
c) Der LG ist berechtigt, seine Rechte und Pflichten – einschließlich des Eigentums – am LO aus dem Leasingvertrag an Dritte zu übertragen, mit der Folge, dass nach dieser Vertragsübernahme allein der Dritte Vertragspartner des LN ist. Der LN erklärt bereits jetzt seine unwiderrufliche Zustimmung zu dieser Vertragsübernahme. Gleiches gilt für eine Rückübertragung der Rechte und Pflichten aus dem Leasingvertrag an den LG durch den Dritten.
d) Der LN ist nicht berechtigt, die ihm aus diesem Vertrag zustehenden Rechte oder Ansprüche zu übertragen oder zu verpfänden.

12. Rückgabepflicht
a) Nach Beendigung des Leasingvertrages ist der LN verpflichtet, das LO auf seine Kosten einschließlich aller Unterlagen und Schlüssel an den LG oder dessen Beauftragten herauszugeben. § 545 BGB wird abbedungen.
b) Kommt der LN seiner Pflicht zur Rückgabe nicht nach, findet Ziffer I. 9. f) entsprechende Anwendung.
c) Das LO hat sich bei Rückgabe in einem verkehrs- und betriebssicheren Zustand zu befinden, der dem Auslieferungszustand des LO zum Beginn des Leasingvertrages unter Berücksichtigung des durch den vertragsgemäßen Gebrauch entstandenen normalen Verschleißes entspricht. Andernfalls hat der LN die erforderlichen Reparaturkosten und Schäden hieraus zu tragen.
d) Auf Verlangen des LN oder des LG wird der Zustand des LO bei Rückgabe in einem gemeinsamen Protokoll festgehalten, das von beiden Parteien zu unterzeichnen ist. Finden die Parteien keine Einigung, wird der Zustand des LO von einem öffentlich bestellten und vereidigten Sachverständigen oder einem unabhängigen Sachverständigenunternehmen festgestellt. Die Bestimmung des Sachverständigen erfolgt durch den LG. Die Kosten sind zu teilen.

13. Nutzungsentschädigung
a) Gibt der LN das LO nach Beendigung des Leasingvertrages nicht zurück, so ist der LG berechtigt, für die Dauer der Vorenthaltung des LO als Entschädigung für jeden Tag 1/30 der vereinbarten monatlichen Brutto-Leasingraten zu verlangen.
b) Für den Fall einer Leasingsonderzahlung erhöht sich die gemäß Ziffer I. 13. a) maßgebliche monatliche Brutto-Leasingrate um die anteilige Brutto-Leasingsonderzahlung.
c) Die Geltendmachung eines weiteren Schadens bleibt für den LG hiervon unberührt, wobei der LN berechtigt ist, nachzuweisen, dass ein geringerer oder kein Schaden entstanden ist.

14. Verwaltungskosten
Für das Erstellen und den Versand von Dokumenten oder Schriftstücken während der Vertragslaufzeit berechnet der LG eine Aufwandsentschädigung, die per Lastschrift eingezogen werden kann.

15. Lohn- und Gehaltsabtretung des LN/Bürgen
a) Der LN/Bürge tritt hiermit unwiderruflich den pfändbaren bzw. übertragbaren Teil seiner gegenwärtigen und zukünftigen Ansprüche auf Arbeitsentgelt/Lohn, Gehalt, Wehrsold, Abfindungen, Gewinnbeteiligungen, Provisionen, Tantiemen, Betriebsrenten, Pensionen, Arbeitnehmersparzulagen, Weihnachts- und Urlaubsgeld, Arbeitslosengeld, Teilarbeitslosengeld, Übergangsgeld, Kurzarbeitergeld, Insolvenzgeld, Wintergeld, Winterausfallgeld, Vorruhestandsleistung, Leistungen der gesetzlichen sowie privaten Kranken-, Unfall- und Rentenversicherungen sowie Berufs- und Erwerbsunfähigkeitsrente gegen den jeweiligen Leistungsverpflichteten an den LG ab, der die Abtretung annimmt.
b) Gesichert sind die Ansprüche des LG im Zusammenhang mit diesem Vertrag, gleich aus welchem Rechtsgrund.
c) Die Abtretung ist begrenzt auf den Gesamtzahlungsbetrag dieses Leasingvertrages. Wird nicht

auf die Abtretung gezahlt, setzt sich die Abtretung bis zum Erreichen des zuvor genannten Betrages fort.
d) Der LG legt die Abtretung nur offen und wird die abgetretenen Ansprüche nur einziehen, wenn der LN/Bürge mit einem Betrag im Rückstand ist, der mindestens zwei vollen Leasingraten entspricht und mindestens zweimal schriftlich zur Zahlung aufgefordert worden ist, wobei die erste Zahlungsaufforderung bereits nach Rückstand mit nur einer Rate erfolgen kann. Der LG hat dem LN/Bürgen mit einer Frist von einem Monat die Offenlegung anzudrohen. Die Androhung kann mit einer Mahnung verbunden werden.
e) Nach Befriedigung aller gesicherten Ansprüche ist der LG zur Rückübertragung der Sicherheiten verpflichtet und wird diese an den LN/Bürgen zurückübertragen.
f) Der LN/Bürge bevollmächtigt hiermit den LG, über die in Ziffer I. 15. a) genannten Ansprüche Auskünfte beim Leistungsverpflichteten einzuholen.

16. Adress- und sonstige Änderungen; Einsichtsrecht
a) Der LN ist verpflichtet, jede Anschriften-, Bankverbindungs-, Namens- und Sitzänderung sowie Änderung in den Rechtsverhältnissen innerhalb von 8 Tagen dem LG mitzuteilen.
b) Der LN ist überdies verpflichtet, während der Vertragsdauer auf Verlangen des LG Einblick in seine Vermögensverhältnisse zu gewähren und diese dem LG zur Verfügung zu stellen. Der LG ist berechtigt, neben Jahresabschlüssen ergänzende Unterlagen vom LN zur Einsichtnahme zu verlangen.

17. Datenschutzklausel
Der LG ist berechtigt, Daten (wie personenbezogene Daten) über die Beantragung (z.B. LN, Gesamtschuldner, Bürge, Leasingraten, Laufzeit des Leasingvertrages, Beginn und Höhe der Leasingzahlungen) und die Durchführung des Leasingvertrages (z.B. vorzeitige Vertragsablösung, fristlose Kündigung, Klageerhebung, Zwangsvollstreckungsmaßnahmen) gem. § 28 BDSG intern zu speichern, für die Bearbeitung des Leasingantrags/-vertrags zu nutzen und zum Zweck der Refinanzierung des Leasingvertrages an ein Refinanzierungsinstitut und/oder Datenpool zur Verbesserung der Branchensicherheit zu übermitteln.

18. Gerichtsstand und Schlussbestimmungen
a) Es gilt das Recht der Bundesrepublik Deutschland.
b) Alle im Rahmen dieses Vertrages getroffenen Vereinbarungen sind in dieser Urkunde enthalten. Änderungen dieses Vertrages bedürfen der Schriftform, was auch für den Verzicht auf diese Klausel gilt.
c) Für den LG zuständige Aufsichtsbehörde:
Bundesanstalt für Finanzdienstleistungsaufsicht
Graurheindorfer Straße 108, 53177 Bonn
d) Außergerichtlichen Beschwerde- und Rechtsbehelfsverfahren:
Der LN nach § 14 Unterlassungsklagengesetz vor Anrufung der deutschen Gerichte von dem außergerichtlichen Streitschlichtungsverfahren der Deutschen Bundesbank Gebrauch machen. Die Beschwerde ist schriftlich und unter kurzer Schilderung des Sachverhalts und ggf. unter Beifügung von Kopien der notwendigen Unterlagen zu erheben bei Deutsche Bundesbank – Schlichtungsstelle – Postfach 11 12 32, 60047 Frankfurt am Main, Tel.: +49 69 2388-1907/1906/1908, Fax.: +49 69 2388-1919, E-Mail: schlichtung@bundesbank.de. Die Beschwerde kann auch per E-Mail oder Fax eingereicht werden; evtl. erforderliche Unterlagen sind dann per Post nachzureichen. Der LN darf vor Anrufung der Beschwerdestelle weder ein Gericht, noch eine Streitschlichtungsstelle und auch keine Gütestelle angerufen haben und auch keinen außergerichtlichen Vergleich mit dem Beschwerdegegner abgeschlossen haben. Darüber hinaus darf der Anspruch bei Erhebung der Beschwerde nicht verjährt sein.
Zugangsvoraussetzungen:
1. der Beschwerdegegenstand darf nicht bereits bei einem Gericht anhängig sein, in der Vergangenheit anhängig gewesen sein oder von dem Beschwerdeführer während des Schlichtungsverfahrens anhängig gemacht werden,

2. die Streitigkeit darf nicht durch einen außergerichtlichen Vergleich beigelegt worden sein,
3. ein Antrag auf Prozesskostenhilfe darf nicht abgewiesen worden sein, weil die beabsichtigte Rechtsverfolgung keine Aussicht auf Erfolg bietet,
4. die Angelegenheit darf nicht bereits Gegenstand eines Schlichtungsvorschlags oder eines Schlichtungsverfahrens einer Schlichtungsstelle nach § 14 des Unterlassungsklagengesetzes oder einer anderen Gütestelle, die Streitbeilegung betreibt, sein,
5. der Anspruch darf bei Erhebung der Kundenbeschwerde nicht bereits verjährt sein, falls sich der Beschwerdegegner auf die Verjährung beruft.

Der Schlichter kann die Schlichtung ablehnen, wenn die Schlichtung die Klärung einer grundsätzlichen Rechtsfrage beeinträchtigen würde.

II. Kauf- oder Verlängerungsoption des LN nach der Grundvertragslaufzeit

1. Kaufoption. Nach Ablauf der Grundvertragslaufzeit hat der LN die Option, das LO zum Rest-Buchwert laut amtlicher linearer AfA-Tabelle oder – sofern er den entsprechenden Nachweis erbringt – zum Verkehrs/gemeinen Wert zu erwerben, sofern dieser niedriger ist, als der Rest-Buchwert. Kosten, die dem LN aus dem Kauf oder der Übernahme des LO entstehen, hat allein der LN zu tragen. Der Verkauf erfolgt unter Ausschluss der Sach- und Rechtsmängelhaftung.

2. Verlängerungsoption. Der LN kann vom LG verlangen, den Leasingvertrag durch Abschluss eines Verlängerungsvertrages über die Grundvertragslaufzeit hinaus zu verlängern. Die Leasingraten müssen jedoch den Wertverzehr für das LO decken, der sich auf der Basis des unter Berücksichtigung der linearen AfA nach der amtlichen AfA-Tabelle ermittelten Buchwertes oder des niedrigeren gemeinen Wertes und der Restnutzungsdauer laut AfA-Tabelle ergibt. Die Höhe der monatlich zu zahlenden Leasingrate ergibt sich aus dem Verhältnis zwischen Wertverzehr und dem vom LN gewünschten Verlängerungszeitraum.
3. Der LN muss sich zur Wahrung der Kauf- oder Verlängerungsoption spätestens zwei Monate vor Ablauf der Grundvertragslaufzeit in schriftlicher Form verbindlich gegenüber dem LG äußern, sofern er von seiner Kauf- oder Verlängerungsoption Gebrauch macht.
4. Kosten, die dem LN zur Feststellung des Verkehrs/Gemeinen Wertes des LO entstehen, trägt allein der LN.
5. Ziffer I. 12. findet entsprechende Anwendung.
6. Ist das LO nach Ablauf der Grundvertragslaufzeit oder der Verlängerungsoption nicht mehr verwertbar, trägt allein der LN die Kosten der Entsorgung.

III. Ergänzende Bestimmungen für Bürgen

1. Der Bürge willigt ein, dass der LG der für ihren Wohnsitz zuständigen Schufa-Gesellschaft (Schutzgesellschaft für allgemeine Kreditsicherung) Daten über die Beantragung, die Aufnahme (LN, Summe aller Leasingraten, Laufzeit, Ratenbeginn, Bürgen) und vereinbarungsgemäße Abwicklung (z.B. vorzeitige Vertragsbeendigung, Laufzeitverlängerung) dieses Leasingvertrages übermittelt. Die Schufa speichert und übermittelt die Daten an ihre Vertragspartner im EU-Binnenmarkt, um diesen Informationen zur Beurteilung der Kreditwürdigkeit von natürlichen Personen zu geben. Die Schufa stellt personenbezogene Daten nur zur Verfügung, wenn ein berechtigtes Interesse hieran im Einzelfall glaubhaft dargelegt wurde. Der LN/Bürge kann Auskunft bei der Schufa über die ihn betreffenden Daten erhalten. Weitere Informationen über das Schufa-Auskunfts- und Score-Verfahren enthält ein Merkblatt, das auf Wunsch von der Schufa zur Verfügung gestellt wird. Die Adresse der Schufa lautet: Schufa Holding AG, Verbraucherservice, Postfach 600509, 44845 Bochum.
2. Auf die Anwendbarkeit der Ziffer I. 15. für den Bürgen wird hingewiesen.

3. Widerrufsinformation Leasing Standard

Widerrufsinformation für Verbraucher i.S.d. § 13 BGB und Existenzgründer i.S.v. § 512 BGB

Widerrufsrecht

Der Leasingnehmer kann seine Vertragserklärung innerhalb von 14 Tagen ohne Angabe von Gründen in Textform (z.B. Brief, Fax, E-Mail) oder – wenn ihm die Sache vor Fristablauf überlassen wird – durch Rücksendung der Leasingsache widerrufen. Die Frist beginnt nach Abschluss des Vertrages, aber erst, nachdem der Leasingnehmer alle Pflichtangaben nach § 492 Absatz 2 BGB (z.B. Angabe zur Art der entgeltlichen Finanzierungshilfe, Angabe des Anschaffungspreises, Angabe des effektiven Jahreszinses, Angabe zur Vertragslaufzeit, Angaben zum einzuhaltenden Verfahren bei der Kündigung des Vertrags, Angabe der für den Leasinggeber zuständigen Aufsichtsbehörde) erhalten hat. Der Leasingnehmer hat alle Pflichtangaben erhalten, wenn sie in der für den Leasingnehmer bestimmten Ausfertigung seines Antrags oder in der für den Leasingnehmer bestimmten Ausfertigung der Vertragsurkunde oder in einer für den Leasingnehmer bestimmten Abschrift seines Antrags oder der Vertragsurkunde enthalten sind und dem Leasingnehmer eine solche Unterlage zur Verfügung gestellt worden ist. Über in den Vertragstext nicht aufgenommene Pflichtangaben kann der Leasingnehmer nachträglich in Textform informiert werden; die Widerrufsfrist beträgt dann einen Monat. Der Leasingnehmer ist mit den nachgeholten Pflichtangaben nochmals auf den Beginn der Widerrufsfrist hinzuweisen. Zur Wahrung der Widerrufsfrist genügt die rechtzeitige Absendung des Widerrufs oder der Leasingsache. Der Widerruf ist zu richten an:

____

____

____

Widerrufsfolgen

Der Leasingnehmer hat die Leasingsache, soweit diese bereits übergeben wurde, zurückzugeben und für den Zeitraum zwischen der Übergabe und der Rückgabe der Leasingsache die vereinbarten Leasingraten zu entrichten. Für den Zeitraum zwischen Übergabe und Rückgabe der Leasingsache ist bei vertragsgemäßer Inanspruchnahme der Leasingsache pro Tag als Leasingrate ein Betrag in Höhe von

€ ___,00

(entspricht 1/30,416667 der vereinbarten monatlichen Leasingrate) zu zahlen. Dieser Betrag verringert sich entsprechend, wenn die Leasingsache nicht oder nur teilweise genutzt wurde oder nur teilweise nutzbar war.

Der Leasingnehmer hat dem Leasinggeber auch die Aufwendungen zu ersetzen, die der Leasinggeber gegenüber öffentlichen Stellen erbracht hat und nicht zurückverlangen kann.

Paketversandfähige Sachen sind auf Kosten und auf Gefahr des Vertragspartners des Leasingnehmers zurückzusenden. Nicht paketversandfähige Sachen werden beim Leasingnehmer abgeholt. Wenn der Leasingnehmer die auf Grund des Leasingvertrags überlassene Leasingsache sowie Nutzungen (z.B. Gebrauchsvorteile) nicht oder teilweise nicht oder nur in verschlechtertem Zustand zurückgewähren kann, hat er insoweit ggf. Wertersatz zu leisten. Für die Verschlechterung der Sache muss der Leasingnehmer Wertersatz nur leisten, soweit die Verschlechterung auf einen Umgang mit der Sache zurückzuführen ist, der über die Prüfung der Eigenschaften und Funktionsweise hinausgeht. Unter „Prüfung der Eigenschaften und der Funktionsweise“ versteht man das Testen und Ausprobieren der jeweiligen Ware, wie es etwa im Ladengeschäft möglich und üblich ist.

Ende der Widerrufsinformation

Der LN erklärt, die vom LG schriftlich und/oder mündlich erhaltenen vorvertraglichen Informationen, den Leasingvertrag und die beigelegten Allgemeinen Leasingbedingungen des LGs vor Vertragsschluss erhalten und in Abwesenheit des LGs gelesen und verstanden zu haben; insbesondere die

Hauptmerkmale des vom LG angebotenen Vertrages, die vertragstypischen Auswirkungen, die Folgen eines Zahlungsverzuges und die Besonderheiten des Fernabsatzes.

Ort, Datum	Ort, Datum
(Unterschrift) Leasingnehmer	(Unterschrift) Leasinggeber

4. Widerrufsinformation Leasing verbundener Vertrag

Widerrufsinformation für Verbraucher i.S.d. § 13 BGB und Existenzgründer i.S.v. § 512 BGB

Widerrufsrecht

Der Leasingnehmer kann seine Vertragserklärung innerhalb von 14 Tagen ohne Angabe von Gründen in Textform (z.B. Brief, Fax, E-Mail) oder – wenn ihm die Sache vor Fristablauf überlassen wird – durch Rücksendung der Leasingsache widerrufen. Die Frist beginnt nach Abschluss des Vertrages, aber erst, nachdem der Leasingnehmer alle Pflichtangaben nach § 492 Absatz 2 BGB (z.B. Angabe zur Art der entgeltlichen Finanzierungshilfe, Angabe des Anschaffungspreises, Angabe des effektiven Jahreszinses, Angabe zur Vertragslaufzeit, Angaben zum einzuhaltenden Verfahren bei der Kündigung des Vertrags, Angabe der für den Leasinggeber zuständigen Aufsichtsbehörde) erhalten hat. Der Leasingnehmer hat alle Pflichtangaben erhalten, wenn sie in der für den Leasingnehmer bestimmten Ausfertigung seines Antrags oder in der für den Leasingnehmer bestimmten Ausfertigung der Vertragsurkunde oder in einer für den Leasingnehmer bestimmten Abschrift seines Antrags oder der Vertragsurkunde enthalten sind und dem Leasingnehmer eine solche Unterlage zur Verfügung gestellt worden ist. Über in den Vertragstext nicht aufgenommene Pflichtangaben kann der Leasingnehmer nachträglich in Textform informiert werden; die Widerrufsfrist beträgt dann einen Monat. Der Leasingnehmer ist mit den nachgeholten Pflichtangaben nochmals auf den Beginn der Widerrufsfrist hinzuweisen. Zur Wahrung der Widerrufsfrist genügt die rechtzeitige Absendung des Widerrufs oder der Leasingsache. Der Widerruf ist zu richten an:

____

____

____

Besonderheiten bei weiteren Verträgen

Wenn dem Leasingnehmer für den weiteren Vertrag ein Rückgaberecht an Stelle eines Widerrufsrechts eingeräumt wurde, steht die Rückgabe im Folgenden dem Widerruf gleich.

Widerruft der Leasingnehmer diesen Leasingvertrag, so ist er auch an den Kaufvertrag über das zu beschaffende Leasingobjekt (im Folgenden: verbundener Vertrag) nicht mehr gebunden.

Steht dem Leasingnehmer in Bezug auf den verbundenen Vertrag ein Widerrufsrecht zu, so ist er mit wirksamem Widerruf des verbundenen Vertrags auch an den Leasingvertrag nicht mehr gebunden. Für die Rechtsfolgen des Widerrufs sind die in dem verbundenen Vertrag getroffenen Regelungen und die hierfür erteilte Widerrufsbelehrung maßgeblich.

Widerrufsfolgen

Der Leasingnehmer hat die Leasingsache, soweit diese bereits übergeben wurde, zurückzugeben und für den Zeitraum zwischen der Übergabe und der Rückgabe der Leasingsache die vereinbarten Leasingraten zu entrichten. Für den Zeitraum zwischen Übergabe und Rückgabe der Leasingsache ist bei vertragsgemäßer Inanspruchnahme der Leasingsache pro Tag als Leasingrate ein Betrag in Höhe von

€ ___,00

(entspricht 1/30,416667 der vereinbarten monatlichen Leasingrate) zu zahlen. Dieser Betrag verringert sich entsprechend, wenn die Leasingsache nicht oder nur teilweise genutzt wurde oder nur teilweise nutzbar war.

Der Leasingnehmer hat dem Leasinggeber auch die Aufwendungen zu ersetzen, die der Leasinggeber gegenüber öffentlichen Stellen erbracht hat und nicht zurückverlangen kann.

Paketversandfähige Sachen sind auf Kosten und auf Gefahr des Vertragspartners des Leasingnehmers zurückzusenden. Die Kosten der Rücksendung hat der Leasingnehmer abweichend davon zu tragen, wenn dies im verbundenen Vertrag wirksam vereinbart wurde. Nicht paketversandfähige Sachen werden beim Leasingnehmer abgeholt.

Wenn der Leasingnehmer die aufgrund des verbundenen Vertrages überlassene Leasingsache sowie Nutzungen (z.B. Gebrauchsvorteile) nicht oder teilweise nicht oder nur in verschlechtertem Zustand zurückgewähren kann, hat er insoweit ggf. Wertersatz zu leisten.
Für die Verschlechterung der Sache muss der Leasingnehmer Wertersatz nur leisten, soweit die Verschlechterung auf einen Umgang mit der Sache zurückzuführen ist, der über die Prüfung der Eigenschaften und Funktionsweise hinausgeht. Unter „Prüfung der Eigenschaften und der Funktionsweise" versteht man das Testen und Ausprobieren der jeweiligen Ware, wie es etwa im Ladengeschäft möglich und üblich ist.

Besonderheiten bei weiteren Verträgen
Steht dem Leasingnehmer in Bezug auf den verbundenen Vertrag ein Widerrufsrecht zu, sind im Fall des wirksamen Widerrufs des verbundenen Vertrags Ansprüche des Leasinggebers auf Zahlung von Zinsen und Kosten aus der Rückabwicklung des Leasingvertrags gegen den Leasingnehmer ausgeschlossen.
Ist der Leasingnehmer aufgrund des Widerrufs dieses Leasingvertrags an den verbundenen Vertrag nicht mehr gebunden, sind insoweit die beiderseits empfangenen Leistungen zurückzugewähren und ggf. gezogene Nutzungen (z.B. Zinsen) herauszugeben.
Wenn der Leasingnehmer infolge des Widerrufs des Leasingvertrags nicht mehr an den weiteren Vertrag gebunden ist oder infolge des Widerrufs des weiteren Vertrags nicht mehr an den Leasingvertrag gebunden ist, gilt ergänzend Folgendes: Ist die Leistung des Leasinggebers bei Wirksamwerden des Widerrufs dem Vertragspartner des Leasingnehmers aus dem verbundenen Vertrag bereits zugeflossen, tritt der Leasinggeber im Verhältnis zum Leasingnehmer hinsichtlich der Rechtsfolgen des Widerrufs in die Rechte und Pflichten des Vertragspartners aus dem weiteren Vertrag ein.

Einwendungen bei verbundenen Verträgen
Der Leasingnehmer kann die Zahlung der Raten aus dem Leasingvertrag verweigern, soweit ihn Einwendungen berechtigen würden, seine Leistung gegenüber dem Vertragspartner aus dem verbundenen Vertrag zu verweigern. Dies gilt nicht, wenn das finanzierte Entgelt weniger als 200 Euro beträgt oder wenn der Rechtsgrund für die Einwendung auf einer Vereinbarung beruht, die zwischen dem Leasingnehmer und dem anderen Vertragspartner nach dem Abschluss des Leasingvertrags getroffen wurde. Kann der Leasingnehmer von dem anderen Vertragspartner Nacherfüllung verlangen, so kann er die Zahlung der Raten aus dem Leasingvertrag erst verweigern, wenn die Nacherfüllung fehlgeschlagen ist.

Ende der Widerrufsinformation
Der LN erklärt, die vom LG schriftlich und/oder mündlich erhaltenen vorvertraglichen Informationen, den Leasingvertrag und die beigelegten Allgemeinen Leasingbedingungen des LGs vor Vertragsschluss erhalten und in Abwesenheit des LGs gelesen und verstanden zu haben; insbesondere die Hauptmerkmale des vom LG angebotenen Vertrages, die vertragstypischen Auswirkungen, die Folgen eines Zahlungsverzuges und die Besonderheiten des Fernabsatzes.

Ort, Datum	Ort, Datum
(Unterschrift) Leasingnehmer	(Unterschrift) Leasinggeber

5. Allgemeine Geschäftsbedingungen – Mietkauf – Verbraucher

I. Allgemeine Vertragsbedingungen Mietkauf

1. Vertragsabschluss und Vertragslaufzeit

a) Der Mietkäufer (MK genannt) bindet sich für einen Zeitraum von einem Monat ab Zugang beim Vermieter (VM genannt) an seinen Antrag, soweit bis zu diesem Zeitpunkt kein Widerruf des MK erfolgt. Der Mietkaufvertrag wird wirksam, sobald der VM entweder das Mietkaufangebot annimmt, einen Liefervertrag über das Mietkaufobjekt (MO genannt) abschließt, in einen solchen Vertrag eintritt oder den Kaufpreis an den Lieferanten zahlt.

b) Lehnt der vom MK bestimmte Lieferant das Kaufangebot des VM ab, so kann der VM von diesem Mietkaufvertrag zurücktreten. Ansprüche des MK gegen den VM hieraus sind ausgeschlossen.

c) Die Vertragslaufzeit, die der im Mietkaufvertrag genannten Vertragsdauer entspricht, beginnt mit Übergabe des MO. Unabhängig von der Übergabe oder einer Vereinbarung über den Zeitpunkt der Übergabe beginnt die Vertragslaufzeit 14 Tage nach Anzeige der Bereitstellung des MO. Falls zur Einhaltung des vereinbarten Übergabezeitpunktes die Zulassung des MO erfolgen muss, ist der Tag der Zulassung Beginn der Vertragslaufzeit.

2. Mietkaufraten/Steuern und Aufrechnungsverbot

a) Die erste Mietkaufrate ist zu Beginn der Vertragslaufzeit (Ziffer I. 1. c)) fällig. Der MK zahlt ab Beginn der Vertragslaufzeit bis zum Ende des ersten Kalendermonats für die erste Mietkaufrate anteilig täglich 1/30 der monatlichen Mietkaufraten. Die weiteren Mietkaufraten sind stets monatlich, jeweils zum Letzten eines Kalendermonats im Nachhinein fällig und zu zahlen. Ratenzahlungen im Übrigen sind stets monatlich fällig.

b) Alle Zahlungen sind – unter Angabe der Mietkauf-Vertragsnummer – auf das vorstehend bezeichnete Konto des VM zu zahlen; sie werden vom VM im Wege des Lastschriftverfahrens eingezogen. Hierfür erteilt der MK dem VM eine jederzeit widerrufliche Einzugsermächtigung.

c) Für eine von der Bank des MK nicht eingelöste Lastschrift berechnet der VM dem MK eine Bearbeitungsgebühr von jeweils 10,00 Euro. Der MK ist berechtigt, seinerseits den Nachweis anzutreten, dass dem VM ein geringerer oder kein Schaden entstanden ist. Die Geltendmachung eines weitergehenden Verzugsschadens ist dadurch nicht ausgeschlossen.

d) Die Mietkaufrate ist für die Laufzeit des Mietkaufvertrages fest vereinbart.

aa) Die Parteien sind berechtigt, bei einer Veränderung von Steuern (z.B. Umsatzsteuer) oder Gebühren während der Vertragslaufzeit eine Anpassung der Mietkaufraten vorzunehmen.

bb) Bis zum Beginn der Vertragslaufzeit behält sich der VM eine Anpassung der Mietkaufraten vor, sofern sich bis zu diesem Zeitpunkt der Kaufpreis des MO erhöht oder ermäßigt. Der VM ist berechtigt, die Mietkaufraten auch dann anzupassen, wenn sich bis zum Beginn der Vertragslaufzeit die Zinsen auf dem Refinanzierungsmarkt ändern.

cc) In den zuvor genannten Fällen der Ziffern I. 2. d) aa) und bb) können VM und MK eine Anpassung der Mietkaufraten und der anderen Mietkaufentgelte nur dann verlangen, wenn sich der Gesamtpreis des MO oder die Refinanzierungskosten des VM nach dem Datum des Mietkaufantrages verändert, sofern zwischen Mietkaufantrag und Übernahme des MO mehr als 4 Monate liegen. Ergibt sich durch die erfolgte Anpassung eine Erhöhung um mehr als 5 %, kann der MK durch unverzügliche schriftliche Erklärung vom Mietkaufvertrag zurücktreten.

e) Eine vereinbarte Mietkaufsonderzahlung ist zusätzliches Entgelt neben den Mietkaufraten und dient nicht als Kaution. Durch sie werden Mietkaufraten nicht getilgt.

f) Der MK kann gegen fällige Forderungen nur aufrechnen, wenn die Gegenforderung rechtskräftig festgestellt, von dem VM anerkannt oder unbestritten ist.

g) Der MK kann vom VM einen Tilgungsplan (Zahlungsplan) verlangen. Dieser zeigt dem MK seine Belastung über den Vertragszeitraum an. In dem Zahlungsplan werden die tatsächlich zu zahlenden Mietkaufraten, die noch offenen Mietkaufraten sowie ggf. zu erbringende Abschlusszahlungen aufgeführt.

3. Lieferverzug

Die Schadensersatzhaftung des VM wegen eines vom Lieferanten zu vertretenden Lieferverzuges ist ausgeschlossen; es gelten die allgemeinen Haftungsregeln gemäß Ziffer I. 5. Vorbehalten bleibt der dem MK zustehende Anspruch auf Nutzungsüberlassung sowie auf Rücktritt oder Kündigung.

4. Abnahme/Lieferung und Übernahmebestätigung

a) Die Auslieferung des MO durch den Lieferanten erfolgt unmittelbar an den MK.

b) Der MK ist verpflichtet, das MO unverzüglich auf Gebrauchs- und Funktionstauglichkeit, insbesondere auf Mängel, Vollständigkeit und Übereinstimmung mit dem zwischen den Parteien des Liefervertrages Vereinbarten zu untersuchen und Beanstandungen spezifiziert dem Lieferanten und dem VM unverzüglich schriftlich anzuzeigen. Der MK hat das MO abzunehmen, sofern sich keine Beanstandungen zeigen. Der MK muss jedoch zumutbare Konstruktions- und Formänderungen, v.a. zumutbare Abweichungen im Farbton und des serienmäßigen Lieferumfangs hinnehmen.

c) Der MK hat nach erfolgter Abnahme innerhalb einer Frist von 3 Arbeitstagen eine Abnahmeerklärung rechtsverbindlich zu unterzeichnen und dem VM zu übergeben. Der MK nimmt zustimmend davon Kenntnis, dass der VM auf die Richtigkeit der Abnahmeerklärung vertraut und deshalb nach Erhalt der Abnahmeerklärung den Kaufpreis an den Lieferanten des MO bezahlt. Der MK ist verpflichtet, den VM von allen Schäden freizuhalten, die daraus entstehen, dass der MK aus Gründen, die er zu vertreten hat, eine unvollständige oder fehlerhafte Abnahmeerklärung ausstellt.

d) Der MK trägt die Kosten und die Gefahr aus der Lieferung, Aufstellung, Montage und Demontage des MO.

5. Sach- und Rechtsmängel, Haftungsbeschränkung

a) Es gelten die gesetzlichen Bestimmungen, soweit sich aus den nachfolgenden Regelungen nicht etwas anderes ergibt.

b) Sofern es sich beim MO um eine gebrauchte Sache handelt, wird die Verjährungsfrist für die kaufrechtlichen Gewährleistungsrechte des MK gegen den VM auf ein Jahr verkürzt.

c) Haftet der VM gegenüber dem MK für einen Schaden aufgrund eigenen oder Verschuldens seiner gesetzlichen Vertreter oder sonstiger Erfüllungsgehilfen aus einem anderen Rechtsgrund als unter Ziffer I. 3. oder vorstehend geregelt, ist die Haftung auf Fälle von Vorsatz oder grober Fahrlässigkeit beschränkt; bei Verletzung von Leben, Körper und Gesundheit haftet der VM auch für einfache Fahrlässigkeit. Zuletzt Genanntes gilt auch bei Verletzung von wesentlichen Vertragspflichten, jedoch dann beschränkt auf den vorhersehbaren Schaden.

d) Etwaige Zusagen oder Absprachen zwischen MK und Lieferanten, deren Kenntnis der VM nicht schriftlich bestätigt hat, gehen nicht zu Lasten des VM. Der MK stellt den VM im Zweifel von diesbezüglichen Ansprüchen frei.

6. Überwälzung der Sach- und Preisgefahr

a) Die Gefahr eines zufälligen Untergangs des MO trägt ab Abnahme der MK; dies gilt auch, wenn das MO dem MK gestohlen wird oder abhandenkommt, es sei denn, dies ist vom VM zu vertreten.

b) Im Falle eines Totalschadens oder bei völligem Verlust oder einer wesentlichen sonstigen Beschädigung des MO steht dem MK und dem VM ein außerordentliches Kündigungsrecht zu; gleichwohl bleibt der MK verpflichtet, die abgezinste Restamortisation dem VM gut zu bringen. Die Ziffer I. 9. findet für diesen Fall entsprechende Anwendung. Der MK bleibt bis zur Kündigung zur Zahlung der vereinbarten Raten verpflichtet. Für diesen Fall tritt der VM bereits hiermit alle Ansprüche, die ihm aufgrund seines Eigentums an dem MO gegen Dritte zustehen, an den die Abtretung annehmenden MK ab. Ziffer I. 5. gilt für die Geltendmachung dieser Rechte entsprechend. Anstatt zur Kündigung, ist der MK auch zur unveränderten Fortsetzung des Vertrages berechtigt, in dem er nach seiner Wahl entweder das MO auf seine Kosten instand setzt oder durch ein gleichartiges oder gleichwertiges Objekt ersetzt. Der MK hat den VM über seine Wahl unverzüglich zu informieren. Entscheidet sich der MK für die Instandsetzung, so hat er das MO in einen vertragsgemäßen Zustand zu versetzen. Entscheidet sich der MK für eine Ersetzung, so hat er dem VM das Eigentum an dem Objekt zu verschaffen, soweit dieser das Ersetzungsobjekt nicht vom Lieferanten erwirbt. Der MK hat die ordnungsgemäße Instandsetzung oder Ersetzung dem VM unverzüglich nachzuweisen. Der Mietkaufvertrag gilt unverändert für das Ersatzmietkaufobjekt.

7. Gebrauch, Reparaturen, Standort und Lasten/Steuern

a) Der MK ist auf seine Kosten verpflichtet, das MO sorgfältig und pfleglich unter Beachtung der Gebrauchsanweisung einzusetzen und in betriebs- und verkehrssicherem Zustand zu erhalten. Er hat pünktlich vorgeschriebene oder empfohlene Wartungsarbeiten und erforderlich werdende Reparaturen am MO von einer vom Hersteller oder Lieferanten autorisierten Fachwerkstatt auf eigene Kosten durchführen zu lassen.

b) Der MK ist nicht berechtigt, das MO von seinem vertraglich vorgesehenen Standort (vereinbarter Zulassungsbezirk) zu entfernen, seinen Verwendungszweck zu ändern oder wesentliche Änderungen am MO durchzuführen, ohne zuvor die schriftliche Zustimmung des VM eingeholt zu haben. Der MK darf insbesondere keine Veränderungen am Kilometerzähler oder Stundenzähler des MO vornehmen. Einbauten, die zu Bestandteilen des MO geworden sind, gehen in das Eigentum des VM über. Auf Verlangen ist das MO als Eigentum des VM zu kennzeichnen.

c) Wird das MO mit einem Grundstück oder Gebäude oder einer beweglichen Sache fest verbunden oder auf einem Grundstück eingebracht, so geschieht dies im Sinne von § 95 BGB lediglich zu einem vorübergehenden Zweck; dieser endet mit Ablauf der Vertragslaufzeit.

d) Der MK trägt ab Abnahme alle Gebühren, Steuern, Abgaben, sonstige Lasten, die mit dem Besitz oder der Nutzung des LO anfallen, und sonstige Kosten (wie z.B. für Überführung, Zulassung und für Zahlungsauthentifizierungsinstrumente). Dies gilt insbesondere auch für Autobahn- und Straßennutzungsgebühren.

e) Der MK hat alle Gesetze und Vorschriften, die den Besitz und den Betrieb des MO regeln, einzuhalten und das MO von Rechten Dritter freizuhalten. Der MK stellt den VM von allen Ansprüchen Dritter in Bezug auf das MO frei.

f) Kommt der MK den vorgenannten Verpflichtungen nicht nach, ist der VM bei Gefahr in Verzug oder besonderer Eilbedürftigkeit berechtigt, diese Verpflichtungen auf Kosten des MK vorzunehmen.

8. Versicherung, Abtretung von Ersatzansprüchen

Der MK ist verpflichtet, eine Sachversicherung (v.a. für Feuer, Wasser, Einbruch und Diebstahl) zugunsten des MO bei einem in der Bundesrepublik Deutschland tätigen Versicherer auf eigene Kosten zum Neuwert abzuschließen und während der gesamten Vertragslaufzeit aufrecht zu erhalten. Schon jetzt tritt der MK alle ihm gegenüber dem Versicherer zustehenden Ersatzansprüche an den VM ab. Bei Fahrzeugen hat der MK eine Kfz-Haftpflichtversicherung mit einer Deckungssumme von zumindest 1. Mio. Euro sowie eine Vollkaskoversicherung mit einer Selbstbeteiligung von höchstens 500,00 Euro abzuschließen. Der MK hat innerhalb von 14 Tagen nach Abnahme des MO den Versicherungsschutz gegenüber dem VM nachzuweisen. Kommt der MK dieser Verpflichtung nicht nach, kann der VM das MO auf Kosten des MK versichern. Überdies hat sich der MK zugunsten des VM für diese Versicherungen einen Sicherungsschein zu verschaffen und an den VM zu übergeben. Trotz Abtretung bleibt der MK berechtigt und verpflichtet, die abgetretenen Ansprüche gegenüber dem Versicherer auf eigene Kosten geltend zu machen. Zahlungen darf er nur an den VM verlangen. Der VM hat erhaltene Versicherungsentschädigungen – mit Ausnahme von Zahlungen zur Abdeckung des merkantilen Minderwertes, die wirtschaftlich dem VM zustehen – dem MK zur Wiederherstellung des MO zur Verfügung zu stellen oder auf die Zahlungspflicht des MK anzurechnen. Der VM ist vom MK unverzüglich über den Schadensfall und seine Abwicklung zu unterrichten.

9. Zahlungsverzug, Kündigung und Rücktritt

a) Soweit der MK mit Zahlungen, die er auf Grund des Mietkaufvertrages schuldet, in Verzug kommt, hat er den Betrag nach § 288 Abs. 1 BGB zu verzinsen. Im Einzelfall kann der VM eine höheren und der MK einen niedrigeren Schaden nachweisen.
Die nach Eintritt des Verzugs anfallenden Zinsen sind auf einem gesonderten Konto zu verbuchen und dürfen nicht in ein Kontokorrent mit dem geschuldeten Betrag oder andern Forderungen des VMs eingestellt werden. Hinsichtlich dieser Zinsen gilt § 289 S. 2 BGB mit der Maßgabe, dass der VM Schadensersatz nur bis zur Höhe des gesetzlichen Zinssatzes (§ 246 BGB) verlangen kann. Der Verzugszinssatz beträgt 5 %-Punkte über dem jeweils geltenden Basiszinssatz (www.basiszinsatz.de).
Zahlungen des MKs, die zur Tilgung der gesamten fälligen Schuld nicht ausreichen, werden abweichend von § 367 Abs. 1 BGB zunächst auf die Kosten der Rechtsverfolgung, dann auf den übrigen geschuldeten Betrag (§ 497 Abs. 1 BGB) und zuletzt auf die Zinsen (§ 497 Abs. 2 BGB) angerechnet. Der VM darf Teilzahlungen nicht zurückweisen.
b) Während der Grundmietzeit ist die ordentliche Kündigung des Mietkaufvertrages ausgeschlossen. Ausnahme hierzu bildet für den MK § 500 Abs. 2 BGB. Der MK kann seine Verbindlichkeiten aus diesem Vertrag gemäß § 500 Abs. 2 BGB jederzeit vorzeitig ganz oder teilweise vorzeitig erfüllen.
c) Im Falle einer vorzeitigen Rückzahlung nach § 500 Abs. 2 BGB kann der VM gemäß § 502 BGB eine angemessene Vorfälligkeitsentschädigung für den unmittelbar mit der vorzeitigen Rückzahlung zusammenhängenden Schaden verlangen. In diesem Fall wird der VM diesen Schaden nach den vom Bundesgerichtshof für die Berechnung vorgeschriebenen finanzmathematischen Rahmenbedingungen berechnen, die insbesondere
– ein zwischenzeitlich verändertes Zinsniveau,
– die für den Mietkauf-Vertrag ursprünglich vereinbarten Zahlungen,
– den dem VM entgangenen Gewinn,
– den mit der vorzeitigen Rückzahlung verbundenen Verwaltungsaufwand, sowie
– die infolge der vorzeitigen Rückzahlung ersparten Risiko- und Verwaltungskosten
berücksichtigen.
Die so errechnete Vorfälligkeitsentschädigung wird, wenn sie höher ist, auf den niedrigeren der beiden folgenden Beträge reduziert:
– 1 Prozent beziehungsweise, wenn der Zeitraum zwischen der vorzeitigen und der vereinbarten Rückzahlung weniger als 1 Jahr beträgt, 0,5 Prozent des vorzeitig zurückgezahlten Betrags,
– den Betrag der Sollzinsen, den der MK in dem Zeitraum zwischen der vorzeitigen und der vereinbarten Rückzahlung entrichtet hätte.
Der Anspruch auf eine Vorfälligkeitsentschädigung ist ausgeschlossen, wenn
– Die Rückzahlung aus den Mitteln einer zwingend vom MK abzuschließenden Mietkaufraten-Versicherung bewirkt wurde, oder
– Im Vertrag die Angaben über die Vertragslaufzeit, das Kündigungsrecht des MKs oder die Berechnung der Vorfälligkeitsentschädigung unzureichend sind.
d) Der Mietkaufvertrag kann unter den gesetzlichen Voraussetzungen fristlos gekündigt werden. In den Fällen des Zahlungsverzuges des MK steht dem VM das Kündigungsrecht erst zu, wenn der MK
– sich mit zwei aufeinander folgenden Teilzahlungen ganz oder teilweise und mit mindestens 10 %, bei einer Laufzeit des Mietkaufvertrages von mehr als drei Jahren mit mindestens 5 % der Brutto-Mietkaufraten in Verzug befindet und
– der VM dem MK erfolglos eine zweiwöchige Frist zur Zahlung des rückständigen Betrages mit der Erklärung gesetzt hat, dass er bei Nichtzahlung innerhalb der Frist die gesamt Restschuld verlange.
Der VM wird dem MK spätestens mit Fristsetzung ein Gespräch über die Möglichkeiten einer einverständlichen Regelung anbieten.
e) Als Folge der vom MK veranlassten fristlosen Kündigung hat der VM einen Anspruch auf Schadensersatz, der konkret zu berechnen ist.

f) Darüber hinaus ist der VM für diesen Fall berechtigt, das LO auf Kosten des MK in seinen Besitz zu nehmen und zu verwerten. Der MK erklärt hiermit ausdrücklich seine Zustimmung zur Inbesitznahme durch den VM.
g) Der MK ist verpflichtet, dass LO innerhalb von 14 Tagen nach Zugang der Bereitstellungsanzeige abzunehmen. Im Falle der Nichtabnahme kann der VM von seinen gesetzlichen Rechten Gebrauch machen; insbesondere den Mietkaufvertrag kündigen und Schadensersatz vom MK begehren.
Dieselben Rechte stehen dem VM zu, wenn der MK die mit Vertragsschluss fällige Sonderzahlung nicht innerhalb von 14 Tagen nach Zugang der Bereitstellungsanzeige zahlt.
h) Die Kündigung wird im Falle des Vorliegens der gesetzlichen Voraussetzungen mit Zugang wirksam. Die Kündigung bedarf der Textform.
Folge der Kündigung ist die Rückabwicklung des Mietkaufvertrages. Im Falle einer außerordentlichen Kündigung kann daneben ein Anspruch auf Schadensersatz bestehen, der konkret zu berechnen ist.
i) Die Ziffern I. 9. a) bis h) sind für den Rücktritt entsprechend anwendbar.
k) Rückgabepflicht im Falle der vorzeitigen Vertragsbeendigung
aa) Im Falle der vorzeitigen Vertragsbeendigung (Rücktritt, Kündigung, Schadensersatz statt der ganzen Leistung usw.) ist der MK verpflichtet, das MO auf seine Kosten einschließlich aller Unterlagen und Schlüssel an den VM oder dessen Beauftragten herauszugeben.
bb) Kommt der MK seiner Pflicht zur Rückgabe nicht nach, findet Ziffer I. 9. f) entsprechende Anwendung.

10. Untervermietung
Der MK ist nicht berechtigt, das MO unter zu vermieten oder an Dritte weiter zu vermieten; beides bedarf der schriftlichen Zustimmung des VM. Der MK tritt dem VM etwaige Ansprüche aus einer unzulässigen Untervermietung ab, der die Abtretung annimmt.

11. Abtretung, Refinanzierung und Vertragsübernahme
a) Der VM ist berechtigt, die ihm auf Grund dieses Vertrages zustehenden Rechte – gleich welcher Art diese sein mögen – ganz oder teilweise zu Zwecken der Refinanzierung abzutreten; er ist des Weiteren berechtigt, das MO zur Sicherheit zu übereignen. Der MK erklärt hiermit seine unwiderrufliche Zustimmung zu einer solchen Abtretung oder Übertragung.
b) Gleiches gilt, sofern sich der VM entschließt, die ihm aus dem Mietkaufvertrag zustehenden Ansprüche an eine refinanzierende Bank zu forfaitieren.
c) Der VM ist berechtigt, seine Rechte und Pflichten – einschließlich des Eigentums – am MO aus dem Mietkaufvertrag an Dritte zu übertragen, mit der Folge, dass nach dieser Vertragsübernahme allein der Dritte Vertragspartner des MK ist. Der MK erklärt bereits jetzt seine unwiderrufliche Zustimmung zu dieser Vertragsübernahme. Gleiches gilt für eine Rückübertragung der Rechte und Pflichten aus dem Mietkaufvertrag an den VM durch den Dritten.
d) Der MK ist nicht berechtigt, die ihm aus diesem Vertrag zustehenden Rechte oder Ansprüche zu übertragen oder zu verpfänden.

12. Lohn- und Gehaltsabtretung des MK/Bürgen
a) Der MK/Bürge tritt hiermit unwiderruflich den pfändbaren bzw. übertragbaren Teil seiner gegenwärtigen und zukünftigen Ansprüche auf Arbeitsentgelt/Lohn, Gehalt, Wehrsold, Abfindungen, Gewinnbeteiligungen, Provisionen, Tantiemen, Betriebsrenten, Pensionen, Arbeitnehmersparzulagen, Weihnachts- und Urlaubsgeld, Arbeitslosengeld, Teilarbeitslosengeld, Übergangsgeld, Kurzarbeitergeld, Insolvenzgeld, Wintergeld, Winterausfallgeld, Vorruhestandsleistung, Leistungen der gesetzlichen sowie privaten Kranken-, Unfall- und Rentenversicherungen sowie Berufs- und Erwerbsunfähigkeitsrente gegen den jeweiligen Leistungsverpflichteten an den VM ab, der die Abtretung annimmt.
b) Gesichert sind die Ansprüche des VM im Zusammenhang mit diesem Vertrag, gleich aus welchem Rechtsgrund.

c) Die Abtretung ist begrenzt auf den Gesamtzahlungsbetrag dieses Mietkaufvertrages. Wird nicht auf die Abtretung gezahlt, setzt sich die Abtretung bis zum Erreichen des zuvor genannten Betrages fort.
d) Der VM legt die Abtretung nur offen und wird die abgetretenen Ansprüche nur einziehen, wenn der MK/Bürge mit einem Betrag im Rückstand ist, der mindestens zwei vollen Mietkaufraten entspricht und mindestens zweimal schriftlich zur Zahlung aufgefordert worden ist, wobei die erste Zahlungsaufforderung bereits nach Rückstand mit nur einer Rate erfolgen kann. Der VM hat dem MK/Bürgen mit einer Frist von einem Monat die Offenlegung anzudrohen. Die Androhung kann mit einer Mahnung verbunden werden.
e) Nach Befriedigung aller gesicherten Ansprüche ist der VM zur Rückübertragung der Sicherheiten verpflichtet und wird diese an den MK/Bürgen zurückübertragen.
f) Der MK/Bürge bevollmächtigt hiermit den VM, über die in Ziffer I. 12. a) genannten Ansprüche Auskünfte beim Leistungsverpflichteten einzuholen.

13. Aktivierungspflicht, Eigentumsübergang und Sicherungsübereignung
a) Sofern der MK bilanzierungspflichtig ist, hat er das MO in seiner Bilanz zu aktivieren.
b) Der VM behält während der Vertragslaufzeit das Eigentum am MO, wobei er sich die Rechte gemäß Ziffer I. 11. vorbehält. Die Eigentumsübertragung des MO an den MK ist aufschiebend bedingt dadurch, dass die vereinbarte Mietdauer vertragsgemäß abläuft und der MK alle ihm nach diesem Vertrag obliegenden Verpflichtungen ordnungsgemäß erfüllt; insbesondere die vereinbarten Mietkaufraten vollständig bezahlt.
c) Die Vertragspartner vereinbaren hiermit, dass das MO oder ein etwaiges Ersatzobjekt mit allen Bestandteilen und Zubehör – auch nach der Vertragslaufzeit – zur Sicherung aller Ansprüche des VM aus diesem Vertrag dient, bis der MK alle ihm nach diesem Vertrag obliegenden Verpflichtungen gegenüber dem VM ordnungsgemäß erfüllt. Das Eigentum an vom MK erworbenen Bestandteilen, Zubehör und im Austausch gegen das MO erworbene Güter gehen zum Zeitpunkt des Erwerbes durch den MK auf den VM über. In diesen Fällen hat der MK den VM unverzüglich schriftlich über die Spezifikationsmerkmale dieser Gegenstände zu informieren. Für die Eigentumsübertragung an einem Ersatzobjekt oder an nachträglich erworbenen Bestandteilen oder des Zubehörs ersetzt diese Vereinbarung/Sicherungsabrede die Übergabe. Der MK tritt vorsorglich etwaige Herausgabeansprüche gegen etwaig besitzende Dritte an den VM ab, der die Abtretung annimmt. Nach Befriedigung der gesicherten Ansprüche hat der VM die ihm gestellten Sicherheiten zurück zu übertragen und einen etwaigen Übererlös aus der Verwertung herauszugeben. Die Rückübertragung des Objektes erfolgt im jeweiligen Zustand unter Ausschluss einer etwaigen Gewährleistung im Hinblick auf den reinen Sicherungscharakter. Der VM wird die Sicherheiten an einen Dritten übertragen, wenn er (z.B. bei Befriedigung durch Dritte) hierzu verpflichtet ist. Jedenfalls, auch vor vollständiger Befriedigung aller durch die Sicherungsübereignung gesicherten Ansprüche ist der VM verpflichtet, auf Verlangen das ihm übertragene Objekt bzw. andere ihm gestellten Sicherheiten nach billigem Ermessen ganz oder teilweise freizugeben, sofern der realisierbare Wert sämtlicher Sicherheiten – abgestellt auf den Zeitpunkt der Kündigung oder des Rücktritts – 110 % der gesicherten Ansprüche des VM nicht nur vorübergehend überschreitet. Der VM wird bei der Auswahl der freizugebenden Sicherheiten die berechtigten Belange des MK berücksichtigen.

14. Adress- und sonstige Änderungen; Einsichtsrecht
a) Der MK ist verpflichtet, jede Anschriften-, Bankverbindungs-, Namens- und Sitzänderung sowie Änderung in den Rechtsverhältnissen innerhalb von 8 Tagen dem VM mitzuteilen.
b) Der MK ist überdies verpflichtet, während der Vertragsdauer auf Verlangen des VM Einblick in seine Vermögensverhältnisse zu gewähren und diese dem VM zur Verfügung zu stellen. Der VM ist berechtigt, neben Jahresabschlüssen ergänzende Unterlagen vom MK zur Einsichtnahme zu verlangen.

15. Datenschutzklausel
Der VM ist berechtigt, Daten (wie personenbezogene Daten) über die Beantragung (z.B. MK, Gesamtschuldner, Bürge, Mietkaufraten, Laufzeit des Mietkaufvertrages, Beginn und Höhe der Mietkaufzahlungen) und die Durchführung des Mietkaufvertrages (z.B. vorzeitige Vertragsablösung, fristlose Kündigung, Klageerhebung, Zwangsvollstreckungsmaßnahmen) gem. § 28 BDSG intern zu speichern, für die Bearbeitung des Mietkaufantrags/-vertrags zu nutzen und zum Zweck der Refinanzierung des Mietkaufvertrages an ein Refinanzierungsinstitut und/oder Datenpools zur Verbesserung der Branchensicherheit zu übermitteln.

16. Gerichtsstand und Schlussbestimmungen
a) Es gilt das Recht der Bundesrepublik Deutschland.
b) Alle im Rahmen dieses Vertrages getroffenen Vereinbarungen sind in dieser Urkunde enthalten. Änderungen dieses Vertrages bedürfen der Schriftform, was auch für den Verzicht auf diese Klausel gilt.
c) Für den VM zuständige Aufsichtsbehörde:
Bundesanstalt für Finanzdienstleistungsaufsicht
Graurheindorfer Straße 108, 53177 Bonn
d) Außergerichtlichen Beschwerde- und Rechtsbehelfsverfahren:
Der MK kann nach § 14 Unterlassungsklagengesetz vor Anrufung der deutschen Gerichte von dem außergerichtlichen Streitschlichtungsverfahren der Deutschen Bundesbank Gebrauch machen. Die Beschwerde ist schriftlich und unter kurzer Schilderung des Sachverhalts und ggf. unter Beifügung von Kopien der notwendigen Unterlagen zu erheben bei Deutsche Bundesbank – Schlichtungsstelle – Postfach 11 12 32, 60047 Frankfurt am Main, Tel.: +49 69 2388-1907/1906/1908, Fax: +49 69 2388-1919, E-Mail: schlichtung@bundesbank.de. Die Beschwerde kann auch per E-Mail oder Fax eingereicht werden; evtl. erforderliche Unterlagen sind dann per Post nachzureichen. Der MK darf vor Anrufung der Beschwerdestelle weder ein Gericht, noch eine Streitschlichtungsstelle und auch keine Gütestelle angerufen haben und auch keinen außergerichtlichen Vergleich mit dem Beschwerdegegner abgeschlossen haben. Darüber hinaus darf der Anspruch bei Erhebung der Beschwerde nicht verjährt sein.
Zugangsvoraussetzungen:
1. der Beschwerdegegenstand darf nicht bereits bei einem Gericht anhängig sein, in der Vergangenheit anhängig gewesen sein oder von dem Beschwerdeführer während des Schlichtungsverfahrens anhängig gemacht werden,
2. die Streitigkeit darf nicht durch einen außergerichtlichen Vergleich beigelegt worden sein,
3. ein Antrag auf Prozesskostenhilfe darf nicht abgewiesen worden sein, weil die beabsichtigte Rechtsverfolgung keine Aussicht auf Erfolg bietet,
4. die Angelegenheit darf nicht bereits Gegenstand eines Schlichtungsvorschlags oder eines Schlichtungsverfahrens einer Schlichtungsstelle nach § 14 des Unterlassungsklagengesetzes oder einer anderen Gütestelle, die Streitbeilegung betreibt, sein,
5. der Anspruch darf bei Erhebung der Kundenbeschwerde nicht bereits verjährt sein, falls sich der Beschwerdegegner auf die Verjährung beruft.

Der Schlichter kann die Schlichtung ablehnen, wenn die Schlichtung die Klärung einer grundsätzlichen Rechtsfrage beeinträchtigen würde.

II. Ergänzende Bestimmungen für Bürgen
1. Der Bürge willigt ein, dass der VM der für ihren Wohnsitz zuständigen Schufa-Gesellschaft (Schutzgesellschaft für allgemeine Kreditsicherung) Daten über die Beantragung, die Aufnahme (MK, Summe aller Mietkaufraten, Laufzeit, Ratenbeginn, Bürgen) und vereinbarungsgemäße Abwicklung (z.B. vorzeitige Vertragsbeendigung, Laufzeitverlängerung) dieses Mietkaufvertrages übermittelt. Die Schufa

speichert und übermittelt die Daten an ihre Vertragspartner im EU-Binnenmarkt, um diesen Informationen zur Beurteilung der Kreditwürdigkeit von natürlichen Personen zu geben. Die Schufa stellt personenbezogene Daten nur zur Verfügung, wenn ein berechtigtes Interesse hieran im Einzelfall glaubhaft dargelegt wurde. Der MK/Bürge kann Auskunft bei der Schufa über die ihn betreffenden Daten erhalten. Weitere Informationen über das Schufa-Auskunfts- und Score-Verfahren enthält ein Merkblatt, das auf Wunsch von der Schufa zur Verfügung gestellt wird. Die Adresse der Schufa lautet: Schufa Holding AG, Verbraucherservice, Postfach 600509, 44845 Bochum.
2. Auf die Anwendbarkeit der Ziffer I. 12. für den Bürgen wird hingewiesen.

III. Widerrufsinformation für Verbraucher

Einfügen der jeweils zutreffenden *Widerrufsinformation*. Siehe hierzu S. 572 ff.

6. Allgemeine Geschäftsbedingungen – Sale and Mietkauf-back

I. Allgemeine Vertragsbedingungen Mietkauf

1. Vertragsabschluss und Vertragslaufzeit

a) Der Mietkäufer (MK genannt) bindet sich für einen Zeitraum von einem Monat ab Zugang beim Vermieter (VM genannt) an seinen Antrag, soweit bis zu diesem Zeitpunkt kein Widerruf des MK erfolgt. Der Mietkaufvertrag wird wirksam, sobald der VM entweder das Mietkaufangebot annimmt, einen Liefervertrag über das Mietkaufobjekt (MO genannt) abschließt, in einen solchen Vertrag eintritt oder den Kaufpreis an den Lieferanten zahlt.

b) Lehnt der vom MK bestimmte Lieferant das Kaufangebot des VM ab, so kann der VM von diesem Mietkaufvertrag zurücktreten. Ansprüche des MK gegen den VM hieraus sind ausgeschlossen.

c) Die Vertragslaufzeit, die der im Mietkaufvertrag genannten Vertragsdauer entspricht, beginnt mit Übergabe des MO. Unabhängig von der Übergabe oder einer Vereinbarung über den Zeitpunkt der Übergabe beginnt die Vertragslaufzeit 14 Tage nach Anzeige der Bereitstellung des MO. Falls zur Einhaltung des vereinbarten Übergabezeitpunktes die Zulassung des MO erfolgen muss, ist der Tag der Zulassung Beginn der Vertragslaufzeit.

2. Mietkaufraten/Steuern und Aufrechnungsverbot

a) Die erste Mietkaufrate ist zu Beginn der Vertragslaufzeit (Ziffer I. 1. c)) fällig. Der MK zahlt ab Beginn der Vertragslaufzeit bis zum Ende des ersten Kalendermonats für die erste Mietkaufrate anteilig täglich 1/30 der monatlichen Mietkaufraten. Die weiteren Mietkaufraten sind stets monatlich, jeweils zum Letzten eines Kalendermonats im Nachhinein fällig und zu zahlen. Ratenzahlungen im Übrigen sind stets monatlich fällig.

b) Alle Zahlungen sind – unter Angabe der Mietkauf-Vertragsnummer – auf das vorstehend bezeichnete Konto des VM zu zahlen; sie werden vom VM im Wege des Lastschriftverfahrens eingezogen. Hierfür erteilt der MK dem VM eine jederzeit widerrufliche Einzugsermächtigung.

c) Für eine von der Bank des MK nicht eingelöste Lastschrift berechnet der VM dem MK eine Bearbeitungsgebühr von jeweils 10,00 Euro. Der MK ist berechtigt, seinerseits den Nachweis anzutreten, dass dem VM ein geringerer oder kein Schaden entstanden ist. Die Geltendmachung eines weitergehenden Verzugsschadens ist dadurch nicht ausgeschlossen.

d) Die Mietkaufrate ist für die Laufzeit des Mietkaufvertrages fest vereinbart.

aa) Die Parteien sind berechtigt, bei einer Veränderung von Steuern (z.B. Umsatzsteuer) oder Gebühren während der Vertragslaufzeit eine Anpassung der Mietkaufraten vorzunehmen.

bb) Bis zum Beginn der Vertragslaufzeit behält sich der VM eine Anpassung der Mietkaufraten vor, sofern sich bis zu diesem Zeitpunkt der Kaufpreis des MO erhöht oder ermäßigt. Der VM ist berechtigt, die Mietkaufraten auch dann anzupassen, wenn sich bis zum Beginn der Vertragslaufzeit die Zinsen auf dem Refinanzierungsmarkt ändern.

cc) In den zuvor genannten Fällen der Ziffern I. 2. d) aa) und bb) können VM und MK eine Anpassung der Mietkaufraten und der anderen Mietkaufentgelte nur dann verlangen, wenn sich der Gesamtpreis des MO oder die Refinanzierungskosten des VM nach dem Datum des Mietkaufantrages verändert, sofern zwischen Mietkaufantrag und Übernahme des MO mehr als 4 Monate liegen. Ergibt sich durch die erfolgte Anpassung eine Erhöhung um mehr als 5 %, kann der LN durch unverzügliche schriftliche Erklärung vom Mietkaufvertrag zurücktreten.

e) Eine vereinbarte Mietkaufsonderzahlung ist zusätzliches Entgelt neben den Mietkaufraten und dient nicht als Kaution. Durch sie werden Mietkaufraten nicht getilgt.

f) Der MK kann gegen fällige Forderungen nur aufrechnen, wenn die Gegenforderung rechtskräftig festgestellt, von dem VM anerkannt oder unbestritten ist.

g) Der MK kann vom VM einen Tilgungsplan (Zahlungsplan) verlangen. Dieser zeigt dem MK seine Belastung über den Vertragszeitraum an. In dem Zahlungsplan werden die tatsächlich zu zahlenden Mietkaufraten, die noch offenen Mietkaufraten sowie ggf. zu erbringende Abschlusszahlungen aufgeführt.

3. Lieferverzug

Die Schadensersatzhaftung des VM wegen eines vom Lieferanten zu vertretenden Lieferverzuges ist ausgeschlossen; es gelten die allgemeinen Haftungsregeln gemäß Ziffer I. 5. Vorbehalten bleibt der dem MK zustehende Anspruch auf Nutzungsüberlassung sowie auf Rücktritt oder Kündigung.

4. Abnahme/Lieferung und Übernahmebestätigung

a) Die Auslieferung des MO durch den Lieferanten erfolgt unmittelbar an den MK.

b) Der MK ist verpflichtet, das MO unverzüglich auf Gebrauchs- und Funktionstauglichkeit, insbesondere auf Mängel, Vollständigkeit und Übereinstimmung mit dem zwischen den Parteien des Liefervertrages Vereinbarten zu untersuchen und Beanstandungen spezifiziert dem Lieferanten und dem VM unverzüglich schriftlich anzuzeigen. Der MK hat das MO abzunehmen, sofern sich keine Beanstandungen zeigen. Der MK muss jedoch zumutbare Konstruktions- und Formänderungen, v.a. zumutbare Abweichungen im Farbton und des serienmäßigen Lieferumfangs hinnehmen.

c) Der MK hat nach erfolgter Abnahme innerhalb einer Frist von 3 Arbeitstagen eine Abnahmeerklärung rechtsverbindlich zu unterzeichnen und dem VM zu übergeben. Der MK nimmt zustimmend davon Kenntnis, dass der VM auf die Richtigkeit der Abnahmeerklärung vertraut und deshalb nach Erhalt der Abnahmeerklärung den Kaufpreis an den Lieferanten des MO bezahlt. Der MK ist verpflichtet, den VM von allen Schäden freizuhalten, die daraus entstehen, dass der MK aus Gründen, die er zu vertreten hat, eine unvollständige oder fehlerhafte Abnahmeerklärung ausstellt.

d) Der MK trägt die Kosten und die Gefahr aus der Lieferung, Aufstellung, Montage und Demontage des MO.

5. Sach- und Rechtsmängel, Haftungsbeschränkung

a) Es gelten die gesetzlichen Bestimmungen, soweit nachfolgend nichts anderes geregelt wird.

b) Alle mietrechtlichen und kaufrechtlichen Gewährleistungsrechte – mit Ausnahme der mietvertraglichen/kaufvertraglichen Sachverschaffungspflicht – des MK gegen den VM und im Gegenzug die kaufrechtlichen Gewährleistungsrechte des VM gegen den MK werden wechselseitig abbedungen.

aa) Stehen dem MK kaufrechtliche Gewährleistungsrechte wegen etwaiger Sach- und Rechtsmängel insbesondere alle Nacherfüllungs-, Rücktritts-, Minderungs- und Schadensersatzansprüche sowie mängelbezogene Garantien gegenüber dem Lieferanten des MO zu, so verbleiben diese Rechte beim MK (originäre Rechte des MK aus dem Kaufvertrag).

bb) Die Geltendmachung dieser Ansprüche erfolgt auf eigene Kosten und Rechnung des MK.

cc) Können sich Lieferant und MK nicht über die Wirksamkeit eines vom MK erklärten Rücktritts oder einer Minderung einigen, ist der MK zur Verweigerung oder Zurückbehaltung von Zahlungspflichten dieses Mietkaufvertrages wegen etwaiger Mängel nicht berechtigt. Die gerichtliche Geltendmachung der Ansprüche gegen den Lieferanten obliegt dem MK und erfolgt auf seine Rechnung und sein Risiko. Der VM verpflichtet sich den MK bei der Durchsetzung seiner Gewährleistungsansprüche zu unterstützen; insbesondere das MO zur Durchführung des Rücktritts herauszugeben.

dd) Der MK hat für den Fall der Nachlieferung mit dem Lieferanten zu vereinbaren, dass dieser das Eigentum an dem MO unmittelbar auf den VM überträgt. Die Besitzverschaffung jedoch erfolgt durch Lieferung an den MK. Der MK hat den VM von der erfolgten Nachlieferung unverzüglich in Kenntnis zu setzen und die Identifikationsmerkmale des neuen MO dem VM schriftlich mitzuteilen sowie durch einen Lieferschein zu belegen.

ee) Der MK nimmt zustimmend davon Kenntnis, dass ihm gegenüber dem VM keine Gewährleistungsansprüche zustehen, sofern diese Ansprüche im Verhältnis zum Lieferanten nach der Abtretung verjähren. Das Risiko rechtzeitiger Rechtsverfolgung gegenüber dem Lieferanten obliegt dem MK.

c) Haftet der VM gegenüber dem MK für einen Schaden aufgrund eigenen oder Verschuldens seiner gesetzlichen Vertreter oder sonstiger Erfüllungsgehilfen aus einem anderen Rechtsgrund als unter

Ziffer I. 3. oder vorstehend geregelt, ist die Haftung auf Fälle von Vorsatz oder grober Fahrlässigkeit beschränkt; bei Verletzung von Leben, Körper und Gesundheit haftet der VM auch für einfache Fahrlässigkeit. Zuletzt Genanntes gilt auch bei Verletzung von wesentlichen Vertragspflichten, jedoch dann beschränkt auf den vorhersehbaren Schaden.
d) Etwaige Zusagen oder Absprachen zwischen MK und Lieferanten, deren Kenntnis der VM nicht schriftlich bestätigt hat, gehen nicht zu Lasten des VM. Der MK stellt den VM im Zweifel von diesbezüglichen Ansprüchen frei.

6. Überwälzung der Sach- und Preisgefahr
a) Die Gefahr eines zufälligen Untergangs des MO trägt ab Abnahme der MK; dies gilt auch, wenn das MO dem MK gestohlen wird oder abhandenkommt, es sei denn, dies ist vom VM zu vertreten.
b) Im Falle eines Totalschadens oder bei völligem Verlust oder einer wesentlichen sonstigen Beschädigung des MO steht dem MK und dem VM ein außerordentliches Kündigungsrecht zu; gleichwohl bleibt der MK verpflichtet, die abgezinste Restamortisation dem VM gut zu bringen. Die Ziffer I. 9. findet für diesen Fall entsprechende Anwendung. Der MK bleibt bis zur Kündigung zur Zahlung der vereinbarten Raten verpflichtet. Für diesen Fall tritt der VM bereits hiermit alle Ansprüche, die ihm aufgrund seines Eigentums an dem MO gegen Dritte zustehen, an den die Abtretung annehmenden MK ab. Ziffer I. 5. gilt für die Geltendmachung dieser Rechte entsprechend. Anstatt zur Kündigung, ist der MK auch zur unveränderten Fortsetzung des Vertrages berechtigt, in dem er nach seiner Wahl entweder das MO auf seine Kosten instand setzt oder durch ein gleichartiges oder gleichwertiges Objekt ersetzt. Der MK hat den VM über seine Wahl unverzüglich zu informieren. Entscheidet sich der MK für die Instandsetzung, so hat er das MO in einen vertragsgemäßen Zustand zu versetzen. Entscheidet sich der MK für eine Ersetzung, so hat er dem VM das Eigentum an dem Objekt zu verschaffen, soweit dieser das Ersetzungsobjekt nicht vom Lieferanten erwirbt. Der MK hat die ordnungsgemäße Instandsetzung oder Ersetzung dem VM unverzüglich nachzuweisen. Der Mietkaufvertrag gilt unverändert für das Ersatzmietkaufobjekt.

7. Gebrauch, Reparaturen, Standort und Lasten/Steuern
a) Der MK ist auf seine Kosten verpflichtet, das MO sorgfältig und pfleglich unter Beachtung der Gebrauchsanweisung einzusetzen und in betriebs- und verkehrssicherem Zustand zu erhalten. Er hat pünktlich vorgeschriebene oder empfohlene Wartungsarbeiten und erforderlich werdende Reparaturen am MO von einer vom Hersteller oder Lieferanten autorisierten Fachwerkstatt auf eigene Kosten durchführen zu lassen.
b) Der MK ist nicht berechtigt das MO von seinem vertraglich vorgesehenen Standort (vereinbarter Zulassungsbezirk) zu entfernen, seinen Verwendungszweck zu ändern oder wesentliche Änderungen am MO durchzuführen, ohne zuvor die schriftliche Zustimmung des VM eingeholt zu haben. Der MK darf insbesondere keine Veränderungen am Kilometerzähler oder Stundenzähler des MO vornehmen. Einbauten, die zu Bestandteilen des MO geworden sind, gehen in das Eigentum des VM über. Auf Verlangen ist das MO als Eigentum des VM zu kennzeichnen.
c) Wird das MO mit einem Grundstück oder Gebäude oder einer beweglichen Sache fest verbunden oder auf einem Grundstück eingebracht, so geschieht dies im Sinne von § 95 BGB lediglich zu einem vorübergehenden Zweck; dieser endet mit Ablauf der Vertragslaufzeit.
d) Der MK trägt ab Abnahme alle Gebühren, Steuern, Abgaben, sonstige Lasten, die mit dem Besitz oder der Nutzung des LO anfallen, und sonstige Kosten (wie z.B. für Überführung, Zulassung und für Zahlungsauthentifizierungsinstrumente). Dies gilt insbesondere auch für Autobahn- und Straßennutzungsgebühren.
e) Der MK hat alle Gesetze und Vorschriften, die den Besitz und den Betrieb des MO regeln, einzuhalten und das MO von Rechten Dritter freizuhalten. Der MK stellt den VM von allen Ansprüchen Dritter in Bezug auf das MO frei.
f) Kommt der MK den vorgenannten Verpflichtungen nicht nach, ist der VM bei Gefahr in Verzug oder besonderer Eilbedürftigkeit berechtigt, diese Verpflichtungen auf Kosten des MK vorzunehmen.

8. Versicherung, Abtretung von Ersatzansprüchen

Der MK ist verpflichtet, eine Sachversicherung (v.a. für Feuer, Wasser, Einbruch und Diebstahl) zugunsten des MO bei einem in der Bundesrepublik Deutschland tätigen Versicherer auf eigene Kosten zum Neuwert abzuschließen und während der gesamten Vertragslaufzeit aufrecht zu erhalten. Schon jetzt tritt der MK alle ihm gegenüber dem Versicherer zustehenden Ersatzansprüche an den VM ab. Bei Fahrzeugen hat der MK eine Kfz-Haftpflichtversicherung mit einer Deckungssumme von zumindest 1. Mio. Euro sowie eine Vollkaskoversicherung mit einer Selbstbeteiligung von höchstens 500,00 Euro abzuschließen. Der MK hat innerhalb von 14 Tagen nach Abnahme des MO den Versicherungsschutz gegenüber dem VM nachzuweisen. Kommt der MK dieser Verpflichtung nicht nach, kann der VM das MO auf Kosten des MK versichern. Überdies hat sich der MK zugunsten des VM für diese Versicherungen einen Sicherungsschein zu verschaffen und an den VM zu übergeben. Trotz Abtretung bleibt der MK berechtigt und verpflichtet, die abgetretenen Ansprüche gegenüber dem Versicherer auf eigene Kosten geltend zu machen. Zahlungen darf er nur an den VM verlangen. Der VM hat erhaltene Versicherungsentschädigungen – mit Ausnahme von Zahlungen zur Abdeckung des merkantilen Minderwertes, die wirtschaftlich dem VM zustehen – dem MK zur Wiederherstellung des MO zur Verfügung zu stellen oder auf die Zahlungspflicht des MK anzurechnen. Der VM ist vom MK unverzüglich über den Schadensfall und seine Abwicklung zu unterrichten.

9. Zahlungsverzug, Kündigung und Rücktritt

a) Soweit der MK mit Zahlungen, die er auf Grund des Mietkaufvertrages schuldet, in Verzug kommt, hat er den Betrag nach § 288 Abs. 1 BGB zu verzinsen. Im Einzelfall kann der VM einen höheren und der MK einen niedrigeren Schaden nachweisen.

Die nach Eintritt des Verzugs anfallenden Zinsen sind auf einem gesonderten Konto zu verbuchen und dürfen nicht in ein Kontokorrent mit dem geschuldeten Betrag oder andern Forderungen des VMs eingestellt werden. Hinsichtlich dieser Zinsen gilt § 289 S. 2 BGB mit der Maßgabe, dass der VM Schadensersatz nur bis zur Höhe des gesetzlichen Zinssatzes (§ 246 BGB) verlangen kann. Der Verzugszinssatz beträgt 5 %-Punkte über dem jeweils geltenden Basiszinssatz (www.basiszinsatz.de).

Zahlungen des MKs, die zur Tilgung der gesamten fälligen Schuld nicht ausreichen, werden abweichend von § 367 Abs. 1 BGB zunächst auf die Kosten der Rechtsverfolgung, dann auf den übrigen geschuldeten Betrag (§ 497 Abs. 1 BGB) und zuletzt auf die Zinsen (§ 497 Abs. 2 BGB) angerechnet. Der VM darf Teilzahlungen nicht zurückweisen.

b) Während der Grundmietzeit ist die ordentliche Kündigung des Mietkaufvertrages ausgeschlossen. Ausnahme hierzu bildet für den MK § 500 Abs. 2 BGB. Der MK kann seine Verbindlichkeiten aus diesem Vertrag gemäß § 500 Abs. 2 BGB jederzeit vorzeitig ganz oder teilweise vorzeitig erfüllen.

c) Im Falle einer vorzeitigen Rückzahlung nach § 500 Abs. 2 BGB kann der VM gemäß § 502 BGB eine angemessene Vorfälligkeitsentschädigung für den unmittelbar mit der vorzeitigen Rückzahlung zusammenhängenden Schaden verlangen. In diesem Fall wird der VM diesen Schaden nach den vom Bundesgerichtshof für die Berechnung vorgeschriebenen finanzmathematischen Rahmenbedingungen berechnen, die insbesondere

– ein zwischenzeitlich verändertes Zinsniveau,
– die für den Mietkauf-Vertrag ursprünglich vereinbarten Zahlungen,
– den dem VM entgangenen Gewinn,
– den mit der vorzeitigen Rückzahlung verbundenen Verwaltungsaufwand, sowie
– die infolge der vorzeitigen Rückzahlung ersparten Risiko- und Verwaltungskosten

berücksichtigen.

Die so errechnete Vorfälligkeitsentschädigung wird, wenn sie höher ist, auf den niedrigeren der beiden folgenden Beträge reduziert:

– 1 Prozent beziehungsweise, wenn der Zeitraum zwischen der vorzeitigen und der vereinbarten Rückzahlung weniger als 1 Jahr beträgt, 0,5 Prozent des vorzeitig zurückgezahlten Betrags,

– den Betrag der Sollzinsen, den der MK in dem Zeitraum zwischen der vorzeitigen und der vereinbarten Rückzahlung entrichtet hätte.
Der Anspruch auf eine Vorfälligkeitsentschädigung ist ausgeschlossen, wenn
– Die Rückzahlung aus den Mitteln einer zwingend vom MK abzuschließenden Mietkaufraten-Versicherung bewirkt wurde, oder
– Im Vertrag die Angaben über die Vertragslaufzeit, das Kündigungsrecht des MKs oder die Berechnung der Vorfälligkeitsentschädigung unzureichend sind.
d) Der Mietkaufvertrag kann unter den gesetzlichen Voraussetzungen fristlos gekündigt werden. In den Fällen des Zahlungsverzuges des MK steht dem VM das Kündigungsrecht erst zu, wenn der MK
– sich mit zwei aufeinander folgenden Teilzahlungen ganz oder teilweise und mit mindestens 10 %, bei einer Laufzeit des Mietkaufvertrages von mehr als drei Jahren mit mindestens 5 % der Brutto-Mietkaufraten in Verzug befindet und
– der VM dem MK erfolglos eine zweiwöchige Frist zur Zahlung des rückständigen Betrages mit der Erklärung gesetzt hat, dass er bei Nichtzahlung innerhalb der Frist die gesamt Restschuld verlange.
Der VM wird dem MK spätestens mit Fristsetzung ein Gespräch über die Möglichkeiten einer einverständlichen Regelung anbieten.
e) Als Folge der vom MK veranlassten fristlosen Kündigung hat der VM einen Anspruch auf Schadensersatz, der konkret zu berechnen ist.
f) Darüber hinaus ist der VM für diesen Fall berechtigt, das LO auf Kosten des MK in seinen Besitz zu nehmen und zu verwerten. Der MK erklärt hiermit ausdrücklich seine Zustimmung zur Inbesitznahme durch den VM. Die Inbesitznahme erfolgt nach Maßgabe der Ziffer I. 12.
g) Der MK ist verpflichtet, dass LO innerhalb von 14 Tagen nach Zugang der Bereitstellungsanzeige abzunehmen. Im Falle der Nichtabnahme kann der VM von seinen gesetzlichen Rechten Gebrauch machen; insbesondere den Mietkaufvertrag kündigen und Schadensersatz vom MK begehren.
Dieselben Rechte stehen dem VM zu, wenn der MK die mit Vertragsschluss fällige Sonderzahlung nicht innerhalb von 14 Tagen nach Zugang der Bereitstellungsanzeige zahlt.
h) Die Kündigung wird im Falle des Vorliegens der gesetzlichen Voraussetzungen mit Zugang wirksam. Die Kündigung bedarf der Textform.
Folge der Kündigung ist die Rückabwicklung des Mietkaufvertrages. Im Falle einer außerordentlichen Kündigung kann daneben ein Anspruch auf Schadensersatz bestehen, der konkret zu berechnen ist.
i) Die Ziffern I. 9. a) bis h) sind für den Rücktritt entsprechend anwendbar.

10. Untervermietung
Der MK ist nicht berechtigt, das MO unter zu vermieten oder an Dritte weiter zu vermieten; beides bedarf der schriftlichen Zustimmung des VM. Der MK tritt dem VM etwaige Ansprüche aus einer unzulässigen Untervermietung ab, der die Abtretung annimmt.

11. Abtretung, Refinanzierung und Vertragsübernahme
a) Der VM ist berechtigt, die ihm auf Grund dieses Vertrages zustehenden Rechte – gleich welcher Art diese sein mögen – ganz oder teilweise zu Zwecken der Refinanzierung abzutreten; er ist des Weiteren berechtigt, das MO zur Sicherheit zu übereignen. Der MK erklärt hiermit seine unwiderrufliche Zustimmung zu einer solchen Abtretung oder Übertragung.
b) Gleiches gilt, sofern sich der VM entschließt, die ihm aus dem Mietkaufvertrag zustehenden Ansprüche an eine refinanzierende Bank zu forfaitieren.
c) Der VM ist berechtigt, seine Rechte und Pflichten – einschließlich des Eigentums – am MO aus dem Mietkaufvertrag an Dritte zu übertragen, mit der Folge, dass nach dieser Vertragsübernahme allein der Dritte Vertragspartner des MK ist. Der MK erklärt bereits jetzt seine unwiderrufliche Zustimmung zu dieser Vertragsübernahme. Gleiches gilt für eine Rückübertragung der Rechte und Pflichten aus dem Mietkaufvertrag an den VM durch den Dritten.

d) Der MK ist nicht berechtigt, die ihm aus diesem Vertrag zustehenden Rechte oder Ansprüche zu übertragen oder zu verpfänden.

12. Lohn- und Gehaltsabtretung des MK/Bürgen

a) Der MK/Bürge tritt hiermit unwiderruflich den pfändbaren bzw. übertragbaren Teil seiner gegenwärtigen und zukünftigen Ansprüche auf Arbeitsentgelt/Lohn, Gehalt, Wehrsold, Abfindungen, Gewinnbeteiligungen, Provisionen, Tantiemen, Betriebsrenten, Pensionen, Arbeitnehmersparzulagen, Weihnachts- und Urlaubsgeld, Arbeitslosengeld, Teilarbeitslosengeld, Übergangsgeld, Kurzarbeitergeld, Insolvenzgeld, Wintergeld, Winterausfallgeld, Vorruhestandsleistung, Leistungen der gesetzlichen sowie privaten Kranken-, Unfall- und Rentenversicherungen sowie Berufs- und Erwerbsunfähigkeitsrente gegen den jeweiligen Leistungsverpflichteten an den VM ab, der die Abtretung annimmt.
b) Gesichert sind die Ansprüche des VM im Zusammenhang mit diesem Vertrag, gleich aus welchem Rechtsgrund.
c) Die Abtretung ist begrenzt auf den Gesamtzahlungsbetrag dieses Mietkaufvertrages. Wird nicht auf die Abtretung gezahlt, setzt sich die Abtretung bis zum Erreichen des zuvor genannten Betrages fort.
d) Der VM legt die Abtretung nur offen und wird die abgetretenen Ansprüche nur einziehen, wenn der MK/Bürge mit einem Betrag im Rückstand ist, der mindestens zwei vollen Mietkaufraten entspricht und mindestens zweimal schriftlich zur Zahlung aufgefordert worden ist, wobei die erste Zahlungsaufforderung bereits nach Rückstand mit nur einer Rate erfolgen kann. Der VM hat dem MK/Bürgen mit einer Frist von einem Monat die Offenlegung anzudrohen. Die Androhung kann mit einer Mahnung verbunden werden.
e) Nach Befriedigung aller gesicherten Ansprüche ist der VM zur Rückübertragung der Sicherheiten verpflichtet und wird diese an den MK/Bürgen zurückübertragen.
f) Der MK/Bürge bevollmächtigt hiermit den VM, über die in Ziffer I. 12. a) genannten Ansprüche Auskünfte beim Leistungsverpflichteten einzuholen.

13. Aktivierungspflicht, Eigentumsübergang und Sicherungsübereignung

a) Sofern der MK bilanzierungspflichtig ist, hat er das MO in seiner Bilanz zu aktivieren.
b) Der VM behält während der Vertragslaufzeit das Eigentum am MO, wobei er sich die Rechte gemäß Ziffer I. 11. vorbehält. Die Eigentumsübertragung des MO an den MK ist aufschiebend bedingt dadurch, dass die vereinbarte Mietdauer vertragsgemäß abläuft, der MK alle ihm nach diesem Vertrag obliegenden Verpflichtungen ordnungsgemäß erfüllt; insbesondere die vereinbarten Mietkaufraten vollständig bezahlt, und der MK die Kaufoption durch Zahlung des vereinbarten Kaufpreises ausübt.
c) Die Vertragspartner vereinbaren hiermit, dass das MO oder ein etwaiges Ersatzobjekt mit allen Bestandteilen und Zubehör – auch nach der Vertragslaufzeit – zur Sicherung aller Ansprüche des VM aus diesem Vertrag dient, bis der MK alle ihm nach diesem Vertrag obliegenden Verpflichtungen gegenüber dem VM ordnungsgemäß erfüllt. Das Eigentum an vom MK erworbenen Bestandteilen, Zubehör und im Austausch gegen das MO erworbene Güter gehen zum Zeitpunkt des Erwerbes durch den MK auf den VM über. In diesen Fällen hat der MK den VM unverzüglich schriftlich über die Spezifikationsmerkmale dieser Gegenstände zu informieren. Für die Eigentumsübertragung an einem Ersatzobjekt oder an nachträglich erworbenen Bestandteilen oder des Zubehörs ersetzt diese Vereinbarung/Sicherungsabrede die Übergabe. Der MK tritt vorsorglich etwaige Herausgabeansprüche gegen etwaig besitzende Dritte an den VM ab, der die Abtretung annimmt. Nach Befriedigung der gesicherten Ansprüche hat der VM die ihm gestellten Sicherheiten zurück zu übertragen und einen etwaigen Übererlös aus der Verwertung herauszugeben. Die Rückübertragung des Objektes erfolgt im jeweiligen Zustand unter Ausschluss einer etwaigen Gewährleistung im Hinblick auf den reinen Sicherungscharakter. Der VM wird die Sicherheiten an einen Dritten übertragen, wenn er (z.B. bei Befriedigung durch Dritte) hierzu verpflichtet ist. Jedenfalls, auch vor vollständiger Befriedigung aller durch die Sicherungsübereignung gesicherten Ansprüche ist der VM verpflichtet, auf Verlangen das ihm übertragene Objekt bzw. andere ihm gestellten Sicherheiten nach billigem Ermessen ganz oder

teilweise freizugeben, sofern der realisierbare Wert sämtlicher Sicherheiten – abgestellt auf den Zeitpunkt der Kündigung oder des Rücktritts – 110 % der gesicherten Ansprüche des VM nicht nur vorübergehend überschreitet. Der VM wird bei der Auswahl der freizugebenden Sicherheiten die berechtigten Belange des MK berücksichtigen.

14. Adress- und sonstige Änderungen; Einsichtsrecht
a) Der MK ist verpflichtet, jede Anschriften-, Bankverbindungs-, Namens- und Sitzänderung sowie Änderung in den Rechtsverhältnissen innerhalb von 8 Tagen dem VM mitzuteilen.
b) Der MK ist überdies verpflichtet, während der Vertragsdauer auf Verlangen des VM Einblick in seine Vermögensverhältnisse zu gewähren und diese dem VM zur Verfügung zu stellen. Der VM ist berechtigt, neben Jahresabschlüssen ergänzende Unterlagen vom MK zur Einsichtnahme zu verlangen.

15. Datenschutzklausel
Der VM ist berechtigt, Daten (wie personenbezogene Daten) über die Beantragung (z.B. MK, Gesamtschuldner, Bürge, Mietkaufraten, Laufzeit des Mietkaufvertrages, Beginn und Höhe der Mietkaufzahlungen) und die Durchführung des Mietkaufvertrages (z.B. vorzeitige Vertragsablösung, fristlose Kündigung, Klageerhebung, Zwangsvollstreckungsmaßnahmen) gem. § 28 BDSG intern zu speichern, für die Bearbeitung des Mietkaufantrags/-vertrags zu nutzen und zum Zweck der Refinanzierung des Mietkaufvertrages an ein Refinanzierungsinstitut und/oder Datenpools zur Verbesserung der Branchensicherheit zu übermitteln.

16. Gerichtsstand und Schlussbestimmungen
a) Es gilt das Recht der Bundesrepublik Deutschland.
b) Alle im Rahmen dieses Vertrages getroffenen Vereinbarungen sind in dieser Urkunde enthalten. Änderungen dieses Vertrages bedürfen der Schriftform, was auch für den Verzicht auf diese Klausel gilt.
c) Für den VM zuständige Aufsichtsbehörde:
Bundesanstalt für Finanzdienstleistungsaufsicht
Graurheindorfer Straße 108, 53177 Bonn
d) Außergerichtliche Beschwerde- und Rechtsbehelfsverfahren:
Der MK nach § 14 Unterlassungsklagengesetz vor Anrufung der deutschen Gerichte von dem außergerichtlichen Streitschlichtungsverfahren der Deutschen Bundesbank Gebrauch machen. Die Beschwerde ist schriftlich und unter kurzer Schilderung des Sachverhalts und ggf. unter Beifügung von Kopien der notwendigen Unterlagen zu erheben bei Deutsche Bundesbank – Schlichtungsstelle – Postfach 11 12 32, 60047 Frankfurt am Main, Tel.: +49 69 2388-1907/1906/1908, Fax: +49 69 2388-1919, E-Mail: schlichtung@bundesbank.de. Die Beschwerde kann auch per E-Mail oder Fax eingereicht werden; evtl. erforderliche Unterlagen sind dann per Post nachzureichen. Der MK darf vor Anrufung der Beschwerdestelle weder ein Gericht, noch eine Streitschlichtungsstelle und auch keine Gütestelle angerufen haben und auch keinen außergerichtlichen Vergleich mit dem Beschwerdegegner abgeschlossen haben. Darüber hinaus darf der Anspruch bei Erhebung der Beschwerde nicht verjährt sein.
Zugangsvoraussetzungen:
1. der Beschwerdegegenstand darf nicht bereits bei einem Gericht anhängig sein, in der Vergangenheit anhängig gewesen sein oder von dem Beschwerdeführer während des Schlichtungsverfahrens anhängig gemacht werden,
2. die Streitigkeit darf nicht durch einen außergerichtlichen Vergleich beigelegt worden sein,
3. ein Antrag auf Prozesskostenhilfe darf nicht abgewiesen worden sein, weil die beabsichtigte Rechtsverfolgung keine Aussicht auf Erfolg bietet,
4. die Angelegenheit darf nicht bereits Gegenstand eines Schlichtungsvorschlags oder eines Schlichtungsverfahrens einer Schlichtungsstelle nach § 14 des Unterlassungsklagengesetzes oder einer anderen Gütestelle, die Streitbeilegung betreibt, sein,

5. der Anspruch darf bei Erhebung der Kundenbeschwerde nicht bereits verjährt sein, falls sich der Beschwerdegegner auf die Verjährung beruft.
Der Schlichter kann die Schlichtung ablehnen, wenn die Schlichtung die Klärung einer grundsätzlichen Rechtsfrage beeinträchtigen würde.

II. Ergänzende Bestimmungen für Bürgen
1. Der Bürge willigt ein, dass der VM der für ihren Wohnsitz zuständigen Schufa-Gesellschaft (Schutzgesellschaft für allgemeine Kreditsicherung) Daten über die Beantragung, die Aufnahme (MK, Summe aller Mietkaufraten, Laufzeit, Ratenbeginn, Bürgen) und vereinbarungsgemäße Abwicklung (z.B. vorzeitige Vertragsbeendigung, Laufzeitverlängerung) dieses Mietkaufvertrages übermittelt. Die Schufa speichert und übermittelt die Daten an ihre Vertragspartner im EU-Binnenmarkt, um diesen Informationen zur Beurteilung der Kreditwürdigkeit von natürlichen Personen zu geben. Die Schufa stellt personenbezogene Daten nur zur Verfügung, wenn ein berechtigtes Interesse hieran im Einzelfall glaubhaft dargelegt wurde. Der MK/Bürge kann Auskunft bei der Schufa über die ihn betreffenden Daten erhalten. Weitere Informationen über das Schufa-Auskunfts- und Score-Verfahren enthält ein Merkblatt, das auf Wunsch von der Schufa zur Verfügung gestellt wird. Die Adresse der Schufa lautet: Schufa Holding AG, Verbraucherservice, Postfach 600509, 44845 Bochum.
2. Auf die Anwendbarkeit der Ziffer I. 12. für den Bürgen wird hingewiesen.

III. Widerrufsinformation für Verbraucher und Existenzgründer i.S.v. § 512 BGB

Einfügen der jeweils zutreffenden *Widerrufsinformation*. Siehe hierzu S. 572 ff.

7. Widerrufsinformation Mietkauf Standard

Widerrufsinformation für Verbraucher und Existenzgründer i.S.v. § 512 BGB

Widerrufsrecht
Der Mietkäufer kann seine Vertragserklärung innerhalb von 14 Tagen ohne Angabe von Gründen in Textform (z.B. Brief, Fax, E-Mail) oder – wenn ihm die Sache vor Fristablauf überlassen wird – durch Rücksendung des Mietkaufobjekts widerrufen. Die Frist beginnt nach Abschluss des Vertrages, aber erst, nachdem der Mietkäufer alle Pflichtangaben nach § 492 Absatz 2 BGB (z.B. Angabe zur Art der entgeltlichen Finanzierunghilfe, Angabe des Anschaffungspreises, Angabe des effektiven Jahreszinses, Angabe zur Vertragslaufzeit, Angaben zum einzuhaltenden Verfahren bei der Kündigung des Vertrags, Angabe der für den Vermieter zuständigen Aufsichtsbehörde) erhalten hat. Der Mietkäufer hat alle Pflichtangaben erhalten, wenn sie in der für den Mietkäufer bestimmten Ausfertigung seines Antrags oder in der für den Mietkäufer bestimmten Ausfertigung der Vertragsurkunde oder in einer für den Mietkäufer bestimmten Abschrift seines Antrags oder der Vertragsurkunde enthalten sind und dem Mietkäufer eine solche Unterlage zur Verfügung gestellt worden ist. Über in den Vertragstext nicht aufgenommene Pflichtangaben kann der Mietkäufer nachträglich in Textform informiert werden; die Widerrufsfrist beträgt dann einen Monat. Der Mietkäufer ist mit den nachgeholten Pflichtangaben nochmals auf den Beginn der Widerrufsfrist hinzuweisen. Zur Wahrung der Widerrufsfrist genügt die rechtzeitige Absendung des Widerrufs oder des Mietkaufobjekts. Der Widerruf ist zu richten an:

____

____

____

Widerrufsfolgen
Der Mietkäufer hat das Mietkaufobjekt, soweit es bereits übergeben wurde, zurückzugeben und für den Zeitraum zwischen der Übergabe des Mietkaufobjekts und der Rückgabe des Mietkaufobjekts die vereinbarten Mietkaufraten zu entrichten. Für den Zeitraum zwischen Übergabe und Rückgabe des Mietkaufobjekts ist bei vertragsgemäßer Inanspruchnahme des Mietkaufobjekts pro Tag ein Betrag

in Höhe von €___,00

(entspricht 1/30,416667 der vereinbarten monatlichen Mietkaufrate) zu zahlen. Dieser Betrag verringert sich entsprechend, wenn das Mietkaufobjekt nicht oder nur teilweise nutzbar war oder teilweise nutzbar war.
Der Mietkäufer hat dem Vermieter auch die Aufwendungen zu ersetzen, die der Vermieter gegenüber öffentlichen Stellen erbracht hat und nicht zurückverlangen kann.
Paketversandfähige Sachen sind auf Kosten und auf Gefahr des Vertragspartners des Mietkäufers zurückzusenden. Nicht paketversandfähige Sachen werden beim Mietkäufer abgeholt.
Wenn der Mietkäufer das auf Grund des Mietkaufvertrages erlangte Mietkaufobjekt sowie Nutzungen (z.B. Gebrauchsvorteile) nicht oder teilweise nicht oder nur in verschlechtertem Zustand zurückgewähren kann, hat er insoweit ggf. Wertersatz zu leisten.
Für die Verschlechterung der Sache muss der Mietkäufer Wertersatz nur leisten, soweit die Verschlechterung auf einen Umgang mit der Sache zurückzuführen ist, der über die Prüfung der Eigenschaften und der Funktionsweise hinausgeht. Unter „Prüfung der Eigenschaften und der Funktionsweise" versteht man das Testen und Ausprobieren der jeweiligen Ware, wie es etwa im Ladengeschäft möglich und üblich ist.

Ende der Widerrufsinformation
Der MK erklärt, die vom VM schriftlich und/oder mündlich erhaltenen vorvertraglichen Informationen, den Mietkaufvertrag und die beigelegten Allgemeinen Geschäftsbedingungen des VMs vor Vertragsschluss erhalten und in Abwesenheit des VMs gelesen und verstanden zu haben; insbesondere die

Hauptmerkmale des vom VM angebotenen Vertrages, die vertragstypischen Auswirkungen, die Folgen eines Zahlungsverzuges und die Besonderheiten des Fernabsatzes.

Unterschrift Vermieter, Datum

Unterschrift Mietkäufer, Datum

8. Widerrufsinformation Mietkauf verbundener Vertrag

Widerrufsinformation für Verbraucher und Existenzgründer i.S.v. § 512 BGB

Widerrufsrecht

Der Mietkäufer kann seine Vertragserklärung innerhalb von 14 Tagen ohne Angabe von Gründen in Textform (z.B. Brief, Fax, E-Mail) oder – wenn ihm die Sache vor Fristablauf überlassen wird – durch Rücksendung des Mietkaufobjekts widerrufen. Die Frist beginnt nach Abschluss des Vertrages, aber erst, nachdem der Mietkäufer alle Pflichtangaben nach § 492 Absatz 2 BGB (z.B. Angabe zur Art der entgeltlichen Finanzierunghilfe, Angabe des Anschaffungspreises, Angabe des effektiven Jahreszinses, Angabe zur Vertragslaufzeit, Angaben zum einzuhaltenden Verfahren bei der Kündigung des Vertrags, Angabe der für den Vermieter zuständigen Aufsichtsbehörde) erhalten hat. Der Mietkäufer hat alle Pflichtangaben erhalten, wenn sie in der für den Mietkäufer bestimmten Ausfertigung seines Antrags oder in der für den Mietkäufer bestimmten Ausfertigung der Vertragsurkunde oder in einer für den Mietkäufer bestimmten Abschrift seines Antrags oder der Vertragsurkunde enthalten sind und dem Mietkäufer eine solche Unterlage zur Verfügung gestellt worden ist. Über in den Vertragstext nicht aufgenommene Pflichtangaben kann der Mietkäufer nachträglich in Textform informiert werden; die Widerrufsfrist beträgt dann einen Monat. Der Mietkäufer ist mit den nachgeholten Pflichtangaben nochmals auf den Beginn der Widerrufsfrist hinzuweisen. Zur Wahrung der Widerrufsfrist genügt die rechtzeitige Absendung des Widerrufs oder des Mietkaufobjekts. Der Widerruf ist zu richten an:

____

____

____

Widerrufsfolgen

Der Mietkäufer hat das Mietkaufobjekt, soweit es bereits übergeben wurde, zurückzugeben und für den Zeitraum zwischen der Übergabe des Mietkaufobjekts und der Rückgabe des Mietkaufobjekts die vereinbarten Mietkaufraten zu entrichten. Für den Zeitraum zwischen Übergabe und Rückgabe des Mietkaufobjekts ist bei vertragsgemäßer Inanspruchnahme des Mietkaufobjekts pro Tag ein Betrag in

Höhe von € ____,00

(entspricht 1/30,416667 der vereinbarten monatlichen Mietkaufrate) zu zahlen. Dieser Betrag verringert sich entsprechend, wenn das Mietkaufobjekt nicht oder nur teilweise nutzbar war oder teilweise nutzbar war.

Der Mietkäufer hat dem Vermieter auch die Aufwendungen zu ersetzen, die der Vermieter gegenüber öffentlichen Stellen erbracht hat und nicht zurückverlangen kann.

Paketversandfähige Sachen sind auf Kosten und auf Gefahr des Vertragspartners des Mietkäufers zurückzusenden. Die Kosten der Rücksendung hat der Mietkäufer abweichend davon zu tragen, wenn dies im verbundenen Vertrag wirksam vereinbart wurde. Nicht paketversandfähige Sachen werden beim Mietkäufer abgeholt.

Wenn der Mietkäufer das auf Grund des verbundenen Vertrags überlassene Mietkaufobjekt sowie Nutzungen (z.B. Gebrauchsvorteile nicht oder teilweise nicht oder nur in verschlechtertem Zustand zurückgewähren kann, hat er insoweit ggf. Wertersatz zu leisten.

Für die Verschlechterung der Sache muss der Mietkäufer Wertersatz nur leisten, soweit die Verschlechterung auf einen Umgang mit der Sache zurückzuführen ist, der über die Prüfung der Eigenschaften und der Funktionsweise hinausgeht. Unter „Prüfung der Eigenschaften und der Funktionsweise" versteht man das Testen und Ausprobieren der jeweiligen Ware, wie es etwa im Ladengeschäft möglich und üblich ist.

Besonderheiten bei weiteren Verträgen

Steht dem Mietkäufer in Bezug auf den verbundenen Vertrag ein Widerrufsrecht zu, sind im Fall des

wirksamen Widerrufs des verbundenen Vertrags Ansprüche des Vermieters auf Zahlung von Zinsen und Kosten aus der Rückabwicklung des Mietkaufvertrags gegen den Mietkäufer ausgeschlossen.
Ist der Mietkäufer aufgrund des Widerrufs dieses Mietkaufvertrags an den verbundenen Vertrag nicht mehr gebunden, sind insoweit die beiderseits empfangenen Leistungen zurückzugewähren und ggf. gezogene Nutzungen (z.B. Zinsen) herauszugeben.
Wenn der Mietkäufer infolge des Widerrufs des Mietkaufvertrags nicht mehr an den weiteren Vertrag gebunden ist oder infolge des Widerrufs des weiteren Vertrags nicht mehr an den Mietkaufvertrag gebunden ist, gilt ergänzend Folgendes: Ist die Leistung des Vermieters bei Wirksamwerden des Widerrufs dem Vertragspartner des Mietkäufers aus dem verbundenen Vertrag bereits zugeflossen, tritt der Vermieter im Verhältnis zum Mietkäufer hinsichtlich der Rechtsfolgen des Widerrufs in die Rechte und Pflichten des Vertragspartners aus dem weiteren Vertrag ein.

Einwendungen bei verbundenen Verträgen
Der Mietkäufer kann die Zahlung der Raten aus dem Mietkaufvertrag verweigern, soweit ihn Einwendungen berechtigen würden, seine Leistung gegenüber dem Vertragspartner aus dem verbundenen Vertrag zu verweigern. Dies gilt nicht, wenn das finanzierte Entgelt weniger als 200 Euro beträgt oder wenn der Rechtsgrund für die Einwendung auf einer Vereinbarung beruht, die zwischen dem Mietkäufer und dem anderen Vertragspartner nach dem Abschluss des Mietkaufvertrags getroffen wurde. Kann der Mietkäufer von dem anderen Vertragspartner Nacherfüllung verlangen, so kann er die Zahlung der Raten aus dem Mietkaufvertrag erst verweigern, wenn die Nacherfüllung fehlgeschlagen ist.

Ende der Widerrufsinformation
Der MK erklärt, die vom VM schriftlich und/oder mündlich erhaltenen vorvertraglichen Informationen, den Mietkaufvertrag und die beigelegten Allgemeinen Geschäftsbedingungen des VMs vor Vertragsschluss erhalten und in Abwesenheit des VMs gelesen und verstanden zu haben; insbesondere die Hauptmerkmale des vom VM angebotenen Vertrages, die vertragstypischen Auswirkungen, die Folgen eines Zahlungsverzuges und die Besonderheiten des Fernabsatzes.

Unterschrift Vermieter, Datum

Unterschrift Mietkäufer, Datum

9. Verbraucherinformation SECCI

Die Angaben werden nach Treu und Glauben zur Verfügung gestellt und sind eine Beschreibung des Angebots, das der Leasinggeber (im Folgenden LG genannt) unter aktuellen Marktbedingungen und auf der Basis der vom Kunden bereitgestellten Informationen machen würde. Es sollte allerdings beachtet werden, dass sich die Angaben je nach Marktentwicklung ändern können.
Die Aushändigung dieses Informationsmerkblattes verpflichtet den LG nicht automatisch zum Abschluss des Leasingvertrages. Der Leasingvertrag kommt zu Stande, wenn der Leasingnehmer (im Folgenden LN genannt) den Leasingvertrag unterzeichnet und diesen dem LG zukommen lässt. Der LN ist an diesen Antrag einen Monat ab Zugang beim LG gebunden, soweit bis zu diesem Zeitpunkt kein Widerruf erfolgt. Der Leasingvertrag wird wirksam, sobald der LG entweder das Leasingangebot annimmt, einen Liefervertrag über das Leasingobjekt (LO genannt) abschließt, in einen solchen Vertrag eintritt oder den Kaufpreis an den Lieferanten zahlt.
Bitte beachten Sie, dass Sie mit Unterzeichnung und Rücksendung des Leasing-Vertragsformulars eine rechtlich verbindliche Erklärung abgeben, aus der Rechte und Pflichten für Sie entstehen.
Lehnt der vom LN bestimmte Lieferant das Kaufangebot des LGs ab, so kann der LG vom Leasingvertrag zurücktreten. Ansprüche des LN gegen den LG hieraus sind ausgeschlossen.

I. Europäische Standardinformationen für Verbraucherkredite

1. Name und Kontoangaben des Kreditgebers/Kreditvermittlers

Kreditgeber

Anschrift

Telefon

E-Mail

Fax

Internet-Adresse

Kreditvermittler

Anschrift

Telefon

E-Mail

2. Beschreibung der wesentlichen Merkmale des Kredits

Kreditart	Leasingvertrag mit Kilometerabrechnung entgeltliche Finanzierungshilfe
Gesamtkreditbetrag Obergrenze oder Summe aller Beträge, die aufgrund des Kreditvertrags zur Verfügung gestellt wird	EUR ________ (Anschaffungspreis) inkl. gesetzlicher Mehrwertsteuer.

Bedingungen für die Inanspruchnahme Gemeint ist, wie und wann Sie das Geld erhalten	Beim Leasingvertrag erhält der LN keinen Geldbetrag. Vielmehr zahlt der LG den Kaufpreis für das Leasingobjekt unmittelbar an den Lieferanten/Hersteller, nachdem der LN das Leasingobjekt von dem Lieferanten erhalten und der LN dem LG dessen Übernahme bestätigt hat. Leasingsonderzahlungen sind vom LN zu leisten.
Laufzeit des Kreditvertrages	________ Monate
Teilzahlungen und ggf. Reihenfolge, in der die Teilzahlungen angerechnet werden	Der LN muss folgende Zahlungen leisten: EUR ________ Leasing-Sonderzahlung einmalig zu zahlen zu Vertragsbeginn EUR ________ mal, monatlich; zahlbar jeweils am 1. eines Kalendermonats im Voraus. Alle angegebenen Beträge enthalten die gesetzliche Mehrwertsteuer. Die erste Leasingrate ist zu Beginn der Vertragslaufzeit fällig. Der LN zahlt ab Beginn der Vertragslaufzeit bis zum Ende des ersten Kalendermonats für die erste Leasingrate anteilig täglich 1/30 der monatlichen Leasingraten. Die weiteren Leasingraten sind stets monatlich, jeweils zum Ersten eines Kalendermonats im Voraus fällig und zu zahlen. Ratenzahlungen im Übrigen sind stets monatlich fällig. Eine vereinbarte Leasingsonderzahlung ist zusätzliches Entgelt neben den Leasingraten und dient nicht als Kaution. Durch sie werden Leasingraten nicht getilgt.
	Abrechnung am Vertragsende: Zum Vertragsende wird eine Abrechnung des Leasingvertrages vorgenommen. Dabei werden die im Leasingvertrag vereinbarten Freikilometer mit den tatsächlich gefahrenen Kilometern verglichen. Innerhalb eines Toleranzbereiches von +/– 2500 km erfolgt keine Nachberechnung. Belastung des LNs bei: Mehr-km (Toleranz 2.500 km / max. unbeschränkt) Cent ______(exkl. Mehrwertsteuer) Cent ______(inkl. Mehrwertsteuer) Gutschrift für LN bei: Minder-km (Freigrenze 2.500 km / max. 10.000 km) Cent ______(exkl. Mehrwertsteuer) Cent ______(inkl. Mehrwertsteuer). Zinsen und Kosten sind anteilig enthalten

Von Ihnen zu zahlender Gesamtbetrag Betrag des geliehenen Kapitals zuzüglich Zinsen und etwaigen Kosten im Zusammenhang mit Ihrem Kredit	EUR ________ inkl. gesetzlicher Mehrwertsteuer.
Der Kredit wird in Form eines Zahlungsaufschubs für eine Ware oder Dienstleistung gewährt oder ist mit der Lieferung bestimmter Waren der Erbringung einer Dienstleistung verbunden.	Nutzungsüberlassung des Leasing-Objekts
Bezeichnung der Ware oder Dienstleistung Barzahlungspreis	EUR ________ inkl. gesetzl. Mehrwertsteuer (Anschaffungspreis).
Verlangte Sicherheiten	**Bürgschaft** Der LG fordert ggf. eine Selbstschuldnerische Bürgschaft für alle Verbindlichkeiten aus dem abzuschließenden Leasingvertrag. Eingeschlossen sind die Ansprüche aus einer vorzeitigen Vertragsbeendigung, gleich aus welchem Grund. **Abtretung** der Ansprüche aus einer für den Leasinggegenstand abzuschließenden Vollkaskoversicherung, auf Ziffer I Nr. 8 der im Falle des Zustandekommens eines Leasingvertrages maßgeblichen Allgemeinen Leasingbedingungen des LGs (nachfolgend ALB genannt) gemäß Anlage wird verwiesen. **Lohn- und Gehaltsabtretung** a) Der LN/Bürge tritt mit Abschluss des Vertrages unwiderruflich den pfändbaren bzw. übertragbaren Teil seiner gegenwärtigen und zukünftigen Ansprüche auf Arbeitsentgelt/Lohn, Gehalt, Wehrsold, Abfindungen, Gewinnbeteiligungen, Provisionen, Tantiemen, Betriebsrenten, Pensionen, Arbeitnehmersparzulagen, Weihnachts- und Urlaubsgeld, Arbeitslosengeld, Teilarbeitslosengeld, Übergangsgeld, Kurzarbeitergeld, Insolvenzgeld, Wintergeld, Winterausfallgeld, Vorruhestandsleistung, Leistungen der gesetzlichen sowie privaten Kranken-, Unfall- und Rentenversicherungen sowie Berufs- und Erwerbsunfähigkeitsrente gegen den jeweiligen Leistungsverpflichteten an den LG ab, der die Abtretung annimmt. b) Gesichert sind die Ansprüche des LG im Zusammenhang mit dem abzuschließenden Vertrag, gleich aus welchem Rechtsgrund. c) Die Abtretung ist begrenzt auf den Gesamtzahlungsbetrag dieses Leasingvertrages. Wird nicht auf

	die Abtretung gezahlt, setzt sich die Abtretung bis zum Erreichen des zuvor genannten Betrages fort.
3. Kreditkosten	
Sollzinsen oder ggf. die verschiedenen Sollzinssätze, die für den Kreditvertrag gelten.	____ % p.a.
Effektiver Jahreszins Gesamtkosten ausgedrückt als jährlicher Prozentsatz des Gesamtbetrags. Diese Angabe hilft Ihnen dabei, unterschiedliche Angebote zu vergleichen.	____ % p.a. Der effektive Jahreszins wurde nach den gesetzlichen Vorgaben des § 6 PAngV berechnet. Dabei wurden die in dieser Standardinformation enthaltenen Angaben (Gesamtkreditbetrag, Laufzeit, Teilzahlungen, Sollzinssatz, Gesamtkosten) zugrunde gelegt. In die Gesamtkosten wurden mit eingerechnet: Bearbeitungsgebühren, Zinsen Nicht in die Gesamtkosten wurden eingerechnet:
Ist – der Abschluss einer Kreditversicherung *oder* – die Inanspruchnahme einer anderen mit dem Kreditvertrag zusammenhängenden Nebenleistung zwingende Voraussetzung dafür, dass der Kredit überhaupt oder nach den vorgesehenen Vertragsbedingungen gewährt wird? Falls der Kreditgeber die Kosten dieser Dienstleistungen nicht kennt, sind sie nicht im effektiven Jahreszins enthalten.	 Nein Ja, Sachversicherung, z.B. Vollkaskoversicherung Ja, Haftpflichtversicherung Diese Kosten sind dem Kreditgeber nicht bekannt.
Kosten im Zusammenhang mit dem Kredit	
Höhe der Kosten für die Verwendung eines bestimmten Zahlungsmittels (z.B. einer Kreditkarte)	
Sonstige Kosten im Zusammenhang mit dem Kreditvertrag	
Notarkosten	
Kosten bei Zahlungsverzug	Soweit der LN mit Zahlungen, die er auf Grund des Verbraucherleasingvertrages schuldet in Verzug kommt, hat er den Betrag nach § 288 Abs. 1 BGB zu verzinsen.

Ausbleibende Zahlungen können schwerwiegende Folgen für Sie haben (z.B. Zwangsverkauf) und die Erlangung eines Kredits erschweren.	Im Einzelfall kann der LG eine höheren und der LN einen niedrigeren Schaden nachweisen. Die nach Eintritt des Verzugs anfallenden Zinsen sind auf einem gesonderten Konto zu verbuchen und dürfen nicht in ein Kontokorrent mit dem geschuldeten Betrag oder andern Forderungen des LGs eingestellt werden. Hinsichtlich dieser Zinsen gilt § 289 S. 2 BGB mit der Maßgabe, dass der Darlehensgeber Schadensersatz nur bis zur Höhe des gesetzlichen Zinssatzes (§ 246 BGB) verlangen kann. Für eine von der Bank des LN nicht eingelöste Lastschrift berechnet der LG dem LN eine Bearbeitungsgebühr von jeweils _____ Euro. Der LN ist berechtigt, seinerseits den Nachweis anzutreten, dass dem LG ein geringerer oder kein Schaden entstanden ist. Die Geltendmachung eines weitergehenden Verzugsschadens ist dadurch nicht ausgeschlossen. Die Kosten der Sicherstellung des Fahrzeugs hat der LN zu tragen. Für den Fall einer Vertragskündigung wegen Zahlungsverzugs wird der LG dem LN den konkret entstehenden Schaden in Rechnung stellen.
4. Andere wichtige rechtliche Aspekte	
Widerrufsrecht Sie haben das Recht, innerhalb von 14 Kalendertagen den Kreditvertrag zu widerrufen.	Ja
Vorzeitige Rückzahlung Sie haben das Recht, den Kredit jederzeit ganz oder teilweise zurückzuzahlen. Dem Kreditgeber steht bei vorzeitiger Rückzahlung eine Entschädigung zu.	Das Recht nach § 500 Abs. 2 BGB steht dem LN nicht zu. Eine vorzeitige Rückzahlung ist nicht möglich.
Datenbankabfrage Der Kreditgeber muss Sie unverzüglich und unentgeltlich über das Ergebnis einer Datenbankanfrage unterrichten, wenn ein Kreditantrag aufgrund einer solchen Abfrage abgelehnt wird. Dies gilt nicht, wenn eine entsprechende Unterrichtung durch die Rechtsvorschriften der Europäischen Gemeinschaft untersagt ist oder den Zielen der öffentlichen Ordnung oder Sicherheit zuwiderläuft.	Ja

Recht auf einen Kreditvertragsentwurf Sie haben das Recht, auf Verlangen unentgeltlich eine Kopie des Kreditvertragsentwurfes zu erhalten. Diese Bestimmung gilt nicht, wenn der Kreditgeber zum Zeitpunkt der Beantragung nicht zum Abschluss eines Kreditvertrages mit Ihnen bereit ist.	Ja
Zeitraum, während dessen der Kreditgeber an die vorvertraglichen Informationen gebunden ist	Diese Informationen gelten vier Wochen ab Erhalt dieser Belehrung.
Widerrufsrecht Sie haben das Recht, innerhalb von 14 Kalendertagen den Kreditvertrag zu widerrufen.	Ja

5. Zusätzliche Informationen beim Fernabsatz von Finanzdienstleistungen

a) zum Kreditgeber

Vertreter des Kreditgebers in dem Mitgliedstaat, in dem Sie Ihren Wohnsitz haben Anschrift	
Eintrag im Handelsregister	
Zuständige Aufsichtsbehörde	Bundesanstalt für Finanzdienstleistungsaufsicht Graurheindorferstraße 108 53177 Bonn

b) zum Kreditvertrag

Ausübung des Widerrufsrechts	Der LN kann seine Vertragserklärung innerhalb von 14 Tagen ohne Angabe von Gründen in Textform (z.B. Brief, Fax, E-Mail) oder – wenn ihm die Sache vor Fristablauf überlassen wird – durch Rücksendung der Leasingsache widerrufen. Die Frist beginnt nach Abschluss des Vertrages, aber erst, nachdem der LN alle Pflichtangaben nach § 492 Absatz 2 BGB (z.B. Angabe des effektiven Jahreszinses, Angaben zum einzuhaltenden Verfahren bei der Kündigung des Vertrags, Angabe der für den LG zuständigen Aufsichtsbehörde) erhalten hat. Der LN hat alle Pflichtangaben erhalten, wenn sie in der für den LN bestimmten Ausfertigung seines Antrags oder in der für den LN bestimmten Ausfertigung der Vertragsurkunde oder in einer für den LN bestimmten Abschrift seines Antrags oder der Vertragsurkunde enthalten sind und

	dem LN eine solche Unterlage zur Verfügung gestellt worden ist. Über in den Vertragstext nicht aufgenommene Pflichtangaben kann der LN nachträglich in Textform informiert werden; die Widerrufsfrist beträgt dann einen Monat. Der LN ist mit den nachgeholten Pflichtangaben nochmals auf den Beginn der Widerrufsfrist hinzuweisen. Zur Wahrung der Widerrufsfrist genügt die rechtzeitige Absendung des Widerrufs oder der Sache. Der Widerruf ist zu richten an: ________________ ________________ Bei Nichtausübung dieses Rechts innerhalb der Frist, steht dem LN kein Widerrufsrecht mehr zu.
Recht, das der Kreditgeber der Aufnahme von Beziehungen zu Ihnen vor Abschluss des Kreditvertrages zugrunde legt	Es findet deutsches Recht Anwendung.
Wahl der Sprache	Die Informationen und Vertragsbedingungen werden in Deutschland in deutscher Sprache vorgelegt. Mit ihrer Zustimmung werden wir während der Laufzeit des Kreditvertrages in Deutsch mit Ihnen Kontakt halten.
c) zu den Rechtsmitteln	
Verfügbarkeit außergerichtlicher Beschwerden und Rechtsbehelfsverfahren und Zugang dazu	Der LN kann nach § 14 Unterlassungsklagengesetz vor Anrufung der deutschen Gerichte von dem außergerichtlichen Streitschlichtungsverfahren der Deutschen Bundesbank Gebrauch machen. Die Beschwerde des LN ist schriftlich und unter kurzer Schilderung des Sachverhalts und ggf. unter Beifügung von Kopien der notwendigen Unterlagen zu erheben bei Deutsche Bundesbank – Schlichtungsstelle – Postfach 11 12 32, 60047 Frankfurt am Main, Tel.: +49 69 2388-1907/1906/1908, Fax.: +49 69 2388-1919, E-Mail: schlichtung@bundesbank.de Die Beschwerde kann auch per E-Mail oder Fax eingereicht werden; evtl. erforderliche Unterlagen sind dann per Post nachzureichen. Sie dürfen vor Anrufung der Beschwerdestelle weder ein Gericht, noch eine Streitschlichtungsstelle und auch keine Gütestelle angerufen haben und auch keinen außergerichtlichen Vergleich mit dem Beschwerdegegner abgeschlossen haben.

	Darüber hinaus darf der Anspruch bei Erhebung Ihrer Beschwerde nicht verjährt sein.
II. Zusätzliche Informationen beim Fernabsatz von Leasingverträgen	
zusätzliche Kosten	Der LN ist auf seine Kosten verpflichtet, das LO sorgfältig und pfleglich unter Beachtung der Gebrauchsanweisung einzusetzen und in betriebs- und verkehrssicherem Zustand zu erhalten. Er hat pünktlich vorgeschriebene oder empfohlene Wartungsarbeiten und erforderlich werdende Reparaturen am LO von einer vom Hersteller oder Lieferanten autorisierten Fachwerkstatt auf eigene Kosten durchführen zu lassen. Der LN trägt ab Abnahme alle Gebühren, Steuern, Abgaben, sonstige Lasten, die mit dem Besitz oder der Nutzung des LO anfallen, und sonstige Kosten (wie z.B. für Überführung, Zulassung und für Zahlungsauthentifizierungsinstrumente). Dies gilt insbesondere auch für Autobahn- und Straßennutzungsgebühren. Der LN hat alle Gesetze und Vorschriften, die den Besitz und den Betrieb des LO regeln, einzuhalten und das LO von Rechten Dritter freizuhalten. Der LN stellt den LG von allen Ansprüchen Dritter in Bezug auf das LO frei. Kommt der LN den vorgenannten Verpflichtungen nicht nach, ist der LG bei Gefahr in Verzug oder besonderer Eilbedürftigkeit berechtigt, diese Verpflichtungen auf Kosten des LN vorzunehmen. Für das Erstellen und den Versand von Dokumenten oder Schriftstücken während der Vertragslaufzeit berechnet der LG eine Aufwandsentschädigung, die per Lastschrift eingezogen werden kann. Teilt der LN eine Adressänderung dem LG nicht oder nicht rechtzeitig mit, berechnet der LG dem LN für die Adressrecherche eine Pauschale in Höhe von 25,00 €. Entstehen höhere Kosten, so sind diese vom LN zu tragen.
Vertragsbestimmungen	Es wird auf die im Falle des Zustandekommens eines Leasingvertrages maßgeblichen Allgemeinen Leasingbedingungen des LGs gemäß Anlage verwiesen.

III. Weitere Informationen für Verbraucherleasingverträge mit Kilometerabrechnung

1. Die Hauptmerkmale des vom LG angebotenen Leasingvertrag

a. Zweck des Leasing-Vertrages

Der Zweck des Verbraucherleasingvertrages mit Kilometerabrechnung ist die entgeltliche Nutzungs- bzw. Gebrauchsüberlassung des Fahrzeuges während der vereinbarten Vertragslaufzeit. Eigentümer des Fahrzeuges ist der LG. Der LG ist berechtigt, in Abstimmung mit dem LN das Fahrzeug zu besichtigen und auf seinen Zustand zu überprüfen. Der LN darf das Fahrzeug weder verkaufen, verpfänden, verschenken, vermieten oder verleihen, noch zur Sicherung übereignen. Eine Verwendung zu Fahrschulzwecken, als Taxi oder zu sportlichen Zwecken bedarf der vorherigen schriftlichen Zustimmung des LGs.

Gegenleistungen für die Gebrauchsüberlassung des Fahrzeuges sind die Leasingraten, eine ggf. vereinbarte Sonderzahlung, ggf. eine Mehrkilometerberechnung und eine Abschlusszahlung bei Änderung der tatsächlichen Nutzungsdauer oder im Fall vorzeitiger Vertragsbeendigung. Der LG hat in jedem Falle Anspruch auf Vollamortisation.

Die Leasingrate ist für die Laufzeit des Leasingvertrages fest vereinbart.

Die Leasingzeit beginnt am Tag der Übergabe des Fahrzeuges an den LN. Falls auf Wunsch des LNs das Fahrzeug vorher zugelassen wird, beginnt die Leasingzeit am Tag der Zulassung. Holt der LN das Fahrzeug trotz Anzeige der Bereitstellung des Fahrzeuges seitens des LGs oder des Lieferanten nicht ab, beginnt die Leasingzeit sieben Tage nach Zugang der Anzeige.

Eine im Leasingvertrag vereinbarte Sonderzahlung ist innerhalb von zwei Wochen nach Zugang des Annahmeschreibens zu entrichten. Vor Zahlungseingang ist der LG zur Übergabe des Leasingobjekts nicht verpflichtet.

Die erste Leasingrate ist zu Vertragsbeginn fällig. Der LN zahlt ab Vertragsbeginn bis zum Ende des ersten Kalendermonats für die erste Leasingrate anteilig für jeden Tag 1/30 der monatlichen Leasingraten.

Die weiteren Leasingraten sind stets monatlich, jeweils zum Ersten eines Kalendermonats im Voraus fällig und zu zahlen. Die letzte Rate wird voll fällig. Endet die Leasingzeit nicht zum Ende eines Kalendermonats, hat der LG für jeden Tag 1/30 der letzten Leasingrate zurückzuerstatten, an dem der Leasingvertrag in diesem Monat nicht mehr bestand. Die Leasingraten sind bis zur Beendigung des Vertrages auch für die Dauer von Reparaturarbeiten oder bei Abhandenkommen des Fahrzeuges zu zahlen. Der LN erteilt dem LG Einzugsermächtigung. In jedem Fall haben sämtliche Zahlungen für den LG kostenfrei zu erfolgen.

Ist bei Rückgabe des Fahrzeuges nach Ablauf der bei Vertragsschluss vereinbarten Vertragslaufzeit die festgelegte Gesamtkilometerlaufleistung über- bzw. unterschritten, werden die gefahrenen Mehr- bzw. Minderkilometer dem LN zu dem im Leasingvertrag genannten Satz nach berechnet bzw. vergütet. Eine Über- bzw. Unterschreitung der vereinbarten Laufleistung bis zu 2.500 Kilometer bleibt außer Betracht. Minderkilometer werden nur bis höchstens 10.000 Kilometer vergütet.

Ein garantierter Restwert für das Fahrzeug wird nicht geschuldet.

b. Rückgabepflicht am Ende der Vertragslaufzeit

Nach Beendigung des Leasingvertrages ist der LN verpflichtet, das LO auf seine Kosten einschließlich aller Unterlagen und Schlüssel an den LG oder dessen Beauftragten herauszugeben. § 545 BGB wird abbedungen.

Das LO hat sich bei Rückgabe in einem verkehrs- und betriebssicheren Zustand zu befinden, der dem Auslieferungszustand des LO zum Beginn des Leasingvertrages unter Berücksichtigung des durch den vertragsgemäßen Gebrauch entstandenen normalen Verschleißes entspricht. Andernfalls hat der LN die erforderlichen Reparaturkosten und Schäden hieraus zu tragen.

Auf Verlangen des LN oder des LG wird der Zustand des LO bei Rückgabe in einem gemeinsamen Protokoll festgehalten, das von beiden Parteien zu unterzeichnen ist. Finden die Parteien keine Einigung, wird der Zustand des LO von einem öffentlich bestellten und vereidigten Sachverständigen oder einem unabhängigen Sachverständigenunternehmen festgestellt. Die Bestimmung des Sachverständigen erfolgt durch den LG. Die Kosten sind zu teilen.

c. Abzuschließende Versicherungen

Der LN ist verpflichtet, eine Sachversicherung (v.a. für Feuer, Wasser, Einbruch und Diebstahl) zugunsten des LO bei einem in der Bundesrepublik Deutschland tätigen Versicherer auf eigene Kosten zum Neuwert abzuschließen und während der gesamten Vertragslaufzeit aufrecht zu erhalten. Schon jetzt tritt der LN alle ihm gegenüber dem Versicherer zustehenden Ersatzansprüche an den LG ab. Bei Fahrzeugen hat der LN eine Kfz-Haftpflichtversicherung mit einer Deckungssumme von zumindest 1. Mio. Euro sowie eine Vollkaskoversicherung mit einer Selbstbeteiligung von höchstens 500,00 Euro abzuschließen. Der LN hat innerhalb von 14 Tagen nach Abnahme des LO den Versicherungsschutz gegenüber dem LG nachzuweisen. Kommt der LN dieser Verpflichtung nicht nach, kann der LG das LO auf Kosten des LN versichern. Überdies hat sich der LN zugunsten des LG für diese Versicherungen einen Sicherungsschein zu verschaffen und an den LG zu übergeben. Trotz Abtretung bleibt der LN berechtigt und verpflichtet, die abgetretenen Ansprüche gegenüber dem Versicherer auf eigene Kosten geltend zu machen. Zahlungen darf er nur an den LG verlangen. Der LG hat erhaltene Versicherungsentschädigungen – mit Ausnahme von Zahlungen zur Abdeckung des merkantilen Minderwertes, die wirtschaftlich dem LG zustehen – dem LN zur Wiederherstellung des LO zur Verfügung zu stellen oder auf die Zahlungspflicht des LN anzurechnen. Der LG ist vom LN unverzüglich über den Schadensfall und seine Abwicklung zu unterrichten.

d. Gewährleistungsrechte hinsichtlich des überlassenen Leasingobjektes

a) Mit Ausnahme der mietvertraglichen Sachverschaffungspflicht sind alle mietvertraglichen Gewährleistungsansprüche des LN gegenüber dem LG abbedungen
aa) Zum Ausgleich tritt der LG an den LN – gleich aus welchem Rechtsgrund – seine Ansprüche und Rechte wegen etwaiger Sach- und Rechtsmängel des LO, insbesondere alle Nacherfüllungs-, Rücktritts-, Minderungs- und Schadensersatzansprüche sowie mängelbezogene Garantien gegenüber dem Lieferanten des LO ab. Der LN nimmt die Abtretung mit Vertragsschluss an. Dies gilt jedoch erst, nachdem der LG seine Sachverschaffungspflicht gegenüber dem LN erfüllt hat.
bb) Deshalb ist der LN verpflichtet, diese Ansprüche auf eigene Kosten unverzüglich und fristwahrend, gegebenenfalls auch gerichtlich, mit der Maßgabe geltend zu machen, dass beanspruchte Zahlungen ausschließlich an den LG zu leisten sind. Der LG ist über die Geltendmachung von Ansprüchen durch den LN laufend zeitnah zu informieren. Verletzt der LN schuldhaft diese Pflicht, ist er dem LG zum Ersatz des daraus entstehenden Schadens verpflichtet.
cc) Können sich Lieferant und LN nicht über die Wirksamkeit eines vom LN erklärten Rücktrittes oder einer Minderung einigen, ist der LN zur Verweigerung oder Zurückbehaltung von Zahlungspflichten dieses Leasingvertrages wegen etwaiger Mängel erst dann – im Falle der Minderung anteilig – berechtigt, wenn der LN den Lieferanten unverzüglich und unter Einhaltung etwaiger Fristen, spätestens jedoch innerhalb einer Frist von 4 Wochen gerechnet ab der Rücktritts- bzw. Minderungserklärung, auf Rückabwicklung des Liefervertrages oder Minderung verklagt. Bei nicht fristgerechter Klageerhebung greift das Zurückbehaltungsrecht an den Raten ab dem Tag der Klageerhebung. Bei Erfolglosig-

keit des Klagebegehrens entfällt das Zurückbehaltungsrecht rückwirkend und die zurück behaltenen Raten sind unverzüglich in einem Betrag zu zahlen. Der LN ist mit dieser Regelung einverstanden.
b) Der LN hat für den Fall der Nachlieferung mit dem Lieferanten zu vereinbaren, dass dieser das Eigentum an dem LO unmittelbar auf den LG überträgt. Die Besitzverschaffung jedoch erfolgt durch Lieferung an den LN. Der LN hat den LG von der erfolgten Nachlieferung unverzüglich in Kenntnis zu setzen und die Identifikationsmerkmale des neuen LO dem LG schriftlich mitzuteilen sowie durch einen Lieferschein zu belegen.
c) Der LG ist im Falle der rechtswirksamen Minderung verpflichtet, die Leasingraten und gegebenenfalls den Restwert anzupassen.
d) Der LN nimmt zustimmend davon Kenntnis, dass ihm gegenüber dem LG keine Gewährleistungsansprüche zustehen, sofern diese Ansprüche im Verhältnis zum Lieferanten nach der Abtretung verjähren. Das Risiko rechtzeitiger Rechtsverfolgung gegenüber dem Lieferanten obliegt dem LN.
e) Haftet der LG gegenüber dem LN für einen Schaden aufgrund eigenen oder Verschuldens seiner gesetzlichen Vertreter oder sonstiger Erfüllungsgehilfen aus einem anderen Rechtsgrund des abzuschließenden Vertrages oder vorstehend geregelt, ist die Haftung auf Fälle von Vorsatz oder grober Fahrlässigkeit beschränkt; bei Verletzung von Leben, Körper und Gesundheit haftet der LG auch für einfache Fahrlässigkeit. Zuletzt Genanntes gilt auch bei Verletzung von wesentlichen Vertragspflichten, jedoch dann beschränkt auf den vorhersehbaren Schaden.
f) Etwaige Zusagen oder Absprachen zwischen LN und Lieferanten, deren Kenntnis der LG nicht schriftlich bestätigt hat, gehen nicht zu Lasten des LG. Der LN stellt den LG im Zweifel von diesbezüglichen Ansprüchen frei.

e. Gefahrtragung

a) Die Gefahr eines zufälligen Untergangs des LO trägt ab Abnahme der LN; dies gilt auch, wenn das LO dem LN gestohlen wird oder abhandenkommt, es sei denn, dies ist vom LG zu vertreten.
b) Im Falle eines Totalschadens oder bei völligem Verlust oder einer wesentlichen sonstigen Beschädigung des LO steht dem LN und dem LG ein außerordentliches Kündigungsrecht zu; gleichwohl bleibt der LN verpflichtet, die abgezinste Restamortisation dem LG gut zu bringen. Der LN bleibt bis zur Kündigung zur Zahlung der vereinbarten Raten verpflichtet. Für diesen Fall tritt der LG bereits hiermit alle Ansprüche, die ihm aufgrund seines Eigentums an dem LO gegen Dritte zustehen, an den die Abtretung annehmenden LN ab. Anstatt zur Kündigung, ist der LN auch zur unveränderten Fortsetzung des Vertrages berechtigt, in dem er nach seiner Wahl entweder das LO auf seine Kosten instand setzt oder durch ein gleichartiges oder gleichwertiges Objekt ersetzt. Der LN hat den LG über seine Wahl unverzüglich zu informieren. Entscheidet sich der LN für die Instandsetzung, so hat er das LO in einen vertragsgemäßen Zustand zu versetzen. Entscheidet sich der LN für eine Ersetzung, so hat er dem LG das Eigentum an dem Objekt zu verschaffen, soweit dieser das Ersetzungsobjekt nicht vom Lieferanten erwirbt. Der LN hat die ordnungsgemäße Instandsetzung oder Ersetzung dem LG unverzüglich nachzuweisen. Der Leasingvertrag gilt unverändert für das Ersatzleasingobjekt.

f. Sonstige Besonderheiten, die den vorliegenden Vertrag von anderen Verträgen unterscheidet

Abnahme, Lieferung und Abnahmebestätigung
a) Die Auslieferung des LO durch den Lieferanten erfolgt unmittelbar an den LN.
b) Der LN ist verpflichtet, das LO unverzüglich auf Gebrauchs- und Funktionstauglichkeit, insbesondere auf Mängel, Vollständigkeit und Übereinstimmung mit dem zwischen den Parteien des Liefervertrages Vereinbarten zu untersuchen und Beanstandungen spezifiziert dem Lieferanten und dem LG unverzüglich schriftlich anzuzeigen. Der LN hat das LO abzunehmen, sofern sich keine Beanstandungen zeigen. Der LN muss jedoch zumutbare Konstruktions- und Formänderungen, v.a. zumutbare Abweichungen im Farbton und des serienmäßigen Lieferumfangs hinnehmen.

c) Der LN hat nach erfolgter Abnahme innerhalb einer Frist von 3 Arbeitstagen eine Abnahmeerklärung rechtsverbindlich zu unterzeichnen und dem LG zu übergeben. Der LN nimmt zustimmend davon Kenntnis, dass der LG auf die Richtigkeit der Annahmeerklärung vertraut und deshalb nach Erhalt der Abnahmeerklärung den Kaufpreis an den Lieferanten des LO bezahlt. Der LN ist verpflichtet, den LG von allen Schäden freizuhalten, die daraus entstehen, dass der LN aus Gründen, die er zu vertreten hat, eine unvollständige oder fehlerhafte Abnahmeerklärung ausstellt.

2. Weitere Vertragstypischen Auswirkungen des Leasingvertrages auf den LN

Gibt der LN Schlüssel oder Unterlagen nicht zurück, trägt er die Kosten der Ersatzbeschaffung sowie einen sich daraus ergebenden weiteren Schaden.

Werden Inspektionen oder Wartungsarbeiten gemäß der Betriebsanleitung des Herstellers im Monat der Beendigung des Leasingvertrages fällig, trägt der LN deren Kosten.

Wird das Fahrzeug nicht termingemäß zurückgegeben, wird dem LN für jeden überschrittenen Tag als Grundbetrag 1/30 der für die Vertragszeit vereinbarten monatlichen Leasingrate, gegebenenfalls zuzüglich des durch eine Leasingsonderzahlung oder abgezinste Einmalzahlung (AEZ) nicht mehr gedeckten Vorauszahlungsanteils, und die durch die Rückgabeverzögerung verursachten Kosten berechnet.
Entspricht das Fahrzeug bei Rückgabe nicht dem ordnungsgemäßen Zustand und ist das Fahrzeug hierdurch im Wert gemindert, ist der LN zum Ersatz des entsprechenden Schadens verpflichtet.

a. Folgen bei Zahlungsverzug

Verzug tritt ein, wenn der LN die fälligen Leasingraten nicht fristgemäß an den LG bezahlt. Eine gesonderte Erklärung des LGs ist dafür nicht erforderlich. Der LN hat den LG den Verzugsschaden zu ersetzen (zum Beispiel Rechtsverfolgungskosten des Rechtsanwalts nach RVG). Außerdem sind die Leasingraten, mit denen sich der LN in Verzug befindet, in Höhe von 5 Prozentpunkten über dem Basiszinssatz zu verzinsen.
Im Einzelfall kann der LG einen höheren und der LN einen niedrigeren Schaden nachweisen.

Kommt der LN mit mindestens zwei aufeinander folgenden Leasingraten ganz oder teilweise und mit mindestens 10 %, bei einer Laufzeit des Verbraucherleasingvertrages von mehr als drei Jahren mit mindestens 5 % der insgesamt zu zahlenden Leasingraten, in Verzug und hat der LG dem LN erfolglos eine zweiwöchige Frist zur Zahlung des rückständigen Betrags mit der Erklärung gesetzt, dass er bei Nichtzahlung innerhalb einer Frist die gesamte Restschuld verlange, so kann der LG den Leasingvertrag kündigen. Der LG wird dem LN spätestens mit der Fristsetzung ein Gespräch über die Möglichkeit einer einverständlichen Regelung anbieten.

Im Falle einer vom LN veranlassten fristlosen Kündigung durch den LG, hat der LN dem LG Schadensersatz zu leisten, der durch die vorzeitige Vertragsbeendigung entsteht. Dabei hat der LG einen Anspruch auf Vollamortisation unter Berücksichtigung des durch den Verkauf an den gewerblichen Kraftfahrzeughandel zu erzielenden Fahrzeugerlöses. Erforderliche Verwertungskosten trägt der LN.

b. Verfahren bei Kündigung

Während der Grundmietzeit ist die ordentliche Kündigung des Leasingvertrages ausgeschlossen.

Der Leasingvertrag kann unter den gesetzlichen Voraussetzungen fristlos gekündigt werden.

Als Folge der vom LN veranlassten fristlosen Kündigung hat der LG einen Anspruch auf Schadensersatz, der konkret zu berechnen ist. Darüber hinaus ist der LG für diesen Fall berechtigt, das LO auf Kosten des LN in seinen Besitz zu nehmen und zu verwerten. Der LN erklärt hiermit ausdrücklich seine Zustimmung zur Inbesitznahme durch den LG.

Der LN ist verpflichtet, dass LO innerhalb von 14 Tagen nach Zugang der Bereitstellungsanzeige abzunehmen. Im Falle der Nichtabnahme kann der LG von seinen gesetzlichen Rechten Gebrauch machen; insbesondere den Leasingvertrag kündigen und Schadensersatz vom LN begehren.

Dieselben Rechte stehen dem LG zu, wenn der LN die mit Vertragsschluss fällige Sonderzahlung nicht innerhalb von 14 Tagen nach Zugang der Bereitstellungsanzeige zahlt.

Die Kündigung wird im Falle des Vorliegens der gesetzlichen Voraussetzungen mit Zugang wirksam.

Die Kündigung bedarf der Textform.

c. Anpassungsmöglichkeiten

Die Leasingrate ist für die Laufzeit des Leasingvertrages fest vereinbart.
- Die Parteien sind berechtigt, bei einer Veränderung von Steuern (z.B. Umsatzsteuer) oder Gebühren während der Vertragslaufzeit eine Anpassung der Leasingraten vorzunehmen.
- Bis zum Beginn der Vertragslaufzeit behält sich der LG eine Anpassung der Leasingraten vor, sofern sich bis zu diesem Zeitpunkt der Kaufpreis des LO erhöht oder ermäßigt. Der LG ist berechtigt, die Leasingraten auch dann anzupassen, wenn sich bis zum Beginn der Vertragslaufzeit die Zinsen auf dem Refinanzierungsmarkt ändern.
- In den zuvor genannten Fällen können LG und LN eine Anpassung der Leasingraten und der anderen Leasingentgelte nur dann verlangen, wenn sich der Gesamtpreis des Leasingobjektes oder die Refinanzierungskosten des LG nach dem Datum des Leasingantrages verändert, sofern zwischen Leasingantrag und Übernahme des LO mehr als 4 Monate liegen. Ergibt sich durch die erfolgte Anpassung eine Erhöhung um mehr als 5 %, kann der LN durch unverzügliche schriftliche Erklärung vom Leasingvertrag zurücktreten.

10. Sale-and-Mietkauf-back – Verbraucher –

1. sale-and-mietkauf-back-Vertrag

Die Vertragsparteien schließen hiermit einen sale-and-mietkauf-back-Vertrag über das zuvor bezeichnete Objekt. Dies bedeutet, dass der Verkäufer dem Käufer das Kaufobjekt hiermit verkauft und der Käufer das Kaufobjekt – mittels gesonderten Vertrages – zugleich an den Mietkäufer zurückvermietet (Mietkauf).

Dieser Vertrag steht unter der Bedingung, dass der gesonderte Mietkaufvertrag Bestand hat.

2. Kaufpreis

Der Verkäufer verkauft an den Käufer das Mietkaufobjekt zum Kaufpreis von:

_______ EUR netto
_______ (zzgl. gesetzlicher MwSt.)
_______ folglich insgesamt.

3. Eigentumsübergang und Abtretung

Der Verkäufer ist Eigentümer des Mietkaufobjektes:

Käufer und Verkäufer sind sich darüber einig, dass das Eigentum am Mietkaufobjekt mit Zahlung des Kaufpreises auf den Käufer übergeht. Die Übergabe des Mietkaufobjektes wird dadurch ersetzt, dass zwischen den Vertragsparteien der oben bezeichnete Mietkaufvertrag abgeschlossen wird. Bei Fahrzeugen ist die Zulassungsbescheinigung II dem Käufer auszuhändigen.

Verkäufer ist nicht Eigentümer des Mietkaufobjektes:

Ist der Verkäufer des Mietkaufobjektes mangels Kaufpreiszahlung an seine Verkäufer (Ursprungslieferant: _______________) nicht Eigentümer, gilt vorrangig zu Ziffer 3. a. Folgendes:

aa. Der Verkäufer bestätigt, dass er mit dem Ursprungslieferanten über das Mietkaufobjekt einen Kaufvertrag zu einem Kaufpreis von netto _______ EUR abgeschlossen hat. Der Kaufpreis wurde noch nicht gezahlt.

bb. Der Verkäufer tritt seinen Anspruch auf Übereignung des Mietkaufobjektes gegen den Ursprungslieferanten an den Käufer hiermit ab; dieser nimmt die Abtretung an. Die Parteien sind sich darüber einig, dass der Käufer den Besitz am Mietkaufobjekt aufgrund des Mietkaufvertrages für den Verkäufer mittelt. Der Kaufvertrag zwischen Verkäufer und Ursprungslieferant bleibt unberührt.

cc. Der Käufer verpflichtet sich, den zwischen den Ursprungslieferanten und dem Verkäufer Kaufpreis von netto _______ EUR zzgl. gesetzlicher MwSt. – Zug um Zug gegen Übereignung des Mietkaufobjektes durch den Ursprungslieferanten an den Käufer (...) – schuldbefreiend unmittelbar an den Ursprungslieferanten zu zahlen.

dd. Die Zahlung an den Ursprungslieferanten wird auf den Kaufpreisanspruch gem. Ziffer 2. angerechnet. Ein danach etwa verbleibender Differenzbetrag gem. Ziffer 2. ist vom Käufer – unmittelbar nach Übereignung des Mietkaufobjektes durch den Ursprungslieferanten an den Käufer – an den Verkäufer zu zahlen.

ee. Der Verkäufer hat den Ursprungslieferanten vom Inhalt dieses Vertrages in Kenntnis zu setzen und die Abtretung des Übereignungsanspruchs an den Käufer gemäß Anlage 1 dieses Vertrages zu bestätigen.

4. Zubehöreigenschaft

Zwischen den Vertragsparteien besteht Einigkeit, dass das Mietkaufobjekt nicht wesentlicher Bestandteil von Grund und Boden oder von anderen beweglichen Sachen ist oder wird, somit nicht der Zubehörhaftung unterliegt, weil das Mietkaufobjekt nur zu einem vorübergehenden Zweck aufgestellt wurde oder wird und jederzeit demontierbar ist.

5. Mangelfreiheit

Der Verkäufer bestätigt, dass das Mietkaufobjekt der Bezeichnung im Mietkaufvertrages und den

Vereinbarungen im Übrigen entspricht und in ordnungsgemäßem, mangelfreiem und funktionsfähigem Zustand ist.

6. Vertragsbeginn des Mietkaufvertrages
Die Vertragsparteien vereinbaren, dass mit Abschluss dieses Vertrages das Mietkaufobjekt zur Verfügung gestellt ist.

7. Allgemeine Bestimmungen
Mündliche Nebenabreden bestehen nicht. Änderungen, Ergänzungen sowie die Aufhebung dieses Vertrages bedürfen zu Ihrer Wirksamkeit der Schriftform. Ein Verzicht auf die Schriftform kann nur schriftlich vereinbart werden. Sollte eine Bestimmung dieses Vertrages unwirksam sein, so wird dadurch die Gültigkeit des Vertragsinhaltes im Übrigen nicht berührt. Die Vertragsparteien haben sich für den Fall der Teilunwirksamkeit dieses Vertrages auf diejenige Regelung zu einigen, die dem beabsichtigten Zweck rechtswirksam am nächsten kommt. Erfüllungsort für Zahlungen und Übergabe des MO ist München.

Ort und Datum	Ort und Datum
Käufer/Vermieter	Verkäufer/Mietkäufer (Stempel und Unterschrift)

11. Leasingerlasse der Finanzverwaltung

Mobilienerlass/Vollamortisation, BMF-Schreiben vom 19.04.1971 – IV B/2 – S 2170 – 31/71 (BStBl. 1971 I 264)

Ertragssteuerliche Behandlung von Leasing-Verträgen über bewegliche Wirtschaftsgüter
Unter Bezugnahme auf das Ergebnis der Erörterungen mit den obersten Finanzbehörden der Länder wird zu der Frage der steuerlichen Behandlung von Leasing-Verträgen über bewegliche Wirtschaftsgüter wie folgt Stellung genommen:

I. Allgemeines
Der Bundesfinanzhof hat mit Urteil vom 26.01.1970 (BStBl. 1970 II 264) zur steuerlichen Behandlung von sogenannten Finanzierungs-Leasing-Verträgen über bewegliche Wirtschaftsgüter Stellung genommen:
Um eine einheitliche Rechtsanwendung durch die Finanzverwaltung zu gewährleisten, kann bei vor dem 24.04.1970 abgeschlossenen Leasing-Verträgen aus Vereinfachungsgründen von dem wirtschaftlichen Eigentum des Leasing-Gebers am Leasing-Gut und einer Vermietung oder Verpachtung an den Leasing-Nehmer ausgegangen werden, wenn die Vertragsparteien in der Vergangenheit übereinstimmend eine derartige Zurechnung zugrunde gelegt haben und auch in Zukunft daran festhalten. Das gilt auch, wenn die Vertragslaufzeit über den genannten Stichtag hinausreicht (vgl. Schreiben vom 21.07.1970, BStBl. 1970 I 1913).
Für die steuerliche Behandlung von nach dem 23.04.1970 abgeschlossenen Leasing-Verträgen über bewegliche Wirtschaftsgüter sind die folgenden Grundsätze zu beachten. Dabei ist als betriebsgewöhnliche Nutzungsdauer der in den amtlichen AfA-Tabellen angegebene Zeitraum zugrunde zu legen.

II. Begriff und Abgrenzung des Finanzierungs-Leasing-Vertrages bei beweglichen Wirtschaftsgütern
1. Finanzierungs-Leasing im Sinne dieses Schreibens ist nur dann anzunehmen, wenn
a) der Vertrag über eine bestimmte Zeit abgeschlossen wird, während der Vertrag bei vertragsgemäßer Erfüllung von beiden Vertragspartnern nicht gekündigt werden kann (Grundmietzeit), und
b) der Leasing-Nehmer mit den in der Grundmietzeit zu entrichtenden Raten mindestens die Anschaffungs- oder Herstellungskosten sowie alle Nebenkosten einschl. Finanzierungskosten des Leasing-Gebers deckt.

2. Beim Finanzierungs-Leasing von beweglichen Wirtschaftsgütern sind im Wesentlichen folgende Vertragstypen festzustellen:

a) Leasing-Verträge ohne Kauf- und Verlängerungsoption
Bei diesem Vertragstyp sind zwei Fälle zu unterscheiden:
Die Grundmietzeit
aa) deckt sich mit der betriebsgewöhnlichen Nutzungsdauer des Leasing-Gegenstandes,
bb) ist geringer als die betriebsgewöhnliche Nutzungsdauer des Leasing-Gegenstandes.
Der Leasing-Nehmer hat nicht das Recht, nach Ablauf der Grundmietzeit den Leasing-Gegenstand zu erwerben oder den Leasing-Vertrag zu verlängern.

b) Leasing-Verträge mit Kaufoption
Der Leasing-Nehmer hat das Recht, nach Ablauf der Grundmietzeit, die regelmäßig kürzer ist als die betriebsgewöhnliche Nutzungsdauer des Leasing-Gegenstandes, den Leasing-Gegenstand zu erwerben.

c) Leasing-Verträge mit Mietverlängerungsoption
Der Leasing-Nehmer hat das Recht, nach Ablauf der Grundmietzeit, die regelmäßig kürzer ist als die betriebsgewöhnliche Nutzungsdauer des Leasing-Gegenstandes, das Vertragsverhältnis zu verlängern.
Leasing-Verträge ohne Mietverlängerungsoption, bei denen nach Ablauf der Grundmietzeit eine Vertragsverlängerung für den Fall vorgesehen ist, dass der Mietvertrag nicht von einer der Vertragsparteien gekündigt wird, sind steuerlich grundsätzlich ebenso wenig wie Leasing-Verträge mit Mietverlängerungsoption zu behandeln. Etwas anderes gilt nur dann, wenn nachgewiesen wird, dass der Leasing-Geber bei Verträgen über gleiche Wirtschaftsgüter innerhalb eines Zeitraums von neun Zehnteln der betriebsgewöhnlichen Nutzungsdauer ein einer Vielzahl von Fällen das Vertragsverhältnis auf Grund seines Kündigungsrechts beendet.

III. Steuerliche Zurechnung des Leasing-Gegenstandes
Die Zurechnung des Leasing-Gegenstandes ist von der von den Parteien gewählten Vertragsgestaltung und deren tatsächlichen Durchführung abhängig. Unter Würdigung der gesamten Umstände ist im Einzelfall zu entscheiden, wem der Leasing-Gegenstand steuerlich zuzurechnen ist. Bei den unter II.2. genannten Grundvertragstypen gilt für die Zurechnung das Folgende:

1. Leasing-Verträge ohne Kauf- oder Verlängerungsoption
Bei Leasing-Verträgen ohne Optionsrecht ist der Leasing-Gegenstand regelmäßig zuzurechnen
a) dem Leasing-Geber, wenn die Grundmietzeit mindestens 40 v.H. und höchstens 90 v.H. der betriebsgewöhnlichen Nutzungsdauer des Leasing-Gegenstandes beträgt.

b) dem Leasing-Nehmer, wenn die Grundmietzeit weniger als 40 v.H. oder mehr als 90 v.H. der betriebsgewöhnlichen Nutzungsdauer beträgt.

2. Leasing-Verträge mit Kaufoption
Bei Leasing-Verträgen mit Kaufoption ist der Leasing-Gegenstand regelmäßig zuzurechnen
a) dem Leasing-Geber, wenn die Grundmietzeit mindestens 40 v.H. oder höchstens 90 v.H. der betriebsgewöhnlichen Nutzungsdauer beträgt und der für den Fall der Ausübung des Optionsrechts vorgesehene Kaufpreis nicht niedriger ist als der unter Anwendung der linearen AfA nach der amtlichen AfA-Tabelle ermittelte Buchwert oder der niedrigere gemeine Wert im Zeitpunkt der Veräußerung.

b) dem Leasing-Nehmer,
aa) wenn die Grundmietzeit weniger als 40 v.H. oder mehr als 90 v.H. der betriebsgewöhnlichen Nutzungsdauer beträgt oder
bb) wenn bei der Grundmietzeit von mindestens 40 v.H. und höchstens 90 v.H. der betriebsgewöhnlichen Nutzungsdauer der für den Fall der Ausübung des Optionsrechts vorgesehene Kaufpreis niedriger ist als der unter Anwendung der linearen AfA nach der amtlichen AfA-Tabelle ermittelte Buchwert oder der niedrigere gemeine Wert im Zeitpunkt der Veräußerung.

Wird die Höhe des Kaufpreises für den Fall der Ausübung des Optionsrechts während oder nach Ablauf der Grundmietzeit festgelegt oder verändert, so gilt entsprechendes. Die Veranlagungen sind gegebenenfalls zu berichtigen.

3. Leasing-Verträge mit Mietverlängerungsoption
Bei Leasing-Verträgen mit Miet-Verlängerungsoption ist der Leasing-Gegenstand regelmäßig zuzurechnen,
a) dem Leasing-Geber, wenn die Grundmietzeit mindestens 40 v.H. oder höchstens 90 v.H. der betriebsgewöhnlichen Nutzungsdauer des Leasing-Gegenstandes beträgt und die Anschlussmiete so bemessen ist, dass sie den Wertverzehr für den Leasing-Gegenstand deckt, der sich auf der Basis des unter Berücksichtigung der linearen Absetzung für Abnutzung nach der amtlichen AfA-Tabelle

ermittelten Buchwerts oder des niedrigeren gemeinen Werts und der Restnutzungsdauer lt. AfA-Tabelle ergibt.

b) dem Leasing-Nehmer,
aa) wenn die Grundmietzeit weniger als 40 v.H. oder mehr als 90 v.H. der betriebsgewöhnlichen Nutzungsdauer des Leasing-Gegenstandes beträgt oder
bb) wenn bei einer Grundmietzeit von mind. 40 v.H. oder höchstens 90 v.H. der betriebsgewöhnlichen Nutzungsdauer die Anschlussmiete so bemessen ist, dass sie den Wertverzehr für den Leasing-Gegenstand nicht deckt, der sich auf der Basis des unter Berücksichtigung der linearen AfA nach der amtlichen AfA-Tabelle ermittelten Buchwertes oder des niedrigeren gemeinen Werts und der Restnutzungsdauer lt. AfA-Tabelle ergibt.

Wird die Höhe der Leasing-Raten für den Verlängerungszeitraum während oder nach Ablauf der Grundmietzeit festgelegt oder verändert, so gilt entsprechendes.
Abschnitt II Nr. 2 Buchstabe c, Sätze 2 und 3 sind zu beachten.

4. Verträge über Spezial-Leasing
Bei Spezial-Leasing-Verträgen ist der Leasing-Gegenstand regelmäßig dem Leasing-Nehmer ohne Rücksicht auf das Verhältnis von Grundmietzeit und Nutzungsdauer und auf Optionsklauseln zuzurechnen.

IV. Bilanzmäßige Darstellung von Leasing-Verträgen bei Zurechnung des Leasing-Gegenstandes beim Leasing-Geber

1. Beim Leasing-Geber
Der Leasing-Geber hat den Leasing-Gegenstand mit seinen Anschaffungs- oder Herstellungskosten zu aktivieren. Die Absetzung für Abnutzung ist nach der betriebsgewöhnlichen Nutzungsdauer vorzunehmen. Die Leasing-Raten sind Betriebseinnahmen.

2. Beim Leasing-Nehmer
Die Leasing-Raten sind Betriebsausgaben

V. Bilanzmäßige Darstellung von Leasing-Verträgen bei Zurechnung des Leasing-Gegenstandes beim Leasing-Nehmer

1. Beim Leasing-Nehmer
Der Leasing-Nehmer hat den Leasing-Gegenstand mit seinen Anschaffungs- und Herstellungskosten zu aktivieren. Als Anschaffungs- oder Herstellungskosten gelten die Anschaffungs- oder Herstellungskosten des Leasing-Gebers, die der Berechnung der Leasing-Raten zugrunde gelegt worden sind, zuzüglich etwaiger Anschaffungs- oder Herstellungskosten, die nicht in den Leasing-Raten enthalten sind (vgl. Schreiben vom 05.05.1970 – IV B/2. – S 2170 – 4/70).

Dem Leasing-Nehmer steht die AfA nach der betriebsgewöhnlichen Nutzungsdauer des Leasing-Gegenstandes zu.
In Höhe der aktivierten Anschaffungs- oder Herstellungskosten mit Ausnahme der nicht in den Leasing-Raten berücksichtigten Anschaffungs- oder Herstellungskosten des Leasing-Nehmers ist eine Verbindlichkeit gegenüber dem Leasing-Geber zu passivieren.
Die Leasing-Raten sind in einem Zins- und Kostenanteil sowie einen Tilgungsanteil aufzuteilen. Bei der Aufteilung ist zu berücksichtigen, dass sich infolge der laufenden Tilgung der Zinsanteil verringert und der Tilgungsanteil entsprechend erhöht.
Der Zins- und Kostenanteil stellt eine sofort abzugsfähige Betriebsausgabe dar, während der andere Teil der Leasing-Rate als Tilgung der Kaufpreisschuld erfolgsneutral zu behandeln ist.

2. Beim Leasing-Geber

Der Leasing-Geber aktiviert eine Kaufpreisforderung an den Leasing-Nehmer in Höhe der den Leasing-Raten zugrunde gelegten Anschaffungs- oder Herstellungskosten. Dieser Betrag ist grundsätzlich mit der vom Leasing-Nehmer ausgewiesenen Verbindlichkeit identisch.

Die Leasing-Raten sind in einen Zins- und Kostenanteil sowie in einen Anteil Tilgung der Kaufpreisforderung aufzuteilen. Wegen der Aufteilung der Leasing-Raten und deren steuerlicher Behandlung gelten die Ausführungen unter V. 1. entsprechend.

VI. Die vorstehenden Grundsätze gelten entsprechend auch für Verträge mit Leasing-Nehmern, die ihren Gewinn nicht durch Bestandsvergleich ermitteln.

12. Mobilienerlass/Teilamortisation, BMF-Schreiben vom 22.12.1975 – IV B 2 – S 2170 – 161/75 (EstH 1994, Anhang 21 III)

Steuerrechtliche Zurechnung des Leasing-Gegenstandes beim Leasing-Geber

Unter Bezugnahme auf das Ergebnis der Erörterung mit den obersten Finanzbehörden der Länder hat der Bundesminister der Finanzen zu einem Schreiben des Deutschen Leasing-Verbandes vom 24.07.1975 wie folgt Stellung genommen:

1. Gemeinsames Merkmal der dargestellten Vertragsmodelle ist, dass eine unkündbare Grundmietzeit vereinbart wird, die mehr als 40 %, jedoch nicht mehr als 90 % der betriebsgewöhnlichen Nutzungsdauer des Leasing-Gegenstandes beträgt und dass die Anschaffungs- oder Herstellungskosten des Leasing-Gebers sowie alle Nebenkosten einschließlich der Finanzierungskosten des Leasing-Gebers in der Grundmietzeit durch die Leasing-Raten nur zum Teil gedeckt werden. Da mithin Finanzierungs-Leasing im Sinne des BdF-Schreibens über die ertragssteuerrechtliche Behandlung von Leasing-Verträgen über bewegliche Wirtschaftsgüter vom 19.04.1971 (BStBl. I 264) nicht vorliegt, ist die Frage, wem der Leasing-Gegenstand zuzurechnen ist, nach den allgemeinen Grundsätzen zu entscheiden.

2. Die Prüfung der Zurechnungsfrage hat Folgendes ergeben:

a) Vertragsmodell mit Andienungsrecht des Leasing-Gebers, jedoch ohne Optionsrecht des Leasing-Nehmers

Bei diesem Vertragsmodell hat der Leasing-Geber ein Andienungsrecht. Danach ist der Leasing-Nehmer, sofern ein Verlängerungsvertrag nicht zustande kommt, auf Verlangen des Leasing-Gebers verpflichtet, den Leasing-Gegenstand zu einem Preis zu kaufen, der bereits bei Abschluss des Leasing-Vertrages fest vereinbart wird. Der Leasing-Nehmer hat kein Recht, den Leasing-Gegenstand zu erwerben.

Der Leasing-Nehmer trägt bei dieser Vertragsgestaltung das Risiko der Wertminderung, weil er auf Verlangen des Leasing-Gebers den Leasing-Gegenstand auch dann zum vereinbarten Preis kaufen muss, wenn der Wiederbeschaffungspreis für ein gleichwertiges Wirtschaftsgut geringer als der vereinbarte Preis ist. Der Leasing-Geber hat jedoch die Chance der Wertsteigerung, weil er sein Andienungsrecht nicht ausüben muss, sondern das Wirtschaftsgut zu einem über den Andienungspreis liegenden Preis verkaufen kann, wenn ein über dem Andienungspreis liegender Preis am Markt erzielt werden kann.

Der Leasing-Nehmer kann unter diesen Umständen nicht als wirtschaftlicher Eigentümer des Leasing-Gegenstandes angesehen werden.

b) Vertragsmodell mit Aufteilung des Mehrerlöses

Nach Ablauf der Grundmietzeit wird der Leasing-Gegenstand durch den Leasing-Geber veräußert. Ist der Veräußerungserlös niedriger als die Differenz zwischen den Gesamtkosten des Leasing-Gebers und den in der Grundmietzeit entrichteten Leasing-Raten (Restamortisation), so muss der Leasing-Nehmer eine Abschlusszahlung in Höhe der Differenz zwischen Restamortisation und Veräußerungserlös zahlen. Ist der Veräußerungserlös hingegen höher als die Restamortisation, so erhält der Leasing-Geber 25 %, der Leasing-Nehmer 75 % des die Restamortisation übersteigenden Teils des Veräußerungserlöses.

Durch die Vereinbarung, dass der Leasing-Geber 25 % des die Restamortisation übersteigenden Teils des Veräußerungserlöses erhält, wird bewirkt, dass der Leasing-Geber noch in einem wirtschaftlich ins Gewicht Umfang an etwaigen Wertsteigerungen des Leasing-Gegenstandes beteiligt ist. Der Leasing-Gegenstand ist daher dem Leasing-Geber zuzurechnen.

Eine ins Gewicht fallende Beteiligung des Leasing-Gebers an Wertsteigerungen des Leasing-Gegenstandes ist in solchen Fällen dem Leasing-Nehmer zuzurechnen.

c) Kündbarer Mietvertrag mit Anrechnung des Veräußerungserlöses auf die vom Leasing-Nehmer zu leistende Schlusszahlung

Der Leasing-Nehmer kann den Leasing-Vertrag frühestens nach Ablauf einer Grundmietzeit, die 40 % des betriebsgewöhnlichen Nutzungsdauer beträgt, kündigen. Bei Kündigung ist eine Abschlusszahlung in Höhe der durch die Leasing-Raten nicht gedeckten Gesamtkosten des Leasing-Gebers zu entrichten. Auf die Abschlusszahlung werden 90 % des vom Leasing-Geber erzielten Veräußerungserlöses angerechnet. Ist der anzurechnende Teil des Veräußerungserlöses zuzüglich der vom Leasing-Nehmer bis zur Veräußerung entrichteten Leasing-Raten niedriger als die Gesamtkosten des Leasinggebers, so muss der Leasing-Nehmer in Höhe der Differenz eine Abschlusszahlung leisten. Ist jedoch der Veräußerungserlös höher als die Differenz zwischen Gesamtkosten des Leasing-Gebers und den bis zu Veräußerung entrichteten Leasing-Raten, so behält der Leasing-Geber diesen Differenzbetrag in vollem Umfang.

Bei diesem Vertragsmodell kommt eine während der Mietzeit eingetretene Wertsteigerung in vollem Umfang dem Leasing-Geber zugute. Der Leasing-Geber ist daher nicht nur rechtlicher, sondern auch wirtschaftlicher Eigentümer des Leasing-Gegenstandes.

Die vorstehenden Ausführungen gelten nur grundsätzlich, d.h. nur insoweit, wie besondere Regelungen in Einzelverträgen nicht zu einer anderen Beurteilung zwingen.

13. Immobilienerlass/Vollamortisation, BMF-Schreiben vom 21.03.1972 – F/IV B 2 – S 2170 – 11/72 (BStBl. 1972 I 188)

Ertragssteuerliche Behandlung von Finanzierungs-Leasing-Verträgen über unbewegliche Wirtschaftsgüter

Unter Bezugnahme auf das Ergebnis der Erörterungen mit den obersten Finanzbehörden der Länder wird zu der Frage der ertragssteuerlichen Behandlung von Finanzierungs-Leasing-Verträgen über unbewegliche Wirtschaftsgüter wir folgt Stellung genommen:

I. Finanzierungs-Leasing-Verträge

1. Allgemeines

a) In meinem Schreiben vom 19.04.1971 – IV B/2 – S 2170 – 31/71 – habe ich unter Berücksichtigung des BFH-Urteils vom 26.01.1970 (BStBl. II 264) zur steuerlichen Behandlung von Finanzierungs-Leasing-Verträgen über bewegliche Wirtschaftsgüter Stellung genommen. Die in Abschnitt II dieses Schreibens enthaltenen Ausführungen über den Begriff und die Abgrenzung des Finanzierungs-Leasing-Vertrages bei beweglichen Wirtschaftsgütern entsprechend für Finanzierungs-Leasing-Verträge über unbewegliche Wirtschaftsgüter.

b) Ebenso wie bei den Finanzierungs-Leasing-Verträgen über bewegliche Wirtschaftsgüter kann bei vor dem 24.04.1970 abgeschlossenen Finanzierungs-Leasing-Verträgen über unbewegliche Wirtschaftsgüter zur Gewährleistung einer einheitlichen Rechtsanwendung und aus Vereinfachungsgründen von dem wirtschaftlichen Eigentum des Leasing-Gebers am Leasing-Gegenstand, einer Vermietung an den Leasing-Nehmer und von der bisherigen steuerlichen Behandlung ausgegangen werden, wenn die Vertragsparteien in der Vergangenheit übereinstimmend eine derartige Zurechnung zugrunde gelegt haben und auch in Zukunft daran festhalten. Das gilt auch, wenn die Vertragslaufzeit über den genannten Stichtag hinausreicht.

c) Für die steuerliche Zurechnung von unbeweglichen Wirtschaftsgütern bei Finanzierungs-Leasing-Verträgen, die nach dem 23.04.1970 abgeschlossen wurden, gelten unter Berücksichtigung der in Abschnitt III meines Schreibens vom 19.04.1971 aufgestellten Grundsätze und des BFH-Urteils vom 18.11.1970 (BStBl. 1971 II 133) über Mietkaufverträge bei unbeweglichen Wirtschaftsgütern die in Nummer 2 aufgeführten Kriterien.

d) Die Grundsätze für die Behandlung von unbeweglichen Wirtschaftsgütern gelten nicht für Betriebsvorrichtungen, auch wenn sie wesentliche Bestandteile eines Grundstücks sind (§ 50 Abs. 1 Satz 2 BewG a.F.). Die Zurechnung von Betriebsvorrichtungen, die Gegenstand eines Finanzierungs-Leasing-Vertrages sind, ist vielmehr nach den Grundsätzen für die ertragssteuerliche Behandlung von beweglichen Wirtschaftsgütern zu beurteilen. Für die Abgrenzung der Betriebsvorrichtungen von den Gebäuden sind die Anweisungen in dem übereinstimmenden Ländererlass über die Abgrenzung der Betriebsvorrichtungen vom Grundvermögen vom 28.03.1960 (BStBl. 1960 II 93) maßgebend.

2.Steuerliche Zurechnung unbeweglicher Leasing-Gegenstände

a) Die Zurechnung des unbeweglichen Leasing-Gegenstandes ist von der von den Parteien gewählten Vertragsgestaltung und deren tatsächlicher Durchführung abhängig. Unter Würdigung der gesamten Umstände ist im Einzelfall zu entscheiden, wem der Leasing-Gegenstand zuzurechnen ist.
Die Zurechnungs-Kriterien sind dabei für Gebäude und Grund und Boden getrennt zu prüfen.

b) Bei Finanzierungs-Leasing-Verträgen ohne Kauf- oder Verlängerungsoption und Finanzierungs-Leasing-Verträgen mit Mietverlängerungsoption ist der Grund und Boden grundsätzlich dem Leasinggeber zuzurechnen, bei Finanzierungs-Leasing-Verträgen mit Kaufoption dagegen regelmäßig dem Leasing-Nehmer, wenn nach Buchstabe c auch das Gebäude dem Leasing-Nehmer zugerechnet wird. Für die Zurechnung des Grund und Bodens in Fällen des Spezial-Leasings ist entsprechend zu verfahren.

c) Für die Zurechnung der Gebäude gilt im Einzelnen das Folgende:
aa) Ist die Grundmietzeit kürzer als 40 v.H. oder länger als 90 v.H. der betriebsgewöhnlichen Nutzungsdauer des Gebäudes, so ist das Gebäude regelmäßig dem Leasing-Nehmer zuzurechnen. Wird die Absetzung für Abnutzung des Gebäudes nach § 7 Abs. 4 Satz 1 oder 5 EStG bemessen, so gilt als betriebsgewöhnliche Nutzungsdauer ein Zeitraum von 50 Jahren (geändert durch Nr. 1/15). Hat der Leasing-Nehmer dem Leasing-Geber an dem Grundstück, das Gegenstand des Finanzierungs-Leasing-Vertrags ist, ein Erbbaurecht eingeräumt und ist der Erbbaurechtszeitraum kürzer als die betriebsgewöhnliche Nutzungsdauer des Gebäudes, so tritt bei Anwendung des vorstehenden Satzes an die Stelle der betriebsgewöhnlichen Nutzungsdauer des Gebäudes der kürzere Erbbaurechtszeitraum.
bb) Beträgt die Grundmietzeit mindestens 40 v.H. und höchstens 90 v.H. der betriebsgewöhnlichen Nutzungsdauer, so gilt unter Berücksichtigung des Sätze 2 und 3 des vorstehenden Doppelbuchstabens aa Folgendes:
Bei Finanzierungs-Leasing-Verträgen ohne Kauf- oder Mietverlängerungsoption ist das Gebäude regelmäßig dem Leasing-Geber zuzurechnen.
Bei Finanzierungs-Leasing-Verträgen mit Kaufoption kann das Gebäude regelmäßig nur dann dem Leasing-Geber zugerechnet werden, wenn der für den Fall der Ausübung des Optionsrechtes vorgesehene Gesamtkaufpreis nicht niedriger ist als der unter Anwendung der linearen AfA ermittelte Buchwert des Gebäudes zuzüglich des Buchwertes für den Grund und Boden oder der niedrigere gemeine Wert des Grundstücks im Zeitpunkt der Veräußerung. Wird die Höhe des Kaufpreises für den Fall der Ausübung des Optionsrechtes während oder nach Ablauf der Grundmietzeit festgelegt oder verändert, so gilt Entsprechendes. Die Veranlagungen sind ggf. zu berichtigen.
Bei Finanzierungs-Leasing-Verträgen mit Mietverlängerungsoption kann das Gebäude regelmäßig nur dann dem Leasing-Geber zugerechnet werden, wenn die Anschlussmiete mehr als 75 v.H. des Mietentgeltes beträgt, das für ein nach Art, Lage und Ausstattung vergleichbares Grundstück üblicherweise gezahlt wird. Wird die Höhe der Leasing-Raten für den Veranlagungszeitraum während oder nach Ablauf der Grundmietzeit festgelegt oder verändert, so gilt entsprechendes. Die Veranlagungen sind ggf. zu berichtigen.
Verträge ohne Mietverlängerungsoption, bei denen nach Ablauf der Grundmietzeit eine Vertragsverlängerung für den Fall vorgesehen ist, dass der Mietvertrag nicht von einer der Vertragsparteien gekündigt wird, sind steuerlich grundsätzlich ebenso wie Finanzierungs-Leasing-Verträge mit Mietverlängerungsoption zu behandeln.
d) Bei Spezial-Leasing-Verträgen ist das Gebäude stets dem Leasing-Nehmer zuzurechnen.

II. Bilanzmäßige Darstellung
1. Zurechnung des Leasing-Gegenstandes beim Leasing-Geber
a) Darstellung beim Leasing-Geber
Der Leasing-Geber hat den Leasing-Gegenstand mit seinen Anschaffungskosten oder Herstellungskosten zu aktivieren.
Die Leasingraten sind Betriebseinnahmen.
b) Darstellung beim Leasing-Nehmer
Die Leasing-Raten sind grundsätzlich Betriebsausgaben.

2. Zurechnung des Leasing-Gegenstandes beim Leasing-Nehmer
a) Bilanzierung beim Leasing-Nehmer
Der Leasing-Nehmer hat den Leasing-Gegenstand mit seinen Anschaffungs- oder Herstellungskosten zu aktivieren. Als Anschaffungs- oder Herstellungskosten gelten die Anschaffungs- oder Herstellungskosten des Leasing-Gebers, die der Berechnung der Leasing-Raten zugrunde gelegt worden sind, zuzüglich etwaiger Anschaffungs- oder Herstellungskosten, die nicht in den Leasing-Raten enthalten sind (vgl. Schreiben vom 05.05.1970 – IV B/2 – S 2170 – 4/70).

In Höhe der aktivierten Anschaffungs- oder Herstellungskosten mit Ausnahme der nicht in den Leasing-Raten berücksichtigten Anschaffungs- oder Herstellungskosten des Leasing-Nehmers ist eine Verbindlichkeit gegenüber dem Leasing-Geber zu passivieren.
Die Leasing-Raten sind in einen Zins- und Kostenanteil sowie einen Tilgungsanteil aufzuteilen. Bei der Aufteilung ist zu berücksichtigen, dass sich infolge der laufenden Tilgung der Zinsteil verringert und der Tilgungsanteil entsprechend erhöht.
Der Zins- und Kostenanteil stellt sofort abzugsfähige Betriebsausgaben dar, während der andere Teil der Leasing-Rate als Tilgung der Kaufpreisschuld erfolgsneutral zu behandeln ist.
b) Bilanzierung beim Leasing-Geber
Der Leasing-Geber aktiviert eine Kaufpreisforderung an den Leasing-Nehmer in Höhe der den Leasing-Raten zugrunde gelegten Anschaffungs- oder Herstellungskosten. Dieser Betrag ist grundsätzlich mit der vom Leasing-Nehmer ausgewiesenen Verbindlichkeit identisch.
Die Leasing-Raten sind in einen Zins- und Kostenanteil sowie in einen Anteil Tilgung der Kaufpreisforderung aufzuteilen. Wegen der Aufteilung der Leasing-Raten und deren steuerlicher Behandlung gelten die Ausführungen unter a entsprechend.

III. Andere Verträge
Erfüllen Verträge über unbewegliche Wirtschaftsgüter nicht die Merkmale, die als Voraussetzung für den Begriff des Finanzierungs-Leasings in Abschnitt II meines Schreibens vom 19.04.1971 aufgeführt sind, so ist nach allgemeinen Grundsätzen, insbesondere auch nach den von der Rechtsprechung aufgestellten Grundsätzen über Mietkaufverträge zu entscheiden, wem der Leasing- oder Mietgegenstand zuzurechnen ist (vgl. hierzu besondere BFH-Urteile vom 05.11.1957 – BStBl. 1957 III 445 –, 25.10.1963 – BStBl. 1964 III 44 –, 02.08.1966 – BStBl. 1967 III 63 – und 18.11.1970 – BStBl. 1971 II 133).

14. Immobilienerlass/Teilamortisation, BMF-Schreiben vom 23.12.1991 – IV B 2 – S 2170 – 115/91 (BStBl. 1992 I 13)

Ertragssteuerliche Behandlung von Teilamortisations-Leasing-Verträgen über unbewegliche Wirtschaftsgüter

In meinem Schreiben vom 21.03.1972 (BStBl. I 188) habe ich zur ertragssteuerlichen Behandlung von Finanzierungs-Leasing-Verträgen über unbewegliche Wirtschaftsgüter Stellung genommen. Dabei ist unter Finanzierungs-Leasing das Vollamortisations-Leasing verstanden worden. Zu der Frage der ertragssteuerlichen Behandlung von Teilamortisations-Leasing-Verträgen über unbewegliche Wirtschaftsgüter wird unter Bezugnahme auf das Ergebnis der Erörterung mit den obersten Finanzbehörden der Länder wie folgt Stellung genommen:

I. Begriff und Abgrenzung des Teilamortisations-Leasing-Vertrages bei unbeweglichen Wirtschaftsgütern

1. Teilamortisations-Leasing im Sinne dieses Schreibens ist nur dann anzunehmen, wenn

a) der Vertrag über eine bestimmte Zeit abgeschlossen wird, während er bei vertragsgemäßer Erfüllung von beiden Vertragspartnern nur aus wichtigem Grund gekündigt werden kann (Grundmietzeit),

b) und der Leasing-Nehmer mit den in der Grundmietzeit zu entrichtenden Raten die Anschaffungs- oder Herstellungskosten sowie alle Nebenkosten einschließlich der Finanzierungskosten des Leasing-Gebers nur zum Teil deckt.

2. Wegen der möglichen Vertragstypen weise ich auf Abschnitt II Ziffer 2 meines Schreibens vom 19.04.1971 (BStBl. I 264) hin. Die dortigen Ausführungen gelten beim Teilamortisations-Leasing von unbeweglichen Wirtschaftsgütern entsprechend.

II. Steuerrechtliche Zurechnung des Leasing-Gegenstandes

1. Die Zurechnung des unbeweglichen Leasing-Gegenstandes hängt von der Vertragsgestaltung und deren tatsächlicher Durchführung ab. Unter Würdigung der gesamten Umstände ist im Einzelfall zu entscheiden, wem der Leasing-Gegenstand zuzurechnen ist. Dabei ist zwischen Gebäude sowie Grund und Boden zu unterscheiden.

2. Für die Zurechnung der Gebäude gilt im Einzelnen Folgendes:

a) Der Leasing-Gegenstand ist – vorbehaltlich der nachfolgenden Ausführungen – grundsätzlich dem Leasing-Geber zuzurechnen.

b) Der Leasing-Gegenstand ist in den nachfolgenden Fällen ausnahmsweise dem Leasing-Nehmer zuzurechnen.

aa) Verträge über Spezial-Leasing

Bei Spezial-Leasing-Verträgen ist der Leasing-Gegenstand regelmäßig dem Leasing-Nehmer ohne Rücksicht auf das Verhältnis von Grundmietzeit und Nutzungsdauer und auf etwaige Optionsklauseln zuzurechnen.

bb) Verträge mit Kaufoption

Bei Leasing-Verträgen mit Kaufoption ist der Leasing-Gegenstand regelmäßig dem Leasing-Nehmer zuzurechnen, wenn die Grundmietzeit mehr als 90 v.H. der betriebsgewöhnlichen Nutzungsdauer beträgt oder der vorgesehene Kaufpreis geringer ist als der Restbuchwert des Leasing-Gegenstandes unter Berücksichtigung der AfA gemäß § 7 Abs. 4 EStG nach Ablauf der Grundmietzeit.

Die betriebsgewöhnliche Nutzungsdauer berechnet sich nach der Zeitspanne, für die AfA nach § 7 Abs. 4 Satz 1 EStG vorzunehmen ist, in den Fällen des § 7 Abs. 4 Satz 2 EStG nach der tatsächlichen Nutzungsdauer.

cc) Verträge mit Mietverlängerungsoption

Bei Leasing-Verträgen mit Mietverlängerungsoption ist der Leasing-Gegenstand regelmäßig dem Leasing-Nehmer zuzurechnen, wenn die Grundmietzeit mehr als 90 v.H. der betriebsgewöhnlichen

Nutzungsdauer des Leasing-Gegenstandes beträgt oder die Anschlussmiete nicht mindestens 75 v.H. des Mietentgeltes beträgt, das für ein nach Art, Lage und Ausstattung vergleichbares Grundstück üblicherweise gezahlt wird.
Wegen der Berechnung der betriebsgewöhnlichen Nutzungsdauer vgl. unter Tz. 9
dd) Verträge mit Kauf- oder Mietverlängerungsoption und besonderen Verpflichtungen
Der Leasing-Gegenstand ist bei Verträgen mit Kauf- oder Mietverlängerungsoption dem Leasing-Nehmer stets zuzurechnen, wenn ihm eine der nachfolgenden Verpflichtungen auferlegt wird:
– Der Leasing-Nehmer trägt die Gefahr des zufälligen ganzen oder teilweisen Untergangs des Leasing-Gegenstandes. Die Leistungspflicht aus dem Mietvertrag mindert sich in diesen Fällen nicht.
– Der Leasingnehmer ist bei ganzer oder teilweiser Zerstörung des Leasing-Gegenstandes, die nicht von ihm zu vertreten ist, dennoch auf Verlangen des Leasing-Gebers zur Wiederherstellung bzw. zum Wiederaufbau auf seine Kosten verpflichtet oder die Leistungspflicht aus dem Mietvertrag mindert sich trotz der Zerstörung nicht.
– Für den Leasing-Nehmer mindert sich die Leistungspflicht aus dem Mietvertrag nicht, wenn die Nutzung des Leasing-Gegenstandes aufgrund eines nicht von ihm zu vertretenden Umstands ausgeschlossen ist.
– Der Leasing-Nehmer hat dem Leasing-Geber die bisher nicht gedeckten Kosten ggf. auch einschließlich einer Pauschalgebühr zur Abgeltung von Verwaltungskosten zu erstatten, wenn es zu einer vorzeitigen Vertragsbeendigung kommt, die der Leasing-Nehmer nicht zu vertreten hat.
– Der Leasing-Nehmer stellt den Leasing-Geber von sämtlichen Ansprüchen Dritter frei, die diese hinsichtlich des Leasing-Gegenstandes gegenüber dem Leasing-Geber geltend machen, es sei denn, dass der Anspruch des Dritten von dem Leasing-Nehmer verursacht worden ist.
– Der Leasing-Nehmer als Eigentümer des Grund und Bodens, auf dem der Leasing-Geber als Erbbauberechtigter den Leasing-Gegenstand errichtet, ist aufgrund des Erbbaurechtsvertrages unter wirtschaftlichen Gesichtspunkten gezwungen, den Leasing-Gegenstand nach Ablauf der Grundmietzeit zu erwerben.
Der Grund und Boden ist grundsätzlich demjenigen zuzurechnen, dem nach den Ausführungen unter Tz. 6 bis 17 das Gebäude zugerechnet wird.

III. Bilanzmäßige Darstellung
Die bilanzmäßige Darstellung erfolgt nach den Grundsätzen unter Abschnitt II meines Schreibens vom 21. März 1972 (BStBl I S. 188).

IV. Übergangsregelung
Soweit die vorstehend aufgeführten Grundsätze zu einer Änderung der bisherigen Verwaltungspraxis für die Zurechnung des Leasing-Gegenstandes bei Teilamortisations-Leasing-Verträgen über unbewegliche Wirtschaftsgüter führen, sind sie nur auf Leasing-Verträge anzuwenden, die nach dem 31. Januar 1992 abgeschlossen werden.

15. Klage des Leasingnehmers gegen den Lieferanten auf Rückzahlung des Kaufpreises an den Leasinggeber

An das Landgericht ______________
Klage

des ______________
Prozessbevollmächtigter: ______________
Kläger
gegen
die ______________
Prozessbevollmächtigter: ______________
Beklagte
wegen Zahlung
vorläufiger Streitwert: EUR ________
Namens und in Vollmacht des Klägers erheben wir Klage mit folgenden Anträgen:

Die Beklagte wird verurteilt, an die A-Leasing EUR ____ nebst Zinsen in Höhe von 5 Prozentpunkten über dem Basiszinssatz seit 01.01.2012 zu zahlen.

Begründung:
Der Kläger nimmt die Beklagte auf Rückzahlung des Kaufpreises an den Leasinggeber nach Rücktritt vom Kaufvertrag in Anspruch.

1. Am ______ kam ein Leasingvertrag über das Fahrzeug der Marke ______ Typ ________ zustande. Vertragsbeginn war der ______. Der Vertrag sollte bis zum ________ laufen, was einer Laufzeit von 48 Monaten entspricht. Es wurde eine Laufleistung von 30.000 km und ein Restwert von 54 % des Netto-Kaufpreises in Höhe von EUR _______ vereinbart. Die zu zahlende Rate wurde auf EUR ______netto bzw. EUR ______ brutto festgelegt.
Beweis: Leasingvertrag vom ______ und ______, Anlage K ______

2. Das Fahrzeug wurde am ______ an die Beklage ______ übergeben. Am ______ bemerkte der Kläger Funktionsbeeinträchtigungen des Navigationssystems, die sich darin zeigten, dass eine Eingabe des Zielortes teilweise nicht möglich war. Seit dem ______ ist die Bedienung des Navigationssystems überhaupt nicht mehr möglich. Der Kläger brachte das Fahrzeug am ______ zur Beklagten, verbunden mit der Aufforderung, die Funktionsfähigkeit des Navigationssystems wieder herzustellen. Am ______ konnte das Fahrzeug abgeholt werden. Das Navigationssystem war jedoch nach wie vor außer Funktion. Daher brachte der Kläger das Fahrzeug am ______ nochmals zur Beklagten ______ und bat erneut um Behebung des zuvor geschilderten Fehlers. Auch nach erneuter Abholung war das Navigationssystem außer Funktion.
Beweis: Reparaturaufträge vom ______ und ______, Zeugnis des Herrn ______, Mitarbeiter der Beklagten

3. Aus diesem Grund ist der Kläger mit Schreiben vom ______, der Beklagten am ______ zugegangen, vom Kaufvertrag zurück getreten. Er fordert die Beklagte auf, das Fahrzeug zurückzunehmen und den Kaufpreis an die A-Leasing GmbH zurückzuzahlen.
Beweis: Schreiben an die Beklagte vom ______, Schreiben, K ______

4. Die Beklagte wies den Rücktritt zurück.

5. Mit Schreiben vom ______ und ______ hat der Kläger die Beklagte zur Rückzahlung an die A-Leasing GmbH aufgefordert.
In Abschnitt ______ Nr. ___ hat die A-Leasing GmbH ihre Gewährleistungsansprüche gegen die

Beklagte abgetreten. Des Weiteren wurde der Kläger ermächtigt diese Rechte – auch auf dem gerichtlichen Wege – geltend zu machen.

6. Gem. §§ 433, 434, 437 Nr. 2, 323 BGB zum Rücktritt berechtigt. Das Fahrzeug war bei Übergabe mangelhaft. Eine Nachbesserung seitens der Beklagten schlug fehl, § 440 BGB.
Als Folge ist gem. §§ 346 ff. BGB die Beklagte verpflichtet, den Kaufpreis an die A-Leasing GmbH zurückzuzahlen.

____

Rechtsanwalt

16. Klage des Leasingnehmers gegen den Leasinggeber auf Rückzahlung der Raten nach Wegfall der Geschäftsgrundlage

An das Landgericht ______________

Klage

des ______________
Prozessbevollmächtigter: ______________
Kläger
gegen
die ______________
Prozessbevollmächtigter: ______________
Beklagte
wegen Zahlung
vorläufiger Streitwert: EUR ________
Namens und in Vollmacht des Klägers erheben wir Klage mit folgenden Anträgen:

Die Beklagte wird verurteilt, an den Kläger EUR ______ nebst Zinsen in Höhe von 5 Prozentpunkten über dem Basiszinssatz seit 01.01.2012 zu zahlen.

Begründung:
Der Kläger nimmt die Beklagte auf Rückzahlung von Leasingraten in Anspruch.

1. Am ______ kam ein Leasingvertrag über das Fahrzeug der Marke ______. Typ ______ zustande. Vertragsbeginn war der ______. Der Vertrag sollte bis zum ______ laufen, was einer Laufzeit von 48 Monaten entspricht. Es wurde eine Laufleistung von 30.000 km und ein Restwert von 54 % des Netto-Kaufpreises in Höhe von EUR ______ vereinbart. Die zu zahlende Rate wurde auf EUR ______ netto bzw. EUR ______ brutto festgelegt.
Beweis: Leasingvertrag vom ______ und ______, Anlage K ______

2. Der Kläger erhob Klage auf Rückzahlung des Kaufpreises aufgrund erklärten Rücktritts über Gewährleistungsrechte an die Beklagte. Mit Urteil vom ______ wurde das Autohaus zur Zahlung verpflichtet.
Beweis: Urteil des Amtsgericht ______ vom ______, Anlage K ______

3. Auf Grund des Rücktritts vom Kaufvertrag ist die Geschäftsgrundlage für den Leasingvertrag entfallen. Die Beklagte ist verpflichtet, dem Kläger die bereits gezahlten Leasingraten – abzüglich der Nutzungsentschädigung – zurück zu bezahlen. Der Kläger hat 16 Raten à EUR ______ an die Beklagte gezahlt. Die Nutzungsentschädigung für die Zeit vom ______ bis ______ beträgt EUR ______, weshalb ein Restbetrag von EUR ______. verbleibt.
Trotz mehrmaliger Aufforderung zur Zahlung wurde der Betrag nicht an den Kläger gezahlt. Die Beklagte ist an die Feststellungen des Urteils vom ______ des Landgerichts ______ gebunden. Klage war geboten.
Beweis: Schreiben des Klägers an die Beklagte vom ______, ______ und ______, Anlage K ______ bis ______.

4. Der Anspruch ergibt sich aus §§ 535, 313, 346 ff. BGB. Der Zinsanspruch ergibt sich aus §§ 286 Abs. 1, 288 BGB.

____
Rechtsanwalt

17. Forderungsberechnung

Beispielsrechnung:
Für den Leasingvertrag war eine monatliche Nettoleasingrate von € 547,04 vereinbart. Auf Grund der Rückgabe am 15.11.2010 standen bis zum Ende der Leasingvertragslaufzeit am 25.10.2011 10,83 Leasingraten in Höhe von jeweils € 547,04 aus (Barwert). Zudem war zwischen den Parteien ein kalkulierter Restwert von € 17.042,44 dem Leasingvertrag zu Grunde gelegt (Restwert).

Die Addition von Barwert und Restwert ergibt einen offenen Ablösewert zum 15.11.2010 in Höhe von:

10,83 × € 547,04 =	€ 5.924,44	= Barwert
+	€ 17.042,44	= Restwert
Gesamt	€ 22.966,88.	

Dieser Betrag ist abzuzinsen. Refinanzierungszinssatz = 2%

Ablösebetrag zum 15.11.2010 = € 22.615,74

18. Allgemeine Geschäftsbedingungen für das Leasing von Neufahrzeugen zur privaten Nutzung (Bekanntmachung Nr. 170/2003 über die Neufassung der Empfehlung)

Vom 12. November 2003
Der Verband der Automobilindustrie e.V. (VDA), Frankfurt/Main, hat am 27.10.2003 die nachfolgend wiedergegebene Neufassung der Empfehlung „Allgemeine Geschäftsbedingungen für das Leasing von Neufahrzeugen zur privaten Nutzung" nach § 22 Abs. 3 Nr. 2 des Gesetzes gegen Wettbewerbsbeschränkungen beim Bundeskartellamt angemeldet: Unverbindliche Empfehlung des VDA.

I. Vertragsabschluss
1. Der Leasing-Nehmer ist an seinen Leasing-Antrag vier Wochen und bei Nutzfahrzeugen sechs Wochen gebunden. Der Leasing-Vertrag ist abgeschlossen, wenn der Leasing-Geber innerhalb dieser Frist die Annahme des Antrags schriftlich bestätigt. Dies gilt nicht, wenn der Leasing-Nehmer von seinem Widerrufsrecht (siehe Vorderseite) Gebrauch macht.
2. Die Annahmeerklärung des Leasing-Gebers bedarf keiner Unterzeichnung, wenn sie mit Hilfe einer automatischen Einrichtung erstellt wird.
3. Mündliche Nebenabreden bestehen nicht.

II. Leasing-Gegenstand
Konstruktions- oder Formänderungen des Leasing-Gegenstandes – nachstehend Fahrzeug genannt –, Abweichungen im Farbton sowie Änderungen des Lieferumfanges seitens des Herstellers bleiben während der Lieferzeit vorbehalten, sofern die Änderungen oder Abweichungen unter Berücksichtigung der Interessen des Leasing-Gebers für den Leasing-Nehmer zumutbar sind.

III. Beginn der Leasing-Zeit
Die Leasing-Zeit beginnt an dem zwischen dem Lieferanten und dem Leasing-Nehmer vereinbarten Tag der Übergabe. Falls auf Wunsch des Leasing-Nehmers das Fahrzeug vorher zugelassen wird, beginnt die Leasing-Zeit am Tag der Zulassung. Kommt keine Vereinbarung über den Übergabezeitpunkt zustande, beginnt die Leasing-Zeit 14 Tage nach Anzeige der Bereitstellung des Fahrzeuges.

IV. Leasing-Entgelte und sonstige Kosten
1. Die Leasing-Raten, eine vereinbarte Sonderzahlung und eine Mehrkilometerbelastung nach Nummer 3 sind Gegenleistung für die Gebrauchsüberlassung des Fahrzeuges.
2. Eine vereinbarte Sonderzahlung ist zusätzliches Entgelt neben den Leasingraten und dient nicht als Kaution.
3. Nur für Verträge mit Kilometer-Abrechnung: Ist bei Rückgabe des Fahrzeuges nach Ablauf der bei Vertragsabschluss vereinbarten Leasing-Zeit die festgelegte Gesamtkilometer-Laufleistung über- bzw. unterschritten, werden die gefahrenen Mehr- bzw. Minderkilometer dem Leasing-Nehmer zu dem im Leasing-Vertrag genannten Satz nachberechnet bzw. vergütet. Bei der Berechnung von Mehr- und Minderkilometern bleiben 2500 km ausgenommen.
4. Vereinbarte Nebenleistungen wie z.B. Überführung, An- und Abmeldung des Fahrzeuges sowie Aufwendungen für Versicherung und Steuern, soweit sie nicht als Bestandteil der Leasing-Rate ausdrücklich ausgewiesen werden, sind gesondert zu bezahlen.
5. Anpassungsregelung für Leasing-Entgelte
6. Weitere Zahlungsverpflichtungen des Leasing-Nehmers nach diesem Vertrag (z.B. im Fall der Kündigung gemäß Abschnitt XV) bleiben unberührt.

V. Zahlungsfälligkeiten und -modalitäten

1. Die erste Leasing-Rate ist fällig am _____; die weiteren Leasing-Raten sind fällig am _____. Eine Sonderzahlung ist – soweit nicht anders vereinbart – zu Beginn der Leasing-Zeit fällig.
2. Die Forderungen auf Ersatz von Überführungs-, An- und Abmeldekosten sowie der vom Leasing-Geber verauslagten Beträge, die nach dem Vertrag vom Leasing-Nehmer zu tragen sind, sind nach Anfall/Verauslagung und Rechnungsstellung fällig.
Alle weiteren Forderungen des Leasing-Gebers sind nach Rechnungsstellung fällig.
3. Zahlungsanweisungen, Schecks und Wechsel werden nur nach besonderer Vereinbarung und nur zahlungshalber angenommen unter Berechnung entstandener Kosten.
4. Gegen die Ansprüche des Leasing-Gebers kann der Leasing-Nehmer nur dann aufrechnen, wenn die Gegenforderung des Leasing-Nehmers unbestritten ist oder ein rechtskräftiger Titel vorliegt; ein Zurückbehaltungsrecht kann der Leasing-Nehmer nur geltend machen, soweit es auf Ansprüchen aus dem Leasing-Vertrag beruht.

VI. Lieferung und Lieferverzug

1. Liefertermine oder Lieferfristen, die verbindlich oder unverbindlich vereinbart werden können, sind schriftlich anzugeben. Lieferfristen beginnen mit Vertragsabschluss.
2. Der Leasing-Nehmer kann 6 Wochen nach Überschreiten eines unverbindlichen Liefertermins oder einer unverbindlichen Lieferfrist den Leasing-Geber auffordern zu liefern. Mit dem Zugang der Aufforderung kommt der Leasing-Geber in Verzug. Hat der Leasing-Nehmer Anspruch auf Ersatz eines Verzugsschadens, beschränkt sich dieser bei leichter Fahrlässigkeit des Leasing-Gebers auf höchstens 5 % des Fahrzeugpreises entsprechend der unverbindlichen Preisempfehlung (einschließlich Umsatzsteuer) des Fahrzeugherstellers zum Zeitpunkt des Vertragsabschlusses. Will der Leasing-Nehmer darüber hinaus vom Vertrag zurücktreten und/oder Schadenersatz statt Leistung verlangen, muss er dem Leasing-Geber nach Ablauf der Sechs-Wochen-Frist gemäß Satz 1 eine angemessene Frist zur Lieferung setzen. Hat der Leasing-Nehmer Anspruch auf Schadenersatz statt der Leistung, beschränkt sich dieser Anspruch bei leichter Fahrlässigkeit auf höchstens 25 % des Fahrzeugpreises entsprechend der unverbindlichen Preisempfehlung des Fahrzeugherstellers zum Zeitpunkt des Vertragsabschlusses. Wird dem Leasing-Geber, während er in Verzug ist, die Lieferung durch Zufall unmöglich, so haftet er mit den vorstehend vereinbarten Haftungsbegrenzungen. Diese Haftungsbegrenzungen gelten nicht für Schäden aus der Verletzung des Lebens, des Körpers oder der Gesundheit, die auf einer fahrlässigen Pflichtverletzung des Leasing-Gebers oder einer vorsätzlichen oder fahrlässigen Pflichtverletzung eines gesetzlichen Vertreters oder Erfüllungsgehilfen des Leasing-Gebers beruhen. Der Leasing-Geber haftet nicht, wenn der Schaden auch bei rechtzeitiger Lieferung eingetreten wäre.
3. Wird ein verbindlicher Liefertermin oder eine verbindliche Lieferfrist überschritten, kommt der Leasing-Geber bereits mit Überschreiten des Liefertermins oder der Lieferfrist in Verzug. Die Rechte des Leasing-Nehmers bestimmen sich dann nach Nummer 2 Satz 3 bis 5 dieses Abschnittes.
4. Höhere Gewalt oder beim Leasing-Geber oder dessen Lieferanten eintretende Betriebsstörungen, die den Leasing-Geber ohne eigenes Verschulden vorübergehend daran hindern, das Fahrzeug zum vereinbarten Termin oder innerhalb der vereinbarten Frist zu liefern, verändern die in den Nummern 1 bis 3 genannten Termine und Fristen um die Dauer der durch diese Umstände bedingten Leistungsstörungen.
Führen entsprechende Störungen zu einem Leistungsaufschub von mehr als vier Monaten, kann der Leasing-Nehmer vom Vertrag zurücktreten. Andere Rücktrittsrechte bleiben davon unberührt.

VII. Übernahme und Übernahmeverzug

1. Der Leasing-Nehmer ist verpflichtet, das Fahrzeug innerhalb von 14 Tagen nach Zugang der Bereitstellungsanzeige abzunehmen. Im Falle der Nichtabnahme kann der Leasing-Geber von seinen gesetzlichen Rechten Gebrauch machen.

2. Verlangt der Leasing-Geber Schadenersatz, so beträgt dieser 15 % des Fahrzeugpreises entsprechend der unverbindlichen Preisempfehlung (einschließlich Umsatzsteuer) des Fahrzeugherstellers zum Zeitpunkt des Vertragsabschlusses für dieses Fahrzeug. Der Schadenersatz ist höher oder niedriger anzusetzen, wenn der Leasing-Geber einen höheren oder der Leasing-Nehmer einen geringeren Schaden nachweist.

VIII. Eigentumsverhältnisse, Halter des Fahrzeuges und Zulassung

1. Der Leasing-Geber ist Eigentümer des Fahrzeuges. Er ist berechtigt, in Abstimmung mit dem Leasing-Nehmer das Fahrzeug zu besichtigen und auf seinen Zustand zu überprüfen. Der Leasing-Nehmer darf das Fahrzeug weder verkaufen, verpfänden, verschenken, vermieten oder verleihen noch zur Sicherung übereignen. Zur längerfristigen Nutzung darf er das Fahrzeug nur den seinem Haushalt angehörenden Personen überlassen. Eine Verwendung als Taxi, zu Fahrschul- oder sportlichen Zwecken bedarf der vorherigen schriftlichen Zustimmung des Leasing-Gebers.
2. Der Leasing-Nehmer hat das Fahrzeug von Rechten Dritter freizuhalten. Von Ansprüchen Dritter auf das Fahrzeug, Entwendung, Beschädigung und Verlust ist der Leasing-Geber vom Leasing-Nehmer unverzüglich zu benachrichtigen. Der Leasing-Nehmer trägt die Kosten für Maßnahmen zur Abwehr des Zugriffs Dritter, die nicht vom Leasing-Geber verursacht und nicht von Dritten bezahlt worden sind.
3. Nachträgliche Änderungen, zusätzliche Einbauten sowie Lackierungen und Beschriftungen an dem Fahrzeug sind nur zulässig, wenn der Leasing-Geber vorher schriftlich zugestimmt hat. Der Leasing-Nehmer ist jedoch verpflichtet, auf Verlangen des Leasing-Gebers den ursprünglichen Zustand zum Vertragsende auf eigene Kosten wiederherzustellen, es sei denn, der Leasing-Geber hat hierauf verzichtet oder der ursprüngliche Zustand kann nur mit unverhältnismäßig hohem Aufwand wiederhergestellt werden. Der Leasing-Nehmer ist berechtigt, von ihm vorgenommene Einbauten zum Vertragsende unter der Voraussetzung zu entfernen, dass der ursprüngliche Zustand wiederhergestellt wird. Änderungen und Einbauten begründen nur dann einen Anspruch auf Zahlung einer Ablösung gegen den Leasing-Geber, wenn dieser schriftlich zugestimmt hat und durch die Veränderungen eine Wertsteigerung des Fahrzeuges bei Rückgabe noch vorhanden ist.
4. Der Leasing-Nehmer ist Halter des Fahrzeuges. Es wird auf ihn zugelassen. Der Fahrzeugbrief wird vom Leasing-Geber verwahrt. Benötigt der Leasing-Nehmer zur Erlangung behördlicher Genehmigungen den Fahrzeugbrief, wird dieser der Behörde auf sein Verlangen vom Leasing-Geber vorgelegt. Wird der Fahrzeugbrief dem Leasing-Nehmer von Dritten ausgehändigt, ist der Leasing-Nehmer unverzüglich zur Rückgabe an den Leasing-Geber verpflichtet.

IX. Halterpflichten

1. Der Leasing-Nehmer hat alle sich aus dem Betrieb und der Haltung des Fahrzeuges ergebenden gesetzlichen Verpflichtungen, insbesondere die termingerechte Vorführung zu Untersuchungen, zu erfüllen und den Leasing-Geber, soweit er in Anspruch genommen wird, freizustellen.
2. Der Leasing-Nehmer trägt sämtliche Aufwendungen, die mit dem Betrieb und der Haltung des Fahrzeuges verbunden sind, insbesondere Steuern, Versicherungsbeiträge, Wartungs- und Reparaturkosten. Leistet der Leasing-Geber für den Leasing-Nehmer Zahlungen, die nicht aufgrund besonderer Vereinbarung vom Leasing-Geber zu erbringen sind, kann er beim Leasing-Nehmer Rückgriff nehmen.
3. Der Leasing-Nehmer hat dafür zu sorgen, dass das Fahrzeug nach den Vorschriften der Betriebsanleitung des Herstellers behandelt wird. Das Fahrzeug ist im Rahmen des vertraglichen Verwendungszweckes schonend zu behandeln und stets im betriebs- und verkehrssicheren Zustand zu erhalten.

X. Versicherungsschutz und Schadenabwicklung

1. Für die Leasing-Zeit hat der Leasing-Nehmer eine Kraftfahrzeug-Haftpflichtversicherung mit einer pauschalen Deckungssumme von € _____ und eine Fahrzeugvollversicherung mit einer

Selbstbeteiligung von € _____ abzuschließen. Der Leasing-Nehmer ermächtigt den Leasing-Geber, für sich einen Sicherungsschein über die Fahrzeugvollversicherung zu beantragen und Auskunft über die vorgenannten Versicherungsverhältnisse einzuholen. Hat der Leasing-Nehmer nicht die erforderliche Fahrzeugvollversicherung abgeschlossen, ist der Leasing-Geber nach schriftlicher Mahnung berechtigt, aber nicht verpflichtet, eine entsprechende Versicherung als Vertreter für den Leasing-Nehmer abzuschließen.

2. Im Schadenfall hat der Leasing-Nehmer den Leasing-Geber unverzüglich zu unterrichten; bei voraussichtlichen Reparaturkosten von über € 1500,00 hat die Unterrichtung fernmündlich vor Erteilung des Reparaturauftrags zu erfolgen, soweit dies dem Leasing-Nehmer möglich und zumutbar ist.

Der Leasing-Nehmer hat die notwendigen Reparaturarbeiten unverzüglich im eigenen Namen und auf eigene Rechnung durchführen zu lassen, es sei denn, dass wegen Schwere und Umfang der Schäden Totalschaden anzunehmen ist oder die voraussichtlichen Reparaturkosten 60 % des Wiederbeschaffungswerts des Fahrzeuges übersteigen. Der Leasing-Nehmer hat mit der Durchführung der Reparatur einen vom Hersteller anerkannten Betrieb zu beauftragen. In Notfällen können, falls die Hilfe eines vom Hersteller anerkannten Betriebes nicht oder nur unter unzumutbaren Schwierigkeiten erreichbar ist, Reparaturen in einem anderen Kfz-Reparaturbetrieb, der die Gewähr für sorgfältige handwerksmäßige Arbeit bietet, durchgeführt werden.

3. Der Leasing-Nehmer hat dem Leasing-Geber ferner unverzüglich eine Kopie der an den Versicherer gerichteten Schadenanzeige und der Rechnung über die durchgeführte Reparatur zu übersenden.

4. Der Leasing-Nehmer ist auch über das Vertragsende hinaus – vorbehaltlich eines Widerrufes durch den Leasing-Geber – ermächtigt und verpflichtet, alle fahrzeugbezogenen Ansprüche aus einem Schadenfall in eigenem Namen und auf eigene Kosten geltend zu machen (Prozessstandschaft). Zum Ausgleich des Fahrzeugschadens erlangte Beträge hat der Leasing-Nehmer im Reparaturfall zur Begleichung der Reparaturrechnung zu verwenden. Bei Verlust des Fahrzeuges oder in dem Falle, dass der Leasing-Nehmer gemäß Nummer 2 Satz 2 nicht zur Reparatur des Fahrzeuges verpflichtet ist, hat der Leasing-Nehmer die Auszahlung der Entschädigungsleistung an den Leasing-Geber zu verlangen. Erlangte Entschädigungsleistungen sind an den Leasing-Geber abzuführen. Behaltene Entschädigungsleistungen werden im Rahmen der Abrechnung gemäß Abschnitt XV berücksichtigt.

5. Entschädigungsleistungen für Wertminderung sind in jedem Falle an den Leasing-Geber weiterzuleiten. Bei Verträgen mit Gebrauchtwagenabrechnung rechnet der Leasing-Geber erhaltene Wertminderungsbeträge dem aus dem Verkauf des Fahrzeuges erzielten Verkaufserlös (ohne Umsatzsteuer) am Vertragsende zu. Bei Verträgen mit Kilometerabrechnung kann der Leasing-Geber vom Leasing-Nehmer am Vertragsende eine dann noch bestehende schadenbedingte Wertminderung des Fahrzeuges ersetzt verlangen, soweit der Leasing-Geber nicht schon im Rahmen der Schadenabwicklung eine Wertminderungsentschädigung erhalten hat.

6. Bei Totalschaden oder Verlust des Fahrzeuges kann jeder Vertragspartner den Leasing-Vertrag zum Ende eines Vertragsmonats (alternativ: zum Zeitpunkt der Fälligkeit einer Leasing-Rate) kündigen.

Bei schadenbedingten Reparaturkosten von mehr als 60 % des Wiederbeschaffungswertes des Fahrzeuges kann der Leasing-Nehmer innerhalb von 3 Wochen nach Kenntnis dieser Voraussetzungen zum Ende eines Vertragsmonats (alternativ: zum Zeitpunkt der Fälligkeit einer Leasing-Rate) kündigen. Macht der Leasing-Nehmer von diesem Kündigungsrecht keinen Gebrauch, hat er das Fahrzeug gemäß Nummer 2 Satz 2 1. Halbsatz unverzüglich reparieren zu lassen. Kündigt der Leasing-Nehmer, ist er berechtigt, bereits vor Vertragsende das Fahrzeug an den ausliefernden Händler zurückzugeben.

Wird im Falle der Entwendung das Fahrzeug vor dem Eintritt der Leistungsverpflichtung des Versicherers wieder aufgefunden, setzt sich der Leasing-Vertrag auf Verlangen eines der Vertragspartner zu den bisherigen Bedingungen fort. In diesem Fall hat der Leasing-Nehmer die zwischenzeitlichen Leasing-Raten in einer Summe innerhalb einer Woche ab Geltendmachung des Fortsetzungsverlangens nachzuzahlen.

Totalschaden, Verlust oder Beschädigung des Fahrzeuges entbinden nur dann von der Verpflichtung zur Zahlung weiterer Leasing-Raten, wenn der Leasing-Vertrag wirksam aus vorstehenden Gründen gekündigt ist und nicht fortgesetzt wird; die Folgen einer Kündigung sind in Abschnitt XV geregelt.

XI. Haftung

1. Für Untergang, Verlust, Beschädigung und Wertminderung des Fahrzeuges und seiner Ausstattung haftet der Leasing-Nehmer dem Leasing-Geber auch ohne Verschulden, jedoch nicht bei Verschulden des Leasing-Gebers.
2. Für unmittelbare und mittelbare Schäden, die dem Leasing-Nehmer oder anderen Personen durch den Gebrauch des Fahrzeuges, Gebrauchsunterbrechung oder -entzug entstehen, haftet der Leasing-Geber dem Leasing-Nehmer nur bei Verschulden; eine etwaige Ersatzhaftung des Leasing-Gebers für den Hersteller/Importeur nach dem Produkthaftungsgesetz bleibt unberührt.

XII. Wartung und Reparaturen

Fällige Wartungsarbeiten hat der Leasing-Nehmer pünktlich, erforderliche Reparaturen unverzüglich durch einen vom Hersteller anerkannten Betrieb ausführen zu lassen. Das gilt auch für Schäden an der Kilometer-Anzeige. In diesem Fall hat der Leasing-Nehmer dem Leasing-Geber eine Kopie der Reparaturrechnung mit dem Vermerk des alten Kilometerstandes einzureichen.
In Notfällen können, falls die Hilfe eines vom Hersteller anerkannten Betriebes nicht oder nur unter unzumutbaren Schwierigkeiten erreichbar ist, Reparaturen in einem anderen Kfz-Reparaturbetrieb, der die Gewähr für sorgfältige handwerksmäßige Arbeit bietet, durchgeführt werden.

XIII. Sachmangel

1. Der Leasing-Geber tritt – auflösend bedingt durch die Kündigung des Leasing-Vertrages gemäß Abschnitt X Nr. 6 oder Abschnitt XIV – sämtliche Rechte und Ansprüche aus dem Kaufvertrag mit dem Lieferanten wegen Sachmängeln sowie etwaige zusätzliche Garantieansprüche gegen den Hersteller/Importeur/Dritte an den Leasing-Nehmer ab. Die Abtretung umfasst insbesondere nach Maßgabe des Kaufvertrages und der gesetzlichen Bestimmungen das Recht Nacherfüllung zu verlangen, vom Kaufvertrag zurückzutreten, oder den Kaufpreis zu mindern und Schadenersatz oder Ersatz vergeblicher Aufwendungen zu verlangen. Der Leasing-Nehmer nimmt die Abtretung an.
Er ist berechtigt und verpflichtet, die abgetretenen Rechte und Ansprüche im eigenen Namen mit der Maßgabe geltend zu machen, dass im Falle des Rücktrittes vom Kaufvertrag oder der Herabsetzung des Kaufpreises etwaige Zahlungen des Lieferanten, Garantieverpflichteten, Dritten direkt an den Leasing-Geber zu leisten sind.
Ein Verzicht auf diese Ansprüche bedarf der vorherigen Zustimmung des Leasing-Gebers.
Gegen den Leasing-Geber stehen dem Leasing-Nehmer Rechte und Ansprüche wegen Sachmängeln nicht zu.
Der Leasing-Nehmer verpflichtet sich, den Leasing-Geber umfassend und unverzüglich über die Geltendmachung von Rechten und Ansprüchen wegen Sachmängeln zu informieren, um dem Leasing-Geber eine Mitwirkung zu ermöglichen.
2. Verlangt der Leasing-Nehmer Nacherfüllung durch Mangelbeseitigung (Nachbesserung), ist er berechtigt und verpflichtet, diese bei einem vom Hersteller anerkannten Betrieb entsprechend den hierfür maßgeblichen Vorschriften geltend zu machen.
Bei Erfolglosigkeit der ersten Mangelbeseitigung wird der Leasing-Geber den Leasing-Nehmer nach schriftlicher Aufforderung bei der Durchsetzung des Mangelbeseitigungsanspruches unterstützen.
3. Verlangt der Leasing-Nehmer Nacherfüllung durch Lieferung eines mangelfreien Fahrzeuges (Ersatzlieferung) und erkennt der Lieferant diesen Nacherfüllungsanspruch an, wird das dem Leasing-Vertrag zu Grunde liegende Fahrzeug ersetzt durch ein fabrikneues und baugleiches Fahrzeug mit identischer Ausstattung.

Im Hinblick auf die zum Austausch der Fahrzeuge erforderlichen Eigentumsübertragungen wird der Leasing-Nehmer den Leasing-Geber bei Geltendmachung des Anspruches auf Ersatzlieferung hiervon unterrichten.
Die Ersatzlieferung lässt den Bestand des Leasing-Vertrages einschließlich der Zahlungsverpflichtungen unberührt.
4. Erklärt der Leasing-Nehmer auf Grund des Fahrzeugsachmangels den Rücktritt vom Kaufvertrag und ist der Lieferant zur Rückabwicklung bereit oder wurde er hierzu rechtskräftig verurteilt, wird der Leasing-Vertrag wie folgt abgerechnet:
Die Forderung des Leasing-Nehmers umfasst die gezahlten Leasing-Raten und eine etwaige Leasing-Sonderzahlung, jeweils zuzüglich Zinsen in gesetzlicher Höhe, sowie etwaige vom Sachmangelverpflichteten erstattete Nebenkosten. Von dieser Forderung werden die Aufwendungen des Leasing-Gebers für etwaige im Leasing-Vertrag zusätzlich eingeschlossene Dienstleistungen sowie ein Ausgleich für die Zurverfügungstellung des Fahrzeuges und den ersparten Kapitaleinsatz beim Leasing-Nehmer abgesetzt. Darüber hinaus bleibt die Geltendmachung eines Anspruches gemäß Abschnitt XVI Nr. 3 unberührt, soweit der geringere Wert nicht auf dem Sachmangel beruht.
5. Verlangt der Leasing-Nehmer Herabsetzung des Kaufpreises (Minderung) und ist der Lieferant hierzu bereit oder wurde er hierzu rechtskräftig verurteilt, berechnet der Leasing-Geber auf der Grundlage des herabgesetzten Kaufpreises die noch ausstehenden Leasing-Raten – unter Berücksichtigung der bereits gezahlten Leasing-Entgelte – und den Restwert neu.
6. Lehnt der Lieferant einen vom Leasing-Nehmer geltend gemachten Anspruch auf Nacherfüllung, Rückabwicklung des Kaufvertrages oder Minderung des Kaufpreises ab, ist der Leasing-Nehmer zur Zurückbehaltung der erst nach dem Zeitpunkt der Ablehnung fälligen Leasing-Raten berechtigt, wenn er unverzüglich – spätestens jedoch innerhalb von 6 Wochen nach der Ablehnung – Klage erhebt, es sei denn, dass sich der Leasing-Nehmer mit dem Leasing-Geber über eine etwaige Verlängerung der Klagefrist vorher verständigt hat.
Erhebt der Leasing-Nehmer nicht fristgerecht Klage, ist er erst ab dem Tag der Klageerhebung zur Zurückbehaltung der Leasing-Raten berechtigt. Das Zurückbehaltungsrecht entfällt rückwirkend, wenn die Klage des Leasing-Nehmers erfolglos bleibt. Die zurückbehaltenen Leasing-Raten sind unverzüglich in einem Betrag nachzuzahlen. Der Leasing-Nehmer hat dem Leasing-Geber den durch die Zurückbehaltung der Leasing-Raten entstandenen Verzugsschaden zu ersetzen.
7. Das Risiko der Zahlungsunfähigkeit des Lieferanten trägt der Leasing-Geber.

XIV. Kündigung
1. Der Leasing-Vertrag ist während der vereinbarten Leasing-Zeit nicht durch ordentliche Kündigung auflösbar. Unberührt bleiben die Kündigungsrechte nach den Nummern 2 und 3 sowie nach Abschnitt X Nr. 6 (Bei Totalschaden, Verlust oder Beschädigung).
Alternativfassung:
1. Der Leasing-Nehmer kann den Leasing-Vertrag vor Ablauf der vereinbarten Vertragszeit mit einer Frist von 1 Monat zum Ende eines Vertragsmonats kündigen, frühestens jedoch _____ Monate nach Vertragsbeginn. Unberührt bleiben die Kündigungsrechte nach den Nummern 2 und 3 sowie nach Abschnitt X Nr. 6 (Bei Totalschaden, Verlust oder Beschädigung).
2. Jeder Vertragspartner kann den Vertrag aus wichtigem Grund fristlos kündigen. Der Leasing-Geber kann insbesondere dann fristlos kündigen, wenn der Leasing-Nehmer:
seine Zahlungen einstellt, als Schuldner einen außergerichtlichen Vergleich anbietet, Wechsel und Schecks mangels Deckung zu Protest gehen lässt;
bei Vertragsabschluss unrichtige Angaben gemacht oder Tatsachen verschwiegen hat und deshalb dem Leasing-Geber die Fortsetzung des Vertrages nicht zuzumuten ist;
trotz schriftlicher Abmahnung schwerwiegende Verletzungen des Vertrages nicht unterlässt oder bereits eingetretene Folgen solcher Vertragsverletzung nicht unverzüglich beseitigt.

3. Stirbt der Leasing-Nehmer, können seine Erben oder der Leasing-Geber das Vertragsverhältnis zum Ende eines Vertragsmonats (alternativ: zum Zeitpunkt der Fälligkeit einer Leasing-Rate) kündigen.
4. Die Folgen einer Kündigung sind im Abschnitt XV geregelt.

XV. Abrechnung nach Kündigung

XVI. Rückgabe des Fahrzeuges
1. Nach Beendigung des Leasing-Vertrages ist das Fahrzeug mit Schlüsseln und allen überlassenen Unterlagen (z.B. Fahrzeugschein, Kundendienstheft, Ausweise) vom Leasing-Nehmer auf seine Kosten und Gefahr unverzüglich dem ausliefernden Händler zurückzugeben. Gibt der Leasing-Nehmer Schlüssel oder Unterlagen nicht zurück, hat er die Kosten der Ersatzbeschaffung sowie einen sich daraus ergebenden weiteren Schaden zu ersetzen.
2. Bei Rückgabe muss das Fahrzeug in einem dem Alter und der vertragsgemäßen Fahrleistung entsprechenden Erhaltungszustand, frei von Schäden sowie Verkehrs- und betriebssicher sein. Normale Verschleißspuren gelten nicht als Schaden.
Über den Zustand wird bei Rückgabe ein gemeinsames Protokoll angefertigt und von beiden Vertragspartnern oder ihren Bevollmächtigten unterzeichnet.
3. Bei Rückgabe des Fahrzeuges nach Ablauf der bei Vertragsabschluss vereinbarten Leasing-Zeit gilt folgende Regelung: Entspricht das Fahrzeug bei Verträgen mit Kilometerabrechnung nicht dem Zustand gemäß Nummer 2 Absatz 1 und ist das Fahrzeug hierdurch im Wert gemindert, ist der Leasing-Nehmer zum Ausgleich dieses Minderwertes zuzüglich Umsatzsteuer verpflichtet. Eine schadenbedingte Wertminderung (Abschnitt X Nr. 5) bleibt dabei außer Betracht, soweit der Leasing-Geber hierfür bereits eine Entschädigung erhalten hat.
Können sich die Vertragspartner über einen vom Leasing-Nehmer auszugleichenden Minderwert oder – bei Verträgen mit Gebrauchtwagenabrechnung – über den Wert des Fahrzeuges (Händlereinkaufspreis) nicht einigen, werden Minderwert bzw. Wert des Fahrzeuges auf Veranlassung des Leasing-Gebers mit Zustimmung des Leasing-Nehmers durch einen öffentlich bestellten und vereidigten Sachverständigen oder ein unabhängiges Sachverständigenunternehmen ermittelt. Die Kosten tragen die Vertragspartner je zur Hälfte. Durch das Sachverständigengutachten wird der Rechtsweg nicht ausgeschlossen. Kann bei einem Vertrag mit Gebrauchtwagenabrechnung keine Einigung über den Wert des Fahrzeuges erzielt werden, wird dem Leasing-Nehmer die Möglichkeit eingeräumt, innerhalb von zwei Wochen ab Zugang des Sachverständigengutachtens einen Kaufinteressenten zu benennen, der innerhalb dieser Frist das Fahrzeug zu einem über dem Schätzwert zzgl. MwSt. liegenden Kaufpreis bar bezahlt und abnimmt. Bis zum Abschluss des Kaufvertrages bleibt es dem Leasing-Geber unbenommen, das Fahrzeug zu einem höheren als dem vom Kaufinteressenten gebotenen Kaufpreis anderweitig zu veräußern.
4. Wird das Fahrzeug nicht termingemäß zurückgegeben, werden dem Leasing-Nehmer für jeden überschrittenen Tag als Grundbetrag 1/30 der für die Vertragszeit vereinbarten monatlichen Leasing-Rate und die durch die Rückgabeverzögerung verursachten Kosten berechnet. Im Übrigen geltend während dieser Zeit die Pflichten des Leasing-Nehmers aus diesem Vertrag sinngemäß fort.
5. Ein Erwerb des Fahrzeuges vom Leasing-Geber durch den Leasing-Nehmer nach Vertragsablauf ist ausgeschlossen.

XVII. Allgemeine Bestimmungen
1. Gerichtstand ist das für _____ zuständige Gericht, soweit der Leasing-Nehmer und/oder ein Mitschuldner nach Vertragsabschluss seinen Wohnsitz oder gewöhnlichen Aufenthaltsort aus dem Inland verlegt oder sein Wohnsitz oder gewöhnlicher Aufenthaltsort zum Zeitpunkt der Klageerhebung nicht bekannt ist.
2. Der Leasing-Nehmer hat einen Wohnsitzwechsel dem Leasing-Geber unverzüglich anzuzeigen.

3. Ansprüche und sonstige Rechte aus dem Leasing-Vertrag können nur mit vorheriger schriftlicher Zustimmung des Leasing-Gebers abgetreten werden.

Diese Bekanntmachung enthält keine Entscheidung über die Vereinbarkeit der Empfehlung mit dem Bürgerlichen Gesetzbuch in der ab dem 1.1.2002 geltenden Fassung. Die Befugnis, nach diesem Gesetz sowie auf Grund anderer gesetzlicher Vorschriften die gerichtliche Überprüfung zu verlangen, wird durch diese Bekanntmachung nicht eingeschränkt. Die vorstehende Empfehlung ist unverbindlich. Zu ihrer Durchsetzung darf kein wirtschaftlicher, gesellschaftlicher oder sonstiger Druck angewendet werden.

Register

Printed and bound by CPI Group (UK) Ltd, Croydon, CR0 4YY
30/09/2026
14973063-0007